AUTEURS ET DIRECTEURS DES COLLECTIONS
Dominique AUZIAS & Jean-Paul LABOURDETTE

DIRECTEUR DES EDITIONS VOYAGE
Stéphan SZEREMETA

RESPONSABLES EDITORIAUX VOYAGE
Patrick MARINGE et Morgane VESLIN

EDITION ✆ 01 53 69 70 18
Caroline HEMERY, Pauline WALCKENAER,
Maïssa BENMILOUD, Agathe PONTHUS
et Valérie KÜHN

ENQUETE ET REDACTION
Maeva VILAIN, Sophie CREUSILLET,
Caroline IMPÉRIALE, Jonathan CHODJAI,
Salwa SALEK, Audrey LORANS,
Eléonore PILLIAT, Caroline de VILLOUTREYS,
Jean-François GAYRARD, Sylvie FRANK
et Thierry SOUFFLARD

MAQUETTE & MONTAGE
Sophie LECHERTIER, Marie AZIDROU,
Delphine PAGANO, Gilles BESSARD DU PARC,
Noémie ROY LAVOIE et Hugues RENAULT

CARTOGRAPHIE
Philippe PARAIRE, Thomas TISSIER

PHOTOTHEQUE ✆ 01 53 69 65 26
Thibaud SAINT-MARTIN

REGIE INTERNATIONALE ✆ 01 53 69 6[ ]
Karine VIROT, Axelle ALOISIO et Audrey LE[ ]

PUBLICITE
Luc REGNARD, Serge TOUKA,
Caroline de YRIGOYEN, Caroline GENTELET,
Perrine de CARNE-MARCEIN et Virginie WUI[ ]
Audrey LORANS, Dominique RAYMOND,
France DESROSIERS, Jonathan CHODJAI

RELATIONS PRESSE ✆ 01 53 69 70 19
Jean-Mary MARCHAL

DIFFUSION ✆ 01 53 69 70 06
Eric MARTIN, Bénédicte MOULET,
Jean-Pierre GHEZ, Antoine REYDELLET
et Sandrine CHASSEIGNAUX

DIRECTEUR ADMINISTRATIF ET FINANCIER
Gérard BRODIN

RESPONSABLE COMPTABILITE
Isabelle BAFOURD assistée de Bérénice BAUMONT
Elisabete CORREIA, assistée de Angélique HELMLINGER

DIRECTRICE DES RESSOURCES HUMAINES
Dina BOURDEAU assistée de Sandrine DELEE

© D.R.

LE PETIT FUTE QUEBEC 2008-2009
■ 8e édition ■

NOUVELLES ÉDITIONS DE L'UNIVERSITÉ©
Dominique AUZIAS & Associés©
14, rue des Volontaires - 75015 Paris
Tél. : 33 1 53 69 70 00 - Fax : 33 1 53 69 70 62
Petit Futé, Petit Malin, Globe Trotter, Country Guides
et City Guides sont des marques déposées ™®©
© Photo de couverture : AUTHOR'S IMAGES
Légende : Vue aérienne des Laurentides
ISBN : 9782746920897
Imprimé en France par Corlet

Pour nous contacter par email,
indiquez le nom de famille en minuscule
suivi de @petitfute.com
Pour le courrier des lecteurs : country@petitfute.com

Bienvenue au Québec !

Le Québec est une province splendide au sein d'un pays moderne et ouvert. Le visiteur ne manquera pas d'être surpris par l'immensité de ce territoire, trois fois plus grand que la France pour neuf fois moins d'habitants. Une fois écartée l'image d'un pays parsemé d'Indiens et d'Esquimaux, on s'ouvre à une réalité complexe et passionnante. Certes, les bûcherons et le sirop d'érable restent présents dans la culture québécoise. Et l'hiver est aussi impressionnant qu'on le dit.

Mais la culture québécoise est avant tout celle du Français d'Amé[...] [...] [qu]e joue un rôle [...] [québé]cois, cernés par [...] [...]n bout à l'autre [...] [...]ra l'hospitalité [...] [...]e nature. Les [...] [...]iques invitent [...] [...]e majestueuse [...] [cours] d'eau qui enlacent la forêt dense et mystérieuse. La faune et la flore sont diversifiées et les activités pratiquées en été et en hiver combleront les amoureux du plein air et des grands espaces. Les plages de sable séduisent : blanc, ocre, rose ou rouge ; les baleines s'épanouissent dans le fjord du Saguenay et le golfe du Saint-Laurent, les phoques du Groenland mettent bas sur les îles de la Madeleine, les orignaux et les caribous se nichent dans l'immensité de la forêt.

Une province haute en couleur, riche de diversités humaines, historiques et territoriales, qui promet à la fois un dépaysement total et une impression de « chez soi » pour les Européens.

L'équipe de rédaction

REMERCIEMENTS. *Merci à tous les Québécois, pour leur accueil chaleureux envers les visiteurs. A ceux et celles qui ont rendu ces milliers de kilomètres aussi riches d'expériences et de beauté. A tous les collaborateurs qui ont apporté leur contribution à ce guide.*

MISE EN GARDE. Le monde du tourisme est en perpétuelle évolution. Malgré notre vigilance, des établissements, des coordonnées et des prix peuvent faire l'objet de changements qui ne relèvent pas de notre responsabilité. Nous faisons appel à la compréhension des lecteurs et nous excusons auprès d'eux pour les erreurs qu'ils pourraient constater dans les rubriques pratiques de ce guide.

Sommaire

© ATR CHARLEVOIX

Les Eboulements, panorama, Charlevoix

Observation de baleines, baie de Fundy

© OT NOUVEAU BRUNSWICK

LANAUDIÈRE ET MAURICIE

QUÉBEC ET CHARLEVOIX

Le Marché Bonsecours, Vieux Montréal

◼ TADOUSSAC ET LE NORD ◼

◼ LES PROVINCES ATLANTIQUES ◼

■ ORGANISER SON SÉJOUR ■

© ATR CHARLEVOIX

Kayaks

Parc national d'Oka

Véloroute des Bleuets, Val-Jabert, Saguenay

Montréal

Automne dans l'arrière-pays, Charlevoix

Les plus du Québec

Un accueil chaleureux

Que l'on se trouve à Montréal, à Québec ou dans les villages plus retirés en région, les Québécois réservent au visiteur un accueil des plus chaleureux et des plus cordiaux. Leur hospitalité légendaire et leur disponibilité font partie d'eux.

Des activités de plein air

Les grands espaces naturels, les lacs et rivières, les côtes, les parcs nationaux et les réserves fauniques sont propices aux nombreuses activités de plein air. En effet, le Québec est la destination par excellence pour la pratique de celles-ci en toute saison. On apprécie le camping, le canot-camping (canoë-camping), la chasse et la pêche, la randonnée pédestre, le vélo de montagne, l'équitation, l'escalade, le kayak, le rafting, la plongée sous-marine, la planche à voile, la voile en été. En hiver, on s'adonne aux plaisirs du ski alpin, ski de fond, ski nordique, de la balade en raquettes, des randonnées en traîneau à chiens et de la motoneige.

Une terre d'aventure

Les sensations fortes sont à l'honneur. Des raids en motoneige, en 4X4 ou en quad sont proposés par des organismes experts en poussée d'adrénaline. On pratique aussi le rafting, le canot et l'escalade sur glace. La région du Charlevoix est l'hôte du Raid Ukatak depuis 2001. Une course hivernale extrême de 400 km où des équipes internationales s'affrontent de jour comme de nuit : raquettes, ski de fond, escalade, canot à glace, vélo de montagne.

Confort

Les formules d'hébergement sont nombreuses et de bonne qualité. L'hôtel et le B&B (souvent appelé Café & couette) ressemblent à ce que l'on trouve en France. Ce qui est désigné par le terme chalet désigne généralement une maison très bien équipée (barbecue, lecteur DVD, etc). Pour un séjour original, choisissez la pourvoirie : il s'agit d'un grand domaine de chasse et de pêche dans lequel on loge dans une grande demeure, plus ou moins luxueuse.

© ATR CHARLEVOIX

Traîneau à chiens, Charlevoix

Une destination culturelle

La culture québécoise est riche et diversifiée. Les festivals sont nombreux et de réputation internationale. En hiver, le carnaval de Québec, la fête des Neiges de Montréal et le festival Montréal en Lumière attirent beaucoup de monde. En été, le Mondial SAQ (concours international de pyrotechnie), le festival international de jazz de Montréal et le festival Juste pour Rire réunissent également des milliers de personnes. Les musées, les écomusées (diffusion des métiers artisanaux), les théâtres, les galeries d'art, les centres d'interprétation en région ainsi que les espaces émergents à vocation artistique et musicale offrent une dimension culturelle évocatrice.

De grands espaces

Le Québec occupe une superficie de près de 1,7 million de km^2, soit trois fois la France. L'immensité des forêts et des territoires sauvages séduit. Couverture rouge, verte ou blanche selon les saisons. On découvre ces immenses espaces en voiture, en hydravion ou hydraski ou encore en motoneige. La nature québécoise est sauvage et harmonieuse. Sa beauté attire et fascine en été comme en hiver. Une multitude de lacs, de rivières à saumon, de chutes d'eau, d'étangs, de fjords viennent se glisser au cœur des forêts qui s'étendent à perte de vue. Celles-ci, rouges en automne, abritent une flore et une faune riches et diversifiées, dont les ours noirs, les caribous et les orignaux. Les baleines et les bélugas nagent dans le ruban bleu, le fleuve Saint-Laurent.

Parc de Montmorency, Québec

Fiche technique

Argent

- **Monnaie :** dollar canadien.
- **Symbole :** CAN $ ou CAD.
- **Taux de change :** 1 CAN $ = 0,72 €
1 € = 1,38 CAN $ (octobre 2007).

Idées de budget

- **Petit budget :** 70 CAN $/jour.
- **Budget moyen :** 200 CAN $/jour.
- **Gros budget :** 400 CAN $/jour.

Le Québec en bref

La région
(Dernier recensement : 2006).

- **Capitale :** Québec.
- **Superficie :** 1 521 654 km².
- **Langue officielle :** le français.
- **Religions :** le catholicisme (83,4 %) et
le protestantisme (4,7 %).

La population

- **Population :** 7,651 millions d'hab.
- **Densité :** 4,8 hab./km².
- **Espérance de vie :** 79 ans.

L'économie

- **PIB :** 242 milliards CAN $ en 2006
(Canada : 1 189,50 CAN $).
- **PIB/habitant :** 37 137 CAN $.
- **Taux de chômage :** 8,3 %.

Quartier du Petit Champlain, rue du Petit Champlain

Téléphone

Indicatifs téléphoniques

- **Code international :** 00.
- **Code Canada :** 1.

Codes régionaux

- **Montréal :** 514.
- **Montérégie, Laval, Laurentides :** 450.
- **Québec, Gaspésie, Est de la province :** 418.
- **Cantons de l'Est, Mauricie, Outaouais, Nord :** 819.

Parc national de la Jacques-Cartier

Le drapeau québécois

Bleu, à fleurs de lys et croix blanches, adopté en 1948 par le Québec en signe de ralliement, témoignant de la souche française de la majorité des Québécois. Certains aimeraient bien troquer la fleur de lys (inexistante au Québec) contre l'iris versicolore, beaucoup plus représentatif de la flore locale. La feuille d'érable, qui avait été l'emblème du Canada français au XIXᵉ siècle et du drapeau des Patriotes, est devenue l'élément central du drapeau canadien en 1965.

Comment téléphoner

▶ **Téléphoner de la France au Canada :** 0 + 1 + code régional + les 7 chiffres du numéro local.

▶ **Téléphoner du Canada vers la France :** 00 + 33 + code régional sans le zéro + les 8 chiffres du numéro local.

▶ **Téléphoner d'une région à l'autre au Québec :** 1 + code régional + les 7 chiffres du numéro local.

▶ **Téléphoner en local au Québec :** les 10 chiffres du numéro local.

Coût du téléphone

▶ **Gratuité des appels locaux :** les appels au sein d'une même ville sont gratuits. Néanmoins, certains hôtels les font payer. Depuis une cabine téléphonique, 0,50 CAN $ donne droit à une conversation téléphonique locale d'une durée illimitée.

▶ **Une carte téléphonique locale :** 60 min de communication au Québec : 5 CAN $.

▶ **Une minute de communication à l'international depuis une cabine téléphonique :** 2 CAN $.

▶ **1h de connexion Internet dans un cybercafé :** 3 CAN $ à 6 CAN $.
Possibilité d'acheter des cartes d'appels prépayés (ex. : Globo, Monster…) dans les dépanneurs. Pour 5 CAN $ ou 10 CAN $, elles donnent droit à plus de minutes pour les appels interurbains et internationaux que les autres cartes.

Décalage horaire

▶ **Québec – France + Suisse et Belgique :** moins 6 heures en été et en hiver.

▶ **Iles de la Madeleine - Nouveau-Brunswick - Nouvelle-Ecosse - Ile-du-Prince-Edouard – France + Suisse et Belgique :** moins 5 heures.

Saisonnalité

▶ **Haute saison touristique :** mi-mai à octobre et mi-décembre, février.

▶ **Basse saison touristique :** mi-octobre à mi-décembre et mars-avril.

Montréal											
Janvier	Février	Mars	Avril	Mai	Juin	Juillet	Août	Sept.	Octobre	Nov.	Déc.
-13°/-6°	-11°/-4°	-5°/2°	2°/11°	9°/18°	14°/23°	17°/26°	16°/25°	10°/20°	6°/14°	0°/5°	-9°/-3°

Idées de séjour

Les Laurentides

Montréal (3 jours et 2 nuits)

▶ **Jour 1. Arrivée à Montréal.** Monter au mont Royal (à pied, en bus ou en taxi, suivant sa forme et ses moyens), afin de découvrir la géographie de la ville. Aller prendre un verre sur le boulevard Saint-Laurent (La Main) ou sur l'avenue du Mont-Royal (Le Plateau).

▶ **Jour 2. Visite du Vieux Montréal,** en partant du métro Place-d'Armes, se rendre au marché Bonsecours, continuer vers l'ouest sur la rue Saint-Paul, passer place Jacques-Cartier. Se rendre ensuite au musée Pointe-à-Callière ou au musée d'Histoire de Montréal (place d'Youville). Terminer avec la basilique Notre-Dame.

▶ **Jour 3. Visite du centre-ville de Montréal,** des rues Sherbrooke et Sainte-Catherine. Arrêt au musée des Beaux-Arts ou au musée d'Art contemporain. Sortir sur Crescent.

Québec (3 jours et 2 nuits)

Québec se trouve à environ 200 km de Montréal.

▶ **Jour 1. Départ pour Québec.** A l'arrivée, promenade dans le Vieux Québec et sur les plaines d'Abraham. Balade dans la haute ville, du Château Frontenac à Grande Allée en passant par la rue Saint-Louis. Pour la vue panoramique, apéritif ou repas à l'Astral ou encore visite de l'observatoire de la Capitale (point le plus haut de la ville).

▶ **Jour 2. Journée à la station touristique Duchesnay.** En hiver, on visite l'hôtel de glace et on peut faire du ski de fond ou de la raquette. En été, randonnées pédestres, pêche, activités sur le lac. Le soir, dîner sur la rue Saint-Jean.

▶ **Jour 3. Visite du musée de la Civilisation** et du quartier Petit Champlain-Place Royale.

Laurentides (4 jours et 3 nuits)

▶ **Jour 1. Montréal-Saint-Hippolite.** Route vers les Laurentides. Arrêt à Saint-Hippolite. Partez en motoneige avec un guide pour une balade guidée entre lacs et collines. (En été, profitez du lac et des activités nautiques). Dîner et nuit sur place.

▶ **Jour 2. Saint-Hippolite-Saint-Sauveur.** Départ pour Saint-Sauveur. Petit village haut en couleurs et toujours en fête. En été, le parc Aquatique est un lieu idéal pour s'amuser en famille. En hiver, les pistes éclairées la nuit vous surprendront. Nous vous recommandons d'essayer un des spas des alentours (Saint-Sauveur, Morin Height ou Mont-Tremblant). Dîner et nuit à Saint-Sauveur.

▶ **Jour 3. Saint-Sauveur-Mont-Tremblant.** Départ pour Mont-Tremblant. Visite du vieux village ou de la station (moderne, multicolore et bien équipée). Déjeuner sur place. Survol en hydravion du majestueux Mont-Tremblant.

Si vous avez quelques jours de plus...

A partir de la ville de Québec, voici quelques idées d'excursions.

▶ **Une journée sur l'île d'Orléans,** d'où la vue sur Québec est surprenante. On peut se promener, visiter le musée consacré à Félix Leclerc, originaire de la région. Arrêt obligatoire aux chutes Montmorency.

▶ **Une journée à Grosse-Ile,** au mémorial des Irlandais. Lieu historique fort intéressant dans lequel est relaté l'arrivée des immigrants irlandais et leur mise en quarantaine.

▶ **Une ou deux journées : excursion dans le Charlevoix.** Visite de baie Saint-Paul et de ses galeries d'art. Traversée pour l'île aux Coudres, promenade en vélo et arrêt à son moulin à vent.

▶ **En hiver, le ski à la Petite Rivière Saint-François** est d'une qualité exceptionnelle. Le Massif offre aussi un très beau domaine skiable.

Il est aussi possible de visiter des fermes locales, adhérant au programme «Par Monts & Délices». Un vrai régal pour le palais et de merveilleux souvenirs. Dîner et nuit sur place.

▶ **Jour 4. Mont-Tremblant.** Visite du parc national, qui offre de nombreuses possibilités de découverte... Baignade dans les lacs, canot, camping, randonnée...
Dîner et nuit dans les alentours (près du lac Supérieur par exemple).

▶ **Autre possibilité : retour sur Montréal par la route de l'Outaouais.** Prendre la direction de Maniwaki et Gatineau. Une route un peu plus longue, pour les amoureux des beaux paysages et de la nature. Longer la rivière qui sépare le Québec de l'Ontario jusqu'à Montréal est une expérience très agréable. On peut même utiliser les services d'un traversier

pour passer de l'autre côté du fleuve et arriver en Ontario. Le retour sur Montréal se fait tout aussi facilement.

▶ **Retour à Montréal.** Dîner sur place.

© AUTHOR'S IMAGE

Village, Mont Tremblant, les Laurentides

SÉJOURS MOYENS

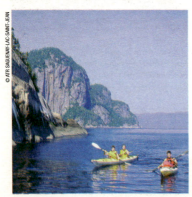

© ATR SAGUENAY-LAC-SAINT-JEAN

Kayaks, Saguenay

▶ **Remarque :** nous recommandons ces séjours aux visiteurs passant 15 jours dans la Province, en les combinant avec les séjours courts : Montréal et/ou Québec.

Séjours de découverte des paysages marins

Tadoussac et le fjord du Saguenay (7 jours et 6 nuits)

Entre les mois de juin et d'octobre. Ce séjour offre un aperçu intéressant de la diversité des attraits du Québec.
Tadoussac se trouve à près de 200 km au nord de la ville de Québec.

▶ **Jour 1. Arrivée à Tadoussac** (à noter, vous emprunterez un traversier – 10 min/ gratuit – pour rejoindre le village depuis la pointe de Charlevoix), promenade dans les jolies ruelles et observation des baleines depuis la grève. Repas et nuit sur place.

▶ **Jour 2. Croisière d'observation des baleines.** Dans l'après-midi, visite du centre de découverte marin aux Escoumins.
On reste étonné face aux nombreuses couleurs dissimulées au fond du fleuve Saint-Laurent. Nuit à Tadoussac ou aux Escoumins.

▶ **Jour 3. Départ pour Sainte-Rose-du-Nord,** village pittoresque construit sur une baie. On peut y faire des randonnées, des croisières, visiter un petit musée consacré à la nature. Nuit à Sainte-Rose. En fin d'après-midi, observation des ours au Domaine de nos ancêtres.

▶ **Jour 4. Départ pour la rive sud du fjord.** Arrêt pour une petite randonnée dans le parc national du Saguenay, depuis Baie Sainte-Marguerite. Nuit à Chicoutimi.

▶ **Jour 5. Visite du site de la Nouvelle-France à Saint-Félix-d'Otis.** Une reconstitution passionnante de la vie des premiers colons. Route vers Rivière Eternité. Nuit à l'Anse-Saint-Jean.

▶ **Jour 6. Randonnée dans le parc national du Saguenay,** au départ de Rivière Eternité.

▶ **Jour 7.** Retour.

Un grand classique : le tour de la Gaspésie (8 jours et 7 nuits)

Ce tour est à réaliser de juin à septembre, la plupart des attraits fermant hors saison. Sainte-Flavie se trouve à environ 300 km de Québec (par l'autoroute 20). Percé à environ 400 km de Sainte-Flavie (par la route 132).

▶ **Jour 1. Départ de Sainte-Flavie.** Visite des jardins de Métis et route jusqu'à Sainte-Anne-des-Monts où l'on passe la nuit.

▶ **Jour 2. Journée consacrée à l'exploration du parc de la Gaspésie.** Nuit à Sainte-Anne.

▶ **Jour 3. Route pour Gaspé.** Suivant ses centres d'intérêt, on passera par Petite Vallée où un musée est dédié à la chanson ou par Murdochville pour le centre consacré à l'ancienne mine et aux éoliennes. Arrivée à Gaspé et visite du musée Micmac. Nuit à Gaspé.

▶ **Jour 4. Visite du parc Forillon.** Puis, départ pour Percé. Arrêt à Barachois pour voir les œuvres de Gilles Côté. Repas et nuit à Percé.

▶ **Jour 5. Visite du centre d'interprétation du parc national.** Tour en bateau du rocher Percé et randonnée sur l'île Bonaventure. En soirée, conférence de Parcs Québec ou spectacle à Place Publique ou encore concert à la vieille usine de l'Anse à Beaufils. Nuit à Percé.

▶ **Jour 6. Départ pour la Baie des Chaleurs.** En route, arrêt à l'Anse-à-Beaufils pour le Magasin général et la galerie d'art. On roule ensuite jusqu'à Paspébiac où l'on visite le site historique du banc de pêche. On prendra le thé au manoir Hamilton, à New Carlisle. Nuit à Bonaventure.

▶ **Jour 7. Descente de la rivière Bonaventure** et visite des attraits de Bonaventure. Départ pour Miguasha pour la visite des falaises de fossiles et du musée. Nuit dans les environs.

▶ **Jour 8. Vallée de la Matapédia.**

© SÉPAQ – JEAN-PIERRE HUARD

Lac aux Américains, Parc national de la Gaspésie

Escapade hivernale

La Mauricie – région de Québec–Lanaudière (7 jours et 6 nuits)

▶ **Jour 1. Montréal, station touristique Duchesnay.** Route vers Sainte-Catherine-de-la-Jacques-Cartier à la station touristique Duchesnay. Dîner et nuit dans l'auberge du parc ou dans l'hôtel de glace.

Château Frontenac, Vieux Québec

▶ **Jour 2. Sainte-Catherine-de-la-Jacques-Cartier, Portneuf, Tawachiche.** Départ pour un raid en motoneige de trois jours. Une randonnée sous le signe de l'aventure pour ceux qui désirent s'initier aux sensations de la motoneige à l'état pur.

Une découverte de décors pittoresques aux confins de la forêt québécoise avec le privilège de côtoyer la nature avec une touche d'exotisme. Départ en motoneige en direction du lac Saint-Joseph. On emprunte les sentiers de la région de Portneuf, l'ancienne emprise de chemin de fer. Traversée de lacs en lacs.

Déjeuner dans un relais. L'après-midi vous offre les joies du coureur des bois. Les sentiers boisés et enneigés mènent à un magnifique domaine rustique. Lac gelé, neige poudreuse, paysages enivrants. Arrivée au relais en rondins de bois. Dîner, détente autour d'un feu et nuit.

▶ **Jour 3. Tawachiche, lac Edouard.** Petit déjeuner. Départ en direction de la Haute-Mauricie. On traverse un paysage de montagnes en empruntant des sentiers enneigés et vallonnés. Les panoramas offrent une beauté hivernale sans pareil, digne des grands espaces québécois.

Déjeuner à La Tuque. On emprunte à nouveau des sentiers qui traversent des territoires sauvages en direction du lac Edouard. Arrivée à la pourvoirie située dans un décor empreint de charme au bord d'un lac. Dîner, nuit.

▶ **Jour 4. Lac Edouard, Portneuf-Sainte-Catherine-de-la-Jacques-Cartier.** Petit déjeuner. Départ en direction de Portneuf en passant par Rivière-à-Pierre. Pistes vierges, larges, sinueuses à travers les forêts couvertes d'un manteau blanc. Déjeuner dans un relais. Continuation du périple jusqu'à Portneuf et Sainte-Catherine-de-la-Jacques-Cartier. Dîner et nuit à l'auberge.

▶ **Jour 5. Sainte-Catherine-de-la-Jacques-Cartier, Québec, Saint-Michel-des-Saints.** Petit déjeuner. Départ en direction de Québec. Visite de Québec, berceau de la civilisation française en Amérique du Nord. Déjeuner dans le Vieux Québec. Temps libre à Québec. Route pour Saint-Michel-des-Saints dans la région de la Mauricie. Arrivée à l'auberge située à Saint-Michel-des-Saints dans un site des plus pittoresques, au cœur de la forêt et au bord d'un lac majestueux. Dîner et nuit à l'auberge.

▶ **Jour 6. Saint-Michel-des-Saints.** Petit déjeuner. Journée à l'auberge avec activités. Balade en raquettes à neige avec un trappeur sur une ligne de trappe. Déjeuner à l'auberge. Randonnée en traîneau à chiens. On n'oublie pas la fougue d'un équipage de huskies ou de Malamuts... leurs aboiements, leur fierté et leurs règles de clan. Dîner et nuit à l'auberge.

▶ **Jour 7. Saint-Michel-des-Saints, Montréal.**

Escapade estivale

Outaouais (5 jours et 4 nuits)

Cette escapade est particulièrement conseillée si vous séjournez au Québec en été.

▶ **Jour 1. Montréal, Montebello.** Route en direction de Montebello, sur la route vers Gatineau. Visite du Manoir Papineau. Déjeuner en ville. Visite du Parc Omega où vous partirez à la découverte de la faune d'Amérique du nord. Un sentier de plus de 10 km, pour découvrir les différentes espèces qui peuplent ce paradis de nature.
Nuit à Montebello.

▶ **Jour 2. Montebello, Gatineau.** Visite du musée des Civilisations. Dîner dans le vieux Hull et nuit à Gatineau.

▶ **Jour 3. Gatineau, Wakefield.** Prenez le train à vapeur pour vous rendre à Wakefield. Promenade dans le parc. Dîner et nuit à Wakefield.

▶ **Jour 4. Wakefield, Maniwaki.** Départ pour Maniwaki, visite de la réserve et du centre d'interprétation.

▶ **Jour 5. Maniwaki, Montréal.** En route pour Montréal, vous avez le choix entre reprendre la route par Gatineau, ou monter un peu plus en direction de Mont-Laurier, et redescendre par les Laurentides.

Escapade automnale

Montérégie – Cantons de l'Est (5 jours et 4 nuits)

Cette escapade est particulièrement conseillée si vous séjournez au Québec en automne car les couleurs changeantes des feuilles des arbres y sont spectaculaires. Si en plus vous y êtes début septembre, vous aurez la chance d'assister à la fête des vendanges à Magog.

▶ **Jour 1. Montréal, Chambly, Saint-Jean-sur-Richelieu.** Route en direction de la vallée du Richelieu surnommée la Vallée Jardin. Déjeuner au restaurant Fourquet Fourchette. Dans une ambiance d'antan, découverte des bières artisanales de dégustation et de la gastronomie régionale à base de bière. Visite du fort Chambly où l'on a l'occasion de revivre une page d'histoire de la Nouvelle-France. Départ pour Mont-Saint-Grégoire

pour la visite d'une cidrerie avec dégustation de cidre du Québec. Dîner champêtre dans un vignoble avec dégustation de vin. Nuit à Dunham.

▶ **Jour 2. Dunham, Lac-Brome.** Petit déjeuner et première journée dans les Cantons de l'Est, l'harmonie de deux richesses : le charme anglo-saxon et la joie de vivre québécoise. Visite de la cidrerie Fleurs de Pommiers à Dunham. Il produit l'apéritif Pommeau d'Or, un véritable délice. Déjeuner champêtre au vignoble de l'Orpailleur. Ce vignoble reconnu est une halte quasi obligatoire pour les amoureux de la boisson de Bacchus.
Visite et dégustation de vin. Continuation en direction de Lac-Brome. Dîner et nuit dans une auberge à Lac-Brome.

▶ **Jour 3. Lac-Brome, Magog.** Petit déjeuner et départ pour Saint-Benoît-du-Lac. Visite de l'abbaye bénédictine de Saint-Benoît-du-Lac, œuvre néogothique et monastère de vie contemplative où vivent une soixantaine de moines. C'est ici que sont fabriqués un fameux fromage et un cidre réputé au Québec. A 17h, des chants grégoriens vous élèvent dans de hautes sphères. Déjeuner à Magog, en bordure du lac Memphrémagog.
Temps libre pour profiter de la fête des Vendanges si vous y êtes le premier ou la deuxième week-end de septembre. Sinon, vous pouvez marcher dans le parc national d'Orford. Ambiance champêtre aux abords du majestueux lac Memphrémagog. Dîner et nuit à Magog.

▶ **Jour 4. Magog, North Hatley.** Petit déjeuner. Visite du vignoble le Cep d'Argent à Magog. Ses vins sont issus de cinq cépages qui se sont adaptés au climat québécois et ses productions vont de l'apéritif au mousseux en passant par le digestif et le vin. Dégustation de vin et déjeuner. Départ pour North Hatley, où l'on passe la nuit. Dans la journée, on peut se rendre à la mine Capelton.

▶ **Jour 5. Lennoxville, Mont Mégantic.** En route pour le mont Mégantic, on peut marquer un arrêt à Lenoxville pour visiter la magnifique chapelle de l'université Bishop. Au Mont Mégantic on marche dans la forêt et on regarde les étoiles depuis un observatoire géant.

Retrouvez l'index général en fin de guide

■ SÉJOUR LONG ■

Site de la Nouvelle-France, Amérindienne, Saguenay

À la découverte du Québec (15 jours et 14 nuits)

Outaouais, Laurentides, Mauricie, Saguenay, Lac Saint-Jean, Charlevoix, Tadoussac et Québec.

▶ **Jour 1. Montréal, Montebello.** Route en direction de Montebello, sur la route vers Gatineau (La 30). Visite du manoir Papineau. Déjeuner en ville. Visite du parc Oméga où vous partirez à la découverte de la faune d'Amérique du Nord. Un sentier de plus de 10 km, pour découvrir les différentes espèces qui peuplent ce paradis de nature. Nuit à Montebello.

▶ **Jour 2. Montebello, Gatineau.** Visite du musée des Civilisations. Dîner dans le Vieux Hull et nuit à Gatineau.

▶ **Jour 3. Gatineau, Maniwaki.** Départ pour Maniwaki, visite de la réserve et du centre d'interprétation.

▶ **Jour 4. Maniwaki, Mont-Tremblant.** Monter un peu plus en direction de Mont-Laurier, et redescendre jusqu'à Mont-Tremblant. Visite du vieux village ou de la station (moderne, multicolore et bien équipée). Dîner et nuit sur place.

▶ **Jour 5. Mont-Tremblant.** Visite du parc national, qui offre de nombreuses possibilités de découverte… Baignade dans les lacs, canot, camping, randonnée…
Dîner et nuit dans les alentours (par exemple près du Lac Supérieur).

▶ **Jour 6. Mont-Tremblant, Saint-Sauveur.** Départ pour Saint-Sauveur. Petit village haut en couleurs et toujours en fête. En été, le parc aquatique vous accueille. En hiver, les pistes éclairées la nuit vous surprendront. Dîner et nuit à Saint-Sauveur.

▶ **Jour 7. Saint-Sauveur, Trois-Rivières.** Départ pour Trois-Rivières. Ville dynamique et agréable. En chemin, quitter l'autoroute 40 et suivre le Chemin du Roy. Visite du Musée québécois de la culture populaire et de l'ancienne prison. Dîner et nuit à Trois-Rivières.

▶ **Jour 8. Trois-Rivières, Saint-Félicien.** Départ pour Saint-Félicien (en remontant la route 155 vers le Lac-Saint-Jean). Arrêt à Val-Jalbert (village historique, chutes d'eau et téléphérique) en chemin. Dîner et nuit à Saint-Félicien.

▶ **Jour 9. Saint-Félicien, Ville Saguenay.** Visite du zoo sauvage de Saint-Félicien. Départ pour Ville-Saguenay en après-midi (en suivant la rive sud du Lac-Saint-Jean). Dîner, spectacle la Fabuleuse histoire d'un royaume et nuit dans l'arrondissement Chicoutimi ou La Baie.

▶ **Jour 10. Ville-Saguenay, Domaine du Lac Ha! Ha!** A moins d'une heure de Ville-Saguenay, le Domaine du Lac Ha! Ha! vous accueille en pleine nature et vous offre une belle variété d'activités. Repas et nuit sur place.

▶ **Jour 11. Domaine du Lac Ha! Ha!, La Malbaie.** En continuant vers le sud, vous longerez Baie-Saint-Paul (arrêt suggéré : l'économusée du Fromage, la laiterie Charlevoix) jusqu'à La Malbaie. Repas et nuit sur place.

▶ **Jour 12. La Malbaie, Tadoussac.** En continuant vers l'est, vous arriverez à Tadoussac (à noter, vous emprunterez un traversier – 10 min/gratuit – pour rejoindre le village depuis la pointe de Charlevoix), promenade dans les jolies ruelles et observation des baleines depuis la grève. Repas et nuit sur place.

▶ **Jour 13. Tadoussac, Baie-Saint-Paul.** Croisière d'observation des baleines le matin, puis départ vers Baie-Saint-Paul en empruntant la route des Eboulements (à gauche en arrivant au centre-ville de La Malbaie). Repas et nuit sur place.

▶ **Jour 14. Baie-Saint-Paul, Québec.** Départ pour Québec. A l'arrivée, promenade dans le Vieux Québec et sur les plaines d'Abraham.

Balade dans la haute ville, du Château Frontenac à Grande Allée en passant par la rue saint-Louis. Nuit sur place.

▶ **Jour 15. Visite du musée de la n et du quartier Petit Champlain – Place Royale.** Retour à Montréal.

Parc national des Hautes-Gorges-de-la-Rivière-Malbaie

SÉJOUR THÉMATIQUE

La route des arts (13 jours et 11 nuits)
Région de Québec, Charlevoix et Gaspésie.

▶ **Jour 1. Arrivée à Montréal.** Dîner et nuit à Montréal.

▶ **Jour 2. Montréal, Québec et Baie-Saint-Paul.** Petit déjeuner et départ pour Québec, berceau de la civilisation française en Amérique du Nord. Visite du musée de la Civilisation, qui

présente plusieurs expositions thématiques intéressantes ou visite du musée de l'Amérique française abritant des collections uniques dans la tradition des musées universitaires des XVIIIe et XIXe siècles. Déjeuner dans le Vieux Québec. Route pour la région de Charlevoix. Arrêt en cours de route pour admirer la basilique Sainte-Anne-de-Beaupré, face à l'île d'Orléans. Dîner et nuit à Baie-Saint-Paul.

▶ **Jour 3. Baie-Saint-Paul, l'Isle-aux-Coudres.** Petit déjeuner. Visite des galeries d'art de Baie-Saint-Paul, petit village pittoresque et artistique. Déjeuner et traversée en direction de l'Isle-aux-Coudres. Dîner et nuit à l'Isle-aux-Coudres.

▶ **Jour 4. L'Isle-aux-Coudres, Les Eboulements et La Malbaie.** Rencontre avec des artistes dans leur atelier et visite d'une exposition. Déjeuner et traversée. Visite de la papeterie Saint-Gilles, écomusée du Papier. Son papier est fait main, selon les procédés du XVIIe siècle. Dîner et nuit à La Malbaie.

▶ **Jour 5. La Malbaie, Saint-Siméon et Rivière-du-Loup.** Départ pour Saint-Siméon. Traversée du fleuve Saint-Laurent en direction de Rivière-du-Loup dans la région du Bas-Saint-Laurent.

St Simeon, paysage, Charlevoix

INVITATION AU VOYAGE

Hôtel de Ville, Vieux Montréal

Visite du parc national du Bic, magnifiquement composé de caps, baies, anses, îles et montagnes. Dîner et nuit à Rimouski.

▶ **Jour 6. Rimouski, Gaspé.** Départ pour Grand-Métis. Visite des jardins de Métis, jardins à l'anglaise. Visite du parc national de la Gaspésie, une véritable mer de montagnes qui offre un panorama grandiose. Route pour Gaspé. Dîner et nuit à Gaspé.

▶ **Jour 7. Gaspé.** Visite du parc Forillon à Gaspé. Dîner et nuit à Gaspé.

Skieurs, parc national de la Gaspésie

▶ **Jour 8. Gaspé, Percé.** Excursion en bateau au parc national de l'île Bonaventure et du Rocher-Percé, lequel se distingue par son riche patrimoine naturel et historique. Visite d'ateliers d'artistes en métiers d'art et en arts visuels. Dîner et nuit à Percé.

▶ **Jour 9. Percé, baie des Chaleurs.** Petit déjeuner et route pour Bonaventure. Visite des Cuirs fins de la Mer, un must unique au Québec. Les produits en cuir de poissons (morue, turbot, saumon, flétan) sont utilisés pour la fabrication de la maroquinerie. Visite d'un atelier d'artiste en peinture. Dîner et nuit dans la baie des Chaleurs.

▶ **Jour 10. Baie des Chaleurs, Rivière-du-Loup.** Visite du parc de Miguasha, classé site naturel du patrimoine mondial de l'Unesco. Il préserve un lieu fossilifère, unique à l'échelle de la planète. Route pour Rivière-du-Loup via la vallée de la rivière Matapédia ou la rivière aux 222 rapides. Le paysage regorge de rivières à saumon, de lacs, de ponts couverts et de maisons historiques. Visite du Centre d'interprétation du centre du saumon. Dîner et nuit à Rivière-du-Loup.

▶ **Jour 11. Rivière-du-Loup, Montréal.** Route pour Montréal. Arrêt à Saint-Jean-Port-Joli, village connu pour ses nombreux ateliers et boutiques de sculpteurs sur bois. Dîner et nuit à Montréal.

▶ **Jour 12. Montréal, Aéroport.** Temps libre à Montréal, mosaïque de cultures par excellence.

Le Québec sur Internet

Tourisme

■ **www.bonjourquebec.com**
Site officiel de l'office de tourisme du Québec.

■ **www.mri.gouv.qc.ca**
Présentation du Québec, les possibilités d'affaires, d'études… réalisée par la délégation générale du Québec.

■ **www.chalets.qc.ca**
Site offrant diverses possibilités de location de chalets au Québec.

■ **www.quebecregion.com**
Informations générales sur la ville et la région de Québec. Il s'agit du site officiel de la ville.

■ **www.tourisme-montreal.org**
Rubriques et renseignements sur le site officiel de la ville de Montréal.

■ **www.sepaq.com**
Site officiel des réserves fauniques du Québec sous l'égide de laSEPAQ (Société des Etablissements de Plein Air du Québec).

■ **www.aventure-ecotourisme.qc.ca**
L'association Aventure Ecotourisme regroupe les professionnels du tourisme d'aventure du Québec.

■ **www.pc.gc.ca**
Site officiel des parcs nationaux du Canada.

■ **www.petitfute.ca**
Site de notre filiale au Canada.

■ **www.quebecvacances.com**
Un site québécois suggérant une foule de forfaits, de destinations, d'hébergements, d'activités, d'évènements.

■ **www.escaperomance.com**
Un site spécialisé dans les escapades romantiques.

■ **www.urbania.ca**
un site sur Montréal, très branché qui donne une vision de la ville décalée et intéressante.

Forums de discussion

■ **http://montrealurbain.blogspot.com**
Blog sur la ville de Montréal. L'accent est mis sur les questions du logement et des politiques sociales.

■ **www.urbanphoto.net**
De superbes photos de Montréal sont mises en ligne régulièrement.

■ **www.toile.com**
Site de la Toile du Québec avec un répertoire d'informations et forums.

DÉCOUVERTE

St-Irénée en automne,
Charlevoix

© ATR CHARLEVOIX

À CHACUN SON **QUÉBEC**... AVEC LE

petit futé

On a tous besoin d'un plus **Petit Futé** que soi ...

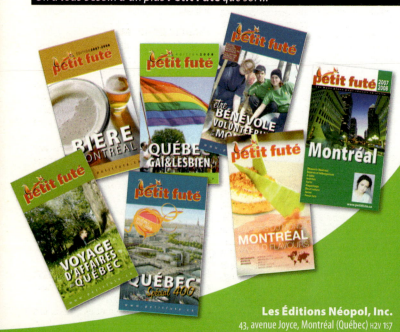

Le Québec en 30 mots-clés

Kayak au coucher du soleil

Accent

Attention, sujet hautement sensible ! Les Québécois considèrent que ce sont les Français qui ont un accent. Pour découvrir la gentillesse locale, la règle est simple : on laisse ses préjugés sur le parler québécois quand on récupère sa valise à l'aéroport !

Activités

Le climat québécois est caractérisé par des saisons très marquées. Par conséquent, on ne pratique pas du tout les mêmes activités en été qu'en hiver. De fin novembre à fin mars, les Québécois pratiquent le ski de fond ou le ski alpin, le patin à glace, le hockey, la randonnée en raquettes. Ils partent faire des expéditions en motoneige, des balades en traîneau à chiens, de la pêche blanche (sous glace), des week-ends dans un chalet des Laurentides ou dans les Cantons de l'Est. L'été, c'est la baignade au bord des lacs, la pêche en rivière ou dans les lacs, le canot ou le kayak, la voile, l'escalade, le vélo (260 km de pistes cyclables à Montréal), le roller (locations et pistes aménagées à Montréal), la balle molle ou le base-ball, le pique-nique, le camping, les feux d'artifice, les festivals, etc.

Affichage

En français à l'extérieur des magasins, bilingue français-anglais à l'intérieur. La loi 178 sur l'affichage commercial de 1988 amende la loi 101 favorable à l'affichage unilingue français.

Alcools nationaux

La bière, bien sûr ! (Quoique les Québécois apprécient tout autant le vin).
Les bières de microbrasserie québécoise sont très appréciées (bière naturelle, goût distinctif) : la Belle Gueule, la Boréale (blonde, brune ou rousse), la Saint-Ambroise, la Maudite, la Blanche de Chambly, la Massawippi, entre autres.
Les pommes sont utilisées pour faire du cidre et du cidre de glace (une liqueur faite à base de pommes cueillies après les premiers gels). Il y a aussi des boissons plus exotiques (mais plus fortes !), comme le vin de bleuet ou le caribou (vin rouge, bière et alcool blanc). Attention, si vous conduisez, plus de 0,08 g/l d'alcool dans le sang est un délit.

Aurore boréale

Polaire ou australe. Phénomène lumineux provoqué par le rejet de particules électriques solaires dans la haute atmosphère.
Au contact de l'oxygène et de l'azote, ces particules se colorent et créent un effet visuel spectaculaire que l'on peut observer dans le Grand Nord.

Site de la Nouvelle-France, Amérindienne, Saguenay

Autochtones (Amérindiens et Inuits)

Au Québec vivent les Mohawks (près de Montréal : réserves d'Oka et de Kahna-wake), les Cris (Baie James et Grand Nord), les Algonquins (Abitibi-Témiscamingue), les Atikamek (Mauricie), les Montagnais (côte Nord et Lac-Saint-Jean), les Micmacs (Gaspésie), les Abénaquis (vallée du Richelieu), les Hurons (à Wendake, près de Québec), les Malécites (Bas-Saint-Laurent) et les Inuits (baie d'Hudson et péninsule d'Ungava).

Bleuet

Fruit local produit par l'airelle à feuilles étroites qui ressemble à notre myrtille. Il a longtemps marqué le mode de vie de la campagne, poussant sur des terrains déboisés par brûlis, ceci étant exceptionnel dans des régions peu fertiles comme celle du lac Saint-Jean. Il est l'emblème de cette région.

Boîte à chansons

Typiquement québécoises, les boîtes à chansons sont des petites salles de spectacles aux allures de cafés où se produisent des chanteurs. Félix Leclerc, Gilles Vigneault et Robert Charlebois y ont fait leurs premiers pas.

Dépanneur

Ces petits commerces québécois ouvrent très tard le soir et 7j/7. Certains fonctionnent jour et nuit. On y achète le journal, les cigarettes, la bière (*vente d'alcool interdite aux moins de 18 ans et après 23h*), du lait, des conserves, quelques produits frais, de la confiserie et parfois des fleurs. Les tarifs y sont plus élevés qu'au supermarché, mais comme leur nom l'indique, cela dépanne.

Écologie

Les Québécois sont de plus en plus écolos. De très gros efforts ont été entrepris pour la sauvegarde et l'assainissement des cours d'eau. Les nombreuses usines de pâtes à papier y ont rejeté des déchets très polluants. Les campagnes de recyclage domestique ont porté leurs fruits. Par contre, le transport en commun hors des grandes villes reste peu utilisé.

Églises

Elles sont légion mais vides ! On peut les visiter, les admirer et il faut quelquefois payer pour ça. Les basiliques de pèlerinage sont impressionnantes par leur ampleur, mais les grands rassemblements n'ont lieu qu'à la veille de Noël et à la Saint-Sylvestre.

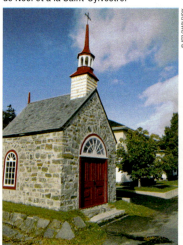

Église, Île aux Coudres

Été des Indiens

Il survient après les premiers gels qui suivent la période estivale, soit vers la fin octobre jusqu'à début novembre et résulte des bouffées de chaleur qui remontent du golfe du Mexique en direction du Québec. Cette expression se traduit par le fait que cette période de réchauffement était mise à profit par les Amérindiens pour parfaire les réserves avant l'hiver.

Été indien

Forêt

Elle couvre près de deux tiers du territoire québécois, dont plus de 500 000 km² sont considérés comme productifs. La forêt boréale, essentiellement constituée de conifères, alimente les industries des pâtes et papiers de la construction. Dans la forêt mixte, on trouve conifères et feuillus ; les principales essences exploitées sont l'épinette et le sapin.

Hiver

« *Mon pays, ce n'est pas un pays, c'est l'hiver* », chantait Gilles Vigneault. Présent 120 à 160 jours par an, l'hiver est rigoureux. Six à huit tempêtes majeures jalonnent ces mois blancs et au moins 3 m de neige s'accumulent.

Hockey

Le hockey est le sport national par excellence. En 2005, tous les matchs furent annulés en raison d'une grève de la ligue.
Certains joueurs choisirent alors de joindre des équipes américaines et européennes. Néanmoins, les négociations entre joueurs et propriétaires ont abouti à un accord et la saison a repris en 2006.

Immigration

Extrêmement importante dans la région de Montréal. Dans les régions, elle est à peu près inexistante.
On compte 80 ethnies dont une population majoritairement francophone mais aussi d'importantes communautés, anglo-saxonne, chinoise, italienne, grecque, portugaise, haïtienne, irlandaise et juive.

Inukshuk

Les Inuits préféraient traquer le caribou dans l'eau, en kayak. Afin d'inciter les animaux à rentrer dans l'eau, ils construisent des silhouettes de pierres appelées *inukshuks* à proximité des lacs.

Joual

Langage populaire émaillé d'anglicismes. Son nom illustre la prononciation particulière qui le caractérise, cheval se prononçant joual. Dans les années soixante-dix, alors qu'on redécouvrait et valorisait une certaine culture populaire, le joual devint pour certains, un mode d'affirmation par rapport au français de France.
Trente ans plus tard, le joual, quoique toujours parlé, a perdu presque toute sa charge symbolique.

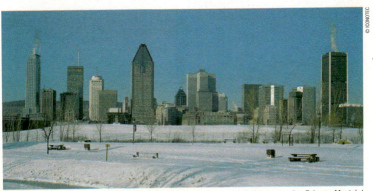
En hiver, parc des Écluses, Montréal

Faire / Ne pas faire

▶ **Penser à laisser un espace entre vous et la personne** qui vous précède dans une file d'attente.

▶ **L'accent et les expressions diffèrent entre la France et le Québec,** et c'est tant mieux ! N'oubliez pas que chacun trouve que c'est l'autre qui a un accent.

▶ **N'oubliez pas le service** au restaurant, dans les bars ou les taxis. Si on l'appelle tip, le pourboire fait ici partie intégrante du salaire. Un service correct mérite environ 15 % de pourboire, soit le montant des deux taxes cumulées.

▶ **Comme partout, certains sujets déchaînent les passions.** Prenez donc garde aux discussions concernant la langue anglaise, le séparatisme, les Amérindiens, et surtout ce qui est mieux en France… A moins bien sûr d'être disposé à en débattre.

Marchés

Chaque région possède son marché. Les grands marchés alimentaires ont lieu dans les villes. Des comptoirs de fruits, fleurs et légumes longent les principales routes des régions du Québec et offrent des spécialités.

Marchés d'art

Ils sont nombreux. On y trouve surtout de la sculpture, de la peinture (lithos, pierres à savon, papiers fins, encres, aquarelles) et de l'orfèvrerie. Un grand nombre de galeries sont situées à Montréal, dans la rue Notre-Dame Ouest. On en trouve aussi à Québec, Sherbrooke, Chicoutimi, Tadoussac et Baie-Saint-Paul.

Pourvoirie

Domaine forestier constitué de lacs et de rivières alloué par l'Etat québécois à un particulier ou à une société en vue d'une exploitation commerciale et touristique. Chasse et pêche sont pratiquées traditionnellement. On vient y passer la semaine ou le week-end. Les pourvoiries (on en compte 600) possèdent toute l'infrastructure pour accueillir chasseurs et pêcheurs mais aussi simples amoureux de la nature.

Rang

Parcelle de terrain rectangulaire, perpendiculaire à une rivière qui s'étend jusqu'à la route la plus proche. Ce découpage date du début de la colonisation, lors du partage de territoire appartenant alors à la Couronne. Le terme est ensuite élargi aux terrains perpendiculaires à une route ou un chemin, sans accès à l'eau, distribués aux nouveaux venus.

Spa

Un terme vaste qui désigne à peu près n'importe quel salon de beauté. Il inclut aussi les bains scandinaves, qui poussent comme des champignons partout au Québec. Le principe : on passe du chaud (sauna, hammam ou bain chaud) ou froid (rivière ou douche froide). On en ressort profondément détendu. Une expérience à essayer, surtout en hiver.

© MICKAEL DAVID / AUTHOR'S IMAGE

Cabane à sucre, sirop d'érable

Souvenirs

Si vous n'avez pas pu vous procurer du sirop d'érable auprès d'un producteur de Beauce, achetez-le en boîte ou en bouteille. Mais attention, prenez-le 100 % pur, qualité AA, pour ne pas vous retrouver avec du sirop de poteau. On peut l'acheter dans les magasins d'alimentation de Montréal, de Québec et en région. Autres souvenirs : l'artisanat autochtone, très cher quand il est beau, notamment les sculptures inuits. Mieux vaut acheter dans les réserves car l'artisanat y est détaxé, donc moins cher. Vous pourrez vous y procurer mocassins, raquettes à neige, calumets, bijoux, peaux, boîtes en écorce de bouleau…

Tabous

Le nucléaire. Les Amérindiens. Pour une majorité : l'affichage en d'autres langues. Les femmes québécoises surveillent l'exploitation du corps féminin.

Tempérament

Latin d'Amérique, c'est-à-dire bouillant sous un calme apparent. Mais il a aussi le cœur sur la main. Son humeur change avec les saisons qui sont très marquées. A la fin de l'hiver, le Québécois boude, rage et prie pour que le printemps arrive enfin, et il grognera jusqu'aux premiers rayons chauds du soleil. En été, il est bon enfant, surtout s'il est près de l'eau. Le Québécois sait rester calme et discipliné : dans les embouteillages, klaxonner est très mal vu. Enfin, le Québécois ne s'obstine jamais, contrairement à d'autres…

Toundra

Elle se compose d'un tapis de lichens et de mousses, sans arbre ni arbuste et couvre 17 % du territoire, soit tout le nord du Québec à partir du 58e parallèle, jusqu'au sud de la baie de l'Ungava. On y trouve renard, lièvre arctique, caribou, bœuf musqué, sans oublier, en mer et le long des côtes, l'ours blanc et des mammifères marins comme le phoque et le morse.

Tutoiement

Il fait partie des mœurs du Québec. Il s'établit en fonction de l'âge, les personnes de moins de 30 ans sont généralement tutoyées. Les gens de même génération se tutoient. Il n'est pas rare qu'un employé de service public tutoie son interlocuteur de même qu'un employé à l'égard de son employeur.

Vente de garage

Lors des beaux jours, le week-end généralement, les ventes de débarras (braderie ou vide-grenier) fleurissent sur les trottoirs. Une occasion pour dénicher une bonne affaire (bibelots, objets démodés… disposés à même le sol), rencontrer le voisinage ou jeter un coup d'œil instructif permettant au voyageur d'observer les goûts des Québécois et les modes passées.

Vice national

Les clubs de danseuses nues sont dans les villes comme dans les campagnes. Ces établissements licenciés offrent des spectacles de filles qui se déshabillent en trois chansons. Vous pouvez voir la fille nue de votre table. Elle danse sur son tabouret, près de vous, pour environ 6 $ la chanson. Les femmes ne sont pas en reste : sur le même principe, les gogo-boys se déshabillent pour elles ! Aussi, la danse à 10 $ dans une cabine où le client peut toucher.

Survol du Québec

Bastion de la culture francophone, le Québec est la plus vaste province du Canada, dont elle occupe 15 % du territoire. Trois fois plus grande que la France et aussi étendue que l'Alaska, la Belle Province atteint 1 500 km d'est en ouest et 2 000 km du nord au sud. Outre une gamme variée de paysages allant des vastes espaces du bouclier canadien aux montagnes appalachiennes, en passant par la grande plaine du Saint-Laurent où se concentre la majorité de la population, le Québec offre une déclinaison de climats, une mosaïque de populations ainsi qu'une flore et une faune particulières.

PRINCIPALES RÉGIONS NATURELLES

© ICONOTEC

Monts Otish, Grand Nord

Bouclier canadien

Au nord du Québec, autour de la baie James et de la baie d'Hudson, le bouclier canadien occupe 80 % de la superficie totale de la province du Québec. Composé de granite et de gneiss, ayant subi pendant des milliards d'années un intense et constant travail d'érosion, cette immense surface a été recouverte d'eau, ensevelie sous d'épaisses couches de sédiments marins puis soumise à l'érosion glaciaire. La fonte de la calotte glaciaire a créé, dans le fond des vallées, des myriades de lacs qui occupent 16 % de la surface du Québec. Les paysages du bouclier sont constitués essentiellement de plateaux profondément entaillés de rivières et interrompus, par endroits, de massifs montagneux de 1 000 m à 1 500 m d'altitude : monts Otish au centre, chaîne des monts Torngat à l'ouest, à la limite du Labrador, dont le mont Iberville (1 622 m) est le point culminant du Québec. Très peu peuplé, le bouclier recèle d'énormes ressources naturelles ; il est recouvert d'une forêt gigantesque et possède un réseau hydrographique exceptionnel constituant un énorme potentiel hydroélectrique : réservoirs Caniapiscau, La Grande, Eastmain, Manicouagan (ancien cratère de météore). Tout au nord, la péninsule d'Ungava, territoire des Inuits (Nunavik), est le domaine de l'Arctique, des aurores boréales et du sol gelé en permanence (pergélisol).

Plateau d'Abitibi

Au sud de la baie James, ce plateau s'étend le long de la frontière avec l'Ontario, entre la rivière des Outaouais et la plaine d'Eastmain. Il est parcouru par de grands fleuves (Abitibi, Harricana). L'érosion glaciaire y a créé un paysage plat ponctué de collines témoignant d'une activité volcanique à l'époque précambrienne. Au sud, la boucle de la rivière des Outaouais délimite la région de la Témiscamingue, où sont installées des fermes laitières au creux de collines couvertes d'épinettes. Les immenses forêts boréales d'Abitibi ont attiré jadis les marchands de fourrures, puis les compagnies forestières et les industries papetières. Au XXᵉ siècle, l'exploitation des mines de cuivre et d'or a été à l'origine de la naissance de villes pionnières comme Val-d'Or, Rouyn-Noranda et Témiscamingue.

Laurentides

Au sud du plateau d'Abitibi, les Laurentides s'étendent entre la rivière des Outaouais et celle du Saguenay. Constituées de crêtes arrondies s'élevant de 600 m à 800 m et de vallées parcourues par des rivières d'orientation

Vue aérienne des Laurentides

nord-sud se jetant dans le Saint-Laurent, elles offrent cependant quelques sommets plus élevés, tels le Mont-Tremblant (968 m) au nord de Montréal et le mont Blanchard (1 161 m) dans le massif des Grands Jardins. Les Laurentides finissent à l'estuaire du Saint-Laurent en un spectaculaire escarpement appelé Côte du Charlevoix.

Fjord du Saguenay et lac Saint-Jean

Dû à un affaissement tectonique, le lac Saint-Jean occupe une cuvette reliée à l'estuaire du Saint-Laurent par la rivière du Saguenay. La basse vallée du Saguenay forme, à la hauteur de Tadoussac, un magnifique fjord qui a été creusé par les glaciers, le long de la zone de fracture des Laurentides.
Les bateaux de haute mer peuvent remonter le fjord jusqu'à la ville de Chicoutimi. Les parois rocheuses forment un véritable canyon à certains endroits (cap Eternité, cap Trinité). Les effets des marées du Saint-Laurent se font ressentir jusqu'à Chicoutimi. Des centaines de baleines à fanons – notamment le rorqual commun, le rorqual à bosse et le petit rorqual – et à dents, comme le beluga, reviennent chaque été à l'entrée du fjord, à Tadoussac, pour faire leur plein de krills, particulièrement abondants dans cette zone.

Côte Nord

De l'autre côté du fjord du Saguenay s'étend la côte Nord, rive nord du Saint-Laurent. Peu peuplée, c'est une plaine côtière battue par les vents s'étirant sur plus de 1 000 km jusqu'au Labrador, entaillée d'étroites vallées où s'engouffrent de puissantes rivières. De nombreux ouvrages hydrauliques s'y succèdent (complexe Manic-Outardes, au nord de Baie-Comeau). Au large de Havre-Saint-Pierre, l'archipel des Mingan (parc national) offre des paysages spectaculaires de rochers rouges, tout comme l'île sauvage d'Anticosti, importante réserve de chasse.

Plaine du Saint-Laurent

Elle est comprise entre le bouclier canadien au nord et les Appalaches au sud-est, entre Montréal et Québec, et s'élève progressivement vers le nord-est et la péninsule gaspésienne. A l'est, entre Montréal et les Appalaches, les collines montérégiennes ont une altitude inférieure à 500 m.
Ce sont d'anciens culots volcaniques constitués de lave solidifiée. La forêt se compose de conifères et de feuillus (bouleaux, érables, trembles). Les basses terres bénéficient d'un sol fertile et d'un climat plus clément : on y cultive le maïs, l'avoine, l'orge et le blé et on y pratique l'élevage laitier. La population urbaine se concentre essentiellement autour des deux grandes villes de Montréal et Québec, situées toutes deux sur la rive gauche du Saint-Laurent.

Appalaches et Basses Terres (Cantons de l'Est, Beauce)

Séparées du Saint-Laurent par la faille Champlain, les Appalaches s'étendent au nord-est le long de la frontière américaine, où les Etats du Vermont, du New Hampshire et du Maine séparent la province canadienne du Nouveau-Brunswick de celle du Québec. Ces montagnes, de formation plus récente que le bouclier canadien, ne dépassent pas une altitude moyenne de 500 m, les plus hauts sommets atteignent toutefois 1 200 m.

© SÉPAQ - JEAN-PIERRE HUARD

Paysage hivernal, Parc national de la Gaspésie

Cette chaîne résulte du choc des plaques continentales américaines et eurasiennes. Les sommets rabotés par l'érosion ont engendré un paysage ondulé où alternent crêtes et vallées creusées par les rivières. Les hauteurs sont couvertes de feuillus (érables à sucre, chênes, hêtres), tandis que les plaines sont le domaine de l'agriculture mixte.

Les Cantons de l'Est occupent la partie sud-ouest des Appalaches, le long de la frontière des Etats-Unis, à l'est de Montréal, et offrent des montagnes verdoyantes entaillées de vallées profondes.

C'est le lieu de villégiature des Montréalais (sports nautiques en été, ski en hiver). La Beauce s'étend de part et d'autre de la rivière de la Chaudière, qui débouche du lac Mégantic pour se jeter dans le Saint-Laurent.

Tout comme son homonyme français, la Beauce québécoise est une vaste étendue, plate et monotone, de terres fertiles. Vergers, vignobles, pâturages, fermes laitières caractérisent sa partie ouest, tandis que le reste du pays beauceron est occupé par la plus forte concentration d'érablières du Québec (fabrication du sirop d'érable).

Bas-Saint-Laurent et Gaspésie

Au nord des Basses Terres et des Appalaches, la chaîne des monts Sutton se prolonge par les monts Notre-Dame, dont les versants nord descendent sur une étroite bande de terre le long du Saint-Laurent, appelée Bas-Saint-Laurent, où l'on cultive l'avoine et l'orge.

De l'autre côté de la rivière Matapédia débute la péninsule gaspésienne, comprise entre l'estuaire du Saint-Laurent, le Nouveau-Brunswick et le golfe du Saint-Laurent. Elle est dominée, au nord, par les monts Chic-Chocs, culminant au mont Jacques-Cartier (1 268 m) dont les versants sont couverts d'épaisses forêts boréales. La péninsule abrite plusieurs parcs naturels (parc de la Gaspésie, parc national de Forillon) et réserves. A l'estuaire du Saint-Laurent, le littoral nord de Gaspésie est parsemé de charmants villages de pêcheurs tandis que la pointe gaspésienne, tournée vers le golfe du Saint-Laurent, brossé par les vagues, est particulièrement sauvage et spectaculaire, notamment à Forillon et à Percé. Au sud de la péninsule, les Hautes Terres sont profondément entaillées par de nombreuses rivières qui se jettent toutes dans la baie des Chaleurs. Protégée des vents polaires, cette région bénéficie d'un microclimat qui lui a valu le nom de Québec méridional. Au large de la Gaspésie, dans le golfe du Saint-Laurent, les grès rouges des Appalaches ont donné naissance aux îles de la Madeleine, archipel isolé et battu par les vents polaires, domaine de la banquise en hiver.

LE PAYS DU FROID ET DE LA FORÊT

Un climat rigoureux à forte amplitude thermique

De par son étendue, sa latitude et sa position à l'extrémité orientale du continent nord-américain, le Québec est soumis à d'importants écarts de température : longs hivers rigoureux (de 0 °C à -25 °C en moyenne) et courts étés chauds (de 11 °C à 30 °C), caractéristiques d'un climat continental à forte amplitude thermique (Montréal : moyenne estivale 22 °C, moyenne hivernale - 9 °C).

Cependant les variations climatiques sont notables : les régions proches du Saint-Laurent jouissent d'un climat plus tempéré et plus humide mais, à mesure que l'on remonte vers le nord, les hivers deviennent glacés et les étés se rafraîchissent (climats subarctique et arctique), l'écart des températures entre les saisons subsistant toutefois (en territoire inuit : moyenne estivale 11 °C, moyenne hivernale - 24 °C).

L'hiver s'annonce dès le mois de novembre et dure jusqu'en mai. Il tombe environ 2,50 m de neige entre novembre et avril. Quand il neige, la température s'adoucit.

Le facteur vent joue un rôle capital dans le phénomène du froid. Le vent soulève la neige poudreuse, créant des poudreries et formant des congères. Les pluies et le verglas sont fréquents.

On passe brutalement de l'hiver à l'été mais aussi de l'été à l'hiver, le printemps et l'automne étant des saisons intermédiaires brèves. Le printemps (fin avril et mai) est la période du dégel.

La saison estivale est courte (de juin à début septembre) mais chaude et humide, surtout dans la région de Montréal et le sud du Québec où il peut faire plus de 30 °C. Pendant les quinze premiers jours d'octobre, l'été indien offre parfois, après les premières gelées, quelques jours de répit et de beau temps chaud. C'est le dernier clin d'œil du soleil, une ambassade de l'été venue pavoiser avant l'arrivée des grands froids. Jadis, les Indiens profitaient de ces beaux jours pour aller à leurs dernières chasses en forêt avant l'hiver. C'était aussi l'époque où les premiers colons subissaient les ultimes attaques des Indiens avant les grands froids.

Les précipitations sont particulièrement abondantes dans les régions bordant l'océan Atlantique et la baie d'Hudson (jusqu'à 1,10 m par an) mais diminuent vers le nord. Le climat humide du sud du Saint-Laurent et de la frange atlantique se traduit, l'été, par une atmosphère lourde et moite, et, l'hiver, par un fort enneigement, des brouillards et des tempêtes.

Le domaine de l'épinette et de l'érable

La couverture végétale dépend d'un ensemble de facteurs : la latitude, l'altitude, l'influence océanique et les microclimats particuliers. Ainsi, le vaste plateau d'Abitibi, la région du Saguenay-Lac-Saint-Jean et la côte Nord sont le domaine de l'épaisse forêt boréale, dominée par les résineux aux fûts droits et élancés, adaptés à une courte saison de croissance, dont les principales espèces à bois tendre sont représentées par l'épinette noire, le sapin baumier, le pin gris et le pin de Banks, auxquels s'ajoutent de rares bouleaux. La forêt boréale occupe toute la partie sud du bouclier canadien jusqu'au massif des Laurentides.

DÉCOUVERTE

© AUTHOR'S IMAGE

Motoneiges, Mont Tremblant, Les Laurentides

Plus au nord (entre le 58ᵉ et le 49ᵉ parallèle) commence la taïga, formation boisée soumise au climat subarctique, composée de bouquets d'épinettes noires, de mélèzes laricins et de bouleaux blancs, s'éclaircissant au nord pour céder la place à une végétation rabougrie puis rampante de lichens et de mousses adaptés au climat arctique : c'est la toundra (péninsule d'Ungava).

Le dégel de l'été reste ici superficiel car le sol, gelé en permanence (pergélisol), empêche les maigres précipitations de s'y infiltrer, créant une couche de terre mal drainée appelée muskeg. Les étés trop courts et trop froids empêchent la croissance des arbres. Durant les longs jours de la brève saison estivale, la toundra herbeuse se pare de fleurs aux couleurs intenses de jaune et de rose et offre la cueillette de ses nombreuses baies (camarine noire, chicouté). Dans le sud du Québec, des Laurentides méridionales aux régions côtières de la Gaspésie, règne la forêt à feuilles caduques dominée par de nombreuses variétés d'érables, mais qui comprend aussi d'autres feuillus à bois dur comme le hêtre, le chêne, le frêne, le caryer, le tilleul d'Amérique auxquels s'ajoutent, plus au nord ou en altitude, le sapin baumier, le bouleau blanc et jaune. Au moment de l'été indien, les arbres des forêts, et notamment les érables, se parent de merveilleuses couleurs chatoyantes jaunes, rouges, orangées et ocre.

■ UNE FAUNE PRÉSERVÉE

Le territoire du Québec abrite une faune particulière dont la variété diminue à mesure que l'on remonte vers le nord. On y dénombre 50 espèces de mammifères, 350 espèces d'oiseaux et 120 espèces de poissons. Au nord, dans la toundra, vivent l'ours polaire, le lièvre arctique, le renard blanc, le faucon gerfaut, le harfang des neiges. La taïga abrite d'importants troupeaux de caribous (rennes du Canada) comptant plus de 500 000 têtes.

Observation des baleines dans le fjord du Saguenay

Le centre et le Sud du Québec sont riches en réserves fauniques où se côtoient l'orignal (sorte d'élan), le caribou, le cerf de Virginie, le carcajou, le porc-épic, la mouffette rayée, les petits animaux à fourrure (marmotte, martre, loutre, castor, hermine, renard roux, lynx, raton laveur), l'ours noir, le loup, les oiseaux (geai bleu, grand pic), ceux de proie (grand duc d'Amérique, aigle à tête blanche, faucon émerillon, buse…) et toutes sortes de canards comme le huart à collier, et d'échassiers comme le grand héron. Signalons aussi que le Québec se situe sur la route migratoire des bernaches du Canada et des oies des neiges. Les rives du Saint-Laurent permettent l'observation des oiseaux mais aussi celle des baleines (région du Saguenay, côte Nord, île d'Anticosti). En effet, de nombreux mammifères marins fréquentent les eaux du Saint-Laurent et du golfe, lors de leurs migrations saisonnières : phoque, beluga, rorqual à bosse, rorqual commun et petit rorqual. Les eaux du golfe sont également riches en homards (îles de la Madeleine). Les myriades de lacs et de cours d'eau abondent en saumons (Gaspésie, île d'Anticosti) mais aussi en éperlans, brochets, truites mouchetées et perches.

Parcs nationaux et provinciaux

Parcs nationaux du Canada

Les quatre parcs nationaux de la Mauricie, du parc marin du Saguenay-Saint-Laurent (géré conjointement par Parcs Canada et Parcs Québec), de Forillon et de l'Archipel-

Écureuil du Mont Royal, Montréal

de-Mingan sont gérés par Parcs Canada (gouvernement du Canada). Ils ont été créés pour préserver des sites naturels exceptionnels tout en les ouvrant au public. Randonnées, diaporamas, vidéos, expositions, conférences permettent de découvrir leur environnement naturel. Chaque parc possède un bureau d'information. Ils sont en général équipés de terrains de camping et proposent des activités selon la saison : baignade, canot, kayak, pêche, randonnée pédestre, vélo, équitation, plongée sous-marine, escalade, ski de fond, raquette, etc. Pour tous renseignements, adressez-vous à :

■ **PARCS CANADA**
25, rue Eddy, Gatineau, Québec
✆ (418)-648-4177/1-888-773-8888
www.parcscanada.gc.ca

Parcs nationaux du Québec

Parcs Québec a pour mission la protection permanente et la mise en valeur de milieux naturels représentatifs de l'une ou l'autre des 43 régions naturelles du Québec ou de lieux qui possèdent des caractéristiques naturelles exceptionnelles. Les parcs nationaux du Québec sont établis et gérés en vertu des mêmes standards que les parcs nationaux implantés partout dans le monde. Ils doivent ainsi répondre à deux grands objectifs : la protection permanente de milieux naturels et

l'accessibilité du public à des fins éducatives et de pratique d'activités de plein air. Les 22 parcs nationaux du Québec sont gérés par la Société des établissements de plein air du Québec (Sépaq). Ils offrent également une multitude d'activités de découverte de la nature déclinées le long des quatre saisons : baignade, canot, chaloupe, kayak, pêche, randonnée pédestre, vélo, plongée sous-marine, ski de fond, randonnée pédestre sur neige, raquettes, etc.

Réserves fauniques

Les réserves fauniques du Québec forment un territoire de 67 000 km² de nature sauvage où la pêche et la chasse sont à l'honneur.
Les 16 réserves fauniques gouvernementales sont gérées par la SEPAQ (Société des établissements de plein air du Québec). Elles offrent en plus des nombreuses activités de plein air proposées, la possibilité de chasser et de pêcher. Chasse au gros gibier (ours, orignal) et au petit gibier. Pour tous renseignements, adressez-vous à :

■ **SEPAQ**
Place de la Cité, Tour Cominar
2640, boulevard Laurier, Bureau 250
2ᵉ étage, Québec (Québec) G1V 5C2
✆ (418)-890-6527/1-800-665-6527
www.sepaq.com

Portrait de James Wolfe

Des premiers peuplements à l'arrivée des Européens

Le peuplement du continent nord-américain s'est effectué, il y a plus de 12 000 ans, à la fin de la période glaciaire, par des peuplades de chasseurs venues de Sibérie. Par vagues successives, elles franchirent le détroit de Béring (séparant la Sibérie de l'Alaska), alors gelé, à la poursuite de gibier (bisons, caribous, élans, mammouths). Elles se dispersèrent ensuite sur l'ensemble des terres habitables du continent américain, développant des modes de vie spécifiques adaptés à leur milieu : ce sont ces indigènes que les premiers Européens, croyant être parvenus aux Indes, baptisèrent Indiens et appelèrent sauvages (mot n'ayant rien de péjoratif à l'époque, venant du latin *silva*, la forêt, et désignant ceux qui y vivent). Nous les nommons aujourd'hui Amérindiens. Avec le recul des glaciers, certains peuples remontèrent ensuite vers la baie d'Hudson. Dans les forêts de l'Est du Canada, les Algonquins, nomades, vivaient de la chasse et de la pêche. Au Sud, autour des Grands Lacs, les Hurons et Iroquois étaient déjà sédentarisés. La Gaspésie était habitée par les Indiens Micmacs. Dans les régions subarctiques du Nord et la côte Nord, les Montagnais menaient une existence nomade de chasseurs de caribous. Dans les régions polaires du Nord du Québec, vivaient les Thulé, ancêtres des Inuits, qui auraient traversé le détroit de Béring dans des umiaks, bateaux collectifs, entre 6 000 et 5 000 ans avant J.-C., avant de se fixer le long des côtes arctiques de la péninsule d'Ungava. Habitant l'hiver dans des igloos, l'été dans des tentes de peau ou des huttes de tourbe, ils subsistaient essentiellement grâce à la chasse au phoque, au morse, à la baleine, au bœuf musqué et au caribou.

Vers l'an mille, les Vikings visitèrent la Terre de Baffin et la côte du Labrador, pénétrèrent dans le détroit de Belle-Isle et s'installèrent sur la côte Nord-Ouest de Terre-Neuve. Cependant, leurs séjours sur cette terre riche en bois, en pâturages et en saumons, qu'ils nommèrent Vinland parce qu'ils y avaient trouvé de la vigne sauvage, furent de courte durée en raison du climat polaire et des attaques esquimaudes. L'installation viking est attestée par les sagas, ces récits héroïques (le plus célèbre étant celui de l'hivernage de Leif Eriksson) qui racontent leurs voyages en Amérique du Nord à partir de leur établissement au Groenland, et par les récentes fouilles archéologiques de l'Anse-aux-Meadows, à Terre-Neuve.

Ensuite, le continent américain retomba dans l'oubli. Il faudra attendre le XVᵉ siècle et les progrès de la navigation pour que les grands navigateurs européens se lancent à la conquête des océans, à la recherche d'une nouvelle route vers les Indes. Dès 1497, Jean Cabot, navigateur italien à la solde du roi d'Angleterre, aborde la terre canadienne, au nord-ouest de Terre-Neuve. Les pêcheurs de morue (Portugais, Français et Anglais) fréquentaient déjà les eaux poissonneuses de Terre-Neuve et de la Nouvelle-Ecosse, de même que les chasseurs de baleine (Basques), concentrés dans le détroit de Belle-Isle, s'aventuraient jusque dans l'estuaire du Saint-Laurent. Ce furent les premiers qui entrèrent en contact avec les indigènes. Puis, le 24 juillet 1534, le Malouin Jacques Cartier quitte Saint-Malo avec trois bateaux : la Grande Hermine, la Petite Hermine et l'Emerillon, débarque à Gaspé, explore le golfe du Saint-Laurent, remonte le fleuve jusqu'à Hochelaga (Montréal) après s'être

© BIBLIOTHÈQUE ET ARCHIVES Canada

arrêté au village de Stadaconé (Québec), entre en contact avec les Iroquois, au cours de trois expéditions qui s'échelonnent jusqu'en 1542, et prend possession de tous ces territoires au nom du roi de France, François Ier. C'est lui qui donne son nom au Canada (de *Kanata*, signifiant village). Mais il est vite déçu par cette terre qu'il juge inhospitalière, glacée et dénuée d'intérêt. La France délaissera le Canada jusqu'à la fin du XVIe siècle. A défaut d'épices, les Européens découvrent une autre richesse, celle des fourrures. La France décide alors de créer un vaste réseau de postes de traite sur les rives du Saint-Laurent : en 1599, le premier comptoir de commerce provisoire, dit tabagie, est installé à Tadoussac. Puis, en 1605, Pierre du Gua-de-Monts fonde Port-Royal en Nouvelle-Ecosse : l'Acadie vient de naître. Pour organiser le commerce français des peaux, Samuel de Champlain accoste, le 3 juillet 1608, sur la rive nord du Saint-Laurent et fonde le premier poste de traite permanent, à *Kebek*, mot algonquin signifiant endroit où le fleuve se rétrécit. Il explore tout l'est du Canada jusqu'au lac Huron (1616), tandis que les Anglais Hudson et James explorent la baie d'Hudson. Un lent processus de colonisation commence alors. Avec l'arrivée des jésuites en 1625 et des trappeurs, le mode de vie des Indiens va se trouver sensiblement modifié. S'ils parviennent à résister aux missionnaires jésuites cherchant à les convertir à la religion catholique, les indigènes sont rapidement décimés par des guerres meurtrières, les maladies endémiques venues d'Europe et les méfaits de la colonisation. Le commerce des fourrures restera durant tout le XVIIe siècle la principale activité économique de la colonie, le monopole de ce commerce étant détenu par plusieurs compagnies qui, en échange promettent au roi de France de peupler le pays, d'entretenir les missionnaires et d'assurer la défense du territoire.

La Nouvelle-France

A la suite des expéditions de Jacques Cartier, c'est la France qui, la première, établit au Canada des colonies le long du Saint-Laurent. Après la ville de Québec, fondée en 1608 par Samuel de Champlain, ce sera Trois-Rivières en 1634, Ville-Marie (Montréal) en 1642. Les colons français défrichent les forêts pour cultiver les sols tandis que le négoce des fourrures s'organise. Attirés par ce commerce lucratif, les Français entreprennent d'explorer le nouveau continent à la recherche de peaux d'ours, de loup, de fourrures de martre, de vison, la plus prisée étant celle du castor : c'est de là que vient le feutre servant à confectionner les chapeaux, les manteaux et les chaussures pour lesquels la demande est très forte en Europe. C'est ce qui amène les Français à nouer des relations commerciales avec les Hurons, les Montagnais et les Micmacs, tous excellents chasseurs qui deviennent des partenaires économiques indispensables. En échange des fourrures, ces derniers reçoivent des chaudrons en cuivre ou en fer, des outils, de l'alcool et des fusils : il s'agit d'un commerce de troc. Intermédiaires entre les trappeurs indiens et les représentants des grandes compagnies, les coureurs des bois (Français qui voyageaient partout à l'intérieur du continent afin d'encourager les Amérindiens à commercer) ouvrent des voies de pénétration.

© BIBLIOTHÈQUE ET ARCHIVES CANADA / GEORGE AGNEW REID

L'arrivée de Champlain à Québec en 1608

Chronologie

La Nouvelle-France (1534-1763)

▶ **1534** > le Malouin Jacques Cartier débarque à Gaspé et prend possession du Canada au nom de François Ier.

▶ **1604** > première exploration de Samuel de Champlain sur le fleuve Saint-Laurent.

▶ **1608** > Samuel de Champlain fonde la ville de Québec.

▶ **1627** > pour favoriser la colonisation, Richelieu fonde la Compagnie de la Nouvelle-France qui détient le monopole du commerce des fourrures.

▶ **1629-1632** > les Anglais occupent le Québec.

▶ **1642** > Paul Chomedey de Maisonneuve fonde Ville-Marie (Montréal).

▶ **1648-1650** > la Confédération huronne, alliée de la France, est anéantie par les Iroquois qui contrôlent la vallée du Saint-Laurent.

▶ **1654-1667** > les Anglais occupent l'Acadie (Nouvelle-Ecosse).

▶ **1663** > avec l'intégration par Colbert de la Nouvelle-France dans le domaine royal, le système administratif des provinces françaises régit la colonie.

▶ **1670** > fondation de la Compagnie britannique de la baie d'Hudson qui devient une importante rivale des trappeurs de la Nouvelle-France.

▶ **1713** > les conflits franco-britanniques en Europe ont des répercussions sur les colonies : le traité d'Utrecht, qui met fin à la guerre de Succession d'Espagne, permet aux Anglais d'annexer les territoires de la baie d'Hudson, de Terre-Neuve et de l'Acadie rebaptisée Nouvelle-Ecosse par les Anglais.

▶ **1741-1748** > guerre franco-britannique qui se termine avec le traité d'Aix-la-Chapelle par le rétablissement du statu quo.

▶ **1755** > le Grand Dérangement : les Anglais procèdent à la déportation de plusieurs milliers de francophones d'Acadie.

▶ **1759** > défaite française à la bataille des Plaines d'Abraham. Reddition de la ville de Québec aux Anglais.

▶ **8 septembre 1760** > la capitulation du dernier gouverneur général français, le marquis de Vaudreuil, à Montréal, marque la fin de la Nouvelle-France. Les Anglais dominent désormais l'Amérique du Nord.

▶ **10 février 1763** > conformément au traité de Paris, la France cède toutes ses possessions canadiennes aux Anglais, sauf l'archipel de Saint-Pierre-et-Miquelon.

Le régime anglais (1763-1867)

▶ **1774** > l'Acte de Québec organise la nouvelle colonie anglaise, le Québec. Il maintient les lois criminelles anglaises et rétablit les lois civiles françaises.

▶ **1783** > à la suite de l'indépendance des Etats-Unis, 40 000 loyalistes demeurés fidèles à la couronne britannique se réfugient au Canada, notamment dans les Cantons de l'Est.

Lord Durham, 1853

Assemblée Internationale à Québec des délégués des législatures du Canada, 27 octobre 1864

▶ **1791** > l'Acte constitutionnel instituant un gouvernement représentatif partage le pays en deux provinces : le Haut-Canada (Ontario) anglophone et le Bas-Canada (Québec) francophone.

▶ **1837-1838** > révolte des Patriotes.

▶ **1841** > l'Acte d'union institue un seul gouvernement pour le Haut-Canada et le Bas-Canada : le Canada-Uni.

La Confédération canadienne

▶ **24 mai 1867** > l'Acte de l'Amérique du Nord britannique crée la Confédération canadienne qui regroupe les provinces de Québec, de l'Ontario, du Nouveau-Brunswick et de la Nouvelle-Ecosse. Le nouvel Etat, appelé aussi dominion canadien, obtient la totale maîtrise de ses affaires étrangères, mais la couronne britannique reste représentée. La province du Québec se voit garantir le maintien de sa particularité française et catholique.

▶ **1874** > adoption d'une loi sur les Indiens qui définit les devoirs de l'Etat envers eux. Création des Réserves indiennes.

▶ **1887** > la construction du premier chemin de fer transcontinental, le Canadian Pacific Railway, déclenche un immense mouvement d'immigration vers l'ouest.

▶ **1871-1911** > le pays est alternativement gouverné par les conservateurs et les libéraux.

Le Québec moderne

▶ **1948** > le Québec adopte son drapeau provincial doté de fleurs de lys.

▶ **1960** > début de la révolution tranquille : le gouvernement du Québec prend d'importantes mesures économiques et sociales.

▶ **1967** > visite du général de Gaulle, qui lance « *Vive le Québec libre !* » Exposition universelle de Montréal. Les états généraux du Canada français tenus à Montréal décident une orientation vers l'indépendance du Québec et le rejet catégorique du fédéralisme canadien.

▶ **1968** > fondation du Parti québécois (PQ, indépendantiste) par René Lévesque. Le dynamique Canadien français, Pierre-Elliott Trudeau, résolument hostile au séparatisme, arrive à la tête du gouvernement libéral du Canada, qu'il quittera en mai 1984. Les principaux problèmes qui se posent sont la volonté d'indépendance du Québec et la crise économique.

▶ **1969** > les Amérindiens et les Inuits acquièrent le droit de vote au Québec.

▶ **1970** > Front de libération du Québec (prise d'otages). Projet de construction de centrales hydroélectriques dans la baie James et création de l'Association des Indiens et Inuits du Québec.

▶ **1975** > la Convention de la baie James et du Nord québécois est signée entre les Cris et les gouvernements québécois et canadien.

▶ **1976** > Jeux olympiques d'été de Montréal. René Lévesque, chef du Parti québécois, devient Premier ministre.

▶ **1977** > la loi 101 (charte de la langue française) est votée.

▶ **1980** > référendum sur la souveraineté du Québec : 60 % de non, 40 % de oui.

▶ **1982** > le Québec refuse de signer l'Acte de Constitution de 1982.

▶ **1985** > Robert Bourassa (Parti libéral du Québec) devient Premier ministre du Québec.
Le Vieux Québec devient le premier centre urbain nord-américain à être inscrit au Patrimoine mondial de l'Unesco.

▶ **1987** > deuxième sommet de la francophonie tenu à Québec.

▶ **1987-1990** > échec des accords du lac Meech : les provinces canadiennes refusant l'attribution d'un statut distinct pour le Québec, ce dernier maintient son refus d'adhérer à la Constitution de 1982.

▶ **1988** > création officielle du Nunavik, patrie des Inuits, à l'extrême nord de la province de Québec.

▶ **1990** > la Crise d'Oka, qui oppose les Mohawks aux gouvernements québécois et canadien, rallume le délicat problème du statut des Amérindiens.

▶ **Juin 1991** > émergence du Parti nationaliste : le Bloc québécois.

▶ **1992** > échec du référendum national sur l'attribution d'un statut spécial pour le Québec.
Montréal fête le 350ᵉ anniversaire de sa fondation.

▶ **1993** > le Bloc québécois (Parti fédéral séparatiste) devient l'opposition officielle à la Chambre des communes.

▶ **Septembre 1993** > Robert Bourassa annonce qu'il quittera la tête du Parti libéral du Québec en janvier 1994.

▶ **Octobre 1993** > élections générales. Jean Chrétien est élu Premier ministre du Canada.

▶ **Septembre 1994** > le Parti québécois remporte les élections législatives. Jacques Parizeau devient Premier ministre du Québec. Entrée en vigueur de l'Alena,

accord de libre-échange entre le Canada, les Etats-Unis et le Mexique.

▶ **Novembre 1995** > second référendum sur la souveraineté du Québec : le non l'emporte de quelques milliers de voix (50,5 % de non, 49,5 % de oui).
Jacques Parizeau démissionne. Lucien Bouchard le remplace.

▶ **1996** > la Commission royale d'enquête sur les autochtones du Canada préconise la création d'un gouvernement autochtone.

▶ **1998** > Lucien Bouchard et le Parti québécois sont reconduits au pouvoir.

▶ **1999** > en septembre, le 8ᵉ sommet de la francophonie réunit à Moncton (Nouveau-Brunswick) 52 chefs d'Etat et gouvernements de pays où le français est parlé. Thème central : la jeunesse et sa contribution à l'avenir de la francophonie. Entrée en fonction du gouvernement du nouveau territoire inuit : le Nunavut.
En automne : élections législatives au Québec.

▶ **2001** > Lucien Bouchard démissionne. Bernard Landry le remplace.

▶ **Avril 2003** > élections législatives. Jean Charest (Parti libéral du Québec) devient Premier ministre du Québec.

▶ **2004** > le scandale des commandites éclate au niveau du gouvernement fédéral. L'ancien et l'actuel gouvernement libéral sont accusés d'avoir détourné des fonds en vue de financer leur parti. Pour se faire, ils se sont entendus avec des agences de communication. Elles étaient chargées de redorer l'image du gouvernement fédéral au Québec, ce qui rend l'affaire doublement douloureuse pour les Québécois.
La commission parlementaire dite commission Gomery interroge les principaux responsables. C'est probablement la plus grande affaire de corruption de l'histoire du Canada.

▶ **2006** > les conservateurs prennent le pouvoir du pays, à la tête d'un gouvernement minoritaire dirigé par Stephen Harper.

DÉCOUVERTE

Campement des Loyalistes à Johnstown, 6 Juin 1784

Les Français vont se heurter à la concurrence des Anglais établis plus au sud, le long de la côte Atlantique. Bientôt, les deux communautés s'affrontent. Les tribus indiennes s'engagent, elles aussi, dans la lutte lorsque Champlain devient l'ennemi des Iroquois, partenaires commerciaux des Anglais.

Entre 1648 et 1660, la rivalité entre Français et Anglais va accentuer l'inimitié entre Hurons et Iroquois, tribus établies autour des Grands Lacs. Regroupés en une puissante confédération des Cinq-Nations, les Iroquois attaquent les Hurons, Montagnais, Algonquins, tous alliés des Français.

Les Iroquois finissent par écraser les Hurons, qui s'enfuient vers Québec, avant de se retourner contre les Français, ruinant leurs récoltes, entraînant le déclin du commerce des fourrures et celui de la jeune colonie française.

En 1663, sur décision de Louis XIV, la Neuve-France, ou Nouvelle-France, devient province française rattachée au domaine royal : elle est administrée par un gouverneur, responsable des affaires militaires, un intendant, chargé de la justice et des finances, et des propriétaires terriens. Les paysans représentent alors 80 % de la population.

La conquête anglaise

Les conflits d'intérêt entre la France et l'Angleterre vont entraîner une succession de guerres et de traités.

En 1713, le traité d'Utrecht cède Terre-Neuve à l'Angleterre ainsi que la baie d'Hudson et l'Acadie. En 1755, le colonel britannique sir Charles Lawrence ordonne la déportation des Acadiens, agriculteurs venus du Poitou, de Touraine et du Berry implantés depuis 1604

autour de la baie de Fundy (Nouvelle-Ecosse actuelle), afin d'installer, à leur place, des fermiers anglais : le Grand Dérangement, qui a lieu de 1755 à 1763, touchera plus de 10 000 Acadiens. Beaucoup d'entre eux s'enfuiront en Louisiane et se disperseront un peu partout.

La France conserve cependant l'île Saint-Jean (île du Prince-Edouard) et l'île Royale (île du Cap-Breton) où elle a érigé la puissante forteresse de Louisbourg pour contrôler l'accès au golfe du Saint-Laurent. Mais, à partir du Grand Dérangement, l'étau va se resserrer sur les Français : en juillet 1758, Louisbourg tombe aux mains des Anglais puis, l'année suivante, les Français conduits par le général Montcalm sont défaits devant Québec par les Anglais du général Wolfe, à la bataille des Plaines d'Abraham (1759), ce qui entraînera la reddition de la ville de Québec puis, en 1760, la capitulation de Montréal.

La Nouvelle-France ne compte alors que 80 000 habitants de souche française, tandis que les Anglais, au nombre de deux millions, n'ont qu'une idée : chasser les Français. En 1763, le traité de Paris cède la Nouvelle-France à l'Angleterre.

La France a définitivement perdu ses possessions canadiennes. Le résultat de cette conquête militaire est que les Français, catholiques et sujets d'une monarchie absolue, sont contraints de cohabiter avec les Anglais, protestants et sujets d'une monarchie constitutionnelle.

En 1774, l'Acte de Québec organise la nouvelle colonie anglaise, appelée désormais Québec. Toutefois il reconnaît les lois civiles françaises et garantit aux Canadiens le libre exercice de leur religion.

BIBLIOTHÈQUE ET ARCHIVES Canada

Sir Wilfrid Laurier, Premier ministre du Canada, 1896-1911

Personnages ayant marqué l'histoire du Québec

Jacques Cartier (vers 1494-1554)

Né à Saint-Malo, ce navigateur, surnommé le découvreur du Canada, parti à la recherche d'une nouvelle route vers les Indes, atteint, en 1534, Terre-Neuve et la côte du Labrador (déjà découvertes par Jean Cabot en 1497), avant de débarquer à Gaspé pour prendre possession du Canada au nom du roi de France, François Ier. Il entreprendra encore deux ou trois autres voyages (1535, 1541 et peut-être 1543) au Canada.

Samuel de Champlain (vers 1567-1635)

Né à Brouage en Saintonge, cet explorateur et colonisateur est envoyé par Louis XIII, en 1603, en mission de reconnaissance au Canada où il explore le Saint-Laurent jusqu'aux rapides de Lachine. Lors d'un second voyage, il explore la côte atlantique du Canada (1604-1607), avant d'établir une colonie française à Québec en 1608, s'alliant aux Algonquins et aux Hurons contre les Iroquois. Durant son séjour au Canada, il explore une partie des Grands Lacs (lacs Nipissing, Huron, Ontario et Champlain) en 1615-1616 mais se consacre surtout à l'organisation de la colonie dont il est nommé lieutenant-gouverneur par le duc de Montmorency en 1619.

En 1783, la Grande-Bretagne reconnaît l'indépendance des États-Unis, ses anciennes colonies américaines. Les premiers loyalistes américains, restés fidèles à la couronne britannique, arrivent au Canada et se réfugient dans les Cantons de l'Est (Québec). En 1791, une nouvelle Constitution crée le Bas-Canada (Québec) et le Haut-Canada (Ontario), octroyant à chacun une Assemblée législative.

La Confédération canadienne

Durant le XIXe siècle, le Parti des Canadiens français, ou Parti canadien, dirigé par Louis-Joseph Papineau, est constamment confronté à l'autorité d'un gouverneur anglais et d'un Conseil législatif qui rejette, la plupart du temps, les lois présentées à la Chambre. La politique des Anglais, aggravée par la crise sociale et l'exaspération des Canadiens français nationalistes, aboutit, en 1837-1838, à la Rébellion des Patriotes de la région de Montréal : la Constitution de 1791 est alors suspendue.

Pour tenter de rétablir la situation, le gouverneur général anglais Lord Durham propose l'union du Bas et du Haut-Canada, connue sous le nom d'Acte d'Union (1841), créant le Canada-Uni. Au libéralisme des débuts succède un conservatisme engendrant des crises qui ébranlent périodiquement le gouvernement. C'est dans ce climat agité que naît l'idée d'une confédération : l'Acte de Constitution de 1867 établit la Confédération canadienne qui comprend le Québec, la Nouvelle-Écosse, le Nouveau-Brunswick et l'Ontario. Cette Constitution établit la séparation des pouvoirs entre celui du gouvernement fédéral et ceux des provinces chargées notamment de l'instruction. Afin de garantir le droit des minorités (protestante au Québec, catholique dans les autres provinces), le système scolaire reposera plus sur la religion que sur la langue, système très controversé.

La Constitution utilisera dès lors le terme de Canada français s'appliquant à l'ensemble des provinces francophones du Québec, du Nouveau-Brunswick, de l'Ontario et du Manitoba. Sir Wilfrid Laurier sera le premier Canadien français à occuper le poste de Premier ministre (1896-1911). Au début des années 1900, le débat sur l'autonomie du Canada et sur la langue française menacée de régression (effective hors du Québec) par le développement commercial et l'industrialisation du pays suscite un nouvel élan nationaliste,

Pour en savoir plus sur l'histoire du Québec

▶ *Une histoire du Québec,* de Jacques Lacoursière, Renouv. Pédag, 2002. Portrait historique de l'évolution de la société québécoise, du début de la colonie jusqu'à nos jours.

▶ *Le Québec, un pays, une culture,* de Françoise Tétu de Labsade, Editions du Boréal, 2000.

▶ *Brève histoire du Québec,* de Jean Hamelin et Jean Provencher, Editions du Boréal, 1997.

▶ *Une histoire du Québec en photos,* d'Hélène-Andrée Bizier, Editions Fides, 2006.

▪ **LA LIBRAIRIE DU QUÉBEC**
30, rue Gay-Lussac, 75005 Paris
℡ 01 43 54 49 02
Elle dispose d'une belle collection d'ouvrages sur la Belle Province.

DÉCOUVERTE

sous l'impulsion du journaliste francophone Henri Bourassa. Celui-ci réclame à la fois une plus large autonomie du Canada à l'intérieur de l'Empire britannique et des provinces au sein de la Confédération canadienne. De son côté, Lionel Groulx défend la triple identité du Canadien français : catholique, francophone et rural.

Le Québec moderne

Après une période de centralisation fédérale et de conservatisme auxquels s'oppose le Premier ministre du Québec, Maurice Duplessis (1944-1959), le gouvernement du Québec prend, dans les années soixante, d'importantes mesures économiques, sociales et culturelles (régime de retraite, système de santé, éducation). C'est ce qu'on a appelé la révolution tranquille : elle a lieu sous Jean Lesage, Premier ministre libéral de 1960 à 1966. Désormais, l'Etat prend la relève de l'Eglise et de la famille. Jusque-là, le Québec était régi par un clergé omniprésent (la religion était le pivot de la société) et par l'élite britannique qui contrôlait financièrement sa vie économique (« *aîtres chez nous* » proclament les affiches). Cependant la montée du nationalisme se fait parallèlement au renforcement de l'Etat fédéral. Bientôt la souveraineté du Québec occupe le cœur des débats.

Les partisans du fédéralisme représentés par Pierre Elliott Trudeau, Premier ministre du Canada de 1968 à 1979 et de 1980 à 1984, s'opposent aux partisans de la souveraineté conduits par René Lévesque, chef du Parti québécois (fondé en 1968) et Premier

ministre du Québec de 1976 à 1985. Mais le référendum de 1980 sur l'indépendance du Québec est un échec, la majorité des Québécois s'étant prononcée contre la séparation. Les tensions entre la province du Québec et le gouvernement fédéral vont encore s'aggraver avec le refus du Québec de signer la Constitution canadienne de 1982. En 1987, les accords du Lac-Meech qui prévoient, pour le Québec, un statut spécial de société distincte n'aboutiront pas, en raison de l'opposition du Manitoba et de Terre-Neuve.

Le second référendum de 1995 sur la souveraineté du Québec, se soldant par un non à très faible majorité, est un nouvel échec pour les indépendantistes. Au printemps 1998, le Premier ministre Lucien Bouchard a renouvelé son engagement de tenir un référendum gagnant. La déclaration de Calgary reconnaît « le caractère unique de la société québécoise au sein du Canada » mais pas le Québec en tant que société distincte. En 1998, la question autochtone a porté sur l'idée d'une autonomie gouvernementale accordée aux premières nations.

C'est ainsi que, fin 1999, entre en fonction le gouvernement d'un nouveau territoire administré par ses habitants, les Inuits : le Nunavut (notre pays) qui rassemblera les territoires de l'Arctique du Centre et de l'Ouest autour de la baie d'Hudson, soit une zone de 2 millions de km^2. La question de la souveraineté du Québec ne semble plus au goût du jour, depuis les élections législatives d'avril 2003. Jean Charest et son parti libéral, à la tête de la Belle Province se veulent favorables au fédéralisme canadien.

Politique et économie

Une démocratie parlementaire et fédérale

Le système politique du Canada est très proche du modèle britannique. Cependant, deux points majeurs les différencient : le Canada dispose d'une Constitution écrite et son organisation est fédérale. La reine d'Angleterre est reine du Canada.

L'État fédéral

Membre du Commonwealth, le Canada est un Etat confédéral de régime parlementaire, composé de dix provinces et de trois territoires. Le système politique de la province du Québec s'inscrit dans le cadre de la Constitution de 1982 qui répartit les compétences législatives entre les gouvernements provincial et fédéral.

Le pouvoir législatif

Les lois s'appliquant au Québec sont votées par le Parlement provincial ou fédéral, en fonction du sujet (provincial ou fédéral). En ce qui concerne le Québec, le Parlement est constitué de l'Assemblée nationale et du lieutenant-gouverneur. Les 125 députés de l'Assemblée nationale sont élus pour cinq ans. Le lieutenant-gouverneur, nommé par le gouverneur général (qui sanctionne les lois) et constitue, avec l'Assemblée nationale, le Parlement. Le Parlement fédéral est constitué d'une Chambre des communes et d'un Sénat. Les Québécois élisent des représentants à la Chambre des communes d'Ottawa (295 membres élus pour cinq ans au suffrage universel). Ils sont également représentés au Sénat (104 membres nommés par le gouvernement fédéral).

Le gouvernement

Chaque province possède son propre gouvernement qui dispose de compétences complémentaires à celles de l'Etat fédéral.

Les gouvernements provinciaux et fédéral sont formés de façon identique : à chaque élection parlementaire, le chef de la majorité devient Premier ministre et forme son Conseil des ministres parmi les députés élus.

▶ **Système électoral.** Suffrage universel pour les citoyens, à partir de 18 ans. Le scrutin est uninominal et majoritaire à un tour, fondé sur le concept de la représentation territoriale. Chacun des 125 députés du Québec représente la population d'un comté. Le Québec est divisé en 17 régions administratives.

Le pouvoir judiciaire

Il comprend deux cours : la Cour du Québec, dont les juges sont nommés par le gouvernement du Québec, traite des affaires civiles, criminelles et pénales, tandis que la Cour supérieure a compétence en toute matière. La cour d'appel est le tribunal général pour toute la province, tandis que la Cour suprême (9 juges nommés par le gouvernement fédéral) constitue le tribunal d'appel.

Relations internationales et francophonie

Selon la Constitution, seul le gouvernement fédéral a compétence en la matière. Toutefois, afin de mieux assumer ses responsabilités en matière d'immigration, d'emprunts financiers internationaux, d'environnement mais surtout de culture, le Québec s'est doté d'un ministère des Affaires internationales et d'un ministère des Affaires culturelles qui ont permis la création de délégations (dont celle de Paris) et de bureaux à l'étranger. Le Québec joue un rôle de plus en plus actif au sein de la francophonie. La ville de Québec a accueilli, en 1987, le 2e sommet de la francophonie. Depuis 1988, la province participe à TV5, la télévision internationale de langue française.

Retrouvez l'index général en fin de guide

ÉCONOMIE

C'est l'abondance de ses richesses naturelles qui fait la force de l'économie québécoise. Le Québec dispose de vastes forêts, de riches terres agricoles, d'industries extractives mais surtout d'un énorme potentiel hydroélectrique. Aujourd'hui, l'essentiel de ses activités économiques repose sur le secteur secondaire (25 % du produit intérieur brut) et sur le secteur tertiaire, c'est-à-dire les services (70 %), le secteur primaire (agriculture) représentant seulement 2 %.

Le commerce des fourrures

Jusqu'au XIXᵉ siècle, il a joué un rôle majeur dans le développement des postes de traite, permis la colonisation de régions éloignées et fait de Montréal la capitale nord-américaine du commerce des peaux. Aujourd'hui, le piégeage des animaux à fourrure (3 millions par an), activité héritée des Amérindiens exercée par les trappeurs regroupés en coopératives, occupe une place négligeable dans l'économie du pays, bien que le Canada soit, avec la Russie, le principal fournisseur de fourrures au monde.

© AUTHOR'S IMAGE

Pêcheurs

L'industrie du bois

Elle a pris le relais des fourrures en jouant, à partir du XIXᵉ siècle, un rôle économique vital dans certaines régions comme l'Abitibi, la côte Nord, la Mauricie et le Saguenay-Lac-Saint-Jean.
L'exploitation des immenses forêts a été source de revenus importants. La consommation intérieure était en effet considérable : non seulement le bois servait à la construction des navires et à celle des maisons, mais il était utilisé pour le chauffage car il était indispensable de chauffer les maisons pour affronter les froids rigoureux de l'hiver.
Ce bois était en partie exporté vers l'Angleterre.
Au XXᵉ siècle, il servait essentiellement à la fabrication de la pâte à papier dont la demande devint grandissante avec le développement de la presse à grand tirage.
La pâte à papier était exportée brute pour être transformée ensuite en papier journal. Aujourd'hui, le tiers de la production canadienne de pâte à papier provient du Québec, qui en exporte la moitié aux Etats-Unis.

L'agriculture et l'élevage

Jusqu'au début du XXᵉ siècle, le Québec était une province essentiellement agricole, les produits laitiers représentant une part importante du marché.
Aujourd'hui, l'agriculture représente peu (à peine 2 %). Les principales régions agricoles se situent à proximité du Saint-Laurent : Bas-Saint-Laurent, Beauce, Gaspésie produisent lait, porcs, bovins, volailles, céréales (maïs, orge, blé, avoine), cultures maraîchère et fruitière (bleuets, pommes, fraises et framboises).

La pêche

Elle se pratique essentiellement en Gaspésie, sur la côte Nord et aux îles de la Madeleine, mais contribue peu au produit intérieur brut (1 %). On pêche essentiellement la morue, le flétan, le hareng, le maquereau, le sébaste, le saumon et les crustacés (crabe, homard, crevette).

L'exploitation minière

Le sous-sol du Québec est particulièrement riche en minéraux métalliques : or, argent, fer, cuivre, zinc, plomb, nickel.

L'industrie extractive a connu, au Québec, trois grandes périodes : celle de l'amiante dans les Cantons de l'Est à la fin du XIXe siècle, celle de l'or et du cuivre en Abitibi au début du XXe siècle et, après 1945, celle du fer sur la côte Nord et dans le nord-est du Québec (Schefferville). Elle représente aujourd'hui 8 % de la production canadienne.

L'hydroélectricité

C'est la principale ressource du Québec, qui en exporte environ 15 %. Elle fournit l'énergie nécessaire à l'industrie du bois, à la pétrochimie et à l'électrométallurgie (Alcan, Reynolds). C'est dans les années soixante que le gouvernement provincial, à l'instigation de René Lévesque alors ministre, décida que l'expansion économique du Québec devait nécessairement passer par la nationalisation de l'électricité et l'exploitation de l'immense potentiel hydroélectrique des régions nordiques dont il confia l'aménagement à la société d'Etat Hydro-Québec, créée en 1963.

Première réalisation : le complexe Manic-Outardes

Les premières grandes centrales électriques, qui, dans les années soixante, ont été créées sur les rivières aux Outardes et Manicouagan par la société Hydro-Québec ont symbolisé la volonté des Québécois de prendre en main leur développement économique : ce fut, au nord de Baie-Comeau, la réalisation du gigantesque complexe Manic-Outardes, où ont été mises au point de nouvelles technologies défiant tout ce qui auparavant avait été accompli en matière d'ingénierie. Réalisé dans une vaste région sauvage, ce complexe comporte sept centrales et a nécessité l'édification de digues, réservoirs et barrages.

La Convention de la baie James et du Nord québécois

Toutefois l'implantation et l'exploitation de ces gigantesques centrales n'étaient pas sans avoir d'impact sur l'environnement des populations autochtones des régions nordiques, ce qui alimentait nombre de controverses.

Ce fut le cas des Cris, population amérindienne établie autour de la baie James appartenant à la famille linguistique algonquienne, scolarisée en anglais dès 1950 par le gouvernement fédéral et ayant, dans les années soixante-dix, accédé à un degré élevé d'autonomie : les Cris dirigent aujourd'hui de nombreuses sociétés, et possèdent même leur propre compagnie aérienne, Air Creebec. Ce sont eux qui, les premiers, se sont dressés contre Hydro-Québec, chargé en 1971 par le Premier ministre libéral, Robert Bourassa, de l'ambitieux projet de la baie James qui prévoyait le détournement, vers la rivière La Grande, des rivières Eastmain et Opinaca au sud, et de la rivière Caniapiscau à l'est, de manière à créer cinq réservoirs. Pour ce faire, le gouvernement du Québec créa la Société

Ramassage du bois, Ste-Catherine-de-la-Jacques-Cartier

DÉCOUVERTE

Pour en savoir plus sur l'économie québécoise

■ **INSTITUT DE LA STATISTIQUE DU QUÉBEC**
www.stat.gouv.qc.ca

▶ *L'Economie des territoires du Québec,* de Marc-Urbain Proulx, Coll. « Science régionale », Presses de l'Université du Québec, 2002.

▶ *L'Echiquier touristique québécois,* de Serge Gagnon, Coll. « Tourisme », Presses de l'Université du Québec, 2003.

de développement de la baie James (SDBJ) pour l'exploitation des richesses naturelles de la région et la Société d'énergie de la baie James (SEBJ) pour la coordination technique du projet. Dès le début se posa la question juridique des droits des autochtones. Les populations locales, Cris et Inuits, obtinrent l'arrêt des travaux. Il s'ensuivit des négociations avec les gouvernements fédéral et québécois sur leurs revendications territoriales.

C'est ainsi qu'en novembre 1975 fut signée la Convention de la baie James et du Nord québécois. C'était la première fois qu'un accord portait sur le règlement des revendications territoriales des autochtones au Canada. Par cette convention, les Amérindiens et Inuits renonçaient à certains de leurs droits en échange d'avantages : droits exclusifs de chasse, pêche et piégeage dans des zones strictement délimitées, constitution de conseils autonomes de gestion dans les administrations régionales et municipales, participation aux décisions du projet d'aménagement hydroélectrique, sans oublier une substantielle compensation financière versée par les gouvernements du Canada et du Québec.

▶ **Le projet de la baie James.** Il prévoyait à long terme la réalisation de 19 centrales regroupées en trois complexes. Aujourd'hui, seule la première phase des travaux a été réalisée avec la mise en service du complexe de La Grande. Les deux autres phases de ce projet colossal ne verront peut-être jamais le jour : dès 1980, les problèmes de surproduction d'énergie et d'écoulement des excédents, résultant de la saturation du marché intérieur québécois et d'une croissance de la demande inférieure aux prévisions, ont freiné l'ambitieux programme de construction. Aujourd'hui Hydro-Québec exporte ses surplus vers les Etats-Unis (Nouvelle-Angleterre) et les provinces canadiennes de l'Ontario et du Nouveau-Brunswick. En 1979, la centrale souterraine (137 m sous terre) de LG2 (plus celle additionnelle de LG2A), la plus puissante du Québec, a été la première ouverte, suivie de LG3 en 1982, de LG4 en 1984. La construction de LG1 (1995) constitue la première tranche de la phase 2 du projet. A lui seul, le complexe de La Grande représente une puissance de 15 698 000 kW. Il a nécessité l'ouverture de 1 500 km de routes, la création de 5 aéroports, 5 villages (dont celui de Radisson) et la construction de 215 barrages et digues. Il a employé 20 000 ouvriers et a coûté plus de 14 milliards de dollars.

Technologies de pointe et tourisme

En plus des secteurs industriels, le Québec fonde sa croissance sur le développement de technologies de pointe sur les marchés internationaux. Il excelle dans les domaines comme l'aérospatiale, les produits pharmaceutiques, les technologies de l'information, les télécommunications. Le secteur du tourisme compte plus de 29 000 entreprises à travers le Québec. Elles offrent des services de restauration, d'hôtellerie, de divertissement, de loisirs et de transport.

Entreprises françaises au Québec

On compte plus de 250 filiales d'entreprises françaises au Québec qui place la France au troisième rang des partenaires commerciaux. Banques : BNP, Société générale, Crédit Lyonnais, CCF ; grandes sociétés : Alcatel, Alstom, Axa, Essilor, Lafarge, L'Oréal, Nouvelles Frontières, Maison de la France, Hachette, Michelin, Vivendi-Universal, et, plus de 100 PME. Des entreprises telles que Ubi Soft, Gemplus, Sextant Avionique se sont implantées, de même que Castorama a acquis Reno-Dépôt (bricolage).

Population

Les peuples des premières nations

1,2 % de la population québécoise se déclare d'origine autochtone, soit 82 824 (chiffres 2004) personnes d'ascendance amérindienne ou inuit : ce sont les peuples des premières nations. Les Inuits habitent la toundra arctique des espaces nordiques. Ils se sont fait récemment reconnaître l'autonomie de leur territoire, le Nunavut, et ont leur propre langue, l'inuktitut. Les Inuits du Québec peuplent la péninsule d'Ungava, le Nunavik.

Les Amérindiens du Québec comptent onze nations divisées en trois grandes familles linguistiques : les Algonquiens de la forêt boréale, les Iroquoiens de la plaine du Saint-Laurent et les Inuits du Nunavik. Les Algonquiens, les plus nombreux, regroupent les Algonquins, les Cris, les Micmacs, les Malécites, les Montagnais (ou Innus, Innuat), les Naskapis, les Abénaquis et les Atikameks. Les Iroquoiens sont représentés par les Hurons-Wendats et les Mohawks.

Ces 11 nations autochtones se répartissent dans 54 communautés dispersées sur l'ensemble du territoire du Québec, certaines comptant moins de 200 habitants, d'autres plus de 5 000, situées près des grands centres urbains ou bien en milieu éloigné, 15 villages inuit se trouvant au nord du 55e parallèle.

LES AMÉRINDIENS, PREMIERS OCCUPANTS DU QUÉBEC

On réduit trop souvent l'histoire de ce qu'on appelle le Nouveau Monde à celle de sa colonisation par l'Ancien, épisode récent par rapport à la longue présence de l'homme sur le continent.

Les premiers occupants de l'Amérique furent les Amérindiens qui, venus d'Asie en franchissant le détroit de Béring par vagues successives, ont fait preuve d'une certaine ingéniosité pour subsister dans un environnement souvent hostile. Aujourd'hui le Canada compte 630 000 Amérindiens et Inuits divisés en différentes nations dispersées sur l'immensité du territoire, dont 82 824 vivent au Québec.

De part et d'autre du Saint-Laurent et des lacs Ontario et Erié, les fameux Iroquois devinrent l'ethnie la plus puissante en formant, au XVIe siècle, la Confédération des Cinq-Nations qui s'allia aux Anglais pour combattre les Hurons (nom donné par les Français aux Wendats, en raison de leur coiffure en forme de hure), groupe iroquois dissident, et les Algonquins, également alliés des Français. Les Hurons-Wendats, qui constituaient alors un groupe important, seront décimés par les maladies apportées par les Européens. Sédentaires, les Iroquois (Mohawks) cultivaient le maïs ainsi que la fève et la courge. Ils vivaient dans de longues maisons communes en écorce, et étaient organisés en une société matriarcale et démocratique. Plus à l'est, les Provinces atlantiques (Nouveau-Brunswick, Nouvelle-Ecosse) et la Gaspésie étaient occupées par une autre confédération comprenant notamment les Abénaquis, les Malécites et les Micmacs, remarquables navigateurs qui, à bord de leurs frêles canoës d'écorce, traversaient le golfe du Saint-Laurent pour gagner les îles de la Madeleine, Anticosti, la côte Nord et Terre-Neuve.

A Terre-Neuve vivaient les Béothuks, disparus dès 1829, exterminés par les colons. Plus au nord, plusieurs groupes nomades de langue algonquine menaient dans la forêt de conifères une existence nomade assez semblable : les Montagnais-Naskapis et les Atikameks de la côte Nord et du Labrador, les Algonquins au nord des Grands Lacs, les Cris de la baie d'Hudson tirent leur subsistance de la chasse, notamment au caribou, de la pêche et de la cueillette.

Comme les Iroquois, ils se déplacent au moyen du canoë l'été, des raquettes et du traîneau, l'hiver.

Autres temps, autres termes

A la recherche d'un passage vers les Indes, les premiers explorateurs européens croient fouler le sol du continent asiatique. C'est la raison pour laquelle ils appelleront, à tort, Indiens les habitants du Nouveau Monde.

Cela durera jusqu'au XXe siècle où l'on préférera le terme d'Amérindiens à celui d'Indiens. Le terme d'Amérindien désigne tous les Indiens des Amériques (venus d'Asie par le détroit de Béring, à la fin de l'époque glaciaire), dont l'habitat et le mode de vie se seraient étendus à l'ensemble du continent, exception faite des régions arctiques. Le mot « indien » portant à confusion n'est plus guère utilisé au Québec. Il en va de même des appellations « tribu », « indigène » ou « sauvage ». On parle désormais de premières nations ou de peuples autochtones. La loi constitutionnelle de 1982 reconnaît les Amérindiens et les Inuits comme étant des autochtones, c'est-à-dire des personnes vivant sur un territoire habité par leurs ancêtres depuis des temps immémoriaux.

Les Inuits se distinguent nettement des Amérindiens par leur culture, leur langue, leur mode de vie et le moment de leur arrivée sur le continent. Le terme d'inuit est, lui aussi, récent – on disait autrefois esquimau – et désigne l'ensemble des peuples vivant dans les régions polaires. En effet, inuit signifie « être humain » en langue inuit, tandis que esquimau signifie « mangeur de viande crue » en algonquien. On comprend donc l'origine de la connotation péjorative du terme esquimau.

Les Amérindiens aujourd'hui

Le lien des Amérindiens avec la nature est très étroit. Il ne se borne pas à l'exploitation pure et simple : il s'agit au contraire d'une utilisation intelligente d'un potentiel limité de ressources écologiques. Que reste-t-il de ce mode de vie, après l'arrivée des Européens ?

Mode de vie traditionnel

C'est lentement que l'influence européenne se fit sentir, si bien que certaines nations comme les Cris et les Montagnais ont pu préserver jusqu'à maintenant une partie de leur culture. Le christianisme a cherche a en éliminer tout ce qui lui faisait concurrence, à commencer par la religion et la mythologie. Les missionnaires, qui ont toujours un certain pouvoir auprès des autochtones, ne sont pas étrangers à leur sédentarisation, datant parfois d'il y a moins de cinquante ans. La création de réserves n'eut pas systématiquement pour but – comme aux Etats-Unis – d'isoler les Amérindiens, mais plutôt de les protéger. A La Romaine, sur la basse côte Nord, ce sont les Amérindiens eux-mêmes qui, dans les années cinquante, ont choisi l'emplacement sur lequel le gouvernement a fait construire leur village, à l'embouchure de la rivière Olomane. La réserve regroupe 750 Montagnais qui voisinent avec 170 Québécois francophones. Certaines nations, notamment les Montagnais, continuent de faire de longs séjours dans la nature, et d'y mener des activités de chasse, de pêche et de cueillette qui restent essentielles. De nombreux Amérindiens ont surtout su garder une réelle connaissance d'un milieu difficile auquel ils se sont adaptés de manière spécifique.

Chefs Iroquois de la Réserve des Six-Nations en train de lire des ceintures Wampun

Une adaptation à l'arrivée de l'homme blanc

Etant donné le peu de ressources dispersé sur de grands espaces et l'alternance particulière des saisons, cette adaptation repose principalement sur le nomadisme, aujourd'hui éteint, mais dont la vie dans le bois conserve de nombreux traits, à commencer par des moyens de déplacement parfaitement adaptés au terrain. Compte tenu du nombre infini des rivières et des lacs, le canoë est le moyen de déplacement idéal dans la forêt, et ce type de bateau se retrouve avec une certaine unité chez de nombreuses nations. C'est une embarcation non pontée, longue et mince, qui passe dans les endroits les plus étroits et les moins profonds. Grâce à sa légèreté, elle peut être portée sur le dos d'un seul homme : les Amérindiens utilisent ainsi de nombreux sentiers de portage pour relier les lacs et contourner les chutes. En effet, le canoë est fait d'un matériau très léger : la charpente est en bois de bouleau savamment courbé et longuement travaillée ; elle était autrefois recouverte d'écorce de bouleau qui, gorgée d'eau devenait étanche ; l'écorce est aujourd'hui remplacée par de la toile imperméable. Le bateau, très maniable, est propulsé par un ou deux hommes au moyen de pagaies simples, la pagaie arrière faisant en même temps office de gouvernail. On peut aussi ajouter une voile carrée.

Chasse et pêche

Les Amérindiens chassent toutes sortes d'animaux, des plus grands aux plus petits. Parmi les mammifères, les plus appréciés sont le caribou, l'orignal, le castor, le porc-épic. Sur les côtes, les mammifères marins sont aussi chassés, notamment les phoques. Beaucoup d'oiseaux sont consommés : oies et canards, plongeons, gallinacés, mais aussi oiseaux de mer, limicoles, rapaces. Les armes traditionnelles, comme l'arc ou le lance-pierres, ne sont plus utilisées que par les enfants. Depuis longtemps, l'arme principale est le fusil. Les Amérindiens posent en outre des collets pour les lièvres et les gallinacés, et des pièges pour le gibier à fourrure comme la martre et le vison. Ils possèdent aussi des chiens de chasse capables de se glisser partout dans la forêt touffue et dont ils se servent pour débusquer le gibier. Les Amérindiens pêchent une part importante de leur nourriture. Ils posent de petits filets, principalement pour la truite, et ont conservé le harpon pour le saumon. Enfin, ils complètent ce régime majoritairement carnivore par une importante cueillette. Ils consomment de nombreuses sortes de baies : bleuets, framboises, groseilles, chicoutées, anisette, graines rouges, camarine noire. Signalons que ce sont eux qui ont appris aux Européens à exploiter la sève d'érable pour la fabrication du sirop.

Pour en savoir plus sur les Amérindiens du Québec

Le Québec regorge de salles d'exposition et de sites consacrés à l'histoire des Amérindiens et des Inuits. Nous conseillons en particulier le musée des Civilisations à Hull (en face d'Ottawa), le Musée de la civilisation de Québec et le musée McCord à Montréal. Les plus aventureux se rendront jusqu'au musée Daniel Weetaluktuk, à Inukjuak, au Nunavik.

▶ **Le site Internet du secrétariat aux Affaires autochtones** est bien fait : www. autochtones.gouv.qc.ca

▶ **Le film** *Atanarjuat, la légende de l'homme rapide* (2001) réalisé par Zacharias Kunuk relate à merveille une légende inuit.

▶ *Les Autochtones du Québec : des premières alliances aux revendications contemporaines,* de A. Beaulieu, Editions Fides, 2001.

▶ *Image inuit du Nouveau-Québec,* de C. Saucier, Musée canadien des Civilisations, 1988.

▶ *La Question indienne au Canada,* de René Dupuis, Editions du Boréal, 1991.

▶ *Légendes amérindiennes,* de Jean-Claude Dupont, Editions Dupont, 1993.

▶ *L'Indien généreux, ce que le monde doit aux Amériques,* de Denis Vaugeois, Editions du Boréal/Septentrion, 1992.

▶ *Les Amérindiens et les Inuits du Québec d'aujourd'hui,* de Denys Dumas, Montréal, Secrétariat aux affaires autochtones,1992.

▶ *Mon sauvage au Canada. Indiens et réserves,* de F. Dallaire, Paris, L'Harmattan, 1995.

Les Européens ont introduit la farine de blé : les Amérindiens confectionnent du pain qu'ils font cuire sur le poêle ou dans du sable chaud, ainsi que des pâtisseries comme des beignets et des crêpes. Le pain, ou bannique, est consommé à tous les repas en grande quantité et accompagne les produits de la chasse et de la pêche.

La viande et le poisson se mangent le plus souvent bouillis, et l'on ne perd alors rien de la soupe nourrissante dans laquelle on les a fait cuire. Le poisson est très souvent fumé, ce qui permet sa conservation, et on le mange ensuite réchauffé sur le poêle. Le lien entre les populations autochtones et le milieu naturel, perturbé par l'arrivée de l'homme blanc, s'est pourtant partiellement maintenu. Il est certain que la chasse actuelle, notamment en raison de l'usage du fusil, a plus d'impact sur l'environnement que le mode de vie d'antan.

Un statut à part

Le clivage perdure entre les Amérindiens et les Blancs, accentué par une méconnaissance réciproque. Les Amérindiens ont un statut fiscal privilégié, mais bénéficient des mêmes avantages sociaux que les Blancs, et même d'autres avantages particuliers. Ils bénéficient d'un statut dérogatoire pour la chasse et la pêche.

La question amérindienne au Canada

Le Canada actuel s'efforce, plus que par le passé, de se préoccuper de ses minorités, mais la collaboration reste difficile. Les questions autochtones sont à la fois confiées au gouvernement fédéral et aux gouvernements provinciaux, entre lesquels les pouvoirs ne sont pas toujours bien répartis. Mais, depuis que les Amérindiens commencent à s'unir, leurs revendications politiques sont de plus en plus écoutées. Au Québec, la question amérindienne reste épineuse, son poids étant sans commune mesure avec le petit nombre que représentent les autochtones.

Descendants des Iroquois, les Mohawks des réserves d'Oka, de Kanesatake et de Kahnawake (près de Montréal) sont aujourd'hui l'un des groupes les plus actifs dans les revendications autonomistes, comme l'a démontré la crise d'Oka de 1990. Ils font aussi de la contrebande de cigarettes et d'armes avec les Etats-Unis, juste en face, trafic que le gouvernement provincial du Québec n'ose réprimer, de peur de mettre le feu aux poudres.

Par ailleurs, les Cris de la baie James, qui ont contribué à leur propre essor économique en signant, en 1975, la Convention de la baie James et du Nord québécois, négocient avec brio avec Hydro-Québec qui se trouve sur leurs terres, en exigeant de cette compagnie des sommes rondelettes.

Quant aux Micmacs de Restigouche, jadis fidèles alliés des Français, ils ont adopté la langue anglaise et se sont mis à l'heure des Provinces atlantiques, alors que leur réserve se situe en terre québécoise.

Si les Amérindiens du Québec ont le sentiment d'être les laissés-pour-compte du développement économique de la province, les Québécois, quant à eux, trouvent curieux que les revendications des 71 400 Amérindiens s'exercent plus violemment au Québec que dans le reste du Canada, d'autant plus que les Amérindiens du Québec ont un niveau de vie supérieur aux autres Amérindiens. En conséquence, ils se demandent si la crise amérindienne n'est pas le résultat des tensions qui s'exercent entre le gouvernement fédéral anglophone et le gouvernement provincial québécois, et sont tentés de rendre Ottawa responsable de cette agitation…

Tourisme autochtone

A la fin des années quatre-vingts, certaines nations ont commencé à accueillir des touristes sur leurs territoires, dans le but de leur faire connaître leur environnement, leur habitat et leur culture. Elles organisent aussi des expéditions en motoneige et des randonnées pédestres. Les Hurons-Wendats ont recréé un village traditionnel à Wendake, près de Québec, et vivent en partie du tourisme. Quant aux Montagnais-Innuats, ils ont su développer le tourisme d'aventure qui correspondait le mieux à leur mode de vie traditionnel en utilisant leurs territoires de chasse ancestraux. Les Micmacs, quant à eux, ont élaboré un plan important de développement touristique en aménageant des centres d'interprétation de l'environnement, en créant un musée de la culture micmac et en reconstituant des villages. Les Naskapis du Grand Nord, à la frontière du Labrador, organisent, depuis 1988, des expéditions nordiques en motoneige.

Toponymie amérindienne

Beaucoup de noms de lieux d'origine autochtone sont descriptifs : ils permettaient aux Amérindiens de se repérer lors de leurs migrations.

LES INUITS : QUI SONT-ILS ?

L'Arctique canadien est habité par les Inuits (ou Esquimaux) qui peuplent aussi le Groenland, l'Alaska et l'extrémité orientale de la presqu'île des Tchouktches en Sibérie. Cette population d'une densité extrêmement faible ne compte, au total, qu'une centaine de milliers d'individus. Au Canada, ils vivent essentiellement sur les côtes et les îles des Territoires du Nord-Ouest, sur la Terre de Baffin ainsi qu'au Québec, dans 15 villages situés sur les littoraux de la baie d'Hudson, du détroit d'Hudson, et de la péninsule d'Ungava, devenue le Nunavik, qui signifie, dans la langue des Inuits, la terre où nous vivons. *Inuk* (pluriel *Inuits*), nom que se donnent les Esquimaux, signifie « être humain ». Le mot *Eskimo* a son origine dans la langue algonquienne, où il signifie mangeur de viande crue, terme de connotation péjorative par lequel les Amérindiens désignaient ce peuple ennemi. Les missionnaires français l'orthographièrent *Esquimau*, féminin *Esquimaude*, pluriel *Esquimaux*.

Il devint *Eskimo* en anglais. Venus comme les Amérindiens, mais plus tardivement, d'Asie par le détroit de Béring, les Inuits présentent des caractéristiques nettement mongoloïdes. Toujours installés près des côtes, ils vivent principalement de la chasse aux mammifères marins (essentiellement le phoque mais aussi le morse, le narval et les baleines) et aux mammifères terrestres (caribou, ours polaire, bœuf musqué, renard polaire, lièvre arctique), ainsi qu'à certains oiseaux (canards, lagopèdes, harfangs des neiges). Les techniques de chasse restent très diverses, mais le fusil s'est substitué aux armes traditionnelles, le harpon demeurant toutefois un complément efficace. Les Inuits pratiquent aussi la pêche, principalement aux poissons de mer (requin, morue, flétan, truite saumonée, saumon, omble arctique, capelan) et, pour certaines ethnies localisées, aux poissons d'eau douce. La pêche se pratique généralement sur – ou plutôt sous – la banquise (couche de glace formée par la congélation de l'eau de mer), au moyen d'un éventail d'outils variant selon les ethnies et les poissons recherchés : hameçons, filets, nasses, harpons à poissons. Les Inuits pratiquent en outre la cueillette pendant le bref été arctique, mais leur régime alimentaire reste essentiellement carnivore : ils dépendent, selon leur milieu de vie, du phoque et/ou du caribou. C'est aussi la fourrure et la peau de ces animaux qui procurent aux Inuits les vêtements qui leur permettent de supporter le froid. Pour ce qui est de l'habitat, le stéréotype veut qu'ils habitent dans une maison de briques de neige disposées en forme de coupole : l'igloo. Cependant le mot igloo ne désigne pas seulement cette maison de neige mais toute forme d'habitat, lequel varie selon les saisons : l'été, les Inuits vivent dans des tentes de peaux, l'hiver dans la maison de neige ou dans une maison de pierres et de mottes d'herbes. Le nomadisme est également à l'origine de moyens de déplacement aussi aboutis que le traîneau à chiens, qui existe également chez les Amérindiens, et le kayak.

Contrairement au canoë, le kayak est une embarcation généralement monoplace, propulsée par une pagaie double qui, avec l'étroitesse de sa coque, lui assure une grande maniabilité, tant dans les glaces qu'en haute mer. Les kayaks les plus performants sont ceux de la baie d'Ungava. Cependant, chez les Inuits comme chez les Amérindiens, le nomadisme a aujourd'hui disparu, la réserve s'est substituée au campement et la motoneige au traîneau.

La motoneige est devenue un véhicule utilitaire indispensable aux autochtones dans toutes leurs activités quotidiennes, remplaçant les traîneaux à chiens qui jusque-là assuraient leur survie. Les chiens de traîneau sont les seuls animaux qu'ils aient domestiqués.

On croit même que ceux-ci les accompagnaient déjà, il y a des milliers d'années, lorsqu'ils franchirent le détroit de Béring. Les chiens leur étaient indispensables à la fois pour chasser et se protéger des prédateurs. Depuis peu, les traîneaux à chiens font une réapparition dans les communautés inuit du Nunavik. Cela tient au fait que ces attelages font partie de leur patrimoine et qu'un chien retrouvera toujours le chemin de la maison, tandis qu'une motoneige peut tomber en panne…

Quelques mots autochtones

▶ *Aglu :* ouverture que les phoques creusent dans la glace pour respirer.

▶ *Amaut :* sorte de sac placé sur le dos dans lequel la mère inuit porte son bébé.

▶ *Anorak :* manteau d'hiver.

▶ *Atoca :* airelle de canneberge.

▶ *Babiche :* lanière de peau crue.

▶ *Carcajou :* blaireau du Canada.

▶ *Caribou :* renne du Canada.

▶ *Kashtin :* tornade.

▶ *Kayak :* embarcation.

▶ *Kuei :* bonjour.

▶ *Manitou :* dieu des Amérindiens (Grand Esprit).

▶ *Mocassin :* chaussures (en algonquin).

▶ *Mukluk :* bottes d'hiver des Amérindiens.

▶ *Nanuk :* ours polaire.

▶ *Nukum :* grand-mère.

▶ *Pemmican :* viande séchée et broyée.

▶ *Qamutik :* traîneau des Inuits tiré par des chiens.

▶ *Rabaska :* grand canoë en écorce (10 m).

▶ *Tipi :* tente en écorce de bouleau.

▶ *Toboggan :* traîne.

▶ *Umiak :* bateau collectif en peaux de phoque.

DÉCOUVERTE

◼ POPULATION ET FRANCOPHONIE

A la fin du XVIIIe siècle, les francophones, sentant leur identité en danger devant l'afflux d'immigrants britanniques, déclenchèrent la Revanche des berceaux.
Durant deux cents ans, la population va croître à un rythme accéléré : jusqu'à 15 enfants par famille. Les six millions de Québécois des années cinquante descendent des 65 000 Canadiens français de 1760.
Le début de la révolution tranquille des années soixante marqua un coup d'arrêt brutal à cette politique nataliste. Aujourd'hui, le Québec a un des taux de fécondité les plus bas du monde.

Une mosaïque ethnique

Le Québec est, après l'Ontario, la province canadienne la plus peuplée : 7,5 millions d'habitants, soit le quart de la population du Canada. Quatre Québécois sur cinq résident en zone urbaine dans le sud de la province. L'agglomération de Montréal regroupe à elle seule 45 % de la population.
82 % de la population se déclare d'origine française, 8 % britannique. La communauté anglophone qui s'était installée à Montréal, à Québec et dans les Cantons de l'Est après 1815 s'est fortement réduite au lendemain de la Seconde Guerre mondiale, remplacée par un afflux d'immigrants venus du Bassin méditerranéen (Italiens, Grecs, Portugais) et d'Europe centrale suivis, dans les années soixante-dix, d'un important groupe d'Asie du Sud-Est (Vietnamiens, Cambodgiens) et, dans les années quatre-vingts, de Latino-Américains, notamment Chiliens et Haïtiens, de Libanais et, plus récemment, de ressortissants de l'ex-Yougoslavie.

Ces nouveaux immigrants contribuent à donner au Québec un caractère cosmopolite, multiethnique. En cinquante ans, le Québec a accueilli 500 000 personnes de 80 nations différentes. En 2005, 43 373 personnes ont immigré au Québec (il est prévu d'accueillir jusqu'à 48 000 admissions annuelles dans le futur), dont quelque 5 000 Français. Ces nouveaux Québécois contribuent à freiner le vieillissement de la population et son coût social.

Pour en savoir plus sur la langue québécoise

▶ *La Parlure québécoise,* de Lorenzo Proteau (2000, 15e édition), Publications Proteau. Lexique de plus de 3 000 expressions. Les Québécois eux-mêmes disent que les expressions recensées sont très peu utilisées.
Par ailleurs, quelques dictionnaires de mots et expressions :

▶ *Dictionnaire de la langue québécoise,* de Léandre Bergeron, Editions Typo, 1998.

▶ *Dictionnaire des expressions québécoises,* de Pierre des Ruisseaux, Bibliothèque Québécoise, 2003.

▶ *Savoureuses expressions québécoises,* M. Béliveau et S. Granger, Editions Rocher, 2000.

▶ *Le Québécois… pour mieux voyager* Guide de conversation, Ulysse, 2004.

La question linguistique

La grande majorité des habitants du Québec se considérant de langue maternelle française, la question linguistique est apparue dans les années soixante, avec la prise de conscience par les francophones de la fragilité de leur langue et de leur culture au sein d'un Canada anglophone. En effet, deux facteurs nouveaux étaient apparus : une forte poussée d'immigration internationale tendant à rejoindre la communauté anglophone, et la baisse du taux de natalité chez les francophones. La question linguistique se posait surtout en matière d'enseignement, à propos du rôle de l'école dans la transmission de la culture. C'est ainsi que le Parti québécois, élu en 1976, fit passer la fameuse loi 101, véritable charte définissant le statut de la langue française et son utilisation dans les domaines de la législation, de la justice, de l'administration, du commerce et de l'enseignement. Depuis les années quatre-vingts, l'application de la loi 101 et les accords conclus avec le gouvernement fédéral permettant au Québec de sélectionner la moitié de ses immigrants ont infléchi la tendance en faveur de la francophonie. Les anglophones, au nombre de 600 000, ne représentent plus aujourd'hui que 8 % de la population du Québec. Reste le problème d'assimilation des nouveaux Québécois.

■ LE PAYS ET SES HABITANTS ■

▶ **Acadien :** nom donné aux descendants des colons français, venus du Poitou et de Touraine, qui peuplaient l'Acadie (ancien nom de la Nouvelle-Ecosse, du temps où ce pays était une colonie française) avant d'en être chassés par les Anglais en 1755 (lors du Grand Dérangement).Les Acadiens sont aujourd'hui dispersés non seulement à travers tout le Canada (nombreux au Nouveau-Brunswick et aux îles de la Madeleine) mais aussi en Louisiane et dans l'Etat du Maine (Etats-Unis).

▶ **Allophone :** Canadien dont la langue maternelle n'est ni le français ni l'anglais.

▶ **« La Belle Province » :** c'est le Québec, bien sûr ! Cette appellation figurait sur les plaques d'immatriculation des voitures du Québec. Elle est aujourd'hui remplacée par « Je me souviens », en souvenir de la guerre entre l'Angleterre et la France, à l'issue de laquelle cette dernière perdit la Nouvelle-France.

▶ **« Bleuets grandeur nature » :** surnom donné aux habitants de la région du Saguenay-Lac-Saint-Jean, célèbre pour ses cultures de bleuets.

▶ **Canada français :** c'est une formule générale qui désigne l'ensemble des parties ou enclaves francophones de toutes les provinces canadiennes – Québec, Nouveau-Brunswick, Nouvelle-Ecosse, Labrador, Ontario, Manitoba, Saskatchewan, Colombie britannique. Le Canada francophone s'étend bien au-delà des frontières de la seule province de Québec : 1 million de Franco-Canadiens vivent à l'extérieur du Québec. Pour des raisons linguistiques et historiques, l'origine géographique du francophone s'avère donc très importante : on est Montréalais ou Acadien ou originaire de Gaspésie, du Labrador, du Manitoba…

▶ **Chiac :** (péjoratif) Curieux mélange d'anglais et de français parlé par certains Acadiens.

▶ **Francophonie :** définition d'Antonine Maillet, romancière acadienne du Nouveau-Brunswick et Prix Goncourt 1979. « *La francophonie n'est pas un mot mais une mémoire de mille ans, dispersée sur cinq continents, reproduisant à même le sable du Sahara, les bayous de Louisiane, la brousse du Cameroun, les neiges du Québec et de l'Acadie, des sons tirés d'un savant alliage de consonnes et de voyelles pour capturer l'âme d'un peuple appelé à ajouter sa note à la symphonie universelle.* »

▶ **Grenouilles :** traduction du terme anglais frogs qui désigne les Franco-Canadiens.

▶ **Maudits Français :** expression désignant l'attitude paternaliste et arrogante des immigrants français des années cinquante et soixante.

▶ **Nioufis :** habitants de Terre-Neuve (New Foundland en anglais), que les Québécois ne cessent de railler.

▶ **Québécois « pure laine » :** « vrais » Québécois, descendants des premières familles françaises qui se sont établies en Nouvelle-France. Cette expression a pris aujourd'hui un sens raciste, s'opposant à Québécois rapportés, c'est-à-dire immigrés.

▶ **Têtes carrées :** surnom donné aux anglophones.

▶ **Wop :** surnom donné aux Canadiens d'origine italienne.

Mode de vie

Couples – Famille

Les concubins ont les mêmes droits que les époux mariés. Une grande majorité des Québécois vivent donc en union libre (union de fait). L'institution du mariage est en régression. Depuis 2005, les conjoints de même sexe ont le droit de se marier. Le taux de natalité est un des plus bas du monde. Cependant on a récemment constaté un léger boom concernant les naissances : de 1,2 enfant par famille en moyenne, on est passé à 1,5.

Coutumes et traditions

▶ **Célébrer la Fête nationale (Saint-Jean-Baptiste, le 24 juin) en groupe.** Les années fastes, 300 000 personnes se rassemblent dans les rues de Montréal. Sur les plaines d'Abraham à Québec, l'ambiance est garantie.

▶ **Fêter Halloween,** fin octobre.

▶ **Commencer la journée par un copieux déjeuner (petit déjeuner)** composé de rôties (toasts) ou de pains dorés à la française (pain perdu) arrosés de sirop d'érable, d'œufs miroir, brouillés ou retournés, accompagnés de bacon ou de saucisses, sans oublier les incontournables patates sautées et le café allongé.

▶ **Manger du beurre de cacahuètes** toute la journée (et surtout au petit déjeuner).

▶ **Commencer le repas de midi** par une bonne soupe de pois ou de légumes.

▶ **Jurer, blasphémer,** tout le monde le fait, un jour ou l'autre.

▶ **Faire des « parties de sucre » (grand rassemblement autour d'un repas à l'érable)** à l'arrivée du printemps.

▶ **Participer en famille et entre amis aux « épluchettes de blé d'Inde »** (on épluche et on cuisine mais en groupe) au mois d'août.

▶ **Aller aux pommes en automne** (auto-cueillette).

▶ **Se rendre au moins une fois au théâtre d'été** (théâtre en plein air). On en trouve une centaine au Québec.

Religion

Avant l'arrivée des premiers colons français au XVIe siècle, différentes communautés amérindiennes qui peuplaient déjà le territoire pratiquent leur propre spiritualité.

© AUTHOR'S IMAGE

Halloween

Puis, le catholicisme s'installe pendant de longues années, comme le protestantisme avec l'immigration britannique vers la fin du XVIIIe siècle. A partir des années soixante, on parle d'ouverture et de pluralisme. L'immigration contribue à diversifier le paysage religieux : l'islam, l'hindouisme, le bouddhisme, le judaïsme, le sikhisme. La confession catholique demeure toutefois largement dominante avec 83 % de la population (mais seulement 10 % de pratiquants !). On favorise le spirituel, on dénigre le rituel. L'Eglise catholique ne fait pas bonne figure depuis les années soixante-dix. Les scandales de ces dernières années, impliquant des prêtres et des enfants n'incitent pas à la ferveur. Les églises sont vides.

Gays

Le Canada est l'un des rares pays de monde à permettre le mariage entre conjoints de même sexe. Le Village, situé à l'est de la rue Saint-Denis à Montréal, fait partie des quartiers gays les plus importants en Amérique du Nord. Ses activités nocturnes et ses festivals en ont fait une place de choix pour les homosexuels. Montréal a été l'hôte des Jeux Gays, en 2006. On trouve également plusieurs établissements en région pour la communauté gay. A noter : au Québec, on écrit souvent gai et non gay.

Prostitution

Illégale mais tolérée, comme partout ailleurs dans les grands centres. Attention aux MST, comme partout. Un grand nombre de prostituées pratiquent le pouce (le stop).

Arts et culture

Maison, Chaudière-Appalaches

Elle a considérablement évolué du XVIIe siècle à nos jours, qu'elle soit religieuse, domestique ou urbaine.

Le modèle français

Il ne subsiste au Québec aucun vestige antérieur aux premiers établissements du XVIIe siècle. Construits par des artisans venus de France, les édifices simples de cette époque sont inspirés des styles régionaux, en particulier bretons et normands. Des fortifications protégeaient les bourgs stratégiques de Montréal, Québec et Trois-Rivières. La citadelle de Québec constitue à cet égard le meilleur exemple d'architecture militaire française de la province.

Quant à la maison Jacquet, rue Saint-Louis à Québec, en pierre et à un étage surmonté d'une haute toiture rouge percée de lucarnes, elle demeure un des rares témoignages du XVIIe siècle.

A la fin de ce siècle, l'architecte Claude Baillif élève des bâtiments monumentaux, d'abord administratifs puis religieux, à la suite de l'installation au Québec de plusieurs ordres : ceux des Ursulines, des Augustines et des Jésuites. L'architecture s'inspire alors du classicisme français : monastères des Ursulines de Québec et de Trois-Rivières, Vieux Séminaires de Québec et de Saint-Sulpice à Montréal. Une série d'incendies ayant ravagé la basse ville de Québec, de nouvelles réglementations incitent désormais à la construction d'édifices mieux adaptés au climat nord-américain : c'est la naissance d'une architecture québécoise, caractérisée par un toit d'ardoise à deux pentes sans chien-assis, des murs en pierre sans décor de bois susceptible de s'enflammer, de hautes cheminées toujours installées sur les larges pignons des côtés afin d'éviter les incendies. Le meilleur exemple en est la maison de Pierre Calvet (1725) à Montréal.

L'influence anglaise

Après la conquête anglaise, l'influence de l'Angleterre se fait prépondérante et va progressivement modifier le paysage architectural du Québec.

Le modèle est désormais la maison anglo-saxonne, à cheminées massives et toit à quatre pentes peu inclinées. Les rives du Saint-Laurent deviennent les lieux de villégiature d'une bourgeoisie aisée. Le château Ramezay, à Montréal, est à ce titre représentatif d'une demeure du début du XVIIIe siècle.

Très prisé des Anglais, le style palladien, emprunté à Palladio, architecte italien du XVIe siècle, domine l'architecture québécoise pendant le premier quart du XIXe siècle :

inspiré du modèle antique, il affectionne frontons, pilastres, colonnes doriques ou ioniques et corniches moulurées. Les meilleurs exemples en sont la cathédrale anglicane de la Sainte-Trinité à Québec et le marché Bonsecours à Montréal.

L'éclectisme

Dans la première moitié du XIXe siècle apparaît la maison québécoise, synthèse heureuse du modèle français et du cottage anglais.

A l'époque de Viollet-le-Duc, le style néogothique s'impose, lui aussi, au Québec, dans l'architecture des églises, qu'elles soient catholiques ou protestantes (Christ Church, à Montréal).

Victor Bourgeau réalise l'intérieur de Notre-Dame de Montréal, de style néogothique, afin de répondre à la tradition de l'Eglise catholique du Québec qui affectionne les sculptures, les boiseries et les dorures. Il adopte aussi un style néobaroque qui trouve sa meilleure expression dans la basilique-cathédrale Marie-Reine-du-Monde, à Montréal, caractérisée par des proportions massives et un énorme dôme.

La bourgeoisie aisée adopte le style néo-Renaissance, inspiré des villas italiennes (hôtel Ritz-Carlton, à Montréal). L'architecte Eugène-Etienne Taché élève, dans le style second Empire, d'imposants édifices gouvernementaux reconnaissables à leur toit mansardé, leurs fenêtres à linteaux cintrés et leurs crêtes faîtières en fer forgé, dont les meilleurs exemples sont l'Hôtel du Parlement de Québec et la maison Shaughnessy à Montréal.

A la même époque, on aime également le style château du Moyen Age, agrémenté de tours, tourelles, mâchicoulis et toits coniques : l'exemple le plus célèbre en est le château Frontenac (1892) à Québec, construit par l'Américain Bruce Price. Le style néoroman se retrouve aussi dans les églises ou les gares comme la gare Windsor, à Montréal, elle aussi due à Bruce Price. En vogue en Amérique du Nord, le monumental style beaux-arts, caractérisé par le mélange hétéroclite des styles (gothique, Renaissance, élisabéthain, Louis XV, Louis XVI) trouve sa meilleure illustration, à Montréal, dans le château Dufresne qui symbolise la réussite de la nouvelle bourgeoisie canadienne française.

Courants modernes et postmodernisme

L'architecture métallique qui triomphe aux Etats-Unis avec l'école de Chicago conquiert à son tour le Québec, annonçant l'ère des gratte-ciel. Lui succède le style Art déco (Bruce Price) dans les années vingt. Après la Seconde Guerre mondiale, on revient à des volumes simples et géométriques inspirés de Le Corbusier et de Gropius.

Les tours de verre et de métal noir font leur apparition à Montréal. La place Ville-Marie, due à l'architecte Pei, illustre le renouveau du centre-ville de Montréal dans les années soixante et soixante-dix. De superbes complexes lui succèdent dans les années quatre-vingts : place des Arts, Desjardins, Guy-Favreau, palais des congrès, place Montréal-Trust…

DÉCOUVERTE

La famille Baillairgé

En matière d'édifices religieux, le XVIIIe siècle est dominé par cette famille d'architectes, de peintres et de sculpteurs d'origine française, installés à Québec : Jean, son fils François, son petit-fils Thomas, et le neveu de ce dernier, Charles. On doit aux Baillairgé la construction de la cathédrale Notre-Dame de Québec et de la plupart des églises québécoises, bâties dans un style classique européen, jusqu'au milieu du XIXe siècle.

Pour en savoir plus
sur l'architecture québécoise

▶ *Design 1950-2000 : la collection Liliane et David M. Stewart,* de David A Hanks, Editions Flammarion, 2000.

▶ *L'Architecture de Montréal,* Libre Expression, 1990.

▶ *L'Architecture de Montréal. Guide des styles et bâtiments,* de F. Rémillard, B. Merrett Editions Méridien, 1990.

▶ *Québec monumental,* de Luc Noppen, Editions Septentrion, 1990.

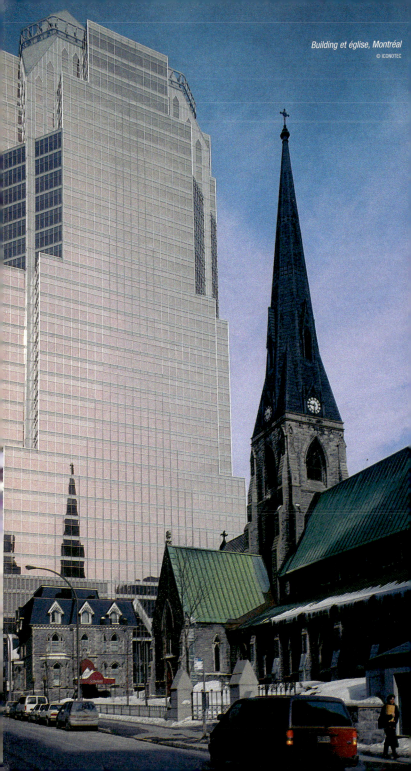

Building et église, Montréal
© ICONOTEC

A Montréal, à la fin des années quatre-vingts, le postmodernisme tente de rompre la monotonie de l'architecture par l'emploi d'arcs en ogive et de verre cuivré (place de la Cathédrale), d'aluminium (maison Alcan) ou de verre bleuté réfléchissant (tour de BNP Paribas).

Le Centre canadien d'architecture, de Peter Rose, à Montréal, est une autre remarquable réalisation contemporaine, de même que le musée canadien des Civilisations, à Hull. L'architecture vise désormais à intégrer d'anciens bâtiments du XIXe siècle dans une structure ultramoderne.

■ ARTISANAT

Les traditions québécoises sont celles d'un peuple rural longtemps soumis à la domination de l'Eglise catholique et confronté à un climat rude aux hivers interminables.

Aujourd'hui, le paysage québécois a conservé l'empreinte d'innombrables églises, chapelles et chemins de croix. Par ailleurs, l'artisanat est demeuré très vivace.

C'est celui d'une société rurale qui privilégie le travail du bois et la ferronnerie pour créer des objets utilitaires : ustensiles de cuisine, moules de bois pour le sucre d'érable (feuilles ou cœurs), girouettes à motifs de coq ou fauniques, meubles.

Dès les débuts de la colonisation, la nécessité de se protéger des grands froids de l'hiver a contribué au développement du tissage et de la broderie, pour la confection de couvre-lits en patchwork (assemblage de bouts de tissu de diverses couleurs), de châles, d'écharpes de laine, de mitaines (gants), de tuques (bonnets) et de chaussons.

De nos jours, la création de bijoux modernes a pris le relais de cet artisanat traditionnel.

Arts autochtones

Les diverses communautés autochtones se sont efforcées de mettre en valeur leur patrimoine culturel.

Celui-ci est avant tout un patrimoine vivant détenu par les anciens, un héritage spirituel reposant sur le respect des coutumes ancestrales ainsi que des lieux sacrés ou profanes.

Ces communautés ont créé des musées, des boutiques d'artisanat, des galeries d'art, des centres d'interprétation, des reconstitutions de villages traditionnels.

Elles organisent aussi, en juillet et en août, une grande fête culturelle (ouverte au public) appelée *pow wow*, consistant en mets traditionnels, folklore, chants au tambour, danses, musique, contes et légendes, rites et cérémonies, et diverses activités comme le montage d'une tente, l'allumage d'un feu,

la préparation de la bannique, etc. L'art de cuisiner sur un feu de bois fait partie des traditions amérindiennes. Les autochtones font la distinction entre la nourriture de bois qui est à la base de leur régime alimentaire traditionnel et celle des Blancs achetée au supermarché. La nourriture de bois se compose essentiellement de produits frais tirés de leur environnement. Selon la saison ou le lieu, il s'agit de saumon, phoque, caribou, orignal, porc-épic, ours, et de baies (framboises, bleuets, atokas…).

Ces mets sont servis rôtis, bouillis ou cuits, accompagnés de thé et de la fameuse bannique amérindienne, sorte de pain ayant la consistance d'un gâteau.

Traditionnellement, la nourriture, qui était considérée comme un cadeau offert par l'esprit des animaux, revêtait un caractère sacré.

Aussi les repas étaient-ils accompagnés de rituels, de chants et de battements de tambour. Ils se terminaient par une danse d'action de grâces appelée makoucham.

Aujourd'hui, il est possible au visiteur de déguster la nourriture de bois assis, dans une tente, sur un matelas de sapinage. Par ailleurs, de plus en plus de restaurants proposent, à leur menu, des mets autochtones.

Au Québec, c'est surtout dans les domaines de la musique, du spectacle, du théâtre, de la sculpture et de la peinture que l'expression artistique des Amérindiens et des Inuits connaît aujourd'hui une véritable explosion.

L'art amérindien

▶ **Art traditionnel.** Les peuples nomades de langue algonquienne (Algonquins, Mic-macs, Montagnais, Cris), qui vivent dans la forêt boréale, s'étaient spécialisés dans le travail des perles d'os, de pierre, de coquillages ou de graines, ainsi que dans la broderie au poil d'orignal et de caribou ou aux piquants de porcs-épics.

Que ramener de son voyage ?

▶ **Alimentation :** sirop et sucre d'érable, soupe, liqueur de Chicoutai (liqueur de mûre de la côte Nord) ou liqueur de Maniwaki (apéritif de bleuet).

▶ **Artisanat amérindien :** objets en vannerie et en écorce de bouleau, mocassins. Inuit : sculptures et gravures. Traditionnel : tissage de coton (Bas-Saint-Laurent), sculpture de bois (Saint-Jean-Port-Joli), une paire de raquettes, tressées et taillées à la main.

▶ **Vêtements :** plein air, sport et jeans (moins chers) ou manteau de fourrure.

Autrefois, ils s'échangeaient des ceintures de *wam-pum*, ornées de perles de coquillages, pour conclure des traités ou lors des cérémonies de paix. Ils continuent à décorer leurs vestes et leurs mocassins en peau de caribou ou d'orignal de motifs perlés et à fabriquer des objets usuels en écorce de bouleau, décorés de motifs géométriques incisés et peints où domine la couleur rouge. Les femmes huronnes, sédentarisées depuis toujours, consacrent beaucoup de temps à la confection des broderies en poil d'orignal dont on peut admirer de superbes exemplaires, tandis que les hommes sculptent des masques en bois, confectionnent des raquettes à neige, des canots et de la corde. Les Mohawks créent des bijoux en argent ornés de perles et des sculptures traditionnelles en pierre. Les Abénaquis sont passés maîtres dans l'art de la vannerie de frêne. Ils fabriquent aussi des masques en cosses de maïs, des bijoux perlés et des totems.

Dans le Grand Nord, entre toundra et taïga, les Naskapis, proches voisins des Inuits, ont développé un artisanat particulier fondé exclusivement sur le caribou, transformant les peaux, les bois, la corne, les os en vêtements, outils, bijoux et sculptures.

▶ **Art contemporain.** Les artistes amérindiens ont su renouveler l'art traditionnel en employant d'autres matériaux et de nouveaux procédés artistiques tout en continuant à puiser leur inspiration dans leur patrimoine culturel, inventant un nouveau langage dans la tradition des chamanes.
On assiste aujourd'hui à l'émergence d'un art amérindien d'avant-garde.

L'art inuit

▶ **De l'art religieux à l'art contemporain.** Les témoignages les plus anciens sont des pétroglyphes gravés sur le roc des collines de stéatite, trouvés à Kangiqsujuaq, dans le détroit d'Hudson. Déjà, le peuple de Thulé, ancêtre des Inuits, venu du Groenland, fabriquait des peignes et des statuettes, supports de ses croyances et pratiques religieuses.
Au début du XIXe siècle, les Inuits sculptaient de nombreux objets miniaturisés en stéatite mais aussi en ivoire de morse et en os de baleine, en échange de produits de base, comme le sel et les armes que leur fournissaient les Européens.
Ayant perdu leur signification religieuse ou magique, ces objets devinrent sources de revenus. Aujourd'hui, l'art inuit contemporain est essentiellement représenté par les sculptures en stéatite ou pierre à savon, roche tendre, facile à travailler et très abondante dans les régions septentrionales du Canada. Mais d'autres roches, plus dures, sont également à l'honneur, comme la serpentine verte, la dolomite ou le quartz.
Les sculptures modernes, qui peuvent atteindre des tailles impressionnantes, représentent presque toujours la faune et les hommes du Grand Nord.

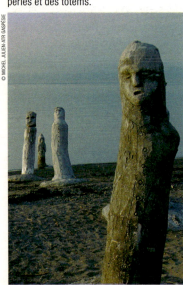

© MICHEL JULIEN-ATR GASPÉSIE

Gaspésie, Centre d'Art Marcel-Gagnon

Les Inuits pratiquent aussi la sculpture en bois de caribou, la gravure sur pierre et la broderie. Afin de protéger les artistes inuit des revendeurs, des coopératives locales se sont créées dans les années soixante, regroupées depuis 1967 en Fédération des coopératives du Nouveau-Québec. Les centres artistiques les plus réputés sont les villages de Povungnituk et Inukjuak sur la baie d'Hudson.

Plus près des sentiers touristiques, on recommande la galerie Brousseau, située à Québec. Le propriétaire de la galerie a joué un rôle important dans la qualité de la commercialisation de l'art Inuit.

■ CINÉMA

L'industrie cinématographique québécoise fit son apparition dans les années soixante. Jusque-là les films projetés au Québec venaient des Etats-Unis.

▶ *Pour la suite du monde* (1963) et *Un pays sans bon sens* (1970) de Pierre Perrault. Dans les années soixante, il représente le cinéma-vérité. Ses films appuient les chansonniers dans la quête d'une identité nationale.

▶ *L'Acadie* (1972), *Les Ordres* (1974) et *Les Noces de papier* (1990) de Michel Brault. Il a réalisé plusieurs films avec Pierre Perrault.

▶ *Les Mâles* (1970), *La Vraie Nature de Bernadette* (1972), *La Mort d'un bûcheron* et *Maria Chapdelaine* (1983) de Gilles Carle. Dans les années soixante-dix, où la tendance est aux films documentaires mettant en scène les milieux ouvriers et les gens ordinaires, il réalise des films populaires.

Denys Arcand

Il conquiert le public européen et américain avec *Le Crime d'Ovide Plouffe* (1984), *Le Déclin de l'Empire américain* (1986), comédie couverte de récompenses, *Jésus de Montréal* (1989), nominé à Cannes et à Hollywood, et enfin *Les Invasions Barbares* (2003), qui a obtenu une panoplie de récompenses internationales : le prix de la meilleure actrice pour Marie-José Croze et du meilleur scénario au festival de Cannes 2003, trois césars (meilleur film, meilleur scénario et meilleur réalisateur), et l'oscar du meilleur film en langue étrangère 2004. Son dernier film, *L'Age des ténèbres* (2007) a eu moins de succès que les précédents.

▶ *Mon oncle Antoine* (1971) et *Kamouraska* (1973), tiré du roman d'Anne Hébert, de Claude Jutra. Ce réalisateur a acquis une renommée internationale pour ces deux films.

▶ *J.-A. Martin, photographe* (1976) de Jean Beaudin. Son film fut primé au festival de Cannes.

▶ *Un zoo la nuit* (1987) et *Léolo* (1992) de Jean-Claude Lauzon. Il aborde les thèmes de la ville, la nuit, la violence.

▶ *Trente-deux Films brefs sur Glenn Gould* (1993) et *Le Violon rouge* (1998) de François Girard. Cinéma d'auteur. Reconnaissance internationale pour ces deux films.

▶ *Un 32 août sur Terre* (1998) et *Maelström* (2000) de Denis Villeneuve.

▶ *Un crabe dans la tête* (2001) d'André Turpin.

▶ *Atanarjuat, la légende de l'homme rapide* (2001) de Zacharias Kunuk. Une histoire typiquement inuk, racontée et interprétée par les Inuits (vie traditionnelle d'autrefois dans le Grand Nord). Caméra d'or au Festival de Cannes.

▶ *Les Invasions barbares* (2003) de Denys Arcand. Suite du fameux *Déclin de l'empire américain* (1986).

▶ *La Grande Séduction,* de Jean-François Pouliot, comédie romantique. Sélectionné à la Quinzaine des Réalisateurs à Cannes en 2003.

▶ *C.R.A.Z.Y.* (2005) de Jean-Marc Vallée. Ce film retraçant la vie d'une famille québécoise confrontée à l'homosexualité d'un des fils dépeint à merveille le quotidien du pays dans les années soixante et soixante-dix.

■ FESTIVITÉS

© OFFICE DU TOURISME ET DES CONGRÈS DE QUÉBEC / YVES TESSIER, TESSIMA

Fêtes de la Nouvelle-France

Se renseigner auprès de Tourisme Québec pour connaître le calendrier des manifestations de chaque région. Aussi, vous les trouverez mentionnées dans ce guide, à chaque région explorée.

Parmi les nombreuses festivités hivernales, on peut citer le célèbre carnaval de Québec (février) avec concours de sculptures sur neige et course en canot sur le Saint-Laurent, la fête des Neiges de Montréal (janvier et février), le festival Montréal en Lumière (février). Au printemps et en été ont lieu de très nombreux festivals.

Festivals

Il y en a environ mille par an au Québec, vous avez donc l'embarras du choix.

Parmi les principaux (et les plus grands au monde !) : en février, le carnaval de Québec (dans la ville de Québec) est l'un des plus grands carnavals d'hiver au monde et en été le festival de jazz à Montréal.

■ LITTÉRATURE

Quelques grands noms de la littérature québécoise :

▶ **Antonine Maillet.** Très connue en France, c'est l'ambassadrice de la littérature acadienne. Née à Bouctouche, au cœur de l'Acadie (Nouveau-Brunswick), elle a été professeur aux universités de Moncton et de Montréal et à l'université Laval de Québec. Bon nombre de ses livres sont édités à Paris chez Grasset et ont remporté un vif succès tant en France qu'en Belgique ou en Suisse : *Pélagie-la-Charrette* (prix Goncourt 1979), *La Sagouine, La Gribouille, Le Huitième Jour* et *L'Oursiade*. Elle dépeint l'homme enraciné dans sa terre originelle. Les Français trouveront difficiles à lire ces textes émaillés d'expressions acadiennes.

▶ **Gabrielle Roy.** Née dans le Manitoba en 1909, elle y fut institutrice avant de partir en Europe puis de s'établir au Québec où elle demeura jusqu'à sa mort en 1983. Ses romans ont pour thème la vie urbaine (*Le Montréal des travailleurs misérables*), les milieux modestes et leurs destinées obscures, *Bonheur d'occasion*, prix Femina (1947). D'autres romans ont suivi : *La Montagne secrète* (1961), *La Rivière sans repos* (1970).

▶ **Michel Tremblay.** Cet enfant du Plateau, homosexuel notoire, aimé de tous les Québécois, est un écrivain prolifique qui défend l'âme et le patois de sa région. Le premier, il ose porter à la scène cette langue populaire qu'est le joual dans *Les Belles-Sœurs*. Ses pièces nourries de culture populaire québécoise sont devenues de

Pour en savoir plus sur la littérature québécoise

▶ *La Poésie québécoise,* anthologie de Laurent Mailhot et P. Neveu, Editions Hexagone, 1996.

▶ *Ecrivains contemporains du Québec,* de L. Gauvin, G. Miron, Seghers, 1989.

▶ *Panorama de la littérature québécoise contemporaine,* de Réginald Hamel, Editions Guérin, 1997.

véritables classiques, traduites dans toutes les langues : *Albertine, en cinq temps, Le Vrai Monde* (1987), et contiennent toute la détresse et la rage de son univers.

Bibliographie sélective

▶ *Les Derniers Rois de Thulé,* de Jean Malaurie, Presses Pocket, 1955. Témoignage ethnographique sur la vie des derniers Esquimaux.

▶ *Maria Chapdelaine,* de Louis Hémon, Presses Pocket, 1914. Roman phare de la littérature sur le Canada. Décrit la dureté de la vie des paysans, soumis aux terribles conditions climatiques.

▶ *Une Enfance à l'eau bénite,* de Denise Bombardier (1985). Une autobiographie racontant l'enfance de l'auteur dans les années quarante et cinquante.

▶ *Un Homme et son péché,* de Claude-Henri Grignon (1933). La vie de Séraphin Poudrier, paysan avare qui mène une double activité d'agriculteur et d'usurier dans les Laurentides. Adaptation récente au cinéma, immense succès.

▶ *Les Fous de Bassan,* d'Anne Hébert (1984). Roman sur l'émigration au Québec des loyalistes, restés fidèles au gouvernement anglais pendant la guerre d'Indépendance américaine.

▶ *Harricana,* de Bernard Clavel. Une fiction située dans le nord du Québec, chez les trappeurs d'Abitibi.

▶ *L'Enfant des neiges,* de Nicolas Vanier (1995). Collection J'ai lu. Récit de l'expédition en traîneau à chiens d'une famille dans le Grand Nord canadien.

▬ MUSIQUE ▬▬▬▬▬▬

Les Québécois adorent la musique en plus de la danse, le théâtre et les fêtes. Les chansonniers de Québec et de France sont restés très populaires. Les lieux de rencontre et les occasions de divertissement ne manquent pas. Le Québec possède deux grands orchestres symphoniques : l'Orchestre symphonique de Montréal et l'Orchestre symphonique du Québec, le plus ancien du Canada. L'université McGill (Montréal) dispose d'un orchestre de chambre réputé et propose des concerts de musique classique, de musique de chambre et de jazz. Le Centre Bell présente toute

l'année des concerts de rock. Enfin, le Festival international de Jazz, qui a lieu en juin et juillet sur la place des Arts et les Francofolies (fin juillet et début août) sont des événements musicaux majeurs.

Grands noms de la chanson québécoise

▶ **Robert Charlebois,** sans qui la langue musicale québécoise ne serait pas. Il révolutionne la chanson québécoise, dans les années soixante, en élargissant sa palette musicale : il introduit la guitare électrique et colle sur des textes en joual de la musique rock, des arrangements jazzy ou des rythmes sud-américains. Ce talentueux showman fait entrer la chanson québécoise dans le monde du spectacle et de l'industrie du disque. Il a su gagner tous les publics, y compris les intellectuels.

▶ **Céline Dion.** Que dire de cette surdouée vocale qui fait une carrière internationale en compagnie de son manager et mari René Angelil, sinon que son courage n'a d'égal que son talent et son sens du spectacle (à l'américaine). Que son accessibilité lui a gagné le cœur du monde entier. Et que même si on n'a pas d'atomes crochus avec son genre musical, on s'incline devant le chemin parcouru et celui à venir. Déjà une très grande de la chanson.

Marc-Aurèle Fortin

Pour faire pendant au groupe des Sept, composé de paysagistes de Toronto (Harris, Jackson, McDonald, Carmichael, Lismer, Varley, Johnston, rejoints par Tom Thomson) qui se voulaient les seuls représentants d'un art véritablement canadien, les artistes montréalais se rassemblent autour de Marc-Aurèle Fortin (1888-1970) pour créer une école d'art paysager purement québécois, complètement dégagé de l'influence européenne. Fortin peint des tableaux ayant pour sujets son Québec natal, en particulier le Saint-Laurent, la faune et la flore de la province, dans un style personnel influencé par l'Art déco.

▶ **Félix Leclerc.** LA référence québécoise en Europe, chansonnier (c'est-à-dire auteur-compositeur-interprète) très apprécié des milieux intellectuels français, disparu en 1988, mais toujours dans nos cœurs. Il a renouvelé le genre de la chanson québécoise en la rendant à ses origines populaires et plus conscientes des problèmes spécifiques du Québec, dans le contexte de la révolution tranquille.

Il a aussi écrit des contes, des fables et des romans. Il a inspiré Brassens et Brel.

■ PEINTURE ET SCULPTURE ■

De l'art religieux à l'art profane

Aux XVIIe et XVIIIe siècles, la religion étant le fondement de la société québécoise, l'art est essentiellement religieux. Chaque village possédait son église qui faisait l'objet de grands efforts de décoration (sculptures, dorures, autels, retables, baldaquins, orfèvrerie) dans le style baroque. C'est ainsi que la famille Baillairgé acquit sa renommée en embellissant bon nombre d'églises québécoises au XVIIIe siècle.

Il faut attendre le XIXe siècle, époque où l'économie de la province est devenue florissante, pour que se dégage un art profane. Les artistes, pour la plupart formés en Europe, exécutent des portraits et des paysages que leur commande la nouvelle bourgeoisie canadienne française.

Le plus connu est sans conteste Antoine Plamondon (1804-1895), suivi de Théophile Hamel (1817-1870) et de Joseph Légaré (1795-1855), le premier à se lancer dans la peinture événementielle. Durant tout le XIXe siècle, l'influence européenne reste dominante du fait de l'arrivée au Québec d'artistes d'outre-Atlantique comme Paul Kane (1810-1871), venu d'Irlande, célèbre pour ses tableaux d'Amérindiens d'un intérêt ethnologique, ou Cornélius Krieghoff (1815-1872), d'origine hollandaise, peintre de la vie quotidienne montréalaise.

Au XXe siècle, l'influence de l'école de Paris continue de se faire sentir chez les peintres québécois d'inspiration impressionniste comme Suzor-Côté (1869-1937), auteur de belles natures mortes, chez le fauve James Wilson Morrice (1865-1924) et le pointilliste Ozias Leduc (1864-1955), originaire de Mont-Saint-Hilaire.

A la même époque, la sculpture perd son caractère exclusivement religieux : Louis-Philippe Hébert (1850-1917) a exécuté, à Montréal, maintes statues historiques de caractère commémoratif : Maisonneuve, Jeanne Mance, Mgr Ignace Bourget. Autre sculpteur célèbre, Alfred Laliberté (1878-1953) sera inspiré par l'Art nouveau.

Après la Seconde Guerre mondiale, la peinture est dominée par le groupe des automatistes (Riopelle) puis des plasticiens.

Pour en savoir plus sur l'actualité de la vie culturelle québécoise

▶ *Montréal culturel.* Editions du Petit Futé. Pour tout savoir sur les attraits culturels à Montréal, ce petit guide que l'on amène partout donne des conseils très futés !

▶ **Répertoire des nouveautés culturelles et artistiques au Québec :** www.toile.qc.ca/quebec/Arts_et_Culture

▶ **Agenda de l'actualité culturelle et musicale dans les grandes villes du Québec :** www.voir.ca

▶ **Agenda de l'actualité culturelle et musicale à Québec :** www.francophonie.surscene.qc.ca

▶ **Portail de la culture de la région de Québec :** www.culture-quebec.qc.ca

La cuisine québécoise

◼ LES REPAS

On déjeune le matin. On dîne à midi. On soupe le soir – vers 17h ou 18h, surtout en dehors des grandes villes. A midi, le menu est appelé spécial du jour, et le soir, table d'hôte. Il faut compter au minimum entre 6 $ et 10 $ pour un snack, de 8 $ à 14 $ en moyenne pour une assiette chaude garnie et accompagnée d'une salade, les menus vont de 10 $ à 25 $ et les tables d'hôtes de 10 $ à 30 $. Attention, pour les repas, il faut ajouter, aux 15 % de taxes, le service de 15 %. Pour bien compter, il faut donc majorer les prix de 30 % !

Mets populaires

▸ **La poutine,** frites garnies de fromage, le tout nappé d'une sauce brune à la viande (poutine régulière) ou de sauce tomate (poutine italienne).

▸ **Le pâté chinois** est constitué de bœuf haché cuit à la poêle, sur lequel on étend une couche de maïs en grains ou en crème couronnée, à son tour, d'une couche de pommes de terre écrasées ; on met ensuite la préparation au four jusqu'à l'obtention d'une croûte dorée : c'est le plat énergétique par excellence, celui que l'on donnait aux ouvriers asiatiques lors de la construction de la célèbre ligne de chemin de fer Transcanadienne.

▸ **Le smoked meat** est une viande de bœuf fumée sur du pain de seigle (ou en sandwich), accompagnée de cornichons à l'aneth. On peut la demander maigre, mi-maigre ou grasse. La viande fumée du Québec est très renommée dans toute l'Amérique du Nord.

▸ **Les sous-marins** sont des gros sandwichs bien garnis.

Plats traditionnels

Ils remontent à l'époque des premiers colons et font désormais partie du folklore. On les consomme essentiellement sur les tables familiales lors des réunions de famille et dans certains restaurants spécialisés dans la cuisine traditionnelle.

DÉCOUVERTE

Plat de homard

Ce sont toujours des plats caloriques : soupe de gourganes (grosses fèves), crêtons (terrine de porc haché ressemblant aux rillettes), fèves au lard, canard au sirop d'érable, gibelotte de lapin au cidre, cipaille (sipaille, cipâte), pâté de viande aux pommes de terre, et diverses tourtières, à l'origine à base de gibiers, aujourd'hui confectionnées avec des viandes de porc et de veau mélangées, dont les recettes varient d'une région à l'autre (tourtière du lac Saint-Jean).

Poissons et crustacés

Sur la côte Nord, on dégustera le saumon frais ou fumé, en Gaspésie la morue fraîche ou séchée, aux îles de la Madeleine le homard chaud accompagné d'un beurre d'ail fondu ou même en morceaux sur des pizzas nappées de fromage. Quant au surf et au turf, ce sont des plats mixtes de fruits de mer et de viande ! Les huîtres se dégustent, crues ou cuites, entre amis, lors de parties d'huîtres, accompagnées de bière. Les pétoncles se mangent souvent panés et frits.

Desserts

On goûtera la tarte au sucre avec des noix, le pudding chômeur au sirop d'érable, les muffins aux carottes, parfumés au chocolat ou fourrés aux bleuets et autres fruits, que l'on consomme au petit déjeuner ou au goûter. Sans oublier les incontournables crèmes glacées, dures ou molles (à l'italienne), fourrées au sucre d'érable...

Spécialités à base d'érable

A goûter absolument. Ce sont tous les produits dérivés de l'érable sucrier, une des très nombreuses variétés d'érable : sirop, sucre, tire, tarte au sucre. C'est au printemps, le Temps des sucres, que les érables sucriers sortent de la torpeur de l'hiver pour sécréter une sève abondante, à haute teneur en sucre comestible, que l'on recueille dans des seaux suspendus aux becs verseurs fichés dans les troncs : l'eau d'érable (sève naturelle) que l'on fera ensuite bouillir pour obtenir le fameux sirop d'érable (sève bouillie débarrassée de son eau). Aujourd'hui, les seaux ont été, pour la plupart, remplacés par des tuyaux en plastique reliés à un évaporateur central. Pour fêter la récolte, ont lieu des parties de sucres qui rassemblent parents et amis. On déguste alors toutes sortes de mets cuits dans le sirop d'érable, on en arrose les crêpes et on verse du sirop très épaissi, encore bouillant, dans la neige, qui se transforme en une sorte de caramel que l'on enroule sur un bâtonnet : c'est la tire d'érable. On profite de l'occasion

pour faire un repas de jambon, d'omelette, de fèves au lard (haricots cuits au four avec des lardons et de la mélasse) et d'oreilles de crisse (grillades de lard), mets que l'on arrose généreusement de sirop d'érable. Ce que l'on appelle péjorativement sirop de poteau est un sirop d'érable de piètre qualité, quelquefois même un succédané aromatisé à l'érable.

Baies et maïs

Dans la région du lac Saint-Jean poussent les bleuets qu'il convient de distinguer de la myrtille commune, ces baies de couleur bleutée étant plus fermes et leur grosseur pouvant varier de la taille du petit pois (bleuets sauvages) à celle de la framboise (bleuets cultivés). Ils entrent dans la composition de nombreux desserts. La récolte a lieu en août (festival du bleuet). Ils servent aussi à la fabrication du vin de bleuet qui rappelle le porto. Un autre fruit de la même famille, l'atoca ou canneberge, airelle des marais d'Amérique, sert à la préparation d'une gelée rouge, légèrement acidulée, qui accompagne bien la dinde et le gibier. Au mois d'août, lors de la cueillette du blé d'Inde (maïs doux pour l'homme, par opposition au maïs que l'on donne aux animaux), a lieu l'Epluchette de blé d'Inde, réunion de famille typiquement québécoise pendant laquelle on épluche des épis de maïs. Les convives dégustent le maïs directement sur l'épi, bouilli ou grillé, simplement tartiné de beurre et de sel, accompagné d'une bonne bière fraîche.

Ile d'Orléans, sirop d'érable, la tire sur la neige

BOISSONS

Bières

La bière est la boisson par excellence qui accompagne tous les plats. Le Québec en est un gros producteur.

Plusieurs grandes compagnies dominent le marché : la maison Molson, fondée par un Anglais en 1782, est la plus ancienne d'Amérique, mais il y a aussi Labatt, Carling, O'Keefe…

Ces bières sont servies à la bouteille ou à la pression (on dit ici en fût) et titrent 5°. Il en existe des versions plus légères et en filtrage à froid : Labatt Ice, Black Ice… Par ailleurs, les microbrasseries se multiplient au Québec, produisant de nombreuses et excellentes bières artisanales, comme la Belle Gueule, la Boréale, la Chaudière, la Blanche de Chambly, la Maudite, la Fin du Monde…

La Cheval Blanc, quant à elle, existe depuis plus d'un siècle. Les bières de la microbrasserie la Barberie à Québec sont fameuses.

Pour en savoir plus sur les bières au Québec : lire le Guide des bières et saveurs au Québec. Éditions du Petit Futé.

En vente partout au Québec. Lexique, commentaires sur les bières, adresses pour la déguster, le tout dépeint avec beaucoup d'humour.

Vins

Le Canada produit aussi du vin. Au Québec, la vigne n'occupe que 85 ha (sur les 6 500 ha du Canada) mais elle a de l'avenir car les Québécois apprécient le vin.

Cela dit, les vins californiens, tout comme les vins sud-américains (chiliens et argentins), ou même australiens, sont beaucoup moins chers que les vins français.

Signalons deux spécialités de Beauce : le caribou, mélange détonant d'alcool fort et de vin rouge, idéal pour se réchauffer en hiver, et le vin de pissenlit, un vin blanc sec.

QUELQUES RECETTES

Rôti de caribou

▶ **Ingrédients.** Une pièce de viande de caribou (partie tendre) de 1,8 kg • 4 c. à soupe de beurre ramolli (60 ml) • 1 c. à thé de moutarde sèche (5 ml) • 1 c. à soupe de farine (15 ml) • 1,5 tasse d'eau (325 ml) • sel et poivre.

▶ **Préparation.** Préchauffez le four à 230 °C. Faire une pâte avec le beurre, la moutarde, la farine, le sel et le poivre. Badigeonner la viande avec ce mélange. Mettre au four avec les tranches d'oignon et l'eau dans la rôtissoire. Laisser cuire 20 min. Réduire ensuite le feu à 180 °C et laisser cuire 2h.

▶ **Accompagnement :** pommes de terre et légumes de votre choix.

Chaudrée de palourdes et de pétoncles

▶ **Ingrédients.** 4 c. à soupe de lard dégraissé et haché (60 ml) • 1 boîte de palourdes égouttées (250 ml) • conserver le jus • demi-oignon haché • 4 échalotes hachées • 1 grosse pomme de terre épluchée et coupée en petits cubes • demi-tasse d'eau (125 ml) • 1 tasse de jus de palourdes (250 ml) • 1 boîte de concentré de soupe aux champignons (284 ml) • 1 tasse de lait (250 ml) • 8 gros pétoncles coupés en 2 • demi-tasse de maïs en grains égouttés (125 ml) • sel et poivre.

▶ **Préparation.** Dans une grande casserole, faire revenir le lard pendant 1 min. Ajouter les palourdes, l'oignon, les échalotes et les cubes de pommes de terre. Cuire 2 min en remuant. Incorporer l'eau, le jus de palourdes, le concentré de soupe aux champignons et le lait. Mélanger avec un fouet. Saler et poivrer. Porter la soupe à une légère ébullition. Baisser le feu et laisser mijoter 10 min en brassant régulièrement. Saler et poivrer de nouveau, si nécessaire.

Ajouter les pétoncles et le maïs en grains. Mélanger et laisser mijoter 10 min de plus. Servir immédiatement garni de persil frais haché.

Tourtière

▶ **Ingrédients.** 350 g de pâte brisée • 700 g de porc haché (échine) • 250 g d'oignons • 4 gousses d'ail • 2 c. à soupe de persil ciselé • 2 c. à soupe d'huile d'arachide • 1 noix de beurre • 1 jaune d'œuf • sel et poivre.

© ATR CHARLEVOIX

Route des saveurs

▶ **Préparation.** Peler et émincer les oignons, peler et hacher les gousses d'ail. Verser l'huile dans une grande casserole et les faire fondre pendant 3 min. Ajouter la viande et l'ail, saler, poivrer et faire cuire 4 min à feu vif en mélangeant sans cesse. Puis retirer du feu, ajouter le persil et mélanger. Préchauffer le four à 210 °C. Partager la pâte en deux dont une part plus grosse, et étaler chaque moitié en forme de disque. Beurrer un moule de 25 cm de haut. Poser le plus grand disque de pâte dans le moule en laissant dépasser les bords, verser la préparation à la viande, couvrir avec le second disque et souder les deux côtés. Faire une petite ouverture au centre de la tourtière. Battre le jaune d'œuf avec une cuillère à soupe d'eau et badigeonner la surface de la tourte. Glisser au four et laisser cuire à 210 °C pendant 45 min. La tourtière doit être bien dorée. Servir chaud. Il est possible de remplacer la viande de porc par de la viande de bœuf, poulet ou lapin, avec un rajout de lard frais.

Tarte au sucre de Chicoutimi

▶ **Ingrédients.** 1,5 tasse de cassonade (375 ml) • 2 c. à soupe de farine (30 ml) • 1 tasse de lait évaporé non dilué (250 ml) • 1 œuf bien battu • 1/3 tasse de noix de pécan ou de noix de coco râpée (82,5 ml) • 1 fond de tarte non cuit de 20 cm.

▶ **Préparation.** Préchauffer le four à 200 °C. Bien mélanger le sucre et la farine dans une casserole. Ajouter le lait évaporé. Faire cuire pendant environ 5 min à feu doux en remuant constamment jusqu'à ce que le tout soit dissous. Retirer du feu. Ajouter ce mélange lentement à l'œuf battu en remuant sans cesse. Ajouter les noix de pécan ou la noix de coco si désiré. Verser ce mélange dans le fond de tarte non cuit. Cuire au four pendant 10 min. Réduire la température à 150 °C et continuer à faire cuire pendant environ 30 min ou jusqu'à ce que le mélange épaississe. Garnir de noix de pécan ou de noix de coco si vous le désirez.

Pour en savoir plus sur la cuisine québécoise

▶ **Pour avoir des recettes :** www.recettes.qc.ca – www.saveurs.sympatico.ca/quebec/cuisine/lexique.htm

▶ **Pour déguster les produits régionaux pendant son séjour au Québec :** *Guide des Bières et des Saveurs au Québec*, Editions du Petit Futé.

Jeux, loisirs et sports

AVENTURE ET NATURE

Le Québec offre de nombreux circuits. Tout est parfaitement organisé, que vous vouliez faire du ski de piste ou de fond, entreprendre une expédition en traîneau à chiens, escalader des glaciers, faire du canot-camping ou du cyclotourisme, descendre des rivières en rafting, pêcher la truite géante dans le Grand Nord ou chasser la gélinotte, partir pour un raid en 4X4, faire des randonnées en motoneige, etc.

Tout est possible et dépend des cordons de votre bourse. Ces expéditions nécessitent cependant une bonne condition physique et un accompagnement spécialisé.

Si, à l'arrivée au Québec, vous n'êtes pas encore décidé, contactez :

■ GLOBE-TROTTER AVENTURE CANADA
2467, rue Sainte-Catherine E.
Montréal
✆ 514-849-8768/1-888-598-7688
www.aventurecanada.com
Spécialiste aventure et plein air.

■ AUTHENTIK CANADA
352, rue Emery, Montréal
✆ 514-769-0101
www.authentikcanada.com
Spécialiste aventure et plein air.

■ AVENTURE ECOTOURISME
4981, boulevard Levesque Est
Laval, Québec
✆ 450-661-2225
www.aventure-ecotourisme.qc.ca
Cet organisme regroupe 110 producteurs de séjours de plein air, implantés en peut partout au Québec. Les membres ont été sélectionnés en raison du savoir-faire du personnel d'encadrement (expérience et connaissance approfondie du milieu naturel visité), de la qualité des activités proposées, des mesures de sécurité approfondies, des équipements de qualité et du respect de l'environnement. Le site Web présente les différentes entreprises membres, en fonction des activités et de la région.

LES SPORTS ET LES SPORTIFS QUÉBÉCOIS

Hockey sur glace
Véritable phénomène de société, le hockey sur glace fut longtemps le seul sport pratiqué par les francophones du Québec. Aujourd'hui les choses ont bien changé, mais le hockey reste la grande passion des Québécois, qui deviennent virulents lorsqu'il s'agit de défendre leur équipe préférée. Le hockey a, bien sûr, ses stars auxquelles s'identifient les enfants qui chaussent des patins à glace dès l'âge de 3 ans. Ces héros s'appelaient Maurice Richard, Jean Deliveau, Guy Lafleur… D'autres aujourd'hui ont pris la relève.

Athlétisme
Myriam Bédard, celle qui en a mis plein la vue lors des Jeux olympiques de Lillehammer. Désolidarisée de la Fédération, elle a tout de même remporté deux médailles au biathlon.

Pêcher et chasser au Québec

■ **www.mrn.gouv.qc.ca/faune/index.jsp**
Ces deux activités sont soumises à des règlements spécifiques. On obtiendra tous les détails en consultant le site Internet du ministère des ressources naturelles et de la faune, dont les coordonnées sont indiquées ci-dessus.

▶ **Pour pêcher, il faut un permis** qui s'achète chez les agents de vente autorisés (magasins de sports, quincailleries, dépanneurs, quelques pourvoiries). Il faut souvent acquérir en plus des droits de pêche, notamment pour les lacs et rivières de la SEPAQ. On se les procure sur place.

▶ **La pêche au saumon** requiert un permis spécial. Sauf exception, les saumons, contrairement aux autres poissons, doivent être relâchés.

▶ **En ce qui concerne la chasse,** il faut bien évidemment un permis, que l'on acquiert après une formation. Pour chasser certaines espèces, comme l'ours noir, l'orignal, le cerf de virginie ou le caribou, un permis spécifique est requis. Les détails sur les périodes de chasse et les limites de prises sont disponibles sur le site Internet, mentionné ci-dessus.

© SEPAQ

Skieur

Course automobile
Jacques Villeneuve, pilote de Formule 1.

Plongée
Alexandre Despatie remporte la médaille d'or au plongeon de 1 m et de 3 m aux championnats mondiaux de jeux aquatiques de Montréal en 2005.

Ski
Mélanie Turgeon, championne de ski alpin en descente et en slalom supergéant.

■ FAIRE DU SPORT AU QUÉBEC

■ **REGROUPEMENT LOISIRS QUEBEC**
4545, avenue Pierre-de-Coubertin, Montréal
✆ 514-252-3126/1-800-932-3735
www.loisirquebec.qc.ca
Cet organisme regroupe des informations plus de 50 associations sportives : canoë-camping, spéléologie, escalade, plongée, équitation, vol libre, marche, voile, etc.

En été
Les grands espaces naturels, les innombrables lacs et rivières, les parcs et réserves sont propices à de nombreuses activités de plein air.

Randonnée pédestre
Au vu de l'immensité du territoire, les options pour les randonneurs sont très nombreuses.

La fédération de la marche vous donnera des bonnes pistes pour commencer.

■ **FEDERATION QUEBECOISE DE LA MARCHE**
4545, avenue Pierre-de-Coubertin, Montréal ✆ 514-252-3157/1-866-252-2065
www.fqmarche.qc.ca
Sentiers balisés en montagne, en forêt ou le long des côtes.

Cyclisme
La route verte a été inaugurée officiellement en 2007. Elle traverse les plaines, longe les rivières, serpente dans les villages. Une magnifique façon de découvrir le Québec.

■ **www.routeverte.com**
La Route Verte et ses quelque 4 300 km de voies cyclables relie 16 régions du

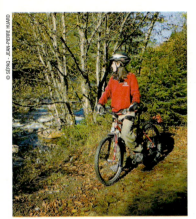

À vélo, Parc National de-la-Jacques Cartier

Québec, d'ouest en est et du nord au sud, du Témiscamingue jusqu'à la Gaspésie et de l'Abitibi à l'Estrie.

■ VELO-QUEBEC
✆ 514-521-8356/1-800-567-8356
www.velo.qc.ca
Nombreuses pistes cyclables et possibilités de location de vélos.

Chasse et pêche
Les régions les plus réputées sont l'Abitibi, la côte Nord, la Mauricie, l'Outaouais, le Saguenay, la Gaspésie, l'île d'Anticosti et le Nunavik. Les pourvoiries exploitent un territoire tout en offrant leurs services. Ainsi elles proposent des forfaits pour des expéditions assez coûteuses et qu'il faut réserver longtemps à l'avance, mais elles se chargent de tout : transport, hébergement, équipement et accompagnement avec guides qualifiés. On peut se procurer le répertoire des pourvoiries dans les kiosques à journaux. La chasse est interdite dans les parcs mais permise dans les réserves, à condition d'être en possession d'un permis de chasse (sauf dans certaines régions où la chasse est réservée à la population locale). Le gibier doit être enregistré et il faut respecter les règlements de sécurité. La pêche est autorisée dans de nombreux parcs, à condition d'avoir un permis de pêche. Les permis de chasse et de pêche s'obtiennent dans les magasins de sport ou auprès des pourvoiries. Leur prix varie en fonction de la saison, du lieu, du type de gibier ou de poisson.

Équitation
Nombreux centres équestres en Estrie, en Gaspésie, dans les Laurentides.

■ QUEBEC A CHEVAL
✆ 450-434-1433 – www.cheval.qc.ca

Escalade
On peut la pratiquer de mai à octobre dans les Laurentides, le Saguenay, la côte Nord, le Charlevoix.

■ FEDERATION QUEBECOISE DE LA MONTAGNE ET DE L'ESCALADE
✆ 514-252-3004 – www.fqme.qc.ca

Golf
300 terrains situés pour la plupart en Estrie, dans les Laurentides, en Mauricie, dans l'Outaouais. Certains sont privés.

■ ASSOCIATION DE GOLF DU QUEBEC
✆ 514-633-1088
www.golfquebec.org

Kayaks, parc national des Grands Jardins

DÉCOUVERTE

L'association des stations de ski

■ **www.maneige.com**
L'association des stations de ski du Québec a maintenant son site Internet. On y retrouve une foule d'informations et de précieux conseils sur toutes les stations.

Canot

Se pratique sur les lacs et rivières. Possibilité de canot-camping avec portage. **La Fédération de canot-camping du Québec** organise des descentes en canot ✆ 514-252-3001 – www.canot-kayak.qc.ca

Kayak, rafting

La descente des rivières se pratique beaucoup en Abitibi, dans le Saguenay et dans le Nunavik. Des expéditions de plusieurs jours sont organisées.

■ **FEDERATION QUEBECOISE DU CANOT ET DU KAYAK**
✆ 514-252-3001
www.canot-kayak.qc.ca

Planche à voile

Se pratique de la mi-juin à la fin août sur les lacs et sur les côtes de Gaspésie.

■ **FEDERATION DE VOILE DE QUEBEC**
✆ 514-252-3097 – www.voile.qc.ca

Plongée sous-marine

L'île Bonaventure, les îles de la Madeleine, la Gaspésie et la côte Nord offrent d'excellents spots.

■ **FEDERATION QUEBECOISE DES ACTIVITES SUBAQUATIQUES**
✆ 514-252-3009
www.fqas.qc.ca

Voile

Les nombreux lacs du Québec permettent la pratique de ce sport. Mais la navigation sur le Saint-Laurent s'adresse aux initiés.

En hiver

Grâce aux conditions d'enneigement exceptionnelles (de 3 m à 3,75 m de neige en moyenne annuelle), la pratique des sports d'hiver s'étale de novembre à mai. Les nombreuses patinoires des villes attirent les patineurs et les joueurs de hockey. Montréal et Québec sont situés à proximité de plusieurs stations de ski, où l'on peut pratiquer le ski de piste ou de fond et les randonnées en raquettes. Les principales stations se trouvent dans les Laurentides, la région de Québec et dans les Cantons de l'Est, les Appalaches. Les parcs nationaux du Québec et du Canada proposent, eux aussi, des activités hivernales.

Stations de ski

▶ **Dans les Laurentides (ouest de Montréal) :** Mont-Blanc, Mont-Saint-Sauveur, Mont-Avila, Mont-Gabriel, Le Chanteclerc, Mont-Tremblant, Gray Rocks, Mont-La-Réserve, Val-Saint-Côme.

▶ **Dans les Appalaches (Cantons de l'Est, à l'est de Montréal) :** Mont-Shefford, Mont-Saint-Bruno, Bromont, Mont-Sutton, Mont-Orford.

▶ **Dans la région de Québec :** Mont-Sainte-Anne, Stoneham, Lac-Beauport, Le massif de la Petite Rivière Saint-François.

▶ **Pistes balisées,** remontées mécaniques, excellent équipement hôtelier, écoles de ski, pistes éclairées pour ski de soirée.

Motoneige, Mont-Tremblant, Les Laurentides

© AUTHOR'S IMAGE

Ski, Parc national de-la-Jacques Cartier

© SÉPAQ, JEAN SYLVAIN

Le Cirque du Soleil

Représentations à Montréal ou à Québec. A certaines dates seulement. Ticket adultes de 60 $ à 100 $, enfants de 6 à 9 ans de 35 $ à 63 $. Il est préférable de réserver assez longtemps à l'avance. Si certains spectacles de cirque semblent parfois désuets, la démonstration faite par le Cirque du Soleil permet une réconciliation immédiate avec le genre. Moderne, d'une créativité étonnante, d'un raffinement certain, les numéros s'enchaînent avec une grâce incroyable et surprennent par leur hardiesse. Les formes des objets, la beauté des costumes, la sobriété du décor, la chorégraphie : tout vous incite à revenir pour un prochain spectacle. A faire absolument, même par les plus réticents à ce type de show. Fondé en 1984 au Québec, le Cirque du Soleil a complètement bouleversé l'approche traditionnelle du cirque en proposant des spectacles à travers le monde. La Nouba est la première collaboration avec la Walt Disney Company. Les numéros sont les suivants : roue allemande, funambule, diabolos, vélos, cadre aérien, ballet air et soie, équilibre sur chaises, grands volants, power track, trampoline, avec musiciens et vocalistes.

■ **www.cirquedusoleil.com**

▶ **Motoneige.** On peut louer sur place les équipements nécessaires (vêtements et motoneige) auprès d'un loueur spécialisé, un hôtel ou centre de villégiature, lesquels doivent être inscrits à la Fédération des clubs de motoneigistes du Québec. 34 000 km de pistes balisées, des refuges chauffés et services de réparation. Permis de conduire obligatoire, carte de crédit pour caution.

Il faut également se pourvoir d'une assurance spéciale et savoir respecter certaines règles de sécurité : garder ses feux allumés, voyager à deux. Tourisme Québec distribue une carte des sentiers de motoneige.

■ **FEDERATION DES CLUBS DE MOTONEIGISTES DU QUEBEC**
✆ 514-252-3076 – www.fcmq.qc.ca

■ SPECTACLES ■

Cinéma

Les prix peuvent varier selon les promotions des chaînes de cinéma. Généralement, une place de cinéma coûte en moyenne 11 $ par adulte, les enfants et les aînés bénéficiant d'un tarif spécial. Tarif réduit le mardi et le mercredi. Les films européens ne sont pas tous distribués au Québec, mais tous les films américains passent sur les écrans. Une loi québécoise oblige à présenter les versions françaises très rapidement après la sortie des versions originales (en anglais). En fait, la sortie des copies anglaises et françaises est pratiquement simultanée. A signaler une originalité qui ne persiste plus guère qu'au Québec : le Ciné-Parc où, de votre voiture, vous verrez deux films en extérieur pour le prix d'un seul. A Montréal, vous retrouverez bien sûr la technologie Imax, mise au point par les Canadiens.

Contes

Les performances de conteurs Québécois sauront divertir petits et grands. Que ce soit dans un bar à Montréal ou dans un festival en région, les conteurs drôles ou engagés partagent leurs histoires avec brio.
A Montréal, le dimanche soir est dédié aux conteurs dans les bars le Sergent recruteur (4807, Boulevard Saint-Laurent) et l'Intrus (1351, rue Rachel Est).

■ **POUR TOUTE L'ACTUALITÉ DU CONTE**
www.conte-quebec.com

Opéra et danse

Le complexe de la place des Arts abrite le prestigieux Opéra de Montréal. Les Grands Ballets canadiens de Montréal se produisent dans le monde entier. Nombreux festivals folkloriques à travers la province.

Théâtre

Il est particulièrement populaire au Québec. Les journaux (rubrique « Arts et spectacles »), les brochures gratuites disponibles dans les hôtels, le magazine Voir fournissent la liste des représentations du moment.

Enfants du pays

POLITIQUE

Jean Charest

L'actuel Premier ministre du Québec, chef du Parti libéral. Né à Sherbrooke, dans les Cantons de l'Est, il obtint son diplôme en droit dans cette même ville. Il ne pratiqua jamais vraiment en tant qu'avocat. À 26 ans, il se fit élire député. Il est alors affilié au parti Conservateur, au niveau fédéral. Il monte dans les échelons, devient ministre, se fait réélire. Au total, il passera 18 ans à Ottawa, avant de se décider à renoncer à la politique fédérale et à s'engager au niveau provincial. En 1998, il s'installe à Québec. Il devient chef du parti libéral la même année. Il fut élu député en 2003 et devint alors premier ministre. Il fut réélu en 2007 à quelques voix près. Son parti a beaucoup perdu en popularité depuis 2003.

Jean Chrétien

Vieux loup francophone et fédéraliste de la politique, l'ancien Premier ministre du Canada a la faveur des caricaturistes de tout acabit. Ce libéral très conservateur n'est pas aimé chez lui au Québec ! Le récent scandale des commandites l'a rendu encore plus impopulaire.

Bernard Landry

Ancien Premier ministre du Québec et ministre des Finances de 1998 à 2001. L'ancien chef du Parti québécois est un économiste brillant et un homme de culture, attaché au parcours historique de son peuple.

Gérald Tremblay

Licencié en droit de l'université d'Ottawa, admis au barreau du Québec en 1970, titulaire d'une maîtrise en administration des affaires de la Harvard Business School de Boston en 1972, il connaît une brillante carrière avant d'être élu député libéral dans l'une des anciennes Municipalités de l'île de Montréal en 1989. Ministre de l'Industrie, du Commerce et de la Technologie d'octobre 1989 à septembre 1994. Réélu en 1994. Élu maire de la nouvelle ville de Montréal aux élections municipales du 4 novembre 2001. Réélu le 6 novembre 2005.

Jean-Claude Turcotte

Diplômé de la faculté de théologie de l'Université de Montréal, ordonné prêtre en 1959, il est l'archevêque de Montréal depuis mars 1990. Le 28 février 1994, le pape l'a nommé cardinal. En 1996, il a permis que les funérailles soient célébrées dans les salons funéraires et les chapelles des cimetières ; aujourd'hui, 35 % des Montréalais ne célèbrent pas leurs funérailles à l'église.

Jean Coutu

Pharmacien richissime dont le groupe possède des pharmacies à presque tous les coins de rue. Ne pas confondre avec son homonyme comédien.

Molson

Cette célèbre famille anglophone, dont le nom apparaît sur une bouteille de bière non moins célèbre, fait partie de l'histoire économique et culturelle de la ville de Montréal à laquelle elle a donné le club de hockey Le Canadien (le centre Molson, rebaptisé le centre Bell depuis peu).

Pierre Péladeau (1925-1997)

Hommes d'affaires parmi les plus fortunés du pays. Il a bâti son empire dans l'édition, avec notamment le *Journal de Montréal*. Québécor, c'est lui.

■ MÉDIAS

Marie-France Bazzo

Elle animait l'émission Indicatif présent à Radio Canada, avant de donner sa démission pour rejoindre la télévision. Sur les ondes de Télé Québec, elle anime Il va y avoir du sport et Bazzo. TV, deux émissions de débats, fort intéressantes.

Pierre Foglia

Avec son langage au lait cru, chroniqueur italo-québécois, il se défoule depuis des années dans La Presse. Ses chroniques sont très populaires. Il y parle aussi bien de politique que de sport ou encore d'anecdotes de sa vie personnelle.

Guy A. Lepage

Créateur de la série Un gars, une fille, reprise dans plusieurs pays, il est aujourd'hui l'animateur de la version québécoise de l'émission Tout le monde en parle, qui bât des records d'audience.

Robert Lepage

Auteur et metteur en scène très apprécié et réputé mais aussi interprète et réalisateur. Les joutes théâtrales de la célèbre Ligue nationale d'improvisation connaissent un grand succès dans les pays francophones.

Michel Tremblay

Ecrivain reconnu et apprécié de tous les Québécois, Michel Tremblay a mené la dramaturgie québécoise à son apogée. Depuis Les Belles-Sœurs (1968), il a en effet donné naissance à un théâtre totalement libre. Ses pièces de théâtre (plus de 20) sont devenues de véritables classiques. Albertine, en cinq temps, Le Vrai Monde (1987).

■ MUSIQUE

Daniel Bélanger

Influencé par Robert Charlebois, Charlélie Couture et Jacques Brel, cet auteur-compositeur-interprète est un artiste d'une extrême sensibilité qui chante la profondeur de l'âme.
Textes bien ficelés, musique aux rythmes blues, rock, jazz et folk et un humour sans pareil.

Isabelle Boulay

Cette Gaspésienne à la chevelure rousse est connue internationalement, mais surtout appréciée en France et au Québec. En moins de dix ans de carrière, Isabelle Boulay a vendu plus de deux millions de disques et reçu de nombreux prix et distinctions. Son grand succès, Je t'oublierai, je t'oublierai, l'a propulsée au sommet en 1998.

Richard Desjardins

Le Brel du Québec, originaire d'Abitibi, sorti de l'ombre en 1990. Chansons engagées, humour cynique et tendresse écorchée, textes percutants.

Diane Dufresne

Artiste un peu délurée mais tellement attachante, interprète de Luc Plamondon (Starmania), porte-drapeau culturel du Québec depuis tant d'années… Un vrai mythe !

Garou

Découvert en 1997 à travers le personnage de Quasimodo dans la comédie musicale Notre-Dame de Paris, Garou a connu depuis un immense succès et multiplié les trophées au Québec, en France, Suisse, Belgique et Pologne.

Daniel Lavoie

Originaire des plaines du Manitoba, il est le premier Canadien français des années quatre-vingts à investir dans de grandes productions internationales et des technologies musicales sophistiquées.
Il se produit sur les grandes scènes européennes (à L'Olympia en 1987), profitant de l'occasion pour tenter une percée sur le marché anglophone, tentative qui s'avérera vaine.
Il continue cependant à avoir du succès avec ses ballades, fait des apparitions sporadiques dans le cadre de l'opéra Sand et les romantiques de Plamondon-Lara ou de spectacles jazz plus intimes.

Loco Locas

Groupe de rock très engagé politiquement et notamment contre le gouvernement de Jean Charest. Le slogan « *Libérez-nous des libérau* », tagué un peu partout au Québec, vient d'une de leurs chansons. La scène montréalaise les accueille presque chaque soir.

Jean Leclerc

(anciennement connu sous le nom de Jean Leloup). Chanteur excentrique et désinvolte, John the Wolf est lancé grâce au succès 1990. Il est l'un des auteurs-compositeurs-interprètes les plus talentueux et colorés de sa génération.

Sa poésie rebelle se marie à ses rythmes frénétiques rock, funk et… à sa fameuse guitare.

Lynda Lemay

Excellente auteur-compositeur-interprète, Lynda Lemay est appréciée pour ses chansons à textes, telles des histoires à la fois tendres et humoristiques, inspirées des grands et petits faits de l'actualité.

La petite Brassens du Québec remplit les salles en France, Belgique et Suisse.

Luc Plamondon

Vieux copain du regretté Michel Berger, il est l'un des paroliers les plus célèbres du Québec. Il a collaboré aux comédies musicales *Starmania, Roméo et Juliette, Cind*y ou encore *Notre-Dame de Paris*.

Ecrivain habile et doté d'une capacité à découvrir les talents : Garou, Bruno Pelletier, Hélène Ségara mais aussi Céline Dion, Robert Charlebois, Julien Clerc, Diane Dufresne, Petula Clark, Diane Tell, Nanette Workman et Françoise Hardy. Il est aussi le fondateur de la Société professionnelle des Auteurs et Compositeurs du Québec, l'équivalent québécoise de la Sacem française.

Diane Tell

Excellente musicienne, influencée par les rythmes sud-américains, elle fait preuve d'une remarquable originalité mélodique, manie la guitare avec dextérité et saisit tous les courants musicaux en une formidable synthèse.

■ CINÉMA

Denys Arcand

Né le 25 juin 1941 à Deschambault, Québec. Dès son premier long-métrage en 1970, *On est au coton*, il analyse la société québécoise. Il connaît un succès auprès du grand public international avec *Le Déclin de l'empire américain* (1986) et sa suite en 2003, *Les Invasions barbares*, un film drôle et amer récompensé aux oscars, aux césars et au festival de Cannes de cette même année.

Carole Laure

Comédienne et chanteuse. En tant que chanteuse, elle a remporté un certain succès à la fin des années soixante-dix et au début des années quatre-vingts auprès d'un public branché.

Plus connue en France en tant qu'actrice ayant joué dans de nombreux films, dont *Maria Chapdelaine* et plus récemment *Les*

Fils de Marie avec Jean-Marc Barr, qu'elle a mis en scène (2002).

Denis Villeneuve

Il fait partie des cinéastes de la nouvelle vague québécoise. Denis Villeneuve s'est fait connaître en 1997 pour sa participation au film *Cosmos* et ses longs-métrages *Un 32 août sur Terre* (1998) et *Maelström* (2000).

Bernard Assiniwi (1935-2000)

D'origine crie, il s'est très tôt intéressé à la culture amérindienne. Comédien, animateur à la radio, il a produit une série d'émissions sur la vie quotidienne des Amérindiens, avant de publier des romans inspirés de la culture algonquienne, notamment *La Saga des Béothuks* (1996), *Ikwé, la femme algonquienne* (1998) et *Windigo et la naissance du monde* (1999). Il est mort d'une crise cardiaque à 65 ans.

DÉCOUVERTE

■ LITTÉRATURE

Marie-Claire Blais

Née à Québec en 1939, elle occupe une place primordiale dans la littérature québécoise. Elle dépeint des univers sombres et tourmentés et développe les thèmes de la solitude et de la marginalité. *Une saison dans la vie d'Emmanuel* a obtenu le prix Médicis en 1966 et a été porté à l'écran.
Son roman *Visions d'Anna* a remporté le prix de l'Académie française en 1983. En 1994, elle a rejoint l'Académie des lettres du Québec et en 1999 elle a été faite chevalier des Arts et des Lettres.
Plus récemment, elle a publié *Dans la foudre et la lumière* (2001) et *Des rencontres humaines* (autobiographie, 2002). En 2005, elle a obtenu le Prix Gilles-Corbeil pour l'ensemble de son œuvre.

Denise Bombardier

Née à Montréal dans les années quarante, elle anime plusieurs émissions politique et culturelle à la télévision canadienne et sur Radio Canada. Elle est aussi l'auteur de nombreux livres à succès. Elle a publié chez Robert Laffont deux essais :

La Voix de la France (1975) et *Le Mal de l'âme* (1989). Son roman le plus connu en France, *Une enfance à l'eau bénite,* a été publié au Seuil en 1985 : elle y évoque son enfance de petite Canadienne française dans un milieu culturellement défavorisé et un monde dominé par les Anglais et la toute-puissance de l'Eglise catholique.

Réjean Ducharme

C'est le plus secret des auteurs québécois. Il a écrit des romans, des pièces de théâtre, des scénarios de films et des chansons pour Pauline Julien et Robert Charlebois. Plusieurs de ses romans ont été publiés chez Gallimard : *Dévadé* (1990), *Va savoir* (1994), *L'absence du maître* (2000).

Marie Laberge

D'abord connue en tant que dramaturge pour de nombreuses pièces, elle s'est lancée dans le roman avec autant de succès et se distingue par sa remarquable qualité d'écriture. *La Cérémonie des anges* (1998), *Le Goût du bonheur* (2000), *Gabrielle* (2000) et *Adélaïde* (2001) ont été publiés aux Editions du Boréal.

■ SPORTS

Myriam Bédard

Athlétisme. Elle en a mis plein la vue lors des Jeux olympiques de Lillehammer.
Désolidarisée de la Fédération, elle a tout de même remporté deux médailles au biathlon. Elle a fait la Une des journaux à scandales suite à des démêlés avec la justice, accusée d'avoir enlevé sa propre fille.

Jacques Villeneuve

Coureur automobile, il remporta le championnat de Formule 1 en 1997. Il est le fils de Gilles Villeneuve, coureur automobile pour Ferrari qui mourut tragiquement dans un accident de F 1.

Mélanie Turgeon

Ski, championne de ski alpin en descente et slalom supergéant.
Elle remporta le championnat du monde de la descente, en 2003 à Saint-Moritz.

Randonnée en traîneau - Huskies

© SAVIGNARD / SZEREMETA

Communiquer en Québécois

Le Québec compte six millions de francophones sur une population totale de sept millions d'habitants. C'est au Québec que se trouve la deuxième plus importante concentration de francophones au monde. Au Canada, sur les 29 millions d'habitants que comporte cet immense pays, un quart possède le français comme langue maternelle. Pour autant, vous, francophone de France, de Belgique, de Suisse, d'Afrique ou d'ailleurs, risquez d'être surpris par le français que vous entendrez parler : un accent différent, des expressions particulières, une syntaxe parfois étonnante, une morphologie spéciale, font du français du Canada une langue souvent déroutante. Nous aimerions vous familiariser avec ce français, de telle manière que lorsque vous l'entendrez, au lieu de faire une moue surprise et parfois moqueuse, vous puissiez en comprendre la finesse et l'humour, et participer confortablement à la conversation avec vos lointains cousins d'Amérique.

Nous vous proposons ici quelques mots et expressions du français populaire parlé dans les villes de Québec et de Montréal qui, à elles seules, couvrent les deux tiers de la population de la **Belle Province**. Les variations dialectales sont très importantes au Canada : il existe de nombreuses différences entre le français de la Gaspésie, celui du lac St-Jean, l'acadien, le français du Nouveau-Brunswick et celui du Manitoba, pour ne prendre que quelques exemples. Il existe aussi entre ces variétés de nombreux points communs. Certaines expressions peuvent être propres à une région et pas à une autre.

Officiellement, le Canada est un pays bilingue. L'anglais et le français se valent, et vous devriez théoriquement pouvoir employer ces deux langues où que vous soyez sur le territoire canadien. Dans la réalité, plus vous vous dirigez vers l'ouest du Canada, moins vous entendrez parler français (seul le Manitoba possède une communauté francophone conséquente sur le plan démographique).

La langue française s'est établie en Amérique du Nord au cours du XVIIᵉ siècle lors de la colonisation française. La plus grande partie des colons venaient du nord-ouest ou du centre-ouest de la France, le groupe le plus compact provenant de Normandie. La variété de français qui s'est développée en Nouvelle-France était un mélange entre les dialectes régionaux de l'époque et le français standard qui était en train de prendre forme. Le français du Québec, coupé de la mère patrie, a poursuivi son évolution seul, au contact d'un environnement anglophone omniprésent, tandis qu'en France, sous l'effet de lois uniformisatrices, notre français prenait graduellement le visage qu'on lui connaît aujourd'hui. Le Québec évolua donc en vase clos et se fia à ses propres ressources linguistiques pour s'adapter au monde moderne. Évidemment, les emprunts à l'anglais furent également nombreux, mais comme vous le verrez, ils ne sont pas les mêmes que ceux pratiqués en France.

Cette rubrique est réalisée en partenariat avec ASSiMiL évasion

La prononciation

Les indications suivantes ne vous sont fournies que pour vous aider à comprendre le québécois sans difficulté. Nous vous déconseillons fortement de vous essayer à prendre l'accent québécois, surtout en leur compagnie. D'abord, vous n'y arriveriez pas (à moins d'avoir une oreille extrêmement fine, et encore !), ensuite, vous risqueriez de vexer nos amis québécois qui pourraient penser que vous vous moquez d'eux. Si vous séjournez longtemps au Québec, votre propre accent s'adaptera naturellement et inconsciemment.

• Nos voyelles tendues **i** et **u** ont une prononciation relâchée en syllabe fermée finale, sons difficiles à imiter pour un Français et que nous transcrivons « *i* » et « *U* ». Ainsi, **vite** s'entend « *vit* » (comme dans l'anglais *slip* avec *i* relâché par rapport à *sleep* avec *i* long tendu).

• Nos voyelles longues ainsi que nos voyelles nasales peuvent être diphtonguées en québécois. Ainsi, **neige** peut devenir « *neyge* » et **banque** « *bawnque* ».

• **Moi**, **toi** et **roi** ont souvent gardé la prononciation qu'ils avaient en France avant la Révolution. Ainsi, la phrase historique de Louis XIV « *Le roi c'est moi !* » se prononce-t-elle au Québec, dans le langage populaire, de la même manière que le roi l'eût certainement prononcée : « *le rwé, c'est mwé* ». La prononciation « *wé* » du son **oi** dépend en fait de l'origine géographique ou sociale du locuteur. Ce n'est jamais une prononciation neutre. Elle peut s'entendre chez un Québécois cultivé dans certains contextes : au bar avec des amis, par exemple. Il existe de nombreux marqueurs sociolinguistiques de cette nature en québécois, mais leur analyse dépasse largement le cadre de cet ouvrage. Pour revenir à **oi**, on le voit souvent orthographié **oé** dans des bandes dessinées ou dans la publicité ; on aura donc **moé**, **toé**, etc.

• Le **a** est souvent prononcé de façon si antérieure qu'il sonne presque comme un « *o* » à une oreille française peu habituée.
Ainsi, **moi**, qui se dit emphatiquement **moi-là** en québécois se prononce « *mwé-lô* ». **Moi, je te dis** deviendra quelque chose comme « *mwé-lô, chte dzi* ». Il faut s'y habituer !

• Le **r** est souvent roulé – comme en Bourgogne – dans la région de Montréal (pas à Québec, en revanche).

Différences entre le français et le québécois

Les différences entre le français que nous parlons en France et celui parlé au Québec se situent à tous les niveaux de la langue : elles touchent à la prononciation, comme nous l'avons vu dans la partie précédente, mais aussi au lexique, à la morphologie et à la syntaxe. Il y a des raisons historiques à cela.

• Le verbe **aller** a gardé sa forme archaïque « *j'vas* » à la première personne du singulier du présent simple.

• Le pronom personnel sujet **il** devient « *i* ». Un système de pronoms réfléchis s'est développé et est utilisé de manière emphatique : « *nous autres, vous autres, eux autres* » etc.

• Les adverbes **assez** et **don(c)** sont utilisés comme marqueurs d'intensité. On a ainsi pour **il est vachement bien** « *i est assez beau* », « *i est don ben beau* ». « *Ben* » pour **bien, beaucoup** est également largement utilisé.

• La forme interrogative des verbes est différente de celle que nous utilisons en France. Au Québec, la forme interrogative est matérialisée par l'ajout du pronom tu alors qu'en France nous utilisons le **est-ce que**. On aura : « *Tu veux tu ?* » pour **Est-ce que tu veux ?**

Ainsi, on aura :

▶ **Je veux-tu ?**   ▶ **On veut-tu ?**
▶ **Tu veux-tu ?**   ▶ **Vous voulez-tu ?**
▶ **Il veut-tu ?**   ▶ **Ils veulent-tu ?**
▶ **Elle veut-tu ?**   ▶ **Elles veulent-tu ?**

• Le verbe **pouvoir** se remplace souvent par « *être capable* ».
On aura ainsi : « *T'es tu capable ?* » au lieu de **Est-ce que tu peux ?**

• L'expression **Avoir envie de** se traduit par « *avoir le goût de* ».
Ainsi, on aura : « *J'ai le goût d'aller au cinéma.* »

• La forme **nous** est systématiquement remplacée par « *on* ».

• Le futur se forme avec **aller**. Ainsi, **je mangerai** deviendra « *j'vas aller manger* ».

• La lettre « *t* » située en fin de mot est souvent très prononcée. Ainsi, on aura « *Au boutte* » pour **Au bout** et « *Icitte* » pour **Ici**.
Voilà pour les quelques spécificités de forme que nous voulions vous signaler.

Se saluer

En fait, la manière de se saluer ou de se quitter diffère peu d'avec la France. Signalons toutefois que *au revoir* est peu utilisé. On emploie **bonjour** pour se saluer comme pour se quitter (même s'il est minuit !).

▶ le bisou   **le bec**
▶ Salut !   **Allô !**
▶ Au revoir !   **Bye !** (familier), **Bonjour** (le plus employé)
▶ À bientôt !   **À tantôt !**

Le tutoiement est généralisé dans toutes les parties francophones du Canada. En fait, que vous soyez en train de converser avec un employé de banque, que vous soyez ausculté par votre médecin ou servi par un charmant garçon dans un restaurant, il y a de fortes chances pour que l'on vous dise **tu**... Ne soyez pas surpris non plus d'entendre **s'il vous plaît** à tout bout de champ et rarement *s'il te plaît*. Cette dernière forme s'emploie très peu. On tutoie, mais on dit **s'il vous plaît** !

Remarquez également la prononciation : **moi** et **toi** deviennent « *moé* » et « *toé* ».

Pour mettre encore un peu plus d'emphase, on ajoutera aux pronoms sus-cités le démonstratif **là** qui se prononce « *lô* ». On a donc : « *moé-lô – toé-lô* ». Mais le vrai Québécois fait encore plus fort ! Il lui arrive souvent de redoubler le **là**. On peut ainsi entendre : « *moé-lô-lô* » !

Les pronoms **nous** et **vous** sont rarement employés tels quels. On dit plutôt **nous autres** et **vous autres**.

▶ Ça marche.   **C'est beau.**
▶ Il n'y a pas de quoi, de rien.   **Bienvenue** (angl. *you're welcome*, réponse habituelle à « merci »)
▶ Pas du tout !   **Pantoute !**
▶ Tout va bien !   **Oaki-dou !** (angl. *oakie doakie*)

Le logement

▶ immeuble en copropriété   **le condo** (abrév. de **condominium**)
▶ immeuble de deux, trois ou quatre appartements   **duplex / triplex / quadruplex**
▶ habiter, demeurer   **rester**
▶ le robinet   **la champlure**
▶ la serviette de table   **la napkin** (angl. *napkin*)
▶ la casserole   **Le chaudron**
▶ l'aspirateur   **la balayeuse**
▶ les toilettes   **la salle de bain**
▶ les toilettes à pompe qu'on trouve dans les campings   **la toilette sèche**

Boire et manger

▶ l'addition   **la facture / la note**
▶ donner un pourboire   **tipper**
▶ fast food   **service rapide**
▶ manger des desserts, des sucreries   **se sucrer le bec**

 *évasion*

Ce guide vous propose les bases de la grammaire, du vocabulaire et des phrases utiles ainsi que des informations sur les Québécois et leurs coutumes.
Bref, tout ce qu'il faut savoir avant d'aller faire un petit séjour au Québec.

DÉCOUVERTE

▶ la nourriture — **la bouffe**
▶ plateau — **cabaret**
▶ le pourboire — **le tip**
▶ une sucette — **un suçon**
▶ une boîte de conserve — **une canne**
▶ un chewin gum — **une gomme**
▶ les repas :

Matin	**Déjeuner**
Midi	**Diner**
Soir	**Souper**

▶ **la cabane à sucre**
Petite cabane ou petit restaurant simple dans la nature, se situant dans une **érablière**, où l'on consomme à l'arrivée du printemps des spécialités à base de sirop d'érable.

▶ **aller aux sucres**
Aller dans une **érablière** déguster du sirop d'érable.

Grâce à ses traditions d'origine française, le Québec offre de meilleurs restaurants que partout ailleurs sur le continent nord-américain. De plus, les nombreux immigrants ont enrichi la tradition culinaire par leur cuisine variée.

▶ les boissons en général — **les breuvages**
▶ broc dans lequel on sert la bière — **le pichet**
▶ les chips — **les croustilles**
▶ le maïs — **le blé d'Inde**
▶ pommes frites — **patates frites**
▶ sirop d'érable caramélisé et épaissi — **la tire**
▶ sorte de beignet frit et sucré — **une beigne**
▶ sorte de grosse myrtille — **le bleuet**
▶ sandwich — **le sous-marin**
▶ les sodas — **les liqueurs**
▶ Ça a bon goût. — **Ça goûte bon.**

Sur la route

▶ accélérer — **peser sur le gaz**
▶ une amende — **un ticket**
▶ avoir une crevaison — **faire un flat**
▶ le camion — **le truck**
▶ faire de l'auto-stop — **poucer, faire du pouce**
▶ le vélo — **le byclicle**
▶ la voiture — **le char, l'auto**
▶ un carrossier — **un débosseleur**
▶ descendre d'un véhicule — **débarquer**
▶ faire un demi-tour — **faire un U-Turn** (de l'anglais. Se prononce *you turn*)

Un petit tour dans la nature...

Beaucoup de termes parmi ceux que vous allez entendre sont communs à ceux que nous utilisons en France. D'autres ont un sens évident. Nous ne donnons donc de traduction qu'aux termes spécifiquement québécois et à ceux qui pourraient être trompeurs.

▶ le bûcheron — **le bûcheur**
▶ cabane de fumage — **la boucannerie**
▶ s'enfermer — **s'encabaner**
▶ l'épicéa — **l'épinette**
▶ plantation d'érables — **l'érablière**
▶ couper le bois — **faire le bûchage, bûcher**
▶ les rondins — **les pitounes**

Les animaux

Tout promeneur attentif ne manquera pas de remarquer la riche faune du Canada. Voici quelques termes désignant les animaux que vous seriez susceptible de rencontrer :

▶ une bébête, une bestiole	**la bibitte**
▶ petit insecte vorace aux piqûres douloureuses	**la mouche noire** (angl. *black fly*)
▶ petit moustique noir	**le brûlot**
▶ putois d'Amérique, le skunks	**la mouffette**
▶ grand élan du Canada	**l'orignal**

Faire des achats

▶ un chariot	**un carrosse**
▶ à carreaux	**carreauté**
▶ le bonnet	**la tuque**
▶ le bureau de tabac	**la tabagie**
▶ le centre commercial	**le centre d'achat** (angl. *shopping centre*)
▶ les chaussettes	**les bas**
▶ un T-shirt	**un chandail**
▶ des caleçons	**des bobettes**
▶ épicerie ouverte 24h/24	**le dépanneur**
▶ faire les courses	**magasiner** (angl. *to shop*)
▶ le maillot de corps	**la camisole**
▶ le sac à main	**la sacoche, une bourse**
▶ les sandalettes	**les gougounes**
▶ les soldes	**la vente**
▶ le soutien-gorge	**la brassière**
▶ un cintre	**un support**
▶ acompte, provision	**le dépôt** (angl. *deposit*)
▶ payer en liquide	**payer en argent comptant**
▶ prendre, faire payer	**charger** (angl. *to charge*)
▶ As-tu de la monnaie ?	**As-tu du change ?**

Poids et mesures

Il règne une véritable confusion en ce qui concerne les poids et mesures dans le Canada francophone, malgré l'introduction officielle du système métrique depuis de nombreuses années. Voici quelques exemples :

▶ **la ligne**	1,587 mm
▶ **le pouce**	2,54 cm
▶ **la verge**	0,914 m
▶ **une once**	28,349 g
▶ **le quarteron**	0,113 kg
▶ **la chopine**	0,568 l
▶ **la gallon canadien** ou **impérial**	4,545 l

Ainsi, si quelqu'un mesure 1,71 m et pèse 60 kg, il mesurera au Québec **5 pieds 11 pouces** et pèsera **133 livres** (on grossit bien plus vite en **livres** !).

Ce cher climat !

Le temps est un véritable sujet de conversation, particulièrement l'hiver, avec ses déboires et ses joies. Les premières neiges commencent souvent à tomber en novembre pour ne disparaître que fin mars ou début avril. Pour se protéger des affres de l'hiver (et aussi des chaleurs moites et torrides de l'été), les Montréalais ont construit, au centre-ville de Montréal, une véritable **ville souterraine**, où ils ont accès à tous les services : centres commerciaux, cinémas, théâtres, opéra, piscines, métro, etc.

DÉCOUVERTE

Le voyage en poche

collection évasion :

l'indispensable

pour comprendre et être compris

Ce sont 30 km de galeries souterraines, plus de 1 500 commerces et 150 restaurants directement accessibles, sans avoir à mettre le nez dehors.

▶ chute de neige accompagnée
d'un vent fort **la poudrerie**
▶ neige soufflée et projetée par le vent,
neige mêlée de pluie **la neige molle, la slosh**
▶ congères **bancs de neige**
▶ froid **frette** (ex : « il fait froid » devient « *il fait frette* »)
▶ pleuvoir **mouiller** (ex : « il pleut » devient « *il mouille* »)

Beaucoup plus agréable (la plus belle saison peut-être)... **l'été indien** (été tardif). Au mois d'octobre, pendant une quinzaine de jours, le temps redevient estival et les arbres (notamment **les érables**) se parent de couleurs chatoyantes : jaunes, rouges, oranges et ocres. Les forêts deviennent très spectaculaires. Pour certains, le terme **été indien** vient de l'époque où les premiers colons subissaient de la part des Indiens une ultime attaque avant l'hiver, lors de ces dernières journées chaudes d'automne. Pour d'autres, on parle d'été des Indiens car, durant quinze jours en octobre, les Indiens avaient pour habitude de chasser et faire leurs réserves pour l'hiver...

Vocabulaire usuel courant

▶ ça ne va pas **j'file pas**
▶ vérifier **chèquer** (se prononce *tchèquer*. De l'anglais *to check*)
▶ se balader, faire un tour **prendre une marche**
▶ une blague **une joke** (de l'anglais)
▶ une chanson **une tune** (de l'anglais. Se prononce *toune*)
▶ c'est fabuleux,
c'est très bon ou très beau **c'est écœurant**
▶ je viens **j'men viens**
▶ je m'en fous **j'men crisse**
▶ une bande d'amis **une gagne**
▶ machine à laver le linge **laveuse**
▶ sèche-linge **sécheuse**
▶ ouvrir **débarrer**
▶ visage **face**
▶ embêter **achaler**
▶ fatigué **magané**
▶ lancer **garrocher**
▶ se disputer **se chicaner**
▶ cher **dispendieux**
▶ c'est bien mais ça pourrait être mieux **c'est pas si pire**
▶ s'énerver **pogner les nerfs**
▶ se pousser **se tasser**
▶ poubelles **vidanges**
▶ gentil **fin** (ex : « *T'es ben fin* » au lieu de « Tu es très gentil »)
▶ paniquer **capoter**
▶ partir **sacrer son camp**
▶ un jeu **une game** (de l'anglais)
▶ j'en ai assez, j'en ai marre **je suis tanné**
▶ pressing **nettoyeur**
▶ appuyer **peser**
▶ agrafer **brocher** (une agrafeuse devient **une brocheuse**)
▶ laisser tomber quelque chose par terre **échapper** (ex : « *J'ai échappé mon stylo* »)
▶ week-end **fin de semaine**
▶ une gomme **une efface**

MONTRÉAL

Quartier Latin,
Montréal.
© AUTHOR'S IMAGE

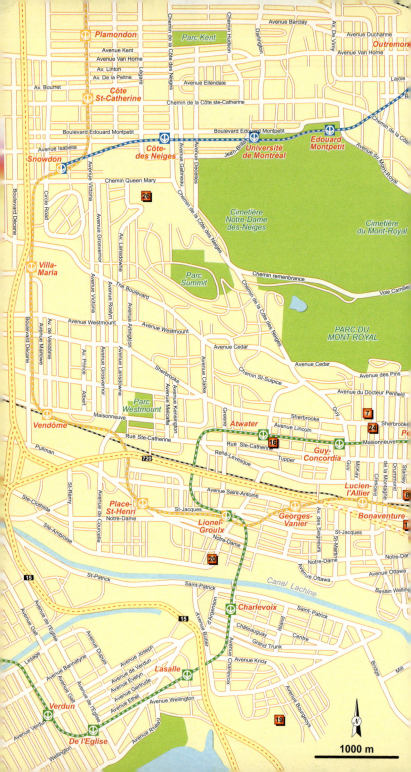

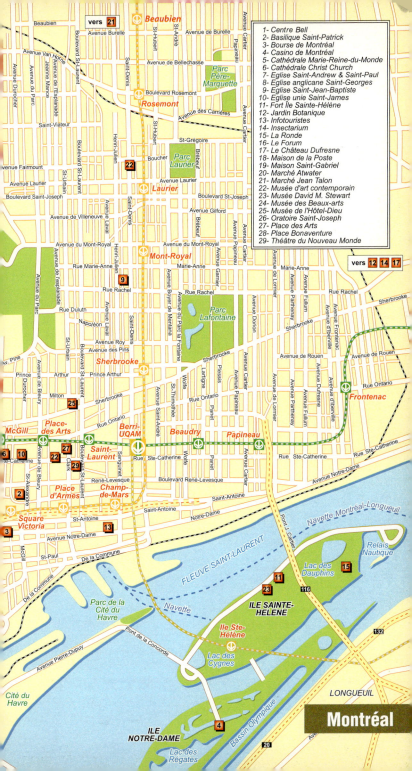

Montréal

vers 21

1- Centre Bell
2- Basilique Saint-Patrick
3- Bourse de Montréal
4- Casino de Montréal
5- Cathédrale Marie-Reine-du-Monde
6- Cathédrale Christ Church
7- Eglise Saint-Andrew & Saint-Paul
8- Eglise anglicane Saint-Georges
9- Eglise Saint-Jean-Baptiste
10- Eglise unie Saint-James
11- Fort Île Sainte-Hélène
12- Jardin Botanique
13- Infotouristes
14- Insectarium
15- La Ronde
16- Le Forum
17- Le Château Dufresne
18- Maison de la Poste
19- Maison Saint-Gabriel
20- Marché Atwater
21- Marché Jean Talon
22- Musée d'art contemporain
23- Musée David M. Stewart
24- Musée des Beaux-arts
25- Musée de l'Hôtel-Dieu
26- Oratoire Saint-Joseph
27- Place des Arts
28- Place Bonaventure
29- Théâtre du Nouveau Monde

vers 12 14 17

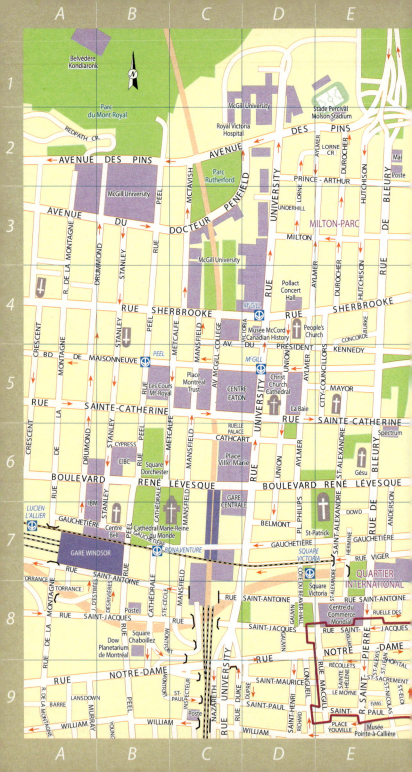

Index des noms de rues

Montréal

Deuxième ville du Canada après Toronto, place financière et commerciale particulièrement dynamique, centre portuaire de tout premier ordre sur la voie fluviale reliant les Grands Lacs à l'Atlantique, Montréal est la seconde ville francophone du monde après Paris en termes de population. Elle est la seule ville du Canada à avoir su concilier les influences du Vieux Continent et la modernité nord-américaine, à avoir pu réunir les communautés anglophone et francophone que l'histoire a longtemps opposées, et à avoir réussi à intégrer une mosaïque ethnique issue de l'immigration. C'est aussi un agglomérat de villes et villages jadis distincts et une métropole culturelle d'une grande vitalité. L'île de Montréal (50 km de long sur 17 km de large, 500 km²), la plus vaste des îles de l'archipel d'Hochelaga, est située au confluent de la rivière des Outaouais et du Saint-Laurent. La ville de Montréal, située sur l'île de Montréal, comprend 19 arrondissements, compte 1,8 million d'habitants (3,6 millions avec la région Métropolitaine) et pas moins de 80 ethnies. Au centre de l'île, le mont Royal, appelé aussi la Montagne, domine le tissu urbain.

Histoire

Hochelaga, Ville-Marie, Mont-Royal

Avant l'arrivée des Français au Canada, la plupart des sites qui allaient devenir des lieux de colonisation étaient occupés par les Amérindiens, longtemps nommés Indiens puisque les découvreurs du Nouveau Monde s'étaient fixés comme objectif la découverte d'un passage vers les Indes. Premiers habitants de l'île de Montréal, établis dans le village d'Hochelaga, au pied du mont Royal, les Mohawks, appartenant à la nation iroquoise, étaient les alliés des colons français, quand ils ne choisissaient pas le camp des Anglais. Exemple de ces revirements d'alliances, l'incident qui eut lieu à Lachine et qui fut le plus sanglant qui ait marqué l'histoire du Québec : dans la nuit du 4 au 5 août 1689, les Iroquois détruisirent le village, brûlant la plupart de ses maisons et tuant, semble-t-il, 200 habitants. L'île de Montréal occupe une position stratégique au confluent de la rivière des Outaouais et du fleuve Saint-Laurent qu'on ne pouvait pas remonter plus loin que le courant Sainte-Marie, au pied de l'actuel pont Jacques-Cartier. A l'arrivée des Blancs, on trouvait sur l'île une bourgade indienne, Hochelaga. Jacques Cartier, découvreur de la Nouvelle-France, visita l'endroit en 1535.

Par ailleurs, un monument érigé sur le campus de l'université McGill témoigne qu'un campement indien aurait été établi sur ce site, au pied du mont Royal. C'est également à Jacques Cartier que le mont Royal doit son nom (l'ayant gravi, il se serait exclamé, émerveillé par le panorama : « C'est un mont réal ! »), alors que le baptême de l'île Sainte-Hélène, située juste en face de l'actuel centre-ville de Montréal, revient à Samuel de Champlain, fondateur de la ville de Québec.

Le mont Royal, seule éminence visible à des kilomètres à la ronde, était déjà, et demeure, le pôle d'attraction, l'élément qui caractérise le mieux Montréal.

Une première croix y fut plantée par Maisonneuve en 1643, en remerciement pour le sauvetage de la colonie menacée d'inondation.

Les immanquables de Montréal

▶ **Une promenade dans les rues du Vieux Montréal.**

▶ **Une photo depuis le sommet du mont Royal,** une forêt en plein cœur de la ville.

▶ **La visite du musée des Beaux-Arts** et du musée d'Art contemporain.

▶ **Une sortie dans un des nombreux théâtres ou cinémas.** Certains préféreront toutefois se rendre à un match de hockey ou de football (américain).

▶ **La découverte du quartier du Plateau Mont-Royal,** très coloré.

▶ **Un déjeuner au marché Jean Talon,** dans « la Petite Italie ».

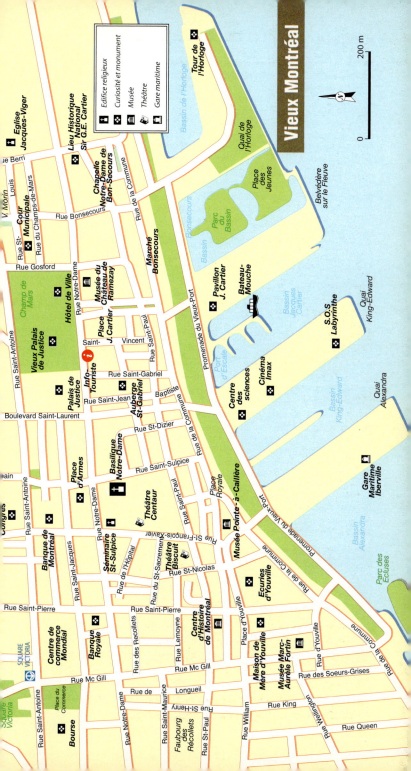

Vieux Montréal

200 m

0

Bassin de l'Horloge

Tour de l'Horloge

Eglise Jacques-Viger

Rue Berri

Louis

V. Morin

Lieu Historique National Sir G.E. Cartier

Cour Municipale

Rue St-Louis

Chapelle Notre-Dame-de-Bon-Secours

Rue du Champs-de-Mars

Rue Bonsecours

Rue de la Commune

Quai de l'Horloge

Place des Jeunes

Belvédère sur le Fleuve

Rue Gosford

Champ de Mars

Hôtel de Ville

Musée du Château de Ramezay

Marché Bonsecours

Rue Notre-Dame

Bonsecours

Bassin

Parc du Bassin

Rue Saint-Antoine

Vieux Palais de Justice

Place J. Cartier

Saint-

J. Vincent

Rue Saint-Paul

Promenade du Vieux-Port

Pavillon J. Cartier

Bateau-Mouche

Bassin Jacques Cartier

Quai King-Edward

Info-Touriste

Rue Saint-Gabriel

Palais de Justice

Rue Saint-Jean

Baptiste

Auberge St-Gabriel

Rue de la Commune

Port d'Escale

Centre des sciences

Cinéma Imax

S.O.S Labyrinthe

Boulevard Saint-Laurent

Rue St-Dizier

Place d'Armes

Basilique Notre-Dame

Rue Saint-Sulpice

Place Royale

Quai King-Edward

Quai Alexandra

Rue Saint-Antoine

Congrès

Rue Saint-Jacques

Banque de Montréal

Rue Notre-Dame

Théâtre Centaur

Rue Saint-Paul

Musée Pointe-à-Callière

Bassin King-Edward

Séminaire St-Sulpice

Rue de l'Hôpital

Rue St-Sacrement

Rue St-François-Xavier

Théâtre Biscuit

Rue St-Nicolas

Gare Maritime Iberville

Bassin Alexandra

Rue Saint-Pierre

Banque Royale

Rue des Récollets

Rue Saint-Pierre

Rue Lemoyne

Centre d'Histoire de Montréal

Place d'Youville

Ecuries d'Youville

Promenade du Vieux-Port

Parc des Écluses

SQUARE VICTORIA

Centre de commerce Mondial

Rue Saint-Jacques

Rue Mc Gill

Rue des Récollets

Rue Saint-Pierre

Rue Mc Gill

Maison de Mère d'Youville

Musée Marc-Aurèle Fortin

Rue d'Youville

Rue de la Commune

Square Victoria

Place du Commerce

Bourse

Rue Saint-Antoine

Rue Notre-Dame

Rue de

Longueil

Rue Saint-Maurice

Faubourg des Récollets

Rue St-Paul

Rue St-Henry

Rue William

Rue King

Rue des Soeurs-Grises

Rue Wellington

Rue Queen

Le fait est que, pendant de nombreuses années, les nouveaux venus allaient vivre avec les risques d'inondation de la fonte printanière. C'est à titre de mandataire de la Société de Notre-Dame que Paul de Chomedey, sieur de Maisonneuve établit, le 17 mai 1642, une première poignée de Français sur l'île de Montréal. Ce premier établissement, nommé Ville-Marie, était créé dans le but avoué de convertir les Indiens ou sauvages, comme on avait alors l'habitude de les appeler. Ce qui allait devenir bien plus tard la métropole du Canada comptait, à ses débuts, une quarantaine de colons, parmi lesquels se trouvaient Marguerite Bourgeoys et Jeanne Mance. Cette dernière allait, la même année, créer un premier hôpital, l'hôtel-Dieu. L'institution a perduré mais changé de site. Marguerite Bourgeoys, devenue il y a quelques années la première sainte québécoise, ouvrit une école de jeunes filles en 1658. C'est ainsi que les femmes imprimeront très tôt leur marque dans l'histoire de Montréal. En 1731, Marguerite d'Youville fonda la congrégation des Sœurs de la Charité. Mieux connues sous le nom de Sœurs grises, celles-ci prirent en charge l'hôpital des frères Charron et bien d'autres œuvres. Mais les femmes furent surtout les génitrices responsables du peuplement du pays, car le taux de natalité était très élevé au Canada. Ainsi, en 1660, Montréal comptait 400 habitants ; vingt ans plus tard, on en dénombrait 1 300, majoritairement canadiens. Vers 1700, la population atteignait 3 000 personnes.
En 1860, Montréal, communauté de 90 000 habitants se concentrait autour de la place d'Armes et ne débordait pas de la rue Sherbrooke. Un siècle plus tard, le square Dominion (Dorchester) sera au cœur de l'activité urbaine. La Société de Notre-Dame, à l'origine de la fondation de Montréal, allait vite se ruiner dans cette entreprise mystique de conversion des Indiens : elle devra vendre la seigneurie de l'île de Montréal au séminaire de Saint-Sulpice, à Paris. Ce changement de propriétaire s'accompagnera d'un changement de statut instauré par le nouveau roi de France, Louis XIV. Montréal deviendra ainsi un comptoir commercial. Des conflits avec Québec, le chef-lieu, ayant éclaté, Maisonneuve, gouverneur de Montréal devra rentrer en France où il finira ses jours.

La foi et la France

Les premières rues de Montréal sont tracées en 1672 par le supérieur du séminaire, Dollier de Casson, un fort gaillard de près de 1,92 m qui avait d'abord été soldat. Si le clergé et les communautés religieuses jouaient un rôle important dans le développement de la ville, créant des établissements hospitaliers et scolaires, par ailleurs la foi aidait à préserver la langue et la culture françaises face aux différentes vagues d'immigration et tentatives d'assimilation du Canada anglais.
Les guerres, menées à la fois contre les Indiens (en 1644, Maisonneuve avait dû tuer d'un coup de pistolet un Iroquois lors d'une confrontation à Pointe-à-Callière) et contre les Anglais, contraindront les autorités à fortifier la ville, et ce malgré la signature, en 1701, par les Sulpiciens, seigneurs de l'île, d'un traité de paix avec les Iroquois. Les vestiges d'un mur de pierre ont été mis au jour, derrière l'hôtel de ville, pour les célébrations du 350e anniversaire de la fondation de Montréal, en 1992.

Vue du Vieux-Port

La ruelle des Fortifications témoigne encore de l'emplacement des murs du côté nord. Ces mesures de protection ne freineront cependant les convoitises ni des Anglais (signature de la capitulation de la Nouvelle-France à Montréal, en 1760), ni des Américains, qui s'installeront à Montréal pour une brève période en 1775 et 1776. En fait, ces murs ne protégeaient pas vraiment dans la mesure où les maisons, construites sur un terrain en dos d'âne, les surplombaient.

C'est un Français, ami des Américains, Fleury Mesplet, qui créera, en 1778, le tout premier journal du Québec, la *Gazette du commerce et littéraire pour la ville et le district de Montréal*. Imprimé au château Ramezay, ancienne résidence du gouverneur de Montréal, aujourd'hui Musée historique, cet hebdomadaire bilingue est devenu *The Gazette*. Ainsi, le plus vieux journal de Montréal est aujourd'hui le seul quotidien anglophone de la ville.

Située à l'extrémité navigable du fleuve Saint-Laurent et au confluent des voies fluviales donnant accès à l'intérieur du continent et menant jusqu'à la Louisiane et au Pacifique, Montréal fut longtemps le centre économique, militaire et administratif du nouveau pays. Les premières institutions parlementaires y ont vu le jour. La première activité commerciale florissante fut celle de la fourrure.

Le deuxième port des Amériques

La situation insulaire de Montréal sur ce grand fleuve s'ouvrant sur une riche portion de l'Amérique industrielle contribuera au développement économique de la ville. L'année 1824 sera, à cet égard, une date importante, l'ouverture du canal Lachine permettant en effet de contourner les tumultueux rapides du même nom.

Des industries s'implantent aux abords de cette voie de navigation, qui lance l'ère de l'industrialisation. Sur le site aujourd'hui abandonné, on a aménagé des sentiers pédestres et une piste cyclable. Depuis 1959, c'est par la voie maritime du Saint-Laurent que les bateaux transocéaniques peuvent remonter le fleuve jusqu'aux Grands Lacs.

Au fil du temps et avec la croissance économique, le port va accaparer toutes les berges du fleuve et occuper jusqu'à 24 m de quais. Le Vieux Montréal est progressivement délaissé, ses bâtiments historiques sont convertis en entrepôts, tandis que la ville se répand de tous côtés. Seule la montagne pourra résister aux assauts des spéculateurs et des constructeurs. Source majeure du développement de la ville, en 1880, le port de Montréal ne cède qu'à New York le titre de plus grand port d'Amérique. Montréal est alors le terminus canadien du vaste réseau ferroviaire nord-américain. L'essor industriel a amené d'abord les Irlandais, puis les Italiens et les Juifs qui vont composer les importantes minorités culturelles de cette jeune métropole, redevenue francophone de plein droit beaucoup plus tard. Une décision administrative prise en 1792 aura un impact important sur la ville, qui sera alors divisée en deux parties, est et ouest, à partir du boulevard Saint-Laurent. Traversant l'île du sud au nord depuis le début de son histoire, le boulevard Saint-Laurent constitue aujourd'hui la démarcation entre l'ouest et l'est de la ville, et sert un peu de frontière entre francophones et anglophones, alors que les communautés ethniques se sont établies le long de cet axe, au fil de leurs migrations.

Montréal sera administrée par des gouverneurs qui se succéderont jusqu'à ce que le roi William IV donne son accord au projet d'incorporation de la ville. En 1833, un premier maire, Jacques Viger (1787-1858), est élu par le premier conseil de ville. En 1844, Montréal devient, pour quelques années, la capitale du Canada-Uni.

En 1849, l'édifice du Parlement est la proie d'un incendie criminel. L'année 1824, qui a vu l'ouverture du canal Lachine, est également marquée par le début des travaux de construction de l'église Notre-Dame qui, après avoir longtemps dominé le paysage urbain, est aujourd'hui un indispensable rendez-vous pour les visiteurs. On y apprécie les qualités des artisans québécois tout en retrouvant sur les vitraux l'histoire de la ville. En face, sur la place d'Armes, un monument représente le fondateur de Montréal, Maisonneuve.

Cent clochers et quelques ponts

Montréal a été marquée par la construction de tant d'églises qu'on l'a surnommée la ville aux cent clochers. Mgr Bourget, qui « régna » durant cet âge d'or de la foi (et de la croissance de la cité) voulut même que sa cathédrale, Marie-Reine-du-Monde, fût érigée en plein fief anglophone, à l'ouest de la ville, et qu'elle fût une réplique, à plus petite échelle, de Saint-Pierre de Rome. Une autre église importante, l'oratoire Saint-Joseph, construite vers 1930 sur le flanc nord du mont Royal, résulte de l'ardente vision d'un thaumaturge, le frère André, béatifié depuis.

© AUTHOR'S IMAGE

Montréal

Haut lieu de pèlerinage, l'oratoire Saint-Joseph reçoit des visiteurs du monde entier, et son dôme est le deuxième plus grand au monde. Du parvis, on découvre une vue grandiose sur une partie de la métropole. Le premier pont à traverser le fleuve Saint-Laurent fut construit entre 1854 et 1859. Le pont Victoria était alors considéré comme l'une des sept merveilles du monde. Bien des immigrants irlandais sont morts au cours des travaux. Ce pont est encore parcouru par les trains et les automobiles, et les Irlandais forment toujours une communauté locale importante. Récemment restaurée, la cathédrale Saint-Patrick témoigne bien de leur participation à l'évolution de Montréal.

En 1876, le mont Royal est aménagé en parc. Pour ce faire, la ville se porte acquéreuse de terrains au coût d'un million de dollars, ce qui était une somme énorme pour l'époque. De l'aspect original de ce haut lieu montréalais, on n'a conservé que le sommet de Westmount, situé dans la ville du même nom, tout juste derrière l'oratoire Saint-Joseph. L'année suivante, on inaugure l'hôtel de ville. Vers la fin du XIXe siècle, le développement de Montréal est marqué par l'annexion de plusieurs villes et villages voisins, qui n'en conservent pas moins leurs caractéristiques. Toutefois, les vieux quartiers ouvriers ont été transformés depuis par le réaménagement urbain (construction de logements sociaux et de tours d'habitation) et par le retour d'une partie des citadins dans le centre-ville, tandis que les banlieues hors de l'île continuent d'attirer les industries et les jeunes ménages. C'est avec l'inauguration, en 1887, de la première ligne de chemin de fer transcontinentale que s'amorce le début d'un âge d'or pour Montréal. Les résidences-palais qui surgissent témoignent de la richesse d'une ville qui concentrait alors plus de 70 % des fortunes du pays. Durant la prohibition américaine, Montréal est très courue par les Américains. C'est le début des grands cabarets de nuit qui vont lui faire une joyeuse réputation. Montréal accueille des artistes venus de partout, et quelques Français choisissent de s'y établir lors de la Seconde Guerre mondiale. Plus tard, le développement d'un authentique show-business québécois amènera la consécration de vedettes telles que Félix Leclerc, indéniablement le père de la chanson québécoise (un monument lui est dédié dans le parc Lafontaine), et, plus récemment, Roch Voisine et Céline Dion.

En 1967, Montréal accueille l'exposition internationale Terre des Hommes, ce qui lui permet de marquer à nouveau sa vocation internationale, alors qu'elle est en passe de perdre son titre de Métropole du Canada. À la faveur d'un renouveau nationaliste, les francophones occupent plus de place dans les administrations ; on se bat (les débats se poursuivent encore) pour le fait français. On ira jusqu'à légiférer sur la langue d'affichage des commerces. La montée du nationalisme est marquée par des attentats terroristes, culminant avec l'enlèvement d'un diplomate britannique et l'assassinat d'un ministre québécois lors de ce qu'il est convenu d'appeler la Crise d'octobre. Cela se passe en 1970, au lendemain de la commission d'enquête sur le biculturalisme et le bilinguisme, commission qui a constaté la situation d'infériorité économique des francophones, et au début de la réforme de l'enseignement collégial. Résultat : le Québec va changer d'allure avec la venue au pouvoir à Québec du Parti québécois. Aux réformes sociales qui aboutissent à la nationalisation de l'électricité et de l'assurance santé, s'ajoute une loi sur la langue, qui fait encore parler. Le visage de Montréal devient de plus en plus français ; les francophones accèdent à des postes de direction dans les grandes entreprises et les anglophones sont de plus en plus nombreux à quitter la ville pour l'ouest du Canada. Tel est le résultat de la Révolution tranquille amorcée dans les années soixante. Mais les enfants de l'après-guerre n'ont pas suivi les traces de leurs parents en matière de naissances et, depuis les années soixante-dix, ce sont les immigrants qui font croître la population. Les statistiques concluent à une baisse de la population anglophone et à une augmentation des allophones (du grec *allos* = autres), principalement à Montréal. Deuxième ville francophone au monde, Montréal a longtemps été la deuxième plus grande ville anglophone du Canada. Elle était administrée par des anglophones qui tenaient les commerces et les industries, et c'est en anglais qu'on affichait partout en ville. Autour du mont Royal, on avait vu s'implanter, d'un côté, l'université McGill (anglophone) et, de l'autre, l'université de Montréal (francophone). Parallèlement, les riches résidences des anglophones se concentraient à Westmount et celles des riches francophones à Outremont. Les choses ont bien changé depuis. Aujourd'hui, des francophones habitent dans le bastion anglophone de Westmount, tout comme dans les villes de l'ouest de l'île pendant longtemps désignée comme la West Island.

Géographie montréalaise

Une montagne dans une ville sur une île dans un fleuve. Montréal occupe une superficie de 500 km². Sa population est majoritairement francophone, mais aux importantes communautés, anglo-saxonne, chinoise, italienne, irlandaise et juive sont venus s'ajouter des immigrants grecs et portugais ; plus récemment, les communautés haïtiennes, vietnamiennes et cambodgiennes ont enrichi cette mosaïque qui forme le caractère multiethnique du Montréal d'aujourd'hui. On compte 80 ethnies. La ville de Montréal regroupe 19 arrondissements où vivent près de 1,8 million d'habitants. Toutefois, Montréal rayonne hors de l'île, sa sphère d'influence s'étend sur un rayon d'environ 100 km, pour former la région métropolitaine de Montréal qui couvre 3 300 km² et compte 3,4 millions d'habitants.

Situé à 1 600 km de la côte Atlantique, le port de Montréal, toujours très actif, s'étend sur 24 km et compte 117 postes à quai. Le trafic maritime y est assuré toute l'année, même en hiver. Parmi les 5 000 navires qui y passent chaque année, un bon nombre font la navette entre Montréal et les ports des Grands Lacs. Faisant partie d'un archipel, l'île de Montréal est la plus grande, suivie de l'île Jésus, sur laquelle est bâtie la deuxième plus grande ville du Québec, Laval, née de la fusion de tous les villages échelonnés autour de cette île. Ces deux îles divisent le fleuve Saint-Laurent en trois embranchements qui vont du nord au sud : la rivière des Mille Îles (entre l'île Jésus et la rive nord) ; la rivière des Prairies (entre les îles de Montréal et Jésus) ; le fleuve Saint-Laurent, qui coule impétueusement sur une partie de son parcours entre l'île de Montréal et la rive sud. Des ponts enjambant ces fleuves et rivières constituent les grandes voies d'accès où se bousculent les banlieusards, matin et soir. Le développement urbain à l'extérieur de l'île a d'ailleurs suivi la construction des différents ponts.

Quelques dates importantes

▶ **1535 :** Jacques Cartier explore le Saint-Laurent jusqu'à l'île de Montréal.

▶ **1642 :** Ville-Marie, la future Montréal, est fondée par Paul de Chomedey. Une petite colonie s'établit sur les berges du Saint-Laurent.

▶ **1701 :** les Amérindiens signent la paix, et les colons se lancent dans la traite de la fourrure.

▶ **1760 :** les troupes britanniques s'emparent de la colonie. La Nouvelle-France passe sous contrôle anglais.

▶ **1775 :** le vent de la révolution passe par Montréal, les insurgés américains gagnent l'adhésion des colons.

▶ **1801 :** la vieille ville déborde de ses remparts que l'on doit démolir.

▶ **1945 :** émergence de la communauté francophone de Montréal dans le domaine des arts, des sciences et du commerce.

▶ **1967 :** Exposition universelle.

▶ **1976 :** Jeux olympiques d'été.

■ TRANSPORTS ■

Avion

■ AEROPORT PIERRE-ELLIOTT-TRUDEAU

✆ 514-394-7377/1-800-465-1213
www.admtl.com
Anciennement appelé Dorval, l'aéroport a subi de gros travaux d'agrandissement (arrivées internationales) afin de doubler sa capacité d'accueil.

▶ **Navette Aérobus** en direction du terminus d'autobus du centre-ville de Montréal (Station de M° Berri-UQÀM). Départs : toutes les 20 min, 7j/7. De la station centrale Berri-UQUAM de 4h à 23h, de l'aéroport de 7h à 2h. Durée du trajet : environ 40 min ✆ 514-842-2281. Coût : 14 $, aller simple depuis/vers le centre-ville.

▶ **Taxis** disponibles à l'aéroport, aucune réservation requise. Coût d'un taxi : 31 $ vers centre-ville (le prix est fixe).

Bus

■ STATION CENTRALE D'AUTOBUS

505, boulevard de Maisonneuve Est
✆ 514-842-2281
M° Berri-UQÀM. Renseignements tarifs et horaires au numéro indiqué. Service téléphonique 7j/7, de 6h à 00h. Pour toutes les destinations d'Amérique du Nord situées à plus de 35 km de Montréal.
Possibilité d'acheter un ROUT-Pass (www.routpass.com), donnant droit à des trajets illimités, pendant une période de 7 ou 14 jours (230 $ et 287 $).
Il est valable au Québec et en Ontario (mais pas pour se rendre à l'aéroport Montréal-Trudeau). Egalement un forfait de 18 jours Québec-Ontario comprenant New York (355 $).
Voici quelques destinations avec leur durée et leur fréquence :

Destination	Durée	Fréquence
Québec	3h	Toutes les heures entre 6h et 20h, puis 21h30, 22h30 et 24h15.
Toronto	6h45	7 autocars par jour à partir de 7h30 et 0h15. Toutes les 2h jusqu'à 17h30. Puis départ à 21h et 0h15.
Ottawa	2h20	Toutes les heures entre 6h et minuit. A l'heure pile.
New York	9h	6 autocars par jour entre 7h et 22h45.

Train

■ VIA RAIL
Gare centrale de Montréal
✆ 514-989-2626/1-888-842-7245
www.viarail.ca
M° Bonaventure. Billetterie ouverte du lundi au vendredi et le dimanche de 6h à 23h30, le samedi de 6h à 21h. Répondeur jour et nuit et service téléphonique de 8h à 22h. Face à la place Bonaventure. Néanmoins, certains départs sont possibles de la gare de Dorval pour les destinations de l'ouest, comme Toronto et Ottawa. Le train dessert notamment l'Abitibi, la Gaspésie et le lac Saint-Jean, Québec, Ottawa, Toronto et Halifax.

Pour les détails sur les types de tarifs et de billets, voir la section Organiser son séjour, à la fin du guide.

■ AMTRAK
895, rue de la Gauchetière Ouest,
Gare Centrale
✆ 1-800-872-7245
www.amtrak.com
Billetterie ouverte du lundi au dimanche de 7h30 à 19h. Compagnie ferroviaire américaine assurant notamment les liaisons entre les Etats-Unis et le Canada. Il faut réserver à l'avance. Si vous arrivez à la dernière minute, le prix double quasiment. Possibilité de se rendre jusqu'à Washington.

Destination	Durée	Fréquence
Québec	5h	6 trains par jour en semaine, 4 le week-end.
Toronto	2h	6 trains par jour en semaine, 4 le week-end.
Ottawa	3h	3 à 4 trains par jour.
New York	9h50	1 train par jour au départ de Montréal à 9h50, 1 train au départ de New York à 8h15 en semaine et à 7h45 le week-end.

Voiture

On utilisera l'autoroute métropolitaine qui traverse la ville d'est en ouest (la partie la plus longue de l'île). L'autoroute 20, prolongée par l'autoroute Ville-Marie, permet d'effectuer le même trajet. Il est plus facile de franchir l'île du sud au nord via plusieurs boulevards (Saint-Laurent, Pie-IX), l'avenue Papineau et la rue Saint-Denis. Pour quitter l'île, on emprunte les mêmes artères qui conduisent aux ponts reliant Laval au nord et la rive sud.

Location de voitures

Il faut compter entre 70 $ et 85 $ la journée pour la location d'un véhicule de catégorie A, tarif variable selon les spéciaux en vigueur, les saisons et la distance parcourue, le kilométrage étant souvent illimité.

Nous indiquons ci-après les principales succursales des grandes chaînes, charge à vous de les contacter pour avoir l'adresse de l'agence la plus proche.

■ AUTO ESCAPE
℡ 0 800 920 940 (appel gratuit en France) /33 (0)4 90 09 28 28
www.autoescape.com
Une formule nouvelle et économique pour la location de voitures. Un broker qui propose les meilleurs tarifs parmi les grandes compagnies de location.
Cette compagnie qui loue de gros volumes de voitures obtient des remises substantielles qu'elle transfère à ses clients directs. Payez le prix des grossistes pour le meilleur service. Pas de frais de dossier, pas de frais d'annulation.

■ ALAMO
℡ 1-800-462-5266
www.alamo.com
Un des loueurs les moins chers.

■ AVIS
1225, rue Metcalfe
℡ 514-866-2847/1-800-321-3652
www.avis.ca
Automobiles et camions.
Autres agences : Aéroport Trudeau
℡ 514-636-1902
Station Centrale ℡ 514-288-2847
25, boulevard Saint-Martin Est
℡ 450-663-2847
8245, boulevard Taschereau,
Brossard ℡ 450-445-8422

■ BUDGET
1240, rue Guy
℡ 514-938-1000
www.budgetmtl.com

■ DISCOUNT
607, boulevard de Maisonneuve Ouest
℡ 514-849-2277
www.discountcar.com
M° McGill. Tarifs journaliers, en semaine (200 km inclus) : compacte : 39,95 $, standard : 49,95 $. Tarifs week-ends (900 km inclus) compacte : 89,94 $, standard : 119,94 $.

■ ENTREPRISE
2275, avenue du Mont-Royal Est
℡ 514-525-2888/1-800-562-2886
Automobiles, camionnettes, fourgonnettes.

■ EUROPCAR
3850, rue Masson
www.europcar.ca
(514)-722-5678/1-888-796-1837
Autre adresse : 12505, Côte-de-Liesse, Dorval ℡ 514-389-7323
Tarifs journaliers, en semaine (kilométrage illimité) : compacte : 37,84 $, luxe : 149,39 $.

Métro de Montréal

HONORÉ-BEAUGRAND

SAINT-MICHEL

IBERVILLE

RADISSON

LANGELIER

CADILLAC

ASSOMPTION

VIAU

MONT

PIE-IX

AURIER

JOLIETTE

PRÉFONTAINE

MONT-ROYAL

FRONTENAC

SHERBROOKE

PAPINEAU

M

BEAUDRY

LONGUEUIL–
UNIVERSITÉ-DE-SHERBROOKE

JEAN-DRAPEAU

CHAMP-DE-MARS

PLACE-D'ARMES

SQUARE-VICTORIA

VENTURE

LIER

TRAINS DE BANLIEUE
DIRECTION MONT-SAINT-HILAIRE

N

Légende

○ Station de métro

▢ Station intermodale

→ Train de banlieue

■ **HERTZ**
1475, rue Aylmer
✆ 514-842-8537/1-800-263-0678
www.hertz.ca
M° McGill, angle de Maisonneuve.
Plusieurs agences : 1073, rue Drummond
✆ 514-938-1717
807, boulevard Saint-Martin O., Laval
✆ 450-978-7171
785, boulevard Taschereau, Longueuil
✆ 450-676-0077
Aéroport Trudeau ✆ 514-636-9530

Covoiturage

■ **ALLO STOP**
4317, rue Saint-Denis
✆ 514-985-3032 – www.allostop.com
Ouvert le lundi, le mardi, le samedi et le dimanche de 9h à 18h et le mercredi, jeudi et vendredi de 9h à 19h. Voyager avec Allostop, c'est choisir une façon économique, écologique et conviviale de se déplacer dans la Province de Québec. Le principe est simple : Allostop met en contact automobilistes et voyageurs se rendant à la même destination. L'association compte 60 000 membres, donc autant dire que ça fonctionne bien. Une preuve ? Si vous souhaitez vous rendre à Québec en fin de semaine en tant que passager, il est presque certain que vous trouverez un automobiliste dans votre créneau horaire. Le fonctionnement de l'association est simple : vous payez une cotisation annuelle de 6 $ pour un passager et de 7 $ pour un conducteur. Ensuite, pour chaque voyage, vous réservez par téléphone et vous vous rendez au bureau pour payer quelques dollars à Allostop. Vous verserez d'autres frais au conducteur. Au total, un aller pour Québec vous coûtera 16 $, pour Sherbrooke 11 $ et pour Saguenay 32 $. Beaucoup d'autres destinations sont proposées. Il est préférable de réserver deux jours à l'avance. Plusieurs bureaux à travers le Québec assurent le relais. Note : Allo-stop a été contraint de cesser ses activités vers l'Ontario.

■ **AMIGO EXPRESS**
✆ 1-877-264-4697
www.amigoexpress.com
Un tout nouveau service de covoiturage. Il couvre le Québec mais aussi les provinces environnantes : Ontario, Provinces Maritimes et des destinations plus lointaines encore ! L'abonnement coûte 7,50 $. Le passage verse 5 $ à Amigo pour chaque voyage et un montant forfaitaire au chauffeur (ex : 10 $ pour Québec). Le plus : tout se fait par Internet, pas besoin de passer au bureau.

Se déplacer à Montréal

Métro et bus

Montréal offre un bon service de transports en commun, dont quatre lignes de métro qui relient les grandes places publiques et commerçantes. Le métro part de la rive sud et se rend jusqu'à l'extrémité nord de l'île. Le réseau est relié à la ville souterraine et ses nombreux commerces. Les autobus prennent la relève du réseau pour vous conduire aux quatre coins de Montréal. Le service Telbus vous permet de consulter par téléphone les heures de passage du bus en bas de chez vous. Chaque ligne a son numéro, et le numéro Telbus qui vous concerne est écrit sur le panneau d'arrêt. Utile quand il s'agit d'éviter les files d'attente, surtout en hiver.

■ **STM**
800, rue de la Gauchetière O.
✆ 514 786-4636 – www.stm.info
Le réseau de transport de la Métropole (M° et autobus). Renseignements sur les trajets, les bus, le M° et les trains de banlieue.

■ **METRO**
Ouvert de 5h30 à 0h35 (lignes, bleue, orange et verte), 5h30 à 1h (ligne jaune). Le billet est valable 1h pour une correspondance d'autobus au-dehors. Pour cela, il faut prendre un billet de correspondance, à votre entrée dans le métro ou dans le bus.

Taxi

Il suffit de téléphoner pour qu'il en surgisse un, après un délai maximum de 6 min. Il y a aussi de nombreux stands un peu partout, et l'on peut les héler dans la rue. La prise en charge au départ est de 2,75 $ plus environ 1 $ du kilomètre, le transport des bagages est gratuit, et le pourboire est conseillé (10 % à 15 %).

■ **TAXI VIP**
✆ 514-931-6666
Sur réservation. Trajets de/vers l'aéroport Montréal-Trudeau et longues distances, avec un peu plus de confort.

■ **CHAMPLAIN**
✆ 514-273-2435
Transport dans Montréal et vers d'autres villes de la province.

■ **TAXI CO-OP**
℅ 514-725-9885

Deux-roues

▶ **Pistes cyclables.** Montréal offre un intéressant réseau de pistes cyclables de 225 km qui permet de mieux découvrir la ville et l'île, que l'on peut difficilement parcourir à pied. La piste de la rue Rachel conduit au parc du Mont-Royal, et conduit à celle qui traverse l'île du nord au sud, du Vieux-Port jusqu'au parc de l'île de la Visitation. La piste la plus agréable, pour sa tranquillité et le coup d'œil, est celle du canal Lachine qui longe cette ancienne voie d'eau, du Vieux-Port jusqu'à Lachine et le lac Saint-Louis. On peut voir le fleuve de ce point et avoir une perspective sur le centre-ville à l'autre extrémité du parcours.

■ **VELO-QUEBEC**
℅ 514-821-8356 – www.velo.qc.ca

■ **CYCLE POP**
1000, rue Rachel Est
℅ 514-526-2525 – www.cyclepop.ca
M° Sherbrooke, angle de Mentana. Ouvert à l'année, tous les jours durant l'été. Tarifs rollers, 1h : 7 $, 4h : 15 $, 1 journée 25 $.

Tarifs vélos : 4h : 15 $, 1 journée : 25 $; vélo tandem, 4h : 35 $, 1 journée : 75 $. Livraison possible pour 10 $. Caution prélevée sur carte de crédit. Une équipe accueillante et serviable. Les casques, antivol et genouillères sont inclus dans les tarifs de location.

Calèche devant l'ancien Hôtel de Ville

PRATIQUE

Présence française et étrangère

■ **CONSULAT GENERAL DE FRANCE**
1501 Mc Gill Collège, 10ème étage, bureau 1000
℅ 514-878-4385
www.consulfrance-montreal.org
Ouvert du lundi au vendredi de 8h30 à 12h.

■ **CONSULAT GENERAL DE BELGIQUE**
1010, Sherbrooke O ℅ 514-286-1581
www.diplomatie.be
Ouvert du lundi au vendredi de 9h à 13h.

■ **CONSULAT GENERAL DE SUISSE**
1572, avenue Docteur-Penfield
℅ 514-932-7181

www.eda.admin.ch/canada
Ouvert du lundi au vendredi de 10h à 13h.

Tourisme

Les offices de tourisme sont signalés par un panneau figurant un « ? ».

■ **CENTRE INFOTOURISTE**
1001, square Dorchester
℅ 514-873-2015/1-877-266-5687
www.tourisme-montreal.org
M° Peel, angle Peel et Sainte-Catherine. Ouvert toute l'année. Du 1er juin au 2 septembre, de 8h30 à 19h30, du 3 septembre au 31 mai de 9h à 18h. N'hésitez pas à y passer un moment pour planifier l'ensemble de votre séjour dans la Province. L'accueil est très professionnel et le fond documentaire imbattable.

Pour connaître les activités culturelles

▶ **Pour vous informer sur la vie culturelle hebdomadaire,** procurez-vous le journal *Voir*, distribué gratuitement tous les jeudis.

▶ **Pour les informations générales,** on choisira *La Presse*, *Le Devoir* ou *Le Journal de Montréal*.

■ **BUREAU D'INFORMATION TOURISTIQUE DU VIEUX MONTREAL**
174, rue Notre-Dame Est
www.vieux.montreal.qc.ca
M° *Champ-de-Mars – Ouvert début avril-3 juin de 9h à 17h, du 4 juin au 4 septembre de 9h à 19h, du 5 septembre au 31 octobre de 9h à 17h, du 1er novembre à début avril, du mercredi au dimanche de 9h à 17h.* Informations uniquement sur Montréal. On peut s'y procurer la carte touristique d'autobus, des cartes routières, des cartes téléphoniques, la carte-musées et la carte des pistes cyclables.

Urgences – Santé

■ **URGENCES**
℡ 911
Jean Coutu et Pharmaprix distribuent médicaments et articles paramédicaux. Ils ferment généralement à 22h.

Divers

■ **METEO**
Environnement Canada
℡ 514-283-3010
www.meteo.ec.gc.ca

ORIENTATION

La ville est divisée en deux parties, est et ouest, par le boulevard Saint-Laurent (la Main), qui traverse l'île du sud au nord, frontière entre les anglophones et les francophones. Mais, attention, l'est et l'ouest ne se définissent pas par rapport aux points cardiaux habituels mais bien par rapport au boulevard Saint-Laurent. Ainsi, vous verrez le soleil se coucher au nord selon la définition montréalaise de l'est et de l'ouest ! Les numéros se correspondent exactement d'une rue à l'autre (le 1110, Sainte-Catherine Est équivaut au 1110, Sherbrooke Est). Difficile de se perdre dans Montréal, la ville étant construite en damier (comme toutes ses homologues nord-américaines). En revanche, il faut faire attention aux coupures de certaines rues qui reprennent un pâté de maisons plus loin. Les quartiers de Montréal ne sont pas toujours clairement délimités. Les arrondissements, qui sont des subdivisions électorales, comprennent quelques quartiers (ou districts). Pour s'y retrouver, on doit se représenter la ville en damier, quadrillée de rues qui, pour les unes, vont dans la direction nord-sud, pour les autres dans la direction est-ouest. Font exception les rues qui serpentent autour et dans la montagne, notamment le chemin de la Côte-Sainte-Catherine et le chemin de la Côte-des-Neiges, qui contournent le nord du mont Royal. Quant aux adresses, la numérotation des rues dans le sens est-ouest commence au boulevard Saint-Laurent ; pour les rues perpendiculaires dans la direction nord sud, la numérotation débute à partir du fleuve.

Le centre-ville

Au sud, le Vieux Montréal, rénové de fond en comble pour le 350e anniversaire de la ville, est devenu le site touristique par excellence avec, notamment, sa très belle place Jacques-Cartier. Le milieu des affaires reste bien concentré au centre-ville, ses gratte-ciel imposants construits autour du square Dorchester et de la place Ville-Marie laissant une petite chance au développement de l'est avec la place des Arts, les complexes Desjardins et Guy-Favreau, le palais des congrès et la grande tour de Radio-Canada.
Les rues
La rue Sainte-Catherine, d'est en ouest, est la principale artère commerçante où l'on trouve les grands magasins Les Ailes de la Mode, La Baie et Ogilvy. Les plus animées sont : à l'est, la rue Saint-Denis et la rue Duluth, au cœur du Quartier latin ; au centre, le boulevard Saint-Laurent, très branché ; et, à l'ouest, la rue Crescent, où se presse la jeunesse

anglophone dès le soir venu. D'autres artères commerçantes ont fleuri dans les différents quartiers, tout particulièrement la plaza Saint-Hubert, sur une section de la rue du même nom, située au nord de la ville.

A cette allée marchande s'ajoutent la promenade Ontario dans l'est (secteur Hochelaga) ; la promenade Fleury, à l'est également, mais plus au nord ; la promenade Masson, dans la rue du même nom ; la rue Laurier, depuis le boulevard Saint-Laurent jusqu'à Outremont, en allant vers l'ouest.

Les quartiers

Westmount est à l'ouest du centre-ville, Outremont au nord de la montagne ; le Plateau Mont-Royal à l'est de la montagne et Maisonneuve davantage à l'est. Le quartier chinois est au centre-ville, au sud de la rue Sainte-Catherine, dans la rue de la Gauchetière (angle du boulevard Saint-Laurent). La Petite Italie se trouve au nord. Elle englobe le marché Jean Talon, le plus grand marché de la ville. Le Quartier latin se concentre dans la rue Saint-Denis, depuis la rue Saint-Antoine jusqu'à la rue Duluth. Enfin, l'université McGill occupe un espace au nord du centre-ville, face à la place Ville-Marie. Et le célèbre Mille Carré Doré lui est mitoyen à l'ouest, entre la rue Sherbrooke et la montagne.

Vieux Montréal

Cœur de l'activité touristique, le Vieux Montréal est le site de la fondation de la ville (Pointe-à-Callière). Malheureusement, de nombreux incendies ont fait disparaître les plus anciens bâtiments. Au début des années soixante, on a commencé à restaurer les vieux édifices de pierre. Enfin, le gouvernement fédéral a entrepris d'aménager le Vieux-Port, démolissant quelques hangars et silos à grains qui obstruaient la vue sur le fleuve.

Situé au sud du centre-ville, le Vieux Montréal longe le fleuve, ou plutôt le port, car l'ancienne rive a été comblée par la construction du port actuel. La rue de la Commune, qui constitue la limite sud du Vieux Montréal, correspond aux délimitations de l'enceinte des anciennes fortifications. Celles-ci se situaient au nord et tournaient à l'ouest par la rue McGill ; elles comprenaient un mur à l'est (rue Berri). Quelques rues, et parmi elles la plus ancienne, la rue Saint-Paul, ont conservé leur pavement ancien sur une partie de leur parcours. Ces fortifications n'ont guère servi, les édifices étant construits sur une hauteur qui leur permettait de les dominer.

La ville souterraine

Montréal, c'est aussi une ville souterraine, dont la place Ville-Marie occupait le centre avant l'extension du réseau souterrain. Le métro de Montréal (4 lignes, 65 stations, 64 km de réseau), inauguré pour l'Exposition universelle de 1967, participe à cette ville souterraine, foisonnante de boutiques, magasins, restaurants, bineries, où l'on peut passer une journée entière sans mettre le nez dehors, en utilisant le réseau des couloirs qui relient les centres névralgiques de la ville de surface. Ainsi, le réseau souterrain McGill relie l'université à la place de la Cathédrale (grands magasins Les Ailes de la Mode, La Baie) et à la place Montréal-Trust. Le réseau de la place Ville-Marie, le plus important, relie le centre des affaires à la gare centrale, à la place Bonaventure, à la place du Canada, à la gare Windsor, à la place Victoria et à la Bourse. Le réseau de la place des Arts relie les complexes Desjardins et Guy-Favreau à la place d'Armes (palais des congrès), celui de Berri-UQAM, la gare routière à l'université du Québec à Montréal. Principales stations de métro du centre-ville : Peel, McGill, Bonaventure, Square-Victoria, Place-des-Arts, Saint-Laurent, Berri-UQÀM, Place-d'Armes, Champ-de-Mars.

La ville souterraine en chiffres

31,5 km de corridors, places intérieures et tunnels reliant :

▸ **10** stations de métro,

▸ **2** gares ferroviaires,

▸ **2** gares régionales d'autobus,

▸ **62** complexes immobiliers,

▸ **7** grands hôtels,

▸ **1 615** logements,

▸ **200** restaurants,

▸ **1 700** boutiques,

▸ **37** salles de cinéma et d'exposition,

▸ **1** collège,

▸ **10 000** espaces de stationnement intérieur public,

▸ **178** points d'entrée sur rue.

© SAVIGNARD / SZEREMETA

Vieux Montréal depuis l'île Sainte-Hélène

Les murs d'enceinte, assez fragiles, se sont avérés encombrants pour les commerçants et ont été détruits.

De nombreux édifices anciens se trouvent dans ce secteur qui fut jadis aussi le centre des affaires. La visite du musée de Pointe-à-Callière, musée d'Archéologie, construit en 1992 sur le lieu même des premières habitations, et celle du Centre d'Histoire, tout à côté, sont une excellente introduction à la visite de ce quartier historique. Un obélisque, place d'Youville, rappelle le nom des pionniers installés à Montréal.

Aux n° 298 et n° 300 de cette place, les Écuries sont des bâtiments de 1828 qui servirent jadis d'entrepôts aux Sœurs grises puis de silos à grains, et doivent seulement leur nom à la proximité d'écuries. Disposés autour d'une belle cour intérieure aménagée en jardin, à laquelle on accède par une porte cochère, elles ont été rénovées.

La Pointe-à-Callière fut le lieu de débarquement et d'implantation des premiers Montréalais. A côté, s'étend la place Royale, première place publique d'abord connue comme place d'Armes.

C'est ici que, en 1611, le fondateur de Québec, Samuel de Champlain, construisit un mur, premier ouvrage français dans l'île. Au 201, rue de la Commune se trouve le site de l'ancienne taverne Joe Beef, propriété de 1870 à 1889 de l'Irlandais Charles McKiernan qui gardait des animaux vivants dans sa cave...

Un peu plus au nord, la rue Saint-Paul (du nom de Paul de Chomedey de Maisonneuve), l'une des toutes premières rues de la ville, participe à l'histoire de Montréal depuis plus de trois siècles. L'hôtel Rasco y accueillit, entre autres visiteurs illustres, Charles Dickens, venu au vieux théâtre royal en 1842.

Plusieurs journaux ont également vu le jour dans cette rue autour de laquelle se trouvaient d'ailleurs de nombreuses imprimeries. La rue Saint-Jacques a perdu l'éclat de l'époque où elle était le pendant canadien de Wall Street, mais on y voit encore l'édifice restauré de la Banque de Montréal, une institution vieille de 175 ans et la première banque du Bas-Canada. Autre institution financière, la Bourse logeait non loin de là, rue Saint-François-Xavier. L'édifice a été transformé en théâtre. Au 430 de cette même rue, on verra l'immeuble qui abritait la Bourse à ses débuts. L'édifice le plus visité du Vieux Montréal est sans doute l'église Notre-Dame. Avec sa décoration intérieure recherchée et ses œuvres d'art, elle est l'une des plus remarquables d'Amérique du Nord. Peintures et vitraux y relatent quelques faits de l'histoire locale. Elle a longtemps dominé le paysage urbain de Montréal. C'est le plus imposant, le plus coloré et le mieux en vue des édifices construits pour témoigner de la foi des francophones de la ville. L'église fut bâtie en style néogothique, entre 1824 et 1829, par un architecte irlandais immigré à New York, James O'Donnell (son corps est enseveli sous l'un des piliers de l'église).

La décoration intérieure, œuvre de l'architecte canadien-français Victor Bourgeau, date de 1876 et constitue son attrait majeur : abondance de sculptures, boiseries et dorures, retable du chœur, chaire en noyer noir sculptée par Louis-Philippe Hébert particulièrement remarquable, orgue monumental dû aux frères Casavant de Saint-Hyacinthe et qui serait l'un des plus grands du monde (concerts d'orgue), baptistère décoré par Ozias Leduc, beaux vitraux de la partie inférieure. Notons qu'on y trouve, derrière le chœur, la chapelle du Sacré-Cœur, reconstruite en 1982, à la suite d'un incendie qui a fait disparaître d'admirables œuvres d'artistes québécois. Elle se singularise par une voûte en acier recouvert de bois de tilleul mais, surtout, par un gigantesque retable de bronze, œuvre contemporaine de Charles Daudelin.

Les tours jumelles, celle de la Tempérance et celle de la Persévérance dominèrent longtemps, de leurs 68 m, le paysage montréalais. Le site est particulièrement intéressant car on aperçoit, en face, la Banque de Montréal (rue Saint-Jacques), occupant un édifice néoclassique (cela vaut vraiment la peine d'entrer pour jeter un coup d'œil à l'imposante salle bancaire au superbe plafond à caissons), et, juste à côté, le vieux séminaire (rue Notre-Dame, visite possible) des Messieurs de Saint-Sulpice, grands seigneurs de l'île durant de nombreuses années.

C'est non seulement l'un des rares vestiges du régime français mais aussi la plus ancienne construction de l'île (1684). Devant l'église Notre-Dame se trouve la place d'Armes, troisième place de ce nom, au centre de laquelle se dresse la statue du fondateur de Montréal, Paul de Chomedey de Maisonneuve. Des calèches y sont garées, proposant des tours du quartier aux touristes. En suivant la rue Notre-Dame vers l'est, on rencontre trois édifices qui ont successivement abrité le palais de justice ; le dernier, d'allure très moderne, avec un mur sans ouverture, s'érige rigide tout comme l'appareil judiciaire, sombre et monolithique. Il en allait autrement des édifices qui ont précédemment abrité les tribunaux. En continuant la rue Saint-Paul vers l'est, on atteint le marché Bonsecours, construit pour abriter le premier marché intérieur de Montréal. L'édifice de 1845, qui occupe le site de l'ancien palais de l'Intendant, est une élégante construction de style palladien que l'on remarque encore plus du côté du fleuve, avec sa longue façade en pierre de taille et surtout son dôme impressionnant.

MONTRÉAL

Les points de vue

A l'exception du 737, ce bar très select situé place Ville-Marie, dont la terrasse en croix surplombe la ville, et de l'hôtel de la Montagne, qui accueille une piscine et un bar sur son toit, aucun des gratte-ciel de Montréal n'offre d'accès public à une plate-forme permettant d'apprécier un panorama de la ville.

▶ **On se rendra donc, dans l'est, au parc Olympique** (℘ 514-252-4737 – M° Viau– en voiture, stationnement au 3200 rue Viau). Elément bien particulier du paysage montréalais, le funiculaire qui monte au sommet de l'audacieuse tour du stade olympique, inclinée à 45 degrés (175 m de hauteur). *Fermé de mi-janvier à mi-février. Ouverte tous les jours de 9h à 19h en été et jusqu'à 17h le reste de l'année. Prix : 13 $)* vous permettra de contempler, sous vos pieds, à travers les vitres, un panorama imprenable, surtout par beau temps.

▶ **Une autre façon de découvrir la métropole d'en haut est de se rendre au mont Royal.** Le belvédère Camilien-Houde – directement accessible en voiture par l'avenue du même nom ou avec l'autobus 11, à partir de la station de M° Mont-Royal – constitue un excellent point de vue sur l'est de Montréal, dominé par la tour inclinée du stade olympique, avec, dans le lointain, les collines montérégiennes, au sud, et les premières hauteurs des Laurentides, au nord. Un autre belvédère, le belvédère du Chalet – accessible à pied seulement à partir de l'aire de stationnement – est une terrasse d'où on a une vue directe exceptionnelle sur les gratte-ciel du centre-ville.

▶ **L'oratoire Saint-Joseph,** qui donne sur l'autre versant du mont Royal, offre de sa terrasse une superbe vue sur la partie nord de la ville et le Grand Montréal.

▶ **Un autre belvédère,** peu connu et qui offre une très belle vue sur le sud-ouest, est situé dans le haut Westmount, quelques centaines de mètres derrière l'oratoire.

▶ **Le Vieux-Port de Montréal** présente, lui aussi, un beau point de vue sur la vieille ville et ses gratte-ciel en arrière-plan. Le bassin Bonsecours (en face du marché) offre la meilleure perspective. Belle vue également depuis la terrasse-observatoire de l'église Notre-Dame-de-Bon-Secours.

▶ **Du parc de l'île Sainte-Hélène,** même panorama que celui du Vieux-Port mais avec plus de recul.

Après l'incendie du Parlement en 1849, il fut un temps le siège de l'assemblée du Canada-Uni, puis servit d'hôtel de ville. Aujourd'hui, il donne asile aux boutiques d'artisanat québécois et aux expositions temporaires. Juste à côté, la chapelle de Notre-Dame-de-Bon-Secours fait face à la rue Bonsecours où se trouvent les plus anciennes maisons de Montréal : au n° 401, la maison (1725) qui appartint à Pierre Calvet, marchand français établi à Montréal en 1758, emprisonné en 1780 pour haute trahison pour avoir épousé la cause des Américains en 1775, constitue le meilleur exemple de la maison urbaine traditionnelle québécoise, avec ses hautes cheminées inscrites sur de larges pignons. Un peu plus loin, la maison Papineau (n° 440), de 1785, à la porte cochère et au toit pentu percé de deux rangées de lucarnes, appartint à la famille Papineau, celle de Louis-Joseph Papineau, chef du parti des Patriotes qui y résida entre 1814 et 1837. De là, la vue qui s'offre sur la chapelle de Notre-Dame-du-Bon-Secours est certainement l'une des plus photographiées de la ville. Cette vieille église du milieu du XVIIIe siècle, remarquable par son clocher de cuivre et sa monumentale statue de la Vierge haute de 9 m, ouvrant les bras en direction du fleuve, rappelle, par ses ex-voto laissés par les marins, le passé maritime de Montréal. Elle fut construite par Marguerite Bourgeoys avec l'aide des premiers colons de Ville-Marie. L'histoire de Marguerite Bourgeoys, béatifiée en 1982, est racontée dans un petit musée qu'elle avait fait construire dans le sous-sol. De la terrasse (accessible par la tour), on découvre un beau panorama sur le fleuve, l'île Sainte-Hélène, le pont Jacques-Cartier et le Vieux-Port. On revient vers l'ouest pour remonter la place Jacques-Cartier jusqu'à la rue Notre-Dame où l'on trouve, à droite, le château Ramezay, construit en 1705 pour Claude de Ramezay, gouverneur de Montréal sous le régime français. Il a servi à bien des fins avant de devenir un musée consacré à l'histoire politique, économique et sociale de Montréal. La Compagnie des Indes y établit ses quartiers pendant quelques années, puis ce furent les gouverneurs britanniques du Canada qui l'occupèrent de 1764 à 1849. Lors de l'occupation américaine (1775-1776), le château servit de quartier général à l'armée de Montgomery, et Benjamin Franklin, en mission diplomatique, y fit alors un bref séjour. Ce fut ensuite une cour de justice et un bâtiment universitaire. En face, se trouve l'hôtel de ville, de style second Empire, conçu sur le modèle du château français de Maison-Laffitte par l'architecte H.-M. Perreault. Incendié en 1922, il fut reconstruit. On y voit le balcon d'où le général de Gaulle lança son célèbre « *Vive le Québec… libre !* », le 24 juillet 1967.

En parcourant le Vieux Montréal, on remarquera plusieurs plaques commémoratives apposées sur les murs pour rappeler un personnage illustre ou un fait historique. C'est parce que bien des édifices du passé ont complètement disparu, telle la propriété qu'occupaient les jésuites sur le site actuel de l'hôtel de ville. Mais il reste beaucoup à découvrir dans cet espace réduit, le seul qui rappelle le côté européen de cette Métropole nord-américaine.

Le Champ-de-Mars, situé derrière l'hôtel de ville, dans le prolongement de la place Jacques-Cartier, est redevenu une place publique, après avoir été transformé en parc de stationnement. De même, on pourra juger de la conservation de vieux édifices dans des constructions récentes : ainsi le Centre mondial du commerce, vaste ensemble qui abrite une grande place intérieure, un hôtel et une grande verrière.

Le Mille carré doré

Situé au nord-ouest de l'actuel centre-ville, le Mille carré doré était le lieu de prédilection de la bourgeoisie anglophone qui, au début du siècle, dominait l'économie canadienne. L'hôtel Ritz-Carlton (angle de la rue Sherbrooke et de la rue Drummond) est, depuis le début du siècle, le rendez-vous d'une certaine élite. A l'est, la société d'aluminium Al$ (entrée principale au n° 2200 rue Stanley) occupe un ensemble de cinq bâtiments du XIXe siècle englobés dans une structure ultramoderne, dans un souci de préservation du patrimoine, qui sont un exemple réussi d'intégration de l'ancien et du moderne.

Université McGill

En plein cœur de la ville et tout près du mont Royal, la plus ancienne université de Montréal et du Canada doit son nom à un riche marchand de fourrures écossais du nom de McGill qui avait légué à l'Institution royale une coquette somme d'argent afin que soit fondé un établissement d'enseignement supérieur : c'est ainsi que fut créé le Collège McGill en 1821. Depuis, l'université a connu un essor considérable : elle compte aujourd'hui 25 facultés et 30 000 étudiants, répartis sur plusieurs campus. Plusieurs des riches propriétés du Mille carré doré ont été léguées à

© ICONOTEC

MONTRÉAL

Montréal

cette université qui a décidé, dans un premier temps, d'en détruire quelques-unes pour construire des pavillons universitaires, et plus tard d'en conserver certaines. La visite du campus de l'université (accès par le portail Roddick de style néoclassique grec) – auquel on peut ajouter l'hôpital Victoria et les édifices et résidences qui se trouvent à l'est – permet de découvrir l'histoire architecturale de Montréal à travers la diversité des styles de ses nombreux bâtiments et d'apprécier tous les contrastes culturels de la ville, les gratte-ciel faisant face à ce campus à l'anglaise où ont été formés plusieurs éminents prix Nobel.

Centre-ville

Tout à l'américaine, le centre-ville de Montréal (autour de la place Ville-Marie) est constitué par les tours qui ont été érigées depuis les années soixante. Au milieu du modernisme des gratte-ciel, quelques édifices de pierre témoignent cependant du riche passé de Montréal. Ainsi la gare Windsor, de style château, inaugurée en 1889 et conçue par Bruce Price. Une aile et une tour lui ont été ajoutées, tout en respectant l'architecture d'origine.

En face l'église anglicane Saint-Georges (rue de la Gauchetière), de style néogothique, construite en 1870 selon les plans de William T. Thomas. Ses sculptures de bois (jubé, stalles, retable), ses vitraux et ses tapisseries sont remarquables.

De l'autre côté de la rue Peel, la place du Canada (partie sud du square Dorchester coupé par le boulevard René-Lévesque) est bordée par l'hôtel Château-Champlain (1967) aux fenêtres en demi-lunes et par une tour de bureaux. Au n° 1000 de la Gauchetière, la tour qui veut épouser les formes de la cathédrale voisine, dispose, dans un amphithéâtre, d'une patinoire ouverte toute l'année. La place Bonaventure qu'on aperçoit un peu plus loin à l'est, regorge de boutiques et de galeries. Un peu plus loin, on aperçoit la basilique-cathédrale Marie-Reine-du-Monde, un Saint-Pierre-de-Rome en miniature. Ce gigantesque édifice néobaroque, surmonté d'un dôme de cuivre fut élevé selon les plans de Victor Bourgeau. La cathédrale fait face au boulevard René-Lévesque et à l'imposant bâtiment de la Sun Life. Inauguré en 1918, cet édifice à structure d'acier revêtue de granite blanc, de style beaux-arts, fut pendant quelques années le plus haut de l'Empire britannique mais son architecture rappelait encore les constructions de pierre. Il fut agrandi à deux reprises avant d'adopter, en 1931, l'élégante symétrie actuelle. Les marbres et les sculptures à l'intérieur méritent le coup d'œil. Sur le square Dorchester, l'immeuble Dominion Square (1929), d'inspiration néoRenaissance, fut le premier ensemble de commerces et de bureaux du Canada. C'est le siège du Centre Infotouriste. 1001, rue du Square-Dorchester (angle Metcalfe), M° Peel (*ouvert tous les jours de 9h à 18h* ✆ 514-873-2015).

Intérieur de la basilique Notre-Dame, Montréal

A l'ouest du square, à l'angle du boulevard René-Lévesque, s'élance la tour CIBC qui, depuis 1962, domine Montréal de ses 45 étages. De l'autre côté du boulevard, l'édifice de La Laurentienne se distingue par son orientation diagonale et l'aménagement de sa place intérieure tout en verdure. Si l'on descend le boulevard René-Lévesque vers l'est, on se trouvera, passé la Sun Life, devant la cruciforme place Ville-Marie qui a entraîné la renaissance du centre-ville de Montréal. Inauguré en 1962, ce complexe est construit au-dessus de voies ferrées, à proximité de la gare centrale qui lui fait face, de l'autre côté du boulevard René-Lévesque. Grâce à ses boutiques en sous-sol, la place Ville-Marie a donné naissance à un vaste réseau souterrain de boutiques aujourd'hui reliées sur une grande distance et qui constituent une caractéristique propre à Montréal. De sa grande esplanade s'ouvre une magnifique perspective jusqu'au mont Royal, grâce à la percée d'une imposante avenue, sorte de Champs-Elysées, l'avenue McGill College. Place Ville-Marie se veut le nouveau centre-ville avec, notamment, son chic Club 737, tout en haut.

L'avenue McGill College, qui conduit à l'université McGill et au mont Royal, est bordée de prestigieux édifices, dont celui de la BNP (Banque nationale de Paris) formé de tours jumelées (1981) en verre bleuté réfléchissant, devant laquelle se trouve un étonnant groupe sculpté en polyester, La Foule illuminée de Raymond Mason, qui symbolise la vie urbaine. La place Mercantile, sa voisine, incorpore un ensemble d'édifices du siècle passé. De l'autre côté de cette avenue, à l'angle de la rue Sainte-Catherine, la place Montréal Trust (1989), en marbre rose et en verre bleuté, est repérable à ses nombreuses boutiques, son décor raffiné et son superbe atrium. Quelques autres grands bâtiments de prestige, comme la tour de l'Industrielle Vie en granite gris rosé longent l'avenue où, en été, des peintres vendent leurs toiles aux passants (angle de la rue Sainte-Catherine). L'avenue McGill College finit abruptement aux portes du parc de stationnement souterrain de la place Ville-Marie.

Pour le magasinage, une visite à la rue Sainte-Catherine s'impose, tout particulièrement dans cette partie du centre-ville.

On a le choix de se diriger vers l'ouest ou l'est, tout en demeurant dans l'ouest, car le boulevard Saint-Laurent se trouve à l'est du centre-ville. A l'est de McGill College, on s'arrêtera indifféremment dans l'un ou l'autre des grands magasins que l'on croisera sur le trottoir nord.

Le mieux est cependant d'entrer par le centre Eaton qui est relié à la place Ville-Marie et aux Promenades de la Cathédrale (galeries marchandes souterraines). Sortir par les Promenades de la Cathédrale aménagées sous la cathédrale Christ Church. Construite entre 1857 et 1860 par Thomas S. Scott d'après les plans de l'Anglais Frank Wills, cette église anglicane de style néogothique, gracieuse et accueillante, possède des chapiteaux sculptés de feuillages et de fruits, un superbe retable sculpté dans le chœur et des vitraux remarquables provenant d'un atelier londonien. Derrière, se dresse la place de la Cathédrale, immeuble de 34 étages (1988) qui abrite les bureaux de la cathédrale anglicane et du diocèse, remarquable par ses parois de verre cuivré et son décor d'arcs brisés, rappelant l'église voisine. On pénètrera dans son hall en forme de nef. A l'angle de Sainte-Catherine et Union, face au square Philips, se trouve le plus vieux des grands magasins de Montréal, La Baie. Datant de 1895, il ne comptait à l'origine que quatre étages et fut longtemps connu comme le magasin Henry Morgan, du nom du premier commerçant à quitter le Vieux Montréal pour s'établir rue Sainte-Catherine. La façade en grès rouge d'Angleterre s'enrichit de sculptures. On a agrandi l'édifice, qui est devenu propriété de la compagnie La Baie (autrefois La Baie d'Hudson), la plus grande chaîne de magasins de détail du Canada.

Quartier chinois

Les Irlandais ont d'abord occupé ce quartier situé juste à l'est du centre-ville et qu'on peut repérer par son hôtel chinois à l'architecture typiquement… chinoise. Les premiers arrivants chinois vinrent s'établir à Montréal dans les années 1860, fuyant la dureté des conditions de travail dans les mines d'or de l'Ouest ou dans les chantiers de construction des chemins de fer. Coincé de toutes parts entre les imposants édifices du complexe Desjardins et le palais des congrès, entre le Vieux Montréal et les hôpitaux Saint-Charles-Borromée (ancien Montreal General Hospital) et Saint-Luc, le quartier chinois continue de bourdonner de son activité particulière, bien que la population chinoise ait reflué en banlieue.

Si les nouveaux arrivants de Chine préfèrent vivre ailleurs, ils se retrouvent toutefois dans ce quartier pour y manger, travailler et faire leurs courses. Le quartier chinois, qui est surtout composé de commerces asiatiques, a été embelli par la réfection de la rue de la Gauchetière partiellement réservée aux piétons. On remarquera les deux arches chinoises qui l'enjambent. Dans la rue Saint-Urbain, des sculptures murales illustrent des légendes chinoises, dont celle du Roi-Singe. On notera aussi le petit parc dédié à Sun Yat Sen et la maison Wing (1009, rue Côté), la plus ancienne du quartier.

La Main et Prince Arthur

Les deux points centraux pour la vie nocturne sont les artères les plus cosmopolites de Montréal, avec ses nouvelles boîtes de nuit, discothèques, bars, restaurants et commerces ethniques. La rue Prince-Arthur, transformée en zone piétonne est bordée de restaurants et terrasses. Jour et nuit, ces deux rues sont envahies par une foule bigarrée. Le boulevard Saint-Laurent, baptisé familièrement Main (pour Main Street), est l'une des vieilles rues de Montréal. D'abord chemin, elle fut ouverte au XVIIIe siècle sous le régime français.

Rue de Montréal

L'arrivée massive de juifs russes, qui s'y installèrent à partir de 1881, fera du yiddish la langue d'usage dans cette zone. C'est elle qui marque la division entre l'est et l'ouest de la ville. D'autres groupes ethniques s'installeront sur ce boulevard qui comporte une section portugaise, une partie italienne, etc.

Plateau Mont-Royal

Ce quartier de Montréal – le Plateau comme on l'appelle familièrement – a connu un développement rapide au début du siècle. Il est aujourd'hui habité par une population assez jeune et très branchée. Beaucoup de ses vieilles résidences ont été rénovées ou sont en voie de l'être.

La rue Saint-Denis et l'avenue Mont-Royal qui la croise en sont les principales artères. Le quartier touche au Quartier latin au sud et au boulevard Saint-Laurent à l'ouest. Près du carré Saint-Louis, on retrouve la rue Cherrier qui mène au parc Lafontaine et à la bibliothèque municipale. Rue Cherrier, deux édifices retiennent l'attention : l'école Cherrier, construite en 1931 et comportant des éléments de décor Art déco et l'ancienne Palestre nationale, aujourd'hui l'Agora de la Danse (contemporaine), d'esprit Renaissance italienne, avec une entrée très ornementée.

En remontant la rue Saint-Denis jusqu'au nord de l'avenue Mont-Royal, la principale artère commerciale du quartier, on arrive au boulevard Saint-Joseph.

C'est l'une des belles rues de Montréal, avec ses demeures somptueuses des années vingt et trente, aujourd'hui occupées par des cabinets de professions libérales. Le long de la rue Saint-Denis se succèdent boutiques, bars, restaurants, théâtres, etc.

En se dirigeant vers l'ouest par le boulevard Saint-Joseph, un arrêt s'impose à l'angle du boulevard Saint-Laurent, parallèle à la rue Saint-Denis. Dans un parc se dresse l'église du Saint-Enfant-Jésus à la façade richement ornée.

A l'intérieur, on peut admirer les fresques du peintre Ozias Leduc qui a laissé son empreinte dans quelques églises du Québec. Celles-ci ont été exécutées entre 1917 et 1919. Un peu plus haut vers le nord, la rue Laurier est particulièrement dynamique et vouée à la

Sur les traces de...

▶ **Jacques Cartier.** Le découvreur du Québec est immortalisé par un buste trônant fièrement à l'entrée de l'île Sainte-Hélène, sur le pont qui porte son nom. Une statue de Jacques Cartier avait aussi été érigée, en 1896, dans le square Saint-Henri. Ce parc, caractéristique du début du siècle, se distingue des autres en ce qu'il fut conçu dans une ville aujourd'hui disparue. Dans le parc de l'université McGill, au 805, Sherbrooke Ouest, une plaque commémorative rappelle que Jacques Cartier se rendit à cet endroit pour visiter le village indien d'Hochelaga, abandonné en 1600.

▶ **Maisonneuve.** Le fondateur de Montréal, debout, brandissant la bannière de la France, se dresse sur la place d'Armes, face à l'église Notre-Dame, rendez-vous des touristes. Au pied de ce monument, chef-d'œuvre de Louis-Philippe Hébert, un guerrier iroquois, Jeanne Mance, Le Moyne et Lambert Closse, personnages historiques de Montréal, lui tiennent compagnie.

▶ **Marguerite d'Youville.** La fondatrice des Sœurs grises a donné son nom à la place d'Youville où s'élève un obélisque portant les noms de tous ceux qui vinrent s'établir dès les débuts de la fondation de Montréal.

▶ **Reine Victoria.** Sa statue se dresse dans le square Victoria, près de la tour de la Bourse. A noter, l'une des bouches de la station de métro Victoria est typiquement parisienne : c'est un don de la Ville de Paris. La reine Victoria a aussi donné son nom au plus vieux pont reliant Montréal à la rive sud.

▶ **Nelson.** Sa colonne, sur la place Jacques-Cartier, fut en 1890 l'un des premiers monuments de Montréal. Sa statue, qui surmontait naguère la colonne, a été enlevée.

mode. Vers l'ouest, en direction d'Outremont, se dresse un bâtiment de style haut Moyen Age et début Renaissance française : c'est l'ancien hôtel de ville de Saint-Louis du Mile End, construit en 1905, cinq ans avant l'annexion de la localité à la ville de Montréal.

La petite Italie

Bien nommée, la petite Italie accueille de nombreux immigrants d'origine italienne. Cependant, la population tend à s'y mélanger. Maghrébins, Sud-Américains, Africains s'installent dans ce quartier.

En s'y promenant, on ne manquera pas de faire une halte au marché Jean Talon, le plus vaste marché d'alimentation de Montréal. Il est ouvert en été comme en hiver. On y trouve des spécialités québécoises, des produits bios et toutes sortes de fruits et légumes exotiques. Situé au nord de Montréal, on y accède facilement en métro en descendant à la station Jean Talon.

Le Village Gay

Situé à quelques pas à l'est du centre-ville, le Village Gay déborde d'activités jour et nuit. De jour, on profite des commerces, des galeries d'art et des nombreux établissements (cafés, restaurants) qui exposent des œuvres d'art. La diversité ethnique de Montréal est très bien représentée dans ce quartier, ce que l'on retrouve dans les variétés de restaurants : italiens, indiens, etc. La qualité de la gastronomie, le raffinement de la cuisine est souvent supérieure que dans d'autres quartiers.

La nuit, le village concentre une foule de bars, de bars à spectacle (notamment le cabaret Mado, renommé pour son spectacle de travestis), de boîte de nuits et de boîte d'after.

Westmount

C'est sur l'un des trois sommets voisins qui forment le Mont-Royal, à l'ouest comme son nom l'indique bien, que s'est établie cette ville à majorité anglophone dont la population est la plus riche du pays.

Aujourd'hui, entièrement entourée par la ville de Montréal, elle devient de plus en plus francophone. On y trouve, à flanc de montagne, de riches propriétés, l'ex-Premier ministre Brian Mulroney y ayant acheté une résidence de 2 millions de dollars pour prendre sa retraite politique. Au sommet, un bois a été conservé dans son état sauvage

pour rappeler l'aspect du site originel. Pour visiter Westmount, il faut être bon marcheur, car plusieurs rues sont en pente raide : nous sommes à flanc de montagne.

Presque toutes les maisons de Westmount ont été construites au XIXe siècle. On y trouvera cependant (503, chemin de la Côte-Sainte-Catherine) une maison de ferme du XVIIIe siècle. Ce chemin était à l'origine un sentier qu'empruntaient les Indiens. Westmount regorge de maisons de tous les styles, leurs riches propriétaires s'étant ingéniés à rivaliser d'originalité. L'église Saint-Léon-de-Westmount (angle de la rue Clark et du boulevard de Maisonneuve) est remarquable pour sa décoration intérieure, de style roman, avec une mosaïque florentine, des bronzes et des sculptures en bois.

Dans la rue Elm, on découvrira une série de maisons inspirées des châteaux médiévaux, dont l'hôtel de ville. Le fait est que Westmount, qui tranche sur le reste de l'île de Montréal, est une ville où les résidences ne manquent pas de fantaisie. En son centre, le parc Westmount est l'un des plus beaux de Montréal par son aménagement. La bibliothèque municipale, à proximité, mérite une visite pour ses sculptures, fresques et vitraux.

Outremont

Situé, comme son nom l'indique, sur l'autre versant (nord) de Montréal, Outremont se caractérise par ses imposantes résidences, tout particulièrement le long du chemin de la Côte-Sainte-Catherine qui longe le flanc de la montagne. Ville résidentielle, Outremont compte plusieurs beaux parcs et peu de commerces. Elle est délimitée par le chemin de la Côte-Sainte-Catherine, l'avenue du Parc et par une voie de chemin de fer.

Tout comme Westmount, elle est entièrement encerclée par Montréal. Fondée en 1875, progressant au rythme du développement des transports, elle a vu sa population quadrupler entre 1901 et 1911. Aux francophones qui composaient l'essentiel de sa population, s'ajouteront les juifs qui quittaient alors le quartier Saint-Louis.

Parmi les édifices dignes d'intérêt, on notera la façade Beaux-Arts de l'académie Querbes (215, avenue Bloomfield) ; l'église Saint-Viateur (rue Laurier) dont la façade sculptée est considérée comme insurpassée à Montréal et le pensionnat du Saint-Nom-de-Marie qui abrite l'école de musique Vincent-d'Indy. L'immeuble se caractérise par une colonnade surmontée d'un fronton et d'un dôme.

■ HÉBERGEMENT

Auberges de jeunesse

■ AUBERGE ALTERNATIVE DU VIEUX MONTREAL
358, Saint-Pierre
℃ 514-282-8069
www.auberge-alternative.qc.ca
M° Square-Victoria. 20 $ la nuit en dortoir et 55 $ en chambre individuelle. 4 $ le petit déjeuner bio et copieux. Une auberge vraiment charmante, au cœur du quartier historique de Montréal, ça ne se refuse pas ! Le lieu est idéal pour se faire des compagnons de voyage. L'auberge adopte une philosophie alternative : pas de télévision ni de distributeur de sodas. Par contre, le café et le thé équitables sont offerts. Les employés de l'auberge et les voyageurs sont encouragés à s'exprimer sur des panneaux muraux et à partager leurs expériences de vie.

■ AUBERGE DE JEUNESSE DE MONTREAL
1030, MacKay
℃ 514-843-3317/1-866-843-3317
www.hostellingmontreal.com
M° Lucien-L'Allier. Pour membres, 25,75 $ la nuit, en dortoir, draps et serviette inclus mais taxe en sus. 30 $ pour les non-membres. Quelques chambres privées. Située à quelques mètres de l'université Concordia et non loin de l'université McGill, cette auberge accueille des visiteurs du monde entier et de tous les âges. Les chambres individuelles et les dortoirs de cette grande auberge ont, entre autres, une connexion wi-fi et une salle de bains privée. Côté ambiance, on peut rester anonyme ou socialiser en participant aux diverses sorties proposées par les animateurs. Le soir, une cafétéria prépare un excellent menu à des prix très raisonnables. Une cuisine est à la disposition de ceux souhaitant concocter leurs propres repas.

Couette et café (Bed & Breakfast)

■ AUBERGE BONSECOURS
355, Saint-Paul E.
℃ 514-871-0299
www.aubergebonsecours.com
M° Champ-de-Mars. Occupation simple entre 125 $ et 195 $, occupation double de 195 $ à 285 $, personne supplémentaire de 30 $ à 35 $. Air climatisé. Visa, MasterCard, Amex et Interac acceptées. Située dans le Vieux Montréal, et à proximité de toutes les activités du centre-ville, l'Auberge Bonsecours est une ancienne écurie réaménagée en hôtel-boutique, qui vous propose sept chambres alliant confort et tranquillité dans un cadre chaleureux : murs de briques apparentes et boiseries, ainsi qu'une cour intérieure pour se relaxer. Une jolie petite adresse !

■ B&B BOULANGER BASSIN
4293, de Brébeuf
℃ 514-525-0854
www.bbassin.com
M° Mont-Royal. Entre 106 $ et 180 $ selon la période et la chambre. Venez découvrir la vie du Plateau Mont-Royal, le quartier résidentiel à la mode de Montréal ! Ken Ilasz vous accueille dans sa charmante demeure. Le grand soin qu'il apporte à ses invités rivalise avec sa discrétion. Le matin, il se met au fourneau pour vous confectionner un incroyable petit déjeuner. Même les succulentes viennoiseries sont faites maison. Mais, n'oubliez pas de goûter à la salade de fruits frais, aux jus pressés, aux œufs... Après ce copieux petit déjeuner, vous aurez sûrement envie d'aller courir au parc Lafontaine, situé à deux pas de l'auberge. Les trois chambres sont décorées avec goût. Vous choisirez entre Sunrise et Sunset. Elles disposent toutes d'une prise Internet (l'une d'entre elles a même un ordinateur), de l'air climatisé et d'une salle de bains privée. Les enfants sont les bienvenus.

■ CHEZ PHILIPPE B&B
2457, Sainte-Catherine E.
℃ 514-890-1666/1-877-890-1666
www.chezphilippe.info
M° Papineau. Entre 65 $ et 135 $ par nuit. Visa, MasterCard acceptées. Philippe propose quatre chambres au décor à la fois simple et moderne. Dispersées sur deux étages, chacune porte le nom d'un fruit, dont la couleur correspond à l'ambiance donnée : ananas, kiwi, bleuet et mangue. Commodités d'usage et deux salles de bains à partager. Après une bonne nuit de sommeil, l'hôte de la maison se charge de vous préparer un petit déjeuner dont vous nous direz des nouvelles fait de produits frais, et dans la mesure du possible biologiques et équitables : jus de

fruits frais pressé, crêpes, gaufres, pudding et mousses de fruits, accompagnés d'un café, d'un thé ou d'un chocolat chaud. Bref, de quoi passer un séjour des plus agréables !

■ **CHEZ TAJ B&B**
2033, Saint-Hubert
✆ 514-738-9410/1-800-738-4338
www.bbmontreal.com
M° Berri-UQÀM. Occupation simple de 60 $ à 105 $, occupation double de 70 $ à 150 $, petit déjeuner inclus. Marian Kahn est la « grand-mère » des gîtes à Montréal et a été la première à ouvrir un réseau de gîtes en 1980. Elle vous accueille dans sa maison et met à votre disposition trois chambres dont la décoration est inspirée de ses nombreux voyages à travers le monde : bleu antique, jaune soleil et framboise. Confort et tranquillité sont les maîtres mots de ce B&B, et Marian sera aux petits soins pour rendre votre séjour le plus agréable possible.

■ **PETITE AUBERGE LES BONS MATINS**
1401, rue Argyle
✆ 514-931-9167/1-800-931-9167
www.bonsmatins.com
M° Lucien-L'Allier. Site Internet permettant de choisir la chambre le plus à son goût. De 119 $ à 399 $ la nuit, pour 2 personnes, petit déjeuner copieux inclus. Séjourner dans cette auberge absolument charmante plaira tant aux familles (possibilité de louer une maison) qu'aux jeunes mariés (suites magnifiques, convenant aux nuits de noce) et aux gens d'affaire (Internet sans fil). Située dans une ruelle calme, à la sortie d'une bouche de métro et à deux pas du centre-ville, l'emplacement est idéal pour les touristes et les gens d'affaire. Les chambres, aux couleurs chaudes, décorées avec de beaux tissus et un carrelage de goût, sont très confortables et raffinées. Certaines possèdent même une cheminée en état de fonctionnement. Le personnel se met en quatre pour ses hôtes. Des petites attentions égayent le séjour : apéritif offert tous les soirs, biscuits, thé et café à disposition dans des petites cuisines situées à plusieurs endroits de l'auberge… Le petit déjeuner servi dans une salle très chaleureuse, aux connotations orientales, est copieux et délicieux. Aux murs des chambres et des parties communes, admirez les toiles de Benoît A. Côté, frère du propriétaire.

Bien et pas cher

■ **L'ABRI DU VOYAGEUR**
9, rue Sainte-Catherine O.
✆ 514-849-2922/1-888-302-2922
www.abri-voyageur.ca
M° Saint-Laurent-Place-des-Arts. 28 chambres de 42 $ à 69 $, studio lit double avec cuisinette et salle de bains privée de 64 $ à 99 $. Personne additionnelle : 10 $, gratuit pour les enfants de 12 ans et moins, stationnement : 10 $ par jour. Salles de bains partagées. Visa, MasterCard et Interac. Qui aurait cru qu'au coin de Saint-Laurent et de Sainte-Catherine, on puisse se loger à si bas prix, dans un confort plus que correct ? La réceptionniste réserve un sourire chaleureux à chaque nouveau venu. Comme il s'agit d'un lieu historique (construit en 1876), les propriétaires n'ont pu rénover suffisamment pour offrir une salle d'eau pour chaque chambre. Ceci étant, les nombreuses salles de bains partagées, à chaque étage, sont grandes et propres. Chaque chambre est munie d'un lavabo, d'un climatiseur et d'une télévision. Bref, tout ce qu'il faut pour ceux qui veulent se la couler douce sans prétention.

MONTRÉAL

■ ARMOR MANOIR SHERBROOKE

157, Sherbrooke E.
℅ 514-845-0915/1-800-203-5485
www.armormanoir.com

M° Sherbrooke ou Saint-Laurent. 18 chambres (standard, supérieure ou de luxe) et 4 suites de 99 $ à 129 $, petit déjeuner continental inclus. Personne additionnelle : 10 $. Chèques de voyage, MasterCard, Visa acceptés. Dans une vieille demeure de la rue Sherbrooke, vingt-deux chambres au cachet unique vous attendent. Les suites disposent d'un bain tourbillon. La convivialité du lieu est indéniable, avec son magnifique escalier en bois et le soin accordé aux détails de chaque pièce. Un accueil courtois complète l'expérience, recommandée par beaucoup de voyageurs.

■ ANNE, MA SŒUR ANNE
HOTEL STUDIO

4119, Saint-Denis
℅ 514-281-3187/1-877-281-3187
www.annemasoeuranne.com

M° Mont-Royal ou Sherbrooke. Occupation simple de 70 $ à 180 $, occupation double de 80 $ à 265 $, café et croissant inclus. Toutes cartes de crédit et Interac acceptées. Situé au cœur du Plateau Mont-Royal, cet hôtel dont l'édifice date de la fin du XIXe siècle dispose de dix-sept chambres studios modernes, avec cuisinette et salle de bains privée. Les cuisines sont équipées d'un micro-ondes, d'un petit four et de deux plaques chauffantes. Les chambres aux couleurs chaudes sont très agréables. Certaines d'entre elles ont une terrasse privée, pour les autres, vous pourrez profiter de la cour intérieure ombragée. Offrant des services de base tels l'air climatisé, l'accès à Internet (branchement et sans-fil), l'hôtel a l'immense avantage de donner sur l'une des rues les plus animées de la ville, à proximité du centre-ville, tout en étant remarquablement insonorisé.

■ AUBERGE DE LA FONTAINE

1301, Rachel E.
℅ 514-597-0166/1-800-597-0597
www.aubergedelafontaine.com

M° Mont-Royal. 18 chambres de 119 $ à 295 $, 3 suites de 153 $ à 360 $ (dont une avec vue sur le parc), personne additionnelle 20 $. Plusieurs forfaits disponibles (romance, charme et gastronomie, Montréal à bicyclette, etc.). Petit déjeuner buffet inclus. Internet disponible par wi-fi. 3 espaces de stationnement gratuit. Salle de réunion pour 10 personnes. Toutes cartes de crédit et Interac acceptées. Une chambre au rez-de-chaussée avec accessibilité totale pour les personnes handicapées. Située en face du magnifique parc Lafontaine, cette auberge largement primée offre un décor et un service dignes des grands hôtels. Une maison victorienne datant de 1908 avec un décor moderne, différent d'une chambre à l'autre. Les couleurs chaudes et les murs en briques créent une ambiance montréalaise. Au total vingt et une chambres divisées en chambres régulières, supérieures et suites. Toutes les chambres sont très bien équipées avec air climatisé. Une terrasse accessible pour tous les clients au troisième étage, un libre accès à la cuisine pour collation gratuite (fromages, fruits, pâtés) de midi à minuit et une piste cyclable passant en face de l'Auberge, pour les sportifs. Sans aucun doute la plus futée des auberges en ville !

■ AUBERGE LE POMEROL

819, de Maisonneuve E.
℅ 514-526-5511/1-800-361-6896
www.aubergelepomerol.com

M° Berri-UQAM. 27 chambres, poste Internet gratuit dans le salon et accès gratuit à une connexion Internet dans toutes les chambres, appels locaux gratuits. Stationnement garanti à l'arrière, 14 $ la journée. Chambres économiques

www.armormanoir.com

COUETTES ET CAFÉ

LA CLAIRE FONTAINE
1652 rue La Fontaine · Montréal
514.528.9862
www.laclairefontaine.com

MONTRÉAL

de 89 $ à 150 $ et chambre la plus haut de gamme de 155 $ à 215 $. Toutes cartes de crédit acceptées. C'est dans une maison centenaire, en plein cœur du centre-ville qu'un personnel très souriant se fait un plaisir d'accueillir ses hôtes. Le livre d'or ne fait que renforcer notre impression sur la gentillesse et la disponibilité du personnel.

Mais, ce n'est pas tout : les chambres sont décorées avec beaucoup de soin et de goût, dans des tons ocre et carmin. Autre bon point : l'originalité des options pour le petit déjeuner. Un panier est posé devant la porte de la chambre. On choisit de le déguster sur place ou de le descendre dans la salle à manger. Autres petites intentions à souligner : le feu de foyer dans le salon en hiver et la collation offerte en après-midi, tout au long de l'année. Pas étonnant que cette auberge ait reçu de nombreux prix.

■ **LA CLAIRE FONTAINE**
1652, rue La-Fontaine ℰ 514-528-9862
www.laclairefontaine.com
5 chambres. Salles de bains partagées. Chambre double : 84 $, petit déjeuner inclus. Cette auberge, tenue par un Français des

plus sympathiques, se trouve à deux pas du Village. Le rapport qualité-prix y est très bon. Le grand jardin fleuri ne manquera pas de vous impressionner. Y prendre son petit déjeuner pendant les beaux jours est un vrai bonheur ! Les chambres, agréables, sont décorées avec des vieilles photos des membres de la famille du propriétaire. Cela donne une bonne idée de l'ambiance chaleureuse qui règne dans ce gîte.

■ **HOTEL Y DE MONTREAL**
1355, René-Lévesque O.
ℰ 514-866-9942
www.ydesfemmesmtl.org
M° Guy-Concordia, angle de la Montagne – Occupation simple de 65 $ à 75 $, occupation double de 75 $ à 85 $, occupation quadruple de 95 $ à 105 $. Visa, MasterCard et Interac. Cet hôtel jouit d'une situation idéale, puisque à proximité du centre-ville. Des chambres confortables et accueillantes, et quelques services comme la salle à manger collective et le centre de conditionnement physique (piscine chauffée incluse), feront de votre séjour un des plus agréables. Les hommes sont bienvenus au Y !

■ HOTEL CHAMP-DE-MARS

756, Berri
℃ 514-844-0767/1-888-997-0767
www.hotelchampdemars.com
*M° Champ-de-Mars. Chambres de 155 $ à
219 $, suite : 310 $, petit déjeuner inclus.
Personne additionnelle : 25 $, 10 $ pour un
enfant. Salle de sport et piscine à proximité.
Toutes cartes de crédit et Interac acceptées.* La
localisation de ce charmant hôtel, au pied des
fortifications, en fait un endroit de choix pour le
calme et la détente. Vingt-six chambres et suites
coquettes et originales tiennent compte du
passé dans leur agencement. Le petit déjeuner
américain, l'accès à l'Internet et à la salle de
gym énergie-cardio sont inclus. Restaurant
italien Pierino's Pasta & Grill sur place.

■ CHATEAU DE L'ARGOAT

524, Sherbrooke E.
℃ 514-842-2046
www.hotel-chateau-argoat.qc.ca
*M° Sherbrooke. Occupation double : chambre
entre 80 $ et 140 $, suite entre 150 $ et 160 $,
personne additionnelle : 10 $, petit déjeuner
continental inclus et stationnement gratuit.
Salon Internet accessible gratuitement pour les
clients. Toutes cartes de crédit acceptées.* En

MONTRÉAL

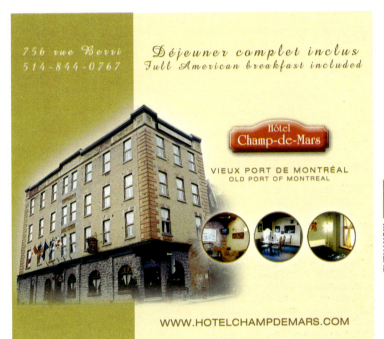

plein cœur de Montréal, la façade victorienne de ce charmant hôtel accroche le regard. On y trouve un excellent accueil, vingt-quatre chambres et une suite d'un grand confort. Outre leur jolie décoration, certaines sont équipées de bains tourbillon. Télévision câblée disponible dans chacune d'elles ainsi que l'air conditionné.

ALEXANDRIE MONTREAL
1750, Amherst ℂ 514-525-9420
www.alexandrie-montreal.com
M° Berri-UQAM-Beaudry. Chambre double de 50 $ à 70 $. 20 $ en dortoir de 4 à 6 personnes. Petit déjeuner inclus. Cette auberge de jeunesse située en plein Village est sans conteste la solution la moins chère dans le quartier. Les meubles sont de récupération, on y entend et parle toutes les langues, on peut y laver son linge et se connecter à l'Internet sans fil. Les deux chambres doubles sont très demandées et mieux vaut donc réserver. L'Alexandrie propose également des appartements meublés à partir de 100 $ la nuit (pour deux chambres), en été. Le reste de l'année, ces appartements sont loués à des étudiants et se transforment en véritable campus!

HOTEL DYNASTIE
1723, Saint-Hubert
ℂ 514-529-5210/1-877-529-5210
www.hoteldynastie.com
M° Berri-UQÀM. 6 chambres non-fumeurs de 68 $ à 98 $, petit déjeuner inclus, 8 $ par personne additionnelle. Visa, MasterCard et Interac. Ce petit hôtel nous a été recommandé par plusieurs voyageurs français, et il nous a en effet bien plu! Les voyageurs sans automobile apprécieront la proximité de la gare routière. Sans être luxueux, cet établissement propose des chambres confortables, spacieuses, propres et silencieuses pour des tarifs fort abordables. Enfin et surtout, le propriétaire de ces lieux, Pierre, est accueillant et disponible. Il est incollable sur tout un tas de renseignements bien utiles concernant Montréal, pour les touristes un peu perdus ou tout simplement curieux : moyens de transport, informations et petits services, bonnes adresses en ville, etc. De plus, si l'envie vous en prenait, Pierre peut également discuter politique ou relations franco-québécoise, histoire de bien vous mettre dans le contexte! Pour les sportifs, deux bicyclettes sont mises à votre disposition gratuitement. Les futés apprécieront le barbecue mis à leur disposition en été, dans la cour arrière.

■ **HOTEL DE PARIS**
901, rue Sherbrooke Est
☎ 514-522-6861
www.hotel-montreal.com
M° Sherbrooke. De 50 $ à 70 $ la chambre en occupation simple et de 60 $ à 90 $ la double. Suite à partir de 129 $. Ce manoir historique transformé en hôtel; il y a vingt ans se situe à deux pas du parc Lafontaine, du centre-ville et du Plateau. Si les chambres du bâtiment principal sont toutes réservées, on vous trouvera une chambre dans un des immeubles attenants. Le petit restaurant dans lequel on petit déjeuner ou on déjeune bénéficie d'un bon ensoleillement. En été, la terrasse est très agréable.

Confort ou charme

■ **BEST WESTERN VILLE MARIE**
3407, Peel
☎ 514-288-4141/1-800-361-7791
www.hotelvillemarie.com
M° Peel. 171 chambres et suites entre 99 $ et 900 $ selon les périodes de l'année. Restaurant, bar, salle de sport, salles de réunion, salon VIP. Visa, MasterCard, Amex. Des chambres luxueuses et spacieuses, un personnel totalement bilingue et un hall de marbre font de cet hôtel un must dans sa catégorie. Les salles de conférences accueillent des groupes de 200 personnes. L'une des anciennes salles de bal a été convertie en salle de musculation. La maison répond avec une courtoise efficacité aux abondantes requêtes de leurs voyageurs : les clients ont même des ordinateurs avec connexion haut-débit à disposition. **Il y a un autre Best Western,** au 1240, Drummond.

■ **HOTEL FOUR POINTS SHERATON**
475, Sherbrooke O.
☎ 514-842-3961 – www.fourpoints.com
M° Peel. 114 chambres et 82 suites à partir de 109 $ en basse saison et 139 $ en haute saison. Personne additionnelle : 20 $. Toutes cartes de crédit et Interac acceptées. Centre d'affaires avec treize salles de réunions pouvant accueillir jusqu'à 120 personnes, sauna, restaurant, bar. Membre de la famille Sheraton, cet hôtel offre des chambres et des suites spacieuses et modernes. De multiples forfaits sont disponibles, tant pour la clientèle d'affaires que touristique. L'hébergement des enfants de 17 ans et moins est gratuit lorsqu'ils

partagent la chambre des parents. Certaines chambres ont une cuisinette complète. Pour les entreprises, le Four Points dispose de treize salons pouvant accueillir de 10 à 150 invités. Le restaurant-bistro Le Monde offre une cuisine internationale. L'accès gratuit à une piscine et à un spa à proximité (un hôtel voisin) est inclus dans le séjour.

■ **INTERCONTINENTAL**
360, Saint-Antoine O.
℅ 514-847-8525/1-800-361-3600
www.montreal.intercontinental.com
357 chambres, dont 23 suites, entre 165 $ et 550 $. Suites entre 330 $ (suite tourelle) et 3 000 $ (suite présidentielle). Petit déjeuner continental : 18 $, buffet complet : 27 $. 18 salles de conférence. Un restaurant, un bistrot et un piano-bar. Idéalement situé dans le Vieux Montréal, à 5 min de marche du centre-ville, le Nordheimer, immeuble de style victorien, vous propose une gamme complète de salles pour vos réunions et vos réceptions. Ce superbe édifice avec accès sur l'attrayante ruelle des Fortifications, a été construit sur trois magnifiques voûtes en pierre de taille. Sa construction remonterait au milieu du XVIIIᵉ siècle. Entièrement restaurées, ces voûtes constituent un cadre intime et de bon goût pour recevoir vos invités.

■ **NOVOTEL MONTREAL CENTRE**
1180, de la Montagne
℅ 514-861-6000
www.novotelmontreal.com
Mᵒ Peel-Lucien L'Allier. Chambres entre 110 $ et 350 $, suites entre 250 $ et 1 500 $. Petit déjeuner : 15,50 $. Stationnement : 15,50 $ pour 24h. Salle de gym. Cet hôtel de la chaîne Novotel offre deux cent vingt-six chambres et une suite spacieuses en plein cœur du centre-ville. On bénéficie de la proximité des rues Crescent et Sainte-Catherine. L'hébergement pour les enfants de moins de 16 ans est gratuit. L'ambiance y est chaleureuse et les employés sont aux petits soins. L'hôtel abrite le restaurant l'Ô ainsi que des salles de réunion dont quatre salles multimédia très bien équipées.

■ **LE NOUVEL HOTEL ET SPA**
1740, René-Lévesque O.
℅ 514-931-8841/1-800-363-6063
www.lenouvelhotel.com
Mᵒ Guy-Concordia. Chambres exécutives de 129 $ à 189 $ et studios avec cuisinette de 139 $ à 209 $, et loft de 199 $ à 400 $, petit déjeuner, stationnement intérieur : 14,95 $

par jour. Prises intégrées pour ordinateurs, piscine extérieure, salle de conditionnement, spa, massage, salon de coiffure, restaurant, bar. Situé à quelques pas du Centre Bell et de la rue Crescent, au cœur de la vie nocturne de Montréal, cet hôtel offre des chambres confortables en plein centre-ville. Ses sept salles de réunion entièrement rénovées pouvant accueillir jusqu'à 450 personnes, en font un lieu intéressant pour les voyages d'affaires.

■ **QUALITY HOTEL CENTRE-VILLE**
3440, du Parc ℅ 514-849-1413
www.choicehotels.ca/cn329
Mᵒ Place-des-Arts. Chambres de 89 $ à 340 $ avec salle de bains, air climatisé, TV et téléphone, petit déjeuner non inclus. Appels locaux gratuits, accès à Internet et stationnement payants. Toutes cartes de crédit et Interac acceptées. Pas moins de cent quarante chambres, dont huit sont adaptées pour recevoir les handicapés. D'autres ont été spécialement aménagées pour les gens d'affaires. Un hôtel très bien situé, proche de Saint-Laurent, au cœur de la vie nocturne montréalaise.

Luxe

■ **HOTEL GAULT**
449, Sainte-Hélène
℅ 514-904-1616/1-866-904-1616
www.hotelgault.com
Mᵒ Square-Victoria, angle des Récollets. 30 chambres avec le petit déjeuner, gym et accès Internet : Essentiel de 109 $ à 349 $, Terra de 259 $ à 449 $. Etcetera de 279 $ à 549 $. Studio de 329 $ à 649 $, Loft de 579 $ à 749 $. Toutes cartes de crédit et Interac acceptées. Dans cet imposant bâtiment se cache un hôtel-boutique des plus charmants. De style contemporain, le mobilier offre une touche unique qui fait des chambres comme du bar-salon des endroits à l'ambiance à la fois conviviale et intime. L'hôtel propose plusieurs catégories de chambres, toutes aussi confortables et lumineuses les unes que les autres. Certaines disposent d'une terrasse privée et aménagée, et toutes d'une connexion Internet haut débit, d'un lecteur CD et DVD, d'un poste de travail pour les gens d'affaires et d'un lit Queen ou King. De plus, une salle d'exercice est à disposition de la clientèle. À proximité du centre-ville et du Vieux Montréal, l'Hôtel Gault est un choix de qualité pour un séjour des plus agréables.

■ **HOTEL LE GERMAIN**
2050, Mansfield
✆ 514-849-2050/1-877-333-2050
www.hotelgermain.com
M° Peel. 99 chambres et 2 appartements, de 210 $ à 475 $, petit déjeuner continental inclus. Forfaits découverte et dégustation et luxe et détente. Restaurant, bar et lounge. Toutes cartes de crédit et Interac acceptées. L'originalité de cet hôtel est sa merveilleuse simplicité. Le concept : un hôtel design qui s'adapte au gré du temps, beau, zen, tout confort. Le luxe à l'état pur, mais pas clinquant. Trois pommes vertes à chaque étage vous rappellent que vous êtes bien dans un hôtel Germain. Les deux suites-appartements sont de toute beauté, la classe et le confort deux en un, elles laissent rêveur. Le restaurant Le Prélude, installé en mezzanine, offre une vue sur la rue Président-Kennedy en plus d'une cuisine du marché.

■ **HOTEL GODIN**
10, Sherbrooke O.
✆ 514-843-6000/1-866-744-6346
www.hotelgodin.com
M° Sherbrooke, angle Saint-Laurent. Chambres de 179 $ à 500 $. 123 chambres et 13 suites pour répondre aux besoins de chacun, avec téléviseur muni d'un ordinateur et Internet sans fil, entre autres. Une quinzaine sont adaptées pour les personnes à mobilité réduite. Des services de bases sont offerts, ainsi qu'un Spa urbain, une salle d'exercice, un restaurant sur place et le bar Godin, avec terrasse. Un hôtel-boutique aux allures branchées, au style design contemporain, au cachet unique. Voilà ce à quoi est dédié cet hôtel, et ce qu'il dégage. Mission réussie ! A l'image des établissements modernes, l'Hôtel Godin est synonyme de confort et de luxe. Le choix des matières (boiseries, marbres, etc.) et des tissus sont le reflet de la qualité et du bien-être offerts à la clientèle. Mobilier design, atmosphère minimaliste.

■ **HOTEL NELLIGAN**
106, Saint-Paul O.
✆ 514-788-2040/1-877-788-2040
www.hotelnelligan.com
M° Place-d'Armes. 35 chambres de 190 $ à 295 $, 28 suites de 295 $ à 2 000 $. Petit déjeuner continental et cocktail inclus, ainsi que tous les services d'un grand hôtel. Restaurant, bar, stationnement intérieur, salle de sport, quatre salles de réunions pouvant accueillir jusqu'à 90 personnes. Toutes cartes de crédit et Interac acceptées. Situé dans le Vieux-Port, cet hôtel est à un pas de la basilique Notre-Dame, du palais de justice et du palais des congrès. Il a vu le jour en juin 2002 et porte le nom du célèbre poète québécois Emile Nelligan. Dans les chambres règne une ambiance poétique, mêlant coins lectures, foyers et vers d'Emile. Les couleurs orangées, les murs de pierres et les plantes font du lobby l'endroit de détente idéal après une longue journée de travail. La soirée commencera par un vin et fromage offert par la maison dans son magnifique bar à ciel ouvert et se terminera par un dîner au fameux restaurant Verses. Un séjour mémorable !

■ **HOTEL PLACE D'ARMES**
701, côte de la Place-d'Armes
✆ 514-842-1887/1-888-450-1887
www.hotelplacedarmes.com
M° Place-d'Armes. 135 chambres de 225 $ à 265 $, 4 suites de 375 $ à 565 $, penthouse à partir de 1 200 $. Personne additionnelle : 25 $. Restaurant, salle de sport, connexion Internet haut débit dans les chambres, 4 salles de réunion et 1 salle de banquet. Toutes cartes de crédit et Interac acceptées. Derrière cette façade néoclassique se cache un hôtel-boutique des plus modernes et luxueux de la ville. Les poutres et les plafonds originaux ont été conservés, les éléments décoratifs sont d'un design contemporain qui respecte l'esprit initial de cette splendide demeure. Ainsi les boiseries, les textures, le marbre et les tapisseries rappellent celle de l'époque et constitue la démarcation de cet établissement. Les chambres sont spacieuses, les couleurs sont chaudes et l'ambiance y est intime. Le lobby est d'une beauté et d'une intimité incontestable. L'été les clients pourront profiter d'une magnifique terrasse qui domine le Vieux port. Un coucher du soleil inoubliable !

■ **RITZ-CARLTON**
1228, Sherbrooke O. ✆ 514-842-4212
www.ritzcarlton.com/hotels/montreal
M° Peel. Chambres de 169 $ à 325 $, suites junior de 195 $ à 395 $ et suites bureau de 195 $ à 455 $, suite royale : 4 500 $. Tarifs corporatifs sur demande. Petit déjeuner continental : 16 $, américain : 22 $. Personne additionnelle : 40 $. Stationnement journalier : 25 $. Plusieurs forfaits offerts pour tous les goûts (romantique, culturel, familial ou affaires). 12 salles de réunions pouvant accueillir de 10 à 600 personnes. Toutes cartes de crédit acceptées. Le Ritz fête cette année ses 95

ans. Au total, deux cent vingt-neuf chambres dont cent quatre-vingt-une de luxe, une suite royale et quarante-sept suites exécutives sont à disposition. Cuisine gastronomique et raffinement à l'européenne sont au rendez-vous dans le restaurant Café de Paris. L'été, le Jardin du Ritz allie le charme et l'élégance en servant une cuisine contemporaine dans un très joli jardin agrémenté d'un bassin. Le Ritz reste sans aucun doute un des coins les plus cossus de la ville. Pour se distraire, une salle de sport remplie d'une dizaine d'appareils demeure disponible, et un service de massage sur demande est proposé en sus.

■ W MONTREAL

901, square Victoria ✆ 514-395-3100
www.starwoodhotels.com/whotels
Chambres de 559 $ à 659 $, suites urbaines : 759 $, suites de 2 500 $ à 4 000 $. Le W est un de ces hôtels qui vous charme par sa classe et son côté contemporain à la fois. Lignes épurées et design intérieur qui en séduiront plus d'un par ses formes originales et ses couleurs (bleu électrique, rouge vif). Les chambres offrent confort, distinction et sérénité allant jusqu'au moindre petit détail. Téléviseur à écran plat, accès Internet haut débit et lecteur DVD ne sont que quelques-unes des commodités offertes par l'hôtel. Sachez aussi que l'établissement joue sur le côté « indiscret » des chambres, sans mur de séparation avec la salle de bains, histoire de mettre tout l'espace à profit. Le reste de l'hôtel regorge de lieux agréables, voués à la détente et à la rencontre, comme le living-room avec ses lumières tamisées et ses chutes d'eau ou encore le Wunder Bar avec ses fauteuils et banquettes relaxants, son jeu de lumières et son bar en verre poli. Enfin, pour boucler la boucle, le Restaurant Otto propose une cuisine fusion à tendance italienne. Services de massage dans les chambres disponibles 24h/24 et de location de téléphone portable sur demande. Centre de conditionnement et spa sur le site. Quand le traditionnel vous ennui, laissez vous envoûter par le W et son côté psychédélique. Un séjour inoubliable !

Location d'appartements

■ STUDIO MONTREAL

✆ 514-831-8753
www.studiomontreal.com
A partir de 1 015 $ par mois. Cette compagnie propose des solutions d'hébergements, principalement sur une base mensuelle, en studios et appartements entièrement meublés et équipés au centre-ville. La plupart ont été complètement rénovés et offrent toutes les commodités : lit double ou queen, draps et couvertures, cuisinette avec électroménagers, vaisselle et ustensiles, salle de bains avec baignoire (serviettes incluses), téléphone (gratuit pour les appels locaux) et télévision couleur avec câble. Bref, rien ne manque ! La disposition et la décoration varient, et la propreté est garantie. L'équipe est sérieuse et les studios idéalement situés (sur Durocher, Sainte-Famille et Lorne-Crescent). Une recommandation futée pour les nouveaux arrivants et les touristes de longue durée !

■ RESIDENCE INN – MARRIOTT

2170, Lincoln
✆ 514-935-9224/1-800-678-6323
www.residencemontreal.com
Piscine, petit déjeuner style buffet, accès gratuit à Internet. On connaît les hôtels Marriott pour la qualité de leur hébergement et la variété de leurs services à la clientèle. Avec cette volonté de séduire et cette exigence pour l'hébergement, le Marriott Westmount de Montréal vous offre un vrai environnement de travail « à domicile ». Car dans ces chambres spacieuses, avec Internet haut débit et boîte vocale privée, vous êtes chez vous. De la première seconde à la dernière, le personnel bilingue sera à votre service, pour tous vos besoins. Après y avoir goûté une fois, vous songerez même à y vivre à l'année ! Alors, que ce soit pour un court séjour ou pour un déplacement professionnel, voici le choix futé à faire !

■ HOTEL LES SUITES LABELLE

1205, Labelle
✆ 514-840-1151/1-866-602-1151
www.hotellabelle.com
M° Berri-UQÀM. Chambres de 99 $ à 169 $ et suites de 199 $ à 425 $ (hors taxes). Salles de réunion. De beaux studios neufs vous attendent dans cet hôtel. Situés en plein cœur du centre-ville, ils vous rapprochent de toutes les commodités de la vie urbaine (Grande bibliothèque, UQAM, boutiques…). Les chambres, entièrement meublées, sont toutes équipées d'une petite cuisine et d'un accès à Internet. Les suites possèdent en plus un jacuzzi pour deux personnes. Les logements sont spacieux. Bref, un rapport qualité-prix excellent, et des chambres qui sentent le neuf !

RESTAURANTS

Bien et pas cher

■ CAFE LES ENTRETIENS

1577, rue Laurier E.,
Plateau Mont-Royal
℡ 514-521-2934

M° Laurier, angle Fabre. Ouvert tous les jours 9h30 23h. Table d'hôtes de 9 $ à 12 $. Visa, MasterCard, Amex et Interac. Jardin d'été à l'arrière. Une grande salle dans les tons de terre brûlée avec un jardinet à l'arrière pour les beaux jours estivaux. L'ambiance est très détendue : la musique en sourdine et l'aquarium au milieu de la salle procurent une sensation d'apaisement. On y vient pour lire tranquillement le journal, consulter l'impressionnante quantité de dépliants sur les activités culturelles de la ville, griffonner son premier roman, ou encore pour goûter aux petits déjeuners santé. La carte offre des salades variées, exotiques (guacamole), des sandwichs, des gâteaux. Le petit déjeuner est un concept santé européen, avec un jus, des croissants, de la confiture, des gaufres multi-grains. Au fil des années, le restaurant s'est adapté aux goûts des clients et l'on y sert également des plats non végétariens, pour le plus grand plaisir des amateurs de viande !

■ CAFE DU NOUVEAU MONDE

84, rue Sainte-Catherine O., centre-ville
℡ 514-866-669

M° Place-des-Arts. Fermé le dimanche. Ouvert le lundi de 11h30 à 23h, du mardi au vendredi de 11h30 à 00h et le samedi de 12h à 00h. A partir de 20h, seul le menu du restaurant est disponible. Toutes les cartes de paiement sont acceptées. Très belle terrasse, en été comme en hiver. Toutes CC. Tout comme le Théâtre du même nom, le café du Nouveau Monde allie modernité et élégance. Le bar ainsi que le restaurant de la mezzanine, avec leurs belles tables en bois, les ardoises présentant le menu du jour et l'agréable musique d'ambiance, ravissent les artistes et leurs amis qui se retrouvent ici. Deux menus sont proposés. La variété et la qualité des mets proposés sont leurs points communs. Le menu du bar, disponible jusqu'à 20h offre des encas originaux comme les rillettes de canard, avec son chutney de poires et son bouquet de laitues fines à l'huile de noix. Les plats du restaurant, plus consistants mettent en avant de bons produits comme la bavette ou le saumon, cuisinés avec soin. Bref, le Café du Nouveau Monde devient une halte idéale après une journée de magasinage mais surtout après une soirée culture.

■ CAFE MELIES

3536, boulevard Saint-Laurent, centre-ville
℡ 514-847-9218 – www.cafemelies.com

M° Saint-Laurent – Ouvert du lundi au mercredi de 11h à 1h, le jeudi et le vendredi de 11h à 3h, le samedi et le dimanche de 8h30 à 3h. Brunch le samedi et le dimanche de 8h30 à 15h. Entrée de 4 $ à 10 $. Plat principal de 15 $ à 30 $. Visa, MasterCard, Amex, Interac. Etant donné qu'une partie de la clientèle y mange un morceau entre les heures de représentation du cinéma l'Ex-Centris, le cuisinier a eu l'heureuse idée de servir de grosses entrées et de petits plats principaux, de manière à combler toutes les faims et toutes les imaginations. Le menu lui-même ne manque pas de faire sensation : chèvre chaud aux noix, oignons caramélisés, carrés d'agneau ou saumon fumé. Ce café sait assumer son prestige sans sombrer dans un classicisme redondant. Table d'hôtes et menu express disponible. Compilation musicale à la vente pour ceux qui souhaitent rester dans l'ambiance…

■ CHEZ LÉVÊQUE

1030, Laurier O., Outremont
℡ 514-279-7355 – www.chezleveque.ca

M° Laurier, bus 51, angle Hutchinson. Ouvert du lundi au dimanche de 8h à 24h, le samedi et le dimanche de 10h30 à 00h. Table d'hôtes le midi de 10 $ à 33 $, le soir de 19 $ à 50 $. Traiteur. Toutes CC et Interac. Madame Lévesque nous accueille ici tout sourire, et nous propose une carte changeante et alléchante. La salle est éclairée par une belle verrière qui donne sur la rue Laurier. De nouvelles cuisines, un nouveau chef pâtissier, et de nouvelles recettes, que de changements cette année ! On y déguste de bons petits plats mijotés, comme le canard aux olives, ainsi que des tapas façon Lévesque. Excellent Paris-Brest et musique grégorienne dans la salle de bains.

■ LE JARDIN NELSON

407, place Jacques-Cartier, Vieux Montréal
℡ 514-861-5731 – www.jardinnelson.com

M° Champ-de-Mars, angle Le Royer. Ouvert de la mi-avril à l'halloween, du lundi au vendredi de 11h à 2h, le samedi et le dimanche et fériés de 10h à 2h. Visa, MasterCard, chèques de voyage et Interac acceptés. Salle de réception. Le Jardin Nelson propose tous les jours une programmation musicale live. Le jardin intérieur, en été, donne une impression d'évasion totale. Musique pop jazz, grandes ombrelles à l'allure Art déco, quelques arbres qui laissent se glisser une brise chatouillante, que demander de plus ? On se berce en entendant parler de feuilleté de chèvre et son coulis de tomate, de salade asiatique au poulet, mandarines, nouilles chinoises et gingembre confit ou encore de pizza aux crevettes marinées à l'ail et au vin blanc et ses trois fromages. Pour prolonger ce doux moment, on commande une de leurs crêpes desserts aux fruits de saison, crème pâtissière et coulis de baies fraîches.

■ OLIVE ET GOURMANDO

351, Saint-Paul O., Vieux Montréal
✆ 514-350-1083
www.oliveetgourmando.com
M° Square-Victoria. Ouvert du mardi au samedi de 8h à 18h. C'est une escale où il fait bon s'arrêter le midi pour reprendre des forces lors d'une journée de visite ou de pluie. A l'entrée, un comptoir boulangerie vend un assortiment de pain, dont des grosses miches au levain et des pains ronds grillés. Au fond le comptoir de sandwichs et de salades confectionne de délicieux repas santé, à base de produits biologiques pour la plupart. Le choix des mets varie régulièrement : leur qualité et leur originalité ne déçoivent jamais. Un délicieux café ou un thé (mangue et citron, menthe poivrée, entre autres) concluent admirablement un bon repas. Les fans repartent avec de la confiture maison, des mélanges de noix, une bouteille d'huile d'olive ou une pâtisserie. Les prix sont raisonnables, vu la qualité supérieure des produits.

■ LE P'TIT PLATEAU

330, rue Marie-Anne E.,
Plateau Mont-Royal ✆ 514-282-6342
M° Mont-Royal, coin Drolet. Ouvert du mardi au samedi de 17h à 00h. A partir de jeudi, deux services à 18h30 et 20h30. AVV. Visa, MasterCard et comptant. On vous le sert sur un plateau, ce bistrot. Il est joli, pas très grand, on y est toujours de bonne humeur. Un chouchou quoi ! Des bons plats, il va sans dire, mais avec ce petit je-ne-sais-quoi de rassurant, de délicieusement agréable. La cuisine du Sud-Ouest de la France est la spécialité du resto et tout est fait maison sauf le pain (dixit la carte). Les charcuteries, le cassoulet et la crème brûlée du P'tit Plateau, c'est plus qu'une invitation, on y court !

■ SOUPE SOUP

80, rue Duluth E., Plateau Mont-Royal
✆ 514-380-0880
M° Sherbrooke. Combo demi-sandwich et petit bol de soupe : 7,50 $. Une enseigne pleine de charme. On vous propose de découvrir ses soupes, chaudes ou glacées, ses sandwichs et ses desserts plus attirants les uns que les autres. Rafraîchissants en été, parfumées à la menthe, au concombre et mangue, à la courge, les soupes sont délicieuses dans cet établissement des plus accueillants. Les saveurs sont à l'honneur et les produits d'une grande fraîcheur. Côté décor, c'est mignon et agréable, avec une note de musique pour ajouter à l'ambiance. Un endroit qui plaira aux amateurs des choses simples et bonnes. **Autre adresse :** 174, rue Saint-Viateur O. ✆ 514-271-2004.

Cuisine québécoise

En règle générale, les restaurateurs québécois laissent tomber les casseroles de grand-mère pour aller chercher goûts et idées dans les fourneaux d'autres couleurs. Heureusement, il nous reste au Québec des puristes de la bine, des souverainistes des oreilles de crisse et du pudding chômeur pour nous faire découvrir ce merveilleux pays. Un ragoût de pattes de cochon avalé dehors par moins 20 °C, c'est un chandail à enfiler en moins.

■ AUBERGE LE SAINT GABRIEL

426, rue Saint-Gabriel, Vieux Montréal
✆ 514-878-3561
www.auberge1754.com
M° Place-d'Armes. Ouvert du mardi au vendredi de 12h à 14h30 et de 18h à 22h30, le samedi de 18h à 22h30. Carte dès 27 $ et table d'hôte le soir dès 19 $, compter 60 $ par personne. 3 salles de réceptions. Visa, MasterCard et Interac. Située dans le Vieux Montréal, cette adresse est l'un des rares restaurants où l'on peut déguster une cuisine traditionnelle. L'ambiance chaleureuse des feux qui crépitent à l'intérieur, alliée au charme de la terrasse ensoleillée, fait de la plus ancienne auberge d'Amérique du Nord une référence à ne pas manquer. Pour les nouveaux arrivants, laissez-vous tenter par des spécialités alléchantes comme le duo de soupe au pois et tourtière québécoise, les ragoûts succulents pour le terroir local, mais les cuisines regorgent aussi de spécialités françaises, comme la joue de bœuf ou la côte de veau aux cèpes. Pour le dessert, n'hésitez pas à commander la tarte au sucre, un vrai délice !

Montréal vue de nuit

■ LE CABARET DU ROY

363, de la Commune E., Vieux Montréal
℗ 514-907-9000 – www.oyez.ca
M° Champ-de-Mars. Stationnement sur demande. Il est impératif de réserver, au téléphone. Ouvert le midi pour les groupes de 25 personnes et plus et le soir pour les particuliers, sur réservation. Menus midi de 10 $ à 17 $ et soir de 35 $ à 50 $. On vient ici car on veut voir un Québec tel qu'il a existé il y a deux siècles, et en appeler à l'imaginaire collectif. Déjeuner ou dîner au Cabaret, c'est s'abandonner au passé pendant quelques heures. L'ambiance est bon enfant. Tout ici rappelle la Nouvelle-France : les serveurs sont costumés, la musique s'inscrit dans le répertoire XVIIIe siècle. Les spectacles déambulatoires orchestrent le service, aux accents théâtraux, mais on ne vous en dit pas plus, car il est bon de se laisser surprendre… Côté fourneaux, Stéphane et son équipe ont arrangé une carte qui n'a rien à envier au service sur le plan de l'authenticité. Au menu : gibiers, tartare de saumon aux cerises de terre (au goût acidulé nouvellement arrivé dans nos assiettes) ; côtes levées de cerf au rhum et à la mélasse – ce sirop brunâtre qui réside du raffinage du sucre issu de la canne à sucre. Les produits sont locaux et extrêmement frais. Ici, on fait honneur aux traditions, aux produits du terroir et à la bonne bouffe : ambiance festive des tables d'autrefois, pour se rappeler que manger est un privilège, un moment de fête et de convivialité. Amateurs de folklore, bienvenus !

■ LE CASTILLON

900, rue de la Gauchetière O., centre-ville
℗ 514-878-2992

www.hiltonmontreal.com
M° Bonaventure. Ouvert tous les jours matin, midi et soir. Toutes cartes de crédit et Interac. Carte entre 30 $ et 70 $. Situé à l'intérieur de l'hôtel Hilton, ce restaurant à la carte française nous propose une cuisine gastronomique québécoise des plus raffinée. Le chef Serge Caplette révolutionne cette gastronomie par ses touches modernes, vous pourrez y savourer un plat de perdrix rôtie accompagné de fèves au lard, des rillettes d'anguilles au poivre vert et le délicieux pâté de saumon et son caviar.

Cuisine française

■ AUX P'TITS OIGNONS

4050, de Bullion (angle Duluth),
Plateau Mont-Royal ℗ 514-847-1686
M° Mont-Royal, angle Duluth. Ouvert du mardi au samedi de 18h à 23h. Table d'hôtes : 24,95 $. Eté excellente formule : 19,95 $ avec tartare (bœuf ou saumon), frites ou salade et verre de vin. Vin de 28 $ à 50 $. Visa, MasterCard et Interac. Une trentaine de places, une ambiance chaleureuse, des recettes du terroir simples et conviviales. Depuis sa minuscule cuisine, le chef propriétaire Dominique Guimond garde toujours un œil bienveillant sur ses convives, qu'il régale de bons petits plats entièrement faits maison. Ici, pas de menu ducassien mais une table d'hôte inscrite sur l'ardoise et renouvelée chaque semaine. Le jarret d'agneau sept heures est un vrai régal. Repus, on dit merci pour ce bon repas et on savoure son cognac sur fond de musique jazz et francophone. Service aux p'tits oignons… y croûtons !

■ VERTIGE
540, rue Duluth E., Plateau Mont-Royal
☎ 514-842-4443
*M° Mont-Royal. Ouvert du lundi au samedi
de 17h à 22h30. Fermé le dimanche. Table
d'hôtes dès 26 $. Menu découverte (5 à 6
services) dès 39 $ et dégustation dès 59 $. Dès
100 $ pour 2 personnes avec vin. Toutes CC et
Interac.* Une cuisine de qualité, d'inspiration
française, mais pas traditionnelle pour autant.
Aux commandes : le chef Thierry Baron, dont
quelques-unes des spécialités sont les joues de
cochon braisées à la bière noire, le carpaccio
de boeuf ou les fromages travaillés. Côté
déco, on choisit son ambiance : l'immense
bar plutôt lounge d'où l'on peut observer les
celliers bien fournis, les jolies tables nappées
aux chaises originales, ou les banquettes
confortables, plus intimistes. L'alliance de
l'ancien et du design, les lumières chaudes et
le foyer à trois faces créent une atmosphère
élégante et décontractée. Belle carte des vins
judicieusement pensée et abordable.

Cuisine du monde

■ CLUB SOCIAL ESPAGNOL
4848, Saint-Laurent ☎ 514-844-4227
4388, Saint-Laurent ☎ 514-849-1737
*M° Laurier ou Saint-Laurent. Le 4848 n'est
ouvert que le soir et le 4388, le soir et le
midi.* Les deux clubs sociaux font partie des
meilleures places à Montréal pour manger de
savoureuses tapas et des paellas safranées.
Sur le menu figurent d'excellentes cailles
rôties, de délicieux calmars à l'ail, des
tortillas… Bref, toutes les merveilles de la
cuisine espagnole. Côté ambiance, on s'y
croirait : au 4848, des spectacles de flamenco
endiablés ont lieu le jeudi à 20h45. Tous les
soirs, les membres du club ont leur table
réservée pour jouer aux cartes et parler du
pays.

■ CONFUSION TAPAS DU MONDE
1635 et 1637, rue Saint-Denis,
Quartier latin
☎ 514-288-2225
www.restaurantconfusion.com
*M° Berri UQÀM. Hiver du lundi au vendredi
de 11h à 23h, le samedi et le dimanche de
17h à 23h. Eté du lundi au dimanche de 11h
à 00h. Tapas de 6 $ à 12 $, plats de 12 $ à
29 $. Menus de 39 $ à 69 $. Visa, MasterCard
et Interac.* Convivialité et partage sont ici à
l'honneur. Un vaste choix de tapas à partager,
d'inspiration française, grecque, libanaise

ou asiatique. On pioche dans la Thalassa
(succulents pétoncles à la vanille fumée et
tendrissime pieuvre grillée au naturel), la
Bouffe snob et ses déclinaisons de foie gras,
les Grand crus de tartares et carpaccio de cerf
à l'huile de truffe. Les Carnivores opteront
pour les surprenants et très réussis pop-corn
de ris de veau, les Végétariens pour le tofu
en jardinière de légumes. Les menus pour
deux sont une aubaine (*30 $ à 69 $*) et les
solitaires pourront profiter des tables… avec
balançoires. Très belle décoration, section
lounge, service souriant et efficace.

■ SHWARTZ'S
3895, boulevard Saint-Laurent
☎ 514-842-4813
www.schwartzsdeli.com
*M° Saint-Laurent. Du lundi au jeudi et le
dimanche de 9h à 0h30, le vendredi de 9h à
1h30, le samedi de 9h à 2h30. De 5 $ à 7 $.
Comptant.* Si vous n'avez pas encore goûté
à la délicieuse viande fumée de Montréal,
précipitez-vous chez Swartz's. Cette
charcuterie hébraïque, ouverte en 1928 est
réputée pour servir la meilleure viande fumée
du pays. Schwartz's fait profiter sa clientèle de
l'ambiance de Saint-Laurent, avec ses longues
files d'attente. Le service demeure tout de
même rapide. On doit choisir entre quelques
sandwichs ou un steak. Mais, on réalise que
le choix est presque trop vaste. Alors, on
opte pour le « smoked meat » accompagné
de frites maison et du traditionnel « Black
cherry's ».

Cuisine végétarienne

■ CAFE SANTROPOL
3990, rue Saint-Urbain
☎ 514-842-3110
*M° Place-des-Arts, angle Duluth. Fermé le
lundi de mi-octobre à mi-mai. Ouvert du mardi
au jeudi de 11h30 à 00h, le vendredi de 11h30
à 2h, le samedi de 12h à 2h, le dimanche de
12h à 00h. Comptez entre 6,75 $ et 8,25 $ pour
assouvir vos envies végétariennes. Cartes de
crédit refusées.* La réputation des sandwichs
de ce café n'est plus à faire. Eté comme hiver,
vous pouvez déguster votre sandwich sur la
magnifique terrasse agrémentée d'un très
beau jardin. Un exemple parmi tant d'autres :
celui composé de noix, de gingembre, de
coriandre que l'on accompagnera d'un jus
frais au Ginseng. C'est bon et copieux. Les
prix restent abordables pour des portions
généreuses.

■ **COMMENSAL**
1720, Saint-Denis
✆ 514-845-2627 – 5199
Côte-des-Neiges
✆ 514-733-9755 – 1204
McGill Collège ✆ 514-871-1480
3180, Saint-Martin, O. Laval
✆ 450-978-9124
Buffet au poids. C'est l'endroit idéal pour s'initier au végétarisme. Pas de gaspillage, pas d'attente, chacun mange à sa faim et selon son budget. Le tofu s'immisce subtilement au menu : le fricassé de tofu, le tofu à la grecque ou au gingembre, ou bien le gâteau de soya qui ressemble à s'y méprendre au gâteau au fromage. Les légumes au gratin ou la pizza rassureront les plus craintifs alors que d'autres tenteront l'expérience des algues marinées, de la salade quinou, des quesadillas ou encore de la salade japonaise au gingembre. Au total, plus de 100 mets sélectionnés.

Bonnes tables

■ **CHEZ L'EPICIER**
311, rue Saint-Paul E., Vieux Montréal
✆ 514-878-2232 – www.chezlepicier.com
M° *Champ-de-Mars. Ouvert du lundi au vendredi de 11h30 à 14h, lundi au dimanche de 17h30 à 22h, épicerie du lundi au dimanche de 11h30 à 22h. Table d'hôtes le midi de 14,95 $ à 17,95 $. Carte soir de 26 $ à 36 $. Menu dégustation (7 services) : 80 $. Visa, MasterCard, Amex et Interac.* Quel beau pari que celui du brillant chef et propriétaire de ces lieux, Laurent Godbout ! Une cuisine cosmopolite avec un menu élaboré à partir de produits du terroir. Un restaurant avec de la personnalité à revendre, sans toutefois sombrer dans le branché vide. Ici, tout est chaleur et bon goût, discrétion jusque dans les assiettes savamment concoctées, comme autant de mines gustatives que seule une gorgée de vin saura désamorcer. De plus, une épicerie fine complète cette réussite, avec des plats cuisinés à emporter et plus de 600 produits du Québec et du monde. Coup de cœur enflammé !

■ **RESTAURANT DE L'ITHQ**
3535, rue Saint-Denis, centre-ville
✆ 514-282-5108
M° *Sherbrooke. Restaurant de l'ITHQ, au rez-de-chaussée le lundi de 7h à 9h30 et 12h à 13h30, du mardi au vendredi de 7h à 9h30, 12h à 13h30 et 18h à 20h30, le samedi de 7h30 à 10h30 et 18h à 20h30, le dimanche de 7h30 à 10h30 (brunch). Menu à la carte, table d'hôte à partir de 18,50 $ le midi et à partir de 32 $ le soir. Salle à dîner Paul-Emile Lévesque, au 2e étage du mardi au vendredi, arrivée pour 12h et pour 17h. Menu à la carte ou table d'hôte à partir de 10 $.* Le restaurant de l'Institut de tourisme et d'hôtellerie du Québec permet à ses élèves finissants de faire l'apprentissage en situation réelle d'une cuisine de haute voltige sous l'œil averti de professionnels du domaine. Privilégiant les produits du terroir québécois, le menu varie selon les arrivages du marché et propose un raffinement difficile à imaginer ailleurs, surtout à ce prix. L'innovation culinaire de cette excellente adresse en fait un incontournable qui contribue à l'émulation des tables réputées de même catégorie. Les plats sont de petites merveilles à voir et à goûter et le service est impeccable. La carte des vins aurait toutefois avantage à être aussi intéressante. Quant aux desserts, ma foi, ils sont tout simplement divins. Premier de classe, sans contredit.

■ **TOQUE !**
900, place Jean-Paul-Riopelle
✆ 514-499-2084
www.restaurant-toque.com
M° *Square-Victoria, angle rue Saint-Antoine. Ouvert du mardi au samedi de 17h30 à 22h30. Menus le midi : 38 $, 79 $ (136 $ avec vins) et 89 $ (146 $ avec vins), le soir : 84 $ (138 $ avec vins), 94 $ (148 $ avec vins). A la carte, entrées de 10 $ à 23 $, plats de 28 $ à 42 $. Toutes cartes de crédit et Interac acceptées.* Le restaurant anciennement situé sur Saint-Denis a déménagé depuis le début de l'année 2004. Le nec plus ultra en matière de cuisine française. Le chef Normand Laprise est au gouvernail et veille à ce que la réputation de Toqué soit irréprochable bien qu'on ait noté quelques difficultés au redémarrage. Le menu est d'une rigueur incroyable mettant en valeur une cuisine de marché d'une fraîcheur inégalable. Pas de faux-fuyants, les plats sont confectionnés tels des œuvres d'art combiné à une carte des vins époustouflante. Tout est démesuré, chez Toqué, le décor est raffiné et le service est tout simplement parfait. Il est recommandé de réserver longtemps à l'avance !

Retrouvez l'index général en fin de guide

■ SORTIR

Bars et pubs

■ BILY KUN

354, avenue du Mont-Royal E.
℃ 514-845-5392

M° Mont-Royal, angle Saint-Denis. Ouvert tous les jours de 15h à 3h. Entrée gratuite. Visa, MasterCard et Interac. Bíly Kun signifie cheval blanc en tchèque. L'idée vient de l'un des patrons du bistro qui auparavant, besognait rue Ontario... au Cheval Blanc. Ayant vu le potentiel de l'avenue Mont-Royal, le nom et le style du bistro du centre sud ont été importés avec certaines modifications. Avec cette fois, l'espace requis pour assouvir de grandes ambitions. Le résultat est clair : mission accomplie. Presque tous les soirs, les gens sont debout. Un D.J. est sur place chaque jour dès 22h. Des musiciens jazz et blues s'exécutent cinq fois par semaine pour le 6 à 8. Côté boisson, laissez-vous tenter par les produits de la République tchèque !

■ LAIKA

4040, boulevard Saint-Laurent
℃ 514-842-8088

M° Mont-Royal, angle Rachel. Ouvert du lundi au vendredi de 8h30 à 3h, le samedi et le dimanche de 9h à 3h. Les brunchs sont servis le samedi et le dimanche de 9h à 16h. Visa, MasterCard et Interac. Portant le nom du premier chien russe à avoir visité la lune, ce bistrot lounge a déjà une empreinte qui lui est propre. Son originalité est entière, niveau déco, ambiance et menu. Le Laïka est un bar branché aux prix très raisonnables qui a aussi une vocation de café-resto. Une excellente cuisine (répétons-le, les prix sont abordables) créative et santé. La question est posée : pourquoi alors aller ailleurs ? Surtout quand les meilleurs D.J. en ville viennent y faire leur tour pour mettre un peu d'ambiance et que ça ne nous coûte rien du tout. Le programme des soirées se trouve sur le site Web.

■ LE SAINTE-ELISABETH

1412, rue Sainte-Elisabeth
℃ 514-286-4302
www.ste-elizabeth.com

M° Berri-UQÀM. Horaire d'été de lundi au dimanche de 15h à 3h, Horaire d'hiver de lundi au vendredi de 16h à 3h, le samedi de 17h à 3h, le dimanche de 19h à 3h. Toutes cartes de crédit et Interac. Terrasse extérieure. Etabli près de l'UQAM depuis maintenant cinq ans, ce pub de style irlandais a fait jaser pour une raison majeure : sa superbe terrasse emmurée, couverte de plantes grimpantes et parsemée d'arbres. Les bières de la microbrasserie Boréale sont en vedette et particulièrement les lundis et mardis où le prix de la pinte chute à 3,75 $! Pour ce qui est des bières importées, l'Irlande et la Belgique sont rois et maîtres. En bouteille, certains amateurs seront ravis d'apprendre que la Délirium Tremens figure au menu, bière corsée aux arômes d'abricot !

■ LE SAINT-SULPICE

1680, rue Saint-Denis ℃ 514-844-9458

M° Berri, angle Emery. Ouvert tous les jours de 12h à 3h. Terrasse. Visa, MasterCard et Interac. Avec ses quatre étages, huit bars, une discothèque et de la musique pour tous les goûts, le Saint-Sulpice est devenu le rendez-vous de monsieur Tout le monde. Les étudiants de l'UQÀM s'y rendent depuis plus de vingt ans. L'endroit est pratiquement bondé, tous les vendredis et les fins de semaine, de gens qui ne s'y installent pas forcément pour refaire le monde. L'ambiance est plutôt festive, mais il demeure toujours possible de trouver un coin pour discuter au petit salon du troisième si vous avez l'âme plus philosophe. Sinon la promenade d'étage en étage vous permettra de choisir le style musical qui vous convient.

■ L'AMERE A BOIRE BRASSERIE ARTISANALE

2049, rue Saint-Denis
℃ 514-282-7448
www.amereaboire.com

M° Sherbrooke. Ouvert du mardi au vendredi de 12h à 3h, du samedi au lundi de 14h à 3h. L'illustre brasserie artisanale de la rue Saint-Denis est une sorte de lieu de culte pour les bièrophiles de passage dans le Quartier latin. Toujours en quête d'excellence, les propriétaires se sont inspirés des styles allemands et tchèques pour développer leur menu de bières. L'Amère à boire se spécialise dans le brassage de bières à fermentation basse et elle a su bâtir un menu de repas de style bistro, adapté aux bières offertes. Ouvert depuis 1996, ce broue-pub a gagné ses clients un à un et a su les garder grâce à la qualité de ses produits.

■ **DIEU DU CIEL !**

29, avenue Laurier O.

✆ 514-490-9555 – www.dieuduciel.com

M° Laurier, angle Clark. Ouvert du lundi au dimanche de 15h à 3h. En mars 1993 naissait la bière Dieu du Ciel, produit mûri par Jean-François Gravel après deux et demi d'effort. Puis en septembre 1998, c'est l'ouverture de la brasserie artisanale. La clientèle s'établit rapidement, appréciant la grande variété de bière qui y est produite. Sur la cinquantaine de recettes différentes brassées annuellement, une quinzaine de bières sont au menu. Notre recommandation : l'assiette de fromages québécois accompagnée d'une de leurs excellentes bières blanches. Un pur délice ! La réputation de Dieu du Ciel ! n'est plus à faire ! C'est ce gage de qualité et de diversité des produits brassés maison qui attire les amateurs de bières, venant parfois même de très loin.

■ **LE RESERVOIR**
BRASSERIE ARTISANALE

9, rue Duluth ✆ 514-849-7779

M° Sherbrooke. Ouvert le lundi de 15h à 3h, du mardi au vendredi de 12h à 3h, le samedi et le dimanche de 10h30 à 3h. Question déco, le réservoir joue la carte de la sobriété : quelques photographies égayent les murs de briques, et les grandes cuves de fermentation se chargent de l'arrière plan. C'est simple et réussi ! Le soir, la luminosité provenant des lampadaires de la rue Duluth traverse l'immense fenêtre qui sert de façade avant, et confère au pub une ambiance typique des pubs européens de quartier. Les propriétaires qui ont fondé le broue-pub en 2002 ont gagné leur pari : le Réservoir a une âme et on prend vite goût à y retourner fréquemment. Est-ce sa noire digne des stouts d'Irlande, ses découvertes houblonnées à chaque saison ou son menu qui font de cette brasserie le lieu idéal des cinq-à-sept ? Qu'importe, on prend plaisir à y revenir !

■ **LES 3 BRASSEURS**

1658, rue Saint-Denis ✆ 514-845-1660

M° Berri-UQÀM.

Ouvert tous les jours de 11h30 à 3h.

Plusieurs adresses : 105, Saint-Paul Est
✆ 514-788-6100

732, Sainte-Catherine O, coin McGill
✆ 514-788-6333

1356, Sainte-Catherine Ouest
✆ 514-788-9788

275, Yonge Street, Toronto

Nouveau : carte de fidélité pour accumuler des points et payer sa prochaine facture. L'histoire des 3 brasseurs au Québec a commencé le 21 juin 2002, à 20h30. Les employés étaient encore en train de nettoyer et frotter murs et escaliers lorsque le patron décida d'ouvrir les portes du 1658 Saint-Denis à Montréal. A 20h45, la brasserie était remplie et à 21h45, le patron refusait les clients à l'entrée. La brasserie fonctionne depuis à plein régime et il n'est pas rare de voir des clients debout à attendre une place pour le cinq-à-sept. Ils profitent des spéciaux forts intéressants : la pinte de blonde ou d'ambrée au prix d'une demi-pinte *(4 $, taxes incluses)*. Les 3 Brasseurs de Saint-Denis est le premier de cette chaîne française à avoir ouvert ses cuves en Amérique. En été (avril à octobre), ne ratez pas leurs deux terrasses bondées, une sur Saint-Denis, l'autre sur le toit ! Le premier établissement de la chaîne a vu le jour à Lille, dans le nord de la France, en 1986. Chaque nouveau restaurant a son atmosphère propre, dépendamment de son emplacement, fréquenté à la fois par la gente estudiantine ou d'affaires. Quelle soit blanche, blonde, brune ou ambrée, à plusieurs, on opte sans contredit pour le fameux mètre de bières. En commandant cette spécialité maison, le serveur sonnera la cloche avant de vous apporter dix demi-pintes, contenant les différentes sortes de bières brassées sur place. Pour accompagner le tout, vous aurez droit à une flamm, la spécialité gastronomique des 3 Brasseurs. Afin de commémorer ce grand moment, le serveur vous prendra en photo et placera le cliché sur Internet ! Les plus petits groupes opteront pour l'Etcetera : une dégustation de chacune des bières brassées maison, mais dans un plus petit format. Côté menu, on ne lésine pas sur la diversité et le bon goût ! Grillades, choucroute, moules à la bière, de quoi faire saliver. La spécialité maison est la flamm, une pâte nappée de crème, petits lardons, oignons, fromages du Québec et autres garnitures. On peut même y goûter sous forme de dessert avec pommes, bananes, chocolat. Vous l'aurez compris : la formule marche bien et les 3 Brasseurs ne s'arrêteront pas là ! Gardez l'œil ouvert pour trouver une nouvelle succursale, partout à travers le Canada.

Concerts – Musique Live

■ **CAFE CAMPUS**

57, rue Prince-Arthur E. ✆ 514-844-1010

M° Sherbrooke, angle Saint-Laurent. Ouvert du

dimanche au mardi de 20h à 3h, le mercredi variable, du jeudi au samedi de 20h30 à 3h. Tarifs entrée (Campus en haut), le mardi : 6 $, le mercredi : variable, le jeudi : 5 $, étudiants : 3 $, le vendredi et le samedi : 4 $, le dimanche : 3 $. Concerts fréquents. 500 à 600 places. Fréquenté par de jeunes étudiants friands de nouveautés, le Café Campus est un des lieux ultra-connus à Montréal ! On parle sans arrêt de son ambiance et de la qualité de sa programmation musicale. Café campus se divise en deux parties : le Petit Campus, en bas, salle de taille moyenne et le Campus du haut, un grand espace équipé d'une scène et d'une mezzanine. Quand ce n'est pas une salle de concert, c'est un bar-discothèque à l'ambiance survoltée qui fait la joie d'une clientèle jeune et dynamique. A chaque soir de la semaine son thème, le lundi : d'impro, le mardi : rétro (musique des années 1950 à 1980), le mercredi : blues, le jeudi : Hits-moi (les hits des années 1990), le vendredi et le samedi : week-ends XL (bonne musique pour danser), le dimanche : francophone et tous les premiers samedis du mois : maximum rétro (musique des années 1980). Si vous n'avez pas peur de bouger, essayez les mardis rétro et vous comprendrez l'ambiance du Café Campus !

■ **CASA DEL POPOLO & SALA ROSA**
4873 (Casa) – 4848 (Sala), Saint-Laurent
✆ 514-284-0122
www.casadelpopolo.com
Angle Saint-Joseph. Les heures d'ouverture varient d'un endroit à l'autre ainsi que les tarifs pour les spectacles. Deux excellentes adresses de la scène musicale et culturelle à Montréal ! La programmation musicale de la Casa del Popolo et de la Sala Rosa marque la diversité car tous les genres ou presque viennent se mêler : pop, rock, jazz, rock alternatif, folk ou électro. La Casa del Popolo propose une cuisine végétarienne à des prix tout à fait abordables pour ceux qui souhaitent y manger, tandis que la Sala Rosa n'est qu'une salle de spectacles.

■ **FOUFOUNES ELECTRIQUES**
87, Sainte-Catherine E.
✆ 514-844-5539
www.foufounes.qc.ca
M° Saint-Laurent ou Berri, angle Hôtel-de-ville. Ouvert du lundi au dimanche de 16h à 3h. Entrée (au 2e étage) le dimanche, le lundi et le mercredi : gratuit, le mardi : 3 $, le jeudi : 4 $, le vendredi et le samedi : 5 $ (8 $ le samedi après 22h30). Bienvenue dans ce temple de la musique underground qui a su attirer avec le temps les plus marginaux des Montréalais. Les Foufounes demeurent l'un des endroits où l'originalité domine sur tous les plans. Soirées thématiques : les mardis à gogo (alternatif, rock'n'roll, old-shool punk), les mercredis Under attack (la seule soirée avec une mini-rampe intérieure de Montréal), les jeudis Sweet N'Sour (soirée des dames), les vendredis Black-out, et les samedis Brawl où la bière et les shooters sont à 1,50 $ seulement. Les Foufounes sont également synonymes de spectacles. Les contacter ou visiter le site Internet pour le calendrier.

Les rues les plus animées de Montréal

▶ **Le boulevard Saint-Laurent,** depuis le Vieux Montréal jusqu'à l'avenue du Mont-Royal, surtout au nord de Sherbrooke : La Main.

▶ **La rue Crescent,** dans l'ouest, entre les rues Sainte-Catherine et Maisonneuve, avec ses pubs, bars et restaurants pour fins de soirée surtout. Fréquentée avec tout par les anglophones.

▶ **La rue Prince-Arthur,** à deux pas du ravissant Carré Saint-Louis, entre le boulevard Saint-Laurent et la rue Saint-Denis, pour ses restaurants et la night-life piétonne.

▶ **La rue Saint-Denis,** depuis l'université du Québec à Montréal (sortie du M° Berri-UQÀM), à l'angle du boulevard René-Lévesque, jusqu'à la rue Mont-Royal, chaleureuse, dominée par le clocher de l'église Saint-Jacques, le plus haut du Québec (98 m).

▶ **La rue Sainte-Catherine,** surtout entre les rues Berri et Atwater.

▶ **La rue Saint-Paul,** dans le Vieux Montréal, qui va de la place Royale au marché Bonsecours, en passant par la place Jacques-Cartier, quartier très apprécié des visiteurs étrangers, où se succèdent les restaurants pour touristes et les boutiques.

MONTRÉAL

■ **KOLA NOTE**

5240, avenue du Parc

℃ 514-274-9339 – www.kolanote.com

Pour les spectacles, voir avec le réseau

Admission ℃ 514-790-1245

www.admission.com

M° Parc puis bus 80 ou 97 ou 51. Angle Fairmont. Ouvert en fonction de l'horaire des spectacles. Interac, comptant, Visa, MasterCard et AE. Les tarifs varient selon les spectacles (voir le site Internet pour la programmation). Le Kola Note, installé dans les anciens locaux du Club Soda, est principalement connu pour ses spectacles de musique du monde, mais est également un tremplin pour les jeunes artistes, notamment avec la présentation des finales locales de Cégep en Spectacles. Le Festival Juste pour Rire prend également possession des lieux en juillet, sans compter les nombreux événements spéciaux organisés tout au long de l'année.

■ **LA MAISON DU JAZZ**

2060, rue Aylmer

℃ 514-842-8656

Ouvert du lundi au jeudi de 11h30 à 1h, le vendredi et le samedi de 11h30 à 2h, le dimanche de 18h à 1h. Visa, MasterCard, Amex, chèques de voyage, Diners. Interac. Terrasse en été. Anciennement connu sous le nom de Biddle's, ce lieu saura combler les amateurs de jazz puisque des concerts live y sont organisés tous les soirs (trois formations montréalaises s'y produisent à tour de rôle). Pas de droit d'entrée mais les consommations sont légèrement majorées. On peut manger également d'excellentes côtes levées et des ailes de poulet. Enfin, l'atmosphère est sous le signe de la détente et La Maison du Jazz reste un incontournable et ses fidèles sont nombreux.

■ **LE PETIT MEDLEY**

6206, rue Saint-Hubert ℃ 514-271-1960

www.lepetitmedley.ca

M° Beaubien, coin Bellechasse. Ouvert tous les jours de 15h à 3h. De 150 à 200 places. Pour réserver le lounge ou louer la salle ℃ 514-271-7887. Petit frère du Medley, ce bar-lounge propose régulièrement des spectacles de haute qualité dont on peut se procurer le programme sur le site Internet. Les mardis Swing et les samedis French kiss, c'est eux ! Pour déguster un porto ou un whisky, il suffit d'aller au lounge. Et puis, si vous avez un petit creux, pourquoi ne pas vous laissez tenter par le menu Tapas spécial Petit Medley…

■ **UPSTAIRS JAZZ CLUB**

1254, rue Mackay ℃ 514-931-6808

www.upstairsjazz.com

Ouvert du lundi au vendredi de 11h30 à 3h, le samedi et le dimanche de 17h à 3h. Visa, MasterCard et Interac. Lieu intime et envoûtant à la fois, l'Upstairs est un des rares endroits totalement dédiés au Jazz qui jouit d'une excellente réputation dans le milieu. Quelques noms reconnus de la scène locale s'y sont produits tels que Susie Arioli, Steve Amirault, Mark Turner et Joe Miller, gagnant du prestigieux prix du Maurier au festival de jazz en 1998. La meilleure façon de découvrir ou d'apprécier le jazz montréalais en dehors des deux semaines du festival proposé au mois de juillet de chaque année.

Bars – Boîtes

Vous trouverez dans cette section des bars spécialisés dans la musique et dans lesquels une piste de danse s'enflamme les fins de semaine !

■ **AU DIABLE VERT**

4557, Saint-Denis ℃ 514-849-5888

www.audiablevert.net

M° Mont-Royal, angle Mont-Royal. Ouvert du mardi au vendredi de 17h à 3h, le samedi de 21h à 3h. Ouvert certains dimanches seulement. Entrée : entre 3 et 6 $ selon la soirée. Ne vous laissez pas influencer par tout ce rouge, car malgré son nom, vous êtes bien Au Diable Vert ! Un bar à l'ambiance jeune et décontractée, où le hip-hop, le rap et le rock à la mode s'agrémentent de choix de consommations pour le plus grand plaisir des clients. La piste est petite, mais on s'y amuse bien et l'endroit demeure fort achalandé en fin de semaine. Quelques soirées à thème rythment la semaine : musique francophone live trois lundis par mois, soirée des dames le mardi, promotions spéciales (spéciaux en V. O.) sur les bières le mercredi et le jeudi… Le dimanche soir, à 20h, vous pourrez venir apprécier le talent fou des auteurs du dimanche, qui racontent des histoires, très souvent drôles, parfois tragiques. (Le dernier dimanche de chaque mois, les contes n'ont pas lieu).

■ **LE BELMONT**

4483, Saint-Laurent

℃ 514-845-8443

M° Mont-Royal. Ouvert du jeudi au samedi de 20h à 3h. Visa, MasterCard, AE et Interac. Entrée le jeudi : 4 $, le vendredi et le samedi :

5 $. Le Belmont est un de ces mots qui fait frétiller les oreilles de bien des étudiants de l'UQÀM depuis des années. Avec sa grande piste de danse, son côté bar aux grandes fenêtres avec tables de billard, de Baby-foot et écrans géants, cette Mecque des sorteux sait s'adapter à ses diverses vocations. Preuve en est : Le Belmont s'est converti à la mode des spectacles d'impro ! Vous pourrez le constater tous les mardis à partir de 20h. Les fins de semaine, la fête enflamme les lieux. Une fois que les rythmes de la danse, du disco ou du rock ont emporté la foule bien tassée, les places assises sont envahies de bras et de jambes en mouvement pour une longue soirée (nuit) de fête.

■ **CLUB BALATTOU**
4372, boulevard Saint-Laurent
℡ 514-845-5447
M° Mont-Royal, angle Marie-Anne. Ouvert du mardi au dimanche de 21h à 3h. Spectacles en semaine, discothèque le week-end. Entrée de 5 $ à 10 $ pour les spectacles (hors festivals et événements), 10 $ pour la discothèque tropicale, ce qui inclut une consommation. Suzanne Rousseau et Lamine Touré ont eu la bonne idée de conquérir une petite partie de La Main avec des rythmes tropicaux. Le Balattou est donc vite devenu le pionnier des musiques du monde et merci à tous ceux qui ont contribué au succès de cet endroit exotique qui compte maintenant plus de 20 ans d'existence. Le Balattou, c'est la diversité culturelle par la musique, l'enchantement des découvertes, l'abolition des frontières. Le tour du monde en une soirée.

■ **LES 2 PIERROTS**
104, Saint-Paul E.
℡ 514-861-1270 – www.lespierrots.com
M° Place-d'Armes ou Champ-de-Mars. Ouvert le vendredi et le samedi uniquement, à partir de 20h (et la veille des fêtes… question de bien débuter ce long congé !). Les deux Pierrots sont incontournables si l'on veut plonger dans une atmosphère enivrante et joyeuse, sur fond de standards québécois comme de tubes internationaux. Pour avoir une chance de s'asseoir, prévoir de venir en avance tellement l'endroit grouille de monde : jeunes et moins jeunes, Québécois et touristes en mal de spectacles « pure souche ». Les serveurs font un travail impressionnant pour satisfaire tout le monde : du sport avec un sourire omniprésent. Une référence pour les éternels fêtards. Toujours d'actualité !

■ **L'ESCOGRIFFE**
4467A, Saint-Denis
℡ 514-842-7244 – www.lesco.ca
M° Mont-Royal, angle Mont-Royal. Ouvert tous les jours de 12h à 3h. Entrée des concerts autour de 5 $. Comment passer sous silence ce bar qui offre une riche programmation de jazz, blues, funk et de musiques du monde ? Tous les soirs, des concerts intimes réchauffent l'atmosphère décontractée de L'Escogriffe afin qu'elle devienne tantôt planante, tantôt survoltée. Sur la scène, on croise l'excellent Mile End Jazz Quartet (à ne pas manquer, tous les jeudis) ou les saxophonistes Yannick Rieux (certains mardis) et André Leroux dont la réputation n'est plus à faire. Prendre une bière à L'Escogriffe demeure un plaisir en tout temps.

Vue du centre-ville depuis le Mont Royal, Montréal

MONTRÉAL

© SWIGMARO / SZEREMETA

■ JELLO BAR

151, Ontario E.
℃ 514-285-2621 – www.jellobar.com
Angle de Bullion. Ouvert du mardi au samedi de 21h ou 21h30 à 3h. Peut ouvrir le dimanche et le lundi lors d'événements ou pour location privée. Entrée de 5 $ à 10 $ selon la soirée (inclus généralement une consommation). Le Jello Bar se distingue des autres bars par la qualité de son décor, sa carte de boissons et sa musique. Pour commencer, parlons déco. Ici, c'est le rétro qui revient, qui triomphe même : fauteuils, lampes, décoration murale… Tout cela d'une autre époque ! Côté boissons, jetez un coup d'œil sur cette carte qui propose plus de 50 Martini. Vous avez déjà vu ça ? Les thèmes des soirées et les styles musicaux changent sans cesse, question de nous faire toujours apprécier quelque chose de nouveau. Soirées dj le vendredi et le samedi et spectacles fréquents tout au long de la semaine.

■ LA SALSATHEQUE

1220, rue Peel ℃ 514-875-0016
M° Peel. Ouvert du mercredi au dimanche de 21h à 3h. Visa, MasterCard et Interac. Entrée le mercredi, le jeudi et le dimanche : gratuit, le vendredi et le samedi : 7 $. Véritable institution de la salsa à Montréal depuis 25 ans. Qu'on en soit à ses premiers pas de danse latine ou professionnel en la matière, chacun use de ses charmes dans ce cruising bar. Inutile de préciser que vous n'avez pas besoin d'un partenaire… vous en trouverez plusieurs sur place… Nombreux miroirs, néons et plancher de danse illuminé : on se croirait presque dans le décor de *Saturday Night Fever*. D.J. Carlos assure la direction musicale du jeudi au dimanche et orchestre live presque tous les jeudis. Une piste de danse bondée, une ambiance survoltée : parfait pour sortir entre amis et faire la fête !

Discothèques

■ ELECTRIC AVENUE

1469, Crescent ℃ 514-285-8885
M° Peel, angle de Maisonneuve. Ouvert du jeudi au samedi de 22h à 3h. Entrée : 6 $. La clientèle du Electric Avenue se distingue de celle des autres clubs de la rue Crescent : elle est majoritairement francophone, pas trop snob et plutôt jeune. La foule envahit la place à chacun des trois soirs. Le secret est probablement la musique des années quatre-vingts qui conserve toujours ses fans. Une fois l'endroit bien rempli, on s'amuse franchement dans cette belle salle aux reflets bleus électriques.

■ GOGO LOUNGE

3682 Saint-Laurent
℃ 514-286-0882
M° Sherbrooke, angle Prince Arthur. Ouvert la semaine de 17h à 3h et la fin de semaine dès le samedi 16h et le dimanche 19h. Entrée libre. On s'en doute un peu à voir le nom de l'endroit : le décor doit être hyperkitch et l'ambiance à la fête. C'est le cas ! Dans un premier temps, ce sont les couleurs éclatantes qui confirment nos soupçons, tout comme les lampes en forme de fleur. Ensuite, quand l'assemblée est bien réchauffée, on assiste au spectacle : les filles grimpent sur les chaises pour se dandiner sur la musique rétro. Pas besoin de piste de danse, ça grouille partout. Et comme si ce n'était pas assez, pour compléter le paysage, les danses collées qui finissent en éternels french kiss. Avis aux amateurs !

■ HOUSE

4521, Saint-Laurent
℃ 514-286-9986
M° Mont-Royal, angle Mont-Royal. Ouvert le mardi et du jeudi au dimanche de 21h à 3h. Ancien musée converti en banque, l'édifice aux allures de temple grec qui abrite le House avait tout pour séduire.
On y a créé un club pour les jeunes branchés avec trois étages, dont le majestueux premier à plafond haut. Trois étages, trois D.J., trois ambiances, et plein de monde à la mode, voilà en quelques mots le House. Tenue correcte exigée.

■ TOKYO

3709, Saint-Laurent
℃ 514-842-6838
www.tokyobar.com
Angle des Pins. Ouvert du mercredi au dimanche de 22h à 3h. Le mercredi : gratuit, le jeudi et le dimanche : 5 $, le vendredi et le samedi : 3 $. Louangé par le magazine américain *Maxime* comme étant LA discothèque par excellence à Montréal, le Tokyo est effectivement un lieu très branché, avec un lounge, une salle principale et des terrasses. La fin de semaine, le succès est tel que les cartes d'identité sont obligatoires ; l'âge exigé est de 21 ans. Pas question non plus d'exhiber les chaussures Nike ni les espadrilles : on n'accepte que la « crème de la crème ». Cette clientèle « crémeuse » semble se réjouir de la diversité musicale du club car chaque soirée offre son genre différent, sans compter les nombreux spectacles de funk, soul, old school, rythm'n'blues et top 40.

© AUTHOR'S IMAGE

Casino, Montréal

Spectacles

Casino

■ CASINO DE MONTRÉAL

1, avenue du Casino, Ile Notre-Dame
☏ 514-392-2746
www.casino-de-montreal.com
M° Jean-Drapeau. Stationnement et navette depuis le M° Ile-Sainte-Hélène gratuits. Le lundi et le dimanche 24h/24. Entrée gratuite. Plus de 3 000 machines à sous, 120 tables de cartes, roulettes, kéno, tout y est. Quelques heureux en sortiront gagnants, mais si l'on se fie aux lois statistiques, les chances sont plutôt faibles. Cependant, le casino remplit admirablement bien sa fonction de lieu de divertissement. L'établissement est maintenu avec classe (code vestimentaire à l'appui). Le restaurant Nuances compte parmi les meilleures tables de Montréal. Des spectacles d'envergure y sont produits.

Cinémas

■ CINEMA EX-CENTRIS

3536, boulevard Saint-Laurent
☏ 514-847-2206 – www.ex-centris.com
M° Saint-Laurent. Angle Milton. Ouvert tous les jours, consultez le site Internet pour l'horaire des films. Adultes : 10 $, étudiants et aînés : 7,50 $, enfants moins de 12 ans : 6 $. Le lundi spécial : 8 $. La semaine avant 18h : 8 $. Ciné-carte (6 séances) : 42 $. Ex-Centris mène le bal du cinéma de répertoire à Montréal sur un ton très sérieux. Sa programmation se tient même à l'écart des grands festivals cinématographiques. Un café chic a pris la place du marchand de friandises. Certaines idées très originales, comme celle de poser des hublots où est projetée l'image de la guichetière, contribuent à accentuer le style « Métropolis ».

■ QUARTIER LATIN

350, rue Emery ☏ 514-849-4422
M° Berri-UQÀM, angle Saint-Denis. Ouvert 7j/7, consultez le site Internet pour l'horaire des films. Adultes : 10 $, enfants (0-12 ans) et aînés : 7,50 $. Rabais en journée la semaine. Café, salle de jeux. 18 salles de projection de films européens, québécois et américains majoritairement doublés en français. Les salles sont de grandeur moyenne avec écrans incurvés, haut-parleurs de basses fréquences et sièges confortables. Des films sont aussi offerts dans les deux langues.

■ CINEMATHEQUE QUEBECOISE

335, boulevard de Maisonneuve Est
☏ 514-842-9768 – www.cinematheque.qc.ca
M° Berri-UQÀM, angle de Maisonneuve. Ouvert du mercredi au vendredi de 11h à 20h, le samedi et le dimanche de 16h à 20h. Fermé le lundi et le mardi. En été, du mercredi au vendredi de 11h à 17h. Fermé le samedi et le dimanche. Adultes : 7 $, étudiants/aînés : 6 $, enfants (6-15 ans) : 4 $, gratuit pour les 5 ans et moins. Forfait 10 séances : 50 $. Abonnement annuel, adultes : 150 $, étudiants et aînés : 125 $. La Cinémathèque Québécoise abrite en son sein 35 000 titres d'archives cinématographiques et télévisuelles ainsi que des nouveautés expérimentales dans le domaine du multimédia. Elle projette chaque année plus de 1 500 films, émissions de télévision ou vidéos. Beaucoup d'hommages, de rétrospectives, de festivals divers (rendez-vous du cinéma québécois, festival du film sur l'art…) et d'expositions sont organisés dans ce lieu dédié au patrimoine cinématographique et télévisuel. Pour encourager cette institution et faire des économies, on peut adhérer aux Amis de la Cinémathèque : gratuité à toutes les activités de la programmation régulière (projections et expositions).

Réserver un spectacle

Lire le supplément très dense du samedi de *La Presse* ou du *Journal de Montréal* pour savoir ce qui se passe dans cette ville riche en spectacles et animations.

Ne pas oublier le *Voir*, qui sort le jeudi et qui est distribué dans la plupart des lieux publics.

■ **RESEAU ADMISSION**
✆ 514-790-1245/1-800-361-4595
www.admission.com
Ouvert du lundi au dimanche de 8h à 22h. Achetez vos places sur Internet, par téléphone 7j/7 ou dans l'un des 100 points de vente.
Incontournable, la façon la plus simple de réserver sa place pour tous les spectacles au Québec.

■ **TICKETPRO**
✆ 514-908-9090/1-866-908-9090
www.ticketpro.ca
Ouvert du lundi au dimanche de 9h à 22h. Six salles Montréalaises se sont déjà associées à ce système de réservation de spectacles : Club Soda, Medley, Métropolis, Spectrum, Théâtre Olympia et Théâtre Outremont. Les membres du club pourront profiter de certains avantages comme la priorité pour l'achat de billets, un accès aux meilleurs sièges, etc.

Cirque

■ **CIRQUE DU SOLEIL**
8400, 2e avenue
✆ 514-722-2324
www.cirquedusoleil.com
Achat des billets sur leur site Internet, ou par téléphone
✆ 514-790-1245/1-800-361-4595
On ne présente plus le Cirque du Soleil, figure mythique des arts de la scène québécois. A l'origine, une petite troupe d'amuseurs publics dans les rues de Baie-Saint-Paul, menée par Guy Laliberté, et 20 ans plus tard une machine à rêves. Le siège social est toujours basé au Québec, où la compagnie ne manque pas de se produire au moins une fois par an. Le reste de l'année, elle parcourt le monde entier avec divers spectacles aussi féeriques que novateurs. Modernisateur de l'univers circassien, le Cirque du Soleil réinvente cet univers au moyen de décors majestueux, de costumes somptueux et de numéros magiques. Des spectacles à ne rater sous aucun prétexte !

Musique classique et opéra

■ **PLACE DES ARTS**
260, boulevard de Maisonneuve Ouest
✆ 514-842-2112/1-866-842-2112
www.pda.qc.ca
M° Place-des-Arts. Billetterie ouverte de 12h à 20h30 du lundi au samedi (jusqu'à 20h par téléphone), le dimanche selon les horaires des spectacles à l'affiche. Cinq salles sont réunies à la place des Arts : le Théâtre Maisonneuve, le Studio-théâtre, la salle Wilfrid-Pelletier, le Théâtre Jean-Duceppe et la Cinquième Salle. Musiciens, chanteurs, comédiens ou humoristes se retrouvent dans un formidable complexe culturel où les salles sont toutes reliées entre elles par un réseau souterrain.

Théâtre

Au confluent des cultures francophone et anglophone, européenne et américaine, Montréal est un carrefour culturel qui s'inscrit dans le circuit nord-américain avec un cachet européen que n'ont pas les autres grandes villes nord-américaines. A Montréal, les arts de la scène sont choyés chez les francophones en particulier, les spectacles d'humour l'emportent en popularité, alors qu'on ne manque pas de talents dans les autres formes d'art scénique.

■ **THÉÂTRE DE VERDURE**
Parc La Fontaine ✆ 514-872-2644
M° Mont-Royal. En juillet et août seulement. En plein cœur du parc Lafontaine, le grand amphithéâtre de 2 500 places présente des spectacles de qualité tout l'été. Gérées par le service culturel de la ville de Montréal, toutes les activités du théâtre de verdure sont gratuites. Un programme à saveurs multiples où tout le monde trouvera son bonheur : des spectacles de danse (Grands ballets canadiens), de la musique classique (Orchestre de Montréal, I Musici), ethnique (vues d'Afrique, vidéos de femmes, longs métrages canadiens). Certains spectacles sont si populaires qu'il faudra s'attendre à faire la queue. Prévoir chaise pliante et citronnelle en juillet.

■ THEATRE JEAN DUCEPPE
175, rue Sainte-Catherine Ouest
✆ 514-842-2112
www.duceppe.com
M° Place-des-Arts. La salle de spectacle se situe place des Arts. Billetterie ouverte du lundi au samedi de 12h à 21h ou sur admission. « Le théâtre est un miroir qui favorise le sentiment d'appartenance » selon le maître d'œuvre Michel Dumont. Les productions de cette compagnie présentent la vie sous toutes ses coutures, amusante et triste à la fois. La tradition veut que les fidèles aient leur siège tout confort, réservé de saison en saison.

■ THEATRE DU NOUVEAU MONDE
84, rue Sainte-Catherine O.
✆ 514-866-8668
www.tnm.qc.ca
M° Place-des-Arts. Billetterie ouverte du lundi au samedi de 12h à 18h, en période de spectacles le lundi de 10h à 18h, du mardi au samedi de 12h à 20h. Les classiques deviennent de superbes productions dans cette salle de 845 places. Le plancher de la scène peut se démonter et s'ouvrir dans tous les sens, permettant ainsi les mises en scène les plus ambitieuses. Par leur envergure, les classiques comme *Tristan & Yseult*, *Un tramway nommé Désir*, *Homère* prennent des allures de blockbuster. Les abonnés de la saison bénéficient même de l'occasion de rencontrer les metteurs en scène et l'équipe de production après le spectacle.

Grands spectacles

■ CENTRE BELL
1260, rue de la Gauchetière Ouest
✆ 514-989-2841
www.centrebell.ca
M° Bonaventure-Lucien-L'Allier. Achat de billets sur place, par téléphone ou sur le réseau admission.com – Le Centre Bell est le plus vaste amphithéâtre de la grande région montréalaise avec un total de 21 273 sièges. Lieu de rassemblements de masse au profit de la rondelle de caoutchouc, mais aussi des spectacles à grand déploiement tels Céline Dion, les tournées des stars du rock, les divers cirques et ballets sur glace. Pour les aventuriers, il est toujours possible de se procurer des billets de dernière minute à la porte auprès de revendeurs à la sauvette.

■ CLUB-SODA
1225, boulevard Saint-Laurent
✆ 514-286-1010
www.clubsoda.ca
M° Saint-Laurent. Billetterie ouverte du lundi au vendredi de 10h à 18h, le samedi de 12h à 17h. Cette scène est incontournable dans la vie culturelle montréalaise. Des systèmes de son et d'éclairage sophistiqués permettent à cette salle de s'adapter à l'ambiance du spectacle, assis, debout, en prenant un verre, en dansant. Les musiciens servent leur assortiment musical sur un plateau d'argent. Le répertoire des nouvelles recrues musicales partage aussi la vedette avec beaucoup de spécialistes de l'humour.

■ MEDLEY
1170, rue Saint-Denis
✆ 514-842-6557 (poste 10)
www.medley.ca
M° Berri, angle René-Lévesque. Billetterie ouverte du lundi au vendredi de 10h à 17h30 ainsi que les soirs d'événement ou achat par téléphone. Cette ancienne taverne bavaroise propose des shows très variés toute l'année. Pour une somme modique, on peut assister à des hommages par des groupes de rock mythiques, donnés par des musiciens confirmés.
Party étudiants, party techno, match d'improvisations dans le cadre du festival Juste pour rire, etc. Clowns sans frontières y a organisé quelques-unes de ses soirées bénéfices.

■ POINTS D'INTÉRÊT

Carte Musées Montréal

C'est un passeport offrant aux visiteurs un choix de 30 musées et attraits montréalais ainsi que la libre utilisation du transport en commun pendant trois jours consécutifs, le tout pour seulement 45 $ (35 $ sans le transport en commun). Carte disponible dans les centres Infotouristes, dans les musées et dans certains hôtels de la ville.

■ **RENSEIGNEMENTS**
www.museesmontreal.org

▶ **Points de vente :** la plupart des musées et des lieux d'intérêt participants, certains hôtels, au bureau d'accueil touristique du Vieux Montréal (174, Notre-Dame E.).

Musées et monuments

Art

■ **MUSEE D'ART CONTEMPORAIN**
185, rue Sainte-Catherine O.
✆ 514-847-6226 – www.macm.org
M° Place-des-arts. *Ouvert du mardi au dimanche de 11h à 18h (jusqu'à 21h le mercredi). Fermé le lundi (sauf les lundis fériés). Adultes : 8 $, aînés : 6 $, étudiants : 4 $, gratuit pour les moins de 12 ans. Entrée libre le mercredi de 18h à 21h.* Le musée d'Art contemporain fait la promotion de l'art d'aujourd'hui en exposant des œuvres québécoises, canadiennes et étrangères. Il organise des créations multimédias, performances, nouvelle danse, théâtre expérimental, musique actuelle, etc. La collection permanente regroupe plus de 7 000 œuvres datant de 1939 à nos jours, dont la plus importante collection d'œuvres de Paul-Emile Borduas. Dans les autres salles, des artistes invités se partagent temporairement la vitrine. On peut rapporter un peu du musée avec soi en flânant à la boutique, qui offre un choix intéressant d'objets dérivés.

■ **MUSEE DES BEAUX-ARTS DE MONTRÉAL**
1379, Sherbrooke O
(pavillons Hornstein et Stewart)
1380, Sherbrooke O
(pavillon Jean-Noël Desmarais)

✆ 514-285-2000 – www.mbam.qc.ca
M° Guy-Concordia, autobus 24. *Ouvert le mardi de 11h à 17h, du mercredi au vendredi de 11h à 21h (fermeture des collections permanentes à 17h le mercredi), le samedi et le dimanche de 10h à 17h. Accès gratuit aux collections permanentes. Expositions temporaires, adultes : 15 $, étudiants/aînés : 7,50 $, gratuit pour les moins de 13 ans. Moitié prix le mercredi à partir de 17h (adulte seulement).* Ce musée est réputé pour ses expositions au succès international telles que « Picasso érotique », « Hitchcock et l'art », « De Dürer à Rembrandt », « Riopelle » ou encore « Egypte éternelle ». La collection permanente recèle de pièces des plus intéressantes. Plus de 30 000 objets forment une des collections les plus riches d'Amérique du Nord : antiquités, collection d'objets précolombiens et asiatiques, tableaux de maîtres européens du Moyen Age à nos jours (Memling, Mantegna, Rembrandt, Monet, Cézanne, Matisse, Picasso, Dali…), art contemporain (Robert Rauschenberg, Alexander Calder, Riopelle…). On y trouve également une collection d'art canadien exceptionnelle, peintures, sculptures, arts décoratifs retraçant l'histoire du Canada, de la Nouvelle-France à nos jours. Enfin, à ne pas manquer, la collection d'arts décoratifs regroupant 700 objets et couvrant plus de six siècles de design.

■ **CENTRE CANADIEN D'ARCHITECTURE**
1920, rue Baile
✆ 514-939-7026 – www.cca.qc.ca
M° Atwater ou Guy-Concordia, autobus 150 et 15. *Ouvert du mercredi au dimanche de 10h à 17h (jusqu'à 21h le jeudi). Fermé le lundi et le mardi. Adultes : 10 $, aînés : 7 $, étudiants : 5 $, 6-12 ans : 3 $, gratuit pour les moins de 6 ans. Entrée libre le jeudi à partir de 17h30.* Ce musée a été créé avec la conviction que l'architecture fait partie du quotidien de tous. Il va sans dire que l'édifice constitue à lui seul un lieu agréable à visiter. Le bâtiment conçu par Peter Rose et Phyllis Lambert s'est vu décerner de nombreux prix depuis son inauguration en 1989. En plus des salles d'exposition, les salles de réception et le jardin d'hiver sont accessibles au public. Elles abritent la plus large collection au monde de plans, dessins, photographies d'architecture, maquettes, livres etc.

Histoire

■ MUSEE DU CHATEAU RAMEZAY

280, rue Notre-Dame Est
✆ 514-861-3708
www.chateauramezay.qc.ca
Mᵒ Champ-de-Mars. Ouvert du lundi au vendredi dr 10h à 18h (horaire d'été), du mardi au dimanche de 10h à 16h30 (horaire d'hiver). Adultes : 8 $, étudiants : 5 $, aînés : 6 $, enfants : 4 $, gratuit pour les moins de 5 ans. Le musée du Château Ramezay est le premier édifice classé par les Monuments historiques et le plus ancien musée d'Histoire privé au Québec. Depuis plus de 110 ans, il présente des expositions à caractère historique et organise des activités culturelles, scientifiques et muséologiques.

■ CENTRE D'HISTOIRE DE MONTREAL

335, place d'Youville
✆ 514-872-3207
www.ville.montreal.qc.ca/chm/chm.htm
Mᵒ Square-Victoria. Ouvert du mardi au dimanche de 10h à 17h. Adultes : 4,50 $, étudiants et aînés : 3 $, de 6 à 17 ans : 3 $, gratuit pour les moins de 6 ans. L'exposition permanente du centre d'histoire de Montréal : Montréal en cinq temps vous fait revivre en direct cinq époques mouvementées de la ville, le XXᵉ siècle étant à l'honneur. Montréal aux mille visages est un témoignage personnel d'habitant de la ville. Des expositions temporaires sont aussi proposées.

■ MUSEE MCCORD

690, rue Sherbrooke Ouest
✆ 514-398-7100
www.musee-mccord.qc.ca
Mᵒ McGill, autobus 24. Ouvert du mardi au vendredi de 10h à 18h, le samedi et le dimanche de 10h à 17h, ouvert les lundis d'été et les lundis fériés de 10h à 17h. Adultes : 12 $, étudiants : 6 $, aînés : 9 $, enfants : 4 $, famille : 22 $ gratuit pour les moins de 5 ans. Le musée raconte l'Histoire à travers les objets, héritage du collectionneur David Ross McCord. L'histoire canadienne se ranime à travers les objets des Premières nations, des photographies, des jouets, des robes et des tableaux. L'exposition permanente « *Simplement Montréal* » représente le Montréalais avec ses jouets, ses costumes et équipements sportifs. Les autochtones et les premiers colons sont des sujets récurrents. À la boutique, on peut trouver des objets souvenirs intéressants.

■ MUSEE POINTE-A-CALLIERE

350, place Royale ✆ 514-872-9150
www.pacmusee.qc.ca
Mᵒ Place-d'Armes, angle de la rue de la Commune. Ouvert toute l'année du lundi au vendredi de 10h à 18h, le samedi et dimanche de 11h à 18h (été), du mardi au vendredi de 10h à 17h ; samedi et le dimanche de 11h à 17h (hors saison). Adultes : 12 $, aînés : 8 $, étudiants : 6,50 $, 6-12 ans : 4,50 $, gratuit pour les moins de 5 ans. Ce musée est construit sur les premiers vestiges de cette partie de l'île et témoigne de plus de six siècles d'occupation. Pour illustrer le passage de la période amérindienne à nos jours, le musée exhibe d'abord l'éperon, bâtiment récipiendaire de nombreux prix d'architecture. Ensuite, les visiteurs sont conviés dans la crypte archéologique, ils font le tour de l'édifice de la douane et de la Station de pompage Youville. Le moment le plus mémorable de l'exposition est le circuit archéologique souterrain et la rencontre avec le premier cimetière catholique de Montréal. L'animation multimédia permettant de dialoguer avec des personnages virtuels, apporte un bon divertissement.

Les visites incontournables

Voici la liste des musées que nous vous conseillons de visiter si vous ne disposez que de quelques jours à Montréal. Nous les classons par quartier. Il est possible de passer une journée entière à visiter les musées de chaque quartier.

Vieux Montréal

▶ **Deux musées complémentaires** pour comprendre l'histoire de Montréal : musée Pointe à Callière • Musée du Château Ramezay.

Centre-ville

▶ **Deux musées d'art** pour un aperçu de la peinture québécoise et canadienne : musée des Beaux-Arts • Musée d'Art contemporain.

Dans l'est de la ville

▶ **Deux lieux pour prendre un bain de verdure** et de nature : le Jardin botanique • Le Biodôme.

Comment visiter la ville ?

Visites libres

Pour vous promener à votre guise dans Montréal et sortir des sentiers battus, nous vous invitons à utiliser le descriptif des quartiers montréalais, se trouvant en ouverture de ce chapitre. Les descriptifs ont été écrits pour vous aider à vous orienter dans Montréal et vous y promener en découvrant les recoins secrets de la ville.

Visites guidées

Pour exercer leur métier, les guides touristiques doivent détenir un permis (que l'on peut demander à voir) de la ville de Montréal. Les entreprises ci-dessous sont dignes de confiance :

■ AUTOCARS CONNAISSEUR-GRAY LINE

Centre Infotouriste, 1001, Square Dorchester
✆ 514-934-1222/1-800 461-1223
www.coachcanada.com
M° Peel. Un dépliant est disponible dans la plupart des hôtels. Ce transporteur par autobus offre toute une gamme de visites touristiques de Montréal et des environs, ainsi qu'une visite de la ville souterraine. Départ du square Dorchester.

■ BATEAU-MOUCHE

Quai Jacques-Cartier, Vieux-Port
✆ 514-849-9952
www.bateau-mouche.com
Croisière sur le fleuve Saint-Laurent avec visite commentée du parc des îles et du Vieux-Port. *Croisières de jour (durée 1h) : départs à 10h, 13h30, 15h et 16h30. Tarifs (taxes en sus) adultes : 16,95 $, étudiants et aînés : 15,95 $, enfants de 2 à 12 ans : 9,50 $, famille : 39,95 $.* Le Bateau-Mouche organise également des dîners-croisière. Les chefs de l'hôtel Reine-Elizabeth proposent des menus inspirés de la cuisine française avec accent régional. *Tarifs pont principal : 81,35 $ avec 4 services, pont supérieur : 135,85 $ avec 5 services (apéritif inclus, vin et porto à discrétion).*

■ CROISIERES AML

Quai King-Edward, Vieux-Port
✆ 514-842-3871
www.croisieresaml.com
M° Place-d'Armes. De mai à septembre. Coûts : circuits à prix variable. Embarquez à bord du *Cavalier Maxim* pour une découverte du majestueux fleuve Saint-Laurent. Des croisières de jour, de soir et même de nuit, sont offertes avec des thématiques convenant à chaque groupe d'âge. AML organise également des soupers-croisières, des buffets-déjeuners, un service de navette entre la métropole et Longueuil en plus des nombreux forfaits adaptés aux groupes. L'entreprise opère aussi à Québec et au Saguenay avec notamment des sorties en zodiac pour l'observation des baleines à Baie-Sainte-Catherine et Tadoussac.

■ KALEIDOSCOPE

✆ 514-990-1872
www.tourskaleidoscope.com
Adulte à partir de 10 $. Kaléidoscope propose des visites instructives de différents quartiers de Montréal, dont le Vieux Montréal et la ville souterraine. L'entreprise offre aussi une approche différente et originale de Montréal par le biais d'activités proposées à travers les lieux de culte de la ville : mosquée, temple bouddhiste, synagogue… Un voyage culturel très dense…

■ DELCO AVIATION

✆ 450-663 4311
www.delcoaviation.com
Ouvert tous les jours de 8h à 21h. 62 $ par personne pour 20 min de vol (à condition qu'il y ait suffisamment de personnes). Vaste gamme d'excursions proposées permettant de survoler Montréal et d'autres régions touristiques, en été en hydravion et en hiver en hydraski.

■ MUSEE
SIR GEORGE-ETIENNE CARTIER
458, rue Notre-Dame Est
℗ 514-283-2282
www.pc.gc.ca/cartier
M° Champ-de-Mars. Fermé de janvier à début avril Ouvert du mercredi au dimanche de 10h à 12h de 13h à 17h (hors saison), du lundi au dimanche de 10h à 18h (saison estivale). Adultes : 3,95 $, jeunes : 1,95 $, aînés : 3,45 $, gratuit pour les moins de 6 ans. Chacune des expositions temporaires recrée l'atmosphère de la maison familiale de sir George-Etienne Cartier, un des pères de la Confédération canadienne. Les visiteurs se sentent impliqués et revivent des scènes de la vie de l'époque : leçon d'étiquette, préparatifs d'une réception mondaine ou l'art de vivre bourgeois. Une façon très amusante et divertissante de remonter le temps.

■ MUSEE STEWART
20, chemin Tour-de-l'Isle,
Ile Sainte-Hélène ℗ 514-861-6701
www.stewart-museum.org
M° Jean-Drapeau. Fermé le mardi. Ouvert du mercredi au lundi de 10h à 17h (octobre à mi-mai); lundi au dimanche de 10h à 17h (mi-mai à mi-octobre). Adultes : 10 $, étudiants et aînés : 7 $, gratuit pour les moins de 6 ans. Situé dans l'ancien fort de l'île Sainte-Hélène, ce musée accueille des expositions de qualité à caractère historique. La collection permanente contenant des pièces militaires, des témoignages de la vie de tous les jours ainsi que des objets scientifiques (de navigation, astronomie, arpentage, cartographie etc.) est fort instructive. Le site permet en été d'admirer les démonstrations de la compagnie franche de la Marine. Les spectacles extérieurs sont gratuits. Le panorama sur Montréal est merveilleux, d'où la recrudescence de pique-niques lors des belles journées ensoleillées.

Sciences

■ BIODOME DE MONTREAL
4777, Pierre de Courbertin
℗ 514-868-3000
www.ville.montreal.qc.ca/biodome
M° Viau, angle Viau. Ouvert tous les jours de 9h à 17h (sauf le lundi en automne), jusqu'à 18h en été. Adultes : 16 $, aînés : 12 $, étudiants : 12 $, 5 à 17 ans : 8 $, 2 à 4 ans : 2,50 $. Les écosystèmes les plus extraordinaires ont été reconstitués : forêt tropicale, forêt laurentienne et même les mondes polaires Arctique et Antarctique. Le principe est de sensibiliser la population à la précarité de notre environnement. On recommande la visite de la forêt tropicale du Biodôme en plein hiver. Cet écosystème truffé d'amphibiens, de reptiles, d'oiseaux et de poissons aux couleurs paradisiaques provoque un véritable choc culturel. Pour ceux et celles qui désirent voir un castor ou des pingouins, c'est aussi le meilleur (sinon le seul) endroit à Montréal.

■ CENTRE DES SCIENCES
Quai King-Edward, Vieux-Port
℗ 514-496-4724/1-877-496-4724
www.centredessciencesdemontreal.com
M° Place-d'Armes ou bus 55. Ouvert du lundi au vendredi de 9h30 à 16h, le samedi et le dimanche de 10h à 17h (salles d'exploration). Consultez leur site Internet pour les horaires du cinéma IMAX et du ciné-jeu ainsi que pour la grille de tarification. Les mordus de sciences et de technologies apprécieront l'exploration du centre des sciences. Par des expositions interactives amusantes et étonnantes, la visite vous permettra d'en apprendre un peu plus sur la culture scientifique et technique, et l'impact de ses applications dans notre vie individuelle et collective.

■ JARDIN BOTANIQUE
ET INSECTARIUM DE MONTREAL
4101, Sherbrooke E.
℗ 514-872-1400
www.ville.montreal.qc.ca/jardin
M° Pie-IX. Ouvert tous les jours de 9h à 17h (horaires plus tardifs durant la haute saison du 15 mai au 31 octobre). Le jardin ferme le lundi de janvier à mai. Tarifs pour le billet insectarium + jardin botanique (variation selon la saison et le lieu de résidence), adultes de 11,50 $ à 16 $, aînés et étudiants de 8,75 $ à 12 $, de 5 à 17 ans de 5,75 $ à 8 $. Service de navette gratuit. Les citadins viennent s'y ressourcer à coup d'air pur et de verdure. Grâce à ses 75 ha, ce vaste poumon de la métropole procure un dépaysement tel que le visiteur a l'impression de flâner au cœur de la Chine, ou encore, dans un délicat jardin japonais. A la maison de l'Arbre, le grand végétal est mis à l'honneur au cœur d'un arboretum de 40 ha. Au jardin des Premières Nations, tout végétal a son importance utilitaire, alimentaire et médicinale. Décidément, il faut aussi choisir les sentiers pour apprécier ce grand jardin. Nombreuses activités et expositions proposées au fil du changement de saisons. A surveiller !

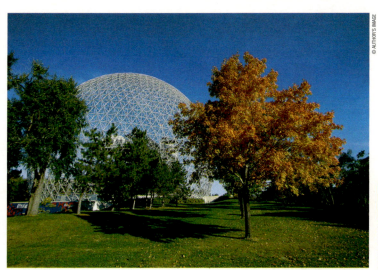

MONTRÉAL

Biosphère de Montréal

■ **BIOSPHERE**
160, chemin Tour-de-l'Isle,
Ile Sainte-Hélène ✆ 514-283-5000
www.biosphere.ec.gc.ca
M° Jean-Drapeau. Ouvert tous les jours de 10h à 18h (saison estivale) du lundi au vendredi de 12h à 18h (dès 10h du samedi au dimanche), fermé le mardi. Adultes : 9,50 $, étudiants et aînés : 7,50 $, jeunes : 5 $, gratuit pour les moins de 6 ans. Inaugurée en 1995, dans l'ancien pavillon des États-Unis de l'expo 67, la Biosphère d'Environnement Canada est devenue au fil du temps le premier centre canadien d'observation environnementale. Unique musée en Amérique du Nord dédié à l'eau et plus particulièrement au fleuve Saint-Laurent et aux Grands Lacs.

Galeries et centres d'art

■ **GORA**
279, Sherbrooke O., Espace 205
✆ 514-879-9694
www.gallerygora.com
M° Place-des-Arts. Ouvert du lundi au vendredi de 10h à 17h, et sur rendez-vous. Entrée libre. Dans un bâtiment centenaire, cette spacieuse galerie d'art contemporain, toute de blanc vêtue, diffuse les œuvres d'artistes locaux et du monde entier, que ce soit des peintures, sculptures, photographies ou des installations multimédia. Avec son immense salle de 8 500 pieds carrés, sa cuisine toute équipée et ses nombreux services allant du

vestiaire au service de traiteur maison, la galerie est le lieu idéal pour les événements spéciaux tels les lancements, les réceptions, les fêtes privées…

■ **ESPACE PEPIN**
350, Saint-Paul O.
✆ 514-844-0114 – www.pepinart.com
M° Square-Victoria, angle Saint-Pierre. Ouvert du lundi au mercredi et le samedi de 10h à 17h, du jeudi au vendredi de 10h à 19h, le dimanche de 12h à 17h. Ferme généralement une heure plus tard en saison estivale. Une galerie aux fonctions multiples puisqu'elle est à la fois atelier, boutique d'art, d'accessoires de décoration et de meubles divers, et propose une sélection de vêtements. L'artiste, Lysanne Pepin, fort consciente du luxe que constitue l'achat d'une œuvre d'art, propose aussi des impressions limitées permettant d'économiser sur le prix régulier. Il est aussi possible de se procurer des reproductions sur carte, affiches et autres à prix accessibles.

■ **GALERIE CLAUDE LAFITTE**
2160, Crescent
✆ 514-842-1270 – www.lafitte.com
M° Peel. Ouvert mardi au samedi de 11h à 17h. Fermé le dimanche et lundi. Des toiles de maîtres canadiens, européens et américains tels le Groupe des sept, Riopelle, Borduas, Fortin, Picasso, Miro, Léger, Chagall, Kline, Mitchell ou encore Renoir constituent en partie le fonds prestigieux de cette galerie.

■ **GALERIE
DES METIERS D'ART DU QUEBEC**
Marché Bonsecours, 370 Saint-Paul E.
℀ 514-878-2787 #2
www.galeriedesmetiersdart.com
*M° Champ-de-Mars. Ouvert tous les jours de
10h à 18h, ouvert jusqu'à 21h le jeudi et le
vendredi en printemps et en été.* Cette galerie,
entièrement dédiée à la création contemporaine
dans les différents métiers d'art bénéficie
d'un emplacement idéal. Située au cœur
du marché Bonsecours, l'un des bâtiments
les plus représentatifs de l'histoire du Vieux
Montréal, elle fait la promotion de l'art de plus
de 200 artistes québécois. Leurs œuvres sont
réalisées dans des matériaux aussi divers que la
céramique, le verre, le textile, le bois ou encore
l'or et l'argent pour la joaillerie. Un grand choix,
donc, pour faire ou se faire plaisir !

■ **EDIFICE BELGO**
372, Sainte-Catherine O.
M° Place-des-Arts. Situé en plein centre-ville,
cet immeuble de brique datant de 1912, abrite
un véritable vivier de tout ce qui peut se faire
en matière d'art contemporain à Montréal.
En y pénétrant, ses longs couloirs blancs et
ses lustres d'époque donnent une première
impression assez étrange. Mais une fois monté
à l'étage, et une fois franchie la porte d'un des
multiples espaces investis par des galeries et
autres centres d'art autogérés, on se retrouve
instantanément au cœur du sujet.

■ **FONDERIE DARLING**
745, Ottawa
℀ 514-392-1554
www.quartierephemere.org
*M° Square-Victoria. Ouvert du mercredi au
dimanche de 12h à 19h (jusqu'à 22h le jeudi).
Entrée : 3 $, gratuit le jeudi.* Situé dans l'ancien
Faubourg des Récollets, quartier industriel du
port de Montréal adjacent au canal de Lachine,
ce lieu dédié à la création contemporaine s'est
installé dans une ancienne fonderie ouverte
par les frères Darling en 1880. Soutenue par
le ministère de la culture québécois, Caroline
Andrieux, jeune française, déjà fondatrice de
l'Hôpital Ephémère à Paris, a investi cette friche
industrielle en 2002 afin d'en faire un lieu avant-
gardiste. La fonderie offre un soutien actif à
la création et aux arts visuels, proposant des
ateliers pour des artistes du monde entier, une
programmation d'événements divers et surtout
des expositions. Rien de plus étonnant que
de découvrir ces œuvres d'art et installations
dans l'immense espace de brique, offrant un

cadre idéal à l'inspiration actuelle. Après une
exposition, ne manquez surtout pas d'aller
déguster un bon cappuccino et un succulent
sandwich au Cluny Art Bar, le café attenant à
la salle d'expo.

■ **SOCIETE DES ARTS
TECHNOLOGIQUES (SAT)**
1195, Saint-Laurent
℀ 514-844-2033
www.sat.qc.ca
*M° Saint-Laurent. Programme divers et varié en
journée et le soir, à consulter sur le site Internet.
Entrée libre pour les expositions, payante pour
les soirées.* Fondée en 1996, cette société
unique en son genre au Canada, offre un espace
de regroupement aux différents arts numériques
(clips, musique électronique, mixage…) et tout
ce qu'on peut imaginer utilisant la technologie.
Oscillant entre laboratoire de création, espace
d'expositions, de concerts et de projections,
lieu de débats et d'échanges, la SAT joue un
rôle essentiel dans leur promotion.

▶ **La SAT[Galerie]**, située au 1201 de la même
rue, présente des œuvres souvent liées aux
nouveaux médias. *Ouverte du mardi à vendredi
de 14h à 18h et samedi de 12h à 18h.*

Places et parcs

■ **VIEUX-PORT**
Le vieux port, situé dans le magnifique
quartier historique de Montréal est devenu
une place publique fort courue, été comme
hiver. Différentes activités y ont cours : roller,
vélo, patinoire, marché aux puces, expositions,
cinéma Imax à superécran (le plus fréquenté
du pays), croisières sur le fleuve.
Là aussi, la vue est saisissante sur le fleuve
et l'île Sainte-Hélène. L'aménagement du site
se poursuit. On a ainsi reconstruit l'une des
écluses du canal Lachine et ouvert la tour de
l'Horloge qui faisait office de phare pour les
navires c'est aujourd'hui un observatoire pour
qui sait gravir ses 192 marches. Plein sud, le
Vieux-Port est longé par la rue de la Commune
sur laquelle donnent le marché Bonsecours et le
chevet de Notre-Dame-du-Bon-Secours.

■ **PARC DU MONT-ROYAL**
*Accès en voiture par la voie Camilien-Houde
prenant sur l'avenue du Mont-Royal ou accès
direct à pied depuis l'avenue des Pins par une
série d'escaliers assez impressionnante.* Il mérite
le détour pour le panorama montréalais qu'il
offre depuis le belvédère (aire de stationnement)
de la voie Camilien-Houde, du nom d'un maire

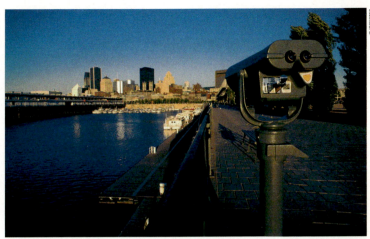

© ICONOTEC

Le Vieux Port, Montréal

populaire à Montréal au milieu du siècle, et depuis la terrasse du Chalet (accessible à pied seulement). On peut se balader à pied dans le parc, ou à bicyclette. Au sommet se trouve un lac artificiel, le lac des Castors, qui attire les promeneurs, été comme hiver quand on le transforme en patinoire.

■ **CANAL LACHINE**

Pendant cent trente-quatre ans, ce fut la voie de navigation qui reliait les villes des Grands Lacs au reste du monde. Il a joué un rôle de premier plan dans l'industrialisation de Montréal. Plusieurs grandes entreprises s'y installèrent au lendemain de son ouverture, en 1825. Les cités ouvrières suivirent. Ainsi sont nées des villes qui allaient devenir, par voie d'annexions, des quartiers à part entière de Montréal. Après l'avoir laissée à l'abandon, le gouvernement fédéral a commencé à réaménager en parc cette voie navigable. Une piste cyclable longe le canal depuis le port de Montréal jusqu'à Lachine.

■ **PARC LA FONTAINE**

Carré Papineau-La Fontaine
Rachel-Sherbrooke
Créé sur le site d'une ancienne ferme d'une superficie de 25 ha, il a été aménagé en 1888, puis réaménagé entre 1953 et 1958 et, de nouveau, pour le 350ᵉ anniversaire de Montréal. Sa forme générale est demeurée telle quelle, la partie ouest comprenant des aménagements à l'anglaise, dont deux plans d'eau de forme irrégulière, alors que la partie est, ordonnée à la française, offre un plan géométrique et

plusieurs terrains de sports. Dans la partie sud, sur la place Charles-de-Gaulle, le théâtre de Verdure présente, en été, devant un jet d'eau illuminé, des spectacles gratuits. L'hiver, on y patine en plein air jusque tard le soir sur des pistes éclairées. La vue sur le centre-ville est remarquable. Bordé au nord par la rue Rachel et au sud par la rue Sherbrooke, à l'est par la rue Papineau et à l'ouest par la rue du Parc-Lafontaine, ce parc est accessible par le métro (*station Papineau*) avec correspondance (*autobus 45*).

■ **PARC JEAN-DRAPEAU**

Dont les îles Sainte-Hélène et Notre-Dame
✆ 514-872 6120
En voiture, on y accède par le pont Jacques-Cartier ou par l'autoroute Bonaventure. L'été, on peut emprunter, depuis le Vieux-Port, la navette fluviale. **L'île Sainte-Hélène** est le joyau le plus complet de Montréal, accessible par vélo, métro ou auto. Un peu à l'écart et épousée par le Saint-Laurent, elle offre une foule d'activités sur une surface particulièrement privilégiée. Ainsi, on y trouve un important belvédère pour admirer le Vieux-Port et le fleuve (les Montréalais le savent-ils ?), sans oublier les piscines extérieures, la Biosphère, le restaurant Hélène-de-Champlain, un vieux fort, le musée Stewart (expositions), des lacs (lac des Cygnes, au sud, et lac des Dauphins, au nord), une marina et le parc d'attractions réputé La Ronde ✆ 514-397 2000 (*Mᵒ Jean-Drapeau*). En juin et juillet, s'y déroule la plus grande compétition d'art pyrotechnique du monde, l'International Benson&Hedges.

© AUTHOR'S IMAGE

Parc Olympique, Montréal

▶ **Sur l'île Notre-Dame,** constituée de toutes pièces à l'occasion de l'Expo 67 et accessible par le pont des Îles prolongeant le pont de la Concorde, se trouvent le bassin olympique, le circuit automobile Gilles-Villeneuve, sur lequel se dispute le grand prix de formule 1 en juin, les superbes jardins de Floralies, l'agréable plage des Îles pour la voile ou la baignade (avec son système de filtrage naturel totalement inédit), sans oublier le fameux casino qui engendre, depuis sa nouvelle implantation, une certaine agitation. Le parc offre également pistes de ski de fond, patinoires, championnats d'aviron et concerts extérieurs, été comme hiver.

■ SPORTS ET LOISIRS

■ PLAGE DU PARC JEAN-DRAPEAU
Ile Notre-Dame
℡ 514-872-6120
www.parcjeandrapeau.com/activites/
plage.asp
M° Jean-Drapeau, puis bus 167. Stationnement P-4 : 10 $ pour la journée. Ouvert tous les jours de 10h à 19h, de fin juin à fin août. Adultes : 7,50 $, enfants de 6-13 ans : 3,75 $, 5 ans : gratuit, famille : 19 $. Sauveteurs en fonction de 10h-19h. Rabais après 16h et pour les détenteurs de la Carte Accès Montréal. Passeport-saison disponible. Service de restauration et location de chaises longues sur place. La plage du parc est la plus proche du centre-ville de Montréal, autant dire que vous ne serez pas les seuls à vouloir vous rafraîchir !

■ LA RONDE
Ile Sainte-Hélène ℡ 514-397-2000
www.laronde.com
M° Jean-Drapeau ou bus 167. Visa, *MasterCard, Amex et Interac. Ouvert de mai à octobre du 15 au 18 juin de 10h à 20h, du 19 juin au 6 septembre de 10h à 22h30, du 11 au 26 septembre, uniquement les fins de semaines de 10h à 19h, en octobre le vendredi de 17h à 21h, le samedi de 12h à 21h, le dimanche de 12h à 20h. Adultes (12 ans et plus) : 36,04 $, enfants de 3 à 11 ans : 23,99 $. Stationnement par jour : 13,16 $. Immense parc d'attractions mêlant montagnes russes, grand splash, manèges pour enfants et divers comptoirs vendant à boire et à manger.*

■ PARC NATIONAL DES ILES DE BOUCHERVILLE
Ile Sainte-Marguerite,
Longueuil (10 km de Montréal)
℡ 450-928 5088
www.parcsquebec.com
Ouvert à l'année, de 8h au coucher du soleil. Poste d'accueil : centre d'interprétation et de services de l'île Sainte-Marguerite.

Autoroute 25, sortie 1, première sortie au sud du tunnel Louis-H.-La Fontaine. Les visiteurs peuvent aussi accéder au parc par des bateaux-passeurs. Accès quotidien : 3,50 $. Activités : randonnées guidées d'interprétation, location de canot et de kayak (cours d'initiation au kayak de mercredi au coucher du soleil), golf 18 trous (sur l'île Pinard), randonnée pédestre et à bicyclette (24 km de sentiers), tour d'observation, volley-ball sur sable. En hiver, ski nordique et randonnées à raquettes (7 km), sentiers de randonnée pédestre sur neige (5 km). Le parc national des Îles-de-Boucherville (8,14 km²) est situé au milieu du fleuve Saint-Laurent, tel un îlot de verdure qui enlace le ruban bleu.

Espaces verts, sentiers pédestres et points d'eau où l'on respire de l'air pur. On y découvre également les richesses de la faune et de la flore présentes sur les cinq îles du parc.

■ LES ENVIRONS DE MONTRÉAL ■

■ **PARC SAFARI**
850, route 202, Hemmingford
℡ 450-247-2727
www.parcsafari.com
Ouvert tous les jours, de mi-mai à mi-juin et de mi-septembre à mi-octobre. De 10h à 16h, de mi-juin à mi-septembre de 9h30 au crépuscule. Adultes : 31 $, aînés : 21 $, adolescents : 21 $, enfants : 15 $, famille (2 adultes et 2 enfants) : 80 $. Prendre route 132 Ouest/15 Sud, direction La Prairie-Etats-Unis. A la hauteur de Candiac, rester sur la 15 Sud jusqu'à la sortie 6, Hemmingford. Trois quarts d'heure de route vers le sud (direction Plattsburgh) pour arriver juste à l'ouverture des guichets vers 10h. L'auto pénètre dans la réserve et déjà les premières gazelles font les belles, les flamants roses se pavanent, aristocratiques, les girafes pointent leur cou, les zèbres défilent dans leur pyjama et l'éléphant se prélasse aux côtés du rhinocéros. Le tour est agréable, voitures à la queue leu leu, enfants extasiés et conducteurs patients, caméra au poing. Les fauves sont un peu plus loin, visibles à pied, d'un pont suspendu au-dessus d'une large fosse. Mais le plus beau spectacle est à découvrir du haut de l'espace aux singes, unique en son genre. On peut se rafraîchir dans la crique magique et descendre la rivière jusqu'au tunnel sur une grosse bouée, puis se restaurer dans un des quatre restaurants du site, avant d'assister à un bon spectacle de cow-boys ou de s'offrir une balade à dos d'éléphant. Pour terminer la journée, on peut emmener les enfants à La Ronde, merveilleux parc d'attractions, sur l'île Sainte-Hélène. Les petits feront un tour de train à la Petite Ronde et les plus grands assisteront à un spectacle de marionnettes ou iront à l'Hydroïd, attraction récente et palpitante.

Parc Omega, Montebello

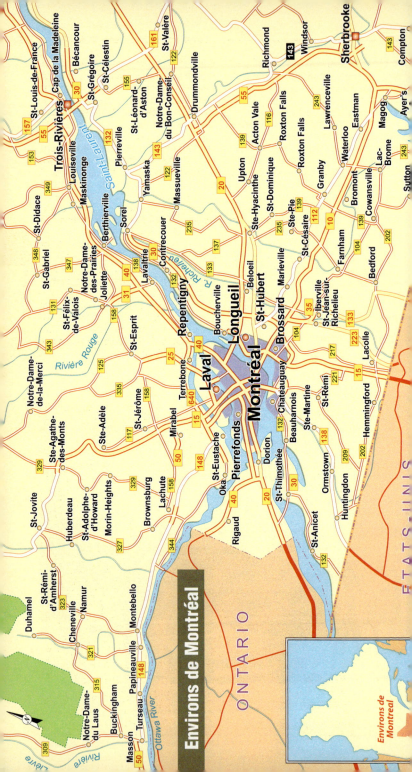

Environs de Montréal

■ **PARC OMEGA**

Route 323 Nord, Montebello, en Outaouais

© 819-423-5487

www.parc-omega.com

Le parc est ouvert toute l'année. En été, du 1er juin au 9 octobre de 9h à 17h, en hiver, du 10 octobre au 30 mai de 10h à 16h, et le prix d'entrée est très abordable. De janvier à mai et novembre et décembre, adultes : 13 $, enfants de 6 à 15 ans : 9 $, enfants de 2 à 5 ans : 5 $. De juin à octobre, a dultes : 16 $, enfants de 6 à 15 ans : 11 $, enfants de 2 à 5 ans : 6 $. Une expérience hors du commun vous attend dans les hauteurs de Montebello, dans la région de l'Outaouais, à 2h de Montréal.

Le parc Oméga vous propose, dans une réserve privée parfaitement entretenue, de partir à la rencontre des animaux d'Amérique du Nord...

Dans votre voiture ! Des centaines de bêtes plus magnifiques les unes que les autres évoluent librement dans le parc et s'empressent de venir déguster les carottes (*sachets disponibles pour 2 $ à la réception*) que vous leur tendez.

Cerfs, mouflons, wapitis, bouquetins, bisons, sangliers, castors, ratons laveurs et orignaux marqueront votre visite à travers ces belles étendues. Autant vous dire qu'il s'agit là d'une expérience inoubliable pour les petits et les grands.

Seuls les loups, les coyotes et les ours sont dans des enclos, mais c'est plus pour vous permettre de les voir que pour des raisons de sécurité, car ici, les lois de la nature sont respectées. En été, des démonstrations d'oiseaux de proie sont proposées plusieurs fois par jour, de même qu'une activité durant laquelle les tout petits pourront nourrir de petits cerfs de Virginie.

Il est possible de louer une voiturette de golf pour se rendre au lac des truites, ou de laisser sa voiture au milieu du parcours pour se rendre à la ferme du parc où vous attendent d'autres espèces.

Vous l'aurez compris, tout est là pour vous faire passer une journée mémorable en famille. Un vrai coup de cœur pour cette entreprise familiale située à moins d'une heure trente de Montréal.

MONTRÉAL

TOURISME LAURENTIDES

Paysage côtier,
les Laurentides
© AUTHOR'S IMAGE

LAURENTIDES

Nord de Montréal, Québec, Canada

Découvrez les Laurentides, ses paysages fascinants,
ses attraits uniques et ses nombreuses activités de plein air.

Printemps romantique aux petits becs sucrés à l'érable,
été festif, automne aux couleurs flamboyantes et cocooning,
sans oublier le joyeux temps des neiges!

Laissez-vous envelopper par la magie des Laurentides
au cœur de nos villages animés où l'accueil
fait partie de notre culture.

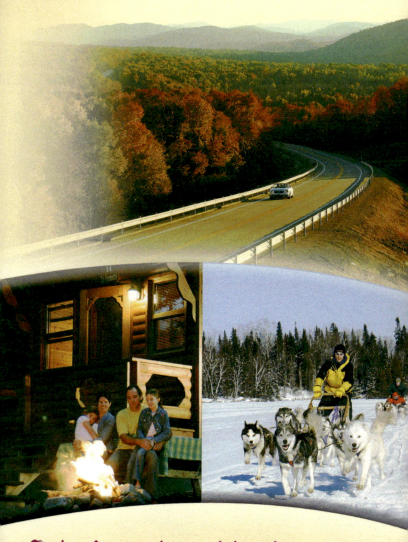

Qu'est-ce qu'on attend
pour être heureux?

Pour information ou réservation
450 224-7007
www.laurentides.com

TOURISME LAURENTIDES

québec
bonjourquebec.com

Canada

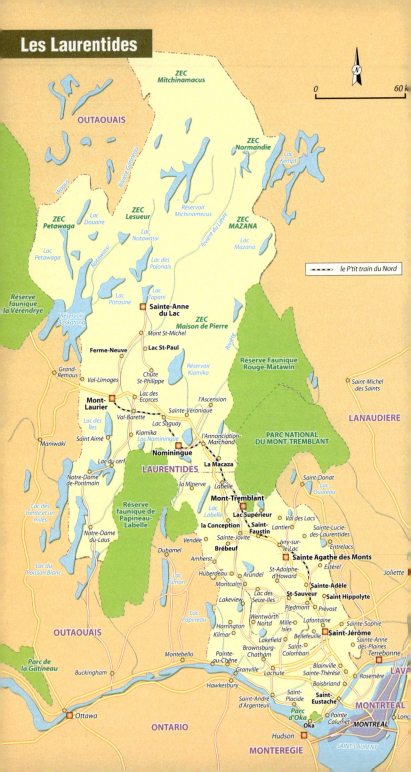

Les Laurentides

le P'tit train du Nord

0   60 k

OUTAOUAIS

ZEC
Mitchinamacus

ZEC
Normandie

Lac
Kempt

ZEC
Petawaga

Lac
Douaire

ZEC
Lesueur

Réservoir
Michinamecus

ZEC
MAZANA

Rivière Gatineau

Wapus

Lac
Petawaga

Lac
Notawassi

Lac des
Polonais

Rivière du Lièvre

Lac
Mazana

Notawassi

Réserve
faunique
la Vérendrye

Réservoir
Baskatong

Lac
Pistosine

Lac
Tapani

Sainte-Anne
du Lac

ZEC
Maison de Pierre

Grand-
Remous

Ferme-Neuve

Mont St-Michel

Lac St-Paul

Chute
St-Philippe

Réservoir
Kiamika

Réserve Faunique
Rouge-Matawin

Saint-Michel
des Saints

Val-Limoges

Mont-
Laurier

Lac des
Ecorces

l'Ascension

Sainte-Véronique

LANAUDIERE

Val-Barette

Lac Saguay

Lac des
Îles

Maniwaki

Saint Aimé

Kiamika
Lac Nominingue

l'Annonciation-
Marchand

PARC NATIONAL
DU MONT-TREMBLANT

Nominingue

La Macaza

Saint-Donat

Lac du cerf

LAURENTIDES

Lac
Ouareau

Notre-Dame
de-Pontmain

la Minerve

Labelle

Lac des
trénte et un
miles

Réserve
faunique de
Papineau-
Labelle

Mont-Tremblant

Lac Supérieur

Val des Lacs

Notre-Dame
du-Laus

Lac
Labelle

la Conception

Saint-
Faustin

Lantier

Sainte-Lucie-
des-Laurentides

Lac du
Poisson Blanc

Duhamel

Vendée

Sainte-Jovite

Ivry-sur-
le-Lac

Entrelacs

Brébeuf

Amherst

Sainte Agathe des Monts

Estérel

Joliette

Hubberdeau

Arundel

St-Adolphe-
d'Howard

Montcalm

Sainte-Adèle

OUTAOUAIS

Lac
Simon

Lakeview

Lac des
Seize-Îles

St-Sauveur

Saint Hippolyte

Lac
Papineau

Wentworth
Nord

Piedmont

Prévost

Lafontaine

Sainte-Sophie

Harrington

Mille-
Isles

Bellefeuille

Saint-Jérôme

Sainte-Anne
des-Plaines

Kilmar

Lakefield

Saint-
Colomban

Terrebonne

Montebello

Brownsburg-
Chatham

Pointe-
au-Chêne

Blainville

LAVA

Buckingham

Granville

Lachute

Sainte-Thérèse

Rosemère

Parc de
la Gatineau

Boisbriand

Hawkesbury

Saint-André
d'Argenteuil

Saint-
Placide

Saint-
Eustache

MONTRTEAL

Long

Ottawa

Parc
d'Oka

Pointe
Calumet

MONTREAL

ONTARIO

Oka

Hudson

MONTEREGIE

SAINT-LAURENT

Les Laurentides

Portrait laurentien

Paradis des skieurs et des mordus de la nature, les Laurentides désignent le massif montagneux de la rive nord du fleuve Saint-Laurent. La région des Laurentides fait partie des Basses-Terres du Saint-Laurent et du bouclier canadien. On y trouve les plus vieilles roches du monde (datant d'un milliard d'années). Cette région, qui couvre près de 22 000 km², s'étend du sud au nord, de la rivière des Mille-Iles aux grands territoires au nord de Mont-Laurier et, de l'est à l'ouest, des limites de la région de Lanaudière à celles de l'Outaouais. Elle est la principale destination touristique internationale du Québec, appelée plus communément le Nord. On y vient d'abord pour les activités sportives saisonnières qu'elle offre en abondance, et pour la quiétude de ses innombrables lacs et montagnes couvertes de forêts. Nature et paix. Les citadins y font leur pèlerinage hebdomadaire en allant respirer cette campagne qui n'est qu'à quelque trente minutes du centre-ville de Montréal. Les mordus, et ils sont légion, « *montent dans le nord* » comme ils disent, pour le week-end au chalet, leur résidence secondaire. Les touristes qui en ont fait l'expérience savent quant à eux qu'elle recèle des trésors d'activités pour tous, en toute saison. La nature y est d'une grande et généreuse beauté, et la population toujours croissante des Laurentides se préoccupe de la protéger en en faisant une des plus vertes de la province (c'est ici que vit le plus grand nombre d'Européens de langue française). Des Laurentides, on se plaît à dire qu'elles sont la Terre promise du fameux Roi du Nord (et grand défricheur devant l'Eternel),

le curé Antoine Labelle. Et il est vrai que le Québec lui doit l'exploitation de la région des Pays-d'en-Haut. Labelle (sous-ministre de la Colonisation au gouvernement provincial dans les années 1850) sut convaincre le gouvernement de l'époque d'investir dans la colonisation, comme en avaient rêvé les premiers propriétaires terriens, les seigneurs de France du XVIIᵉ siècle. Toutefois, la grande responsable de l'exceptionnel développement touristique de cette région est la pratique du ski et de la villégiature.

Géographie

La région des Laurentides est divisée en trois territoires : les Basses-Laurentides, au nord de l'île Jésus (Laval) jusqu'à Saint-Jérôme, en sont la porte d'entrée ; les Pays-d'en-Haut, un nom plus familièrement utilisé par les habitants pour désigner le cœur des Laurentides, s'étendent de Saint-Jérôme à Labelle ; les Hautes-Laurentides délimitent une zone de L'Annonciation (maintenant Ville de Rivière Rouge) jusqu'au nord de Mont-Laurier. Les Laurentides ont été habitées 4 000 ans avant J.-C. par des nomades.

Des Indiens d'Amérique (Amérindiens) de la tribu des Algonquins (aujourd'hui disparue) sillonnaient ses bois au XVIIᵉ siècle. Vers 1840, arriveront les premiers colons dans ce qu'on appelle désormais les Pays-d'en-Haut.

Le réseau routier qui parcourt les Laurentides s'élabore à partir du début du XXᵉ siècle, époque de l'exploitation forestière et agricole. Le P'tit train du Nord (construit au cours des années 1891 et 1909), reliant Saint-Jérôme à Mont-Laurier et longeant la rivière du Nord, inaugure l'ère industrielle.

Les immanquables des Laurentides

▸ **Le parcours (à vélo)** du P'tit train du Nord.

▸ **Oka,** renommée pour sa plage très populaire et pour son délicieux fromage.

▸ **Deux-Montagnes,** réputée pour son agrotourisme et la plage du parc national d'Oka.

▸ **Parc national du Mont-Tremblant.**

▸ **L'animation nocturne** et les restaurants de Saint Sauveur.

▸ **Baignade estivale** dans le lac des Sables de Sainte-Agathe-des-Monts.

▸ **Tremblant,** station de montagne haut de gamme et très bien équipée.

Le curé Antoine Labelle

Colonisateur et grand responsable du développement de la région des Laurentides, le curé Antoine Labelle (1868-1891), surnommé Roi du Nord, représente le paradoxe de l'homme d'affaires qui évolue dans le contexte religieux oppressant de l'époque. Conquérant politique rusé, homme de coulisses plein d'idées et d'initiatives, il canalise les énergies (la conquête du sol rocheux et des forêts vierges est harassante, voire décourageante) et transforme les paysages en espoir. Son engagement dans le développement du Québec décide le Premier ministre québécois Honoré Mercier à le nommer sous-ministre de l'Agriculture et de la Colonisation. Se donnant pour mission de renforcer la société rurale de son pays par l'importation de capitaux et d'hommes, il sera envoyé à deux reprises en Europe afin d'encourager les paysans de France, de Belgique et de Suisse à émigrer au Québec. Nommé curé en 1868, il permet à la paroisse de Saint-Jérôme (c'est aujourd'hui la capitale régionale), fondée en 1834 sur les bords de la Rivière-du-Nord, de jouer un rôle primordial dans la colonisation du Nord. Plusieurs monuments lui sont consacrés dans diverses municipalités des Laurentides. Le plus important se trouve à Saint-Jérôme, dans le parc Labelle, face à la cathédrale. Pour la petite histoire, on lui doit une phrase prophétique que de nombreux visiteurs ont pu vérifier depuis : « *Un jour les touristes viendront !* »

L'infrastructure économique qui en découle a permis, entre autres, de développer la vocation touristique de la région. Aujourd'hui, le train n'est plus.

Ce dernier corridor est aménagé en parc linéaire le P'tit train du Nord. En empruntant un parcours (200 km, l'un des plus grands d'Amérique du Nord) ponctué de villages et de gares patrimoniales le long de l'ancienne voie ferrée, on peut s'adonner à une pléiade d'activités : vélo, ski de fond, motoneige, randonnée pédestre. Il y a maintenant des trains de banlieue vers Deux Montagnes, Blainville et Saint-Jérôme au km 0 du Parc linéaire.

Transports

Bus

■ **GALLAND**
℡ 514-842-2281 (Montréal)
℡ 450-687-8666 (Laurentides)
www.galland-bus.com
Terminus métro Berri-Uqam. Dessert les municipalités suivantes : Saint-Jérôme, Piedmont, Saint-Sauveur, Sainte-Adèle, Sainte-Agathe, Mont-Tremblant, l'Annonciation et Mont-Laurier.

Hélicoptère

■ **HELI-TREMBLANT
AVIATION WHEELAIR**
72, route 117, Mont-Tremblant
℡ 819-425-5662/1-866-425-5662
www.heli-tremblant.com
Pour découvrir les Laurentides à bord d'un hélicoptère, et prendre des photographies aériennes des belles couleurs automnales. La compagnie vous propose des tours de 10 min, 20 min, 30 min et 60 min pour admirer le paysage d'une tout autre perspective. De nombreux forfaits sont disponibles, dont le forfait romantique avec atterrissage dans un restaurant de fine cuisine italienne, repas inclus à 199,99 $ par personne. Le personnel se fera également une joie de créer un vol personnalisé en fonction des besoins de son client, pour rendre cette expérience inoubliable. Des Tours d'hydravion sont également disponibles. 10 min de vol : 149,99 $.

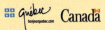

(450) 224-7007
www.laurentides.com

LES LAURENTIDES

Traversiers et ponts de glace

■ **CARILLON-POINTE-FORTUNE**
Avril à décembre. Traversier Le Passeur
✆ 450-537-3412
www.traversierlepasseur.com
Ouvert tous les jours de 6h à 22h, été de 6h
à 00h. Piétons : 1,50 $, auto : 7 $.

■ **OKA-HUDSON**
✆ 450-458-4732 – www.traverseoka.qc.ca
Ouvert de fin avril à mi-novembre, de 7h à
18h30 ou 19h30 et jusqu'à 21h en été. Piéton :
1,50 $, Auto : 8 $.

■ **PONT DE GLACE OKA-HUDSON**
✆ 450-458-2228
Ouvert de janvier à mars, tous les jours de 6h30
à 22h. Selon les conditions atmosphériques.
5,50 $.

Voiture

▶ **Au départ de Montréal,** prendre
l'autoroute 15 Nord (souvent appelée autoroute
du Nord) jusqu'à Sainte-Agathe-des-Monts,
puis la route 117 Nord en direction de Mont-
Laurier. L'autoroute fait une fourche à la
hauteur de Saint-Jérôme.

▶ **Pour entrer au cœur des Laurentides,**
prenez la branche de gauche.

Pratique

■ **TOURISME LAURENTIDES,
BUREAU D'INFORMATION TOURISTIQUE
DE LA PORTE DU NORD**
Sortie 51 de l'autoroute 15
✆ 450-224-7007/1-800-561-6673
www.laurentides.com

*Toute l'année, tous les jours de 8h30 à 17h, du
24 juin au 5 septembre de 8h30 à 18h et 19h
le vendredi et le samedi.* Le portail du secteur
bioalimentaire des Laurentides est maintenant
disponible au www.agrolaurentides.qc.ca.
Le site permet entre autres de connaître les
routes de circuits agrotouristiques, les cinq
marchés publics et les événements à caractère
agroalimentaire et gastronomique.

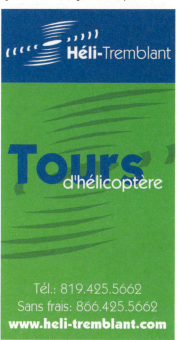

Héli-Tremblant
Tours d'hélicoptère
Tél.: 819.425.5662
Sans frais: 866.425.5662
www.heli-tremblant.com

L'OUEST

Les Pays-d'en-Haut

L'expression date de 1715. On la trouve dans un rapport conjoint du gouverneur
intérimaire Ramezay et de l'intendant Bégon qui parlent des « pais d'en hault ». Et il
est vrai que, pendant toute la durée du régime français, les régions en amont de la
colonie recouvraient tout l'arrière-pays s'étendant au nord-ouest du Saint-Laurent et
au sud-ouest, jusqu'aux Grands Lacs et même jusqu'aux Rocheuses et en Louisiane.
Cette vaste étendue était sillonnée par les fameux coureurs des bois. Pendant un siècle,
les Pays-d'en-Haut ont représenté l'immense étendue géographique qui échappait au
régime seigneurial implanté partout sur les deux rives du Saint-Laurent. Le roi Louis XV
utilisait couramment l'expression Pays-d'en-Haut. Cette notion géographique assez
vague évoquait alors « *la liberté, l'ambiguïté, le rêve d'expansion coloniale* ». C'est au
Québec, vers les années trente, que Claude-Henri Grignon, l'auteur du roman Un homme
et son péché et de la série télévisée Les Belles Histoires des Pays-d'en-Haut, fit entrer
l'expression dans les foyers. Elle concerne à présent le seul secteur des Laurentides
compris entre Saint-Jérôme et Labelle. Cette dénomination est utilisée lorsque l'on parle
du cœur des Laurentides.

■ PORTES DES LAURENTIDES

SAINT-EUSTACHE

Porte d'entrée des Laurentides, si l'on suit la 148, le Vieux Saint-Eustache regorge de vieux bâtiments et de jolies boutiques. La visite de la Maison de la culture et du patrimoine et des jardins Chenier Sauvé et de l'église Saint-Eustache témoigne de l'importance de son passé.

■ **www.ville.saint-eustache.qc.ca**

Points d'intérêt

■ EXOTARIUM

846, chemin Fresnière
(sortie 8 de l'autoroute 640 Ouest)
℄ 450-472-1827
*Ouvert de février à mi-décembre, du vendredi au dimanche de 12h à 17h et tous les jours en juillet et août de 11h à 19h. Entrée : 9,50 $, enfants de 3 à 15 ans : 6 $, famille : 30 $.
Située à l'est d'Oka, la ville de Saint-Eustache est proche de l'aéroport Montréal-Trudeau.
Outre la visite de son vieux quartier, nous vous suggérons de faire un tour à la ferme des reptiles (ou l'Exotarium). Ici, vous pourrez vous familiariser avec les alligators et reptiles en tout genre (boas, pythons, etc.) enfermés dans des cages vitrées. On en élève plus de 150 dans des dizaines de terrariums naturels.
Fascinant et démystifiant.*

■ CABANE A SUCRE CONSTANTIN

1054, boulevard Arthur-Sauvé
℄ 450-473-2374/1-800-363-2464
www.constantin.ca
Repas traditionnel pendant le temps des sucres de mi-février au 1er mai. Autour de 14 $. La famille Constantin est connue pour sa cabane à sucre qui attirait les foules lors du temps des sucres. Elle propose une gamme de produits disponibles à l'année. Certains fruits et légumes utilisés poussent sur les terres des Constantin. A noter qu'aucun agent de conservation n'est utilisé. Les produits d'antan comportent des marinades maison : ketchup aux fruits, concombres ou à l'aneth, betteraves marinées et confitures aux parfums variés.

■ CABANE A SUCRE LALANDE

862, montée Laurin
℄ 450-473-3357/1-888-682-3357
www.lalande.ca
Fondée en 1913, la Cabane à sucre Lalande a su conserver son caractère pittoresque en dépit du grand nombre de visiteurs qui s'y pressent chaque année durant le temps des sucres. Après le repas, histoire d'assimiler tout ce sucre, vous pourrez profiter d'une visite guidée des installations ou aller vous balader dans un des sentiers d'interprétation de l'érablière.

■ MOULIN LEGARE

232, rue Saint-Eustache
℄ 450-974-5170 - www.moulinlegare.com
Visite, tous les jours de 10h à 17h, commentées à 10h30, 11h30, 13h30 et 15h. Ce moulin bâti en 1762 par Louis-Eustache Lambert Dumont, est le plus ancien moulin à farine fonctionnant grâce à la force de l'eau, au Canada. Il n'a jamais arrêté de moudre du grain depuis sa mise en fonction. Il a d'ailleurs conservé ses meules de pierre d'origine. Chaque année, le meunier produit 30 t à 40 t de farine de blé et de sarrasin, selon les méthodes traditionnelles, celles-ci sont vendues au détail par poches de 1 kg à 20 kg. Classé aux Monuments historiques par le gouvernement du Québec en 1976, il le fut également en 2000, à titre de lieu historique national par le gouvernement du Canada. La famille Légaré s'occupe actuellement de l'administration du moulin et organise de nombreuses visites (moulin, maison Chénier-Sauvé, vieux Saint-Eustache…) et activités (épluchettes de blé d'Inde : épis de maïs que l'on fait cuire et que l'on mange à même l'épi. Une tradition des plus délicieuses à pratiquer en famille).

(450) 224-7007
www.laurentides.com

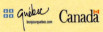

Dans les environs

■ LA SUCRERIE A L'OREE DU BOIS

11382, rang La Fresnière, Saint-Benoît,
Mirabel ✆ 450-258-2976
www.oreedubois.ca
*De 10 $ à 20 $ le repas, pendant le temps
des sucres. A 30 km de Saint-Eustache,
autoroutes 5 Nord et 640 Ouest, sortie 11.
Lachute.* Cette cabane à sucre, située à Saint-
Benoît, dans la campagne, est formidable. Un
accueil des plus sympathiques, un repas des
plus agréables et un académicien des plus
aimables sont les atouts de cet établissement.
Le cadre est incroyable, de nombreux objets
d'époque et de collection ornent les murs. Au
menu : une omelette soufflée conséquente,
du jambon fumé et des spécialités locales,
comme la soupe aux pois, les fèves au lard
et un pain maison excellent. Les propriétaires
sont très sympathiques et adorent recevoir
des Français. Nous avons été enchantés et
plus que rassasiés par ce repas typique dans
un cadre tellement peu ordinaire, plein de
chaleur et de convivialité.

■ L'AMBROISIE DE MIRABEL

14501, montée Dupuis, Mirabel
✆ 450-431-3311
www.lambroisie.com
*Visites du 1er juin au 14 octobre, du mardi au
dimanche de 11h à 17h (les autres jours ou
la matinée sur réservation). 5 visites guidées
par jour sont offertes et comprennent une
dégustation. « De la sève récoltée des érables
au printemps, il est possible d'extraire des
richesses nouvelles ».* C'est le leitmotiv de
L'Ambroisie de Mirabel, premier producteur
d'alcool d'érable par fermentation traditionnelle
de la région des Basses-Laurentides. Des
boissons alcoolisées uniquement à base
de sève d'érables qui se veulent dignes de
l'ambroisie, liqueur mythique que buvaient les
dieux de la mythologie. On y produit également
des vinaigres d'érable dont la douceur saura
rehausser vos mets. Il est possible d'acheter
et de déguster les produits sur place.

OKA

Situé dans les Basses-Laurentides, Oka
est un territoire où cohabitent Amérindiens
et Blancs. Du moins, le croyait-on avant
le conflit qui a éclaté au cours de l'été
1990. Mais les dégâts causés par la crise
d'Oka ont été à ce point importants qu'ils
se répercutent aujourd'hui encore sur les
négociations entre le gouvernement fédéral
du Canada et les autochtones. Il en va de
même pour les relations entre les Blancs
d'Oka et les résidents Mohawks. Les Blancs
sont craintifs, les Mohawks sur leurs gardes.
Tout a commencé quand la municipalité,
propriétaire du terrain de golf de l'endroit, a
voulu l'agrandir d'un lopin de terre, propriété
des Mohawks.

Baignade, parc national d'Oka

Le club de golf, à but non lucratif, n'était pas propriétaire du terrain qui fonctionnait en concession. Certains de ses membres étaient des notables de la région (ce n'est plus le cas aujourd'hui). Aujourd'hui, une majorité de Québécois, qui avaient tout simplement éliminé les peuples autochtones de leur quotidien, les redécouvrent avec étonnement et en grand nombre.

Comment a-t-on pu vivre toutes ces années avec l'impression que les Amérindiens étaient absents du paysage ? La municipalité d'Oka est géographiquement bien située, sur la rive nord du lac des Deux-Montagnes, à environ une cinquantaine de kilomètres au nord-ouest de Montréal. On y accède par la route 640 Ouest, de l'autoroute (direction nord) des Laurentides (la 15), ou encore par la route 344, qu'on prend à Boisbriand (au nord de l'île Jésus) à partir de la 117 direction nord. A Oka, en été, un traversier bien pittoresque vous mène à Hudson, sur l'autre rive du lac des Deux-Montagnes.

En hiver, un pont de glace permet de traverser le lac. On assimile Oka à un immense terrain de jeux, à cause de son parc récréatif.

Pratique

■ BUREAU D'ACCUEIL TOURISTIQUE
183, rue des Anges (quai municipal)
✆ 450-479-8389
Ouvert tous les jours, du 25 juin à début septembre de 10h à 18h.

■ MUNICIPALITE D'OKA
✆ 450-479-8333
www.municipalite.oka.qc.ca

Points d'intérêt

■ L'ABBAYE CISTERCIENNE D'OKA
1600, chemin d'Oka ✆ 450-479-8361
Chapelle ouverte tous les jours de 4h à 21h, jardins et boutique, du lundi au vendredi de 9h30 à 12h et de 12h30 à 16h30, le samedi de 9h30 à 16h. Fermé le dimanche. L'abbaye cistercienne d'Oka, fondée par des moines

français à la fin du XIXe siècle, se niche dans les boisés sur les hauteurs du lac des Deux-Montagnes. Ce monastère est un haut lieu de recueillement. On le visitera et on y fera une promenade pour l'enchantement et la paix des lieux. Une boutique vend des articles religieux et divers produits fabriqués par les pères trappistes. Hébergement sur place.

■ FROMAGERIE OKA
1500, chemin d'Oka
✆ 450-479-6170
Au moins une fois dans sa vie, pour quiconque se déclare amateur de fromages, il faut avoir goûté à l'oka. De cette fromagerie, rattachée à l'abbaye cistercienne, découle une partie de la tradition fromagère du Québec, et cela depuis 1893. Un magasin est situé chez les pères, qui propose des produits monastiques de l'abbaye d'Oka : chocolats, gâteaux aux fruits, miel, pommes, gelées, caramels, céramiques. D'autres produits de la région sont disponibles sur place : chocolat de l'abbaye de Mistassini et de l'abbaye du Bon-Conseil, cidre et fromages de l'abbaye Saint-Benoît-du-Lac, fromages d'Oka.

■ JUDE POMME
223, rang Sainte-Sophie
✆ 450-479-6080
Ouvert de fin mai à fin octobre, cueillette d'août à septembre, tous les jours de 9h30 à 17h. Visite guidée sur réservation avec dégustation de produits maison. Les Laurentides sont souvent associées à la culture de la pomme. Les vergers sont nombreux et celui-ci présente plusieurs intérêts. Tout d'abord, il y a quinze variétés de pommes, des poires, des prunes et puis l'hospitalité des hôtes est reconnue. L'auto-cueillette se pratique librement en automne. En mai, on peut pique-niquer entouré de pommiers en fleurs. L'été, on fait de la randonnée autour du site. Et toute l'année, on s'approvisionne en produits dérivés de la pomme, de la poire, en cidres, vinaigres… Profitez de la merveille de la pomme à chaque saison.

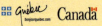

■ **PARC NATIONAL D'OKA**
2020, chemin d'Oka
℃ 450-479-8365
Réservations Sépaq ℃ 1-800-665-6527
www.parcsquebec.com
25 km de Montréal. Routes d'accès : autoroutes 15 ou 13, puis autoroute 640 Ouest et enfin, la route 344 Ouest. Postes d'accueil : entrée principale sur la route 344, deuxième porte d'entrée à l'extrémité ouest de l'autoroute 640 (fermée en hiver). Ouvert à l'année, heures d'ouverture variables selon les saisons. Accès quotidien : 3,50 $, enfants : 1,50 $. Hébergement : camping aménagé (891 emplacements). De 17 $ à 22 $ (avec ou sans services), forfaits disponibles en été et hiver. Nouveauté, le « prêt à camper », pour ceux qui ne sont pas équipé et qui veulent quand même tenter l'aventure.
Activités : randonnée guidée, baignade, sports nautiques au lac des Deux-Montagnes, bicyclette (40 km), vélo de montagne (7,5 km), randonnée pédestre (22 km). En hiver, patinoire, glissades, balade en raquettes (3 sentiers balisés de 3 km à 11,6 km), sentiers de randonnée pédestre sur neige (7 km), ski de fond (50 km de sentiers, 8 au total, balisés et tracés), ski de fond de soirée (la Pinède, sentier de 4 km), cours privés de ski, école de ski pour les jeunes de 4 à 12 ans et activités d'interprétation pour les groupes (sur réservation). En sillonnant le parc national d'Oka (23,7 km^2), situé à proximité de la région métropolitaine, on découvre une mosaïque de milieux naturels. On y trouve un large éventail d'activités en toutes saisons.

Les espèces animales et végétales sont diversifiées. La présence historique du calvaire d'Oka constitue également une importante richesse patrimoniale. En effet, le sentier historique met en valeur un chemin de croix ponctué de quatre oratoires et trois chapelles datant de 1742. Chaque année, le 14 septembre, les habitants des paroisses voisines célèbrent la fête de la Sainte-Croix. Le sommet du calvaire offre une vue saisissante sur la région.

Le sentier de la Grande-Baie traverse quatre écosystèmes différents : le champ, l'érablière à caryer, l'érablière argentée et le marais. Une passerelle flottante de dimensions impressionnantes facilite l'accès au marais. Une tour de 10 m de haut a été érigée pour observer les habitants du marais.

■ CŒUR DES LAURENTIDES

© SAVIGNARD / SZEREMETA

Randonnée en moto-neige à Saint-Hippolyte

SAINT-JÉRÔME

Fondée en 1834, la ville de Saint-Jérôme est la capitale des Laurentides. Elle fut le point de départ de la colonisation de la région des Laurentides.

C'est un important carrefour de services, commerces et industries, traversé par la Rivière-du-Nord. La ville doit son développement au curé Antoine Labelle, on peut apercevoir sa statue (1924), signée Alfred Laliberté. Le centre-ville est particulièrement pittoresque. La municipalité expérimente divers projets novateurs en matière d'environnement : beaucoup de voitures électriques y circulent et le sentier cycliste du P'tit train du Nord y débute.

■ **www.ville.saint-jerome.qc.ca**

▶ **Accès.** Sortie 43 de l'autoroute 15 Nord.

Pratique

■ **BUREAU D'ACCUEIL TOURISTIQUE**
200, place de la Gare
✆ 450-436-1511
Ouvert tous les jours, du 24 juin à début septembre de 9h à 18h.

Hébergement

■ **MOTEL SUPER 8**
3, J.-F.-Kennedy
✆ 450-438-4388 – www.super8.com
A partir de 109 $ la chambre. Grand motel, proche de la sortie de l'autoroute. Piscine, connexion Internet gratuite.

Points d'intérêt

■ **REGIE INTERMUNICIPALE DU PARC REGIONAL DE LA RIVIERE DU NORD**
750, chemin de la Rivière-du-Nord
✆ 450-431-1676
www.parcrivieredunord.com
Ouvert tous les jours de 9h à 19h en été, de 9h à 17h en hiver. Droit d'entrée : résident : 2 $, non-résidents : 7 $ en hiver et 5 $ en été. On accède aux chutes par une balade dans le parc régional de la Rivière-du-Nord (sortie 45 de l'autoroute 15 Nord). Découverte des vestiges de la pulperie et de l'ancien barrage hydroélectrique, dans le parc. Le pavillon Marie-Victorin accueille également les amateurs de nature (sentiers pédestres, pistes cyclables, canot, kayak…) dans des ateliers thématiques (culture, nature, histoire).

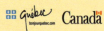

■ MUSEE D'ART CONTEMPORAIN DES LAURENTIDES

101, place du Curé-Labelle
℅ 450-432-7171
www.museelaurentides.ca
Ouvert à l'année, mardi au dimanche de 12h à 17h. Entrée : 2 $. L'ancien palais de justice de Saint-Jérôme se consacre désormais aux expositions d'art contemporain. Activités, ateliers de créativité et conférences.

SAINT-HIPPOLYTE

▶ **Accès.** Sortie 45 de l'autoroute 15 Nord.

Hébergement

■ AUBERGE DU LAC MORENCY

42, rue de la Chaumine
℅ 450-563-5546/1-800-616-5546
www.lacmorency.com
L'Auberge du Lac Morency niche dans un site enchanteur au creux des Laurentides, à moins d'une heure de Montréal. Ses 40 chambres, *(à partir de 109 $ à 159 $ par personne en occupation double, en haute saison)*, partagent le même site que 86 condos (appartements tout équipés) qui sont disponibles à la location. La piscine intérieure, le sauna, le Spa et la salle de musculation sont très appréciés des clients. Rien de tel en effet que de se baigner dans une piscine toute chaude en regardant le lac gelé à l'extérieur… La salle à manger, qui offre une vue magnifique sur le lac, fait office de restaurant et propose une cuisine raffinée à base de produits du terroir, et une carte regroupant un choix de plus de 200 bouteilles. Enfin, le site invite à plusieurs activités extérieures : Motoneige, V. T. T. (quad), patinage, ski de fond et glissades en hiver, mais aussi tennis, baignade et divers sports nautiques, qui sont offerts sur place pour le plus grand bonheur de tous.

■ SYNOVIA SPA

℅ 450-563-2017/1-866-563-2017
Sur le site de l'Auberge du Lac Morency. Spa thérapeutique offrant des soins de massothérapie thérapeutique ou de détente ainsi que des soins à la carte pour le corps. Fleurs de Cabosse : produits à base de cacao et soya. Les exfoliants, les enveloppements et les gels à massage sont appelés Theiso, qui signifie la synergie du cacao et du soya. Pour prolonger la détente : sauna, piscine intérieure.

Le P'tit train du Nord

Entre Saint-Jérôme et Mont-Laurier (200 km) ✆ 450-224-7007/1-800-561 6673
www.laurentides.co
Carte détaillée dans le guide touristique, offerte par Tourisme Laurentides. Ouvert suivant les secteurs du 1ᵉʳ mai au 31 octobre et du 1ᵉʳ décembre au 15 avril. Entrée à partir de 5 $ la journée, gratuit pour les marcheurs et les moins de 17 ans. Praticable en vélo, en ski de fond, en motoneige et bien sûr à pied, suivant la saison. Le sentier, tout en longueur sur 200 km, suit le tracé de l'ancien train du Nord. Celui-ci, en service de 1891 à 1981, permit le développement du tourisme et de l'industrie dans les Laurentides. Depuis, les gares ont été rénovées et transformées en points de service qui offrent divers services aux cyclistes, patineurs, skieurs de fond et motoneigistes. La traversée du parc linéaire du P'tit train du Nord dans son entité vous fera découvrir plusieurs municipalités, logées entre rivières, montagnes et lacs. Le plus petit itinéraire suggéré relie Val David et Val Morin sur 5 km. Il est possible de se faire conduire avec son vélo de Saint-Jérôme à Mont-Laurier, et de planifier son itinéraire en réservant hébergements pour vivre l'expérience sur plusieurs jours. Pour parachever l'expérience, un service de transport de bagages d'auberge en auberge est également proposé, qui vous permettra de prendre la route à vélo sans avoir à emporter vos affaires avec vous. Inoubliable !

SAINT-SAUVEUR

A 21 km au nord-ouest de Saint-Jérôme, le village de Saint-Sauveur se niche dans une vallée.

Il est l'avant-poste de la région des lieux de villégiature, le lieu de rencontre des skieurs en hiver (capitale du ski alpin nocturne, avec un grand nombre de pistes éclairées) et le plus animé des villages laurentiens.

L'animation de la rue Principale séduit et bouillonne d'activités (festivals, théâtre et bars) la nuit tombée.

Plusieurs galeries d'art et de jolies maisons d'époque le long de vos promenades dans les rues Principale et de la Gare. Dépaysement garanti !

■ **www.valleesaintsauveur.com**

▶ **Accès.** Sortie 60 de l'autoroute 15 Nord.

Pratique

■ **BUREAU D'ACCUEIL TOURISTIQUE**
228, rue Principale
✆ 450-227-2564/1-877-528-2553
Sortie 60 de l'autoroute 15. Ouvert de mi-juin à septembre.

■ **BUREAU D'ACCUEIL TOURISTIQUE DES PAYS-D'EN-HAUT**
605, chemin des Frênes, Piedmont
✆ 450-227-3417/1-800-898-2127

Hébergement

■ **AUBERGE DE LA PLACE**
49, avenue de la Gare
✆ 450-227-6661/819-227-6661
www.aubergedelaplace.com
Cette charmante auberge, comprenant 3 chambres et suites, de 80 $ à 140 $, (pour 2 personnes) propose également 4 condos, de 100 $ à 185 $ (10 $ par pers additionnelle), petit déjeuner inclus. Toutes les chambres ont une salle de bains et un balcon privé. Accès à la piscine et au jardin. Pour passer des vacances agréables, tout confort, rien de mieux que cette belle auberge idéalement située entre la rue principale et les boutiques outlet. Forfaits disponibles.

■ **MANOIR SAINT-SAUVEUR**
246, chemin du Lac-Millette
✆ 450-227-1811/1-800-361-0505

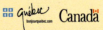

(450) 224-7007
www.laurentides.com

www.manoir-saint-sauveur.com
*330 chambres et suites équipées, de 129 $ à
309 $ en double. Accès par la rue de la Gare.*
Cet hôtel de villégiature invite à la détente
dans un cadre des plus élégant et luxueux.
Boiseries, décor d'antan et raffinement. Table
gastronomique, bistro-bar, bar-terrasse,
piscine, tennis, sauna, centre de santé, salles
de réunion. Forfaits disponibles.

■ RELAIS SAINT-DENIS
61, rue Saint-Denis
℡ 450-227-4766/1-888-997-4766
www.relaisstdenis.com
A partir de 109 $ la nuit. Cet hôtel récemment
rénové offre de magnifiques lofts spacieux et
très confortables. En hiver on appréciera les
cheminées et en été l'air climatisé. Le cadre
est des plus charmants et le restaurant une
des très bonnes tables de la région.

■ HOTEL LOFT-BOUTIQUE
570, chemin des Frênes
℡ 450-227-1800/1-866-547-1800
www.loftboutiques.com
Loft à partir de 99 $, suites a partir de 149 $.
Un tout nouvel hôtel qui compte 21 lofts
et 21 suites. Elles ont toutes un foyer et
la climatisation. Le tout est pratique et
fonctionnel. Les suites ont des cuisines
entièrement équipées. Beaux meubles en
bois.

Restaurants
On trouve plusieurs restaurants sympathiques
sur la rue Principale et la rue de la Gare.

■ LE VIN A L'HEURE
Bar à vins – restaurant
92, rue de la Gare
℡ 450-227-2992
Ouvert du lundi au vendredi à partir de

*11h30 et samedi à partir de 17h. Fermé le
dimanche. Table d'hôte à partir de 24 $ et
menu comprenant un verre de vin à partir
de 20 $.* Ce restaurant vous propose de
rentrer dans sa cave et d'y découvrir ses
vins d'importation privée. Constamment
enrichie et renouvelée, la carte propose des
vins au verre ou la bouteille. Pour ceux qui
s'y connaîtraient moins, chaque plat est
accompagné de sa suggestion. Plusieurs
formules sont disponibles et viennent
chatouiller nos papilles.

■ CAROL' A GOGO

268, rue Principale ☎ 450-227-8660
Ouvert de 17h à 22h30 tous les jours. Ce
resto bar mérite une mention spéciale pour
sa déco inventive. Faite en collaboration
avec des artistes de la région l'endroit mêle
habilement le métal, le cuir, les couleurs
vives et l'originalité. Un cadre qui inspire la
fraîcheur et la bonne humeur, que les soirées
à thème viennent agrémenter. La terrasse
vous donne une charmante vue sur un mimi
potager. Le restaurant propose une cuisine
où s'harmonisent délicieusement le sucré et
le salé. Le confit de canard aux framboises à
18 $ en est un savoureux exemple.

■ L'ARMORIQUE

231, rue Principale ☎ 450-227-0080
*Crêperie ouverte de 8h à 22h30. De 9 $ à 14 $
pour les crêpes et de 13 $ à 20 $ pour les
raclettes.* Immanquable sur la rue principale,
avec son immense terrasse, très appréciée en
été, cette maison de 1905 vous accueille dans
un décor qui respire la Bretagne. La maison
vous propose d'excellentes crêpes au froment
ou au sarrasin garnies de sucré ou de salé ainsi
que des raclettes.

■ BISTRO SAINT-SAUVEUR

146, rue Principale ☎ 450-227-1144
www.bistrostsauveur.ca
*Ouvert du mardi au samedi à partir de 17h30 en
hiver et du mardi au dimanche en été. Apportez
votre vin. Pour un repas complet comptez entre
16 $ et 24 $.* Ce charmant restaurant vous
accueille dans un décor typique de bistrot
français. Au menu, fruit de mer, pâtes et
moules dans une ambiance décontractée.
Le restaurant est également muni d'une belle
terrasse couverte.

■ LE GOURMAND DE SZECHUAN

166, rue Principale ☎ 450-227-1688
*Ouvert tous les jours à partir de 17h. En hiver,
fermé le lundi. Pour 22 $ en table d'hôtes vous
avez droit à un repas des plus complets.* Ce beau
restaurant offre une cuisine chinoise de qualité.
On y dégustera, entre autres, un délicieux poulet

Général Tao. Le personnel est très prévenant et
saura vous guider dans la vaste liste de plats.
Excellent rapport qualité-prix.

■ PAPA LUIGI

155, rue Principale
☎ 450-227-5311 – www.papa-luigi.com
*Ouvert tous les jours à partir de 17h. Table d'hôte
du soir à partir de 15 $ et jusqu'à 45 $.* Dans
une maison historique datant du XIXe siècle,
Papa Luigi sert d'excellentes spécialités
italiennes, dont le fameux steak pétillant
(produit vedette à voir et à déguster). Belle
cave à vins. Atmosphère chaleureuse.

Gourmandises

■ MAGOLINE

206, rue Principale ☎ 514-946-8158
Ouvert de 10h à 22h. Ce tout nouveau glacier
tenu par deux passionnés venus de Belgique,
vous accueille dans un décor design. Véronique
prépare les glaces à l'italienne (36 saveurs)
selon les procédés traditionnels. Vous aurez
l'impression de déguster un authentique café
espresso, de croquer dans des pistaches et
de savourer de fins biscuits aux amandes. Les
tarifs sont tout aussi alléchants : 3 $ la boule,
4 $ les deux et 5 $ les trois. Jean-Pierre quant à
lui, confectionne des crêpes et gaufres maison
ainsi que du chocolat, belge bien sûr.

■ BOULANGERIE PAGE

7, avenue de l'Eglise ☎ 450-227-2632
*Ouvert de 7h30 à 18h, le vendredi et le samedi
jusqu'à 20h.* Un choix impressionnant de pains
délicieux, des confitures, tartes, viennoiseries
et autres sucreries délicieuses, mais aussi
des sandwichs, quiches et pizzas, que l'on
dégustera sur la petite terrasse extérieure
ou à l'intérieur.

Sortir

Saint-Sauveur est un des hauts lieux de la vie
nocturne laurentienne.

■ BULLDOZER BAR

241, rue Principale ☎ 450-227-4996

Ouvert tous les jours de 15h à 3h. Bar sympathique. Atmosphère conviviale et détendue, décor original. Soirée jazz tous les mardis soir.

■ LE LOUNGE
193, rue de la Gare ✆ 450-227-0166
Ouvert tous les jours de 13h à 1h. Le Lounge est un bar-terrasse. Ambiance feutrée dans un cadre recherché. Cinq-à-sept tous les jours avec musique blues et jazz.

■ BOURBON STREET CLUB
195, boulevard Sainte-Adèle
✆ 450-229-2905 (sortie 64, autoroute 15 Nord, puis route 117 Nord)
www.bourbonstreetclub.com
Le Bourbon Street Club est la discothèque la plus renommée dans les environs. De nombreux citadins montent au Bourbon car l'établissement est in avec ambiance folle et jeune. Musique variée à tendance dance et techno. Programmation : Staff night avec concerts live le lundi, le vendredi Crazy et le samedi pour rire de 20h à 23h. Clientèle entre 25 et 35 ans.

Manifestations

■ FESTIVAL DES ARTS DE SAINT-SAUVEUR
✆ 450-227-0427
www.artssaintsauveur.com
Début août. Activités de 12h à 20h, spectacles de 17h à 20h, de 10 $ à 35 $, concert en scène extérieure à 18h et 20h. Ce festival international présente les meilleurs artistes de danse et de musique dans un cadre champêtre. Création, classes de maîtres, expositions diverses, camps de danse pour les jeunes de 10 à 18 ans et spectacles gratuits au programme de ce grand événement, à ne pas rater !

■ FESTIVAL DES COULEURS
✆ 450-227-2564
De mi-septembre à mi-octobre. Activités sur la montagne et au village. Forfaits agrotourisme.

Points d'intérêt

Au printemps

■ CABANE A SUCRE ARTHUR RAYMOND
430, chemin Avila, Piedmont
✆ 450-224-2569
Près de Saint-Sauveur, sortie 58 de l'autoroute 15. Ouvert de fin février à fin avril.

La cabane à sucre Arthur Raymond est située en plein bois, sur la colline. Les enfants l'adorent. Repas avec animation, vente de produits tirés de l'érable.

En été

■ PARC AQUATIQUE DU MONT-SAINT-SAUVEUR
✆ 450-227-4671/1-800-363-2426
www.parcaquatique.com
Suivre les indications à partir de la sortie 60 de l'autoroute 15. Ouvert tous les jours de juin à septembre de 10h à 19h. Entrée : 31 $, enfants : 27 $ (15 $ pour les enfants de 5 ans et moins). En été, les pistes de ski laissent la place à des activités aquatiques. Les enfants et les adultes apprécieront les glissades d'eau. Piscines à vagues et circuits d'eau dans la montagne. Animations pour les enfants. Bar-terrasse et table de pique-nique.

En hiver

■ STATION MONT-SAINT-SAUVEUR
350, rue Saint-Denis
✆ 450-227-4671 – www.mssi.ca
Sorties 58 ou 60, autoroute 15 Nord. Horaires d'ouverture ski de jour du lundi au vendredi de 9h à 18h et le samedi et le dimanche de 8h30 à 18h, ski de soir du dimanche au jeudi de 15h à 22h et le vendredi et le samedi de 15h à 22h30. Tarifs journaliers adultes de 40 $ à 46 $, étudiants et seniors de 34 $ à 38 $, enfants de 6 à 12 ans de 26 $ à 30 $, enfants de 0 à 5 ans : 14 $. 38 pistes, 213 m de dénivellation, ski de soirée (30 pistes éclairées), 8 remontées mécaniques, snowpark.

■ STATION MONT-AVILA
500, chemin Avila, Piedmont
✆ 450-227-4671
www.mssi.ca
Sortie 58, autoroute 15 Nord. Horaires d'ouverture ski de jour du lundi au vendredi de 9h à 18h et le samedi et le dimanche de 8h30 à 18h, ski de soir du dimanche au jeudi de 15h à 22h et le vendredi et le samedi de 15h à 22h30. Tarifs journaliers adultes de 29 $ à 38 $, étudiants et seniors de 25 $ à 34 $, enfants de 6 à 12 ans de 22 $ à 27 $, enfants de 0 à 5 ans : 11 $. 11 pistes, 188 m de dénivellation, ski de soirée (8 pistes éclairées), 3 remontées mécaniques, snowpark. La station Mont-Avila est sur la même montagne que le celle de Mont-Saint-Sauveur mais le terrain est situé dans la municipalité de Piedmont, à l'est.

L'OUEST

■ LA PENTE DES PAYS-D'EN-HAUT

440, chemin Avila, Piedmont
℡ 450-224-4014/1-800-668-7951
www.cesttrippant.com
Sortie 58, autoroute 15 Nord. Ouvert de mi-décembre à fin mars du lundi au jeudi de 9h à 17h, le vendredi et le samedi de 9h à 22h, dimanche de 9h à 20h. Tarif variable selon la durée de la visite. Les glissades des Pays-d'en-Haut offre 35 pistes de glissades sur tubes et rafting des neiges. 10 km de descente, 8 000 remontées mécaniques à l'heure.

■ STATION MONT-HABITANT

12, boulevard des Skieurs,
Saint-Sauveur-des-Monts
℡ 450-227-2637/1-866-887-2637
www.monthabitant.com
Autoroute 15 Nord, sortie 60. Ouvert du lundi au vendredi de 9h à 22h30, le samedi de 8h30 à 22h30, le dimanche de 8h30 à 21h. Tarifs journaliers adultes de 28 $ à 35 $, étudiants et seniors de 24 $ à 32 $, enfants de 6 à 12 ans de 22 $ à 24 $, enfants de 0 à 5 ans : 10 $. 11 pistes, 183 m de dénivellation, ski de soirée (9 pistes éclairées), 3 remontées mécaniques.

■ CLASSIQUES COURSES DE CHIENS DE TRAÎNEAU DE LA VALLÉE DE SAINT-SAUVEUR

℡ 450-227-2564/1-877-528-2553
Mi-février. Courses de traîneaux à chiens.

Shopping

Le Québec vit à l'heure des Factory Outlets, ces centres commerciaux à prix réduits qui viennent des Etats-Unis et fonctionnent, paraît-il, sans l'intermédiaire du fournisseur. Vous trouverez deux centres de factoreries à l'entrée du village de Saint-Sauveur, sur votre droite. Les produits (vêtements, chaussures, cosmétiques, articles d'hygiène, etc.) sont en principe moins chers mais moins variés que dans les commerces de la grande ville (les Cantons de l'Est et la région de Québec ont aussi leurs factoreries). Bref, ce concept purement américain fait, en ce moment, et

malheureusement, un tabac à travers tout le Québec. Pour trouver des souvenirs et des cadeaux intéressants, promenez-vous aux galeries des Monts, au sud de la route 364 (chemin de la Vallée). Elles abritent quelques boutiques attrayantes et originales, mais pas spécialement bon marché. Il y a encore évidemment les boutiques de la rue Principale et quelques-unes sur la rue de la Gare.

MORIN-HEIGHTS

Localité anglophone typique des Laurentides, Morin-Heights était déjà célèbre grâce à son studio d'enregistrement de réputation internationale (le défunt studio Perry a accueilli, entre autres, les Rolling Stones, David Bowie, Cat Stevens… qui y atterrissaient en hélicoptère). Aujourd'hui, le studio se consacre à l'infographie et aux effets visuels spéciaux. Des artistes comme Robert Charlebois et Claude Dubois ont élu domicile à Morin-Heights, certains au bord des nombreux lacs de la municipalité. Ce petit village pittoresque a encore son magasin général, situé sur le côté sud-ouest du carrefour, sur la rue du Village. En face, un resto-santé sympathique et pas cher. Vers le nord, en haut de la côte du carrefour, un restaurant plus chic à votre droite, le Beatles. Essayez les steaks.

■ www.morinheights.com

▶ **Accès.** Prendre la route 364 Ouest pour quelques kilomètres et rendez-vous dans le petit village de Morin-Heights (très bien indiqué, tournez à gauche au feu de signalisation).

■ SKI MORIN-HEIGHTS

231, chemin Bennett
℡ 450-227 2020 – www.mssi.ca
On accède à la station de ski Morin-Heights par la rue du Village en roulant vers l'ouest (attention aux indications à votre droite), ou en prenant la 364, la route intermunicipale. Ouvert du lundi au vendredi de 9h à 16h et le dimanche de 8h30 à 17h. Le vendredi et le samedi ski de soir à partir de 15h jusqu'à 22h30. Tarifs journaliers adultes de 29 $ à 38 $, étudiants et seniors

(450) 224-7007
www.laurentides.com

de 25 $ à 34 $, enfants de 6 à 12 ans de 22 $ à 27 $, enfants de 0 à 5 ans : 11 $. 23 pistes, 200 m de dénivellation, ski de soirée (16 pistes éclairées), 6 remontées mécaniques.

■ OFURO SPA
777, chemin Saint-Adolphe
℡ 450-226-2442/1-877-884-2442
www.spaofuro.com
Ouvert tous les jours de 11h à 20h, le vendredi, le samedi et le dimanche de 10h à 21h, réservation requise. Thermothérapie : 40 $, massage à partir de 65 $, et forfait pour les deux à partir de 90 $. Le site, inspiré de la tradition japonaise, est une oasis de détente et de paix. Été comme hiver, on s'y repose le corps et l'esprit dans un cadre enchanteur.

SAINTE-ADÈLE

Située sur la montagne, plus au nord sur l'autoroute des Laurentides, Sainte-Adèle s'étale au pied d'un lac, en haut de la côte Morin (après avoir pris la sortie 67 de l'autoroute 15 à gauche, au quatrième feu de signalisation, sur la 117, qui s'appelle le boulevard Sainte-Adèle). A Sainte-Adèle est né l'écrivain, polémiste et journaliste Claude-Henri Grignon, dont le roman *Un homme et son péché* a fait l'objet d'une série TV diffusée pendant un nombre record d'années.
La ville abrite également l'un des complexes hôteliers les plus réputés au cœur des Laurentides : Hôtel Le Chantecler. Ce complexe bénéficie d'un domaine skiable, Ski Chantecler. En été, les randonneurs pourront partir marcher de Sainte-Adèle.

▶ **www.sainte-adele.qc.ca**

▶ **Accès.** Sorties 64, 67, 69 et 72 de l'autoroute 15.

Pratique

■ BUREAU D'ACCUEIL TOURISTIQUE
1490, rue Saint-Joseph (sortie 67 de l'autoroute 15) ℡ 450-229-3729
Ouvert tous les jours, du 24 juin à début septembre de 9h à 20h, hors saison de 9h à 17h.

■ CLSC SAINTE-ADELE
℡ 450-229-6601

Hébergement

■ B&B A L'OREE DU BOIS
4400, rue des Engoulevents
℡ 450-229-5455 – www.aloreedubois.com

4 chambres, en simple : 85 $, en double : 99 $, et un studio : 120 $ en simple ou double, petit déjeuner complet inclus. L'Orée du Bois vous accueille chaleureusement dans un environnement en pleine nature, à 5 min du village de Sainte-Adèle. Décor rustique et raffiné, chambres spacieuses et joliment décorées. Sur la propriété, magnifiques plans d'eaux (cascades et piscine naturelle) où les activités de baignade, canoë, chaloupe peuvent être pratiquées. En hiver, raquettes, ski de fond. Terrasse, jardin.

■ HOTEL LE CHANTECLER
1474, chemin du Chantecler
℡ 450-229-3555/1-866-916-1616
www.lechantecler.com
Chambre de 89 $ à 129 $. Tarifs groupes. 221 chambres confortables et équipées. L'Hôtel Le Chantecler surplombe majestueusement le lac autour duquel de nombreuses activités saisonnières sont offertes. Etablissement de tout confort ayant un cachet particulier. Fine cuisine, bar-théâtre, centre de santé, terrasse, salles de réunion. A proximité des pistes de Ski Chantecler et de ski de fond, motoneige, randonnée pédestre, vélo, centre équestre, golf, plage, tennis. Forfaits disponibles.

■ HOTEL L'EAU A LA BOUCHE
3003, boulevard Sainte-Adèle
℡ 450-229-2991/1-888-828-2991
www.leaualabouche.com
Chambre double de 185 $ à 350 $. Forfaits disponibles. Connu pour son restaurant gastronomique, L'Eau à la Bouche est depuis 1989 membre de la prestigieuse chaîne des Relais et Châteaux. Etablissement de tout confort, il met à la disposition de sa clientèle vingt et une chambres et suites d'une grande qualité, ainsi qu'un Spa de premier ordre. Le tout au cœur des Laurentides.

■ HOTEL MONT-GABRIEL
1699, chemin du Mont-Gabriel
℡ 450-229-3547/1-800-668-5253
www.montgabriel.com
128 chambres et suites de 96 $ à 285 $ en double. Tarifs groupes. L'hôtel Mont-Gabriel fut construit au sommet du Ski Mont-Gabriel en 1936 dans un cadre enchanteur. Décor chaleureux en bois rond et fer forgé. Chambres spacieuses, confortables et équipées. Fine cuisine, bar, centre de santé, terrasse fleurie, piscine, salles de réunion. Accès direct aux pistes de ski alpin, motoneige, traîneau à chiens, randonnée pédestre, golf, tennis. Forfaits disponibles.

L'OUEST

Ma cabane au Canada

C'est aussi à Morin-Heights que se trouve, dit-on, la fameuse, l'authentique, la vraie cabane au Canada qui aurait inspiré la chanson de Line Renaud. C'était une habitation rustique, d'une seule pièce, tout en rondins, bâtie sur un escarpement, au bord d'un minuscule lac. Aujourd'hui agrandie, elle est toujours située au bout du chemin du domaine des Castors. Mais elle n'est pas ouverte aux touristes. Ses propriétaires, d'origine européenne, l'habitent toujours. Faites la promenade, elle vous donnera envie d'aller plus loin, en forêt, dans les montagnes.

Restaurants

Quelques petits restos sympathiques sur la rue Valiquette (parallèle à la 117, à l'ouest) offrent surtout l'avantage d'être beaucoup moins chers que les restaurants gastronomiques.

■ AU PETIT CHAUDRON

1110, boulevard Sainte-Adèle
✆ 450-229-2709
Le restaurant Au Petit Chaudron se trouve du côté ouest de la rue, en haut de la côte. On y sert une cuisine traditionnelle québécoise depuis 25 ans ; ancienne binerie (voir lexique). On y mange sur le pouce pour pas cher. Tout le monde connaît.

■ CHEZ MILOT

958, rue Valiquette ✆ 450-229-2838
www.chez-milot.qc.ca
Ouvert tous les jours de 11h30 à 14h et de 17h à 22h. A la carte de 15 $ à 40 $, table d'hôtes de 13,50 $ à 37 $. Le restaurant Chez Milot vous propose une bonne cuisine belge, à base de fruits de mer, grillades et pâtes. Très agréable. Terrasse.

■ LES DELICES DE MAMIE NATURE

996, rue Valiquette ✆ 450-229-7965
Le midi : 12 $, le soir de 15 $ à 18 $. On est accueilli par la propriétaire que la plupart des habitués appellent Mamie. Dès 9h du matin et jusqu'à la fermeture, elle sert des petits déjeuners (croissants, brioches), des menus différents à chaque déjeuner (salade de canard et de pommes, poulet basquaise…), des repas du soir (terrine de sanglier, magret de canard sauce aux prunes…) et des plats à emporter.

■ L'EAU A LA BOUCHE

3003, boulevard Sainte-Adèle
✆ 450-229-2991
www.leaualabouche.com
A la sortie du village, au nord. A partir de 67 $ en table d'hôtes. Elégante maison de campagne classée Relais et Châteaux, et située dans un cadre exceptionnel, elle offre une cuisine raffinée qui invite à la gourmandise. Ce restaurant gastronomique est réputé pour être l'une des meilleures tables d'Amérique du Nord.

Manifestation

■ FESTIVAL DES COULEURS

✆ 450-229-2644
Fin septembre et début octobre. Exposition d'artistes peintres professionnels, artisans, spectacles et palette d'activités au sein de la ville.

Points d'intérêt

■ THEATRE D'ETE DE SAINTE-ADELE

1069, boulevard Sainte Adèle
✆ 450-227-1389
www.theatrestsauveur.com

■ AU PAYS DES MERVEILLES

3795, rue de la Savane
✆ 450-229-3141
www.paysmerveilles.com
Ouvert du 13 juin au 24 août, tous les jours de 10h à 18h. Entrée : 15 $ (taxes incluses) par personne. Un immense terrain de jeux pour toute la famille. Parc d'attractions pour les plus jeunes au sein de l'univers Disney.

(450) 224-7007
www.laurentides.com

■ LA TRUITE DES GOURMETS DU MARTIN-LE-PECHEUR

265, avenue Canadienne
✆ 450-229-7020

Ouvert de mi-avril à mi-novembre de 10h à 18h. Réservation obligatoire. Le site est aménagé pour les pêcheurs en herbe et les chevronnés. On y loue des cannes à pêche et on peut griller ses truites sur place. Trois lacs, avec des stations à l'abri de la pluie s'il vous plaît, sont habités de truites mouchetées, arc-en-ciel et trophée. La Truite des Gourmets ne laisse pas les pêcheurs affamés puisque des tables champêtres et fermières sont proposées.

■ SKI CHANTECLER

1474, chemin du Chantecler
✆ 450-229-3555/1-800-916-1616
www.lechantecler.com

Ouvert du lundi au vendredi de 9h à 22h, le samedi de 8h30 à 22h, le dimanche de 8h30 à 16h. 29 $ en semaine et soirée, week-end : 38 $. 16 pistes, 201 m de dénivellation, ski de soirée (8 pistes éclairées), 3 remontées mécaniques.

■ SKI MONT-GABRIEL

1501, montée Gabriel
✆ 450-227-1100
www.mssi.ca

Ouvert du lundi au jeudi de 9h à 16h, le vendredi de 9h à 22h30, le samedi de 8h30 à 22h30, le dimanche de 8h30 à 17h. 17 $ semaine et soirée, 33 $ week-end. 18 pistes, 200 m de dénivellation, ski de soirée (12 pistes éclairées), 7 remontées mécaniques.

■ THALASPA

1699, chemin Mont-Gabriel
✆ 450-229-7813/1-866-466-6665
www.thalaspa.ca

Beaucoup de soins à la carte, et des forfaits comme la journée découverte à 275 $. Situé à l'hôtel du Mont-Gabriel, les traitements offrent l'accès gratuit à la piscine, au sauna et au jacuzzi.

VAL-DAVID

Paisible et pittoresque, ce village abrite un regroupement d'artistes et d'artisans de la région dont le plus célèbre est probablement M. Bernard Chaudron. Dans son atelier (2449, chemin de l'Ile ✆ 819-322-3944. *Ouvert tous les jours de 10h à 16h*), vous pourrez choisir entre des poteries d'étain sans plomb faites à la main et des pièces de métal : argent, étain, cuivre. Val-David est le théâtre de nombreuses activités culturelles.

■ www.valdavid.com

Pratique

■ BUREAU D'ACCUEIL TOURISTIQUE

2501, rue de l'Eglise
✆ 819-322-2900/1-888-322-7030 (poste 235)

Ouvert tous les jours, du 24 juin à début septembre de 9h à 19h, hors saison de 9h à 17h.

Hébergement

■ L'AUBERGE DU VIEUX FOYER

3167, 1er Rang-Doncaster
✆ 819-322-2686/1-800-567-8327
www.aubergeduvieuxfoyer.com

Tarifs par personne de 92 $ à 132 $, petit déjeuner et souper inclus. 32 chambres douillettes. L'Auberge du Vieux Foyer est une charmante demeure que tout le monde apprécie. Site enchanteur, décor chaleureux avec boiseries. Fine cuisine, bar, soins de santé, terrasse, piscine, sauna extérieur, salles de réunion. **Activités :** pédalo, vélo de montagne, accès aux pistes de ski de fond, patinoire.

■ **CHALET BEAUMONT (AUBERGE DE JEUNESSE)**
1451, Beaumont ✆ 819-322-1972
www.chaletbeaumont.com
Fermé de septembre à décembre et d'avril à juin inclusivement. Tarifs journaliers : 20 $ pour les membres, 24 $ pour les non-membres en dortoir, chambre privée 55 $ (en occupation double) pour les membres, 60 $ pour les non-membres. Tarifs groupes. 43 unités en dortoir et en chambre privée. Repas offerts sur place, terrasse, jardin, stationnement. Le Chalet Beaumont, construit en bois rond en 1930, vous accueille chaleureusement dans un site enchanteur. Activités offertes : vélo, randonnée pédestre, raquettes, ski de randonnée. Forfaits disponibles.

■ **HOTEL LA SAPINIERE**
1244, chemin de la Sapinière
✆ 819-322-2020/1-800-567-6635
www.sapiniere.com
70 chambres et suites de 145 $ à 180 $. Tarifs groupes. L'Hôtel La Sapinière, construit en 1936, est situé dans un cadre enchanteur sur les bords du lac qui porte le même nom. Décor rustique et chaleureux. Chambres claires, spacieuses et joliment décorées. Table gastronomique réputée et cave à vins mémorable. Terrasse fleurie, piscine, salles de réunion. **Activités :** tennis, pédalo, canot, chaloupe, sentiers pédestres, vélo, ski de randonnée, patinoire, randonnée en raquettes. Forfaits disponibles.

Restaurants

■ **LE MOUTON NOIR**
2301, rue de l'Eglise ✆ 819-322-1571
www.bistromoutonnoir.com
Ouvert lundi et mercredi de 9h à 16h, du jeudi au samedi de 9h à 23h et le dimanche de 9h à 18h. Fermé le mardi. Située juste sur le bord de la rivière du Nord, cette jolie maison en bois aux couleurs vives organise de nombreux concerts mettant en avant les musiciens de la région. Les menus, avec choix de paninis, sont assez simples mais équilibrés et très

originaux. Le site est aussi le point de départ de kayaks et canots offerts à la location par « Aventure nouveau continent » (✆ 819-322-7336/1-866-922-7336).

■ **LES ZEBRES**
2347, rue de l'Eglise ✆ 819-322-3196
www.resto-zebres.com
Ouvert du jeudi au lundi de 17h à 22h. Pas de table d'hôtes, il suffit d'ajouter 10 $ au plat principal pour obtenir un menu. Situé sur la rue principale de la ville, ce nouveau restaurant, se démarque de ses confrères. D'abord par sa déco très contemporaine, épurée, où le blanc règne en maître et se mélange délicatement avec le noir, puis, par la philosophie de l'équipe, ouverte à tout et surtout a ce qui n'est pas conventionnel. Ici on aime les bonnes choses et on vous le prouve avec des menus originaux, aux saveurs délicates et aux portions généreuses. Une très bonne table à découvrir, nouvellement dotée d'une belle terrasse.

■ **RESTAURANT LE GRAND PA**
2481, rue de l'Eglise ✆ 819-322-3104
Ouvert tous les jours à 11h30 et à 17h. Compter de 20 $ à 30 $ la table d'hôtes et de 18 $ à 28 $ pour un menu à la carte. Réservation requise. Le restaurant Le Grand Pa propose une cuisine française et italienne à base de grillades, pâtes et pizzas. Quoi de mieux que de déguster une bonne pizza en terrasse ?

Manifestations

■ **1001 POTS**
2435, rue de l'Eglise
✆ 819-322-6868/1-888-322-7030
www.1001pots.com
De mi-juillet à mi-août. Entrée : 2 $. Il s'agit de la plus grande exposition d'objets en céramique en Amérique du Nord. Le site, en plein air, regroupe les oeuvres de plus d'une centaine d'artisans québécois, accompli ou de la relève. Parmi les objets exposés on retrouve des objets décoratifs, des vases, tirelires, bijoux, tableaux, pots et bien d'autres. A découvrir absolument.

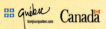

LES MAINS À L'ŒUVRE
✆ 819-322-7813
Mi-juillet à début août. Expositions, pièces de métiers d'art, artisans sur place le week-end. Boutique La Verdure (1310, rue Dion, angle rue de l'Eglise).

Points d'intérêt

**LA MAISON DU VILLAGE
CENTRE D'EXPOSITION DE VAL-DAVID**
2495, rue de l'Eglise
✆ 819-322-7474/1-888-322-7030
www.culture.val-david.qc.ca
En hiver, ouvert du mercredi au dimanche de 11h à 17h et du 24 juin à début septembre tous les jours de 11h à 17h. Entrée libre. La Maison du Village est un centre culturel où organismes, artistes et artisans multidisciplinaires présentent des projets éducatifs, culturels et artistiques. Expositions, rencontres avec les artistes dans leur atelier, servant aussi de galerie d'art.

LA FONDATION DEROUIN
1303, montée Gagnon
✆ 819-322-7167
www.fondationderouin.com
Passeport d'été : 8 $, gratuit pour les moins de 12 ans. Très connue pour ses sentiers qui nous dévoilent, sur 2 km, les oeuvres intégrées à la nature de nombreux artistes, la fondation créée en 1995 est également le lieu de résidence et de travail de l'artiste René Derouin.
Elle organise chaque année un symposium international d'art, qui regroupe performances, concerts, oeuvres in situ, expositions et conférences sur l'art et la nature. Son but : favoriser les échanges entre les créateurs des trois Amériques. Une expérience à découvrir.

STATION DE SKI VALLEE-BLEUE
1418, chemin Vallée-Bleue
✆ 819-322-3427
www.vallee-bleue.com
Sortie 76 de l'autoroute 15. Ouvert tous les jours de 9h à 16h. Tarifs journaliers adultes de 16 $ à 27 $, étudiants et seniors de 14 $ à 22 $, enfants de 6 à 12 ans de 13 $ à 19 $, enfants de 0 à 5 ans : 6 $. 17 pistes, 111 m de dénivellation, 3 remontées mécaniques.

VILLAGE DU PERE NOEL
✆ 819-322-2146/1-800-287 6635
www.noel.qc.ca
8-9 et 15-16 décembre et du 22 décembre au 6 janvier de 11h à 17h (fermé le 25). 10,50 $

de 2 à 65 ans. Depuis 1953, une belle activité pour les petits durant la période des fêtes. À ne pas manquer si vous êtes avec de jeunes enfants dans la région...

SAINTE-AGATHE DES-MONTS

Sainte-Agathe-des-Monts est la seule ville des Laurentides où les plages de sable côtoient les bâtiments dignes d'une richesse patrimoniale. En effet, le lac des Sables est une plage magnifique et la principale destination des croisières guidées.
On s'y baigne en été, on y fait de la voile, et en hiver de la motoneige. Bonnes petites tables et petites auberges dans les principales rues de l'agglomération.

■ **www.sainte-agathe.org**
▶ **Accès.** Sortie 86 de l'autoroute 15.

Pratique

BUREAU D'ACCUEIL TOURISTIQUE
24, rue Saint-Paul Est
✆ 819-326-0457/1-888-326-0457
Ouvert tous les jours, du 24 juin à début septembre de 8h30 à 19h, hors saison de 9h à 17h.

**HOPITAL
SAINTE-AGATHE-DES-MONTS**
✆ 819-324-4000

CLSC
✆ 819-326-3111

Hébergement

AUBERGE LE SAINT-VENANT
234, rue Saint-Venant
✆ 819-326-7937/1-800-697-7937
www.st-venant.com
De 115 $ à 140 $ en double, petit déjeuner inclus. Cette spacieuse maison, classée 3-étoiles, offre neuf chambres douillettes et joliment décorées, nouvellement équipées de l'Internet sans fil haut débit, ainsi qu'une terrasse et des balcons privés. Située à flanc de montagne, l'auberge domine majestueusement le lac des Sables.
Elle dispose de grandes fenêtres qui offrent beaucoup de clarté et surtout une vue imprenable sur le lac, de quoi faire de vos petits déjeuners, la spécialité de la maison. Accueil très chaleureux.

■ **AUBERGE DU LAC-DES-SABLES**
230, rue Saint-Venant
℡ 819-326-3994/1-800-567-8329
www.aubergedulac.com
De 121 $ à 166 $ en double, petit déjeuner inclus. L'Auberge du Lac-des-Sables est située au bord du lac du même nom et offre une très belle vue. On se croirait en bord de mer ! Reconstruite entièrement à la suite d'un incendie, elle offre aujourd'hui 23 chambres et studios de grand confort, tout équipés. L'établissement dispose d'une très bonne table, d'une belle grande terrasse et d'un Spa, ouvert de mai à octobre. Nombreux forfaits disponibles.

■ **MOTEL SUPER 8**
500, rue Leonard
℡ 1-888-1-561-7666
www. super8steagathe.com
74 chambres à partir de 84 $ la chambre. Gratuit pour les moins de 18 ans. Pratique pour les familles : les enfants ne payent pas, piscine avec un grand toboggan. A deux pas de Wal Mart.

Restaurant

■ **CHEZ GIRARD**
18, rue Principale Ouest
℡ 819-326-0922/1-800-663-0922
3 chambres à thème de 90 $ à 110 $ en double, petit déjeuner inclus. Forfaits disponibles. Ouvert du lundi au samedi à partir de 11h30, le dimanche à partir de 9h. Compter entre 10 $ et 30 $. Situé aux abords du lac des Sables, le restaurant Chez Girard propose une fine cuisine régionale ainsi qu'un choix de gibier, poissons et fruits de mer. De délicieux petits déjeuners sont servis le dimanche matin.

Manifestations

■ **TRAVERSÉE DU LAC DES SABLES**
(Triathlon et duathlon)
℡ 450-227-3578
www.sportriple.com

Début août. Evénement sportif de grande envergure. Athlètes professionnels, compétitions de natation, vélo et course à pied.

■ **L'HIVER EN NORD**
℡ 819-326-0457
Mi-janvier à début mars. Droits d'entrée. Ce carnaval d'hiver pour petits et grands a lieu au bord du lac des Sables et offre diverses activités. Palais de glace, parc de sculptures sur neige. Glissades, patinoire.

Points d'intérêt

■ **LES CROISIERES ALOUETTE**
Quai des Alouettes
℡ 819-326-3656
www.croisierealouette.com
Ouvert tous les jours de juin à mi-octobre. 5 départs par jour du 12 août au 20 octobre. Adultes : 12 $, seniors : 10 $, enfants de 5 à 15 ans : 5 $. Groupes sur réservation. Belle croisière de 50 min sur le lac des Sables. Forfaits disponibles.

■ **EXPEDITIONS TUCKAMOR**
7123, chemin Lac-Noir,
Sainte-Agathe-Nord
(sortie 89 de l'autoroute 15)
℡ 819-326-3602
www.tuckamor.ca
Ouvert toute l'année. Tarifs variables selon activités. Expéditions en canot sur plusieurs rivières et lacs. Ski de randonnée avec nuit en refuge. Encadrement avec guides spécialisés.

SAINT-FAUSTIN

Continuant plus au nord sur l'autoroute 15 qui rejoint la route 117, on arrive à ce petit village renommé pour sa pisciculture (737, chemin de la Pisciculture).
La station mérite une visite. On élève à Saint-Faustin de l'omble de fontaine (la truite mouchetée) qui sert à l'ensemencement de plusieurs lacs des Laurentides.

Points d'intérêt

■ **CABANE A SUCRE MILLETTE**
1357, rue Saint-Faustin
℅ 819-688-2101/1-877-688-2101
www.millette.ca
Ouvert en mars et avril du mardi au dimanche de 11h30 et 20h, de mai à février sur réservation. Hors saison sur réservation. Repas de 17 $ à 25 $, hors saison de 25 $ à 40 $. Banquets, tarifs de groupes. Visite guidée, droits d'entrée. La cabane à sucre Millette vous propose à l'année la visite de l'érablière où l'on cueille la sève de l'érable de façon artisanale.
Menus traditionnels à base de sirop d'érable et animation musicale dans une charmante maison en bois. Produits d'érables disponibles sur place.

■ **STATION DE SKI MONT-BLANC**
Route 117
℅ 819-688-2444/1-800-567-6715
www.ski-mont-blanc.com
Ouvert tous les jours de 8h30 à 16h. Tarifs journaliers adultes de 31 $ à 37 $, étudiants et seniors de 26 $ à 31 $, enfants de 6 à 12 ans de 20 $ à 22 $, enfants de 0 à 5 ans : 5 $. 39 pistes, 300 m de dénivellation, 7 remontées mécaniques, snowpark (sauts, half-pipe, rampe).

■ **CENTRE TOURISTIQUE ET EDUCATIF DES LAURENTIDES**
5000, chemin du Lac Caribou
℅ 819-326-9072/1-866-326-9072
www.ctel.ca
5,50 $ par jour par adulte. Tarifs réduits pour les enfants, les seniors, les familles. On vous y accueille de début mai à mi-octobre (*jusqu'au 22 juin ouvert du vendredi au lundi uniquement*), pour profiter de la nature ou aller à la pêche. Sur un même territoire, retrouvez tous les attraits naturels de la faune et la flore laurentienne, avec ses forêts, lacs et montagnes. 40 km de sentiers bien aménagés vous y attendent pour la randonnée.

LAC SUPÉRIEUR

En passant par Saint-Faustin à l'est de la route, on parvient à l'un des plus beaux lacs du Nord, le lac Supérieur, particulièrement majestueux en automne lorsqu'il est enclavé entre des montagnes colorées.

Mont-Tremblant

Hébergement – Restaurants

■ AUBERGE CARIBOU

141, chemin Tour-du-Lac
☎ 819-688-5201/1-877-688-5201
www.cariboulodge.qc.ca

25 chambres, en simple de 90 $ à 135 $, en double de 250 $ à 300 $, petit déjeuner et souper inclus. Location de chalets équipés (360 $ à 400 $ par jour, capacité de 6 à 8 personnes, minimum de 2 nuits). L'Auberge Caribou (3-étoiles), datant de 1945, est un chalet en rondins, situé au bord du majestueux lac Supérieur. Une belle communion avec la nature, empreinte de calme et de sérénité. Intérieur rustique et chaleureux. Chambres douillettes et joliment décorées. Fine cuisine régionale (spécialité de viande de gibier), bar, salle de réunion. **Activités :** sentiers pédestres, ski de fond, tennis, canoë, kayak, voile, pêche. Forfaits disponibles. Accueil très chaleureux.

■ COTE NORD

141 chemin Tour-du-Lac
☎ 819-688-5201/1-888-268-366
www.cotenordtremblant.com

De 223 $ à 750 $ la nuit en chalet (2 nuits minimum, tarifs dégressifs). De magnifiques chalets tout confort en bois rond, comprenant de deux à cinq chambres à coucher construits sur des terrains boisés. Tous les chalets ont accès au lac Supérieur et à la rivière Le Boulé. Côté Nord Tremblant offre aux inconditionnels de la nature et aux visiteurs en quête d'authenticité une expérience haut de gamme, une excellente table aux saveurs du terroir au restaurant Le Caribou (en bas de la colline) ainsi que des forfaits variés. A quelques minutes du parc national du Mont-Tremblant.

MONT-TREMBLANT

Les Amérindiens de la tribu des Algonquins l'appelaient Manitou Ewitchi Saga, soit la montagne du redoutable Manitou. C'était leur dieu de la nature, celui qui faisait trembler les montagnes lorsque les humains perturbaient l'ordre naturel ; d'où le nom de montagne tremblante. Mont-Tremblant – la municipalité du Mont-Tremblant a été fondée en 1894 – est un parc national, le premier jamais créé au Québec et qui possède un riche patrimoine naturel (400 lacs, 6 rivières et des dizaines de cascades répertoriées sur son territoire). C'est le paradis des amoureux de la nature. Mont-Tremblant abrite aujourd'hui la station de sports d'hiver la plus haute et la plus importante des Laurentides (968 mètres, dénivelé de la station de ski : 645 m). Sur la gigantesque montagne se déroulent des compétitions de ski de très haut niveau. Les pentes du Mont-Tremblant étaient une des destinations sportives préférées de l'ex-Premier ministre du Canada, Pierre-Elliott Trudeau. La station Tremblant, comme on l'appelle, propose une multitude d'activités quatre saisons. Elle a subi des transformations importantes. Plusieurs centaines de millions de dollars ont été investi dans un village à vocation entièrement touristique. Mont-Tremblant est

appelé à devenir une station internationale digne de celle d'Aspen au Colorado ou encore de Tignes en France.

Le Vieux-Tremblant est un village pittoresque et plein de charme qui regorge d'auberges, maisons et chalets en rondins. La rivière du Diable qui coule à proximité du mont est régulièrement descendue par les amateurs de rafting : elle ne porte pas son nom sans raison. Une seule grande municipalité unit maintenant Saint-Jovite, Mont-Tremblant et lac Tremblant-Nord : Mont-Tremblant.

■ **www.villedemont-tremblant.qc.ca**

Pratique

■ **BUREAU D'ACCUEIL TOURISTIQUE**
5080, montée Ryan
✆ 819-425-2434/1-877-425-243
Ouvert tous les jours, du 24 juin à début septembre de 8h à 19h, hors saison de 9h à 17h. **Autre adresse :** centre-ville, 305, chemin Brébeuf ✆ 819-425-3300 – www. tourismemonttremblant.com

■ **CLSC MONT-TREMBLANT**
✆ 819-425-3771

Motoneige, Mont Tremblant

L'OUEST

Ma *destination* vacances !

Pour les AMOUREUX
de *grands espaces* et d'activités
de plein air, la région de Mont-Tremblant c'est

- 3 stations de ski de renom
- plus de 300 km de sentiers de ski de fonds & raquette
- 1510 Km^2 de beauté sauvage protégé
- 7 prestigieux terrains de golf dans un rayon de 30 km
- près de 200 Km de pistes cyclables
- des dizaines de lac

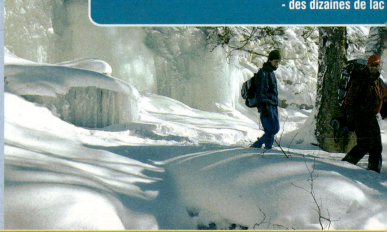

Et toujours la bien québécoise *joie de vivre*

TOURISME
Mont Tremblant
Un monde de villégiature

ONT-TREMBLANT - QUÉBEC - CANADA

(1) 877.425.2434

www.TourismeMontTremblant.com

Ma *destination* vacances !

MONT-TREMBLANT – QUÉBEC – CANADA

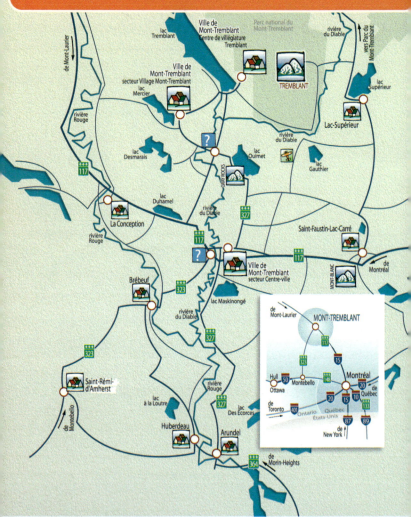

Hébergement

De nombreux hôtels vous accueillent au bas de la montagne : Les suites Tremblant, Marriott residence inn, Homewood suite par Hilton, Fairmont Tremblant, Westin, Tremblant Sunstar… Pour y effectuer une réservation, vous n'avez qu'à contacter les chaînes concernées. Fidèles à nos habitudes, nous vous proposons plutôt des adresses uniques, un peu en retrait de la station.

■ **AUBERGE DE JEUNESSE INTERNATIONALE**
2213, chemin du Village
✆ 819-425-6008/1-866-425-6008
www.hostellingtremblant.com
Ouvert à l'année. Nuit en dortoir : 23,75 $ pour les membres, 27,75 $ pour les non-membres. 6 $ de plus pour une chambre privée. 4,39 $ le petit déjeuner. Salles de bains collectives. Accès cuisine, bar, terrasse, stationnement.
Située au cœur du village Mont-Tremblant et à proximité de la piste du P'tit train du Nord, l'auberge propose de nombreuses activités : baignade, canot, pédalo, feu de camp ski-pass, animation et offre l'accès Internet. Forfaits disponibles. Navette toutes les heures pour la station.

■ **REGROUPEMENT DES GÎTES ET PETITES AUBERGES B&B, RÉGION MONT-TREMBLANT**
✆ 1-866-660-4636
www.bbtremblant.com
Cette association regroupe plus de vingt-cinq établissements, des gîtes et des petites auberges de dix chambres et moins, répartis sur huit municipalités de la région de Mont-Tremblant. Gage de qualité, ce regroupement qui a reçu le lauréat régional de la catégorie service touristique en 2006 pour la région des Laurentides vous propose de vivre la Différence.
Vous pourriez au court d'un même séjour découvrir le cachet de plusieurs établissements. Les hôtes, dignes ambassadeurs de la région, seront en mesure de vous guider sur les incontournables activités à faire, à voir et à déguster.
N'hésitez surtout pas à les contacter pour la planification d'un séjour inoubliable dans cette belle région.

L'OUEST

■ **AUBERGE LA PORTE ROUGE**

1874, chemin du Village

℡ 819-425-3505/1-800-665-3505

www.aubergelaporterouge.com

Chambres standard et supérieures de 76 $ à 112 $, chalets de 138 $ à 188 $ en occupation double. L'Auberge la Porte Rouge se situe au cœur du petit village champêtre de Mont-Tremblant, sur les berges du magnifique Lac Mercier, adjacent au parc linéaire Le P'tit train du Nord. L'auberge offre des chambres standard au confort agréable, des chambres supérieures avec foyer et bain thérapeutique double ainsi que des chalets spacieux pouvant héberger deux à seize personnes. Toutes les unités sont à quelques mètres de la plage avec vue sur le lac. Le restaurant Le Saint-Louis, parmi les meilleurs de la région, offre une cuisine française évolutive. Saison estivale ; piscine, plage, marina, golf, Spa, pêche, sentier pédestre et de vélo. Saison hivernale : sports de glisse, raquette, patinoires, traîneau à chien, pêche sur glace, motoneige, Spa etc.

■ **AUBERGE LE LUPIN**

127, rue Pinoteau ℡ 819-425-5474

℡1-877-425-5474 – www.lelupin.com

9 chambres de 95 $ à 140 $, petit déjeuner inclus. L'auberge Le Lupin est une belle maison en rondins située à 1 km de la station de ski Mont-Tremblant. Les chambres sont douillettes et confortables et l'endroit est joliment décoré d'objets antiques. Accès à la plage et aux sentiers pédestres en été, billets de ski à prix réduit en hiver. Forfaits disponibles.

■ **LE GRAND LODGE MONT-TREMBLANT**

845, chemin Principal

℡ 819-425-2734/1-800-567-6763

www.legrandlodge.com

112 chambres et suites équipées de 100 $ à 640 $. Le Grand Lodge, centre de villégiature et de congrès, s'impose sur les rives du lac Ouimet à 5 min de la station Mont-Tremblant. Il s'agit d'une grande et chaleureuse auberge en bois qui offre un bon service et de multiples activités. Fine cuisine, bar, terrasse, piscine centre de santé, plage privée, boutique, salles de réunion. **Activités :** ski, motoneige, traîneau à chiens, patinage, baignade, golf, tennis, vélo, randonnée pédestre et équestre. Forfaits disponibles.

■ **HOTEL DU LAC – CLUB TREMBLANT**

121, rue Cuttle

℡ 819-425-2731/1-800-567-8341

www.hoteldulac.ca

122 chambres et condos. Forfaits à partir de 119 $ par personne. L'Hôtel Club Tremblant offre à ses visiteurs une expérience authentique depuis près de cent ans. Accueil de qualité, équipements sportifs, bain à remous, sauna : l'hôtel respire le bien-être. Les chambres disposent d'une cuisine équipée et d'une cheminée. Les chalets qui surplombent l'hôtel sont spacieux et confortables. Pour les épicuriens, le restaurant de l'hôtel est à essayer, et vue magnifique sur la station. Enfin, ne manquez pas d'aller faire un séjour au Spa sur le lac de l'hôtel : demandez le massage aux pierres chaudes, vous ne le regretterez pas !

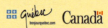

Les Suites Tremblant vous offre des hôtels et des condos au cœur
du village piétonnier avec accès direct aux pentes.
Des séjours sur mesure pour toutes les bourses et tous les goûts.

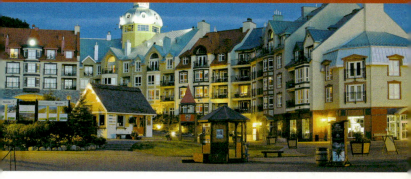

NTRAWEST   1 800 603-0764   lessuitestremblant.com

E WESTIN RESORT & SPA
TREMBLANT, QUÉBEC

LES SUITES TREMBLANT
PAR INTRAWEST

■ L'HOTEL QUINTESSENCE

3004, chemin de la Chapelle
☎ 819-425-3400/1-866-425-3400
www.hotelquintessence.com
*30 suites élégantes de 299 $ à 1 549 $.
A quelques pas du centre de villégiature
Tremblant.* Toutes les suites bénéficient d'une
vue sur le lac Tremblant et sont équipées d'un
foyer. Sur ces lieux d'un luxe indiscutable,
plusieurs services vous sont offerts, du
restaurant de l'hôtel, classé 4 diamants, en
passant par la bibliothèque et le Spa.

■ CHATEAU BEAUVALLON

6385, montée Ryan
☎ 819-681-6611/1-888-245-4030
www.chateaubeauvallon.ca
*70 suites luxueuses et tout confort comprenant
de 1 à 4 chambres. Nombreux forfaits
proposés, à partir de 99 $.* Le nom et le
style architectural restent fidèles à l'auberge
d'origine qui fut construite il y a plus de 60
ans, mais la décoration intérieure, ainsi que
les installations témoignent d'une nouvelle
époque. La rusticité de l'auberge originale
de dix-sept petites chambres a fait place
au raffinement dans cet hôtel-boutique de
soixante-dix suites érigé en bordure de lac
sur un domaine privé entièrement paysagé.
Elégance champêtre et décor soigné, tout
est pensé pour que le séjour des clients à
l'hôtel soit inoubliable. Une gamme complète
de services et la piscine extérieure adossée
à une chute d'eau en pierres complètent
l'expérience.

Café

■ AU GRAIN DE CAFE

3035 chemin de la Chapelle
☎ 819-681-4567
Ce petit café offre de délicieux chocolats
chauds, cafés espresso, thés en fleur et autres
douceurs à ceux qui auraient besoin d'un
peu de réconfort. Avis aux connaisseurs, on
y retrouve le fameux Blue Mountain que l'on
pourra acheter en grains à 39 $ les 250 g.
Les bières et alcools fort sont également

disponibles à déguster à l'intérieur ou en
terrasse. Egalement, service Internet sur
place. Trois ordinateurs avec Internet.

Restaurants

■ LE CAYENNE GRILL

1963 chemin du village ☎ 819-429-6868
*Ouvert tous les jours de 11h30 à 22h. Compter
de 15 $ à 30 $.* Une cuisine colorée, et un
menu complet, comprenant tapas, salades,
pizzas et plats pour fins gourmets. Le tout
dans une ambiance branchée, avec un service
efficace et courtois.

■ LA FORGE

3041, chemin de la Chapelle
☎ 819-681-4900
*Ouvert tous les jours de à partir de 11h.
Compter de 27 $ à 50 $.* Ce bar et grill, avec
cuisine à aire ouverte, propose notamment
des grillades sur bois d'érable, Situé au pied
des pistes de ski, l'ambiance y est raffinée.
Grande terrasse.

■ LA GRAPPE A VIN

Vieux-Tremblant ☎ 819-681-4727
*Ouvert tous les jours à partir de 18h. Compter
de 27 $ à 55 $.* On entre ici dans une belle
maison antique au décor fleuri et à l'ambiance
de bistrot chic mais décontracté. La Grappe à
Vin propose une cuisine inventive d'inspiration
française. La spécialité : les tartares de viande
et de poisson délicatement relevé de saveurs
délicieuses. En accompagnement, un choix
mémorable de vins (plus de 170 bouteilles
et 20 portos et scotchs) nous est proposé.
Heureusement le personnel, des plus
chaleureux, est là pour nous conseiller. Belle
terrasse.

■ LA SAVOIE

Vieux-Tremblant ☎ 819-681-4573
*Ouvert tous les jours de 17h à 22h. Compter de
32,50 $ à 41,25 $, 1 menu pour 2 personnes.*
Le restaurant La Savoie vous propose, comme
son nom l'indique, un choix de spécialités
savoyardes. Fondues, raclettes et pierrades
dans un décor typique de chalet suisse.

Balade à cheval, ranch de l'Hermitage, Mont-Tremblant

■ **LE SHACK RESTO-BAR**
3035, chemin de la Chapelle
☎ 819-681-4700
Compter de 12 $ à 30 $. Lieu d'après-ski festif, le Shack peut accueillir plus de 200 personnes ! Cuisine américaine familiale qui propose hamburgers, pâtes, *fisn n'chips* et steak dans un cadre rustique. La spécialité de la maison est le rôti de bœuf. Pour bien débuter la journée de ski, on y sert un buffet déjeuner.

■ **MICROBRASSERIE SAINT-ARNOULD**
435, rue Paquette (Saint-Jovite)
☎ 819-425-1262
Ouvert tous les jours de 11h30 à 2h. Compter entre 15 $ et 25 $. La microbrasserie Saint-Arnould est une fabrique de bière mais également un restaurant où l'on sert une cuisine à la bière. Six variétés de bières sont brassées sur place de façon artisanale et 1 500 bouteilles et pièces de collection de brasserie sont exposées au sein du musée. Visites guidées gratuites tous les jours à 11h et 15h, sauf le mardi et le dimanche.

Manifestations

■ **MOLSON EX-PRO CHALLENGE**
Centre de villégiature, Tremblant
☎ 1-888-573-1222
Début avril. Compétitions des plus talentueux planchistes et skieurs libres du monde. Epreuves de ridercross et de half-pipe à couper le souffle.

■ **RAID THE NORTH**
Centre de villégiature, Tremblant
☎ 1-888-573-1222
Début juin. Course d'aventure de type expédition. Trente-six heures sans interruption : descente en eau vive, alpinisme, canotage, trekking et vélo. Activités et animation pour le grand public.

■ **FESTIVAL INTERNATIONAL DU BLUES DE TREMBLANT**
Centre de villégiature, Tremblant
☎ 1-888-573-1222
Vers le 10 juillet. Une des plus grosses manifestations de blues au pays. Des artistes de calibre international présentent des spectacles sur plus de douze scènes intérieures et extérieures.

Sports et loisirs

Mont-Tremblant est une destination golf par excellence avec plusieurs terrains réputés, les amateurs n'auront que l'embarras du choix : nous vous recommandons particulièrement Le Diable et Le Géant.

■ **POUR PLUS D'INFORMATIONS**
www.tremblant.ca
Ou encore Le Manitou :
www.golfmanitou.com

■ **PARC NATIONAL DU MONT-TREMBLANT**
Voir la section ci-dessous.

L'OUEST

■ SPA NATURE LE SCANDINAVE

4280, montée Ryan ℂ 819-425-5524/888
www.scandinave.com

*Ouvert à l'année, tous les jours de 10h à 21h.
Bains scandinaves : 41 $, massage de 108 $ à
169 $ (60 min à 90 min). On vous invite à vivre
une douce aventure dans un cadre enchanteur
où se mêlent l'eau, l'air pur et le bois. L'ultime
relaxation ! Sauna finlandais, bain vapeur,
tourbillon extérieur, chute et cascade, baignade
en rivière, massages suédois (réservation
recommandée). Un beau cadre, beaucoup de
monde les fins de semaine.*

■ RANCH MONT-TREMBLANT

710, chemin Val-des-Lacs, Val-des-Lacs
ℂ 819-326-7654
www.ranchtremblant.com

*Ouvert à l'année. Le ranch Mont-Tremblant,
situé à Val-des-Lacs à 30 min de Mont-
Tremblant, propose une randonnées d'une
ou plusieurs journées en forêt ou en montagne
avec un guide expérimenté. Il est possible de
jumeler les activités de ski de fond, de raquette
et de pêche aux randonnées équestres.
Hébergement et restauration sur place.*

■ STATION DE SKI MONT-TREMBLANT

1000, chemin des Voyageurs
(route 117, montée Ryan)
ℂ 819-681-3000/1-888-857-8043
www.tremblant.ca

*Ouvert tous les jours de 8h30 à 15h30, le
mercredi, le samedi de 18h30 à 22h (activités
de glisse). Adultes de 47 $ à 62 $, seniors
de 40 $ à 53 $, étudiants de 34 $ à 46 $.
94 pistes, 645 m de dénivellation, ski de soirée
(zone flying mile), 9 remontées mécaniques,
snowpark.*

■ STATION GRAY ROCKS

2322, rue Labelle (route 327)
ℂ 819-425-2771/1-800-567-6767
www.grayrocks.com

*Ouvert tous les jours de 8h30 à 16h30. Ski :
23 $ en semaine, 28 $ le week-end. Etudiants
et seniors de 19 $ à 22 $. 5 ans et moins :
gratuit. Tarifs pour les groupes à partir de 16*

*personnes. 22 pistes, 191 m de dénivellation,
4 remontées mécaniques. Et aussi 22 terrains
de tennis, golf, équitation.*

■ CENTRE DE SKI DE FOND MONT-TREMBLANT

539, chemin Saint-Bernard
ℂ 819-425-5588 – www.tremblant.ca

*Route 117. Ouvert tous les jours de 8h30 à 16h.
13 $ par jour (ski de fond), 8 $ (raquettes).
Tarifs groupes.* Le centre de ski de fond Mont-
Tremblant qui abrite le domaine Saint-Bernard
(principal accès au réseau de pistes) est en
passe de devenir l'un des plus grands au
Canada. En effet, son territoire de 25 km^2
(station Tremblant, Saint-Jovite, le village
de Mont-Tremblant et ses environs ainsi que
Gray Rocks et ses parcours de golf) offre un
parcours de 65 km avec 35 pistes de ski de
fond et 10 km de sentiers de raquettes. Ecole
de ski, hébergement et accès cuisine sur place
(ℂ 819-425-3588). Forfaits disponibles.

■ LOCATION DEFI SPORT

228, route 117 Nord (Saint-Jovite)
ℂ 819-425-2345 – www.defisport.com

*Ouvert à l'année, du lundi au vendredi de 8h à
18h, le samedi de 8h à 16h30, le dimanche de
8h30 à 9h et de 16h30 à 17h (sur réservation).*
Location de motoneiges et de quads-véhicules
tout-terrain à la demi-journée, journée et
expéditions. Forfaits simples ou groupes.
Randonnées avec ou sans guide.

■ CENTRE NAUTIQUE PIERRE PLOUFFE

2900, chemin du Village
ℂ 819-681-5634/1-888-681-5634
www.tremblantnautique.com

Ouvert de mai à octobre. L'ex-champion
canadien de ski nautique Pierre Plouffe et
son équipe vous y attendent pour profiter
des joies des eaux du lac Tremblant. On y
loue des embarcations motorisées ou non, et
des cours sont offerts pour les adultes et les
enfants. Que ce soit en pédalo, en canot, en
kayak, en vélo planche ou dans une chaloupe
à rames, profitez des paysages enchanteurs
qui bordent la rive.

■ KANATHA-AKI
CENTRE ETHNO-CULTUREL
11, chemin du Lac-Original,
Vals-des-lacs
☎ 819-424-4411/1-866-424-4411
www.dominiquerankin.ca
L'Algonquin Dominique T8aminik Rankin y partage sa culture et ses traditions. Le site naturel parsemé d'habitations traditionnelles est propice à la visite des bisons des bois, à la randonnée en chien de traîneaux et à la pêche à la ligne, sur glace… et même à la main en torrent ! T8aminik, porte-parole de la Nation algonquine auprès du gouvernement, y met de l'avant la spiritualité et la philosophie propre à son peuple.

Dans les environs

La Conception

■ GITE ET JARDINS
DE L'ACHILLEE MILLEFEUILLE
4352, chemin des Tulipes
☎ 819-686-9187/1-877-686-9187
www.millefeuille.ca
Gîte ouvert à l'année, camping (tente et tipi) ouvert de juin à mi-septembre. De 99 à 139 $ la nuit à l'auberge, superbe petit déjeuner inclus. A 15 min de Mont-Tremblant, venez profiter de cette halte-santé, très différente des grands hôtels et autres méga-équipements de la fameuse station de ski. Ici, c'est vraiment la campagne, entretenue et protégée par Monique et Claude, des amoureux de la nature. Rien qu'à voir leurs jardins bios et leur maison, construite en bois rond, on saisit l'importance qu'ils attachent à la protection de l'environnement. A tel point que leur auberge a été l'une des premières du Québec à être certifiée bio. Les hôtes ne rateront surtout pas le superbe petit déjeuner, très copieux et bio. En été, vous aurez même droit à une fleur du jardin ! Après ce festin, vous pourrez faire du canot sur la Rivière rouge, pédaler sur le chemin du P'tit train du Nord ou encore marcher dans le parc national. Toutes les informations nécessaires vous seront fournies au gîte.

Brébeuf

■ AUBERGE L'ETE INDIEN
157A, route 323
☎ 819-429-6622/1-877-429-6622
www.eteindien.qc.ca
4 chambres climatisées en double de 85 $ à 105 $, petit déjeuner inclus. Site champêtre qui a beaucoup à offrir, pavillon abritant le Spa 4 Saisons, une piscine, un bain tourbillon, et l'accès à la Rivière Rouge en bordure de l'auberge. Accès pour les handicapés.

Huberdeau

■ HOTEL FLORENT DROUIN
108, rue du Château
☎ 819-687-9163/1-888-687-9240
5 chambres (dont 4 avec salle de bains communes), avec stationnement et accès Internet en double de 43,50 $ à 60,50 $. Petit hôtel simple et bien tenu, ambiance conviviale. Salon avec TV, cuisine, bar, terrasse. Accès à la Rivière Rouge et aux pistes de ski de fond. A 20 min de la ville de Mont-Tremblant et 30 min de la Montagne. À noter : Méchoui tous les samedis soir, 10 $ par personne pour un repas à volonté.

© AUTHOR'S IMAGE

Village, Mont-Tremblant

L'OUEST

Canotage, Parc National du Mont-Tremblant

'604

PARC NATIONAL DU MONT-TREMBLANT

Chemin du Lac-Supérieur, Lac Supérieur
✆ 819-688-2281
Réservations Sépaq ✆ 1-800-665-6527
www.sepaq.com/monttremblant
Routes d'accès : autoroute 15, route 117, sortie Saint-Faustin-Lac-Carré, direction lac Supérieur (poste d'accueil de la Diable); autoroute 15, route 329 jusqu'à Saint-Donat ou autoroute 25, route 125 jusqu'à Saint-Donat (poste d'accueil La Pimbina, région de Lanaudière), autoroute 31, route 343 jusqu'à Saint-Côme ou autoroute 25, route 125 jusqu'à la route 337 via Rawdon et route 343 jusqu'à Saint-Côme (poste d'accueil L'Assomption); autoroute 15, route 117 jusqu'à Labelle (poste d'accueil de la Cachée). Ouvert à l'année, heures d'ouverture variables selon les saisons. Accès quotidien : 3,50 $. Hébergement : 11 chalets de villégiature (capacité de 2 à 8 personnes), 11 refuges, camping aménagé (près de 1 000 emplacements). **Activités :** baignade, canotage, canot-camping, pêche à l'omble de fontaine et au grand brochet (permis de pêche du Québec et droits d'accès obligatoires), randonnée pédestre, longue randonnée avec nuit en refuge (120 km), bicyclette (62 km). En hiver, balade en raquettes (37 km), sentiers de randonnée pédestre sur neige (6 km), ski de fond (86 km de sentiers balisés et tracés), ski nordique (112 km de sentiers balisés, non tracés).

Le parc national du Mont-Tremblant est le plus grand parc du Québec (1 510 km^2) et le premier à avoir été créé. On y découvre un immense univers de lacs (400), rivières (6), chutes, cascades et montagnes où la faune vit en toute liberté. On y trouve un large choix d'activités en toutes saisons qui vous permet de plonger dans l'intimité de la nature des Laurentides. Les paysages sont majestueux. Une beauté sauvage que l'on ne cesse d'admirer.

L'OUEST

HAUTES LAURENTIDES

LA MACAZA

Lieu de villégiature multiethnique charmant (1 020 habitants) renommé pour son pont couvert construit en 1904.
On y rencontre également de nombreux chevreuils en hiver.

■ **AERO LOISIRS**
299, chemin de l'aéroport, La Macaza
✆ 819-275-2445 – www.aeroloisirs.com
Ouvert à l'année, tous les jours de 8h au coucher du soleil. A partir de 30 $ les 20 min de vol. Survol des environs (parc du Mont-Tremblant, réserve faunique de Papineau-Labelle) en avion à roues et hydravion. Excursions aériennes à la journée vers Québec, le Lac-Saint-Jean ou les pourvoiries. Ecole de pilotage. Egalement cours de pilotage et location d'appareils, à partir de 112 $ de l'heure.

■ **RESERVE FAUNIQUE ROUGE-MATAWIN**
Poste d'accueil La Macaza
Route 117 ✆ 819-275-1811
Poste d'accueil Saint-Michel. Route 131
✆ 450-833-5530
Réservations Sépaq ✆ 1-800-665-6527
www.sepaq.com/rougematawin
La réserve faunique Rouge-Matawin (1 394 km^2) ravit les amateurs de plein air. Elle englobe la rivière Rouge à l'ouest (à tendance fougueuse), la rivière Matawin à l'est (à tendance mystérieuse) et plus de 450 lacs. Les pêcheurs sportifs seront comblés par la diversité de la faune aquatique. On y retrouve une forte concentration d'orignaux et de cerfs de Virginie. On compte aussi un relief de montagnes dont certaines s'élèvent à 600 m d'altitude. Une véritable fresque naturelle vivante ! **Faune :** orignal, ours noir, cerf de Virginie, loup, lynx, lièvre et plusieurs espèces d'oiseaux dont la gélinotte huppée. **Hébergement :** 11 chalets 5 camps rustiques, 10 tentes de type prospecteur, une centaine d'emplacements de camping. Location d'équipement : chaloupes, canots, gilets de flottaison, vente de glace et d'appâts, restauration (hiver seulement) et vente d'essence. **Activités :** canotage, canot-camping, chasse à l'orignal, chasse au cerf de Virginie, chasse au petit gibier (à la journée et avec séjour), observation de la faune, pêche à la truite grise, truite mouchetée, brochet du Nord, doré jaune et à l'achigan à petite bouche (à la journée et avec séjour), chaloupe, motoneige (80 km de sentiers dont une partie Trans-Québec), quad (80 km de sentiers sauf de septembre à novembre).

NOMININGUE

Traversé par le parc linéaire le P'tit train du Nord, Nominingue est un pays où l'on revient! On y trouve un éventail d'activités dont la plage, un terrain de golf et les sentiers récréotouristiques du parc Le Renouveau et on apprécie l'hospitalité des Nomininguois, une longue tradition d'accueil.

■ **www.expresso.qc.ca/nomingue**

▶ **Accès.** Route 117 Nord, à l'Annonciation 321 Sud.

Pratique

■ **BUREAU D'ACCUEIL TOURISTIQUE (BAT)**
2150, chemin Tour-du-Lac
✆ 819-278-3384 (poste 240)
Ouvert tous les jours, du 24 juin à début septembre, de 9h à 20h.

Hébergement

■ **GITE LE COUP DE CŒUR**
2088, chemin des Geais-Bleus
✆ 819-278-3797/1-877-278-3797
www.gitelecoupdecoeur.qc.ca
4 chambres, en simple : 50 $, en double : 68 $, petit déjeuner inclus. Traveller's, Visa et MC. Le gîte Le Coup de Cœur vous accueille très chaleureusement dans un environnement boisé en bordure de la rivière Saguay. La maison en bois rond abrite des chambres douillettes et joliment décorées. Atmosphère agréable, décor intérieur tout en bois. Vélo et canot sur place. Forfaits disponibles.

■ **AUBERGE CHEZ IGNACE**
1455, chemin Bellerive sur le Lac
✆ 819-278-0689/1-877-278-0677
www.ignace.qc.ca
5 chambres confortables, en simple de 60 $ à 80 $, en double de 70 $ à 90 $, petit déjeuner inclus. Située au bord du lac Nominingue, l'auberge Chez Ignace fut autrefois le magasin général avec bureau de poste, près de l'ancienne gare de Bellerive sur le circuit du P'tit train du Nord. Elle offre un accueil chaleureux ainsi qu'une bonne table. Terrasse fleurie, bar, Spa. Forfaits disponibles.

■ **AUBERGE DES DEMOISELLES**
2696, chemin Tour-du-Lac
✆ 819-278-3948/1-877-278-3948
www.auberge-demoiselles.com
9 chambres confortables et joliment décorées, en simple de 100 $ à 140 $, en double de 110 $ à 150 $ petit déjeuner inclus. Située sur les rives du lac Nominingue, l'auberge des Demoiselles offre chaleur et confort. Fine cuisine, patio, jardin, plage privée. Baignade, pédalo, kayak. Forfaits disponibles.

Point d'intérêt

■ **CENTRE EQUESTRE DE LA LANDE**
2541, chemin Tour-du-Lac
✆ 819-278-3535/1-888-821-5555
www3.sympatico.ca/la.lande
Ouvert à l'année. Le centre équestre de La Lande, situé en bordure du lac Nominingue, propose des randonnées de courte (à l'heure) et de longue durée (une à plusieurs journées) avec guide expérimenté. 10 km de sentiers en milieu vallonné. Manège et cours d'équitation. Hébergement sur place. Forfaits disponibles.

SAINTE-VÉRONIQUE

■ **POURVOIRIE CECAUREL**
5765, chemin du Lac-Kiamika
✆ 819-275-2386 – www.cecaurel.com
En toutes saisons, des chalets qui peuvent recevoir de 4 à 6 personnes avec tout le confort nécessaire, ou encore des espaces de camping pour vous rapprocher des nuits étoilées... Tout cela sur un réservoir d'eau naturel de 60 km de surface : le plus grand lac avec plages de sable désertes à seulement 2h30 de Montréal. Une foule d'activités plein air/nature vous y attendent : cueillette de champignons sauvages, observation, photographie, pêche, V. T. T., chasse au chevreuil et au petit gibier.

RÉSERVE FAUNIQUE DE PAPINEAU-LABELLE

Route 321, Nominingue
✆ 819-454-2011 (poste 33)
Val-des-Bois

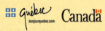

En raquettes, parc national d'Oka

Réservations Sépaq ✆ 1-800-665-6527
www.sepaq.com/papineaulabelle
Postes d'accueil (4) : Val-des-Bois, 443, route 309 (région de l'Outaouais); Gagnon, de mi-mai à mi-novembre ✆ 819-428-7510, Pie-IX et Mulet, de mi-mai à mi-septembre, sont personnalisés et procèdent à l'émission des droits d'accès. (Pendant la période de chasse au petit gibier, consulter le site Internet pour les accès). La réserve faunique de Papineau-Labelle (1 628 km²) fut créée en 1971 dans le but de faciliter l'accès à toute la population québécoise à des territoires de chasse, de pêche et d'activités de plein air. Elle doit son nom à Louis-Joseph Papineau, grand orateur et homme politique et à Antoine Labelle, curé de Saint-Jérôme, surnommé le Roi du Nord. La réserve abrite une faune animalière très riche dont une forte densité de cerfs de Virginie, d'orignaux et de castors. On compte 746 lacs, 27 rivières et ruisseaux, où se niche également une faune aquatique diversifiée, pour le plaisir des pêcheurs sportifs. Un lieu qui offre des sites très attrayants devant lesquels on ne peut que s'émerveiller ! **Faune :** orignal, chevreuil, loup, castor, renard, et plusieurs espèces d'oiseaux dont la gélinotte huppée. **Hébergement :**
40 chalets isolés (dont 7 accessibles par voie d'eau seulement), 4 refuges pour les saisons estivales et automnales, et 15 pour le ski de randonnée, 107 emplacements de camping. **Location d'équipement :** chaloupes, canots, gilets de flottaison, vente de glace, d'appâts et de leurres, permis de chasse et pêche. **Activités :** canotage, canot-camping, chasse à l'orignal, au cerf de Virginie et à l'ours, observation de la faune (cerf de Virginie), pêche à la truite grise, truite mouchetée, dorée et, l'achigan à petite bouche, (à la journée), chaloupe, randonnée pédestre, bicyclette, vélo de montagne, ski de randonnée (112 km de sentiers balisés mais non entretenus mécaniquement), motoneige (sentiers de Trans-Québec) et traîneau à chiens. Reprendre la route 117 Nord en direction de Mont-Laurier.

MONT-LAURIER

La ville de Mont-Laurier est le point d'arrivée du parc linéaire Le P'tit train du Nord, 200 km après Saint-Jérôme. Elle est aussi la ville principale de la municipalité régionale du comté d'Antoine-Labelle (ou capitale des Hautes-Laurentides) et l'étape par excellence des motoneigistes.

Pratique

■ BUREAU D'ACCUEIL TOURISTIQUE
177, boulevard Albiny-Paquette
☎ 819-623-4544
Ouvert tous les jours, du 24 juin à début septembre de 8h30 à 21h, hors saison de 8h30 à 17h.

■ HOPITAL
☎ 819-275-2118

Hébergement – Restaurants

■ HOTEL CONFORT INN
700, boulevard Albiny-Paquette
☎ 819-623-6465/1-888-355-6465
www.comfortinn-ml.ca
De 110 $ à 145 $ la chambre double. Situé au cœur de Mont-Laurier, l'hôtel Confort Inn dispose de quarante et une chambres modernes et équipées. Centre de conditionnement physique et restaurant La Cage aux Sports à proximité de l'hôtel. Forfaits disponibles. **Autres adresses dans la région :** 860, rue Lalonde, Mont Tremblant ☎ 819-429-6000 • 255-8 de Martigny Ouest, Saint-Jérôme ☎ 450-438-8000.

■ CAFE MI-SUISSE MI-SUCRE
516, rue du Pont
☎ 819-623-3340
En été, ouvert du lundi au mercredi de 11h à 14h, le jeudi et le vendredi de 11h à 14h et de 16h à 23h, le samedi et le dimanche sur réservation (à partir du 1er mai). En hiver, fermé le lundi, le mardi et le mercredi ouvert de 11h à 14h, le jeudi et le vendredi de 11h à 14h et de 16h à 23h, le samedi et le dimanche sur réservation (à partir du 1er septembre). Compter 10 $. Café-bistro sympathique où l'on s'arrête pour un snack ou un petit café sur la terrasse. On y sert nachos, salades, smoked-meat, sandwichs et pâtes.

Points d'intérêt

■ CENTRE D'EXPOSITION DE MONT-LAURIER
385, rue du Pont

☎ 819-623-2441
Ouvert à l'année du mardi au dimanche de 12h à 16h. Entrée libre. Expositions consacrées au patrimoine et en arts visuels. Œuvres d'artistes de la région et d'ailleurs au Québec.

■ FROMAGERIE DU P'TIT TRAIN DU NORD
625, boulevard Albiny-Paquette
☎ 819-623-2250
Dans les Laurentides, le P'tit train du Nord propose des fromages qui commencent à se faire un nom, le sieur corbeau et le windigo. Le premier est à pâte semi-ferme et à croûte lavée. Le second est vraiment un produit régional dans la mesure où il incorpore dans sa fabrication un hydromel de la région, la cuvée du Diable, produit par la ferme apicole Desrochers. Des mariages subtils entre les productions de passionnés de la région.

Dans les environs

Des Ruisseaux

■ AVENTURE REVE BLANC
707 chemin Ferme-Rouge
☎ 819-623-2628
www.reveblanc.com
L'auberge offre quatre chambres avec salle de bains partagée et un chalet avec trois chambres. Forfait souper, coucher et déjeuner à partir de 64,50 $ par personne en occupation double. Nombreux forfaits équitation et traîneaux à chiens disponibles. Navettes aéroport sur réservation. Le domaine Rêve Blanc est situé en pleine nature, à 2h30 de Montréal et 10 min de Mont-Laurier. Un décor en cèdre et poutres centenaires, très convivial, avec différentes options d'hébergements et de restauration : gîte (quatre chambres), chalet (trois chambres) et auberge. Mais la vraie force de rêve blanc, ce sont les activités proposées au rythme des saisons. En été : randonnée avec chevaux, location de vélo et canot sur la rivière. En hiver : une meute d'une centaine de chiens, huskies et groenlandais, et des guides expérimentés vous attendent

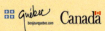

Auberge le Gentilhomme

LAC DU CERF J0W 1S0
(819)597.4299 OU (800)457.9875
WWW.AUBERGE-LE-GENTILHOMME.CA

pour une inoubliable aventure ! Initiation à la trappe et à la pêche blanche, location de motoneige…

Ferme-Neuve

■ CLUB FONTBRUNE
Route 17 de la montée Leblanc
✆ 819-623-2663/1-888-831-2663
www.club-fontbrune.qc.ca
Camping : 25 $ par jour pour 2 personnes. Chalets de 35 $ à 40 $ par jour par personne, à partir de 65 $ par jour par personne en pension complète. Tarifs spéciaux pour les familles ou à la semaine. Seize chalets de deux à dix personnes. Sur les rives du Baskatong (les grands espaces), on vous y accueille pour la villégiature, la chasse ou la pêche, dans un cadre enchanteur. Tout est là pour vivre une belle expérience en nature, sans pour autant négliger un certain confort ! Spa et sauna extérieurs, accès Internet…

Lac Saint-Paul

■ CLUB MEEKOS
✆ 819-623-2336
www.mekoos.com
La pourvoirie Mekoos vous invite à découvrir une nature sauvage et abondante au cœur de la forêt canadienne. Chalets à louer, chasse, pêche, vous y trouverez tout ce qu'on peut attendre d'une bonne pourvoirie, en plus d'une faune aquatique et terrestre de qualité exceptionnelle. Le domaine compte 135 lacs, sur un territoire exclusif de 346 km².

Lac-du-cerf

■ AUBERGE LE GENTILHOMME
12, rue Bondu
✆ 819-597-4299/1-800-457-9875

www.auberge-le-gentilhomme.ca
L'auberge propose 8 chambres, de 72 $ à 87 $ en double, déjeuner inclus, ainsi que 5 chalets. Deux chalets peuvent accueillir 4 personnes pour 400 $ la semaine, et 3 chalets pour 6 personnes à 450 $ la semaine, disponibles à partir de 2 nuits. Sur le bord du grand Lac-du-Cerf, l'auberge vous accueille dans ses huit chambres, cinq chalets et salle à manger face au lac, son salon avec cheminée et terrasse. Idéal pour une évasion au cœur de la nature des Hautes-Laurentides.

▶ **Prendre la route 309 Nord en direction de Ferme-Neuve.**

SAINTE-ANNE-DU-LAC

■ CLUB NOTAWISSI
Route 309 Nord
✆ 819-623-2525
www.notawissi.com
Situé en pourvoirie, le club Notawissi offre 11 chalets tout équipés. Forfait famille à 45 $ par personne et par nuit. Située dans un cadre enchanteur, sur les rives du lac qui porte le même nom, la pourvoirie Notawissi vous invite à vivre un séjour en totale harmonie avec la nature. On y vient pour pratiquer les activités de chasse (orignal, ours, lièvre, perdrix, bécasse, faisan), pêche (truite grise et mouchetée, brochet, doré, achigan, corégone, lotte) et de villégiature sur un territoire de 200 km² qui abrite 70 lacs. Location de canot, pédalo, planche à voile, raquette, motoneige, quad et moteur hors-bord. Baignade, randonnée pédestre, observation de la faune et de la flore. A emporter : sac de couchage, taies d'oreiller, serviettes, nourriture. Permis de chasse et de pêche fournis. Forfaits disponibles.

Outaouais

Grâce à son vaste territoire de 33 000 km² émaillé de 20 000 lacs et une douzaine de rivières, l'Outaouais se révèle être une destination de premier choix pour les amoureux du plein air. Parcourir le parc de la Gatineau, aller à la découverte des animaux d'Amérique du Nord au parc Oméga, et visiter le Musée

OUTAOUAIS
vivez-le!

canadien des civilisations depuis lequel la vue sur Ottawa est superbe sont parmi les activités phares de cette grande région, située entre l'Abitibi, l'Ontario et les Laurentides.

Les immanquables de l'Outaouais

▶ Le Musée canadien des civilisations à Hull (Gatineau).
▶ Le parc de la Gatineau.
▶ La visite du parc Oméga à Montebello.

■ **POUR OBTENIR PLUS D'INFORMATIONS**
www.tourisme-outaouais.ca

■ **OFFICE DE TOURISME**
103, rue Laurier, Gatineau
✆ 819-778-2222 – 1- 800-265-7822

■ LES COLLINES-DE-L'OUTAOUAIS ■

La région des Collines-de-l'Outaouais entoure la ville de Gatineau. Composée de 7 municipalités (Cantley, Chelsea, Val-des-Monts, L'Ange-Gardien, Notre-Dame-de-la-Salette, Pontiac et La Pêche) la région allie le dynamisme citadin et la quiétude de la nature : 18 % de son territoire est occupé par le Parc de la Gatineau.

GATINEAU

A l'extrémité ouest du Québec et à la limite de l'Ontario, la ville de Gatineau s'élève au bord de la rivière des Outaouais, face à la capitale fédérale Ottawa dont elle constitue, en quelque sorte, le prolongement. Gatineau regroupe depuis 2002 les municipalités de Aylmer, Hull, Gatineau, Buckingham et Masson-Angers. La prospérité de la ville remonte au XIXe siècle, à l'époque de l'exploitation de la forêt qui couvrait alors la région et dont les pins rouges

et blancs étaient utilisés pour la construction navale. Aujourd'hui la ville a vu l'édification de deux vastes complexes fédéraux : la place du Portage et les terrasses de La Chaudière, ainsi que l'implantation d'un campus de l'Université du Québec.
Elle accueille depuis peu le tout récent Casino du Lac-Leamy, énorme structure d'avant-garde édifiée au bord du lac Leamy. Du parc Jacques-Cartier (accès par la rue Laurier), on découvre une vue d'ensemble d'Ottawa, sur l'autre rive, en particulier sur la colline du Parlement. Mais Gatineau est surtout renommée, depuis 1989, pour son Musée canadien des civilisations, le plus important de ce genre au Canada, qui fait face, sur l'autre rive des Outaouais, à un autre musée non moins prestigieux, le Musée des beaux-arts du Canada.

■ **www.ville.gatineau.qc.ca**

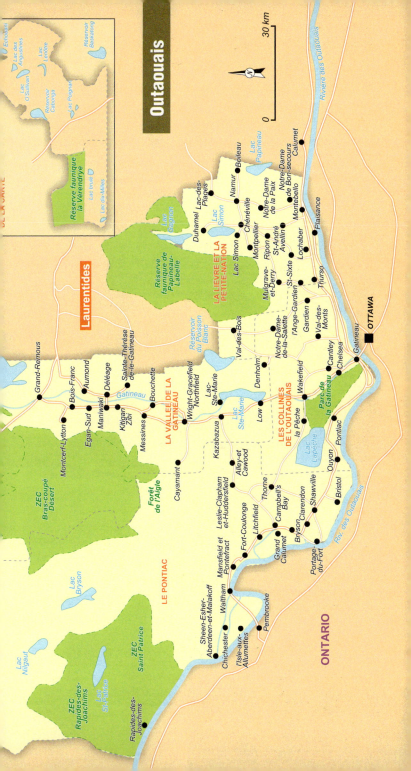

Outaouais

30 km

0

Laurentides

Réserve faunique la Vérendrye

Lac truité

Lac des-Mêlés

Lac Poignet

Réservoir Baskatong

Réservoir Cabonga

Lac O'Sullivan

Réservoir Dozois

Lac Lendre

Lac des Aiguines

Lac Echouani

Réserve faunique de Papineau-Labelle

Lac Grignon

LA LIÈVRE ET LA PETITE-NATION

Duhamel

Lac-des-Plages

Boileau

Namur

Lac Simon

Lac Papineau

Notre-Dame de la Paix

Notre-Dame de Bon-secours

Chénéville

Montpellier

Ripon

St-André Avellin

Montebello

Plaisance

Lochaber

Thurso

Mulgrave-et-Derry

St-Sixte

l'Ange-Gardien

Val-des-Bois

Notre-Dame-de-la-Salette

Gardien

Val-des-Monts

OTTAWA

Gatineau

Cantley

Chelsea

Grand-Remous

Bois-Franc

Aumond

Déléage

Sainte-Thérèse-de-la-Gatineau

Bouchette

Gatineau

Egan-Sud

Maniwaki

Kitigan Zibi

Montcerf-Lytton

Messines

Wright-Gracefield Northfield

LA VALLÉE DE LA GATINEAU

Lac-Ste-Marie

Lac Ste-Marie

Denholm

Low

Wakefield

la Pêche

Parc de la Gatineau

LES COLLINES DE L'OUTAOUAIS

ZEC Bras-coupé Désert

Forêt de l'Aigle

Cayamant

Kazabazua

Alley-et-Cawood

Lac Lapêche

Ouyon

Pontiac

Bristol

Lac Bryson

LE PONTIAC

Leslie-Clapham et-Huddersfield

Fort-Coulonge

Litchfield

Thorne

Campbell's Bay

Shawville

Clarendon

Bryson

Grand Calumet

Portage-du-Fort

Riv. des Outaouais

Sheen-Esher-Aberdeen-et-Malakoff

Waltham

Mansfield et Pontefract

Chichester

l'Isle-aux-Allumettes

Pembrooke

ONTARIO

Lac Nilgaut

ZEC Saint Patrice

Lac St-Patrice

ZEC Rapides-des-Joachims

Rapides-des-Joachims

Rivière des Outaouais

Et si on partait en Outaouais

Luce Dufault – Porte-parole

UNE DESTINATION QUI SE VIT AU RYTHME DES SAISONS!

En Outaouais, le calme et le dépaysement d'un petit coin champêtre et l'effervescence de la grande ville se côtoient harmonieusement pour vous offrir le meilleur des deux mondes. Un séjour à Gatineau vous permettra de découvrir musées nationaux, galeries d'art, casino, festivals et gastronomie inspirée du terroir alors qu'une escapade champêtre vous fera vivre des aventures aussi douces que mémorables.

En toute saison, vivez l'Outaouais!

OUTAOUAIS
vivez-le!

Commission de la capitale nationale – Parc de la Gatineau

Le Nordik – Spa en nature

Mont Cheng – Innovacom

Andrew Van Beek – Train à vapeur H-C-W

Société des casinos du Québec – Casino du Lac-Leamy

Diane Néron – Bal de neige

Outaouais

Rivière des Outaouais — Gatineau

Québec

Montréal

Ottawa

INFORMATION : 819 778-2222
tourismeoutaouais.com

KTO-3379_09/07

L'Outaouais

Réserve faunique
La Vérendrye

117

117
107

Maniwaki
309   311   117

106

Forêt de
l'Aigle
QUÉBEC

Réserve faunique
Papineau-Labelle

Vallée-de-la-Gatineau

Pontiac
La Lièvre et la
Petite-Nation

146
Fort-Coulonge   Lac-S

Saint-André-Av

Collines-de-l'Outaouais   Monteb

Val-des-Monts

Parc de la
Gatineau   Wakefield   146

146
Chelsea   50
Gatineau   Ottawa   17   ONTARIO

417

17

Hébergement

■ AUX BERGES DES OUTAOUAIS
1175, rue Jacques-Cartier
℡ 819-561-5241
www.auxbergesoutaouais.com
*5 chambres avec salle de bains privée.
Chambre double de 89 $ à 139 $, petit
déjeuner maison inclus. Internet sans fil
gratuit, golf à proximité, plages du lac Leamy,
pêche.* Située sur la rive québécoise de la
Rivière des Outaouais, à côté du Parc de la
Baie, cette auberge est un havre de paix à
quelques minutes du centre de Gatineau et
d'Ottawa. Une excellente option pour celles
et ceux qui privilégient leur tranquillité.
Mention spéciale pour la grande suite qui
donne sur la rivière (bain tourbillon, balcon,
magnétoscope…).

■ BEST WESTERN JACQUES CARTIER
131, rue Laurier
℡ 819-770-9705
www.bestwestern.com/ca/cartierhotel
*130 chambres. Chambre double de 99 $ à
159 $, sans le petit déjeuner. Internet sans
fil, piscine intérieure, salle de gym, salles de
réunion.* Non loin du Musée des civilisations,
au bord du fleuve, le Best Western Cartier
offre une belle vue sur Ottawa. Il est situé à
deux pas du Musée canadien des civilisations.
Les chambres sont sobres et parfaitement
insonorisées.

■ RAMADA HOTEL PLAZA
LE MANOIR DU CASINO
75, Edmonton (secteur de Hull)
℡ 819-777-7868
www.ramadaplaza-casino.com
*144 chambres, dont 13 suites à deux niveaux
et 7 chambres de luxe. Chambre double à
partir de 149 $. Internet, salle de gym, sauna,
baignoires à air pulsé dans les chambres,
salles de réunion. Forfaits.* Cet hôtel est situé
à moins d'un kilomètre du Casino du Lac
Leamy, jouxtant le Hilton. Bien moins cher
que ce dernier, il offre de bonnes prestations
et une gamme complète de services dont un
forfait comprenant les jetons de casino.

Gatineau
Urbaine. Sportive. Naturelle.

Ville de
Gatinea

ATTRAITS

1. AxeNÉO7
2. Village d'Argentine
3. Propriété John-Scott
4. Parc des Portageurs
5. Théâtre de l'île
6. Château d'eau
7. Église St.James
8. Promenade du Portage
9. Place Aubry
10. Place-du-Centre (centre commercial)
11. Maison du citoyen (Galerie Montcalm)
12. Musée canadien des civilisations
13. Maison du tourisme
14. Marina de Hull
15. Maison Charron
16. Parc Jacques-Cartier
17. Parc de la Gatineau

Parcs

Sentiers récréatifs

Centre-ville de Gatineau

■ FOUR POINTS SHERATON CENTRE DE CONFERENCE GATINEAU-OTTAWA

35, rue Laurier, Gatineau
✆ 819-778-6111/1-800-567-9607
www.fourpoints.com/gatineau
201 chambres doubles incluant 7 suites.
Chambre double de 99 $ à 149 $, sans le
petit déjeuner. Très bien situé au centre-ville
de Gatineau, face au Musée canadien des
civilisations, cet hôtel est aussi un point d'accès
idéal pour visiter Ottawa, de l'autre côté du
pont. Accès gratuit à Internet haut débit, au
centre de conditionnement physique et à la
piscine intérieure.

Restaurants

■ CAFE BAR AUX 4 JEUDIS

44, rue Laval, Vieux Hull
✆ 819-771-9557 – www.4jeudis.ca
Le site du Café reflète son aura jeune et
bohème. En plus d'être un lieu de rencontre
fort apprécié par les étudiants de la région, le
Café aux 4 Jeudis joue un rôle important sur la
scène culturelle locale. Il sert à la fois de salle
d'exposition pour les artistes de la région et,
en été, de cinéma en plein air deux soirs par
semaine. Tout est art et divertissement, du
menu aux expositions temporaires.

■ PIZ'ZAZA

36, rue Laval, Vieux Hull
✆ 819-771-0565 – www.pizzaza.ca
Avec 24 variétés de pizzas, des salades, des
pâtes, agrémentées d'une belle sélection de vins
et de bières, le Piz'Zaza saura vous accueillir
comme il se doit, avec générosité et dans une
ambiance décontractée. Présenté comme un
restau et bar à vins, il offre également ses
salons privés pour vous accueillir en toute
occasion.

■ LE TWIST

88, rue Montcalm
✆ 819-777-8886 – www.letwist.com
A la fois resto, bar et café, le Twist est un
endroit chaleureux, coloré et agréable. Les
habitués, jeunes et décontractés, en ont fait
leur QG et les hambourgeois sont délicieux.
L'été une terrasse appelle au farniente. En fin
de semaine, les petits déjeuners « lève-tard »,
servis de 10h à 14h, raviront les affamés et
adeptes de la cuisine santé.

■ LE CAFE DU MUSEE

Musée canadien des civilisations,
100, rue Laurier ✆ 819-776-7009
Ouvert le midi seulement. Fermé le lundi en
hiver. Compter de 20 $ à 30 $. Table réputée,
le Café du Musée est dirigé depuis juin 2007
par un nouveau chef, Georges Laurier, ayant fait
ses armes dans la région mais aussi en Europe
et à New York. S'inspirant des produits locaux,
il propose une « cuisine française actuelle ». Au
menu : saumon de la Colombie-Britannique,
poire pochée et jeunes pousses de laitues
arrosées d'une vinaigrette au miel, doré de
Winnipeg poêlé avec une semoule de maïs,
beurre à l'oseille et à la ciboulette, servi avec
riz sauvage et légumes saisonniers…

Manifestations

■ MERVEILLE DE SABLE (en été)

747, boulevard Maloney Est
✆ 819-669-2548
www.ville.gatineau.qc.ca
(pour les dates précises)
Dans le parc du Lac-Beauchamp, d'une
superficie de 213 ha, baignade et
contemplation de sculptures de sable géantes
et époustouflantes.

▶ Le festival de montgolfières de Gatineau.

Au mois de septembre. Tarif individuel pour
un tour en montgolfière : 190 $. Les locaux
comme les visiteurs se réunissent en grand
nombre au festival des montgolfières, afin de
célébrer la fin de l'été. Au programme pendant
quelques jours : envolées de ballons géants
en provenance des quatre coins du monde,
spectacles pyrotechniques, parc d'attractions,
illumination nocturne musicale, concerts, etc.
Il s'agit notamment du deuxième plus grand
rassemblement de caravaniers du Québec.

aux 4 judis

Café / bar terrasse
44, rue Laval (Vieux-Hull) Gatineau 819.771.9557
www.4jeudis.ca

piz'za-za.

RESTAU BAR À VIN

Fines pizzas, salades, bons vins et ambiance relaxe
36, rue Laval Gatineau (Vieux-Hull) Gatineau 819.771.0565
www.pizzaza.ca

Points d'intérêt

■ **MUSÉE CANADIEN DES CIVILISATIONS**
100, rue Laurier
☎ 819-776-7000/1-800-555-5621
www.civilisations.ca
Ouvert du 1er mai au 30 juin tous les jours de 9h à 18h et jusqu'à 21h le jeudi. Du 1er juillet au 3 septembre tous les jours de 9h à 18h et jusqu'à 21h le jeudi et le vendredi. Du 4 septembre au 8 octobre tous les jours de 9h à 18h et jusqu'à 21h le jeudi. Du 9 octobre au 30 avril du mardi au dimanche, de 9h à 17h et jusqu'à 21h le jeudi. Adultes : 10 $, seniors : 8 $, étudiants : 6 $, enfants : 6 $. Entrée libre le jeudi de 16h à 21h. C'est un vaste complexe muséologique ultramoderne composé de deux édifices : le pavillon du Bouclier canadien (bureaux administratifs et laboratoires de conservation et de restauration) et le pavillon du Glacier, ouvert au public, comprenant 16 500 m² de salles d'exposition consacrées à l'histoire du Canada depuis les Vikings ainsi qu'aux arts et traditions des nations autochtones du Canada. Par l'impressionnante collection d'objets (plus de 3 millions) qu'il regroupe, ses diaporamas, ses systèmes de projection de haute technologie, ses expositions interactives, il vise à mettre en valeur le patrimoine culturel de 275 groupes humains vivant au Canada. Une salle Cinéplus, à écran Imax et à écran hémisphérique Omnimax, présente des films en version française et anglaise (en alternance) dont les titres à l'affiche changent régulièrement (renseignements sur le programme et les horaires ☎ 819-776-7010. *Billets en vente au guichet du musée : 9,50 $*). Au niveau inférieur, la Grande Galerie est consacrée au patrimoine culturel et artistique des Amérindiens de la côte ouest du Canada (imposants mâts totémiques). Au niveau supérieur, la salle du Canada vous invite à vous promener à travers les différentes régions du Canada et à travers l'histoire de leur peuplement : arrivée des Vikings à Terre-Neuve en l'an mil, la vie des pêcheurs européens en Atlantique nord, l'histoire de la Nouvelle-France, le peuplement de la vallée du Saint-Laurent, l'histoire de l'Acadie, le commerce des fourrures, l'exploitation forestière, les explorations en direction de l'ouest, le développement des chemins de fer. A quoi s'ajoutent le Musée canadien des enfants (activités de découverte) et de nombreuses salles d'expositions temporaires, dont la galerie d'art amérindien et inuit consacrée à l'art contemporain autochtone et les salles des Arts et Traditions populaires (au rez-de-chaussée, fantastique reconstitution d'un village traditionnel).

■ **TRAIN A VAPEUR**
HULL-CHELSEA-WAKEFIELD
165, rue Deveault
☎ 819-778-7246/1-800-871-7246
www.trainvapeur.ca
Adultes de 41 $ à 47 $, étudiants et seniors de 39 $ à 43 $, enfants de 20 $ à 25 $. Excursion panoramique de début mai à fin octobre. Train des saveurs du 20 mai au 10 septembre. Forfaits disponibles, réservation obligatoire. Vivez l'expérience des pionniers du début du siècle dernier dans l'un des derniers véritables trains à vapeur en circulation au Canada. L'excursion d'une demi-journée, commentée par des guides et des musiciens à bord de la locomotive, vous conduira jusqu'au pittoresque village de Wakefield. Le train roule en bordure de la rivière Gatineau pendant ce voyage hors du temps.

■ **CASINO DU LAC-LEAMY**
1, boulevard du Casino
☎ 819-772-2100/1-800-665-2274
www.casino-du-lac-leamy.com
Ouvert tous les jours de 9h à 4h, stationnement et entrée gratuits. Navette gratuite pour s'y rendre avec la ligne d'autobus 21. 60 tables

---

Le complexe Lac-Leamy

Le lac Leamy, véritable pont entre la nature et la ville, offre aux citadins, aux voyageurs et aux flâneurs un endroit propice à la détente et au divertissement. En bordure de ses eaux, on s'adonne à la randonnée pédestre, au ski de fond, à la raquette, au patinage et à la baignade. On peut y louer l'équipement nécessaire à la pratique de ces activités, et des ateliers d'observation des étoiles y sont organisés. Le site héberge aussi le casino, auquel vous pouvez accéder par la voie des eaux, à partir de la rivière des Outaouais. Un hôtel Hilton a installé ses quartiers près du lac.

■ **www.hiltonlacleamy.com**

de jeu, 1 800 machines à sous, 6 restaurants, 3 bars et un théâtre. De quoi satisfaire les amoureux du jeu et des grands spectacles.

Dans les environs

Wakefield

■ **L'AUBERGE ET SPA LE MOULIN WAKEFIELD**
60, chemin Mill, Wakefield
℡ 819-459-1838/1-888-567-1838
www.wakefieldmill.com
Situé à seulement 25 min de route d'Ottawa-Gatineau, L'Auberge et Spa Le Moulin Wakefield offre un hébergement unique au sein du parc de la Gatineau. Le site est magnifique, et l'auberge vous offre de nombreuses possibilités de forfaits à combiner avec ses vingt-sept chambres pour profiter au mieux de cet environnement de qualité.

Parc de la Gatineau

■ **CENTRE DES VISITEURS**
33, chemin Scott, Chelsea
℡ 819-827-2020/1-800-465-1867
www.capitaleducanada.gc.ca/gatineau
Ouvert tous les jours de juin à fin août de 9h à 18h, de septembre à fin mai de 9h à 17h. Quelques routes fermées en hiver.

Droit d'entrée. Au nord-ouest de Hull, cette réserve de 363 km² coincée entre la rivière des Outaouais et celle de la Gatineau, aux collines parsemées de lacs faisait partie du territoire des Iroquois. Elle doit son nom à Nicolas Gatineau, négociant en fourrures de Trois-Rivières qui disparut en 1683 au cours d'une expédition sur la rivière.
C'est dans la maison Wilson (pavillon des rencontres officielles), au bord du lac Meech, que furent signés, en 1987, les fameux accords du Lac-Meech. Poussez jusqu'au belvédère Champlain (altitude 335 m) pour découvrir un panorama d'ensemble de la vallée des Outaouais. Visitez aussi le domaine Mackenzie-King, légué à l'État en 1950 par l'ancien Premier ministre du Canada (1921-1948). Couvrant 230 ha, il comprend plusieurs bâtiments, dont la maison rustique Kingswood et la villa Moorside aménagée en salon de thé. Il offre également des sentiers aménagés pour la promenade et des jardins décorés d'éléments architecturaux récupérés sur divers sites. Les activités sont nombreuses dans le parc : en été, vélo, canotage, randonnée pédestre, baignade, pêche, camping au lac Philippe ; en hiver, on peut pratiquer le ski de fond sur près de 200 km de pistes aménagées et le ski alpin dans la station Camp Fortune.

■ LA VALLÉE DE LA GATINEAU ■

Au cœur de l'Outaouais, la municipalité régionale de comté (MRC) de la Vallée-de-la-Gatineau a été constituée en 1982 et regroupe 17 municipalités. Ce territoire compte deux communautés algonquines.

MANIWAKI

A une heure trente de route de Gatineau, Maniwaki est, aujourd'hui encore, habitée par les premiers habitants de la région, les Algonquins.
 Au sud de la ville, ils vivent dans la Réserve de la rivière Désert. Fondée en 1849, Maniwaki (Terre de Marie, en algonquin) a toujours été le symbole de la cohabitation harmonieuse entre Français, Irlandais et Amérindiens. Il y a deux siècles, les Révérends Pères Oblats y ont fondé une mission et, rapidement, marchands de bois, agriculteurs, gens de métiers et commerçants sont venus s'y installer. Puis l'industrie forestière est venue exploiter ses

richesses, donnant du travail à plusieurs habitants de cette région encore vierge. Agglomération de 8 000 habitants, Maniwaki est le centre administratif le plus important de la Vallée de la Gatineau.
Elle a obtenu son statut de ville de la province de Québec en 1957. Riche en bâtiments patrimoniaux, en activités passionnantes et en infrastructures dédiées à la mémoire de ses travailleurs forestiers, Maniwaki se développe aujourd'hui grâce au tourisme. Que ce soit pour la motoneige, le quad ou la randonnée en vélo, Maniwaki est reliée à tout un réseau régional et devient le point de départ de randonnées guidées offertes par des entreprises locales.
Possibilité d'y faire une escapade d'une seule journée, au départ de Gatineau.

■ **www.ville.maniwaki.qc.ca**

▶ **Accès.** Route 105 en provenance de Montréal ou de Val-d'Or.

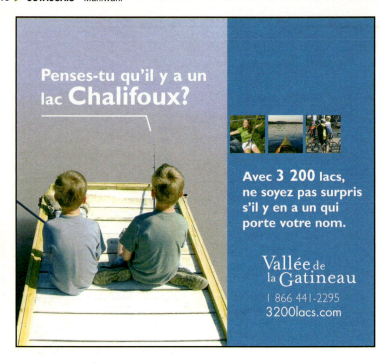

■ **MAISON DU TOURISME**
156, rue Principale Sud
✆ 819-449-6627

Hébergement – Restaurants

■ **AUBERGE DU DRAVEUR**
85, rue Principale Nord
✆ 819-449-7022/1-877-449-7022
www.aubergedraveur.qc.ca
61 chambres. Chambre double de 70 $ à 130 $.

Studios avec cuisinettes. Internet, accès direct aux sentiers de motoneige, golf et rafting à proximité, massothérapie. Le Draveur a fait peau neuve début 2008 : vingt chambres supplémentaires, un centre de santé, une piscine extérieure, un bar, une terrasse et une grande salle de conférence pouvant accueillir 325 personnes ! Un bon point de départ pour visiter la Forêt de l'Aigle et la réserve indienne des Algonquins de la Première Nation Kitigan Zibi Anishnabeg.

■ **ZEC BRAS COUPE DESERT**
Bureau d'accueil,
69 rue Principale Nord
℡ 819 449 38 38
www.zecbrascoupedesert.zecquebec.com

▶ **Pour se rendre directement à la Zec, deux postes d'accueil :** le poste Tortue : 176 Chemin de l'Aigle à Montcerf-Lytton ℡ 819 4413991 • Le poste Tomasine : bâtiment n 3, route 117 à Montcerf-Lytton ℡ 819 438 2549.
Forfaits disponibles incluant la location d'un chalet et des activités. Ou, location simple du chalet (à partir de 49 $ la nuit pour 2 ou 3 personnes).
Commençons les explications depuis le début. Une ZEC est une zone d'exploitation contrôlée, c'est-à-dire un immense territoire forestier entretenu. Pourquoi Bras Coupé Désert ? Tout simplement car les deux plus grands lacs de la ZEC sont le lac Bras Coupé et le lac Désert. Au total, un territoire de 1 205 km^2 et de 400 lacs ou abondent les activités. La pêche y est exceptionnelle et les chasseurs se régaleront. On pourra aussi tout simplement nous baigner, faire du quad, de la motoneige, du bateau… en plus la forêt regorge de champignons…

L'OUEST

■ **CHATEAU LOGUE**
12, rue Comeau, Maniwaki
℡ 819-449-4848
www.chateaulogue.com
50 chambres doubles de 110 $ à 185 $. Golf et restaurant sur les lieux. Un hôtel tout confort qui vous propose sous un même toit des services d'hébergement et de restauration de premier ordre.

Manifestations

▶ **La Pawkaun de Maniwaki.** *En janvier.* Festival d'hiver pour toute la famille.

▶ **Rallye Perce-Neige.** *En février.* Rallye automobile performance sur routes forestières.

▶ **Festival d'Eau Vive de la Haute-Gatineau.** *En août.* Festival dédié à la préservation des rivières du Québec.

▶ **Festival Images et Lieux.** *En septembre.* Le cinéma rural y est à l'honneur.

Points d'intérêt

■ **PARC DU DRAVEUR**
Situé à quelques pas du kiosque d'information du cœur de la ville de Maniwaki. Une colossale sculpture y montre un draveur au travail et les panneaux d'interprétation du parc racontent l'histoire de la région. Hommage bien particulier aux dompteurs de billots (surnom donné aux draveurs, qui constituaient le corps d'élite des travailleurs forestiers. Bûcherons en hiver, le printemps venu d'avril à juin, ils

devenaient de véritables aventuriers) qui ont contribué au développement de la région.

■ **FORET DE L'AIGLE**
℡ 819-449-7111/1-866-449-7111
www.cgfa.ca
Ouvert à l'année. D'une superficie de 140 km^2, cette forêt donne à voir des pinèdes d'arbres géants, chose rarissime au Québec. Pour voir la forêt autrement, offrez-vous la balade sur le Sentier Suspendu, accroché à de majestueux pins à une hauteur de 6 m à 20 m. L'activité se fait sur réservation, en été comme hiver. Possibilité aussi de faire du canot-camping, de la raquette, du ski de fond et du traîneau à chiens.

■ **MAISON DE LA CULTURE DE LA VALLEE GATINEAU**
181A, rue Commerciale ℡ 819-449-1651
Manifestations culturelles de tout genre : théâtre, concerts, expositions, danse, humour, cinéma.

■ **CENTRE D'INTERPRETATION**
Château Logue de Maniwaki
Emprunter le trottoir de bois qui longe la rivière Désert pour y accéder. Joyau patrimonial de Maniwaki, le Château Logue a été restauré pour héberger le Centre d'interprétation de la protection de la forêt contre le feu. Un musée interactif érigé à la mémoire des gens de la région qui, au fil des ans, ont développé une expertise reconnue mondialement, en matière de protection des forêts contre le feu. Golf à côté du Château.

Kitigan Zibi Anishinabeg Cultural Education Centre

54 Makwa Mikan
(41 Kikinamage Mikan)
Maniwaki, Quebec

phone: 819-441-1655
fax: 819-441-2665
email: kzacec@kza.qc.ca

■ **RANDONNEE EN CANOT VOYAGEUR**
Service des loisirs de Maniwaki
☎ 819-449-2822
Réservation obligatoire. Pour les groupes, la municipalité offre gratuitement deux grands canots (rabaska) pour sillonner la rivière Désert et profiter de ses nombreuses plages isolées.

■ **KITIGAN ZIBI ANISHNABEG**
Renseignements au bureau des services communautaires
☎ 819-449-5170 - www.kza.qc.ca
Les Algonquins de la Première Nation Kitigan Zibi Anishnabeg accueillent les visiteurs. On y trouve un centre d'exposition culturelle sur l'histoire algonquine et le village algonquin Mawandoseg Kitigan Zibi, musée-nature dédié au mode de vie traditionnel des Anishinabeg. Le pow wow traditionnel de communauté a lieu chaque année lors de la première fin de semaine de juin.

▪ PETITE NATION ▬

Jouxtant les Laurentides, la région de la Petite Nation propose de très agréables endroits de villégiatures où la nature se décline en lacs et en forêts, pour la plus grande joie des amateurs de pêche et de chasse. Les âmes pacifiques préféreront une excursion au parc Oméga où les animaux évoluent en totale liberté.

MONTEBELLO

Destination nature par excellence, les plus fortunés resteront à l'hôtel Fairmont, dans lequel séjournèrent les présidents Bush et Calderon lors du dernier sommet annuel des chefs d'État américains, qui eut lieu en 2007.

▪ MAISON DU TOURISME
502A, rue Notre-Dame ℂ 819-423-5602

Hébergement

▪ AUBERGE MONTEBELLO
676, rue Notre-Dame
ℂ 819-423-0001/1-877-423-0001
www.aubergemontebello.com
45 chambres. Chambre double de 109 $ à 169 $, petit déjeuner inclus. Internet sans fil, Spa, massothérapie, piscine extérieure chauffée. Charmante ancienne résidence victorienne aux abords de la rivière des Outaouais. Spa, confort et fine cuisine à son restaurant Le Rouge 20 caractériseront votre séjour. Les chambres sont de styles différents, nous vous recommandons particulièrement les champêtres, spacieuses, lumineuses et très abordables.

▪ MONTEVILLA
Montebello
ℂ 819-423-5050/1-800-363-0061
www.montevilla.ca
Chalet à partir de 350 $ pour 2 nuits et pour 2 personnes. Forfaits disponibles. Internet, piscine extérieure. Le Montevilla propose de grands chalets en bois de deux à quatre chambres. Mais pas n'importe quels chalets : ils sont vraiment très grands et luxueux. Situés dans un cadre enchanteur, ils vous extrairont du monde et de ces tumultes le temps de votre séjour.

▪ FAIRMONT LE CHATEAU MONTEBELLO
392, rue Notre-Dame ℂ 819-423-6341

Un complexe impressionnant, le plus grand de son genre en bois rond, construit en un temps record sur un site magnifique, au bord de l'eau. Vaste hôtel de luxe, le Château Montebello qui a changé de propriétaire fin 2006, reste un exemple unique de mariage entre nature et prestige. Avec plus de 40 activités proposées (centre sportif, croquet, équitation, golf, vélo, piscines intérieure et extérieure, squash…), un domaine réservé à la chasse et à la pêche (Fairmont Kenauk au Château Montebello, voir ci-dessous), un port privé, un service de restauration haut de gamme, nul doute que vous y trouverez votre bonheur, si bien sûr vous en avez les moyens, car les forfaits sont à la mesure du prestige de l'endroit.

▪ FAIRMONT KENAUK
Château Montebello, 1000, chemin Kenauk
ℂ 1-800-567-6845
Pour les amoureux de la nature et du confort, Kenauk offre une expérience sans compromis au cœur de l'un des plus grands et plus anciens territoires privés de chasse et de pêche en Amérique du Nord. La faune et la flore seront au rendez-vous, avec 65 lacs (dont 25 disponibles pour la pêche) et 265 km^2 de superficie. Bien sûr, ce domaine d'exception n'est pas accessible à tous, car les tarifs sont élevés. Mais l'expérience reste inoubliable, et les activités très variées. Les chalets sont tout confort, et disposent de lacs privés.

Restaurant

▪ LA LANTERNE
636, rue Notre-Dame ℂ 819-423-5280
Compter de 20 $ à 30 $. Au bord de l'eau, la Lanterne propose des plats simples, mais préparés à la perfection avec des produits très frais.

Points d'intérêt

En plus de la visite du Château Montebello, dont les tarifs pour l'hébergement sont trop élevés pour le commun, mais qu'il faut absolument aller voir, ne serait-ce que pour profiter des activités (très nombreuses), de la magnifique piscine intérieure ou du buffet-barbecue en été, Montebello offre aux visiteurs plusieurs attraits qui justifient le déplacement depuis Montréal et, à plus forte raison, un arrêt sur la route vers Gatineau.

■ **LIEU HISTORIQUE NATIONAL DU MANOIR-PAPINEAU**
Lieu historique national du Canada
500, rue Notre-Dame
✆ 819-423-6965/1-800-463-6769
www.parcscanada.gc.ca/papineau
De mai à octobre. Une résidence seigneuriale parfaitement conservée et meublée d'époque,
qui nous plonge au cœur de la vie de Louis-Joseph Papineau, seigneur de la Petite-Nation. Une architecture exceptionnelle et une riche collection de meubles et d'accessoires sauront vous faire remonter le temps. Le domaine conserve plusieurs des bâtiments d'époque (hangar à grains, musée familial, chapelle funéraire, maison du jardinier…).

Le parc Oméga

© TOURISME OUTAOUAIS

Parc Omega, Montebello

Route 323 nord, Montebello ✆ 819-423-5487
www.parc-omega.com

Le parc est ouvert toute l'année (en été, du 1er juin au 9 octobre de 9h à 17h, en hiver, du 10 octobre au 30 mai : de 10h à 16h), et le prix d'entrée est très abordable (janvier à mai et novembre et décembre : Adultes : 13 $, enfants de 6 à 15 ans : 9 $, enfants de 2 à 5 ans : 5 $. De juin à octobre, adultes : 16 $, enfants de 6 à 15 ans : 11 $, enfants de 2 à 5 ans : 6 $). Un vrai coup de cœur pour cette entreprise familiale située à moins d'une heure trente de Montréal. Une expérience hors du commun vous attend dans les hauteurs de Montebello. Le Parc Oméga vous propose, dans une réserve privée parfaitement entretenue, de partir à la rencontre des animaux d'Amérique du nord… Dans votre voiture ! Des centaines de bêtes plus magnifiques les unes que les autres évoluent librement dans le parc et s'empressent de venir déguster les carottes (*sachets disponibles pour 2 $ à la réception*) que vous leur tendez.
Cerfs, mouflons, wapitis, bouquetins, bisons, sangliers, castors, ratons laveurs et orignaux marqueront votre visite à travers ces belles étendues. Autant vous dire qu'il s'agit là d'une expérience inoubliable pour les petits et les grands. Seuls les loups, les coyotes et les ours sont dans des enclos, mais c'est plus pour vous permettre de les voir que pour des raisons de sécurité, car ici, les lois de la nature sont respectées. En été, des démonstrations d'oiseaux de proie sont proposées plusieurs fois par jour, de même qu'une activité durant laquelle les tout petits pourront nourrir de petits cerfs de Virginie. Il est possible de louer une voiturette de golf pour se rendre au lac des truites, ou de laisser sa voiture au milieu du parcours pour se rendre à la ferme du parc où vous attendent d'autres espèces. Vous l'aurez compris, tout est là pour vous faire passer une journée mémorable en famille.

Des visites guidées de l'intérieur sont proposées moyennant un droit d'entrée tout à fait raisonnable, et il est possible de visiter le domaine en se promenant à l'extérieur. L'accès se fait par l'allée seigneuriale (quelques minutes à pied) ou par le Fairmont Le Château Montebello.

MONTPELLIER

Petit village prisé par les touristes pour sa réserve faunique attenante des lacs. On dit que les couleurs des arbres à l'automne y sont plus belles que partout ailleurs !

■ **AUBERGE VICEROY**
533, route 315
☎ 819-428-2827/1-888-882-6666
www.aubergeviceroy.com
Chambre double de 75 $ à 189 $. Internet par satellite, salle de billard avec piano, Spa, plage privée sur le lac, golf à 1 km (forfaits disponibles), quad, pêche, bateau électrique, salle de réunion. Cette auberge dirigée par deux Toulousains amoureux du Québec est aussi isolée que confortable. Posée juste en face d'un lac, elle possède sa propre plage et propose un large choix de massages et de soins de beauté. Les suites à un étage sont vraiment impressionnantes : vous pouvez voir le lac depuis votre bain tourbillon. Les plaisirs de la table sont également au rendez-vous et privilégient les produits locaux. Une belle adresse romantique.

PLAISANCE

■ **CHUTE DE PLAISANCE**
Le village de Plaisance est situé sur la route 148 entre le village de Papineauville et la ville de Thurso. Au milieu du village de Plaisance, au clignotant jaune, on tourne à gauche sur la Montée Papineau. Environ 2 km plus loin, on tourne encore à gauche sur le chemin Malo qui, lui, mène directement au site historique des chutes de Plaisance.

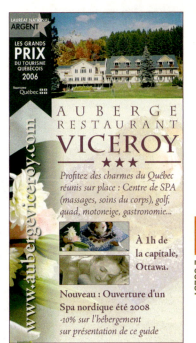

Avec une dénivellation de près de 63 m, elles ont été témoins de l'édification du premier village industriel de la région, North Nation Mills.

■ **PARC NATIONAL DE PLAISANCE**
1001, Chemin des Presqu'îles
☎ 819-427-5334/1-800-665-6527
www.parcsquebec.com
A quelques kilomètres de Papineauville, ce parc national, où l'on peut camper (tente, yourte, chalet), est l'idéal pour une étape champêtre et contemplative. En effet, vous pourrez y admirer le spectacle des bernaches au printemps et celui de dizaines d'espèces en été dont les hérons et les balbuzards.

Abitibi-Témiscamingue

Ce qui caractérise l'Abitibi-Témiscamingue ? Ses forêts quasi infinies, ses nombreux lacs et cours d'eau, bref ses immenses espaces encore intacts ! Ses grands parcs, ses pourvoiries, ses réserves fauniques et ses bases de plein air assurent des heures et des heures de détente en pleine nature. Deux vagues migratoires dessinent le portrait de cette immense région éloignée des grands centres et à peine centenaire : d'abord, les coureurs des bois et les défricheurs, puis les prospecteurs attirés par la ruée vers l'or. Fière de son histoire, l'Abitibi-Témiscamingue est une région dynamique qui accueille les visiteurs dans ses musées, visites minières et industrielles. En pénétrant dans la Cité de l'Or, vous découvrirez ce qui fut autrefois la mine d'or la plus riche du Québec : la mine Lamaque, fermée depuis 1985. Une expédition qui se déroule à 300 pieds sous terre ! Au Musée minéralogique de Malartic, vous admirerez une collection de minéraux étonnante, alors qu'au Centre thématique fossilifère, vous en saurez plus sur la géologie du Témiscamingue par le biais de fossiles. En visitant le lieu historique national du fort Témiscamingue, vous pénétrerez dans un important carrefour de traite de fourrures du XVIIIe siècle, situé face au lac Témiscamingue. Pour bien profiter des grands espaces de l'Abitibi-Témiscamingue, vous vous devez d'entrer dans ses territoires naturels préservés ! Le parc national d'Aiguebelle et ses paysages de falaises rocheuses, façonnées par les passages de glacier et les coulées de lave fascinent. La Réserve faunique La Vérendrye, un territoire naturel de près de 14 000 km² comptant plus de 4 000 lacs et rivières (traversé entre autres par la rivière Outaouais), est un paradis pour la pêche et le canotage ! La beauté sauvage de l'Abitibi-Témiscamingue se contemple à vélo, sur la ligne du Mocassin, un sentier multifonctionnel aménagé sur d'anciennes voies ferroviaires entre Ville-Marie et Laverlochère.

Pour partir à la rencontre de cette province, nous vous proposons deux petits circuits : la route des prospecteurs et des défricheurs, qui vous invite à découvrir comment la province s'est initialement développée autour de l'or, puis la route des pionniers qui exploite les thèmes de l'eau et de la forêt.

Transports

Avion

■ **AEROPORT DE ROUYN-NORANDA**
✆ 819-762-5400

■ **AEROPORT DE VAL-D'OR**
✆ 819-825-5155

■ **AIR CANADA JAZZ**
✆ 1-888-247-2262 – www.aircanada.ca
Compter entre 200 $ et 400 $ pour un vol aller-retour en classe économique pour Montréal et Québec. Vols depuis Montréal (4 vols par jour vers Rouyn-Noranda et 3 vers Val-d'Or) et Québec.

■ **AIR CREEBEC**
✆ 1-800-567-6567 – www.aircreebec.ca
Vols de Montréal, de la Baie-James et de la côte Nord.

■ **ASCAN AVIATION**
✆ 1-888-313-8777 – www.pascan.com
Vols depuis Montréal-Saint-Hubert, Québec, Rouyn-Noranda et Val-d'Or.

Les immanquables de l'Abitibi-Témiscamingue

▶ **La cité d'or et le village minier de Bourlamaque,** à Val-d'Or où l'on découvre comment vivaient et travaillaient les miniers au début du siècle.

▶ **La réserve faunique La Vérendrye,** le deuxième plus grand territoire naturel sous la gestion de la Sépaq.

▶ **Le lieu historique de fort Témiscamingue** qui retrace la vie dans un poste de traite.

Bus

■ **AUTOBUS MAHEUX**
✆ 1-888-797-0011
www.webdiffuseur.qc.ca/maheux
Terminus Rouyn-Noranda
✆ 819-762-2200
Val-d'Or ✆ 819-874-2200
Amos ✆ 819-732-2821
La Sarre ✆ 819-333-3395.

Train

■ **VIA RAIL CANADA**
✆ 1-800-361-5390
www.viarail.ca
Un départ à 8h30 de la gare centrale de Montréal vers la gare de Senneterre le lundi, le mercredi et le jeudi (durée du trajet : 11h25). Un départ à 5h45 de Senneterre en direction de Montréal le mardi et le vendredi, et à 10h45 le dimanche (durée : 11h29).

■ **GARE DE SENNETERRE**
4e Rue Ouest
✆ 819-737-2979
Ouvert le lundi, le mercredi, le jeudi de 19h15 à 20h45, le mardi et le vendredi de 4h45 à 6h, le dimanche de 9h30 à 11h.

Voiture

▶ **Depuis Montréal,** par la route 117 ou bien par l'autoroute 40 en direction d'Ottawa, puis la route 17 qui est un prolongement de cette dernière et enfin suivre la route 101.

Pratique

■ **www.48nord.qc.ca**

■ **TOURISME ABITIBI-TEMISCAMINGUE**
170, avenue Principale, Rouyn-Noranda
✆ 819-762-8181/1-800-808-0706
Ouvert du lundi au vendredi de 8h30 à 12h et de 13h à 16h30.

■ ROUTE DES PROSPECTEURS ET DÉFRICHEURS

Cette route parcourt l'important patrimoine minier de l'Abitibi. La richesse des sous-sols a créé une importante vague d'immigration dans la région, après la crise économique de 1929. Le circuit proposé se déroule sur un peu plus de 300 km. On en trouvera une carte plus détaillée dans les offices de tourisme, notamment à Val-d'Or, la ville de départ.

VAL-D'OR

En 1935, les prospecteurs découvrent l'or qui fait en sorte que la ville s'érige et grandit rapidement. Aussitôt, la forêt, seconde force naturelle, voit l'arrivée de nos défricheurs. De ces ressources naissent le commerce, l'industrie, le tourisme et la vie.

■ **www.ville.valdor.qc.ca**

■ **PAVILLON DE TOURISME**
1070, 3e Avenue Est
✆ 819-824-9646/1-877-825-5367
Ouvert tous les jours, de 9h à 17h.

Hébergements – Restaurants

■ **AUBERGE DE L'ORPAILLEUR**
104, Perreault
✆ 819-825-9518
www.aubergeorpailleur.com

Chambre simple de 45 $ à 75 $, double de 60 $ à 95 $. Ancienne maison de pension qui accueillait les mineurs venus d'Europe, l'Auberge de l'Orpailleur propose six chambres et une suite toutes dotées de lavabos, avec les toilettes et salles de bains à partager.

■ **HOTEL FORESTEL**
1001, 3e Avenue
✆ 819-825-5660/1-800-567-6599
www.forestel.ca
Chambre double de 95 $ à 110 $. 91 chambres tout confort avec air climatisé. Deux restaurants, bar et piscine extérieure.

Manifestation

■ **SALON DES VINS, BIERES ET SPIRITUEUX**
Centre d'études supérieures, Lucien-Cliche
✆ 819-874-3837 (poste 247)
www.svbs.valdor.qc.ca
Fin octobre. Evénement où le plaisir des sens donne rendez-vous aux visiteurs. Découvrez les produits vinicoles, dégustez les bières et spiritueux et savourez les produits du terroir témiscabitibien. Venez parfaire vos connaissances en assistant aux ateliers et conférences. A votre santé !

Points d'intérêt

■ CITE DE L'OR ET LE VILLAGE MINIER DE BOURLAMAQUE

90, avenue Perreault
℡ 819-825-7616/1-877-582-5367
www.citedelor.qc.ca
Ouvert de mi-juin début septembre de 8h à 17h. Dernier départ pour la visite souterraine à 13h30. Le reste de l'année, visites sur réservation seulement. Adulte : 25 $. Durée de la visite : 4h. Découvrez la vie du mineur à partir de l'exploitation d'une mine jusqu'à la transformation de la matière pour obtenir une brique d'or. Pour ce faire, vous descendrez dans une mine à 91 m sous terre et on vous présentera une simulation de dynamitage, des techniques de forage, une vraie foreuse en action et bien d'autres ! Au sortir de la mine on visite le village où vivaient les mineurs.

Dans les environs

■ MUSEE MINERALOGIQUE DE MALARTIC

650, rue de la Paix, Malartic
℡ 819-757-4677
www.museemalartic.qc.ca
Visites commentées du 1er juin-15 septembre, tous les jours de 9h à 17h, du 16 septembre au 31 mai, du lundi au vendredi de 9h à 12h et de 13h à 17h et les fins de semaine sur réservation. Adulte : 7 $. Durée : 1h. Situé à 27 km de Val-d'Or, ce musée s'adresse à toute la famille. Le visiteur est invité à parcourir différentes étapes d'un voyage peu banal qui lui fera découvrir le monde magnifique de la géologie et des minéraux. La projection d'un spectacle multimédia reconstitue la transformation du paysage géologique de la terre.

■ REFUGE PAGEAU

4241, chemin Croteau
A 8 km à l'est d'Amos ℡ 819-732-8999
www.refugepageau.ca
Ouvert du 4 juin au 20 juin en semaine de 13h à 16h et le week-end de 10h à 16h, du 21 juin au 28 août le lundi de 13h à 16h et du mardi au dimanche de 10h à 16h. Le reste de l'année sur réservation. Adulte : 12 $. Ce refuge d'animaux blessés, qui les héberge le temps de leur rétablissement ouvre ses portes au public, pour le plaisir des amateurs de faune.

▶ **En route vers Rouyn Noranda,** la fin du parcours, vous pouvez marquer une halte à l'église de Pikogan qui reflète la tradition algonquine (visites commentées par les membres de la communauté de Pikogan). Si vous vous intéressez à l'histoire sociale, un arrêt à l'école du rang à Authier s'impose. On y visite une salle de classe typique du début du XXe siècle. On peut y vivre une journée typique de l'époque, avec des acteurs jouant le rôle de l'inspecteur et du curé. Enfin, les amateurs de nature feront une pause à l'île aux hérons (depuis la route 111 vers la Sarre, rendre la route de Chazel puis tournez à droite dans le rang 6-7 et suivrez les indications).

ROUYN-NORANDA

Au début des années 1900, la région de Rouyn-Noranda n'était qu'une vaste forêt sauvage traversée de rivières et de nombreux lacs pratiquement inaccessibles. Un prospecteur de la Nouvelle-Ecosse, Edmund Horne, s'aventura sur les rives du lac Osisko pour la première fois en 1911. Il revint deux autres fois fouiller le sol et découvrit finalement des gisements de cuivre d'une richesse inouïe. Des gens affluèrent de partout, gonflés d'espoir et d'enthousiasme. Une mine s'érigea, des cabanes de bois apparurent ici et là sur les bords du lac et on parla bientôt d'un village…

■ **www.ville.rouyn-noranda.qc.ca**

Pratique

■ BUREAU D'INFORMATION TOURISTIQUE MAISON-DUMULON

191, avenue du Lac
℡ 819-797-3195/1-888-797-3195
Ouvert tous les jours de 8h30 à 19h en saison estivale, du lundi au vendredi de 8h30 à 12h et 13h à 16h30 le reste de l'année.

■ CENTRE HOSPITALIER DE ROUYN-NORANDA

4, 9e Rue ℡ 819-764-5131

Hébergement

■ GITE LE PASSANT B&B

489, rue Perreault E. ℡ 819-762-9827
www.lepassant.com
Chambre simple de 45 $ à 60 $, double de 60 $ à 80 $. Une charmante demeure avec quatre chambres différentes et confortables dans un cadre reposant.

Manifestation

■ FESTIVAL DU CINEMA INTERNATIONAL

℡ 819-762-6212
www.lino.com/festivalducinema
Fin octobre et début novembre. Cinéphiles

et invités de marque se rencontrent à Rouyn-Noranda pour visionner longs, moyens et courts-métrages (fiction et documentaires) ainsi que des films d'animation. Les films à l'affiche proviennent d'une vingtaine de pays et certains sont présentés en première mondiale et nord-américaine.

Points d'intérêt

■ CIRCUIT D'INTERPRÉTATION HISTORIQUE DU VIEUX-NORANDA

☏ 819-797-3195/1-888-797-3195
Durée : 2h30. Sur le thème. Une mine, une ville, on vous propose un circuit de 25 panneaux répartis sur 13 stations. Le départ du parcours se situe au parc Trémoy, face à la 8ᵉ Rue, pour se terminer au coin de la 7ᵉ Rue et de l'avenue Portelance. On peut suivre les panneaux à pied, en vélo ou en patins !

■ MAISON DUMULON

191, avenue du Lac ☏ 819-797-7125
www.maison-dumulon.ca
Visites guidées en saison à 9h, 10h, 13h30 et 14h30, Monologue à 10h et 14h30. Adultes : 5 $, étudiants et seniors : 4 $, enfants de moins de 12 ans : 2 $. Fidèlement reconstitué, ce site historique regroupe un magasin général avec un bureau de poste ainsi que la résidence familiale de l'époque. Durant la période estivale, une pièce de théâtre ou un monologue d'une durée de 20 min complète la visite. Vente de produits régionaux et d'artisanat.

■ NORANDA INC FONDERIE HORNE

101, avenue Portelance
☏ 819-797-3195 – www.noranda.com
Ouvert du 24 juin au 1ᵉʳ lundi de septembre, tous les jours de 9h à 15h. Attention, il faut réserver

à l'avance. Entrée libre. Durée : 2h. On peut visiter ce complexe industriel qui est un des plus grands producteurs mondiaux de cuivre et de métaux précieux.

■ PARC NATIONAL D'AIGUEBELLE

1702, rang Hudon, Rouyn Noranda
☏ 819-637-7322/1-800-665-6527
www.parcsquebec.com
Ouvert toute l'année. Entrée : 3,50 $. Le parc national d'Aiguebelle recèle de paysages magnifiques et diversifiés. 63 km de sentiers de randonnées et 35 km de ski nordique vous en feront pleinement profiter. Les adeptes feront du canot, du kayak de mer ou de la chaloupe sur un des nombreux lacs. **Hébergement :** camping, camp rustique en bois rond ou chalet.

■ RÉSERVE FAUNIQUE LA VÉRENDRYE

Route rurale 1, Montcerf-Lytton (Outaouais)
☏ 819-435-2541/1-800-665-6527
50, boulevard Lamaque Val-d'Or (Abitibi)
☏ 819-354-4392
www.sepaq.com/laverendryeabitibi
www.sepaq.com/laverendryeoutaouais
Route 117. L'immensité de son territoire et la multitude des plans d'eau de la Réserve faunique La Vérendrye font de cette destination un lieu de prédilection pour les pêcheurs et les amateurs de canot-camping. Les 1 250 emplacements de camping disséminés sur le territoire permettent de découvrir l'activité de pêche tout en profitant d'un hébergement peu coûteux. Pour ceux qui privilégient les séjours en chalet, la réserve faunique La Vérendrye dispose de 36 chalets bien équipés situés en bordure d'un lac et du réservoir Dozois. De quoi satisfaire tous les goûts !

L'OUEST

■ LA ROUTE DES PIONNIERS

Cette route d'environ 323 km débute à Rouyn Noranda. Tout en suivant les berges du lac Témiscamingue, elle vous fera découvrir des paysages très ruraux et empreints de douceur. Ville-Marie, située au premier tiers du parcours est une halte conseillée pour passer la nuit.

■ CENTRE THÉMATIQUE FOSSILIFÈRE

5, rue Principale, Notre-Dame-du-Nord
☏ 819-723-2500 – www.rlcst.qc.ca
Ouvert tous les jours, du 24 juin au 5 septembre, de 10h à 17h. Ouverture possible toute l'année sur réservation. Adultes : 4 $, seniors : 3,50 $, enfant de 6 à 12 ans : gratuit. Durée : 1h30.

Plongée dans différents univers. Ainsi, l'exposition principale recrée le milieu marin du Témiscamingue d'il y a 420-480 millions d'années avec roches et fossiles d'animaux fantastiques. Une deuxième exposition, La Salamandre du lac, un fossile vivant vous transportera dans l'univers de cet amphibien mythique. Petits et grands réaliseront de courtes expériences scientifiques. Le centre propose également des safaris fossiles (excursions par la route). On apprend ensuite à identifier et à dégager les fossiles dans l'atelier. Forfaits offerts de juin à octobre. Veuillez réserver à l'avance.

VILLE-MARIE

Ville-Marie est la plus ancienne localité de l'Abitibi-Témiscamingue. Ce toponyme honore la protection de la congrégation des Oblats de Marie-Immaculée et souligne le rôle déterminant de cette communauté religieuse dans la colonisation de la région du Témiscamingue. Ville-Marie fut érigée en paroisse en 1886, en village en 1896 et en ville en 1962.

▶ **Accès.** De Montréal, route 417, puis 17 à partir d'Ottawa et route 101.

■ BUREAU TOURISTIQUE
1, boulevard Industriel
℡ 819-629-2918/1-866-538-3647
www.temiscamingue.net
Ouvert de 8h30 à 12h et de 13h à 16h30.

Hébergement – Restaurants

■ CHEZ EUGENE
8, rue Notre-Dame ℡ 819-622-2233
3 chambres avec air climatisé. De 55 $ à 125 $ la chambre double. Service de restauration et cuisine sur place : déjeuner, dîner, souper.

■ MOTEL LE MANOIR
16, rue Dollard ℡ 819-629-2733
www.temiscamingue.net/motellemanoir
Chambre double de 70 $ à 130 $ la nuit. Situé au centre de la ville à proximité de services et attraits touristiques, proche du lac Témiscamingue. Quarante et une chambres de diverses catégories. Restaurant sur place.

Points d'intérêt

■ LIEU HISTORIQUE DU FORT TEMISCAMINGUE
834, chemin du Vieux-Fort Duhamel-Ouest
℡ 819-629-3222/1-800-463-6769
www.parcscanada.com
Ouvert tous les jours de début juin à début septembre de 9h à 17h30, sur réservation seulement le reste de l'année. Adultes : 5 $, seniors : 4,25 $, jeunes : 3 $, famille : 12 $. Situé à 6 km de Ville-Marie, par la route 101 Sud, le fort Témiscamingue fut un important poste de traite des pelleteries pendant plus de deux cents ans. Il témoigne notamment de l'importante rivalité qui existe aux XVIIᵉ et XVIIIᵉ siècles entre Français et Anglais pour l'exploitation du réservoir pelletier de la baie

d'Hudson. Faites une visite guidée pour bien observer les attraits naturels et les vestiges archéologiques de la région. Tout est fait pour que votre visite soit des plus plaisantes : animations variées, film, aires de pique-nique sur le lac et sentiers d'interprétation.

■ MAISON DU FRERE-MOFFET
7, rue Notre-Dame-de-Lourdes
℡ 819-629-3533/819-629-3534
www.maisondufreremoffet.com
Visites commentées (durée 1h) du 21 juin à début septembre, tous les jours de 10h à 18h. Après 18h, et en septembre, sur réservation de groupe seulement. Adultes : 2,50 $, enfants de 0 à 12 ans : gratuit. Erigée en 1881 par les Oblats pour leur ferme établie par le frère Joseph Moffet, fondateur du Témiscamingue agricole, la Maison du Frère-Moffet reçoit le statut de monument historique classé en 1978. Construite pièce sur pièce, elle offre un témoignage éloquent de l'art de bâtir des artisans d'autrefois. Circuit historique, vente de souvenirs, de livres d'histoire et de produits régionaux.

Manifestations sportives

■ TOUR ABITIBI
℡ 819-825-5554
www.tourabitibi.qc.ca
Etape nord-américaine de la Coupe du monde des juniors, compétition cycliste internationaleb. Six jours, huit étapes, 25 équipes, 150 coureurs, parmi les meilleurs du monde. A noter que le contre-la-montre individuel débutera sous terre, à partir d'une ancienne mine d'or. Pendant six jours, la fête bat son plein !

■ RAID DES CONQUERANTS
℡ 819-339-3300/1-866-326-9453
www.ecoaventures.ca
Cette épreuve d'endurance à vélo de montagne se déroule dans d'anciens chemins forestiers aux frontières de l'Abitibi-Témiscamingue et de la Baie-James. Les étapes amèneront les participants à franchir une distance de 150 km en deux jours ou de 350 km en cinq jours sur des sentiers balisés parsemés d'obstacles. Le raid s'adresse aux cyclistes en bonne condition physique. Forfaits disponibles et équipement en location.

Retrouvez le sommaire en début de guide

LA RIVE DU SAINT-LAURENT

Saint Fabien-sur-Mer,
Bas-St-Laurent

© TOURISME BAS ST LAURENT /
BERTRAND LAVOIE

Montérégie

CENTRE-DU-QUÉBEC

CANTONS DE L'EST

LANAUDIÈRE

LAVAL

MONTRÉAL

LAURENTIDES

ONTARIO

SURÔIT

BAS-RICHELIEU

YAMASKA

VALLÉE DU RICHELIEU

RIVE-SUD

HAUT-RICHELIEU

JARDINS DE NAPIERVILLE

vers Québec

vers Sherbrooke

vers Ottawa

Drummondville

Acton Vale
Froxton Falls
St-Théodore d'Acton
St-Hélène-de-Bagot
St-Libaire
Upton
St-Valérien
St-Simon
St-Barnabé
St-Hyacinthe
St-Rosalie
St-Pie
St-Jude
Ste-Anne de Sorel
Ste-Tracy
Sorel-Tracy
Yamaska
St-David
Ste-Victoire-de-Sorel
Massueville
St-Roch-de-Richelieu
St-Ignace-de-Loyola
St-Joseph-de-Sorel
Saint-Ours
Contrecoeur
St-Antoine-s-Richelieu
St-Denis
St-Charles-sur-Richelieu
St-Marc-sur-Richelieu
Calixa-Lavallée
Vercheres
Verchères
Vacennes
Ste-Julie
Mont-St-Hilaire
Rés. de la Biosphère
Otterburn Park
Beloeil
St-Jean Baptiste
Mt St-Hilaire
Parc du Mt St-Bruno
St-Bruno-de-Montarville
Bouchervillle
Chambly
Brossard
la Prairie
Longueuil
St-Lambert
Ville-Ste-Catherine
St-Constant
St-Philippe
St-Jacques-le-Mineur
St-Isidore
St-Mathias
St-Damase
Mt Rougemont
Rougemont
St-Césaire
Ste-Angèle-de-Monnoir
Marieville
Richelieu
St-Luc
l'Acadie
Mont-St-Grégoire
Mt St-Grégoire
St-Grégoire
St-Paul d'Abbotsford
l'Ange-Gardien
St-Brigide d'Iberville
Granby
Waterloo
Cowansville
Mt Yamaska
Iberville
St-Jean-sur-Richelieu
St-Alexandre
Sabrevois
St-Valentin
Lacolle
St-Paul-de-l'Île au Noix
St-Bernard-de-Lacolle
Napierville
St-Patrice-de-Sherrington
St-Rémi
St-Martine
Mercier
Châteauguay
Beauharnois
Kahnawake
Lac St-Louis
Notre-Dame-de-l'Île-Perrot
Pointe-des-Cascades
Vaudreuil-Dorion
Lac des deux montagnes
Oka
Hudson
St-Lazare
Rigaud
Mt Rigaud
Ste-Marthe
Coteau-du-Lac
Île des Coteaux
St-Polycarpe
St-Zotique
Les Cèdres
Melocheville
St-Timothée
Salaberry-de-Valleyfield
St-Louis-de-Gonzague
Allen's Corner
Ormstown
Dewittville
St-Chrysostome
Hawelock
Hemmingford
Honnyville
Venise-en-Québec
R. aux Brochets
R. aux Québec
Ste-Barbe
Huntingdon
Franklin
Rockburn
Herdman
St-Anicet
Godmanchester
Ste-Agnès-de-Dundee
Réserve de faune du lac St-François
Fleuve St-Laurent
Saint-Laurent
Rivière des Milles Îles
Hawkesbury
Pointe-Fortune
Rivière Beaudette
Ste-Antoine-Abbé
St-Patrice
Lac Brome
Lac Memphrémagog

Montérégie

La Montérégie est un vaste territoire de plus de 10 000 km² où dominent collines et vallées. L'appellation Montérégie doit son origine aux collines qui émergent de la plaine et qui sont appelées montérégiennes. Les monts Saint-Hilaire, Rougemont, Yamaska, Saint-Grégoire, Saint-Bruno et Rigaud forment une ligne imaginaire entre l'île de Montréal et les Appalaches.

Bordée de lacs et de rivières, la Montérégie possède un réseau hydrographique important qui fut le témoin privilégié de plusieurs batailles historiques.

La rivière Richelieu, qui traverse la Montérégie du nord au sud, servait autrefois de voie navigable pour le commerce avant de voir construire sur ses berges des fortifications qui servirent à défendre la population des attaques militaires.

Profitez d'une des nombreuses croisières pour apprécier le calme des cours d'eau et découvrir la faune et la flore des marais du secteur du lac Saint-Pierre et des nombreuses îles de la région.

La Montérégie est la troisième région en importance au Québec pour le nombre de sites historiques, de musées et de centres d'interprétations. Venez visiter les différents sites patrimoniaux de la région et découvrir l'essentiel de l'histoire du patrimoine historique canadien : de la présence autochtone aux guerres de la conquête de la Nouvelle-France, de la récente histoire industrielle du Québec jusqu'à la Bataille des Patriotes.

La vallée du Richelieu constitue un axe majeur reliant Montréal à New York. Prenant sa source dans l'État de New York, la rivière se jette dans le Saint-Laurent au niveau de Sorel.

Baptisée rivière des Iroquois par Champlain, colonisée dès le début du XVIIIᵉ siècle, la vallée du Richelieu est aussi, du point de vue agricole, l'une des régions les plus riches du Québec. Les Montréalais aiment venir y passer les fins de semaine, comme en témoigne la présence de nombreuses résidences secondaires. En raison de la situation stratégique de la vallée, de nombreux forts y furent élevés aux premiers temps du régime français : fort Chambly, fort Saint-Jean, Fort-Lennox (sur l'Île-aux-Noix) et Lacolle.

A l'origine, destinés à protéger Montréal des incursions des Iroquois, ils eurent ensuite pour mission de contenir les attaques des troupes anglaises en 1759 puis américaines en 1775-1776.

Au XIXᵉ siècle, la vallée développa ses échanges commerciaux avec les Etats-Unis, facilités par un système de canaux. Elle joua aussi un rôle majeur dans la rébellion des Patriotes (1837-1838), conduite par Louis-Joseph Papineau contre le gouvernement britannique, afin d'obtenir l'autodétermination. Après une victoire à Saint-Denis, les insurgés seront battus à Saint-Charles avant d'être écrasés définitivement à Saint-Eustache. Le chemin des Patriotes (route 133) rappelle cet épisode douloureux de l'histoire du Québec.

Pratique

■ **www.tourisme-monteregie.qc.ca**

■ **TOURISME MONTEREGIE**
11, chemin Marieville, Rougemont
℻ (450)-469-0069
℻ 1-866-469 0069

■ **CENTRE HOSPITALIER PIERRE BOUCHER**
1333, boulevard Jacques-Cartier Est,
Longueuil ℻ 450-468-8111
www.santemonteregie.qc.ca

■ **CENTRE HOSPITALIER HONORE MERCIER**
Sainte-Hyacinthe
℻ 450-771-3333
www.rsry.qc.ca

Exporail

■ **EXPORAIL**
Musée ferroviaire canadien 110, rue Saint-Pierre, Saint-Constant
✆ 450-632-2410 – www.exporail.org
Ouvert du 15 mai au 23 juin tous les jours de 10h à 17h, du 24 juin au 4 septembre de 10h à 18h, du 6 septembre au 18 novembre du mercredi au dimanche de 10h à 17h. Mi-novembre à mi-mai, ouvert les week-ends seulement, de 10h à 17h. Adultes : 14 $, aînés : 11 $, étudiants de 13 à 17 ans : 9 $, enfants de 4 à 12 ans : 7 $, famille (2 adultes et 2 enfants) : 33 $. Un tout nouveau pavillon d'exposition vient d'être aménagé par ce musée ferroviaire canadien qui se targue d'offrir une collection de 150 véhicules parmi les plus importantes d'Amérique du Nord. C'est plus d'un demi-siècle d'histoire ferroviaire qu'on traverse en visitant cette exposition sur l'ère des locomotives géantes, des constructions monumentales, de l'extension de la révolution industrielle au Canada, d'un océan à l'autre. Une locomotive et un tramway circulent sur le terrain, au grand plaisir des enfants !

■ DE CHAMBLY À SOREL

CHAMBLY

■ **LIEU HISTORIQUE NATIONAL DU CANADA DE FORT CHAMBLY**
2, rue de Richelieu ✆ 450-658-1585
www.pc.gc.ca/lhn-nhs/qc/fortchambly/index_f.asp
Autoroute 10 Est, sortie 22. Ouvert du 4 avril au 18 mai et du 5 septembre au 28 octobre, du mercredi au dimanche de 10h à 17h et tous les jours du 19 mai au 3 septembre de 10h à 17h (de 10h à 18h de fin juin à début septembre). Adulte : 5,70 $, ados : 2,95 $, aînés : 4,95 $, famille : 14,35 $. Le Fort Chambly représente un intéressant vestige de la présence française. Restauré récemment après avoir été laissé à l'abandon durant de nombreuses années, ce fort fut construit par les Français en 1709 (inspiré des principes de fortifications à la Vauban), au pied des rapides de la rivière Richelieu, voie d'eau reliant Montréal à New York. On y attendait de pied ferme les attaquants des colonies anglaises. Une exposition y présente la vie des soldats et des habitants vers 1750. Les week-ends, on assiste à des tirs de mousquets et les dimanches de juillet et août des personnages d'époque et des artisans vous feront revivre l'époque de la Nouvelle-France.

■ **UNIBROUE INC**
80, Des Carrières
✆ 450-658-7658 – www.unibroue.com
Pour la visite, contacter Fourquet Fourchette.

Unibroue est la plus grosse microbrasserie du Québec. Plusieurs reconnaissent la brasserie grâce à son illustre actionnaire Robert Charlebois. Depuis ses débuts, Unibroue offre principalement des bières de type belge refermentées en bouteille. Ses bières très typées offrant des saveurs sans gêne sont d'excellentes bières de dégustation. Elles sont maintenant bien connues aux quatre coins du monde : Blanche de Chambly, La Maudite, la Fin du Monde, l'Eau Bénite, La Bolduc, la Marie Clarisse (mais elle n'est plus brassée), La Trois Pistoles, etc.

■ **FOURQUET FOURCHETTE**
1887, avenue de Bourgogne
✆ 450-447-6370
www.fourquet-fourchette.com
À côté du fort Chambly. Ouvert 7j/7 en saison estivale de 11h30 à la fermeture, le dimanche de 10h30 à la fermeture Hiver, fermé le lundi et le mardi. Toutes cartes de crédit. Près du vieux fort Chambly, les eaux vives du bassin de la rivière Richelieu qui s'ébrouent devant la terrasse donnent le ton à cet établissement où la bière coule à flot. Les convives deviennent des découvreurs et s'initient à la cervoise Unibroue, qui se retrouve dans tous les plats de cette gastronomie du terroir québécois. Les plats cuisinés à la bière sont inspirés de la cuisine amérindienne. À la table d'hôtes, les plats sont inventifs comme la salade tiède de pétoncle et saumon fumé à la Raftman suivie d'un ragoût de caribou à la gelée de cèdre

et Trois Pistoles. Des fromages de chez nous sont offerts en dégustation, accompagnés d'un dessert comme l'onctueuse marquise au chocolat. En mangeant, il peut arriver que des troubadours se joignent à la partie. A la sortie, un comptoir de vente de mets à emporter propose des produits dérivés à la bière. Des visites guidées sont organisées dans la brasserie.

MONT-SAINT-BRUNO

■ **PARC NATIONAL
DU MONT SAINT-BRUNO**
330, rang des 25 Est, Saint-Bruno
☏ 450-653-7544
☏ 1-800-665-6527 (réservations)
www.parcsquebec.com
A 20 km de Montréal. Autoroute 20, sorties 98 et 102 ou Autoroute 30, sortie 121. Ouvert à l'année, de 8h au coucher du soleil. Accès quotidien, adultes : 3,50 $, enfants : 1,50 $. Autocueillette de pommes (de fin août à mi-octobre). Plusieurs variétés dont Macintosh, Cortland, Melba, Hume, Lobo, Délicieuse, Wealthy, Golden Russet, Bancroft et Empire. Il est également possible de cueillir les poires Bartlett et Anjou. Randonnée pédestre (27 km). Activités de découverte guidées. En hiver, ski de fond (35 km de sentiers balisés et tracés), sentiers de randonnée pédestre sur neige (7 km), ski alpin à la station Mont-Saint-Bruno au nord-ouest du parc. Le parc national du Mont- Saint-Bruno (5,9 km^2) fait partie de la région naturelle des collines montérégiennes. Véritable havre de paix à quelques kilomètres de la ville, il abrite une faune riche et diversifiée ainsi que cinq lacs, un verger de plus de 850 pommiers et un moulin historique. On y vient pour se ressourcer aussi bien en été qu'en hiver !

■ **DOMAINE DE SKI
MONT-SAINT-BRUNO**
550, rang des 25
Saint-Bruno-de-Montarville
(autoroute 20, sortie 102)
☏ 450-653-3441
www.montsaintbruno.com
Ouvert du lundi au jeudi de 8h30 à 22h, le vendredi de 8h30 à 23h, le samedi de 8h à 23h, le dimanche de 8h à 22h. Adultes : 29 $, aînés et jeunes de 6 à 12 ans : 26 $, enfants de 0 à 5 ans : 8 $. Tarifs soirée, adultes : 21 $, aînés et jeunes : 19 $, enfants : 8 $. 14 pistes, 2 versants, ski de soirée (14 pistes éclairées), 8 remontées mécaniques.

MONT-SAINT-HILAIRE

Patrie des célèbres peintres Ozias Leduc et Paul-Emile Borduas, Mont-Saint-Hilaire est un centre artistique réputé qui se distingue aussi par son manoir Rouville Campbell au bord du Richelieu, édifice de style Tudor aux hautes cheminées de brique élevé vers 1850. Aujourd'hui restauré, c'est une auberge gastronomique réputée. Autre curiosité, sa petite église décorée par Ozias Leduc en 1898.
Au-dessus de la localité se dresse le mont Saint-Hilaire, qui fait partie des collines montérégiennes dont les versants sont couverts de pommiers (c'est une des régions productives de pommes principales). Des sentiers permettent de gagner le sommet du mont d'où se découvrent des vues étendues sur la vallée du Richelieu, le Saint-Laurent et Montréal. C'est aussi un lieu idéal pour la pratique du ski de fond en hiver.

SAINT-DENIS
SUR-LE-RICHELIEU

Un monument dédié aux Patriotes rappelle leur victoire sur les troupes du colonel Gore en 1837. Pour le 150e anniversaire de la Rébellion, une plaque fut apposée en 1987 avec ces paroles de René Lévesque : « *Ils ont lutté pour la reconnaissance nationale de notre pays, pour sa liberté politique et pour l'obtention d'un système de gouvernement démocratique.* » A côté, l'église du XVIIIe siècle abrite la cloche de la Liberté qui appela les Patriotes au combat, et présente, à l'intérieur, un beau décor sculpté. La maison nationale des Patriotes (610, chemin des Patriotes) propose des expositions et un audiovisuel sur le combat des Patriotes mené par Louis Joseph Papineau et les batailles de Saint-Denis, Saint-Charles et Saint-Eustache.

SAINT-OURS

Une écluse de 103 m de long (elle se visite) permet d'élever le niveau de l'eau de la rivière à un endroit où la navigation était gênée. Créée au siècle dernier, elle fit du Richelieu une importante voie fluviale entre le Canada et les Etats-Unis par laquelle transitaient les marchandises : les bateaux partaient vers les Etats-Unis, chargés de bois et de céréales, et en revenaient avec des cargaisons de charbon, fer, cuivre, matériaux de construction. Un parc a été aménagé dans ses parages.

SOREL

Au confluent du Richelieu et du Saint-Laurent, ce fut au XVIIIe siècle une ville de garnison, destinée à repousser une éventuelle invasion américaine et visant à protéger les loyalistes. Le Carré royal, ancienne place d'Armes, a été transformé en parc, devant lequel se dresse l'église anglicane Christ Church, de style néogothique. L'animation se concentre dans la rue du Roi, à deux pas du fleuve, avec ses boutiques, ses restaurants, ses cafés et son vieux marché, tandis que la rue Augusta mène à un parc en bordure du fleuve offrant des vues sur le Saint-Laurent,

le port et la marina. A 8 km à l'est de Sorel, l'église Sainte-Anne de Sorel a été décorée de superbes fresques par le peintre Suzor Côté. De Sorel, il est possible de faire une croisière aux îles de Sorel (départ du chemin du Chenal-du-Moine, durée 1h40, réservation ℃ 450-743 7227). Les îles de Sorel (îles du Moine, de Grâce, d'Embarras), disséminées dans le Saint-Laurent à l'endroit où le fleuve s'élargit pour former le lac Saint-Pierre, sont pour la plupart uniquement accessibles par bateau et constituent un véritable paradis pour les ornithologues, les chasseurs et les pêcheurs.

■ DE CHAMBLY À HEMMINGFORD

SAINT-JEAN SUR-LE-RICHELIEU

Son histoire remonte au XVIIe siècle, à l'époque des guerres iroquoises, au cours desquelles les Français avaient bâti une série de fortins (dont le fort Saint-Jean, datant de 1666) le long de la rivière Richelieu.
Après la guerre d'Indépendance américaine, de nombreux loyalistes s'établirent dans la région et plus particulièrement dans cette localité qui s'appela, un temps, Dorchester et fut un nœud d'échanges important avec New York et le lac Champlain dans l'Etat du Vermont.
Saint-Jean fut, au XIXe siècle, la capitale de la vaisselle de table en faïence et en grès (pièces de collection Farrar). Aujourd'hui cette production industrielle survit à travers la poterie sanitaire. Saint-Jean accueille, tous les ans au mois d'août, le festival des montgolfières, la plus importante manifestation de ce genre au Canada.
Dans le Vieux Saint-Jean aux maisons victoriennes, allez faire un tour au musée régional du Haut-Richelieu (182, rue Jacques-Cartier Nord, place du Marché) qui rappelle l'histoire militaire de cette vallée des forts et présente également une collection unique de vaisselle et de poteries Farrar, ainsi qu'au musée du Fort Saint-Jean (rue Jacques-Cartier Nord) où sont évoqués trois siècles d'histoire militaire du fort, des guerres iroquoises à la rébellion des Patriotes de 1837.
De Saint-Jean partent des excursions en bateau qui remontent la rivière Richelieu jusqu'au Fort-Lennox sur l'île-aux-Noix :

■ **CROISIERES RICHELIEU**
Réservations
℃ 450-346-2446
www.croisieresrichelieu.com
Départs rue du Quai, du 24 juin au 28 août, tous les jours, sauf le lundi. Durée 4h30 avec la visite du Fort Lennox.

L'ÎLE-AUX-NOIX

L'île doit son nom aux noyers qui jadis y poussaient à profusion. Elle fut fortifiée par les Français dès 1759 contre les Anglais, dans le cadre de la guerre de Sept Ans. Puis l'île fut abandonnée par les Français et occupée par les Américains en 1775-1776, avant de devenir pour les Anglais un poste défensif d'importance stratégique de premier ordre puisqu'il contrôlait l'accès de la vallée à son point le plus méridional.

■ **FORT-LENNOX**
1, 61e Avenue ℃ 450-291-5700
ww.pc.gc.ca/fortlennox
Ouvert tous les jours du 14 mai au 6 septembre, les fins de semaine en septembre, de 10h à 18h. Adultes : 7,15 $. Ce fort bâti de 1819 à 1829 est devenu aujourd'hui un lieu historique national. Il doit son nom à Charles Lennox, gouverneur de l'Amérique du Nord britannique qui en avait ordonné la construction. Cet ouvrage, en forme d'étoile à cinq branches et entouré de fossés, est typique de l'architecture militaire du XVIIIe siècle. Il reconstitue la vie quotidienne d'une garnison anglaise au XIXe siècle. On y voit notamment le logis de la sentinelle, les casernes, la prison, la poudrière, les entrepôts.

■ **BLOCKHAUS DE LA RIVIERE LACOLLE**
1, rue Principale
℡ 450-246-3227
De la fin mai au 4 septembre tous les jours de 9h à 17h30 et les fins de semaine jusqu'au 10 octobre. Entrée libre. Ce bâtiment en rondins qui fut construit par les Anglais en 1781 au bord de la rivière Lacolle, affluent du Richelieu, faisait partie du système de défense élevé contre les Américains. C'est le seul bâtiment militaire de ce genre subsistant au Québec. Il fut restauré par le gouvernement pour abriter une exposition sur l'histoire militaire de ce fortin.

■ **PARC SAFARI**
850, route 202, Hemmingford
℡ 450-247-2727
www.parcsafari.com
Accès à partir de Lacolle par la route 202 ou par l'autoroute 15 Sud lorsqu'on vient de Montréal. Ouvert tous les jours de mi-mai à mi-juin et de début septembre à mi-octobre de 10h à 16h, de fin juin à début septembre de 9h30 à 19h. Adultes : 35 $, enfants : 20 $, famille : 86 $. Il s'agit d'un vaste parc abritant plus de 70 espèces d'animaux d'Afrique, d'Asie et d'Amérique, le tout classé par continent. 800 animaux y séjournent. On se promènera dans la savane africaine et on découvrira la rivière aux hippopotames. Les enfants apprécieront de remplir le passeport éducatif : il leur faudra obtenir un tampon dans chaque continent visité. Il comprend un secteur destiné aux safaris en voiture, un jardin zoologique et permet une promenade à pied dans la jungle pour observer les singes sur leur île, les lions, tigres et ours du haut des passerelles. Spectacles, baignade, promenades à dos d'éléphant.

LA ROUTE DES CIDRES

La route des cidres, un circuit d'importance en Montérégie à ne pas manquer ! Il s'agit d'un parcours qui vous emmène à la découverte des producteurs artisanaux spécialisés dans le cidre sous toutes ses déclinaisons. Vous voyagerez à travers des milliers de pommiers, des champs fleuris, enveloppé par ces odeurs et ces couleurs particulières, et pourrez rencontrer des producteurs devenus maître dans l'art de traiter la pomme dans ses plus savoureuses formes. Une expérience de choix qui s'étend sur 298 km, pour 8 étapes inoubliables. Pour obtenir plus d'informations, et notamment la carte du parcours, consulter le site www.tm-routesetcircuits.qc.ca ou téléphoner au ℡ 450-466-4666 – ℡ 1-866-469-0069.

HEMMINGFORD

■ **CIDRERIE ARTISANALE DU MINOT**
376, chemin Covey-Hill ℡ 450-247-3111
www.duminot.com
Ouvert tous les jours du 1er avril au 24 décembre de 10h à 17h. Cidriculteurs : Joëlle et Robert Demoy. Visite guidée et dégustation gratuites. Particularité : mini-musée consacré aux instruments de production de cidres anciens. Magnifique pressoir breton datant du XIXe siècle. Le crémant pomme du Minot possède une excellente réputation. Il faut dire que les propriétaires, Joëlle et Robert Demoy, suivent l'élaboration de leurs cidres mousseux ou rosés de très près. Des visites (dont celle du pressoir centenaire) vous permettent de suivre toutes les étapes de la fabrication du crémant, de la Bolée, du Minot doré, de la cuvée du Minot, du clos Minot et du domaine du Minot.

■ **LA FACE CACHEE DE LA POMME**
617, route 202 ℡ 450-247-2899
www.cidredeglace.com
Ouvert à l'année. Cidriculteurs : Stéphanie Beaudoin et François Pouliot. Accueil et dégustation 2 $ par personne. Visites commentées pour les groupes de 10 personnes et plus. Sur réservation. Particularité : domaine phare de l'élaboration du cidre de glace, La Face Cachée a célébré son 10e anniversaire de production de Neige en 2004.

HENRYVILLE

■ **VERGER HENRYVILLE**
660, route 133
℡ 450-299-2733
www.vergerhenryville.com
Ouvert à l'année, sur réservation. Cidriculteur : Eric Peeters. Visite et dégustation gratuites. Particularité : cidrerie artisanale ouverte depuis l'année 2000 et déjà gagnante de deux médailles d'or.

© AUTHOR'S IMAGE

Été indien

MONT-SAINT-HILAIRE

■ **LES VERGERS PETIT ET FILS**
1020, chemin de la Montagne
✆ 450-467-9926
www.auxvergerspetit.com
*Ouvert à l'année, sur réservation. Cidriculteur :
Stéphane Petit. Visite et dégustation gratuites.*
Particularité : autocueillette de pommes,
produits transformés. Producteur de cidres
de glace, tranquille et mousseux. Gagnant
de plusieurs prix. Des activités sont prévues
pour les enfants dont balade en tracteur et
parc d'attractions.

■ **AU PAVILLON DE LA POMME**
1130, boulevard Laurier
✆ 450-464-2654
www.pavillondelapomme.com
*Route 116. Ouvert à l'année, tous les jours.
Cidriculteurs : famille Robert. Visite et
dégustation Visite libre gratuite. Visite guidée
sur réservation.* Particularité : pommes et
petits fruits cueillis et à cueillir. Cidre, jus et
vinaigre artisanaux. Elevage de cerf. Tartes,
tourtières et confiture maison.

■ **CIDRERIE DU VERGER GASTON**
1074, chemin de la Montagne
✆ 450-464-3455
www.cidreduquebec.com
*Ouvert à l'année, sur réservation. Cidriculteur :
Christian de Cavel. Visite et dégustation :
0,50 $.* Centre d'interprétation du cidre.
Particularité : verger biologique certifié par
Garantie Bio-Ecocert. Gamme de produits
bio, pommes bio en saison et viandes bio
certifiées.

MONT SAINT-GRÉGOIRE

■ **CIDRERIE VERGER LEO BOUTIN**
710, rang de la Montagne
✆ 450-346-3326
www.vergerboutin.com
*Ouverte à l'année, tous les jours de 9h à 18h.
Cidriculteurs : Denise et Léo Boutin. Visite et
dégustation gratuites.*
Particularités : artistes peintres et artisans,
crêpes. Cidres médaillés, mini-ferme, tartes,
gelées, beurre, sirop, jus et vinaigre de pomme.
Chocolaterie artisanale, autocueillette, balade
et repas champêtre.

■ **JOURNEES CREPES ET CIDRES**
✆ 514-990-4600
✆ 1-866-469-0069
Mi-mai. Un parcours divisé en 13 étapes pour découvrir la Montérégie et ses producteurs
de cidre. Au menu, visites des cidreries, dégustations gratuites de leurs produits
accompagnés de crêpes ! Le tout alimenté par nombre d'animations pour toute la famille.
Un événement d'envergure qui fête la pomme !

■ CLOS DE LA MONTAGNE

330, rang de la Montagne
☎ 450-358-4868 - aryden@videotron.ca
Ouvert du 1er mai au 31 octobre, tous les jours de 10h à 18h, du 1er novembre au 30 avril, tous les jours de 10h à 17h. Cidriculteur : Aristide Pigeon. Visite et dégustation, 5 $ par personne, dégustation seule 3 $ par personne. Particularité : auto-cueillette de pommes. Vinaigre de cidre. Vignoble.

■ VERGER DENIS CHARBONNEAU

575, rang de la Montagne
☎ 450-347 9184 – www.vergersdc.qc.ca
Ouvert à l'année, tous les jours de 8h à 19h. Cidriculteur : Denis Charbonneau. Visite et dégustation gratuites. Particularité : auto-cueillette de pommes et promenade en carriole. Tartes, confitures, gelées, produits de la pomme, mini-ferme. Crêperie : le samedi et le dimanche.

SAINT-DENIS-SUR-RICHELIEU

■ CLOS SAINT-DENIS

1150, chemin des Patriotes
☎ 450-787 3766
www.clos-saint-denis.qc.ca
Ouvert à l'année pour les visites, dégustation et achat, de mi-octobre à mi-avril, sur rendez-vous. Cidriculteurs : Ghislaine, François et Guy Tardif. Visite gratuite, 0,50 $ pour la dégustation, remis à l'achat d'une bouteille. Particularité : cidrerie et vignoble. Cidres, vins, vinaigres et autres produits du terroir. Producteur de la Pomme de Glace 8 fois médaillé d'or.

ROUGEMONT

■ CIDRERIE MICHEL JODOIN

1130, rang de la Petite Caroline
☎ 450-469-2676
www.cidrerie-michel-jodoin.qc.ca
Ouvert à l'année, la semaine de 9h à 17h, le samedi et le dimanche de 10h à 16h. Cidriculteur : Michel Jodoin. Visite et dégustation gratuites (payante pour les groupes). Particularité : première microdistillerie de pommes au Canada. Production d'alcools de pommes : Calijo de Rougemont, Pom de Vie, Fine Caroline.

■ LA CIDRERIE DU VILLAGE

509, rue Principale ☎ 450-469-3945
www.lacidrerieduvillage.qc.ca

Ouvert du 1er mai au novembre, la semaine de 9h à 17h, la fin de semaine de 10h à 17h, du 1er décembre au 30 avril, sur rendez-vous. Cidriculteurs : famille Dubé. Visite et dégustation gratuites : 3 $ par personne, pour groupe, sur réservation. Particularité : cidre artisanal, cidre apéritif de glace, jus de pomme naturel et pétillant, vinaigre, gelée, tire, sirop, tarte, ketchup. Auto-cueillette. Balade dans les vergers. Accueil chaleureux.

■ VIGNOBLE DE LAVOIE POITEVIN

100, de la Montagne
☎ 450-469-3894 – effl@videotron.ca
Ouvert du 1er mai au 1er novembre, tous les jours de 10h à 18h, du 2 novembre au 30 avril, la fin de semaine sur rendez-vous. Cidriculteurs : famille Lavoie. Visite et dégustation, 2 $ par personne. Particularité : verger et vignoble. Gelée de cidre et gelée de vin accompagnées de dégustation fine sur place.

SAINT-THÉODORE D'ACTON

■ VERGER CIDRERIE LARIVIERE

1188, rang 8 ☎ 450-546-3411
www.clementlariviere.com
Fermé le dimanche. Ouvert à l'année, du lundi au vendredi de 9h à 17h et le samedi de 9h à 12h. Cidriculteurs : Monique et Clément Larivière. Dégustation gratuite. Visite : 3 $ par personne pour groupe de 10 minimum sur réservation. Particularité : autocueillette, jus de pomme et cidre. Accessibilité aux personnes à mobilité réduite.

Pommes rouges

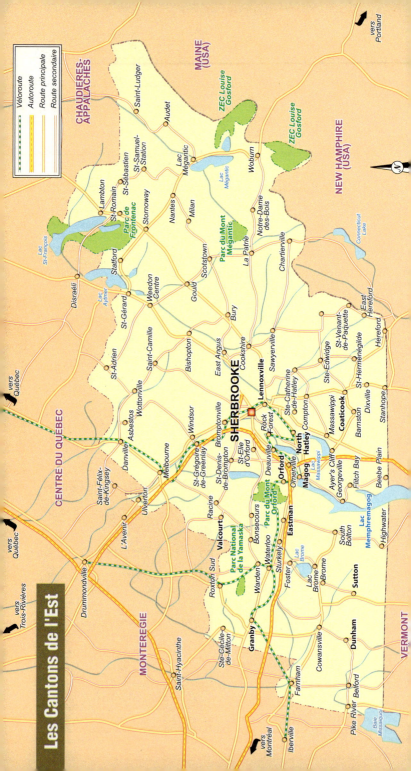

Les Cantons de l'Est

Légende
- Véloroute
- Autoroute
- Route principale
- Route secondaire

MAINE (USA)

CHAUDIÈRES-APPALACHES

NEW HAMPSHIRE (USA)

CENTRE DU QUÉBEC

MONTÉRÉGIE

VERMONT

vers Portland
vers Québec
vers Québec
vers Trois-Rivières
vers Montréal

SHERBROOKE

ZEC Louise Gosford
ZEC Louise Gosford

Lac Mégantic
Parc du Mont Mégantic
Parc de Frontenac
Lac St-François
Lac Aylmer
Parc du Mont Orford
Parc National de la Yamaska
Lac Memphrémagog
Lac Massawippi
Lac Brome
Baie Missisquoi
Connecticut Lake

Saint-Ludger
Audet
St-Samuel-Station
St-Sébastien
St-Romain
Lambton
Stornoway
Nantes
Milan
Scotstown
La Patrie
Notre-Dame-des-Bois
Woburn
Chartierville
Statford
St-Gérard
Weedon Centre
Disraéli
Gould
Bury
East Angus
Cookshire
Bishopton
Saint-Camille
St-Adrien
Wottonville
Asbestos
Danville
Melbourne
St-Félix-de-Kingsey
Ulverton
L'Avenir
Drummondville
Racine
Valcourt
Bonsecours
Windsor
St-Grégoire-de-Greenlay
St-Denis-de-Brompton
Bromptonville
St-Élie-d'Orford
Deauville
Omerville
Rock Forest
Lennoxville
Sawyerville
Ste-Catherine-de-Hatley
North Hatley
Compton
Massawippi
Coaticook
Barnston
Dixville
Stanhope
Ste-Edwidge
St-Venant-de-Paquette
St-Herménégilde
East Hereford
Hereford
Magog
Orford
Ayer's Cliff
Georgeville
Fitch Bay
Beebe Plain
Highwater
South Bolton
Eastman
Waterloo
Warden
Foster
Sturkley
Roxton Sud
Granby
Ste-Cécile-de-Milton
Saint-Hyacinthe
Farnham
Cowansville
Dunham
Sutton
Brome
Iberville
Pike River
Belford

Les Cantons de l'Est

C'est la Nouvelle-Angleterre du Québec et c'est la route des loyalistes. Vers 1862, avec l'arrivée massive des Canadiens français, il a fallu trouver un équivalent français à Eastern Townships (par analogie avec les circonscriptions électorales suisses). Par ailleurs, la région fut renommée Estrie en 1946, puis officialisée en 1981. Depuis 1996, le toponyme d'origine est utilisé pour désigner la région touristique qui couvre un territoire plus large que la région administrative de l'Estrie. Situés au sud-est de Montréal, les Cantons de l'Est longent la frontière des Etats-Unis. Ils commencent dans les plaines et montent jusqu'aux Appalaches. De vallons en vallées, de collines en montagnes, les forêts de feuillus et de conifères se succèdent ou se côtoient. On va dans les Cantons de l'Est pour ses paysages bucoliques, sa température légèrement au-dessus de la moyenne, ses magnifiques lacs, ses montagnes skiables, et pour le petit côté nostalgique et dépaysant de sa belle architecture. Royaume du silence et de la grande paix, les Cantons de l'Est ne sont pas seulement très écolo, ils offrent en prime tous les attraits d'une région vinicole et gastronomique. Ses premiers habitants furent les Abénaquis auxquels on doit bon nombre de toponymes tels Coaticook, Memphrémagog, Massawippi… Cette terre resta leur territoire de chasse et de pêche pendant tout le régime français et jusqu'à la déclaration d'Indépendance américaine, en 1776. A cette période, les loyalistes qui habitaient les Etats Unis et étaient demeurés fidèles à la Couronne britannique, durent s'exiler. Une bonne partie d'entre eux s'installa au Canada, sur ces terres que le gouvernement britannique leur concéda. L'arrivée de nombreux Irlandais qui fuyaient l'Anschluss britannique de l'Irlande allait contribuer à faire des Cantons de l'Est une terre anglophone. Puis, avec le temps, les employés qui travaillaient à l'exploitation des industries de la région sont devenus à leur tour propriétaires. Ils étaient majoritairement francophones. C'est ainsi qu'à partir du début du XXe siècle, on a parlé français dans les Cantons de l'Est.

Transports

Bus

■ **LIMOCAR**
℡ 80 du dépôt, Sherbrooke (Terminus)
℡ 819-569-3656 – www.limocar.ca
Plusieurs départs tous les jours, à partir de la gare centrale des bus de Montréal (505, boulevard de Maisonneuve E), vers Magog et Sherbrooke (6h15, 8h30, 9h30, 11h30, 13h30, 16h30, 17h45, 18h, 19h30 et 22h15), Granby (8h30, 13h15, 17h45, 22h15), Bromont, Waterloo et Eastman (8h30, 17h45), pour une somme modeste et un confort assez élevé. Points de vente des tickets : numéro gratuit depuis tout le Canada ℡ 1 866-700-8899.

■ **BROMONT**
℡ 450-534-2116 – Eastman
℡ 450-297-3339
Granby ℡ 450-776-1571
Magog ℡ 819-843-4617
Sherbrooke ℡ 819-562-8899
Sutton ℡ 450-538-2452
Waterloo ℡ 450-539-2107.

Le Québec du Sud

■ **www.quebecdusud.org**
Regroupement de trois régions (Cantons de l'Est, Centre du Québec et Chaudière Appalaches), le Québec du Sud propose une offre touristique aussi attrayante que variée. Découvrez cette destination à travers les circuits thématiques qui ont été créés pour satisfaire toutes les envies : de la Route des Navigateurs à la Route des Deux Vallées, de la Route des Appalaches à la Route culturelle en passant par la Route des Vins, tout a été prévu pour rendre l'expérience mémorable.

Les immanquables des Cantons de l'Est

▶ **Les belles auberges** de North Hatley (allez voir le manoir Hovey).

▶ **L'observatoire** du mont Mégantic.

▶ **Le zoo** de Granby.

▶ **Les chants grégoriens** et les fromages de l'abbaye de Saint-Benoît-du-Lac.

▶ **Les activités de plein air :** les sports nautiques en été et le ski en hiver.

Train

■ **VIA RAIL CANADA**
℡ 1-888-842-7245 (départs et arrivées)
www.viarail.ca
Ce moyen de transport n'est pas fortement conseillé puisqu'il faut passer par Drummondville (région centre du Québec) pour ensuite effectuer la portion restante du trajet en autobus…

Voiture

Au départ de Montréal, prendre l'autoroute 10 (autoroute des Cantons de l'Est).

Pratique

■ **TOURISME CANTONS DE L'EST**
20, rue Don-Bosco Sud, Sherbrooke
℡ 819-820-2020 – ℡ 1-800-355-5755
www.cantonsdelest.com
Pour toute information sur la région et pour obtenir les coordonnées des bureaux touristiques permanents.

GRANBY

Granby est la porte d'entrée de la région. Carrefour industriel, culturel et touristique d'importance, connue pour son zoo et son festival international de la chanson, la ville doit son nom au marquis de Granby (ville d'Angleterre), duc de Rutland et baron de Belvoir, propriétaire d'un vaste territoire que lui avait offert le roi George III. C'est la deuxième ville la plus peuplée, après Sherbrooke.

■ **www.granby-bromont.com**

▶ **Accès.** Autoroute 10, sortie 68.

Pratique

■ **MAISON DU TOURISME**
650, rue Principale ℡ 450-372-7273
www.granby-bromont.com
Ouverte à l'année, tous les jours de 10h à 18h.

Hébergement

■ **GITE LA MAISON DUCLAS**
213, rue du Nénuphar
℡ 450-360-0641
www.maisonduclas.com
Autoroute 10, sortie 74, direction Granby. Chambre de 67 $ à 87 $. Situé sur le bord du lac Boivin, ce gîte, tenu par un couple charmant, propose deux chambres confortables dans un lieu reposant. Outre la vue sur le lac, il offre un accès direct aux pistes cyclables l'Estriade, la Granbyenne et la Montérégiade, et pendant l'hiver, à la patinoire.

■ **HOTEL SAINT-CHRISTOPHE**
255, rue Denison Est
℡ 450-405-4782
℡ 1-877-405-4782
www.hotelstchristophe.com
51 chambres de 119 $ à 219 $ en double, forfaits disponibles. Bien situé, le Saint-Christophe vous héberge dans des chambres à la décoration raffinée. Architecture de type Renaissance Française. Egalement Spa, boutique et restaurant Le Picollo, qui vous propose une cuisine aux saveurs méditerranéennes.

■ **UNE FLEUR AU BORD DE L'EAU B&B**
90, rue Drummond
℡ 450-776-1141
℡ 1-888-375-1747
www.unefleur.ca
4 chambres, en simple de 65 $ à 95 $, en double de 70 $ à 100 $, petit déjeuner complet inclus. Cette charmante maison rose framboise est entourée d'un jardin fleuri, d'une terrasse ainsi que d'une piscine. Les chambres sont douillettes et l'accueil de Carole et Michel est plus que chaleureux. La demeure est à proximité du centre-ville, du lac Boivin et du parc. Forfaits disponibles.

L'ouest des Cantons de l'Est en vélo

Découvrir l'ouest des Cantons de l'Est en vélo est un bon moyen de profiter du paysage grâce à l'excellent réseau de pistes cyclables. La piste de « l'Estriade » de 21 km, menant de Granby à Waterloo est très prisée des familles.

▶ **Pour télécharger la carte** et avoir plus d'infos sur le circuit : www.cantonsdelest.com/velo

Restaurants

■ CHEZ PLUMET

1507, rue Principale ✆ 450-378-1771
www.chezplumet.zip411.net
*Fermé du 15 au 31 juillet, et du 24 décembre au
5 janvier. Ouvert du mardi au samedi de 12h à
15h et de 17h30 à 21h30. Compter jusqu'à 30 $.
Table d'hôtes midi et soir. Terrasse. Soupers
théâtre en été, le vendredi et le samedi soir.*
Le restaurant Chez Plumet est une véritable
institution. Fine cuisine traditionnelle concoctée
de père en fils depuis 1955. On y sert poissons,
fruits de mer, et grillades dans un décor
rustique. Carte des vins abordable.

■ FAUCHEUX

53-2, rue Dufferin
✆ 450-777-2320
www.restaurantfaucheux.com
*Réservation recommandée. Du mardi au
vendredi de 12h à 14h, du jeudi au samedi de
18h à 22h.* Orchestré par Jean-Marc Faucheux
aux fourneaux et Agathe Fontaine en salle, cet
établissement décline la gastronomie française
sous toutes ses couleurs et ses arômes. Une
cuisine fine et fraîche dans une ambiance
chaleureuse.

■ LA MAISON DE CHEZ NOUS

847, rue Mountain
✆ 450-372-2991
www.lamaisoncheznous.com
*Ouvert du mercredi au dimanche à 17h, table
d'hôtes de 31 $ à 42 $. Apportez votre vin.* Le
gibier et la cuisine québécoise sont à l'honneur.
Le chef vous proposera toutes sortes de
viandes locales ou importées, en fonction de
son humeur. Outre que le canard et le saumon
sont fumés sur place, les pommes sont cueillies
sur les pommiers du restaurant.

Manifestations

■ FESTIVAL INTERNATIONAL DE LA CHANSON

✆ 450-375-7555
www.ficg.qc.ca
Fin août et début septembre. Un des plus
prestigieux concours du genre au Canada. Le
festival international de la chanson s'adresse
aux amateurs et aura servi de tremplin à bon
nombre d'artistes québécois aujourd'hui
réputés.

Point d'intérêt

■ ZOO DE GRANBY

525, rue Saint-Hubert
✆ 1-877-472-6299
✆ 450-372-9113
www.zoodegranby.com
*Autoroute 10 des Cantons de l'Est, sortie 68,
coin route 139. Du 2 au 22 juin tous les jours
de 10h à 17, du 23 juin au 26 août tous les
jours de 10h à 19h. Septembre et octobre : fins
de semaine seulement de 10h à 17h. Le parc
aquatique ferme ses portes le 27 août. Régulier
(13 ans et plus) : 26,49 $, enfants (3 à 12 ans) :
16,49 $, aînés : 20,49 $, forfait (2 personnes
et 2 enfants) : 79,49 $.* Un magnifique parc
zoologique que l'on parcourt à pied ou depuis
un train aérien. Les animaux d'Afrique sont
les vedettes : lions, léopards, rhinocéros. Nos
compagnons d'Amérique du Sud (lamas par
exemple), d'Asie (panda ou ours de l'Himalaya)
ne sont pas en reste. Beaucoup d'attractions
font du zoo une excellente activité familiale :
tour de chameau, de poney ou de bateau et
surtout le parc aquatique Amazoo dans lequel
on profite d'une piscine à vagues et des bassins
de jeux.

LA RIVE SUD DU SAINT-LAURENT

PARC NATIONAL DE LA YAMASKA

1780, boulevard David-Bouchard
☎ 450-776-7182
☎ 1-800-665-6527
(réservations et informations)
www.parcsquebec.com
Autoroute 10, sortie 68, route 139. Accès quotidien, adulte : 3,50 $, enfant : 1,50 $. Camping aménagé (109 emplacements) et rustique (23 emplacements) de 18 $ à 29 $ par emplacement par nuit. Activités : kayak, canot, chaloupe, pédalo, pêche (permis de pêche du Québec et droits d'accès obligatoires), bicyclette (18 km de piste cyclable), randonnée pédestre (18 km). En hiver, pêche blanche (permis de pêche obligatoire), randonnée en raquettes (15 km de sentiers balisés). Diverses activités de découverte de la nature. Le parc national de la Yamaska (12,9 km²) est connu par les vacanciers pour sa beauté. Les très nombreuses activités d'observation de la nature organisées par le parc rythment les journées et soirées des vacanciers. Le parc offre une végétation variée. Témoin de l'histoire du territoire du parc, le réservoir Choinière est bordé de forêts et de prairies qui donnent refuge à plusieurs espèces animales, dont des libellules. Le lac s'anime avec kayaks et canots par beau temps. Les amateurs d'activités hivernales apprécieront les paysages au relief doux et vallonné du parc (chaîne des Appalaches).

BROMONT

La ville de Bromont, nichée au pied du mont Brome, fut fondée par une famille d'entrepreneurs en 1964. Dans ce site d'activités de plein air, vous pouvez escalader la montagne, jouer au golf, vous baigner, faire de l'équitation. Bromont est aussi, en hiver, une station de ski réputée et fort courue.

■ MAISON DU TOURISME

15, boulevard de Bromont
☎ 450-534-2006 – ☎ 1-877-276-6668
www.granby-bromont.com
Ouvert à l'année.

▶ **Accès.** Sortie 78 de l'autoroute 10.

Hébergement

■ AUBERGE SPA LE MADRIGAL

46, boulevard de Bromont
☎ 450-534-3588
☎ 1-877-534-3588
www.lemadrigal.ca
A partir de 109 $ par personne, petit déjeuner et souper inclus. Onze chambres claires et joliment décorées. Charmante auberge de campagne située dans un paisible sous bois. Fine cuisine à partir de produits québécois exclusivement. Forfaits disponibles combinant le séjour avec des soins dans le très agréable centre de santé.

■ CHATEAU-BROMONT

90, rue de Stanstead
☎ 450-534-3433
☎ 1-800-304-3433
www.chateaubromont.com
A partir de 200 $ la chambre en double. Petit déjeuner inclus. Situé en face du mont Bromont, le Château Bromont comporte cent cinquante-deux chambres douillettes et élégantes. Un passage au restaurant Les Quatre Canards ainsi qu'au Pavillon des Sens (hammam oriental, sauna, massothérapie, soins du corps) s'impose si vous souhaitez conclure votre séjour en beauté !

Restaurants

■ LES DELICES DE LA TABLE

641, rue Shefford ☎ 450-534-1646
www.lesdelicesdelatable.com
Fermé le mardi et le mercredi. Ouvert du lundi au jeudi de 11h à 21h et du vendredi ou dimanche de 8h à 21h. Dans une ambiance champêtre, ce restaurant propose de délicieux plats à base de produits régionaux. La réservation est chaudement recommandée car l'établissement est petit, mais aussi très fréquenté !

■ LES QUATRE CANARDS

90, rue de Stanstead
☎ 450-534-3433
Dans l'hôtel Château Bromont. Ouvert du lundi au dimanche de 7h30 à 10h30 (10h le dimanche), de 11h30 à 14h et de 18h à 22h (17h30le samedi), brunch de 11h30 à 14h. Cet établissement, dans le Château Bromont, propose une cuisine française et à saveur régionale. La spécialité de la maison, comme son nom l'indique, le canard de lac Brome, est déclinée sous toutes ses formes pour le plus grand bonheur de nos papilles en extase ! Ajoutée à cela, une très belle sélection internationale de plus de 6 000 vins, avec une collection d'importations privées et de vins régionaux.

Points d'intérêt

■ MUSEE DU CHOCOLAT

679, rue Shefford ✆ 450-534-3893
www.bromont.com/chocolat
*Ouvert en semaine de 9h30 à 18h et les
fins de semaine de 9h à 17h30. Entrée libre.*
Attenant à la confiserie Bromont, le musée
du Chocolat offre conférences et information
sur la fabrication de ce produit délicieux. Une
visite gourmande pour petits et grands.

■ SKI BROMONT.COM

150, rue Champlain
✆ 450-534-2200
✆ 1-866-276-6668
www.skibromont.com
52 $ par jour par personne. Ski Bromont.
com est un parc multiactivités qui s'adapte
aux quatre saisons. En hiver, on profitera
des plaisirs de la glisse dans des conditions
exceptionnelles d'enneigement avec 104 pistes
sur deux montagnes, un dénivelé de 405 m,
et le fameux ski de soirée sur 50 pistes, la
zone libre avec sauts, manèges et rails table
top. En été, vélo de montagne ou randonnée
pédestre avec plus de 100 km de sentiers
balisés.

■ PARC AQUATIQUE SKI BROMONT.COM

150, rue Champlain
✆ 450-534-2200 – ✆ 1-866-276-6668
www.skibromont.com
*Ouverture début juin. Adultes : 30 $, enfants :
25 $, forfaits disponibles.* Du plaisir pour
tous les âges. Ile aux trésors, pataugeoire,
kangourou et petites glissades pour enfants,
corde à Tarzan, glissoires Kamikazes, Torpille
et Grand Canyon pour les amateurs de
sensations fortes. Et de nombreuses glissades
traditionnelles (toboggans aquatiques).

■ CENTRE EQUESTRE DE BROMONT

100, rue Laprairie ✆ 450-534-3255
www.centreequestrebromont.com
*Ouvert à tous les jours, sauf le lundi, de 8h à
18h. Cours privé à 60 $/heure, leçon de groupe
à 40 $/heure. Cours d'équitation.* Séjour avec
hébergement et restauration sur place.

■ SPA BALNEA

319, chemin du Lac-Gale
✆ 450-534-0604
✆ 1-866-734-2110
www.balnea.ca
Plusieurs forfaits très originaux sont proposés
dans ce nouveau bain finlandais : vous
pouvez combiner l'entrée au site avec une
leçon d'équitation avec un massage, ou un
enveloppement aux algues et raisin avec
un repas-santé, pour ne citer que quelques
exemples.

■ SPA BROMONT

90, rue Stanstead
✆ 450-534-2217 – ✆ 1-800-567
www.spaconcept.ca
Dans le domaine hôtelier Château Bromont.
Le Spa Bromont propose une vaste gamme de
soins prodigués par une équipe professionnelle
de kinés et d'esthéticiennes. Vous y trouverez
une ambiance raffinée et des aménagements
propices à la détente. En plus des soins
conventionnels, les massages à l'huile d'olive,
le bain thermomasseur au lait de chèvre,
l'enveloppement au cacao figurent parmi
les soins signatures du Spa Bromont. Pour
parachever le dépaysement, un hammam
d'inspiration orientale est mis à la disposition
des clients.

KNOWLTON

Knowlton, principale localité de l'agglomération
du lac Brome, est connue pour son héritage
loyaliste avec son architecture victorienne
et son atmosphère anglo-saxonne. On aime
musarder dans les rues bordées de galeries
d'art, de boutiques d'artisanat et d'antiquités
et s'arrêter à la chute d'eau.

■ www.brome-missisquoi.ca

▶ **Accès.** Autoroute 10, sortie 90.

Hébergement – Restaurants

■ L'ANCESTRAL KNOWLTON B&B

402, chemin Knowlton ✆ 450-243-0011
www.ancestralknowltonbb.com
*Chambre en simple de 70 $ à 110 $, en double
de 80 $ à 115 $. Forfaits disponibles.* Dans un
décor d'époque avec boiseries, poutres et
pierres apparentes, cette bâtisse, datant de
1840, abrite cinq chambres douillettes.

■ AUBERGE KNOWLTON

286, chemin Knowlton ✆ 450-242-6886
www.aubergeknowlton.ca
*Intersection des routes 243 et 104. Chambre
en double de 110 $ à 145 $, petit déjeuner
inclus.* Construite en 1849, l'Auberge Knowlton
est le plus ancien établissement hôtelier des
Cantons de l'Est. De plus, elle est située à
20 min des pistes de ski du mont Orford et
à proximité du début de la route des Vins. Le
restaurant Le Relais propose des spécialités
régionales dont le fameux canard.

■ AUBERGE LAKEVIEW INN

50, rue Victoria
℡ 450-243-6183
℡ 1-800-661-6183
www.aubergelakeviewinn.com
Classée par les Monuments historiques, l'Auberge Lakeview a su conserver son raffinement et son cachet historique. Le restaurant est un pur régal pour tous nos sens, avec une cuisine française aux saveurs locales mettant en vedette le canard de Lac Brome, l'agneau du Québec et le sanglier (table d'hôtes à partir de 69 $). Vaste cave à vins et portos. Brunch gastronomique du dimanche, servi dans la salle à manger ou au jardin terrasse (en saison). Quant aux chambres, de style Victorien, elles sont confortables et offrent un cadre reposant et chaleureux (*136 $ à 231 $ par personne, petit déjeuner et souper inclus. Forfaits disponibles*).

■ AUBERGE QUILLIAMS

572, rue Lakeside, Lac-Brome
℡ 450-243-0404 – ℡ 1-888-922-0404
www.aubergequilliams.com
34 chambres et studio équipés de 74,50 $ à 84,50 $ par personne, occupation double, petit déjeuner inclus. Forfaits disponibles. Cartes de crédit acceptées. Cet hôtel 4-étoiles est magnifiquement situé entre le beau lac Brome et la réserve faunique Quilliams. Plusieurs activités peuvent être pratiquées sur place : piscine, baignades dans le lac et sports nautiques non motorisés (canot, kayaks, planche à voile), bain tourbillon et saunas. Et bien sûr, on profitera du délicieux restaurant !

■ AUBERGE WEST BROME

128, route 139, West Brome
℡ 450-266-7552
℡ 1-888-902-7663
www.aubergewestbrome.ca
De 130 $ à 245 $ la chambre en double, forfaits disponibles. Grandes chambres, luxueuses, dans une belle auberge à la campagne. Le Spa est à la disposition des clients. Niveau restaurant, soulignons les délices d'une cuisine régionale qui met en évidence les produits locaux avec une très belle salle et, en prime, un service chaleureux et courtois. Canard fumé ou confit maison, poissons frais et bœuf Black Angus AAA. Carte des vins variée et abordable (*25 $ à 50 $*).

■ AU TROIS CANARDS

78, chemin Lakeside ℡ 450-242-5801
Table d'hôtes 5 services : 38,95 $. Toutes cartes de crédit. Fine cuisine française et du terroir dans un décor champêtre. Spécialités de canard. Terrasse avec vue panoramique.

■ CAFE INN

264, chemin Knowlton ℡ 450-243-0069
Petit déjeuner et lunch. Soirée jazz. Pizza et table d'hôtes. Sa terrasse surplombe l'étang Mill.

■ GITE LA FOUGERE

70, rue Victoria ℡ 450-243-1598
www.gitelafougere.com
De 122 $ à 132 $ la chambre double. Cette charmante maison d'hôte, à deux pas du lac Brome offre tout le confort et l'intimité d'une résidence secondaire : cuisine équipée en bois, petit salon et terrasse dans le jardin. D'un rapport qualité-prix exceptionnel, cette petite maison se réserve longtemps à l'avance, car les clients reviennent, attirés à coup sûr par la beauté du site, à moins que ce ne soit par l'accueil chaleureux d'Isabelle, la propriétaire des lieux.

SUTTON

Constituée en 1802, la municipalité du canton de Sutton est appréciée pour ses paysages de campagne paisible. Les randonneurs apprécieront les 80 km de sentiers du parc d'environnement naturel de Sutton. En hiver, raquettes et ski de fond sont bienvenus. Le mont Sutton est très renommé pour la qualité de ses pistes de ski et l'aménagement de ses sous-bois.

■ **www.sutton-info.qc.ca**

▶ **Accès.** Au départ de Knowlton, prendre la route 104 et la 215 Sud.

Pratique

■ BUREAU TOURISTIQUE

11B, rue Principale Sud
℡ 450-538-8455 – ℡ 1-800-565-8455
Ouvert tous les jours de juin à septembre de 10h à 19h, d'octobre à mai de 9h à 17h.

Hébergement – Restaurants

■ ATELIER BOUFFE

14, rue Principale Sud ℡ 450-538-2766
Une petite boutique design qui plaira aux fins gourmets : bons petits plats et beau matériel pour la cuisine.

■ AUBERGE DES APPALACHES

234, rue Mapple, Sutton

© 450-538-5799 – © 1-877-533-5799
www.auberge-appalaches.com
Environ 120 $ la chambre double avec souper et petit déjeuner. Charmante auberge champêtre dans les contreforts des Monts Sutton. Les propriétaires, Micheline et Daniel vous réservent un accueil chaleureux et se feront un plaisir de vous faire découvrir les montagnes environnantes, qu'ils connaissent si bien. La cuisine est à l'image de l'auberge, simple et chaleureuse, mais pleine de saveurs. Les chambres, sobres et confortables, ont été rénovées en 2007 et possèdent tout le confort nécessaire.

■ LES CAPRICES DE VICTORIA
63, rue Principale Nord © 450-358-1551
www.capricesdevictoria.qc.ca
De 130 $ à 140 $ la chambre double. Petit café couette de 5 chambres, très confortable, dans une maison victorienne. On apprécie le charme des feux de cheminée et des baignoires sur pied. Les moments de détente dans le bain tourbillon à l'extérieur et dans le sauna et le bain vapeur, sur place, sont très agréables. Les petits déjeuners sont très copieux.

■ AUBERGE LE SAINT-AMOUR
1, rue Pleasant
© 450-538-6188 – © 1-888-538-6188
www.auberge-st-amour.com
www.insutton.com
Chambre de 85 $ à 135 $, selon la saison. Restaurant à la carte 18 $ à 54 $. Forfaits disponibles. Laissez-vous donc charmer par cette auberge de caractère datant de 1902 ! Boiseries, hauts plafonds et fresques impressionnantes font de cet établissement une étape conviviale. Huit chambres et une suite ensoleillées, spacieuses et décorées avec goût offrent un grand confort. Le restaurant propose une fine cuisine inventive aux accents français et du terroir, et cela dans une atmosphère agréable : tournedos d'autruche filet mignon de bœuf Angus AAA, suprême de canard du Lac Brome. Une adresse qui vaut le détour…

■ ALPIN VILLAGE
Plusieurs adresses dans le village
© 514-990-1624 – © 1-877-964-1001
www.condoskigolf.com
Location de magnifiques chalets, spacieux, à deux pas des pistes de ski. Ils ont tous un balcon, une cheminée et une belle vue sur la montagne. Les chalets ont entre une et cinq chambres. Possibilité de loger jusqu'à 12 personnes.

■ DOMAINE TOMALI-MANIATYN
377, rue Maple
© 450-538-6605
www.maniatyn.com
De 100 $ à 150 $ la chambre double. Une magnifique demeure dans laquelle la brique, le rouge, le bois se marient à merveille, le tout dans un très beau site naturel. Sur place, vous pourrez profiter de la piscine et de possibilités de randonnées.

■ AU DIABLE VERT
169, chemin Staines, Glen Sutton
© 450-538-5639 – © 1-888-779-9090
www.audiablevert.qc.ca
A partir de 140 $ pour deux dans l'auberge, 26,33 $ en camping et de 21 $ à 43 $ par personne en refuge. Nombreux forfaits disponibles. Le Diable Vert est bien plus qu'une auberge. C'est une station de montagne, d'où partent des sentiers de randonnées à pied, en vélo, en ski de fond ou en raquette. On peut aussi faire du kayak et en automne assister à des formations sur les champignons avant d'aller les cueillir. La pêche guidée en rivière est disponible également.

■ IL DUETTO
227, chemin Elie
© 450-538-8239 – © 1-888-660-7223
Toutes cartes de crédit acceptées. Table d'hôtes de 28 $ et 38 $. Fine cuisine italienne. Pâtes fraîches, canard, veau, prosciutto de sanglier. En pleine campagne.

Points d'intérêt

■ PARC D'ENVIRONNEMENT NATUREL SUTTON
© 450-538-4085
www.parcsutton.com
4 $ par personne. Possibilité d'y passer la nuit (refuge : 20 $ par personne, camping : 10 $). 80 km de sentiers de randonnées sont aménagés dans les monts Sutton.

■ D'ARBRE EN ARBRE TREEGO
429, rue Maple
© 450-538-6464
© 1-866-538-6464
www.arbresutton.com
Entrée : 32 $ par adulte, 27 $ par enfant. Une façon très originale de découvrir la forêt d'érables de Sutton : vous évoluez d'arbre en arbre en marchant sur des ponts suspendus mais aussi en vous envolant dans les airs, grâce à des tyroliennes. Une magnifique façon de contempler les couleurs à l'automne.

■ **MONT SUTTON**
671, chemin Maple ✆ 450-538-2545
www.montsutton.com
Autoroute10, sortie 68, route 139 Sud.
Télésièges ouverts du lundi au vendredi de 9h à
16h, le samedi et le dimanche de 8h30 à 16h.
Adultes : 48 $, étudiants et aînés 36 $, enfants
de 6 à 13 ans : 28 $. Garderie et école de ski.
Le mont Sutton est une belle station de ski qui
possède 53 pistes d'une grande variété dont
40 % de passages dans les sous-bois et 194
jonctions. Les débutants s'entraîneront sur
14 pistes faciles, les habitués progresseront
sur 19 pistes difficiles alors que les experts
montreront leur talent sur 10 pistes très
difficiles et 10 autres extrêmes! Le Mont
Sutton propose aussi plusieurs sentiers de
ski de fond et de raquette.

DUNHAM

Constituée en 1867, la municipalité de Dunham
(le canton du même nom a été proclamé en
1796) possède un patrimoine typique de
l'époque loyaliste. Les nombreuses maisons
de pierre et de brique qui bordent la rue
principale ainsi que les églises datent de plus
de cent cinquante ans. Aussi, Dunham est le
berceau de la viticulture au Québec, la Route
des Vins offre une découverte intéressante
des vignobles et de l'habileté des vignerons
à produire du vin de qualité.

Été indien

■ **www.ville.dunham.qc.ca**

▶ **Accès.** Au départ de Knowlton, prendre les
routes 104 et 202.

Pratique

■ **BUREAU
D'INFORMATION TOURISTIQUE**
Bureau saisonnier
dans la bibliothèque municipale,
3638, rue Principale ✆ 450-295 2621
Ouvert tous les jours de juin à début septembre
de 10h à 17h.

Hébergement

■ **GITE AUX DOUCES HEURES**
110, rue du Collège
✆ 450-295-2476 – ✆ 1-877-295-2476
www.giteetaubergedupassant.com/dou-
cesheures
Chambre : 115 $, petit déjeuner inclus.
Table d'hôtes : 39 $, forfait nuit double, petit
déjeuner, souper : 189 $. Situé au cœur des
vergers et des vignobles, ce gîte propose
8 chambres de tout confort dans une résidence
victorienne de toute beauté.

Restaurants

■ **LA MAISON BERBERE**
3839, rue Principale ✆ 450-295-1461
www.maisonberbere.com
Ouvert du 1ᵉʳ juin au 31 octobre de vendredi
a lundi de 17h à 22h, et le reste de l'année
samedi et vendredi de 17h à 22h. Service de
traiteur (spécialité méchoui). Cuisine berbère
et méditerranéenne, dans un décor chaleureux
et intimiste. Un menu en simple qui propose
des plats comme la chorba, des bricks, des
tajines (agneau aux poires et cannelle), des
plats de poissons (daurade aux dattes farcies)
et bien entendu les couscous. Le décor est
exquis. Un vrai coup de cœur !

■ **LE TIRE-BOUCHON**
1086, route 202
✆ 450-295-2763 – www.orpailleur.ca
Ouvert tous les jours du 22 juin au 8 octobre
de 11h à 16h, du 31 décembre au 15 avril,
du samedi au dimanche de 11h à 17h. Table
d'hôtes de 20,95 $ à 24,95 $. Carte de
14,95 $ à 18,95 $. Le vignoble de l'Orpailleur
propose plusieurs vins disponibles en blanc ou
rouge. Pour les apprécier à leur juste valeur,
le restaurant sert des mets appropriés qui
créent des mariages judicieux. Petit détail qui
a son importance, le cépage de l'Orpailleur

est français, ce dernier ayant été adapté pour supporter les hivers québécois rigoureux. (Voir la route des vins pour les détails sur l'écomusée).

Points d'intérêt

■ **LA ROUTE DES VINS**
Voir à la fin du chapitre.

■ **CIDRERIE FLEURS DE POMMIERS**
1047, route 202, Dunham
✆ 450-295-2223
Ouvert tous les jours du 24 juin à fin octobre de 10h à 17h, en mai, juin, novembre et décembre, le samedi et le dimanche de 11h à 17h pour groupes. Réservation recommandée. En parcourant la route des vignobles de Dunham, vous vous arrêterez à cette cidrerie qui produit l'apéritif Pommeau d'Or, un véritable délice qu'il faut déguster avec précaution car ce dernier comporte 16° d'alcool. Des cidres mousseux (cuvée de Pommeraye) et des cidres plats (blanc de Pomme) sont également disponibles. Cette cidrerie est aussi un vignoble. On peut y acheter des tartes, pâtés, fromages et pâtisseries.

EASTMAN

Erigé officiellement en 1888, le village a porté les noms de Bolton Forest (1865), Dingman's Flats (1868) et finalement Eastman, en hommage à l'un des pionniers du canton de Bolton, John Eastman. Le village est renommé pour son lac d'Argent, son théâtre d'été, la Marjolaine, aujourd'hui appelé le théâtre d'Eastman, et sa célèbre exposition annuelle d'antiquités début novembre.

▶ **Accès.** Sortie 106 de l'autoroute 10.

Pratique

■ **BUREAU D'INFORMATION TOURISTIQUE**
Bureau saisonnier, 343, rue Principale
✆ 450-297 2911
municipaliteeastman@bellnet.ca
Ouvert tous les jours de juin à début septembre de 10h à 18h.

Hébergement – Restaurants

■ **LES PECCADILLES B&B**
1029, rue Principale ✆ 514-279-8911
www.bbcanada.com/3828.html
4 chambres de 82 $ à 102 $, petit déjeuner inclus. A proximité du lac Orford et de plusieurs

activités touristiques, cette belle auberge vous fera profiter d'une vue sur le lac avec le mont Orford en toile de fond. Plage privée en été.

■ **SPA EASTMAN**
895, chemin des Diligences
✆ 450-297-3009 – ✆ 1-800-665-5272
www.spa-eastman.com
A partir de 130 $ par personne, repas et accès aux activités inclus. Forfaits disponibles. Le Spa Eastman est plus qu'un centre de santé. Dans un cadre des plus champêtres avec vue imprenable sur le mont Orford, on vous invite à vous détendre en vous adonnant aux nombreux soins et cures proposés, à un hébergement confortable et une fine cuisine. Massothérapie, soins corporels et esthétiques, cures toniques et de raisin et programme de mise en forme. Jardins, sentiers pédestres (15 km).

Manifestations

■ **LES CORRESPONDANCES D'EASTMAN**
✆ 450-297-2265 – ✆ 1-888-297-3449
www.lescorrespondances.ca
3e semaine d'août. Grande fête de la littérature, encourageant la participation de tous, écrivains et néophytes. Expositions, lectures, ateliers d'écriture rythment cet événement unique en Amérique du Nord.

■ **EXPOSITION ET VENTE D'ANTIQUITÉS**
✆ 450-297-4475
Mi-octobre. Dans plusieurs sites de la ville, grande vente d'antiquités.

Dans les environs

■ **FERME SEIGNEUR DES AGNEAUX**
262, chemin de la Diligence, Stukely Sud
✆ 450-297-2662 – ✆ 1-866-330-2662
www.leseigneurdesagneaux.com
Adresse pour toute la famille. Visites, animations, centre d'interprétation du mouton et de l'âne, randonnée et repas à la ferme. Goûtez aux produits de leur élevage traditionnel : méchoui, Table d'hôtes et brunch au menu. Boutique.

VALCOURT

L'histoire de cette petite ville a été profondément marquée par le génie créateur de Joseph-Armand Bombardier, dont la famille s'était installée à Valcourt vers 1814. Les habitants profitent encore des retombées économiques de l'usine Bombardier, implantée en 1942.

■ MUSEE J. ARMAND BOMBARDIER

1001, avenue J.-A.-Bombardier
℡ 450-532-5300
www.museebombardier.com
Ouvert du mardi au dimanche de 10h à 17h et ouvert tous les jours du 1er mai à la fête du Travail. Adultes : 7 $, étudiants et aînés : 5 $, forfaits musée-usine disponibles. Réservation obligatoire pour visiter l'usine. Un étonnant musée qui présente la vie et l'œuvre de l'inventeur de la motoneige, J. Armand Bombardier. Voyez son premier véhicule construit à l'âge de 15 ans, la collection de véhicules chenillés Bombardier, et entrez dans son garage original, là où tout a commencé. Une exposition temporaire célèbre le 100e anniversaire de l'entrepreneur.

LE MONT ORFORD ET LE LAC MEMPHRÉMAGOG : MAGOG – ORFORD

Magog et sa vue sur le lac Memphrémagog (vaste étendue d'eau en abénaquis). Magog : le mont Orford à l'arrière-plan, l'importante marina en avant-plan, les auberges, les boîtes à spectacles.
C'est ici qu'on s'arrête. Magog, abréviation de Memphrémagog, est le point stratégique des attraits touristiques des Cantons de l'Est. Un point central de la région vers lequel on revient pour mieux en repartir.

■ **www.tourisme-memphremagog.com**

▶ **Accès.** Sortie 118 de l'autoroute 10. Magog et sa plage.

Pratique

■ BUREAU D'INFORMATION TOURISTIQUE MEMPHREMAGOG

55, rue Cabana, Magog
℡ 819-843-2744
℡ 1-800-267-2744
Ouvert tous les jours de juin à septembre de 8h30 à 20h, d'octobre à juin de 9h à 17h, sauf le vendredi de 9h à 19h.

Hébergement

■ A LA MAISON DREW B&B

206, rue des Pins, Magog
℡ 819-843 8480
℡ 1-888-639-9941
www.maisondrew.com

Ouvert à l'année. Chambre de 85 $ à 110 $, petit déjeuner inclus. Forfaits disponibles. Visa, MasterCard, chèques de voyages acceptés. Air climatisé, wi-fi et foyer dans toutes les chambres. Non-fumeur. Chaleureuse maison ancestrale de style Victorien. Quatre grandes chambres spacieuses dont deux avec salon privé. Confort et tranquillité à deux pas du centre-ville. Très bons petits déjeuner, accueil chaleureux.

■ A L'ANCESTRALE B&B

200, rue Abbott, Magog
℡ 819-847 5555 – ℡ 1-888-847-5507
www.ancestrale.com
Chambre double de 100 $ à 140 $, petit déjeuner inclus. Internet sans fil dans toutes les chambres. Charmante auberge de style néogothique avec cinq chambres confortables et lumineuses. Salon des invités, Spa ouvert à l'année, beau jardin avec jacuzzi et cascade d'eau. Située au centre du village.

■ O BOIS DORMANT

205, rue Abott, Magog
℡ 819-843-0450 – ℡ 1-888-843-0450
www.oboisdormant.qc.ca
De 85 $ à 115 $ la chambre, occupation double, petit déjeuner 4 services inclus. Ce petit gîte de quatre chambres propose ni plus ni moins un retour dans le temps, à l'époque des contes de fées romantiques. Et si la décoration vous fait voyager, le somptueux petit déjeuner vous permettra d'affronter toutes les autres aventures de la journée sans ciller. Un bon conseil : prévoyez un peu de temps pour flâner dans la piscine et la véranda.

■ A TOUT VENANT B&B ET MASSOTHERAPIE

624, Bellevue Ouest, Magog
℡ 819-868-0419 – ℡ 1-888-611-5577
www.atoutvenant.com
Ouvert à l'année. Cinq chambres à thème avec salles de bains privées de 95 $ à 125 $ en double, petits déjeuners inclus. Vicky et Luc sauront vous accueillir dans leur grande demeure et vous mettre a l'aise. Les chambres, très colorées et lumineuses, reflètent bien l'humeur de la maison. L'hôtesse propose même un service de massothérapie pour que la détente soit totale.

■ AUBERGE DU MONT ORFORD

3159, route 112 Ouest, Magog
℡ 819-868-0669 (sans frais)
℡ 1-866-828-0669
www.aubergedumontorford.com

J. Armand Bombardier

C'est à Valcourt que Joseph-Armand Bombardier voit le jour le 16 avril 1907. Il a à peine 13 ans lorsqu'il fabrique un modèle réduit de locomotive mû par un mécanisme d'horlogerie. A 17 ans, il quitte le collège et part faire son apprentissage dans un garage de Montréal. Il revient à Valcourt en 1926.

Depuis sa jeunesse, il est préoccupé par l'isolement dans lequel sont plongés les villages québécois en hiver. Pendant 10 ans, il se consacre au projet de concevoir un véhicule motorisé assez léger pour ne pas s'enfoncer dans la neige, et muni d'un moteur, d'une traction et d'une suspension adaptés à la consistance changeante de la neige. Il crée le système de traction barbotin-chenille en 1935, et les sept premières autoneiges de production sortent de sa nouvelle usine à l'hiver 1937. Le succès de l'autoneige est prometteur. Une usine moderne d'une capacité annuelle de 200 véhicules est construite en 1940. Elle sera inaugurée sous l'enseigne L'Auto-Neige Bombardier. Les Forces canadiennes lui passent ensuite de grosses commandes, et l'usine de Valcourt étant trop petite pour y faire face, Joseph-Armand s'installe dans une usine à Montréal. Soucieux de préserver le gagne-pain de ses employés, il continue de fabriquer les pièces à Valcourt. Plus de 1900 véhicules chenillés destinés à des fins militaires seront ainsi produits. La guerre terminée, Joseph-Armand Bombardier quitte Montréal pour revenir à Valcourt et assurer l'expansion de son entreprise. Il crée en 1942 la société L'Auto-Neige Bombardier Limitée. Dès 1946, L'Auto-Neige Bombardier connaît une forte demande.

L'Auto-Neige Bombardier se dote en 1947 d'une usine de montage en série d'une capacité de 1 000 véhicules. A la fin des années 1950, l'entreprise de Valcourt est devenue très prospère. La période qui commence alors donnera le jour à la plus importante invention de Joseph-Armand Bombardier : la motoneige, commercialisée sous la marque Ski-Doo©. Joseph-Armand Bombardier ne verra que les signes avant-coureurs de l'essor phénoménal de la motoneige. Son décès, le 18 février 1964, à l'âge de 56 ans, vient en effet mettre fin à une vie heureuse et bien remplie. Avec lui disparaît un inventeur de génie et un entrepreneur remarquable.

De 110 $ à 130 $ par suite. Un excellent rapport qualité-prix dans cette auberge qui ne propose que des suites, ayant chacune une chambre fermée, un salon, et une cuisine complète ! Au total, ce sont 4 personnes qui peuvent y dormir. Ce n'est pas tout : les suites sont confortables et joliment décorées et les services sont nombreux : salle d'entraînement, cinéma maison, jacuzzi extérieur !

■ **AUBERGE AUX 4 SAISONS D'ORFORD**
4940, chemin du Parc, Orford
℡ 819-868-1110
℡ 1-877-768-1110
www.aux4saisonsorford.com
16 chambres de luxe, 4 suites de style loft de 130 $ à 275 $. Internet haut débit sans fil dans les chambres. Cette nouvelle auberge est située au pied du mont Orford, à 5 km de Magog. Toute la famille est invitée à vivre une expérience de détente et de plein air dans une ambiance décontractée. Sur place, vous trouverez un bistro (les petits déjeuners sont excellents), une épicerie fine

(possibilité d'apporter les plats cuisinés dans les chambres), Ski-in/Ski-out directement depuis les pistes.

■ **MANOIR DES SABLES**
90, rue des Jardins, Orford
℡ 1-877-845-5341
www.hotelvillegia.com
A partir de 89 $ la nuit par personne, incluant le petit déjeuner. Une belle demeure, sur les bords du lac, avec des chambres récemment rénovées. Le must : un Spa avec des soins à base d'algues !

■ **HOTEL CHERIBOURG**
2603, chemin du Parc, Orford
℡ 1-877-845-5341
www.hotelvillegia.com
Un grand hôtel, bien situé, pratique pour les séjours en groupe ou en famille. Sur place : restaurant gastronomique, deux piscines, un Spa, possibilité de louer des films et des jeux Nintendo. Des chalets tout équipés sont aussi proposés à la location, à partir d'une nuit.

LA RIVE SUD DU SAINT-LAURENT

■ AUBERGE ET SPA DU GRAND LAC

40, rue Merry Sud, Magog
℡ 819-847-4039 – ℡ 1-800-267-4039
www.grandlac.com
Chambre de 88 $ à 168 $ pour 2 personnes, petit déjeuner inclus. Toutes cartes de crédit et Interac. Un bon rapport qualité-prix. Cette auberge est située à proximité de toutes sortes d'activités (hiver comme été) et propose plusieurs forfaits incluant au choix la gastronomie, la détente et le bien-être (massage, réflexologie, drainage lymphatique, massage suédois, etc.).

■ AU CHANT DU COQ

2387, chemin du Parc, Orford
℡ 819-843 2247
www.chantducoq.com
4 chambres de 90 $ à 110 $ la nuit, en chambre double, petits déjeuners inclus. Situé à 5 km du centre-ville de Magog et 2 km du parc du Mont-Orford. Voisin de la piste cyclable La Route Verte. Chambres avec salle de bains privée. Copieux déjeuners avec produits du terroir.

■ AUX JARDINS CHAMPETRES

1575, Chemin des Pères, Magog
℡ 819-868-0665
℡ 1-877-868-0665
www.auxjardinschampetres.com
5 chambres climatisées avec salle de bains privées de 90 $ à 150 $ en double. Avec leurs boiseries d'origine et leurs meubles d'antan, les chambres de cette maison du XIXᵉ siècle sont charmantes. Visitez la ferme et les jardins qui encerclent la demeure.

Restaurants

■ L'AUBERGINE RELAIS DE CAMPAGNE

160, chemin Cooledge,
Knowlton Landing,
Mansonville
℡ 450-292-3246
www.laubergine.com
L'auberge se situe sur les bords du lac, dans le village de Mansonville. Menu fixe, 3 services : 37 $ par personne. La bâtisse est un ancien relais de calèche datant de 1828. La table gastronomique de l'auberge propose un large choix de gibiers préparés de façon traditionnelle ou dans des recettes originales. L'Aubergine, c'est aussi un relais avec neuf chambres de grand confort (*formule couette et café à partir de 129$ pour 2 personnes*). Bref, une auberge où il fait bon vivre !

■ A LA PAIMPOLAISE

2760, route 112
℡ 819-843-1502
www.paimpolaisedemagog.com
Ouvert du Lundi au dimanche à partir de 17h, le vendredi et le samedi de 11h à 14h et le dimanche de 10h à 14h. Table d'hôtes de 16,50 $ à 24,50 $. Toutes cartes de crédit. Terrasse. Ce restaurant propose d'une part des crêpes bretonnes sucrées ou salées ainsi qu'une carte avec fondues (bourguignonne et savoyarde) et des spécialités du chef (magret de canard aux griottes, rognons de veau à la moutarde). Petits déjeuners champêtres, le samedi et le dimanche.

■ L'ANCRAGE

1150, rue Principale Ouest, Magog
℡ 819-567-2727
℡ 1-800-567-2727
www.etoile-sur-le-lac.com
Ouvert tous les jours. Terrasse. Situé dans l'auberge l'Etoile sur le Lac, ce restaurant aux saveurs méditerranéennes offre un choix de tables d'hôtes ainsi qu'un menu à la carte midi et soir. Bonne sélection de vins et importations privées.

■ AUX JARDINS CHAMPETRES

1575, chemin des Pères,
Canton de Magog
℡ 819-868-0665
℡ 1-877-868-0665
www.auxjardinschampetres.com
Autoroute 10, sortie 115 Sud, direction Saint-Benoît-du-Lac. Repas de 25 $ à 55 $. Apportez votre vin. Ce restaurant propose une cuisine du terroir et met magnifiquement en valeur sur les produits régionaux tels que des fromages de l'abbaye Saint-Benoît-du-Lac, des vins et portos du vignoble le Cep d'Argent, du moût de pomme de la région, de la viande de cerf des fermes d'élevage de Mansonville. L'ambiance est chaleureuse et le service impeccable.

■ FONDISSIMO

119, rue Millette, Magog
℡ 819-843-8999
Ouvert du jeudi au dimanche à partir de 17h. Fondues du terroir, gibier, fruits de la mer, fromages et chocolats, le tout servi dans un décor sobre et élégant. Apportez votre vin.

Sortir

■ LE VIEUX CLOCHE

64, rue Merry Nord, Magog
℡ 819-847-0470
www.vieuxclocher.com
Visa, MasterCard et Interac acceptées. Dans une vieille église rénovée, le vieux Clocher propose spectacles d'humour, récitals d'orchestre, jazz. Ce lieu, qui a vu les débuts de nombreux artistes, reste une salle légendaire où les vieux routiers rodent leur spectacle.

Manifestations

■ FESTIVAL ORFORD

℡ 819-843-9871
℡ 1-800-567-6155
www.arts-orford.org
Fin juin au 15 août. Organisé par le centre d'art d'Orford, ce festival de musique produit parmi les meilleurs artistes du pays et d'ailleurs. Opéra, tango, negro-spiritual et Gospel furent au programme, les années passées.

■ FÊTE DES VENDANGES MAGOG ORFORD

℡ 819-843-2744
℡ 1-800-267-2744
www.fetedesvendanges.com
Début septembre. Le secteur du lac Memphrémagog devient l'hôte de célébrations dédiées aux vins et aux produits agroalimentaires du Québec. Spectacles, conférences et animation en prime.

Points d'intérêt

■ PARC NATIONAL DU MONT ORFORD

3321, chemin du Parc-Canton,
Canton d'Orford ℡ 819-843-9855
℡ 1-800-665-6527 (réservations-informations)
www.parcsquebec.com
Autoroute 10, sortie 118. Accès quotidien 3,50 $, enfants : 1,50 $. Postes d'accueil : centre de services Le Cerisier (secteur Stukely). Ouvert à l'année, accueil Fraser (secteur Fraser), ouvert mi-juin-début septembre, chemin Alfred DesRochers jusqu'à la route 220, direction Bonsecours jusqu'à l'entrée du parc. **Hébergement :** camping aménagé (483 emplacements), 21 sites de camping rustiques, 3 refuges, tente de prospecteur, centre de villégiature Jouvence et auberge du centre d'art d'Orford. **Activités :** baignade, canot, bicyclette (20 km), randonnée pédestre (80 km) et longue randonnée avec nuit en camping rustique, golf (à proximité). En hiver, ski de fond (50 km de sentiers balisés et tracés), randonnée pédestre (1,6 km), randonnée en raquettes (23 km). Ski alpin et surf des neiges à la station de ski Mont-Orford. Le parc national du Mont Orford (58,3 km²) offre une diversité végétale avec ses forêts de feuillus et d'érable, de vastes étangs, marécages et lacs ainsi que montagnes et collines. Les amateurs de plein air seront comblés par un large éventail d'activités, été comme en hiver, en totale harmonie avec la nature.

■ STATION DE SKI DU MONT ORFORD

℡ 819-843-6548 – ℡ 1-866-673-6731
www.orford.com
Autoroute 10, sortie 115 Nord, direction parc du Mont Orford. Accès aux pistes tous les jours de 9h à 16h. Adulte : 45 $, étudiant : 35 $, enfant : 26 $. Composé de trois montagnes et quatre versants, le mont Orford possède un dénivelé de 540 m et offre 52 pistes pour skieurs et surfeurs. Snowpark avec half pipe et parcours (sauts, bosses, virages inclinés). 6 télésièges, 2 téléskis. Garderie sur place, ouverte du lundi au vendredi de 8h30 à 16h, le samedi et le dimanche de 8h à 16h, tarif journalier de 21 $ par enfant ou 5,50 $ par heure.

LA RIVE SUD DU SAINT-LAURENT

■ CENTRE D'ART D'ORFORD

3165, chemin du Parc
℡ 819-843-9871 – ℡ 1-800-567-6155
www.arts-orford.org
Route 141 Nord par la rue Merry, qui devient la 141. Ouvert toute l'année. Dans un site enchanteur, au pied du mont Orford, cette académie de musique et d'arts visuels organise de nombreuses expositions et des concerts. Une promenade dans le jardin extérieur, parsemé de sculptures d'une vingtaine d'artistes internationaux, dure près d'une heure. Egalement, le très réputé festival Orford, en juillet et août. Des concerts classiques y sont donnés par des artistes de renommée internationale. *Hébergement en chambre simple ou en double à partir de 70 $.*

■ LE CEP D'ARGENT

1257, chemin de la Rivière, Magog
℡ 819-864-4441 – ℡ 1-877-864-4441
www.cepdargent.com
Ouvert tous les jours de 10h à 16h du 1er avril au 31 mai et du 14 octobre au 31 décembre et tous les jours de 10h à 18h du 1er juin au 13 octobre. Durée de 45 min à 1h. Visite guidée de 7 $ à 15 $. Groupes sur réservation. Ce vignoble qui fait partie du réseau installé dans les Cantons de l'Est vous ouvre ses portes pour une visite guidée qui comprend la visite des vignes, un passage dans la cuverie avec explications sur les procédés de fabrication et le tout se termine par une dégustation de quatre des vins (issus de cinq cépages qui se sont adaptés au climat québécois).

■ LES MOUTS DE P.O.M.

795, chemin Alfred-Desrochers, Orford
℡ 819-843-6278
www.lesmoutsdepom.com
Ouvert à l'année. Le moût de pomme est un produit qui ne cesse de se faire connaître et d'acquérir ses lettres de noblesse. Sans alcool, ce breuvage est créé à partir du jus de pomme qui est ensuite filtré, gazéifié, puis pasteurisé avant d'être mis en bouteille. Outre l'autocueillette que l'on peut pratiquer sur le domaine, on peut prendre un repas complet. Boutique de produits régionaux.

■ CROISIERES MEMPHREMAGOG

Parc de la Baie de Magog
℡ 819-843-8068 – ℡ 1-888-842-8068
www.croisierememphremagog.com
Du 15 mai au 30 septembre. La croisière classique sur le lac Memphrémagog dure 1h45 (4 départs, réservation conseillée). Adultes : 15 $, enfants : 7 $. Une autre croisière fait le tour du lac jusqu'à Newport, aux Etats-Unis (*durée 7h, 55 $, réservation impérative*). On s'arrête à Newport pour faire des achats (dans ce cas les Européens ont besoin d'un visa). Animation, musique et buffet à bord.

■ SPA NORDIC STATION

285, chemin des Pères, Magog
℡ 819-843-5200/ 1-866-414-5200
www.spanordic.ca
Ouvert à l'année. Admission générale : 35 $, massage sur table, chaise, en double ou en nature : 75 $ (30 min, le prix inclus l'admission générale) et 90 $ pour une heure. Concept nordique : on alterne les baignades en rivière avec la détente dans le sauna finlandais, le grand bain à remous californien et le hammam turc. On apprécie beaucoup la terrasse en nature et cabane nordique avec feu de bois.

Dans les environs

■ ABBAYE DE SAINT-BENOIT-DU-LAC

Saint-Benoît-du-Lac,
sur le bord du lac Memphrémagog
℡ 450-843-4080
www.st-benoit-du-lac.com
Fermé le dimanche. Ouvert tous les jours de 5h à 21h (monastère), de 9h à 10h45 et de 11h45 à 16h30, jusqu'à 18h en juillet et août (boutique). Chants grégoriens tous les jours à 17h. Retraite : hommes et femmes peuvent faire une retraite d'une ou plusieurs journées dans l'abbaye. Pour cela il faut réserver à l'avance. On suggère de verser au moins 40 $ pour le coucher et les trois repas. Boutique : en plus des CD de chants grégoriens et des ouvrages dédiés à la religion, on s'y procure les délicieux fromages fabriqués par les moines. Le cidre et les produits dérivés de l'érable sont tout aussi délicieux. L'abbaye fait partie de la congrégation bénédictine de Solesmes en France et abrite un monastère de vie contemplative où vivent une soixantaine de moines. (Les visiteurs peuvent être accueillis pour de courts séjours spirituels. Les dames sont reçues dans une maison voisine, tenue par des religieuses). Plus prosaïquement, c'est ici que sont fabriqués un fameux fromage (l'Ermite) et un cidre réputé au Québec (le cidre de l'abbaye Saint-Benoît). Une boutique propose les spécialités de l'abbaye ainsi que des objets de piété.

■ BLEU LAVANDE

819, chemin Narrow (247 Sud), Stanstead
℡ 819-876-5851 – www.bleulavande.ca
Du 1er juin au 15 octobre et du 1er décembre au 23 décembre, ouvert tous les jours de 10h

à 17h, le reste de l'année, ouvert du lundi au vendredi de 10h à 17h. Fermé du 24 décembre au 15 octobre. Visites guidées du 1er juin au 15 octobre de 10h à 17h. Adultes : 5 $ en haute saison, 2,50 $ en basse saison. Concert de musique classique dans les champs de lavande le mardi de 12h à 13h30 en juillet et en août. Le plus grand champ de lavande au Québec, avec des 110 000 plants est ouvert aux visiteurs ! Après une promenade dans les champs, rendez-vous à la boutique pour découvrir de beaux produits faits sur place : pochettes de lavande séchée, huiles essentielles, gamme de cosmétiques et de savons. En été, vous pouvez pique-niquer dans ce cadre idyllique.

GEORGEVILLE

Route 247 Sud. Ne manquez pas d'aller faire un tour au bout sud du lac Memphrémagog, à Georgeville. Dans l'atmosphère très XIXe siècle du village, le cinéaste Denys Arcand a tourné des scènes de son célèbre film Le *Déclin de l'empire américain.* Beaucoup de bruit pour un village tranquille, hors du circuit, mais qui possède de belles résidences.

NORTH HATLEY

Appelé joyau des Cantons de l'Est, North Hatley se trouve à la pointe nord du lac Massawippi. Le lieu, colonisé par les loyalistes, est reconnu pour la qualité de son accueil, pour ses gîtes, mais surtout pour sa beauté. De belles galeries d'art, des boutiques d'artisanat et d'antiquités lui donnent un indéniable cachet. Des aristocrates et des industriels y ont construit de somptueuses demeures. Vous ne manquerez pas de les apprécier : elles comptent aujourd'hui parmi les plus célèbres auberges du Québec. Il faut y rester au moins une nuit.

▶ **Accès.** Autoroute 10, sortie 121, suivre autoroute 55 Sud, sortie 29.

Pratique

■ **RELAIS D'INFORMATION TOURISTQUE**
Bureau saisonnier, 300, rue Mill
℡ 819-842-2223
Tous les jours de juin à début septembre de 10h à 18h.

Hébergement – Restaurants

■ **A LA CORNEMUSE B&B**
1044, chemin Massawippi
℡ 819-842-1573 – www.cornemuse.qc.ca

Route 108. 5 chambres de 119 $ à 159 $ en double, petit déjeuner inclus. Toutes cartes de crédit et chèques de voyage acceptés. Forfaits disponibles. La Cornemuse est une élégante maison bourgeoise de style Nouvelle-Angleterre qui fut un salon de thé dans les années 1930. Elle a conservé son charme d'antan avec ses boiseries et ses meubles antiques. Chambres joliment décorées. Jardin et terrasse. Accueil chaleureux.

■ **CAFE MASSAWIPPI**
3050, rue Capelton ℡ 819-842-4528
www.cafemassawippi.com
Ouvert du mercredi au dimanche de 11h30 à 13h et à partir de 17h. Table d'hôtes de 42 $ à 58 $. Toutes cartes de crédit. Terrasse. Situé un peu en dehors du centre de la ville, ce restaurant saura vous faire passer un agréable moment gastronomique dans une ambiance chaleureuse. Spécialités : tartare de cerf rouge de la Ferme Highwater, escalope de foie gras de canard. Très belle carte des vins.

■ **LE CHAT BOTTE B&B**
550, chemin de la Rivière
℡ 819-842-4626 – www.lechatbotte.ca
Chambre 105 $ à 145 $ en double. Air climatisé. Cette demeure construite en 1898, offre deux chambres et une suite magnifiquement décorées dans une ambiance chaleureuse. Le menu du petit déjeuner (trois services) est un pur délice !

■ **MANOIR HOVEY**
575, chemin Hovey
℡ 819-842-2421 – ℡ 1-800-661-2421
www.manoirhovey.com
Membre de la chaîne Relais & Châteaux. 39 chambres et suites équipées de 130 $ à 325 $ par personne, petit déjeuner champêtre et souper gastronomique inclus. Forfaits disponibles. Le manoir Hovey est un élégant établissement situé au bord d'une plage privée avec accès direct sur le lac. Il fut nommé en l'honneur du capitaine Ebenezer Hovey, découvreur du lac Massawippi. Décor raffiné et chaleureux. Fine cuisine à base de produits régionaux. Table gastronomique de quatre services à 60 $ et menu-dégustation de huit services à 90 $ (150 $ avec vin). Importante carte à vin (900 sélections). Jardin, terrasse, piscine, massothérapie, salles de réunion, pub. Activités : kayak, canoë, pédalo et planche à voile, tennis, vélo, ski de randonnée, patin à glace, pêche blanche. Un vrai bijou que cet hôtel, qui vous laissera assurément un bon souvenir.

Dans les environs

■ AYER'S CLIFF
Route 143 Sud. C'est le meilleur accès au lac Massawippi, au sud. Dans ce petit village, jadis anglo-saxon, des fanfares jouent toujours dans un des derniers kiosques de musique du Québec. Le tout est désuet et infiniment agréable.

■ BARNSTON
Route 141 Sud. Pour aller voir de près la belle grange rouge et ronde de M. Tremblay (on construisait des granges rondes pour éviter que le diable ne se réfugie dans les coins). Elle se dresse tout près des deux églises qui se font face en plein centre du village.

■ MINES CAPELTON
880, route 108
✆ 819-346-9545
www.minescapelton.com
Ouvert tous les jours de mai à octobre. Adultes : 22 $, enfants : 15 $. Durée : 2h. Groupes sur réservation. La mine de Capelton, qui s'est refait une beauté durant l'hiver 2004, est le vestige du plus vieux complexe minier de cuivre du Canada. Elle fut creusée au pic, à la pelle et à la chandelle en 1863. La visite est un voyage dans le temps qui vous mène sous la terre. Sur le site, musée, tour historique en charrette, sentiers pédestres, piste cyclable.

COATICOOK
Cette autre perle des Cantons de l'Est est située en plein cœur de la région laitière. D'où son fameux festival du lait, en août ✆ 819-849-6010 – www.lefestivaldulait.com

■ www.tourismecoaticook.qc.ca
▶ **Accès.** Route 141.

■ RELAIS D'INFORMATION TOURISTIQUE
137, rue Michaud
✆ 819-849-6669 – ✆ 1-866-665-6669
Tous les jours de juin à septembre de 10h à 18h, d'octobre à mai de 9h à 17h.

Points d'intérêt

■ PARC DE LA GORGE COATICOOK
135, rue Michaud
✆ 819-849-2331 – ✆ 1-888-LAGORGE
www.gorgedecoaticook.qc.ca
Ouvert tous les jours du 24 juin à début septembre de 9h à 20h, du 1er mai au 23 juin

et de début septembre à fin octobre de 10h à 17h, de novembre à mars, le jeudi et le vendredi de 9h à 21h, le samedi de 13h à 16h et de 18h à 21h, le dimanche de 11h à 17h. Entrée variable selon les activités.* Phénomène naturel créé par l'érosion de la rivière, la gorge de Coaticook atteint 50 m de profondeur. Sur le site du parc de la Gorge, outre le pont couvert rénové selon les principes de 1887 (suite à une inondation en 1998), une passerelle de 169 m est suspendue dans le vide. Il s'agit du plus long pont piéton suspendu au monde (selon le *Livre Guinness des Records*). Aussi, tour d'observation, chute, cascades… Activités : sentiers pédestres, vélo de montagne (18,5 km), équitation, théâtre d'été, camping (90 emplacements), ski de fond et glissades.

■ MUSEE BEAULNE
96, rue de l'Union (819)-849-6560
www.museebeaulne.qc.ca
Ouvert du 15 mai au 15 septembre du mardi au dimanche de 10h à 17h ; du 16 septembre au 14 mai du mercredi au dimanche de 13h à 16h. Adultes : 5 $, aînés : 4 $, étudiants : 2,50 $. Enfant gratuit. Situé à l'intérieur du superbe château Arthur Osmure Norton, le musée présente des expositions de costumes et de textiles anciens, d'art visuel et d'histoire régionale.

SHERBROOKE
Ainsi nommée en l'honneur de John Coape Sherbrooke, gouverneur du Canada, Sherbrooke est la capitale des Cantons de l'Est. Cette ville accueillante qui s'étale sur plusieurs collines est la capitale régionale, soit un centre industriel, économique, commercial et universitaire réputé. Les rues King et Wellington où l'on trouve tout, ou presque, en constituent le centre. Sherbrooke unit maintenant Ascot, Bromptonville, Deauville, Fleurimont, Lennoxville, Rock Forest, Saint-Elie-d'Orford. Sa grande université est bien cotée au Québec.

■ www.sdes.ca/tourisme

Transports

■ SOCIETE DE TRANSPORT DE SHERBROOKE
✆ 819-564-2687

■ TAXIS DE SHERBROOKE
✆ 819-562-4717/562-3838

Pratique

■ BUREAU
D'INFORMATION TOURISTIQUE
2964, rue King
℡ 819-821-1919/ 1-800-561-8331
Ouvert tous les jours, de mi-juin à mi-août de 9h à 19h, le reste de l'année, du lundi au samedi de 9h à 17h, le dimanche de 9h à 15h.

■ CENTRE HOSPITALIER
3001, 12e Avenue, Fleurimont
℡ 819-346-1110

■ CLSC (CENTRE LOCAL
DE SERVICES COMMUNAUTAIRES)
℡ 819-563-0144/565-1330

Presse

▶ **Quotidiens :** *La Tribune, The Record.*

▶ **Hebdomadaire :** *La Nouvelle de Sherbrooke, Voir, Le Journal de Sherbrooke.*

▶ **Mensuel culturel :** *Visages.*

Hébergement

■ HOTEL DELTA
2685, rue King Ouest
℡ 819-822-1989 – ℡ 1-800-268-1133
www.deltasherbrooke.com
Chambre à partir de 56 $. Tarifs groupes et forfaits disponibles. Cent soixante-dix-huit chambres et suites modernes et équipées. L'hôtel Delta, établissement de tout confort, offre un excellent service. Fine cuisine régionale au restaurant Le Murville. Bar, piscine, centre de santé, salles de réunion.

■ LES MATINS D'ANTOINE B&B
39, rue Queen, Lennoxville
℡ 819-820-0877
www.lesmatinsdantoine.ca
4 chambres, en double 68 $ à 78 $, petit déjeuner complet inclus. Non-fumeur. Maison sympathique avec chambres confortables, jardin et balcons. Accueil chaleureux.

■ MARQUIS DE MONTCALM B&B
797, rue Général-de-Montcalm, centre-ville
℡ 819-823-7773 – ℡ 1-866-421-7773
www.marquisdemontcalm.com
Chambre en double de 84 $ à 114 $, petit déjeuner inclus. Spa. Située dans le quartier patrimonial de la ville de Sherbrooke, cette maison centenaire, construite dans les années 1800, propose trois suites et deux chambres avec toutes commodités.

■ RESIDENCE
DE L'UNIVERSITE BISHOP'S
Lennoxville. 1800, route 108 Est
℡ 819-822-9651 – ℡ 1-800-567-2792
www.ubishops.ca
Ouvert de mi-mai à fin août. Chambre en simple de 25 $ à 40 $, en double de 40 $ à 100 $ par chambre, appartement de 60 $ à 120 $. Restaurant, accès centre sportif, tennis et piste cyclable.

Restaurants

■ CAFE BLA BLA
2, rue Wellington Sud ℡ 819-565 1366
C'est Le p'tit bistrot de Sherbrooke, tout le monde y va, bonne ambiance. Menus complets et variés, table d'hôtes à prix abordables. Choix de bières importées de microbrasseries, cocktails maison et vins. Menu pique-assiette en soirée. Cinq à sept entre amis.

■ DA TONI
15, rue Belvédère Nord
℡ 819-346 8441 – www.datoni.com
Ouvert du lundi au vendredi de 11h à 23h, le samedi et le dimanche de 16h à 23h. Table d'hôtes à midi à partir de 12 $ (du lundi au vendredi de 11h à 15h), le soir de 24 $ à 40 $ (tous les jours dès 17h). Toutes cartes de crédit et chèques de voyage acceptés. Cuisine de spécialités italiennes et françaises avec pâtes fraîches faites maison, poissons, fruits de mer et viandes.

■ AU P'TIT SABOT
1410, rue King Ouest ℡ 819-563 0262
Fermé le lundi soir et le dimanche. Le midi de 10 $ à 20 $, le soir de 15 $ à 30 $. Carte : 18 $. Le P'tit Sabot est un charmant restaurant de campagne, bon et pas cher. Cuisine à base de produits du terroir. Spécialités : confit de canard, foie gras cuit au torchon, fondant de chèvre sur salade, filet mignon, poisson, lapin, marcassin et autres gibiers. Terminez en beauté avec la meilleure crème brûlée en ville !

LA RIVE SUD DU SAINT-LAURENT

Retrouvez l'index général en fin de guide

Sortir

■ AU CAFE DU PALAIS
184, ruelle Whiting
℡ 819-566-8977
www.cafedupalais.com
Le Café du Palais propose les matchs d'improvisation le dimanche (deux équipes de comédiens s'affrontent et improvisent, à ne pas manquer), concerts live le mardi et le mercredi, soirées étudiantes le jeudi, rock classique et rock alternatif le vendredi et le samedi. Clientèle mixte.

■ LE BOSTON BAR
1682, rue King Ouest
℡ 819-823-2070
www.bostonbar.qc.ca
Ouvert le jeudi et le vendredi de 16h à 3h, le samedi de 21h à 3h. Très beau bar avec section lounge et piste de danse. Musique latino, disco, jazz et blues. Clientèle mature.

■ LA MARE AU DIABLE
151, rue King Ouest
℡ 819-562 1001
Située dans la Côte King, La Mare au Diable est la première microbrasserie du centre-ville de Sherbrooke. Spécialités françaises agrémentées d'une bière brassée sur place. Possibilité de visiter la salle de brassage sur demande.

■ LE LIVERPOOL
28, rue Wellington Sud
℡ 819-822 3724
www.liverpool.ca
Terrasse. Le Liverpool offre trente-quatre tables de billard et snooker sur deux planchers et la dégustation de cigares, scotchs et portos parmi un vaste choix. Menu bistro et bières importées de microbrasserie. Spectacles le jeudi et le vendredi soir.

Communauté gay

■ COMPLEXE 13-17
13, rue Bowen Sud ℡ 819-569 5580
Le Complexe 13-17 est le plus gros bar de la région qui existe depuis près de vingt ans. On y trouve, sur plusieurs étages, un pub, une discothèque, un bar de danseurs nus et un sauna au sous-sol.

Points d'intérêt

■ ORFORD EXPRESS
Gare de Sherbrooke, rue Minto
℡ 819-575-8081 ou 1-866-575-8081
www.orfordexpress.com
Durée de 2h30 à 3h30 selon le forfait. Départs le vendredi, le samedi et le dimanche de mi-mai à fin octobre. Ce magnifique train à vocation touristique réalise un beau circuit découverte dans les Cantons de l'Est. Il se rend en effet jusqu'à Eastman, Knowlton et Bromont. A bord une animation culturelle et musicale ponctue le voyage. Plusieurs forfaits sont proposés, dont un qui inclus un souper (*74,95 $ par adulte*) ou un brunch le dimanche (*61,95 $*) ou l'animation seulement (*39,95 $*).

■ MUSEE DES BEAUX-ARTS
241, rue Dufferin
℡ 819-821 2115
mba.ville.sherbrooke.qc.ca
Du mardi au dimanche de 13h à 17h et jusqu'à 21h le mercredi, de fin juin à début septembre, dès 11h. Visites commentées le mardi à 14h et le mercredi à 19h30. Adultes : 6 $, étudiants et aînés : 5 $, famille : 15 $. Le musée des Beaux-Arts abrite une collection d'œuvres des XIXe et XXe siècles ainsi que des œuvres des artistes des Cantons de l'Est.

■ CENTRE D'INTERPRETATION DE L'HISTOIRE DE SHERBROOKE
275, rue Dufferin
℡ 819-821-5406
shs.ville.sherbrooke.qc.ca
Adultes : 6 $, étudiants et aînés : 5 $, enfant jusqu'à 12 ans : 2 $, famille : 12 $. Horaire d'été du mardi au vendredi de 9h à 17h, le samedi et le dimanche de 10h à 17h. Le reste de l'année : de 9h à 12h et de 13h à 17h, le samedi et le dimanche de 13h à 17h. Voyage dans le temps qui permet de revivre le développement de la ville, de sa colonisation à nos jours. Découvrez également l'histoire de l'horloge et le fonctionnement de son mécanisme qui sonne à toutes les heures. Visites gratuites.

■ MAISON DE L'EAU
755, rue Cabana, Parc Lucien Blanchard
℡ 819-821-5893
www.charmes.org
Ouvert tous les jours de juin à septembre de 8h30 à 19h, reste de l'année du mercredi au dimanche de 8h30 à 16h30. Entrée libre. Sur le bord de la rivière Magog, un centre d'interprétation et de sensibilisation à l'environnement aquatique. Exposition sur les reptiles et les amphibiens. Sur le site, location de vélo, canot et kayak.

La Route des Vins : les 13 vignobles de Brome Missisquoi

La Route des Vins sillonne la région de Brome Missisquoi, dans les Cantons de l'Est, de Farnham à Saint-Armand et jusqu'au lac Brome (Knowlton), et relie neuf municipalités sur un circuit de 132 km. Autoroute 10, sortie 48.

■ VIGNOBLE LES PERVENCHES

150, chemin Boulais, Farnham ✆ 450-293-8311
www.lespervenches.com
Route 104. De 13,50 $ à 18,50 $ la bouteille, deux vins blancs et un rouge. Le vignoble a vu le jour en 1991 avec les premiers ceps de seyval blanc, suivis en 1992 par les plants de chardonnay importés de France. Le vignoble est aujourd'hui composé majoritairement de seyval, chardonnay et maréchal foch sur plus de 2 ha. Les autres cépages retrouvés au vignoble sont le seyval noir, le chaunac et le vidal.

■ VIGNOBLE DE LA SABLIERE

1050, route 235, Saint-Armand ✆ 450-248-2634
Vins à partir de 11 $, blanc, rouge, rosé. Autres produits : vinho verde, vin apéritif et vin de glace. Plusieurs cépages : seyval blanc, geisenheim, maréchal foch, vidal et sainte-croix.

■ DOMAINE DU RIDGE

205, chemin Ridge, Saint-Armand ✆ 450-248 3987
Visite guidée. De 12,95 $ à 15,95 $ la bouteille, rouge, blanc et rosé. Dans une ancienne grange, vous découvrirez l'art de la dégustation, de la vinification et du travail bien fait. Cépages : maréchal foch, de chaunac, seyval blanc, vidal et geisenheim.

■ DOMAINE DE L'ARDENNAIS

158, chemin Ridge, Stanbridge East ✆ 450-248-0597
www.vignobledelardennais.com
De 10 $ à 13 $ la bouteille, blanc, rouge et rosé. Visite guidée, dégustation. Cépages : maréchal foch, chancellor, de chaunac, seyval blanc, seyval noir, vidal, riesling, cayuga et muscat. Autres produits : terrines, confitures et savons.

■ L'ORPAILLEUR

1086, chemin Bruce, Dunham ✆ 450-295-2763
www.orpailleur.ca
Route 202. De 10,95 $ à 28 $ la bouteille, rouge, blanc et rosé. Ecomusée de la Vigne et du Vin. Sentier viticole. Restaurant terrasse, réception. Boutique champêtre, salle d'interprétation. Autres produits : mistelle. Kir à la framboise. Vin de type porto blanc et rouge. Vin de vendanges tardives.

■ VIGNOBLE LES BLANCS COTEAUX

1046, chemin Bruce, Dunham © 450-295-3503

www.blancscoteaux.com

Route 202. Visite guidée : 5 $ par personne, dégustation incluse. De 11,95 $ à 14,95 $ la bouteille, rouge et blanc, cidre, cidre de glace et cidre rosé. Panier pique-nique (pain, pâté, fromage, fruits et dessert) : 25 $ pour 2 personnes à déguster sur place.

■ DOMAINE DES COTES D'ARDOISE

879, chemin Bruce, Dunham © 450-295-2020

www.cotesdardoise.com

Route 202. Visite guidée, dégustation, repas champêtre. De 10,25 $ à 40 $ la bouteille. Autres produits : vin apéritif, vendanges tardives, vin de glace. Boutique champêtre. Exposition de sculptures de juillet à octobre. 11 produits : blanc, rouge et rosé de divers cépages (seyval, riesling, maréchal foch, lucy kuhlmann, de chaunac, vidal, aurore, viblanc).

■ VIGNOBLE LES TROIS CLOCHERS

341, chemin Bruce, Dunham © 450-295-2034

vignoblelestroisclochers@qc.aira.com

Route 202. De 10,50 $ à 13 $ la bouteille, blanc et rouge. Dégustation et visite guidée. Repas. Autres produits : mistelle, lavande. Cépages : seyval blanc, vidal, maréchal foch et chancellor.

■ CLOS SAINTE-CROIX

3734, rue Principale, Dunham © 450-295-3281

closstecroix@hotmail.com

Dégustation et visite guidée. Vins rouge, blanc. Cépages : sainte-croix, maréchal foch et seyval blanc.

■ VIGNOBLE LES DIURNES

205, montée Lebeau, Cowansville © 450-263-6440

www.vignoblelesdiurnes.ca

Nouveau vignoble avec de très belles vues sur les Appalaches.

■ VIGNOBLE DE LA BAUGE

155, rue des Erables, Brigham © 450-266-2149

www.labauge.com

Visite guidée, adulte : 7 $, enfant de 5 à 12 ans : 3,50 $. Vins rouge, blanc et rosé. Le tour est une visite du vignoble ainsi que de l'élevage qui comprend des vaches Texas Long Horn, des émeus d'Australie, des daims européens, des nandous d'Amérique du sud, des cerfs Sikas japonais, des sangliers et des cerfs rouges. Autres produits : terrine de sanglier, confitures maison, mistelle, vendanges tardives, fromages de chèvre, charcuteries.

■ VIGNOBLE LA MISSION

1044, Pierre-Laporte, Brigham © 450-263-1524

www.vignoble-lamission.com

Route 241. Visite guidée et dégustation avec les vignerons. Participation aux vendanges. Vins rouge, blanc et rosé. Autres produits : vin de glace, vin de style porto.

■ VIGNOBLE LES BROME

259, chemin Brome © 450-242-2665

www.domainelesbrome.com

Vin rouge et vin blanc, vieilli en fût de chêne. Les vignes sont situées aux abords d'une érablière plus que centenaire.

■ FETE DES VENDANGES MAGOG ORFORD

© 819-847-2022/ 888-847-2050 – www.fetedesvendanges.com

Dans une ambiance de marché public, aux abords du lac Memphrémagog, 20 viticulteurs et 70 exposants célèbrent les vendanges, sur deux week-ends. Une cuisine, spécialement aménagée sous le chapiteau, devient le théâtre de spectacles culinaires animés par des chefs de la région. Des dégustations de plats et de bouchées faits à partir de produits régionaux seront également au menu.

■ CENTRALE FRONTENAC

395, rue Frontenac
℡ 819-821-5757/5406 (hors saison)
shs.ville.sherbrooke.qc.ca
Ouverte de fin juin à début septembre, du mardi au dimanche de 9h30 à 16h30. Adultes : 4 $, étudiants et aînés : 3 $, famille : 8 $.
La centrale Frontenac est située au cœur de la gorge de la rivière Magog. C'est la plus ancienne centrale hydroélectrique du Québec, construite en 1888 et encore en exploitation.

Sports et loisirs

Il y a trois terrains de golf dans les alentours (avis aux amateurs), et les pistes cyclables de la ville sont extrêmement agréables.

Dans les environs

Lennoxville (ville de Sherbrooke)

Ce centre éducatif et culturel anglophone des Cantons de l'Est est situé au confluent de quatre rivières :
Massawippi, Coaticook, au Saumon et Ascot.
La célèbre banlieue de Sherbrooke abrite l'université Bishop dont le remarquable bâtiment, datant de 1843, ressemble beaucoup à l'université d'Oxford en Angleterre. La rivière Massawippi est traversée par deux ponts couverts, typiques du Québec. A Lennoxville, on fabrique également deux bières artisanales de très bonne réputation : la Blonde des Cantons et la Massawippi (de la microbrasserie Le Lion d'Or). La galerie d'art et la chapelle de l'université sont d'un grand intérêt esthétique.

STOKE

▶ **Accès.** Sortie 150 de l'autoroute 10. Prendre la 216 à partir de Sherbrooke vers le nord, jusqu'à Stoke.

■ FERME LUNE DE MIEL

252, rang 3 Est
℡ 819-346-2558
www.fermelunedemiel.com
Ouvert tous les jours de 10h 17h. Visites guidées toutes les heures, sauf de 12h à 13h. Hors saison, la visite est prévue à 14h. Adulte : 5 $, enfant : 4 $. Centre d'interprétation sur la vie de l'abeille et de son environnement et les différentes étapes de transformation du miel. Ouverture d'une ruche géante, dégustation. Vente de produits régionaux.

MONT MÉGANTIC

On vient dans cette région reculée des Cantons de l'Est pour son magnifique parc national et son observatoire.

Hébergement

■ LES VICTORINES DU LAC

1886, route 161 Sud, Lac Mégantic
℡ 819-583-6904 – 1-866-494-6904
www.victorines.qc.ca
20 chambres de 110 $ à 230 $ (basse saison) et 135 $ à 255 $ (haute saison) pour 2 personnes. Table d'hôte de 35 $ à 49 $ pour un menu 5 services (taxes et pourboires non compris). Cette auberge champêtre gastronomique située au bord du lac Mégantic, offre à ses hôtes une vue magnifique. Les chambres sont lumineuses et toutes munies de plancher de bois. La décoration est assez sobre avec des meubles de bois qui accompagnent les lits en laiton, et offre à chacune un caractère qui lui est propre. Vous trouverez ici tout le calme et la tranquillité désirés, l'auberge propose des soins thérapeutiques et l'accès à un Spa. Vous pourrez également goûter aux délices concoctées par le chef, James Stearn. Sa spécialité le bison du rang St michel avec réduction de cabernet sauvignon.

Points d'intérêt

■ PARC DU MONT-MEGANTIC

189, route du Parc, Notre-Dame-des-Bois
℡ 819-888-2941
℡ 1-800-665-6527 (réservations)
www.parcsquebec.com
A 75 km de Sherbrooke. Ouvert à l'année (les heures d'ouverture varient selon les périodes de l'année.) Accès quotidien, adulte : 3,50 $, enfant : 1,50 $. **Hébergement :** camping rustique (13 emplacements), 10 refuges (capacité 2-8 personnes). **Activités :** randonnée pédestre (50 km), longue randonnée avec nuit en refuge ou tente de prospecteur. En hiver, ski de fond (38 km de sentiers balisés et tracés), ski nordique (20 km de sentiers non tracés), randonnée en raquettes (33 km). Activités de découverte.

LA RIVE SUD DU SAINT-LAURENT

■ **www.astrolab.qc.ca**

Visite de l'ASTROLab, un centre d'interprétation en astronomie dédié au public : la salle d'interprétation de l'histoire de l'astronomie. L'ASTROLab est ouvert de fin mai à fin juin et de fin août à mi-octobre, le samedi et le dimanche de 12h à 17h, le samedi de 20h à 23h, et de fin juin à fin août tous les jours de 10h à 19h, et de 20h à 23h. Adultes : 12 $, étudiants : 6 $, famille : 30 $. De l'œil nu au spectre invisible, la salle sur l'histoire du cosmos COSMOLab Velan, et la salle multimédia où est présenté le spectacle multimédia Rythmes cosmiques. Deux observatoires sont également accessibles au public, le jour ou le soir. Le parc national du Mont Mégantic (54,8 km²) est situé dans le petit village enchanteur de Notre-Dame-des-Bois (ne pas confondre avec la ville de Lac-Mégantic, située à environ 50 km au nord est du parc). Il est constitué de monts (plus de 1 000 m d'altitude), vallées, crêtes et collines. Ces sommets sont accessibles en randonnée pédestre et à raquette. On peut apercevoir les montagnes blanches du New Hampshire et du Maine, et les montagnes vertes du Vermont. Le milieu naturel abrite une faune et une flore très diversifiées, dont plus de 125 espèces d'oiseaux et une vingtaine d'espèces de mammifères, dont l'orignal et le cerf de Virginie. La présence de l'ASTROLab permet de combiner les activités de la terre et celles des étoiles. Une belle découverte en perspective.

■ **CROISIERES COUDRIER MEGANTIC**

☎ 819-583-5557 ☎ 1-888-600-5554
www.croisierecoudrier.qc.ca

De mi-mai à octobre. Départ à 16h du lundi au samedi et à 11h30 le dimanche. Réservation recommandée. Adultes : 19,99 $, enfants (6 à 16 ans) : 10 $, aînés et étudiants : 17,99 $. Forfait famille (2 adultes et 2 enfants) : 49,99 $. Les croisières Coudrier offrent depuis plusieurs années déjà des croisières depuis Québec pour l'île d'Orléans, Grosse-Ile, l'île-aux-Grues et Tadoussac. Aujourd'hui elles continuent de plus belle avec un tout nouveau parcours de 90 min sur le lac Mégantic. Ce bateau confortable et sécuritaire d'une capacité de 72 places avec vue panoramique, vous propose un voyage guidé à travers l'histoire de cette magnifique région.

Dans les environs

■ **TRAIN DES TROIS MONTS**

221, rue Saint-Jean Ouest, East Angus
☎ 819-832-2221 ☎ 1-866-552-2221

Route 112. Disponible tous les samedis du 1er mai au 30 octobre. Départ à 9h, retour à 18h. Adulte : 56,51 $, enfant de 3 à 15 ans : 30,43 $. Forfaits groupes, réservation requise. Le train longe la rivière Saint-François en hauteur, donnant une vue fascinante du Lac Aylmer et des monts Mégantic et Adstock. Vous serez conduits à travers le territoire de conservation des Trois Monts de Coleraine et vivrez une expérience inoubliable dans la réserve écologique.

Panneau de signalisation

Centre du Québec

Abénaquis, Français, Irlandais, Ecossais et loyalistes anglais ont marqué le Centre du Québec de leur présence, laissant en héritage un riche patrimoine. Pour découvrir les lieux d'établissement des premiers colons écossais et irlandais, suivez le circuit touristique La Route celtique.

Au Village Québécois d'Antan, aux abords de la rivière Saint-François, vous plongerez dans les traditions des années 1810 à 1910 en visitant quelque soixante bâtiments typiques du Québec d'autrefois.

Vous pourrez aussi visiter la demeure d'un illustre Premier ministre, au lieu historique national de la maison Wilfrid Laurier, ainsi que la maison natale du peintre-graveur Rodolphe Duguay (l'un des maîtres de la gravure au Canada).

La région propose 25 circuits cyclables qui permettent de découvrir la splendeur des paysages de la région en traversant allègrement villes, forêts et milieux agricoles, dont le parc linéaire des Bois-Francs et le circuit des Traditions. Printemps et automne, les oies des neiges créent l'événement en faisant halte par centaines de milliers à Baie-du-Febvre, en bordure du lac Saint-Pierre (Réserve de biosphère de l'Unesco). Le Centre du Québec abrite la capitale mondiale de l'érable, Plessisville (où l'on trouve un musée de l'Erable), ainsi que la capitale provinciale de la canneberge, Saint-Louis-de-Blandford. En automne, vous pourrez visiter les immenses champs de canneberges du Centre d'interprétation de la canneberge.

DRUMMONDVILLE

Capitale de l'expression et des traditions…
Ville à vocation industrielle en plein territoire agricole dans la région du Centre du Québec, Drummondville fait figure de véritable carrefour géographique, à l'intersection des autoroutes 20 et 55, à environ une heure de route des Montréal, Québec, Trois-Rivières et Sherbrooke.

Cette situation particulière, avec la rivière Saint-François pour en compléter le potentiel, aura permis à cette municipalité de devenir un pôle industriel majeur. Elle fut fondée en 1815 par le lieutenant-colonel Frederick George Hériot, sous les ordres du gouverneur sir Gordon Drummond.

Drummondville était, à l'origine, une garnison agromilitaire, peuplée d'ex-officiers et de soldats démobilisés après la guerre de 1812, afin d'interdire aux Américains la potentielle voie d'invasion que représentait la rivière Saint-François. Celle-ci fut le véritable moteur de la ville.

C'est au tournant du XXe siècle, avec l'arrivée de l'industrie lourde et la construction de barrages hydroélectriques sur la rivière, que l'essor tant attendu finit par éclore. La construction d'une gigantesque poudrière en 1915 stimula cet élan naissant. Puis, avec l'industrie textile, Drummondville prendra bientôt le surnom de ville de la soie. Aujourd'hui, il s'agit d'un centre majeur d'attraits de toutes sortes.

▶ **Accès.** De Montréal, autoroute 20 Est – de Sherbrooke, autoroute 55 Nord. De Québec, autoroute 20 Ouest.

Transports

■ **AEROPORT MUNICIPAL DE DRUMMONDVILLE**
4789, boulevard Allard,
Saint-Nicéphore ✆ 819-472-1011

■ **CENTRAL TAXI**
✆ 819-478-4646

■ **TAXI BON-CONSEIL**
✆ 819-336-3030

Pratique

■ **MAISON DU TOURISME**
1350, Michaud
✆ 819-477-5529
✆ 1-877-235-9569
www.tourisme-drummond.com

■ **VILLE DE DRUMMONDVILLE**
415, Lindsay
✆ 819-478-6550
www.ville.drummondville.qc.ca

■ **URGENCES**
✆ 819-478-6444

■ **HÔPITAL SAINTE-CROIX**
570, rue Heriot
✆ 819-478-6464

Hébergement

Confort ou charme

■ A LA BONNE VOTRE

207, rue Lindsay, Drummondville
✆ 819-474-0008 – www.alabonnevotre.ca
Restaurant ouvert du lundi au mercredi de 11h à 21h, du jeudi au vendredi de 11h à 22h, le samedi de 17h à 22h et dimanche de 17h à 21h. 5 chambres, de 89 $ à 99 $ avec petit déjeuner. Table d'hôtes le midi de 8,95 $ à 22,95 $ et le soir de 24 $ à 31 $. Une très belle auberge en plein cœur du centre-ville de Drummondville. A La Bonne Vôtre propose à la fois des chambres douillettes à très bon prix, et une cuisine du marché originale et savoureuse. L'établissement sert aussi de lieu d'exposition et de vente pour la décoratrice, Patricia la mère du propriétaire.

■ COMFORT INN

1055, Hains
✆ 819-477-4000 – ✆ 1-800-267-3837
www.choicehotels.ca/CN324
Chambres à partir de 100 $, en fonction de la disponibilité. Quiconque connaît et apprécie les standards de cette chaîne trouveront ici les sempiternelles normes qualitatives ayant fait sa renommée. En bordure de l'autoroute, donc facile à situer. Un personnel dynamique, un toit à proximité de tout, et une politique de satisfaction garantie à 100 %.

Luxe

■ HOTEL ET SUITES LE DAUPHIN

600, Saint-Joseph
✆ 819-478-4141 – ✆ 1-800-567-0995
www.le-dauphin.com
121 chambres et suites. L'entreprise familiale de Jean-Yves Milot a de quoi séduire. Les chambres sont spacieuses et d'un grand confort. Les suites ressemblent aux suites appartements des grands hôtels. Le personnel est accueillant et aux petits soins. Le Dauphin abrite un bar d'ambiance et le restaurant Globe-Trotter où l'on mange très bien. De nombreux forfaits couvrant la presque totalité des attraits régionaux sont disponibles à des prix très intéressants. Une découverte que l'on réserve à tous les futés. Parking gratuit, piscine, Spa, salle de conditionnement physique, salles de réunion.

Restaurants

■ CHEZ MALLET

1320, boulevard Mercure ✆ 819-475-6965
Fermé le dimanche. Ouvert du lundi au vendredi de 11h30 à 14h, du lundi au samedi de 17h30 à 21h. Le midi Table d'hôtes de 6,95 $ à 10,95 $, le soir de 16,95 $ à 29,95 $. Toutes cartes de crédit. Sans contredit la fine table de Drummondville. Un menu tout en finesse, d'inspiration française, mais qui ne dédaigne pas les innovations. Bruno œuvre aux cuisines de main de maître et prépare de véritables petites merveilles. Les viandes sont tendres, les légumes croustillants et frais à souhait, la carte des vins, principalement français, est bien équilibrée. Un service attentionné et rapide vient compléter le tout.

■ RESTO-PUB TRATTORIA

195, Lindsay
✆ 819-474-0020 – www.trattoria.ca
Fermé le dimanche de septembre à mai. Ouvert du lundi au mercredi de 11h à 21h, le jeudi et le vendredi de 11h à 22h, le samedi de 16h à 22h et le dimanche de 16h à 21h. Le midi de 8 $ à 15 $, le soir de 15 $ à 40 $. Toutes cartes de crédit et Interac. La fine cuisine italienne de Drummondville ! De belles variétés de pâtes où l'al dente règne, des escalopes d'une tendreté exemplaire, et une intéressante sélection de pizzas fines. Hum ! Le mercredi soir, on plonge en plein festival de moules, et les jeudis, les pâtes mènent l'offensive. Dans une maison centenaire, la Trattoria s'articule en plusieurs salles, dont la plus imposante peut recevoir un groupe de 40 personnes. Quant à sa magnifique terrasse, elle peut en accueillir plus de 150. Les Savoie auront tenu leur pari d'importer l'Italie sur les rives de la Saint-François.

Manifestations

■ LEGENDES FANTASTIQUES AU VILLAGE QUEBECOIS D'ANTAN

1425, Montplaisir
✆ 819-477-5412 – ✆ 1-800-265-5412
www.aolalegende.ca
Spectacle du mardi au samedi en été. Réservation requise. Billet de 34 $ à 39 $. Une production en plein air à grand déploiement, une troupe regroupant plus de 150 artistes bénévoles, sous la direction artistique de Normand Latourelle et la musique de Michel Cusson, ce spectacle familial haut en couleur réinterprète des légendes québécoises telles Rose Latulipe, Alexis le Trotteur, la Corriveau, la Chasse Galerie, en un savant mélange multimédia qui en mettra plein la vue aux spectateurs présents. Écrans d'eau géants, pyrotechnie, acrobaties, jamais les légendes d'antan n'auront semblé aussi vivantes. Sur des textes de Raoul Duguay et de Normand Latourelle, Michel Cusson tisse une toile musicale complexe, envoûtante, jouée en direct par des musiciens sur scène.

La région de l'Érable

■ **www.tourisme-erable.qc.ca**
Le temps des sucres est un rituel saisonnier au Québec. Dès que la lune se montre favorable ou qu'arrive le vent du sud-ouest, l'acériculteur entaille l'écorce des érables. Il recueille ainsi une eau légèrement sucrée qui se transforme, après ébullition, en un sirop délicatement parfumé.

S'inspirant des Amérindiens, qui se servaient de ce sirop pour la cuisson du gibier, les pionniers français en ont fait la base de plats savoureux apprêtés sur feu de bois. Aujourd'hui, petits et grands raffolent de ces mets qui composent les copieux repas servis dans les cabanes à sucre : soupe au pois, fèves au lard, jambon au sirop, oreilles de crisse (fritures de lard salé), omelettes et, comme desserts, tartes au sucre, crêpes et grands-pères (boules de pâte pochées dans le sirop), suivis de la traditionnelle tire d'érable sur la neige. Vous trouverez ci-après une liste exhaustive d'érablières qui propose, pour la plupart, des animations, dégustations et services de restauration sur place, en général vers mars et avril.

■ **LA RIVADIERE**
215, 8e Rang, Saint-Sylvère
✆ 819-285-2595

■ **ERABLIERE LA PENTE DOUCE**
1549, route 122,
Notre-Dame-du-Bon-Conseil
✆ 819-336-5273

■ **REINE DES ERABLES**
685, 10e Rang, Saint-Wenceslas
✆ 819-224-7720

■ **ERABLIERE
DES PETITS PRINCES**
9e Rang, Saint-Wenceslas
✆ 819-224-7647

■ **L'ERABLE ROUGE**
3324, route 161, Saint-Valère
✆ 819-353-1616
www.erablerouge.com

■ **LA SUCRERIE D'ANTAN**
320, route 116 Ouest,
Plessisville
✆ 819-362-3882

■ **CABANE A SUCRE
SOLANGE ET RENE SAVOIE**
250, route de la Rivière,
Norbertville
✆ 819-369-9603
www.cabaneasucresavoie.ivic.qc.ca
Autoroute 20, sortie 235. Adulte : 14 $, enfant de 5 à 10 ans : 7 $, enfant de 0 à 4 ans : gratuit.

■ **ERABLIERE DESHAIES**
8325, chemin des Hêtres, Bécancour
✆ 819-297-2590

■ **L'INVERNOIS**
640, route Dublin, Inverness
✆ 418-453-7750
www.invernois.com
Autoroute 20, sortie 253 (en provenance de Québec) ou sortie 228 (en provenance de Drummondville). Adulte : 14 $, enfant de 5 à 10 ans : 7 $, enfant de 0 à 4 ans : gratuit.

■ **CABANE A SUCRE CHEZ TI-PERE**
4335, route Caya,
Saint-Nicéphore
✆ 819-394-2442

■ **CABANE AUX 3 ERABLES**
139, 10e Rang, Lefebvre
✆ 819-394-2051

■ **LE DOMAINE FRASER**
684, route 165, Saint-Ferdinand
✆ 418-428-9551
✆ 1-800-896-9551
www.domainefraser.com

■ **MUSEE QUEBECOIS DE L'ERABLE**
1280, avenue Trudelle,
Plessisville
✆ 819-362-9292
✆ 1-800-372-2530
www.erable.org
Ouvert tous les jours de 10h à 16h. Adultes : 4 $, aînés : 3,50 $, enfants de 12 ans : 2,50 $, famille : 12 $. Ce musée relate l'histoire de l'acériculture au Québec. Dans un décor reconstituant une érablière, vous assisterez à des démonstrations des techniques employées à l'époque des Amérindiens et des techniques utilisées de nos jours pour recueillir et transformer la sève de l'érable.

■ LE MONDIAL DES CULTURES

405, Saint-Jean
℃ 819-472-1184/477-5412 (billetterie)
℃ 1-800-265-5412
www.mondialdescultures.com
1re quinzaine de juillet. Un festival créé en
1981. Voué au folklore mondial, le festival
est une invitation à la découverte des peuples
du monde dans une ambiance de joie, de
chaleur humaine et de fête. Sur un site en
bordure de la rivière, ce festival de dix jours
offre une programmation variée de plus de
300 spectacles, représentant un large éventail
de cultures du monde avec des troupes
venant des quatre coins du globe. De plus,
le Mondial permet aussi au spectateur de
découvrir le folklore du Québec par la qualité
des groupes d'ici y participant. Le festival
se met en branle par un défilé dans les rues
de Drummondville. Sur le site, un marché
international offre de l'artisanat exotique, alors
que les divers restos proposent des arômes
pour le moins ensorcelants. Sans oublier les
« soirées branchées Hydro-Québec » et les
feux d'artifice musicaux. Une organisation du
tonnerre, des frais minimes et de la couleur, de
la danse et de la musique à faire rêver.

Points d'intérêt

■ D'ARBRE EN ARBRE DRUMMONDVILLE

526, rang Saint-Anne
℃ 819-397-4544 – ℃ 1-877-397-4544
www.arbreenarbre.ca
*Mi-juin à mi-septembre de 9h à 21h. Le reste de
l'année : sur réservation seulement de 9h à 17h.
Adultes : 23,95 $.* Amateurs de nature et de
sensation, rendez-vous dans ce tout nouveau
parcours qui vous emmènera d'un arbre à
l'autre, par les airs ! Plusieurs parcours sont
élaborés, d'une difficulté variable. Possibilité
de pique-niquer sur place.

■ LA FERME DU BASSIN

1040, rang Saint-Jean-Baptiste,
Saint-Joachim-de-Courval
℃ 450-568-6991
www.ferme.ca
A 15 min de Drummondville. Un coup de
cœur certain pour cette ferme à vocation
éducative. Plus de mille animaux pour que
les enfants puissent entrer directement en
contact avec ces bêtes. Une visite guidée par
des passionnés, Marc et Sylvie Descoteaux,
des informations à la tonne, certes, mais
l'intérêt sait se maintenir lorsque le petit

animal se blottit dans les bras de l'enfant.
A moins d'apprendre à traire une chèvre ou
à tondre un mouton ! Avec en plus des jeux
dans le foin et un labyrinthe pour ces dynamos
à deux pattes. Trois options de réservation
pour les groupes, adaptable aux besoins
spécifiques, les journées familiales à dates
fixes (durée 4h), ou les visites quotidiennes
fin juin et début septembre à partir de 14h30.
A ne pas manquer si l'on a des enfants !

■ MUSEE POPULAIRE DE LA PHOTOGRAPHIE

217, rue Brock
℃ 819-474-5782
*Ouvert du mercredi au dimanche de 13h à
17h. Entrée adulte : 5 $.* Un tout nouveau
musée sur la photographie dans lequel vous
découvrirez d'anciens appareils étonnants et
des belles photos.

Dans les environs

■ HOTEL EQUUS

714, chemin Gagnon
℃ 819-394-2688 – ℃ 1-800-567-0907
www.hotelequus.com
*Chambres à partir de 89 $. Réservation
recommandée.* Un centre de plein air surtout
dédié à l'accueil de groupe ouvert à l'année
longue, pour pleinement profiter des joies
du Québec. L'équitation mène la saison
estivale avec ses chevaux et ses manèges,
mais il ne faut oublier le canot, le vélo, et en
hiver la motoneige et le traîneau à chien. Le
complexe comprend l'hôtel, avec quarante-huit
chambres, la salle à manger de 175 places et
cinq salles de réunions, la piscine intérieure,
ainsi que quatre pavillons, comprenant chacun
six chambres ainsi qu'une salle de rencontre
avec foyer. Un vaste terrain est parsemé
de sentiers, de terrains de tennis, une
immense piscine extérieure. Une mémorable
table champêtre vient clore chaque journée
d'activité.

■ MOULIN A LAINE D'ULVERTON

210, chemin Porter, Ulverton
℃ 819-826-3157
www.moulin.ca
*Ouvert le samedi et le dimanche de mi-mai
à mi-juin, tous les jours de mi-juin à début
septembre, le samedi et le dimanche du
4 septembre au 29 octobre. Entrée : 8 $.*
A 20 min de Drummondville, un vestige
d'autrefois, en pleine nature : un vieux moulin
à laine du XIXe siècle, restauré en 1982. Ayant
conservé son mécanisme préindustriel, il fut

transformé en centre d'interprétation des méthodes de production de la laine. Offrant quatre expositions, un vaste parc pour les pique-niques et plusieurs kilomètres de sentiers pédestres, il est facile d'y regarder couler le temps sous le pont couvert menant à ce monument historique. Un service de bar et de restaurant est offert sur place ; déjeuner servis le dimanche.

■ VILLAGE QUEBECOIS D'ANTAN

1425, Montplaisir
✆ 819-478-1441 – ✆ 1-877-710-0267
www.villagequebecois.com
Ouvert du 1ᵉʳ juin au 30 septembre (activités estivales). Entrée : 19 $. 2 restaurants dans le village ouverts midi et soir (mets typiquement québécois). Table d'hôte environ 17 $. La reconstitution fidèle d'un village québécois du XIXᵉ siècle, avec près de quarante maisons d'origine (ou reconstruites selon les plans d'époque) transportées jusqu'au site. Durant l'été, le village s'anime, les métiers traditionnels renaissent. De plus, plusieurs hangars abritent une collection impressionnante de meubles, d'outils et d'instruments du Québec d'autrefois. Un camp d'été initiera les jeunes à une époque qu'ils ont difficulté à imaginer. Sur le site, la Ferme d'Antan poursuit le voyage pédagogique, où jeunes et moins jeunes renoueront avec l'agriculture non industrielle. A noter aussi, un grand nombre de plantes et d'arbres sont disposés dans le site. Un service de restauration permet de découvrir les mets typiques de nos ancêtres. En décembre et janvier, le village est illuminé. Des pistes de ski de fond serpentent les allées. Au printemps, la cabane à sucre annonce le retour de la belle saison.

■ VERGER DUHAIME... NATURELLEMENT !

405, route 239,
Saint-Germain-de-Grantham
✆ 819-395-2433
www.vergerduhaime.com
Un verger de plus de 5 000 pommiers nains, offrant 25 variétés de pommes. L'autocueillette s'effectue de la mi-août au début octobre, et il est possible d'entreposer gratuitement sa cueillette jusqu'en décembre. Une sélection appréciable de produits du terroir y est disponible, de même que la gamme complète des produits dérivés de la pomme. Dégustation des divers produits, balade en tracteur et visites de groupes possibles. Le

verger tient d'ailleurs un kiosque au 1465, Lemire, à Drummondville, du 1ᵉʳ juillet à la mi-septembre.

■ ROSE DRUMMOND

210, boulevard Lemire Ouest
✆ 819-474-3488 – ✆ 1-888-767-3210
www.rose.ca
Ouvert tous les jours 8h30 à 21h. Visites guidées : 5 $, durée : 45 min. Visite des serres de roses, astro émérias, et de gerberas sur réservation. Possibilité de faire une visite de demi-journée de 20 $ à 50 $. Visite, création florale et on repart avec sa création, un lunch-dégustation des produits du terroir. Centre d'Interprétation de la Rose monté en collaboration avec le Jardin botanique de Montréal. Le plus gros producteur de roses de l'Est du Canada. Des acres de roses, plus de 54 variétés disponibles, à des prix très doux. Fraîchement cueillies du matin, pour une conservation qui conséquemment s'étirera. Une halte bio alimentaire vient proposer divers produits régionaux allant de l'érable le plus pur au miel le plus onctueux et du savon. La section horticole enflammera bien des imaginations.

Chaudière-Appalaches

L'histoire de la région est particulièrement riche. Une excursion au Mémorial-des-Irlandais à la Grosse-Île, au milieu du fleuve Saint-Laurent, vous permettra de saisir l'ampleur du drame qu'a connu cette station de quarantaine, longtemps principale porte d'entrée des immigrants au Canada.

Au Domaine Joly-De Lotbinière, vous découvrirez une ancienne seigneurie située au cœur d'un immense jardin romantique, alors qu'à la Seigneurie des Aulnaies, vous serez plongé dans l'atmosphère d'un manoir victorien entouré de magnifiques jardins et d'un moulin.

De plus, au village des défricheurs, vous en apprendrez davantage sur la vie rurale de la fin du XIXe et du début du XXe siècle. La région Chaudière-Appalaches abrite le parc national de Frontenac, aux abords du magnifique lac Saint-François (51 km²), un lieu de nature sauvage idéal pour l'observation des oiseaux (plus de 144 espèces), les activités nautiques de toutes sortes, ainsi que la randonnée à bicyclette et à pied.

Au parc des Chutes-de-la-Chaudière, vous pourrez admirer des cascades d'une hauteur de 35 m. Dans les environs de Thetford Mines, pays des mines et des lacs, vous n'aurez qu'à vous joindre à l'une des visites minières de Tourisme-Amiante pour plonger au cœur de l'une des plus vastes mines à ciel ouvert. En suivant les étapes proposées dans ce guide, vous réaliserez un circuit commençant à la frontière de la région Centre, qui ira au sud jusqu'à Saint-Georges avant de vous laisser à la porte du Bas-Saint-Laurent.

Pratique

- **www.chaudapp.qc.ca ou**
- **www.chaudiereappalaches.com**

- **ASSOCIATION TOURISTIQUE CHAUDIERE-APPALACHES**
800, autoroute Jean-Lesage, Saint-Nicolas
℡ 418-831-4411 – ℡ 1-888-831-4411

THETFORD MINES

Les exploitations minières ont forgé l'identité de la région autour de la ville de Thetford Mines. Les visiteurs y trouveront des lacs et des forêts ainsi que des petits villages tranquilles

- **ville.thetfordmines.qc.ca**

- **TOURISME AMIANTE**
2600, boulevard Frontenac Ouest, Black-Lake
℡ 418-335-7141/6511
℡ 1-877-335-7141
www.tourisme-amiante.com

Hébergement

- **AUBERGE LA BONNE MINE**
1425, Mooney Sud
℡ 418-338-2056 – ℡ 1-877-338-2056
labonnemine.ifrance.com
Ouvert à l'année. 4 chambres, 55 $ en simple et 70 $ en double, petit déjeuner inclus. Toutes cartes de crédit acceptées. Situé à environ 4 km du centre de Thetford-Mines, cette maison construite en 1924 offre un cadre reposant et chaleureux. Le restaurant

---

Les immanquables de Chaudière-Appalaches

- ▶ **Le lieu historique de la Grosse Ile et le Mémorial des Irlandais,** ancienne porte d'entrée du Canada pour de nombreux immigrants.
- ▶ **Tourisme Amiante :** une ancienne mine à ciel ouvert à Thetford-Mines.
- ▶ **Le domaine Joly de Lotbinière** à Sainte-Croix, renommé pour son magnifique jardin.
- ▶ **La seigneurie Des Aulnaies** à Saint-Roch-des-Aulnaies, un beau manoir victorien.

Maison, Chaudière-Appalaches

propose une cuisine européenne avec des tables d'hôtes *(le midi : 12,95 $, le soir : 24,95 $).*

■ LE KINGSVILLE B&B
609, rue Notre-Dame Est
✆ 418-338-0538
3 chambres, en simple : 65 $, en double : 85 $, petit déjeuner inclus. Visa acceptée. Très belle maison de 1930, située dans l'ancienne partie de la ville. Chambres agréables et confortables.

■ MOTEL BALMORAL
3625, boulevard Frontenac Est
✆ 418-335-9138 – ✆ 1-800-561-5921
www.balmoralhotel.com
140 chambres, en simple de 41 $ à 63,95 $, en double de 45 $ à 70,95 $. Toutes cartes de crédit. Centre de santé avec Spa et salle d'exercice, service de garderie, piscine extérieure.

Points d'intérêt

■ MUSÉE MINÉRALOGIQUE ET MINIER
711, boulevard Frontenac Ouest (route 112)
✆ 418-335-2123 – www.mmmtm.qc.ca
Ouvert toute l'année. Tous les jours, de 9h30 à 18h, de fin juin jusqu'au début septembre. De sept à juin : du lundi au dimanche, de 13h à 17h. Groupe en tout temps sur réservation. Adultes : 8 $, étudiants : 3,50 $, aînés : 7 $, enfant de 0 à 6 ans : gratuit, famille : 20 $. Musée axé sur l'activité minière, les minéraux et les sciences de la Terre. Cueillette de

minéraux et panage d'or sont au programme. Présentation d'expositions permanentes et temporaires. Retour aux origines de notre planète à travers une collection unique au monde de plus de 500 minéraux. L'exposition villes minées décrypte les grandes mouvances des villes minières. Des jeux interactifs, des présentations multimédias ainsi qu'une visite du musée-mine à ciel ouvert et souterraine combleront votre curiosité.

■ PARC NATIONAL DE FRONTENAC
599, chemin des Roy, Lambton
✆ 418-486-2300
Informations et réservation Sépaq
✆ 800-665-6527
www.sepaq.com/Frontenac
De Montréal, autoroute 10, puis la route 112 jusqu'à East Angus, la route 214, puis la route 108 jusqu'à la route 263. Accès quotidien, adultes : 3,50 $, enfants : 1,50 $. Activités : canot et kayak, randonnées pédestres, à raquette et à vélo, pêche (doré, brochet, perchaude, ouananiche et achigan) et ski nordique. Hébergement chalets de 95 $ à 168 $ la nuit pour 2 personnes et camping de 16,30 $ à 28,85 $ l'emplacement. Situé en périphérie du lac Saint-François, magnifique plan d'eau de 51 km^2, le parc de Frontenac a conservé toute la qualité de son milieu naturel. Plus de 144 espèces d'oiseaux et plus de 25 espèces de mammifères, voilà de quoi plaire aux amoureux de la nature ! Les activités nautiques sont à l'honneur ainsi que les randonnées à bicyclette et à pied.

LA RIVE SUD DU SAINT-LAURENT

LEVIS

■ **www.tourismelevis.com**

■ **TOURISME LEVIS**
996, Place de la Concorde, Saint-Romuald
☎ 418-838-6026
Ouvert à l'année, la semaine de 8h30 à 12h et 13h30 à 16h30.

Hébergement

■ **AUBERGE DE LA VISITATION B&B**
6104, rue Saint-Georges
☎ 418-837-9619
www.aubergedelavisitation.com
4 chambres, en simple : 70 $, en double : 85 $, petit déjeuner inclus. Visa et MasterCard acceptées. Très belle demeure de caractère.

■ **AU GRE DU VENT B&B**
2, rue Fraser, Vieux-Lévis
☎ 418-838-9020
☎ 1-866-838-9070
www.au-gre-du-vent.com
5 chambres avec air climatisé. Chambre double de 115 $ à 135 $ petit déjeuner inclus. Toutes cartes de crédit acceptées. Belle demeure bourgeoise de 1890, située sur la plus belle rue du Vieux Lévis. Chambres décorées avec goût et confortables à souhait.

■ **AU MANOIR DE LEVIS LE ROSIER B&B**
473, Saint-Joseph
☎ 418-833-6233
www.bblerosier.com
4 chambres. Chambre double de 90 $ à 100 $, *petit déjeuner inclus. Visa et MasterCard acceptées.* Maison victorienne avec vue sur la baie de Beauport et le fleuve Saint-Laurent.

Restaurants

■ **L'INTIMISTE**
35, avenue Bégin
☎ 418-838-2711
Toutes cartes de crédit acceptées. Gastronomie française dans ce restaurant aux 3 Diamants.

■ **L'ESCALIER**
6120, rue Saint-Laurent
☎ 418-835-1865 – ☎ 1-877-735-1865
Visa, MasterCard et Interac acceptées. Mélange de cuisines française et italienne avec également des grillades et fruits de mer. Le restaurant donne sur le fleuve et le château Frontenac.

Points d'intérêt

■ **LA TERRASSE DE LEVIS**
En bas de la rue William Tremblay
Certainement le plus beau panorama sur la vieille ville de Québec.

■ **LES FORTS DE LEVIS**
41, rue du Gouvernement
☎ 418-835-5182 – ☎ 1-888-773-8888
www.pc.gc.ca
Ouvert tous les jours du 5 mai au 24 août de 10h à 17h, et les fins de semaine de 10h à 17h en septembre. Adultes : 3,95 $; aînés : 3,45 $; enfants : 1,95 $, famille : 9,90 $. Ce fort constitue le premier maillon d'une chaîne de

© SAVIGNARD / SZEREMETA

Levis

Maison Alphonse-Desjardins

Découvrez l'histoire d'un grand bâtisseur!

Reconstitution historique et exposition permanente.
Ouvert à l'année, 7 jours sur 7
Entrée gratuite

Téléphone sans frais:
1 866-835-8444, *poste 2090*

trois forts, construits sous la supervision des ingénieurs militaires britanniques entre 1865 et 1872. Cette ligne de forts vient compléter le système défensif de Québec pour faire échec à l'invasion possible des Américains par voie terrestre. Depuis 1855, le chemin de fer relie Lévis au Maine. Plus élevé que la citadelle de Québec, le fort Numéro-Un domine toute la région et offre un panorama spectaculaire sur la ville de Québec, l'île d'Orléans et la Côte-de-Beaupré. Pour la petite histoire, ce fort n'a jamais servi.

■ LA MAISON ALPHONSE DESJARDINS

6, rue du Mont-Marie
✆ 418-835-2090
✆ 1-866-835-8444 (poste 2090)
www.desjardins.com
Ouvert en semaine de 10h à 12h et de 13h à 16h30. Entrée libre. Cette bâtisse néogothique fut la demeure d'Alphonse Desjardins, fondateur de la première caisse populaire en Amérique et d'une des plus grandes banques québécoises actuelles. A la fin du XIXᵉ siècle, alors que les services d'épargne et de crédits sont peu accessibles, cet homme a l'idée de fonder une coopérative d'épargne et de crédit. Aujourd'hui, les Caisses P. Une reconstitution historique permet de pénétrer dans l'intimité de la famille Desjardins (Alphonse et Dorimène y élevèrent leurs dix enfants).

Shopping

■ LES CHOCOLATS FAVORIS

32, avenue Bégin (coin Saint-Thomas), Vieux-Lévis
✆ 418-833-2287
Ouvert tous les jours de 11h à 23h. Cette chocolaterie artisanale à l'européenne est tout bonnement un appel au vice. Les chocolats sont fins et fabriqués sur place : cerises au kirsch, fondants au caramel écossais, ganaches au chocolat, orangettes, truffes à la crème fraîche… Mais le clou du spectacle se déroule dans la glacerie adjacente : une crème molle trempée dans le chocolat chaud, noir ou au lait. Le temps de redresser le cône et le chocolat est déjà figé. Un vrai régal à partir de 1,60 $!

■ AUX PETITS OIGNONS

45, avenue Bégin-Lévis
✆ 418-835-1816
Située juste en face de la chocolaterie, cette épicerie fine est un autre temple de la bonne bouffe, salée cette fois.
Toutes les charcuteries sont faites maison et le rayon des fromages est très bien fourni. Bref, largement de quoi se préparer un bon sandwich et, pourquoi pas, aller le déguster à deux pas, sur la terrasse de Lévis, en contemplant la vue sur Québec.

LA RIVE SUD DU SAINT-LAURENT

EN SUIVANT LA ROUTE 132

Été indien, Montmagny

La région compte parmi les plus pittoresques villages du Québec et cet itinéraire se propose de partir à leur découverte en longeant le fleuve Saint-Laurent.

SAINTE-CROIX

■ www.ville.sainte-croix.qc.ca

■ **DOMAINE JOLY DE LOTBINIERE**
7015, route de Pointe-Platon
☎ 418-926-2462
www.domainejoly.com
Ouvert du 7 mai au 10 octobre de 10h à 17h. Entrée (hors taxes) adultes : 13,50 $, aînés : 12 $ et étudiants : 8 $. Le jardin du domaine Joly de Lotbinière est reconnu comme étant l'un des plus beaux du pays. La diversité des espèces de fleurs impressionnera même les initiés. Le mobilier de la maison date des années vingt. Des ateliers éducatifs et culturels, comme la sensibilisation à l'arbre, l'observation de chauve-souris, des symposiums d'art rythment la saison.

BERTHIER-SUR-MER

■ **GROSSE ILE**
MEMORIAL DES IRLANDAIS
☎ 418-259-2140 – www.pc.gc.ca
Ouvert de la mi-mai à la mi-octobre. Les croisières Lachance (www.croisiereslachance.ca et le kiosque de la marina de Berthier) organisent deux départs quotidiens à 9h45 et 13h (retours à 15h55 et 18h30). Tarif, comprenant le transport en bateau et la visite guidée, adultes : 43,50 $, *enfants de 6 à 16 ans : 22 $ (16,35 $ par adulte et 8,15 $ par enfant sans le bateau). Durée : compter 5h pour l'ensemble de l'excursion, traversée en bateau compris.* Grosse-Ile, ancien lieu d'arrivée des bateaux venus déposés des immigrants, notamment d'Europe et surtout d'Irlande fut pendant longtemps une station de quarantaine. Aujourd'hui une exposition retrace l'importance de l'immigration au Canada, plus particulièrement via la porte d'entrée de Québec, du début du XIXe siècle jusqu'à la Première Guerre mondiale. Une autre exposition relate les événements tragiques vécus par les immigrants irlandais, spécialement lors de l'épidémie de typhus de 1847. Enfin, la dernière exposition insiste sur l'aspect médical et humain de ce qui était vécu dans une station de quarantaine. Une visite passionnante pour qui veut en savoir plus sur le peuplement de ce nouveau pays.
Depuis Québec, l'Ile d'Orléans et Sainte-Anne-de-Beaupré :

■ **LES CROISIÈRES COUDRIER**
311, rue du Solstice, Québec
☎ 418-692-0107 – ☎ 1-888-600-5554
www.croisierescoudrier.qc.ca

MONTMAGNY

■ **OFFICE DU TOURISME**
DE LA COTE-DU-SUD
45, avenue du Quai
☎ 418-248-9196 – ☎ 1-800-463-5643
www.cotedusud.ca

Hébergement

■ AUBERGE LA BELLE EPOQUE
100, rue Saint-Jean-Baptiste Est
✆ 418-248-3373 – ✆ 1-800-490-3373
www.epoque.qc.ca
5 chambres, en double de 69 $ à 99 $, sans petit déjeuner. Toutes cartes de crédit et Interac.

■ LE MANOIR DES ERABLES
220, boulevard Taché Est, Montmagny
✆ 418-248-0100 – ✆ 1-800-563-0200
www.manoirdeserables.com
24 chambres. Chambre double de 95 $ à 145 $ en forfait « souper, coucher, petit déjeuner ». Spa, bar dans une belle cave voûtée, Internet sans fil gratuit. Belle demeure de 1814, Le Manoir des Erables est situé dans un immense parc à quelques pas du fleuve Saint-Laurent. Les chambres sont joliment décorées avec meubles en bois et tapisseries fleuries. Table gastronomique, piscine, soins de santé, salles de réunion. Forfaits disponibles.

Restaurants

■ MANOIR DES ERABLES
220, boulevard Taché
✆ 418-248-0100 – ✆ 1-800-563-0200
www.manoirdeserables.com
Carte de 30 $ à 60 $. Haut lieu de la gastronomie québécoise dans un cadre enchanteur. Le chef, Martin Boucher, utilise tout ce qu'il y a de meilleur dans les produits régionaux afin de développer une cuisine fine qui s'adapte au gré des saisons. A noter, la magnifique sélection de fromages et vins québécois.

Points d'intérêt

■ L'ISLE-AUX-GRUES ET SON ARCHIPEL
www.isle-aux-grues.com
L'Isle-aux-Grues est située à la hauteur de Montmagny, dans un archipel composé de 21 îles et îlots. Elle est la plus importante des îles en superficie. Elle s'étend sur 10 km de long et 4 km de large, si l'on compte les battures qui la relient à l'Ile-aux-Oies. L'Isle-aux-Grues est habitée à l'année par ses 125 insulaires. Fait intéressant, les enfants prennent l'avion chaque jour pour se rendre à l'école à Montmagny.

■ SOCIETE DES TRAVERSIERS DU QUEBEC
180, chemin du Roi
✆ 418-248-6869
✆ 1-800-463-5643
www.traversiers.gouv.qc.ca
Service de traversée vers l'Isle-aux-Grues, saisonnier d'avril à décembre. Gratuit. Durée : 25 min. Heures des traversées différentes selon les mois, entre 1 à 4 par jour.

L'ISLET

Hébergement

■ L'AUBERGE DES GLACIS
46, route Tortue (secteur Saint-Eugène)
✆ 418-247-7486
✆ 1-877-245-2247
www.aubergedesglacis.com
10 chambres dont 2 suites. Forfait (souper, coucher, petit déjeuner) de 105 $ à 145 $ par personne. Sentiers de motoneige et de ski. Toutes cartes de crédit. Table d'hôtes 5 services de 40 $ à 45 $. Un petit hôtel de charme, niché dans un parc de 5 ha. Les chambres sont classiques et depuis celles qui donnent sur le jardin on peut entendre le bruit de la rivière. Du côté du restaurant, le chef cuisinier fait merveille. Sancerrois de naissance, Québécois d'adoption, Olivier combine ces deux traditions gastronomiques. Sa spécialité est la quenelle lyonnaise…

LA RIVE SUD DU SAINT-LAURENT

Point d'intérêt

■ **MUSEE MARITIME DU QUEBEC**
55, chemin des Pionniers Est
☎ 418-247-5001 – www.mmq.qc.ca
Ouvert de début octobre à la fin mai, en semaine de 10h à 16h sur réservation. De fin mai au 24 juin tous les jours de 10h à 17h. Du 24 juin au 1er lundi de septembre, tous les jours de 9h à 18h. Adultes : 9 $, enfants : 4,50 $. Le village de L'Islet a fourni de grands navigateurs au Québec dont l'un des plus célèbres d'entre eux, la capitaine Bernier. Très bien conçue, l'exposition permanente évoque leurs vies et exploits. Votre visite passera également par l'atelier des chaloupes et la visite de deux brise-glace.

SAINT-JEAN-PORT-JOLI

■ **MUSEE DE LA SCULPTURE SUR BOIS**
332, avenue de Gaspé Ouest
☎ 418-598-3392
www.museedesancienscanadiens.com
Ouvert tous les jours : du 7 mai au 23 juin, de 9h à 17h30, du 23 juin au 3 septembre, de 8h30 à 21h, du 3 septembre au 1er novembre, de 8h30 à 18h. Adultes : 6 $, enfants : 3 $.

Montmagny est la capitale de la sculpture sur bois dont ce musée propose de très belles pièces.

SAINT-ROCH-DES-AULNAIES

La concentration de vieilles maisons ancestrales en étonnera plus d'un ! La vue sur le fleuve est très belle, notamment depuis le Havre du Quai, une halte routière disposant d'une aire de pique-nique et d'une table d'observation.

■ **SEIGNEURIE DES AULNAIES**
525, de la Seigneurie
☎ 418-354-2800 – ☎ 1-877-354-2800
www.laseigneuriedesaulnaies.qc.ca
Ouvert tous les jours du 18 juin au 5 septembre de 9h à 18h, les fins de semaine du 10 septembre au 10 octobre et les week-ends du 4 et 11 juin de 10h à 16h. Entrée : 10 $ taxes incluses. C'est la plus grande attraction du Québec dédiée au régime seigneurial. Le manoir de style victorien date de 1853. On remarquera les galeries ornées de dentelles. Des personnages en costume d'époque animent la visite guidée. A la fin de la visite, on peut se perdre dans des petits sentiers secrets menant à des jardins et à la rivière.

■ LA BEAUCE

La Beauce s'inscrit géographiquement dans la vallée de la Chaudière. Région agricole, elle possède un riche passé et propose de nombreuses activités de plein air dont le cyclotourisme.

SAINT-GEORGES

■ **OFFICE DE TOURISME DE BEAUCE**
13055, boulevard Lacroix
☎ 418-227-4642 –☎ 1-877-923-2823
www.destinationbeauce.com

▶ **Accès.** Autoroute 73, sortie 72, puis route 173.

Hébergement

■ **AUBERGE MOTEL BENEDICT ARNOLD**
18255, boulevard Lacroix
☎ 418-228-5558 –☎ 1-800-463-5057
www.aubergearnold.qc.ca
43 chambres et suites climatisées, chambre double de 99 $ à 155 $, petit déjeuner inclus.

Toutes cartes de crédit. Située sur un terrain de plus de 6 ha, cette propriété offre un accueil chaleureux pour un séjour des plus agréables. De plus, la maison propose un restaurant, une salle de jeux pour enfants et une piscine extérieure en été.

■ **HOTEL GOUVERNEUR**
11531, 1re Avenue
☎ 418-228-6607 – ☎ 1-888-662-6647
www.gouverneur.com
55 chambres climatisées, en simple de 85 $ à 155 $, en double de 95 $ à 165 $. Toutes cartes de crédit et Interac. Hôtel tout confort en plein centre-ville.

Restaurants

■ **RESTAURANT DU MANOIR POZER**
610, avenue de la Chaudière
☎ 418-226-0506
Toutes cartes de crédit acceptées. Une expérience culinaire qui vaut le détour. Un cadre magnifique et chaleureux à la fois.

■ LA TABLE DU PERE NATURE

10735, 1re Avenue Est ✆ 418-227-0888
Toutes cartes de crédit acceptées. Terrasse.
Une table gastronomique reconnue pour sa cuisine française recherchée. Plats de gibier, poissons et fruits de mer.

Point d'intérêt

■ DOMAINE DE LA SEIGNEURIE

✆ 418-226-2242
Accès par la 1re Avenue, à Saint-Georges. Situé dans la zone urbaine de VIlle Saint-Georges, ce site récréotouristique de 200 acres regroupe une île et une forêt aménagées, ainsi qu'un sentier pédestre et cyclable qui traverse les rivières Chaudière et Pozer. Au total ce sont trois sites (le Parc de l'Ile, le parc Veilleux et le parc des 7 chutes) qui sont reliés par des sentiers. Terrain de jeux, aire de pique-nique… Bref de quoi passer un moment de détente au grand air.

SAINT-PROSPER

■ VILLAGE DES DEFRICHEURS ET FORET LEGENDAIRE

3821, route 204
✆ 418-594-6009 – ✆ 1-866-594-6009
www.village-des-defricheurs.qc.ca
Ouvert de fin juin à début septembre, du mercredi au dimanche de 11h à 17h. Ouvert tous les jours de 11h à 17h de la mi-juillet à la mi-août. Forfait village des défricheurs et forêt légendaire : 12 $ par adulte, 7 $ par enfant et 30 $ pour les familles. Avec l'aide de guides costumés, on découvrira la vie rurale du XIXe siècle en visitant une douzaine de bâtiments (école, bureau de poste, maisons…). Les meubles sont d'époque et permettent d'apprécier le développement de la vie rurale. Une exposition permanente est consacrée aux contes et légendes en Beauce. La forêt légendaire propose un jeu grandeur nature où le visiteur est mis à contribution. Armé de son carnet de route, en équipe de 2 à 6 joueurs, il doit parcourir la forêt et éclaircir les mystères de ce lieu. Comptez environ 2h30 pour ce jeu qui part à la découverte de la terre beauceronne et de ses mystères.

SAINT-JOSEPH-DE-BEAUCE

■ MUSEE MARIUS BARBEAU

132, rue Saint-Christine
✆ 418-397-4039
www.museemariusbarbeau.com
Du 24 juin au 31 août du lundi au vendredi de 8h30 à 17h, le samedi et le dimanche de 10h à 17h. Du 1er septembre au 23 juin du lundi au vendredi de 8h30 à 12h et de 13h à 16h30, le samedi et le dimanche de 13h à 16h. Fin de semaine de la fête du Travail, fermé du samedi au lundi. Décembre, janvier et février fermé les fins de semaine. Mars ouvert le dimanche. Adultes : 6 $, senior (55 ans et plus) : 5 $, étudiants (18 ans et moins) 3 $, famille : 15 $. Unique en son genre, ce musée est entièrement dédié à la culture beauceronne et à ses particularités. Défrichée par les Beaucerons, cette terre est celle de l'exploitation forestière et de l'agriculture. Mais ces occupations aussi industrieuses que sérieuses ne parviennent pas à faire oublier la part de mystère de cette région. En effet, le patrimoine beauceron est riche de contes et de légendes à vous faire froid dans le dos.

Été indien, Chaudière-Appalaches

Bas-Saint-Laurent

LE QUÉBEC MARITIME

Bas-Saint-Laurent, Gaspésie,
Côte-Nord, Îles de la Madeleine

C'est la destination des grands espaces. Au crépuscule (on dit la brunante au Québec), vous admirerez les plus beaux couchers de soleil du monde. Vous y verrez parfois l'aube s'étirer dans un rouleau de brume dense et dérouler sa ouate infinie depuis les caps de Charlevoix, au nord, sur la rive opposée du fleuve. Une vision troublante.

Le Bas Saint-Laurent est aussi le chemin qui mène à la péninsule gaspésienne et à son célèbre rocher, aux Provinces Maritimes et à l'océan Atlantique. C'est une région dite de passage qui vaut la peine d'être découverte puisqu'on y revient toujours ! A partir de la ville de Québec, prenez la direction de l'autoroute 20 Est, qui longe le fleuve sur sa rive sud et finit quelques kilomètres plus loin, passée Rivière-du-Loup. Vous constaterez que ce qu'on appelle plus communément Bas-du-Fleuve présente parfois un horizon si vaste qu'on a du mal à l'embrasser du regard.

Le Bas-du-Fleuve commence à La Pocatière, dans la région de Kamouraska, qui signifie en algonquin « là où il y a des joncs au bord de l'eau ». Et effectivement, les Amérindiens ont laissé dans cette partie du pays de nombreuses traces de leur existence, ne serait-ce que dans la toponymie de villes, villages et régions, comme Rimouski, Pohénégamook, Témiscouata, Cacouna. Durant le trajet, chaque virage, chaque apparition du fleuve, attirera

votre regard. Si le symptôme persiste, et si c'est vous qui conduisez, abandonnez l'autoroute et faites un détour par la route 132 qui longe le littoral. Ce chemin, très peu fréquenté hors saison, mais extrêmement dangereux en hiver, car à la merci de toutes les intempéries, vous permettra de mieux apprécier ce qu'il y a de plus caractéristique au Québec : l'espace de l'immense tableau dans lequel sont figés les montagnes, les plaines, les forêts, la mer et ses archipels. Emplissez bien vos yeux, et surtout vos poumons. Ici, on respire de l'air pur. Le Bas-du-Fleuve est composé de grandes plaines, de forêts et de lacs qui longent au sud la chaîne de montagnes appelées Appalaches, et au nord, le fleuve Saint-Laurent, qu'on appelle ici la mer.

Histoire

Les Vikings visitaient déjà la région. Les Basques aussi, qui venaient y chasser la baleine et le marsouin. Et les Portugais n'étaient pas en reste. Le Bas-du-Fleuve commença d'être habité par les immigrants dès le XVIIe siècle. Plusieurs tribus amérindiennes y étaient installées, notamment les Abénaquis qui, chaque année, descendaient les rivières pour aller faire du troc dans les anses et les baies du littoral. Cependant, ce n'est que lorsque les premiers établissements français s'implantèrent sur la côte (vers 1680, on trouve déjà des postes de traite à Rivière-du-Loup, Bic, Cabano et Notre-Dame-du-Lac) que les visites des Amérindiens devinrent plus fréquentes. Elles avaient pour objet la traite des fourrures et le commerce (interdit) de l'alcool. Au XVIIIe siècle, les premiers colons envahissent les Basses-Terres en bordure du fleuve et défrichent le territoire. L'intérieur des

---

Les immanquables du Bas-Saint-Laurent

- ▶ **Le parc national du Bic.**
- ▶ **Les couchers de soleil** depuis Rivière-du-Loup.
- ▶ **Les bonnes tables** de Kamouraska.
- ▶ **Rimouski** et ses musées sur la mer.

terres ne sera peuplé que plus tard, vers 1850. Si les premiers colons sont francophones, on note tout de même, à partir des années 1820, la présence de quelques familles écossaises, venues avec le seigneur Mac Nider développer la région de Métis. Mais les Ecossais seront tellement encerclés par les francophones que, vers 1871, ils auront pratiquement disparu. La crise économique des années trente amènera la deuxième vague de peuplement de la région. Cinquante ans plus tard, on observe malheureusement, comme dans plusieurs autres régions du Québec éloignées des grands centres, un exode important des jeunes générations vers les villes. Ainsi certaines parties du Québec se voient-elles privées des éléments essentiels à leur survie.

Transports

Avion

■ **AEROPORT DE RIVIERE-DU-LOUP**
✆ 418-867-5001

■ **AEROPORT DE RIMOUSKI-EST**
✆ 418-724-3177

Bateau

■ **SOCIETE DES TRAVERSIERS DU QUEBEC**
✆ 1-877-562-6560
www.traversiers.gouv.qc.ca
Rivière-du-Loup-Saint-Siméon (durée 1h, avril à janvier). Adultes : 11,70 $ aller en simple par passager, 14 $ aller-retour (sans débarquer 3h). Enfants de 5 à 11 ans : 7,80 $ aller en simple par passager, 9,40 $ aller-retour (sans débarquer 3h). Rivière-du-Loup ✆ 418-862-5094 Saint-Siméon ✆ 418-638-2856 Matane-Baie-Comeau, Matane, Godbout (durée 2h20) Informations ✆ 1-877-562-6560 Rimouski-Forestville ✆ 800-973-2725. Avril à octobre. Durée : 55 min. Trois Pistoles, les Escoumins ✆ 1-866-851-4676. Durée : 65 min

Bus

■ **ORLEANS EXPRESS**
Dessert les municipalités suivantes :
Rivière-du-Loup, 83, boulevard Cartier
✆ 418-862-4884
Trois-Pistoles, 704, rue Richard
✆ 418-851-1217
Rimouski, 90, rue Léonidas
✆ 418-723-4923.

Train

■ **VIA RAIL**
✆ 1-888-842-7245
www.viarail.ca
Dessert depuis Montréal, Rivière-du-Loup et Rimouski, en direction de Gaspé.

Voiture

Au départ de Montréal et de Québec, prendre l'autoroute 20 Est, qui longe le fleuve sur la rive sud, jusqu'à quelques kilomètres après Rivière-du-Loup.

Pratique

■ **www.tourismebas-st-laurent.com**

■ **ASSOCIATION TOURISTIQUE REGIONALE DU BAS-SAINT-LAURENT**
148, rue Fraser, Rivière-du-Loup
✆ 418-867-3015
✆ 1-800-563-5268
Si la région commence officiellement à La Pocatière, il est bon de savoir que les Québécois incluent dans le Bas-du-Fleuve Montmagny, Saint-Jean-Port-Joli et les autres petits villages précédents, alors que, pour le gouvernement, ils font partie de la région Chaudière-Appalaches.

Ferme, Bas-St-Laurent

LA RIVE SUD DU SAINT-LAURENT

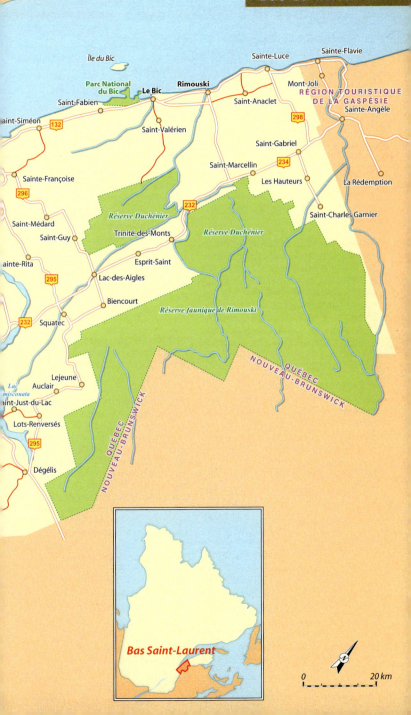

Bas-Saint-Laurent

Île du Bic

Parc National du Bic

Sainte-Luce

Sainte-Flavie

Le Bic

Rimouski

Saint-Fabien

Saint-Siméon

132

Saint-Valérien

Saint-Anaclet

Mont-Joli

RÉGION TOURISTIQUE DE LA GASPÉSIE

Sainte-Angèle

298

Saint-Gabriel

Sainte-Françoise

Saint-Marcellin

234

Les Hauteurs

La Rédemption

296

232

Saint-Médard

Réserve Duchénier

Réserve Duchénier

Saint-Charles Garnier

Saint-Guy

Trinité-des-Monts

ainte-Rita

Esprit-Saint

295

Lac-des-Aigles

Réserve faunique de Rimouski

Biencourt

232

Squatec

QUÉBEC NOUVEAU-BRUNSWICK

Lejeune

Lac Témiscouata

Auclair

aint-Just-du-Lac

QUÉBEC NOUVEAU-BRUNSWICK

Lots-Renversés

295

Dégélis

Bas Saint-Laurent

0   20 km

■ LA ROUTE DES NAVIGATEURS ━━

La route qui suit le fleuve dessert les principales villes de la région. Elle mène de la Pocatière à Saint-Luce (190 km). Vous trouverez des panneaux indicateurs vous signalant que vous êtes sur la bonne voie.

LA POCATIÈRE

Suivez la route 132 Est jusqu'à La Pocatière. La seigneurie de La Pocatière fut concédée à Marie-Anne Juchereau, veuve de François Pollet, en 1672.

Sa fille épousera Pierre Lemoyne d'Iberville, fondateur de la Louisiane. On doit à cette municipalité la première école d'agriculture du Canada.

Fondée au début des années 1850, elle est devenue, en 1952, l'Institut de recherches agricoles. La Pocatière profite des installations des usines aéronautiques Bombardier (sur la route 230), connues mondialement. Le centre-ville est assez charmant. Les plus curieux feront un tour au musée François Pilote, consacré à l'ethnologie québécoise (100, 4e Avenue ☏ 418-856-3145) et les plus gourmands apprécieront les produits du terroir au marché des Carburons (496, route 132 ☏ 418-856-5885).

■ LA MONTAGNE DU COLLEGE

On y accède par l'avenue Painchaud et le parking du collège. 250 marches vous conduiront à son sommet d'où l'on découvre, déployées, les plaines du Kamouraska. Un sentier pédestre invite à la promenade.

RIVIÈRE-OUELLE

Située un peu plus loin sur la 132, cette municipalité doit son nom, paraît-il, à un compagnon de Champlain, Louis Houel, membre de la compagnie des Cent-Associés. Mais il semble aussi qu'en amérindien ce même mot veuille dire anguille. Et il est vrai qu'avant de se jeter dans le fleuve, la rivière, par ses sinuosités dans la plaine, ressemble à une anguille. Le village compte quelques belles demeures.

■ ECOLE DELISLE

Elle a servi de décor à la série télévisée (ici on dit téléroman) québécoise *Cormoran.* L'endroit est ouvert à la visite à la belle saison. Coût d'entrée minime.

SAINT-DENIS

Avant 1855, on l'appelait Saint-Denis-de-la-Bouteillerie

■ ABOITEAU DE LA SEIGNEURIE DE KAMOURASKA

60, route 132
☏ 418-498-5405
Visite tous les jours de 9h30 à 17h30 (en été). Coût d'entrée minime. (Réservation impérative, prévenir les propriétaires avant d'accéder au site). C'est le centre de documentation des digues de terre, appelées aboîteaux. L'aboîteau est une digue qui protège les terres agricoles de l'invasion de l'eau salée.

▶ **On visitera également,** avec intérêt, quelques belles maisons du XIXe siècle, dont celle, classée par les Monuments historiques, de Jean-Charles Chapais, un des pères de la Confédération canadienne (2, route 132 Est. *Visite tous les jours du 1er juin à mi-octobre. Entrée : 4 $).*

KAMOURASKA

C'est l'un des plus anciens villages de la côte sud et par conséquent un des plus pittoresques. Le berceau d'un peuple, comme on se plaît à le dire. Ici commence la mer. L'eau douce est maintenant salée. Arthur Buies, célèbre journaliste québécois, disait : « *Aller à l'eau salée, veut dire aller à Kamouraska.* » A marée basse, on peut traverser à pied vers les îles. Elles forment un archipel qui comprend la Grande Ile, l'île de la Providence, l'île Brûlée, l'île aux Corneilles, l'île aux Patins, le Rocher, la Caye et quelques autres îlots. Ces îles constituent le terrain de prédilection des chasseurs d'oiseaux de la région. On y traque surtout des canards et des outardes.

Impossible à visiter mais visible, quoiqu'en retrait de la route, à la sortie ouest du village, à votre gauche, la maison Langlais, avec ses quatre cheminées. Elle a été le lieu de tournage, en 1972, du film *Kamouraska* de Claude Jutra, tiré du célèbre récit de la romancière québécoise Anne Hébert. L'actrice Geneviève Bujold en était l'héroïne.

Hébergement

■ LA MAISON PENCHEE

34, avenue Leblanc
☏ 418-492-7380

www.lamaisonpenchee.com

Chambre en double : 85 $. Salle de bains partagée. Maison charmante située au cœur du village et qui dispose d'une belle vue sur le fleuve et les fameux couchers de soleil. Décorées avec des couleurs chaudes, elle est un lieu de séjour très agréable.

Restaurants

■ BISTRO TERROIR L'AMUSE-BOUCHE
6, rue Chassé
℃ 418-492-1892
Compter 30 $ par personne. Sur le bord du fleuve, ce restaurant dispose d'une vue merveilleuse. Un conseil : en été, allez-y vers 19h30, afin de dîner devant le soleil couchant. Niveau cuisine, le restaurant du Magasin Général propose une formule originale : des tapas variés aux saveurs locales. La carte comprend trois chapitres : produits du jardin, de la mer et du pré. Les desserts sont délicieux.

■ AU RELAIS DE KAMOURASKA
253, avenue Morel ℃ 418-492-6246
Compter 30 $ par personne. Cuisine du terroir servi par un personnel accueillant.

Points d'intérêt

■ LE MAGASIN GENERAL DU KAMOURASKA
98, avenue Morel ℃ 418-492-2882
Situé au cœur du village, Le Magasin Général fera le plaisir des gourmands ! Dans une immense maison, rénovée dans le but de recréer l'ambiance des années trente, on pourra se procurer les meilleurs produits de la région. On y trouve de tout : conserves, tartinades, marmelades, produits fumés, charcuteries etc. Le restaurant à deux pas de là, sur le bord de l'eau sert ces délicieux produits (voir « Bistro Terroir L'Amuse-Bouche »).

■ MUSEE DE KAMOURASKA
69, avenue Morel (place de l'Eglise)
℃ 418-492-9783
Ouvert tous les jours de début juin à début octobre 9h à 17h. Entrée : 5 $. Le musée de Kamouraska (histoire, ethnologie, traditions populaires) prend vie à l'intérieur d'un ancien pensionnat construit en 1851. Exposition sur le mode de vie des personnages qui ont façonné l'identité culturelle de la région de Kamouraska depuis plus de 325 ans.

SAINT-ANDRÉ-DU-KAMOURASKA

Ce petit village qui contemple les îles Pèlerins qui lui font face offre une des plus belles vues sur le fleuve. Les îles abritent des milliers d'oiseaux. (Un centre de documentation des battures est ouvert de juin à août.) Saint-André s'est spécialisé dans la pêche à l'anguille qui s'attrape, à marée basse, avec des filets à fascines.

Cette technique d'origine amérindienne, vieille de deux siècles, est encore en usage, bien qu'elle tende à disparaître au profit de la pêche aux filets. Les fascines sont constituées d'un entrelacs, entre des perches verticales plantées sur le rivage, de branches d'épinette et d'aulne qui forment une haie difficile à franchir. A marée basse, l'anguille est prise au piège dans une des deux nasses en forme d'entonnoir, situées dans un angle de la haie… et qui mènent directement au panier du pêcheur.

La plus vieille église du Bas-du-Fleuve (1806), classée par les Monuments historiques, est située au 128, rue Principale. Ses murs conservent encore leur crépi d'origine.

Hébergement – Restaurant

■ AUBERGE RESTAURANT LA SOLAILLERIE
112, rue Principale ℃ 418-493-2914
www.aubergelasolaillerie.com
Compter plus de 30 $ le repas et 100 $ pour la chambre double. Forfaits disponibles. Une véritable table régionale car tout ce qui est inscrit sur la carte provient de la région et parfois même du jardin situé à l'arrière de l'auberge, comme les fruits et les légumes. Le gibier, le saumon et l'agneau de la région de Kamouraska se marient aux petites merveilles du terroir du Bas-du-Fleuve et deviennent des mets aussi poétiques que délicieux : chutney aux pommes et raisins, de la mousseline de saumon ou des tartelettes de ris d'agneau laqué au miel du pays.

LA RIVE SUD DU SAINT-LAURENT

Retrouvez l'index général en fin de guide

Points d'intérêt

■ HALTE ECOTOURISTIQUE DES BATTURES DU KAMOURASKA
273, route 132 Ouest
✆ 418-493-9984 – www.sebka.net
Ouvert du 1er mai au 20 juin et du 2 septembre au 31 octobre, tous les jours de 10h à 18h et du 20 juin au 1er septembre tous les jours de 8h à 21h. Entrée : 3 $. 12 km de sentiers aménagées et une plage dans ce parc où l'on découvre animaux des airs, de la terre et de la mer. On peut y camper, faire du kayak de mer et de l'escalade.

▶ **Pour les « harengivores ».** A partir d'ici, si vous apercevez, le long de la route, un des fumoirs de hareng du Bas-du-Fleuve, arrêtez-vous pour goûter au hareng boucané. Ce mets raffiné mérite le déplacement.

■ LA MAISON DE LA PRUNE
29, route 132 Est
✆ 418-493-2616
Boutique ouverte du 1er août au 15 octobre, de 9h à 17h30. Visite guidée du verger seulement le dimanche à 10h30. Entrée libre. La Maison de la Prune est un verger-musée qui a sauvé de l'oubli un arbre fruitier qui fait partie du patrimoine québécois, le prunier de Damas. La boutique respecte l'âme de la maison de 1840. Vous y trouverez des produits fins fait maison : des gelées, des confitures, des coulis. La visite du verger-musée permet de se familiariser avec les pruniers, les cerisiers, les amélanchiers, les pommiers. Une très belle initiative qui respecte la richesse du Bas-Saint-Laurent.

NOTRE-DAME-DU-PORTAGE

C'était le dernier parcours terrestre – ou portage – avant le fleuve (lorsque l'on arrivait du lac Témiscouata, à l'intérieur des terres). Ce qui explique son nom. Cette route était suivie depuis toujours par les Amérindiens venant des Provinces Maritimes. A l'arrivée des Blancs, le sentier est devenu une route postale et un sentier militaire. Les pourtours du littoral de ce coin de pays, avec ses galets, ses baies et ses anses, rappellent vaguement les côtes bretonnes. Notre-Dame-du-Portage est très fréquentée en saison. Sa situation géographique, au bord du fleuve, en fait un centre de villégiature fort recherché.

▶ **A voir, ou plutôt à essayer :** une piscine d'eau salée, près du quai, où l'on peut encore pêcher l'éperlan, 555, route du Fleuve. Ouverte au public en saison (juin à août), elle a déjà fait les délices de plusieurs générations.

Restaurant

■ AUBERGE SUR MER
363, route du Fleuve ✆ 1-888-622-0642
Compter 50 $ le repas. Le restaurant de l'auberge est très réputé dans la région. Les produits locaux comme le carré d'agneau ou le poulet au grain y sont très bien mis en valeur.

Point d'intérêt

■ ATELIER DES ARTS DU GRAND-PORTAGE
Maison du tourisme, autoroute 20 Est
(1 km avant la sortie 496)
✆ 418-860-2605
Ouvert tous les jours du 24 juin au 2 septembre de 10h à 17h. Cet organisme de promotion des arts de la région du Grand-Portage propose tableaux d'artistes régionaux, sculptures, céramiques, métiers d'art.

RIVIÈRE-DU-LOUP

Considérée comme une ville étape, Rivière-du-Loup, grâce à son traversier, mène à la Gaspésie, aux Provinces maritimes ou à la côte Nord. La ville est bâtie dans un site enchanteur, au flanc des monts Notre-Dame, face au massif laurentien. Ses trois collines abritent les paroisses de Saint-Ludger et Saint-François-Xavier. Saint-Patrice est une station balnéaire qui a reçu des gens aussi illustres que les Premiers ministres Louis Saint-Laurent et John A. McDonald, dont on peut admirer les résidences. La ville doit son nom à la rivière qui la traverse. Les historiens pensent toutefois qu'elle a été baptisée d'après un vaisseau français, Le Loup, contraint d'hiverner dans l'estuaire de la rivière en 1659. La région n'a vraiment connu son essor qu'au XIXe siècle avec l'expansion des chemins de fer. Rivière-du-Loup est surnommée la Ville des Loisirs. Bien pourvue en installations sportives, elle a accueilli les premiers Jeux d'été du Québec en 1971. Cette petite ville a aussi connu son heure de gloire quand le Transcanadien s'y arrêtait. Aujourd'hui, elle vit au rythme du trafic fluvial sur le Saint-Laurent. L'économie loupérivoise est dominée par la production de bois de pulpe (par opposition au bois d'œuvre) destiné à la pâte à papier, et par celle de l'aluminium. Le traversier mène de Rivière-du-Loup à Saint-Siméon, sur la rive nord (traversée : environ 1h, voir rubrique « Transports », « Par bateau »). Bien que les bélougas (ou marsouins) soient plus fréquemment visibles près de la rive nord du fleuve, il n'est pas rare, pendant cette traversée, d'en apercevoir quelques spécimens près de Rivière-du-Loup.

■ MAISON DU TOURISME
189, boulevard de l'Hôtel-de-Ville
✆ 418-862-1981 – ✆ 1-888-825-1981
Ouvert tous les jours du 20 juin au 31 août de 8h30 à 21h, du 1er septembre à mi-octobre la semaine de 8h30 à 12h et 13h30 à 17h, le samedi et le dimanche de 10h à 17h, mi-octobre au 20 juin la semaine de 8h30 à 12h et 13h30 à 17h.

Hébergement

■ AUBERGE INTERNATIONALE DE RIVIERE-DU-LOUP
46, rue de l'Hôtel-de-Ville
✆ 418-862-7566
Ouvert à l'année. 17 $ pour les membres, 21 $ pour les non-membres. Petit déjeuner inclus, literie fournie. 65 unités. Chambres en doubles disponibles. Auberge sympathique, dans une grande maison, dans le centre-ville. Accès cuisine, salons, terrasse. Activités : escalade, vélo, canot, randonnée pédestre, patinage.

■ AUBERGE LA SABLINE
343, rue Fraser (route 132)
✆ 418-867-4890
www.bbcanada.com/lasabline
5 chambres de 80 $ à 100 $ en double, petit déjeuner complet inclus. Argent comptant, chèques de voyages, cartes de crédit Visa et MasterCard acceptées. Réservation recommandée. Belle maison victorienne de 1895, située au bord du fleuve Saint-Laurent. Elle offre un environnement chaleureux avec chambres joliment décorées, terrasse et jardin.

■ GITE DE L'EIDER
360, rue Fraser (route 132)
✆ 418-860-2122
5 chambres de 75 $ à 105 $ en double. Située sur la belle rue Fraser, bordée de somptueuses maisons, ce gîte offre un rapport qualité-prix excellent. Les chambres sont spacieuses et luxueuses, le petit déjeuner complet et original. La maison donnant directement sur

le fleuve, la vue sur le pont d'or depuis la terrasse est garantie.

■ HOTEL LEVESQUE
171, rue Fraser
✆ 418-862-6927 – ✆ 1-800-463-1236
www.hotellevesque.com
90 chambres modernes et équipées de 120 $ à 170 $ en double. Tarifs groupes. L'hôtel Lévesque est un établissement de tout confort situé face au fleuve Saint-Laurent. On le reconnaîtra par les fontaines qui l'annoncent. Il invite à la détente et offre un très bon service. Fine cuisine (la spécialité maison est le saumon fumé), bar, centre de santé, piscine, centre de congrès. Forfaits disponibles.

■ RESIDENCES DU CEGEP DE RIVIERE-DU-LOUP
325, rue Saint-Pierre (situé en bas de la côte Saint-Pierre, dans le vallon)
✆ 418-723-4636 – ✆ 1-800-463-0617
Ouvert en saison seulement. 40 $ en double, 25 $ en simple. 100 unités. Literie fournie, accès au centre sportif.

Restaurants

■ MICROBOULANGERIE LA SEIGNEURIE
290, rue Lafontaine ✆ 418-860-3336
Ouvert du mercredi au samedi de 8h30 à 17h30, le dimanche de 11h à 17h30. On s'arrête à La Seigneurie le temps d'un café assorti d'une viennoiserie. Plusieurs variétés de pains, brioches, galettes, tartes au sucre, etc. Boutique et exposition de toiles d'artistes de la région. Terrasse.

■ L'ESTAMINET
299, rue Lafontaine ✆ 418-867-4517
Grand pub à l'ambiance animée où l'on peut manger, entre autres, des pizzas, sandwichs et moules frites.

■ LE PICOLO PIAZZA
371, rue Lafontaine ✆ 418-868-1671
Compter 20 $. Restaurant sympathique qui propose des spécialités italiennes mais aussi des plats de poissons et de viande. Le cadre est agréable.

Manifestation

■ FESTIVAL RODÉO COUNTRY
✆ 418-867-1232
Fin juin à début juillet. Deuxième plus grande manifestation du genre au Québec. Compétitions professionnelles de rodéo, spectacles sous le chapiteau, parades à traction animale. Randonnées équestres.

Points d'intérêt

▶ **Le coucher de soleil sur le fleuve Saint-Laurent.** Selon un magazine américain, ce serait l'un des plus beaux du continent. On y verra un pont d'or : quand le soleil se couche, il dépose une traînée de petites lumières scintillantes qui traverse le Saint-Laurent.

■ CHUTE DE RIVIERE-DU-LOUP
Prendre la rue Frontenac vers l'ouest, à partir de la rue Lafontaine, la rue principale du centre-ville, puis la route de la Chute à droite. Au sommet du belvédère, on découvre une chute d'eau de 30 m de haut. C'est la huitième et dernière cascade de la rivière du Loup. Ces cataractes n'ont rien de naturel, elles servent seulement à la production d'électricité ; le sentier qui les contourne offre une vue plongeante sur le fleuve.

■ CIRCUIT PATRIMONIAL
La maison du tourisme propose un itinéraire (*2 $*) de découverte des belles maisons victoriennes de la ville.

■ LA POINTE
C'est ainsi qu'on nomme la presqu'île qui, en bas de la ville, s'avance d'est en ouest dans le Saint-Laurent. Sa plage de galets était autrefois très fréquentée pour la baignade. En roulant vers le quai, dans la rue Mackay, vous verrez, dans le premier virage, peinte sur le rocher, la célèbre tête d'Amérindien qui épie le fleuve. Elle était déjà là il y a quelque trente ans. C'est bien l'Amérindien le plus photographié du coin.

■ COTE SAINT-PIERRE
En haut de la paroisse Saint-François. Tout le monde la connaît. Il faut la descendre en voiture pour découvrir un point de vue grandiose. Mais attention en hiver !

■ PARC DE LA CROIX A SAINT-LUDGER
Suivre les indications en passant par la rue Lafontaine (centre-ville) pour se diriger vers le sud (en haut de la côte). Cette fois, vous êtes sur une falaise embrassant les trois paroisses, le fleuve et ses îles. Toute la région de Charlevoix se découvre sur la rive Nord par beau temps.

■ LES CARILLONS TOURISTIQUES
393, rue Témiscouata
✆ 418-862-3346
✆ 1-800-463-1334
Ouvert tous les jours 21 juin au 10 septembre de 9h à 20h. Entrée : 5 $. Une collection privée

de 250 cloches aux différentes dimensions et aux timbres distincts. La plus volumineuse atteint 1 000 kg, la plus ancienne date de 1718.

■ MUSEE DU BAS-SAINT-LAURENT
300, rue Saint-Pierre
✆ 418-862-7547
Ouvert tous les jours du 24 juin au 3 septembre de 10h à 18h, hors saison 13h à 17h. Entrée : 5 $. Un intéressant musée qui se dédie à l'art contemporain et à la photographie ancienne québécoise. Les artistes de la région y sont plus particulièrement mis en avant.

■ CROISIERES AML
200, rue Hayward (marina)
✆ 418-867-3361 – ✆ 1-800-563-4643
De mi-juin à mi-octobre, départs à 9h et à 13h. Durée : 4h. Tarifs : 50 $. Avec un peu de chance vous apercevrez les baleines ! Sinon, vous vous contenterez des phares, îles et nombreux oiseaux.

ÎLES DU BAS-SAINT-LAURENT

L'archipel des Pèlerins tire son nom du mirage provoqué par la rencontre des masses d'air chaud et froid qui, déformant le profil de ces quatre îles, les fait ressembler à des pèlerins coiffés d'une cagoule.
Les 7,5 km de longueur sont colonisés par de petits pingouins, nombreux et actifs. Mais l'espace est disputé par d'autres variétés d'oiseaux : grands hérons, guillemots à miroir, etc. Hélas – ou heureusement – on ne débarque pas encore sur les Pèlerins.

■ CROISIERES DUVETNOR
200, rue Hayward, Rivière-du-Loup
✆ 418-867-1660
De mai à octobre, départ de Rivière-du-Loup. Formule de base : 30 $ par personne. C'est une excursion commentée qui commence par l'île aux Lièvres. Comme son nom l'indique, cette île abritait, sur terre, des lièvres en abondance tandis que ses eaux, à la période des naissances, servaient de refuge aux bélougas. Elle se présente comme une longue bande de terre étirée sur 13 km. Et il est possible d'y passer une journée avec un guide. Duvetnor travaille en association avec le Service canadien de la faune. En période de nidification, certains itinéraires des 40 km de sentiers seront impraticables. Même chose sur les îles du Pot-à-l'Eau-de-Vie. Avant la mi-juillet, elles sont habitées

par une impressionnante colonie d'eiders à duvet et autres volatiles. Sur l'île du Gros-Pot et sur l'île du Pot-du-Phare, vous pourrez visiter des phares parmi les plus charmants du-Saint-Laurent. Possibilité également d'y dormir et d'y manger un bon repas. Duvetnor est une corporation sans but lucratif, vouée à la conservation des milieux naturels dans le Bas Saint Laurent. Elle offre un ensemble de services dans les îles et les sanctuaires d'oiseaux suivants : l'archipel des îles du Pot-à-l'Eau-de-Vie, et l'île aux Lièvres, l'archipel des îles Pèlerins et l'île aux Fraises. On peut loger dans un phare, maisonnette, dans l'auberge du Lièvre… Cette corporation est reconnue pour l'excellente qualité de ses prestations.

L'île Verte

Contrairement aux autres îles du Bas-du-Fleuve, elle est habitée à l'année. Jacques Cartier, qui y débarqua lors de son deuxième voyage, en 1553, afin de s'approvisionner, a nommé isle verte ce site effectivement bucolique. L'île est accessible à pied ou en bateau taxi, en fonction des marées. Asseyez-vous à la table de l'auberge de la Chasse-Gardée pour partager le charme du terroir. Les amateurs d'observation des oiseaux, de randonnées ou de cyclisme seront ravis par la beauté des paysages de cette île.

TROIS-PISTOLES

C'est le pays des légendes. On raconte qu'un marin qui a perdu son gobelet d'argent dans la rivière, vers 1620, se serait écrié : « Voilà trois pistoles à l'eau » (monnaie de l'époque). Ainsi aurait été baptisée la ville. Le traversier mène de Trois-Pistoles à Les Escoumins, sur la rive nord (traversée : 1h30, mi-mai à mi-octobre, voir rubrique « Transports », « Par bateau »).

■ MAISON DU TOURISME
Route 132
✆ 418-851-3698
Ouvert tous les jours du 24 juin au 2 septembre de 9h à 20h, du 15 mai au 24 juin et du 2 septembre à octobre de 9h à 17h.

Hébergement – Restaurant

■ AUBERGE
LE BOCAGE DES DEUX GAMINS
124, route 132 Est
✆ 418-857-2828-888-770-2828
5 chambres, 1 chalet, de 65 $ à 80 $ en simple, de 75 $ à 90 $ en double. On vous accueille très chaleureusement dans la belle maison ancestrale du petit seigneur Vincent Riou. Calme et vue panoramique sur le fleuve Saint-Laurent. Un havre de paix à proximité des grèves.

Points d'intérêt

■ EXCURSIONS A L'ILE AUX BASQUES
Marina de Trois-Pistoles ✆ 418-851-1202
Tous les jours juin à septembre, septembre sur réservation. Tarif : 20 $ Durée : 3h. Au XVe siècle, les Basques, grands chasseurs de baleines devant l'Eternel, ont bâti ici de grands fourneaux pour extraire l'huile des cétacés. Visite des vestiges restaurés en fonction des marées. C'est également un lieu de refuge pour les oiseaux migrateurs.

■ LA MAISON DU NOTAIRE
168, rue Notre-Dame Est
✆ 418-851-1656
Ouvert tous les jours du 15 juin au 2 septembre de 9h30 à 21h, septembre à octobre de 9h30 à 18h. Entrée libre. La maison du Notaire, nommée à la mémoire du notaire Hervé Rousseau, fut construite en 1842. Outre la richesse historique des lieux, on y trouve une galerie d'art ainsi que des comptoirs d'artisanat local.

LA RIVE SUD DU SAINT-LAURENT

La 132 de Kamouraska à Rimouski : un parcours gastronomique !

Sur la route 132, qui longe le fleuve, vous ne pourrez manquer les divers panneaux vous indiquant poissonnerie, fromagerie, fumoir, fraises… En été, vous y trouverez de délicieux produits locaux, comme le poisson fumé (saumon, hareng, truite…), des homards, du fromage en grain et autres produits locaux. Un conseil : marquez-y des arrêts afin de constituer un pique-nique que vous apprécierez dans le parc du Bic ou sur l'île Verte !

■ FROMAGERIE DES BASQUES

67, route 132 Ouest
✆ 418-851-2189

Ouvert tous les jours 8h à 18h, le jeudi et le vendredi de 8h à 21h. La famille Pettigrew propose de belles variétés de fromages produits dans cette fromagerie artisanale, qui doit son nom à l'île des Basques située non loin de Trois-Pistoles. Des fromages frais de jour, en briques, en grains, aux herbes, suisse ou à la bière sont offerts. En plus, on trouve des herbes salées, des crèmes glacées, des pains, des brioches et des produits de l'érable.

■ PARC
DE L'AVENTURE BASQUE EN AMERIQUE

66, rue du Parc
✆ 418-851-1556

Ouvert du 24 juin au 5 septembre tous les jours de 10h à 20h. Du 15 mai au 23 juin et du 6 septembre au 14 octobre tous les jours de 12h à 16h. Durée de la visite : 45 min. Ce site retrace la venue des Basques au fleuve Saint-Laurent, vers la fin du XVIe siècle. On pourra même jouer à la pelote basque !

LE BIC

C'est le plus grandiose panorama du Bas-du-Fleuve. Une légende raconte qu'à la Création, l'ange chargé de distribuer les îles et les montagnes a vidé à cet endroit le reste de son sac. En sont sorties des îles d'une grande beauté. Il y a aujourd'hui un village et un parc. Bic est probablement un diminutif de bicoque, ou bien encore une erreur de typographie : on aurait dû lire Pic.

Hébergement – Restaurant

■ AUBERGE RESTAURANT
LE MANGE GRENOUILLE

148, rue Saint-Cécile ✆ 418-736-5656
www.aubergedumangegrenouille.qc.ca
Ouvert du 1er mai au 20 décembre. Chambre à partir de 118 $, que ce soit en simple ou en double. Petit déjeuner inclus. Restaurant de 25 $ à 45 $. Sans aucun doute une des plus belles auberges de la région. L'édifice rouge, avec son grand jardin et sa vue sur les îles intrigue les flâneurs. Les chambres sont à la fois luxueuses, champêtres et très romantiques. La cuisine d'une qualité remarquable reçoit régulièrement des lauréats. Bref, cette auberge devient une destination plus qu'un lieu où passer la nuit.

Points d'intérêt

■ GALERIE DU BIC

191, rue Sainte-Cécile
✆ 418-736-5113

Ouvert tous les jours du 1er juin au 30 septembre de 10h à 17h30, 1er octobre au 31 mai le samedi et le dimanche de 13h à 17h. Entrée libre. Charmante maison centenaire qui surplombe le Havre du Bic. Œuvres d'artistes professionnels et hautement reconnus. Peintures, sculptures et photographies sous le thème principal du fleuve et de ses rives.

■ THEATRE LES GENS D'EN BAS

50, route du Golf
✆ 418-736-4141

Ouvert le mardi et le samedi. Ce lieu de diffusion culturelle présente des pièces de théâtre intéressantes ainsi que des spectacles de danse et de variétés. Forfaits souper-théâtre disponibles.

PARC NATIONAL DU BIC

■ INFORMATIONS

3382, route 132 (20 km de Rimouski)
✆ 418-736-5035
Réservations : Sépaq ✆ 800-665-6527
www.parcsquebec.com

▶ **Accès quotidien :** 3,50 $. Postes d'accueil : Cap-à-l'Orignal, (route 132), entrée du Cap-à-l'Orignal, Rivière-du-Sud-Ouest, (route 132), entrée de la Rivière-du-Sud-Ouest.

Hébergement

Camp de vacances (séjours de sept jours et plus pour les 7 à 13 ans), camping aménagé (188 emplacements), igloo (4 abris) et un refuge (capacité 8 personnes).

Activités

Balade de découverte du parc en minibus, excursion en kayak de mer, bicyclette (15 km), randonnée pédestre (25 km). En hiver, ski nordique (15 km de sentiers balisés, non tracés), balade en raquettes (20 km), randonnée pédestre sur neige (5 km). Situé dans l'estuaire maritime du Saint-Laurent, le parc national du Bic (33,2 km²) se compose de caps, baies, anses, îles et montagnes. Le pic Champlain (baptisé par Champlain en 1603) est la plus haute montagne de ce parc qui comporte également le cap Enragé, l'île du Massacre, l'île Brûlée (ou l'île Ronde), la baie des Roses, la pointe aux Anglais, l'île

Bicquette, l'anse à Mouille-Cul et l'anse des Pilotes. L'environnement est calme et paisible. On apprécie les bruits et les odeurs de la mer ainsi que le vent marin et les magnifiques couchers de soleil. On peut y voir s'ébattre des phoques gris et des phoques communs et des milliers d'oiseaux marins, dont l'eider à duvet, qui viennent s'y nicher. La mer, la forêt et la prairie rendent ce havre de nature exceptionnel.

RIMOUSKI

Rimouski, qui signifierait cabane à chien ou terre à l'orignal dans la langue des autochtones, est la métropole du Bas-du-Fleuve, sa capitale administrative et culturelle. Les origines de la ville, située sur trois monts, au bord du fleuve Saint-Laurent, remontent aux Indiens Micmacs qui campaient sur le bord de la rivière qu'ils scrutaient attentivement. Les traces de l'incendie qui a détruit le quart de Rimouski en 1950 ont aujourd'hui disparu. On dit aussi que c'est la ville capitale océanographique du Québec ; elle constitue aussi une destination de choix pour les golfeurs. Le traversier mène de Rimouski à Forestville, sur la rive nord (traversée : 1h, mi-mai à mi-octobre). Le Relais Nordik (hebdomadaire, avril à janvier) dessert 11 localités. *Voir rubrique « Transports », « Par bateau ».*

Transports – Pratique

■ **ALLO-STOP**
106, rue Saint-Germain Est
✆ 418-723-5248

■ **OFFICE DU TOURISME ET DES CONGRES**
50, rue Saint-Germain Ouest
✆ 418-723-2322
Ouvert tous les jours du 18 juin au 4 septembre tous les jours de 9h à 20h. Du 5 septembre au 9 octobre, tous les jours de 9h à 12h et de 13h à 16h30, du 10 octobre au 17 juin en semaine seulement de 9h à 12h et de 12h à 16h30.

Santé

■ **CENTRE HOSPITALIER REGIONAL DE RIMOUSKI**
✆ 418-724-8574

■ **CLSC DE L'ESTUAIRE**
✆ 418-724-7204

Hébergement

Bien et pas cher

■ **LES RESIDENCES DU CEGEP DE RIMOUSKI**
Logis Vacances, 320, rue Saint-Louis
✆ 418-723-4636 – ✆ 1-800-463-0617
Ouvert en saison seulement. Chambre de 22 $ à 30 $ par jour en simple de 65 $ à 100 $ par semaine. 180 unités. Literie fournie, service de petit déjeuner. Terrasse, accès au centre sportif, stationnement gratuit.

■ **RESIDENCES DE L'UNIVERSITE DU QUEBEC A RIMOUSKI (UQAR)**
329A, allée des Ursulines ✆ 418-723-4311
Ouvert mi-mai à mi-août (réservation obligatoire). 250 unités. Literie fournie, service de petit déjeuner. Stationnement gratuit.

Couette et café

■ **CHEZ CHARLES ET MARGUERITE**
686, boulevard Saint-Germain Ouest
✆ 418-723-3938
Ouvert mai à octobre. Chambre de 70 $ à 80 $ en double, petit déjeuner complet inclus. Le gîte Charles et Marguerite vous accueille chaleureusement dans leur charmante demeure où trois chambres douillettes sont mises à disposition.

■ **LA MAISON BERUBE**
1216, boulevard Saint-Germain Ouest
✆ 418-723-1578
Ouvert à l'année (réservation requise de novembre à mai). 5 chambres : 90 $ en double, petit déjeuner complet inclus. Charmante maison avec chambres douillettes et joliment décorées. Gîte à la ferme également.

Confort ou charme

■ MOTEL RIMOUSKI
410, rue Saint-Germain Est
☎ 418-723-9219 – ☎ 1-877-922-9219
*Ouvert à l'année. Chambre de 65 $ à 95 $
en simple ou en double.* Le motel Rimouski
dispose de vingt-sept chambres en simples
et confortables.

Luxe

■ HOTEL GOUVERNEUR
155, boulevard René-Lepage Est
☎ 418-723-4422 – ☎ 1-888-910-1111
www.gouverneur.com
*163 chambres modernes et équipées de
110 $ à 200 $ en double. Tarifs groupes.*
Etablissement de tout confort situé au
centre-ville, face au fleuve Saint-Laurent.
Restaurant, bar-terrasse, piscine, salles de
réunion. Forfaits disponibles.

■ HOTEL RIMOUSKI
ET CENTRE DE CONGRES
225, boulevard René-Lepage Est
☎ 418-725-5000/1-800-463-0755
www.hotelrimouski.com
Situé au centre-ville de Rimouski, face au
majestueux fleuve Saint-Laurent, l'Hôtel
Rimouski offre 185 chambres dont 52
suites ultra-modernes à partir de 140$
en occupation double. Outre son accueil.
courtois et chaleureux, c'est aussi le plaisir
de s'y divertir et de s'offrir des fantaisies
gastronomiques. Restaurant, bar, Centre de
santé, piscine et glissade d'eau, mini-golf.
Forfaits disponibles.

Restaurants

■ LA MAISON DU SPAGHETTI
35, rue Saint-Germain Est
☎ 418-723-6010
www.maisonduspaghetti.com
Compter de 10 $ à 20 $. La Maison du
Spaghetti est considérée comme étant le
plus populaire des restaurants de la ville
de Rimouski. Spécialités italiennes, pizzas,
soupes. Terrasse. Excellent rapport qualité-
prix. Hébergement disponible à l'auberge de
la Vieille Maison.

■ CENTRAL CAFE
31, rue de l'Evêché Ouest
☎ 418-722-4011
Compter de 20 $ à 30 $. Le Central
Café propose une cuisine de type bistro,
végétarienne et italienne. Terrasse.

■ CHEZ SERGE POULLY
284, rue Saint-Germain Est
☎ 418-723-3038
*Compter de 20 $ à 30 $. Réservation
recommandée.* Une bonne table où l'on
déguste agneau, grillades, poissons et
crustacés.

Sortir

■ CHEZ PULL
45, Saint-Germain Est
☎ 418-723-2152
www.barchezpull.com/bp/index.html
*Bar Les Sportifs la semaine de 13h à 3h,
le samedi et le dimanche de 14h à 3h,
discothèque du mercredi au vendredi de 16h
à 3h, le samedi de 21h à 3h. Restaurant Le
Cactus (spécialités mexicaines) le vendredi
et le samedi de 22h à 3h.* Le complexe Chez
Pull propose les cinq-à-sept avec spéciaux
sur bières du mercredi au vendredi, soirées
étudiantes le mercredi, concerts live, rock
alternatif, rythm'n'blues. Clientèle 25-35
ans.

■ LE DOOLYS
59, rue Saint-Germain Est
Bar agréable, pour un prendre un verre ou
pour une partie de billard (une trentaine de
tables). Musique variée.

■ L'ETRIER PUB
155, rue de l'Evêché Ouest
Brasserie sympathique où se rencontrent
les jeunes du coin. Section taverne, pour
un cinq-à-sept avec spéciaux sur bières
et section piste de danse. Rock alternatif.
Clientèle 25-35 ans.

■ POWER SHIFT
204, avenue de la Cathédrale
(en face de l'hôtel de ville)
Power Shift est une des références de la
nuit rimouskoise. Musique variée à tendance
dance et techno.

■ LE SENS UNIQUE
160, avenue de la Cathédrale
Bar sympathique. Musique variée à tendance
rock populaire, groove, jazz.

Manifestations

■ RIMOUSKI EN BLUES
☎ 418-725-2100
☎ 1-877-520-2100
Début juillet. Spectacles gratuits sur scène
extérieure tous les soirs (19h à 23h) à la place

des Combattants. Animation en après-midi (week-end) et effervescence du blues dans les bars en soirée.

■ FESTIVAL JAZZ INTERNATIONAL DE RIMOUSKI

℡ 418-724-7844
℡ 1-866-337-8452

Fin août début septembre. Pendant plusieurs jours, la ville entière accueille des musiciens. Spectacles de jazz, blues et musique du monde dans les salles, les bars et la rue. Des pointures s'y produisent, Dizzy Gillespie connaît Rimouski.

Points d'intérêt

La grande région de Rimouski compte quelques bons coins de pêche, expéditions en traîneau à chiens ou le patinage dans le parc Beauséjour. Se renseigner à la maison du tourisme.

■ INSTITUT MARITIME DU QUEBEC

53, rue Saint-Germain Ouest
℡ 418-724-2822

Ouvert de fin juin à la mi-août, tous les jours de 10h à 17h. Entrée : 3 $. C'est le plus grand centre de formation maritime au Canada. Le visiteur est familiarisé avec le milieu maritime en passant par le laboratoire, les ateliers et expositions. On découvrira le passé du transport maritime sur le Saint Laurent. Le clou du spectacle : entrer dans les simulateurs de navigation électronique et le planétarium.

■ LA MAISON LAMONTAGNE

707, boulevard du Rivage,
Route 132
℡ 418-722-4038

Ouvert tous les jours de mi-mai à mi-octobre, 9h à 18h. Entrée : 3 $. Cette construction typique est la seule habitation à colombage du Québec (car non adaptée aux rigueurs de l'hiver) et la plus vieille maison de l'est du Québec (1750). Les visiteurs y découvriront des meubles d'époque (XVIIIe et XIXe siècles) et une exposition d'archéologie et d'architecture.

■ MUSEE REGIONAL DE RIMOUSKI

35, rue Saint-Germain Ouest
℡ 418-725-4433

Ouvert juin à septembre du mercredi au vendredi de 9h30 à 20h, du samedi au mardi de 9h30 à 18h, hors saison du mercredi au dimanche de 12h à 17h, le jeudi de 12h à 21h. Entrée : 4 $. Situé face à la mer, ce musée loge dans l'enceinte de la première église de l'est du Québec. Expositions d'art contemporain, histoire régionale et sciences.

■ GALERIE BASQUE

1402, boulevard Saint-Germain,
à 9 km à l'ouest de la ville
℡ 418-723-1321

Ouvert tous les jours du 24 juin au 2 septembre de 10h à 12h et 13h à 17h, hors saison du mardi au dimanche de 13h à 17h, janvier et février sur rendez-vous. L'une des plus connues et des plus anciennes galeries d'art au Québec. On y trouve les œuvres de peintres professionnels québécois et l'atelier du peintre basque qui a fait la réputation du lieu depuis plus d'un demi-siècle.

■ EXCURSION A L'ILE SAINT-BARNABE

Marina de Rimouski, Route 132
℡ 418-725-9819

Ouvert tous les jours à partir de la mi-juin à début septembre. Départs de 9h à 14h, toutes les demi-heures. Adultes : 14 $, enfants de 6 à 17 ans : 9 $. L'excursion à l'île Saint-Barnabé vous permettra d'apercevoir Rimouski sous un autre angle. Rencontre avec les hérons et les phoques. Randonnée pédestre (20 km), aires de pique-nique.

Baleine

Dans les environs

Le canyon des Portes de l'Enfer

Au sud-est de Rimouski, par la route 232, direction Saint-Narcisse. Des parois encaissées, mesurant jusqu'à 90 m de hauteur, creusées par la rivière Rimouski et dominées par une passerelle impressionnante. Possibilité de pratiquer du rafting sur la rivière. Sentier pédestre de 14 km. Entrée : 7 $. En continuant votre chemin vers l'est, vous traversez un chapelet de petits villages, plus pittoresques les uns que les autres et qui, tous, méritent votre attention.

POINTE-AU-PÈRE

■ SITE HISTORIQUE DU PHARE DE POINTE-AU-PERE ET MUSEE DE LA MER
1034, rue du Phare ✆ 418-724-6214
www.parcscanada.gc.ca
Ouvert de début juin à fin août de 9h à 18h et septembre et octobre de 9h à 17h. Adulte : 10 $, enfant : 5 $. Dans cette municipalité située près du fleuve, le phare est visible de la route. C'est le deuxième plus haut du Canada et un lieu historique. A côté, le musée de la Mer propose une exposition permanente sur l'histoire locale et l'environnement maritime régional. On y raconte en détail le naufrage du bateau Express of Ireland, qui s'est échoué près des côtes en 1914 et où plus de 1 000 voyageurs ont trouvé la mort. Ce fut l'une des plus grandes tragédies maritimes en temps de paix. Une des expositions permet de visionner de magnifiques et terribles images prises à l'intérieur de l'épave. Visite interactive, ludique et instructive.

■ PLACE LEMIEUX
1560, rue du Phare
✆ 418-724-2888
Ouvert tous les jours d'avril à octobre de 8h à 23h, hors saison de 9h à 20h. Une poissonnerie qui fait aussi office de restaurant et de bar. Les homards, les esturgeons, les crabes qui nous font de l'œil sur les étals se retrouvent dans nos assiettes. Fraîcheur garantie. Si vous n'avez pas le temps de les déguster sur place, la maison propose des emballages spéciaux pour la conservation.

SAINTE-LUCE

Les plus belles plages de la région. En juillet s'y dispute un concours de châteaux de sable. Mais vous n'avez peut-être plus vraiment envie de vous arrêter pour flâner : vous êtes déjà en route pour la Gaspésie…

■ CAMPING ET CHALETS LA LUCIOLE
118, route 132 Ouest
✆ 418-739-3258
Ouvert de juin à octobre. Location de sites de camping (20 $ à 25 $ par jour pour 1 à 4 personnes). 55 emplacements. Location de chalets équipés (60 $ à 75 $ par jour). 6 unités. Une formule idéale en famille.

■ PISCICULTURE DES CEDRES
323, rang 3 Est ✆ 418-739-4266
Ouvert de mai à fin septembre. Réservation impérative. On peut y pêcher et déguster sa propre prise mais aussi s'approvisionner en truite mouchetée et omble chevalier de l'Arctique. L'entreprise offre aussi divers produits comme du poisson frais ou fumé. Etang très réputé dans la région.

DE RIVIÈRE-DU-LOUP AU NOUVEAU-BRUNSWICK

A quelques kilomètres de Saint-André, vous pouvez tourner à droite. La route 289 Sud s'enfonce dans les terres vers le lac Témiscouata (terme autochtone signifiant « *pas profond partout* »). Pour vous rendre aux Etats-Unis, près de la frontière du Nouveau-Brunswick, vous passerez par Pohénégamook (qui signifie « hivernage » ou « refuge ») dont le lac du même nom est censé cacher le cousin de Nessy (le célèbre monstre du loch Ness). Ceux qui ont vu ce monstre canadien (et ils sont nombreux !) l'appellent Ponik et le décrivent comme une bête fabuleuse. Se diriger ensuite vers l'est (à votre gauche) sur la 232. Roulez jusqu'à Cabano où est implantée la compagnie Cascades. Ce site était déjà fréquenté par les Amérindiens il y a des milliers d'années.

▶ **Attention !** Ce que le Petit Futé désigne comme étant la route des frontières combine la route des frontières et le parc linéaire interprovincial Petit Témis, deux circuits proposés par l'office du tourisme.

■ FORT INGALL
81, chemin Caldwell, Cabano
℃ 418-854-2375
Visite tous les jours de 9h30 à 17h30 (juillet et août), 10h à 16h30 juin, septembre. Entrée : 7 $. Construit à la suite d'une mésentente frontalière entre le Canada et les Etats-Unis en 1839, ce fort, aujourd'hui classé monument historique, n'a fort (!) heureusement jamais servi. La route 185 qui mène au Nouveau-Brunswick conduit à Dégelis. Arrêtez-vous, juste avant, à Notre-Dame-du-Lac. Offrez-vous une petite croisière sur le lac Témiscouata.

■ TRAVERSIER LE CORÉGONE
Rue du Quai
Information Notre-Dame-du-Lac
℃ 418-899-6820/6725
Eté seulement, 3 $ par personne.

■ AUBERGE MARIE-BLANC
1112, rue Commerciale,
Notre-Dame-du-Lac
℃ 418-899-6747
Ouvert 8h à 10h, 17h30 à 21h, le dimanche jusqu'à midi. Petit déjeuner de 8 $ à 15 $, Table d'hôtes de 35 $ à 50 $. Le chef Guy Sirois n'a pas peur de profiter des nombreuses opportunités qu'offre sa région en matière de produits du terroir. Les abattoirs de Notre-Dame-du-Lac servent de la bonne viande. Au printemps, l'agneau est acheté à Paul-Emile Dubé de Rimouski, le homard vient du Nouveau-Brunswick. En saison, il est le premier à servir les crosses de fougère bien fraîches. La terrine de caribou aux pommes est produite dans un atelier artisanal local. Bon nombre de produits de l'érable viennent des érablières de la région. Côté fromage, ce sont les fromages au lait cru québécois que l'on retrouve sur la carte.

LA RIVE SUD DU SAINT-LAURENT

© AUTHOR'S IMAGE

Ferme, Bas-Saint-Laurent

▶ **Un peu plus loin, on atteint la ville de Dégelis.** Que ce soit en vieux français ou madawaska en micmac, le sens du mot est bien le même : ne gèle pas. Et, effectivement, la force du courant à l'embouchure de la rivière empêche la glace de se former. La ville, bâtie près de la frontière américaine et à proximité du Nouveau-Brunswick, est une des plus importantes portes d'entrée au Québec. Son économie repose sur l'exploitation des scieries.

On préférera ici faire demi-tour et reprendre la 185 Nord, vers Cabano, pour retourner au bord du fleuve à Notre-Dame-du-Portage, en passant par Saint-Louis-du-Ha!-Ha!, nom étrange s'il en est. Il paraît que les pionniers, en apercevant le lac Témiscouata du sommet d'un mont, auraient poussé ce grand cri d'admiration. Ha! Ha! Mais Ha Ha a également une signification amérindienne : *hexcuewaska* veut dire inattendu.

■ **FERME LA GIBECIERE DU TEMIS**
58, chemin Bellevue,
Saint-Louis-du-Ha!-Ha!
℡ 418-854-6151
Ouvert tous les jours de mai à octobre de 10h à 19h. Groupes sur réservation. Témis pour le lac Témiscouata, une région à découvrir pour ses espaces et sa cuisine. Dans cette ferme, des cailles, des canards, des perdrix et des faisans sont élevés à l'air pur. La viande est vendue sur place.

▶ **Pour profiter un peu plus longtemps des paysages,** on peut dormir dans le gîte de la Gibecière.

Mauricie

LANAUDIÈRE ET MAURICIE

Skieur
© SÉPAQ

Lanaudière

La région de Lanaudière doit son nom à l'histoire. Elle perpétue le souvenir de Marie-Charlotte de Lanaudière, fille du seigneur de Lavaltrie et épouse de l'homme d'affaires Barthélemy Joliette, descendant du célèbre explorateur Louis Jolliet. Elle évoque le lignage des seigneurs de Lanaudière qui ont contribué, sur sept générations, à la défense et au développement de la colonie française d'Amérique, du pays et de la région. Son surnom de région verte est à la fois un état et un symbole qui rappelle, entre autres, la nature, la quiétude, la paix et le calme.

La région de Lanaudière fait partie des régions centrales du Québec. Elle est située entre le fleuve Saint-Laurent et le massif laurentien, entre la Mauricie et les Laurentides. La région est constituée de trois ensembles géographiques distincts : la plaine au sud est parsemée de villes et villages agricoles et regroupe un riche patrimoine de lieux historiques, le piedmont au centre est devenu le terrain de jeux des villégiateurs et des vacanciers grâce à ses nombreux lacs et ses attraits naturels, et le plateau laurentien, tout au nord, où se retrouve le pays forestier, est le royaume de la pêche et des aventures de plein air. Les trois portes d'entrée principales de la région de Lanaudière sont au sud, Terrebonne, Repentigny et Berthierville. Lanaudière comprend deux réserves fauniques soient Rouge-Matawin et Mastigouche et les deux tiers du parc du Mont-Tremblant est situé sur son territoire. Plus au nord, à environ une heure de route de Saint-Michel-des-Saints, on trouve une réserve autochtone où vivent les Atikamekw (Manawan). L'archipel du lac Saint-Pierre est un milieu lacustre unique rappelant les bayous louisianais. A l'intérieur de cet archipel d'îles où les chenaux découpent le territoire tel un casse-tête, se retrouve la plus vaste héronnière du Québec. Fait important, les îles de Berthier, qui forment avec les îles de Sorel l'archipel du lac Saint-Pierre, ont été reconnues officiellement par l'UNESCO comme réserve mondiale de la Biosphère.

La région de Lanaudière se particularise par ses chutes et ses cascades. Parmi les plus importantes, soulignons, à Rawdon, les désormais célèbres Chutes-Dorwin situées sur la rivière Ouareau, à laquelle on associe la légende indienne du sorcier Nippissingue. A la jonction des rivières Noire et l'Assomption, le Parc régional des Chutes-Monte-à-Peine-et-des-Dalles présente la plus puissante chute de la région métropolitaine. La construction de trois nouveaux ponts et six belvédères d'observation ainsi que la mise en place de nombreux escaliers et passerelles facilitent l'accès à cette nature généreuse.

Plus au nord, une zone en altitude est au carrefour des bassins versants des rivières l'Assomption, Matawin et Du Diable. Ce territoire de moyennes montagnes est délimité par Sainte-Emélie-de-l'Energie, Saint-Zénon, Saint-Côme et la partie est du parc du Mont-Tremblant. Cette topographie de sources crée un milieu d'eau fraîche qui explique la concentration de pourvoiries de pêche à la truite mouchetée, une autre caractéristique de Lanaudière.

Transports

■ **AEROPORT DE MASCOUCHE**
✆ 450-474-2477

■ **VIA RAIL CANADA**
Informations et réservations
✆ 888-842-7245 – www.viarail.com
Gare de Joliette.

Pratique

■ **www.lanaudiere.ca**

■ **www.inspq.qc.ca/ctq/**

■ **ASSOCIATION TOURISTIQUE REGIONALE**
3568, rue Church, Rawdon
✆ 450-834-2535 – ✆ 1-800-363-2788

■ **URGENCES**
✆ 911

■ **POLICE**
✆ 310-4141 (pas de code régional)

■ **CENTRE ANTI-POISON**
✆ 800-463-5060

■ **ETAT DES ROUTES**
✆ 877-393-2363 – www.mtq.gouv.qc.ca

■ **METEO**
Environnement Canada
✆ 819-564-5702 – ✆ 1-900-565-4000
(0,95 $/min) – www.meteo.ec.gc.ca

Source Bains Nordiques

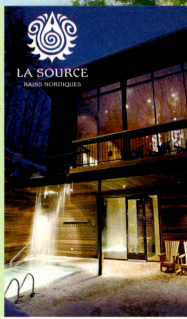

détente où la nature prend tous vos sens.

...ginez-vous en plein coeur d'une forêt centenaire, ...uré de rochers et de falaises. Complètement coupé ...onde, vous profitez d'un temps, votre temps. De cet ...oit de rêve, vous respirez l'air pur des montagnes et ...s laissez vos yeux faire le plein d'émerveillement....

...ée à Rawdon, à seulement 60 minutes de Montréal, ...ource Bains Nordiques vous propose un eSPAce de ...nte comprenant trois bains chauds, deux bains ...s, un étang naturel, une grotte de détente, un bain ...vapeur, un sauna sec et des environnements de ...nte intérieur et extérieur.

...plus, profitez des services du bistro où vous sont ...is salades, sandwichs, rouleaux printaniers, bar à ... fruits frais et bien plus.

...Source Bains Nordiques, une détente en nature ...me vous ne l'avez jamais vécue; 365 jours par ...e, beau temps, mauvais temps.

...0, rue Forest Hill, Rawdon, QC   J0K 1S0
... 834-7727
...w.lasourcespa.com

...s Cond'Eautels du Manoir ★★★★

...aint-Donat, Québec... luxueux condos en location ...vant accueillir jusqu'à 7 personnes. Découvrez la ...de nature québécoise où des kilomètres de plaisir ...s attendent! Sur le site : hôtel avec salle à manger, ...ne, plage, croisière sur le lac, activités, spectacles. ...aits disponibles : motoneige, ski alpin, croisière ...en d'autres...

... rue Principale, Saint-Donat, QC   J0T 2C0
...424-2121 • 1 800 567-6717
...v.manoirdeslaurentides.com

...berge « Le Cheval Bleu »

...h de Montréal, là où la plaine s'efface devant les ...es boisées, le Cheval Bleu offre son confort ...let à tous les amoureux de nature et de détente. ...ambres avec salle de bain privée. 34 acres privés ...oisés, ponctués de 2 petits lacs et des chemins à ...ourir à pied en été et en raquettes l'hiver... ...ice de restauration sur place (sur réservation)

... route 343, Saint-Alphonse-Rodriguez, QC   J0K 1W0
...883-3080 • 1 866 883-3080
...v.lechevalbleu.com • info@lechevalbleu.com

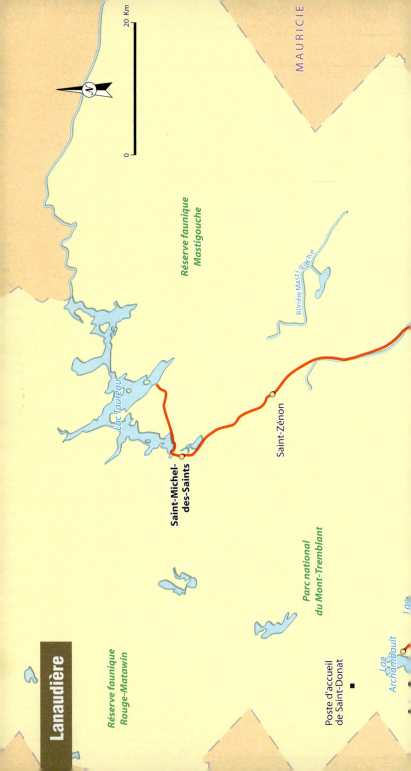

Lanaudière

MAURICIE

Réserve faunique
Mastigouche

Rivière Masti Gache

Lac Taureau

Saint-Michel-
des-Saints

Saint-Zénon

Réserve faunique
Rouge-Matawin

Parc national
du Mont-Tremblant

Lac
Archambault

Lac

Poste d'accueil
de Saint-Donat

20 Km

0

TERREBONNE

L'histoire de la nouvelle ville de Terrebonne correspond à celle de la colonisation et de l'expansion des trois secteurs qui la composent : Lachenaie, La Plaine et Terrebonne, auparavant trois villes distinctes. C'est en 1673 que les titres de propriétés de la Seigneurie de Terbonne furent remis, pour la première fois, à un citoyen français, monsieur André Daulier-Deslandes. Vingt ans après la construction du premier pont de Terrebonne, un pont en bois inauguré en 1834, on retrouve deux entités sur le territoire un pôle commercial, Terrebonne, et un pôle agricole, Saint-Louis de Terrebonne. En 1985, ces deux entités fusionnent.

▶ **Accès.** Autoroute 40, sortie 96, puis rejoindre l'autoroute 25, sortie 23.

Pratique

■ **TOURISME DES MOULINS**
5000, côte Terrebonne
✆ 450-964-0681 – ✆ 1-866-964-0681
www.tourismedesmoulins.com
www.vieux-terrebonne.com
Ouvert du 21 juin à la fête du Travail, du lundi au vendredi de 9h à 19h et le samedi et dimanche de 8h à 19h. Le reste de l'année, du mercredi au dimanche de 9h à 16h.

■ **VILLE DE TERREBONNE**
✆ 450-471-4192
▶ ww.ville.terrebonne.qc.ca

Hébergement

■ **LE PETIT SAINT-ANDRE**
211, rue Saint-André
✆ 450-471-8822 – ✆ 1-888-471-8822
www.aubergelestandre.ca
8 chambres, en simple de 129 $ à 169 $, en double de 149 $ à 189 $, petit déjeuner inclus. Forfaits disponibles. Visa, MasterCard et Interac acceptées. Jolie maison blanche et chambres décorées avec goût. A proximité du vieux Terrebonne.

■ **LA SAUVAGINE**
3813, chemin Saint-Charles
✆ 450-492-0814
www.gitescanada.com/lasauvagine
2 chambres, en simple : 70 $, en double : 80 $, petit déjeuner inclus. Agréable gîte dans une maison en pierre.

Restaurants

■ **LE FOLICHON**
804, rue Saint-François-Xavier
✆ 450-492-1863
perso.b2b2c.ca/folichon
Table d'hôtes le midi de 8,95 $ à 17,95 $, le soir de 19,95 $ à 30 $. Une cuisine aux accents français. Terrasse ombragée en été.

Point d'intérêt

■ **SITE HISTORIQUE DE L'ILE DES MOULINS**
900, îles des Moulins ✆ 450-471-0619
www.ile-des-moulins.qc.ca
Cinq bâtiments historiques restaurés témoignent encore aujourd'hui de la vitalité du complexe préindustriel du XIXe siècle : le moulin à farine (1846), le moulin à scie (1804), le bureau seigneurial (1850), la boulangerie (1803) et le moulin neuf (1850). Animation et nombreuses activités thématiques.

SAINT-LIN-LAURENTIDES

■ **LIEU HISTORIQUE NATIONAL DU CANADA DE SIR WILFRID-LAURIER**
945, 12e Avenue, Saint-Lin-Laurentides
✆ 450-439-3702 – ✆ 1-800-463-6769
www.pc.gc.ca/laurier
Route 337. Mais d'où venait donc sir Wilfrid Laurier, illustre Premier ministre du Canada. Retrouvez le milieu d'origine de cet homme qui a permis au pays de faire face aux importants changements politiques et économiques du début du XXe siècle et qui, en cela, a aidé le Canada à s'affirmer sur la scène internationale. Découvrez une carrière fascinante et une maison centenaire passionnante.

Les immanquables de la région de Lanaudière

▶ **Séjourner à l'Auberge du Lac Taureau** à Saint-Michel-des-Saints, située sur un superbe plan d'eau, le Lac Taureau.

▶ **Frissonner à Arbraska,** la forêt des aventures de Rawdon.

▶ **Redécouvrir la Formule 1** au musée Gilles Villeneuve à Berthierville.

▶ **Profiter du Festival de Lanaudière** à Joliette, au mois de juillet.

RAWDON

▶ **Accès.** De Montréal, prendre la route 25 Nord (125 Nord), puis la route 341.

Pratique

■ **BUREAU TOURISTIQUE**
3112, 1re Avenue (route 337)
✆ 450-834-1071
Ouvert du 21 juin au 10 octobre, tous les jours de 10h à 19h.

■ **POLICE**
✆ 450-834-2578

Hébergement – Restaurant

■ **AU PARFUM DE LA NATURE**
6703, chemin Pontbriand
✆ 450-834-4547
✆ 1-877-834-4547
www.parfumnature.qc.ca
Ouvert du mardi au vendredi de 18h30 à 22h30, le samedi de 11h à 22h30. Apportez votre vin. Terrasse. Spécialités de canard, faisan, pintade, bison et cerf dans l'ambiance chaleureuse d'une maison familiale. Produits du terroir en vente sur place (saucisses de bison, saucisses de cerf, moutarde d'érable, confiture de citrouille et canneberge).

Points d'intérêt

■ **LA SOURCE – BAINS NORDIQUES**
4200, Forest Hill
✆ 450-834-7727
www.lasourcespa.com
Ouvert du lundi au mercredi de 10h à 20h, et du jeudi au dimanche 10h à 21h. Quoi de plus relaxant et agréable que de passer une journée aux bains nordiques. En passant du chaud ou froid, la détente absolue est assurée. Entouré par la nature, on passe ici un très beau moment.

■ **ARBRASKA**
4131, rue Forest-Hill
✆ 450-843-5500 / ✆ 1-877-886-5500
www.abraska.com
Autour de 30 $ par adulte. Équipé d'un baudrier, il faut braver ses peurs pour traverser la forêt, en se baladant de cimes en cimes. Autant dire que ceux qui ont le vertige devront s'abstenir, mais les amateurs de sensations fortes et de verdure seront ravis.

■ **PARC DES CHUTES-DORWIN**
3112, 1re Avenue

✆ 450-834-2282
www.municipalite.rawdon.qc.ca
Rendez-vous sur le site enchanteur du parc des Chutes-Dorwin. Vous pourrez y observer, à partir de deux belvédères, la féerie de la chute, dont s'inspire une légende amérindienne. Le long du parcours de la rivière Ouareau, profitez-en pour vous reposer. Admirez la beauté de la faune et de la flore. Les animaux domestiques sont interdits dans le parc.

■ **PARC DES CASCADES**
6169, boulevard Pontbriand
✆ 450-834-4149
www.municipalite.rawdon.qc.ca
La rivière Ouareau déferle sur les roches et se brise en une multitude de cascades à son arrivée à Rawdon. Les sentiers de randonnée aménagés au parc des Cascades vous permettent de profiter pleinement de la beauté du paysage. Les animaux domestiques sont interdits.

JOLIETTE

■ **www.ville.joliette.qc.ca**

▶ **Accès.** Autoroute 40, sortie 122, puis autoroute 31 Nord, sortie 15.

■ **OFFICE DU TOURISME ET DES CONGRES**
500, rue Dollard
✆ 450-759-5013
✆ 1-800-363-1775
www.ccgj.qc.ca
Ouvert tous les jours, de la Saint Jean-Baptiste à la fête du Travail de 8h30 à 18h30. Le reste de l'année, du lundi au vendredi de 8h30 à 17h.

Hébergement

■ **GITE AUX P'TITS OISEAUX**
722, boulevard Base-de-Roc
✆ 450-752-1401
3 chambres, en simple de 55 $ à 65 $, en double de 65 $ à 80 $.

■ **CHATEAU JOLIETTE**
450, rue Saint-Thomas
✆ 450-752-2525
✆ 1-800-361-0572
www.chateaujoliette.com
89 chambres, en simple de 115 $ à 175 $, en double de 125 $ à 175 $. Toutes cartes de crédit et Interac. Plusieurs forfaits disponibles.

Restaurants

■ LA BELLE EXCUSE

524, rue Saint-Viateur ✆ 450-756-0118
www.belle-excuse.com
A la carte de 9 $ à 42 $. Spécialités de poissons
et fruits de mer (moules, tartare de saumon,
langoustines), viandes et grillades (osso-buco
de veau, jarret d'agneau braisé), fondues et
raclette, le tout dans un cadre agréable. Une
belle sélection de bières (une soixantaine) et
de vins.

■ LE CANARD NOIR

153, Saint-Charles Borromée Nord
✆ 450-755-2429 – www.canardnoir.com
*Du mardi au vendredi de 11h à 14h, du mardi au
samedi dès 17h.* Une cuisine articulée autour
de produits frais, dans une ambiance des plus
chaleureuses. Parfait pour vous faire plaisir. Le
midi, salade tiède au confit de canard, bavette
de cerf rouge… Le soir, variétés de gibiers,
volaille de grain et poisson frais, foie gras d'oie
et de canard sous toutes ses formes.

Manifestations

■ FESTIVAL DE LANAUDIÈRE

Billetterie
✆ 450-759-4343 – ✆ 1-800-561-4343
www.lanaudiere.org
En juillet. Un des événements les plus prestigieux
d'Amérique du Nord dans le domaine de la
musique classique. Ce festival s'assure la
participation de solistes de grand renom
de la scène nationale et internationale. Les
concerts et récitals ont lieu à l'amphithéâtre de
Lanaudière, situé à Joliette, et dans plusieurs
églises de la région.

■ FESTIVAL MÉMOIRE ET RACINES

Parc Saint-Jean-Bosco,
249, chemin du Golf,
Saint-Charles-Borromée
✆ 450-752-6798 – ✆ 1-888-810-6798
www.memoireracines.qc.ca
Ce festival célèbre chaque année les arts
traditionnels de la scène du Québec et d'ailleurs.
Musiciens, chanteurs, danseurs et conteurs
vous font vivre pendant trois jours des moments
inoubliables, dans une atmosphère conviviale
et festive. Une belle occasion de vous rafraîchir
la mémoire

Point d'intérêt

■ MUSEE D'ART DE JOLIETTE

145, rue Wilfrid-Corbeil ✆ 450-756-0311
www.musee.joliette.org

Une occasion exceptionnelle d'admirer des
œuvres d'art de grande qualité s'échelonnant
du XIIIe siècle à nos jours. La collection compte
plus de 8 000 œuvres : tableaux, sculptures,
œuvres sur papier, de même qu'un important
volet d'art religieux du Moyen Age français.
Panorama complet de la production des peintres
canadiens des XIXe et XXe siècles. S'y côtoient
des artistes tels que Suzor-Côté, Ozias Leduc,
Marc-Aurèle Fortin, Emily Carr, Paul-Emile
Borduas, Harold Town, Jean-Paul Riopelle et
bien d'autres.

SAINT-ALPHONSE-RODRIGUEZ

■ LES CHALETS D'EMILIE

521, Lac Pierre Nord
✆ 450-883-1550 – ✆ 1-866-683-1550
www.chalets-emelie.com
*Chalets de deux à trois chambres, disponibles
toute l'année, pour le week-end, la semaine ou
le mois. Ils sont tous bien équipés.* Sur place, on
profitera de la plage privée sur les bords du lac
Pierre et de sentiers de randonnées. Plusieurs
activités dans les environs.

SAINTE-BÉATRIX

■ PARC REGIONAL DES CHUTES-MONTE-A-PEINE-ET-DES-DALLES

861B, rue de l'Eglise ✆ 450-883-6060
www.parcdeschutes.com
Route 337. Le parc régional des Chutes-
Monte-à-Peine-et-des-Dalles est traversé
par la rivière l'Assomption, qui compte trois
puissantes chutes. Des ponts enjambant la
rivière permettent d'en faire l'observation et
17 km de sentiers ont été aménagés. Sur place,
belvédères et aires de pique-nique.

SAINT-DONAT

■ www.saint-donat.ca

▶ **Accès.** Autoroute 15, route 329 ou autoroute
40, puis autoroute 25 et route 125.

■ BUREAU D'INFORMATION TOURISTIQUE

536, rue Principale
✆ 819-424-2833 – ✆ 1-888-783-6628
*Ouvert tous les jours, du 20 juin au 1er septembre
de 9h à 19h, du 2 septembre au 12 octobre, du
dimanche au jeudi de 9h à 16h et le vendredi et
le samedi de 9h à 19h, du 13 octobre au 18 juin,
du dimanche au jeudi de 9h à 16h et le vendredi
et le samedi de 9h à 17h.*

Hébergement

■ **AUBERGE HAVRE DU PARC**
2788, route 125 Nord
✆ 819-424-7686
www.havreduparc.qc.ca
9 chambres, en simple de 79 $ à 202 $, en double de 146 $ à 242 $. Toutes cartes de crédit acceptées. Proche du lac Provost et du Mont-Tremblant.

■ **HOTEL MONTCALM**
251, chemin Fusey
✆ 819-424-1333 – ✆ 1-866-424-1333
www.lareserve-stdonat.com
64 chambres, en simple de 100 $ à 120 $, en double de 110 $ à 160 $. Toutes cartes de crédit.

Points d'intérêt

■ **PARC NATIONAL
DU MONT TREMBLANT**
Chemin du Lac-Supérieur, Lac-Supérieur
✆ 819-688-2281
Réservations Sépaq ✆ 800-665-6527
www.sepaq.com/monttremblant
Autoroute 15 et route 329 jusqu'à Saint-Donat ou autoroute 25 et route 125 jusqu'à Saint-Donat. Accès quotidien, adultes : 3,50 $, enfants : 1,50 $. Riche amalgame des patrimoines naturel et historique du Québec, le parc national du Mont-Tremblant est le plus vaste parc du réseau et le premier parc national à avoir été créé au Québec. Il vous propose une variété d'activités et de découvertes qui sauront plaire à tous. En canot, à pied, à skis ou à raquettes, vous serez étonnés par l'immensité du territoire.

SAINT-MICHEL-DES-SAINTS

Hébergement – Sports et loisirs

■ **AUBERGE DU LAC TAUREAU**
1200, chemin Baie-du-Milieu
✆ 1-877-822-2623
www.lactaureau.com
A partir de 167 $ la chambre en double, incluant le petit déjeuner et le repas du soir, ainsi que certaines activités dont l'accès aux piscines intérieures et extérieures, au sauna et à du matériel de plein air. Superbe complexe hôtelier, fait de bois et situé sur les rives du lac Taureau. C'est un endroit agréable, été comme hiver, pour venir profiter d'une foule d'activités de plein air. Du ski de fond au survol de la région en hydravion, en passant par le tir à l'arc et aux soins pour le corps, tout est là !

■ **CANADAVENTURE**
1, Baie du Poste
✆ 450-833-1478
www.canadaventure.net
CanadAventure est l'une des plus importantes organisations de pourvoirie et de tourisme d'aventure au Canada.

■ **AUBERGE CANADAVENTURE**
1, Baie du Poste
✆ 450-833-1478
www.canadaventure.net
Bed & Breakfast, demi-pension ou pension complète, 125 $ à 195 $ (chambre double). Plusieurs forfaits proposés. Seize chambres, salon, salle de détente avec bibliothèque, écran géant et billard, bar, salle à manger, Spa extérieur. Située sur la rive nord du lac Taureau, à 25 km au nord de Saint-Michel-des-Saints. Entièrement construite de billes de pin blanc, l'auberge offre tout le confort moderne dans le décor d'autrefois. C'est la porte d'entrée des grands espaces. Vous pourrez pratiquer dans les alentours : chasse, pêche, golf, équitation, motomarines, chaloupes, canots, kayaks, quads et V. T. T., motoneige, traîneau à chiens, raquettes, ski de randonnée…

■ LES CHALETS DU LAC TAUREAU

1, Baie du Poste
✆ 450-833-1478
Situés directement au bord du lac Taureau, c'est l'endroit idéal pour la pratique de la chasse, de la pêche, du quad, du vélo et bien sûr des activités nautiques : baignade (plages de sable fin à perte de vue), voile, canot, motomarine, etc. Et quand l'hiver a tout recouvert de son épais manteau blanc, c'est au tour des amateurs de raquette, de ski de randonnée, de traîneau à chiens et de motoneige de s'en donner à cœur joie. Chaque chalet est équipé d'une salle de bains complète avec douche et bain tourbillon, d'une cuisine fonctionnelle avec poêle, réfrigérateur, vaisselle, etc., d'un grand salon avec foyer, et d'une, deux ou trois chambres. Les chalets peuvent être loués à la journée (minimum 2 jours) ou à la semaine.

■ AUBERGE MATAWINIE

1260, chemin Centre-Nouvel-Air
✆ 450-833-6371
✆ 1-800-361-9629
www.matawinie.com
L'Auberge est aménagée en bordure du lac à la Truite et entourée d'immenses parcs et réserves fauniques. Le dépaysement est au rendez-vous ! Elle dispose de soixante-dix-neuf chambres avec salle de bains. Ayant adapté le principe de la base de plein air, l'hébergement est réparti sur trois axes : Auberge 4 Vents (reliée au bâtiment de services), La Maisonnée (petite auberge au bord de l'eau) et les chalets. En tout temps, vous ressentirez l'immensité des espaces. Un large éventail d'activités est inclus, encadrées par une équipe d'animation dynamique et expérimentée. Pour les repas, quatre salles vous attendent, dont trois avec vue sur le lac et une avec foyer. Les trois repas inclus sont présentés sous forme de buffet. L'abondance et la fraîcheur sont au rendez-vous. Le décor y est chaleureux et le personnel accueillant. Le site dispose en outre, d'un spa proposant une gamme complète de soins spécialisés : massothérapie, balnéothérapie, enveloppement corporel, exfoliation corporelle, pressothérapie, réflexologie et soins esthétiques.

■ AVENTURE BLANCHE

1260, chemin Centre-Nouvel-Air
✆ 450-833-1189 – ✆ 1-800-361-9629
(de 9h à 17h)
Réservation obligatoire. Venez vivre un moment inoubliable en traîneau à chiens sur le site de l'Auberge Matawinie. Leurs voyageurs du froid vous emmèneront dans des randonnées de courte ou longue durée dans des paysages dignes de Jack London, où vous ressentirez vous aussi l'appel de la forêt. Après un cours sur la conduite d'un traîneau, vous pouvez participer à l'attelage de votre équipe de compagnons à quatre pattes. Vous partirez ensuite pour une heure, une demi-journée, une journée ou en nocturne, vous élancer sur des sentiers encadrés par des guides aussi expérimentés que passionnés. En fin de journée, vous pouvez si vous le désirez, mettre la main à la pâte pour rentrer et nourrir les chiens. Après une dernière caresse, vous quitterez vos nouveaux amis avec des souvenirs pleins les yeux et la tête.

■ AUBERGE KAN A MOUCHE

7639, chemin Brassard
✆ 450-833-6662
www.kanamouche.com
Auberge pouvant accueillir 59 personnes, douze chalets de 2 à 10 personnes, motel de 6 unités, buanderie, ateliers, équipements de pêche, embarcations, divers équipements pour activités récréo-touristiques. En pleine harmonie avec le cadre de la forêt, Kan-à-Mouche est un petit village, composé de chalets de bois rond blottis au bord de l'eau. Des séjours très confortables y sont proposés dans un cadre typiquement canadien, dans une nature intacte. Depuis la salle à manger qui domine le lac, les clients peuvent admirer le spectacle enivrant d'une nature sauvage. Une excellente réputation, établie depuis 1945. Kan-à-Mouche est niché au creux de montagnes boisées. Ouverte à l'année et pourvue de tout le confort souhaitable, l'auberge de Kan-à-Mouche est aussi un lieu de découverte gastronomique et de rencontres grâce à sa restauration de qualité et à son bar convivial, au décor typique et chargé de souvenirs.

Auberge
DuLac Taureau
et ses condos

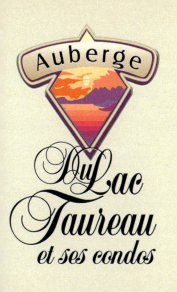

www.lactaureau.com

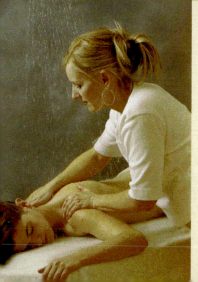

Authentique chef-d'oeuvre posé sur un écrin de sable fin, l'Auberge du lac Taureau est une destination exclusive. Nous offrons le charme champêtre d'un hébergement en forêt quatre étoiles, une fine cuisine ainsi qu'une riche variété d'expériences et d'activités.

1200, chemin Baie du Milieu
Saint-Michel-des-Saints, Québec

Téléphone : 450-833-1919
Téléphone sans frais :
1-877-822-2623

Traîneau à chiens

■ **AUBERGE DE L'EAU VIVE**
89, chemin du Lac-Taureau
✆ 450-833-1758
www.aubergeeauvive.com
Gîte-Bed & Breakfast. De 45 $ à 140 $ en chambre double, petit déjeuner inclus. Toutes cartes de crédit acceptées. Etablissement non-fumeur. Liliane et René vous accueillent dans cette charmante demeure proche du murmure de l'eau vive, au confluent de la rivière Matawin et du Lac Taureau. Vous pourrez déguster de copieux petits déjeuners avec une vue imprenable sur la chute et le lac. Les chambres portent des noms évocateurs : Sissi ou Cléopatre, à vous de choisir !

BERTHIERVILLE

■ **MUSEE GILLES-VILLENEUVE**
960, avenue Gilles-Villeneuve,
Berthierville
✆ 450-836-2714
✆ 1-800-639-0103
www.gilles.villeneuve.com
Autoroute 40, sortie 144. Ouvert tous les jours de 9h à 17h. L'ambiance de la course est palpable pendant la visite de ce musée consacré à Gilles Villeneuve et à son fils Jacques. Souvenirs de Grand Prix, trophées, voitures de course rappellent leurs exploits. Simulateur F1 et boutique de souvenirs complètent cette visite. Du stand de ravitaillement au podium des champions… Vivez la passion de la course !

REPENTIGNY

▶ **Accès.** Autoroute 40, sortie 100.

■ **BUREAU TOURISTIQUE**
396, rue Notre-Dame ✆ 450-657-9914
Ouvert du 19 juin au 1er septembre, tous les jours de 9h à 19h.

Hébergement

■ **GITE DE L'ETANG FLEURI**
329, rue Gélinas
✆ 450-581-8686/(888)-581-8686
www.giteetangfleuri.ca.tc
Trois chambres climatisées, en simple : 55 $, en double : 65 $. Petite maison agréable.

■ **MOTEL CAPRI**
658, rue Notre-Dame
✆ 450-581-2282 – ✆ 1-800-361-7476
www.motelcapri.com
50 chambres et suites climatisées avec tout confort de 62 $ à 287 $, petit déjeuner inclus. Toutes cartes de crédit.

Manifestations

■ **INTERNATIONAUX DE TENNIS JUNIOR**
✆ 450-654-2411
www.tennis-junior-repentigny.com
Compétition sportive de niveau international sanctionnée par Tennis Canada et la Fédération internationale de tennis. Il s'agit de l'un des dix plus importants tournois du genre au monde. Plus de 40 pays y participent.

LA RIVE SUD DU SAINT-LAURENT

Mauricie

A mi-chemin entre Montréal et Québec, cette région se trouve au cœur de la zone habitée du Saint-Laurent. Ainsi, en deux heures de route, on atteint aisément Trois-Rivières et le parc national de la Mauricie, par un réseau routier des plus modernes.

La Mauricie englobe un immense territoire s'étendant du sud au nord à partir du Saint-Laurent. Ses paysages sont modelés par le bouclier canadien qui couvre la haute Mauricie, par la plaine littorale qui borde le Saint-Laurent et par les Appalaches qui effleurent sa partie sud. La Mauricie, c'est essentiellement la nature dans toute sa beauté majestueuse et plus particulièrement l'alliance de l'eau, de la montagne et de la forêt.

La région fut habitée très tôt par plusieurs nations amérindiennes. Ainsi les Abénaqui étaient concentrés sur la rive sud du Saint-Laurent, les Algonquin sur la rive nord, et les Attikamek en Haute-Mauricie. Puis les colons français se sont établis le long du chemin du Roy, tandis que les loyalistes anglais se sont installés dans le sud. La toponymie est, à cet égard, instructive : Maskinongé a une origine algonquine (son nom signifie brochet, et ce poisson abonde dans le lac Saint-Pierre et la rivière du même nom), Odanak est abénakise (musée des Abénaki, sur la route 132), Warwick anglaise, Saint-Stanislas française. Les noms des lieux et des municipalités remontent, pour la plupart, aux anciennes seigneuries de la Nouvelle-France. Ils témoignent de l'influence religieuse ou rappellent les faits et les personnages de l'histoire française et anglaise. En 1634, Champlain envoie le sieur de Laviolette fonder Trois-Rivières (la deuxième plus ancienne ville du Canada, après Québec).

Très vite, l'accroissement démographique est tel qu'une partie de la population traverse le fleuve pour exploiter les terres agricoles du comté de Bécancour, sur la rive sud. En 1730, la découverte d'un gisement de fer entraîne l'implantation de la première industrie sidérurgique du Canada : les forges du Saint-Maurice. Elles produisent des chaudrons de fonte, des outils et même des canons. Plus tard, sous le régime anglais, se développent Drummondville et les Bois-Francs (région appelée maintenant Centre-du-Québec). Depuis 1967, les deux rives du Saint-Laurent sont reliées par le pont Laviolette, le seul entre Montréal et Québec. Sur le plan industriel, la Mauricie regroupe les secteurs de la pâte à papier et de l'aluminium. Le parc industriel de Bécancour (centre du Québec) participe activement au dynamisme régional grâce à ses grandes entreprises (ABI, Norsk Hydro, Narco). Berceau de l'hydroélectricité québécoise, la région compte de nombreuses centrales hydroélectriques échelonnées sur la rivière Saint-Maurice. La production agricole y est également importante.

Mais la Mauricie est aussi une région de détente où les activités de plein air sont légion. On peut y pratiquer la randonnée équestre, les sports nautiques, les croisières, le vélo, le canot. On peut facilement s'y rendre le temps d'un week-end pour se relaxer dans un endroit paisible. Les auberges sympathiques ne manquent pas et vous offrent souvent

Les immanquables de la Mauricie

▶ **Dormir dans la charmante auberge Le Baluchon** à Saint-Paulin.

▶ **Visiter le Musée québécois de culture populaire** et son exposition sur la vieille prison de Trois-Rivières.

▶ **Découvrir la Cité de l'Energie** à Shawinigan.

▶ **Faire des randonnées dans le parc national de la Mauricie.**

▶ **Passer une nuit dans le chalet en rondins**, à l'hôtel Sacacomie de Saint-Alexis-des-Monts.

des forfaits. Les festivités sont également au rendez-vous : théâtre d'été, folklore, festival western. La Mauricie offre aussi un parc national, deux réserves fauniques, un immense territoire de chasse, de pêche et de plein air. Le chemin du Roy (aujourd'hui la route 138), inauguré en 1737, fut la première route carrossable du Canada reliant la colonie de Trois-Rivières à la ville de Québec. Sa construction, qui dut vaincre de nombreux obstacles – escarpements, marécages, pentes – favorisa l'essor commercial de la Nouvelle-France. Auparavant, le transport des fourrures se faisait par la rivière Saint-Maurice.

Transports

Avion

■ **AEROPORT DE TROIS-RIVIERES**
℡ 819-377-4382

Bus

■ **ORLEANS EXPRESS**
Dessert les municipalités suivantes :
Trois-Rivières

℡ 819-374-2944
Shawinigan ℡ 819-539-5144
Grand-Mère
℡ 819-533-5565/418-525-3000
La Tuque ℡ 819-523-2121

Train

■ **VIA RAIL**
Dessert Shawinigan ℡ 819-537-9007
La Tuque
℡ 819-523-3257 – ℡ 1-800-361-5390
ww.viarail.ca

Voiture

Au départ de Montréal, prendre la route 40 Est ou la route 138 Est (chemin du Roy) en direction de Trois-Rivières.
Au départ du Saguenay-Lac-Saint-Jean (Chambord), prendre la route 155 Sud qui mène directement à la ville de Shawinigan, puis la 55 Sud jusqu'à Trois-Rivières.

Pratique

■ **www.tourismemauricie.com**

LA RIVE SUD DU SAINT-LAURENT

Parc national de la Mauricie

Ⓐ Camping

0   6 km

Lac Grappin
Lac Dinel
Lac des Cinq
Lac à la Pipe
Lac Chevreuil
Lac du Rapide
Lac Archange
Petit lac Archange
Lac Omand
Lac Anticagamac
Lac Houle
Lac Dubon
Lac Jodon
Lac Giron
Lac Reid
Lac en cœur
Lac de la Dam
Lac Avalon
Lac Formont
Lac Rosoy
Lac Waber
Lac-Soumire   Lac-du Fou
Lac-Alphonse
Lac Étienne   Lac-Edouard
Baie des Onze Iles
Lac-Gabet
Le Passage
Lac-Ecarté
Lac-Bouchard
Lac-du Fou
Lac Maréchal
Baie Cobb
Lac-Caribou
Ile-aux-Pins
Lac du Caribou
Lac Wapizagonke
Lac Marie
Lac Isaïe
St-Jean-des-Piles
Lac Français
vers Trois Rivières
Lac-Modéne
Lac Parker
Lac-Boyer
Wabenaki Andrew
Ruisseau-Brodeur
Shawinigan
Lac à la Pêche
Mistagance
La Clairière   Ⓘ Saint-Mathieu
Saint-Gérard

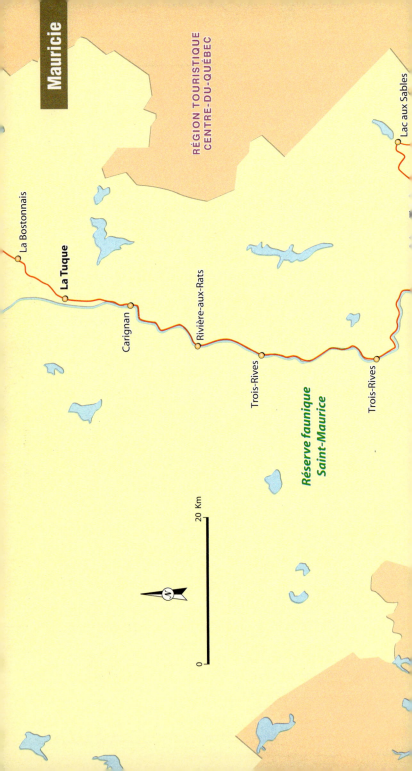

Mauricie

Lac aux Sables

La Bostonnais

La Tuque

Carignan

Rivière-aux-Rats

Trois-Rives

Trois-Rives

*Réserve faunique
Saint-Maurice*

20 Km

0

UN VÉRITABLE RETOUR AUX SOURCES.

Au cœur de la forêt mauricienne, l'Auberge du Lac-à-l'Eau-Claire propose une grande variété d'activités en été comme en hiver, une salle à manger offrant une vue imprenable sur le lac, ainsi que différents types d'hébergement allant du chalet à la suite luxueuse.

AUBERGE
LAC-À-L'EAU-CLAIRE ★★★★
+1 877 265-3185
www.lacaleauclaire.com

GAGE DE QUALITÉ DEPUIS 1932.

Les établissements de la chaîne Chez Marineau, sont réputés pour leur excellent service et un hébergement à la hauteur de vos attentes. Shawinigan - Mattawin - La Tuque.

GROUPE HÔTELIER
CHEZ MARINEAU ★★★
+1 800 565-5766
www.chezmarineau.com

L'EXPÉRIENCE DES SENS À SON MEILLEUR!

Découvrez le confort de ses auberges nichées sur les rives de la spectaculaire rivière du Loup sise dans un décor naturel d'une beauté exceptionnelle. Reconnue pour son unique théâtre en rivière, l'Auberge Le Baluchon se démarque également en offrant l'histoire et les saveurs de la Mauricie à son Éco-café Au bout du monde.

AUBERGE
LE BALUCHON ★★★★
+1 800 789-5968
www.baluchon.com

M. Julien

**PAYS DE GRANDS ESPACES,
PAYS DE PIONNIERS,
EMPREINT DE CULTURE QUÉBÉCOISE.**

**UNE AUBERGE
FORESTIÈRE DATANT
DE 1896 SITUÉE AU
CŒUR DE LA NATURE.**
Ambiance champêtre, activités
de plein air et de pêche, service
personnalisé et table gourmande.
Un site enchanteur et historique
qui vous appartient pour la durée
de votre séjour!

**LA SEIGNEURIE
DU TRITON ★★★★**
+1 877 393-0557
www.seigneuriedutriton.com

Mauricie

La vraie nature du Québec

Développement
économique Canada

Canada Economic
Development

Canada

québec
bonjourquebec.com

Trois-Rivières

UN MUSÉE AUDACIEUX, UNE PRISON D'ENFER.
Parcourez la Vieille prison de Trois-Rivières en compagnie d'ex-détenus. Visitez le Musée québécois de culture populaire et ses 6 expositions, pour découvrir la culture des Québécois.

MUSÉE QUÉBÉCOIS DE CULTURE POPULAIRE ET VIEILLE PRISON
+1 819 372-0406
www.culturepop.qc.ca
www.enprison.com

ICI, LE PAPIER M'EST RACONTÉ.
Le Centre vous invite à découvrir l'histoire de ceux qui ont forgé l'identité de la Mauricie. Thématiques abordées : quotidien des bûcherons, quartiers ouvriers, fabrication ancienne et moderne du papier.

CENTRE D'EXPOSITION SUR L'INDUSTRIE DES PÂTES ET PAPIERS
+1 819 372-4633
www.ceipp.net

À QUELQUES PAS DU FLEUVE SAINT-LAURENT, ET AU COEUR DE LA VIE ANIMÉE DU CENTRE-VILLE.
Qu'il soit question de vacances ou de détente, le Delta Trois-Rivières offre un service attentionné et des commodités exceptionnelles.

DELTA TROIS-RIVIÈRES ★★★★
+1 819 376-1991
+1 800 268-1133
www.deltatroisrivieres.com

S. Larose

TROIS-RIVIÈRES,
CONTEMPORAINE DANS LE STYLE,
HISTORIQUE DANS L'ÂME...

Sages Fous

TROIS-RIVIÈRES,
CHARME URBAIN
CARACTÈRE CULTUREL.
Restos sympas, musées uniques,
quartier historique, centre-ville
piétonnier, fenêtre sur le fleuve.
Trois-Rivières est autant actuelle
dans le style qu'elle est historique
dans l'âme : c'est là toute son
élégance!

TOURISME TROIS-RIVIÈRES
+1 800 313-1123
www.tourismetroisrivieres.com

Mauricie
La vraie nature du Québec

"1" /> Développement
économique Canada

Canada Economic
Development

Canadä

 *québec*
bonjourquebec.com

Information : +1 819 536-3334 - +1 800 567-7603
www.tourismemauricie.com

La vraie nature
du Québec

UNIQUE EN AMÉRIQUE, L'ÉNERGIE À L'ÉTAT PUR!

Chaque année, plus de 200 pilotes affamés se disputent les honneurs d'un circuit routier situé en plein cœur de Trois-Rivières. Accès illimité aux enclos où le public et les équipes se côtoient, pour le plus grand plaisir de tous. En soirée, tombez sous le charme du centre-ville où se marient spectacles et feux d'artifices.

GRAND PRIX DE TROIS-RIVIÈRES
Août 2008
+1 866 866-GPTR (4787)
www.gp3r.com

L'ÉVÉNEMENT AU RYTHME DES COW-BOYS!

Le Festival Western de Saint-Tite est un événement touristique de niveau international, reconnu pour son ambiance typiquement western ainsi que ses 9 rodéos professionnels. Il attire près de 500 000 visiteurs au cours de ses 10 jours d'activités.

FESTIVAL WESTERN DE SAINT-TITE
Du 5 au 14 septembre 2008
+1 877 493-7837
www.festivalwestern.com

■ **ASSOCIATION TOURISTIQUE
REGIONALE DE LA MAURICIE**
795, 5ᵉ Rue, local 102
✆ 819-536-3334
✆ 1-800-567-7603
*Ouvert du lundi au vendredi de 8h30 à 12h
et de 13h à 16h30.*

TROIS-RIVIÈRES

Fondée en 1634 par Laviolette, la capitale
de la Mauricie-Bois-Francs tire son nom
des trois chenaux que forme la rivière Saint-
Maurice à son embouchure.
Favorisée par sa situation géographique (elle
est reliée à Montréal, à Québec, mais aussi à
Sherbrooke et à la rive sud du Saint-Laurent
grâce à son pont), Trois-Rivières possède
une activité maritime. Le fleuve coule près
du centre-ville et les navires font partie du
paysage urbain.
A l'époque de la Nouvelle-France, plusieurs
explorateurs vécurent à Trois-Rivières,
dont Jean Nicolet et Nicolas Perrot. Les
conquêtes de Pierre Radisson sont à l'origine
de la fondation de la Compagnie de la baie
d'Hudson en 1670.
Pierre Gaultier de Varennes, sieur de
La Vérendrye, né à Trois-Rivières, fut le
premier Européen à atteindre les montagnes
Rocheuses (un monument lui est dédié à l'est
du parc portuaire).
Enfin, Trois-Rivières est le berceau de la
famille Duplessis, célèbre grâce à Maurice
Duplessis, qui fut Premier ministre du Québec
pendant dix-huit ans, de 1936 à 1939 et de
1944 à 1959. Pendant l'été 1999, l'Evénement
Duplessis a marqué le 40ᵉ anniversaire du
décès de ce grand homme politique.
Depuis 1930, Trois-Rivières est la capitale
mondiale de production du papier journal.
La ville bénéficie aussi d'un rayonnement
culturel grâce à son université et à ses
nombreuses manifestations.
Une seule grande municipalité unit maintenant
Cap-de-la-Madeleine, Pointe-du-Lac, Trois-
Rivières-Ouest, Saint-Louis-de-France et
Sainte-Marthe-du-Cap : Trois-Rivières.

Pratique

■ **www.tourismetroisrivieres.com**

■ **OFFICE DE TOURISME
ET DES CONGRES**
1457, rue Notre-Dame Centre
✆ 819-375-1122

✆ 1-800-313-1123
*Toute l'année, du lundi au vendredi de 9h à
17h et 7j/7 de 8h à 20h en saison.*

Hébergement

Bien et pas cher

■ **AUBERGE INTERNATIONALE
DE TROIS-RIVIERES**
497, rue Radisson
✆ 819-378-8010
✆ 1-877-356-8455
*Ouvert à l'année, de 8h à 23h. A partir de
20 $ par personne. Service Internet.* Située
au centre-ville, à 500 m du terminal des bus,
l'auberge de jeunesse La Flottille, propre et
bien équipée, dispose de chambres privées,
dortoirs, accès cuisine, laverie, location
de vélo.

Confort ou charme

■ **HOTEL GOUVERNEUR**
975, rue Hart
✆ 819-377-4444 – ✆ 1-888-910-1111
www.gouverneur.com
*128 chambres modernes et équipées de 89 $
à 187 $. Tarifs groupes.* Etablissement de
tout confort situé au centre-ville, près du
vieux port. Restaurant, piscine, salle de
mise en forme, salles de réunion. Forfaits
disponibles.

■ **HOTEL-MOTEL COCONUT**
7531, Notre-Dame
✆ 819-377-3221 – ✆ 1-800-838-3221
www.coconuthotelmotel.com
*39 chambres et suites, en simple de 71 $
à 151 $, en double de 81 $ à 153 $, petit
déjeuner complet inclus. Tarifs groupes.
Internet sans fil gratuit dans les chambres.* A
5 km du centre-ville de Trois-Rivières, l'Hôtel
Coconut vous plonge dans une ambiance
tropicale. Restaurant, bar polynésien,
terrasse.

Couette et café

■ **L'EMERILLON**
890, Terrasse Turcotte
✆ 819-375-1010
www.gitescanada.com/1949.html
*Entre 95 $ et 115 $ par nuit en occupation
simple ou double.* Ce gîte de quatre chambres
se distingue par sa vue imprenable sur le
fleuve et la grande élégance de cette maison
bourgeoise dans le quartier historique.

LANAUDIÈRE ET MAURICIE

La vraie nature du Québec

BEAUCOUP PLUS QU'UN SIMPLE SURVOL.
Chez nous c'est 100 ans d'histoire d'aviation de brousse à découvrir en plus d'admirer toute la splendeur mauricienne à son état naturel. Hydravions Mauricie offre des croisières aériennes et sur ponton, un service de taxi aérien, un musée et un restaurant.

HYDRAVIONS MAURICIE & KEBEK HYDRASKIS
+1 866 787-8657
www.aviationmauricie.com

« PERMETTEZ-MOI DE VOUS INVITER À MA CABANE À SUCRE! »
Une halte gourmande idéale pour un repas, une visite guidée de la sucrerie ou simplement pour « se sucrer le bec» avec la savoureuse tire sur la neige.

CABANE À SUCRE CHEZ DANY
+1 819 370-4769
www.cabanechezdany.com

Mauricie

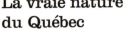
Développement économique Canada — Canada Economic Development

Canada

Québec
bonjourquebec.co

■ **GITE DU HUARD**
42, rue Saint-Louis
✆ 819-375-8771
www.quebecinformation.com/legitedu-huard
5 chambres, en simple de 62 $ à 132 $, en double de 72 $ à 132 $, petit déjeuner complet inclus. Chèques de voyage, MasterCard et Visa acceptés. Le Gîte du Huard est une ancienne demeure située à deux pas du vieux quartier de Trois-Rivières et du fleuve Saint-Laurent. Chambres douillettes, accueil chaleureux.

■ **MANOIR DEBLOIS**
197, rue Bonaventure
✆ 819-373-1090
✆ 1-800-397-5184
www.multimania.com/manoirdeblois
Cinq chambres avec salle de bains privée, de 79,95 $ à 159,95 $ stationnement et petit déjeuner compris. MasterCard et Visa acceptées. Gîte touristique 5-soleils logé dans le quartier historique du vieux Trois-Rivières, le Manoir DeBlois est une demeure érigée en 1828, dont les pièces recèlent un mobilier d'époque. Un cadre d'autrefois, mais un confort contemporain, car les chambres disposent de l'air climatisé et de la TV par câble. Ajoutez-y un accueil chaleureux et vous obtiendrez une bien belle étape lors d'une escale Trifluvienne.

■ **SUPER 8**
3185, boulevard Saint-Jean
✆ 888-561-7666
www.super8troisrivieres.com
Chambres de 109 $ à 149 $. Enfants de moins de 18 ans hébergés gratuitement. Nouveau motel 3-étoiles avec piscine et aquaparc intérieur, chambres bien conçues pour les familles (avec pièce séparée pour les enfants, lits superposés, écran plasma au mur, console Xbox).

Luxe

■ **DELTA TROIS RIVIERES**
1620, Notre-Dame
✆ 819-376-1991
✆ 1-888-890-3222
159 chambres. Chambre double ou simple à partir de 131 $, petit déjeuner inclus. Salle de gym piscine, bar-restaurant. Salles de réunion. Toutes cartes de crédit. Le gros édifice du Delta, abrite un centre de congrès, est situé en plein centre-ville. Chambres spacieuses et sobres.

■ **AUBERGE DU LAC-SAINT-PIERRE**
1911, rue Notre-Dame
(secteur Pointe-du-Lac)
℡ 819-377-5971 – ℡ 1-888-377-5971
www.aubergelacst-pierre.com
*30 chambres et suites de 105 $ à 199 $.
Tarifs groupes.* L'auberge du Lac-Saint-Pierre
vous accueille dans un cadre enchanteur.
Chambres spacieuses et très confortables.
Table gastronomique réputée, terrasse
avec vue sur le lac Saint-Pierre et le fleuve
Saint-Laurent, piscine, tennis, Accueil
chaleureux.

Restaurants

■ CABANE A SUCRE CHEZ DANY
195, de la Sablière
℡ 819-370-4769 – ℡ 1-800-407-4769
Dany vous reçoit dans une charmante maison
en bois, avec menus traditionnels à base de
sirop d'érable et animation musicale. Les
rythmes canadiens rendront l'atmosphère
chaleureuse et festive. Produits d'érable
disponibles et visite de l'érablière.

■ LE CASTEL DES PRES
5800, boulevard Gene-H.-Kruger
℡ 819-375-4921
www.casteldespres.com
*Fermé le dimanche. Ouvert du lundi au
vendredi de 11h30 à 14h et de 17h30 à 22h
(le lundi, 21h), le samedi de 17h30 à 22h.
Table d'hôtes le midi de 8,95 $ à 25,95 $.
Carte de 6,95 $ à 45 $. Terrasse couverte.*
Cet établissement abrite sous le même toit
le restaurant Chez Claude ainsi que le resto-
bar à vin L'Etiquette. La tendance culinaire
pour chacun est une cuisine régionale aux
influences françaises. Une sélection de
quinze vins au verre, grâce à un appareil de
conservation des vins à l'azote.

■ L'ESSENTIEL
10, rue des Forges
℡ 819-693-6393
Excellente table. Vue imprenable sur le fleuve
Saint-Laurent. Cuisine raffinée avec produits
du terroir.

■ LE LUPIN
376, rue Saint-Georges
℡ 819-370-4740 – www.lelupin.ca

*Ouvert du mardi au vendredi à partir de 11h,
le samedi à partir de 17h, le dimanche et le
lundi uniquement sur réservation. Menu du
midi à partir de 8,25 $, du mardi au vendredi.
Table d'hôtes de 21,95 $ à 33,95 $. A la carte
de 5,95 $ à 50 $. Apportez votre vin.* Un
restaurant où il fait bon se faire plaisir avec
un menu de moules, des crêpes salées à
confectionner soi-même (choix de garnitures),
mais aussi des pâtes et bien entendu des
crêpes sucrées. A noter que Sébastien Fafard,
chef du restaurant, a remporté le titre de chef
cuisinier de l'année 2004 de la société des
Chefs cuisiniers et pâtissiers du Québec.

■ L'ORANGEKAKI
120, rue des Forges
℡ 819-375-5358
Bistro-bar œuvrant sur deux étages. Cuisine
internationale aux saveurs du marché.
Terrasse extérieure au cœur de la vie animée
du centre-ville !

Sortir

Cafés

■ LE BUCAFIN
920 Saint-Maurice
℡ 819-376-2122
www.bucafin.qc.ca
*Buanderie, café, Internet. Ouvert du lundi
au samedi.* On envoie des nouvelles de nos
vacances au Québec le temps que notre
linge se lave… le tout, en sirotant un bon
thé aromatisé ou un café équitable. On peut
aussi inviter un client local pour discuter
lors d'une partie de dames ou d'échecs sur
la grande table centrale…

■ LE TORREFACTEUR
1465, rue Notre-Dame Centre
℡ 819-694-4484
On l'aime pour son ambiance décontractée, sa
petite terrasse arrière avec feux de camp, ses
nombreuses variétés de cafés, le rituel de la
torréfaction en direct, son café équitable…

Bars

■ BAR LE TEMPLE
300, rue des Forges
℡ 819-370-2005

> ▶ **D'autres idées pour découvrir Trois-Rivières.** Tour de ville guidé en calèche • Tour
> de ville pédestre avec guide historique • Circuit thématique Promenade de la poésie.
> Informations disponibles à l'office du tourisme.

Ouvert de 11h à 3h. Bière : 4 $. On y vient pour un cinq à sept entre amis, une partie de billard ou pour danser à l'étage. Cadre très sympathique avec mur de brique, fauteuils club, atmosphère feutrée. Musique variée, spectacles. Clientèle 25-35 ans.

■ **CHEZ GAMBRINUS**
3160, boulevard des Forges
✆ 819-691-3371
Brasserie artisanale qui fait le bonheur des amateurs de bières. Ambiance décontractée et conviviale, où la plus vieille boisson du monde est à l'honneur en toute simplicité.

■ **LE CARLITO**
361, rue des Forges ✆ 819-378-9111
Resto-Lounge. Lieu festif idéal pour les 5 à 7 avant d'aller danser. Décor artistique et original. Musique éclectique.

Manifestations

■ **FESTIVAL INTERNATIONAL DE LA POÉSIE**
✆ 819-379-9813
Début octobre. C'est dans 80 lieux différents (cafés, bars, restaurants, galeries d'art) que se retrouvent 100 poètes en provenance de 30 pays.

■ **FESTIVAL INTERNATIONAL DANSE ENCORE (FIDE)**
✆ 819-376-2769
www.festival-encore.com
Début juin. Une programmation grand public, notamment un méga défilé au centre-ville et un Party Danse du Monde.

■ **GRAND PRIX AUTOMOBILE DE TROIS RIVIERES**
✆ 819-370-4787 – www.gp3r.com

Mi-août. En 2008, le grand prix fête ses 40 ans ! C'est ici que Gilles et Jacques Villeneuve ont fait leurs débuts.

Points d'intérêt

Centre-ville

■ **PARC PORTUAIRE**
La promenade sur la terrasse Turcotte en bordure du Saint-laurent offre de magnifiques points de vue sur le fleuve, le port et le pont Laviolette. C'est aussi le lieu de départ et d'arrivée des bateaux de croisière.

■ **CROISIERES M/S JACQUES-CARTIER**
M/V. Le Draveur. 1515, rue du Fleuve
✆ 819-375-3000
✆ 1-800-567-3737
www.croisieres.qc.ca
Pour découvrir le paysage mauricien en longeant les rives du Saint-Laurent et du Saint-Maurice, en croisière de 1h30 ou d'une journée (îles de Sorel, rivière Richelieu, Cap-Santé, Québec, île aux Coudres, Saguenay…).

■ **CENTRE D'EXPOSITION SUR L'INDUSTRIE DES PATES ET PAPIERS**
800, Parc portuaire
✆ 819-372-4633
www.ceipp.net
Ouvert tous les jours du 1er juin à fin septembre de 10h à 18h, octobre et mai sur réservation. Entrée : 4 $. L'industrie des pâtes et des papiers est le principal pilier de l'activité économique canadienne. Découverte des différentes étapes de transformation, de l'exploitation forestière aux nouvelles techniques de recyclage. Exposition accessible à tout public.

Festival International de la Poésie

10 jours - 100 poètes - 30 pays - 5 continents - 400 activités
Aux premiers jours d'octobre
www.fiptr.com

▶ **Trois-Rivières a reçu en 2005 le prestigieux prix Downtown Achievement Award** décerné par l'Association Internationale des centres-villes (International Downtown Association). Dans un rayon de 5 km de marche, on retrouve tout ce qui fait le charme urbain et le caractère culturel de Trois-Rivières : les hôtels 4-étoiles (Delta et Gouverneur et bientôt le Balcer), les gîtes coquets, les nombreux restaurants, les salles de spectacles, le parc portuaire, le quartier historique, les galeries et ateliers d'artistes, Le Musée québecois de culture populaire et la Vieille Prison de Trois-Rivières (www.enprison.com).

Quartier historique (Vieux Trois-Rivières)

■ MUSEE QUEBECOIS DE CULTURE POPULAIRE ET L'EX-PRISON

200, rue Laviolette

℡ 819-372-0406 – www.enprison.com

Ouvert du 24 juin à fin septembre tous les jours de 10 à 18h et le reste de l'année du mardi au dimanche de 10h à 17h. Adultes : 8 $, aînés : 7 $, étudiants : 5 $, enfants de 5 à 17 ans : 5 $, famille : 20 $. Le Musée québecois de Culture populaire vous ouvre les portes de la vieille prison de Trois-Rivières, construite en 1822 par François Baillairgé et constituant le meilleur exemple du style palladien au Québec. Des anciens détenus vous font découvrir l'univers carcéral des années soixante. Visite de l'intérieur de la prison (état original des cellules, chapelle, aire commune, parloir, cachots). Le musée abrite également des expositions sur l'art et la culture québecois, ainsi que sur l'alimentation. Une salle est dédiée exclusivement aux enfants (www.culturepop.qc.ca). C'est dans la charmante rue des Ursulines que vous verrez les constructions les plus anciennes de la ville, épargnées par l'incendie de 1908.

▶ **Carte musées de Trois-Rivières : « Une carte futée – Un prix malin ».** Elle vous donne accès aux principaux attraits de la ville, dont la Vieille Prison, le Musée québecois de Culture populaire, le tour de ville, le site national du Canada des Forges-du-Saint-Maurice… Le tout pour 20 $ taxes incluses.

■ MUSEE DES URSULINES

734, rue des Ursulines

℡ 819-375-7922

www.musee-ursulines.qc.ca

Ouvert de mai à novembre du mardi au vendredi de 9h à 17h, le samedi et le dimanche de 13h à 17h, de novembre à février sur réservation, mars et avril du mercredi au dimanche de 13h à 17h. Entrée : 3,50 $. Histoire des ursulines à Trois-Rivières et de leur œuvre d'éducation et de bienfaisance. Collections d'orfèvrerie, arts décoratifs, mobilier, broderies. Souvenirs de la famille Duplessis. Maquette du monastère au XIXe siècle. Chapelle. Visite guidée. Elle est surmontée d'un superbe dôme de 1897, dû à Joseph et Georges Héroux. A l'intérieur, on admirera la richesse de la décoration et les fresques de la coupole dues à Luigi Cappello. François Normand y a exécuté l'autel (début du XIXe siècle) au-dessus duquel se trouvent deux toiles peintes en 1840 par deux grands artistes canadiens français : Antoine Plamondon (à gauche) et Joseph Légaré (à droite).

■ LA RUE DES FORGES

Animée de restaurants et de boutiques, relie le port au parc Champlain, square agrémenté de bassins et d'arbres qu'encadrent les structures de béton ultramodernes du centre culturel et de l'hôtel de ville.

Le centre culturel, qui fut construit en 1967 pour fêter le centenaire de la Confédération canadienne, abrite un théâtre, une bibliothèque et une galerie d'art. Dans le square, s'élève la statue de Benjamin Sulte (1841-1923), historien renommé du Canada français. De l'autre côté du square, se dresse la cathédrale, dotée d'un clocher recouvert de cuivre, monument d'inspiration gothique avec des éléments de style Westminster. A l'intérieur, on remarquera les vitraux du Florentin Guido Nincheri, réalisés en 1923.

Dans les environs

■ MOULIN SEIGNEURIAL DE TONNANCOUR

2930, rue Notre-Dame (secteur Pointe-du-Lac, au bord du lac Saint-Pierre)

℡ 819-377-1396

Ouvert tous les jours de juin à septembre de 10h à 17h. Entrée : 3 $. René Godefroy de Tonnancour, seigneur de Pointe-du-Lac, fit construire, en 1721, sur la rivière Saint-Charles, un moulin seigneurial. On y moulut le grain jusqu'en 1965. Il accueille de nos jours des concerts, expositions et autres manifestations culturelles. Visites commentées, démonstration des mécanismes du moulin.

■ PARC DE L'ILE SAINT-QUENTIN
Accès par le pont Duplessis ou sortie 201 de l'autoroute 40
℃ 819-373-8151
Ouvert tous les jours de mai à octobre de 9h à 22h, de 9h à 17h hors saison. Entrée : 3 $. Située au confluent de la rivière Saint-Maurice et du fleuve Saint-Laurent, cette oasis de verdure et de paix offre une belle plage, des sites aménagés pour le pique-nique, une piscine extérieure, des sentiers pédestres, une piste cyclable, du canot, des animations écologiques. Vous pourrez même explorer la rivière Saint-Maurice en canot rabaska, accompagné d'un guide. En hiver, ski de fond, patin à glace, glissades.

■ LE SANCTUAIRE DE NOTRE-DAME-DU-CAP
626, rue Notre-Dame, à l'est de la ville
℃ 819-374-2441
C'est le troisième lieu de pèlerinage du Québec, dédié à la Vierge Marie à la suite de deux miracles : la formation du pont de glace sur le fleuve en 1879, ce qui permit aux paroissiens du père Désilets de transporter, de la rive opposée, les pierres nécessaires à l'agrandissement de l'église ; et le prodige de la statue de Notre-Dame qui ouvrit les yeux lorsque le père Désilets consacra le petit sanctuaire le 22 juin 1888. En 1955, une nouvelle basilique fut édifiée : la basilique Notre-Dame-du-Rosaire, bel édifice de plan octogonal, conçu par l'architecte Adrien Dufresne. La tour centrale conique mesure 78 m de hauteur. Une statue de la Vierge haute de 7 m orne la façade. L'intérieur, en bleu et or, couleurs de la Vierge, peut accueillir 1 800 personnes. La basilique est renommée pour son orgue, un des plus imposants du pays, mais surtout pour ses vitraux aux superbes coloris, œuvres de Jan Tillemans (1915-1980), père oblat d'origine hollandaise, qui les réalisa, dans la tradition médiévale, de 1956 à 1964. Chaque vitrail comprend une rosace de 8 m de diamètre et cinq lancettes. La première rosace, à partir de la gauche de l'entrée principale, représente les écussons

des provinces canadiennes avec, dans les lancettes, les saints patrons du Canada. La deuxième, le Christ triomphal sur la croix, la troisième, les mystères du Rosaire, la quatrième, les prophètes et évangélistes, la cinquième, les pionniers canadiens, la sixième, l'histoire de Notre-Dame-du-Cap. A côté de la basilique, on visitera le petit sanctuaire, l'ancienne église de 1714 qui est aussi la plus vieille chapelle en pierre du Québec. La statue miraculeuse se trouve sur un autel de bois doré. L'ensemble occupe un parc qui surplombe le Saint-Laurent (www.sanctuaire-ndc.ca).

■ LIEU HISTORIQUE NATIONAL DU CANADA LES FORGES-DU-SAINT-MAURICE
Route 55 Nord,
sortie 191, boulevard Saint-Michel
10 000, boulevard des Forges
℃ 819-378-5116
www.parcscanada.gc.ca
Ouvert tous les jours de mi-mai à fin septembre de 9h30 à 17h30 et de 9h30 à 16h30 (dernière entrée : 16h) en septembre et en octobre. Entrée : 3,95 $. Ce sont les vestiges de la première entreprise sidérurgique du Canada qui a fonctionné pendant cent cinquante ans, depuis 1730. Visites commentées, centre d'interprétation de la Grande Maison et du Haut-Fourneau, expositions d'objets, spectacle son et lumière, aire de pique-nique.
Au départ de Trois-Rivières, prendre la route 40 Est ou la 138 Est en direction de Sainte-Anne-de-la-Pérade.

SAINTE-ANNE-DE-LA-PÉRADE

Au confluent de la rivière Sainte-Anne et du fleuve Saint-Laurent, Sainte-Anne-de-la-Pérade tire son nom de la Seigneurie qui l'a vue naître.
On y admire ses rues pittoresques, ses vergers en fleurs, ainsi que l'architecture patrimoniale des maisons Dorion, Gouin-Bruneau et Rivard-Lanouette. En hiver, un village féerique s'installe sur la rivière Sainte-Anne pour la pêche aux petits poissons des Chenaux.

■ MAISON DU TOURISME
910, rue Sainte-Anne
℃ 819-325-352
Ouvert tous les jours du 24 juin au 2 septembre de 9h à 18h.

■ **PECHE AUX PETITS POISSONS DES CHENAUX**
☎ 819-325-2475
www.laperade.qc.ca/pourvoyeurs
Du 26 décembre à mi-février. Une vieille tradition québécoise qui réunit plus de 600 chalets chauffés sur la glace de la rivière Sainte-Anne. Activités : pêche au poulamon, balade en tramway, glissades, symposium de sculptures sur neige, animation pour les enfants.

SAINT-PROSPER

■ **FERME LA BISONNIERE**
490, rang Sainte-Elisabeth
(de Sainte-Anne-de-la-Pérade,
route 159 Nord ou sortie 236
de l'autoroute 40) ☎ 819-328 3669
Ouvert tous les jours d'avril à octobre. Réservation obligatoire pour la dégustation. C'est dans une carriole que vous approcherez ces énormes bêtes. Après la visite, vous

pourrez vous offrir une assiette de dégustation afin de vérifier quel goût cela peut bien avoir... Entre autres, la tourtière ou les saucisses de bison sont excellentes. Si cela vous a plu, des plats cuisinés, de la viande congelée ou coupée sont à la vente.

SAINT-TITE

■ **FESTIVAL WESTERN DE SAINT-PROSPER**
Route 159 Nord) ☎ 819-365-7524
www.festivalwestern.com
Début à mi-septembre. Le festival Western de Saint-Tite est de renommée internationale. La plus grande attraction western de l'est du Canada crée une ambiance exceptionnelle. Rodéos professionnels, défilé à traction animale, danse country, spectacles de musique country et animation permanente.

▶ **Au départ de Trois-Rivières,** prendre la route 55 Nord en direction de Shawinigan ou la route 153 Ouest au départ de Saint-Tite.

■ VALLÉE DU SAINT-MAURICE

Montagnes, forêts et lacs innombrables caractérisent cette vallée qui doit son nom à un certain Maurice Poulain de la Fontaine, qui l'explora en 1668. La rivière prend sa source au nord dans le réservoir Gouin, passe à La Tuque et se jette dans le Saint-Laurent au bout de 560 km, à la hauteur de Trois-Rivières. L'importance économique de la vallée remonte au XVIIIe siècle avec l'exploitation des gisements de fer. Au XIXe, ce fut l'essor de l'industrie forestière.
Au XXe, l'hydroélectricité se développa à Shawinigan et à Grand-Mère (usines de pâte à papier et de produits chimiques). La rivière sert encore de voie de transport des billots de bois (bois de flottage).

■ **MAIKAN AVENTURE**
2206, boulevard des Chenaux
Trois-Rivières
☎ 819-694-7771
☎ 1-877-694-7010
www.maikan.ca

Pour les amateurs de plein air. Location de kayaks pour randonnée en plein air sur la superbe rivière St Maurice.

SHAWINIGAN

A 36 km de Trois-Rivières (sortie 217). On l'appelait jadis la Ville Lumière car elle fournissait presque toute l'énergie électrique de la ville de Montréal. Les chutes de la Saint-Maurice furent exploitées à des fins hydroélectriques dès la fin du XIXe siècle. Elles sont impressionnantes (50 m de hauteur), surtout au printemps, au moment du dégel. Une seule grande municipalité unit maintenant Shawinigan-Sud, Grand-Mère, Saint-Gérard-des-Laurentides, Saint-Jean-des-Piles, Lac-à-la-Tortue, Saint-Georges-de-Champlain : Shawinigan. Le territoire de Shawinigan possède notamment le parc national du Canada de la Mauricie, magnifique joyau naturel, et la Cité de l'Energie relatant cent ans d'histoire industrielle du Québec.

Pratique

■ **CENTRE LOCAL DE DEVELOPPEMENT**
522, 5e Rue
✆ 819-537-7249
✆ 1-888-855-6673
www.tourismeshawinigan.qc.ca

■ **VILLE DE SHAWINIGAN**
✆ 819-536-7211/536-5671

Hébergement – Restaurants

■ **AUBERGE GOUVERNEUR SHAWINIGAN**
1100, promenade du Saint-Maurice
✆ 819-537-6000 - ✆ 1-888-922-1100
www.gouverneurshawinigan.com
*110 chambres modernes et équipées de 89 $
à 187 $. Tarifs groupes.* Etablissement de
tout confort situé en face de la rivière Saint-
Maurice. Service impeccable. Restaurant, bar,
piscine, centre de santé, salles de réunion.
Forfaits disponibles.

■ **COMFORT INN**
500, boulevard du Capitaine
✆ 1-866-400-4087
*Hôtel 3 étoiles, lauréat régional aux Grands
prix du tourisme Québécois 2007 et gagnant
2006 du Prix Or de l'hospitalité par Choice
Hotels Canada.* Construit récemment face à
la rivière St-Maurice, très spacieux , des plus
confortables et répondant aux besoins du jour.
Nombreux forfaits disponibles. Véritable havre
de paix au cœur de la ville.

■ **B&B LA MAISON SOUS LES ARBRES**
1002, avenue Hemlock
✆ 819-537-6413
www.maisonsouslesarbres.com
*3 chambres de 77,60 $ à 92,60 $ par personne
en occupation double, petit déjeuner complet
inclus. Argent comptant et chèques de voyages
uniquement.* Ancienne école datant de 1909 et
ayant conservé le charme d'antan, la Maison
sous les Arbres inspire à la détente. Chambres
joliment décorées, décor champêtre et élégant.
Jardin, terrasse, accueil chaleureux.

■ **MICROBRASSERIE
LE TROU DU DIABLE**
412, rue Willow ✆ 819-537-9151
www.troududiable.com
*Ouvert du dimanche au mardi de 15h à 23h, le
mercredi et le jeudi de 15h à 1h et le vendredi
et le samedi de 15h à 3h. La cuisine est ouverte
de 17h à 21h du mercredi au dimanche.* Cette
coopérative produit des bières artisanales et a
pour mission de faire découvrir les trésors du

terroir québécois. La cuisine propose des plats
exclusivement élaborés à partir de produits du
terroir et pas chers du tout. Des activités et des
spectacles y sont également présentés. Nous
vous recommandons fortement la visite guidée
de la brasserie qui se fait sur réservation
seulement.

■ **RESTAURANT LA PIÑATA**
902, promenade du Saint-Maurice
✆ 819-537 7806 - www.lapinata.ca
Ouvert de 11h à 22h. Midi : 12 $, soir : 18 $.
Restaurant de spécialités mexicaines. Nachos,
enchiladas, fajitas, mais aussi grillades et
crevettes. Cadre très sympathique avec décor
en bois de teck, objets d'art mexicains et vue
sur la rivière Saint-Maurice. Terrasse. De plus,
on apprécie l'accueil et le service.

Manifestation

■ **GRAND PRIX DE MOTONEIGES**
✆ 819-536-0989
Début à mi-février. Evénement de grande
envergure avec plus de 100 courses au
programme. Des coureurs venant des quatre
coins du Canada et des Etats-Unis vous offrent
des spectacles de haute sensation.

Points d'intérêt

■ LA CITE DE L'ENERGIE
1000, avenue Melville
℡ 819-536-8516 – ℡ 1-866-900-2483
www.citedelenergie.co
Horaires : du 7 juin au 16 juin, du mardi au dimanche de 10h à 17h (dernière entrée pour une visite complète : 14h). Du 17 juin au 1 septembre, tous les jours de 10h à 18h (dernière entrée pour une visite complète : 15h). Du 2 septembre au 28 septembre du mardi au dimanche de 10h à 17h (dernière entrée pour une visite complète : 14h). Groupes sur réservation. Adultes : 16 $, aînés : 15 $, étudiants : 14 $, enfants de 6 à 12 ans : 9 $.
Parc thématique qui comprend la deuxième plus haute tour d'observation au Québec, des expositions interactives et des spectacles multimédia, La Cité de l'Energie vous invite à la découverte de l'aventure industrielle et centenaire de Shawinigan. Croisières possibles sur la rivière Saint-Maurice. Le soir, le spectacle Kosmogonia mêle un monde fantastique à la découverte de l'histoire de la création de l'homme et de l'univers.

■ PARC DES CHUTES-SHAWINIGAN
Ile Melville (en face de La Cité de l'Energie)
℡ 819-536-7155 (mai à octobre)
℡ 819-536-0222 (novembre à avril)
www.campingquebec.com/parcdeschutes
Ouvert à l'année. Le parc des Chutes jouit d'un large espace entouré de la rivière Saint-Maurice. Ce havre naturel en pleine ville offre de nombreuses activités. Hébergement en camping aménagé (130 emplacements) ou auberge (dortoirs) avec accès à la cuisine et au salon. Aires de pique-nique, tennis, piscine, canot, kayak, pédalo, randonnée pédestre, vélo, pêche à la truite, observation du cerf de Virginie, ski de randonnée, raquettes, patin à glace. Les chutes Shawinigan, d'une hauteur de 50 m, offrent un spectacle grandiose au printemps (à noter : Hydro-Québec contrôle le débit selon les besoins en électricité à l'aide des évacuateurs de crues).

SECTEUR DE GRAND-MÈRE

A 46 km de Trois-Rivières (sortie 223). C'est ici que fut installée en 1890 la première centrale hydroélectrique. Les usines de pâte à papier contribuèrent au développement de la ville. Celle-ci doit son nom à un gigantesque rocher évoquant une tête de vieille femme qui se trouvait jadis au milieu de la rivière. Gênant la construction du barrage, le rocher fut transporté dans un parc du centre-ville. Grand-Mère est la porte d'entrée du parc national de la Mauricie.

■ MAISON DU TOURISME
2333, 8e Rue
℡ 819-538-4883
℡ 1-800-667-4136
tourisme.grand-mere@tr.cgocable.ca
Toute l'année, du lundi au vendredi de 9h à 17h et 7j/7 en saison.

Hébergement – Restaurant

■ AUBERGE LE FLORES
4291, 50e Avenue,
Sainte-Flore-de-Grand-Mère
℡ 819-538-9340 – ℡ 1-800-538-9340
www.leflores.com
34 chambres. Forfaits souper, coucher, déjeuner à 176 $ pour 2 personnes. Tarifs groupes. L'Auberge Le Florès vous accueille très chaleureusement dans un cadre champêtre et romantique. Les chambres sont joliment décorées avec des meubles anciens. Table gastronomique réputée. Bar-terrasse, centre de santé, piscine, jardin, salles de réunion. Forfaits disponibles.

Points d'intérêt

■ LAC-A-LA-TORTUE
À 10 km de Grand-Mère
Aviation Mauricie. 161, 270e Avenue
℡ 819-538-6454 – ℡ 1-866-787-6555
Point de service :
aéroport de Lac-à-la-Tortue,
1340, avenue Tour-du-Lac
www.aviationmauricie.com
Ouvert à l'année. Réservation recommandée. Survol en hydravion de la majestueuse vallée du Saint-Maurice, ses nombreux grands lacs et vastes forêts. Une expérience inoubliable et à prix très abordable. Restaurant à l'hydrobase de Lac-à-la-Tortue.

■ GRANDES-PILES
A 17 km de Grand-Mère. Ce village servait au transbordement du bois. Son nom lui vient de ses rochers en forme de piliers que l'on voit dans les chutes d'eau, au sud du village. On ne manquera pas d'aller visiter le village du Bûcheron (780, 5e Avenue, Grandes-Piles ℡ 819-538-7895. *Ouvert du 15 mai au 15 octobre, de 10h à 18h. Entrée : 10 $*). C'est la reconstitution d'un vrai camp de bûcherons québécois du début du siècle. Les vingt-cinq

bâtiments en rondins et l'ameublement rustique recréent les rudes conditions de vie de ces pionniers. Ne manquez pas l'office, le campe, la limerie, la cache, l'écurie, la forge, la tour des garde-feu et la cookerie, c'est-à-dire la cuisine, où vous pourrez prendre un repas typique de chantier.

PARC NATIONAL DE LA MAURICIE

A 50 km au nord de Trois-Rivières
par l'autoroute 55
✆ 819-538 3232
www.parcscanada.gc.ca
Accès : 6,90 $. Ouvert de début mai à début octobre. Postes d'accueil : à l'ouest, à Saint-Mathieu (sortie 217 de la 55 en direction de Saint-Gérard-des-Laurentides) ; à l'est, à Saint-Jean-des-Piles (sortie 226 de la 55).
Hébergement : camping aménagé et rustique (200 emplacements), de 14,85 $ à 26,75 $ par nuit (✆ 819-533-7272), gîte de 12 $ à 24 $ par personne (✆ 819-533-4555). **Activités :** canot, canot-camping (location sur place), canot rabaska, baignade, pêche, randonnée pédestre, croisière sur le Saint-Maurice. En hiver, ski de fond, raquettes, camping (seulement au secteur de la Rivière-à-la-Pêche). Nombreux lacs : lac Bouchard, lac du Fou, lac Edouard, lac Ecarté, lac Alphonse, lac du Caribou... C'est un territoire sauvage de lacs et de forêts de 536 km^2, au cœur des Laurentides. Feuillus et résineux couvrent des collines arrondies de 350 m de hauteur tout au plus. Indiens, coureurs des bois, bûcherons ont toujours parcouru cette région, attirés par ses richesses naturelles. La route panoramique de 70 km, serpentant à travers la forêt et les rochers de granite rose du bouclier laurentin, relie les deux points d'accès du parc. Elle longe sur 16 km le lac Wapizagonke, longue et étroite étendue d'eau filiforme, avant de conduire au belvédère du Passage, puis au lac Edouard offrant une ravissante plage de sable fin aménagée pour la baignade et le pique-nique. Derrière l'accueil de l'entrée ouest du parc, la vue sur la rivière Saint-Maurice est magnifique.

■ RAFTING MATAWIN, NOUVELLE AVENTURE
3911, route 155, Rivière-Matawin
✆ 800-815-7238/514-990-2451
www.nouvelleaventure.qc.ca
Ouvert du 15 avril au 1er octobre de 8h à 20h. Descente de la rivière Matawin en rafting, kayak, hydroluge, kayaraft. Aussi canyoning

et escalade. Expéditions de 1 à 14 jours avec guides expérimentés et hébergement en camping ou auberge. A noter, activités également possibles sur la rivière Rouge dans les Basses-Laurentides.

■ RESERVE FAUNIQUE DU SAINT-MAURICE
3773, route 155, Rivière-Matawin
✆ 819-646-5687 (90 km au nord de Trois-Rivières)
www.sepaq.com
Réservations Sépaq ✆ 800-665-6527
Poste d'accueil : Rivière-Matawin, sur la rive est de la rivière Saint-Maurice, à 2 km au sud du pont enjambant la rivière. La réserve faunique du Saint-Maurice (784 km^2) est un havre naturel et sauvage parsemé de nombreux cours d'eau (245 lacs et 8 rivières) où abonde la faune aquatique et terrestre. Créée en 1963, elle fut jadis un territoire réservé à des clubs de chasse et de pêche depuis 1886. Elle offre un excellent potentiel récréatif pour pêcheurs sportifs.
Points d'intérêt : chutes Dunbar, plages de sable fin au lac Normand. Une véritable nature intacte qui accueille les amateurs de plein air. Faune : orignal, ours noir, lièvre et plus de cent espèces d'oiseaux dont la gélinotte huppée, le héron et le huart. Hébergement : 27 chalets à proximité de plans d'eau, 10 camps rustiques, 90 emplacements de camping. Location d'équipement : chaloupes, canots, moteurs (essence et électrique), gilets de flottaison, vente d'appâts. Activités : baignade, canotage, canot-camping (circuit de 32 km), chasse à l'orignal, chasse au petit gibier (à la journée et avec séjour), observation de la faune, pêche à la truite grise et à la truite mouchetée (à la journée et avec séjour), chaloupe, randonnée pédestre (42 km), randonnée en traîneaux à chiens (✆ 819-646-5094).

■ VILLAGE INNUSIT
120, rue Principale, Lac-Edouard (Haute-Mauricie)
✆ 819-653-2004
Situé au cœur de la haute forêt mauricienne et à 10 km du village du Lac-Edouard, le village Innusit vous fait vivre une aventure hors du commun. La traversée en canot rabaska vous amène à un campement amérindien. Nuit sous tente tipi avec feu de camp, randonnée pédestre sur la piste d'animaux sauvages, cueillette des petits fruits, observation des castors et repas préparés sur feu de bois. Une expérience ponctuée d'un accueil très chaleureux et d'une totale harmonie avec la nature.

■ LA SEIGNEURIE DU TRITON

1595, de l'Islet. Lac-Edouard
(Haute-Mauricie)
℡ 819-653-2509 – ℡ 1-877-393-0557
A partir de 105 $ par personne, incluant les trois repas et les activités de plein air. Une immense pourvoirie… en plein milieu de l'eau. Pour y accéder, pas question d'avoir le mal de mer, car il faudra embarquer sur un petit bateau ! Il vous conduira dans un des édifices de cette pourvoirie, ou vous pourrez pêcher, faire du kayak, du vélo de montagne, vous baignez, etc. Un endroit magnifique, très réputé.

LA TUQUE

Le plus célèbre chanteur-compositeur de musique québécois, Félix Leclerc (1914-1988), naquit ici. Cet ancien poste de traite des fourrures doit son nom à une colline en forme de bonnet de laine (tuque en québécois). Les puissantes chutes d'eau et les forêts alentour sont à l'origine de son usine de pâte à papier et de sa centrale hydroélectrique.

■ MAISON DU TOURISME

3701, boulevard Ducharme
℡ 819-523-5930 – tourismehsm.qc.ca
Ouvert tous les jours du 24 juin au 2 septembre de 9h à 18h.

Hébergement

■ MOTEL LE GITE

1100, boulevard Ducharme
℡ 819-523-9501
www.chezmarineau.com
49 chambres. A partir de 68,95 $ la nuit. Motel confortable et pratique. Bien équipé : TV avec câble, climatisation, etc.

SAINT-MATHIEU-DU-PARC

▶ **Accès.** Route 351.

■ MAISON DU TOURISME

191, chemin de la Canadienne
℡ 819-532-2480
Ouvert tous les jours du 24 juin au 2 septembre de 9h à 18h.

■ ESKABEL

150, chemin Saint-François,
Saint-Mathieu-du-Parc ℡ 819-376 2428
Juin et juillet. Entrée : 30 $. L'Eskabel accueille des pièces de théâtre de grande renommée (Shakespeare, Euripide) dans un amphithéâtre au cœur de la forêt à Saint-Mathieu-du-Parc.

SAINT-PAULIN

▶ **Accès.** Sorties 166 ou 174 Louiseville de l'autoroute 40, route 349.

■ AUBERGE LE BALUCHON

3550, chemin des Trembles
℡ 819-268-2555 – ℡ 1-800-789-5968
www.baluchon.com
Chambre de 115 $ à 195 $. Tarifs groupes. Quatre-vingts chambres équipées réparties en petites maisons. Charmante auberge de villégiature dans un environnement de pleine nature. Table gastronomique, bar, piscine, centre de santé, salles de réunion. Nombreuses activités sur la baignade, tennis, équitation, vélo, canoë-kayak, randonnée, ski de fond (25 km), raquettes, glissades, traîneau à chiens. Forfaits disponibles.

■ AUX BERGES DU LAC CASTOR

3800, chemin des Allumettes
℡ 819-268-3339
www.laccastor.com
Auberge, 1 chambre (4 personnes) : 65 $ la nuit. Chalets : 50 $ à 180 $ la nuit pour 4 à 10 personnes et selon la saison. 21 sites de camping (environ 25 $ la nuit). Dans tous les cas, il faut rester 2 nuits minimum la fin de semaine. Où la magie de l'homme rencontre la beauté de la terre… Voici l'accroche de ce site pas tout à fait comme les autres… Conçue pour les groupes, les rassemblements, les grandes familles et leurs enfants, on y entre comme dans un village au bord d'un lac. Salle à manger panoramique, vue sur le lac et la vie faunique, grand salon avec foyer, cuisine communautaire et commodités, l'auberge est chaleureuse et fonctionnelle. D'une capacité de 36 personnes (en majorité de lits superposés) dans neuf chambres. Des chalets sont aussi proposés, de taille et de styles différents. En plus d'un site en pleine nature, on vous y propose de belles activités : journée pique-nique (*avec accès aux sentiers, activités et équipements : 7,50 $ par adulte, 3 $ par enfant ou 20 $ par famille*), promenade d'un jour dans les sentiers pédestres (*5 $*), location de raquettes de montagne (*7 $ la demi-journée ou 10 $ la journée*), traîneau à chiens (*55 $ par personne de l'heure, sur réservation*). Idéal pour les familles et les groupes d'amis qui recherchent la nature autant que la convivialité !

SAINT-ALEXIS-DES-MONTS

Capitale de la truite mouchetée (Festival avec tournoi de pêche et spectacles à la mi-juin), Saint-Alexis-des-Monts est avant tout un magnifique territoire naturel avec plus de 600 lacs.

■ MAISON DU TOURISME

30, rue Saint-Olivier
℅ 819-265-4110/819-265-2046
Ouvert toute l'année, du lundi au vendredi de 9h à 17h et 7j/7 en saison.

Hébergement

■ AUBERGE DU LAC-A-L'EAU-CLAIRE

500, chemin du Lac-à-l'Eau-Claire
℅ 819-265-3185
www.lacaleauclaire.com
150 chambres. Chambre double à partir de 140 $. Tarifs groupes. Située au bord du lac du même nom, l'auberge du Lac-à-l'Eau-Claire invite à la détente dans un cadre de pleine nature. Les chambres, joliment décorées, sont réparties en auberge, pavillons et en chalets. Cuisine régionale, piscine ; centre de santé, salles de réunion. Activités baignade, tennis, vélo de montagne, canot, kayak, chaloupe, randonnée pédestre, pêche, chasse au petit gibier, raquettes, ski de fond, patin à glace, balade en traîneau à chiens, pêche blanche, motoneige. Forfaits disponibles.

■ B&B LA CHAUMIERE DES TOURELLES

1128, rang Du-Moulin
℅ 819-265 2248
www.gitecanada.com/6452.html
3 chambres. A partir de 87 $ en double, petit déjeuner complet inclus. Argent comptant, chèques de voyages, pas de cartes de crédit. Maison sympathique entourée d'arbres et de fleurs. On apprécie la rivière qui coule au milieu de ce décor champêtre. Chambres joliment décorées, terrasse, accueil chaleureux.

■ HOTEL SACACOMIE

4000, rang Sacacomie
℅ 819-265-4444 – ℅ 1-888-265-4414
www.sacacomie.com
109 chambres et suites équipées, de 129 $ à 209 $, mini-suites de 215 $ à 295 $ et suites de 350 $ à 1 500 $ (minimum 2 nuits si séjour week-end). Toutes cartes de crédit. Internet haute vitesse, spa, sauna, quad, pêche, hydravion, hélicoptère… L'Hôtel Sacacomie est un chalet en rondins, niché au cœur de la forêt mauricienne et aux abords de la réserve faunique de Mastigouche. Il surplombe le lac Sacacomie, un lac majestueux dont le rivage fait plus de 40 km, et s'intègre harmonieusement aux fresques naturelles.

Une authentique communion avec la nature, où règnent calme et sérénité. Fine cuisine gastronomique, bar, centre de santé, salles de réunion, terrasse. **Activités en été,** vélo de montagne, canot, pédalo, kayak, chaloupe, hydravion, quad, pêche, randonnée pédestre, baignade. **Activités en hiver,** raquettes, ski de fond, glissades, balade en traîneau à chiens, randonnée à cheval, hydraski, pêche blanche, motoneige. L'atelier d'art est ouvert en tout temps. Forfaits disponibles.

Point d'intérêt

■ RESERVE FAUNIQUE MASTIGOUCHE

830, rang Pins-Rouges, Route 349
℅ 819-265-2098 (95 km au nord-ouest de Trois-Rivières)
www.sepaq.com
Réservations Sépaq ℅ 800-665-6527
Postes d'accueil. Pins-Rouges, route 349, 24 km au nord de Saint-Alexis-des-Monts ; Catherine, routes 347, 349, 18 km au nord de Mandeville. Bouteille, route 131, 26 km à l'est de Saint-Zénon. Créée en 1971, la réserve faunique Mastigouche (1 574 km²) fut jadis un territoire réservé à des clubs de chasse et de pêche, dont les deux plus connus étaient les clubs Saint-Bernard (fondé en 1872) et Mastigouche (fondé en 1901). Il s'agit d'un véritable havre naturel où les nombreux plans d'eau (417 lacs et 13 rivières et ruisseaux) enlacent des montagnes majestueuses. Ce magnifique décor séduit les amateurs d'activités de plein air, chasseurs et pêcheurs sportifs. **Faune :** orignal, castor, ours, lièvre et plus de cent espèces d'oiseaux dont la gélinotte huppée, l'aigle-pêcheur et le huart. **Hébergement :** quarante-deux chalets à proximité de plans d'eau, huit camps rustiques, quatre-vingt-douze emplacements de camping aménagés sans services et plusieurs emplacements rustiques. Location d'équipement : chaloupes, canots, moteurs, gilets de flottaison, pédalos, vélos de montagne, kayaks (camping Saint-Bernard). **Activités :** baignade, canotage, canot-camping, chasse à l'orignal et à l'ours. Cueillette de fruits sauvages, observation de la faune, pêche à l'omble de fontaine, au touladi, moulac et ouananiche à la journée et avec séjour, chaloupe, randonnée pédestre, bicyclette, vélo de montagne, sentiers de motoneige. **Activités C.T.M.** ℅ 819-265-2666. Ski de fond (sentiers balisés, tracés et damés), ski nordique (sentiers balisés) avec nuit en refuge, balade en raquettes.

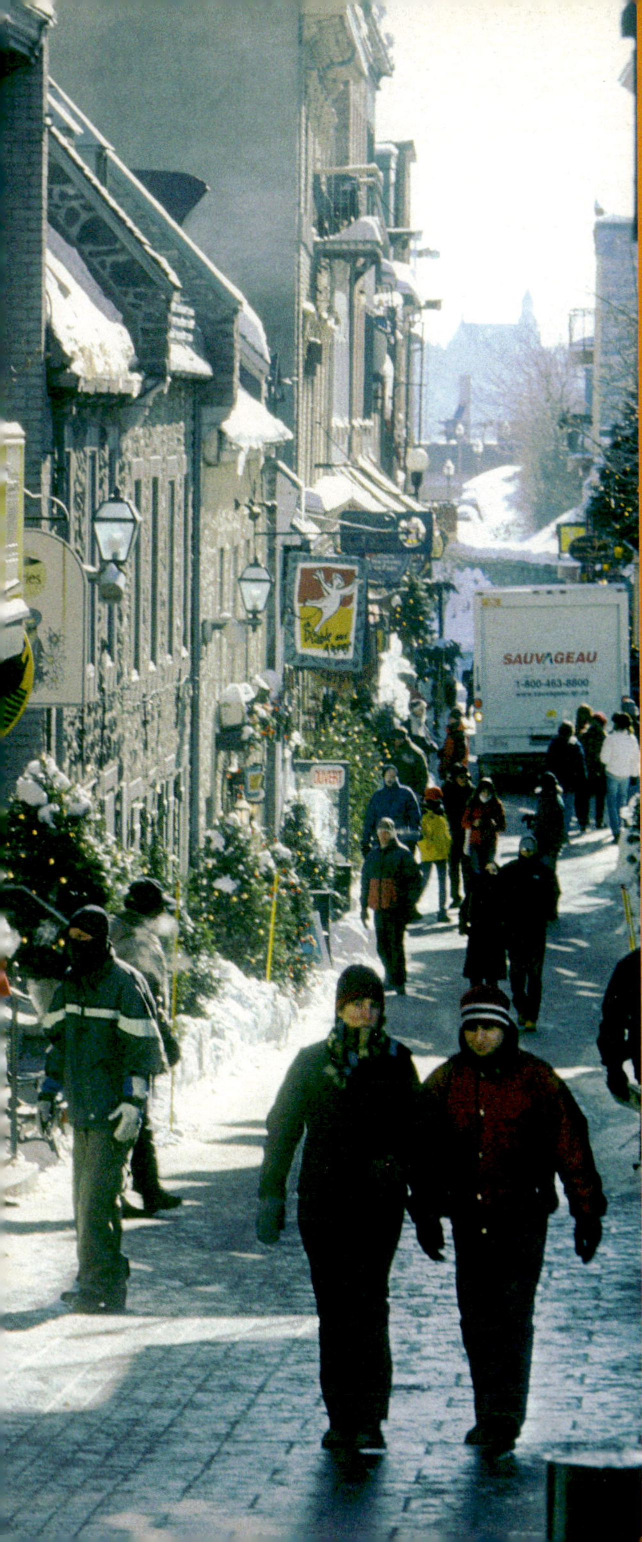

QUÉBEC ET CHARLEVOIX

Quartier du Petit-Champlain, rue du Petit-Champlain, Vieux-Québec

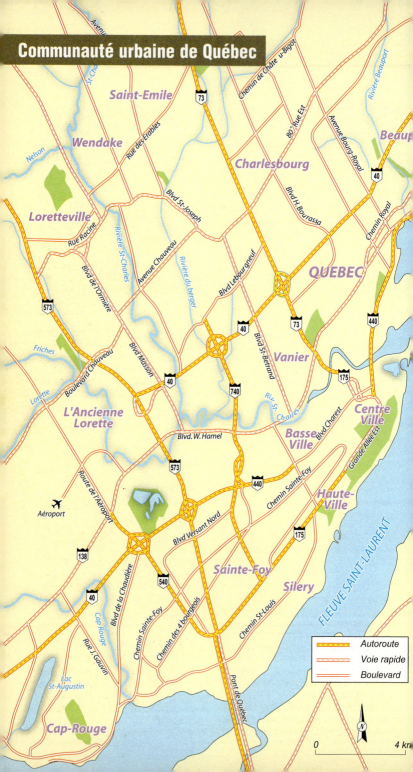

Communauté urbaine de Québec

Saint-Emile

Wendake

Charlesbourg

Beaup

QUÉBEC

Loretteville

Vanier

Centre Ville

L'Ancienne Lorette

Basse Ville

Haute-Ville

Aéroport

Sainte-Foy

Silery

Cap-Rouge

FLEUVE SAINT-LAURENT

Nelson

Rue des Érables

Blvd St-Joseph

Avenue Chauveau

Rivière du berger

Blvd Lebourgneuf

Chemin de Châte u-Bigov

80° Rue Est

Avenue Bourg-Royal

Blvd H. Bourassa

Chemin Royal

Rivière Beauport

Rivière St-Charles

Rue Racine

Blvd de l'Ormière

Boulevard Chauveau

Blvd Masson

Blvd St-Bertrand

Riv. St-Charles

Blvd Charest

Grande Allée Est

Blvd. W. Hamel

Chemin Sainte-Foy

Route de l'Aéroport

Blvd Versant Nord

Chemin Sainte-Foy

Blvd de la Chaudière

Chemin des 4 bourgeois

Chemin St-Louis

Rue J. Gauvin

Lac St-Augustin

Cap Rouge

Pont de Québec

Friches

Lorette

73

40

40

573

40

740

175

440

73

440

175

573

440

175

138

540

40

	Autoroute
	Voie rapide
	Boulevard

N

0   4 km

Québec

Quartier du Petit Champlain

Berceau de la province du Québec, bastion de la culture française en Amérique du Nord, la ville de Québec est un bijou. C'est aussi la seule ville fortifiée d'Amérique du Nord, et son quartier ancien, le Vieux Québec, s'inscrit désormais sur la liste du Patrimoine mondial de l'UNESCO. Québec, qui offre le charme européen dans un environnement américain, semble elle-même faite de contradictions et de paradoxes, à l'image de sa population aux racines amérindiennes, françaises et britanniques. Depuis 1867 (date de la Confédération), Québec est la capitale politique de la province du même nom ; sa grande fierté aussi. Ici siège le Parlement, à peu de distance de la massive et ô combien célèbre construction du Château Frontenac, qui surplombe le majestueux fleuve Saint-Laurent et qui est typique des hôtels de style château médiéval, avec tourelles et mâchicoulis, que le Canadian Pacific implanta sur la ligne du chemin de fer transcanadien.

Le Vieux Québec se compose d'une Haute Ville, au sommet du cap Diamant, et d'une Basse Ville, comprise entre la falaise et le Saint-Laurent. Il convient d'en faire la visite… à pied. La flânerie est le meilleur moyen de la découvrir. Ici, les voitures sont indésirables et mieux vaut les abandonner dans un des parkings souterrains de la vieille ville. A pied, mille charmes s'y dévoilent, au gré de ses étroites ruelles pavées, de ses escaliers, de ses places ombragées et de ses jardins. Les flèches élancées de ses nombreuses églises et le dôme du Grand Séminaire témoignent de l'importance de la religion catholique dans cette ancienne colonie française. Ici aussi, les manifestations abondent à longueur d'année et, plus particulièrement, durant la saison estivale.

Les immanquables de Québec et ses environs

▶ **La Vieille Ville** de Québec.

▶ **La visite des superbes musées de Québec.** Ne manquez pas le musée de la Civilisation, le musée des Beaux-Arts et le musée de l'Amérique française.

▶ **La station Duchesnay.** En hiver, on visite ou on séjourne à l'hôtel de glace. En été, on profite des sentiers de randonnée et du lac.

▶ **Les parcs nationaux et réserves fauniques :** parc national de la Jacques Quartier, réserve faunique des Laurentides et de la Jacques Quartier.

▶ **La route 360** qui quitte la 138 à partir de Beaupré. La réserve de Cap Tourmente, le mont Saint-Anne et les deux canyons enchanteront les amoureux de la nature.

Ville de Québec

Les fêtes de la Nouvelle-France, en août, y recréent l'atmosphère du XVIIe siècle. En février s'y déroule le célèbre carnaval de Québec, conduit par le non moins célèbre bonhomme Carnaval, vêtu de sa tuque (bonnet) rouge et de sa ceinture fléchée (pièce de tissu traditionnelle), et qui s'accompagne d'un grand défilé de chars, d'un étonnant palais de glace, d'un concours de sculptures sur neige et d'une course de canots au milieu des glaces mouvantes du Saint-Laurent.

Vous irez sans doute faire un tranquille aller-retour sur le ferry (la traverse) qui fait la traversée du fleuve jusqu'à Lévis (rive sud), histoire de découvrir cet ensemble remarquable coiffant le fameux cap Diamant. Vous vous baladerez très certainement dans le vieux port et ferez un tour au marché couvert où sont proposées toutes sortes de spécialités québécoises, dont celles à base d'érable. Ou bien vous flânerez dans les ruelles autour du Petit-Champlain, pour admirer la pittoresque et coquette rénovation de cet ancien quartier de pêcheurs de la Basse Ville, laquelle avait sombré dans l'oubli. Peut-être encore ferez-vous du lèche-vitrines dans une des innombrables boutiques d'art et d'artisanat québécois qui ont pignon sur rue dans la vieille ville, ou dans les beaux centres commerciaux du boulevard Wilfrid-Laurier (près du pont Pierre-Laporte). Hors les murs, Québec est une cité moderne, dominée par de hautes tours, et une ville d'hommes politiques, de fonctionnaires et d'étudiants, ainsi qu'un centre industriel et portuaire.

Bref, Québec est tout, sauf banale. On la découvre avec enchantement et on la redécouvre toujours avec plaisir. Il faut prendre son temps, déguster les spécialités culinaires de la gastronomie québécoise de l'ancien temps, s'offrir un verre en plein air sur les nombreuses terrasses de café de la vieille ville ou de la Grande-Allée (les Champs-Elysées de Québec) par une nuit de pleine lune. Et, les soirs d'été, après un dîner savoureux, faire une promenade digestive sur la promenade en planches de la terrasse Dufferin, au pied du Château Frontenac, illuminé comme dans un conte de fées, pour jouir de la vue sur le fleuve ou se laisser charmer par les chanteurs et musiciens qui s'y produisent.

Histoire

Bien avant l'arrivée des Européens, les chasseurs et pêcheurs amérindiens habitaient le village de Stadaconé, non loin du site actuel de Québec. En 1535, Jacques Cartier y accoste et donne le nom de cap Diamant au promontoire qui domine le Saint-Laurent, pensant y trouver de précieux gemmes, avant d'en repartir, déçu. En 1608, Samuel de Champlain débarque à son tour à Kébec, mot algonquin signifiant là où le fleuve se resserre, et, de fait, le Saint-Laurent ne mesure qu'un kilomètre de large à cet endroit. Il y établit un poste de traite des fourrures et y érige une première forteresse de bois. Les institutions religieuses et l'administration coloniale s'établissent dans la Haute Ville, tandis que les marchands et les artisans habitent la Basse Ville qui demeurera jusqu'au milieu du XIXe siècle le cœur économique de la cité. Très vite, Québec devient le centre politique, administratif et militaire de la Nouvelle-France.

Perchée sur le promontoire du cap Diamant (98 m de hauteur), au confluent de la rivière Saint-Charles et du Saint-Laurent, la ville, surnommée le Gibraltar de l'Amérique, occupe, en effet, un site stratégique qui fera l'objet de multiples offensives : elle ne subira pas moins de six sièges. Les frères Kirke réussissent même à s'en emparer en 1629. Comme elle reste vulnérable en dépit de sa situation de forteresse naturelle, on décide de l'entourer de puissantes fortifications. Elles sont érigées en 1690 par le comte de Frontenac qui réussit à repousser l'assaut de l'amiral Phips. Mais, en 1759, les troupes anglaises du général Wolfe assiègent la ville.

© MICKAËL DAVID / AUTHOR'S IMAGE

Le château Frontenac vu du Parc des Gouverneurs et la Terrasse Dufferin

Québec 2008

En 2008, Québec célèbre l'anniversaire des 400 ans de la fondation de la ville par Samuel de Champlain. Tout au long de l'année auront lieu de nombreuses manifestations : spectacles, expositions, etc.

Québec fête ses 400 ans

▶ **Quoi.** Le 3 juillet 2008 marque le 400ᵉ anniversaire de Québec. C'est l'occasion de célébrer le passé de la capitale mais aussi son présent et son futur.

▶ **Comment.** Le sommet de la Francophonie, des grands concerts, un gigantesque pique-nique ouvert à tous, des expositions, des projections d'images conçues par Robert Lepage et beaucoup d'autres choses.

▶ **Où.** Partout dans la ville. L'espace 400ᵉ, au bassin Louise, rassemble beaucoup d'expositions et d'évènements.

▶ **Quand.** Du 31 décembre 2007 à octobre 2008.

▶ **En savoir plus.** *Guide du Petit Futé – ville de Québec spécial 400ᵉ*.

■ www.monquebec2008.com

Les grands événements

L'Espace 400ᵉ

C'est le lieu de rencontre, central où se réunira la population d'ici et d'ailleurs pour vivre ensemble des expériences artistiques et historiques, découvrir des expositions, des conférences, des animations quotidiennes. L'espace 400ᵉ se trouve sur les bords du bassin Louise, dans le vieux port de Québec. Il sera animé de juin à septembre 2008. Voici quelques-uns des évènements auxquels on pourra assister :

▶ **Les rencontres internationales du théâtre jeune public,** en collaboration avec le théâtre « les gros becs », du 11 mai au 7 juin. Cette activité créera des liens entre des auteurs et metteurs en scène francophones de la scène internationale et des comédiens de Québec. Le jeune public pourra participer à des ateliers de lecture et rencontrer les artistes.

▶ **Empreintes d'elles,** en collaboration avec le YWCA de Québec, du 1ᵉʳ juin au 30 septembre 2008. Des cocktails thématiques montreront l'influence des femmes sur un grand nombre d'activités de la ville.

▶ **Passagers, du 3 juin au 19 octobre 2008.** Cette exposition interactive, conçue par le réalisateur Patrice Sauvé en collaboration avec le scénographe Stéphane Roy, rend hommage à la mouvance humaine.

▶ **Les jardins éphémères, du 10 juin au 28 septembre 2008.** Des créateurs québécois, amérindiens, américains et européens se sont penchés sur le thème de la rencontre. De cette réflexion sont nés 11 espaces verts qui promettent une expérience sensorielle unique.

Le 3 juillet

C'est la date officielle de l'anniversaire de la fondation de la ville. Ce jour-là auront lieu les cérémonies et célébrations officielles, avec notamment une grand-messe solennelle, suivie d'un salut à Champlain et à 23h, un feu-sculpture qui sera allumé sur les plaines d'Abraham. Le 3 juillet coïncide également avec le lancement du festival d'été de Québec.

La Nation huronne Wendat

En été, à Wendake et à l'espace 400ᵉ. La Nation huronne Wendat, communauté prospère, composée de 3 000 personnes et vivant à Wendake (dans les environs de Québec) est très active dans le domaine culturel. Elle a été désignée nation hôte des premières nations et s'assurera de la participation active de l'ensemble d'entre-elles.

Wendake deviendra, pour un été, un lieu d'échanges où les visiteurs pourront découvrir les traditions de ce peuple millénaire. L'autre volet se déroulera pendant les célébrations, à l'espace 400ᵉ et englobera l'ensemble des Premières Nations. Y seront présentés des produits typiques, des jeux, des compétitions amicales inter-nations, mais ce sera surtout l'occasion de fêter ensemble la journée nationale des Autochtones, le 21 juin ainsi que la journée internationale des peuples Autochtones, le 9 août.

« La grande déclaration » de l'école d'été de l'INM

L'Institut du Nouveau Monde est un organisme novateur qui a pour objectif, entre autres, de favoriser le débat public. Chaque année, il organise une école d'été destinée aux citoyens de 15 à 30 ans, désireux de s'impliquer dans la société québécoise pour y apporter des idées nouvelles et ainsi changer l'avenir du Québec. Des débats, des activités et des rencontres sont organisés dans ce but.

Pour le 400ᵉ anniversaire de la ville, l'INM a organisé une grande consultation qui débouche sur « la Grande Déclaration ». Elle sera proclamée le 12 août 2008, date qui correspond également à la journée internationale de la jeunesse de l'ONU. Cette lettre décrira, entre autres, le monde dans lequel les jeunes veulent vivre.

Le moulin à images

Du 20 juin au 29 juillet, au bassin Louise. Le moulin à images est une immense projection pensée et créée par le célèbre metteur en scène Robert Lepage, en collaboration avec Ex Machina.

L'œuvre de 40 minutes, qui sera diffusée sur les silos à grain de la compagnie Bunge, retracera les quatre siècles de développement de la ville à travers 4 époques en relation avec 4 éléments : d'abord l'eau et les grandes explorations, la recherche de nouvelles terres et de nouvelles richesses, puis le terre avec l'implantation des premiers colons, le fer avec la révolution industrielle, et enfin l'air avec les évolutions technologiques et une société basée sur la communication.

Opéra Urbain

Les 3, 4 et 5 juillet 2008. Cette pièce maîtresse sera un moment exceptionnel, pendant lequel le thème du rassemblement prendra tout son sens. Sous la direction de Danielle Roy, cette œuvre contemporaine racontera les 400 ans de la ville de Québec.

Ce spectacle résulte de la collaboration entre les citoyens et citoyennes de la ville et les artistes et créateurs québécois. Des ateliers pour préparer les citoyens sont donnés régulièrement par les artistes québécois à titre d'encadrement, à partir de janvier 2008.

Cirques

Au mois de mai, le public découvrira un cirque d'un tout nouveau genre. Ici pas d'animaux, pas de clown maladroit ou de famille acrobate mais un homme, un seul, Johann Le Guillerm, tout droit venu de France, pour nous livrer son oeuvre « Secret », spectacle poétique alliant cirque et théâtre. Dans l'univers de Johann Le Guillerm, le temps n'a plus de valeur, l'espace se dessine numéro après numéro, bataille après bataille, à travers des solos d'une grande puissance, où il dompte les éléments pour en sculpter l'espace.

Le cirque du Soleil aura, lui aussi, une place de choix dans le programme puisqu'il a été chargé de clore les festivités. Un spectacle qui, encore une fois, devrait nous en mettre, pleins les yeux et plein la tête. L'invitation est lancée pour le 19 octobre, au Colisée Pepsi, date qui coïncidera avec le dernier jour du sommet de la Francophonie.

Les pays qui participeront à l'anniversaire

En plus du Québec, plusieurs pays participent à ce grand événement. Parmi eux on compte notamment la France avec le financement et l'aménagement du pavillon d'accueil de l'Amérique française, ainsi que plusieurs collaborations avec le Québec dans l'organisation d'expositions (le Louvre à Québec) et de spectacles (Symphonie à 1000 voix).

La Grande Bretagne et les Etats-Unis avec leur participation aux Jardins Ephémères, le Pays de Galles dans le cadre de l'exposition au centre Diagonal, où l'on retrouve des oeuvres entièrement faites de fibres par les artistes gallois et québécois.

C'est ainsi que, lors de la funeste bataille des Plaines d'Abraham, le général français Montcalm est battu. La France perd sa colonie.

Conquise, Québec est cédée à l'Angleterre en 1763. Cependant la ville conserve son droit de pratiquer la religion catholique (interdite en Angleterre) et se voit autorisée, grâce à la signature, en 1774, de l'acte de Québec, à préserver sa langue et ses coutumes. Ce qui n'empêchera pas, un an plus tard, une autre tentative d'invasion, celle des troupes américaines de Montgomery qui convoitent la perle de la Belle Province. Cuisant échec.

Là s'arrêtera heureusement l'histoire de la vocation militaire de la place forte de Québec, dont les fortifications seront toutefois complétées plus tard par la garnison anglaise.

TRANSPORTS

Avion

■ AEROPORT INTERNATIONAL JEAN-LESAGE
500, rue Principale, Sainte-Foy
☎ 418-640-2700
www.aeroportdequebec.com
Liaisons nationales et internationales.

■ AIR CANADA
Informations
☎ 1-888-422-7533
ww.aircanada.com

■ AIR TRANSAT
Informations ☎ 1-877-872-6728
ww.airtransat.com
Avions, hélicoptères et hydravions

■ AERO-PRODUCTION
Aéroport Jean Lesage
☎ 418-871-6095 – ☎ 1-888-871-6095
Survol du Vieux-Québec, avec 3 passagers : 199 $.

Bateau

On dit qu'il ne faut pas manquer tôt le matin la vue sur Québec qui s'offre depuis le traversier. Entre Lévis et Québec, l'excursion aller-retour dure moins d'une heure, le temps de faire judicieusement quelques photos.

■ SOCIETE DES TRAVERSIERS DU QUEBEC
250, rue Saint-Paul
☎ 1-877-787-7483
www.traversiers.gouv.qc.ca
De 6h30 à 2h20 (environ toutes les 30 min). Aller simple : (basse saison, haute saison), adulte : 2 $ et 2,50 $, aîné : 1,80 $ et 2,25 $, enfant : 1,40 $ et 1,75 $, par véhicule : 5,10 $ et 5,60 $. Traversiers entre Québec et Lévis.

Bus

Bus urbains

■ RTC
720 rue des Rocailles
☎ 418-627-2511 – www.rtcquebec.ca
Entre 6h30 et 22h ou de 8h à 22h le week-end et jours fériés. Acheter son ticket dans une tabagie pour 2,50 $, ou payable directement au chauffeur à 2,50 $ (attention, il ne rend pas la monnaie, vous devrez avoir le compte exact) il sera valable pendant 1h30 si vous allez toujours dans la même direction. Laissez-passer 1 jour : 5,95 $ (le laisser-passer est valable pour 2 personnes les fins de semaines).

Bus scolaire

QUÉBEC ET CHARLEVOIX

© AUTHOR'S IMAGE

Bus interurbains

■ TERMINAL D'AUTOBUS LONGUE DISTANCE
320, rue Abraham-Martin
✆ 418-525-3000
Elle se trouve dans le même édifice que la gare ferroviaire, à côté du marché Vieux-Port.

■ TERMINUS DE SAINTE-FOY
3001, chemin des Quatre-Bourgeois, Sainte-Foy ✆ 418-650 0087

■ AUTOBUS ORLEANS
✆ 418-525-3043
www.orleansexpress.com
Transport interurbain. Départ à partir des deux gares. Ils desservent les aéroports de Montréal et Québec, la ville de Montréal, la Gaspésie, le Bas-Saint-Laurent et beaucoup d'autres destinations au Canada et aux Etats-Unis.

Taxi

Attente moyenne de 6 min lors des heures d'affluence, près de 10 min voire 15 min tard le soir… Aéroport-centre-ville : 27 $ (prix fixe).

■ TAXI COOP
496, 2e Avenue
✆ 418-525-5191
Le taxi classique mais en plus circuits touristiques et guides.

■ TAXI DE LUXE
✆ 418-544-5600
Des taxis bilingues dont les chauffeurs sont des guides touristiques accrédités.

Train

■ VIA RAIL CANADA
Gare du Palais
✆ 1-888-842-7245 –
www.viarail.ca
Informations du lundi au vendredi de 7h à 21h, le samedi de 8h30 à 16h30, le dimanche de 9h à 17h. Montréal-Québec trois fois par jour environ (3h30 de trajet) et très confortable. Il faut prendre son billet au moins 7 jours à l'avance si on ne veut pas payer trop cher. On peut rejoindre la ligne pour la Gaspésie et la Nouvelle Ecosse à Charny.

■ GARE DE SAINTE-FOY
3255, chemin de la Gare, Sainte-Foy
✆ 418-525-3000
Angle chemin Saint-Louis, Sainte-Foy.

Vélo

■ CYCLO SERVICES
160, rue du quai Saint-André, Marché du Vieux-Port
✆ 418-692-4052
www.cycloservices.net
Ouvert toute l'année. Location de vélos (1h : 12 $, 3h : 16 $, 24h : 25 $) et visites guidées. Visa, MasterCard, Amex et Interac. Location de tandems, remorque et vélo électrique.

Voiture

Covoiturage

■ ALLO STOP
Québec : 665, rue Saint-Jean
✆ 418-522-0056 – www.allostop.com
Ouvert le lundi, le mardi, le samedi et le dimanche de 9h à 18h et le mercredi, le jeudi et le vendredi de 9h à 19h. Association qui met en contact ceux qui ont une voiture avec ceux qui n'en ont pas. C'est une façon de faire du stop en prenant moins de risque et de voyager pour moins cher. Un trajet Montréal-Québec coûte 16 $. Nombreuses destinations proposées.

Location de voitures

■ ALAMO
✆ 1-800-462-5266 – www.alamo.com
542 Charest Est ✆ 418-523-6136
Un des loueurs les moins chers

■ AVIS
✆ 1-800-879-2847 – www.avis.com

■ BUDGET
29, côte du Palais, Québec
✆ 418-692-3660 – www.budget.com

■ DISCOUNT
12, rue Sainte-Anne ✆ 418-692-1244
www.discountquebec.com

■ HERT
44, côte du Palais
✆ 418-694-1224 – www.hertz.ca

■ THRIFTY LOCATION D'AUTO
6375, boulevard Wilfrid-Hamel
✆ 418-877-2870
www.thrifty.location-de-voiture.net

■ VIA ROUTE
2605, boulevard Wilfrid-Hamel
✆ 418-682-2660 – www.viaroute.com

■ PRATIQUE

■ www.quebecregion.com

Présence française et étrangère

■ **CONSULAT DE FRANCE**
Maison Kent, 25, rue Saint-Louis
✆ 418-694-2294
Ouvert du lundi au vendredi, 9h à 12h.

■ **CONSULAT DE SUISSE**
2170, rue du Bois-Joli, Sillery, Québec
✆ 418-527-3787

Tourisme

■ **MAISON DU TOURISME DE QUEBEC**
12, rue Sainte-Anne
✆ 1-800-363-7777
www.bonjourquebec.com
En face du Château Frontenac. Ouvert 7j/7 de 9h à 17h. Du 21 juin au 4 septembre de 8h30 à 19h30. Fermé le 25 décembre et le 1er janvier. Comptoir d'information touristique avec guichet automatique, bureau de change et librairie.

■ **BUREAU D'INFORMATION TOURISTIQUE DU VIEUX QUEBEC**
835, avenue Wilfrid-Laurier
✆ 418-641-6290
www.quebecregion.com
Du 24 juin à la fête du Travail de 8h30 à 19h30. De la fête du Travail à l'Action de grâces de 8h30 à 18h30. De la mi-octobre au 23 juin, du lundi au samedi de 9h à 17h, le vendredi de 9h à 18h, le dimanche de 10h à 16h.

Internet

■ **CYBAR-CAFE**
359, rue de l'Eglise ✆ 418-529-5301
Ouvert 7j/7 et 24h/24. 1h : 6 $, forfait 10h : 35 $. Visa et Interac. Situé à proximité de l'église Saint-Roch, ce cybercafé de quartier offre aux internautes deux salles dont une non-fumeur. Avec plus de vingt ordinateurs, les amoureux de jeux vidéo pourront jouer en réseau. Le service Internet est bien entendu haute vitesse. Pour ceux et celles qui ont toujours du mal avec les nouvelles technologies, des séances d'initiation à Internet et la bureautique sont disponibles. Les responsables sont très sympathiques.

Urgences – Sécurité

■ **URGENCES**
✆ 911

■ **POLICE**
✆ 418-641-6292/310-4141
(pas de code régional)

Divers

■ **METEO**
✆ 418-648-7766
24h/24.

Journaux

▶ **Informations générales :** *Le journal de Québec, La Tribune* ou *Le Soleil.*

▶ **Pour les informations culturelles :** *Voir Édition Québec* (hebdomadaire gratuit).

■ ORIENTATION ET QUARTIERS

Le centre de la ville de Québec, dans lequel se regroupent les attraits touristiques, se divise en une Haute-Ville et une Basse-Ville. Au niveau pratique, cela implique un fort dénivelé entre le port et la partie surélevée de la ville. Les principaux quartiers touristiques dans lesquels le visiteur sera amené à se promener sont les suivants :

▶ **Le Vieux-Québec,** construit sur la partie haute et la partie basse.

▶ **Le quartier Saint-Jean-Baptiste,** dans la Haute-Ville.

▶ **Le quartier Saint-Roch,** dans la Basse-Ville.

Le Vieux-Québec – Haute-Ville et Basse-Ville

Classé patrimoine mondial par l'Unesco en 1985, le Vieux-Québec est le quartier le plus visité de la province. Il se divise entre une partie au niveau de l'eau et une autre sur les hauteurs stratégiques du Cap Diamant. Champlain choisit la partie haute en 1620 pour installer le fort Saint-Louis.

La vocation des deux parties date de cette époque : une basse-ville peuplée de commerçants et d'artisans et la haute-ville habitée par les militaires, les fonctionnaires et membres du clergé. Les travaux pour l'édification de l'enceinte fortifiée commencent à la fin du XVIIᵉ siècle et se terminent en 1832 avec l'achèvement de la construction de la citadelle. Aujourd'hui, de nombreuses institutions politiques et religieuses occupent une place de choix dans la haute ville : l'Hôtel de Ville, le Séminaire de Québec, le couvent des Ursulines, le monastère des Augustines, l'Hôpital de l'Hôtel Dieu. Dans la basse-ville, la vocation commerçante et artisane de la ville se confirme dans le quartier du Petit Champlain qui regroupe de beaux magasins vendant de l'artisanat, essentiellement québécois. Au niveau administratif le quartier du Vieux-Québec comprend aussi les Plaines d'Abraham (ainsi nommé en raison de la bataille au cours de laquelle la France perdit sa colonie) et la colline parlementaire.

Le quartier Saint-Jean-Baptiste

Aux débuts du Régime français, ce territoire faisait partie de la banlieue, notamment en raison de sa situation géographique, hors de l'enceinte fortifiée. Son véritable essor ne commence qu'au début de XIXᵉ siècle, quand le quartier se peuple d'artisans, de commerçants et d'ouvriers.

En 1929, le quartier prend le nom de Saint-Jean-Baptiste, en l'honneur du saint patron des Canadiens français.

Le quartier connaît aujourd'hui une activité économique importante, en raison des nombreux bâtiments administratifs, notamment des ministères. La rue Saint-Jean ainsi que la Grande Allée, à la limite du quartier Saint-Jean-Baptiste, débordent de magasins, de restaurants et de bars.

Le quartier Saint-Roch

Il s'agit d'un des plus anciens faubourgs de Québec mais surtout du nouveau quartier à la mode. Beaucoup de galeries d'art, de résidences d'artistes, de magasins de mode s'y côtoient. Ce quartier se développa au milieu du XVIIIᵉ siècle avec l'avènement des chantiers navals le long de la rivière Saint-Charles. Un siècle plus tard, l'économie se concentra sur la construction de navires. Mais, cette activité ainsi que d'autres types d'industries arrivées par la suite connurent un déclin. Par la suite, le quartier figurait parmi les plus pauvres de la ville au cours de la deuxième moitié du XXᵉ siècle. C'est à partir des années 1990 que commença la réhabilitation des rues principales, notamment la rue Saint-Joseph. Aujourd'hui, en raison de son passé industriel, du charme des ruelles, de la qualité des commerces, c'est un quartier qui mérite une visite.

■ HÉBERGEMENT

Québec offre un choix considérable de formules d'hébergement pour toutes les bourses.

Auberges de jeunesse

■ AUBERGE INTERNATIONALE DE QUEBEC
19, rue Sainte-Ursule
✆ 418-694-0755
www.aubergeinternationaledequebec.com
Réseau Hostelling International, ouvert 24h/24, consigne à bagage, salle de lavage, cuisine, stationnement pour vélos, Café Bistro, accès à Internet, activités (excursions et tour de ville).

Chambre avec salle de bains : 81 $ et plus, sans : 71 $ et plus, chambre familiale avec salle de bains : 85 $ et plus, dortoir membre : 22 $, non-membres : 26 $. Nouvellement rénovée, cette auberge possède deux cent seize lits en chambres partagées et vingt-quatre chambres privées. L'hébergement comprend la literie. Un système de serrures magnétiques permet de dormir à poings fermés. La propreté des lieux est aussi rassurante.

■ AUBERGE DE JEUNESSE DE LA PAIX
31, rue Couillard
✆ 418-694-0735

www.aubergedelapaix.com
*Ouvert toute l'année de 8h à 2h du matin. 20 $
par nuit dortoir de 2 à 8 personnes. 4 $ pour la
literie pour le séjour. Petit déjeuner compris à
préparer. Jardin intérieur l'été. Pas d'animaux.*
La maison date de 1850 et peut accueillir 60
personnes dans les quinze chambres de deux à
huit lits. Il y règne un esprit baba cool, comme
il subsiste dans quelques auberges de la
province. En cas de petite faim, la charmante
épicerie d'à-côté propose de tout.

Couette et café

■ COUETTE ET CAFE
TOAST AND FRENCH
1020, avenue Cartier
☏ 418-523-6706
☏ 1-877-523-9365
www.toastandfrench.com
*Offre 3 chambres. Salle de bains partagée,
chambre simple de 80 $ à 92 $, chambre
double de 85 $ à 94 $, salle de bains privée
chambre simple : 87 $, double : 90 $. En
basse saison, les chambres sont disponibles
à la semaine et au mois. Petit déjeuner
et stationnement inclus.* Des livres, des
magazines et des CD offrent un vaste éventail
de la culture, notamment québécoise, et pour
cause : ce Couette et Café fait également
office de centre d'apprentissage de la langue
française. L'avenue Cartier est un endroit idéal
pour faire connaissance ou tout simplement
pour se détendre l'espace d'une fin de semaine.
Le Vieux-Québec est accessible en bus ou à
pied (compter 25 min de marche).

■ CHEZ HUBERT
66, rue Sainte-Ursule
☏ 418-692-0958
www.chezhubert.co
*Chambre simple : 80 $, chambre double :
85 $, petit déjeuner et stationnement inclus.
3 chambres avec lavabo. 2 chambres pouvant
accueillir 4 personnes et 1 chambre pouvant
accueillir 2 personnes. Non-fumeur. AC ou
chèque. La maison n'accepte pas les animaux.*
Ambiance cosy dans cette maison victorienne
de trois étages, jusque dans le décor. Tout ici
reflète le bon goût de notre hôte de la salle
commune avec télévision (belle collection de
films disponibles) et fauteuils confortables
et bleutés jusqu'à la salle à manger dans les
tons orangés. Cette maison bénéficie aussi
du calme de sa rue. Venez donc séjourner
dans ce lieu que la marque du temps ne
semble pas altérer.

QUÉBEC ET CHARLEVOIX

■ B&B MAISON HISTORIQUE JAMES THOMPSON
47, rue Sainte-Ursule
℡ 418-694-9042
www.bedandbreakfastquebec.com
Haute saison de 85 $ à 100 $, basse saison de 65 $ à 80 $. 3 chambres avec salle de bains privée, petit déjeuner et stationnement inclus.
La maison date de 1793 et est classée par les Monuments historiques. En plus de profiter de ce cadre chargé d'histoire, trois chambres (une avec deux lits doubles et deux avec un lit double) sont offertes. Une pièce attenante donne accès à un téléviseur et un système de son ainsi qu'une large sélection de films et de cd. Un piano est à la disposition de ceux qui veulent égayer l'ambiance. Quant au petit déjeuner, il est complet et délicieux. Nous n'avons presque pas besoin de le préciser, ce B&B est chaleureux comme tout et vous serez ravis de l'accueil.

■ LA BOHEME
650, rue de la Reine
℡ 418-525-7832 – ℡ 1-866-525-7832
www.gites-classifies.qc.ca/boheme.htm
La Bohème est nouvellement jumelé au gîte Accueil Bourgault, pour offrir un total de 8 chambres. Les prix des chambres varient en fonction du nombre de personnes et de la salle de bains privée ou non (95 $ à 125 $ pour 2 personnes), petit déjeuner et stationnement inclus. Toutes cartes de crédits, paiement direct et Interac acceptés. A quelques pas de la gare, ce gîte offre l'hospitalité aux voyageurs de tous les horizons. Une carte du monde où figurent les différentes provenances des visiteurs est affichée à la réception et témoigne du séjour agréable des convives. La vitalité des propriétaires est à l'image de la décoration et de la finesse du petit déjeuner. Autour de la table, les discussions jaillissent naturellement. En toute tranquillité, les hôtes peuvent profiter de la terrasse et jardin intérieur muni d'un jacuzzi, été comme hiver. Une telle quiétude en plein cœur du centre-ville, on croit rêver !

■ MARQUISE DE BASSANO
15, rue des Grisons
℡ 418-692-0316 – ℡ 1-877-692-0316
www.marquisedebassano.com
De 85 $ à 165 $ la chambre, petit déjeuner inclus. Stationnement à proximité pour 14 $ les 24h. Une belle maison, avec une longue histoire, gérée par un couple jeune et dynamique. Construite par un des architectes du château Frontenac en 1888, la demeure fut par la suite occupée par Francine Mckenzie, présidente du Conseil du statut de la femme. Son fils, l'actuel propriétaire, s'occupe des cinq chambres de ce gîte avec sa conjointe. La maison, située dans un coin très calme du Vieux-Québec, laisse penser qu'on est dans la campagne. Les chambres sont charmantes, peintes avec des couleurs chaudes. Une d'elles possède un lit à baldaquin. Très agréable !

Appartements-hôtels

■ APPARTEMENTS-HOTEL BONSEJOURS
237, rue Saint-Joseph E.
℡ 418-681-4375
℡ 1-866-892-8080
www.bonsejours.com
Angle Dorchester. 14 appartements de 85 $ à 225 $. Stationnement gratuit, climatisation, salles de réunion, appels locaux gratuits. Un concept invitant et à l'image de la poussée immobilière que connaît maintenant la Basse Ville de Québec, hors des murs du Vieux-Québec (environ 30 min à pied ou 10 min en bus). Les appartements permettent de s'installer en toute facilité pour un séjour de courte ou de longue durée à proximité des principales attractions de la capitale. De la batterie de cuisine au magnétoscope, rien ne manque au locataire. L'espace est propice à cuisiner ses petits plats et à les savourer calmement dans la salle à dîner. Les chambres sont en retrait. Le décor crie le tout neuf et l'on peut contempler avec aise le bon goût des propriétaires. L'accueil est agréable et personnalisé à souhait.

■ LES STUDIOS NOUVELLE-FRANCE
52, rue Sainte-Ursule
℡ 418-692-0765 – ℡ 1-888-692-0765
www.studiosnouvellefrance.com
De 115 $ à 170 $ par nuit. Les prix varient en fonction du nombre de personnes et de la durée du séjour. Tous les studios ont leur salle de bains privée, une cuisine tout équipée, la climatisation, le téléphone et Internet sans fil. La literie est fournie. Une laveuse et une sécheuse dans l'édifice. Un stationnement intérieur et sécuritaire à proximité de 60 $ à 100 $ la semaine. Edifice non-fumeur. Ce ne sont pas des studios standard qui sont proposés au 52, de la rue Sainte-Ursule. Non seulement pratique, cette formule d'hébergement est également confortable

et les plus exigeants d'entre vous seront ravis. Que ce soit les trois studios ou les trois suites, tout le confort est là. Cuisinette, salle de bains privée, téléviseur avec câble, une superbe terrasse et tous les renseignements possibles et imaginables pour passer un excellent séjour sont réunis. Les centres d'intérêt de la ville (musées, cour historique, boutiques) ne sont qu'à quelques minutes de marche...

Bien et pas cher

■ UNIVERSITE LAVAL

Pavillon Parent, Bureau 1618, Sainte-Foy
✆ 418-656-2921
www.ulaval.ca/sres
Autobus 800-801. Du 1er mai jusqu'à la 3e semaine d'août. Chambre simple : 36,46 $, double : 47,86 $. Draps et literie fournis. Salle de bains à l'étage. Stationnement gratuit. Les chambres de l'université Laval se vident l'été. Une belle occasion mais il faut réserver longtemps à l'avance pour être certain d'avoir sa place. Le souci : l'université est loin de la vieille ville. On devra prendre le bus pour y accéder.

■ AUBERGE LE LOUIS-HEBERT

668, Grande Allée E.
✆ 418-525-7812
www.louishebert.com
Chambre de 115 $ à 140 $, petit déjeuner et stationnement inclus. Toutes cartes de crédit et Interac. Une superbe auberge à l'ambiance familiale propose sept chambres douillettes et délicieuses avec toutes les commodités requises : salle de bains privée, TV, téléphone. Le Louis-Hébert possède également une table superbe servant une fine cuisine française où gibier et fruits de mer sont à l'honneur. Le tout est accompagné d'un cadre superbe, celui d'une maison de près de trois siècles au charme indéniable avec ses boiseries, sa verrière et ses murs anciens.

■ AUBERGE L'AUTRE JARDIN

365, boulevard Charest E.
✆ 418-523-1790
✆ 1-877-747-0447
www.autrejardin.com
27 chambres dont 3 suites. Pour la basse saison, pour 1 personne seule en chambre régulière : 89 $, de luxe : 109 $ et suite : 154 $. Haute saison chambre régulière : 115 $, chambre de luxe : 131 $ et suite : 185 $.

QUÉBEC ET CHARLEVOIX

Salle de réunion, bain thérapeutique dans certaines chambres, Internet sans fil gratuit. Petit déjeuner inclus. Stationnement à proximité : 12 $/24h. Auberge située dans le quartier Saint-Roch. Une quinzaine de minutes de marche pour le Vieux-Port, cinq de plus pour la vieille ville. L'auberge est née d'une initiative novatrice d'économie sociale développée par Carrefour Tiers-Monde, un organisme de solidarité internationale. Résultat : un hôtel 3-étoiles, très confortable et oeuvrant pour la solidarité internationale et le développement local. On le remarquera notamment dans la jolie boutique qui vend des bijoux et des vêtements issus du commerce équitable et au buffet du petit déjeuner où sont servis des produits locaux. L'auberge l'Autre Jardin prouve que tourisme durable et séjours d'affaires font la paire : bureau, climatisation, Internet, téléphone et sérénité garantis dans chaque chambre ! Les chambres sont belles, décorées chaleureusement et avec personnalité. Tout le monde y trouve son compte puisque trois catégories de chambres sont proposées : régulière, luxe et suite. Quant à l'accueil, il est très doux et professionnel. A recommander sans hésitation.

■ HOTEL JARDIN SAINTE-ANNE
109, rue Sainte-Anne
☎ 418-694-1720 – ☎ 1-866-694-1720
www.jardinsteanne.com
info@jardinsteanne.com
Haute saison de 112 $ à 149 $ en double, basse saison de 69 $ à 99 $. Chambres avec téléphone, Internet. Petit déjeuner continental : 5,50 $ par personne. Stationnement : 12 $ par 24 heures. Mini-réfrigérateur et cafetière dans la plupart des chambres. Un hôtel tout ce qu'il y a de plus charmant. La maison construite en 1815 garde le charme d'antan avec la présence, dans certaines chambres, de

pierres apparentes et de boiseries. Certaines chambres sont équipées d'un foyer augmentant ce sentiment de douceur et de convivialité. Une superbe terrasse-jardin permet de profiter pleinement de l'atmosphère champêtre du Jardin Sainte-Anne. La sérénité et le calme sont garantis. Pourtant l'hôtel est situé au cœur du Vieux Québec, à proximité du centre des congrès. L'hôtel a mis en place des forfaits comprenant un repas dans un restaurant avec service et accueil personnalisés.

■ HOTEL-MANOIR D'AUTEUIL
49, rue d'Auteuil
☎ 418-694-1173
www.manoirdauteuil.com
Haute saison de 99 $ à 189 $, basse saison de 79 $ à 149 $. TV, téléphone, petit déjeuner inclus. Stationnement : 10 $ par jour. Toutes cartes de crédit. Cette superbe demeure de 1835 est un hôtel depuis 1953. Les seize chambres offrent tout le confort nécessaire dans un décor faisant honneur à l'art nouveau et à l'Art-Déco. Certaines pièces ont gardé leur cachet d'origine. Les hôtes réservent un accueil convivial et personnalisé. Le manoir est situé dans le Vieux Québec, à proximité du Parlement et du centre des congrès.

■ MOTEL SUPER 8
7286, boulevard Wilfrid-Hamel, Sainte-Foy
☎ 418-877-6888
www.super8.com
A partir de 89 $ la nuit. Motel fonctionnel, situé un peu à l'extérieur de la ville de Québec. A proximité de la sortie de l'autoroute. Chambres bien adaptées aux goûts des enfants. Piscine intérieure.

■ HOTEL SAINTE-ANNE
32, rue Sainte-Anne ☎ 418-694-1455
www.hotelste-anne.com
A partir de 129 $ en basse saison et de

169 $ en haute saison. Le marron et le beige, les briques apparentes et le bois caractérisent cet hôtel 3-étoiles, très bien situé puisqu'en face du Château Frontenac. Les chambres supérieures sont relativement spacieuses, comparativement à celles d'autres établissements dans le quartier. Cet hôtel plaira aux amateurs de style épuré et contemporain.

■ **HOTEL DES COUTELLIER**
253, rue Saint-Paul
℡ 418-692-9696 – ℡ 1-888-523-9696
www.hoteldescoutellier.com
24 chambres, équipées d'un mini-bar, cafetière, prise modem. Petit déjeuner servi dans la chambre. Possibilité de faire venir un massothérapeute dans sa chambre. De 175 $ et 225 $ la chambre double, petit déjeuner inclus. Pour plonger dans l'ambiance du Vieux-Port de Québec, rien de tel que de passer une nuit dans un ancien entrepôt, avec vue sur le fleuve. N'ayez crainte : le confort est au rendez-vous dans cet hôtel 3-étoiles. Les chambres sont toutes décorées différemment dans un style contemporain mais avec des murs d'origine. Accueil des plus charmants.

Confort ou charme

■ **HOTEL 71**
71, rue Saint-Pierre
℡ 418-692-1171 – www.hotel71.ca
Basse saison de 189 $ à 315 $, haute saison de 205 $ à 355 $. L'hôtel vous propose 3 catégories de chambre, la classique, la supérieure et la suite. Petit déjeuner inclus. Quarante chambres, dont six suites, Internet sans fil, salle d'entraînement, salle de massage, service de conciergerie très attentionné, trois salles de réunion, café-bistrot au rez-de-chaussée, hall spacieux avec foyer et bibliothèque. Tout nouveau tout beau, cet hôtel de prestige vient d'ouvrir ses portes dans l'ancien édifice du siège social de la Banque nationale du Canada datant du XIXᵉ siècle. La façade a été complètement restaurée avec une grande élégance, l'intérieur ni fait pas défaut avec un style très contemporain, et surtout beaucoup de lumière naturelle. Le mobilier est de confection québécoise dans un style épuré et très design. Le raffinement le plus authentique et jusqu'au bout des ongles. Bref, le lieu idéal pour les jeunes urbains et branchés.

QUÉBEC ET CHARLEVOIX

Luxe

■ AUBERGE SAINT-ANTOINE
8, rue Saint-Antoine
℃ 418-692-2211 – ℃ 1-888-692-2211
www.saint-antoine.com
94 chambres et suites avec vue sur les fortifications et sur le Saint-Laurent de 159 $ à 499 $. Salle de bains privée, Internet haut débit etc. Stationnement 23 $ par jour, salons et salle de conférences avec équipement audiovisuel perfectionné. Service aux chambres et service bonne nuit. Fine cuisine canadienne revisitée avec le restaurant Panache. Suite à des fouilles archéologiques entreprises en 2001 sous ses assises, cet hôtel-musée vous propose une façon originale de trouver le repos et le luxe à l'intérieur des murs d'un ancien entrepôt maritime du début du XVIIe siècle et de la Maison Hunt datant de la même époque. Les chambres sont de grand confort et exposent les artéfacts découverts sur le site. Le style contemporain du mobilier et de l'architecture s'accordent originalement avec les vestiges du passé. Une façon stylée de découvrir la Nouvelle-France.

■ AUBERGE SAINT-PIERRE
79, rue Saint-Pierre
℃ 418-694-7981 – ℃ 1-888-268-1017
www.auberge.qc.ca
31 chambres et 10 suites, lit double queen ou king, petit déjeuner inclus. Haute saison de 135 $ à 359 $, basse saison de 99 $ à 199 $ et 2 salles de réunion. Stationnement : 17 $ par jour. Différents forfaits sont disponibles. Un coup de cœur, cela ne s'explique pas ! Occupant les anciens locaux d'une compagnie d'assurances et d'une banque, une multitude de détails créent un ensemble raffiné avec parquet et moulures. Tout en possédant la convivialité et la simplicité des auberges, l'établissement offre un service digne des grands hôtels. Les chambres sont parfaitement équipées : téléviseur avec câble, salle de bains avec bain à remous, sèche-cheveux, téléphone avec boîte vocale et accès Internet sans-fil. Mais surtout, les chambres sont décorées avec goût, faisant honneur à l'ancien avec des meubles en érable, des murs en pierre ou en brique, des

couettes en plume d'oie, des couleurs vives. A partir du 4e étage, une vue merveilleuse sur le fleuve s'offre à vos yeux. Un bistrot décoré d'une fresque (inspirée de Klimt et Picasso) et de superbes photographies propose petits déjeuners et cinq-à-sept.

■ CHATEAU FRONTENAC
1, rue des Carrières
℃ 418-692-3861
www.fairmont.com
De 299 $ à 2 500 $. Stationnement : 22 $ par jour, trois restaurants, piscine intérieure, club santé, Spa et massage. L'hôtel le plus photographié au monde ne pouvait être passé sous silence, même si peu d'entre nous pourrons y passer une nuit. Oui, le luxe est bien présent et ceci à l'état le plus pur. Le hall d'entrée laisse pantois à lui tout seul. Quant à la salle de bal, elle est complètement féerique. Ajoutons à cela le cadre et le service propres aux hôtels Fairmont : le mythe qui tourne autour du château s'explique aisément. Et nous n'avons pas encore mentionné la présence de l'excellent restaurant Le Champlain. En somme, luxe, calme et volupté : une légende à lui seul.

■ HOTEL DOMINION 1912
126, rue Saint-Pierre
℃ 418-692-224 – ℃ 1-888-833-5233
www.hoteldominion.com
60 chambres, en simple entre 169 $ et 239 $, double entre 225 $ et 325 $. Dans chaque chambre, les commodités d'usage, petit déjeuner inclus, air conditionné. Bureau, lecteur CD, TV et Internet. Un bar-lounge. L'originalité de ces hôtels boutiques (un autre à Sainte-Foy, à Montréal et un à Toronto) est à la fois simple et merveilleuse. Le concept : des hôtels design qui s'adaptent au gré du temps. Beau, zen, tout confort… Le luxe à l'état pur mais pas clinquant. Trois pommes vertes à chaque étage vous rappellent que vous êtes dans un hôtel Germain. Des hôtels dignes des meilleurs magazines de décoration. A notre avis, le Dominion est le plus beau des hôtels Germain. **Autre adresse :** Hôtel Germain des Prés, 1200, avenue Germain-des-Prés, Sainte-Foy ℃ 418-658-1224 – ℃ 1-800-463-5235 – www.germaindespres.com

Retrouvez le sommaire en début de guide

Situé à deux pas de toutes vos envies,
dans le Vieux-Port de Québec.

21 chambres
5 suites de luxe
1 salle de conférence
Restaurant « Toast ! »

15, rue Sault-au-Matelot
Québec (Québec) G1K 3Y7
Sans frais : 1 800 351-3992
Téléphone : 418 692-3992
Télécopieur : 418 692-0883
priori@biz.videotron.ca

HÔTEL
LE PRIORI

www.hotellepriori.com

■ **HOTEL LOEWS LE CONCORDE**
1225, cours Général-Montcalm
✆ 418-647-2222
✆ 1-800-463-5256
www.loewshotels.com/hotels/quebec
Chambre de 145 $ à 350 $. Pour repérer Le Concorde, c'est très simple, cherchez l'Astral.
Cet édifice à l'architecture hors norme propose quatre cent quatre chambres donnant sur le fleuve.
Comme il se doit dans des hôtels 4-étoiles et 4-diamants, les chambres sont spacieuses et parfaitement équipées. Quant aux suites, elles possèdent sauna, bain tourbillon et foyer.
L'hôtel possède également un Spa, une piscine extérieure et une salle de remise en forme.
Le restaurant de l'hôtel, L'Astral, vous fait vivre une expérience gastronomique mémorable tout en admirant la vue panoramique de Québec. Le Concorde accueille aussi de nombreux événements et réunions.

■ **HOTEL LE PRIORI**
15, rue du Sault-au-Matelot
✆ 418-692-3992 – ✆ 1-800-351-3992
www.quebecweb.com/lepriori
21 chambres dont 5 suites de 129 $ à 499 $, petit déjeuner inclus. Stationnement disponible.
Un refuge fier de l'héritage de son bâtiment de 1734, logé tout près du quartier Petit Champlain. On apprécie l'audace d'y avoir apporté un style Art déco très contemporain. Chaque chambre se pare de matériaux précieux : mur de brique, céramique, boiserie, pierres… Les lits sont très confortables, et les couettes garnies à souhait. Certaines suites sont munies d'une cheminée, d'un bain tourbillon, d'une cuisine tout équipée, d'un salon et d'un espace de travail. Le ton contemporain accompagne les raffinements du confort moderne. Pour agrémenter l'ensemble, le restaurant Le Toast vous invite à découvrir une cuisine raffinée dans un cadre de qualité. De quoi profiter sans modération du jardin-terrasse, qui est des plus agréables.

■ RESTAURANTS

Parmi les centaines d'établissements de la ville, à vous de choisir. Fiez-vous à votre instinct. Le guide des restaurants de l'office de tourisme et des congrès propose une liste exhaustive. Le Petit Futé vous fait tout de même une sélection :

Sur le pouce

■ **MARCHE DU VIEUX-PORT DE QUEBEC**
160, quai Saint-André
✆ 418-692-2517
Ouvert tous les jours de 9h à 17h et même plus tard selon l'achalandage. Un marché très agréable ouvert toute l'année, et qui évolue au fil des saisons. L'été on y retrouve une multitude de fleurs côtoyant des fruits et des légumes qui abondent sur les étals. A Noël, de très nombreux producteurs locaux se donnent rendez-vous pour présenter leur spécialité : foie gras, gibiers, etc. Parmi les producteurs présents quasiment tout au long de l'année, on retrouve, des poissonneries, une fromagerie regroupant une sélection de 150 fromages, en majorité québécois, une pâtisserie fine, chocolaterie, des producteurs de vins, des fermiers travaillant la canneberge, ou encore les produits de l'érable, des mielleries, un restaurant de hot-dog proposant une variété de plus de 70 saucisses. Mais également des produits tel les alcools à base de pomme, les savons au lait de chèvre, les produits pour le corps à base d'huile d'émeu… Une quarantaine de producteurs en tout, venant d'un peu partout au Québec, tous réunis dans un même lieu pour nous faire profiter de leur belle région. Egalement, un restaurant, une terrasse, un café, des toilettes publiques sont autant de petites haltes pour profiter pleinement de ce « party » d'épicerie. Pour les plus sportifs, un cyclo service, propose la location et la réparation de bicyclette histoire de pouvoir longer le port sur deux roues.

■ **PAILLARD**
1097, rue Saint-Jean
✆ 418-692-1221 – www.paillard.ca
En été, tous les jours de 7h30 à 22h, le reste de l'année de 7h30 à 19h. Si le palais était pourvu d'une mémoire, il serait hanté par le goût du croissant au beurre de Paillard. Une couverture croustillante et un cœur si tendre, un bon goût de beurre, c'est une merveille ! Il ne doit cependant pas faire ombrage au rayon pâtisserie, à ses tartes au chocolat et autres religieuses confectionnées par un chef français formé dans les meilleures écoles. Pour le dîner et le souper on s'aventurera au

fond de l'antre de la tentation pour se faire servir de bons sandwichs (*6 $ à 8 $*) ou une salade consistante (*5 $ à 8 $*). On finira par une petite glace, maison bien sûr. Les fins gourmets s'arrêteront devant les grandes étagères pour piocher parmi les spécialités à l'érable ou à la tomate ou encore choisir un café parmi tous ceux torréfiés pour la maison. Niveau déco, on ne sait pas trop si on est à New York ou à Paris puisqu'à une touche de tradition viennent se mêler de grandes photos ultracontemporaines. On mangera sur place ou on emportera son panier à la maison.

Bien et pas cher

■ CAFE KRIEGHOFF

1091, avenue Jacques-Cartier
✆ 418-522-3711
Ouvert de 7h à 23h. Petit déjeuner de 11h à 15h. Terrasse. Brunch à environ : 7 $. Toutes cartes de crédit et Interac. Il y a des petits cafés que l'on apprécie autant l'hiver que l'été. Le Café Krieghoff en fait partie. Une institution bien implantée sur cette rue passante. On y achète du café maison, on y brunche, lunche, soupe. L'hiver, c'est l'appel du chocolat chaud ou d'un dessert maison qui a raison de nous et l'été, c'est la salade sur la terrasse.

■ CHEZ VICTOR

145, rue Saint-Jean ✆ 418-529-7702
Du dimanche au mercredi de 11h30 à 21h30, jusqu'à 22h du jeudi au samedi et 22h30 le vendredi. Terrasse. Hamburgers : 9,75 $, salades de 4,50 $ à 10,75 $, sandwichs de 7,25 $ à 11,25 $. Spécial du midi de 8,50 $ à 10,50 $.* Ils sont, certes, réputés pour leurs hamburgers et leurs frites, mais n'hésitez pas à garder de la place pour le dessert car leurs gâteaux sont divins (et faits maison). Le cadre est superbe : avec ses murs de pierres brunes, ses miroirs, sa musique zen, son ambiance tamisée et bourrée de monde… victime de sa célébrité ? Il y a même des journaux et des magazines. Ici on est un habitué ou à défaut on le devient rapidement. Bref, on adore cette ambiance jeune et super sympathique.

■ LE COCHON DINGUE

46, boulevard René-Lévesque O.
✆ 418-692-2013
www.cochondingue.com
Eté 7j/7 du lundi au vendredi de 7h à 23h, le samedi et le dimanche de 8h à 23h. En hiver, du lundi au vendredi de 7h à 22h, le samedi et le dimanche de 8h à 22h. Terrasse verrière. Une formule bistro gagnante et assez dingue, il faut le dire. Le décor est toujours très soigné, convivialité et bonne franquette s'y lisent. Au programme, une cuisine variée qui part du brunch au steak-frites (avec choix de sauce, essayez la Dingue) en passant par un trio de moules. Les côtes levées sont renommées pour leur qualité. Les desserts sont carrément cochons, sucrés à souhait. On en redemande !
Autres adresses : 46, boulevard Champlain ✆ 418-692-2013 et 1326, avenue Maguire ✆ 684-2013.

QUÉBEC ET CHARLEVOIX

Repas canadien

Terrasses

■ BUFFET DE L'ANTIQUAIRE

95, rue Saint-Paul ✆ 418-692-2661

Ouvert tous les jours de 6h à 22h30. En été, la fermeture peut être plus tardive. Table d'hôtes le midi de 7,95 $ à 13,95 $, le soir de 8,95 $ à 14,95 $. Toutes cartes de crédit. Un resto comme on n'en fait plus. Repaire des résidents du quartier, il fait partie intégrante du décor de la rue des antiquaires. On y sert une cuisine québécoise familiale : fèves au lard, confitures maison et plats traditionnels. L'ambiance y est très décontractée, le service amical et la décoration mêle allègrement les photos familiales et les œuvres des peintres de la région. Par rapport aux restos branchés des environs, les tabourets de bar aux couleurs pastel détonnent. Dans les environs du Vieux Québec, c'est sans doute une des meilleures adresses pour combler une grosse faim avec un petit budget.

■ L'OMELETTE

66, rue Saint-Louis ✆ 418-694-9626

Ouvert tous les jours de 7h à 22h. Idéal pour une petite halte en descendant la rue Saint-Louis, on y sert des déjeuners et repas légers tout au long de la journée. Au programme, crêpes bretonnes, soupes, quiches et sandwichs, ainsi que des variétés d'omelettes, de pizzas et de pâtes. Avec un chocolat chaud ou un bon café, on s'y attable avec plaisir avant de continuer la balade.

■ LE PETIT COIN LATIN

8, rue Sainte-Ursule, Vieux Québec
✆ 418-692-2022

Ouvert 7j/7 de 7h30 à 11h30. Carte : 12 $. Menu du midi (entrée, plat) entre 8 $ et 11 $ avec café. Petit supplément pour le dessert. Table d'hôtes du soir (entrée et plat) compris entre 13,30 $ et 20 $ avec dessert et café. Toutes cartes de crédit et Interac acceptées. Les attraits principaux de ce coin de paradis sont sa terrasse ses petits déjeuners. Originaux, surprenants, copieux… Menus simples à midi mais pas chers.

■ CHEZ TEMPOREL

25, rue Couillard ✆ 418-694 1813

Ouvert du dimanche au jeudi de 7h à 1h30, le vendredi et le samedi de 7h à 2h30. Carte de 1,75 $ à 18,50 $. Visa et Interac. Rue calme, coin tranquille où même quand on vient pour la première fois, on se sent chez soi. A s'y méprendre la clientèle semble être constituée d'habitués et pourtant il y a des touristes, échoués là on ne sait comment. On est, en tout cas, attirés par ce bistro en bois intemporel, (si, si), où l'on peut méditer, bouquiner, observer notre petit monde. Et on savoure la carte et ses breuvages : chocolat ou café à l'ancienne, chocolat à la guimauve… Sur ce, bonne pause…

Cuisine québécoise

■ AUX ANCIENS CANADIENS

34, rue Saint-Louis ✆ 418-692-1627

Ouvert de 12h à 22h en continu. Hiver, fermé à 21h. Menu le midi : 14,95 $, le soir de 38,50 $ à 62,50 $. Toutes cartes de crédit et chèques de voyages. Cette jolie maison toute rouge et blanche, appelée la Maison Jacquet, semble sortie tout droit du XVIIe siècle ou d'un conte de Grimm. Le nom du restaurant vient du titre d'un roman du célèbre auteur Philippe Aubert qui habita dans cette maison. C'est un excellent restaurant de spécialités régionales où vous pourrez goûter aux plats traditionnels québécois que l'on trouve rarement ailleurs : soupe aux pois, marmite de fèves au lard, magret de canard au sirop d'érable, tourtière du lac Saint-Jean, caribou braisé, tarte au sirop d'érable et au fudge. LA spécialité du chef : les trois mignons, un assortiment de caribou, bison et cerf grillés nappés de sauce cognac et poivre rose. Agréable décor de style Nouvelle-France, avec assiettes anciennes, estampes, dans une ambiance intime. Service impeccable en costume d'époque. Bon plan : le menu du midi à 14,95 $, incluant un verre de vin, est particulièrement intéressant.

■ L'ECHAUDE

73, rue du Sault-au-Matelot
✆ 418-692-1299 – www.echaude.com

Ouvert du lundi au vendredi de 11h30 à 14h30 et 17h30 à 22h, le samedi de 17h30 à 22h. Brunch le dimanche de 10h30 à 14h30 et 17h30 à 22h. Compter de 18 $ à 35 $ le plat, ce à quoi il faut rajouter 10 $ pour l'entrée et 5 $ pour le dessert. Toutes cartes de crédit. Terrasse. Si la petite rue du Sault-au-Matelot vous avait séduit, L'Echaudé amplifiera votre affection. Le sens de l'hospitalité dirige l'établissement qui joue de plus en plus dans la cour des grands grâce à une cuisine élaborée et savoureuse et une carte des vins dictée par l'amour. Le menu met à l'honneur des produits de qualité, délicatement choisis et choyés par les accompagnements : nage de poissons et mollusques au court-bouillon de homard, mignon de bœuf au foie gras, daube de champignons au vin rouge, magret de canard goulu à l'ananas, rostie de pomme de terre et panais. Autant de plats apprêtés de façon subtile et servis avec une gentillesse et un professionnalisme remarquables.

Cuisine du monde

■ 48

48, rue Saint-Paul
℡ 418-694-4448

*Ouvert de 7h à 22h tous les jours et jusqu'à
23h le vendredi et le samedi. Plats de 10,95 $ à
14,95 $.* On reste encore étonné par l'excellence
du rapport qualité-prix de ce nouveau restaurant
branché situé dans le Vieux-Port. Les quatre
chefs forment une équipe multiculturelle et
apportent chacun les influences de leur pays
natal : Chili, Vietnam, Italie, Québec. Résultat :
des grands classiques et des plats fusion des
plus originaux. Dans la section « classiques du
monde » citons les burritos du Mexique ou le
cheese-cake new-yorkais. Dans la catégorie des
plats plus surprenants, explorez le très populaire
saumon de Madagascar ou le tilapia Shanghai.
La terrasse qui donne sur la place de la FAO est
idéale pour la dégustation d'un assortiment de
tapas piochées parmi les 48 tentations, allant du
pétoncle grillé à l'empanada en passant par le
croûton de terrine. Idéal pour les curieux puisque
les tapas coûtent entre 1,25 $ et 1,65 $ chacun !
A l'intérieur du restaurant, le décor acrobatique
met en scène des voiles colorées sur fond de
murs noirs, des miroirs aux moulures nouées
d'arabesques, et des cubes comme sièges
où se poser. Une musique lounge parfume
l'atmosphère pendant que les assiettes sont
élaborées avec grâce devant le public.

■ AU PARMESAN

38, rue Saint-Louis
℡ 418-692 0341

*Ouvert 7j/7 de 12h à 00h. Menus le midi de 9,25 $
à 14,50 $, le soir de 17,95 $ à 28,75 $. Service
de valet de stationnement gratuit. Toutes cartes
de crédit. 140 places. Chansonnier (Roberto) ou
accordéoniste (Benito) tous les soirs.* Il n'est
pas commun ce restaurant italien, sans nul
doute le plus connu de Québec. Mariant les
spécialités italiennes et françaises, le Parmesan
met un point d'honneur à préparer avec amour
et générosité ses spécialités : saumon fumé,
jambon de parme préparé par Luigi lui-même,
pasta maison, veau et fruits de mer. Les
propriétaires valent le détour tout comme la
décoration pittoresque à souhait, qui vous invite
à faire le tour du monde. Comme en témoignent
les photos sur les murs, l'endroit est fréquenté
par les plus illustres personnages. Quant à
l'ambiance, on vous conseille vivement d'aller
la tester, elle est pleine de surprises ! L'endroit
idéal pour retrouver la dolce vita, en couple et
entre amis !

| 48 Saint Paul | Vieux Port | Québec |

LE
48
SAINT-
CUISINE_MONDE
694.4448

QUÉBEC ET CHARLEVOIX

■ CAFE SIROCCO

64, boulevard René-Lévesque O.
☏ 418-529-6868
Ouvert tous les jours du lundi au vendredi de 11h à 14h et de 17h à 23h, le samedi et le dimanche de 9h à 22h. Table d'hôtes le midi de 10,95 $ à 15,95 $. Carte de 8 $ à 25 $. Toutes cartes de crédit. Belle carte de vins et de grandes variétés de bières dont la bière maison Sirocco. Dans un décor de villa du sud, le Sirocco nous suggère des mets d'inspiration méditerranéenne. La carte est riche et les plats plus appétissants les uns que les autres.

Les saveurs sont à l'honneur dans ce lieu à l'ambiance estivale, et le décor nous donne l'agréable impression de déjeuner à ciel ouvert. On aime le design du bar et l'amabilité du personnel. Un nouveau restaurant qui mérite votre visite au plus vite !

■ ELYSEE MANDARIN

65, rue d'Auteuil
☏ 418-692-0909
Ouvert du lundi au jeudi de 11h30 à 14h et 18h à 22h30, le vendredi de 11h30 à 14h et 18h à 23h30, le samedi de 18h à 23h30, le dimanche de 18h à 22h30. Table d'hôtes le midi de 7,95 $ à 12,95 $. Menu végétarien de 3 $ à 11,50 $. Menu gastronomique le soir : 23,80 $. Spécial le samedi et le dimanche de 7 variétés pour 2 personnes : 12,50 $. Toutes cartes de crédit. Petite perle dans la gastronomie chinoise, ce restaurant l'est à coup sûr : les plats sont copieux, originaux et délicieux. Et le cadre nous invite au voyage. Petite musique douce, statuettes chinoises, petit jardin intérieur avec un bruit d'eau qui coule et qui apaise… On est sous le charme.

■ KIMONO SUSHI BAR

1034, avenue Cartier
☏ 418-648-8821
Ouvert du lundi au vendredi de 11h30 à 14h30, le samedi et le dimanche de 17h à 23h. Combinaison entre 20 $ à 26 $. Toutes cartes de crédit et Interac. Situé sur l'avenue Cartier, ce restaurant très soigné, au décor zen de fleurs d'orchidée et de bambou, nous offre une belle variété de sushi, sashimi et maki. Les mélanges sont harmonieux, le tempura du Kimono très différent de celui des concurrents fait du Maki Surprise le roi de la carte ! Les rouleaux sont consistants, les sashimis une pure réussite. Quant aux conseils, toute la carte est délicieuse. Le service est personnalisé et très professionnel.

■ MOSS BISTRO BELGE

255, rue Saint-Paul
☏ 418-692-0233
www.moss-bistro-belge.com
Ouvert du lundi au vendredi de 11h à 14h et de 16h à 21h, le samedi de 16h à 23h, le dimanche de 9h à 21h. L'été peut fermer plus tard. Menus le midi de 13,95 $ à 16,95 $, le soir de 25 $ à 33,95 $. Toutes cartes de crédit. 95 places à l'intérieur. Terrasse. En bistro belge qui se respecte, le mollusque orangé est la star de ce bistro beige et mauve. Bien que copieux et parfaitement préparés, les quatorze plats de moules se font parfois voler la vedette par les autres mets de la table d'hôtes. Pourtant, les moules aux deux moutardes servies avec l'une des bières belges en fût sont un véritable délice pour les papilles. Les plus gourmands opteront pour les moules à volonté. Le tout avec vue sur le port et la gare du Palais, on ne demande pas mieux.

■ RESTAURANT ASIA

89, rue du Sault-au-Matelot
☏ 418-692 3799
www.resto-asia.com
Eté, ouvert la semaine de 11h à 23h, le samedi et le dimanche de 12h à 23h. Hiver ouvert de 16h30 à 23h le week-end. Le midi de 6,95 $ à 10,95 $, le soir : 14,95 $. Toutes cartes de crédit. Thuong Vo Pham met un point d'honneur à ce que ses restaurants soient beaux et bons. Des spécialités vietnamiennes, thaïlandaises et cambodgiennes sont offertes en menu express ou gastronomique. Le choix est, certes, vaste, mais vous aurez vite fait de trouver vos plats préférés et n'importe quelle raison vous ramènera chez Asia. **Autre adresse :** 585, Grande Allée E (418-522-0818).

■ SAGAMITE RESTAURANT-TERRASSE

10, boulevard Maurice-Bastien,
Village Hurons, Wendake
☏ 418-847-6999
Ouvert 7j/7 de 7h à 23h. La cuisine ferme à 22h sauf le vendredi et le samedi à 23h. Menu le midi de 7,50 $ à 12 $, TH le soir de 18,45 $ à 27,95 $. Toutes cartes de crédit. Au cœur de la réserve huronne, la Sagamité propose une ambiance et des mets typiquement autochtones, mises à part les pizzas et les pâtes. En semaine, vous côtoierez le personnel des entreprises de cette réserve très dynamique. Et goûterez à la Sagamité, la soupe traditionnelle ou à des plats de gibier.

Bonnes tables

■ CAFE DU CLOCHER PENCHE

203, rue Saint-Joseph E.
✆ 418-640-0597

Coin Caron. Ouvert du lundi au vendredi de 11h30 à 15h et 17h à 22h, le samedi et le dimanche de 9h à 14h et de 17h à 22h. Brunch à partir de 6 $, midi de 14 $ à 17 $, soir de 23 $ à 29 $. Visa, MasterCard et Interac acceptés. Est-il le restaurant avec le meilleur rapport qualité-prix de la ville ? C'est l'avis de beaucoup ! Le restaurant, dans le quartier Saint-Roch, bénéficie du superbe espace d'une ancienne banque. Les toilettes sont d'ailleurs à l'emplacement du coffre-fort. Boiseries et vue sur le clocher penché de l'église à côté, tout est parfait pour prendre un excellent brunch. Le chef est un amoureux des produits du terroir et il transforme rapidement tout client en disciple. Boudin noir, salade de cuisses de canard confites, bavette de veau, saumon mariné, tartare de saumon… Une cuisine de bistro haut de gamme et une carte des vins riche et de culture biologique, au Clocher Penché, on ne peut pas se tromper !

■ LE CAFE DU MONDE

84, rue Dalhousie
✆ 418-692-4455
www.lecafedumonde.com

Ouvert du lundi au vendredi de 11h30 à 23h, le samedi et le dimanche de 9h30 à 23h. Menus le midi de 10,95 $ à 19,95 $. Table d'hôtes abrégée de 7,95 $ à 29,95 $. Toutes cartes de crédit. Un beau menu qui se renouvelle constamment. Les plats, tout en étant proche de la formule bistrot, sont relevés de trouvailles succulentes avec une carte des vins très digne : confit de canard, ris de veau, gratin de pleurotes au camembert, asperge et fromage de chèvre en pâte filo. Le cadre est, lui aussi, raffiné et convivial.

■ CROISIERE AML – LOUIS JOLLIET

Quai Chouinard
✆ 418-692-1159
✆ 1-800-563-4643
www.croisieresaml.com
info@croisiereaml.com

Souper-croisière Paquebot d'un soir, tous les soirs de mai à octobre, plusieurs thématiques durant l'été comme Feux d'artifice, Queen Mary 2… Embarquement : 18h, départ : 19h, durée : 4h. Adultes : 31,95 $, aînés et étudiants : 30,95 $, enfants : 15 $, famille (2 adultes et 2 enfants) : 75 $, ce à quoi se rajoute le prix du repas, qui varie entre 28 $ et 49 $ plus taxes et service. Quoi de plus romantique qu'un souper sur l'eau, au cours duquel passent les lumières de la capitale ? Pour commencer la soirée, nous vous suggérons de siroter un cocktail sur le pont, en voyant la ville s'éloigner. On passe ensuite à table pour goûter à une cuisine fine : pavé de saumon frais, homard et beurre à l'ail, filet mignon de bœuf, volaille, casserole de fruits de mer accompagnée d'une bonne bouteille de vin. Des musiciens installés sur les ponts rythment la soirée.

■ GAMBRINUS

15, rue du Fort ✆ 418-692-5144

Ouvert du lundi au vendredi de 11h30 à 14h30 et de 17h à 23h, fin de semaine de 17h à 23h. Menus le midi de 9,50 $ à 14,95 $. Table d'hôtes le soir de 21,95 $ à 34,95 $. Toutes cartes de crédit. 82 places. Terrasse. Musicien le soir. Entre mer et terre, le Gambrinus offre une vue imprenable sur le Château Frontenac, un cadre raffiné et une cuisine d'inspiration italienne et provençale. Les fruits de mer sont la spécialité de la maison avec une bisque de homard et l'assiette de fruits de mer. Mais quelques viandes se détachent par leur originalité comme la noisette de caribou aux fruits des champs ou le filet mignon au fromage bleu. Question service, l'accent de Giovanni Venturino et la compétence de son équipe nous transportent dans une baignade mémorable.

■ LE LAPIN SAUTE

52, rue du Petit-Champlain
✆ 418-692-5325 – www.lapinsaute.com
(menu constamment mis à jour)

Du lundi au jeudi de 11h à 22h, le vendredi de 11h à 23h, le samedi et le dimanche de 9h à 22h. Petit déjeuner en fin de semaine et jours fériés. Table d'hôtes le midi de 9,50 $ à 13,95 $, le soir de 25,95 $ à 30,95 $. Menu enfant. Toutes cartes de crédit. On sautille de plaisir pour ce resto champêtre dont la décoration campagnarde fait chaud au cœur. Des plats généreux et réconfortants animent nos assiettes : du gratin savoyard, des tourtes, des plats mijotés comme ceux que maman nous concocterait avec amour. Avec un nom comme ça, le chef ne pourrait passer à côté de la préparation du lapin, à toutes les sauces, même à l'érable. Ce resto, c'est de la douceur chaleureuse pour l'hiver et la fraîcheur des prés pour l'été. Amoureux du bucolique, c'est votre lieu de rendez-vous.

■ **L'ARDOISE**
71, rue Saint-Paul
✆ 418-694-0213 – ✆ 1-888-694-0213
*Ouvert tous les jours de 11h30 à 15h et 17h30
à 22h30. Menus le midi de 8 $ à 13 $, le
soir de 22 $ à 33 $ Brunch de 9 $ à 15 $.
Environ 60 places et 28 places à la terrasse.
Toutes cartes de crédit et Interac.* Au menu,
plusieurs propositions : tartine, grillade, pâtes,
viandes braisées, poisson ou salade. Pour les
brunchs vous aurez le choix entre sucré ou
salé. Chaque plat porte un nom bien particulier
(notre préféré : le Brassens) dans le ton et
l'ambiance de ce resto bistro à la française.
Les lieux attirent une clientèle d'habitués
qui aime manger raffiné tout en se faisant
chouchouter par les propriétaires Alain Pilote
et Stéphane Villeneuve.

■ **LE MARIE CLARISSE**
12, rue du Petit-Champlain
✆ 418-692-0857
*Ouvert 7j/7. Eté de 11h30 à 14h30 et de 18h
à 22h, hiver de 18h à 22h. Menu midi à partir
de 20 $. Menus à la terrasse : 5 $ à 30 $.
Table d'hôtes le soir, menu gastronomique :
50 $. Toutes cartes de crédit et interac.* Nous
sommes en amour ! Seulement douze tables
et un des meilleurs restaurants de fruits de
mer et de poisson de la vieille capitale se
concentrent sur une belle cuisine de marché
et des arrivages réguliers. Les poissons sont
cuisinés avec talent et créativité. L'entrée
de poissons fumés (maquereau-esturgeon-
saumon) est extraordinaire tout comme la
soupe de crabe. Les poissons sont relevés de
sauces incroyables et de décorations vraiment
recherchées. Les murs de cette bâtisse de plus
de 300 ans à l'atmosphère intimiste participent
aux charmes de ce restaurant tout comme le
service vraiment adorable.

■ **POISSON D'AVRIL**
115, quai Saint-André
✆ 418-692-1010
www.poissondavril.net
*Ouvert du lundi au dimanche dès 17h. Table
d'hôtes le soir à partir de 29 $. Carte à partir
de 12,95 $. 70 places. Terrasse. Toutes cartes
de crédit.* Installé dans le Vieux-Port, ce resto
ne se moque pas de vous. Le propriétaire a
tout du loup de mer, gentil comme tout. Et la
chef est d'une créativité intarissable. En ce
qui concerne le cadre, du bois, des briques,
des poissons, on se croirait dans la cale d'un
navire. La cuisine nous emmène vers des
havres de paix culinaires : bouillabaisses, des
moules à volonté, du homard grillé ou au court-
bouillon, des calmars frits ou à la plancha,
des grillades de poisson entier ou des côtes
de bœuf et d'agneau aux herbes. La sélection
de pizzas et de pâtes permet à la carte de
répondre à tous les désirs. Assis à la terrasse,
le vent dans les mâts des bateaux de la marina,
on prend une bouillabaisse. Pour les plus
audacieux, l'assiette du commodore restera
dans les annales : au programme, homard,
crabe des neiges, moules et pétoncles. Le
resto de la mer a un prix terre à terre. Belle
carte de vins.

■ **PORTOFINO**
54, rue Couillard ✆ 418-692-8888
www.portofino.qc.ca
Ouvert tous les jours de 11h à 00h. Table
d'hôtes le midi de 9 $ à 15 $, le soir de 24,95 $
à 29,95 $. Carte de 8 $ à 26 $. Petite terrasse.
Toutes cartes de crédit. Un petit coin d'Italie
où l'on vient y butiner les saveurs festives de
la cuisine de Mama Mia.
Les couleurs sulfureuses nappent les tables
et les costumes des serveurs. On se presse
devant le four de bois traditionnel pour y voir
dorer ces pizzas de confection européenne.

La pâte est fine et l'assaisonnement a le ton juste. Le choix des pâtes est impressionnant et incite à l'apprentissage de l'italien.
Mais on peut s'en tenir aux poissons, aux moules à volonté et aux homards en saison. Les soirs, le festin s'accompagne des airs latino cuisinés par des musiciens qui enivrent l'endroit. Le service suit le rythme endiablé. Un bastion de fraîcheur italienne en pleine Noucelle-france.

L'ASTRAL
1225, cours Général-Montcalm,
(Loews Le Concorde)
✆ 418-647-2222
www.loewshotels.com
Ouvert 7j/7 de 11h30 à 23h. Menus le midi de 9,50 $ à 20 $, Table d'hôtes le soir de 19,50 $ à 50 $. Toutes cartes de crédit. Une salle, 225 places. Stationnement gratuit pendant 2h30. Magique ! On en sort tout retourné de bonheur par la vue de Québec. Seul restaurant panoramique tournant de Québec, L'Astral, la nuit ou le jour, c'est toujours impressionnant. Le tour culinaire est tout aussi imposant. La carte des vins répond à n'importe quel plat méticuleusement préparé par le chef, Jean-Claude Crouzet : gibier ou bouillabaisse maison. Un buffet est offert le midi, mais c'est à la carte que vous trouverez de quoi vous régaler les yeux et les papilles. Un excellent rapport qualité-prix pour ce lieu unique qui, d'année en année, se montre à la hauteur des récompenses qu'il a reçues.

LAURIE RAPHAEL
117, rue Dalhousie
✆ 418-692-4555
Fermé le lundi et le dimanche. Ouvert du mardi au vendredi de 11h30 à 14h, du mardi au samedi de 18h à 21h30. Menus le midi de 12 $ à 25 $, à la carte environ 75 $. Toutes cartes de crédit. Terrasse. Salons privés. Stationnement disponible. Délicate et parfumée, soucieuse et raffinée, la table du Laurie Raphaël marie savamment les produits du terroir avec une pincée d'exotisme, des sauces qui loin de dénaturer les éléments, les subliment. Une grande table qui excelle par sa créativité sans cesse renouvelée selon l'arrivage, avec Daniel Vézina aux fourneaux. Le tout dans un cadre enchanteur… que demander de plus ?

Manger par quartier

Vieux-Québec – Basse Ville

Manger vite fait
- Marché du Vieux-Port

Savourer tranquillement
- Le 48
- Le Cochon Dingue
- Le Laurie Rafael
- L'Echaudé
- Le Toast
- Le Poisson d'Avril
- Le Marie Clarisse

Vieux-Québec – Haute Ville

Manger vite fait
- Paillard
- Omelette

Savourer tranquillement
- Au Parmesan
- Portofino
- Aux Anciens Canadiens
- Gambrinus
- Saint-Amour

Rue Cartier

Boire un café
- Café Krieghoff

Savourer tranquillement
- Café Sirocco

Quartier Saint-Roch

Savourer tranquillement
- Café du clocher penché
- L'Utopie

L'ASTRAL
BAR · RESTAURANT ROTATIF

1225, Place Montcalm · Québec G1R 4W6 - TÉL. 418.647.2222

■ LE SAINT-AMOUR

48, rue Sainte-Ursule ✆ 418-694-0667
Ouvert du lundi au vendredi de 12h à 14h15, le lundi et le dimanche de 18h à 22h30. Menus le midi de 14 $ à 26 $. Table d'hôtes le soir : 52 $. Menu gastronomique : 90 $. Toutes cartes de crédit. Menu pour enfants, salon pour groupes, service de traiteur. 3 salles, 125 places. Service de valet. Jardin d'hiver avec toit rétractable. Superbe cave. Ce qui frappe d'emblée, c'est la fraîcheur qui émane de la décoration. Le jardin d'hiver crée un espace superbe, été comme hiver. Pour ce qui est de la cuisine, on peut se fier à la réputation du Saint-Amour. Jean-Luc Boulay et son fils, originaire de Sarthe (France), exécutent une cuisine différente, raffinée qui suit le rythme des saisons : caribou aux fruits rouges, thon en croûte d'ail avec tempura sur artichaut, chocolat grand cru de Valrhona avec sa liqueur de lait vanillé. Les noms sont aussi beaux que les mets sont savoureux. Il faut noter que les vins sélectionnés s'apprêtent parfaitement à la qualité de cette grande table. L'extase se poursuit avec les desserts, maison, il va sans dire.

■ TOAST !

17, rue du Sault-au-Matelot
✆ 418-692-1334
www.restauranttoast.com
Ouvert du dimanche au mercredi de 11h à 14h et de 18h à 22h30 et du jeudi au samedi de 11h30 à 14h et de 18h à 23h. Petit déjeuner de 7h à 10h, le samedi et le dimanche brunch de 10h à 14h. Le midi, compter autour de 15 $. Table d'hôtes le soir de 35 $ à 40 $. Brunch le dimanche. Table d'hôtes le soir de 20 $ à 35 $. Toutes cartes de crédit et Interac. Terrasse. Salon Privé. Niché en plein cœur du Vieux-Port, le Toast ! dispose de tous les atouts pour devenir un classique. Un décor beau et moderne dans une alcôve de briques centenaires, et une gastronomie recherchée qui vous est présentée par des restaurateurs expérimentés, avec pour chef Christian Lemelin, qui n'en est pas à son galop d'essai. Il n'en fallait pas plus pour qu'on vous invite à porter un Toast avec nous à la santé de cette nouvelle étape du Vieux-Québec !

■ L'UTOPIE

226 1/2, rue Saint-Joseph E.
✆ 418-523-7878
www.restaurant-utopie.com
Ouvert du mardi au dimanche de 11h30 à 14h et de 18h à 22h, le samedi et le dimanche ouvert le soir uniquement. Fermé le lundi. 3 menus : Le Frugal, un 3 services à 29 $, la bouteille, un 4 services : 45 $, et le dégustation, un 7 service : 70 $. Visa, MasterCard et Interac. La table, nouvelle expérience artistique ! C'est à dérégler nos sens que nous invitent ces chefs-penseurs de la cuisine. Le décor poétique joue avec les matières naturelles. Le bois et le verre se côtoient ; des troncs d'arbre se dressent près d'un imposant cellier de 2 000 bouteilles. La recherche se poursuit autour d'un menu de dégustation qui travaille avec un ingrédient unique. Par exemple, l'olive se renouvelle de l'entrée au dessert. Ces plats avant-gardistes sont en accord parfait avec l'alcool grâce au savoir des serveurs sommeliers. Un resto à découvrir et à redécouvrir.

@ *« J'étais invité par des Québécois et je n'ai pas été déçu. On peut y manger pour 30 $ (le menu), 42 ou 65 $ avec le vin en plus. C'est exceptionnel. La rue Saint-Joseph (sur le plan) est près de la Côte d'Abraham. » Yves D., Pontoise, novembre 2007.*

QUÉBEC ET CHARLEVOIX

■ SORTIR

A Québec, grand nombre de bars, pubs et discothèques se trouvent le long des rues Saint Jean, Cartier et Grande Allée. Les étudiants y viennent nombreux et assurent une chaude ambiance !

Bars et pubs

■ BAR-PUB LE TURF

1175, avenue Cartier ✆ 418-522-9955
Ouvert du lundi au vendredi de 11h30 à 3h, le samedi et le dimanche de 9h à 3h. Toutes cartes de crédit et Interac. Sur deux étages, vous trouverez de l'ambiance. Le Turf est à la fois un restaurant et un bar, une faune bigarrée s'y donne rendez-vous, que ce soit pour le petit déjeuner, un cinq-à-sept ou pour danser. Idéal pour les rencontres, Le Turf se transforme en discothèque avec un D.J. au premier étage. A n'importe quel moment de la journée, c'est une halte… stimulante.

■ CAFÉ KRIEGHOFF

1091, avenue Cartier ✆ 418-522-3711
Ouvert de 7h à 23h. Petit déjeuner de 11h à 15h. Terrasse. Brunch à environ 7 $. Visa, MasterCard, Diner's et Interac. Il y a des petits cafés que l'on apprécie autant l'hiver que l'été. Le Café Krieghoff en fait partie. Une institution bien implantée sur cette rue passante. On y achète du café maison, on y brunch, lunch, soupe. L'hiver, c'est l'appel du chocolat chaud ou d'un dessert maison qui a raison de nous et l'été, c'est la salade sur la terrasse.

■ L'EMPRISE

57, rue Sainte-Anne ✆ 418-692-2480
Ouvert tous les jours de 11h à 00h. Toutes cartes de crédit et Interac. Ce bar attenant à l'hôtel Clarendon dégage une ambiance cosy qui invite à siroter un Martini, un porto ou une bière. Le plancher surélevé permet de profiter d'une vue sur l'Hôtel de Ville et les chevaux qui passent sur la rue Sainte-Anne.

■ FOU BAR

525, Saint-Jean ✆ 418-522-1987
Ouvert tous les jours de 15h à 3h. Au Fou Bar, les œuvres d'art se fondent totalement au décor et à la clientèle : originales, créatives et dynamiques. Lili, copropriétaire, mais aussi barmaid et chanteuse à ses heures, a su attirer depuis vingt ans une clientèle de tout âge, artistes et bohèmes dans l'âme, qui s'approprient les lieux entre autres à cause des soirées théâtro-musical et conte mensuel. Tenez-vous au courant des diverses activités, et si vous êtes chanceux, vous pourriez tomber sur une des soirées surprises mensuelles où Lili prend d'assaut la scène et le micro. Ambiance garantie.

■ JULES ET JIM

1060, avenue Cartier ✆ 418-524-9570
Tous les jours de 16h à 3h. Visa, Amex et Mastercard. « Elle avait des bagues à chaque doigt, des tas de bracelets autour du poignet ». Ce bar vraiment adorable oscille entre une ambiance Saint-Germain-des-Prés du temps de Juliette Gréco et une ambiance ciné du temps de Jeanne Moreau. Chansons francophones ou vieux classiques de jazz pour jaser et refaire le monde autour d'une bière, d'un scotch dans un décor idéal pour les cinéphiles.

■ LE TEMPS PARTIEL

698, d'Aiguillon
(parallèle à la rue Saint-Jean)
✆ 418-522-1001
www.letempspartiel.com
Ouvert tous les jours de 16h à 3h, Internet gratuit, billard, piste de danse. La Fourmi atomik était une institution dans le milieu punk de Québec. En 2001, l'édifice du bar, qui fut construit par les Jésuites il y a deux cents ans, s'est affaissé. La coopérative qui gérait l'endroit a décidé d'ouvrir le Temps partiel, transition avant l'ouverture d'une

---

▶ **Consulter** la section « Arts et spectacles » du journal *Le Soleil*, le supplément du samedi du *Journal de Québec* et *Québec-Scope*, le *Voir Edition Québec* pour être au courant de ce qui se passe en ville.

▶ **Aussi, pour réserver les places de vos meilleurs spectacles,** contacter le Réseau Admission ✆ 418-691-7211 – ✆ 1-800-900-1469. *Du lundi au vendredi de 8h30 à 22h, le samedi et le dimanche de 9h à 22h.* Réservation par téléphone (avec carte de crédit) ou aux comptoirs.

nouvelle Fourmi Atomik. Ce bar reste un lieu de prédilection de la culture alternative de la ville de Québec. Des punks dans la trentaine, des cégépiens (lycéens) qui célèbrent autour de la table de billard, des boomers nostalgiques qui s'éclatent sur la piste de danse du sous-sol, des universitaires qui font leurs recherches sur Internet. Une faune hétéroclite remplit l'endroit vers 22h.

■ PUB SAINT-ALEXANDRE
1087, rue Saint-Jean ✆ 418-694-0015
www.pubstalexandre.com
Ouvert tous les jours de 11h à 3h. Visa, Amex, MasterCard et Interac. Une sélection de plus de 200 bières (essayez donc la Duchesse de Bourgogne), 40 sortes de scotchs, des bières en fût, un vrai pub avec une décoration superbe de boiseries, un foyer, de la belle musique, c'est parfait pour les cinq-à-sept entre amis. Le Saint-Alexandre propose également une cuisine variée : potages, steak-frites, paninis, saucisses, sans oublier l'ambiance avec des groupes invités 2 fois par mois.

■ LA BARBERIE
310, rue Saint-Roch ✆ 418-522-4373
www.labarberie.com
Ouvert tous les jours de 12h à 1h. Interac et argent comptant. Sélection de bières à emporter. Des bières uniques à déguster dans un bar aux allures de taverne viking. Plus de 130 recettes de bières ont été élaborées. Plein de belles idées s'y retrouvent : des dîners causeries, et sur réservation, on peut se concocter une activité de groupes mémorable où une personne qualifiée nous fait découvrir les mariages entre les bières de la microbrasserie et les fromages québécois. Des cinq-à-sept de dégustation, des « partys » de bureau ou autres événements peuvent être organisés. On vous suggère fortement le carrousel de bière hautement ludique qui vous fera découvrir les spécialités maison. On notera que la Barberie est également une coopérative qui s'engage au niveau communautaire.

■ L'INOX
37, Quai Saint-André
✆ 418-692-2877 – www.inox.qc.ca
Ouvert toute l'année sauf du 25 décembre au 1er janvier, 12h à 3h. Toutes cartes de crédit et Interac. L'Inox est non seulement un bar beau et vraiment agréable, mais c'est en plus une microbrasserie qui permet au commun des buveurs de bières d'en connaître un peu plus sur cette divine boisson. Les productions proposées, brassées en petites quantités, sont vraiment excellentes, et le cadre comme le service donnent envie de revenir. Des sélections de fromages sont disponibles pour agrémenter les dégustations de bières. Une réussite !

Bars et spectacles

■ LE DAGOBERT
600, Grande Allée E.
✆ 418-522-0393 – www.dagobert.ca
Ouvert du lundi au dimanche de 21h à 3h. Visa, Amex, MasterCard et Interac. Les habitués l'appellent Le Dag'. Au rez-de-chaussée, il y a des spectacles tous les soirs (le lundi, ce sont souvent des humoristes) et l'entrée reste quand même gratuite. On apprécie particulièrement les hommages à des chanteurs célèbres. En tout cas, vous pouvez y danser tous les soirs de la semaine si cela vous chante ! En haut, une discothèque immense déploie sur deux niveaux une musique récente à grand renfort de technologie (écrans, lumières…). Tous les horaires des spectacles sont disponibles sur le site Internet.

■ LE PAPE GEORGES
8, rue du Cul-de-Sac
✆ 418-692-1320
www.papegeorges.com
Ouvert tous les jours de 10h à 3h l'été et 12h à 3h l'hiver. Cuisine ouverte en tout temps, fromages, charcuterie… Depuis 1984 ce bâtiment historique au charme pittoresque porte le nom du Pape George en l'honneur de l'un de ses anciens propriétaires. A l'image du quartier qui l'abrite, l'endroit est très chaleureux, propice à l'intimité entre amis et aux grandes discussions. Rassemblée autour de quelques chandelles, dans une cave aux murs de pierre, la clientèle partage bouteilles de vin et assiettes de fromages, en écoutant le blues du chansonnier assis devant le foyer.

■ LES YEUX BLEUS
1117 1/2, rue Saint-Jean
✆ 418-694-9118
Ouvert du lundi au dimanche de 20h30 à 3h. Interac. Ce qu'on aime avant tout, c'est le logo que l'on trouve très drôle. En plus, l'ambiance lui est tout à fait assortie, et c'est une clientèle bien dans sa peau qui hante l'endroit. Un chansonnier, où des artistes aussi québécois que chaleureux se produisent pour le plus grand plaisir des amateurs.

QUÉBEC ET CHARLEVOIX

Haute ville, quartier du Petit-Champlain, rue du Petit-Champlain

Gay & Lesbian

■ L'AMOUR SORCIER

789, côte Sainte-Geneviève
✆ 418-523-3395
Ouvert tous les jours 14h à 3h. Terrasse. Interac. Pour le trouver, il faut être un initié. Dans une vieille bâtisse de la rue Sainte-Geneviève, cette porte noire cache un bar et une terrasse qui valent le détour. Le jour, c'est relativement calme, mais les cinq-à-sept sont mémorables. Le soir venu, on s'y déchaîne sur de la musique contemporaine ou disco. La terrasse est chauffée en automne alors on en profite jusqu'au bout.

■ LE DRAGUE

804, rue Saint-Joachim
(parallèle à la rue Saint-Jean)
✆ 418-649-7212
Ouvert de 22h à 3h. Argent comptant et guichet automatique sur place. On s'y rend pour prendre un verre, faire une partie de billard, assister à des spectacles ou danser dans la discothèque au sous-sol. Cours de danse country le lundi soir, spectacle de drags le dimanche et le jeudi soir. Hommes, femmes et couples.

Spectacles et concerts

■ LE CAPITOLE

972, rue Saint-Jean
✆ 418-694 9930 – www.lecapitole.com
Une salle de 262 personnes qui a du cachet. Créé en 1903, puis abandonné en 1982 et restauré en 1992, le capitole est remarquable par son architecture. En plein cœur de la ville, des concerts, des spectacles, des pièces de théâtre, mais aussi des événements (le Grand Rire bleu) et des conférences y sont organisés. Le Capitole reçoit des spectacles tels Elvis Story, ou des artistes comme Natacha Saint-Pier, Daniel Bélanger et beaucoup d'autres.

■ COLISEE DE QUEBEC

250, boulevard Wilfrid-Hamel
✆ 418-691-7110
Des matchs de hockey avec l'ambiance voulue dans une salle immense ! Côté spectacles et concerts, des grosses pointures y font leur show.

■ GRAND THEATRE DE QUEBEC

269, boulevard René-Lévesque E.
✆ 418-643-8131
www.grandtheatre.qc.ca
Visites commentées pour les groupes tous les jours de 9h à 16h sur réservation. Deux salles, Louis-Fréchette et Octave Crémazie, accueillent des spectacles de haute qualité et variés : danse, théâtre, musique, opéra, variétés.

■ THEATRE DU PETIT-CHAMPLAIN

68, rue Petit-Champlain
✆ 418-692-2631
www.theatrepetitchamplain.com
Le théâtre du Petit Champlain ou Maison de la Chanson est peut-être une petite salle (230 places), mais elle est vraiment mignonne. A l'entrée, un bar crée un espace agréable et clair en adéquation parfaite avec l'ambiance du quartier. La programmation met l'accent sur la chanson francophone avec des artistes connus ou en voie de le devenir. De la danse, de l'humour prennent aussi place au théâtre.

MANIFESTATIONS

■ **INTERNATIONAL DE SCULPTURES SUR NEIGE DU CARNAVAL DE QUEBEC**
℡ 418-626-3716
Fin janvier. Une utilisation intelligente des surplus de neige, en attendant les fours à micro-ondes géants ! (Ils sont à l'étude pour des raisons écologiques liées au traitement des excédents de neige ramassés sur les routes).

■ **CARNAVAL DE QUEBEC**
℡ 418-626-3716 – www.carnaval.qc.ca
Début février. Pendant la première quinzaine de février au moment où il fait bien froid, une fièvre hivernale s'empare de la ville. Anciennement, le carnaval de Québec était synonyme de fêtes plutôt réservées aux adultes. Aujourd'hui, la programmation du plus gros carnaval d'hiver du monde s'adresse aux petits et aux grands. Bonhomme Carnaval, bain de neige, découverte des cultures nordiques, activités hivernales et culturelles et, animations se réunissent pour découvrir le plaisir de l'hiver !

■ **FESTIVAL D'ETE DE QUEBEC**
℡ 418-523-4540 – ℡ 1-888-992-5200
www.infofestival.com
Début juillet. Tellement important, tellement vivant, il est incontournable et la qualité augmente d'année en année. Québec en juillet, c'est déjà merveilleux alors avec tous ces artistes en 10 jours ! Ce festival de musique invite des artistes du monde francophone mais aussi de tous les pays. Musiques en tout genre, arts de la rue, 10 jours de festivité et d'effervescence pour grands et petits.

■ **FETES DE LA NOUVELLE-FRANCE**
℡ 418-694-3311
℡ 1-866-391-3383
www.nouvellefrance.qc.ca
Début août. Il n'y a pas de meilleur endroit que la ville de Québec et son patrimoine pour célébrer l'histoire de la Nouvelle-France. Reconstitutions, théâtres, animateurs, costumes, rien n'est laissé au hasard pour remonter l'Histoire.

■ **CARREFOUR INTERNATIONAL DE THEATRE**
℡ 418-692-3131
℡ 1-888-529-1996
www.carrefourtheatre.qc.ca
Evénement biennal (les années impaires seulement, de fin mai à début juin). Théâtre et diversité culturelle font un beau mélange. Ce festival convie les habitants de la ville et les touristes au théâtre, à la rencontre de nouvelles pièces et auteurs.

■ **FESTIVAL INTERNATIONAL DU FILM DE QUEBEC**
℡ 418-523-3456/418-522-7577
www.fifq.org
Fin août et début septembre. Devenu un des plus sérieux du circuit, le Festival international du film de Québec présente une programmation de qualité.
Il permet à de jeunes réalisateurs d'ici et d'ailleurs de faire découvrir et apprécier leurs talents ainsi qu'à des cinéastes confirmés de la francophonie et d'Amérique latine de présenter leurs œuvres.

QUÉBEC ET CHARLEVOIX

© OFFICE DU TOURISME ET DES CONGRÈS DE QUÉBEC / YVES TESSIER, TESSIMA

Fêtes de la Nouvelle-France, Québec

Haute-ville, la place d'Armes

■ POINTS D'INTÉRÊT

Visites guidées

En autobus

- ■ **LES TOURS DU VIEUX QUÉBEC**
✆ 418-664-0460

À pied

- ■ **LA PROMENADE DES ÉCRIVAINS**
✆ 418-264-2772

- ■ **LES VISITES FANTÔMES DE QUÉBEC**
✆ 418-692-9770

- ■ **CORPORATION DU PATRIMOINE ET DU TOURISME RELIGIEUX DE QUÉBEC**
✆ 418-694-0665

En bateau

- ■ **CROISIERES AML**
124, rue Saint-Pierre
✆ 418-692-1159
www.croisieresaml.com
Départ du quai Chouinard (face à la place Royale). Croisière de jour, durée : 1h30, heures de départ 11h30, 14h et 16h. Adultes : 28 $, aînés et étudiants : 26 $, enfants : 14 $. Le dimanche buffet déjeuners adultes : 42 $, enfants : 21 $ départ 11h. Soupers-croisières durée 4h, départ 19h. Adultes : 33 $, enfants : 16, prix du repas non compris. 5 menus au choix de 28 $ à 49 $, dîners-croisières, banquets. Séminaires. Capacité de 1 000 passagers. Pour découvrir Québec et sa région à bord du Louis-

Jolliet et admirer les chutes de Montmorency, l'île d'Orléans. Un guide présente les sites par un bref rappel historique qui permet de parfaire ses connaissances de la ville et de la région avec une approche singulière, celle des eaux.

- ■ **CROISIERE LE COUDRIER**
108, rue Dalhousie, Bassin Louise quai 19
✆ 418-692-0107
www.croisierescoudrier.qc.ca
Billetterie-Port d'attache. Les croisières le Coudrier vous emmènent autour de Québec, pour une visite commentée d'une durée de 90 min, au cours desquelles vous profitez d'un autre point de vue sur la ville. Les gourmands préféreront les souper-croisières 4 services avec produits du terroir.
Pour ceux qui veulent s'éloigner un peu plus de la capitale, des croisières, durant une journée, vous entraînent vers l'île d'Orléans, Grosse Ile, Sainte-Anne-de-Beaupré ou l'Isle-aux-Grues. Les bateaux admettent les vélos, ce qui peut être très pratique. On revient totalement dépaysé et conquis par ces espaces qui fourmillent de sites enchanteurs.

Le Vieux-Québec et son patrimoine

Haute-Ville intra-muros

Le cœur du Vieux-Québec, où Champlain érigea le premier fort, conserva pendant deux siècles une vocation religieuse et administrative.

■ PLACE D'ARMES

Ce square de verdure est dominé par la masse imposante du château Frontenac. Une fontaine surmontée d'une sculpture néogothique en occupe le centre. Plus loin, s'élève un monument à la gloire de Champlain, fondateur de Québec. C'est sur ce site que Champlain fit bâtir, en 1620, le fort Saint-Louis, où il mourut en 1635. Devant la place d'Armes arrive le funiculaire (*1,50 $*) qui démarre du Petit-Champlain dans la Basse Ville, juste en contrebas. Vous pouvez y descendre directement par l'escalier Frontenac.

■ CHATEAU FRONTENAC

℗ 418-691-2166

Les visites guidées, qui ont lieu tous les jours de du 1er mai au 15 octobre (10h à 18h) et les fins de semaine du 16 octobre au 30 avril (13h à 17h) sont à la fois drôles et très intéressantes. Ainsi baptisé en l'honneur du gouverneur de la Nouvelle-France, il se dresse au flanc du cap Diamant depuis 1893, à l'emplacement de l'ancienne résidence du gouverneur. En 1943 et 1944, Roosevelt et Churchill s'y réunirent. Il faut y entrer, ne serait-ce que pour prendre une consommation au bar, pour l'ambiance et la vue sur la ville.

■ TERRASSE DUFFERIN ET PROMENADE DES GOUVERNEURS

C'est, au pied du Château Frontenac, une longue et large terrasse de planches balayée par le vent et surplombant le Saint-Laurent. Elle offre de magnifiques vues sur la Basse Ville et le fleuve. La nuit, quand le château est éclairé, le spectacle devient féerique. La terrasse Dufferin se prolonge par la promenade des Gouverneurs, longue succession d'escaliers longeant la citadelle du côté du fleuve et qui aboutit aux Plaines d'Abraham (très belles vues). En hiver, on apprécie les joies de la piste de luge géante.

■ MUSEE DU FORT

10, rue Sainte-Anne ℗ 418-692-2175
www.museedufort.com

Ouvert d'avril à octobre, ouvert tous les jours de 10h à 17h. Le reste de l'année 11h à 16h. Entrée : 8 $, moins de 18 ans : 5 $. Il retrace l'histoire militaire de Québec depuis sa fondation : ses six sièges, la funeste bataille des Plaines d'Abraham et l'invasion américaine de 1775. La technologie est mise au service de l'histoire. Son et lumière. Vous y verrez aussi une maquette de la ville, telle qu'elle était vers 1750.

■ CATHEDRALE ANGLICANE DE LA SAINTE-TRINITE (HOLY TRINITY)

31, rue des Jardins ℗ 418-692-2193

Ouvert tous les jours en saison touristique de 8h à 16h, le reste de l'année aux heures de messe. Visites commentées. Entrée gratuite. Cette cathédrale, de style palladien, construite en 1804 sur le modèle londonien de Saint-Martin-in-the-Fields, abrite une collection d'objets précieux, don du roi George III. Le trône du roi est situé au balcon, dans la loge royale. Lui seul (ou son représentant) pouvait l'occuper. En été, dans la cour de la cathédrale, les artistes et artisans de l'atelier Plein Air exposent leurs œuvres (*mai et juin tous les jours de 9h à 18h, le dimanche de 11h à 18h. Septembre, du lundi au vendredi de 10h à 1h ; Entrée gratuite*). Récitals d'orgue en été.

■ LA RUE DU TRESOR

Le meilleur côtoie le pire dans cette ruelle où les artistes exposent à longueur d'année et où les passants, en haute saison, ont peine à se frayer un chemin. La rue tient son nom d'un immeuble où les colons du régime français allaient payer leur redevance au Trésor royal.

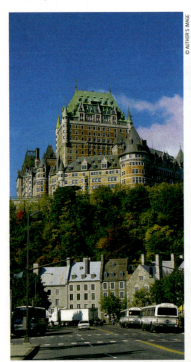

Vue du Château Frontenac depuis le quartier du Petit-Champlain

MONASTERE DES URSULINES, CHAPELLE ET MUSEE

12, rue Donnacona ✆ 418-694-0694
De mai à septembre du mardi au samedi de 10h à 12h, de 13h à 17h. Fermé le lundi et le dimanche matin. Octobre à avril le mardi au dimanche de 13h à 16h30. Fermé de décembre à février. Adultes : 6 $, aînés : 5 $, étudiants : 4 $. C'est le plus ancien établissement d'enseignement pour jeunes filles d'Amérique du Nord (1639). La chapelle possède une superbe décoration intérieure provenant de l'ancienne chapelle du XVIIIe siècle et abrite le tombeau de la bienheureuse Marie de l'Incarnation. Le général Montcalm a été inhumé dans la crypte en 1759. Le musée des Ursulines est ouvert de mai à septembre du mardi au samedi de 10h à 12h et 13h à 17h, le dimanche de 13h à 17h. D'octobre à avril du mardi au dimanche de 13h à 16h30. Visites commentées toute l'année sur réservation. 120 ans de régime français (1639-1759) chez les Ursulines. Peintures, sculptures, mobilier, et de superbes broderies exécutées par elles aux XVIIe, XVIIIe et XIXe siècles.

BASILIQUE-CATHEDRALE NOTRE-DAME-DE-QUEBEC

20, rue de Buade (angle de la Fabrique)
✆ 418-694-0665
www.patrimoine-religieux.com
Ouvert tous les jours, de 8h à 16h. Visites guidées tous les jours du 1er mai au 1er novembre, hors saison sur réservation. Gratuit. Spectacles son et lumière de mai à octobre. La plus ancienne basilique de la partie du continent américain située au nord du Mexique, cathédrale depuis la fin du XVIIe siècle, chef-d'œuvre de la famille Baillairgé, est riche en œuvres d'art : à l'intérieur, superbe baldaquin doré. Elle représente sans doute l'édifice le plus classiquement européen de tout le pays. Frontenac, de Callières et de La Jonquière, gouverneurs successifs de la Nouvelle-France, ainsi que la plupart des évêques de Québec reposent dans la crypte. Détruite par un violent incendie au début de ce siècle, elle fut fidèlement reconstruite.

▶ **De l'autre côté de la place,** l'imposant hôtel de ville fait pendant à la basilique. Sous l'hôtel de ville, le Centre d'interprétation de la vie urbaine de la ville de Québec (43, côte de la Fabrique ✆ 418-641-6172) permet de saisir l'évolution de la ville depuis 400 ans, grâce à des expositions thématiques, des animations multimédias et une immense maquette.

MUSEE DE L'AMERIQUE FRANCAISE SITE HISTORIQUE DE SEMINAIRE DE QUEBEC

2, côte de la Fabrique
✆ 418-692-2843 – www.mcq.org
Ouvert du 24 juin à la fête du Travail, tous les jours de 9h30 à 17h. De septembre à juin du mardi au dimanche de 10h à 17h. Adultes : 6 $, aînés : 5 $, étudiants : 3,50 $, enfants : 2 $, 11 ans et moins gratuit. Entrée gratuite tous les mardis du 1er novembre au 31 mai. Il s'agit du plus ancien musée du Canada. Il se situe dans un bâtiment attenant au séminaire de Québec, fondé en 1663 par Mgr François de Laval. Le musée de l'Amérique française est issu de la tradition religieuse et éducative européenne. Dès 1806, on y trouve une collection d'instruments destinés à l'enseignement des sciences, puis des collections de monnaies anciennes, de médailles, des collections de minéraux, de fossiles, de peintures, etc. Aujourd'hui le musée est tourné vers l'histoire de l'Amérique française et notamment sur le développement de la culture française sur le continent. L'exposition permanente se divise en îlots consacrés aux communautés francophones du continent : Acadie, Louisiane, Québec, Franco-Ontariens, francophones de l'Ouest, les Métis et les Franco-Américains de Nouvelle-Angleterre. Un film renforce l'intérêt de l'exposition. De nombreuses activités et expositions temporaires se renouvellent continuellement.

MUSEE DE CIRE

22, rue Sainte-Anne ✆ 418-692-2289
En été, ouvert tous les jours de 9h à 22h. Hors saison 9h à 17h. Entrée : 5 $, étudiants : 4 $. enfants (12 ans et moins) gratuit. Dans l'une des plus belles maisons héritées du régime français (1732), le visiteur découvrira, en cire et sur pied, 80 figures de l'histoire de l'Amérique, et plus particulièrement du Québec (ce qui inclut celle du Premier ministre le plus influent que la province ait connu, René Lévesque).

MONASTERE DE L'HOTEL-DIEU ET MUSEE DES AUGUSTINES

32, rue Charlevoix
✆ 418-692-2492
Ouvert du mardi au samedi de 9h30 à 12h, de 13h30 à 17h, le dimanche de 13h30 à 17h. Entrée : donation. Fondé par les sœurs Augustines en 1639, il est célèbre pour son hôpital, le premier créé en Amérique du Nord.

La façade de l'église est de style néoclassique et l'intérieur en bois sculpté, œuvre de Thomas Baillairgé.

A côté, le musée des Augustines abrite de belles collections (tableaux, mobilier, orfèvrerie, broderies, instruments médicaux) amassées par les Sœurs depuis plus de trois siècles. Les pièces témoignent de l'histoire de cette communauté d'Hospitalières, les premières femmes missionnaires du monde !

Basse-Ville

Accès par le funiculaire ou l'escalier Frontenac. Le quartier a été joliment restauré dans les années soixante-dix. Restaurants, cafés-terrasses, boutiques et galeries d'art foisonnent.

L'animation bat son plein dans la rue du Petit-Champlain et autour de la place Royale, le cœur de la Basse Ville, qui ont gardé leur aspect du XVIIIe siècle.

▶ **Un centre d'information** (maison Thibaudeau, 215, rue du Marché-Finlay ✆ 418-643 6631) propose des visites guidées du quartier.

■ PLACE ROYALE

Un de ces endroits à ne pas manquer, où l'on sent de façon authentique le souffle de l'Histoire. C'était, à l'origine, le jardin de Champlain.

Lorsque la ville se développa, l'endroit devint un des marchés les plus animés. Jusqu'au XIXe siècle, la place Royale demeura le centre de l'activité économique de Québec. Elle est entourée de maisons anciennes du XVIIe siècle (restaurées) : maisons Fornel, Drapeau, Bruneau, Rageot.

L'église Notre-Dame-des-Victoires, bâtie en 1688, l'une des plus anciennes églises du Québec, abrite un retable doré représentant la ville fortifiée de Québec. Le centre d'Interprétation de la place Royale (27, rue Notre-Dame ✆ 418-646-3167 – *visite de 10h à 18h*) fait revivre l'histoire de ce site, considéré comme le berceau de la civilisation française en Amérique.

■ MAISON CHEVALIER

50, rue du Marché-Champlain
✆ 418-646-3167
Ouvert toute l'année, entrée libre. Construite au milieu du XVIIIe siècle par le riche marchand et armateur du même nom, elle présente des expositions sur le mobilier et l'habitat traditionnels québécois.

À découvrir !

■ PLAINES D'ABRAHAM PARC DES CHAMPS-DE-BATAILLE LA MAISON DE LA DECOUVERTE DES PLAINES

835, avenue Wilfrid-Laurier
✆ 418-648-4071
www.ccbn-nbc.gc.ca
Ouvert tous les jours de 9h à 17h. Odyssée de 10h à 17h. Adultes : 10 $, incluant l'Odyssée, le bus d'Abraham, la tour Martello, la maison patrimoniale Louis S. Saint-Laurent. Découvrez l'histoire, la beauté et les richesses d'un des plus importants parcs historiques au Canada : le parc des Champs-de-Batailles (ou plaines d'Abraham). Blotti entre la ville de Québec et le fleuve Saint-Laurent, ce magnifique parc de 108 ha fut le théâtre de luttes dont l'issue, la Conquête de 1759, a changé le sort de l'Amérique. Dans la maison de la découverte des plaines d'Abraham, vous participez à l'histoire du parc grâce à ses multiples attraits : vivez une aventure interactive à travers 400 ans d'histoire et de découvertes à l'exposition multimédia Odyssée Canada : levez le voile sur la bataille des plaines d'Abraham au Centre d'interprétation grâce à l'exposition présentant une vingtaine d'uniformes de soldats et généraux et revivez en image les grandes batailles de Québec ; devenez témoin et suspect au Conseil de guerre à la tour Martello, un souper mystère animé de 1814 (février, juillet, août, octobre, décembre) ; visitez la Maison patrimoniale Louis S.-Saint-Laurent, résidence restaurée de l'ex-Premier ministre du Canada ; sillonnez le parc en autobus avec Abraham lui-même ; assistez à un concert gratuit en plein air au kiosque Edwin-Bélanger ; imprégnez-vous du génie militaire britannique des tours Martello ; contemplez le magnifique jardin Jeanne d'Arc et l'arboretum d'arbres représentatifs du Canada. Aussi en saison, piste de patins à roues alignées, sentiers pédestres et pistes de ski de fond. Le parc des Champs-de-Bataille est un parc national, historique et urbain qui reçoit annuellement quatre millions de visiteurs.

© MICKAEL DAVID / AUTHOR'S IMAGE

Haute-ville, quartier du Petit-Champlain, place Royale

■ **MUSEE DE LA CIVILISATION**
85, rue Dalhousie
℡ 418-643-2158 – www.mcq.org
Ouvert du 24 juin au 6 septembre tous les jours de 9h30 à 18h30 et le reste de l'année du mardi au dimanche de 10h à 17h. Adultes : 10 $, aînés : 9 $, étudiant : 7 $, 12-16 ans : 4 $, 11 ans et moins gratuit. Entrée gratuite tous les mardis du 1er novembre au 31 mai. Le bâtiment (1988) est une réalisation du célèbre architecte Moshe Safdie. A l'intérieur, le musée propose plus de cinq expositions thématiques à la fois. Il est organisé en deux sections : objets de civilisation (mobilier, outils, costumes québécois) et mémoires (quatre siècles d'histoire et de culture). Il faut absolument voir l'exposition Nous, les premières Nations, qui décrit la vision du monde et le mode de vie des 11 nations autochtones peuplant le territoire du Québec. Les œuvres d'art Inuit du collectionneur Pierre Brousseau, nouvellement arrivées au musée sont d'une grande beauté.

■ **RUE SAINT-PIERRE**
C'était, au XIXe siècle, le quartier des affaires. Le nombre de banques parle de lui-même : Banque nationale, ancienne banque Molson, Banque impériale du Canada, Banque canadienne de Commerce.

■ **RUE SAINT-PAUL**
Cette charmante rue est renommée pour ses magasins d'art et d'antiquités.

■ **VIEUX-PORT**
Il contribua à l'essor de la ville et joua un rôle primordial jusqu'à la fin du XIXe siècle. Il offre un complexe moderne, l'Agora (1980), comprenant un amphithéâtre et un centre commercial ; un Centre d'interprétation du Vieux-Port-de-Québec (100, rue Saint-André) qui souligne le rôle prépondérant du port au XIXe siècle ; une

promenade en planches le long de la marina (port de plaisance) ; et un marché couvert, sympathique et animé, où l'on trouve tous les produits locaux.

Le système de défense

Du XVIIe au XIXe siècle, la forteresse de Québec eut en charge la défense de tout le Nord-Est de l'Amérique. De ce dispositif militaire subsistent d'importants vestiges.

■ **LA CITADELLE**
MUSEE DU ROYAL 22e REGIMENT
1, côte de la Citadelle ℡ 418-694-2815
www.lacitadelle.qc.ca
Ouvert tous les jours, en avril, mai et juin de 9h à 17h, juillet à début septembre, de 9h à 18h, septembre de 9h à 16h, octobre de 10h à 15h et le reste de l'année sur réservation. Adultes : 10 $, aînés et étudiants : 9 $, enfants : 5,50 $. Entrée libre pour les enfants de moins de 6 ans accompagnés et pour les handicapés. Située dans la Haute Ville, au sommet du cap Diamant, sur le flanc est des fortifications, elle offre un plan en étoile, caractéristique de Vauban. Ce lieu historique national est plus connu sous le nom de Gibraltar d'Amérique. Depuis 1920, la citadelle est occupée par les troupes du 22e régiment royal. L'ancienne poudrière (1750) et l'ancienne prison militaire abritent un musée présentant une intéressante collection d'armes, d'uniformes et de décorations, du XVIIe siècle à nos jours. En tout, 25 bâtiments. La retraite de la garde a lieu uniquement en juillet et août, le mardi, le jeudi, le samedi et le dimanche, par beau temps, à 19h. Il faut arriver plus tôt pour la visite (*30 min*). La relève de la garde (en saison estivale, de la mi-juin à la fête du Travail) se fait tous les jours de beau temps à 10h (*35 min*). Les tirs de canon ont lieu à 12h tous les jours.

■ FORTIFICATIONS DE QUEBEC

100, rue Saint-Louis ✆ 418-648-7016
www.pc.gc.ca/fortifications
Du 8 octobre au 7 mai sur réservation, du 8 mai au 7 octobre du lundi au dimanche de 10h à 17h. Adultes : 3,95 $, aînés : 3,45 $, étudiants : 1,95 $. Québec est la seule ville d'Amérique du Nord ayant conservé ses fortifications. Ce qui lui a valu d'être proclamée joyau du patrimoine mondial par l'Unesco en 1985. Le centre d'interprétation des fortifications de Québec raconte plus de trois siècles d'histoire, de façon ludique et interactive. La visite de la poudrière de l'esplanade est incluse dans les droits d'entrée du centre d'interprétation. La grande muraille est pourvue d'un sentier d'orientation expliquant, à l'aide de panneaux, l'évolution du système de défense de la ville.

■ PARC DE L'ARTILLERIE

(Lieu historique national)
2, rue d'Auteuil ✆ 418-648-4205
www.pc.gc.ca/artillerie
Du 1er avril au 7 octobre de 10h à 17h, du 8 octobre au 31 mars sur réservation. Adultes : 3,95 $, aînés : 3,45 $, 6-16 ans : 1,95 $, tarif familial : 9,90 $. Depuis le XVIIe siècle, il s'agit d'un lieu consacré exclusivement à la défense de la ville de Québec. Ce fut et c'est toujours un emplacement stratégique majeur. On y visite aujourd'hui, pacifiquement, l'ancienne fonderie, la redoute Dauphine (1712-1748) et le logis des officiers (1820).

■ PARC DES CHAMPS-DE-BATAILLE

835, avenue Wilfried-Laurier
✆ 418-648-4071 – www.ccbn-nbc.gc.ca
C'est ici, sur les plaines d'Abraham, que Wolfe et Montcalm se sont affrontés en 1759. Il en reste des souvenirs (plaques commémoratives, monuments et pièces d'artillerie), disséminés sur 108 ha de parc boisé et de jardins. Belle vue de la terrasse Grey. De là, part la promenade des Gouverneurs qui longe la citadelle jusqu'à la terrasse Dufferin, au pied du château Frontenac. Les tours Martello que l'on aperçoit dans le parc (trois à Québec, dont deux sur les plaines d'Abraham et une sur la rue Lavigueur) ont été érigées, après la conquête anglaise, entre 1808 et 1812, pour servir d'ouvrages avancés de défense, de crainte d'une autre invasion américaine à la suite de celle de 1775. Rondes, robustes, en pierre, elles constituaient des unités de défense autonome, servant à la fois de caserne, de magasin, de plate-forme de tir, et leur unique entrée à l'étage n'était accessible que par une échelle. Elles n'ont, en fait, jamais servi.

Cap Tourmente

Le cap Tourmente, qui domine la rive nord de 600 m de hauteur, est riche d'écosystèmes divers : une falaise, la forêt de conifères, la forêt de feuillus qui atteint ici sa limite nord, la prairie, la batture (plage marécageuse recouverte à marée haute, caractéristique des rives du Saint-Laurent) et enfin le fleuve qui s'élargit en estuaire. Une Réserve nationale de faune, créée en 1969 et gérée par le Service canadien de la faune, protège, dans ces différents milieux, 250 espèces d'oiseaux.

La falaise est de nouveau le domaine du faucon pèlerin, grâce à un programme de réintroduction de cette espèce, particulièrement menacée par les pesticides.

On observe plus facilement les écureuils et les oiseaux de la forêt : le pic mineur, le plus petit pic d'Amérique du Nord, reconnaissable à sa tache rouge derrière la tête ; la sittelle à poitrine rouge, à la tête rayée de noir et blanc ; la mésange à tête noire, deux espèces de roitelets, et le geai bleu.

Durant l'été (des) indien(s), le cap Tourmente offre un spectacle unique : aux couleurs de l'automne s'ajoute la masse blanche d'une centaine de milliers de grandes oies des neiges qui y font étape au cours de leur migration vers le sud. Leur plumage est d'une blancheur parfaite, avec du noir à la pointe des ailes, le bec et les pattes roses.

Les grandes oies des neiges nichent dans l'Arctique canadien et au Groenland, et passent l'hiver sur la côte atlantique des Etats-Unis, du New Jersey à la Caroline du Sud. Les battures du Saint-Laurent constituent leur principale halte migratoire, en octobre et en novembre ainsi que d'avril à fin mai.

Le cap Tourmente ne se trouve qu'à 60 km de Québec.

■ RESERVE NATIONALE DE FAUNE DU CAP TOURMENTE

570, chemin du Cap-Tourmente, G0A 3X0
✆ 418-827-4591/418-827-3776

■ **MUSEE NATIONAL
DES BEAUX ARTS DU QUEBEC**
Parc des Champs-de-Bataille
✆ 418-643-2150 – www.mnba.qc.ca
*Du 1er juin au 3 septembre, tous les jours
de 10h à 18h, le mercredi jusqu'à 21h. De
septembre à mai du mardi au dimanche de
10h à 17h et jusqu'à 21h le mercredi. Collection
du musée gratuite, expo temporaire : Adultes :
12 $, aînés : 10 $, étudiants : 5 $, enfants de
12 à 16 ans : 3 $, 12 ans et moins : gratuit.
Réservation pour groupes.* Un bâtiment
majestueux, situé dans le parc des Champs
de Bataille abrite la plus grande collection de la
capitale. Six expositions sont permanentes. On
ne ratera pas les très belles salles consacrées
à l'art inuit, dont les pièces ont été confiées au
musée par Raymond Brousseau. L'immense
fresque Hommage à Luxembourg de Riopelle,
dans la salle consacrée à l'artiste, est
impressionnante. L'exposition sur la figuration
et l'abstraction au Québec met en avant les
œuvres de Pellan, Borduas, Dallaire, etc.
Enfin, trois autres salles sont consacrées à
l'histoire de Québec, la ville et la province.
Des tableaux et des sculptures font revivre
les grands moments de son histoire et la vie
de ses héros.

La colline parlementaire

C'est la Haute Ville hors les murs, où se
juxtaposent des édifices de style second
Empire et de hautes tours ultramodernes.

■ **GRANDE-ALLEE**
Cette grande avenue qui part de la porte
Saint-Louis, dans le prolongement de la rue
Saint-Louis, est appelée les Champs-Elysées
de Québec. C'est une succession de bureaux,
boutiques, hôtels, restaurants et terrasses de
café où se déroule la vie nocturne.

■ **OBSERVATOIRE DE LA CAPITALE**
Edifice Marie-Guyart
1037, rue de la Chevrotière, 31e étage
✆ 418-644-9841
www.observatoirecapitale.org
*Du 24 juin au 15 octobre : tous les jours de
10h à 17h, du 16 octobre au 23 juin du mardi
au dimanche de 10h à 17h. Adultes : 5 $,
étudiants : 4 $, gratuit pour les enfants de
moins de 12 ans.* Monter au sommet du plus
haut bâtiment de Québec (221 m d'altitude)
permet de comprendre en un coup d'œil
l'histoire de la ville : le Vieux Québec de la
Nouvelle-France, la citadelle, les plaines
d'Abraham, le Parlement, les maisons plus

modestes, etc. De plus, on se rend compte
des distances, ce qui permet de prévoir son
itinéraire pour sa visite de Québec. Inutile
d'ajouter que le panorama est spectaculaire.
Des lunettes d'observation sont mises à
votre disposition ainsi que des panneaux
d'interprétation. Plus encore, tout au long
de l'année alternent expositions en lien avec
la ville de Québec et expositions sur des
phénomènes d'actualité. Le nouvel espace
café est très appréciable.

■ **CHAPELLE HISTORIQUE
DU BON PASTEUR**
1080, rue de la Chevrotière
✆ 418-522-6221
Classée par les Monuments historiques, cette
chapelle, inaugurée en 1868, est l'œuvre de
l'architecte Charles Baillairgé. C'est la maison
mère des sœurs du Bon Pasteur. Son intérieur
baroque offre un superbe décor sculpté et une
Assomption du peintre Antoine Plamondon.

■ **HOTEL DU PARLEMENT**
1045, rue des Parlementaires
✆ 418-643-7239 – www.assnat.qc.ca
*Entrée des visiteurs à l'angle de l'avenue
Honoré-Mercier et de la Grande-Allée Est, porte
3. De septembre à juin du lundi au vendredi
de 9h à 16h30, 24 juin à la fête du Travail
(début septembre) du lundi au vendredi de 9h
à 16h30, le samedi et le dimanche de 10h à
16h30. Visites commentées (30 min). Entrée
libre.* C'est le premier site historique national
du Québec. De style second Empire, l'édifice
conçu en 1886 par l'architecte Eugène-
Etienne Taché, présente une imposante
façade ornée des grands personnages en
bronze de l'histoire du Québec. Devant l'entrée
principale, l'impressionnante fontaine dédiée
aux Amérindiens s'orne de sculptures du
grand artiste québécois du XIXe siècle, Louis-
Philippe Hébert. A l'intérieur, la décoration
est somptueuse. Dans le hall d'entrée, les
divers blasons rappellent que les immigrants
venus de France, d'Angleterre, d'Irlande
et d'Ecosse formaient la population du
Québec. Un escalier mène au restaurant Le
Parlementaire, somptueuse salle à manger
de style beaux-arts, ouverte au public.
Le Parlement du Québec est formé d'une
chambre unique : l'Assemblée nationale où
siègent les 125 députés élus de la province.
On visite la salle de l'Assemblée nationale où
se déroulent les débats parlementaires et la
salle du Conseil législatif, utilisée pour les
commissions parlementaires et les cérémonies
protocolaires.

QUÉBEC ET CHARLEVOIX

Dans les jardins de l'Hôtel du Parlement, se dressent, plusieurs statues d'anciens premiers ministres du Québec : Maurice Duplessis (1890-1959), René Lévesque, Henri Bourassa, etc.

Et encore...

■ QUEBEC EXPERIENCE
8, rue du Trésor, 2e étage
℃ 418-694-4000
De la mi-mai à la mi-octobre, tous les jours de 10h à 22h. Le reste de l'année du dimanche au jeudi de 10h à 16h45 et le vendredi et le samedi de 10h à 22h. Une façon originale d'aborder l'histoire, un voyage dans le temps en trois dimensions, qui reprend les moments forts de l'évolution de la ville. De multiples effets spéciaux, intelligemment utilisés.

■ PARC AQUARIUM DU QUEBEC
1675, avenue des Hôtels ℃ 418-659-5264
www.sepaq.com/aquarium
Ouvert tous les jours (à l'exception du 25 décembre). De mai à octobre de 10h à 17h, d'octobre à avril de 10h à 16h. Adultes : 15,50 $, forfait famille pour 2 adultes et leurs enfants de moins de 17 ans : 54,50 $ taxes incluses. Des travaux titanesques ont modernisé ce site pour le rendre encore plus ludique et attrayant. Des phoques et des morses vivant dans des grands bassins extérieurs nous accueillent dans le parcours découverte explorant la faune marine, du Saint Laurent à l'Atlantique Nord. Les ours blancs sont nourris devant le public tout au long de l'année. A l'intérieur, sous un grand bassin (350 000 l d'eau) un tunnel permet d'admirer 4 000 spécimens appartenant à 96 espèces différentes. Commence ensuite le parcours intérieur menant des cours d'eau aux marais puis à la rivière avant d'arriver au fleuve puis de finir par l'océan.
Pour profiter de votre visite, comptez au moins une demi-journée. Des animations ont lieu toute l'année avec les phoques et les morses. Les plus curieux opteront pour la visite guidée, passionnante.

■ LIEU HISTORIQUE CARTIER-BREBEUF
2, rue d'Auteuil
℃ 418-648-4038 – www.pc.gc.ca
Du 8 mai au 2 septembre du lundi au dimanche de 10h à 17h. Du 4 septembre au 23 septembre du lundi au dimanche de 13h à 16h, du 25 septembre au 7 mai : sur réservation. Adultes : 3,95 $, aînés : 3,45 $, jeunes : 1,95 $. Accessible en voiture ou avec les autobus 3, 4 ou 801. Revivre l'hivernage de Jacques Cartier et de ses compagnons en 1535-1536 est une expérience en soi. Ce centre d'interprétation, très ludique évoque à travers ses expositions, les voyages de Jacques Cartier en Nouvelle-France, ses rencontres avec les Iroquois et le rôle joué par les Jésuites, à partir de l'arrivée du missionnaire Jean de Brébeuf. On visite une maison longue amérindienne. Les dimanches, des ateliers permettent d'expérimenter la vie autochtone : fabrication de poterie, de wampan, dégustation de mets traditionnels etc.

■ PATINOIRE DE LA PLACE D'YOUVILLE
Face au palais Montcalm
Une piste en plein air lorsqu'il fait beau en hiver. Voilà une bien agréable façon de refaire le plein d'oxygène !

Hôtel du Parlement

■ SHOPPING

Pour magasiner, les choses se passent au centre-ville : rue Saint-Jean, rue Saint-Louis, côte de la Fabrique, ou quartier du Petit-Champlain. Dans la Basse Ville, les acheteurs de bibelots se rendront rue Saint-Paul. Les amateurs d'artisanat, rue du Trésor. Plus loin, à deux pas du Parlement, s'étend l'avenue Cartier et, plus à l'ouest, la rue Maguire. La ville de Québec offre un panorama assez riche de galeries d'art, avec possibilité pour l'Européen de s'initier à l'art inuit.

■ GALERIE D'ART BROUSSEAU ET BROUSSEAU
35, rue Saint-Louis ✆ 418-694-1828
www.sculpture.artinuit.ca
Tous les jours de 9h30 à 17h. Toutes cartes de crédit et Interac. Une galerie superbe pour les férus d'art inuit ou tout simplement pour les curieux car cet art si particulier vaut le temps de s'y attarder. Les étagères créent des cadres qui soulignent magnifiquement toute la beauté des courbes et des couleurs des sculptures. Un comptoir de bijoux propose une alternative intéressante car les sculptures ont des prix proportionnels à leur raffinement et taille. Un personnel extrêmement bien qualifié et qui ne manque pas de vous faire découvrir les subtilités, les mythes et légendes de cette culture ancestrale. Autre adresse : Aux Multiples Collections : 69, rue Sainte-Anne.

■ GALERIE D'ART INDIEN 5 NATIONS
20, rue Cul-de-Sac,
Angle boulevard Champlain
✆ 418-692-1009
Ouvert du lundi au mercredi de 9h30 à 17h, du jeudi au vendredi de 9h30 à 21h, le samedi et le dimanche de 10h à 17h. De cette galerie s'échappent des chants autochtones. Plus les rythmes évoluent, plus le client croit à l'artifice des divers objets d'art. Brûleurs d'encens, bijoux en os de caribou, masques, chapeaux de renards ou capteurs de rêves, colliers de griffes d'ours ou encore chemises de laines canadiennes. **Autre boutique :** 25 1/2, rue du Petit Champlain ✆ 418-692-1009.

■ MEDUSE
541, rue Saint-Vallier Est
✆ 418-640 9218
Un espace immense et multidisciplinaire entièrement dévoué aux arts. Cette coopérative regroupe dix organismes producteurs et diffuseurs. Chaque groupe se concentre sur une discipline, permettant dès lors une interaction vivante et créative.
Lieu de création par excellence, Méduse offre l'équipement nécessaire pour les arts actuels (deux salles de menuiserie, espaces d'expo et résidences d'artiste), des studios d'artistes et un café bistro.
Programmes d'échanges entre la Méduse et les communautés artistiques du monde.

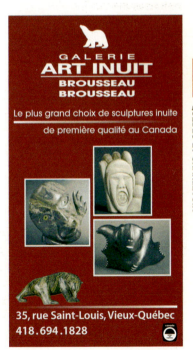

QUÉBEC ET CHARLEVOIX

Retrouvez l'index général en fin de guide

Les environs de Québec

AU NORD

Le nord de la ville de Québec recèle de trésors : réserve d'Amérindiens à Wendake, faune et flore d'une grande beauté dans le parc national de la Jacques Quartier et dans la réserve faunique des Laurentides… Nous les avons classés par thème.

VILLAGE HURON WENDAKE

La visite de ce village huron Wendake se compose de plusieurs éléments. Le visiteur en choisira un ou plusieurs, en fonction du temps dont il dispose et de l'intérêt qu'il porte à la culture amérindienne.

▶ **Pour avoir tous les détails,** consulter l'excellent site www.wendake.ca

■ SITE TRADITIONNEL HURON-WENDAT ONHOÜA CHETEK8E (tel quel !)
575, rue Stanislas-Koska
✆ 418-842-4308
Accès par le boulevard Laurentien (73 Nord), sortie 154 vers Saint-Emile, puis la rue Max-Gros-Louis Nord. Visite guidée (45 min) tous les jours, toute l'année. De mai à octobre de 9h à 17h tous les jours et de 10h à 16h d'octobre à mai. Prévoir d'arriver une heure avant la fermeture. Entrée : 9 $. De mai à octobre forfaits disponibles : repas traditionnel, spectacle de danse et visite guidée : 30 $. Repas et visite : 24 $. Hors saison, visite seulement. Ce village amérindien propose une fidèle reproduction du mode de vie de la nation des Hurons (Wendats). On visite la maison longue communautaire. On verra aussi un fumoir à poissons, un sauna – hutte de sudation en cuir où l'on jetait de l'eau bouillante sur des pierres – et un tipi en voile de bateau. On assistera également à des danses et à des démonstrations de fabrication artisanale de canots d'écorce et de raquettes à neige. Boutique d'artisanat amérindien, librairie spécialisée en littérature et musique amérindiennes, restaurant où l'on peut déguster une cuisine amérindienne, traditionnelle et nouvelle.

■ WENDAKE – RESERVE AMERINDIENNE
255, place Chef-Michel-Laveau
✆ 418-843-3767
On découvre la façon de vivre actuelle des hurons dans ce joli village, à 15 km de Québec. La Maison Tsawenhohi construite en 1820 pour loger Nicolas Vincent Tsawenhohi, grand chef de l'époque, est transformée en centre de promotion des métiers d'art traditionnel huron-wendat. *(75, place Chef-Nicolas-Vincent ✆ 418-845-0700 – Ouvert tous les jours du 15 mai au 31 octobre de 10h à 17h et les fins de semaine seulement le reste de l'année).*

SAINT-GABRIEL-DE-VALCARTIER

■ VILLAGE VACANCES VAL CARTIER
1860, boulevard Valcartier,
Saint-Gabriel-de-Valcartier
✆ 418-844-2200
www.valcartier.com
Accès par le boulevard Laurentien (73 Nord), sortie Saint-Emile, rue de la Faune. Hiver comme été, le village vacances propose une multitude d'activités qui répondront à tous les désirs : piscine à vagues, rivière d'aventure tropicale en été (Valcartier est le plus grand parc aquatique du Canada). L'hiver, c'est 42 glissades sur chambres à air et carpette, du patinage sur des sentiers sonorisés et éclairés et du rafting sur neige. Le reste de l'année, du rafting sur la rivière Jacques-Cartier, de l'équitation, de la luge d'eau et de l'aquabalade. Hébergement possible à l'hôtel, en camping ou en tipi ; nombreux forfaits proposés.

PARC NATIONAL DE LA JACQUES-CARTIER
Route 175 Nord, 40 km de Québec
✆ 418-848-3169 (été)
✆ 418-528-8787 (hiver)
www.sepaq.com/jacquescartier

Réservations Sépaq ☎ 1-800-665-6527
Accès quotidien : 3,50 $. Ouvert de mi-mai à fin octobre et mi-décembre à fin mars. Hébergement en chalet, camp de prospecteur et camping. L'entrée la plus proche de Québec donne sur le secteur de la Vallée. Véritable sanctuaire de la nature sauvage, le parc national de la Jacques Cartier occupe un territoire de 670 km², constitué d'un plateau fracturé par des vallées aux versants abrupts, couvert de conifères et lacs et profondément entaillé par la rivière Jacques-Cartier. On y pratique le kayak et le canot-camping sur 26 km, la pêche à gué ou en canot (permis de pêche du Québec et droits d'accès obligatoires), interprétation de la nature, randonnée pédestre (100 km), sentiers de vélos (163 km) en été et, du ski nordique (55,5 km), randonnée en raquettes (21 km) en hiver. Faune : orignal, ours noir, loup, lynx.

RÉSERVE FAUNIQUE DES LAURENTIDES

Route 175 Nord, vers Chicoutimi
☎ 418-848-2422 - www.sepaq.com
Réservations Sépaq ☎ 1-800-665-6527
Situé entre les régions de Québec et du Saguenay-Lac-Saint-Jean. Territoire protégé depuis 1895, l'immense Réserve faunique des Laurentides (7 861 km²) a toujours été reconnue comme étant un réservoir de ressources naturelles et fauniques. Elle offre un excellent potentiel récréatif avec activités nombreuses et variées pour chasseurs, pêcheurs et adeptes d'activités de plein air.

Faune : orignal, caribou, ours noir, loup, lynx, castor, lièvre et une multitude d'espèces d'oiseaux… **Postes d'accueil principaux :** Camp Mercier, La Loutre, Rivière-aux-Ecorces. Hébergement : 152 chalets répartis en 27 sites, 134 emplacements de camping, hôtellerie. **Activités :** canotage, canot-camping sur les rivières Métabetchouane et aux Ecorces, chasse à l'orignal, au petit gibier et à l'ours, motoneige (auberge Le Relais : restauration et hébergement), pêche (à la journée et avec séjour), ski de randonnée et raquettes. **Camp Mercier :** Accès quotidien : 11,50 $ pour le ski de fond et 5 $ pour la raquette. Ouvert de mi-novembre à mi-avril. Hébergement en chalet de 2 à 14 personnes. Ski de randonnée (réseau de 190 km de sentiers entretenus), randonnée en raquette (15 km), patinage (5 pistes de 1,3 à 12 km).

Hébergement

■ **MANOIR DU LAC DELAGE**
40, avenue du Lac, Lac Delage
☎ 1-866-222-3810
www.lacdelage.com
Accès par le boulevard Laurentien (73 Nord), sortie 167. Ensuite prendre la 371 direction lac Delage. 104 chambres équipées : 100 $ en simple ou double en basse saison, 150 $ en simple ou double en haute saison. Petit déjeuner américain (buffet) : 10 $. Salles de réunion. Situé face au lac Delage, cet hôtel de villégiature offre une table gastronomique, un centre de santé, sauna, piscine et une gamme complète d'activités de plein air en été comme en hiver.

QUÉBEC ET CHARLEVOIX

© SÉPAQ - JEAN-PIERRE HUARD

Parc national de la Jacques-Cartier

Québec

H   I   J   K

Lac du Délaissé

1

371

Arr. de La Haute-Saint-Charles

73

Arr. de Charlesbourg

369

Arr. de Beauport

?

Jacque

573

Wendake

?

40

Lac Sainte-Ar

2

Rivière Saint

Arr. des Rivières

358

Arr. de Limoilou

138   440

Arr. Laurentien

Charles

L'Ancienne-Lorette

740

Arr. de La Cité

?

Lévis

358

73   440

Arr. de Sainte-Foy–Sillery

175

3

138

540

?

Saint-Augustin-de-Desmaures

40

Lac Saint-Augustin

Arr. : arrondissement de la Ville de Québec

Réserve faunique de Portneuf

Petit lac Batiscan

4

Rivière Batiscan

Rivière Sainte-Anne

Rivière Tourt

Lac des Soixante Arpents

Rivière

Mauvaise

Lac Sept Îles

Station touristique Duchesnay

Rivière-à-Pierre

5

Piste multifonctionnelle

Lac Montauban

367

Saint-Léonard-de-Portneuf

?

Mont Laura

Lac-Saint-Joseph

Lac Saint-Jose

Région touristique de la Mauricie

Lac Simon

PORTNEUF

Saint-Raymond

367   Lac Sergent

Fossambault-sur-le-Lac

Lac Carillon

Lac Long

Lac Sept Îles

Lac Clair

Sainte-Anne

Rivière

365

Lac-Sergent   ?

Sainte-Catherine-de-la-Jacques-Cartie

Rivière Jacques - Cartie

363

Lac Ricard

Lac Blanc

354

Sainte-Christine d'Auvergne

Rivière Portneuf

Rivière aux Pommes

6

Saint-Ubalde

Rivière Blanche

Rivière Noire

Saint-Basile

Pont-Rouge

Saint-Alban

Saint-Gilbert

Le Grand Bras

Notre-Dame-de-Portneuf

358

Neuvil

Saint-Thuribe

Saint-Marc-des-Carrières

Rivière à Bélisle

Portneuf

Sainte-Anne

Cap-Santé

138

Saint-Casimir

354

Deschambault-Grondines

Donnacona

Fleuve Saint -

7

159

Saint-Prosper

Rivière

?

132

Lotbinière

Sainte-Croix

Région touristique de Chaudière-Appalach

Trois-Rivières

40

La Pérade

(Grondines)   ?

Leclercville

Montré

H   I   J   K

■ AUBERGE LES QUATRE TEMPS

161, chemin Tour-du-Lac, Lac Beauport
℃ 418-849-4486 – ℃ 1-800-363-0379
www.aubergequatretemps.qc.ca
*Accès par le boulevard Laurentien (73 Nord),
sortie 157. 35 chambres et suites équipées
de 125 $ à 200 $ en double en basse saison,
de 135 $ à 250 $ en double en haute saison
(haute saison : 15 juillet au 15 septembre et
23 décembre au 15 mars). Petit déjeuner et Table
d'hôtes : 35 $. Forfait chambre, petit déjeuner
et Table d'hôtes à partir de 80 $. Salles de
réunion.* Située sur la rive du lac Beauport, la
charmante auberge Les Quatre Temps séduit
par son décor chaleureux, ses boiseries et
son environnement propice aux multiples
activités estivales (planche à voile, voile, pédalo,
baignade, canot, vélo…) ou activités hivernales
(ski, raquettes, motoneige, patinage, glissades).
Centre de santé, sauna, piscine.

Loisirs et sports

■ CENTRE DE SKI LE RELAIS

1084, boulevard du Lac, Lac Beauport
℃ 1-866-373-5247 – www.skirelais.com
*Accès par le boulevard Laurentien (73 Nord),
sortie 157. Forfait remontées : 30 $ la journée.*
Une bonne petite station avec 27 pistes, toutes
accessibles pour les amateurs de surf.

■ STATION TOURISTIQUE DE STONEHAM

1420, chemin du Hibou
℃ 418-848-2411

www.ski-stoneham.com
*Accès par le boulevard Laurentien (73 Nord),
sortie Stoneham. Ouvert du 5 janvier au 9 avril
du lundi au vendredi de 9h à 22h, le samedi et
le dimanche de 8h30 à 22h. Pour la journée,
adultes : 45 $, 13-17 ans : 33 $, 7-12 ans : 19 $
et 65 ans et plus 36 $.* Avec ses 32 pentes dont
16 éclairées la nuit, la station de Stoneham
offre grâce à sa disposition de belles conditions
atmosphériques. Le cadre est grandiose.
Toute la logistique possible est présente pour
que vous passiez une bonne journée : neige
artificielle, parcs à neige ; télésiège et téléskis,
hébergement, restauration…

■ LES EXCURSIONS JACQUES-CARTIER

860, avenue Jacques-Cartier Nord,
Tewkesbury ℃ 418-848-7238
www.excursionsj-cartier.com
*Accès par le boulevard Laurentien (73 Nord),
sortie Stoneham. Début des activités le
26 mai. Ouvert du lundi au dimanche. Durée
de l'excursion 4h : 49,95 $ (prévoir location
d'un habit isotherme). Deux descentes par jours,
8h et 13h. Toutes cartes de crédit et Interac.* Le
rafting sportif provoque tout un lot d'émotions.
Une descente de 8 km à vous couper le souffle.
Une fois l'excursion terminée, vous profiterez
du site enchanteur des Excursions Jacques-
Cartier. Quant aux aventuriers un peu moins
chevronnés, les forfaits de kayak et d'équitation
sont tout indiqués pour découvrir la vallée de
Tewkesbury.

■ À L'OUEST

■ LA FERME L'EMEULIENNE

307, rang du Petit Gaspa, Neuville
(sortie 285 de l'autoroute 40)
℃ 418-876-2788
www.quebecweb.com/emeu
*Ouvert tous les jours d'avril à octobre. Repas à la
ferme. Visite guidée de 90 min. 5 $ par personne.
Gîte du passant sur place, si on veut passer la
nuit.* L'émeu est élevé sur cette ferme insolite.
Des visites guidées sont proposées quatre fois
par jour pour parfaire vos connaissances de
ces drôles d'oiseaux. La visite se termine par
la boutique où artisanat, viande, cuir et huile
d'émeu sont à la vente.

■ CAMPING PLAGE LAC SAINT-JOSEPH

7001, boulevard Fossambault,
Fossambault-sur-le-Lac
℃ 418-875-2242

℃ 1-877-527-5243
www.quebecweb.com/plage/index.htm
Du sable fin à quelques kilomètres de Québec,
vous ne rêvez pas ! Plus d'un demi-kilomètre
de plage, des jeux et des activités nautiques
dans un site parfaitement aménagé. Quant
au camping, il est parsemé d'arbres et très
propre.

STATION TOURISTIQUE DUCHESNAY

Pavillon le Boisé, 143, route de Duchesnay
Sainte-Catherine-de-la-Jacques-Cartier
℃ 1-877-511-5885
www.sepaq.com/duchesnay
*Accès par l'autoroute 40 Ouest, sortie 295
Sainte-Catherine-de-la-Jacques-Cartier, 367
Nord. Capacité d'hébergement (villas, chambres*

individuelles) : 225 personnes. Bistrot-bar Le Quatre-Temps. Salles de réunion. Ancienne école de gardes forestiers depuis 1932, la station touristique Duchesnay, située en bordure du lac Saint-Joseph, est gérée par la Sépaq depuis 1999. Celle-ci développe et met en valeur le potentiel touristique de ce territoire, axé sur l'environnement et le plein air. Le pavillon principal est superbe. On y mange très bien. La forêt laurentienne (érables et bouleaux jaunes) couvre une superficie de 89 km². On y découvre un patrimoine naturel, notamment à travers les activités proposées (coureur des bois, orientation et survie en forêt, randonnées écologique et pédestre) ou ski de fond, 150 km, raquettes, 15 km, patinage, glissades (hiver) et vélo, baignade, canot, kayak, pédalo (été). Forfaits disponibles (ski de randonnée, motoneige, traîneau à chiens, visite de l'Hôtel de Glace, pêche). Et tout nouveau, tout beau, un Spa scandinave pour se remettre de ses émotions. Séjourner à cette station touristique est vivement conseillé à tous ceux qui veulent découvrir la nature, tout en restant encadré.

■ **HOTEL DE GLACE**
143, route de Duchesnay
Sainte-Catherine-de-la-Jacques-Cartier
✆ 418-875-4522
✆ 1-877-505-0423
www.hoteldeglace.qc.ca
Accès par l'autoroute 40 Ouest, sortie 295 Sainte-Catherine-de-la-Jacques-Cartier, 367 Nord. Ouvert de 10h à 00h. 7j/7, visites guidées tous les jours de 10h30 à 16h30. Adultes : 15 $, étudiants-aînés : 13 $, enfants 6-15 ans : 7,50 $, 5 ans et moins gratuit. 32 chambres et suites thématiques, Bar de glace Absolut, chapelle (mariages), 2 salles d'exposition thématiques, 2 cours intérieures, un cinéma, jacuzzi et foyer, salle de réception N'Ice Club Hôtel de Glace. Nuit à partir de 595 $ (supplément de 100 $ le vendredi et le samedi). Ces prix comprennent : cocktail de bienvenue dans un verre en glace (vodka), Table d'hôtes dans le délicieux restaurant de la station Duchesnay, nuit à l'Hôtel de Glace, boisson chaude servie le matin et petit déjeuner buffet. Vos rêves peuvent être réalisés : vous choisissez le décor que vous désirez avec la suite de vos rêves, il sera façonné en toute originalité pour vous. Conçu en 2001, ce majestueux complexe de glace et de neige voit le jour en janvier et disparaît sous le soleil du printemps chaque année (fermeture à la fin mars). Il s'agit d'une structure exceptionnelle de 3 000 m² fabriquée de 12 000 tonnes de neige et de 400 tonnes de glace. Les murs sont dotés

d'œuvres d'art, le mobilier, le lustre étincelant qui domine le hall d'entrée, les colonnes et les magnifiques sculptures sont façonnées à même la glace. Le chaud et le froid se mélangent, vos sens sont en éveil, un émerveillement qui vous fera vivre une expérience hors du commun ! Forfaits disponibles (séjours combinés avec la station touristique Duchesnay et l'hôtel Hilton Québec).

■ **PORTNEUF AVENTURE**
Station écotouristique Duchesnay
143, route de Duchesnay
Sainte-Catherine-de-la-Jacques-Cartier
✆ 418-875-1022
Accès par l'autoroute 40 Ouest, sortie 295 Sainte-Catherine-de-la-Jacques-Cartier, 367 Nord. Spécialiste des raids d'aventure de motoneige, quad et 4X4, Portneuf Aventure vous emmène au gré de périples de 1h à 15 jours à travers sentiers, montagnes et régions des plus variées. Guide et hébergement inclus.

RESERVE FAUNIQUE DE PORTNEUF

229, rue du Lac-Vert, Rivière-à-Pierre
✆ 418-323-2021
Réservations Sépaq ✆ 1-800-665-6527
Accès par l'autoroute 40 Ouest, sortie 295, 367 Nord jusqu'à Rivière-à-Pierre 40 km au nord de Saint-Raymond, à mi-chemin entre Québec (104 km) et Trois-Rivières (100 km). Jadis, fief de clubs privés fortunés, la réserve faunique de Portneuf (775 km²) fut créée en 1968 dans le but de conserver la faune, établir des lieux de chasse, pêche et d'activités de plein air. **Faune :** orignal, ours noir, loup, coyote, renard, castor, lièvre, de nombreuses espèces d'oiseaux dont la gélinotte huppée, le tétras du Canada (de savanes), le hibou et le héron bleu ; faune aquatique : truite mouchetée, touladi (truite grise), omble chevalier et maskinongé. Poste d'accueil à Rivière-à-Pierre. **Hébergement :** 43 chalets isolés (capacité de 2 à 14 personnes) et à proximité de plans d'eau, 4 refuges, 57 emplacements de camping. Location d'équipement : canots, chaloupes, moteurs à essence, canne à pêche, literie. **Activités :** canotage, canot-camping, chasse à l'orignal et à l'ours, chasse au petit gibier, escalade, pêche (à la journée et avec séjour), randonnée pédestre ; vélo de montagne, motoneige (sentiers), patinage, glissades, pêche blanche, ski de fond (55 km de pistes tracées, entretenues et balisées), ski nordique (56 km de pistes balisées) et raquettes (pistes balisées).

■ À L'EST

■ LE PARC
DE LA CHUTE MONTMORENCY
2490, avenue Royale, Québec
℮ 418-663-3330
www.sepaq.com/chutemontmorency
6 km à l'est du centre-ville de Québec. Accès à la partie haute via l'avenue Royale (route 360) et à la partie basse via le boulevard Sainte-Anne (route 138). Bus 50 et 53. Entrée stationnement : 9 $, téléphérique adulte de 7 $ à 9 $, enfant de 6-16 ans de 3 $ à 4,50 $. Le site fut baptisé par Champlain en l'honneur du duc de Montmorency qui était alors vice-roi de la Nouvelle-France. Avant de déboucher dans le Saint-Laurent, la rivière Montmorency quitte brutalement le bouclier canadien par une chute de 83 m, le saut de Montmorency. Bien que moins large que les chutes du Niagara, le saut est plus haut d'une trentaine de mètres. Bien entendu, le site a été aménagé en vue d'offrir aux visiteurs des points de vue grandioses (téléphérique, escalier panoramique, pont suspendu, belvédères, sentiers de promenade et aires de pique-nique). La chute est encore plus spectaculaire en hiver lorsqu'elle est gelée et que s'est créé le pain de sucre, énorme cône de glace formé par la cristallisation de la vapeur d'eau en suspension : ce dernier est en lui-même une curiosité qui attire toujours beaucoup de monde. Surplombant

© MICKAEL DAVID / AUTHOR'S IMAGE

La chute Montmorency, Québec

la chute, le manoir Montmorency, élégante villa reconstruite comme au XVIIIe siècle, abrite un centre d'interprétation consacré à l'histoire du site, une terrasse gril en été, un café-bar et des boutiques. Des petits sentiers pédestres aménagés permettent de partir à la découverte de la faune et de la flore de la région.

ÎLE D'ORLÉANS

10 km au nord-est de Québec par la route 138 et accès par le pont de l'île d'Orléans. D'une superficie de 192 km², bien visible depuis Québec, elle apparaît comme une terre plate, qui présente des érablières au nord, des chênaies au sud-ouest, des zones marécageuses au centre et des plages en bordure du fleuve. Elle n'a rien perdu de sa tranquillité pastorale qui inspira le chanteur Félix Leclerc (il y vécut jusqu'à sa mort). Avec ses églises aux clochers effilés et ses demeures normandes du XVIIIe siècle, elle perpétue l'image de la vie rurale en Nouvelle-France. La route 368 qui permet d'en faire le tour (68 km) offre de superbes vues sur la côte de Beaupré et le mont Sainte-Anne, ainsi que sur les rives du Bas-Saint-Laurent. Six localités jalonnent le parcours. Vous pourrez faire un arrêt à Saint-Laurent, le centre maritime de l'île (construction navale au XIXe siècle) ; à Saint-Jean pour visiter le manoir Mauvide-Genest (*visite guidée du 1er mai au 31 octobre tous les jours de 9h à 17h*), datant de 1734, de style normand, considéré comme le plus bel exemple d'architecture rurale du régime français ; au village de Sainte-Famille (la plus ancienne paroisse de l'île, fondée par Mgr de Laval en 1669) pour jeter un coup d'œil à l'église de 1748, qui se distingue par ses trois clochers et un intérieur néoclassique ; à Sainte Pétronille où les riches habitants de la capitale firent construire des villas luxueuses et enfin, à Saint-Pierre, dont l'ancienne église du XVIIIe siècle fut rénovée vers 1830 par Thomas Baillairgé. Mais surtout, l'île d'Orléans est un havre de paix, un endroit bucolique, un lieu calme et magique. A n'importe quelle saison de l'année, nous vous conseillons de la découvrir.

■ www.iledorleans.com

■ BUREAU
D'INFORMATIONS TOURISTIQUES
490, côte du Pont

Saint-Pierre-de-l'île-d'Orléans
℡ 418-828-9411
℡ 1-866-941-9411.

Hébergement

■ AUBERGE LE CANARD HUPPE

2198, chemin Royal, Saint-Laurent,
℡ 418-828-2292 – ℡ 1-800-838-2292
www.canard-huppe.com

16 chambres équipées de 135 $ à 240 $ en double (petit déjeuner inclus), 90 $ par personne (en double, souper et petit déjeuner inclus). Située entre le fleuve et les champs, l'auberge Le Canard Huppé est un petit hôtel de charme où calme, confort douillet et chaleur règnent. Cuisine gastronomique. Forfaits disponibles.

■ AUBERGE LA GOELICHE

22, chemin du Quai, Sainte-Pétronille
℡ 418-828-2248 – ℡ 1-888-511-2248
www.goeliche.ca

16 chambres et 2 chalets-appartements. 105 $ en basse saison en simple, 65 $ en double et 135 $ en haute saison en simple, 86 $ en double (prix par personne, petit déjeuner inclus). Restaurant gastronomique. Salles de réunion. Forfaits disponibles. Pour les amoureux du bucolique et de l'île d'Orléans, cette auberge luxueuse au charme enchanteur répond à toutes les attentes en possédant une très bonne table. Piscine extérieure, service de massothérapie. Terrasses et verrière qui vous permettront, tout en dégustant un excellent repas, d'admirer la vue sur le fleuve et le Vieux-Québec.

■ AUBERGE LE P'TIT BONHEUR

186, côte Lafleur, Saint-Jean
℡ 418-829-2588
www.leptitbonheur.qc.ca

Propose 4 types d'hébergement : chambres privées (4 au total), 65 $ en occupation double, dortoir 19,99 $ par personne (petit déjeuner et literie non inclus), tente amérindienne (Wigwam) 32,50 $ par adulte (matelas recouvert de peau de fourrure fourni), ou camping 16 $ par personne. Capacité d'hébergement : 40 personnes. Cuisine commune. Tarifs préférentiels pour les membres de la Fédération des auberges de Jeunesse. Argent comptant, chèques de voyages, cartes de crédit Visa et MasterCard. En grimpant la côte qui mène au P'tit Bonheur, vous découvrirez l'une des plus anciennes demeures que les colons construisirent au XVIIe siècle. En effet, cette auberge pittoresque est une maison ancestrale

qui date de 1647. Les murs de pierre sont épais, les plafonds sont bas, le bois est présent l'authenticité à l'état pur. **Activités :** traîneau à chiens *(45 $: 1h, 75 $: 2h)* randonnée en raquettes avec interprétation du village igloo *(20 $: 2h)*, balade à cheval, cabane à sucre, repas avec animation amérindienne *(40 $)*.

■ B&B A LA VIEILLE MAISON FRADET

1584, chemin Royal, Saint-Laurent
℡ 418-828-9501 – ℡ 1-888-828-9501
www.maisonfradet.com

5 chambres de 90 $ à 130 $ en basse saison (novembre à mi-juin), de 100 $ à 150 $ en haute saison (mi-juin à octobre), petit déjeuner complet inclus. Argent comptant, chèques de voyages, carte de crédit Visa. Lyse vous invite à séjourner dans cette maison centenaire dont le décor est empreint de meubles d'époque et de boiseries. Accueil chaleureux. Accès terrasse-jardin. Forfaits et Spa disponibles.

Restaurants

■ AUBERGE LE CANARD HUPPE

2198, chemin Royal
Saint-Laurent-de-l'Ile d'Orléans
℡ 418-828-2292

En été 7h30 à 23h, 7j/7, en hiver sous réservation. Menus le midi de 12 $ à 20 $. Table d'hôtes le soir, menus gastronomiques de 31 $ à 48 $. Toutes cartes de crédit et chèques de voyages. Une raison de plus d'aller sur l'île. La cuisine de marché met l'accent sur les produits régionaux et des plats typiques mais sublimés par une originalité indéniable. Un salmis de cailles flambé au Grand-Esprit peut vous donner une idée des petites merveilles qui y sont concoctées.

■ CHOCOLATERIE DE L'ILE D'ORLEANS

196, chemin Royal, Sainte-Pétronille
℡ 418-828-2252

Ouvert 7j/7 de novembre à mai de 9h à 17h, de juin à octobre de 9h à 21h. 67 $ le kg de confiserie et 25 $ le kg d'écorces. Visa, MasterCard et Interac. La petite cafétéria de la chocolaterie sert des plats simples, le midi. La matière première de cette chocolaterie très renommée provient soit de France, soit de Belgique. La chocolaterie la transforme en des produits de très bonne qualité qui sont distribués aux commerces de la région ou vendus au comptoir. Plus de vingt-quatre sortes de chocolats s'y retrouvent au gré des saisons et des fêtes : truffes, cerises, pralinés, beurre d'érable etc. L'été, les sorbets et les glaces maison méritent votre attention.

Points d'intérêt

■ CIDRERIE VERGER BILODEAU
2200, chemin Royal, Saint-Pierre
℗ 418-828-9316
www.cidreriebilodeau.qc.ca
Ouvert de mai à décembre. Groupes sur réservation. Première cidrerie à être implantée sur l'île d'Orléans, la cidrerie Verger Bilodeau vous propose visites guidées et dégustation, autocueillette de mi-août à mi-octobre. Spécialités : beurre de pomme, moutarde à l'ancienne, gelée de cidre, cidre aromatisé aux petits fruits, mousseux, mistelle (digestif) et cidre de glace.

■ ESPACE FELIX LECLERC
682, chemin Royal
℗ 418-828-1682
www.felixleclerc.com
Fermé du 15 décembre au 5 janvier et réservé aux groupes du 5 janvier au 15 février. Au printemps et en été de 9h à 18h et en automne et en hiver de 9h à 17h, tous les jours. Entrée : 5 $. Ce nouveau musée est dédié au célèbre chansonnier Félix Leclerc qui a donné des idées à de nombreux auteurs-compositeurs dont Georges Brassens.

La visite commence par un reportage chronologique sur ses chansons et les moments forts de sa vie. Ensuite, l'exposition trace un parallèle entre son œuvre et l'histoire contemporaine du Québec. On finit la visite en suivant les sentiers pédestres autrefois parcourus par le très célèbre chansonnier. Des spectacles de musique de haute qualité s'y déroulent certains soirs.

■ PARC DES BISONS
156, chemin Royal, Saint-François
℗ 418-829-1234
www.parcdesbisons.com

Ouvert tous les jours de début juin à fin octobre de 10h à 18h. Entrée : 11 $. Tout en demeurant au volant de sa voiture ou à bord d'un véhicule panoramique, on découvre le plus grand troupeau de bisons du pays (400 au total). Après le tour du parc, on peut profiter du lac privé et des sentiers de randonnées du site. Restaurant sur place, qui sert du bison !

Loisirs et sports

■ CLUB DE GOLF SAINT-LAURENT
758, chemin Royal, Saint-Laurent
Ile d'Orléans
℗ 418-829-2244
℗ 1-800-829-2244
www.clubdegolfst-laurent.com
Voitures motorisées. Un superbe golf se niche sur l'île avec un parcours de 18-trous à normale 72. Bien sûr tous les services nécessaires sont réunis pour les amateurs de ce sport : un champ de pratique, une boutique, un service de location et de réparation, un restaurant-bar, etc. Le golf au design original est très convoité pour les réceptions, les mariages ou les réunions d'affaires.

Dans les environs

Ceux qui quittent l'île d'Orléans ou Québec et se dirigent vers Saint-Anne-de-Beaupré, apprécieront les deux haltes suivantes.

▶ **10 km avant la basilique,** un arrêt sur la route 138 est envisageable pour une visite aux **Cuivres d'Albert Gilles** (*ouvert tous les jours de 8h à 18h de mai à octobre, 9h à 17h de novembre à avril* ℗ 418-824-4224). Vous y découvrirez l'art et la vie d'un Normand, devenu artisan, et parti s'installer au Canada.

▶ **On peut aussi s'arrêter quelques kilomètres plus loin à l'écomusée de l'Abeille** où l'on apprend tout sur la fabrication du miel.

■ CÔTE DE BEAUPRÉ

Cette étroite bande de terre, située entre le bouclier canadien et la rive nord du Saint-Laurent, s'étend à l'est de la ville de Québec jusqu'à Baie-Saint-Paul, où commence la côte de Charlevoix proprement dite. Devant elle s'étend l'île d'Orléans. C'est à la vue des vertes prairies bordant le fleuve que Jacques Cartier se serait écrié : « *Quel beau pré !* », d'où l'origine du toponyme. C'est là, sur ces terres fertiles, que Champlain fit bâtir sa première

ferme et que les colons s'établirent à partir de 1630. L'évêque de Québec, Mgr Laval, en fut même le seigneur, en 1668, et, à sa mort, la seigneurie resta la propriété du séminaire de Québec. La région, entièrement dédiée à la mère de la Vierge, est célèbre pour ses pèlerinages à Sainte-Anne-de-Beaupré, pour le mont Sainte-Anne, station de sports d'hiver très courue des Québécois, et pour les superbes chutes du canyon Sainte-Anne.

SAINTE-ANNE-DE-BEAUPRÉ

Haut lieu du culte catholique au Québec, le tourisme religieux à Saint-Anne attire chaque jour des cars de pèlerins. Les plus fervents passeront la nuit au camping (domaine Sainte-Anne) ou à **l'auberge la basilique** (✆ 418-827-4475 – *54 $ la chambre double*). Outre la visite de la basilique et du cyclorama, on peut effectuer un chemin de croix.

■ **www.ssadb.qc.ca**

Points d'intérêt

■ **BASILIQUE SAINTE-ANNE-DE-BEAUPRE**
Messes quotidiennes dont l'horaire varie selon la saison. Sur la rive nord du Saint-Laurent, face à l'île d'Orléans, cette basilique, dont la première construction remonte au XVIIe siècle, est dédiée à la sainte patronne du Québec. De renommée mondiale, facilement repérable de la route, elle est le plus ancien lieu de pèlerinage de la province. C'est un gigantesque édifice néogothique pourvu de deux clochers entre lesquels veille la statue dorée de sainte Anne. A l'intérieur, la basilique se compose de cinq immenses nefs séparées par des colonnes à chapiteaux sculptés, et la voûte en berceau est recouverte de mosaïques relatant la vie de sainte Anne. 200 vitraux à dominante bleue l'éclairent.
Dans l'aile gauche du transept, la statue de la sainte tenant Marie dans ses bras attire les fidèles, qui se recueillent devant elle. Les reliques de sainte Anne sont abritées dans la chapelle située juste derrière. De nombreux témoignages de miraculés ornent les colonnes des nefs. S'y entremêlent béquilles et prothèses, souliers d'enfants et photos. Ce lieu de recueillement, respecté de tous les Québécois, connaît en été une très grande affluence. L'attrait religieux, touristique et historique de la basilique a engendré, autour d'elle, la prolifération de boutiques de bondieuseries, associées à de petites bineries disséminées çà et là, le tout cher et sans intérêt.

■ **CANYON SAINTE-ANNE**
206, route 138, Beaupré ✆ 418-827-4057
www.canyonste-anne.qc.ca
Ouvert tous les jours de 9h à 17h (1er mai au 23 juin, fête du Travail à fin octobre), 8h30 à 17h45 (24 juin à fête du Travail). Entrée : 10 $, enfants de 6 à 12 ans : 4 $. En s'échappant brusquement du bouclier canadien, la rivière Sainte-Anne, après une chute de 74 m de hauteur, se précipite en bouillonnant dans une

étroite faille rocheuse dominée par des arbres centenaires. Vous y apprécierez le décor du haut de l'un des deux ponts suspendus qui jalonnent le parcours. Pendant la saison estivale, c'est un lieu idéal de randonnée et de pique-nique.

■ **CYCLORAMA DE JERUSALEM**
8, rue Régina ✆ 418-827-3101
www.cyclorama.com
De mai à fin octobre, tous les jours de 9h à 18h et de 8h à 20h en juillet et août. Entrée : 8 $. Dans un bâtiment circulaire assez surréaliste se trouve le plus grand panorama de Jérusalem au monde reproduit sur toile. De par son immensité, on a l'impression de se trouver à Jérusalem et de vivre la crucifixion de Jésus.

SAINT-FERRÉOL-LES-NEIGES

Si vous avez quelques heures de plus à vous accorder, faites un petit détour par la route 360 qui vous mènera à ce village, site d'un autre canyon au fond duquel se déversent sept chutes de la rivière Sainte-Anne.

■ **LES SECRETS NORDIQUES**
3987 avenue Royale
bruno@lessecretsnordiques.com
www.lessecrets nordiques.com
Pour ceux qui souhaitent expérimenter l'aventure d'une randonnée en traîneau à chiens…

Hébergement

■ **CAMPING DU MONT SAINT-ANNE**
Rang Saint-Julien ✆ 1-800-463-1568
A partir de 25 $ la nuit. Très grand camping, au pied du mont Saint-Anne. Baignade en saison.

■ **GITE LES AROLLES**
3489, avenue Royale
✆ 418-826-2136 – ✆ 1-866-516-2136
www.gitelesarolles.com
Haute saison : 65 $ en simple, 75 $ en double. Suite : 95 $ en simple, 105 $ en double. En basse saison : 10 $ de moins. Ce très agréable gîte du passant constitue une halte idéale pour ceux qui veulent visiter la région, faire du ski ou des randonnées dans les nombreux parcs environnants. Jean Marsan, votre hôte peut vous préparer des déjeuners à emporter pour vos excursions. La décoration des chambres a été refaite récemment, dans des tons colorés et joyeux. On apprécie le petit déjeuner copieux et original. En rentrant d'une journée bien remplie, on profitera de la collection de cassettes vidéo. Et le tout pour un rapport qualité-prix excellent !

Manifestation

■ FESTIVAL DE L'OIE DES NEIGES DE SAINT-JOACHIM

℗ 418-827-4808/4148
www.festivaldeloiedesneiges.com
1ʳᵉ quinzaine d'octobre. La migration de l'oie des neiges au cap Tourmente permet de découvrir en famille le paysage de la côte de Beaupré, les œuvres des artistes autour des thèmes : « J'ai un talent en m'oie », le patrimoine des environs et des spectacles variés.

Points d'intérêt

■ PARC DU MONT SAINTE-ANNE

℗ 418-827-4561
Mont Sainte-Anne. 56 pentes de ski, dont 15 éclairées. Ecole de ski, boutiques de location d'équipement, restauration et garderie. Le mont Sainte-Anne est le plus ancien, et le plus important, domaine skiable de la région. Les épreuves de la Coupe du monde de ski alpin s'y déroulent. Mais les initiés et les débutants y trouvent leur compte. En haut des pistes, juste avant de se jeter dans la poudreuse, admirez la vue sur le fleuve ! Outre le ski, le site est le lieu privilégié de bon nombre d'activités de plein air, comme la randonnée pédestre, le parapente. Les adeptes de descente sur deux-roues sont également gâtés. Le site offre de belles balades en vélo chargées en sensations fortes !

■ LES SEPT-CHUTES

4520, avenue Royale
Saint-Férréol-les-Neiges
℗ 418-826-3139
www.septchutes.com
De la mi-mai à la mi-juin et de 7 septembre ou 11 octobre, ouvert tous les jours de 10h à 17h. De mi-juin à au 6 septembre de 9h à 18h. Entrée : 8 $. Sur la commune de Saint-Férréol-les-Neiges, les plus hautes chutes de la région exécutent une descente de plus de 130 m. De nombreux sentiers pédestres sont aménagés le long des rivières et l'un d'eux mène à une centrale hydroélectrique désaffectée et un barrage. Un centre d'interprétation à l'entrée vous renseigne sur l'histoire du site.

Loisirs et sports

■ CENTRE EQUESTRE RANCH DES PIONNIERS

2140, avenue Royale
Saint-Férréol-les-Neiges

℗ 418-826-2520
Ouvert toute l'année, tous les jours (soir inclus). Randonnée pour groupes. Carriole, randonnée en forêt autour du mont Sainte-Anne.

■ ZONE SPA

186, rang Saint-Julien
℗ 1-866-353-1772
www.zonespa.com
Ouvert tous les jours de 10h à 19h. Entrée au Spa et accès aux activités : 35 $. Massage à partir de 65 $ l'heure. Restauration légère sur place. Ce Spa nordique luxueux vient d'ouvrir ses portes. Outre le sauna et hammam, on peut se prélasser autour du lac dans lequel on se baigne (l'hiver, on fait un trou dans la glace !), puis on se rince sous une douche revitalisante.

Ensuite, on se relaxe à l'intérieur (dans une grande salle baignée de lumière) ou à l'extérieur dans un bain tourbillon. Et, si après ça vous n'êtes toujours pas assez détendus, optez pour un massage : suédois, aux pierres chaudes, avec du gel de cacao ou de soya etc. Des soins esthétiques (facial, manucure, pédicure, épilation) sont disponibles. Bref, on vous garantit un moment de pure détente, dans un cadre luxueux, pour des prix qui restent très raisonnables.

SAINT-JOACHIM

La première ferme de la Nouvelle-France fut construite dans ce joli village.
Aujourd'hui, c'est une étape importante des oiseaux migrateurs.

■ EGLISE DE SAINT-JOACHIM

165, rue de l'Eglise
℗ 418-827-4020
Ouverte du 15 mai au 15 octobre tous les jours de 9h à 17h. Sinon, sur réservation. Construite en 1779, c'est une des plus anciennes du Québec.

■ RESERVE NATIONALE FAUNIQUE DU CAP TOURMENTE

570, chemin du Cap-Tourmente
℗ 418-827-3776
Fermé de novembre à début janvier. Ouvert tous les jours de 8h30 à 17h. De janvier à mars, ouvert seulement les fins de semaine. Entrée : 6 $. Location de jumelles. En saison, programmes spéciaux d'observation des oiseaux (oies des neiges, rapaces, colibris). Sinon, réseau de randonnées dans un cadre superbe, avec de belles vues sur le Saint Laurent.

Charlevoix

La météorite de Charlevoix

Le caractère extravagant des paysages montagneux de la région de Charlevoix est dû à l'impact causé par une météorite de 15 milliards de tonnes. Cet impact, qui s'est produit il y a 350 millions d'années, a créé un cratère aujourd'hui habité qui s'étend sur 56 km, de l'ouest à Baie-Saint-Paul à l'est à La Malbaie.

Au départ de la ville de Québec, il faut choisir entre trois directions : celle du Saguenay-Lac-Saint-Jean, sur l'axe nord ; celle de la région du Bas-du-Fleuve, qu'on rejoint par les routes qui longent le fleuve au sud et filent vers la Gaspésie ; et celle, d'abord et avant tout, de la région de Charlevoix.

Charlevoix est un territoire de 6 000 km², situé au cœur du bouclier canadien, le plus vieux sol géologique de la terre. La chaîne de montagnes qui le caractérise, et qui se termine dans le Saint-Laurent, est celle des Laurentides, largement couverte par la forêt boréale. Une partie de sa région a été proclamée par l'Unesco, en 1988, Réserve mondiale de la biosphère, rien de moins.

Charlevoix est peuplée de 32 000 habitants vivant principalement de la forêt, du tourisme et de l'agriculture. Sa renommée, en tant que villégiature, a débuté vers la fin du XIIIᵉ siècle, plus précisément à La Malbaie, grâce aux seigneurs écossais Malcolm Fraser et John Nairn qui, dès 1760, recevaient des visiteurs dans leur manoir. La région devint très populaire, avec ses pensions de famille, ses petits hôtels et ses lieux pittoresques où l'on s'adonnait à la randonnée, à la pêche à la truite ou au saumon, ou encore aux bains d'eau de mer. Si bien qu'en 1899, on construisit dans le secteur Pointe-au-Pic, à La Malbaie, un hôtel de trois cent cinquante chambres, le manoir Richelieu. C'est par bateaux à vapeur, appelés alors les palais flottants, que les premiers touristes débarquèrent en grand nombre. Depuis, un important réseau d'auberges a vu le jour. Charlevoix peut se vanter d'avoir une tradition d'accueil vieille de deux cents ans. Elle est également reconnue au Québec comme étant la région gastronomique et touristique par excellence. A partir de Québec, la route 138 Est caresse le fleuve sur sa rive nord, en lacet de Sainte-Trinité-des-Caps jusqu'à l'embouchure de la rivière Saguenay, à Baie-Sainte-Catherine. C'est l'itinéraire le plus romantique du Québec, le plus suave et le plus artistique, celui dont les panoramas imprégneront vos rêves à venir. Vous risquez néanmoins d'y avoir souvent les oreilles bouchées, tant les dénivellations et les côtes, qui atteignent parfois plusieurs kilomètres de long, y sont importantes. Mais ce drôle d'inconfort n'est rien en comparaison de la vue fascinante dont vous jouirez du haut des caps. Vous observerez la mer à loisir jusqu'au majestueux confluent Saguenay-Saint-Laurent où aura lieu l'ultime rencontre, celle de l'homme et de la baleine.

■ www.tourisme-charlevoix.com

Les immanquables du Charlevoix

▶ **Les galeries de Baie-Saint-Paul,** repère d'artistes ;

▶ **Le tour de l'île aux Coudres** (de préférence en vélo) ;

▶ **Jouer au casino de la Malbaie,** secteur Pointe-au-Bic ;

▶ **Le parc des Hautes Gorges** de la rivière Malbaie ;

▶ **En hiver, skier au massif de la Petite-Rivière-Saint-François,** un des meilleurs domaines skiables du Québec.

Histoire

Charlevoix doit son nom au père jésuite François-Xavier de Charlevoix, qui fut le premier historien de la Nouvelle-France. Les rives inhospitalières de la région, trop difficiles d'accès, et surtout le monopole de la traite détenu par la Ferme du Roi, au-delà de Baie-Saint-Paul, empêchaient les familles de s'y installer. Résultat : Charlevoix ne sera occupé qu'assez tard dans l'histoire, plus précisément au XVIIIᵉ siècle.

C'est vers 1675 que les premiers habitants arrivent et s'installent dans la région de Petite-Rivière. Quelques années plus tard, des familles s'établissent à Baie-Saint-Paul, puis demandent, en 1710, l'autorisation de s'implanter dans l'île aux Coudres. Les habitants promettent de respecter le monopole du roi et de ne vivre que d'agriculture et de cueillette. Pour leur part, le secteur de Saint-Irénée, occupé vers la même époque, et celui de La Malbaie, connu des coureurs de bois depuis la fin du XVIIᵉ siècle, ne se développeront vraiment qu'après la conquête anglaise. Contrairement à Saint-Irénée qui, en 1750, compte déjà quelques centaines de familles, La Malbaie est peu peuplée. Il faudra attendre les concessions de seigneuries du gouverneur Murray pour que viennent s'installer quelques highlanders aux côtés des francophones. L'un des traits caractéristiques de la population de Charlevoix est d'être restée fidèle aux traditions. Malgré la modernité de ses valeurs urbaines, la ville a conservé un esprit qui rappelle l'ancienne époque. C'est l'une des raisons pour lesquelles la région compte parmi les plus recherchées des touristes et des artistes. L'école de peinture de Charlevoix a connu son âge d'or de 1900 à 1940, rassemblant des artistes comme Clarence Gagnon, René Richard, Jackson, Morgan, Simard, Bouchard, Tremblay, Villeneuve et Cauchon.

Nature

Dans La Flore laurentienne, le frère Marie-Victorin nous explique que la région, ayant échappé il y a des millénaires à une glaciation qui a métamorphosé tout l'Est du Canada, possède une végétation unique, vestige de l'époque préglaciaire. Les autres glaciations ont pourtant modelé le pays, laissant un impressionnant front rocheux aux Palissades, près de Saint-Siméon, ou encore des dépôts morainiques au lac Sainte-Agnès, près de Clermont. L'attrait ornithologique principal de la région réside, sans contredit, dans le spectacle des immenses rassemblements d'oies des neiges. Elles s'arrêtent sur les rives du Saint-Laurent au cours des migrations qui les conduisent des terres arctiques, où elles nichent, jusqu'à la côte atlantique des Etats-Unis, où elles hivernent. Au printemps comme en automne, des volées nombreuses survolent les battures et viennent les couvrir de leur blancheur éclatante. C'est là un des spectacles rares et grandioses dont la nature a généreusement gratifié le Québec.

Transports

Avion

■ **AEROPORT DE CHARLEVOIX**
400, chemin Sainte-Madeleine
Saint-Irénée ✆ 418-452-3417
Services d'aérogare et de carburant. Observations météo pour l'aviation. Opérations limitées durant la période hivernale (octobre à mai). Informations ✆ 418-439-3947.

Bateau

■ **SOCIETE DES TRAVERSIERS DU QUEBEC**
250, rue Saint-Paul, Québec
✆ 1-877-787-7483
www.traversiers.gouv.qc.ca
Baie-Sainte-Catherine-Tadoussac
(départ toutes les 20 min en haute saison, durée 10 min, accès gratuit)
✆ 418-235-4395 – Saint-Joseph à l'Isle-aux-Coudres (durée 15 min, accès gratuit) ✆ 418-438-2743
Saint-Siméon à Rivière-du-Loup
(d'avril à janvier). Tarifs aller-retour (65 min), adultes : 14,50 $, aînés : 13,20 $, enfants : 9,60 $
Saint-Siméon ✆ 418-638-2856
Rivière-du-Loup ✆ 418-862-5094

Bus

Ils offrent tout le confort.

■ **INTERCAR**
Dessert toutes les municipalités de Charlevoix situées en bordure de la route 138, entre Québec et Baie-Comeau. Billets disponibles aux endroits suivants :
Québec, Gare du Palais
320, rue Abraham-Martin
✆ 418-525 3000 – Baie-Saint-Paul,
2, route de l'Equerre (centre commercial Le Village) ✆ 418-435 6569
Saint-Hilarion, 354, route 138
✆ 418-457-3855
Clermont, 83, boulevard Notre-Dame
✆ 418-439 3404
La Malbaie, 46, rue Sainte-Catherine
✆ 418-665 2264
Saint-Siméon, 775, rue Saint-Laurent
✆ 418-638-2671

Voiture

Pour ceux qui en ont les moyens, louer un véhicule est une sage décision (faites-le dans les différents aéroports, sans oublier votre carte de crédit!). La voiture est le meilleur moyen pour profiter pleinement des paysages inoubliables de Charlevoix. A partir d'un embranchement de la Basse Ville de Québec, prendre la direction de la 440 Est vers Sainte-Anne-de-Beaupré. A Beaupré, la 138 longe la rive nord du Saint-Laurent et continue jusqu'à Havre-Saint-Pierre, la ville la plus à l'est de la côte Nord du Québec.

PETITE-RIVIÈRE SAINT-FRANÇOIS

Depuis Québec, prendre la 138 vers l'est puis prendre à droite au grand panneau indiquant le village (23 km de Baie-Saint-Paul). Au terme d'une descente panoramique, on découvre Petite-Rivière-Saint-François, localité de 750 habitants nichée entre fleuve, rivière et montagne. Ce village est particulièrement renommé en hiver car les conditions de ski y sont excellentes. Claude Bouchard fut le premier colon à venir s'y établir en 1675; il s'agit du plus vieux peuplement de Charlevoix. Ce village côtier a longtemps abrité un chantier maritime pour la construction de goélettes et une cale sèche pour l'entreposage de ces voitures d'eau. On peut visiter la chapelle de Maillard (exposition de peintures d'artistes régionaux), la chapelle Grande-Pointe (expositions temporaires) et les maisons ancestrales des Simard du domaine à Ligori (exposition d'artistes et artisans locaux, architecture bicentenaire).

- **www.petiteriviere.com**

- **GÎTE L'ÉCUREUIL**
264, rue Principale
Petite-Rivière-St-François
G0A 2L0
✆ 418-632-1058 – Fax : 418 632 1059
www.gitelecureuil.com
Etablissement charmant, à l'image de la région, et qui permet de s'éloigner un peu des grandes zones touristiques environnantes.

- **LE MASSIF**
DE PETITE-RIVIERE-SAINT-FRANCOIS
1350, rue Principale
✆ 418-632-5876 – ✆ 1-877-536-2774
www.lemassif.com
Ouvert 9h à 16h en semaine, 8h30 à 16h le week-end. Le Massif est la plus haute montagne skiable au Québec. Elle offre une dénivellation de 770 m et une vue panoramique à couper le souffle. Ski alpin, surf des neiges, télémark. 36 pistes, 4 remontées

mécaniques. Accès aux pistes par la base ou par le sommet. Excellentes pistes de ski de fond au sommet.

BAIE-SAINT-PAUL

Juste avant d'entreprendre la longue descente vers la baie, arrêtez-vous. Vous serez sidéré par la vue plongeante sur la vallée du Gouffre où s'est implantée Baie-Saint-Paul, dans un superbe cadre de sommets boisés d'un vert profond. C'est l'une des villes les plus anciennes du Québec, fondée en 1678. C'est aussi l'un des lieux les plus photographiés de la province. Devant la baie s'étend l'île aux Coudres, qui semble la fermer.
Baie-Saint-Paul a été de tout temps le refuge des artistes québécois, en particulier des peintres et des sculpteurs. Marc-Aurèle Fortin, Clarence Gagnon, Jean-Paul Lemieux et René Richard, l'écrivain Gabrielle Roy, entre autres, ont vécu ici quelques heures, quelques semaines, quelques années, pour imprégner leurs œuvres du charme de cette irrésistible région.

- **www.baiestpaul.com**

- **MAISON DU TOURISME**
444, boulevard Mgr-de-Laval,
Route 138 (belvédère Baie-Saint-Paul)
✆ 418-435-4160
Ouvert toute l'année, tous les jours, 8h30 à 16h30. De la mi-juin à la fête du Travail, tous les jours, 8h30 à 19h. Bureau saisonnier : 6, rue Saint-Jean-Baptiste. De la mi-juin à la fête du Travail, tous les jours, 8h30 à 21h.

Hébergement

Auberge de jeunesse et camping

- **LE BALCON VERT**
22, côte du Balcon-Vert. Route 362
✆ 418-435-5587
www.balconvert.charlevoix.net
Au dessus de la baie. A l'extérieur du centre-ville. Ouvert de mai à septembre. 21 $ par personne en cabine partagée (dortoir) : 51 $ en cabine privée, location de sites de camping (19 $ à 21 $ par jour par tente). A 3 km de Baie-Saint-Paul, en prenant la route 362 vers l'est. L'auberge, pas facile à trouver, est bâtie sur un cap offrant une fort jolie vue sur la Baie. L'hébergement se fait soit en camping classique soit en petits chalets (cabines) rustiques mais très propres. Le bâtiment central comporte une grande terrasse où il fait bon contempler le paysage.

Charlevoix

Saguenay

RÉGION TOURISTIQUE
DU SAGUENAY-LAC-SAINT-JEA

Alma

Saguenay

Parc national
des Hautes-Gorg
de la rivière Malt

175

Mont Félix-Antoine Sav

169

*Réserve faunique
des Laurentides*

Lac
des Martres

175

Parc national
des Grands Jardins

Mont du
Lac des Cygnes

381

Lac
à Jack

Québec

Lac
Malbaie

Saint-Urbain

*Réserve faunique
des Laurentides*

RÉGION TOURISTIQUE
DE QUÉBEC

138

Baie Saint-Paul

Le Massif

Charlevoix

138

Petite-Riviè
Saint-Franç

Québec

RÉGION TOURISTIQUE
DE MANICOUAGAN

Saguenay

Fjord du Saguenay

Tadoussac

Baie Sainte-Catherine

170

Sagard

Île Rouge

Île Verte

138

*Parc marin
du Saguenay-Saint-Laurent*

*Lac
McLagan*

*Lac
aux Canards*

*Lac
Deschênes*

*Lac
de la Baie
des Rochers*

Baie des Rochers

*Lac
Chaud*

Port aux Quilles

*Lac
au Plongeon*

Saint-Siméon

Île aux Lièvres

*Lac
Comporté*

Port au Persil

Traversée

138

Rivière du Loup

185

Mont Grand-Fonds

Port-au-Saumon

Saint-Fidèle

Riv. Malbaie

int-Aimé des Lacs

Clermont

Les Pèlerins

*Lac
Nairn*

tre-Dame des Monts

289

La Malbaie

*Îles de
Kamouraska*

138

230

Saint-Irénée

int-Hilarion

Mont des Éboulements

362

Les Éboulements

287

132

RÉGION TOURISTIQUE
DU BAS-SAINT-LAURENT

230

Isle aux Coudres

FLEUVE SAINT-LAURENT

20

132

RÉGION TOURISTIQUE
DE CHAUDIÈRE-APPALACHES

N

0   15 km

Couette et café

■ AU CLOCHETON
50, rue Saint-Joseph
☏ 418-435-3393 – ☏ 1-877-435-3393
www.auclocheton.com
5 chambres, en simple de 85 $ à 115 $, en double de 90 $ à 125 $, petit déjeuner complet inclus. Prix révisés en basse saison. Chèques de voyages, Visa et MasterCard. Belle résidence victorienne de notable qui donne sur l'une des plus pittoresques rues de Baie-Saint-Paul, près du jardin de la rivière du Gouffre. Chambres confortables et ambiance familiale.

■ GITE LES MESANGES
1067, boulevard Monseigneur-de-Laval
☏ 418-435-6273
www.gitemesanges.fr.st
Route 138. 4 chambres, en simple : 72 $, en double : 77 $, petit déjeuner inclus. Chèques de voyages, Visa et MC. Mariette et Réjean vous réservent un accueil chaleureux dans cette belle maison centenaire au charme d'antan. Jardin fleuri.

■ GITE LE NOBLE QUETEUX
8, côte du Quêteux
☏ 418-240-2352 – ☏ 1-866-744-2352
www.noblequeteux.com
5 chambres, en simple de 75 $ à 90 $, en double de 80 $ à 95 $, petit déjeuner inclus. Chèques de voyages, Visa et MasterCard. Situé à 5 km du centre-ville de Baie-Saint-Paul, le gîte Le Noble Quêteux surplombe magnifiquement le fleuve Saint-Laurent et l'Isle aux Coudres. Cette charmante maison en bois séduit par son style rustique et son atmosphère romanesque. A l'intérieur, les plafonds sont bas, les chambres joliment décorées et l'accueil y est chaleureux.

Confort ou charme

■ MOTEL CHEZ GEORGES
896, Mgr-de-Laval, Route 138, angle 362
☏ 418-35-3230
www.charlevoix.qc.ca/chezgeorges
25 chambres de 75 $ à 135 $, petit déjeuner non inclus. Climatisation et réfrigérateur. Jolies chambres spacieuses, au parquet de bois. Grandes fenêtres donnant sur la campagne.

■ LES PORTES DU SOLEIL
29, rue de la Lumière
☏ 418-435-3540 – ☏ 1-877-435-3540
www.auxportesdusoleil.com
17 chambres, toutes non-fumeurs. Chambre double à partir de 69 $ en basse saison et de 95 $ en haute saison. Suite familiale (7 personnes) à partir de 129 $ en basse saison et de 149 $ en haute saison. Josée et Nicolas ont fait de cette ancienne taverne un hôtel chaleureux un peu en dehors de la ville. Les chambres ont toutes des planchers de bois et des couleurs qui ne sont pas sans rappeler les films de Pedro Almodovar. Accueil sympathique, Internet sans fil gratuit et forfaits disponibles.

■ AUBERGE LA MUSE
39, rue Saint-Jean-Baptiste
☏ 418-435-6839
☏ 1-800-841-6839
www.lamuse.com
15 chambres, Chambre double avec petit déjeuner de 130 $ à 210 $ en haute saison et de 80 $ à 150 $ en basse saison. Cet hôtel de charme, un peu en retrait de la rue Saint Jean-Baptiste, propose 15 chambres bien agréables et un restaurant gastronomique à base de produits du terroir dont vous pouvez également acheter une petite sélection sur place. Le chef prépare aussi des sushis, à déguster sur la terrasse surplombant un joli

jardin fleuri. Vous êtes à deux pas des galeries de la rue Saint Jean-Baptiste et des principaux commerces de la ville.

▶ **Location de maison** à deux pas de La Muse de 120 $ à 250 $ par jour (*capacité 10 personnes, quatre chambres, deux salles de bains*).

■ **AUBERGE LA GRANDE MAISON**
160, rue Saint-Jean-Baptiste
✆ 418-435-5575 ✆ 1-800-361-5575
www.grandemaison.com
24 chambres climatisées de 90 $ à 150 $, petit déjeuner inclus. Suites : 250 $. Centre de santé. Forfaits disponibles. Belle demeure victorienne rouge et blanche, La Grande Maison, bâtie en 1913, fut d'abord une résidence privée avant de devenir un hôpital reconverti dans les années quarante en hôtel. Ces belles chambres colorées sont parmi les plus romantiques de la ville et le restaurant Le Marion est très réputé.

■ **AUBERGE DOMAINE BELLE PLAGE**
192, rue Sainte-Anne
✆ 418-435-3321

✆ 1-888-463-6030
www.belleplage.ca
37 chambres de 74 $ à 89 $ en double, petit déjeuner compris. Forfaits disponibles. Massothérapie, piscine extérieure. Les chambres sont réparties sur trois bâtiments de styles différents : une auberge au cachet d'antan et un hôtel style motel, plus moderne. Ce domaine donne directement sur le fleuve, à proximité de la plage. Depuis certaines chambres on a une belle vue sur le fleuve et sur l'Ile aux Coudres.

■ **AUBERGE AUX PETITS OISEAUX**
30, rue Ambroise-Fafard
✆ 418-435-3888
✆ 1-877-435-3888
www.auxpetitsoiseaux.ca
Chambre de 85 $ à 110 $ en double et de 75 $ à 100 $ en basse saison, appartement : 125 $ pour 2 personnes, et 150 $ pour 4 personnes. 7 chambres et 3 appartements (avec cuisinette) et un loft (très bon rapport qualité-prix). Ouvert toute l'année.
Endroit très agréable où on vous traitera aux petits oiseaux.

QUÉBEC ET CHARLEVOIX

Luxe

■ AUBERGE LA PIGNORONDE
750, boulevard Mgr-de-Laval
(route 138 en haut de la côte)
℡ 418-435-5505 – ℡ 1-888-554-6004
www.aubergelapignoronde.com
*28 chambres dont 1 suite, en double de
94 $ à 268 $ (suite), petit déjeuner inclus.
Piscine, tennis. Salles de réunion. Forfaits
disponibles.* L'auberge La Pignoronde, située
sur un plateau de verdure et de fleurs, offre
une vue majestueuse sur l'île aux Coudres,
le fleuve Saint-Laurent et la baie de la ville
de Baie-Saint-Paul. Chambres douillettes
et confortables au décor rustique. Cuisine
du terroir.

■ AUBERGE LA MAISON OTIS
23, rue Saint-Jean-Baptiste
℡ 418-435-2255 – ℡ 1-800-267-2254
www.maisonotis.com
*30 chambres. Chambre double de 218 $ à
350 $ (suite), petit déjeuner inclus. Piscine
et centre de beauté.* La Maison Otis dispose
d'une trentaine de chambres au style
campagnard. L'accueil est chaleureux et le
décor authentique. Les suites sont de vrais
nids douillets et l'auberge propose également
quatre appartements tout équipés pour quatre
personnes minimum. Le restaurant de la
Maison Otis propose une cuisine raffinée
inspirée par les saveurs du terroir.

Restaurants

■ CAFE DES ARTISTES
25, rue Saint-Jean-Baptiste
℡ 418-435-5585
*Ouvert tous les jours de 9h30 à 00h.
Compter 15 $.* La spécialité de ce petit café
sympathique, situé à côté de la Maison Otis,
est la pizza européenne, mais on s'y rend
aussi pour prendre un espresso ou une bière
de microbrasserie.

■ JOE SMOKED MEAT
54 rue Saint-Jean-Baptiste
℡ 418-240-4949
Pour les fauchés et les pressés, rien de
mieux qu'un sandwich ou une assiette de
viande fumée. Les prix sont modestes (*6 $
le sandwich*), les portions assez généreuses
et le cadre sympa.

■ L'ORANGE BISTRO
29, rue Ambroise-Fafard
℡ 418-240-1197 – www.coeurdeloup.com
*Ouvert de 10h à 22h. Carte de 12,95 $ à
15,95 $. Table d'hôtes de 15,95 $ à 19,95 $.*
On déguste, dans cette maison centenaire de
style victorien, orange et blanche, une cuisine
régionale, grillades et fruits de mer. Verrière,
terrasse, salon privé. Et si vous vous êtes
tellement régalés que vous ne pouvez plus
quitter les lieux l'Orange vous propose deux
jolies chambres d'hôtes.

■ MICROBRASSERIE CHARLEVOIX
2, rue Racine (coin Saint-Jean-Baptiste)
℡ 418-240-2332
www.microbrasserie.com
Ouvert toute l'année, sauf en novembre.
La microbrasserie Charlevoix produit des
bières destinées principalement à la région
immédiate. Adjacent à la microbrasserie, le
Saint-Pub vous accueille pour y déguster
les bières brassées chez le voisin. Parmi
leurs productions, on trouve la Bootleger,
la Dominus Vobiscum (prix de la meilleure
blanche au Canada) et les Dominus double et
triple (bières brunes et bondes, fortes).

■ RESTAURANT AU 51
51, rue Saint-Jean-Baptiste
℡ 418-435-6469
*Ouvert tous les midis, sauf le dimanche, et
tous les soirs pendant la saison estivale.
Menu saveur : 39 $ le soir.* Le 51, l'une des
toutes meilleures tables de Charlevoix, est
dirigé par deux passionnés de gastronomie,
Patrick Fregni, en cuisine, et Céline Derue,
en salle. Ces deux Français proposent des
tables d'hôtes autour de 15 $ le midi et
un menu saveur mêlant produits locaux et
tradition française, le soir. Au programme :
baluchon rôti au foie gras et migneron, soupe
de poissons d'Atlantique façon bouillabaisse,
filet de barbe rayé à la rhubarbe, cannelle et
lait de coco… Le cassoulet aux Gourganes
(les fèves des marais) est une star de la
carte et les pâtisseries sont délicieuses. Vous
pouvez d'ailleurs les acheter à emporter ainsi
que des plats préparés. Au printemps 2008,
le 51 ouvrira une boutique de traiteur sur
le trottoir d'en face, au 96 de la rue Saint-
Jean. Une excellente table, respectant les
produits charlevoisiens et les déclinant avec
beaucoup de créativité. Ajoutez à cela une
bonne sélection de vins et de cafés raffinés,
et vous comprendrez pourquoi il est difficile de
résister à ce petit, mais futur grand, restaurant.
Le rapport qualité-prix est imbattable et le
service aussi efficace que charmant. Un gros
coup de cœur.

Manifestations

▶ **Baie-Saint-Paul en fête.** *Juillet et août.* Explosion d'activités culturelles de toutes sortes. Les festivités se poursuivent tout l'été, le vendredi et le samedi soir.

■ **FESTIVAL RÊVES D'AUTOMNE**
℡ 418-435-5875 ℡ 1-800-761-5150
www.revesautomne.qc.ca
Célébration des paysages en peinture.

Points d'intérêt

La beauté des paysages de la baie, les maisons centenaires et les nombreuses galeries d'art méritent qu'on leur consacre du temps. Baie-Saint-Paul doit être arpentée à pied. Les rues Saint-Jean-Baptiste et Leclerc (le boulevard face à l'église) sont l'équivalent du Quartier latin. On y trouve de tout pour tous. Faire le tour de la baie à pied est très agréable.

■ **CENTRE D'ART DE BAIE-SAINT-PAUL**
4, rue Ambroise-Fafard
℡ 418-435-5654
Ouvert 10h à 17h. Entrée gratuite. Cette galerie moderne expose des œuvres d'artistes de la région de Charlevoix. Elle abrite des ateliers de tissage et de tapisserie ainsi que des sculptures naïves en bois peint.

■ **CENTRE D'EXPOSITION DE BAIE-SAINT-PAUL**
23, rue Ambroise-Fafard
℡ 418-435-3681
www.centredart-bsp.qc.ca
Ouvert en été (du 24 juin au 2 septembre), du mardi et mercredi de 10h à 18h et du jeudi au dimanche de 12h à 20h. En hiver, (de septembre à juin), du mardi au dimanche de 11h à 17h. Adultes : 4,50 $, aînés et enfants : 2,50 $. Un centre où se succèdent expositions d'art temporaires et variées. En août, Symposium international d'art contemporain. Le bâtiment est superbe.

■ **LA MAISON DE RENE-RICHARD**
58, rue Saint-Jean-Baptiste
(à l'angle de la rue Clarence-Gagnon)
℡ 418-435-5571
Ouvert tous les jours de 10h à 18h. Entrée : 4 $. La maison de René-Richard, bâtie en 1852, où ont séjourné autant d'artistes, représente la seule maison au Canada qui soit restée authentique et montrée au public. Enrichi par le dessin et partageant la vie des trappeurs, René Richard travaille à Paris avec le célèbre artiste Clarence Gagnon de 1926 à 1929. Ce dernier a été impressionné par la force de son dessin. C'est à Baie-Saint-Paul, de 1939 à 1982, qu'il fixa de mémoire, à partir de ses dessins antérieurs l'immensité de la nature sauvage et nordique, les grands espaces canadiens, les scènes de trappeurs avec les Indiens, les chiens de traîneaux, la forêt. Style nerveux, très sûr de sa main.
De grands artistes ont séjourné dans cette maison : Clarence Gagnon, Marc-Aurèle Fortin et des membres du groupe des 7.

■ **GALERIE LE VIEUX MOULIN**
4, chemin du Vieux-Moulin
℡ 418-240-2146
www.jfracine.com
La peinture est un incontournable de Charlevoix. Jean François Racine, qui est un peintre de lumière et d'atmosphère, est réellement atypique dans sa démarche. On le surnomme donc le peintre skieur… En effet, l'hiver, il peint sur ses skis (une visite sur son site web vous éclairera sur cette façon de peindre). En été et en automne, il est possible de le rencontrer dans son atelier pour qu'il vous explique sa manière originale de travailler (uniquement sur rendez-vous).

■ **GALERIE D'ART DIAMANT**
70, rue Saint-Jean-Baptiste
℡ 418-240-3438
Ouvert tous les jours de 10h à 18h. Les toiles
du peintre Girard, exposées dans sa galerie
personnelle, plairont à tous les amateurs
d'œuvres contemporaines. Sa collection
intitulée les Diamants de mon pays rend
hommage à l'Art et à la vie ainsi qu'à la région
de Charlevoix. Le mouvement et l'ode à la vie
caractérisent ses toiles.

■ **AU GRE DE LA VAGUE**
5, rue Dupré ℡ 418-435-6130
Ouvert à l'année. Benoît Lavoie, fils de marin
de la 4e génération, a navigué plus de 24 ans
et vous invite à découvrir ses maquettes de
goélettes et autres bateaux miniatures. Une
belle occasion de découvrir le passé maritime
de Charlevoix.

■ **AIR DU LARGE**
Au quai de la Baie-Saint-Paul
℡ 418-435-2066
Activités de plein air pour tous les goûts :
descente de rivières, kayak de mer, initiation
à la voile, cerf-volant, parapente. Location de
vélos et de scooter électriques.

■ **DOMAINE CHARLEVOIX**
Route 362
℡ 418-435-2626
www.domainecharlevoix.com
*Ouvert de juin à octobre, 10h à 17h. Adultes :
10 $, enfants de 6 à 12 ans : 5 $, enfants de
moins de 6 ans : gratuit. Service de restauration
sur place.* A découvrir impérativement ! Après
avoir marché à travers la forêt, musique
classique tout au long du chemin donnant une
dimension féerique au lieu, vous arriverez sur
une terrasse qui donne une vue panoramique
tout simplement majestueuse sur le fleuve
Saint-Laurent et l'Isle aux Coudres. Vous
pourrez alors profiter de cet instant pour vous
restaurer et pour immortaliser cette vue. C'est
aussi un parc qui vous propose des activités
de plein air : randonnée pédestre, bicyclette
de montagne, pique-nique familial… Lors de
vos randonnées, vous pourrez découvrir le
Vieux Manoir (jardin de type anglais ceinturé
de murailles), de magnifiques chutes d'eau
ou vous détendre à la Maison de Thé située
en plein cœur de la forêt, aux abords du lac
Laure-Conan. A voir !

▶ **A partir de Baie-Saint-Paul, il faut choisir
sa route :** la 138 file rapidement vers La
Malbaie, à la limite de l'arrière-pays. La 362

mène au traversier pour l'île aux Coudres,
et passe par les petits villages du bord du
fleuve, vers l'est.

ÎLE-AUX-COUDRES

Cette petite île de 11 km de longueur sur
5 km de largeur s'étend au large de la côte
de Charlevoix, face à Baie-Saint-Paul. Le
6 septembre 1535, lors de son deuxième
voyage, Jacques Cartier la baptisa ainsi à
cause des coudres (coudriers), ancien nom
des noisetiers, qui poussent ici en grand
nombre. Vers 1728, les colons vinrent s'établir
sur l'île qui, pendant longtemps, appartint
au Séminaire de Québec. Les habitants
pratiquaient l'agriculture et chassaient aussi
le beluga, qu'ils appelaient marsouin, pour son
huile. La chasse au beluga a cessé à la fin
des années soixante. L'espèce, menacée de
disparition, est aujourd'hui protégée.
Jusqu'à la fin des années cinquante, l'île abrita
des chantiers navals où étaient construites
les voitures d'eau : simples canots d'écorce,
lourds canots, chaloupes, puis goélettes (à
voile puis à moteur) adaptées à la navigation
sur les eaux quelquefois tumultueuses du
fleuve, ou encombrées de glaces flottantes.
Les goélettes étaient utilisées pour le cabotage
et la chasse aux marsouins. C'est là que
le cinéaste Pierre Perrault tourna, dans les
années soixante, ses documentaires sur la
chasse aux marsouins et les voitures d'eau, qui
ont contribué à faire connaître l'île. Le tissage
artisanal est une tradition qui a subsisté.

■ **www.ileauxcoudres.com**

▶ **Accès.** Par la 362.

Pratique

▶ **Traversées gratuites et régulières** au
départ de Saint-Joseph à de-la-Rive (à
quelques kilomètres de Baie-Saint-Paul)
par la 362 Est.

■ **MAISON DU TOURISME**
1024, chemin des Coudriers
*De la mi-juin à la fête du Travail, tous les
jours, 9h à 19h.*

Hébergement

Dans chacun des établissements suivants,
il est fortement conseillé de réserver à
l'avance.

■ **HOTEL DU CAPITAINE**
781, chemin des Coudriers
℡ 418-438-2242

✆ 1-888-520-2242
www.charlevoix.qc.ca/hotelducapitaine
22 chambres de 75 $ à 110 $. Charmante petite
auberge en bois rond. Ambiance chaleureuse,
cuisine régionale et piscine.

■ **LA COUDRIERE**
244, chemin La Baleine
✆ 418-438-2838
✆ 1-888-438-2882
www.aubergelacoudriere.com
*50 chambres entre 160 $ et 170 $, petit
déjeuner et souper inclus. Toutes cartes de
crédit et Interac.* Cette maison d'inspiration
normande, posée sur un promontoire naturel
dominant le fleuve, invite à la détente dans une
atmosphère champêtre. Excellente cuisine,
piscine, forfaits souper-théâtre et séjour-
théâtre.

■ **HOTEL CAP-AUX-PIERRES**
444, chemin La-Baleine
✆ 1-888-222-3308
www.dufour.ca/fr/capauxpierres
*Ouvert de mai a octobre. De 45 $ à 85 $ la
chambre sans petit déjeuner, de 53 $ à 93 $
avec le petit déjeuner. Hébergement en hôtel
ou en motel.* Très bien pour les familles :
piscine extérieure, jardin paysagé avec chaises
longues, etc. Le tout avec vue sur le fleuve.

■ **HOTEL-MOTEL LA ROCHE PLEUREUSE**
272, chemin La-Baleine
✆ 418-438-2734 – ✆ 1-800-463-6855
www.quebecweb.com/rochepleureuse
*90 chambres et suites, en double de 80 $ à
160 $, petit déjeuner inclus.* Ne quittez pas
l'île sans avoir goûté à l'eau de la roche,
l'eau-de-vie de l'Isle aux Coudres. C'est ici
qu'on la trouve. Etablissement de très bonne
qualité. Restaurant, jardin, piscine, tennis,
centre de santé.

Restaurants

Plusieurs petites haltes sympathiques,
parfaites pour les finances limitées, sont
disséminées sur toute l'île. Si vous n'avez
pas envie de vous payer le grand luxe d'une
table gastronomique…

Points d'intérêt

▶ **Suggestion.** Faites un tour de l'île à vélo.
On trouvera des loueurs de partout, dès la
sortie du traversier.

■ LES MOULINS DE L'ISLE AUX COUDRES, ECONOMUSEE DE LA MEUNERIE

36, chemin du Moulin ℅ 418-438-2184
www.lesmoulinsiac.com
Ouvert de la mi-mai à la mi-octobre, tous les jours de 9h30 à 17h30. Entrée : 8 $. L'un est à vent, l'autre à eau. Tous deux sont en fonction et datent du début du XIXᵉ siècle. On verra un meunier moudre le blé et le sarrasin avant de pétrir son pain. Un four à pain traditionnel est en opération. Le site est unique au Québec.

■ MUSEE DE L'ISLE-AUX-COUDRES

231, chemin des Coudriers
℅ 418-438-2753
Entrée : 3,50 $. Interprétation de l'histoire de l'Isle aux Coudres, les us et coutumes des insulaires, de la faune et la flore de Charlevoix.

■ MUSEE LES VOITURES D'EAU

203, chemin des Coudriers, Saint-Louis
℅ 418-438-2208 – ℅ 1-800-463-2118
Ouvert du 21 mai au 12 septembre tous les jours et seulement les week-ends de septembre à octobre. Entrée : 4 $. Ici, c'est tout le passé de la vie maritime sur le Saint-Laurent qui est évoqué. On y retrouve la goélette Mont-Saint-Louis que l'on peut visiter de la cale à la timonerie.

■ MAISON CROCHE

Ou encore la maison à Horace. Située à côté de Saint-Bernard, elle est pour le moins étrange. C'est la curiosité de l'île.

■ CIDRERIE ET VERGER PEDNEAULT

3384, chemin des Coudriers
℅ 418-435-2365
www.charlevoix.net/vergerpedneault
Autocueillette septembre à fin octobre. Groupes sur réservation. Dégustation : 2 $. Cette cidrerie a été créée en 1918. Deux générations se sont succédé pour faire des cidres bien sûr, mais aussi divers produits dérivés de la pomme et d'autres fruits. Des mistelles de pomme glacée, aux prunes et pommes-poires renouvellent cette boisson. On y trouve aussi gelée de pomme, beurre de pomme ainsi que beurre de poire, sirop de poire, confitures de prunes bleues, de cerises ou de pruneaux et du vinaigre au cidre.

LES ÉBOULEMENTS

A 19 km de Baie-Saint-Paul, via la route 362. Village au nom évocateur qui rappelle le gigantesque glissement de terrain qui a suivi le terrible tremblement de terre de 1663. Les Eboulements cependant a su conserver son patrimoine architectural avec son église de pierre et ses anciennes maisons bordant la rue principale.

Hébergement – Restaurant

■ AUBERGE DE LA RIVE

280, chemin de l'Eglise
℅ 418-635-2846 – ℅ 1-888-935-2846
17 chambres de 75 $ à 95 $ en double. On peut aussi manger sur place.

■ FERME L'EBOULMONTAISE ET RESTAURANT LES SAVEURS OUBLIEES

350, rang Saint-Godefroy (route 362), entre la Malbaie et Baie-Saint-Paul
℅ 418-635-9888
www.agneausaveurscharlevoix.com
Ferme ouverte le jour et le restaurant dès 17h30 durant l'été (sauf le mardi, réservations obligatoires). La ferme vend tous ses produits, l'agneau étant à l'honneur, et vous offre de visiter les lieux, face au fleuve Saint-Laurent. Née de l'ingénieux partenariat avec la Ferme Eboulmontaise, déjà reconnue pour son agneau, la table de Régis Hervé et Guy Thibodeau vous propose de le déguster sur place.

Points d'intérêt

■ LA FORGE DU VILLAGE, LA CHOCOLATERIE DU VILLAGE ET POTERIE LINE SAINT-PIERRE

194, rue du Village
℅ 418-635-1651
Visites commentées du 24 juin au 9 octobre, ouvert tous les jours de 10h à 18h. Site pittoresque datant de 1891 qui réuni sous le même toit une chocolaterie artisanale, une forge fonctionnelle avec ses outils d'origine et une boutique de poterie. Démonstrations sur place.

■ SAINT-JOSEPH-DE-LA-RIVE

A quelques kilomètres des Eboulements, par la route 362 et route secondaire.

■ ECONOMUSEE DU PAPIER

304, rue Félix-Antoine-Savard
℅ 418-635-2430 – ℅ 1-866-635-2430
www.papeteriesaintgilles.com
Ouvert à l'année, réservation obligatoire pour les visites, 3 $ par personne. Les artisans et artisanes y fabriquent un papier fin de coton, incrusté de feuilles ou de fleurs de la région.

Première entreprise économusée du Papier au Canada, grâce à son atelier, son musée et sa boutique.

■ MUSEE MARITIME DE CHARLEVOIX

305, rue de l'Eglise ✆ 418-635-1131
www.musee-maritime-charlevoix.com
Ouvert toute l'année. Adulte : 5 $, enfant de moins de 17 ans : 2 $, et gratuit pour les moins de 12 ans. Une visite qui permet de mieux comprendre l'histoire de la navigation et son importance dans le développement économique des régions du Québec. Situé sur l'ancien chantier naval du village.

SAINT-IRÉNÉE

A 34 km de Baie-Saint-Paul, par la route 362. Pittoresque village de 700 habitants accroché à la montagne, aussi joli que la longue plage de sable fin que l'on longe pour y accéder. L'agréable cohabitation entre la montagne et le fleuve y suscite l'attention.

Restaurant

■ LA FLACATOUNE

180, chemin les Bains ✆ 418-452-8148
Comme son nom l'indique, il s'agit d'un restaurant très original, tant au niveau de la créativité du chef qui s'exprime dans les tartes flambées du midi et dans les plats bistros du soir qu'au niveau de l'ambiance. En effet, les soirées, version cabaret, sont très animées.

Points d'intérêt

■ LES ATELIERS DEBLOIS

1131, rang Terrebonne (route 362)
✆ 418-452-3229
Ouvert tous les jours du 1er mai au 31 octobre de 9h à 18h. Boutique et galerie d'art. Généralement, les artistes sont au travail pendant votre visite. Joan DeBlois fait de la poterie fonctionnelle (pour la table), des pièces décoratives et du Raku (méthode de cuisson japonaise). Une galerie expose les œuvres du peintre Marc DeBlois.

■ SALLE DE SPECTACLES LE DOMAINE FORGET

5, rue Saint-Antoine ✆ 418-452-3503
www.domaineforget.com
Réservations ✆ 418-452-3535 ou
✆ 1-888-336-7438
Concerts toute l'année. Le festival international du Domaine Forget a lieu en été.

LA MALBAIE, SECTEUR POINTE-AU-PIC

Occupant, au sud de La Malbaie, le promontoire qui ferme la baie, Pointe-au-Pic est un lieu de villégiature qui fut lancé au début du XXe siècle. Les bateaux à vapeur que l'on surnommait palais flottants promenaient alors dans ses parages la belle société de New York, de Toronto ou de Montréal en quête de dépaysement romantique. Le manoir Richelieu était son lieu de rendez-vous favori. C'est là que William Howard Taft, président des Etats-Unis de 1909 à 1913, s'était fait construire une résidence d'été d'où il dirigeait son pays auquel il n'était relié que par un fil télégraphique qui longeait le fleuve. Mais Taft n'était pas la seule personnalité à avoir choisi ce coin de terre pour le repos de l'âme et du corps. Du chemin des Falaises, ne dit-on pas qu'il est le Malibu (banlieue cossue de Los Angeles) de La Malbaie ? Le fait est que des dizaines de familles de notables, en majorité de langue anglaise, s'y sont fait bâtir des villas cossues.
En bas, de jolies maisons de bois sont adossées aux falaises, face au Saint-Laurent. L'endroit est animé de cafés et de restaurants.

La principale attraction de Pointe-au-Pic n'en reste pas moins le fameux manoir Richelieu et, adjacent, le casino de Charlevoix. 183, rue Richelieu, La Malbaie (secteur Pointe-au-Pic), route 362 ☎ 418-665-5300 – ☎ 1-800-665-2274 – www.casino-de-charlevoix. com – Ouvert dimanche à jeudi de 11h à 00h, le vendredi et le samedi de 11h à 3h. Accès réservé aux 18 ans et plus. Capacité 800 personnes. 22 tables de jeu et près de 800 machines à sous. Black-jack, roulette, mini-baccara, poker des Caraïbes, poker Grand Prix, poker Pai Gow, Sic Bo. Evénements spéciaux, forfaits disponibles.

La Malbaie

A l'embouchure de la rivière Malbaie, ce centre administratif est la ville la plus importante de Charlevoix. Samuel de Champlain baptisa la baie malle baye (mauvaise baie) en 1608, parce que ses navires, qui y avaient mouillé l'ancre, s'y étaient tous échoués : effectivement, la mer se retire complètement de la baie à marée basse. On l'a aussi appelée Murray Bay, après la conquête anglaise, en souvenir de la seigneurie de John Nairn et Malcolm Fraser, deux officiers écossais auxquels elle avait été concédée par James Murray, alors gouverneur du Canada. La rivière Malbaie traverse la ville pour se jeter dans le fleuve.

Suite à la loi sur les fusions de ville, les anciennes municipalités de Pointe-au-Pic, Rivière-Malbaie, Sainte-Agnès, Cap-à-l'aigle et Saint-Fidèle se sont unis pour former la Malbaie. Cette fusion explique l'organisation de nos sections.

Hébergement

A La Malbaie, secteur Pointe-au-Pic, vous avez le choix parmi des dizaines d'auberges qui, toutes, rivalisent sur le plan culinaire et hospitalier.

Confort ou charme

■ **AUBERGE LA CHATELAINE**
830, chemin des Falaises
☎ 418-665-4064 – ☎ 1-888-840-4064
www.aubergelachatelaine.com
8 chambres, en double de 89 $ à 139 $, petit déjeuner buffet inclus. Ancienne villa bourgeoise datant de 1892, avec meubles antiques et vue sur le fleuve Saint-Laurent.

■ **LE PETIT MANOIR DU CASINO**
525, chemin des Falaises
☎ 418-665-0000 – ☎ 1-800-618-2112
www.petitmanoirducasino.ca
76 chambres. Chambre double de 115 $ à 250 $ en double, avec souper et petit déjeuner (les prix les plus élevés sont pour la haute saison). Forfaits disponibles. A deux pas du casino de Charlevoix, sur un site qui surplombe le fleuve. Piscine intérieure. Le restaurant de l'hôtel est très abordable.

■ **AUBERGE DES TROIS CANARDS**
115, côte Bellevue
☎ 418-665-3761
☎ 1-800-461-3761
www.auberge3canards.com
48 chambres. Chambre double à partir de 130 $, petit déjeuner inclus. Internet sans fil, piscine extérieure, tennis, practice de golf. Cette vaste auberge propose de belles chambres donnant sur la baie. Ambiance cossue et décontractée. Le petit déjeuner est servi dans la salle du restaurant, offrant une belle vue panoramique. Vous aurez le loisir de

faire griller vos dorées dans la cheminée ! Le restaurant gastronomique possède une solide réputation dans toute la région.

Luxe

■ FAIRMONT LE MANOIR RICHELIEU
181, rue Richelieu
℡ 418-665-3703 – ℡ 1-800-441-1414
www.fairmont.com
405 chambres et suites de 289 $ à 1 189 $ en double. Bar, salon de thé, Cigar room, centre de santé, piscine, sauna, Spa, terrain de golf 18-trous, galerie d'art, boutique et, le casino de Charlevoix à proximité. Grand édifice de style château normand qui surplombe le fleuve Saint-Laurent dont la vue paisible mérite quelques superlatifs. Etabli depuis 1899, le Manoir Richelieu allie l'élégance d'un autre siècle au confort d'aujourd'hui. 3 restaurants (dont cuisine gastronomique), bar, salon de thé, Cigar room, centre de santé, piscine, terrain de golf 18-trous, galerie d'art, boutique et, le casino de Charlevoix à proximité. Forfaits disponibles.

Restaurants

■ ALLEGRO
990, rue Richelieu
℡ 418-665-2595 – ℡ 1-888-775-2595
www.restaurantallegro.com
Sur sa terrasse ensoleillée, la cuisine italienne est à l'honneur, pâtes, pizzas et grill.

■ CAFE CHEZ NOUS
1075, rue Richelieu ℡ 418-665-3080
Sympathique brûlerie où l'on sert des menus santé du matin au soir. Dans un décor rétro, vous pouvez également utiliser ses services Internet.

■ VICES VERSA
216, rue Saint-Etienne
℡ 418-665-6869 – www.vicesversa.com
Ouvert à l'année uniquement le soir à partir de 18h. Menus : 60 $. Menu gastronomique : 100 $. Quand deux chefs propriétaires rivalisent de talent pour nous offrir une cuisine aussi fine, on ne peut qu'apprécier ! Choix entre deux tables d'hôtes. Décoration épurée et élégante, service courtois et efficace. Un excellent choix.

Points d'intérêt

■ MUSEE DE CHARLEVOIX
10, chemin du Havre (près du port)
℡ 418-665-4411
www.museedecharlevoix.qc.ca
Ouvert tous les jours de 9h à 17h de juin à mi-octobre et d'octobre à la mi-juin du mardi au vendredi de 10h à 17h et le week-end de 13h à 17. Entrée : 5 $, étudiants et aînés : 4 $. Installé, depuis 1990, dans un nouveau bâtiment au bord du fleuve, le musée de Charlevoix a pour vocation de faire découvrir l'histoire, l'ethnologie et l'art populaire de la région, à travers des expositions thématiques temporaires consacrées exclusivement à des artistes locaux. Si vous aimez les santons, ceux de Charlevoix représentent les différents métiers des premiers habitants de la région, ainsi que les personnages de *Menaud, Maître-Draveur,* le roman classique de Mgr Félix-Antoine Savard.

■ LA MAISON DU VITRAIL
190, rue Saint-Etienne
℡ 418-665-7246
Ouvert du lundi au samedi de 9h30 à 17h, et jusqu'à 21h le jeudi et le vendredi. Réservation obligatoire pour les ateliers. En une demi-journée, confectionnez-vous un souvenir de vos vacances dans une pièce de vitrail. Aussi : boutique d'art qui expose des œuvres d'artistes de la région.

© ATR CHARLEVOIX

QUÉBEC ET CHARLEVOIX

Domaine Charlevoix en automne depuis la terrasse Felix-Antoine Savard

LA MALBAIE, SECTEUR RIVIÈRE-MALBAIE

■ CHUTES FRASER

500, chemin de la Vallée
Ouvert mi-mai à mi-octobre. Entrée : 3 $. Dans la propriété privée d'un camping (suivre les panneaux indicateurs). Belle chute en voile sur une paroi rocheuse de 30 m de hauteur, dans un site agréable et aménagé pour le pique-nique. On peut s'y baigner.

■ LA FORGE-MENUISERIE CAUCHON

323, chemin de la Vallée
☎ 418-665-2160
www.forgecauchon.ca
Ouvert tous les jours de 10h à 17h du 24 juin à début octobre. Entrée : 3 $. Construite au bord de la rivière Malbaie en 1882, la forge-menuiserie Cauchon est classée monument historique depuis 1983. Elle dévoile plus de 120 ans d'histoire de forge et de menuiserie et renferme une collection de 200 outils de confection artisanale. Un forgeron y travaille deux journées par semaine.

■ PARC REGIONAL DU MONT GRAND-FONDS

1000, chemin des Loisirs
☎ 418-665-0095
☎ 1-877-665-0095
www.montgrandfonds.com
Ouvert de 10h à 15h45 en semaine, 9h à 15h45 le week-end. Station de ski à caractère familial offrant ski alpin, ski de fond, randonnée en raquettes et glissades. 335 m de dénivellation, 14 pistes réparties sur 160 km, 2 remontées mécaniques, snowpark.

LA MALBAIE, SECTEUR SAINTE-AGNÈS

A 14 km du centre-ville de la Malbaie. Cette municipalité s'appelait autrefois la paroisse aux trois églises. On devine facilement pourquoi !

■ LE MONASTERE DE LA CROIX GLORIEUSE

125, rang Sainte-Philomène
Ouvert tous les jours. Du lundi au samedi de 6h à 22h et le dimanche de 8h à 21h. On ne peut visiter que l'église.
Le monastère abrite les Petits Frères de la croix, une communauté de moines contemplatifs, vivant selon l'esprit du frère Charles de Foucauld.

■ LA MAISON DU BOOTLEGGER CLUB DES MONTS

110, rang du Ruisseau-des-Frênes
Ouvert tous les jours de juin à septembre de 10h à 18h et le samedi et le dimanche seulement de mai à octobre. Entrée : 8 $. Cette drôle de maison fut construite à l'époque de la prohibition, en vue de dissuader toute visite de l'escouade des mœurs. Aujourd'hui, on vient visiter ce bâtiment vraiment étrange et on boit des coups dans l'ancien club clandestins des notables !

LA MALBAIE, SECTEUR CAP-À-L'AIGLE

Après avoir traversé le pont, à 3 km à l'est du centre-ville de la Malbaie, en contrebas de la route 138. Cet endroit était habité par des aigles et c'est pourquoi Champlain lui donna ce nom. Vouée à la culture et à l'élevage, cette localité faisait autrefois partie de la seigneurie de Mount Murray. Le village en a conserver son aspect du XIXe siècle. Vous trouverez ici deux auberges parmi les plus réputées de la région.

Hébergement – Restaurants

■ AUBERGE DES EAUX-VIVES

39, rue de la Grève
☎ 418-665-4808
☎ 1-888-565-4808
www.charlevoix.qc.ca/eauxvives
4 chambres, en double de 145 $ à 160 $, petit déjeuner inclus. Toutes cartes de crédit et Interac. Dans un joli cadre boisé où serpente un ruisseau, cette maison de bois centenaire offre des chambres douillettes et une terrasse dominant le fleuve Saint-Laurent. Forfaits disponibles, chalet à louer à Saint-Aimé-des-Lacs (*600 $ la semaine*).

■ AUBERGE DE LA PETITE PLAISANCE

310, rue Saint-Raphaël
☎ 418-665-2653 – ☎ 1-877-565-2653
www.quebecweb.com/petiteplaisance
6 chambres. Saison estivale en simple de 90 $ à 120 $, en double de 105 $ à 165 $, saison hivernale de 80 $ à 140 $ en double, de 70 $ à 100 $ en simple. Les prix les plus élevés incluent petit déjeuner et souper. Dans cette auberge, place au calme. Chaque chambre se distingue par son décor et met à votre disposition des livres de chevet. La quiétude des lieux s'harmonise avec le fleuve, à porté de main.

■ AUBERGE DES PEUPLIERS

381, rue Saint-Raphaël
☎ 418-665-4423 – ☎ 1-888-282-3743

www.aubergedespeupliers.com
22 chambres, en double de 205 $ à 295 $, petit déjeuner et souper en Table d'hôtes inclus. Forfaits disponibles. L'Auberge des Peupliers est une charmante maison de la fin du XIXᵉ siècle. Décor chaleureux, chambres coquettes. Cuisine inventive à base de produits du terroir. Sauna, tennis, salles de réunion.

■ **AUX BATEAUX BLANCS**
10, rue de la Grève ℰ 418-665-3239
Ouvert tous les jours, petits déjeuners traditionnels servis jusqu'à 14h. Poissons, fruits de mer, grillades et menus santé. Vue sur le fleuve.

■ **GITE CLAIRE VILLENEUVE**
215, rue Saint-Raphaël ℰ 418-665-2288
www.quebecinformation.com/claireville-neuve
5 chambres, simple : 40 $, occupation double : 55 $, petit déjeuner complet inclus. Argent comptant et chèques de voyage uniquement. Belle maison ancestrale dans un environnement fleuri.

■ **LA MANSARDE**
187, rue Saint-Raphaël
ℰ 418-665-2750
ℰ 1-888-577-2750
www.aubergelamansarde.com
5 chambres, en double de 78 $ à 170 $, petit déjeuner complet inclus. Forfaits disponibles. Argent comptant et chèques de voyages uniquement. Une halte romantique dans cette ravissante demeure centenaire, tout en bois et aux chambres douillettes et personnalisées.

■ **LA PINSONNIERE**
124, rue Saint-Raphaël
ℰ 418-665-4431 – ℰ 1-800-387-4431
www.lapinsonniere.com
18 chambres. Chambre double de 285 $ à 600 $ en basse saison et de 325 $ à 700 $ en haute saison. Forfaits disponibles. Elégante maison de campagne classée Relais & Châteaux, La Pinsonnière offre un confort raffiné, une table gastronomique et une vue imprenable sur le fleuve Saint-Laurent. La cave à vins comporte près de 12 000 bouteilles, essentiellement des grands crus. Terrasse, piscine, salles de réunion.

Points d'intérêt

■ **LES JARDINS AUX QUATRE-VENTS**
Cap-à-l'Aigle
Tout près du village, M. Francis Cabot ouvre au public son jardin nordique de plusieurs hectares, de deux à quatre fois par an. Si vous avez la chance de le parcourir, vous aurez foulé le sol d'un des plus magnifiques jardins du pays (dont un jardin japonais).

■ **POTERIE BERTRAND**
785, boulevard Malcolm-Fraser
ℰ 418-665-7385
Ouvert du 1ᵉʳ mai au 31 octobre 9h à 20h, du 1ᵉʳ novembre au 30 avril 10h à 17h. La cuisine d'été d'une maison ancestrale est occupée par l'atelier-boutique de la poterie Bertrand. La potière témoigne de sa passion pour la terre et partage l'authenticité de son métier. Pièces réalisées : cocottes, diffuseurs, jardinières, bougeoirs, saladiers et autres.

■ **KATABATIK**
595, rue Saint-Raphaël
ℰ 418-665-2332 – ℰ 1-800-453-4850
www.katabatik.ca
Excursions en kayak de mer sur la côte charlevoisienne avec encadrement et vêtements isothermiques. Demi-journée : 50 $, 1 journée : 90 $. Expéditions 2, 3 et 4 jours et formations possibles. Les moniteurs sont tous de fins connaisseurs de la région et de la nature charlevoisienne.

SAINT-AIMÉ-DES-LACS

■ **AUBERGE LE RELAIS DES HAUTES-GORGES**
317, rue Principale
ℰ 418-439-5110 – ℰ 1-800-889-7655
www.quebecweb.com/relais
24 chambres. Chambre double à 100 $ avec le petit déjeuner, 150 $ avec le souper et le petit déjeuner. Située dans un beau cadre boisé, l'auberge donne accès au parc des Hautes-Gorges et à ses activités. Restaurant, jardin, terrasse, exposition et atelier de peinture, sentiers pédestres. Forfaits disponibles.

■ **DESCENTE MALBAIE ENR**
316, rue Principale
ℰ 418-439-2265
www.descentemalbaie.com
Ouvert tous les jours. Expéditions de rafting. Forfaits disponibles en demi-journée, journée avec pêche en rivière ou deux demi-journées incluant nuit en camping sur le bord de la rivière. Aussi des randonnées en traîneau à chiens sont proposées de mi-décembre à fin mars. Initiation, stages de formation et randonnées de plusieurs jours.

■ **PARC NATIONAL DES HAUTES-GORGES-DE-LA-RIVIÈRE-MALBAIE**

Route 138, Saint-Aimé-des-Lacs, 48 km de La-Malbaie ℰ 418-439-1227
www.sepaq.com/hautesgorges
Réservations Sépaq ℰ 1-800-665-6527
Accès quotidien adultes : 3,50 $, enfants : 1,50 $. Ouvert de mi-mai à mi-octobre. **Poste d'accueil :** centre d'interprétation et de services Félix-Antoine-Savard. Service de navette obligatoire entre le stationnement et le barrage des Erables. **Hébergement camping :** 103 emplacements au Cran, 21 emplacements au Pin Blanc, et camping rustique au secteur de l'Equerre (25 emplacements). **Activités :** croisière commentée à bord du bateau-mouche Le Menaud sur la rivière Malbaie ; location kayak et canot ; pêche à la ligne ou à la mouche pour toutes les espèces sauf le saumon (permis de pêche du Québec et droits d'accès obligatoires), randonnée pédestre (15 km), bicyclette, vélo de montagne (sentier reliant le parc national des Grands Jardins au parc national des Hautes-Gorges-de-la-Rivière-Malbaie) ; randonnée à ski (100 km) (collaboration avec la Traversée de Charlevoix, 841, Saint-Edouard, Saint-Urbain ℰ 418-639-2284). D'une superficie de 224,7 km², le parc national des Hautes-Gorges-de-la-Rivière-Malbaie, aire protégée de la réserve mondiale de la biosphère de Charlevoix, présente l'une des plus impressionnantes vallées du Québec. Les monts Elie et Jérémie ainsi que la montagne des Erables dominent les vallées des rivières Malbaie et des Martres, du lac Noir et du ruisseau du Pont. En effet, les gigantesques parois (dénivellation de 1 000 m) qui encaissent la rivière Malbaie, la beauté des paysages et l'importante valeur écologique de ce parc rendent ce territoire exceptionnel dans l'Est du Canada.

■ **PARC NATIONAL DES GRANDS-JARDINS**

Routes 138 et 381, Saint-Urbain, 35 km de Baie-Saint-Paul ℰ 418-439-1227
www.sepaq.com/grandsjardins
Réservations Sépaq ℰ 1-800-665-6527
Accès quotidien adultes : 3,50 $, enfants : 1,50 $. Ouvert de mi-mai à mi-octobre. Poste d'accueil au km 31, Mont-du-lac-des-Cygnes. **Hébergement :** 107 emplacements camping aménagé, 14 emplacements. Camping rustique, 13 chalets (dont 7 à l'année), 3 refuges (à l'année). **Activités :** location kayak, canot et chaloupe, pêche (omble de fontaine) avec séjour en chalet (permis de pêche du Québec et droits d'accès obligatoires), bicyclette (13 km), randonnée pédestre (30 km) et longue randonnée (sentier de la Traversée de Charlevoix). En hiver (mi-décembre à mi-avril) : ski nordique et randonnée à raquettes (40 km, sentiers balisés, non tracés), ski nordique (longue randonnée) avec nuit en chalet ou refuge (collaboration avec la Traversée de Charlevoix, 841, Saint-Edouard, Saint-Urbain ℰ 418-639-2284). Jadis fréquenté par les chasseurs montagnais et par la suite par quelques riches villégiateurs américains et ontariens vers la fin du XIXe siècle dans le cadre d'un club privé de chasse au caribou et de pêche à l'omble de fontaine, le parc national des Grands-Jardins, est un territoire de 310 km² situé au cœur de la Réserve mondiale de la Biosphère de Charlevoix. Paysages de taïga et de toundra, forêt d'épinettes noires avec sol recouvert de lichen. La faune est représentative des régions nordiques dont l'orignal, l'ours, le loup, le caribou et le lynx. Le sommet du mont du Lac-des-Cygnes s'élève à 1 000 m d'altitude, le panorama est unique.

■ **POURVOIRIE DU LAC-MOREAU ET AUBERGE DU RAVAGE**

Parc des Grands-Jardins, Saint-Urbain

Voyez les baleines de votre chambre !

✆ 418-665-4400/418-439-3695
www.lacmoreau.com
1 personne : 70 $, pêche avec séjour, de 85 $ à 95 $ chasse avec séjour. 12 chambres (auberge), 8 chambres (pavillons), 9 chalets équipés (capacité 2 à 10 personnes). Située entre le parc national des Hautes-Gorges-de-la-Rivière-Malbaie et le parc national des Grands-Jardins, la pourvoirie du Lac-Moreau occupe un territoire de 81 km². On y pratique la pêche à la mouche (30 lacs) et la chasse (orignal, petit gibier) et, interprétation et observation des animaux à fourrure avec trappeur. L'auberge du Ravage, en rondins de bois et de style scandinave, accueille chaleureusement pêcheurs et chasseurs. Cuisine gastronomique, centre de santé, vélo. Forfaits disponibles.

SAINT-SIMÉON

Charmant petit village dans lequel il fait bon s'arrêter sur la route de Tadoussac

■ AUBERGE PETITE MADELEINE DE PORT AU PERSIL
400, chemin Port-au-Persil
✆ 418-638-2460
www.auberge-port-au-persil.com

4 suites. Par personne : 84,50, petit déjeuner inclus. Prévoyez d'avoir envie de prolonger votre séjour si vous faites une halte dans cette très belle auberge. Pas de chambre, mais des suites, qui ont toutes une chambre et un salon et surtout une terrasse qui donne sur le fleuve. La décoration champêtre vous fera craquer !

■ CHALETS BO-FLEUVE
151, route 170
✆ 418-638-2421
www.bofleuve.com
24 chalets. Ouvert à l'année. A partir de 95 $ en haute saison, 70 $ en basse saison. Confortables chalets en bois, avec une cuisine tout équipée. En été, on pourra passer des heures sur sa terrasse à regarder passer le Saint Laurent.

■ AUBERGE SUR MER
109, rue du Quai
✆ 418-638-2674
www.quebecweb.com/aubergesurmer
Haute saison : à partir de 85 $ la chambre et 110 $ le chalet. Basse saison à partir de 45 $ la chambre. Dans cet hôtel à l'ambiance familiale, on apprécie la vue sur le fleuve qui se transforme… en mer. Sur place, restaurant de cuisine familiale.

© AUTHOR'S IMAGE

Baie de Sainte Catherine

BAIE-SAINTE-CATHERINE

Dernier arrêt à l'embouchure du Saguenay, face à Tadoussac, Baie-Sainte-Catherine regarde la mer (en prenant le traversier, gratuit, on poursuit l'itinéraire vers Tadoussac et la côte Nord). Riche de son passé de pionniers, cette petite ville, construite sur un plateau de sable et d'argile, est à l'intersection de la rivière Saguenay, devenue fjord, et des eaux du Saint-Laurent. C'est d'ici que partent les plus belles croisières d'observation de baleines et d'exploration du fjord du Saguenay.

Pratique

■ MAISON DU TOURISME
308, rue Leclerc
De la mi-juin à la fête du Travail, tous les jours, 9h à 19h.

■ CLSC CHARLEVOIX
309, rue Leclerc ℂ 418-237-4272

Hébergement – Restaurants

■ ENTRE MER ET MONTS B&B
476, route 138 ℂ 418-237-4391
www.fjord-best.com/entre-mer-et-monts
3 chambres de 55 $ à 60 $, petit déjeuner complet inclus. Chèques de voyages, Visa et MasterCard. Charmante maison avec chambres douillettes et terrasse. Accueil très chaleureux et convivial. Forfaits disponibles, chalet à louer.

■ MOTEL LE VACANCIER
329, route 138
ℂ 418-237-4395 – ℂ 1-866-333-0183
www.motellevacancier.com
37 chambres confortables et équipées de 60 $ à 95 $ en double. Belle vue sur le fleuve Saint-Laurent.

■ HOTEL MOTEL
BAIE SAINTE CATHERINE
294, route 138

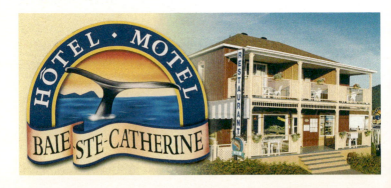

✆ 418-237-4271 – ✆ 1-877-444-7247
www.quebecweb.com/hmbsc
*18 chambres de 60 $ à 90 $, en occupation
double. Ouvert de mai à octobre.* Motel à
deux pas du fleuve. Restaurant spécialisé
dans les fruits de mer et poissons. Terrasse
avec vue sur le Saint-Laurent. Forfaits
disponibles combinant l'hébergement et
diverses croisières.

■ **RESTAURANT LE BALEINEAU**
362, route 138
✆ 418-237-4018 – ✆ 1-888-322-4018
*Ouvert de mai à octobre de 7h à 22h. Table
d'hôtes : 20 $. Carte : 17 $.* Le Baleineau offre
un large choix d'excellents fruits de mer ainsi
que des petits -déjeuners.

Points d'intérêt

■ **CENTRE D'INTERPRETATION
ET D'OBSERVATION DE POINTE NOIRE**
Route 138 ✆ 418-237-4383
✆ 418-235-4703 (hors saison)
Ouvert mi-juin à mi-octobre. Entrée : 5 $. A
2 min du traversier vers Tadoussac, Pointe-
Noire offre un panorama sur le fjord du
Saguenay et sur l'estuaire du Saint-Laurent.

On peut y observer les bélugas. Précisions
des guides naturalistes sur les aides à la
navigation, l'histoire de la région et la rencontre
du Saguenay et du Saint-Laurent.

■ **CROISIERES 2001**
✆ 418-235 3333 (en saison)
✆ 418-627-4276 – ✆ 1-800-694-5489
www.croisieres2001.com
*Ouvert tous les jours de mai à octobre,
3 départs (9h30, 12h45, 16h) du quai de
Baie-Sainte-Catherine. Adultes : 57 $, aînés
et étudiants : 52 $, enfants : 22 $.* Croisière
de 3h avec découverte d'une partie du fjord
du Saguenay et observation des baleines. La
présence d'une caméra vidéo sous-marine
permet d'admirer la faune et la flore de cette
région.

■ **CROISIERES AML**
✆ 418-237-4642 – ✆ 1-800-563-4643
www.croisieresaml.com
*Ouvert tous les jours de mai à novembre,
départs quotidiens à 9h45, 13h et 15h45.
Adultes : 57 $, aînés et étudiants : 52 $,
enfants : 25 $.* Croisière d'interprétation et
d'observation des baleines (3h en bateau
régulier, 2h en Zodiac).

SAGUENAY-LAC SAINT-JEAN

*Parc national
de la Pointe-Taillon*
© SÉPAQ - M. PITRE

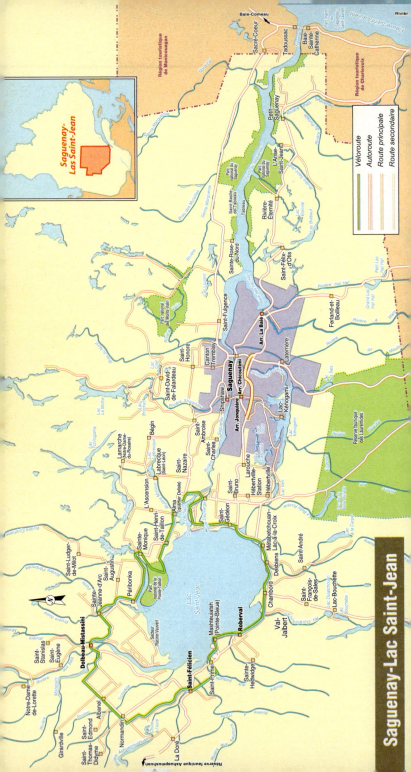

Saguenay-Lac Saint-Jean

Saguenay-Lac Saint-Jean

Parc Aventure du cap Jaseux, Belvédère, Saguenay

La région du Saguenay-Lac-Saint-Jean est divisée en trois sections : le Lac-Saint-Jean à l'est, une véritable mer intérieure, le Haut-Saguenay et sa vallée au centre, et le fjord du Saguenay au sud-est, le seul navigable en Amérique du Nord. On dit de la région du Saguenay-Lac-Saint-Jean que c'est un pays en soi, isolé derrière une chaîne de montagnes et de denses forêts, en plein centre de la carte du Québec. On dit aussi que les grandes villes comme Montréal et Québec n'en sont que des banlieues hypertrophiées !

Le Saguenay, pour sa part, est, à lui seul, tout un royaume. Et c'est bien ainsi que les Européens l'auraient considéré à la suite des descriptions faites par les Amérindiens. La région comprend la vallée de la rivière Saguenay, principal affluent du Saint-Laurent, toute d'eau salée et de poissons (saumon entre autres), et refuge des baleines.

Au XVIIIᵉ siècle, les Amérindiens appelaient la rivière Saguenay *Pitchitaouitchez*, c'est-à-dire « eau qui coule entre deux chaînes de montagnes ». Plus souvent, on estime que le mot Saguenay serait formé de deux vocables amérindiens : *saga* et *nipi* qui voudraient dire « eau qui sort » ou « d'où l'eau sort ». Selon une autre hypothèse, Saguenay pourrait être un mot huron-iroquois émanant de la nation qui habitait ces rives du temps de Jacques Cartier.

En 1535, leur découverte par le navigateur fut l'amorce d'une longue période d'échanges commerciaux fructueux entre les Montagnais et les nouveaux arrivants. De Tadoussac à la baie d'Hudson, les rivières et les lacs constituaient un remarquable réseau de circulation propice au commerce. Après la fourrure, la compagnie de la baie d'Hudson s'intéressa à l'exploitation du bois. En 1838, William Price recruta de solides compagnons pour explorer les abords du fjord et coloniser les terres.

Le Saguenay exploitera ses forêts de pins blancs en y développant l'industrie de la pâte à papier puis celle de l'aluminium, tandis que le Lac-Saint-Jean affirmera sa vocation agricole. Aujourd'hui, la région compte 300 000 habitants. Le fjord est d'une beauté à couper le souffle, par son silence, ses forêts, ses montagnes, ses caps vertigineux et cette mer qui va lentement rejoindre le fleuve… Ajoutons que la rivière Saguenay, qui s'étire sur 155 km, et son fjord, un des plus longs du monde, navigable jusqu'à Chicoutimi, sont l'exutoire naturel du Lac-Saint-Jean, un lac d'obturation glaciaire.

Le Lac-Saint-Jean est, par excellence, le pays du bleuet (baie bleue des bois, emblème de la région ; la myrtille n'en serait qu'une pâle copie) et ses habitants des « Bleuets grandeur nature ».

Les immanquables de Saguenay-Lac-Saint-Jean

▶ **Le village historique** de Val-Jalbert.

▶ **Le zoo sauvage** de Saint-Félicien.

▶ **Le spectacle de la Fabuleuse** à La Baie.

▶ **Le parc marin** du Saguenay-Saint-Laurent dans lequel on peut faire du kayak, de la randonnée, de l'observation des baleines, etc.

▶ **La visite du site de la Nouvelle-France** à Saint-Félix-d'Otis.

C'est le pays des Tremblay et de Maria Chapdelaine. Il faut en faire le tour en prenant son temps. Au bout du parc des Laurentides, Saguenay est la première étape de cette région magique. Une seule grande municipalité unit maintenant Chicoutimi, Jonquière, La Baie, Canton Tremblay, Shipshaw, Laterrière et Lac Kénogami : Saguenay. Les voyageurs pourront choisir, soit de redescendre par la rive sud du fjord du Saguenay jusqu'à Baie-Sainte-Catherine, dans la région de Charlevoix ; soit de traverser la Mauricie en prenant la route 155 Sud qui part du Lac-Saint-Jean, direction Trois-Rivières.

Transports

Avion

■ **AEROPORT DE BAGOTVILLE**
7000, chemin de l'Aéroport, La Baie
℡ 418-677-2651
www.aeroportbagotville.com

■ **AEROPORT DE ROBERVAL**
1220, route de l'Aéroport
℡ 418-275-2344

■ **AIR CANADA**
℡ 1-888-247-2262 – www.aircanada.com
Relie Montréal avec Roberval, Bagotville et Chibougamau.

■ **AIR CREEBEC**
℡ 1-800-567-6567
www.aircreebec.ca
La compagnie relie Montréal à Roberval et Chibougamau.

Bus

■ **INTERCAR**
Billets disponibles :
Montréal ℡ 514-842-2281
Québec, Gare du Palais,
320, rue Abraham-Martin

℡ 418-525-3000
Sainte-Foy ℡ 418-650-0087
Chicoutimi ℡ 418-543-1403
Jonquière ℡ 418-547-2167
www.intercar.qc.ca
Dessert la plupart des municipalités de la région.

Train

■ **VIA RAIL CANADA**
℡ 888-842-7245
www.viarail.ca
Relie Montréal, Lac-Bouchette, Chambord, Hébertville et Jonquière.

Voiture

▶ **Au départ de Saint-Siméon,** prendre la route 170 conduisant au Saguenay, notamment la route du fjord et le Haut-Saguenay.

▶ **Au départ de Baie-Saint-Paul,** emprunter les routes 138 et 381 qui mènent directement à la ville de La Baie.

▶ **Au départ de Québec,** prendre la route 175 Nord jusqu'à Chicoutimi. Celle-ci traverse le parc des Laurentides ; elle est magnifique par beau temps, mais peut s'avérer mortelle quand brume et tempête de neige s'installent. Attention aux camions (poids lourds) et aux orignaux qui jaillissent de la forêt.

Pratique

■ **www.saguenaylacsaintjean.net**

■ **ASSOCIATION TOURISTIQUE REGIONALE DU SAGUENAY-LAC-SAINT-JEAN (OFFICE DE TOURISME)**
412, boulevard Saguenay Est, bureau 100, arrondissement Chicoutimi
℡ 418-543-9778 – ℡ 1-877-253-8387
Ouvert du 26 juin au 25 août, du lundi au vendredi de 8h30 à 16h30. Du 28 août au 22 juin, du lundi au vendredi de 8h30 à 12h et 13h à 16h30.

LA ROUTE DU FJORD

La route du fjord présente un paysage exceptionnel de mer et de montagnes. Certes, le fjord du Saguenay, d'une époustouflante beauté, est une vallée glaciaire formée il y a des milliers d'années, soit l'un des plus longs de la planète. Véritable lieu de prédilection pour les artisans du 7e art comme pour les amants de la nature, attirés par les saisissants paysages du cap Trinité et du cap Eternité, et par le spectacle des baleines. On le découvre en bateau. La Marjolaine vous y emmène pour quelques heures (*voir rubrique « Points d'intérêt » Sainte-Rose-du-Nord*). En hiver, le fjord accueille les adeptes de la pêche blanche. Ce sont parfois plus de 1 500 cabanes que l'on observe, posées sur les eaux glacées du Saguenay. Installé à l'intérieur, chacun pêche près d'une cinquantaine de variétés de poisson, notamment l'éperlan, la morue, le flétan du Groenland (turbot), le sébaste et la plie. On peut louer des cabanes à La Baie.

SACRÉ-CŒUR

A 15 min de Tadoussac, Sacré-Cœur sur le fjord du Saguenay est un havre naturel exceptionnel. L'Anse-de-Roche offre des activités nautiques sur le parc marin du Saguenay-Saint-Laurent.

■ **www.municipalite.sacre-coeur.qc.ca**

■ **BUREAU TOURISTIQUE**
88, rue Principale Nord ℰ 418-236-4519
Ouvert tous les jours de mi-juin à début septembre.

Points d'intérêt

■ **FERME 5 ETOILES**
465, route 172 Ouest
ℰ 418-236-4833 – ℰ 1-877-236-4551
www.ferme5etoiles.com
Ouvert à l'année. Visites guidées de juillet à septembre, à 10h, 13h et 15h. Entrée : 4 $. Possibilité d'y passer la nuit : 35 $ en simple, de 40 $ à 100 $ en double. Hébergement de 53 unités (chambres, studios, chalets, dortoir). Camping aménagé, 30 emplacements. La Ferme 5 Etoiles vous instruit avec plaisir sur le mode de vie des animaux se promenant librement dans leur enclos (loups arctiques, bisons, chevreuils, daims, cerfs, chevaux). Les enfants peuvent caresser et nourrir les animaux de la ferme. Un large choix d'activités

est proposé, de même qu'une excellente cuisine régionale est servie. Quad, pêche, canot, kayak de mer, tennis, vélo, observation des ours et castors, randonnée pédestre ; raquettes, ski de fond, glissades, motoneige, balade en traîneau à chiens, séjour en igloo, pêche blanche. Forfaits disponibles.

■ **DOMAINE DE NOS ANCETRES**
1895, route 172
ℰ 418-236-4886/9355
Ouvert tous les jours de mi-mai à mi-octobre. Adultes : 25 $, enfants de 5 à 12 ans : 13 $, enfants de 0 à 5 ans non admis. Un des rares lieux au Québec depuis lequel on peut approcher des ours en liberté, en toute sécurité. On part quand le soleil se couche, à bord d'un bus d'écoliers. Puis, on marche deux minutes pour atteindre un abri d'où on observe les ours, avec l'aide d'un guide naturaliste.

BAIE SAINTE-MARGUERITE

De rivière Sainte-Marguerite, une route de terre de 3 km mène à cette superbe baie sauvage du fjord du Saguenay, entourée de montagnes boisées, où se jette la rivière du même nom (site aménagé et payant). Un sentier pédestre (une heure aller environ) conduit de la baie à un belvédère, d'où on peut observer les bélugas.
Baie Sainte-Marguerite faisant partie du parc national du fjord du Saguenay, il faut payer 3,50 $ par adulte pour la visite (*ouvert tous les jours du 21 mai au 12 septembre de 9h à 16h, et du 13 septembre au 11 octobre, la fin de semaine seulement*). Pour mieux connaître la vie du béluga, on peut visiter le centre d'interprétation qui lui est consacré, à côté du stationnement. Camping de 26 emplacements.

SAINTE-ROSE-DU-NORD

C'est incontestablement le plus beau et le plus pittoresque village du Saguenay. De tout temps, il a inspiré les peintres (Marc-Aurèle Fortin, notamment), les artistes et les rêveurs : blanc, serein, paisible entre mer et montagne, à rendre jaloux ceux qui n'y vivent pas. Sainte-Rose-du-Nord a fêté son cinquantième anniversaire en 1993.

■ **www.ste-rosedunord.qc.ca**

SAGUENAY-LAC SAINT-JEAN

Pratique

■ BUREAU TOURISTIQUE
213, rue du Quai
℗ 418-675-2346
Ouvert tous les jours du 15 juin au 1ᵉʳ septembre.

■ VILLAGE DE SAINTE-ROSE-DU-NORD
℗ 418-675-2250

Hébergements – Restaurants

■ CAMPING LA DESCENTE DES FEMMES
154, rue de la Montagne
℗ 418-675-2581
Ouvert du 1ᵉʳ juin à mi-octobre. Location de sites de camping (17 $ à 22 $ par jour pour 2 personnes). Site de camping situé près d'une petite prairie dominant le fjord et le village avec belle vue. Randonnée pédestre, baignade. Calme et convivial.

■ CAFÉ DE LA POSTE
30, rue du Quai ℗ 418-675-1053
Ouvert de juin à mi-octobre. Le reste de l'année, sur réservation seulement. Un joli petit café idéal pour découvrir la gastronomie traditionnelle de la région : tourtière, tarte aux bleuets et tarte au sucre. La viande d'animaux sauvages est également au menu. Les amateurs demanderont une saucisse de sanglier aux bleuets ou un hambourgeois de bison. Les propriétaires du chalet proposent aux visiteurs la location d'un beau chalet de quatre chambres, à la nuit (*125 $ en été*) ou à la semaine (*750 $ en été*). On vous promet que la vue sur le fjord depuis le salon ne vous laissera pas indifférent !

■ FERME AU JARDIN POTAGER
177, rue des Pionniers ℗ 418-675-1055
www3.sympatico.ca/jardinpotager

Chambre double : 65 $. La maison, située au cœur du village, se distingue par la taille de son jardin potager. Les chambres sont agréables, propres et champêtres. L'accueil est simple et plaisant. La vue sur la baie est très agréable.

■ RESTO-GITE AU PRESBYTERE
136, rue du Quai
℗ 418-675-1326 – ℗ 1-866-303-1326
www.aupresbytere.com
5 chambres joliment décorées, en simple : 60 $, en double de 65 $ à 75 $, gratuit pour les enfants de moins de 12 ans. Visa, MasterCard et Interac. Endroit réputé. Excellente cuisine française, table régionale recherchée (table d'hôtes midi et soir). Accueil chaleureux et atmosphère détendue.

Points d'intérêt

■ CROISIERE LA MARJOLAINE
Quai de Sainte-Rose-du-Nord, Chicoutimi
℗ 418-543-7630 – ℗ 1-800-363-7248
www.croisieremarjolaine.com
De juin à mi-octobre, départ à 10h15 et 13h15, retour à 13h et 16h. Adulte : 40 $, enfant de 5 à 14 ans : 20 $, enfant de 0 à 5 ans : gratuit, famille : 100 $. Croisière de près de 3h, sur le fjord du Saguenay. Deux départs par jour à partir de : Chicoutimi, Sainte-Rose-du-Nord, la Baie, Rivière-Éternité et l'Anse-Saint-Jean.

■ MUSEE DE LA NATURE
199, rue de la Montagne
℗ 418-675-2348
www.museedelanature.com
Ouvert tous les jours de 8h45 à 18h30 et de 8h45 à 21h en saison estivale. Adultes : 5 $, étudiants : 2,50 $, enfants de 6 à 13 ans : 1 $, enfants de 0 à 5 ans : gratuit. Visite commentée. Durée moyenne de la visite : 20 min à 60 min. Madame Agnès Villeneuve-

Grenon vous accueillera chaleureusement dans son bric-à-brac de curiosités de la nature (racines et champignons aux formes insolites) trônant au milieu de superbes spécimens naturalisés de la faune locale : ours brun, mouffette, lynx, renard, castor, hermine, martre, loutre, et des oiseaux comme le rare harfang des neiges, le grand duc, la bernache du Canada ou le huard. On y trouve également des requins empaillés capturés dans le secteur !

SAINTE-ROSE-DE-LIMA

La charmante petite église rustique du village a été rénovée, et redécorée sur le thème de la forêt. Beau et original.

■ SENTIERS DE LA PLATE-FORME

Pour y accéder, prendre la route de la Montagne, qui monte. Se garer à la Plateforme (site bien indiqué). Aménagés dans les pins, ils mènent à divers belvédères dominant le fjord du Saguenay. On choisira son sentier, selon le temps dont l'on dispose. Le point d'observation le plus proche se trouve à 15 min du stationnement. La vue est extraordinaire.

■ SENTIERS DU QUAI

De nombreux petits sentiers de randonnée partent depuis le quai, au centre de Sainte-Rose.

FERLAND-ET-BOILLEAU

■ DOMAINE DU LAC HA!-HA!

Route 381, km 67
☎ 418-676-2373 – ☎ 1-877-976-2373
www.lachaha.com
A 35 min de La Baie. Tarif journalier du camping : environ 25 $. Chalets à partir de 177 $ pour 2 personnes et pour 2 jours. Loin de la ville et de ses bruits, le Domaine du Lac Ha! Ha! est un véritable havre de tranquillité, où l'on prend plaisir à venir se reposer. Question hébergement, le domaine met à votre disposition une vingtaine de chalets, tous situés en bordure du Petit Lac Ha! Ha! et entièrement équipés, de la literie au nécessaire de cuisine. Le domaine vous offre également 70 emplacements de camping avec douche, buanderie, salle de récréation et plage surveillée. L'accès à Internet haute vitesse sans fil est offert sur une partie du site, et un centre d'accès Internet est disponible sur place.

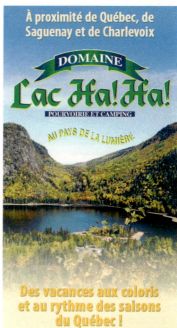

SAGUENAY-LAC SAINT-JEAN

Question activités, le domaine n'en manque pas! On pêche l'omble de fontaine (truite mouchetée) et l'omble chevalier (truite rouge) dans les Lacs Ha! Ha! Pêche en étang au camping du Petit Lac et en rivière (permis de pêche disponible sur place). Le domaine dispose également d'un sentier pédestre très agréable à parcourir, et cerise sur le gâteau, les champignons abondent! Après cette journée bien remplie, on prendra plaisir à naviguer sur le Lac à bord d'une chaloupe, d'un canot ou encore d'un pédalo. En hiver, en plus de ses chalets douillets, le Domaine offre sur place une patinoire extérieure et 25 km de sentiers de raquettes hors piste. Forfaits et conseils futés disponibles sur place!

SAINT-FÉLIX-D'OTIS

Saint-Félix-d'Otis et ses environs regorgent de lacs et de rivières.

Ce décor sauvage attire des cinéastes depuis plusieurs années, dont le tournage du film Robe noire en 1990. Sur le site de ce tournage, on a fidèlement reconstitué, avec l'aide d'historiens, la vie dans la Nouvelle-France du XVIIe siècle.

La visite de ce site est d'un grand intérêt. En été, on appréciera la plage du camping, une des seules plages publiques de la rive sud du fjord.

■ SITE DE LA NOUVELLE-FRANCE
370, Vieux Chemin
℃ 418-544-8027 – ℃ 1-888-666-8027
www.sitenouvellefrance.com
Ouvert du mardi au dimanche, début juin à fin août, de 9h15 à 16h30. Adultes : 15 $, aînés : 14 $, enfants : 7 $, famille : 40 $. Un fascinant voyage dans le temps qui vous transporte au XVIIe siècle, en Nouvelle-France! Tout a été mis en œuvre pour vous faire revivre un passé authentique : habitants en costumes d'époque, bâtiments minutieusement reconstitués dans un paysage fidèle aux descriptions. Que ce soit dans un village huron, dans la ferme des Cent associés ou dans la Basse Ville de Québec, vous serez accueillis par des acteurs talentueux qui feront de vous des personnages de l'époque de la Nouvelle-France. Les activités plairont tant aux adultes qu'aux enfants. Un spectacle équestre de grande qualité relate l'histoire du cheval canadien, une race exceptionnelle.

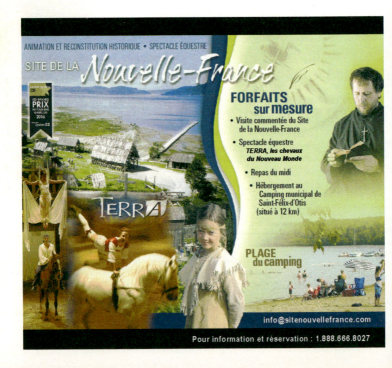

▶ **Reprendre la route 170.** Elle descend à travers les petits villages du Bas-Saguenay qui vous donneront accès aux caps.

RIVIÈRE-ÉTERNITÉ

Rivière-Eternité est la principale porte d'entrée du parc national du Saguenay. C'est ici que le fjord est le plus profond (276 m).
Ses parois verticales de 300 m sont vertigineuses, et l'on sait que les fjords sont en général aussi profonds que les caps et les montagnes qui les bordent.

■ **PARC NATIONAL DU SAGUENAY**
Secteur Baie-Eternité, 91 rue Notre-Dame
✆ 418-272-1556
Réservations Sépaq ✆ 1-800-665-6527
www.parcsquebec.com
Le parc national du Saguenay s'étend sur les deux rives du fjord et se divise en 3 secteurs : Baie-Eternité (ouvert à l'année), Baie-Sainte-Marguerite (juin à mi-octobre et décembre à mars) et Baie-du-Moulin-à-Baude (juin à début octobre). *Accès quotidien adultes : 3,50 $, enfants : 1,50 $.* **Hébergement :** camping aménagé (104 emplacements) et 10 chalets à Baie-Eternité, 5 refuges dont 3 avec vue sur le fjord, 1 camp rustique, camping rustique pour randonnée pédestre et kayak-camping (28 sites), camping aménagé sans service (26 emplacements) à Baie-Sainte-Marguerite. Activités : croisière sur le fjord au pied du cap Trinité et de la statue Notre-Dame-du-Saguenay ; excursion guidée en kayak de mer et Zodiac ; pêche à la truite mouchetée ou à l'omble de fontaine anadrome (truite de mer) (permis de pêche du Québec et droits d'accès obligatoires) ; initiation à la voile, excursion en rabaska (canot de 12 places) ; randonnée pédestre (100 km), pêche blanche, ski nordique et randonnée en raquettes (sentiers balisés, non tracés) avec nuit en refuge (attention aux conditions climatiques très variables).

SAGUENAY-LAC SAINT-JEAN

Retrouvez le sommaire en début de guide

■ LE CENTRE D'INTERPRÉTATION DE LA MAISON DES DUNES

750, chemin du Moulin-Baude
℡ 418-272-1556
℡ 1-800-665-6527

Ouvert tous les jours de la mi-juin à la mi-octobre, de 9h à 16h. Inscription obligatoire avant 17h, début de l'activité à 19h, 10 $ pour l'accès journalier à l'activité. Apporter une lampe de poche avec vous et vêtissez-vous chaudement ! Guidé par un naturaliste, vous assisterez à la capture de petites chouettes nocturnes dans des filets japonais et découvrirez leur mode de vie. Dans ce vaste environnement de 283,9 km² où le patrimoine naturel est exceptionnel, le temps s'arrête. La nature à l'état pur, nous sommes projetés à des millions d'années avant notre ère, pourrait-on croire, une beauté majestueuse sans trace de civilisation. Des montagnes vertigineuses sculptées par des glaciers tombent à pic dans l'or bleu. Le dernier glacier a contribué à l'édification de terrasses impressionnantes appelées Les Dunes, à Baie-du-Moulin-à-Baude. Baie-Sainte-Marguerite est le lieu de délassement privilégié des bélugas.

© ATR SAGUENAY-LAC-SAINT-JEAN

Parc national du Saguenay en hiver

L'ANSE-SAINT-JEAN

L'Anse-Saint-Jean, offrant une magnifique ouverture sur le fjord du Saguenay, elle fait partie de l'association des Plus Beaux Villages du Québec.

On retrouve l'âme des maisons ancestrales et le grand pont couvert, appelé le pont du Faubourg et jumelé avec le pont couvert de Florac, en France. Depuis 1997, un roi a été choisi par référendum pour représenter l'Anse-Saint-Jean ! L'artiste Denys Tremblay, actuel roi eut cette drôle d'idée, destinée entre autres, à attirer des touristes dans le village ! Opération réussie, si on en croit les statistiques.

- ■ www.lanse-saint-jean.ca
- ■ www.roidelanse.qc.ca

■ BUREAU TOURISTIQUE

149, route 170 ℡ 418-272 2633
Ouvert tous les jours, du 15 juin au 1er septembre.

Hébergement

■ AUBERGE DES CEVENNES

294, rue Saint-Jean-Baptiste
℡ 418-272-3180 – ℡ 1-877-272-3180
www.auberge-des-cevennes.qc.ca
14 chambres confortables de 52 $ à 92 $ en double. Forfaits disponibles. Maison patrimoniale de 1914, qui a su conserver un charme d'autrefois. Vue sur le pont couvert. Fine table régionale qui met poissons, fruits de mer et gibier à l'honneur.

■ LES GITES DU FJORD

354, rue Saint-Jean-Baptiste
℡ 418-272-3430 – ℡ 1-800-561-8060
www.lesgitesdufjord.com
A quelques pas des activités de la marina de l'Anse, un regroupement de chalets et de condos équipés donnera la possibilité d'avoir un petit chez-soi à des prix raisonnables.

■ LA MAISON DES LAURIERS B&B

7, chemin Saint-Thomas
℡ 418-272-2695
www.lamaisondeslauriers.ca
En activité de juin à octobre. 5 chambres, dont le prix varie de 75 $ à 90 $ (standard et de luxe), petit déjeuner complet inclus. Une petite rivière coule derrière l'ancienne école. Charme d'antan avec boiseries, vitraux et foyer. Chambres joliment décorées. Accueil très chaleureux. Terrasse, jardin.

Restaurants

■ BISTRO DE L'ANSE

319, rue Saint-Jean-Baptiste
℃ 418-272-4222
www.bistrodelanse.com
Bistro terrasse très populaire, ambiance bonne franquette avec de petits concerts en soirée.

■ LE MARINGOINFRE

212, rue Saint-Jean-Baptiste
℃ 418-272-2385
Les fins palais trouveront leur bonheur dans ce restaurant audacieux ! Les saveurs locales se combinent avec le savoir amérindien pour créer des plats originaux comme le suckotach huron, qui marie le gibier confit à un cassoulet de fèves rouges.

Points d'intérêt

■ CENTRE EQUESTRE DES PLATEAUX

31, rue des Plateaux ℃ 418-272-3231
On y trouvera toutes sortes de formules pour faire du cheval dans les environs du fjord.

■ FJORD EN KAYAK

359, rue Saint-Jean-Baptiste
℃ 418-272-3024
www.fjord-en-kayak.ca
Une adresse de référence pour s'initier au kayak de mer, en raison de la longue expérience des propriétaires. On peut choisir de faire des excursions d'une durée de 3h à 5 jours.

■ LES BRASSEURS DE L'ANSE

182, route 170
℃ 418-272-3234 – ℃ 1-888-272-3234
Ouvert du mardi au jeudi, de 9h à 16h. Fondés en 1995 dans la région du Saguenay, Les Brasseurs de l'Anse font partie de ce qu'on appelle aujourd'hui la seconde vague de microbrasserie. Située principalement en région, elle a rapidement souffert de l'éloignement des grands centres. Aujourd'hui, l'unité de production des Brasseurs de l'Anse est incorporée à l'ensemble des Brasseurs RJ. Bières légères d'inspiration anglaise comme la Royale de l'Anse, l'Illégale, la Folie Douce.

■ PLEIN AIR DE L'ANSE

190, chemin Perigny ℃ 418-272-3085
www.pleinairdelanse.com
Excursions en traîneau à chien : 50 $ par personne pour 1h, 75 $ pour une demi-journée, 125 $ journée complète. Laissez-vous glisser sur la neige, ou encore lancez-vous dans une randonnée en raquettes. Possibilité d'hébergement sur place.

PETIT-SAGUENAY

Blotti dans son écrin de montagne, Petit-Saguenay séduit par sa petite rivière (13 km) longeant le village, où les pêcheurs courtisent le saumon et par ses parterres fleuris. Le site de la rivière Petit-Saguenay (℃ 418-272-3193 – ℃ 1-877-272-1169 ou www.petit-saguenay.com) offre une gamme d'activités de plein air : pêche à la truite et au saumon, canot, randonnée pédestre, location de chalets et camping.

Hébergement

■ AUBERGE LES 2 PIGNONS

117, rue Dumas
℃ 418-272-3091 – ℃ 1-877-272-3091
www.pignons.ca
12 chambres joliment décorées, en double de 75 $ à 150 $, petit déjeuner inclus. Charmante maison champêtre de 1947, aux beaux planchers de bois et aux couleurs chaudes. Les noms des chambres sont charmants : symphonie d'été, montagne et rivière, campagne d'hiver, etc. Les gourmands réserveront leur place au restaurant spécialisé dans les produits régionaux : saumon aux herbes du jardin, caribou aux fruits sauvages, truite à l'oseille.

■ AUBERGE DU JARDIN

71, boulevard Dumas
℃ 418-272-3444 – ℃ 1-888-272-3444
www.aubergedujardin.com
Chambre double de 50 $ à 80 $. Nombreux forfaits disponibles. L'Auberge du Jardin dispose de douze chambres confortables et joliment décorées. Elle vous réservera le meilleur accueil. Gastronomie française en harmonie avec de délicieuses saveurs régionales. Salle de réunion. Terrasse, jardin. Activités nombreuses : kayak, canot, voile, pêche au saumon et la truite, randonnées pédestres et autres forfaits. En hiver, motoneige, traîneau à chien, raquette et pêche blanche sur le fjord ou le lac.

Dans les environs

La route 170 vous mènera directement à Saint-Siméon. De là, vous choisirez, soit de longer le Charlevoix, soit de traverser le fleuve Saint-Laurent vers Rivière-du-Loup pour gagner le Bas-Saint-Laurent ou de rejoindre la côte Nord par la route 138.

■ LA VILLE DE SAGUENAY ═══

Depuis la récente loi sur les fusions de communes, les villes de Chicoutimi, La Baie et Jonquière se sont regroupées pour former Saguenay. Mais de nombreux habitants réticents ne parlent que rarement de la ville de Saguenay, favorisant l'utilisation du nom de leur arrondissement.

ARRONDISSEMENT DE CHICOUTIMI

Chicoutimi, lorsqu'on y arrive par le boulevard Talbot qui fait suite à la route 175, apparaît comme une ville semblable à toutes celles ponctuant la route tout le long de la rivière. Chicoutimi signifie en montagnais « au bord des eaux profondes » à juste titre, car elle se trouve au confluent de trois rivières, le Saguenay, la rivière du Moulin et celle de Chicoutimi.

En raison de sa situation au cœur d'une région où les rivières et les lacs constituent un réseau étendu de circulation, Chicoutimi a été un important poste de traite des fourrures dès 1676 avant de devenir le centre d'une industrie forestière lorsque la première scierie fut construite en 1842 par Peter MacLeod, au pied des chutes de la rivière du Moulin. La ville offre un beau panorama sur les falaises creusées par le Saguenay que l'on découvre lorsqu'on traverse la rivière sur le pont Dubuc. En 1992, Chicoutimi a fêté le 150e anniversaire de sa fondation. Toutes sortes de célébrations s'y sont déroulées à l'image de ses habitants, particulièrement friands de réjouissances collectives. En plein milieu de l'hiver, en février, Chicoutimi vit au rythme de son Carnaval-Souvenir, une fête très populaire qui reconstitue des moments historiques à travers des manifestations culturelles et sportives. De nombreux participants y sont vêtus d'habits d'époque.

Les terribles inondations de juillet 1996 resteront longtemps gravées dans les mémoires. En face de l'église du Sacré-Cœur, la petite maison blanche qui a résisté aux flots de la rivière, devenue incontrôlable, symbolise le courage et la solidarité des gens d'ici. Complètement réaménagé, le secteur est aujourd'hui une zone de détente avec un jardin public. Aujourd'hui, les visiteurs passent par Chicoutimi dans le but de visiter la pulperie et le vieux Port. Entre les deux se dresse le Croissant culturel, un circuit où se mêlent culture, divertissement, ateliers d'artisans, boutiques, musées et commerces.

- ■ www.ville.saguenay.qc.ca
- ■ **BUREAU DU TOURISME**
  295, rue Racine Est
  ☎ 418-698-3167 – ☎ 1-800-463-6565
  Ouvert toute l'année.

Hébergement

- ■ **GITE LE CHARDONNERET**
  1253, boulevard Renaud
  ☎ 418-543-9336
  Ouvert du 1er mai au 31 octobre. 3 chambres avec 2 salles de bains partagées. Tarif de la chambre pour 2 personnes de 60 $ à 70 $. Située à l'est de Chicoutimi cette charmante maison toute blanche possède de belles chambres confortables. Claire Tremblay, la maîtresse des lieux vous réserve un accueil des plus chaleureux et se fera un plaisir de vous donner de précieux conseils sur les attraits de la région. La maison possède un grand terrain ainsi que deux belles terrasses. Enfin, la spécialité du gîte un petit déjeuner maison qui saura combler les plus gros appétits et vous faire découvrir les meilleures spécialités québécoises.

- ■ **LA MAISON DU SEMINAIRE**
  285, rue du Séminaire ☎ 418-543-4724
  www.lamaisonduseminaire.com
  De 75 $ à 90 $ la chambre, salle de bains privée ou partagée. Une auberge charmante située dans une rue fleurie qui débouche sur le séminaire et le fleuve. Le propriétaire, architecte de métier a su restaurer la maison en conservant tout son cachet. Les petits déjeuners sont gargantuesques. En été, une grande terrasse fleurie invite à la lecture et à la flânerie. Les hôtes ont accès à une cuisine et à un petit salon.

- ■ **CENTRE DE CONGRES HOTEL LA SAGUENEENNE**
  250, rue des Saguenéens
  ☎ 418-545-8326 – ☎ 1-800-461-8390
  www.lasagueneenne.com
  Evadez-vous sous le signe du bien-être dans un environnement axé sur les besoins du voyageur moderne. Chambres entièrement rénovées en 2005, atrium tropical avec piscine à l'eau

salée, sauna relaxant et deux Spas, restaurant bar Le Tremblay, centre d'affaires ainsi qu'une salle de conditionnement physique, sauront rendre votre séjour agréable.

■ HOTEL CHICOUTIMI

460, rue Racine Est
℡ 418-549-7111 – ℡ 1-800-463-7930
www.hotelchicoutimi.qc.ca
85 chambres et suites, en double de 75 $ à 175 $. Personne additionnelle : 6 $. Toutes cartes de crédit. Forfaits disponibles. Internet sans fil. Excellement situé en plein centre-ville, à deux pas de tout, l'hôtel Chicoutimi demeure le plus ancien hôtel de la ville. Les récentes rénovations en font un hôtel-boutique branché. Sur place, sont vendus des savons artisanaux, des produits du terroir et des œuvres d'art, tous fabriqués dans la région. Au rez-de-chaussée de l'hôtel, un restaurant concocte des plats à base de recettes du terroir. Niveau rue, le restaurant-café L'International séduira les amateurs de cuisine du monde.

■ RESIDENCES DU CEGEP

534, rue Jacques-Cartier
℡ 418-549-9520 (poste 258)
Ouvert de mi-mai à mi-août. 120 chambres individuelles. 25 $ par personne, literie incluse. Pas de service de restauration.

Restaurants

■ CAFE CAMBIO

405, rue Racine Est ℡ 418-549-7830
A partir de 7 $ le sandwich. Pour 2 $ de plus une salade sera servie à côté. Ouverte depuis peu, cette coopérative de travail offre des produits bio et équitables à boire et à manger. Les sandwichs, paninis et salades élaborés à partir de produits du terroir sont délicieux. En plus du service de restauration, on y va pour les concerts, les débats et les conférences.

■ CHEZ GEORGES

453, rue Racine Est
De 8,95 $ à 14,95 $ le plat. Ne quittez pas Chicoutimi sans avoir goûté à fameuse sauce à spaghetti de cette institution locale, ouverte depuis 1960. Avec le temps, les lieux s'agrandissent et le menu se complète : poulet, côtes levées, et bien sûr, le combo viande et pâtes. Le tout au cœur de la rue principale.

■ CAFE DU PRESBYTERE

240, rue Bosse ℡ 418-543-6578
Cuisine santé servie dans un cadre charmant, au pied du presbytère.

■ INTERNATIONAL CAFE-BAR

460, rue Racine Est ℡ 418-690-5129
Compter 20 $ à 30 $. Cuisine internationale. Bar-restaurant situé dans le complexe de l'hôtel Chicoutimi. Atmosphère conviviale. Comme son nom l'indique, la cuisine que l'on y sert est inspirée de recettes venues du monde entier. La carte des vins est très bien fournie. Et, après le repas, on fera un tour au Tabu, le bar attenant, très sympathique.

■ LA CUISINE

387, rue Racine Est ℡ 418-698-2822
Ouvert tous les jours, midi et soir. Autour de 12 $ le plat de pâtes et de 10 $ à 17 $ le plat. Un restaurant branché spécialisé dans la cuisine de bistro (tartare, suprême de poulet, etc.), les plats asiatiques et les pâtes. Une belle carte des vins accompagne le menu.

■ LE HOMARD ROUGE

993, rue Chabannel ℡ 418-549-1991
Excellent rapport-qualite prix dans ce restaurant spécialisé dans les fruits de mer. Un poisson ou un fruit de mer y est toujours à l'honneur, dépendamment des saisons.

Sortir

■ LA TOUR A BIERES

571, rue Racine Est ℡ 418-545-7272
On y boit une bière 100 % saguenenne puisqu'elle est brassée au cœur même de cette brasserie. En été, il est agréable de siroter sa bière avec une belle vue sur le fjord. On l'agrémente d'une pizza ou d'une salade.

■ PUB AVENUE

379, rue Racine Est ℡ 418-543-9025
www.pubavenue.com
Le Pub Avenue est l'une des références du night life du Saguenay-Lac-Saint-Jean, le lieu le plus couru de ces dernières années. Soirées à thème, ladies night le mardi et le samedi. Musique variée à tendance r'n'blues, groove, dance et hip-hop. Terrasse. Clientèle 18-20 ans.

■ LE BAO

455, rue de l'Hôtel-Dieu
℡ 418-545-2035
Cette discothèque branchée vous invite à vous déhancher jusqu'aux petites heures du jour sur sa piste de danse ultra spacieuse. La musique est variée et de nombreuses soirées à thème viennent pimenter l'ambiance.

Manifestations

■ FESTIVAL INTERNATIONAL DES RYTHMES DU MONDE

Rue Racine ☏ 418-545-1115
www.rythmesdumonde.com
Le festival international des rythmes du monde de Saguenay réunit au-delà de 500 artistes, artisans et musiciens internationaux provenant d'une quinzaine de pays. La musique et la danse habitent le centre-ville de l'arrondissement Chicoutimi, en colorant les lieux d'une ambiance cosmopolite où la foule se presse aux spectacles gratuits, présentés sur les quatre scènes extérieures. Le festival se déroule au début du mois d'août (vérifier les dates exactes auprès du bureau de tourisme).

■ CARNAVAL SOUVENIR DE CHICOUTIMI

☏ 418-543-4438 – ☏ 1-877-543-4439
www.carnavalsouvenir.qc.ca
Du 14 au 23 février. Fêté depuis 1961, le carnaval souvenir, dont le site se trouve à Chicoutimi Nord, offre l'occasion de se déguiser en habits d'époque, de pratiquer des activités hivernales traditionnelles : glissades, anneau de glace, carriole, et de déguster des spécialités régionales, tel que le caribou, un mélange alcoolisé délicieux dont la recette est secrètement gardée. Le soir, des concerts animent les rues.

■ THEATRE ECCE MUNDO

555, boulevard de l'Université
☏ 418-549-4101 – ☏ 1-800-563-4101
www.eccemundo.com
Université du Québec à Chicoutimi. Représentations fin juin à fin août. Adultes : 47 $, étudiants : 34 $, enfants moins de 12 ans : 20 $. Deux heures de divertissement, très colorées ! Le nombre de costumes est impressionnant. En première partie, les danseurs nous font revivre l'histoire de l'Occident, de l'Egypte à nos jours en passant, entre autres, par la cour des rois de France. La deuxième partie du spectacle est plus contemporaine : claquette, chansons, etc.

Points d'intérêt

■ PULPERIE DE CHICOUTIMI

300, rue Dubuc
☏ 418-698-3100 – ☏ 1-877-998-3100
www.pulperie.com
Ouvert en été tous les jours de 9h à 18h, et le reste de l'année (musée seulement) du mercredi au dimanche de 10h à 16h. Adultes : 10 $, étudiants : 5,50 $, aînés : 8,50 $, tarifs famille.

Durée moyenne de la visite : 3h. C'est sur ce site impressionnant, près de la chute, qu'a été implanté le premier complexe industriel de pulpe de bois mécanique, fondé par un Canadien français, Alfred Dubuc. Sachez que 25 arbres équivalent à une corde de bois, soit une tonne de pulpe. Fermé en 1930, sauvé de la démolition en 1978, le bâtiment est aujourd'hui un site historique et un lieu de rencontre. Un circuit didactique est proposé aux visiteurs : on verra, au bord de la rivière, les ruines de deux moulins à papier et un tronçon de l'aqueduc qui les alimentaient. Sentiers pédestres et aires de pique-nique. En 1994, on a remonté, sur le site de la pulperie, la maison-musée du peintre Arthur Villeneuve.

■ LE DELUGE DU SAGUENAY ET LA PETITE MAISON BLANCHE

240, rue Bossé ☏ 418-698-1176
Ouvert de juin à septembre de 8h à 20h. 6 $. Durée moyenne de la visite 2h. On visite cette petite maison qui a résisté aux terribles inondations de 1996, qui ont causé pour plus d'un milliard de dollars de dommages. Des animations, des maquettes et un film sur le déluge illustrent le tout.

■ VILLAGE DE LA SECURITE ET ZONE PORTUAIRE DE CHICOUTIMI

200, rue Pinel
☏ 418-545-6925 – ☏ 1-888-595-6925
www.zoneportuaire.com
Ouvert tous les jours de 10h à 17h de mi-juin à mi-septembre et de mi-décembre à mi-mars. Durée de la visite : 4h. Entrée : 9 $. Ce site récréo-touristique permet aux piétons, cyclistes et automobilistes d'améliorer, par tous les moyens, leurs connaissances en matière de sécurité routière. Parfait quand on est accompagné d'enfants, car il y a des circuits à faire en voiture miniature ou à vélo. Parmi les attractions les plus populaires, noter le petit train, le mini-golf et les simulations de collisions et d'incendie. Panorama de la région du haut de la tour d'observation de 30 m. Le port étant à côté on en profitera pour y faire un tour.

■ CROISIERE LA MARJOLAINE

Zone portuaire de Chicoutimi
Boulevard Saguenay Est
☏ 418-543-7630 – ☏ 1-800-363-7248
www.croisieremarjolaine.com
En juillet et août, départ à 8h30, arrêt à Sainte-Rose-du-Nord à 13h, retour par autobus à 15h45. Adultes : 45 $, enfants de 6 à 14 ans : 22,50 $, enfants de 0 à 5 ans : gratuit, famille : 112,50 $. Une croisière sur le fjord du

Saguenay est une excursion spectaculaire à ne pas manquer. Découverte du charmant village de Sainte-Rose-du-Nord, la baie Eternité, dominée par les impressionnantes falaises du cap Eternité et du cap Trinité (457 m de granite surplombé par la statue de Notre-Dame-du-Saguenay).

Shopping

■ LES CHOCOLATS LULU
1806, boulevard Saguenay Ouest
℡ 418-549-1203/1-800-265-1296
www.chocolatlulu.com
Cette entreprise familiale est aujourd'hui une véritable institution du chocolat au Saguenay. Tous les chocolats possibles et imaginables sont proposés comme des balais à la guimauve. Mais pour marier les savoir-faire des Jeannois, on conseille vivement les tablettes de chocolat aux bleuets.

ARRONDISSEMENT DE JONQUIÈRE

Situé tout à côté, à l'est de Chicoutimi, l'arrondissement de Jonquière est la ville qui brasse (on dit aussi la ville pas reposante). Elle est surtout connue pour ses usines Alcan (dont la centrale hydroélectrique de Shipshaw) et Abitibi-Consolidated, chef de file mondial dans les secteurs du papier journal et des papiers de pâte mécanique. Les festivals s'y succèdent : Jonquière en musique, semaine mondiale de la marionnette fin juin début juillet.

Pratique

■ BUREAU DU TOURISME
2665, boulevard du Royaume
℡ 418-548-4004/1-800-561-9196
Ouvert toute l'année, du lundi au vendredi de 8h30 à 12h et 13h30 à 16h30.

■ HOPITAL
℡ 418-695-7700

Hébergement – Restaurants

■ AUBERGE DES DEUX TOURS
2522, rue Saint-Dominique
℡ 418-695-2022 – ℡ 1-888-454-2022
www.aubergedeuxtours.qc.ca
7 chambres de 75 $ à 92 $ en double. Internet sans fil gratuit. Située face à l'église Saint-Dominique, à quelques pas du parc de la Rivière-aux-Sables, cette belle maison centenaire offre une atmosphère calme et chaleureuse. Chambres confortables, terrasse,

salle de réunion. Les petits déjeuners ne sont faits qu'avec des produits du terroir.

■ AUBERGE VILLA PACHON
1904, rue Perron
℡ 418-542-3568 – ℡ 1-888-922-3568
www.aubergepachon.com
5 chambres et une suite de 120 $ à 150 $ en double, petit déjeuner inclus. Menu 5 services et menu dégustation de 75 $ à 125 $. A la carte de 45 $ à 65 $. Cassoulet sur réservation. L'auberge Villa Pachon, une élégante demeure à l'atmosphère feutrée vous marquera par son cachet particulier. Les chambres sont spacieuses et joliment décorées. Mais, avant de passer au lit, profitez des plaisirs de la table et des talents du chef, Daniel Pachon. Parmi les nombreuses distinctions qu'il a reçues, mentionnons qu'il est membre de l'académie universelle de cassoulet ! Aussi étonnant que cela puisse paraître dans cette contrée fort éloignée du Sud-Ouest de la France, la spécialité ici est bien le cassoulet.

■ HOLIDAY INN SAGUENAY CENTRE DES CONGRES
2675, boulevard du Royaume, Jonquière
℡ 418-548-3124 – ℡ 1-800-363-3124
www.saguenay.holiday-inn.com
155 chambres et suites. Ordinateurs et imprimantes à disponibilité. Wi-fi partout gratuit. Le Holiday Inn Saguenay est un établissement offrant des chambres confortables et spacieuses. L'hôtel est directement relié à son centre des congrès. Il dispose également d'un centre de santé (massage, bronzage, drainage lymphatique, gommage, bain vapeur). Le Restaurant Côté jardin propose un vaste choix de grillades et fruits de mer. Carte des vins élaborée.

■ HOTELLERIE CEPAL VILLEGIATURE
3350, rue Saint-Dominique
℡ 418-547-5728 – ℡ 1-800-361-5728
www.cepalaventure.com
67 chambres (auberge et pavillons) de 120 $ à 170 $ en double, petit déjeuner inclus. De nombreux forfait visites disponibles. Sur les rives de la Rivière-aux-Sables et au cœur d'une nature vivifiante, l'hôtellerie Cépal Villégiature propose une gamme d'activités sportives. Randonnée pédestre, piscine, tennis, vélo, canot, rafting, motoneige, traîneau à chiens, randonnée en raquettes. Suggestion de séjours (Moyen-Nord québécois) pour les amateurs de pêche sportive et de chasse au gros gibier. Restaurant, salles de réunion. Forfaits disponibles.

■ **BRASSERIE LA VOIE MALTEE**
2509, rue Saint-Dominique
℃ 418-542-4373 – ℃ 1-866-542-4373
Ne ratez pas la dégustation de la bière locale dans cette microbrasserie ! On pourra goûter aux divers produits faits sur place mais aussi visiter la brasserie.

Manifestations

■ **EXPRESSIO**
Théâtre Palace Arvida
℃ 418-548-0130 – ℃ 1-877-548-0130
www.quebecissime.biz
Du 6 juillet au 1er septembre, du mardi au samedi à 20h. Spectacle haut en couleurs qui parcourt l'histoire de la chanson québécoise.

■ **JONQUIERE EN MUSIQUE**
℃ 418-542-2101
www.jonquiereenmusique.com
Du 27 juin au 28 juillet. Deux scènes extérieures, une trentaine de soirées musicales, une cinquantaine de prestations artistiques. Programmation francophone, internationale, blues, disco et rétro.

Points d'intérêt

■ **CENTRE NATIONAL D'EXPOSITION**
4160, rue du Vieux-Pont ℃ 418-546-2177
www.centrenationalexposition.com
Ouvert tous les jours, juillet et août de 10h à 18h, septembre à juin, du lundi au vendredi de 9h à 17h, le samedi et le dimanche de 12h à 17h. Visites commentées pour les groupes sur réservation. Entrée gratuite mais payante pour les activités en dehors des heures régulières d'ouverture. Sur le mont Jacob, dans un cadre exceptionnel, le CNE présente des expositions en art, histoire et sciences ainsi que des œuvres des artistes régionaux. Très beau point de vue sur la ville.

■ **CENTRE D'HISTOIRE
SIR WILLIAM-PRICE**
1994, rue Price
℃ 418-695-7278 – ℃ 1-877-695-7278
Visite tous les jours de la mi-juin au 2 septembre de 9h à 17h, du lundi au vendredi de 9h à 16h (hors saison). Adultes : 5 $, étudiants et aînés : 4 $. Situé dans les murs d'une chapelle de 1912, le centre d'Histoire sir William Price évoque le développement industriel de la région, notamment l'histoire de l'industrie du papier. William Price fut pionnier en la matière et membre d'une des grandes dynasties d'affaires du Québec.

■ **CENTRALE HYDROELECTRIQUE
DE SHIPSHAW**
1471, route du Pont
℃ 418-699-1547
Ouvert début juin à fin août, du lundi au vendredi en après-midi, sauf le 24 juin et le 2 juillet. Durée : 1h. Visite de la centrale construite en 1941. Réservation obligatoire. Arrangements spéciaux pour groupe. Interdit aux moins de 5 ans, aux dames enceintes et aux personnes ayant un stimulateur cardiaque.

■ **PONT D'ALUMINIUM**
Route du Pont (près de la centrale hydroélectrique de Shipshaw)
Ce pont est le premier au monde fabriqué à partir d'un alliage d'aluminium. Son poids (163 tonnes) correspond au tiers d'un pont identique en acier. Inauguré par Maurice Duplessis en 1950, il enjambe la rivière Saguenay et n'a pas bougé d'un millimètre.

■ **LE LAC KENOGAMI**
« Lac long » en langue montagnaise. C'est le deuxième lac de villégiature de la région (26 km). Endroit par excellence pour un dépaysement en pleine nature et paradis pour les amateurs d'activités nautiques. Canot en été, randonnée en raquettes ou traîneau à chiens en hiver.

ARRONDISSEMENT DE LA BAIE

Cette ville industrielle active (centre de transformation du bois, aluminerie) possède d'importantes installations portuaires destinées à accueillir les grands cargos en provenance d'Amérique du Sud lui apportant la bauxite nécessaire à ses alumineries. Autant dire que les bâtiments industriels n'invitent pas à prolonger son séjour en ville. La Baie est aussi le berceau historique du Saguenay-Lac-Saint-Jean.
En 1838, les membres de la société des Vingt-et-Un s'y sont installés pour coloniser la région après avoir jeté l'ancre. Grimper au sommet de la côte qui fait face au fjord pour admirer le panorama. Descendre ensuite vers le parc Mars sur les bords de l'immense baie des Ha! Ha! qui doit son nom aux premiers explorateurs qui s'y seraient engagés, prenant la baie pour une rivière, et qui, se rendant compte de leur méprise, se seraient écriés : « Ha ! Ha ! » Promenez-vous sur la jetée avant de goûter un repos bien mérité dans l'une des nombreuses auberges qui la longent. La majorité d'entre elles est pourvue d'une

terrasse. Chaque année, une grande fresque historique, *La Fabuleuse histoire d'un royaume*, fait revivre le passé de la région.

■ BUREAU TOURISTIQUE
3205, boulevard de la Grande-Baie, Sud, Suite 101
✆ 418-697-5050/1-800-263-2243
Ouvert toute l'année.

Hébergement – Restaurants

■ AUBERGE DE LA RIVIERE SAGUENAY
9122, chemin de la batture
✆ 1-866-697-0222
www.aubergesaguenay.com
Forfait divers. Exemple : la nuit, le petit déjeuner et une heure de drainage lymphatique : 99,95 $ par personne. Une vue exceptionnelle sur le fjord, auquel on accède en descendant quelques marches. On apprécie le choix des thèmes des chambres : vent, soleil, foret, fleur. Depuis 2006, le restaurant a pris un virage bio : les légumes poussent sur place et les déchets organiques vont droit au compost.

■ AUBERGE DE LA GRANDE-BAIE
4715, boulevard de la Grande-Baie Sud
✆ 418-544-9334 – ✆ 1-800-463-6567
www.aubergegb.com
Située en bordure du majestueux fjord du Saguenay et de la montagne du Mont-Bélu, l'Auberge de la Grande Baie vous charmera par son accueil chaleureux tout en vous proposant un séjour de qualité dans leurs quarante et une chambres de style champêtre.

■ AUBERGE DES BATTURES
6295, boulevard de la Grande-Baie Sud
✆ 418-544-8234 – ✆ 1-800-668-8234
www.battures.ca
32 chambres confortables et équipées. 115 $ la chambre double, petit déjeuner non-inclus.

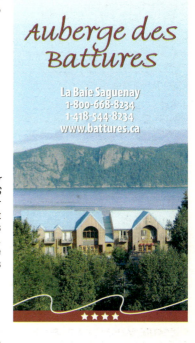
Toutes cartes de crédit. Internet sans fils gratuit, service de massage. A 10 km de la ville en direction du parc du Saguenay et au bord du fjord, l'Auberge des Battures offre une superbe vue sur le fjord, un accueil chaleureux, une table gastronomique exceptionnelle et un éventail d'activités nature. Randonnée pédestre, vélo, quad, voile, kayak de mer ou de rivière, canot, motoneige, balade en traîneau à chiens, randonnée en raquettes, pêche blanche et ski de fond. Salles de réunion. Forfaits disponibles.

SAGUENAY-LAC SAINT-JEAN

■ **MUSEE DU FJORD**
3346, boulevard de la Grande-Baie Sud ✆ 418-697-5077 – www.museedufjord.com
Ouvert tous les jours, de fin juin à début septembre de 9h à 18h ; de septembre à juin, du mardi au vendredi de 9h à 16h30, de 13h à 17h le week-end. Adultes : 10 $, étudiants : 6 $, aînés : 8,50 $, enfant jusqu'à 5 ans : gratuit. Situé directement sur les berges de la majestueuse baie des Ha! Ha!, le très beau musée du Fjord est un lieu de passage recommandé à tous ceux qui prévoient de passer quelques jours dans la région. En effet, il lève le voile sur tous les secrets du fjord du Saguenay. Il est simultanément un laboratoire, un lieu d'apprentissage, d'observation et de découverte. De façon interactive, les divers composants du fjord et son histoire sont expliqués. Le must : la balade, en présence d'un scientifique, dans le fjord, à marée basse.

■ **AUBERGE DES 21**
621, rue Mars
✆ 418-697-2121 – ✆ 1-800-363-7298
www.aubergedes21.com
31 chambres de 130 $ à 230 $ en double, petit déjeuner inclus. Toutes cartes de crédit. Sur les rives du fjord du Saguenay, l'Auberge des 21 vous accueille chaleureusement. Chambres douillettes au décor intimiste et romantique. Fine cuisine régionale, sélection de grands vins. Piscine, sauna, centre de santé. Activités : vélo, équitation, pêche blanche, motoneige, balade en traîneau à chiens et ski de fond. Salles de réunion. Forfaits disponibles.

Restaurant

■ **LORRIAN**
464, boulevard de la Grande-Baie Sud
✆ 418-697-0444
Table d'hôte midi de 8 $ à 10 $, le soir de 25 $ à 30 $. Cuisine familiale pour des prix très raisonnables. Au menu : poulet rôti, salades, grillades, etc.

Points d'intérêt

▶ **Conseil pratique :** le musée du Fjord, la pyramide des Ha! Ha!, l'économusée du Savon et celui du Verre se trouvent tous à côté l'un de l'autre. Nous vous conseillons donc de consacrer une demi-journée à ce coin de la ville.

■ **LA PYRAMIDE DES HA! HA!**
Parc des Ha! Ha!
✆ 418-697-5050 – ✆ 1-800-263-2243
Ouvert tous les jours, de fin juin à début septembre de 9h à 17h, le samedi, le dimanche et jours fériés de 10h à 17h. Adultes : 3 $, famille : 8 $, aînés et étudiants : 2 $. Suite au déluge de 1996, l'artiste Jean-Jules Soucy a conçu cette pyramide en aluminium. Une œuvre contemporaine, originale et spectaculaire.

■ **ECONOMUSEE DU SAVON**
3291, boulevard Grande-Baie Sud
✆ 418-544-8484
Entrée libre. Très joli petit économusée qui retrace l'histoire de la fabrication et de l'utilisation du savon. En été des démonstrations sont organisées 4 fois par jour. Les savons faits sur place sont tous à base d'huile d'olive et en vente sur place.

■ **VERRERIE D'ART TOUVERRE**
3250, boulevard Grande-Baie Sud
✆ 418-544-1660
En été démonstrations du mardi au samedi et le reste de l'année la fin de semaine seulement.

Giuseppe Benedetto, après avoir suivi des formations auprès de maîtres de la verrerie a ouvert la première verrerie d'art de la région, en 1993. Au cours de ces démonstrations on le verra souffler le verre. Et, on pourra acheter une de ses œuvres à la boutique.

■ **MUSEE DE LA DEFENSE AERIENNE DE BAGOTVILLE**

Sur la route 170, entre Chicoutimi et la Baie, près de la Base des Forces canadiennes Bagotville ✆ 418-677-4000 (poste 7159) www.bagotville.net

Ouvert tous les jours de 9h à 17h pendant saison estivale. Adultes : 5 $, étudiants et aînés : 4 $, 5 ans et moins, gratuit. Le seul musée du Québec dédié à l'histoire de l'aviation militaire ; objets, maquettes, tenues de pilotes, expositions et aéronefs qui vous feront traverser les évènements du siècle dernier. La station de Bagotville a été construite en 1942 pour y entraîner des pilotes pendant la Seconde Guerre Mondiale. Près du Musée, un parc commémoratif abritant huit appareils vous permet de vous mesurer à ces impressionnants engins.

SAGUENAY-LAC SAINT-JEAN

Loisirs et sports

■ SURVOL DU FJORD EN AVION
7000, chemin de l'Aéroport
℃ 418-677-1717
www.aeropluslabaie.com
Survol des plus beaux sites du fjord à bord
d'un petit avion.

■ GITE DE LA PECHE BLANCHE
1352, route de l'Anse-à-Benjamin
℃ 418-544-4176
pages.infinit.net/legite/Page_1x.html
*55 $ par jour par cabane (capacité 8 personnes),
incluant lignes, appâts, chauffage et toilettes
chauffées. Aussi, possibilité d'hébergement :
40 $ à 55 $, petit déjeuner inclus.* Quelque
850 cabanons colorés parsèment la baie des
Ha! Ha!, en hiver. Le gîte de la Pêche Blanche
propose la location de cabanes de pêche
(6) à l'Anse-à-Benjamin. Espèces les plus
populaires : morue, sébaste, éperlan.

■ QUEBEC HORS CIRCUITS
4845, boulevard de la Grande-Baie Sud
℃ 418-544-5959 ℃ 1-866-560-3737
www.quebec-hors-circuits.com
Québec Hors Circuits est un organisme de
tourisme de plein air et d'aventure qui vous
offre plus d'un million de kilomètres carrés
de nature. Activités proposées sous forme de
circuits et d'expéditions (3 à 30 jours) avec
encadrement et prise en charge par des guides
expérimentés. Observation des caribous dans
le Grand Nord québécois, excursion en Zodiac
ou kayak de mer sur le fjord du Saguenay,
canot-camping, trekking, ski hors-piste,
randonnée en raquettes, raid motoneige.
Possibilité d'organiser son forfait sur mesure.
Bref, comme le dit leur slogan : *« L'Aventure
commence où la route s'arrête ! »*

■ CROISIERE MARJOLAINE
ARRONDISSEMENT DE LA BAIE
Quai Lepage
℃ 418-543-7630 ℃ 1-800-363-7248
www.croisieremarjolaine.com
*Ouvert tous les jours du 1er juin au
1er septembre. Départs à 9h, 13h15. Croisière
seulement, adulte : 35 $. Croisière et visite
Nouvelle-France adulte : 50 $.* A bord du
bateau *Nouvelle-France*, découverte du fjord
du Saguenay, visite du possible site de la
Nouvelle-France (lire à Saint-Félix-d'Otis)
ou tout simplement la baie des Ha! Ha! avec
ses anses, caps et mystères.

■ OKWARI AVENTURES
7400, chemin des Chutes, La Baie
℃ 418-544-8800
www.okwariaventures.com
Du haut de deux miradors, observez des
ours noirs dans leur habitat naturel en toute
sécurité. Egalement balade en canot, sentier
d'interprétation et site autochtone.

■ EVASION SPORT
2639, route 170, Laterrière
℃ 418-678-2481
www.evasion-sport.com
Location de motoneige et de quad pour des
excursions, avec une possibilité de plus de
3 000 km de sentiers ! On peut aussi y louer
de l'équipement pour se protéger des grands
froids.

■ BEC-SCIE CENTRE PLEIN AIR
7400, chemin des Chutes, La Baie
℃ 418-697-5132
Joli cadre naturel pour les randonnées de ski
de fond en hiver (75 km de pistes) et le vélo ou
la marche en été. Le sentier du Canyon (3 km)
offre à voir une impressionnante chute.

■ LA NOUVELLE FABULEUSE
OU LES AVENTURES D'UN FLO
Représentation au théâtre
du palais municipal : 1831, 6e Avenue
℃ 418-698-3333 –
℃ 1-888-873-3333
(pour les réservations)
www.palaismunicipal.com
*Adultes de 43,50 $ à 49,50 $, enfants de
18,50 $ à 24,50 $. Spectacle estival.* Depuis
20 ans, le spectacle grandiose « la fabuleuse
histoire d'un royaume » rassemblait des milliers
de spectateurs venus découvrir l'histoire du
Saguenay-Lac-Saint-Jean, de sa fondation
en 1603 à nos jours. Aujourd'hui, ce nouveau
spectacle tout aussi majestueux raconte
l'histoire d'amour entre Florian et une jeune
amérindienne et leurs péripéties à travers les
époques. Un magnifique hommage à la région
et une très bonne soirée en perspective.

■ LE HAUT-SAGUENAY

Le Haut-Saguenay désigne la région située au nord de la ville de Saguenay.

SAINT-DAVID-DE-FALARDEAU

Situé au pied des majestueux monts Valin, Saint-David-de-Falardeau ouvre la porte à un vaste territoire d'activités de plein air et d'aventure.

■ **pages.infinit.net/falardau**

■ **LES CHIENS – GITE DU GRAND NORD**
Lac Durand, lot 18, embranchement 1
✆ 418-673-7717 – www.chiens-gite.qc.ca
Raids et expéditions d'une demi-journée à trois semaines. Saguenay, côte Nord, baie James et baie d'Hudson (découverte du Grand Nord et des membres des premières nations, les Cris et Inuits). Randonnée en traîneau à chiens (55 chiens) avec camping d'hiver, hébergement et restauration en chalet. Egalement, pêche blanche, randonnée en raquettes, et motoneige.

■ **CENTRE DE SKI LE VALINOUET**
200, route du Valinouët
✆ 418-673-6455 – ✆ 1-866-260-8254
www.valinouet.qc.ca
A Saint-David-de-Falardeau, tourner à droite sur le chemin Lévesque, le Valinouët est à 24 km. Ouvert de mi-décembre à fin avril, le samedi, le dimanche et fêtes de 8h30 à 15h30, du lundi au vendredi de 9h30 à 15h30. Adulte : 33 $, étudiant : 26 $, enfant : 12 $. Situé au cœur du massif des monts Valin, le Valinouët bénéficie d'excellentes conditions d'enneigement (6 m de neige par an en moyenne), un plaisir pour les amateurs de ski alpin, surf des neiges et télémark. 27 pentes, 4 remontées mécaniques, 350 m de dénivellation. Snowpark, glissades, ski de fond et raquettes. A 15 km, restaurant-pub, relais de motoneige. Forfaits disponibles (✆ 800-463-6565).

SAINT-FULGENCE

Entre eau et montagne, Saint-Fulgence est la principale destination ornithologique du Haut-Saguenay. Un arrêt aux Battures et une promenade dans les sentiers aménagés vous permettent d'observer ces nombreux oiseaux de plus près.

▶ **Festival de la bernache** fin avril.

Hébergement

■ **AUX BONS JARDINS**
127, Pointe-aux-Pins ✆ 418-674-2896
www.auxbonsjardins.com
Au gîte 70 $ la chambre double et 95 $ pour la maisonnette. Un lieu hors du commun : d'adorables propriétaires bohêmes, un cadre superbe avec vue sur le fjord et surtout une option plutôt rare : la maisonnette sans électricité ! Un charme fou, c'est promis ! (Et… une maisonnette avec électricité pour ceux qui en ont besoin !).

Points d'intérêt

■ **CENTRE D'INTERPRETATION DES BATTURES ET DE REHABILITATION DES OISEAUX (CIBRO)**
100, chemin Cap-des-Roches
✆ 418-674-2425
www.ville.st-fulgence.qc.ca/cibro
Ouvert tous les jours de juin à août de 8h30 à 18h, de mai à juin, du lundi au vendredi de 9h à 16h, et de septembre à novembre, tous les jours de 9h à 16h. Adultes : 7 $, étudiants et aînés : 5 $, enfants : 3,50 $. De la rue piétonne, on observe les bernaches, ces petites oies migratrices devenues ici sédentaires (on les appelle le club des célibataires). Au centre de réhabilitation séjournent des oiseaux en convalescence. Le cap des Roches offre une très belle vue sur la rivière Saguenay où elle devient fjord. La flèche littorale est une immense pointe s'avançant dans le Saguenay. Avec un peu de chance, vous y verrez s'ébattre des belugas.

■ **PARC AVENTURES CAP JASEUX**
Chemin de la Pointe-aux-Pins
✆ 418-674-9114 – ✆ 1-888-674-1625
www.capjaseux.com
Ouvert de mi-mai à mi-octobre. La nouvelle attraction phare du parc vous permettra de tester vos talents d'aventuriers. Serez-vous capables de réaliser l'un des cinq parcours qui vous mènent d'arbre en arbre en passant par des ponts suspendus ? En tout cas, la vue est magnifique. Autres activités : location de kayak solo et tandem, escalade d'une paroie rocheuse au-dessus du fjord, voile, descende en rafting. Possibilité de dormir sur place, dans une maison… aérienne !

© SIMON TURCOTTE

Parc national des Monts-Valins en hiver, Saguenay

PARC NATIONAL DES MONTS-VALIN

360, rang Saint-Louis ✆ 418-674-1200
Réservations Sépaq ✆ 1-800-665-6527
www.parcsquebec.com
30 km au nord de Saguenay. Ouvert à l'année. Adultes : 3,50 $, enfants : 1,50 $.
Hébergement : 10 emplacements de camping rustique, 7 chalets, 6 refuges et camps rustiques et igloos. **Activités :** canot camping, chaloupe, pêche à la truite mouchetée (permis de pêche du Québec obligatoire, séjour avec hébergement possible), randonnée pédestre (20 km), ski de fond (20 km), ski nordique et randonnée en raquettes (60 km, sentiers balisés, non tracés) avec nuit en refuge ou tente de prospecteur (conseil : il est indispensable d'effectuer une excellente préparation pour ce genre d'expédition, car les conditions climatiques sont très variables, notamment sur le massif). Dominant le paysage du Saguenay, le parc national des Monts-Valin (154 km^2) possède les plus hauts reliefs de la région, dont le pic de la Hutte (980 m). Ce territoire de montagnes et de neige offre paysages, richesses cachées, et majestueux points de vue. Présence d'eau, faune et flore abondantes. Une terre de légendes (la vallée des Fantômes, la dent de Dracula ou les champs des Momies) qui appelle à l'aventure…

■ LE TOUR DU LAC SAINT-JEAN

MÉTABETCHOUAN-LAC-À-LA-CROIX

Son nom signifie « point de rencontre » en montagnais. On y trouve l'une des plus belles plages (surveillée) de la région. Le célèbre camp musical du Saguenay-Lac-Saint-Jean (✆ 418-349-2085/(888)-349-2085) propose concerts et brunchs musicaux de la mi-juin à la mi-août. Artistes de renom dans divers répertoires : classique, jazz et latino. Pour se baigner, on profitera de la plage d'un kilomètre de sable fin à la station balnéaire du Rigolet.

■ www.ville.metabetchouan.qc.ca

Hébergement

■ **AUBERGE LA MAISON LAMY**
56, rue Saint-André
✆ 418-349-3686
✆ 1-888-565-3686
www.bbcanada.com/2733.html
6 chambres, en double de 60 $ à 75 $, petit déjeuner complet inclus. Toutes cartes de crédit.
Belle maison centenaire de style victorien au décor d'autrefois. Chambres douillettes et confortables. Accueil chaleureux.

Point d'intérêt

■ **CENTRE D'INTERPRETATION DE L'AGRICULTURE ET DE LA RURALITE**
281, rue Saint-Louis
☎ 418-349-5013 – ☎ 1-877-611-3633
www.ciar-lacalacroix.com
Ouvert tous les jours de juin à fin octobre, de 10h à 17h, et hors saison du lundi au vendredi de 9h à 16h. Entrée : 5 $. Au cœur d'une plaine agricole, on découvre toute la richesse du patrimoine rural et de l'agriculture régionale. Exposition évoquant 150 ans d'histoire, (depuis l'arrivée des premiers colons), ferme avec petits animaux et activités d'animation.

DESBIENS

Ce petit village, tranquille et accueillant, qui fut un centre de rassemblement des nations montagnaises au XVIIᵉ siècle, puis poste de traite des fourrures à partir de 1676 et une mission jésuite, doit son nom à Louis Desbiens, fondateur de la première papeterie, en 1896. Il est surtout connu pour sa grotte (le trou de la Fée). On pratique la pêche sportive à la ouananiche (saumon d'eau douce) dans la rivière Metabetchouan.

■ **www.ville.desbiens.qc.ca**

Hébergement

■ **CENTRE DE VACANCES DESBIENS**
1058, rue Marcellin ☎ 418-346-5434
www.membres.lycos.fr/accueildesbiens
Hébergement en familles. Partage du gîte et du couvert avec les riverains du village, séjour sympathique. Accueil pour les groupes avec verre de bienvenue et soirée québécoise.

Points d'intérêt

■ **CENTRE D'HISTOIRE ET D'ARCHEOLOGIE DE LA METABETCHOUANE**
243, rue Hébert ☎ 418-346-5341
www.chamans.com
Près du pont qui enjambe la rivière Metabetchouan, un peu en contrebas. Ouvert tous les jours, de juin à septembre de 10h à 17h, d'octobre à mai sur réservation. Adultes : 7 $, enfants : 3 $. Ce centre évoque l'histoire de l'embouchure de la rivière Metabetchouan, lieu marquant d'échanges et de contacts humains depuis l'ère amérindienne à aujourd'hui. Intéressante reconstitution d'un poste de traite de la baie d'Hudson en 1840, avec pièces archéologiques et objets de troc en exposition. Sur le site, la poudrière, classée par les Monuments historiques, demeure le seul vestige du régime français.

■ **LE TROU DE LA FEE**
7ᵉ Avenue, Desbiens ☎ 418-346-1242
☎ 418-346-5632 (hors saison)
membres.lycos.fr/troudelafee
A 6 km au sud de Desbiens. Ouvert tous les jours de mi-juin à mi-août de 9h à 17h, de mi-août au 25 septembre de 10h à 16h, hors saison sur réservation. Adultes : 10 $, enfants de 0 à 12 ans : 5 $. Personnes à mobilité restreinte et moins de 4 ans : non recommandé. Durée : 2h30. Chaussures de marche, tenue sportive et chandail recommandés. Le Trou de la Fée est le lieu idéal pour vivre une expérience de spéléologie. La visite guidée permet de découvrir cette grotte de 68 m creusée dans le granite du bouclier canadien, vieux d'un milliard d'années, sans s'y perdre. A l'extérieur, un sentier de 2 km conduit à des cascades tumultueuses, à un ancien barrage et à une centrale désaffectée. En empruntant les passerelles, vue saisissante sur les chutes Martine, et du belvédère, sur les flots bouillonnants.

■ **H2O EXPEDITION**
125, rue Hébert
☎ 418-653-3336 – ☎ 1-800-789-4765
www.aventure-expedition.com
Ouvert de mai à septembre et de décembre à la fin mars. Organisme spécialiste de la descente en rivière : rafting, canot-camping et kayak pour tous niveaux ; hydrospeed (ou luge d'eau) pour initiés. Expéditions de 3h à 7 jours avec guides expérimentés sur les rivières Metabetchouan de Desbiens, Ashuapmushuan de Saint-Félicien, ainsi que Mistassibi de Dolbeau.

SAGUENAY-LAC SAINT-JEAN

■ **LA VÉLOROUTE DES BLEUETS**
www.veloroute-bleuets.qc.ca
Navette de bagages ☎ 418-668-4541 ☎ 1-866-550-4541
En suivant la Véloroute des Bleuets vous découvrirez le Lac-Saint-Jean d'une façon sportive et originale ! Le circuit de 256 km parcourt le lac, tout en traversant villes et villages, et depuis peu il longe des rivières.

CHAMBORD

Hébergement

■ **MOTEL LAC SAINT-JEAN**
577, route 169 ✆ 418-3423-6334
Beau motel, bien tenu, avec vue sur le lac
et plage juste devant sa fenêtre. Nous vous
conseillons de préciser lors de la réservation
que vous souhaitez une chambre avec vue
sur le lac.

Point d'intérêt

■ **VILLAGE HISTORIQUE
DE VAL-JALBERT**
95, rue Saint-Georges, Chambord
✆ 418-275-3132 – ✆ 1-888-675-3132
www.valjalbert.com
*Route 169 Nord en direction de Roberval, après
la municipalité de Chambord. Ouvert tous les
jours, de mi-mai à mi-juin et fin août à octobre
de 9h à 17h, de juin à août, tous les jours de
9h à 18h. Adultes : 14 $ à 17 $, enfants de
6 à 13 ans de 6 $ à 7 $, moins de 6 ans :
gratuit.* Construite en 1901, la pulperie de Val-
Jalbert, reprise par Alfred Dubuc (l'industriel
de Chicoutimi), produisait chaque jour, 50
tonnes de pâte à papier mécanique exportées
ensuite vers les Etats-Unis et l'Europe, où elles
étaient mélangées à de la pâte chimique pour
la fabrication des journaux, dont la demande
se faisait croissante à l'époque. L'usine faisait
vivre un village modèle de 950 personnes,
doté de l'électricité et du chauffage, avant
d'être à son tour victime de la grande crise
et contrainte de fermer ses portes en 1927.
Tributaire de l'usine, la population dut quitter
les lieux. Pendant près de 60 ans, les maisons
qui avaient abrité les familles des ouvriers sont
restées à l'abandon, tel un village fantôme,
alignées et silencieuses, au milieu des herbes
folles. Aujourd'hui, elles sont restaurées et
animées d'habitants en costumes d'époque.
On visitera le moulin désaffecté, le couvent
et le magasin général. Il faut aussi monter au
belvédère, par un escalier de 400 marches, et
aller voir l'impressionnante chute Ouiatchouan :
haute de plus de 70 m, elle assurait le bon
fonctionnement de l'usine. Aujourd'hui, un
téléphérique permet de survoler le site. Un
petit autobus dessert le village et en fait le
tour. Val-Jalbert est une visite appréciée de
tous. C'est un vrai dépaysement que cette
remontée dans le temps, un rien nostalgique.
De surcroît, le site est vraiment superbe.

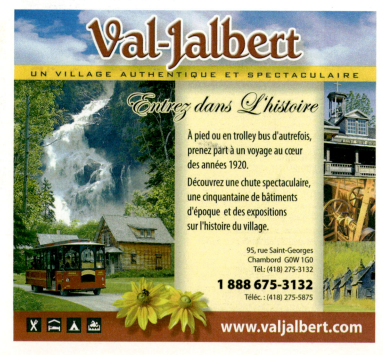

Sur place, restauration, camping, quelques chambres dans les maisons rénovées et un petit hôtel au-dessus du magasin général pour recevoir ceux que l'endroit inspire.

LAC-BOUCHETTE

A Chambord, prendre la route 155 Sud en direction de Lac-Bouchette, localité reconnue pour ses plans d'eau grandement appréciés et pour l'ermitage Saint-Antoine.

■ ERMITAGE SAINT-ANTOINE DE LAC-BOUCHETTE
250, route de l'Ermitage
✆ 418-348-6344 – ✆ 1-800-868-6344
www.st-antoine.org
Ouvert tous les jours de mi-mars à fin octobre et de mi-décembre au 4 janvier de 7h à 23h. Magnifiquement situé sur le bord du lac Bouchette, l'ermitage offre un hébergement de grande qualité à des prix très intéressants. Un exemple : le forfait à 90 $ par personne comprenant 2 nuits, 2 déjeuners et 2 soupers. (*Hébergement uniquement 31 mars au 31 octobre et du 15 décembre au 2 janvier 2008.*) L'Ermitage reste essentiellement un centre de pèlerinage dédié à saint Antoine et Notre-Dame de Lourdes. A proximité, forêt de 240 ha avec sentiers pédestres aménagés. Chacun y trouve un lieu propice au repos, à la méditation ou à la prière.

■ CENTRE VACANCES NATURE DE LAC-BOUCHETTE
160, chemin de la Montagne
✆ 418-348-6832
www.centrevacancesnature.com
Centre de vacances, idéal pour les familles : location de places de camping et de chalets et activités nombreuses : sentier, hébertisme, volley-ball, canot, etc.

ROBERVAL

Roberval doit sa renommée à la célèbre Traversée internationale du Lac-Saint-Jean à la nage qui se déroule la dernière semaine de juillet. C'est un événement à ne pas manquer. Activités culturelles, familiales et sportives entourent ce prestigieux marathon de nage en eau libre (✆ 418-275-2851). Patrimoine architectural au centre-ville et belle marina. Différentes excursions sont également proposées à ceux qui veulent prendre la mer… ou plutôt le lac ! L'environnement est magnifique et l'atmosphère revigorante.

■ www.ville.roberval.qc.ca

Hébergement

■ CAMPING MONT-PLAISANT
1015, route de l'Aéroport ✆ 418-275-0910
Ouvert de mi-mai à mi-septembre. De 19 $ à 27 $ par jour pour 2 personnes. Visa, MasterCard. Il s'agit du plus grand site de camping en région avec piscine, mini-golf, animation.

■ HOTEL-CHATEAU ROBERVAL
1225, boulevard Marcotte
✆ 418-275-7511 – ✆ 1-800-661-7611
www.chateau-roberval.qc.ca
124 chambres et suites équipées. De 83 $ à 139 $ en double. Toutes cartes de crédit. Un restaurant et un bar. Internet sans fils, appels locaux gratuits. Hôtel 4-étoiles, tout confort, dans lequel séjournent les personnalités du milieu politique et artistique de passage dans la région. Au centre de ce grand hôtel, une piscine fera le bonheur des familles. Etablissement de tout confort. Piscine, restaurant, bar, salles de réunion. Forfaits disponibles.

■ GÎTE DU PASSANT « ENTRE DEUX RIVIÈRES »
Chez Michèle Laflamme et Lars Hansen
2143 rue St-Dominique – G8H 2M9
✆ 418-275 3761
michele.laflamme@cgocable.ca

@ « *Des 27 nuitées passées dans l'Est canadien, « Entre Deux Rivières » reçoit la médaille d'or pour les meilleurs petits déjeuners (spécialités locales) et figure également dans les 3 meilleurs gîtes de notre séjour pour l'accueil chaleureux, la propreté et la qualité des chambres (3) ; jeunes retraités, ils consacrent leur temps et ont un énorme plaisir à recevoir leurs hôtes et à leur donner des tuyaux. Et tout cela à un prix très raisonnable de CA$ 65.* » Pierre-Alain et Marianne A., Grône, novembre 2007.

Point d'intérêt

■ TRAVERSEE INTERNATIONALE DU LAC-SAINT-JEAN
1130, boulevard Saint-Joseph
✆ 418-275-2851 – www.traversee.qc.ca
Fin juillet. En 2004, la grande compétition a célébré son 50e anniversaire. Roberval vous invite pour cette fête ponctuée d'activités spéciales, de spectacles traditionnels en plein air, feux d'artifices et Marathon de la relève, sans oublier le fameux souper dans les rues réunissant 10 000 convives autour d'une table de 1 km de long.

SAGUENAY-LAC SAINT-JEAN

Zoo sauvage Saint-Félicien, ours polaires, Saguenay

MASHTEUIATSH (POINTE-BLEUE)

Prononcez « mash-té-oui-atch ». Appelée jadis Ouiatchouan, la communauté autochtone fut créée en 1856 et porte le nom de Mashteuiatsh depuis 1983 (première nation de la région). Les Pekuakamiulnuatsh (Montagnais du Lac-Saint-Jean) vous accueillent selon leurs valeurs et traditions.

Mashteuiatsh est l'endroit indiqué pour comprendre le mode de vie millénaire des autochtones. Vue imprenable et belle plage.

■ **www.mashteuiatsh.ca**

■ **BUREAU DU TOURISME**
1516, rue Ouiatchouan ℰ 418-275-7200
Ouvert tous les jours de mi-juin à début septembre.

Hébergement

■ **ALUEPUN TOTEM**
1020, rue Ouiatchouan
ℰ 418-275-6555
Ouvert de mai à octobre, 7j/7. A l'entrée sud de Mashteuiatsh, au kilomètre 122 de la Véloroute, Aluepun Totem, « l'endroit où je me repose », vous invite à dormir sous le tipi, la tente de prospecteur ou la maison longue. Sur place : animation culturelle, démonstration d'artisanat, dégustation de mets autochtones.

■ **B&B AUBERGE SHAKAHIKAN**
1380, rue Ouiatchouan ℰ 418-275-3528
www.gitedupassant.com/shakahikan
Ouvert de mai à octobre. 5 chambres, en simple de 60 $ à 70 $, en double de 75 $ à 90 $, petit déjeuner complet inclus. L'Auberge Shakahikan

(lac en montagnais), maison de style canadien, offre des chambres confortables, accueil chaleureux, piscine et plage privée.

■ **CAMPEMENT MONTAGNAIS LE TIPI**
2204, rue Ouitchouan ℰ 418-275-5593
Pour passer la nuit dans une tente en écorce. Sur réservation seulement.

Manifestation

■ **FÊTES AMÉRINDIENNES INTER-BANDES**
ℰ 418-275-2473
2ᵉ quinzaine de juillet. Des activités sportives et culturelles regroupent des Amérindiens de plusieurs nations du Québec.

Points d'intérêt

■ **ASHUAPMUSHUANIUSSI**
1671, rue Ouiatchouan ℰ 418-275-2473
Excursions de 1 à 5 jours en territoire Ilnu avec interprétation, circuit en canot ou rabaska, dégustation de mets amérindiens, randonnée pédestre, visite du poste de traite du lac Ashuapmushuan.

■ **MUSEE AMERINDIEN**
1787, rue Amishk
ℰ 418-275-4842 – ℰ 1-888-875-4842
www.museeilnu.ca
Ouvert tous les jours de mi-mai à mi-octobre de 10h à 18h, du lundi au jeudi de 9h à 12h et de 13h à 16h, le vendredi de 9h à 12h, et de 13h à 15h de mi-octobre à mi-mai, le samedi et le dimanche sur réservation pour groupes. Adultes : 8 $, aînés : 7 $, étudiants : 6 $, enfants de 0 à 6 ans : gratuit. Découverte de l'histoire millénaire des Pekuakamiulnuatsh (Montagnais du Lac-Saint-Jean) à travers

expositions, projection de films, artisanat typiquement Ilnu. On peut discuter avec les guides-interprètes Ilnuatsh.

SAINT-PRIME

Localité agricole et industrielle, Saint-Prime est reconnue mondialement pour la qualité exceptionnelle de son fromage cheddar.
Un arrêt à la fromagerie Perron s'impose pour déguster ce que les habitants du lac considèrent comme le meilleur cheddar. On pourra également profiter de la jolie plage publique.

■ MUSEE DU FROMAGE CHEDDAR
148, avenue Albert-Perron
℡ 418-251-4922 – ℡ 1-888-251-4922
www.museecheddar.org
Ouvert tous les jours du 1er au 20 juin de 10h15 à 17h30, du 22 juin au 2 septembre de 9h15 à 17h30, du 3 au 30 septembre de 10h15 à 17h30, du 1er octobre à mai sur réservation pour groupes. Visite et dégustation adultes : 7,95 $, étudiants et aînés : 6,95 $, enfants (6 à 12 ans) : 4,50 $, moins de 5 ans : gratuite. Durée : 1h. Témoin du passé, le musée du Fromage cheddar, c'est la vieille fromagerie Perron transformée en lieu d'interprétation du fromage. Visite guidée, familiarisation de la fabrication artisanale et industrielle du fromage cheddar et dégustation des produits.

SAINT-FÉLICIEN

Carrefour important de la région, cette petite ville industrielle posée sur les rives des rivières Ashuapmushuan, Mistassini et Ticouapé, est surtout connue pour son zoo. Le territoire de Saint-Félicien fut jadis le complice des allées et venues des Montagnais.

■ www.ville.stfelicien.qc.ca

■ BUREAU DU TOURISME
1209, boulevard Sacré-Cœur
℡ 418-679-9888
Ouvert toute l'année.

Hébergement

■ CAMPING SAINT-FELICIEN
2206, boul. du Jardin
℡ 418-679-1719
℡ 1-866-679-1719
www.campingstfelicien.com
Très grand camping, pour tentes et caravanes. Sur place : piscine, connexion Internet sans fil, coin snack et une grande tente pour l'animation. A deux pas du zoo sauvage de Saint Félicien.

■ A FLEUR D'EAU
1016, rue Sacré-Cœur ℡ 418-679-0784
www.multimania.com/afleurdeau
5 chambres, en simple de 55 $ à 60 $, en double de 55 $ à 65 $, Petit déjeuner complet inclus. Prix réduits du 1er octobre au 1er juin. Argent comptant et chèques de voyages uniquement. Belle petite maison aux chambres confortables et joliment décorées. Accueil chaleureux.

■ HOTEL DU JARDIN
1400, boulevard du Jardin
℡ 418-679-8422
℡ 1-800-463-4927
ww.hoteldujardin.com
85 chambres et suites équipées de 99 $ à 199 $. Toutes cartes de crédit. Forfaits disponibles. Etablissement de tout confort. Fine cuisine régionale. Piscine, sauna, centre de santé, restaurant, bar, centre de congrès.

■ **AUBERGE DES BERGES**
610, boulevard Sacré-Cœur
℡ 418-679-3346 – ℡ 1-877-679-3346
www.auberge-des-berges.qc.ca
A partir de 71 $ en basse saison, et 96 $ en haute saison, salle de bains privée, petit déjeuner inclus, possibilité de forfaits. Etablissement certifié vert. Dans cette ancienne résidence des Frères Maristes, devenue une auberge de style champêtre, l'accueil est convivial. Une bonne cuisine aux saveurs du terroir est servie dans la salle à manger ou en terrasse sur les rives de la rivière Ashuapmushuan. Jacuzzi extérieur.

Points d'intérêt

■ **ZOO SAUVAGE DE SAINT-FELICIEN**
2230, boulevard du Jardin
℡ 418-679-0543 – ℡ 1-800-667-5687
www.borealie.org
Route 167 Nord. Ouvert tous les jours du 1er juin au 31 août de 9h à 18h, du 1er septembre au 31 octobre de 9h à 17h, du 31 octobre au 1er mai sur réservation. Adultes : 29 $, aînés et étudiants : 25 $, enfants de 6 à 14 ans : 19 $, enfants de 3 à 5 ans : 12 $, 3 ans : gratuit, famille (2 adultes avec 2 enfants) : 85 $. Durée de la visite : minimum 4h, incluant la visite du parc et la projection de deux films. Les humains en cage, les animaux en liberté ! Un concept unique, et l'une des grandes attractions du Québec. Assis dans un train grillagé, vous ferez une balade inoubliable à travers le Canada d'est en ouest, parmi sa faune étonnante : ours noirs, grizzlis, caribous, cerfs, loups, couguars, bisons, orignaux, bœufs musqués, etc., également aigles et échassiers, tous évoluant dans leurs habitats naturels. Sans oublier les fameux sentiers de la nature et le zoo traditionnel situé sur l'Ile-aux-Bernard que traverse une rivière en cascades. Ne ratez pas les nouveaux arrivants : des macaques du Japon.

© MARC GAGNON

Zoo sauvage Saint-Félicien, ours sous l'eau

L'aventure au pays des caribous

Comment réagir quand on petit-dejeune face à face avec un caribou ? Pour le savoir, une solution : opter pour le forfait « l'aventure au pays des Caribous ». Pendant deux jours et toute une nuit, c'est une visite très complète du zoo sauvage que l'on combine avec un tour en canot, la découverte des coulisses, une nuit en tente et un bon repas au coin du feu. Caribous inclus ! Sur réservation.

Zoo sauvage Saint-Félicien, carcajou, Saguenay

LA DORÉ

Petite municipalité prospère et dynamique. Aire de recueillement au cap Sainte-Anne et belvédère, sur la route Saint-Joseph en direction de Normandin, offrant de beaux points de vue sur la rivière Ashuapmushuan.

■ LE MOULIN DES PIONNIERS

3951, rue des Peupliers
℡ 418-256-8242 – ℡ 1-866-272-8242
www.moulindespionniers.qc.ca
Ouvert tous les jours du 1er juin au 1er octobre. Groupes sur réservation. Adulte : 9 $, aîné : 7 $, enfant de 6 à 14 ans : 6 $, 5 ans : gratuit, famille : 20 $. A 15 km de Saint-Félicien et dans un site enchanteur, le Moulin des Pionniers vous fait découvrir l'un des derniers moulins à scie fonctionnant à l'énergie hydraulique (en opération depuis 1889). Visite de la maison ancestrale avec personnages d'époque, la petite ferme, camp de bûcherons avec repas traditionnels, étangs de pêche (truite et ouananiche). Promenade en charrette, sentiers pédestres, balade en chaloupe. Possibilité d'hébergement sur place.

RÉSERVE FAUNIQUE ASHUAPMUSHUAN

Kilomètre 33, Route 167
℡ 418-256-3806
www.sepaq.com
Réservations Sépaq ℡ 1-800-665-6527
A 65 km de Roberval. Les postes d'accueil sont ouverts de mai à septembre. Après la mi-octobre, les droits d'accès sont disponibles au bureau administratif situé à la même adresse que l'accueil Sud. Les heures d'ouverture varient selon la saison. Jadis, lieu de prédilection pour la qualité et la quantité des fourrures, d'où de nombreux postes de traite localisés le long du lac Ashuapmushuan et sur les rives du lac Nicabau, ce vaste territoire de 4 487 km² possède d'innombrables ressources naturelles.

La réserve faunique Ashuapmushuan (là où on observe l'orignal) offre un excellent potentiel récréatif pour pêcheurs sportifs avec ses 100 lacs à truite mouchetée, doré, brochet, truite grise (touladi) et corégone, et pour les amateurs de chasse. Activités de canotage et canot-camping sur la rivière Ashuapmushuan qui s'étire sur plus de 200 km. Faune : orignal, ours noir, loup, renard, lièvre et une multitude d'espèces d'oiseaux dont la gélinotte huppée et le tétras du Canada. 22 chalets répartis sur 3 sites, 50 emplacements de camping, hébergement rustique au km 48, en bordure de la rivière Ashuapmushuan. Location d'équipement : canots, chaloupes, gilets de flottaison.

Activités : canotage, canot-camping, chasse à l'orignal et à l'ours, chasse au petit gibier (à la journée et séjour), observation de la faune, pêche (à la journée et séjour) chaloupe, randonnée pédestre, descente de rivière en canot rabaska (forfait disponible pour groupes de 10 personnes minimum).

SAGUENAY-LAC SAINT-JEAN

▶ **Pour vous rendre à Normandin,** vous avez deux options, soit reprendre la route 167 Sud jusqu'à La Doré et emprunter la route Saint-Joseph ou la route 167 Sud jusqu'à Saint-Félicien et prendre la route 169 Nord, à Saint-Méthode, prendre à gauche vers Normandin.

NORMANDIN

On vient à Normardin surtout pour visiter les jardins. Le centre-ville ainsi qu'une forêt publique bien aménagée agrémenteront votre séjour. Le site de Chute à l'Ours vaut également le détour.

■ www.ville.normandin.qc.ca

■ **BUREAU TOURISTIQUE**
1061, rue Saint-Cyrille
✆ 418-274-4597
Ouvert tous les jours du 15 juin au 1ᵉʳ septembre.

Hébergement

■ **LES GITES MAKADAN**
1728, rue Saint-Cyrille
✆ 418-274-2867 – ✆ 1-877-625-2326
www.gitemakadan.cjb.net
5 chambres agréables dans une maison de ferme, en simple : 50 $, en double de 65 $ à 85 $, petit déjeuner inclus.

Points d'intérêt

■ **LES GRANDS JARDINS DE NORMANDIN**
1515, avenue du Rocher
✆ 418-274-1993 – ✆ 1-800-920-1993
www.lesgrandsjardinsdenormandin.com
Ouvert tous les jours, de juin à septembre, de 9h à 18h. Adultes : 12 $, aînés : 10 $, étudiants : 6 $, 6 ans et moins : gratuit, famille : 25 $. Durée de la visite guidée : 1h30. Sur plus de 17 ha, on a voulu recréer l'atmosphère des jardins anciens européens, et c'est plutôt réussi. Autour d'un grand potager décoratif (10 000 km²), plus de 65 000 fleurs dessinent des décors hauts en couleurs. Suivez le circuit proposé qui vous conduira de la Grande Allée au Jardin des Herbes, au belvédère, au Tapis d'Orient, au Parterre du Midi et à la Pergola.

■ **SITE TOURISTIQUE CHUTE-A-L'OURS**
101, chemin Louis-Ovide-Bouchard
✆ 418-274-3411
www.chutealours.com
Circuit cyclable qui mène au site avec son camping et aménagements, dont des sentiers de randonnée pédestre. Lieu magnifique.

▶ **Reprendre la route 169 Nord** en direction de Dolbeau-Mistassini.

DOLBEAU-MISTASSINI

Traversée par les rivières Mistassini et Mistassibi, Dolbeau-Mistassini offre d'agréables plages de sable aménagées, de beaux sites naturels, ainsi qu'une série d'activités et de festivals.

■ www.ville.dolbeau-mistassini.qc.ca

Pratique

■ **BUREAU TOURISTIQUE**
400, boulevard des Pères
✆ 418-276-7646
Ouvert tous les jours du 15 juin au 1ᵉʳ septembre.

■ **HOPITAL MARIA CHAPDELAINE**
2000, boulevard Sacré-Cœur
✆ 418-276-1420

Hébergement

■ **CAMPING SAINT-LOUIS**
543, rang Saint-Louis
✆ 418-276-4670 – ✆ 1-877-276-4670
www.angelfire.com/pq2/stlouis
Ouvert de juin à septembre. Entre 18 $ et 28 $ (avec ou sans service) la tente avec 2 ou 3 personnes. Camping avec toutes les commodités, dont une piscine. Possibilité de louer des chalets.

■ **GITE JARDIN DES QUATRE SAISONS**
2562, boulevard Wallberg
✆ 418-276-5561 – www.gitejardin.com
5 chambres, en simple : 70 $, en double de 75 $ à 80 $, petit déjeuner complet inclus. Argent comptant et chèques de voyages uniquement. Belle maison de style normand nichée dans un environnement fleuri et verdoyant. Chambres confortables. Accueil chaleureux.

Manifestations

■ **FESTIVAL EXTREME WESTERN**
✆ 418-276-1695
www.festival10jourswestern.com
Mi-juillet. Dans un village de style western reconstitué pour la circonstance, le festival extreme Western, connu à travers la province, propose parade, rodéo, danse country, spectacles. Ambiance sympathique.

■ **FESTIVAL DU BLEUET**
✆ 418-276-1241

www.festivaldubleuet.qc.ca
Fin juillet à début août. Festival populaire sous le thème du bleuet, emblème des Jeannois par excellence. Activités et spectacles, jeux gonflables, concours, dégustation d'une tarte géante aux bleuets et grand défilé.

Sports et loisirs

■ **CENTRE EQUESTRE DOLBEAU**
505, 23ᵉ Avenue
℃ 418-276-9501
www.centreequestredolbeau.com
Randonnées équestres à l'heure et à la journée, de jour et de nuit. Séjours et cours d'initiation. Balade en carriole et accueil de groupes. Forfaits disponibles.

■ **CIRCUIT AVENTURE MOTONEIGE**
914, rang Saint-Louis ℃ 418-276-5645
www.aventure-motoneige.com
Location de motoneiges à la journée ou expéditions de 6 jours avec guide expérimenté. Forfaits disponibles.

PÉRIBONKA

Péribonka « là où le sable se déplace » se situe à proximité de la rivière Péribonka, du Lac-Saint-Jean et du Parc de la Pointe-Taillon. On se souvient de Louis Hémon, qui a rendu célèbre ce petit village qu'il décrit dans son roman *Maria Chapdelaine*, publié en 1914. Mort en 1913 (et né à Brest en 1880), Louis Hémon n'a pas eu le temps de savourer sa gloire, puisque son œuvre fut publiée après sa mort accidentelle, survenue immédiatement après avoir présenté son manuscrit à son éditeur parisien.

Hébergement

■ **AUBERGE L'ILE-DU-REPOS (AUBERGE DE JEUNESSE)**
105, chemin de l'Ile-du-Repos
℃ 418-347-5649
Ouverte toute l'année. 19 $ pour les membres de la FUAJ, 23 $ pour les non-membres. Chambre privée simple : 63,25 $, chambre privée double : 71,50 $. Environ 55 unités (chambres familiales disponibles). L'Auberge l'Ile-du-Repos est située sur une île privée et donne sur la rivière Péribonka. Lieu paisible qui offre de nombreuses activités : randonnée pédestre, baignade, plage, randonnée en raquettes et ski de fond. Restaurant, café-bar, spectacles d'artistes locaux.

Points d'intérêt

■ **MUSEE LOUIS-HEMON**
Complexe touristique Maria Chapdelaine, 700, route Maria Chapdelaine, Périnbonka
℃ 418-374-2177
www.destination.ca/museelh
Ouvert de juin à septembre, tous les jours de 9h à 17h, hors saison, du lundi au vendredi de 9h à 16h. Adultes : 5,50 $, aînés : 4,50 $, étudiants et enfants : 3,50 $, enfant de 0 à 5 ans : gratuit. Durée moyenne de la visite : 1h30. Lieu historique qui évoque les émouvants passages du roman *Maria Chapdelaine* à travers des écrits et objets personnels. L'exposition Paysages littéraires du Canada français plaira à ceux qui veulent en savoir plus sur la culture francophone. Sur le site, un sentier pédestre conduit les visiteurs sur les traces de Maria. Expositions et galerie d'œuvres d'artistes reconnus. Enfin, on retrouve la maison Samuel-Bédard (celle de Maria décrite dans le livre) qui hébergea l'auteur breton en 1912.

SAINTE-MONIQUE

Située à proximité du superbe parc national de la Pointe-Taillon, c'est un lieu de vacances idéal. Hébergement, camping, pêche en étang, location de vélos, randonnées pédestres.

■ **PARC NATIONAL DE LA POINTE-TAILLON**
825, Rang 3 Ouest, Saint-Henri-de-Taillon
℃ 418-347-5371
www.sepaq.com/pointetaillon
Réservations Sépaq ℃ 1-800-665-6527
Ouvert de juin à octobre. Accès quotidien adultes : 3,50 $, enfants : 1,50 $. Tarif de stationnement applicable. Postes d'accueil : Taillon (Sud) (route 169, rang 3 Ouest Saint-Henri-de-Taillon), Sainte-Monique (Nord) (route 169, rang 6 Ouest Sainte-Monique). **Hébergement :** 4 campings rustiques accessibles à bicyclette, en embarcation nautique ou à pied. **Activités :** baignade, location canot et kayak, bicyclette (45 km), randonnée pédestre (45 km). Le parc national de la Pointe-Taillon (92 km²) offre un accès exceptionnel au lac Saint-Jean et à la rivière Péribonka et ses magnifiques plages de sable fin et sa piste cyclable aménagée en pleine nature (qui fait partie du célèbre circuit La Véloroute des Bleuets). La faune y est abondante et variée : orignaux, castors et oiseaux (les bernaches et la grande oie des neiges du Canada survolent le parc par milliers en période de migration).

ALMA

Près de la source de la rivière Saguenay, cette petite ville fondée en 1854, doit son nom à la bataille de Crimée que les troupes franco-britanniques venaient de remporter sur l'armée russe. Tout d'abord centre agricole et forestier, son industrialisation commença avec l'implantation de la papeterie Price, puis du complexe hydroélectrique de l'Isle-Maligne, et, à partir des années quarante, avec l'installation de l'aluminerie de la société Alcan. Vie culturelle et artistique, quartiers patrimoniaux, nombreuses activités de plein air… Alma est la capitale jeannoise au pays des bleuets.

■ **www.tourismealma.com**

Pratique

■ **BUREAU TOURISTIQUE**
1682, avenue du Pont-Nord
℡ 418-668-3611 – ℡ 1-877-668-611
Ouvert toute l'année.

■ **HOPITAL**
℡ 418-669-2000

Hébergement

■ **COMPLEXE TOURISTIQUE DAM-EN-TERRE**
1385, chemin de la Marina
℡ 418-668-3016 – ℡ 1-888-289-3016
www.damenterre.qc.ca
Ouvert à l'année. Une nuit : chalet 1 chambre pour 2 personnes, basse saison à partir de 83 $, haute saison à partir de 111 $, camping à partir de 22 $. A 6 km d'Alma, sur la véloroute des Bleuets. Prendre l'avenue du Pont, puis à gauche le boulevard des Pins, chemin de la Marina. En bordure de la rivière Grande-Décharge, le complexe touristique Dam-en-Terre, sauvage et boisé, offre hébergement et un large choix d'activités. 200 emplacements de camping aménagés (tente, tente roulotte, caravane motorisée), location d'appartements équipés (2 à 6 personnes), location de chalets équipés (2 personnes). Piscine, tour d'escalade, plage aménagée pour la baignade, location de canot, kayak, Pédalo, vélo, sentiers pédestres et marina. En hiver : raquettes et une patinoire de 1,5 km dans un sentier boisé. Croisière sur le Lac-Saint-Jean à bord du MV La Tournée. Restaurant, théâtre, salles de réunion. Forfaits disponibles.

■ **GITE RIVERBEND**
1155, rue Price Ouest
℡ 418-662-7902
3 chambres, en simple : 55 $, en double : 70 $, petit déjeuner complet inclus. Charmante maison patrimoniale de 1924 de style anglo-saxon. Chambres confortables et joliment décorées. Danielle est sculpteur, Alain est peintre. Tous deux vous réservent un accueil chaleureux.

■ **ALMATOIT**
755, Price Ouest
℡ 418-668-4125 – ℡ 1-888-668-4125
www.almatoit.com
5 chambres de 60 $ à 75 $ la double. Belle maison centenaire, dans un beau jardin, très proche de la piste cyclable et du centre-ville d'Alma. Bons petits déjeuners à base de produits terroir régional et/ou biologiques. Le propriétaire connaît très bien la ville et vous en parlera avec plaisir.

■ **HOTEL UNIVERSEL**
1000, boulevard des Cascades, Alma
℡ 418-668-5261 – ℡ 1-800-263-5261
www.hoteluniversel.com
70 chambres. L'hôtel Universel a maintenant 4-étoiles, ce qui en fait le seul hôtel de sa catégorie à Alma et ses environs, avec cinquante-sept chambres régulières réparties sur quatre étages, offrant une vue imprenable sur la rivière Petite-Décharge et le centre-ville d'Alma et treize suites exécutives au rez-de-chaussée, plus spacieuses.

Restaurants

■ **APOLLO**
435, rue Sacré-Cœur ℡ 418-480-4888
Le midi : 10 $, le soir de 15 $ à 20 $, table

d'hôtes de 14 $ à 24 $. Le restaurant Apollo propose des spécialités grecques et italiennes. Souvlakis, pizzas, grillades. Terrasse.

■ **CHEZ MARIO TREMBLAY**
534, rue Collard Ouest
✆ 418-668-7231 – www.lerbmt.com
Table d'hôte de 19 $ à 33 $. A la carte de 7 $ à 38 $. Mets québécois savoureux, fruits de mer et grillades dans un temple du hockey. Nous sommes ici dans la propriété du célèbre ex-joueur de hockey du Canadien de Montréal, Mario Tremblay, qui jouit du même genre de popularité que les plus grandes idoles de foot. Terrasse.

Manifestations

■ **FESTIVAL TAM TAM MACADAM**
✆ 418-668-5211 – ✆ 1-888 -668-5211
Août. Evénement biennal. Grande fête populaire de 4 jours aux couleurs et aux rythmes du monde, dans le centre-ville d'Alma.

Points d'intérêt

■ **L'ODYSSEE DES BATISSEURS**
1671, avenue du Pont Nord
✆ 418-668-2606 – ✆ 1-866-668-2606
www.odysseedesbatisseurs.com
Ouvert tous les jours, mi juin au 3 septembre de 9h à 17h30, du 4 au 30 septembre de 9h à 16h, basse saison, du lundi au vendredi de 9h-12h et 13h-16h. Visites guidées disponibles toutes les heures. Adultes : 14 $, aînés : 13 $, enfant de 0 à 14 ans : gratuit. Durée : 3h. Le parc thématique, L'Odyssée des Bâtisseurs, ouvert en juin 2004, propose une expérience vivante vous démontrant l'importance de l'eau dans le développement de la région. A travers ses expositions, on découvre l'installation des premières compagnies d'exploitation du bois, les grands moments de la construction de la centrale Isle-Maligne. Dans les lieux d'exposition en plein air, c'est de façon très interactive que sont présentés les métiers liés à l'eau et à la construction de navires ainsi que des points importants de l'histoire de la ville. Depuis le château d'eau, la vue est fort intéressante. Possibilité de continuer sa visite en faisant une randonnée sur l'île Maligne en prenant un petit traversier.

■ **JARDIN SCULLION**
1985, rang 7 Ouest
L'Ascension de Notre Seigneur
✆ 418-347-3377 – ✆ 1-800-728-5546
www.jardinscullion.com

Ouvert tous les jours du 15 juin au 30 sept. Adultes : 18 $, 5-16 ans : 8 $, moins de 6 ans : gratuit. Magnifiques jardins regroupant 850 espèces de plantes venues des 5 continents. Coin mini-ferme pour les enfants.

■ **EQUINOXE**
1041, avenue du Pont Sud
(complexe de la Dam en Terre)
✆ 419-668-7381 – ✆ 1-888-668-7381
www.formaction.ca
Location de vélos (*N. B. :* la véloroute des Bleuets passe par Alma), de kayaks de mer (pour aller, entre autres, sur les îles d'Alma), de rabaska (grande embarcation), de canots et de pédalos.

■ **QUARTIER PATRIMONIAL DE RIVERBEN**
A 15 min à pied du centre-ville d'Alma, on découvre ce qui fut la plus petite ville d'Amérique du Nord dans les années vingt. En effet, 34 maisons d'architecture nord-est américaine, furent bâties entre 1924 et 1926, pour accueillir les cadres supérieurs anglophones de l'entreprise Price. Riverbend possède un héritage culturel qui fait partie du patrimoine almatois.

▶ **Retour à la case départ par la route 169 Sud vers Saint-Bruno,** d'où on récupère la 170 en direction de Chicoutimi. Pour gagner la rive nord du Saguenay, reprenez le pont Dubuc et la route 172 vers l'est, à quelques kilomètres.

SAINT-GÉDÉON

■ **AUBERGE DES ILES**
250, rang des Iles, Saint-Gédéon
✆ 418-345-2589 – ✆ 1-800-680-2589
www.aubergedesiles.com
La seule auberge sur les rives du Lac-Saint-Jean, l'Auberge des Iles déploie ses charmes dans un décor de rêve. Sur place, tout est fait pour passer un séjour parfait : jolie plage ultra-tranquille, bon petit restaurant avec vue, bien sûr ! Trente-deux chambres luxueuses et spacieuses, dont vingt-neuf avec balcon et vue sur le lac.

■ **MICROBRASSERIE DU LAC-SAINT-JEAN**
120, rue de la Plage ✆ 418-345-8758
Toute nouvelle microbrasserie. On dégustera les produits faits sur place à l'intérieur ou sur la terrasse. Le lieu est idéalement situé : sur la véloroute des Bleuets et à proximité de belles plages.

SAGUENAY-LAC SAINT-JEAN

GASPÉSIE – ÎLES DE LA MADELEINE

Skieurs,
parc national
de la Gaspésie
© SÉPAQ - JEAN-PIERRE HUARD

La Gaspésie

La Gaspésie

LE QUÉBEC MARITIME

Bas-Saint-Laurent, Gaspésie,
Côte-Nord, Îles de la Madeleine

La péninsule gaspésienne est l'une des destinations privilégiées du Québec. Quand on dit Gaspésie, on pense aussitôt homard, saumon, crevette.

On pense aussi rocher Percé, île Bonaventure, fous de Bassan, baie des Chaleurs, Forillon, jardins de Métis, forêts de conifères, rivières, caps, anses, grèves, fossiles et agates... Immense avancée dans l'océan où se confrontent sans cesse la mer et les montagnes vieilles de plusieurs millions d'années, territoire des Micmacs, les Indiens de la mer, qui l'occupent depuis plus de 2 500 ans. Sur cette terre, tous ont fait halte : les Acadiens, les loyalistes, les Bretons, les Basques, les Anglais, les Jersiais, les Écossais.

Comprise entre l'estuaire du Saint-Laurent, le Nouveau-Brunswick et le golfe du Saint-Laurent, la Gaspésie est dominée au nord par les monts Chic-Chocs aux versants couverts de l'épaisse forêt boréale. Ses parcs naturels (Gaspésie, Forillon) et ses réserves d'oiseaux (fous de Bassan de l'île Bonaventure) jouissent d'une réputation internationale. Du côté de l'estuaire, son littoral est parsemé de paisibles villages de pêcheurs, tandis que sa pointe orientale, rocheuse, découpée et brossée par les flots, est particulièrement sauvage et spectaculaire, notamment à Forillon et à Percé. Au sud, les hautes terres, dépourvues de lacs, sont profondément entaillées par des rivières qui se jettent dans la baie des Chaleurs. Protégée des vents polaires, cette région bénéficie effectivement d'un microclimat méridional.

Au large, dans le golfe, les grès rouges des Appalaches ont subsisté aux îles de la Madeleine, archipel isolé et battu par les vents qui fait encore partie du Québec.

On se doit de faire le tour complet de la Gaspésie. Le Petit Futé suggère donc d'amorcer ce tour à Sainte-Flavie, en suivant la route 132 Est qui longe d'abord le littoral de l'estuaire du Saint-Laurent, puis la pointe de Forillon, Gaspé, Percé, la baie des Chaleurs, jusqu'à Matapédia où l'on bouclera la boucle en remontant la vallée du même nom. Le rocher Percé sera ainsi un peu plus long à atteindre : une façon de faire durer le plaisir ! Et de humer avec bonheur le grand air marin du large...

Plus vous avancerez, plus vous serez conscients de la magie de progresser entre la falaise sans fin et la mer. Un goût de Bretagne, un zeste de Norvège, c'est déjà l'annonce du Canada atlantique. Et pourtant, la Gaspésie rayonne d'une splendeur typiquement québécoise, encore mystérieuse pour ceux qui prétendent bien la connaître.

Une chose est certaine : vous reviendrez de votre périple autour de la péninsule avec des images inoubliables et l'envie d'y retourner. Prévoyez une petite laine tout de même...

La Gaspésie s'éveille à la mi-juin et se rendort fin octobre (la majorité des musées et boutiques ferment alors et les activités cessent pour le reste de l'année). C'est pendant la saison brève de l'été que tout le monde s'y rend.

Les immanquables de la Gaspésie

Curiosités naturelles

▶ **Jardins de Métis.**

▶ **Parc de la Gaspésie.**

▶ **Parc national de Forillon.**

▶ **Le rocher Percé et l'île Bonaventure** (fous de Bassan).

▶ **Parc de Miguasha** (fossiles).

Évocations du passé

▶ **Site historique de Paspébiac** (pêche à la morue).

▶ **Musée acadien de Bonaventure.**

▶ **Centre de l'héritage britannique** (New Richmond).

▶ **Bataille navale de la Ristigouche.**

▶ **Les Micmacs de Restigouche.**

Les hivers y sont moins froids qu'on ne l'imagine, et les étés plus doux aussi, en partie à cause du vent constant qui vient de l'océan. Enfin, bien qu'il soit possible de se rendre en Gaspésie par autobus ou en voyage de groupe organisé, il est toujours préférable d'en faire le tour en voiture. Autre solution : se rendre jusqu'à Gaspé en train et y louer une voiture.

Transports

Un conseil : ayez toujours en tête que les distances au Québec sont importantes : Gaspé se trouve à près de 1 000 km de Montréal !

Avion

■ **AIR CANADA**
✆ 1-888-247-2262 – www.aircanada.ca
Dessert les aéroports de Gaspé et Mont-Joli.

■ **PASCAN AVIATION**
✆ 1-888-313-8777 – www.pascan.com
Dessert Mont-Joli, Bonaventure et Rocher Percé.

Bateau

■ **TRAVERSIERS**
Matane-Baie-Comeau, Matane-Godbout (durée 2h20)
✆ 1-877-562-6560
www.traversiers.gouv.qc.ca
Rimouski Forestville ✆ 1-800-973-2725
D'avril à octobre seulement.
www.traversier.com

■ **CTMA VACANCIER**
✆ 1-888-986-3278 – www.ctma.ca
Hebdomadaire. Départ Montréal pour les îles de la Madeleine. Escale à Matane en février et mars et à Chandler de mai à octobre. Navire semi-cargo semi-passagers, réservation obligatoire.

Bus

■ **ORLEANS EXPRESS**
✆ 1-888-999-3977
www.orleansexpress.com
Dessert toute la Gaspésie, sauf Murdochville.

Train

■ **VIA RAIL**
✆ 1-888-842-7245
www.viarail.ca
Le train Le Chaleur dessert Percé et Gaspé (départ Montréal). Départ trois fois par semaine ✆ 418-368-4313 terminus Gaspé. Pas de service sur la côte nord entre Mont-Joli et Gaspé.

Voiture

Quelques kilomètres après Rivière-du-Loup, prendre la route 132 Est qui longe le fleuve et fait le tour de la péninsule gaspésienne.

Pratique

www.tourisme-gaspesie.com

■ **ASSOCIATION TOURISTIQUE REGIONALE DE LA GASPESIE**
357, route de la Mer, Sainte-Flavie
✆ 418-775-2223 – ✆ 1-800-463-0323
Ouvert tous les jours de 8h à 20h de mi-juin à mi-septembre et le reste de l'année de 8h30 à 16h30.

■ **RECHERCHE ET SAUVETAGE MARITIME**
✆ 1-800-463-4393
(en cas d'urgence seulement)

■ **HEURES DES MAREES**
✆ 418-269-3282

■ **METEO**
✆ 418-722-3081

◼ LE LITTORAL NORD

SAINTE-FLAVIE

Sainte-Flavie, bourg agricole, est la porte d'entrée de la péninsule gaspésienne. Ici la route se sépare en deux.
On reviendra du grand tour par celle qui vient du sud.

■ **www.saintflavie.net**

■ **MAISON DU TOURISME**
357, route de la Mer
✆ 418-775-2223 ✆ 1-800-463-0323
Ouvert tous les jours mi-juin à début septembre de 8h à 20h, hors saison de 8h30 à 16h30.

De nature
à vous plaire

BAS-SAINT-LAURENT, GASPÉSIE, CÔTE-NORD, ÎLES DE LA MADELEINE

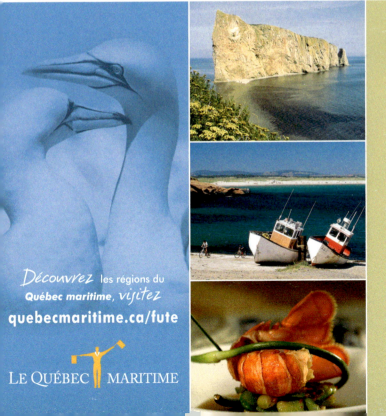

Découvrez les régions du
Québec maritime, *visitez*

quebecmaritime.ca/fute

LE QUÉBEC MARITIME

Vivez les parcs nationaux de la Gaspésie

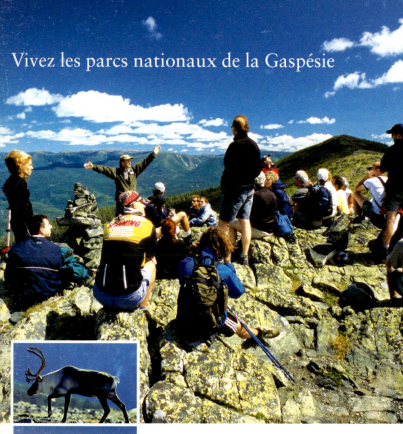

Sur la route, prenez le temps de vous arrêter da
un de nos quatre parcs nationaux:

Bic – Venez observer les phoques se prélasser
soleil au milieu d'anses, de baies et de caps q
embrassent la mer.

Gaspésie – Marchez les hauts sommets des Ch
Chocs et découvrez un environnement montagna
exceptionnel, habité par le caribou des bois.

Île-Bonaventure-et-du-Rocher-Percé – Venez admir
de tout près les rituels amoureux de la pl
importante colonie de fous de Bassan au monde.

Miguasha – Découvrez cet écrin aux tréso
qui nous livre les secrets de fossiles datant
380 millions d'années.

▯ Parc national du Bic

▯ Parc national de la Gaspésie

▯ Parc national de l'Île-
   Bonaventure-et-du-Rocher-Percé

▯ Parc national de Miguasha

1 800 665-6527 • ParcsQuebec.com

Parcs
Québ

Conserver. Protéger. Déco

Hébergement

■ **MOTEL LA GASPÉSIANA**
460, route de la Mer
℡ 418-775 7233
℡ 1-800-404-8233
www.gaspesiana.com
A partir de 75 $ la chambre. 46 chambres, la plupart avec vue sur mer. Depuis plus de 50 ans, ce motel accueille les visiteurs qui arrivent en Gaspésie. Les vues sur la mer sont très agréables. On profitera du restaurant sur place, dans lesquels les produits de la mer et les spécialités régionales sont à l'honneur.

Points d'intérêt

■ **CENTRE D'ART MARCEL-GAGNON**
564, route de la Mer
℡ 418-775-2829
www.centredart.net
Ouvert tous les jours du 1er mai à mi-octobre 7h30 à 22h, hors saison de 8h à 21h. Entrée libre. L'attrait principal du musée est incontestablement une petite île de Pâques québécoise que l'on verra à l'extérieur : l'énigmatique Grand Rassemblement, du même artiste, formé de plus de 80 statues grandeur nature, sorties tout droit du fleuve, dressées au grand vent et figées dans le temps. Les visiteurs amateurs de belles vues et d'atmosphère chaleureuse seront ravis d'apprendre qu'un restaurant et une auberge les accueilleront à même la galerie d'art.

■ **PARC DE LA RIVIERE MITIS**
900, route de la Mer
℡ 418-775 2969
www.parcmitis.com
Ouvert tous les jours du mi-juin à début

septembre, de 9h à 17h. Entrée : 5 $. Le parc de la rivière Mitis invite à la détente dans un décor enchanteur. Les tours d'observation permettent d'admirer les magnifiques paysages de la rivière Mitis et du fleuve Saint-Laurent. Plage isolée. De nombreux cormorans ont trouvé refuge sur une île à proximité.

GRAND-MÉTIS ET METIS-SUR-MER

Quelques kilomètres plus loin, Grand-Métis et Métis-sur-Mer sont aujourd'hui encore des destinations privilégiées de la bourgeoisie anglaise de Montréal. Métis est une forme récente de l'orthographe Mitis (nom de la rivière), mot micmac dont la signification reste obscure.
Le père Pacifique pense qu'il vient du terme micmac Miti Sipo, qui signifie rivière du peuplier. D'après monseigneur Guay, cette appellation viendrait du mot micmac mistik, qui veut dire bouleau. Pierre-George Roy, pour sa part, prétend que Métis signifie tremble ou bouleau car la rivière Mitis est bordée de ces arbres.
On dit encore que mitis est une déformation du mot métioui ou mitiwee employé par les Micmacs et les Malécites pour désigner un lieu de réunion. Quoi qu'il en soit...
En 1886, Lord Mount Stephen, président fondateur du Canadian Pacific achetait, au seigneur de Grand-Métis, des terres situées au confluent de la rivière Métis et du Saint-Laurent pour y pratiquer la pêche. Sa nièce Elsie Meighen Reford hérita du domaine en 1918 et le transforma en jardins de 1926 à 1954.

GASPÉSIE - ÎLES DE LA MADELEINE

Hébergement

■ AUBERGE DU GRAND FLEUVE
131, rue Principale, Métis-sur-Mer
☏ 418-936-3332 – ☏ 1-866-936-3332
www.aubergedugrandfleuve.qc.ca
A partir de 180 $ la nuit pour 2 personnes,
incluant le dîner et le petit déjeuner. Ouvert du
8 mai au 11 octobre. Auberge très soignée, très
calme, avec vue sur le fleuve. Les littéraires
apprécieront l'accent mis sur les livres et
l'accès à une grande bibliothèque. La salle à
manger, comme les autres pièces est décorée
avec chaleur. Son restaurant, ouvert le soir,
offre une cuisine française raffinée, se
déclinant dans les poissons et fruits de mer.
Bref, une adresse à ne pas manquer !

■ DOMAINE BEL AZUR
13, route 132 Ouest, Métis-sur-Mer
☏ 418-936-3417
De 75 à 85 $ la cabine, équipée d'un frigo
et d'une bouilloire. Ouvert du 1er juin à début
septembre. Les fameuses petites cabines
de la Gaspésie (petite maison, avec une
chambre, habitable en été seulement) ont

été conservées avec beaucoup de soin dans ce
domaine. Construite en 1930, par le petit-fils
des premiers propriétaires gère désormais
les cabines. Coquettes et fleuries, toutes ont
leur balcon et leur table pique-nique depuis
laquelle la vue sur mer vous enchantera.
Accès à la plage.

■ AUBERGE MÉTIS-SUR-MER
387, chemin Patton ☏ 418-936-3563
www.aubergemetissurmer.qc.ca
Chalet à partir de 950 $ par semaine, motel
à partir de 85 $ la nuit et auberge à partir de
70 $ la nuit. Forfaits disponibles. C'est sans
aucun doute pour se détendre que l'on vient
dans cette auberge, au bord de l'eau et en
face d'un phare. En plus d'un cadre ultra
relaxant, on profitera d'un centre de soins,
qui prodigue des massages, à l'intérieur ou
sur la plage !

Points d'intérêt

■ JARDINS DE METIS
200, route 132 ☏ 418-775-2222
www.jardinsmetis.com
Ouvert tous les jours début juin à mi-octobre

de 8h30 à 17h, juillet et août de 8h30 à 18h. Adultes : 14 $, enfants 6-13 ans : gratuit. Ces jardins à l'anglaise d'une superficie de 17 ha bénéficient d'un microclimat exceptionnel. Ils comprennent plus de 3 000 espèces de fleurs et de plantes ornementales, parmi lesquelles certaines sont très rares. L'ensemble est composé de six jardins distincts où poussent plantes annuelles et plantes vivaces : le massif floral comprenant pivoines, lupins, bégonias, les rocailles présentant la flore des régions montagneuses, le jardin des rhododendrons, fleuri au début de l'été, qui accueille aussi le rare pavot bleu (fleuri en juillet), originaire d'Himalaya et qui est l'emblème floral des jardins de Métis, le jardin des pommiers, le jardin des primevères, la flore québécoise du sous-bois. Depuis 2000, un festival international de jardins est organisé chaque année. Des œuvres florales avant-gardistes, venues du monde entier y sont présentées de fin juin à fin septembre.

■ **VILLA**

Dans les jardins de Métis

Ouvert de 9h à 17h (restauration, musée, boutique), groupes sur réservation. Au centre des jardins s'élève un immense manoir de trente-sept pièces, le pavillon de pêche de lord Mount Stephen que sa nièce avait fait agrandir. Il est aujourd'hui transformé en musée. A l'étage, on visite une nouvelle exposition présentant des objets de la vie courante d'Elsie Reford et des photographies prises par Robert Wilson Reford. Au rez-de-chaussée : restaurant, café et boutique d'artisanat où vous trouverez des objets de qualité. Le restaurant, aux prix très abordables, a été installé dans la salle à manger de la villa où l'on s'est efforcé de recréer l'atmosphère d'antan.

MATANE

Le nom de la ville viendrait d'un mot indien d'origine micmac signifiant vivier de castor. Port industriel, centre commercial et administratif, Matane possède un chantier naval et l'usine de transformation de la crevette la plus importante du Québec. On entreprendra donc d'engloutir ces petits crustacés décapodes de toutes les façons possibles. Allergiques s'abstenir ! Le traversier mène de Matane à Baie-Comeau et de Matane à Godbout, sur la rive nord (traversée : environ 2h20, réserver à l'avance et se présenter une heure avant le départ, voir rubrique « Transports », « par bateau »).

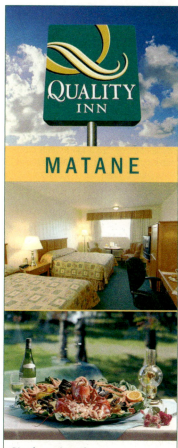

- www.ville.matane.qc.ca

- **MAISON DU TOURISME**
968, avenue du Phare Ouest
☎ 418-562-1065/877-762-8263

Hébergement – Restaurants

- **HOTEL-MOTEL BELLE PLAGE**
1310, rue Matane-sur-Mer
☎ 418-562-2323/1-888-244-2323
www.hotelbelleplage.com
68 chambres de 75 $ à 130 $. Tarifs groupes.
Etablissement confortable situé au bord du
fleuve Saint-Laurent. Depuis les chambres, les
vues sur le coucher de soleil sont magnifiques.
Le restaurant, ouvert uniquement pour le petit
déjeuner et le soir, sert une très bonne cuisine,
surtout à base de fruits de mer. La cuisson
des crevettes de Matane met en valeur toute
leur saveur.

- **QUALITY INN MATANE**
1550, avenue du Phare Ouest
☎ 418-562-6433/1-800-463-2466
www.qualityinnmatane.com
*Ouvert toute l'année. Piscine extérieure chauffée,
salle de sport, Internet sans fils gratuit, restaurant
et bar sur place. De 95 $ à 200 $ la chambre.*
Situé à l'entrée de Matane, cet hôtel 4-étoiles
procurera un grand confort à tous les visiteurs.
La qualité de la literie nous a impressionnés.
Le rapport qualité-prix est très bon.

- **RIOTEL MATANE**
250, avenue du Phare Est
☎ 418-566-2651
☎ 1-888-566-2652
www.riotel.com
*Ouvert à l'année. 96 chambres modernes de
105 $ à 250 $ en haute saison Tarifs groupes.*
Etablissement de tout confort situé entre
l'estuaire de la rivière Matane et le fleuve
Saint-Laurent. Depuis l'hôtel, un sentier mène
directement à la plage. Cuisine régionale, bar,
terrasse, piscine, sauna, tennis, centre de
congrès. Forfaits disponibles.

Manifestations

- **LES TALENTS SHOW**
☎ 418-562-2333
Plusieurs animations au cours de l'été. Des
amuseurs de rue en spectacle continu, des
chanteurs, musiciens, clowns, magiciens
et danseurs animent le centre-ville durant
plusieurs soirées estivales.

Points d'intérêt

- **VIEUX PHARE**
Il abrite la maison du tourisme, près du
musée.

- **RIVIERE MATANE**
C'est le lieu de pêche le plus renommé du coin.
A la saison propice, on traque le saumon en
plein centre. Près de l'hôtel de ville, la passe
migratoire du barrage Mathieu-d'Amours
permet aux saumons de remonter le cours de
la rivière de juin à octobre (on peut observer
leur montée derrière les vitres). Le centre
d'observation du barrage présente également
une exposition sur les barrages et les ponts de
la rivière Matane.

- **PARC DES ILES
DE LA RIVIERE MATANE**
A côté du barrage, il offre une plage, une aire
de pique-nique et un théâtre.

- **CENTRE D'ART LE BARACHOIS**
200, rue du Barachois
☎ 418-562-6611 – www.kameleart.com
*Ouvert tous les jours de 10h à 20h, mi-juin à
mi-septembre. Entrée libre.* Découverte d'une
gamme de produits locaux originaux dans un
cadre enchanteur, au bord de la mer. Artistes et
artisans de la région y démontrent leur savoir-
faire. Participation aux ateliers et dégustation
des produits du terroir.

RÉSERVE FAUNIQUE DE MATANE

Route 195 Sud
(40 km au sud-est de Matane)
☎ 418-562-3700 – www.sepaq.com
Réservations Sépaq ☎ 1-800-665-6527
Informations :
257, rue Saint-Jérôme, Matane
Créée en 1962, la réserve faunique de Matane
est un territoire de 1 282 km^2 reconnu pour
sa richesse faunique exceptionnelle. Les
paysages grandioses englobent montagnes,
vallées profondes et de majestueux cours d'eau.
On y retrouve la plus grande concentration
d'orignaux au Québec, un centre d'interprétation
et différentes randonnées guidées permettent
de mieux connaître ce cervidé. La réserve
faunique de Matane demeure une référence
pour les amateurs de chasse, de pêche et
de plein air. Faune : orignal, cerf de Virginie,
ours noir, renard, coyote, plusieurs petits
mammifères et une multitude d'espèces
d'oiseaux dont l'aigle doré, le grand pic et

le pygargue à tête blanche. **Hébergement :** 19 chalets, 38 emplacements de camping, refuge. Location d'équipement : kayak (selon disponibilité), chaloupe, équipement de pêche et literie. **Activités :** canotage, chasse à l'orignal et au petit gibier, chasse printanière à l'ours noir, observation de la faune (orignal, oiseaux), pêche à la truite grise (touladi), à la truite mouchetée et saumon de l'Atlantique (à la journée et avec séjour), chaloupe, randonnée pédestre, vélo de montagne.

■ AUBERGE DE MONTAGNE DES CHIC-CHOCS

Sur le territoire de la réserve faunique de Matane
Réservations Sépaq ℂ 1-800-665-3091
www.chicchocs.com

Perchée à 615 m d'altitude dans la réserve faunique de Matane, la première auberge de montagne dans l'est du Canada vous réserve toute une expérience. Au cœur d'une nature immense et presque intacte, une auberge chaleureuse de dix-huit chambres où rien n'est négligé par le chef aubergiste et son équipe pour vous assurer confort, plaisir et quiétude. Libre à vous d'explorer cet environnement montagnard lors d'une randonnée, d'une partie de pêche, d'une sortie en ski de haute route, ou d'une activité plus contemplative. Loin du quotidien, dans une atmosphère des plus conviviales, les échanges et les discussions prennent place autour d'un savoureux repas. Rencontres mémorables et souvenirs impérissables garantis !

CAP-CHAT

À 2 km à l'ouest des Méchins, un rocher rappelle la forme d'un chat accroupi. Il aurait, dit-on, inspiré le nom de la localité. C'est ici que le fleuve devient golfe du Saint-Laurent. Le parc éolien Le Nordais, le plus important du Canada, d'une puissance de 100 MW, compte 133 éoliennes, que vous ne manquerez pas de remarquer dans ce décor.

Hébergement – Restaurant

■ MOTEL-RESTAURANT FLEURS DE LYS

184, rue Notre-Dame Est
ℂ 418-786-5518
www.motelfleurdelys.com

Ouvert du 1er juin au 30 septembre. 1 personne de 72 $ à 109 $, 2 personnes de 79 $ à 119 $. Forfait pour 2 personnes, incluant les soupers et la nuit : 134 $. Au restaurant : à la carte ou table d'hôtes 5 services. Possibilité de demander son petit déjeuner à emporter si on part tôt le matin pour faire une randonnée dans les Chic-Chocs. Repris récemment par un Français qui a fait le tour du monde, ce motel est bien pratique pour les randonneurs qui veulent découvrir les monts Chic-Chocs. Le restaurant a reçu de nombreux prix, dont un du journal La Presse et le 1er prix de Gaspésie Gourmande. Les chambres sont confortables et notamment leur literie, digne des hôtels les plus luxueux. Toutes sont équipées d'un micro-ondes et d'une cafetière.

■ BISTRO VALMONT

10, rue Notre-Dame Est ℂ 418-786-1355
www.valmontpleinair.com

Ouvert toute la journée et le soir, en saison. Un très joli bistro qui organise également une foule d'activités : observation de l'orignal, location de kayaks et des randonnées pédestres. Après une belle aventure, le bistro offre de quoi se rassasier : bagel au saumon fumé, pâtes, sandwich, etc. Ça paraît simple comme ça mais le chef sait donner une touche d'originalité à ces grands classiques. On l'accompagnera d'une bière québécoise et si le temps le permet on optera pour la terrasse avec les tables qui donnent sur la rivière Cap-Chat.

GASPÉSIE - ÎLES DE LA MADELEINE

La Seigneurie des Monts

Face à la mer,
à l'entrée du majestueux
Parc de la Gaspésie
notre auberge muséale
bâtie en 1864 vous **charmera**.

www.bonjourgaspesie.com

418-763-5308 / 800-903-0206 sans frais
info@bonjourgaspesie.com

■ **RESTAURANT LE VENT COULIS**
190, rue Notre-Dame Est
✆ 418-786-5229
Ouvert en saison, le soir seulement. Compter 20 $ à 30 $. Réservation recommandée. Le Vent Coulis vous propose une fine cuisine champêtre, à base de poissons et fruits de mer. Cadre sympathique et chaleureux.

Manifestation

▶ **Festival international du vent.** *En août.* Le premier festival du vent, qui a eu lieu pour la première fois en 2007 a connu un vif succès : beaucoup de visiteurs et surtout de superbes cerf-volant venus du monde entier. Cap Chat a été choisi pour ce festival en raison de la taille de la plage, de l'absence de fils électrique et de la constance des vents.

Points d'intérêt

■ **VALMONT PLEIN AIR**
Voir « Bistro Valmont ».

■ **CENTRE VENTS ET MER**
9, rue du Phare ✆ 418-786-5543
Ouvert tous les jours de mi-juin à fin septembre de 9h à 17h. Entrée : 5 $. Plusieurs activités sont proposées : animation d'une ancienne cachette de contrebandiers d'alcool, musée maritime, phare et sentiers de randonnées.

■ **EOLE CAP-CHAT**
Route 132 ✆ 418-786-5719
www.eolecapchat.com
Ouvert tous les jours du 20 juin au 20 septembre de 9h à 17h. Entrée : 10 $. Durée minimum de l'activité : 60 min. Située à 3 km à l'ouest du pont de Cap-Chat, on visite la plus puissante et la plus haute éolienne à axe vertical du monde (110 m). Elle est entièrement automatique. La visite de l'intérieur de la structure vous permettra de voir et de comprendre son système de fonctionnement et d'apprécier les perspectives qu'offrent les énergies nouvelles. On verra aussi des éoliennes à axe horizontal.

SAINTE-ANNE-DES-MONTS

Nichée au creux d'une anse, la ville de Sainte-Anne-des-Monts est traversée par une des nombreuses rivières à saumon, la Sainte-Anne. Elle illustre bien le mariage entre mer et montagne, ce que l'on retrouve dans toute la Gaspésie du Nord. Elle constitue en quelque sorte la porte d'entrée du parc de la Gaspésie.

■ **www.villesainte-anne-des-monts. qc.ca**

■ **MAISON DU TOURISME**
96, boulevard Sainte-Anne Ouest
✆ 418-763-7633
Ouvert à l'année.

Hébergement

■ **AUBERGE FESTIVE SEA SHACK**
Route 132, 14 km à l'est de
Sainte-Anne-des-Monts
(à Ruisseau Castor)
✆ 418-763-2999 – ✆ 1-866-963-2999
www.aubergefestive.com
Ouvert à l'année. A partir de 25 $ par personne, taxes et literie incluses. Superbe site comprenant des chalets, tipis, dortoirs, camping, spa, bar. On profitera de la plage privée tout en se trouvant à 30 min du parc national de la Gaspésie et du mont Chic-Choc. Ambiance très décontractée, rythmée par de nombreux spectacles. Possibilité de louer des kayaks, à Eskamer, situé juste à côté.

■ **AUBERGE INTERNATIONALE SAINTE-ANNE-DES-MONTS**
295, 1re Avenue ✆ 418-763-7123

www.aubergesgaspesie.com
A partir de 24 $ en dortoir, et 54 $ en chambre individuelle, taxes, literie et petit déjeuner inclus. L'auberge vient d'être restaurée. Le personnel fait un réel effort pour trouver des activités qui agrémenteront votre séjour : resto-bar, Internet sur place et possibilité d'organiser des sorties en kayak de mer, en parapente, en roller blade, en vélo… Certaines de ces activités sont possibles depuis l'auberge, d'autres dans les environs.

■ **AUBERGE
DE LA SEIGNEURIE DES MONTS**
21, 1re Avenue Est (en face d'Exploramer)
℡ 418-763-5308 – ℡ 1-800-903-0206
www.bonjourgaspesie.com
Ouvert toute l'année. 1 personne de 85 $ à 165 $, 2 personnes de 95 $ à 175 $, petit déjeuner inclus. Internet sans fil, TV et DVD dans toutes les chambres. La première maison du maire de la ville, construite en 1864 ouvre ses portes aux visiteurs. Les nouveaux propriétaires en font une auberge des plus charmantes, rassemblant de nombreuses antiquités de la région. Une partie nouvelle, avec des chambres et des salles de bains plus spacieuses a été rajoutée récemment. Prévoyez du temps en journée pour flâner sur le balcon avec vue sur mer et le soir pour prendre un verre au bar.

■ **GITE DU MONT-ALBERT**
Dans le parc national de la Gaspésie,
au 2001, route du Parc (Route 299).
A environ 40 km
de Sainte-Anne-des-Monts
℡ 1-866-727-2427 – www.sepaq.com/gite
L'auberge ferme de la fin octobre à la veille de Noël, tandis que les chalets restent disponibles à la location, réservation à l'avance. 60 chambres de 139 $ à 212 $ en double (auberge), location de chalets équipés : 139 $ par nuit par chalet (capacité 2 personnes) à 299 $ (capacité maxi 8 personnes). Le Gîte du Mont-Albert est une élégante demeure blanche de style montagnard datant de 1950. Située dans un écrin de montagne, elle offre des paysages à couper le souffle. Réputée pour sa table gastronomique et son hospitalité. Restaurant, bar, terrasse, piscine, sauna, salles de réunion. Forfaits disponibles. Une adresse dont on entend beaucoup parler…

Points d'intérêt

■ **EXPLORAMER**
1, rue du Quai, Sainte-Anne-des-Monts
℡ 418-763-2500 – www.exploramer.ca

Ouvert tous les jours de juin à octobre de 9h à 18h. 12 $ pour les adultes (44 $ avec une excursion en mer). Tarif famille : 30 $ pour 2 adultes et 2 mineurs, 115 $ avec une excursion en mer. Le superbe centre de découverte Exploramer vous invite à la découverte des secrets du golfe du Saint-laurent. Les guides naturalistes vous feront tremper les doigts dans un bassin tactile où l'on peut effleurer oursins, étoiles et concombres de mer. La salle avec divers films, projetés simultanément, sur les fonds marins est assez impressionnante. Collection d'aquariums, expositions sur les mystères de la mer, animation, tour d'observation, boutique d'artisanat, café. Possibilité d'excursion écologique en haute mer. Belle boutique de souvenirs.

PARC NATIONAL DE LA GASPÉSIE

1981, route du Parc ℡ 1-866-727-2427
(40 km de Sainte-Anne-des-Monts)
www.parcsquebec.com
Réservations Sépaq ℡ 1-800-665-6527
De Sainte-Anne-des-Monts, prendre la route 299 (entrée nord), de New Richmond, prendre la route 299 sur 100 km (entrée sud). Le parc est ouvert à l'année, mais les services sont restreints hors des périodes d'exploitation : de juin à mi-octobre et de la mi-décembre à la fin du mois d'avril. Accès : 3,50 $ par adulte. Postes d'accueil : centre d'interprétation et services, à l'entrée Nord, à côté du Gîte du Mont-Albert. Hébergement : auberge le Gîte du Mont-Albert, 29 chalets, 16 refuges, camping aménagé (environ 200 emplacements).
Activités : *canot, chaloupe, pêche à la truite (permis et autorisations de pêche du Québec, réservation 24h à l'avance), pêche avec séjour en chalet, pêche au saumon avec remise à l'eau, à gué dans certaines fosses ; randonnée pédestre (17 km), longue randonnée (100 km) avec nuit en refuge. En hiver, balade en raquettes (10 sentiers de 2 km à 16 km), ski nordique (87 km de sentiers balisés, non tracés), ski nordique longue randonnée (2 à 8 jours) avec nuit en refuge et service de transport de bagages offert (190 km de sentiers balisés, non tracés). Télémark, surf des neiges, ski alpin dans les cinq endroits situés entre 8 km et 12 km au sud du secteur du Gîte du Mont-Albert : Bol de Patrouilleurs et Grande-Cuve (Mont-Albert), Champ de Mars et Mont Hog's Back (Réserve faunique des Chic-Chocs).*

Pour ces activités, il n'y a pas de remontée mécanique, une voiture est nécessaire de même qu'une bonne condition physique.

Aussi, il est indispensable d'effectuer une excellente préparation, d'avoir une connaissance de base du phénomène des avalanches et de posséder le matériel d'intervention (ARVA, pelle et sonde). Situé en plein cœur de la péninsule gaspésienne, le parc national de la Gaspésie (802 km²) est une véritable mer de montagnes qui offre un panorama grandiose. Le parc compte 25 sommets de plus de 1 000 m dont les monts Albert (1 150 m) et Jacques-Cartier (1 268 m). Ces sommets, parmi les plus hauts de l'Est du pays, sont célèbres pour leur végétation subarctique identique à celle du Grand Nord québécois. On retrouve, sur le même territoire, une diversité d'espèces vivantes unique au Québec dont l'orignal, le cerf de Virginie et le caribou de la Gaspésie. Les monts Chic-Chocs sont appréciés des amateurs de plein air. Sans oublier l'excellent service de l'auberge le Gîte du Mont-Albert, nichée au cœur du parc.

■ **CENTRE D'INTERPRETATION ET DE SERVICES DU PARC NATIONAL DE LA GASPESIE**
A l'intérieur du parc, poste d'accueil. Ouvert début juin à début septembre de 8h à 20h, horaire plus restreint début septembre à mi-octobre. Exposition permanente sur la géologie du parc, sa végétation subarctique et sa faune particulière. Le soir, ont lieu des conférences ou des projections de films. Boutique de location et de vente de matériel de camping et de randonnée. Se renseigner ici pour préparer votre excursion.

LA MARTRE

Le site doit son nom à l'animal qui fréquente sa rivière. Il faut se rendre au phare rouge octogonal en bois (1906), qui se visite (on peut y monter). Expositions dans le bâtiment rouge annexe sur les phares et balises. Du promontoire, vue superbe sur l'océan.

■ **CENTRE D'INTERPRETATION ARCHEOLOGIQUE DE LA GASPESIE**
6, avenue des Fermières ℅ 418-288-1318
Ouvert tous les jours du 24 juin à fin août de 9h à 17h. Droits d'entrée. On vous transporte au temps de la préhistoire gaspésienne sur un site de fouilles archéologiques. Exposition d'artefacts datant d'au moins 8 000 ans. Sentiers et belle vue.

■ **MUSEE DES PHARES**
10, avenue du Phare ℅ 418-288-5698
Ouvert de début juin à fin septembre tous les jours de 9h à 17h. Durée de la visite : 60 min. Droits d'entrée. On visite ce phare érigé en 1906 dont la structure en bois est unique. Une exposition permanente présente le développement des phares de 1700 à nos jours.

MONT-SAINT-PIERRE

Point de départ pour la visite du parc national de la Gaspésie et de la Réserve faunique des Chic-Chocs (secteur du mont Jacques-Cartier), Mont-Saint-Pierre fait partie des plus beaux villages de Gaspésie. Capitale du vol libre aux paysages exceptionnels, Mont-Saint-Pierre est le village préféré de bien des habitués du tour de Gaspésie. Avec sa longue anse ceinturée de montagnes abruptes et sa vaste plage de galets, c'est l'endroit idéal pour cacher un trésor, en même temps qu'une halte reposante. L'été, les ailes multicolores des parapentes et des deltaplanes viennent habiller le ciel.

■ **www.mont-saint-pierre.ca**

■ **AUBERGE DE JEUNESSE LES VAGUES**
84, rue Prudent-Cloutier ℅ 418-797-2851
www.angelfire.com/nv/nouvellevague/auberge.html
18 $ par personne (dortoir), 20 $ par personne (chambre privée ou semi-privée). 167 unités d'hébergement : dortoirs, chambre en motel, teepee. L'auberge de jeunesse Les Vagues, aménagée dans un ancien hôtel, est située au cœur du village et près de la plage. Elle propose un large éventail d'activités : vélo de montagne, kayak, pêche en haute mer, planche à voile, plongée sous-marine, ski alpin, ski de fond, escalade sur glace, balade en raquettes, randonnée en traîneau à chiens, motoneige. Accès cuisine, bar, terrasse. Ambiance jeune et festive.

RÉSERVE FAUNIQUE DES CHIC-CHOCS

116, rue Prudent-Cloutier,
Mont-Saint-Pierre (route 132)
℅ 418-797-5214 – www.sepaq.com
Réservations Sépaq ℅ 1-800-665-6527
Ouvert toute l'année. La réserve faunique des Chic-Chocs (1 129 km²) se divise en deux parties bien distinctes : la majeure partie du territoire (1 048 km²) située au sud et à l'est

du parc de la Gaspésie, l'autre partie (81 km²) au nord du parc. Elle fut créée en 1949 afin de préserver un territoire exceptionnel pour la faune et permettre une meilleure utilisation du territoire. Le vénérable père Le Clerk s'exclamait à la fin du XVIIᵉ siècle : « *Un pays plein de montagnes, de bois, et de rochers* ». En effet, ce lieu englobe des montagnes impressionnantes de plus de 800 m dont les monts Blanche-Lamontagne (940 m), Vallières-de-Saint-Réal (940 m), Hog's Back (830 m) et le mont Brown (920 m). La forêt est couverte de sapinières à épinette noire, et à bouleaux blancs et on trouve une végétation typique de la toundra sur les sommets les plus élevés. On compte 42 lacs et de nombreux ruisseaux et rivières. Une véritable nature harmonieuse au sein de la chaîne des Appalaches. Faune : orignal, ours noir, lièvre d'Amérique, porc-épic, la gélinotte huppée et plusieurs espèces d'oiseaux chanteurs. **Hébergement :** 15 chalets et camping d'été et d'hiver. Location d'équipement : chaloupes, gilets de flottaison et literie. **Activités :** chasse à l'orignal, au petit gibier et à l'ours, observation de la faune, pêche à la truite mouchetée et à la truite grise (à la journée et avec séjour), chaloupe, randonnée pédestre, bicyclette, vélo de montagne, ski de randonnée, raquettes.

■ **FÊTE DU VOL LIBRE**
☏ 418-797-2222
Fin juillet et début août. Rencontre internationale de pilotes de deltaplane et de parapente. Plusieurs activités telles que kayak de mer, ulm, vélo de montagne, motomarine, randonnée, spectacles et animation. Vous pourrez tenter un premier vol si votre budget vous le permet.

LA POINTE GASPÉSIENNE

Vous entrez maintenant dans la région la plus connue de la Gaspésie, le berceau du Canada, où mer et montagnes se côtoient en une parfaite harmonie. La beauté du parc Forillon n'a pas nui à sa réputation, pas plus d'ailleurs que la croix qu'a plantée, à Gaspé, un certain Jacques Cartier le 24 juillet 1534. C'est aussi le pays du rocher Percé, bloc troué, gigantesque, de 5 milliards de tonnes de calcaire, qui ne cesse de fasciner. On s'arrête ici quelques jours, pour le repos de l'âme. Quant au corps, les activités sont suffisamment nombreuses pour l'entretenir. Enfin, on trouve dans cette région les plus belles catalognes du Québec (et aussi les moins chères).

PETITE-VALLÉE
La renommée de ce village tient à son festival en chanson. De fil en aiguille, Petite Vallée est devenue un pôle culturel régional important.

■ **VILLAGE EN CHANSON DE PETITE-VALLÉE**
4, longue Pointe ☏ 418-393-2222
www.festivalenchanson.com
Ouvert de fin juin au 1ᵉʳ septembre tous les jours de 9h à 17h. Durée 2h. Droits d'entrée. Quelle meilleure façon pour vivre l'histoire du Québec que de suivre sa musique ! La poésie des mots des chansonniers donne de la couleur à l'Histoire. Ceux qui souhaitent aller plus loin chanteront sous la douche : une cabine d'enregistrement a été installée dans une douche !

■ **FESTIVAL EN CHANSON DE PETITE-VALLÉE**
☏ 418-393-3060
www.festivalenchanson.com
Dernière semaine de juin. On se plonge au cœur de la chanson francophone, au cours d'une quinzaine de concerts de qualité et d'ateliers de formation. Ambiance excellente.

■ **THEATRE DE LA VIEILLE FORGE**
Même coordonnées que le Village en chanson. Cette salle de spectacles, bien connue dans la région, diffuse plus de 50 soirées culturelles pendant sa saison estivale. Chanson québécoise, jazz, musique africaine et gaspésienne étaient au programme l'an dernier.

L'ANSE PLEUREUSE
Selon la légende, en cet endroit se font régulièrement entendre les plaintes déchirantes des fantômes de deux petites filles, les pleurs d'un homme assassiné, ou des cris de naufragés que transporte le vent à travers les arbres. D'où l'origine du nom.

▶ **Une station piscicole** renseigne sur les mœurs du saumon de l'Atlantique. Route 132, à l'intersection de la route 198. *Ouvert en saison. Entrée libre.*

MURDOCHVILLE

Par la route 198 Sud qui s'enfonce à l'intérieur des terres, on atteint cette ville, surgie de la forêt gaspésienne dans les années cinquante, avec l'exploitation d'un important gisement de cuivre dont la production s'élève aujourd'hui à 120 000 tonnes par an. Cette escale, loin de la côte, permet de visiter la mine de cuivre qui a fait la réputation de la ville.

■ MAISON DU TOURISME

Route 198 ✆ 418-784-2444
Ouvert tous les jours de mi-juin à début septembre de 8h à 20h.

■ CENTRE D'INTERPRETATION DU CUIVRE

345, route 198
✆ 418-784-3335 – ✆ 1-800-487-8601
Visite tous les jours du 6 juin à fin septembre de 9h à 17h. Droits d'entrée. Vous serez équipés en vrais mineurs et descendrez sous terre accompagnés d'un guide-interprète pour explorer la galerie Miller. De plus, il est possible de visiter le complexe industriel et sa fonderie. On est conduit au pied d'une éolienne, dans un des plus grands parcs d'éoliennes du Canada.

GASPÉ

C'est ici qu'en juillet 1534 Jacques Cartier planta sa croix, prenant symboliquement possession du Canada au nom du roi de France.
Gaspé viendrait du mot gespeg qui signifie, en langue micmac, fin des terres, bout, extrémité.
Gaspé, regroupe 17 villages, s'étendant de l'Anse-à-Valleau jusqu'à Prével, sur une superficie de 1 447 km². Certains villages se situent dans le territoire du parc national de Forillon.
Le centre-ville de Gaspé constitue un bon point de chute pour la visite des attraits des environs et pour la pratique de nombreuses activités : randonnées, kayak de mer, voile, plongée sous-marine, équitation, observation des baleines et des phoques…
La région de Gaspé est connue pour sa pêche au saumon qui abonde dans les rivières York, Dartmouth et Saint-Jean.

■ www.tourismegaspe.org

Transports

■ AEROPORT

✆ 418-368-2104
Vols pour Montréal, Québec et les îles de la Madeleine.

■ AUTOBUS

✆ 418-368-1888
Orléans Express dessert toute la Gaspésie.

■ GARE FERROVIAIRE

✆ 418-368-4313 – ✆ 1-888-842-7245
www.viarail.com
Gaspé est le terminus du train des Chaleurs, qui quitte Montréal trois fois par semaine. Nombreux arrêts dans des villages sur la côte dont Carleton et Percé. Le panorama depuis le train est magnifique.

Location de voitures

■ NATIONAL

178, rue de la Reine, dans le centre-ville
✆ 418-368-3035

■ BUDGET

60, rue de l'aéroport ✆ 418-368-1610

■ BURTON LOCATION D'AUTOS

1012, route Haldimand
✆ 418-368-0611/361-2496

Pratique

■ MAISON DU TOURISME

Route 132 ✆ 418-368-6335
Ouvert tous les jours mi-juin à début septembre de 8h30 à 20h, hors saison de 8h30 à 16h.

Hébergement

■ AUBERGE DE DOUGLASTOWN

28, rue Saint-Patrick – Douglastown
✆ 418-368-0288
sites.rapidus.net/aubergedouglas
A partir de 20 $ la nuit. Literie : 5 $. Petit déjeuner entre 4 $ et 6 $. Accès à la cuisine. Machine à laver le linge. Située près de la belle plage sablonneuse de Haldimand, cette auberge de jeunesse partage le bâtiment avec un centre communautaire. On bénéficie de son accès à Internet et à la bibliothèque.

■ AUBERGE INTERNATIONALE FORILLON (AUBERGE DE JEUNESSE)

A Cap-aux-Os,
2095, boulevard Grande-Grève
✆ 418-892-5153 – ✆ 1-800-892-5153
www.gaspesie.net/aj-gaspe

Ouvert en saison seulement. De 20 $ à 25 $ pour les non-membres. 83 unités en dortoir (literie 2 $) et en chambres privées. Accès cuisine, restaurant (ouvert de juin à septembre), terrasse. Cette sympathique auberge est située à l'entrée sud du parc Forillon, face à la mer. Observation des ours, castors et phoques et activités d'hiver. Forfaits disponibles.

■ LOGIS-VACANCES
CEGEP DE LA GASPESIE ET DES ILES
94, rue Jacques-Cartier
℡ 418-368-2749
www.cgaspesie.qc.ca/gaspe/logis_vacances
Ouvert de 10 juin à 12 août. A partir de 25 $ la nuit. 110 unités (appartements équipés et chambres en pavillons). Literie incluse. Activités payantes disponibles dans le centre sportif : piscine, mur d'escalade, terrain de badminton, musculation. On loue dans le CEGEP (établissement d'études pré-universitaires) une chambre ayant accès à une cuisine commune et à une salle de bains partagée ou un appartement avec une cuisine, salle de bains, petit salon et chambres.

■ GITE DE GASPE
201, rue Guignion ℡ 418-368-5273
72 $ la chambre double. L'accueil au gîte de Gaspé est incroyablement chaleureux. Pour connaître les secrets de la ville, c'est ici qu'il faut coucher. Les chambres sont très propres et confortables. On se régale autour de la table du petit déjeuner : le sirop d'érable et les autres produits de la cabane à sucre des propriétaires sont versés sur des crêpes légères.

■ MOTEL ADAMS
20, rue Adams ℡ 418-368-224
www.moteladams.com
1 personne de 69 $ à 99 $, 2 personnes de 89 $ à 129 $. Un motel familial qui voit défiler familles, touristes et gens d'affaire depuis des générations. Le restaurant sert une cuisine régionale et le bar le Castor est fréquenté par grand nombre d'habitants de la ville.

■ HOTEL DES COMMANDANTS
178, rue de la Reine
℡ 418-368-3355 – ℡ 1-800-462-3355
www.hoteldescommandants.com
De 110 $ à 170 $ la chambre double. L'hôtel des Commandants, 4-étoiles, dispose de soixante-dix chambres confortables, d'un centre de santé et d'une belle vue sur la mer. Mieux vaut demander une chambre dans la nouvelle partie, bien mieux décorée. Restaurant, bar, centre de santé, salles de réunions. Forfaits disponibles.

Restaurants
■ BISTRO-RESTO LE BRISE-BISE
135, rue de la Reine
℡ 418-368-1456 – www.brisebise.ca
Ouvert midi et soir. 7j/7. Compter de 15 $ à 30 $. Au cœur du centre-ville, Le Brise-Bise, bâtisse jaune au paravent rouge jouit d'une belle vue sur la baie de Gaspé. On y sert une cuisine de style bistro (sandwichs, pâtes et pizzas et grillades) et du poisson (homard, flétan, morue, pétoncles et bien d'autres encore selon les arrivages). Essayez l'assiette de moules poêlées à la gaspésienne. Terrasse et glaces en vente au Brise Glaces juste à côté. Volet culturel : expositions et concerts en soirées.

■ LA MAISON WILLIAM WAKEHAM
186, rue de la Reine ℡ 418-368-5537
www.maisonwakeham.com
Ouvert le midi, en semaine seulement, de Pâques à Noël. Le soir : mercredi au dimanche du 15 avril au 15 mai et du 15 septembre au 1er décembre et tous les soirs pendant le reste de l'année. Réservation conseillée. Compter 15 $ le midi et 30 $ le soir pour la table d'hôtes. Si vous voulez tenter une expérience gastronomique des plus honorables, c'est là qu'il faut aller. La cuisine y est très bonne, les produits du terroir apprêtés à merveille ! Les boiseries et les tapisseries en font un lieu très agréable. Le rapport qualité-prix est plus que correct et le service excellent.

■ SUSHI LOUNGE
107, rue de la Reine ℡ 418-368-5397
Ouvert en semaine de 11h à 23h et le week-end le soir seulement. Tout nouveau tout beau, ce restaurant de sushi propose une belle variété de maki et nigiri mais aussi des soupes et des salades repas. On peut manger sur la terrasse qui donne sur la rue principale ou à l'intérieur avec une vue sur la baie.

Manifestations
■ FESTIVAL
MUSIQUE DU BOUT DU MONDE
℡ 418-368-5405 – ℡ 1-866-313-3626
www.musiqueduboutdumonde.com
Mi-août. Autour de nombreux concerts de musique venue du monde entier se greffent des activités comme des ateliers de danse, des pinatas, des défilés etc.

Points d'intérêt

En centre-ville

■ **MUSEE DE LA GASPESIE**
80, boulevard de Gaspé
☎ 418-368-1534
www.museedelagaspesie.ca
Ouvert tous les jours du 1er juin au 31 octobre de 9h à 17h, le reste de l'année du lundi au vendredi de 9h à 17h et le samedi de 13h à 17h. Entrée : 7 $. Joliment situé en bordure de la baie de Gaspé, il permet de mieux comprendre l'histoire de la région et son peuplement. Le jardin comprend un site commémoratif à Jacques Cartier. Une promenade de 1 km relie le musée au centre-ville.

■ **ECOLE DE VOILE LE CORMORAN**
10, rue de la Marina
☎ 418-368-8141 – www.voilegaspe.ca
A la Marina, juste en face de la gare de train, des petits voiliers sont en location. Leçons possibles.

■ **SOCIETE DE GESTION DES RIVIERES DU GRAND GASPE**
25, boulevard York
(à côté de l'office de tourisme)
☎ 418-368-7353 – www.zecgaspe.com
Tarifs des permis de 37 $ à 82 $. La période de pêche commence le 1er juin et se termine le 30 septembre. On y achète les droits quotidiens pour pêcher le saumon dans les rivières York, Darmouth et Saint-Jean. On pèse et lave ses prises sur place. Possibilités de guides, d'hébergement et de restauration.

À l'extérieur du centre-ville

■ **SITE D'INTERPRÉTATION MICMAC DE GESPEG**
783, boulevard de Pointe-Navarre, Fontenelle
☎ 418-368-6005/7449
www.gaspesie.com/gespeg
Ouvert de juin à septembre, de 9h à 17h, Adultes : 8 $, aînés : 7 $, étudiants : 6 $. Première visite guidée à 10h, dernière à 15h30. Prévoir 2h. Les visites guidées, animations, expositions et dégustations de Gespeg vous introduiront à la culture traditionnelle des Micmacs de la Gaspésie au XVIIe siècle. Gespeg, le bout des terres vous convie à la découverte du mode de vie traditionnel des Micmacs et de leurs ancêtres. Dans un décor exceptionnel, guides et animateurs micmacs vous font découvrir la vie au quotidien en

l'an 1675. Atelier d'artisanat, exposition sur la culture micmac d'hier à aujourd'hui. La visite, très ludique, plaira aux enfants comme aux adultes.

■ **PLAGE DE HALDIMAND**
Sur la 132, en direction de Percé
(à 10 min du centre-ville)
Superbe plage de sable fin, surveillée.

■ **PARC NATIONAL DE FORILLON**
Il constitue le principal attrait de Gaspé. On y entre à Saint-Majorique et on ressort à Rivière au Renard (ou l'inverse). Le secteur de conservation, (entrée payante) n'en constitue qu'une partie : le triangle dont les sommets sont Cap-aux-Os, Cap-des-Rosiers et Cap-Gaspé.
C'est là que se trouve la majorité des activités. Pour explorer tout le parc, nous conseillons de consacrer une journée à un tour en voiture pour découvrir les villages et les principaux attraits du secteur puis une journée ou plus pour profiter à pied de la zone de conservation du parc. L'itinéraire conseillé ci-dessous ne peut se faire qu'en été (de juin à septembre). Pour les activités hivernales, il faut prendre contact avec le parc (☎ 418-368-5505 – ☎ 1-800-463-6769).

▶ **On commence le tour du parc à Saint-Majorique.** On y vient en été pour le cinéma en plein air. Une tradition nord américaine en voie de disparition ! (Ciné-Parc Cartier, 34 de Cortereal ☎ 418-368-1767).

▶ **En continuant sur la 132, on peut s'arrêter à Penouille,** premier poste d'accueil du Parc Forillon. On y trouvera de l'information sur le parc et les activités qui s'y déroulent. On pourra profiter du transport en commun pour se rendre sur la plage sablonneuse de Penouille. On peut s'y tremper les pieds, faire du vélo ou manger son pique-nique.

▶ **Fort Péninsule.** Il fait partie des quatre forts défensifs construits pendant la Seconde Guerre mondiale. L'état de conservation est étonnant. Des panneaux expliquent bien la stratégie canadienne pendant la guerre.

▶ **De retour sur la 132, on passe devant le domaine du Centaure,** un centre équestre qui loue des chevaux pour se promener dans le parc (☎ 418-892-5525). Ceux qui préfèrent les activités nautiques se rendront quelques kilomètres plus loin, à Cap-aux-Os. Aube Aventure organise des excursions en kayak de mer et en canot (☎ 418-892-0003 – 1986, boulevard Grande-Grève).

Forillon

Parc national du Canada

National Park of Canada

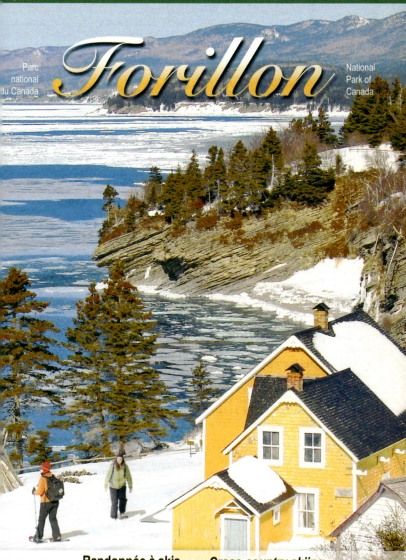

Randonnée à skis	*Cross-country skiing*
Randonnée en traîneau à chiens	*Dog-sledding*
Randonnée équestre	*Horseback riding*
Hébergement en yourte, en chalet, ou en refuge	*Lodging: yurt, chalet, shelter*
Interprètes et guides disponibles	*Interpreters and guides available*

ww.pc.gc.ca/forillon - Information : 1 888 773-8888

 Parcs Canada Parks Canada

 Canada

Visites
commentées
Exposition
Théâtre
Boutique de
métiers d'art
Salon de thé

578, boul. du Griffon, L'Anse-au-Griffon, Gaspé
(418) 892-5150

Café de L'Anse
Expositions
Accès Internet
Ateliers d'artistes
Salle de réunion

557, boul du Griffon, L'Anse-au-Griffon, Gaspé
(418) 892-0115

www.lanseaugriffon.ca

▶ **La plage municipale de Cap-aux-Os,** à proximité, dispose d'un dépanneur, d'un glacier et d'un loueur de kayak de mer. L'auberge internationale Forillon se trouve proche de cette plage. On peut y louer des vélos. A deux pas se situe une entreprise qui loue des équipements de plongée (masques, tubas, bouteilles…). Une de leurs activités les plus populaires est la plongée en apnée avec les phoques (*3h, 55 \$*). Pour les joindre : 2103, boulevard de Grande-Grève ✆ 418-360-5323.

▶ **Peu de kilomètres après, on entre dans la zone de conservation,** en payant des droits (*6 \$ par adulte*) au secteur sud du parc, à Petit Gaspé. On peut louer des kayaks de mer (Cap aventure ✆ 418-892-5055), faire des croisières aux baleines (Croisières Baie de Gaspé Départs de Grande Grave ✆ 418-892-5500), aller au centre récréatif (piscine chauffée, tennis, location de vélos ✆ 418-892-6081), participer aux activités d'interprétation, toutes très intéressantes.
Le meilleur camping pour les tentes se trouve à Petit Gaspé car il est plus boisé, donc plus ombragé. On peut facilement passer la fin de la journée dans ce secteur, profiter des nombreux sentiers de randonnées, des

activités d'interprétation, de la plage de Grande Grave. La visite du magasin général Hyman et Sons, à Grande Grave, gratuite, explique tout sur la pêche à la morue, son commerce et la vie des pêcheurs.

▶ **La 132 relie Cap-aux-Os à Cap des Rosiers** où se trouve la deuxième entrée de la zone de conservation. Un conseil : mieux vaut arriver le matin à Cap des Rosiers, le soleil éclairant les falaises du Cap Bon Ami à ce moment-là.
De l'entrée du secteur Nord, on accède au superbe Cap Bon Ami. De là part un des sentiers de randonnée menant à la tour d'observation du mont Saint-Alban. C'est l'endroit par excellence pour l'observation d'oiseaux marins.

▶ **En quittant la zone de conservation, on peut visiter le phare de Cap-des-Rosiers,** le plus haut du pays. On conseille de reprendre la 132, en direction de l'Anse au Griffon. Sur le chemin, le restaurant Mona concocte des bouillabaisses et des plats typiques de la Gaspésie de bonne qualité. Des cabines en bois, hébergement touristique traditionnel de Gaspésie vous accueillent pour une nuit ou quelques jours. Chalets Cap Cabines, 1258, boulevard de Cap-des-Rosiers ✆ 418-892-5641.

▶ **A l'Anse au Griffon,** une légende locale raconte que le Diable serait apparu, répondant à l'appel de naufragés en détresse. Il aurait laissé la marque de ses griffes sur le flanc de la petite embarcation où ils s'étaient réfugiés. On peut visiter le Manoir Le Boutillier (578, boulevard Griffon ✆ 418-892-5150 – *En saison, ouvert tous les jours de 9h à 17h. Entrée payante*). Construite vers 1850 par John Le Boutillier, grand marchand de morue, originaire de l'île de Jersey, cette belle et grande demeure est ouverte à la visite. Elle présente une exposition sur son histoire et celle de son propriétaire. Vous pourrez faire une halte au salon de thé pour y déguster des desserts d'époque accompagnés de café. L'inévitable boutique de métier d'art, la Morue verte donne quelques idées de cadeaux. Le soir, on peut assister à une pièce de théâtre au Manoir le Boutillier ou aller au Centre culturel Le Griffon (557, boulevard du Griffon ✆ 418-892-0115, ouvert à l'année de jour comme de soir). Situé dans un entrepôt frigorifique datant de 1942, le Griffon fait rimer culture et cachet maritime. Café de l'Anse, expositions et ateliers d'artistes s'y trouvent.

▶ **Toujours sur la 132, le port de Rivière au Renard** abrite des gros bateaux de pêche. Les amateurs de produits de la mer s'approvisionneront en crevettes, homards et autres à la poissonnerie la Marinière (*ouverte en semaine de 8h30 à 18h et le week-end de 9h à 17h*). A côté, toujours sur le port, on peut visiter le centre d'interprétation des pêches (*ouvert du lundi au samedi de 9h30 à 17h30*).

▶ **La visite du phare de Pointe-à-la-Renommée,** situé à l'Anse-à-Valleau clôt le circuit. Le phare se trouve dans le site historique de Pointe à la Renommée (℡ 418-269-3310 – *Ouvert du 15 juin au 8 octobre tous les jours de 9h à 17h*). Ce fut le centre stratégique de communication durant les deux guerres mondiales : Marconi y installa la première station radiomaritime en Amérique du Nord. Le phare, que l'on visite, a parcouru des centaines de kilomètres : inauguré à l'Anse-à-Valleau, il partit durant 20 ans à Québec avant de retrouver son site initial en 1997 !

■ **ZONE DE CONSERVATION DU PARC FORILLON**
℡ 418-368-5505 – www.parcscanada.gc.ca
Accès : 6 $. Ouvert du 5 juin au 15 octobre. Postes d'accueil : Penouille et l'Anse-au-Griffon. **Hébergement :** camping aménagé et rustique (367 emplacements), de 23 $ à 25 $ par nuit ℡ 1-877-73-3783 pour réserver. (Camping cap Bon Ami sur les falaises, pour sa vue imprenable). **Activités :** randonnée pédestre, vélo, équitation (70 km de sentiers), croisières découverte et observation des baleines, kayak de mer, baignade, pêche en eau salée, plongée sous-marine et en apnée, aires de pique-nique, activités d'interprétation. Le mot Forillon signifie petit phare. Ce parc national a été conçu sur le thème de l'harmonie entre l'homme, la terre et la mer en 1970. Outre la configuration de son paysage constitué de falaises abruptes, de plages de galets et de grottes, il offre le très grand attrait de sa faune et de sa flore. Le lynx, le castor, l'orignal, le renard roux et l'ours y vivent en harmonie avec la nature. Les différentes forêts (mixtes, de conifères ou de feuillus), les marais d'eau douce, les prairies et la végétation des dunes vous enchanteront. On y observe d'importantes colonies d'oiseaux de mer ainsi que différentes espèces de phoques et de baleines dont le rorqual à bosse, le petit rorqual et le dauphin à flanc blanc.

SAINT-GEORGES DE-MALBAIE

Pendant la Seconde Guerre mondiale, Saint-Georges-de-Malbaie était un poste de défense en prévision d'une éventuelle attaque allemande. On peut visiter le site des fortifications sur la route 132, en direction de Percé.

■ **AUBERGE FORT PREVEL**
2053, boulevard Douglas (le long de la route 132) ℡ 418-368-2281
www.sepaq.com/ct/pre/fr
1 ou 2 personnes de 72 $ à 111 $. Logement en auberge, motel, pavillon, maison, chalet ou camping. Un magnifique établissement qui surplombe la mer, très confortable en plein cœur d'un golf 18 trous. Accès à la piscine extérieure et à une plage. Le tout se trouve sur les vestiges d'une ancienne batterie côtière datant de la Seconde Guerre mondiale, élevée pour contrer les sous-marins allemands qui menaçaient alors les navires de ravitaillement en route vers l'Europe.

BARACHOIS

Barachois, contraction de « barre à choir », est le paradis des ornithologues. Près de 250 espèces d'oiseaux vivent dans les battures. La plage de Barachois, sous le viaduc attire baigneurs et promeneurs.

■ **CAFE COULEURS GALERIE GILLES COTE**
1004, route 132 ℡ 418-645-2745
Galerie ouverte à l'année. Restaurant ouvert de juin à septembre de 9h à 19h. Compter 8 $ à 12 $ pour le repas. Les amateurs d'art et les gourmands se doivent de marquer une pause dans ce café-galerie, tout en bois peint de couleurs chaudes. La carte des plats est simple, mais on n'arrive pas à choisir entre les gaufres aux pétoncles et les bagels au ceviche de saumon fumé. Pour le goûter, on prendra une gaufre aux fruits. Niveau plaisir des yeux, on appréciera les couleurs chaudes des toiles de Gilles Côté et la douceur de ses personnages. Un lieu incontournable !

COIN-DU-BANC

La plage de Coin du Banc, à une dizaine de kilomètres de Percé est superbe. Juste après, on peut se baigner dans les eaux transparentes de la Rivière aux Emeraudes. Plusieurs sentiers pédestres y conduisent.

■ **AUBERGE-RESTAURANT ET CHALETS LE COIN DU BANC**
315, route 132
℡ 418-645-2907
Chambre de 50 $ à 100 $. Le midi : 10 $, le soir 30 $ et 40 $. La décoration de cette auberge est surprenante : faite de bric et de broc, d'une accumulation d'antiquités, elle plaira à certains et en laissera d'autres sceptiques. Mais, on se mettra tous d'accord sur un point : la localisation est exceptionnelle et la cuisine délicieuse. Déguster la morue de Fernand Rehel, sa spécialité, sur un coin de banc ou un coin de table de son auberge est un plaisir sans cesse renouvelé. Goûtez au homard, au saumon fumé, aux maquereaux, à la truite saumonée, aux fruits de mer et la réaction sera la même. Au petit déjeuner, la crêpe à la Gaspésienne, une crêpe épaisse accompagnée du sirop d'érable de Saint-Gabriel. Terrasse.

PERCÉ

Percé doit son nom à un spectaculaire rocher, percé sous l'effet de l'érosion marine, qui se dresse tout près de la côte. Son site exceptionnel ne cesse d'inspirer les artistes et d'attirer les touristes du monde entier. Jacques Cartier y débarqua en 1535, puis les pêcheurs européens s'installèrent sur son littoral dès le XVIe siècle. Longtemps isolé, Percé s'est développé grâce au tourisme. Il est devenu un lieu de villégiature bien équipé et renommé pour sa table.
Percé étant le lieu de vacances préféré des Québécois, mieux vaut réserver son hébergement si on prévoit s'y rendre entre la mi-juillet et la mi-août. Certains jours, vous aurez même du mal à marcher parmi la foule de vacanciers. Pourquoi cette cohue ? Parce qu'à Percé se trouve la énième merveille du monde. Vous avez sûrement vu la photo du fameux rocher percé ? Ses dimensions dépassent l'imagination : on a calculé qu'il pesait environ 5 millions de tonnes et qu'il est là, les pieds dans l'eau, depuis 350 millions d'années ! L'île Bonaventure est un sanctuaire

d'oiseaux migrateurs qui accueille environ 250 000 oiseaux (mouettes, guillemots marmettes, macareux, cormorans, goélands, petits pingouins), dont 110 000 forment la colonie de fous de Bassan. Un spectacle unique qu'il faut voir de près. Ajoutez à cela le mont Sainte-Anne, juste derrière l'église, avec sa grotte, sa crevasse et ses failles, et vous aurez une idée des richesses offertes par ce coin de Gaspésie.

■ **www.perce.info**

Transports – Pratique

▶ **Autobus.** Orléans Express passe deux fois par jour, avec des bus vers/depuis Montréal et Québec et depuis/vers Sainte-Anne-des-Monts.

▶ **Train.** Il passe l'Anse-à-Beaufils, à environ 10 km du centre-ville de Percé.

▶ **Aéroport et location de voitures.** A Gaspé. Il y a aussi une agence de location de voiture Thirfty à Grande-Rivière (à 35 km à l'ouest de Percé). Cette agence est surtout utilisée par les visiteurs qui voyagent par train.

■ **MAISON DU TOURISME**
142, route 132 ℡ 418-782-5448
Ouvert tous les jours de mi-mai à mi-octobre.

Hébergement

Des dizaines d'établissements s'offrent à vous, pour des prix un peu plus élevés qu'ailleurs. L'important est de trouver une chambre de libre. Mieux vaut réserver.

Bien et pas cher

■ **CAMPING DE LA BAIE-DE-PERCE**
180, route 132, Percé,
Réservations Sépaq
℡ 1-800-665-6527
www.sepaq.com
Ouvert début juin à début septembre. Location de sites de camping (25 $ à 34 $ par jour pour 1 à 4 personnes). 178 emplacements. Dans un cadre enchanteur, au cœur du village de Percé

Le fou de Bassan

On l'appelle le roi du plongeon. Il est originaire de Bassan, en Ecosse. C'est un oiseau blanc et jaune safran, aux pattes palmées. Gros comme une poule, il se nourrit de poissons qu'il a la particularité d'attraper en plongeant tête la première du haut des airs. Dans l'Est du pays, on trouve également des fous de Bassan aux îles de la Madeleine, à Terre-Neuve et sur l'île d'Anticosti.

et à quelques mètres du secteur historique Charles-Robin et du parc national de l'Ile-Bonaventure-et-du-Rocher-Percé. Mini-golf, aires de pique-nique et de jeux.

■ CAMPING GARGANTUA
Adresse voir section restaurant
℗ 418-782-2852
De 22 $ à 30 $. Situé en haut d'un mont de 1 000 pieds, il offre une vue incroyable. Plus calme que le précédent, mais moins central. A partir du kiosque touristique, rouler 500 m en direction de Chandler et tourner à droite sur la Route des Failles, le camping est à 1,5 km.

■ GITE DU PRESBYTERE
47, avenue de l'Eglise
℗ 418-782-5557
℗ 1-866-782-5557
www.perce-gite.com
89 $ la chambre pour 2 personnes, petit déjeuner inclus. En saison seulement. Un vrai coup de cœur pour ce gîte, un tout petit peu à l'extérieur de la zone dans laquelle se concentrent les touristes. Michel, le propriétaire a décoré cet ancien presbytère avec un soin merveilleux : dentelle, plats de faïence, jetées de lit fleuries, couleurs pastel. On s'y sent vraiment très bien.

■ HOTEL-MOTEL ET CHALETS BLEU-BLANC-ROUGE
103-104, route 132 Ouest
℗ 418-782-2142
A partir de 75 $ la chambre. Un établissement familial, bien tenu, qui offre différents types d'hébergement : dans les chambres de la résidence principale, dans le motel juste en face ou encore dans un chalet. Peu de chambres ont vu sur le rocher Percé. Mais, le bon rapport qualité-prix, justifie que l'on fasse quelques mètres pour l'apercevoir.

GASPÉSIE - ÎLES DE LA MADELEINE

Rocher percé, Gaspésie

■ **MOTEL MACAREUX**
262, route 132 Ouest
℡ 418-782-2414
℡ 1-866-602-2414
www.membres.lycos.fr/motelmacareux
*Ouvert du 1er mai au 31 octobre. 16 chambres
avec cuisinette, à proximité de tout de 30 $
à 80 $ en double.* Excellent rapport qualité-
prix. Alléchante boutique souvenir avec art
Inuit, artisanat indien, vêtements, bijoux,
etc. A 20 m de la plage. Vente de billets pour
les croisières aux baleines et le tour de l'île
Bonaventure, à prix réduits.

Location de chalets

■ **AU PIC DE L'AURORE**
1, route 132
℡ 418-782-2151 – ℡ 1-866-882-2151
www.percechalet.com
*Chalets avec cuisinette à partir de 130 $ la
nuit, en saison (mi-juillet à fin août) et 95 $
hors saison.* Depuis les hauteurs de Percé, la
perspective sur le rocher est unique. Chalets
équipés, avec une cuisine et un balcon,
avec vue. Location pour une nuit ou plus.
Confortable.

■ CHALETS NATURE OCEAN

400, route 132 Ouest ✆ 418-782-2400
www.natureocean.com
*Ouvert du 15 mai au 15 octobre. Chalets de
100 $ à 165 $ par jour pour 4 personnes et
de 650 $ à 950 $ pour une semaine pour 4
personnes. Caravanes et tentes de 22 $ à 28 $
par jour.* Chalets très coquets, construits tout
en bois, par le propriétaire lui-même. Tous
les chalets sont entièrement équipés : frigo,
vaisselle, four, micro-onde, cafetière, TV et
DVD, etc. En plus, la plupart ont une vue
directe sur le rocher Percé. Endroit privilégié
pour se détendre.

Confort ou charme

■ L'AUBERGE DU PIRATE

169, route 132 ✆ 418-782-5055
*Ouvert de mi-juin à mi-octobre tous les jours
de 17h30 à 21h30. 5 chambres. Table d'hôte
de 35 $ à 40 $.* Dans cette belle maison
construite en 1775, un charme d'antan a été
conservé : de beaux meubles anciens et une
literie fine en font une auberge très coquette.
Et, l'emplacement, devant la mer, confirme
tout l'intérêt du site. Niveau cuisine, une vraie
recherche est faite pour stimuler vos papilles.
Les crêpes de maïs au saumon fumé avec des
œufs de lump en sont un exemple.

■ HOTEL LE MIRAGE

288, route 132 Ouest
✆ 418-782-5151
✆ 418-266-2165 – ✆ 1-800-463-9011
www.hotellemirage.com
*Ouvert mai à octobre. 67 chambres
confortables et équipées de 79 $ à 172 $ en
simple ou en double.* Le Mirage est situé sur
un escarpement et offre une vue imprenable
sur le rocher Percé. Piscine, tennis. Forfaits
disponibles.

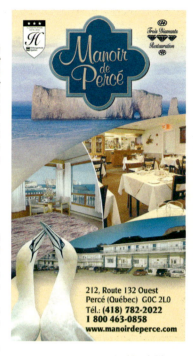

212, Route 132 Ouest
Percé (Québec) G0C 2L0
Tél.: **(418) 782-2022**
1 800 463-0858
www.manoirdeperce.com

■ MANOIR DE PERCÉ

212, route 132 Ouest
✆ 418-782-2022
✆ 1-800-463-0858
www.manoirdeperce.com
*De 66 à 168 $ la chambre, petit déjeuner non-
inclus. Pour 44 $ de plus : souper 5 services et
petit déjeuner copieux.* Des chambres simples
mais agréables. L'accueil y est vraiment très
charmant. Le restaurant spécialisé dans les
produits régionaux est très réputé.

■ **HOTEL RIOTEL**
261, route 132 ℰ 418-782-2166
ℰ 1-800-463-4212
www.riotel.com
*Ouvert mai à octobre. A partir de 109 $ la
chambre.* Un hôtel 3-étoiles très confortable
et très bien tenu. Les chambres, aux murs
recouverts de bois sont très chaleureuses.
La plupart ont une vue sur le Rocher Percé.
Le panorama depuis la salle à manger est à
couper le souffle.

Luxe

■ **HOTEL LA NORMANDIE**
221, route 132 Ouest
ℰ 418-782-2112 – ℰ 1-800-463-0820
www.normandieperce.com
*Ouvert mi-mai à mi-octobre. 45 chambres
modernes, confortables et équipées de 129 $
à 399 $.* L'Hôtel La Normandie est une belle
auberge blanche et rouge située au bord de
l'eau. L'aménagement de sa terrasse offre
une vue imprenable sur le rocher Percé et l'île
Bonaventure. Bonne table gastronomique (on
retiendra particulièrement le feuilleté de homard
au champagne), jardin. Forfaits disponibles.

Restaurants

■ **LE CAFE DE L'ATLANTIQUE**
*Même adresse que la Maison du Pêcheur.
Ouvert de 8h à 00h. De 8 $ à 25 $.* Des plats
plus simples et servis plus rapidement que chez
la Maison du pêcheur. Une bonne ambiance
nocturne font le succès de ce café bistrot
proche de l'eau. Essayez le homard'œuf (œuf
bénédictine au homard) au petit déjeuner, que
l'on sert au bord de l'eau.

■ **GARGANTUA**
Route des Failles
*A partir du kiosque touristique, rouler 500 m
en direction de Chandler et tourner à droite sur*
*la route des Failles pour 1,5 km. A 10 min de
Percé en voiture* ℰ 418-782-2852 – *Ouvert à
partir de 17h. Réservation recommandée. De
30 $ à 40 $ pour la table d'hôtes qui comprend
les bigorneaux, le potage, le hors-d'œuvre, le
dessert et le café.* Ce restaurant exceptionnel
porte bien son nom! On mange beaucoup et
très bien. La vue, depuis cette maison en bois
rond, à 1 000 pieds d'altitude vous coupera
le souffle. Le service chaleureux couronne le
tout et fait du Gargantua une institution à ne
pas manquer.

■ **LA MAISON DU PECHEUR**
Place du Quai ℰ 418-782-5331/7788
*Ouvert tous les jours de 11h30 à 22h30. Le midi :
25 $, le soir de 40 $ à 45 $.* Dans la cabane
du pêcheur de Georges Mamelonet, le maire
de Percé, un Français installé en Gaspésie
depuis 25 ans qui défend bec et ongles les
produits québécois. La pêche, à défaut d'être
miraculeuse, est toujours bonne. Tous les jours,
il va chercher pour vous du homard dans des
viviers sous-marins. La langue de morue au
beurre d'oursin que l'on dégustera après un
potage d'algues marines, par exemple, est une
des spécialités de la maison. Outre le poisson,
Georges Mamelonet apprête aussi bien, avec
des légumes essentiellement bio de la région,
l'agneau de la vallée Matapédia. Les pizzas au
feu d'érable sont délicieuses. Aussi au menu,
fromages québécois en provenance des îles
de la Madeleine et d'autres régions.

■ **LA TABLE A ROLAND**
190, route 132 ℰ 418-782-2606
*Ouvert toute la journée, du petit déjeuner au
repas du soir.* Dans une atmosphère familiale,
la Table à Roland propose des poissons et
des fruits de mer, mais aussi des pizzas,
salades, grillades, etc. Les menus enfants
sont nombreux.

Manifestations

La vie nocturne estivale de Percé est animée par plusieurs spectacles, ayant souvent lieu à la Saline, un grand espace en face du quai, appartenant à la Sépaq. La programmation de la Vieille Usine, à l'Anse-à-Beaufils demeure l'une des meilleures du coin (voir ci-dessous).

■ **ESPACE SUZANNE GUITEE PLACE PUBLIQUE**
Dans l'amphithéâtre en plein air, situé face au quai des artistes viennent se produire régulièrement.

Points d'intérêt

■ **MONT SAINTE-ANNE**
Carte disponible gratuitement à la maison du tourisme. Derrière l'église, plusieurs sentiers grimpent au sommet, à 320 m d'altitude, où se dresse la statue de sainte Anne. Belvédères aménagés offrant des vues aériennes sur le rocher Percé, la baie, le village. On ira aussi voir la grotte (à 1 km à partir de la bifurcation) qui abrite un joli bassin moussu dans lequel se déversent les eaux d'une petite chute.

■ **LA GRANDE CREVASSE**
Divers sentiers, dont un qui va au mont Sainte-Anne. C'est une profonde entaille dans la roche rouge. Vue sur les monts Chic-Chocs et la baie de Gaspé.

■ **TOUR DE L'ILE ET DU ROCHER PERCE EN BATEAU**
Billetterie du quai. 20 $. Trois compagnies, disposant chacune de nombreux bureaux partent très régulièrement pour l'île Bonaventure. Elles s'approchent du rocher puis font le tour de l'île Bonaventure, avant de vous laisser au quai. Retours fréquents également.

■ **EXCURSION AUX BALEINES**
Billetteries du quai. Les croisières Julien Cloutier (℡ 418-782 -2161) et les Bateliers de Percé (℡ 418-782-2974) partent faire des croisières d'observation de baleines. *Environ 2h, 40 $.*

■ **PECHE EN HAUTE MER**
Le Rorqual, situé à l'hôtel Manoir Percé ℡ 418-782-2022
Excursion de pêche (maquereau, hareng, morue principalement). *Durée : 2h30 environ, 45 $.* Equipement fourni.

■ **CLUB NAUTIQUE DE PERCE**
199, route 132 ℡ 418-782-5403
www.percenautic.com
Très large choix d'activités : piscine, location de kayaks de mer, plongée sous-marine (initiation, plongée de nuit). Le club permet aussi de plonger avec les phoques de juin à novembre, et avec les requins-pèlerins les 15 derniers jours d'août… et même de vous marier sous l'eau !

■ **MUSÉE LE CHAFAUD**
142, route 132 ℡ 418-782-5100
www.musee-chafaud.com
Ouvert du 24 juin au 21 septembre, tous les jours de 10h à 20h. Adultes : 5 $, étudiants et aînés : 3,50 $. Ce musée, situé dans un magnifique bâtiment, avec une vue sur la mer, œuvre à la diffusion et à la mise en valeur du patrimoine percéen. En effet, la ville et surtout le rocher ont inspiré et continuent à inspirer de nombreux artistes. Le musée accueille des expositions temporaires. La magnifique figure de proue, quant à elle, reste là toute l'année.

Shopping

■ **WAZO**
155, route 132 ℡ 418-736-0009
Ouvert tous les jours de début mai à fin octobre. Jusqu'à 22h. Une boutique de bijoux très originaux : l'artiste s'inspire de branches diverses (noisetiers, coraux, etc.) pour confectionner des boucles d'oreilles, bracelets et colliers. Sa bijouterie est un des rares lieux dans lesquels on trouve de la gaspésite, une pierre verte, venue des monts de la région. Le tout à des prix vraiment très raisonnables.

PARC NATIONAL DE L'ÎLE BONAVENTURE ET DU ROCHER-PERCÉ

Situé à l'extrémité de la péninsule gaspésienne, le parc national de l'île Bonaventure-et-du-Rocher-Percé (5,8 km²) se distingue par son riche patrimoine naturel et historique. Le paysage est sculpté par la mer, les Appalaches se prolongent dans les eaux du golfe laissant apparaître l'île Bonaventure d'un côté avec ses effluves champêtres et la gigantesque muraille comme le rocher Percé. Il s'agit d'un véritable kaléidoscope de couleurs, paysages et odeurs. Le parc abrite un sanctuaire de 250 000 oiseaux migrateurs, dont les petits pingouins, les mouettes trydactyles, les guillemots marmettes, les macareux et une colonie des fous de Bassan, la plus importante concentration en Amérique du Nord. Le rocher Percé mesure 471 m de long par 85 m de haut. Il est constitué de calcaire formé au fond de l'océan il y a des millions d'années.

Il était jadis rattaché au continent et percé de plusieurs arcades. En 1845, une de ces arcades s'effondra, laissant le pilier que l'on voit aujourd'hui.

Pratique

4, rue du Quai, Percé ℰ 418-782-2240
Réservations Sépaq ℰ 1-800-665-6527
www.parcsquebec.com
Accès quotidien : 3,50 $, ouvert tous les jours de 9h à 17h. Hébergement : camping de la Baie-de-Percé (*voir rubrique « Hébergement », « Bien et pas cher » à Percé*).

▶ **Les droits d'accès** vous permettent de faire le tour de l'île Bonaventure et de visiter les différents édifices d'interprétation sur le quai. Ils sont consacrés à l'histoire, la géologie et la nature du rocher Percé et de l'île Bonaventure. Tous les soirs, à 19h30, des causeries ont lieu à la Sabline, permettant d'approfondir ces thèmes. Pour se rendre à l'île Bonaventure, prendre un bateau qui fait le tour de l'île et vous laisse au quai (*20 $, départ très fréquents*).

Restaurant

Un bon restaurant se situe sur l'île Bonaventure, juste en face du quai. Leur soupe du pêcheur (*13 $*) est reconnue comme étant la meilleure soupe de poisson de l'île !

Sports et loisirs

Les kayaks de mer et équipements de plongée sous-marine sont en location au club nautique, à Percé (*voir ci-dessous*).
Le parc est divisé en plusieurs secteurs :

▶ **Secteur historique Charles Robin (rue du Quai) :** avant de vous aventurer plus loin dans le parc, prenez le temps de visiter le centre de découverte. Il vous offre la possibilité de découvrir le patrimoine historique et naturel, tant faunique que géologique, de la région de Percé. Salle d'exposition et documentaire sur les fous de Bassan.

▶ **Secteur de l'île Bonaventure :** l'un des plus gros refuges d'oiseaux migrateurs, dont la plus importante colonie de fous de Bassan en Amérique du Nord. Visiter la maison Le Bouthillier qui raconte l'histoire des pêches.

▶ **Secteur du Rocher Percé :** c'est là qu'on admire la cathédrale de pierre et que l'on s'adonne à des activités d'écologie marine à marée basse. Attention ! 300 tonnes de roche tombent du rocher Percé chaque année. Pour des questions de sécurité, il est interdit de s'en approcher.

▶ **Secteur marin :** randonnée guidée en kayak de mer et plongée sous-marine, en partenariat avec le club nautique de Percé.

L'ANSE-À-BEAUFILS

Ce petit village concentre de nombreuses activités de qualité.
Pour commencer, allez récolter des agates sur la plage, faites un tour au Magasin Général puis visitez la Vieille usine.

■ LE MAGASIN GENERAL

32, rue Bonfils
ℰ 418-782-2225
Ouvert de mi-juin à la 3ᵉ semaine de septembre. De 10h à 17h, visites guidées en continu. Entrée de 5 $ à 7 $. Une visite ludique qui retrace la vie des pêcheurs de morue, à travers leurs habitudes de consommation. De ce qu'ils achetaient à comment ils le payaient, tout est raconté avec conviction et passion par Rémi Cloutier, le propriétaire. Il partagera avec vous les petites et grandes histoires de son magasin général authentique de 1928, et de son bureau, entrepôt et vieux salon de barbier.

■ LA VIEILLE USINE

55, rue de l'Anse-à-Beaufils
ℰ 418-782-2277
www.lavieilleusine.qc.ca
Ouvert de début juin à fin septembre. Salle d'exposition ouverte de 9h à 18h, entrée libre. Café-resto de 9h à 19h (le bar reste ouvert). Compter 10 $ pour un repas. La reconversion de l'usine à poissons est une grande réussite. Dans ce bâtiment restauré à merveille, des expositions d'art et des spectacles de grande qualité côtoient un café-resto où les plats sont frais et peu onéreux. Des sentiers de randonnées pédestres le long d'une rivière que l'on traverse en nacelle partent de l'usine.

SAINTE-THÉRÈSE-DE-GASPÉ

■ ECONOMUSEE DU SALAGE ET SECHAGE DE POISSONS USINE DE MORUE SALEE SECHEE A LA GASPESIENNE

52, rue des Vigneaux ℰ 418-385-3310
De mi-juin à mi-septembre, tous les jours, sauf le dimanche de 9h à 17h. Entrée : 4,50 $.
Exposition sur le passé et le présent de la pêche en Gaspésie. A ne pas manquer : la vue sur l'usine à poissons, les vigneaux et la boutique de la poissonnerie.

CHANDLER

La première pulperie gaspésienne s'y est installée en 1913. Elle a fermé depuis peu, laissant derrière elle des travailleurs mécontents et un taux de chômage élevé. On ne peut pas manquer de voir cette usine, appelée Gaspésia, abandonnée, près de l'eau. Autre curiosité : un cargo péruvien cassé en deux (l'Unisol), échoué près de la grève en 1983. Les manœuvres dans ce port demandent beaucoup d'habileté... Au niveau des activités plus réjouissantes, rendez-vous au bout du quai. On y rencontre de très nombreux pêcheurs de maquereaux.

■ **MAISON DU TOURISME**
Route 132 ✆ 418-689-3185
Ouvert tous les jours de fin mai à début octobre.

■ **SITE MARY TRAVERS
DITE LA BOLDUC**
124, route 132, Newport (Chandler)
✆ 418-777-2401 – www.labolduc.qc.ca
Ouvert tous les jours début juin à mi-octobre 10h à 16h, juillet et août, 9h à 17h. Entrée : 5 $. Lire les paroles de chansons de Mary Travers dite La Bolduc est un véritable plaisir ! Drôles et colorés, ses mots ont donné de la joie aux Québécois au cours des années maigres (suite à la crise de 1929). La visite vous plonge dans l'atmosphère de l'époque avec coutumes régionales d'autrefois et folklore gaspésien.

■ **LA MARINA**
500, rue Ernest-Whittom
✆ 418-689-7666
www.restobarmarina.com
En saison, ouvert en semaine midi et soir et le soir seulement pendant les fins de semaine. Horaires non déterminés pour le reste de l'année. Table d'hôte le midi de 9 $ à 18 $. Le soir, plat autour de 20 $. Un excellent restaurant de poissons. On recommande fortement aux gourmets de s'y arrêter. Le plateau de fruits de mer pour deux (50 $) est très généreux : crabe des neiges, homard, moules, etc. Les plats à base de poissons sont très bien apprêtés. Belle vue sur la mer.

PORT-DANIEL-GASCONS

Ce petit village, fort tranquille est construit autour d'une belle baie. On ne manquera pas de visiter la Maison LeGrand, une belle demeure bien restaurée. Ce musée est consacré aux commis-voyageurs et aux mille

objets qu'ils proposaient à leurs clients. La qualité de l'hébergement de Port Daniel est remarquable. Les amateurs de randonnée et de pêche apprécieront la réserve faunique.

Hébergement

■ **GITE DE LA CONCHE SAINT-MARTIN**
252, route de la Rivière
✆ 418-396-2481
www.gitelaconchesaintmartin.com
Ouvert à l'année. De 85 $ à 115 $ la chambre double. Possibilité de réserver pour le repas du soir, comprenant 5 services, pour 60 $. Un des gîtes les plus originaux de la région ! Le bâtiment est fait entièrement de bois rond, dans le respect de la tradition scandinave. Et, c'est très réussi. Les chambres sont très belles et confortables et le petit déjeuner très original. On goûtera au flan à la citrouille, aux crêpes au maïs nappé d'une sauce au lait... La vue sur le barachois enchantera les ornithologues.

RÉSERVE FAUNIQUE DE PORT-DANIEL

8, route 132 ✆ 418-396-2789
✆ 418-396-2232 – ✆ 1-800-665-6527
www.sepaq.com/portdaniel
Les paysages de la réserve faunique de Port-Daniel, pailletés de lacs ravissants et de rivières chantantes, et doucement vallonnés de verdure tissée d'arbres touffus, cachent une faune singulièrement variée.

Dans une ambiance bucolique, la rivière Port-Daniel dévoile, au randonneur et au pêcheur, ses cascades, ses gorges et ses fosses qui, l'automne venu, se transforment en frayères pour le saumon de l'Atlantique. On accède à ce discret petit coin de paradis sans même s'éloigner des sentiers battus puisqu'il se trouve à 8 km seulement de la mer. Vingt-cinq lacs, la rivière Port-Daniel et quelques ruisseaux abritent l'omble de fontaine et le saumon de l'Atlantique. Plusieurs mammifères dont l'orignal, le cerf de Virginie, l'ours, le lièvre, le castor, le renard, le pékan, le loup-cervier, la loutre, la martre et le porc-épic parcourent la forêt de la réserve. On observe aussi des oiseaux des milieux marins, marécageux et forestiers dont le grand héron, le bihoreau à couronne noire, la gélinotte huppée, le tétras du Canada et de grandes variétés de canards. **Activités :** randonnée pédestre et cueillette de fruits sauvages (cerises, framboises et noisettes), pêche

au saumon, pêche à l'omble de fontaine, chasse au cerf de Virginie chasse au petit gibier, chasse à l'ours noir. **Hébergement :** chalets situés en bordure des lacs, dix camps rustiques, équipés d'éclairage et réchaud au gaz propane et d'une source de chauffage au propane ou à l'électricité. Le camping de la réserve est bien pourvu en services : douches, bâtiment sanitaire, salle de lavage, salle communautaire servant aussi de cuisine, une dizaine d'emplacements aménagés avec les 3 services et 25 autres sans service.

LA BAIE DES CHALEURS

Passé la pointe gaspésienne, commence la route qui mène à la baie des Chaleurs. Jacques Cartier la nomma ainsi, en 1534, parce qu'il y faisait très chaud. Le fait est que la baie des Chaleurs bénéficie d'une température qui favorise l'agriculture et l'exploitation forestière, plus que la pêche. L'eau, en été, y est réellement confortable et la baignade très agréable. Le passé y est resté très présent : les réfugiés acadiens de 1755 se sont solidement implantés dans la baie, de même que les loyalistes. La région compte aussi pas mal de Basques et de Jersiais, venus, au XVIIIe siècle, pêcher la morue. Les falaises rouges, les barachois (lagunes protégées par un banc de sable), les rivières à saumon, les petits villages de l'arrière-pays, l'accueil chaleureux de la population invitent à s'y arrêter.

Après Percé, les paysages de crêtes, de caps et d'escarpements vont disparaître progressivement, faisant place à plus de douceur.

PASPÉBIAC

Ses habitants sont d'origine basque. De là, vient leur charmant accent. Le mot Paspébiac serait un dérivé du mot micmac Ipsigiag qui signifie « batture rompue », ce que suggère la forme du havre où est située la localité.

■ **www.paspebiac.com**

Hébergement
Voir Maison Hamilton à New Carlisle. Elle se trouve à une vingtaine de minutes en voiture de Paspébiac.

Restaurant
■ **LE 1766**
72, 3e Rue
℃ 418-752-3838
Ouvert midi et soir en saison. Autour de 15 $ le midi et 25 $ le soir. Réservation conseillée. Situé sur le site historique du Banc de pêche, dans un ancien bâtiment de la compagnie, ce restaurant sait mettre en valeur les produits régionaux, notamment ceux qui viennent de la mer.

Certaines recettes sont inspirées de plats ancestraux, comme la papillote de morue d'antan. D'autres sont plus contemporaines ou plus locales, comme le filet de morue à la Paspébiac.

GASPÉSIE - ÎLES DE LA MADELEINE

Retrouvez l'index général en fin de guide

Points d'intérêt

■ **SITE HISTORIQUE
DE BANC-DE-PECHE-DE-PASPEBIAC**
3ᵉ Rue, Route du Quai, Paspébiac
✆ 418-752-6229
*Ouvert tous les jours de juin à fin septembre,
de 9h à 17h. Entrée : 6 $ par adulte.* Les onze
bâtiments du site appartenaient aux deux plus
importantes compagnies, créées par Robin
et Le Boutillier, originaires tous deux de l'île
de Jersey. En 1767, ils firent de Paspébiac la
capitale de la morue, après y avoir établi un
des premiers postes de pêche sédentaire de
Gaspésie. Des guides en costume d'époque y
restituent l'ambiance des XVIIIᵉ et XIXᵉ siècles,
avec des animations de métiers traditionnels,
comme la construction d'une barge, la
fabrication de filets de pêche…

Thalassothérapie

■ **L'AUBERGE DU PARC**
68, boulevard Gérard-D.-Lévesque
✆ 418-752-3355 - ✆ 1-800-463-0890
www.aubergeduparc.com
Centre de thalassothérapie avec des cures
marines, situé dans un magnifique manoir
victorien. On peut y aller pour la journée
ou loger sur place et y séjourner plusieurs
jours.

NEW CARLISLE

Ce village anglophone a vu grandir René
Lévesque, l'un des plus influents Premiers
ministres que la province de Québec ait connus
(1976-1985).

■ **MAISON HAMILTON**
115, boulevard Gérard-D.-Lévesque
✆ 418-752-6498
www.manoirhamilton.com
*Ouvert toute l'année. Auberge tous les soirs,
salon de thé en après-midi du mercredi
au dimanche, projection de film d'époque
le lundi, le mardi et le mercredi soir.* Cette
maison construite en 1852 par John-
Robinson Hamilton, ancien député du comté
de Bonaventure à l'époque du Bas-Canada
est devenu une auberge-salon de thé, très
originale. Le nouveau propriétaire, vous
expliquera les secrets de la maison, vous
montrera les journaux conservés depuis le XIXᵉ
et vous fera peut-être écouter à ses disques
sur une machine parlante. Les chambres
(65 $) la double sont très coquettes et les
gâteaux du salon de thé très réputés. Une
adresse à ne pas manquer !

BONAVENTURE

Bastion acadien de la baie des Chaleurs, la
ville de Bonaventure fut fondée en 1760 suite
à la déportation des Acadiens de villages du
sud des Provinces Atlantiques (Beaubassin,
Port-Royal, Grand-Pré).
Ici, on fabrique des produits et des vêtements
en cuir de poisson. Rares et remarquables.
Compte tenu de la diversité et de la qualité
de ses activités et de son hébergement,
Bonaventure constitue une bonne base où
s'arrêter pour passer quelques jours.

■ **www.bonaventure-gaspesie.com**

■ **MAISON DU TOURISME**
Route 132 ✆ 418-534-4014

Hébergement – Restaurants

■ **BISTRO-BAR LE FOU DU VILLAGE**
119, avenue Grand-Pré ✆ 418-534-4567
www.fouduvillage.com
*Ouvert à l'année de 14h à 3, Internet sans fils
gratuit.* Atmosphère chaleureuse cayenne dans
une maison centenaire au cœur du village.
Bières importées et de microbrasserie, cafés,
tisanes, collations. Spectacles de musique
variés, terrasse.

■ **CAFE ACADIEN
AUBERGE-RESTAURANT**
168, rue Beaubassin ✆ 418-534-4276
Cette belle bâtisse, sur le bord de l'eau, juste
après le camping constitue un lieu parfait pour
se détendre. Les chambres sont simples, mais
confortable (*75 $ la double*). La grande salle
à manger est décorée d'objets rapportés de
voyages par le propriétaire. La sélection de
brunch est alléchante et les plats de pâtes et
de poissons de très bonne qualité.

■ **GITE AU FOIN FOU**
204, route de la Rivière
✆ 418-534-4413
www.foinfou.qc.ca
*Ouvert de mai à septembre. 70 $ la chambre
double. A l'extérieur du village.* Très belle
maison de campagne, située à deux pas
de la rivière Bonaventure, dans laquelle
on vous recommande la baignade ! Ce gîte
est idéal pour ceux qui aiment l'ambiance
communautaire et bohème, les couleurs
chaudes et le dépaysement. Le petit déjeuner,
copieux, valorise les produits régionaux.

■ **POISSONNERIE DU PECHEUR**
230, route 132 ✆ 418-534-2434
Ouvert le midi et le soir. Apportez votre vin.

Table d'hôte : 25 $. Réservation conseillée.
La salle à manger de la poissonnerie connaît
un succès inattendu ! La décoration est
quasiment inexistante, mais la qualité des
plats de poissons et leur fraîcheur permettent
de faire salle comble tous les soirs.

Manifestations

▶ **Chapeau à nos artistes.** *Tous les mercredis
soir du 15 juin à fin août. Sur la terrasse du
Musée acadien.* En plein air, on assiste à
des concerts de musiciens acadiens et
gaspésiens.

Points d'intérêt

■ LE BIOPARC DE LA GASPESIE
123, rue des Vieux-Ponts
℡ 418-534-1997 – ℡ 1-866-534-1997
www.bioparc.ca
*Ouvert tous les jours de la première semaine
de juin à la première semaine d'octobre. En
juillet et août de 9h à 18h, les autres mois
de 9h à 17h. Adulte : 13 $, famille : 34 $.*
Les cinq écosystèmes de la Gaspésie y sont
représentés : la baie, le barachois, la rivière,
la forêt et la toundra. Une trentaine d'espèces
animales et plus de 70 espèces végétales se
situent dans leur écosystème respectif. Bref,
une excellente façon de découvrir la faune et
la flore de façon ludique !

■ MUSEE ACADIEN DU QUEBEC
95, avenue Port-Royal
℡ 418-534-4000
www.museeacadien.com
*Ouvert tous les jours du 24 juin à début
septembre, 9h à 18h. De début septembre à
la mi-octobre tous les jours de 9h à 17h, de la
mi-octobre au début mai du lundi au vendredi
de 9h à 12h et de 13h à 16h30 et le dimanche
de 13h à 16h30, de début mai au 24 juin en
semaine de 9h à 12h et de 13h à 16h30 et le
samedi et le dimanche de 13h à 16h30. Entrée :
7 $.* Ce musée d'Histoire et d'Ethnologie relate
la vie fascinante et émouvante des Acadiens
du Québec (ils sont environ un million). Une
très intéressante exposition permanente,
L'Autre Acadie, présente de façon originale
l'histoire des Acadiens de la province au
temps de leur déportation lors de la conquête
anglaise, ainsi que leur implantation et leur
contribution à la société québécoise. Boutique
d'art, de métiers d'art, d'artisanat et du terroir
gaspésien. Spectacles extérieurs d'artistes de
la région et des Provinces Maritimes tous les
mercredis soir, fin juin à fin août.

■ LES CUIRS FINS DE LA MER
76, route 132 Est
℡ 418-534-3821/2926
www.cuirsfins.com
*Ouvert tous les jours du 24 juin au 2 septembre
de 8h à 20h, hors saison du lundi au mercredi
de 9h à 17h30, le jeudi et le vendredi de 9h à
21h, le samedi de 9h à 17h.* Un must unique
au Québec : procurez-vous un de ces produits
en cuir de poissons : morue, turbot, saumon,
flétan. Ils sont absolument étonnants.

Dans les environs

■ CIME AVENTURE
200, chemin A.-Arsenault
℡ 418-534-2333 – ℡ 1-800-790-2463
www.cimeaventure.com
*Pour s'y rendre : une fois à Bonaventure, de la
route 132, aux feux de circulation, tourner vers
la gauche vers les terres sur la rue Grand-Pré,
devenant ensuite la rue Beauséjour puis la
route de la rivière et conduire 7 km (cette route
mène vers l'aéroport). Après avoir traversé la
rivière, 800 m après le pont, tournez à gauche
sur le chemin Athanas-Arsenault. Il reste 1 km
à parcourir dans un petit chemin de terre
pour se rendre à la Base de Cime Aventure.*
Superbe base de plein air, le long de la rivière
Bonaventure où l'eau est absolument magique.
On peut y louer des kayaks pour une demi-
journée ou plusieurs jours, camper sur place
ou dormir en tipi ou encore dans un écologis.
Petit restaurant sur place, avec une belle vue
sur la rivière. L'ambiance est conviviale et on
le répète, l'eau est magnifique !

■ GROTTE DE SAINT-ELZEAR ET MUSEE DES CAVERNES
198, route de l'Eglise Nord, Saint-Elzéar
℡ 418-534-3905
℡ 1-877-524-7688
www.lagrotte.ca
*Ouvert tous les jours de mi-juin à mi-septembre.
Départs à 8h, 10h, 13h et 15h, durée de la visite
4h. Réservation obligatoire. Adulte : 37 $,
enfant de 6 à 15 ans : 27 $. Les enfants ne
sont admis qu'à partir de 6 ans.* Faites un
petit détour en empruntant la route près de
l'église pour aller visiter la plus vieille grotte
du Québec. Elle aurait près d'un demi-million
d'années. On peut y observer de nombreuses
concrétions stalactites, stalagmites et autres.
Munissez-vous de vêtements chauds et de
chaussures de sport, on vous fournira le
reste.

CAPLAN

Petit village très tranquille avec une plage municipale au sable rouge et des activités pour enfants.

■ **GITE AU JAUNE SOLEIL**
253, boulevard Perron Ouest
✆ 418-388-5058
www.aujaunesoleil.com
5 chambres de 75 $ à 105 $ en double. On ne peut manquer de voir cette magnifique demeure, fleurie à foison. Les chambres sont très agréables, bien décorées. Une petite terrasse accessible à tous, offre une belle vue sur la mer. Le petit déjeuner est copieux.

NEW RICHMOND

Anglophone, autrefois industrielle et commerciale, cette ville fondée par les loyalistes a grandi avec l'exploitation forestière. On voit de belles demeures cossues dans le centre-ville et, à flanc de montagne, de vastes fermes que l'on atteint par une allée bordée de grands arbres. Depuis le centre-ville, la vue sur la baie est très belle. Le tout a un caractère très écossais.

■ **www.villenewrichmond.com**

■ **MAISON DU TOURISME**
401, route 299, à la jonction de la route 132
✆ 418-392-7000(poste 232)
Ouvert tous les jours de début juin à début octobre.

Hébergement

■ **LA MAISON STANLEY**
371, boulevard Perron Ouest
✆ 418-392-5560
www.stanleyhouse.ca
De 70 $ à 100 $ la chambre double. Pas de petit déjeuner. Construite par Lord Stanley, ancien gouverneur général, cette immense demeure a connu de grands moments! Elle fut même propriété du Conseil des Arts du Canada. Etant éloignée de la route principale, la maison est très tranquille. Elle dispose d'un accès à une belle plage, très peu fréquentée. Le seul hic : un ameublement un peu vieillot et l'absence de petit déjeuner.

■ **CASCAPEDIA LODGE**
135, chemin Lynd ✆ 418-392-4462
www.cascapedialodge.com
De 85 $ à 90 $ la chambre double. Petit déjeuner en supplément : 4,95 à 10,95 $. Une magnifique auberge, dans un superbe emplacement, ça ne se refuse pas! Loin de tout, avec une vue sur la mer et un sentier qui y mène… De belles chambres, coquettes… Et que dire du petit déjeuner, dont les plats sont décrits sur un très joli papier fleuri. Le tout pour des prix très raisonnables.

■ **HOTEL LE FRANCIS**
210, chemin Pardiac ✆ 418-392-4485
www.hotelfrancis.qc.ca
A partir de 114 $ la chambre double. Un hôtel 4-étoiles qui se distingue par son accueil très chaleureux, presque familiale. Tenu par une famille, on se sent vite chez soi. De nombreuses chambres ont une vue et un balcon sur la rivière. Une très bonne adresse.

Manifestations

■ **TRADITIONAL DAYS BLUEGRASS FESTIVAL**
✆ 418-392-4487 – www.gbhv-vghb.com
Les 3 premiers jours de septembre. Village gaspésien de l'héritage britannique. Un des importants festivals de la région. Des milliers de personnes assistent chaque année à ces trois jours de musique bluegrass.

Point d'intérêt

■ **VILLAGE GASPESIEN DE L'HERITAGE BRITANNIQUE**
351, boulevard Perron Ouest,
New Richmond ✆ 418-392-4487
www.gbhv-vghb.com
Ouvert tous les jours de juin à septembre, 9h à 17h (dernière entrée sur le site à 16h). Adultes : 12 $, enfants : 8 $. La visite de ces 24 bâtiments historiques, tous animés par d'excellents acteurs nous fait redécouvrir l'héritage britannique. Tout est là, comme à l'époque : forge, école, magasin général, bureau de poste, quincaillerie, ameublement d'époque… Sentier pédestre, balade en carriole, aire de jeux. Un chemin d'accès permet l'accès à un secteur destinés aux activités et à la nature.

MARIA

Fondée en 1855, Maria est aujourd'hui le centre de services de santé le plus important de la Baie-des-Chaleurs. La réserve indienne micmac est située à l'est de la ville, à l'embouchure de la rivière Cascapédia, sur la route transgaspésienne qui mène au parc national de la Gaspésie. Son église, très visible, est en forme de wigwam. On peut acheter de la vannerie traditionnelle en clisse de frêne à la coopérative d'artisanat (à l'ouest du village micmac, sur la 132).

Le Manoir Belle Plage

LE MANOIR BELLE PLAGE

24 chambres dont 5 chambres luxueuses avec bain tourbillon

Restaurant Le Courlieu Spécialités : poisson, fruits de mer et grillades.

474, boul. Perron, **Carleton-sur-Mer** (Québec) G0C 1J0
1 800 463-0780 • www.manoirbelleplage.com

Pratique

■ **VILLE DE MARIA**
☎ 418-759 3883

■ **CENTRE HOSPITALIER BAIE-DES-CHALEURS**
☎ 418-759-3443

Hébergement

■ **GITE LE MARTIN PÊCHEUR**
503, boulevard Perron Est
☎ 418-759-3716
www.gitescanada.com/7522.html
De 75 $ à 90 $ la chambre double. 5 chambres dont 3 avec salle de bains privée. Un gîte très charmant, à l'image de ses propriétaires. Les chambres sont décorées avec goût et chaleur. Le matin, vous pourrez demander le très original déjeuner chantant : Régis, le propriétaire se fera le plaisir de vous servir en vous prouvant ses talents musicaux.

Point d'intérêt

■ **PETIT JARDIN DE L'ABEILLE**
1059, Dimock Creek, Maria ☎ 418-759-3027
www.jardindelabeille.com
Ouvert tous les jours de juin à septembre, de 9h à 17h30, hors saison sur rendez-vous. Centre d'interprétation de l'abeille. On peut y observer les abeilles en pleine activité grâce à une ruche sous vitre et assister à l'extraction du miel. Produits disponibles : hydromel, pollen, produits faits à base de cire et autres.

CARLETON

Jacques Cartier fut le premier visiteur à s'arrêter à Carleton le 9 juillet 1534 et s'exclama la baye de Chaleur. Suite à la fameuse dispersion, les Acadiens vinrent s'établir à Carleton en 1766. Aujourd'hui la station balnéaire de Carleton-sur-Mer n'est pas plus qu'un point de passage, malgré la qualité de ses productions musicales et théâtrales.

■ **www.carletonsurmer.com**

■ **MAISON DU TOURISME**
Route 132 ☎ 418-364-3544
Ouvert tous les jours de mi-juin à début septembre, 8h à 20h.

Hébergement

Ceux qui aiment camper trouveront un site idéal près du barachois (barre à choir : langue de sable protégeant une lagune). Certains jours, des sternes et des hérons se posent par milliers sur la pointe Tracadigash (autrefois la ville s'appelait Tracadièche, qui signifie lieu où les hérons sont nombreux). Vous n'oublierez pas le spectacle de la brunante sur le sable fin de la baie.

■ **CAMPING CARLETON**
Banc de Larocque ☎ 418-364-3992
Ouvert début juin à début septembre. Location de sites de camping de 20 $ à 28 $ par jour pour 1 à 4 personnes. 250 emplacements. Dans un cadre enchanteur sur la bande de sable.

■ **MANOIR BELLE PLAGE**
474, boulevard Perron
☎ 418-364-3388 – ☎ 1-800-463-0780
www.manoirbelleplage.com
Ouvert à l'année. A partir de 125 $ en occupation double. Tarifs groupes. 24 chambres modernes et équipées. Internet sans fils et appels locaux gratuit. Climatisation. Etablissement de tout confort situé à proximité de la plage. D'importantes rénovations ont été faites récemment, ce qui fait du Manoir un lieu de séjour très confortable. Cuisine gaspésienne familiale à base de poissons et de fruits de mer.

Restaurants

■ CHEZ FRÉDERIC
886, boulevard Perron
Ouvert tous les jours de 7h à 22h. Plats de pâte : 9,50, en table d'hôtes : 11,25 $. Une entreprise-école spécialisée dans les pâtes. On vous invite à choisir votre forme de pâtes, une viande ou un poisson et la sauce.

■ BISTRO LE PIC-ASSIETTE
681, boulevard Perron ✆ 418-364-2211
Un petit bistro qui offre une magnifique vue sur le Barachois et une très belle sélection de bons produits régionaux : saumon fumé, fromage de chèvre, etc. Le tout est servi sous forme de tapas et accompagné éventuellement d'une bonne bière de microbrasserie québécoise.

Manifestation

■ MAXIMUM BLUES
✆ 418-364-6008
Début août. Festival international de musique blues. Nombreux spectacles sous le grand chapiteau, sur un site magnifique au bord de la plage. Activités en journée et pour les enfants.

Points d'intérêt

■ ORATOIRE NOTRE-DAME–DU-MONT-SAINT-JOSEPH
837, rue de la Montagne
✆ 418-364-3520
Ouvert tous les jours mi-juin à début septembre, 8h à 20h, septembre à octobre de 8h à 17h. Entrée : 4 $. L'oratoire Notre-Dame-du-Mont-Saint-Joseph domine depuis 1935, les 555 m du mont Saint-Joseph. On y découvre sa belle mosaïque, ses verrières et ses pièces de marbre. Vue magnifique sur la baie, la côte gaspésienne et le Nouveau-Brunswick. Le sommet du mont Saint-Joseph est le point de départ et d'arrivée de plusieurs randonnées.

■ CENTRE D'ARTISTES VASTE ET VAGUE
774, boulevard Perron Est
✆ 418-364-3123
Art contemporain régional et art expérimental. Galeries et métiers d'art.

PARC NATIONAL DE MIGUASHA

Patrimoine mondial de l'UNESCO
231, route Miguasha Ouest, Nouvelle
(22 km de Carleton)

✆ 418-794-2475
www.parcsquebec.com
En quittant la route 132, parcourir 6,3 km à partir de Nouvelle ou 9 km à partir d'Escuminac. Musée ouvert tous les jours du 1er au 31 août de 9h à 18h, du 1er septembre au 10 octobre de 9h à 17h. Le reste de l'année, en semaine de 8h30 à 12h et de 13h à 16h30. Droits d'accès, parc : 3,50 $, parc et musée : 11,50 $ adultes avec tarifs familiaux. Activités : visite guidée du musée d'Histoire naturelle, randonnée pédestre le long de la falaise (2 km). Compter environ une demi-journée de visite. Il s'agit d'un incroyable rendez-vous avec la paléontologie. Le parc national de Miguasha (87,3 ha), classé site naturel au patrimoine mondial de l'Unesco, préserve un lieu fossilifère, unique à l'échelle de la planète.

Les poissons et les plantes fossiles des falaises témoignent d'un milieu marin datant de 378 millions d'années. Leur état de conservation exceptionnel attire les chercheurs du monde entier. Ce parc provoque l'émerveillement des grands et petits. Il est conseillé de suivre la visite guidée, qui parcourt le musée puis les falaises. Restaurant avec une magnifique terrasse, boutique, aires de pique-nique.

Hébergement

■ AUBERGE DU CHATEAU BAHIA
Sur la 132 à Pointe à la Garde
✆ 418-788-2048
50 $ la chambre double et 20 $ la nuit en dortoir. Ouvert toute l'année. Dîner sur réservation : 15 $. Un incroyable château de bois, complètement farfelu, avec tourelles et armoirie propose un hébergement confortable à des prix très modérés. L'ambiance au dîner est très conviviale. Un lieu unique, qu'il ne faut pas manquer ! Un sentier de randonnée, rythmé par des extraits de poème permet de découvrir la forêt sous un autre angle.

POINTE-À-LA-CROIX

Un grand pont relie Pointe-à-la-Croix à la ville de Campbelton dans le Nouveau-Brunswick. Une croix, autrefois plantée par les Micmacs sur une pointe de la rivière Ristigouche, a inspiré le nom de cette localité.
C'est ici qu'a été reconstituée la bataille de la Ristigouche qui fut le dernier affrontement entre la France et l'Angleterre.

■ www.pointe-a-la-croix.com

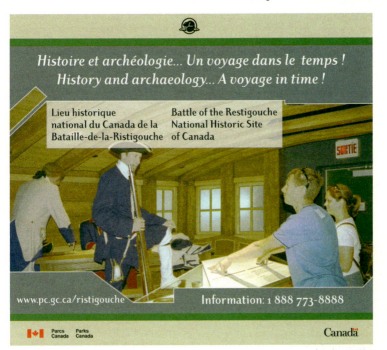

■ **LIEU HISTORIQUE NATIONAL DU CANADA DE LA BATAILLE DE LA RISTIGOUCHE**
Route 132, Pointe-à-la-Croix
☎ 418-788-5676
www.parcscanada.gc.ca
Ouvert tous les jours du 1er juin au 15 octobre, de 9h à 17h. Entrée : 4 $. L'épave du *Machault*, un des navires de la dernière flotte de ravitaillement venue à la rescousse de la Nouvelle-France au printemps 1760, a livré ses secrets et d'authentiques pièces et objets. L'exposition permet aux visiteurs de revivre cette terrible bataille navale où 400 soldats français, aidés de quelques Acadiens et d'une poignée d'Indiens, ont dû faire face à 1 700 soldats britanniques.

Un décor recrée l'intérieur du navire et un film d'animation retrace l'affrontement naval.

RESTIGOUCHE

Son nom micmac signifie « rivière divisée comme la main ». Cette réserve amérindienne, la plus importante de Gaspésie, est réputée pour son artisanat et ses beaux articles de cuir. Devant le monastère de Sainte-Anne-de-la-Restigouche (une très ancienne mission desservie par les capucins), la coque du Machault est bien visible. L'église de Restigouche est particulière. Elle a brûlé onze fois jusqu'à ce qu'on importe une pieuse relique : un fragment d'os du bras de sainte Anne. Depuis, plus rien !

GASPÉSIE - ÎLES DE LA MADELEINE

◼ VALLÉE DE LA MATAPÉDIA

Les bucoliques apprécieront l'aménagement de la route (toujours la 132) qui emprunte la vallée de la Matapédia et relie la baie des Chaleurs à l'estuaire du Saint-Laurent. Sur près de 70 km, vous suivrez une piste indienne. Elle est longée au sud par la rivière aux 222 rapides, surnom de la Matapédia. Le paysage, agricole et forestier, regorge de rivières à saumon (pêche libre), de lacs, de ponts couverts et de maisons historiques. Cette région très peu fréquentée a l'habitude d'être simplement traversée. Les débâcles printanières y font parfois des ravages. Et pourtant, il y a tout de même quelques escapades dignes d'être signalées.

◼ **www.matapedia.net**

◼ **ROUTHIERVILLE**
Le plus long pont couvert (80 m) de la province sur la rivière.

SAINT-ALEXIS DE-MATAPÉDIA

Au cœur de la région des cinq plateaux, Saint-Alexis constitue une bonne halte entre la vallée de la Matapedia et la baie des Chaleurs. Le point de vue sur la rivière depuis le plateau de Saint-Alexis vaut le détour.

◼ **GITE ET OBSERVATION DE L'OURS NOIR J.-A. DUFOUR**
170, rue Principale
✆ 418-299-3040
www.bbcanada.com/jadufour
Autour de 60 $ la chambre double et 25 $ l'excursion pour observer les ours. Venez vous plonger dans les incroyables aventures de chasse des Dufours, qui vous les raconteront, trophées à l'appui. La maison est impeccablement propre et les chambres charmantes. Le petit déjeuner, avec ses produits du terroir clôt un séjour fort agréable.

CAUSAPSCAL

Du terme amérindien Goesôpsiag ou Gesapsgel signifiant « courant de la pointe rocheuse », « cailloux brillants au fond », selon le père Pacifique.
Ses rivières à saumon et ses paysages bucoliques sont réputés.
 Près des moulins à bois, ça sent franchement mauvais ! C'est la faute des enfers, cheminées coniques où brûlent les résidus de la transformation du bois.

◼ **www.causapascal.net**

© SÉPAQ – JEAN-PIERRE HUARD

Paysage hivernal, Parc national de la Gaspésie

■ **MAISON DU TOURISME**
Route 132 ℰ 418-756-6048
En été seulement.

Hébergement – Restaurant

■ **AUBERGE DE LA COULEE DOUCE**
21, rue Boudreau, Causapscal
ℰ 1-888-756-5270
www.lacouleedouce.com
Ouvert 15 mai au 15 octobre de 7h à 10h,
11h30 à 14h30, 17h30 à 21h30. Hiver groupes
sur réservation seulement. Petit déjeuner
de 4 $ à 9 $, le midi de 10 $ à 19 $, le soir
de 19 $ à 30 $. A partir de 80 $ la chambre
double. On y déguste les poissons et les
fruits de mer de la Gaspésie ainsi que les
viandes dont l'agneau du Québec. Le fromage
de chèvre provient de la ferme Chimo et
le petit gaspésien est vivement conseillé.
Confitures et pâtisseries maison. Auberge
confortable.

Point d'intérêt

■ **SITE HISTORIQUE MATAMAJAW**
53C, rue Saint-Jacques, Causapscal
ℰ 418-756-5999
Ouvert tous les jours du 18 juin à début
septembre, 9h à 17h. Entrée : 5 $. Visite
de cet ancien club privé de pêche du début
du siècle, unique en son genre au Québec.
Expositions, présentations audiovisuelles.
Une fosse aménagée permet d'observer
le saumon de l'Atlantique dans son milieu
naturel. Restauration légère, aire de pique-
nique.

AMQUI

Cette pointe du lac Matapédia est le centre
industriel, commercial et agricole du comté.

Pour y parvenir, on peut prendre la route 195
vers Matane, ou retourner vers le nord-est
(toujours sur la 132) en direction de Mont-
Joli (près de Sainte-Flavie).
Le nom d'Amqui proviendrait du mot micmac
amgoig, qui signifie moitié mûr ou encore
lieu d'amusement et de plaisirs.
Selon d'autres hypothèses, Amqui viendrait
du mot algonquin ankwi, qui voulait dire
camarade d'homme, beau-frère d'homme.

■ **www.matapedia.net/amqu**i

■ **MAISON DU TOURISME**
Route 132
ℰ 418-629-5715
Ouvert tous les jours de mi-juin à début
septembre, 8h à 20h.

Hébergement – Restaurant

■ **AUBERGE AMBASSADEUR**
266, boulevard Saint-Benoît Ouest
ℰ 1-888-588-6464
34 chambres, à partir de 64 $. Un hôtel
3-étoiles à l'ambiance détendue à deux
pas du centre d'Amqui. Bien pratique pour
les amateurs de motoneige : le sentier
transcanadien passe par l'hôtel !

■ **AUBERGE BEAUSEJOUR**
71, boulevard Saint-Benoit Ouest
ℰ 418-629-55531
www.auberge-beausejour.com
Ouvert toute l'année. En saison : 85 $ en
occupation simple, 95 $ en double. Une
grande et belle maison qui fait auberge,
restaurant et magasin de bons produits
régionaux : sirop d'érable, saumon fumé, etc.
L'auberge a reçu le grand prix du tourisme
2007.

Les îles de la Madeleine

LE QUÉBEC MARITIME

*Bas-Saint-Laurent, Gaspésie,
Côte-Nord, Îles de la Madeleine*

Cet archipel d'une douzaine d'îles, d'une superficie totale de 222 km², est situé à quelques centaines de kilomètres au large de la péninsule de Gaspésie et du Nouveau Brunswick. A vol d'oiseau, c'est un croissant de lune coloré, tombé droit du ciel en plein golfe du Saint-Laurent. « Aux Îles », comme on dit, tout est accentué : la langue, les falaises rouges, les dunes de sable et les couleurs éclatantes des maisons. C'est un dépaysement total. Surtout quand on vient en hiver et que l'archipel est pris par les glaces. En été, la géographie se prête au farniente et à la méditation, pour peu que le vent tombe.
Car il n'est pas rare que cet élément fort et changeant, particulier aux îles, soit source d'irritation. Surtout lorsque, sur les plages, il soulève, par vagues régulières, des couches de sable fin qui font plisser les yeux. Qu'à cela ne tienne. On va aux îles quand même ! Parce que c'est une bonne sensation, que c'est difficile d'accès et qu'on peut être fier de soi quand on y arrive. Vous verrez bien, quand vous y mettrez le pied pour la première fois.
On parcourt les 65 km d'îles à pied, à cheval ou à vélo, puisqu'elles sont reliées par un mince – et immuable – cordon de sable. Ainsi, du nord au sud, l'île de la Grande Entrée, Grosse-Île, Pointe-aux –Loups, l'île du Havre-aux-Maisons, l'île du Cap-aux-Meules et l'île du Havre-Aubert constituent l'essentiel de l'archipel. Deux autres îles : l'île d'Entrée (un bon point de repère à l'est de Havre-Aubert, puisque visible de toutes les

autres îles habitées) et l'île Brion (inhabitée et réserve écologique au nord de l'archipel) sont assez grandes. Le rocher aux Oiseaux, l'île aux Loups Marins, l'île aux Cochons et le rocher du Corps Mort s'ajoutent à quelques autres encore pour parachever l'ensemble. A cause de la faible amplitude des marées, de la situation des îles de la Madeleine sur des hauts-fonds et de l'action bénéfique du Gulf Stream, la température de l'eau des lagunes et de la mer atteint parfois 21 °C. C'est bien plus agréable de s'y baigner que le long des berges du Saint-Laurent. Par contre, les vents, on l'a dit, sont forts et changeants, parfois violents (heureusement beaucoup plus en hiver qu'en été) ; ce qui enchantera les mordus des sports de vents et de glisse qui feront fi de ces inconvénients. Enfin, pour les gourmets, les îles de la Madeleine sont vraiment le paradis du homard.

Histoire et toponymie

Jacques Cartier, de retour en France en 1534, baptise les îles les Areynes (ce qui signifie « sable »). Il appelle le rocher aux Oiseaux, « l'île Margault », et dit de l'île Brion que c'est « un endroit privilégié dont un arpent vaut mieux que toute la Terre-Neuve ». Mais Jacques Cartier n'est pas le découvreur des îles. Bien d'autres peuples ont foulé les dunes avant lui, et notamment les Amérindiens micmacs.
Le nom des îles de la Madeleine aurait été attribué à l'archipel en 1663 en l'honneur de Madeleine Fontaine, l'épouse du premier seigneur des îles, François Doublet de Honfleur. Mais c'est Samuel de Champlain qui, en 1629, nomme sur une carte La Magdeleine, l'actuelle île du Havre-Aubert. Sous l'occupation française, les îles passent entre plusieurs mains. Visité périodiquement par les Amérindiens micmacs, qui le

> **À ne pas manquer sur les îles de La Madeleine.** Les îles de la Madeleine rivalisant de beauté, il nous est impossible de trancher. Donc, au lieu de faire une sélection, nous vous donnons un conseil : que ce soit en voiture ou en vélo, parcourez les 65 km qui traversent les îles du nord au sud !

nommaient *Menagoesenog* (« îles balayées par les vagues »), l'archipel se sépare de l'île de Terre-Neuve et passe sous la juridiction du Bas-Canada en 1774, lors de la signature de l'acte de Québec. En 1798, Isaac Coffin obtient les îles en concession et soumet ses habitants au paiement de la tenure seigneuriale. A cette domination féodale s'ajoute celle des marchands sur les pêcheurs. Les persécutions dont les Madelinots sont victimes expliquent leur émigration continuelle vers d'autres cieux. Ils fondent ainsi plusieurs villages de la Côte-Nord : Blanc-Sablon (1854), Havre-Saint-Pierre, Natashquan (1855) et Sept-Iles (1872). C'est en 1895 seulement qu'une loi du Québec leur permettra de racheter leurs terres et de s'autosuffire. Les îles sont un pays de navigateurs, de pêcheurs, dont la vie maritime regorge d'histoires de naufrages, toutes plus terribles les unes que les autres. Peut-être les entendrez-vous, on les raconte encore aujourd'hui.

Les Acadiens trouvent un pays

L'épisode du Grand Dérangement, qui, tragiquement, a déchiré le peuple acadien en 1755, est à l'origine de la dispersion des familles, jusque dans le sud des Etats-Unis. Quelques-unes ont pu échapper à l'horreur :

en 1793, cent vingt familles acadiennes réfugiées à Saint-Pierre-et-Miquelon se sont installées sur les îles, sous la tutelle marchande de Richard Gridley, venu chasser le morse et exploiter les pêcheries. Comme les Acadiens sont de bons agriculteurs et de bons pêcheurs, ils sont devenus les vrais artisans de la colonisation de l'archipel et ils y ont apporté l'accent d'Acadie.

De la chasse au phoque à l'observation des blanchons

Depuis les premiers temps de la colonisation, la pêche reste le principal moyen d'existence des Madelinots, même s'ils sont aussi cultivateurs. Ils pêchent toujours la morue, le sébaste, le maquereau, le flétan, la plie, mais aussi les crustacés et les mollusques : pétoncles, moules bleues, crabes des neiges et, bien sûr, le homard, qui abondent dans les eaux du golfe.

Pendant l'hiver, qui dure 5 mois de l'année, les îles de la Madeleine sont cernées par la banquise. Il y fait - 20 °C à cause du facteur éolien. C'est justement sur cette banquise que les phoques gris (appelés « loups marins ») descendent du Groenland pour mettre bas leurs bébés, les fameux blanchons dont la chasse est aujourd'hui interdite.

Durant deux siècles, la chasse aux phoques fut la principale activité des populations des îles de la Madeleine et de la côte Nord du Québec. Le phoque était alors l'unique ressource leur permettant de survivre à l'hiver. La viande de phoque leur procurait de la nourriture, et les peaux de l'argent destiné à l'entretien des bateaux et à l'achat des filets de pêche. Les chasseurs utilisaient un canot dont le dessous était recouvert d'une feuille métallique afin de mieux glisser sur la glace et de résister aux chocs. Aujourd'hui, si la chasse aux phoques est encore autorisée, elle répond à des quotas qui varient chaque année (de 2 à 6 phoques par chasseur).

Les Madelinots subissent, depuis plusieurs années, une baisse des prix dramatiques. Si les prises de la chasse, maintenant moins sauvage, ont diminué, la controverse, elle, s'est installée, depuis que les experts ont décrié l'appétit vorace des phoques adultes qui consommeraient environ 1,5 t de poissons par an. Le gagne-pain des pêcheurs des îles, en somme ! La preuve n'est pas encore faite, mais Greenpeace s'en mêle… Autrement dit, si vous êtes « aux Îles » en mars, à la saison de la naissance des blanchons (la « mouvée »), profitez des voyages d'observation qui sont organisés sur les glaces. Et, de grâce, taisez-vous, évitez de parler de Brigitte Bardot et de Greenpeace !

Transports

▶ **Horaires.** Attention, dans vos trajets, ayez toujours en tête que les Îles de la Madeleine sont à l'heure de la Nouvelle Écosse à l'heure des provinces maritimes « atlantique ». Quand il est midi au Québec, il est 13 h aux Îles.

Avion

Le voyage en avion reste très cher. Beaucoup de bons tarifs si réservation à l'avance.

■ **AIR CANADA JAZZ**
✆ 1-888-247-2262
offre des vols entre les îles de la Madeleine ✆ 418-969-2888, et Gaspé, Québec, Montréal, correspondances avec toutes les destinations d'Air Canada et Star Alliance,

www.aircanada.com

■ **PASCAN AVIATION**
✆ 1-888-247-8777 – www.pascan.com
Dessert les îles de la Madeleine au départ de Montréal et Québec.

Voiture – Bateau

Il faut se rendre à Souris (île du Prince-Edouard) et prendre le ferry jusqu'aux îles de la Madeleine. Au départ de Montréal, prendre l'autoroute 20 jusqu'à Rivière-du-Loup, puis la route 185 via Edmunston (Nouveau-Brunswick) en direction de capz Tourmentine. Prendre le pont qui mène à Borden (37 $ pour une voiture) et la route jusqu'à Souris (Montréal-Souris 1 420 km).

▶ **On prend le ferry avec la voiture, à Souris.** Il faut réserver à l'avance, surtout en juillet et août :

■ **CTMA**
Réservation à Cap-aux-Meules
✆ 1-888-986-3278 – www.ctma.ca
Une traversée par jour, en opération du 1er avril au 31 janvier. Un dépôt est exigé, payable par carte de crédit (Visa ou Mastercard). Il faut compter environ 350 $ aller-retour pour 2 passagers avec une voiture standard. Se présenter 1h avant le départ. Le trajet de Souris vers Cap aux Meules dure 5h.

▶ **On peut aussi partir de Montréal ;** le CTMA Voyageur effectue une croisière une fois par semaine (450 passagers), depuis Montréal et marque (au retour) une escale à Chandler puis à Québec. Départ de Montréal le vendredi, arrivée à Cap aux Meules le dimanche. Retour : départ le mardi soir, arrivée le vendredi matin. En hiver (février-mars), le bateau fait escale à Matane et pas à Chandler.

Train – Bus

Nous vous souhaitons bonne chance si vous choisissez cette option car il s'agit d'un vrai casse-tête. Cependant, il est possible de prendre le train

■ **VIA RAIL**
✆ 1-888-842-7245
www.viarail.ca

Les îles

On découpe l'archipel en quatre régions, du sud au nord : L'Île du Havre-Aubert et l'île d'Entrée ; l'Île du Cap-aux-Meules ; l'île du Havre-aux-Maisons et Pointe aux Loups ; et Grosse-Île avec l'île de la Grande-Entrée. Les plus touristiques sont celles du Havre-Aubert et de Cap-aux-Meules. La route 199 relie les îles entre elles.

De Montréal jusqu'à Moncton (Nouveau-Brunswick), puis l'autobus jusqu'à Charlottetown et un taxi jusqu'à Souris. Plusieurs voyagistes proposent des voyages en autocar :

■ **MERIKA TOURS**
☎ 1 800 463 7300.

■ **VOYAGES VASCO**
Cap aux Meules
☎ 1 877 861 8222

Pratique

▶ **Décalage horaire.** Les îles de la Madeleine vivent à l'heure des Maritimes. Il y a une heure de décalage avec le Québec continental. Lorsqu'il est 12h à Montréal (ou ailleurs au Québec), il est 13h sur l'archipel des îles de la Madeleine.

■ **www.tourismeiledelamadeleine.com**

■ **ASSOCIATION TOURISTIQUE RÉGIONALE DES ÎLES DE LA MADELEINE**
128, chemin Principal
(coin chemin du Débarcadère),
Cap-aux-Meules
☎ 418-986-2245 – ☎ 1-877-624-4437
Ouvert tous les jours du 24 juin au 2 septembre,
7h à 21h, le 3 septembre de 9h à 20h, le 1er octobre au 2e lundi d'octobre tous les jours de 9h à 17h et à l'arrivée du traversier, du 2e lundi d'octobre au 24 juin, en semaine de 9h à 12h et de 13h à 17h.

■ **DÉTRESSE MARITIME**
☎ 418-986-2740

■ **RECHERCHE ET SAUVETAGE MARITIME**
Station 141 (en cas d'urgence seulement)
☎ 418-986-5333

■ **GARDE CÔTIÈRE CANADIENNE**
☎ 418-648-5119 (jour)
☎ 1-800-363-4735

■ **MÉTÉO**
☎ 418-986-3700

Santé

■ **AMBULANCE**
☎ 911

■ **INFO SANTÉ**
☎ 310-2572 (pas de code régional)

■ **HÔPITAL**
☎ 418-986-2121

▬ ÎLE DU HAVRE-AUBERT ET ÎLE D'ENTRÉE ▬

L'île du Havre-Aubert, c'est l'île du Sud. C'est ici que tout a commencé. Des vestiges amérindiens témoignent encore de sa préhistoire.

La majorité des habitants sont francophones, contrairement à la petite île d'Entrée, située plus à l'est, qu'on atteint en bateau et où l'on parle plutôt anglais. L'île du Havre offre une bonne cuisine, un peu de culture, des boutiques et des cafés, des collines arrondies et de coquettes maisons traditionnelles, tout ce qu'il faut pour flâner. La Montagne est une région de hauteurs boisées. Havre-Aubert et Bassin sont les deux localités principales de l'île.

ÎLE DU HAVRE-AUBERT

Au Sud-Est de l'île, Havre-Aubert a été longtemps le chef-lieu des îles de la Madeleine. Aujourd'hui, on y vient pour admirer les Demoiselles, de drôles de buttes aux formes arrondies. On les découvrira le long d'une belle route panoramique, bordée de maisons traditionnelles. Le site historique de la Grève, une petite plage de galets, au charme unique mérite le déplacement.

Hébergement

■ **LE BERCEAU DES ILES**
701, route 199
☎ 418-937-5614
www.berceaudesiles.com
Entre 80 $ et 150 $ la chambre double, petit déjeuner inclus. Ouvert à l'année. 6 chambres. Auberge sympathique et confortable.

Restaurants

■ **BISTRO-BAR CHEZ JOSÉE**
792, chemin du Bassin
☎ 418-937-5133
Ouvert tous les jours, en saison, 11h à 1h. Groupes sur réservation. Chez Josée, on apprécie les délicieuses pizzas gratinées aux fruits de mer et homard. Aussi, soupe du jour, mets canadiens.

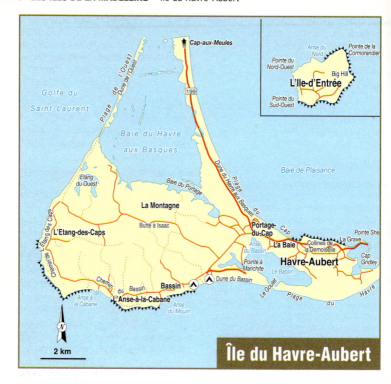

Île du Havre-Aubert

■ **BISTRO DU BOUT DU MONDE**
951, route 199, La Grave ✆ 418-937-2000
Ce bistro d'inspiration française offre des
plats succulents aux convives qui raffolent
des plats raffinés. Les fruits de mer sont à
l'honneur ainsi que des plats plus classiques
et des vins de qualité. Le tout servi dans une
ambiance décontractée et chaleureuse typique
des îles de la madeleine. L'une des meilleures
adresses des îles.

■ **LE FOUR À PAIN**
969, route 199, La Grave ✆ 418-937-5244
*Ouvert tous les jours, mai à septembre, 7h
à 00h. Compter 15 $.* Le Four à Pain, un
café familial sympathique, propose des
petits déjeuners, pains et pâtisserie, pâtés
maison ainsi que pizzas et crêpes aux fruits
de mer.

■ **CAFE DE LA GRAVE**
969, route 199, La Grave ✆ 418-937-5765
Situé sur le site historique de la Grave, ce
restaurant occupe les lieux d'un ancien
magasin général madelinot. Dans une

ambiance chaleureuse et amicale, vous
dégusterez les nombreux sandwichs santé
à la carte de la Grave. Que ce soit pour une
pause-café ou un déjeuner cette adresse
mythique vaudra toujours le détour.

Manifestations

■ **CONCOURS DE CHATEAUX DE SABLE**
✆ 418-986-6863
Mi-août. Un concours de château de sable
très impressionnant et convivial !

■ **MES ILES, MON PAYS**
316, chemin d'en Haut ✆ 418-937-2588
www.mesilesmonpays.com
*De juin à septembre, représentation tous les
soirs à 20h30 (durée : 2h30). Exposition sur
l'histoire des îles, tous les jours de 9h à 21h.*
L'association culturelle du Havre-Aubert
présente le spectacle historique *Mes îles, mon
pays* en saison. Il vous fera revivre l'arrivée aux
îles de Jacques Cartier, de François Doublet
et des premières familles, interprétée par 50
comédiens sur scène. Exposition de peintures,
sculptures et objets anciens.

Points d'intérêt

Une balade sur la route panoramique 199.

■ LE SITE D'AUTREFOIS

3106, chemin de la Montagne, Bassin
℗ 418-937-5733
Entrée : 10 $. Situé le long de la route panoramique, le site d'autrefois vous invite à découvrir les us et coutumes d'autrefois. Vous aurez la chance en quelques heures de partager la vie d'un pêcheur madelinot au coeur de son village d'antan.

■ CENTRE NAUTIQUE DE L'ISTORLET

100, chemin de l'Istorlet
℗ 418-937 5266 – ℗ 1-888-937-8166
www.istorlet.qc.ca
Ouvert du 15 mai au 15 septembre. Il offre toute une gamme d'activités : voile, planche à voile, kayak de mer, plongée, visites guidées de l'Île d'Entrée, observation des phoques.

■ DUNE DE L'EST

On peut se baigner dans les eaux de cette immense dune. Ou encore participer au concours annuel des châteaux de sable, qui a lieu vers le 10 août sur cette même plage et qu'il ne faut surtout pas manquer (℗ 418-986 6863).

■ LA GRAVE

Vient du mot grève, signifiant terrain caillouteux et sablonneux. C'est, au bout du Havre-Aubert, une plage de galets classée site historique en 1983 et dotée d'un petit port de plaisance. C'est aussi un lieu de rencontres et d'échanges où s'alignent cafés et boutiques d'artisanat, dans de vieilles maisons traditionnelles qui ont conservé leur revêtement de bardeaux de cèdre.

■ AQUARIUM DES ILES

982, route 199, La Grave ℗ 418-937 2277
Ouvert tous les jours en été, à partir de 10h. L'occasion d'observer plusieurs espèces de crustacés, de poissons et de mollusques qui vivent autour des îles. Bassin tactile. Les phoques évoluent dans un bassin extérieur. Exposition photographique sur la pêche et les méthodes de conservation des espèces et sur l'environnement marin.

■ MUSÉE DE LA MER

1023, route 199 ℗ 418-937 5711
Ouvert tous les jours du 15 juin au 15 septembre en semaine de 9h à 18h et le week-end de 10h à 18h, du 15 septembre au 31 octobre de 9h à 12h et de 13h à 17h, samedi et dimanche de 13h à 17h. Droits d'entrée. A l'extrémité de la route panoramique 199, sur le cap Gridley qui domine La Grave, ce musée retrace l'histoire de la pêche côtière et hauturière, en exposant toutes les méthodes et les différents bateaux utilisés. Une section est consacrée aux naufrages et aux faits marquants de l'histoire des îles. Une salle dévolue à l'environnement présente la flore et la faune des îles (oiseaux, loups-marins et une espèce disparue, le morse). Projection de films.

■ LES ARTISANS DU SABLE ÉCOMUSÉE DU SABLE

907, route 199, La Grave ℗ 418-937 2917
www.artisansdusable.com
Ouvert tous les jours de 10h à 21h en saison. Entrée libre. Des artistes d'ici travaillent le sable pour en tirer toutes sortes de formes et de couleurs étonnantes. De superbes réalisations originales, que l'on peut transporter grâce à une technique qui permet de rendre le sable dur comme de la pierre.

■ BASSIN

Partie ouest de l'île. La route panoramique serpente entre les maisons de la pointe à Marichite jusqu'à l'Etang-des-Caps. On fera un arrêt au phare de l'Anse-à-la-Cabane, sur le cap du sud, à la plage de la Dune de l'Ouest (très beaux couchers de soleil) et aux hautes falaises de grès rouge de l'Etang-des-Caps. Au large, on voit le Corps Mort, un rocher solitaire. C'est ici aussi que se trouve la plus grande forêt de l'île, qui se prête bien aux randonnées pédestres.

■ LE HAVRE ATELIER GALERIE

Ouvert tous les jours en saison de 10h à 20h. Entrée libre. Situé sur le site de la Grave, au bord de la mer, cette galerie d'art vous propose de découvrir des œuvres sur le thème de la mer.

■ LIMAÇON

994, route 199, La Grave
℗ 418-937-2112
www.martinfournier.ca
Situé au cœur du quartier historique de la Grave, cet atelier expose les oeuvres de Martin Fournier artisan joaillier madelinot. Spécialiste dans la conception de bagues de toutes formes, on y retrouve également de beaux pendentifs et boucles d'oreilles faits à partir des pierres des îles. Pour des idées cadeaux futées, le limaçon vous est recommandé.

GASPÉSIE - ÎLES DE LA MADELEINE

ÎLE D'ENTRÉE

C'est la seule île qui n'est pas reliée aux autres. On y séjourne quelques heures ou quelques jours, pour profiter de son calme, de sa nature vierge, de ses sentiers saisissants le long des falaises. L'île est habitée par 130 anglophones d'origine irlandaise et écossaise y vivent isolés toute l'année.

On y accède en une heure en prenant le bateau de Cap-aux-Meules. Les voitures ne sont pas autorisées à bord. Big Hill est le plus haut sommet des îles.

Pour l'atteindre, suivre le chemin Main, puis le chemin Post Office. Traverser les champs en suivant le sentier. Du sommet, belle vue sur l'archipel. Il est possible de manger et de dormir dans les petites pensions de l'île, mais il faut réserver.

■ BATEAU S.P.

Bonaventure, G.G.R. Cyr Transport
Port de Cap-aux-Meules
✆ 418-986 8452 (jour)
✆ 418-986 5705 (soir et le dimanche)
Navette du lundi au samedi. Durée : 1h. Aller-retour : 20 $. Départs de Cap-aux-Meules à 8h et à 15h, départs du port de l'île d'Entrée à 9h et à 16h. Le dimanche sur réservation.

■ EXCURSIONS EN MER INC

Port de Cap aux Meules ✆ 418 986 4745
www.excursionsenmer.com.
Plusieurs excursions par jour tous les jours.
Bateau ou zodiac avec interprétation.

■ ENTRY ISLAND MUSEUM

Ouvert de juin à septembre. Entrée libre. Ce musée relate l'histoire de l'occupation de l'île.

■ ÎLE DU CAP-AUX-MEULES

Son nom vient de la présence de pierres à meule qu'on trouve sur le cap qui surplombe le port. C'est l'île la plus peuplée de l'archipel et la deuxième plus grande. Elle concentre les services administratifs : école, hôpital, centre thermique d'Hydro Québec. Il est possible d'en voir toutes les beautés en empruntant les itinéraires panoramiques qui la traversent.

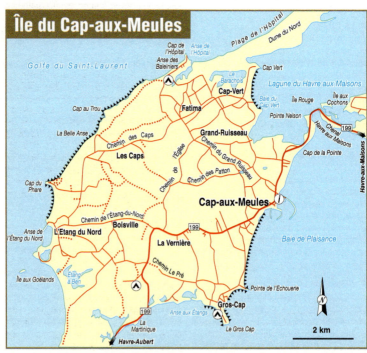

C'est dans la ville de Cap-aux-Meules, petit port très fréquenté, que l'on débarque en arrivant de Souris (île du Prince-Edouard) ou de Montréal. D'ici on s'embarque pour des excursions de pêche ou d'observation des falaises. Quand on ne décide pas tout simplement d'y séjourner. Autres lieux de séjour : Fatima et Etang-du-Nord.

Pratique

■ **CLSC**
Cap-aux-Meules
℡ 418-986 2572

Services financiers
Bureaux de change

■ **BANQUE NATIONALE**
425, chemin Principal, Cap-aux-Meules
℡ 418-986 2335

■ **CAISSE POPULAIRE**
248, chemin Principal, Cap-aux-Meules
℡ 418-986 4236

Location de vélos

■ **LE PÉDALIER**
800, chemin Principal, Cap-aux-Meules
℡ 418-986 2965
Du lundi au mercredi de 9h à 17h30, le jeudi et le vendredi de 9h à 21h, le samedi de 9h à 17h. Location et vente de bicyclettes. Vente de canots, kayaks et équipement de camping.

Voyagistes

■ **VOYAGES**
425, chemin Principal, Cap-aux-Meules
℡ 418-986 6565 – ℡ 1-888-818-4537
Du lundi au mercredi de 8h30 à 18h, le jeudi et le vendredi de 8h30 à 21h, le samedi de 9h à 17h.

Hébergement

Pour répondre à la demande en haute saison, les Madelinots ouvrent leurs portes aux visiteurs. Des dizaines de petits motels et hôtels vous attendent, mais certains établissements méritent l'attention. Ces établissements se situent dans divers villages de l'île du Cap aux Meules.

■ **CAMPING LE BARACHOIS**
87, chemin du Rivage, Fatima
℡ 418-986-6065/4726
www.campingbarachois.ca
Ouvert du 1er mai à fin octobre. Location de sites de camping (18 $ à 25 $ par jour pour 2 personnes). Réservation conseillée en juillet et août. 175 emplacements. Dans un cadre enchanteur, en bordure de mer, le camping est établi sur des falaises rouges offrant une vue exceptionnelle sur la mer et le coucher de soleil. Attention aux coups de vent : veillez à bien arrimer votre tente. Foyer, salle communautaire, terrasse, location de canot et pédalo, piste cyclable à proximité.

■ **AUBERGE DE JEUNESSE**
74, chemin du Camping. Parc de Gros Cap, Etang du Nord
℡ 418-986-4505
www.parcdegroscap.ca
A partir de 27 $ la nuit en dortoir. Chambres individuelles. L'auberge se situe dans le très beau site du parc de Gros Cap. Plage et possibilité de louer des kayaks.

■ **LA MADELEINE**
1165, chemin de Etang-du-Nord, Etang-du-Nord ℡ 418-986-4006
www.lamadeleine.ca
Ouvert en saison. De 85 $ à 110 $ en occupation double. 4 chambres avec petit déjeuner complet inclus. La Madeleine est une belle maison à la devanture rouge qui vous accueille chaleureusement. Chambres douillettes et joliment décorées. Terrasse, vue sur la mer.

■ **AUBERGE MADELI**
485, chemin Principal, Cap-aux-Meules
℡ 418-986-2211 – ℡ 1-800-661-4537
www.hotelsilesdelamadeleine.com
Ouvert à l'année. Tarifs : 120 $ en occupation double. 63 chambres confortables et équipées. L'Auberge Madeli est un établissement de tout confort, le deuxième en importance des îles de la Madeleine, situé à proximité de tous les services. Elle invite ses clients à fréquenter le restaurant attenant La Patio, auquel on accède par un couloir intérieur. Salle de réunions.

■ **HÔTEL CHÂTEAU MADELINOT**
323, route 199, Fatima
℡ 418-986-3695 – ℡ 1-800-661-4537
www.hotelsilesdelamadeleine.com
Ouvert en saison. Tarifs 130 $ en occupation double. Réserver à l'avance pour la vue. 120 chambres confortables et équipées. L'hôtel Château Madelinot offre le confort, une bonne qualité de services ainsi qu'une belle vue sur la mer. Restaurant, piscine, sauna, salles de réunion. Forfaits disponibles.

> ▶ **Que signifie le mot barachois ?** C'est la déformation de « barres à choir », bancs de sable entourant une lagune sur lesquels les pêcheurs tirent leurs barques au sec. Par extension, le mot désigne toute la lagune.

Restaurants

■ **AUX PAS PERDUS**
169, chemin Principal, Cap-aux-meules
℃ 418-986-5151
A la fois auberge, restaurant et bar-spectacle, les Pas Perdus fait partie de ces adresses que les gens affectionnent. Pour tous ceux qui aiment déguster leur repas ou leur verre dans une ambiance festive décontractée l'endroit est parfait. Les plats inspirés de la cuisine du monde sont simples et savoureux. Que ce soit pour un dîner ou simplement pour prendre un verre on ne regrette jamais d'y être entré.

■ **LA TABLE DES ROY**
1188, route 199, Etang du Nord
℃ 418-986-3004
Ouvert en saison, du lundi au samedi à partir de 18h. Compter 40 $ par personne. Réservation requise. Très bonne carte des vins. Une table qui respecte son terroir et associe des produits de la mer à ceux de la terre. Les îles ne sont pas reconnues que pour leurs poissons et fruits de mer. Le chef qui vous accueille dans sa maison, connaît les produits de la mer, lesquels sont apprêtés justement et finement. Elle propose aussi un merveilleux carpaccio d'agneau. On retiendra particulièrement les ris de veau couplés au homard, qui vous feront découvrir les richesses marines et terriennes de ces îles paradisiaques.

■ **SALON DE THE LE FLANEUR**
1944, chemin de l'Etang du Nord,
Havre aux Maisons
℃ 418-986-6526 – www.lefланeur.com
Dans une ambiance artistique et hétéroclite on vous proposera une carte de thé diversifiée qui saura satisfaire les amoureux de cette boisson. Le Flaneur est l'endroit idéal pour ceux qui souhaitent prendre une pause entre amis tout en profitant d'une vue panoramique sur le port de l'étang du nord. Pour ceux qui ont la dent sucrée ne vous suggérons fortement d'accompagner votre thé d'un scone maison garnie de la confiture aux fruits rouges spécialité du Flaneur.

Manifestations

■ **FESTIVAL SABLE-EAU-VENT**
L'Anse-aux-Baleiniers, Fatima
℃ 418-986-4736
Fin juillet. Fête familiale réunissant trois éléments des îles. Spectacles de cerfs-volants acrobatiques, combat de cerfs-volants rokkaku, vols libres et de nuit.

■ **COURSE DE DORES
A LA FETE AU VILLAGE**
Cap-aux-Meules ℃ 418-986-4691
Fin août. Epreuve régionale ayant lieu dans le port de Cap-aux-Meules. Célébration de la tradition maritime à son meilleur par cette course d'embarcation à rame typique.

Points d'intérêt

À Cap-aux-Meules

Le port est très actif, grâce à la pêche et au transit vers le continent. La marina ravira les amateurs de voile. Pour des promenades plus sauvages, on peut longer le sentier du littoral, à côté du quai. Il longe la falaise et mène à une petite plage.

■ **EXCURSIONS EN MER**
Kiosque à la marina
de Cap-aux-Meules
et au 70, chemin Principal,
Cap-aux-Meules ℃ 418-986-4745
www.excursionsenmer.com
Un voyage aux Iles ne peut être complet sans les découvrir par la mer. Plusieurs escapades proposées, en compagnie de guides qualifiés : grottes et falaises, île d'Entrée, observation d'oiseaux marins, pêcheurs, interprétation du milieu. Deux bateaux et quatre Zodiac disponibles, avec des départs fréquents en saison. Réservation obligatoire.

■ **A L'ABRI DE LA TEMPETE**
286, chemin Coulombe L'Etang-du-Nord
℃ 418-986-5005
Cette microbrasserie québécoise artisanale brasse ses bières à partir de l'orge des îles de la Madeleine. Ce qui donne à ses bières ce goût marin très connu et apprécié dans la province. Sur place on déguste les différents produits de la microbrasserie tout en profitant d'une ambiance festive made in les îles de la Madeleine. Pour les amateurs de la production de bière, des visites guidées sont offertes sur

demande. Des produits à base de bière sont également vendus sur place. Une adresse qui vaut le détour.

Ailleurs sur l'île

Monter à la Butte-au-Vent, le point culminant de l'île, et admirer le point de vue sur l'ensemble de l'archipel.

▶ **Le port de pêche de Etang-du-Nord** (pêche au homard) et son imposante sculpture représentant des pêcheurs. On peut y visiter la centrale thermique d'Hydro Québec.

▶ **Suivre la route panoramique du chemin de Gros-Cap qui mène aux pêcheries de Gros-Cap :** homarderie, magasin de vente de poissons et cafétéria de homard où l'on peut déguster, en saison, du homard frais pour moins de 20 $ (vous choisissez la taille de votre homard à la mesure de votre appétit). Vous pourrez ensuite, par temps calme, explorer les grottes du cap en canot. De Gros-Cap, la vue porte sur le croissant des îles et l'île d'Entrée qui s'en détache.

▶ **L'église de La Vernière (route 199),** belle construction en bois dont la blancheur immaculée se détache sur les champs environnants et classée par les Monuments historiques du Québec. Elle date de 1876 et son architecture est typique des Provinces Maritimes.

▶ **Admirer les falaises rouges de Belle-Anse,** sapées par la mer, qui en a détaché des morceaux.

▶ **Longer ces falaises jusqu'au Cap-au-Trou,** où les vagues acharnées ont creusé la falaise de grès friable et où des arches sont apparues. Que le promeneur y prenne garde, s'approcher du rebord peut être dangereux.

▶ **Le sentier d'interprétation du Barachois** (3,5 km aller-retour) qui s'amorce en arrière des dunes de la plage du Barachois. Il traverse tout d'abord un marais d'eau douce, puis un milieu saumâtre et enfin un marais salé. L'ammophile à ligules courtes, dénommé « foin des dunes » aux îles de la Madeleine, a pour propriété de fixer la dune. Le long du sentier on pourra observer la flore et les oiseaux, dont le rare pluvier siffleur.

■ L'ANSE AUX HERBES
187, chemin Les-Caps, Fatima
✆ 418-986-3936
Une herboristerie artisanale qui vous prodigue ses secrets pour mieux et bien vivre. Des plantes aromatiques et médicinales, des fleurs et des savons pour être bien dans son corps. Et pour accompagner le tout, des tisanes, des assaisonnements, des huiles et des vinaigres aromatisés sont offerts. Que du bon air frais !

■ LES COCHONS TOUT RONDS
518, chemin du Gros-Cap, L'Etang-du-Nord
✆ 418-986-5443
Les amoureux de la charcuterie seront ravis. Les Cochons Tout Ronds offre une production traditionnelle et artisanale de différentes pièces de viandes. Jambons crus séchés, saucissons secs, coppas, lonzos, terrines et autres sont au rendez-vous. Que ce soit pour une dégustation sur place ou simplement pour en acheter l'adresse vaut le détour.

■ ÎLE DU HAVRE-AUX-MAISONS

Au nord-est de l'île du Cap-aux-Meules. C'est la plus belle. On y accède par la route 199. Une route panoramique dessine la pointe de l'île du côté est.

Empruntez-la. Une marina, des petits quais, des rochers rouges dominant la mer, une petite baie, avec l'île du Cap-aux-Meules en arrière-plan, composent le paysage, tout près de l'île aux Cochons. Une île où nichent des espèces variées d'oiseaux, parmi les bleuets de la dune (en saison, il n'y a qu'à se baisser). L'aéroport des îles de la Madeleine fait face à la lagune du Havre, au nord-ouest de l'île. Une éolienne expérimentale y a été bâtie par Hydro-Québec.

Hébergement – Restaurant

■ LA MAISON D'EVA-ANNE
326, chemin Pointe-Basse,
Havre-aux-Maisons ✆ 418-969-4053
www.grandlarge.ca
Ouvert à l'année. De 90 $ à 100 $ en occupation double. 5 chambres avec petit déjeuner complet inclus. Argent comptant, chèques de voyage, carte de crédit Visa.
Construite à la fin du XIXe siècle, La Maison d'Eva-Anne a conservé son charme d'antan. Elle vous accueille chaleureusement et vous offre chambres douillettes, confort et vue sur la mer.

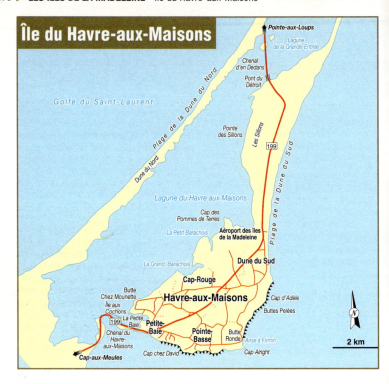

Île du Havre-aux-Maisons

■ **GITE MAISON DES FALAISES**
162, chemin des échoueries,
Havre-aux-Maisons
℃ 418-969-4782
*3 chambres avec salle de bains partagée :
95 $, 1 Suite : 130 $ (taxes et petit déjeuner
inclus).* Ce charmant petit Gîte situé au
sommet d'une falaise envoûtante propose
à sa clientèle quatre jolies chambres aux
couleurs rafraîchissantes. Que vous optiez
pour la lavande, la jaune, la bleue ou encore
pour la suite vous serez sans aucun doute
séduit par les nombreuses attentions que Lucie
réserve à ses visiteurs. Le matin on déguste le
petit déjeuner gourmet en admirant une vue
à couper le souffle. Sans l'ombre d'un doute
vous dormirez dans le lieu le plus douillet et
préservé des îles de la madeleine.

■ **DOMAINE LE VIEUX COUVENT**
292, route 199, Havre-aux-Maisons
℃ 418-969-2233
www.domaineduvieuxcouvent.com
*Ouvert à l'année. Tarifs basse saison de 125 $
à 175 $, haute saison de 175 $ à 225 $.* Dans

un bâtiment de pierres grises, situé face à
la mer, les convives dorment dans l'une des
dix chambres au décor moderne et épuré. Le
confort et le charme de cet hôtel rajoute cette
touche magique au charme envoûtant des
îles de la madeleine. Seul hôtel du genre aux
îles de la madeleine, le vieux couvent est une
adresse qui vous laissera bouche bée.

■ **RESTAURANT AU VIEUX COUVENT**
292, route 199, Havre-aux-Maisons
℃ 418-969-2233
Ouvert en saison, 11h à 23h. Compter 30 $.
Niché dans un vieux couvent (d'où le nom), la
vue offerte est magnifique et le cadre superbe.
La mer et l'île d'Entrée vous accompagnent
dans ce bistro-bar qui ne désemplit jamais.
Et pour cause, la cuisine est simple mais
délicieuse. Les poissons et les fruits de
mer locaux sont à l'honneur avec une nette
préférence pour les moules, la spécialité
de la maison. Les produits régionaux sont
cuisinés avec succès, parfois sous une version
moderne comme la tempura de morue.

Points d'intérêt

▶ **La plage de la Dune du Sud** est une superbe plage, bordée de falaises de grès rouge creusées de grottes, et fréquentées par les oiseaux de mer, notamment les goélands argentés et les sternes.

■ VERRERIE LA MÉDUSE

638, route 199, Havre-aux-Maisons
℃ 418-969-4681
Ouvert en saison tous les jours de 10h à 19h et hors saison du lundi au samedi de 11h à 17h. Entrée libre. Fabrication et vente d'objets en verre soufflé dont la coloration est obtenue par de savants mélanges d'oxydes métalliques. La matière première, préalablement mise dans un four maintenu toute une nuit à la température de 1 450 °C, sera ensuite façonnée à l'aide d'une « canne », puis l'objet terminé sera recuit à 520 °C. On peut observer les verriers au travail. Ils répondront avec gentillesse à toutes vos questions.

■ EXCURSIONS DE LA LAGUNE

La Pointe, marina de Havre-aux-Maisons
℃ 418-969-2088/2727
Tous les jours en saison. Départs à 11h, 14h. Durée 2h. Tarif : 25 $. Découverte de la faune sous-marine de la lagune en bateau à fond de verre (ponton II), avec possibilité de dégustation de crustacés et de mollusques.

■ FROMAGERIE DU PIED-DE-VENT

149, chemin Pointe-Basse,
Havre-aux-Maisons ℃ 418-969-9292
Ouvert tous les jours de 9h à 17h. À l'origine de cette fromagerie, un amour pour la crème de lait cru des îles de la Madeleine. En 1998, un troupeau de petites vaches noires arrive sur les îles et l'aventure du Pied-de-Vent commence. Le troupeau est nourri à partir de fourrage des îles, ce qui confère au Pied-de-Vent son goût si particulier. Entre le moment de la traite et celui de la fabrication, il ne s'écoule que douze heures. Une visite s'impose dans cette fromagerie car les fondateurs vous transmettent avec facilité tout l'amour de leur terroir.

■ LE FUMOIR D'ANTAN ÉCONOMUSÉE DU HARENG FUMÉ

27, chemin du Quai, Havre-aux-Maisons
℃ 418-969-4907
Ouvert tous les jours de 8h à 17h, en saison. Entrée libre. Une quarantaine de fumoirs se trouvaient sur l'île. Suite à la surproduction du hareng dans les années 1970, ils ont presque tous fermé. En 1995, une famille reprend le fumoir du grand-père et lui redonne vie. Aujourd'hui, cette entreprise propose des harengs fumés nature ou marinés, et ceci selon la méthode traditionnelle des Madelinots. Le site est à découvrir car toute l'histoire des « boucaneries » est révélée à l'aide de photographies et d'objets anciens. Les produits sont vendus sur place et se retrouvent sur les marchés.

Pointe-aux-Loups

C'est un hameau. C'est là qu'on achète les coques et les mollusques, pêchés dans le sable à l'intérieur des lagunes. Les plus belles plages des îles se trouvent de part et d'autre de Pointe-aux-Loups. La Dune du Nord, long cordon de sable entre la mer et la lagune de la Grande-Entrée, relie l'île aux Loups à Grosse-Île. Avant de vous baignez, faites très attention au vent et aux courants.

GROSSE-ÎLE
ET L'ÎLE DE LA GRANDE-ENTRÉE

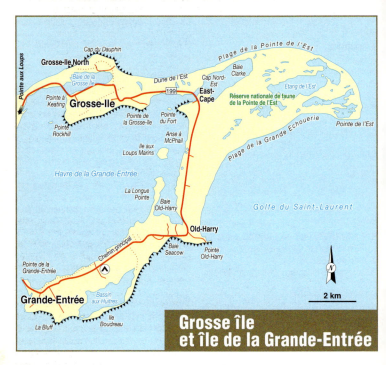

**Grosse île
et île de la Grande-Entrée**

GROSSE-ÎLE

Grosse-Ile est à majorité anglophone, d'ascendance écossaise. Nombre de ses pêcheurs sont devenus mineurs.
A l'entrée du village, on distingue les structures de la mine de sel (Seleine) ouverte en avril 1983 (fermée au public).

▶ **Pour une petite faim,** le restaurant « B&J » (126, chemin Principal, Grosse-Ile ✆ 418-985-2926) vous servira un excellent filet de flétan, des pétoncles ou du homard.

▶ **En suivant la route panoramique, vous passerez East Cape** pour longer la réserve faunique de la Pointe-de-l'Est. Une petite route (entre East Cape et Old Harry) vous y mènera mais il est préférable de se faire accompagner d'un guide (se renseigner à la maison du tourisme ✆ 418-986-2245).

▶ **En traversant le village de Old Harry,** sur l'île de la Grande-Entrée, on accède à la plage de la Grande-Echouerie, immense étendue de sable bordée de dunes et de falaises de grès rouge, à laquelle on accède par un intéressant sentier d'interprétation, tracé dans la réserve, qui fait passer d'une forêt rabougrie de sapins baumiers et d'épinettes blanches à la dune retenue par l'ammophile à ligules courtes. La plage suit le littoral sud de cette réserve qui s'avance dans l'Atlantique, au nord-est de l'archipel.

Retrouvez l'index général en fin de guide

Cette étendue infinie est aussi l'observatoire des phoques gris. Ils viennent parfois tout près, sortent le nez de l'eau, histoire de voir et de sentir qui se promène ! Une échouerie désignait jadis un lieu rocheux où les morses, appelés aussi vaches marines, se prélassaient au soleil, entassés les uns contre les autres comme des sardines.

A Old Harry, petit port de pêche, se faisaient l'abattage et le dépeçage de ces énormes bêtes, pour tirer l'huile de leur épaisse couche de graisse. Les morses ont aujourd'hui disparu. Old Harry marque la fin de la route panoramique 199.

■ COMPLEXE HISTORIQUE ET PATRIMONIAL DE C.A.M.I.

787, route 199, Old Harry
℃ 418-985-2116
Ouvert en saison la semaine de 9h à 16h, le samedi et le dimanche de 13h à 16h. Entrée libre. Ce musée, situé dans une ancienne école, à quelques pas du port, raconte la vie des anciens de la communauté, à travers des photos et des objets d'époque.

ÎLE DE LA GRANDE-ENTRÉE

C'est la capitale du homard (Festival du homard en juillet). On y pratique également la culture de la moule bleue. Grande-Entrée a été un port de pêche important à la fin du XIXᵉ siècle. La pointe de la Grande-Entrée offre un spectacle particulièrement saisissant. En été, des dizaines de bateaux de pêcheurs côtiers, vivement colorés, baignent près des quais. C'est sur cette île que se trouve l'usine de transformation du poisson Madelimer (visite en saison). Grande-Entrée, où la route s'arrête, propose une pension, et quelques boutiques et commerces.

■ CENTRE D'INTERPRÉTATION DU PHOQUE

377, route 199, Grande-Entrée
℃ 418-985-2833
www.loupmarin.com
Ouvert tous les jours en saison de 10h à 18h. Vous y découvrirez le monde de ces mammifères marins, qui peuplent le golfe du Saint-Laurent : leur habitat, leur mode de vie, leur migration, leur nourriture et la façon dont on les chassait.

■ CLUB VACANCES LES ILES

377, route 199, Grande-Entrée
℃ 418-985-2833
www.clubiles.qc.ca
Ce centre de vacances offre des séjours thématiques pour découvrir les Îles de la Madeleine. Les forfaits sont variés et permettent aux vacanciers de vivre de véritables moments d'aventure selon les rythmes et besoin de chacun.

Certaines activités sont originales et vous ouvriront sur des horizons jusque-là inaccessibles. Que ce soit pour dormir ou tout simplement acheter un forfait, le club vacances les îles est l'adresse idéale pour réserver un forfait découverte des îles de la madeleine. La cafétéria le midi sert des repas copieux à petits prix (*environ 12 $*).

GASPÉSIE - ÎLES DE LA MADELEINE

TADOUSSAC ET LE NORD

La côte Nord

LE QUÉBEC MARITIME

*Bas-Saint-Laurent, Gaspésie,
Côte-Nord, Îles de la Madeleine*

Elle s'étire le long de l'estuaire du golfe du Saint-Laurent de Tadoussac, à l'embouchure du Saguenay, jusqu'à Blanc-Sablon, à la frontière du Labrador. Cette longue côte se subdivise en deux régions touristiques principales : Manicouagan (de Tadoussac à Baie-Trinité) et Duplessis (de Pointe-aux-Anglais à Blanc-Sablon).

La route s'arrête à Natashquan où commence la basse côte Nord peuplée de réserves indiennes, et dont les petits villages ne sont accessibles que par avion ou par bateau.

La côte Nord plaira à tous ceux qui recherchent des vacances actives, qui sont attirés par la randonnée, le kayak, la voile et en hiver par le ski de fond, le ski alpin, la pêche blanche.

Les plus aventureux pourront même remonter le fleuve en kayak, de Baie Comeau à Havre-Saint-Pierre !

A l'image de l'île d'Antiscoti, la plus grande du Québec, classée parc national, la côte Nord est une destination nature par excellence. La visite des immenses barrages hydroélectriques satisfera la curiosité des passionnés de technologies.

Transports

Avion

■ **AIR CANADA JAZZ**
✆ 1-888247-2262 – www.flyjazz.ca
Pour Baie-Comeau ✆ 418-589-4312
Pour Sept-Iles ✆ 418-962-9707

■ **AIR SATELLITE**
www.air-satellite.com
Dessert : Baie-Comeau ✆ 418-589-8923
Havre-Saint-Pierre ✆ 418-538-2322
Sept-Iles ✆ 418-962-0802

Bateau

■ **SOCIETE DES TRAVERSIERS DU QUEBEC**
✆ 1-877-787-7483
www.traversiers.gouv.qc.ca
Baie-Sainte-Catherine-Tadoussac
(durée 10 min, accès gratuit)
✆ 418-235-4395
Baie-Comeau-Matane-Godbout
(chaque traversée, durée 2h20)
Information Baie-Comeau
✆ 418-294-8593
Godbout ✆ 418-568-7575
Matane ✆ 418-562-2500

■ **LA COMPAGNIE DE NAVIGATION DES BASQUES**
✆ 1-888-851-4676
Les Escoumins – Trois-Pistoles (durée 1h30, mi-mai à mi-octobre). Traversée Rimouski-Forestville ✆ 1-800-973-2725 (durée 1h, mi-mai à mi-octobre).

Les immanquables de la côte Nord

▸ **L'observation des baleines** à Tadoussac.

▸ **Les barrages hydroélectriques** ouverts au public : Manic Deux et Manic Cinq.

▸ **Les activités de plein air,** dont le kayak de mer, la voile et la plongée dans le Saint-Laurent.

▸ **Le parc national des Monts Groulx,** dont la biodiversité est fascinante.

▸ **L'île d'Anticosti,** très réputée pour la chasse.

Archipel de Mingan, Macareux Moine

■ RELAIS NORDIK
✆ 418-723-8787
Hebdomadaire, d'avril à janvier, départ Rive-Sud (Rimouski) ou côte Nord, dessert 11 localités, navire semi-cargo-semi-passagers, réservation obligatoire.

Bus

■ INTERCAR
Dessert toutes les villes principales de Québec à Havre-Saint-Pierre, billets disponibles : Québec, gare du Palais, 320, rue Abraham-Martin ✆ 418-525-3000 – Sept-Iles ✆ 418-962-2126 – Baie-Comeau ✆ 418-296-6921 (Marquette) ✆ 418-589-2456 (Mingan).

Voiture

On accède à la côte Nord par la route 138. En provenance de Québec, prendre le traversier de Baie-Sainte-Catherine à Tadoussac. La route 172, du Saguenay-Lac-Saint-Jean, rejoint la 138 (un tronçon de la 138 réunit Vieux-Fort et Blanc-Sablon). La route 389, au départ de Baie-Comeau, permet de rejoindre les villes de Fermont au Nouveau-Québec et de Goose Bay au Labrador.

Pratique

■ **www.tourismecote-nord.com et**

■ **www.tourismeduplessis.com**

■ ASSOCIATION TOURISTIQUE REGIONALE DE MANICOUAGAN
337, boulevard La-Salle, Bureau 304 Baie-Comeau
✆ 418-294-2876
✆ 1-888-463-5319
www.tourismemanicouagan.com
Du lundi au vendredi, de 8h30 à 16h30.

■ ASSOCIATION TOURISTIQUE REGIONALE DE DUPLESSIS
312, avenue Brochu, Sept-Iles
✆ 418-962-0808
✆ 1-888-463-0808
Du lundi au vendredi, de 8h30 à 17h.

■ ETAT DES ROUTES
www.mtq.gouv.qc.ca

TADOUSSAC

Tadoussac est la capitale de l'observation des baleines. De mai à octobre, elles viennent nombreuses dans cette partie du Saint-Laurent, très riche en planctons. On les voit depuis les bateaux de croisière ou depuis le quai. Elles attirent, bien entendu, des cars de touristes du monde entier ! Séjourner à Tadoussac demeure très agréable, le village étant sympathique et la baie grandiose.

La petite ville se trouve sur la rive nord de l'embouchure du Saguenay, qui se jette dans l'estuaire du Saint-Laurent. Un traversier

© NEWFOUNDLAND AND LABRADOR TOURISM

Baleine

franchit l'embouchure entre Baie-Sainte-Catherine et Tadoussac. Entre le lac Saint-Jean et l'estuaire, le Saguenay forme un large fjord bordé de falaises grises très découpées, hautes d'une centaine de mètres, culminant à 510 m au cap Eternité. Le fjord du Saguenay est protégé par un parc provincial. Le village de Tadoussac occupe un superbe site. Il est abrité au fond d'une baie sableuse entourée de collines boisées : la colline de l'Anse-à-la-Barque, la colline de l'Anse-à-l'Eau, et la pointe de l'Islet. Le nom de Tadoussac vient d'ailleurs du montagnais tatoushak signifiant monticules. Sur les hauteurs, les arbres disparaissent, et la roche nue témoigne, par ses stries, du passage des glaciers il y a des milliers d'années. De Tadoussac, part un sentier qui longe la rive du fjord. Bien avant l'arrivée de Jacques Cartier, Tadoussac était déjà un lieu d'échanges entre les Indiens. En 1600, Pierre Chauvin y établissait le premier poste de traite des fourrures du Canada. Tadoussac se trouvait au cœur d'un vaste réseau de communications, par rivières et portages, formé par le Saint-Laurent, le Saguenay, le lac Saint-Jean, et allant jusqu'à la Baie-James. Puis, les Jésuites y créèrent une mission. En 1603, Champlain s'arrêta à Tadoussac qui devint un port de relâche pour les navires faisant la traversée de l'Atlantique. Tadoussac demeura un comptoir de fourrures jusqu'en 1850.

■ **www.tadoussac.com**

Transports

▶ **En voiture,** depuis Québec et Montréal, il faudra prendre le traversier (gratuit) à Baie-Sainte-Catherine. Attention, il faut parfois attendre longtemps, en raison du nombre de voitures souhaitant traverser.

▶ **En transport en commun,** deux bus par jour partent depuis et vers Montréal et Québec.

Pratique

■ **BUREAU TOURISTIQUE**
197, rue des Pionniers
✆ 418-235-4744 – ✆ 1-866-235-4744
Ouvert en avril, mai, juin et octobre, tous les jours de 9h à 18h. Ouvert en juillet, août et septembre de 8h à 21h.

■ **GARDE-CÔTES (SAUVETAGE EN MER)**
Quai de Tadoussac ✆ 418-235-4234
Détresse maritime ✆ 1-800-463-4393

LES PROVINCES ATLANTIQUES

Hébergement

Campings et auberge de jeunesse

■ **AUBERGE DE JEUNESSE (LA MAISON MAJORIQUE)**
158, rue du Bateau-Passeur
℡ 418-235-4372
www.fjord-best.com/ajt
Ouvert à l'année. 65 unités, camping (40 emplacements). 16 $ pour les membres, 19 $ pour les non-membres, 39,50 $ la chambre privée. Petit déjeuner : 4 $, souper : 9 $. La meilleure adresse pour se loger à bon marché. Il s'agit d'un gîte rural restauré, offrant des installations de qualité et une gamme d'activités. On peut aussi y faire un excellent dîner sur une grande table communautaire, dans une ambiance sympathique (apportez votre guitare et révisez votre répertoire folk). Spectacles dans le bar de l'auberge, blues, jazz et cinq à sept chansonniers.

■ **CAMPING TADOUSSAC**
428, rue du Bateau-Passeur
℡ 418-235-4501 – ℡ 1-888-868-6666
www.essipit.com
Ouvert de fin mai à mi-septembre.

200 emplacements de camping de 22,02 $ à 36,50 $ par jour en fonction de la vue et du nombre de services (eau, électricité, égouts). A proximité du traversier pour Baie-Sainte-Catherine et situé sur une colline, le Camping Tadoussac offre la plus belle vue sur la ville dont un camping peut rêver. Arriver tôt pour avoir un bon emplacement. L'entreprise Essipit fait aussi la location de condos et de chalets de villégiature.

■ **DOMAINE DES DUNES**
585, Moulin à Baude ℡ 418-235-4843
www.domainedesdunes.com
Ouvert à l'année. Emplacement à 24,58 $ pour 4 personnes (2,50 $ par personne supplémentaire). Les chalets et le camping du Domaine des Dunes se trouvent à 2 km du centre du village de Tadoussac sur la rue Moulin à Baude, sous un boisé de bouleaux près des dunes de sable. Les chalets sont agencés pour maximum six personnes par unité. Ceux-ci disposent d'une cuisine toute équipée, de deux chambres avec lit double chacune et literie, et d'une salle à manger et d'un poêle à bois. Le camping dispose de dix places pour véhicules récréatifs avec trois services (eau, électricité, égout) et de

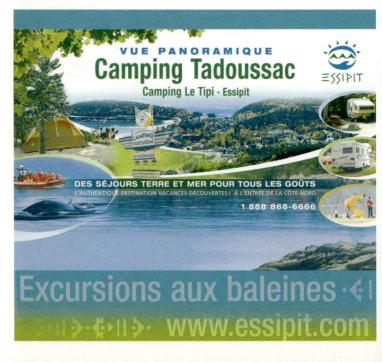

vingt places pour tentes sans service. Il y a sur le terrain un local sanitaire avec toilettes et douches, une buanderie avec laveuse et sécheuse et une petite salle communautaire. Le site dispose de balançoires et de terrains de jeux. De nombreux sentiers pédestres partent des chalets. Diverses activités comme les croisières aux baleines et l'observation des ours noirs vous sont proposées.

■ **AUBERGE GAGNE**
139, Bateau Passeur
✆ 418-235-4526 – ✆ 1-877-235-4526
www.aubergemaisongagne.ca
11 chambres et un pavillon privé. Chambre double à partir de 99 $ en basse saison et de 129 $ en haute saison, petit déjeuner compris. TV par câble, Internet sans fil gratuit. Cette maison fut à l'origine construite pour les parents de Claire Gagné qui tient désormais cette auberge avec son mari Donald. On y retrouve la chaleur d'une grande maison familiale. Les chambres sont joliment décorées, le lac à l'arrière de la maison est accessible, et le sentier de randonnée longeant le fjord arrive à proximité. Vous êtes également à deux pas du traversier assurant la liaison entre Baie Sainte-Catherine et Tadoussac.

■ **MOTEL LE CHANTMARTIN**
414, rue du Bateau-Passeur (route 138)
✆ 418-235-4733 – ✆ 1-800-731-4733
www.chantmartin.com
Ouvert à l'année. 24 chambres. Chambre double de 55 $ à 95 $. Ce motel vous invite à vous imprégner du calme et de la sérénité des lieux. Situé à l'embouchure du fjord du Saguenay, le ChantMartin vous séduira par la beauté du paysage environnant. Vous serez charmés par l'accueil, la propreté des chambres et l'ambiance chaleureuse des lieux.

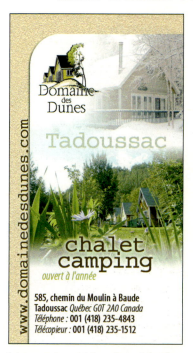

A deux pas du motel, le restaurant du même nom vous propose les délices de sa table.

Couette et café

■ **AUBERGE LA MER VEILLEUSE**
113, rue de la Coupe-de-L'Islet
✆ 418-235-4396
Ouvert du 1er mai au 31 octobre. Entre 75 $ et 85 $ la chambre double. Située dans le plus beau quartier de Tadoussac, cette auberge est notre adresse préférée dans cette catégorie. Les prix sont sages et la qualité du service excellente. Un coup de cœur !

TADOUSSAC ET LE NORD

Confort ou charme

■ HOTEL-MOTEL LE BELUGA
191, rue des Pionniers
☎ 418-235-4784 – www.le-beluga.qc.ca
Ouvert à l'année. 39 chambres. Chambre double de 95 $ à 129 $, 80 $. Motel : de 80 $ à 105 $. Une belle adresse, à proximité de tout. Sur place, le restaurant L'Auberge du Lac a fait des grillades et des fruits de mer, ses spécialités.

■ HOTEL-MOTEL GEORGES
135, rue du Bateau-Passeur
☎ 418-235-4393 – ☎ 1-877-235-4393
www.hotelgeorges.com
Ouvert du 1er mai jusqu'à la fin octobre. Chambre double de 99 $ à 124 $ en haute saison et de 76 $ à 102 $ en basse saison. Forfaits disponibles. L'hôtel Georges est le premier hôtel en Amérique du Nord, il fut fondé en 1839. Toutes les chambres profitent d'une vue sur le fjord ou sur le lac de l'Anse de l'Eau. Une très belle plage privée accompagne ce lac. *Son restaurant propose des menus de 19,95 $ à 39,95 $.* Spécialités fruits de mer, homard et gibier.

Luxe

■ HOTEL TADOUSSAC
165, rue du Bord-de-l'Eau
☎ 418-235-4421 – ☎ 1-800-561-0718
www.hoteltadoussac.com
Ouvert de mi-mai à mi-octobre. 59 chambres de 154 $ à 284 $ en double. L'hôtel Tadoussac est un magnifique édifice de 1864. Son toit rouge se repère de loin. Une référence en matière d'élégance et de décoration. Table gastronomique, bar, terrasse, piscine, tennis, minigolf, centre de santé, salles de réunion. Forfaits disponibles.

Restaurants

■ CAFE BOHEME
285, rue des Pionniers ☎ 418-235-1180
Ce petit café fort sympathique sert des repas complets et propose des tables d'hôtes à partir de 15 $. Au menu : paninis maison et salade, salades repas, cuisses de canard, assiettes de poissons fumés et un bon choix de desserts maison. La petite terrasse est bien agréable pour un déjeuner ou une pâtisserie. Le café est équipé d'Internet sans fil et propose aussi quelques produits biologiques et équitables.

■ **CAFE DU FJORD**
154, rue du Bateau-Passeur
☏ 418-235-4626
Ouvert de juin à septembre. Spécialités de poissons et fruits de mer. Buffet à volonté.

■ **LA GALOUINE**
251, rue des Pionniers
☏ 418-235-4380
www.galouine.com
Des repas simples le midi dont des pizzas à pâte fine, mais c'est le soir qu'on y découvre les saveurs locales. On y déguste de bonnes charcuteries, des produits de la mer et des fromages régionaux ainsi que du saumon, canard et gibier fumés de façon artisanale. Terrasse en été.

■ **PECHERIE MANICOUAGAN CAFETERIA ET RESTO**
428-A, rue du Bateau Passeur
☏ 418 235-1515
Ce restaurant est spécialisé dans les fruits de mer, mais propose également des pizzas et des pâtes fraîches. Au menu : coquilles Saint-Jacques, pâtés de fruits de mer, sandwichs au homard, poissons en papillote, homard grillé… Des produits ultra-frais et des tarifs raisonnables, puisque les combos démarrent à 8,95 $ et qu'il faut compter autour de 30 $ pour un repas complet.

Manifestations

■ **FESTIVAL DE LA CHANSON**
☏ 418-235-4108 – ☏ 1-800-861-4108
www.chansontadoussac.com
Le plus grand des petits festivals. Durant 4 jours, auteurs, compositeurs, interprètes et musiciens de la francophonie se rencontrent à Tadoussac.

■ **LES FOLKLORIQUES DE TADOUSSAC**
☏ 418-235-4108
www.folkloriquestadoussac.com
Octobre (week-end : Action de Grâce). Festival de musiques traditionnelles. Spectacles, danses, instruments vous font découvrir les folklores québécois et acadien.

TADOUSSAC ET LE NORD

Forêt en hiver

Points d'intérêt

◼ AVIATION DU FJORD

231, rue des Pionniers
℡ 418-235-4640 – ℡ 1-877-235-4640
*Ouvert de mi-juillet à fin septembre. 70 $ par
adulte, pour un vol de 20 min.* A partir du
lac Long, à proximité de Tadoussac, venez
découvrir les baleines et les environs vus d'en
haut. Survol en hydravion (de type beaver) du
fleuve Saint-Laurent, du fjord du Saguenay et
de l'arrière-pays.

◼ CENTRE D'INTERPRETATION DES MAMMIFERES MARINS (CIMM)

108, rue de la Cale-Sèche
℡ 418-235-4701
www.baleinesendirect.net
*Fermé d'octobre à la mi-mai. Ouvert tous les
jours, de mi-mai à mi-juin et fin septembre
à mi-octobre de 12h à 17h. De mi-juin à fin
septembre, de 9h à 20h. Adultes : 8 $, aînés :
6 $, enfants de 6 à 17 ans : 4 $, enfant de 0 à 5
ans : gratuit, famille : 18 $.* Visite incontournable
sur la route des baleines. Exposition qui, avant
ou après votre excursion, vous permettra d'en
connaître davantage sur les mammifères marins
fréquentant le fleuve Saint-Laurent de juin à
octobre. Belugas, petits rorquals, rorquals
communs, rorquals à bosse. Des films, jeux
et activités diverses illustrent la vie de cet
animal fascinant.

◼ OBSERVATION DE L'OURS NOIR

Réservations à effectuer
auprès de la pourvoirie des Lacs à Jimmy
62, route 138 (en face du lac Long)
℡ 418-235-4814
*De début juillet à mi-septembre, tous les jours à
18h, 20 $ par adulte et 12 $ pour les jeunes de 5
à 13 ans. Minimum de 2 personnes et maximum
de 16.* L'observation de ce sympathique animal
se fait depuis des abris fermés. Vous apprendrez
tout sur ses habitudes, grâce aux explications
des guides de la pourvoirie. Notez que la
nourriture n'est pas tolérée sur le site.

◼ PETITE CHAPELLE DE TADOUSSAC

Rue du Bord-de-l'Eau ℡ 418-235-4324
*Ouvert tous les jours de mi-juin à mi-octobre
de 9h à 20h (fermeture à 18h à partir du
5 septembre). 2 $.* Cette minuscule chapelle
de bois, blanche avec un toit rouge, appelée
chapelle des Indiens, fut élevée en 1747 par des
missionnaires jésuites. Pendant longtemps, elle
fut considérée comme la plus vieille chapelle
en bois encore existante en Amérique du Nord.
On y présente la vie d'un missionnaire.

◼ POSTE DE TRAITE CHAUVIN

157, rue du Bord-de-l'Eau
℡ 418-235-4657
*Fermé le reste de l'année. Ouvert tous les jours,
de la mi-mai à la mi-octobre de 9h à 20h.
Adultes : 3 $, aînés : 6 $, 4 $ pour les moins
de 17 $ et forfait familial : 18 $.* Cette structure
en bois est la reconstitution du premier poste
de traite érigé en 1600 par Pierre Chauvin, et
qui est resté en activité jusqu'en 1850. Des
expositions retracent l'histoire du commerce
des peaux entre Français et Montagnais. On
peut voir les animaux à fourrure qui étaient
chassés : martre, castor, renard roux, argenté
ou blanc, ours noir, rat musqué, lynx, hermine…
Vous êtes invités à toucher les fourrures.
Intéressante projection sur la vie des coureurs
des bois.

◼ PROMENADE DE L'ISLET

Un sentier fait le tour de cette pointe rocheuse
couverte de pins et de sapins fermant la baie

de Tadoussac. Son parcours offre des vues superbes sur l'embouchure du Saguenay et le Saint-Laurent.

■ PARC MARIN
DU SAGUENAY-SAINT-LAURENT
182, rue de l'Eglise ℭ 418-235-4703
ℭ 1-800-463-6769
www.parcmarin.qc.ca

Le parc marin du Saguenay-Saint-Laurent est la première aire de conservation marine au Québec. D'une superficie de plus de 1 000 km², il s'étend dans les régions du Bas-Saint-Laurent, Charlevoix, Côte-Nord et Saguenay-Lac-Saint-Jean, et a pour mandat de conserver les espèces et les écosystèmes d'une partie de l'estuaire du Saint-Laurent et du fjord du Saguenay. Véritable richesse, tant au niveau de la faune et de la flore qu'au niveau des paysages, grandioses. **Activités :** observation des mammifères marins, kayak de mer, randonnée pédestre, plongée sous-marine.

Observation des baleines

Des croisières d'interprétation et d'observation des baleines, d'une durée de 3h environ, sont organisées au départ de Tadoussac, de Baie-Sainte-Catherine, ainsi que des Bergeronnes, plus au nord. Certaines ont lieu sur des bateaux relativement importants, du haut desquels l'on voit bien les cétacés, que l'on repère au puissant jet d'eau émanant de leur évent ; d'autres, sur des pneumatiques (Zodiac) offrent moins un spectacle qu'un contact imprévisible et fantomatique. Dans tous les cas, on est accompagné par un guide expliquant tout sur ces mammifères. D'autres croisières encore remontent le fjord du Saguenay vers l'anse de Roche, jusqu'à la baie Eternité. De début mai à fin octobre, l'attraction principale de Tadoussac est sans conteste l'observation des baleines. Une excursion magique à condition d'être correctement équipé. Les croisiéristes fournissent pantalons imperméables et cirés, mais n'oubliez pas votre tuque, vos gants, votre écharpe et des chaussures qui ne prennent pas l'eau. Voici les coordonnées des principaux croisiéristes organisant des safaris visuels.

■ CROISIERES DUFOUR
ℭ 418-235-1584 ℭ 1-888-863-1111
www.familledufour.com

Croisière en monocoque ou en embarcation style Zodiac. 3 départs quotidiens à 9h30, 13h30 et 16h45, 57 $ pour environ 3h.

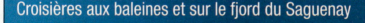

Les baleines, les dauphins et les autres mammifères marins

Baleine

Au Québec, les endroits où se rassemblent le plus grand nombre de baleines sont le Saguenay, la côte Nord et le golfe du Saint-Laurent. Le très large estuaire du Saint-Laurent est un milieu marin froid, dont la richesse écologique s'explique essentiellement par la présence de grandes quantités de plancton et d'autres organismes clés des chaînes alimentaires.

Crustacés, notamment crevettes et homards, et poissons, comme le capelan, le hareng, la morue, le flétan, le saumon et la truite saumonée, y abondent, servant de nourriture à de nombreux mammifères marins.

Ceux-ci se concentrent particulièrement autour de l'embouchure de la rivière Saguenay. A cet endroit, dans la zone de Tadoussac, la côte est composée de falaises abruptes descendant profondément, créant une fosse où les courants sont propices à l'alimentation des grandes baleines.

On les rencontre aussi en nombre plus à l'est, dans le golfe du Saint-Laurent. Parmi les cétacés, on distingue deux familles : les mysticètes ou baleines à fanons, et les odontocètes ou baleines à dents. Les premiers se nourrissent au moyen de fanons fixés dans leur mâchoire supérieure, et respirent par deux évents.

▸ **Parmi eux, le rorqual bleu,** le plus grand mammifère du monde, mesure de 23 m à 30 m et pèse jusqu'à 150 tonnes. On dénombre, dans l'estuaire et dans le golfe, cinq de ces géants, présents de juillet à octobre.

▸ **Plus petit, le rorqual commun** mesure de 18 m à 23 m et pèse de 35 t à 45 t. Son allure est très élancée, son museau pointu et triangulaire. Son dos est gris foncé, son ventre blanc. Il se nourrit de crustacés et de poissons de petites tailles. On le voit souvent en groupes de trois à dix individus.

On observe d'abord son souffle conique, constitué d'air et de graisses, qui s'élève jusqu'à 6 m. Lorsqu'il fait surface lentement, on ne voit qu'une petite partie de son dos, ses évents, puis sa nageoire dorsale située à l'arrière, relativement petite, mais élevée. Quand il va plus vite, sa bouche et son flanc jaune apparaissent. Il sonde ensuite pendant 5 m à 10 m, laissant à la surface de l'eau un courant circulaire qu'on appelle miroir.

Lorsqu'il plonge, sa queue reste sous l'eau, contrairement au rorqual bleu, et l'on ne la voit que lorsqu'il se retourne violemment sur le côté. On compte plus de 50 rorquals communs dans la zone de Tadoussac, plus ou moins réguliers, de fin mai à fin octobre.

▶ **Le mégaptère, appelé rorqual à bosse,** est le plus spectaculaire : il lui arrive de sauter entièrement au-dessus de l'eau. En retombant, il montre sa large queue. Il mesure 14 m à 18 m et pèse 35 t à 45 t. Il est régulier en juillet et août.

▶ **Le rorqual à museau pointu ou petit rorqual** mesure 7 m à 10 m et pèse 6 t à 8 t. Il vit habituellement en solitaire. On en compte environ 70, présents de début mai à fin octobre.

Contrairement aux mysticètes, les odontocètes sont pourvus de dents coniques, qui leur permettent de s'attaquer à des proies importantes, et n'ont qu'un seul évent.

▶ **Le plus grand d'entre eux est le cachalot,** qui mesure de 10 m à 18 m et pèse jusqu'à 26 tonnes. Il est rare, mais on l'observe dans l'estuaire depuis quelques années. L'orque, ou épaulard, mesure 6 m à 9 m et pèse 2 t à 4 t. Il présente une grande tache blanche sur le ventre. Sa nageoire dorsale située au milieu du corps mesure jusqu'à 2 m de long.

▶ **Le globicéphale noir,** qui mesure 5 m à 6 m et pèse 2 t à 4 t, est aussi présent dans le golfe.

▶ **Le beluga,** 4 m à 6 m et environ 1 tonne, est un cétacé à dents entièrement blanc ivoire, à la tête arrondie et au comportement grégaire. L'estuaire abrite une population résidente qu'on estime actuellement à 500 individus.

▶ **Le marsouin,** qui mesure environ 1,50 m et pèse environ 65 kg, est commun dans l'estuaire et le golfe. Le dauphin commun, bleu à flancs jaunes et blancs, mesure environ 2,20 m et pèse environ 90 kg. Il est aussi présent dans l'estuaire et le golfe.

▶ **On y observe aussi des pinnipèdes :** le phoque gris et le veau marin ou morse ainsi que le phoque du Groenland. Aujourd'hui, les mammifères marins sont menacés par la pêche industrielle, dont les excès endommagent les écosystèmes marins et privent de nourriture de nombreux cétacés. Les filets de pêche, lancés ou dérivants, font, eux aussi, des victimes. En outre, le Saint-Laurent reçoit en quantité des déchets industriels, agricoles et domestiques, et la région industrielle du Lac-Saint-Jean déverse les siens dans le Saguenay. La pollution aquatique a des effets néfastes sur les belugas, notamment en les rendant stériles : déjà fortement réduite par la chasse, maintenant interdite, leur population est en danger de disparition.

■ **POUR EN SAVOIR PLUS**
www.baleinesendirect.net

■ **CROISIERES OTIS**
431, Bateau-Passeur
℃ 418-235-4537
www.quebecweb.com/otisexcursions
Croisière en Zodiac de 12 personnes. 4 départs
quotidiens à 6h, 9h, 13h et 16h30. 52 $ pour
2h, 62 $ pour 3h.

■ **CROISIERES 2001**
318, rue des Forgerons
℃ 418-235-3333
℃ 1-800-694-5489
www.croisieres2001.com
Croisière en Zodiac de 12 personnes. 4 départs
quotidiens à 6h, 9h, 13h et 16h30. 52 $ pour
2h, 62 $ pour 3h.

■ **CROISIERES AML**
℃ 1-800-563-4643
www.croisieresaml.com
Croisière en Zodiac de 12 personnes. 2 départs
quotidiens à 7h et 17h. 52 $ pour 2h. Croisière
en bateau « baleines et fjord ». 6 départs
quotidiens à 9h45, 10h, 13h 13h15, 15h30,
15h45. 57 $ pour 3h.
Si vous êtes à Montréal ou à Québec la
compagnie AML organise des forfaits bus-
baleines à partir de 126,95 $.

■ MANICOUAGAN

Manicouagan est le lieu de rencontre de deux
mondes, la mer et la majestueuse forêt.
Ses 300 km de rivage bordés par le fleuve
Saint-Laurent permettent l'observation des
baleines, dans une région privilégiée par le
nombre de sites et d'espèces présentes.
On entre dans le Manicouagan à Tadoussac.
Donc, si vous prévoyez de visiter cette région,
reportez-vous au chapitre sur Tadoussac.

ESSIPIT

« Rivière aux coquillages » est une communauté
montagnaise (200 habitants) située à proximité
des Escoumins. Cette réserve amérindienne
bénéficie d'un des paysages les plus
pittoresques, grâce à une vue exceptionnelle sur
le fleuve. Les Montagnais d'Essipit proposent
un choix d'hébergement et d'activités.

LES BERGERONNES

Lieu éco-touristique par excellence pour
l'observation des baleines, la pratique du kayak
de mer et de la plongée sous-marine.

■ **www.bergeronnes.net**
■ **BUREAU TOURISTIQUE**
505, rue du Boisé
℃ 418-232-6595
www.bergeronnes.net
*Ouvert tous les jours, du 1er juin au 18 juin de
9h à 17h et du 10 septembre à la mi-octobre,
du 19 juin au 9 septembre de 10h à 20h.*

Hébergement – Restaurants

■ **CAMPING BON DESIR**
198, route 138
℃ 418-232-6297
www.campingbondesir.com
*Ouvert du 1er juin à mi-septembre. 17,37 $ à
29,50 $ par jour par emplacement. Visa, MC.
Près de 170 emplacements (78 au bord du
fleuve, 5 en pleine forêt).*
Situé au bord du fleuve Saint-Laurent, le
camping Bon Désir est parsemé de lacs, forêt
et sentiers pédestres. On y propose les activités
suivantes : pédalo, vélo, kayak de mer, aire de
jeux, excursions.

Barrages et centrales

Au nord des villes industrielles de Forestville et de Baie-Comeau, la rivière Betsiamites, la rivière aux Outardes et la rivière Manicouagan sont utilisées pour la production d'électricité. De 1960 à 2005, ont été construits de gigantesques barrages et 12 centrales (*4 visites guidées de Manic-2 et Manic-5 tous les jours du 24 juin au 2 septembre à 9h, 11h, 13h30 et 15h30 ✆ 418-294-3923*) d'une puissance de 6 millions de kW. Deux des centrales se trouvent au nord de Forestville, sur la rivière Betsiamites, une autre a été mise en service dernièrement sur la rivière Sainte-Marguerite près de Sept Iles et celle de Toulnustouc a commencé à produire en 2006. Les huit autres aménagements sont érigés sur les rivières Manicouagan et aux Outardes. L'ensemble de ces équipements permet la production d'environ 30 % des besoins en électricité du Québec. A cela, s'ajoute le premier réseau mondial de très haute tension, permettant d'acheminer l'électricité jusqu'aux consommateurs québécois et de l'exporter aux Etats-Unis. Opposé à l'énergie nucléaire, le Canada, avantagé par son immense réseau de rivières et de lacs, est ainsi totalement orienté vers l'hydroélectricité, fournie pour un tiers par les barrages du Québec. Mais la politique énergétique se réoriente maintenant vers la construction de petits barrages, pour alimenter en électricité les régions isolées dont on commence à exploiter les richesses.

■ **POUR PLUS D'INFORMATIONS**
www.hydroquebec.com

■ **GITE A L'OMBRE DU CLOCHER**
49, rue Principale
✆ 418-232-6696
www.alombreduclocher.com
Ouvert à l'année. 5 chambres en double à partir de 65 $, petit déjeuner complet inclus. Argent comptant et chèques de voyages uniquement. Maison centenaire et spacieuse. Chambres confortables. Accueil chaleureux.

■ **GITE BIENVENUE CHEZ LES PETITS**
56, rue Principale
✆ 418-232-6338 – www.gitepetit.net
Ouvert à l'année. 5 chambres. A partir de 65 $ la chambre double, petit déjeuner complet inclus. Argent comptant et chèques de voyage uniquement. Au cœur du village, la famille Petit vous accueille chaleureusement dans leur gîte où les chambres sont claires, spacieuses et confortables. Terrasse, jardin.

Points d'intérêt

■ **CENTRE D'INTERPRETATION ET D'OBSERVATION DU CAP-DE-BON-DESIR**
13, chemin du Cap-de-Bon-Désir
✆ 418-232-6751
✆ 418-235-4703 (hors saison)
www.parcmarin.qc.ca
Ouvert tous les jours, de la mi-juin à la mi-octobre. Adultes : 5 $, enfants de moins de 12 ans : 2 $. Situé en bordure de l'estuaire maritime du fleuve Saint-Laurent, le Cap-de-Bon-Désir offre un espace privilégié pour l'observation des mammifères marins, dont le rorqual, le phoque et le beluga. Exposition sur la navigation, le littoral et le milieu sous-marin.

■ **CENTRE D'INTERPRETATION ARCHEO-TOPO**
498, rue de la Mer
✆ 418-232-6286
✆ 1-866-832-6286
www.archeotopo.qc.ca
Ouvert tous les jours de mi-mai à mi-octobre de 9h à 19h. Adultes : 5 $, enfants : 3 $. Exposition intéressante sur la préhistoire en haute côte Nord. On apprécie tout particulièrement le spectacle multimédia sur la vie quotidienne des Amérindiens d'il y a 8 000 ans. On découvre également l'importance du phoque comme ressource pour l'Homme. Chantier de fouilles international, atelier de pierre de taille, fabrication de céramique. Excursions en mer.

■ **MER ET MONDE ECOTOURS**
53, rue Principale
✆ 418-232-6779 – ✆ 1-866-637-6663
www.mer-et-monde.qc.ca

Excursions en kayak de mer avec guides expérimentés en été et en hiver dans le parc marin du Saguenay-Saint-Laurent. Formation et location de matériel. Expéditions de 2 à 5 jours avec nuit en camping, gîte ou auberge. Au niveau des expéditions un peu insolites, on optera pour la Soleil-Levant destinée aux lève-tôt ou la son et lumière qui vous permettra d'écouter les mammifères marins à l'aide d'hydrophones. Forfaits disponibles. Cet organisme a reçu de nombreux prix, témoignant de l'excellence de la qualité de ses prestations.

■ CROISIERES NEPTUNE
507, rue du Boisé
✆ 418-232-6716
www.croisieresneptune.net
Ouvert de mi-mai à mi-octobre. 4 départs par jour (9h, 11h30, 14h, 16h30). Adulte : 35 $, enfant : 26 $. Croisière d'observation et d'interprétation des baleines (2h) en bateau pneumatique de capacité de 12 personnes. Vision à hauteur de baleine. Se présenter 30 min à l'avance et porter des vêtements chauds.

LES ESCOUMINS

Escoumins signifie « il y a encore, il y a beaucoup de graines », petits fruits sauvages, en langue montagnaise. Le village des Escoumins demeure pittoresque et sa baie est magnifique. Lieu très apprécié pour la plongée sous-marine, les croisières et la randonnée pédestre. Le traversier mène des Escoumins à Trois-Pistoles, sur la rive sud du fleuve, (traversée : environ 1h30, mi-mai à mi-octobre – *Voir rubrique « Transports », « Par bateau »*).

■ **www.quebecweb.com/ tourismeescoumins**

Pratique

■ BUREAU TOURISTIQUE
154, route 138 ✆ 418-233-2663
Tous les jours de mi-mai à mi-octobre.

■ HOPITAL
✆ 418-233-2931

Hébergement

■ AUBERGE DE JEUNESSE
118, Saint-Marcellin
✆ 418-233-3289
Ouvert à l'année. 20 unités. De 18 $ à 36 $

par personne. Service de restauration. On la repère sur la presqu'île, à Pointe-de-la-Croix, grâce à sa devanture blanche et son toit rouge. Activités proposées : kayak de mer, plongée sous-marine, vélo, marche en forêt.

■ AUBERGE DE LA BAIE
267, route 138
✆ 418-233-2010 – ✆ 1-800-287-2010
www.aubergedelabaie.com
Chambre simple de 65 $ à 95 $, double de 75 $ à 105 $. Tarifs groupes. Au cœur du village des Escoumins, l'Auberge de la Baie offre douze chambres simples et confortables et une cuisine régionale à base de fruits de mer. Belle vue. Terrasse.

■ AUBERGE-MANOIR BELLEVUE
27, rue de l'Eglise
✆ 418-233-3325 – ✆ 1-888-233-3325
www.manoirbellevue.com
12 chambres, en simple de 55 $ à 85 $, en double de 70 $ à 100 $. Tarifs révisés hors saison. Il s'agit de la première maison du village, la maison des Bourgeois, érigée en 1845. Auberge de campagne au charme d'antan, atmosphère feutrée. Décor élégant. Vue sur le fleuve Saint-Laurent. Table gastronomique, spécialités de gibier, poissons et fruits de mer. Forfaits disponibles. L'auberge possède une pourvoirie authentique Le Grand Lac du Nord située à Sainte-Anne-de-Portneuf (pêche à la truite mouchetée, chasse à l'ours, l'orignal et petit gibier avec hébergement en chalet). Possibilité de combiner les deux séjours.

Restaurants

■ LE PETIT REGAL
307, route 138
✆ 418-233-2666
www.touriste.net/lepetitregal
Ouvert du lundi au vendredi de 6h à 00h, le samedi et le dimanche 24h/24. Compter 10 $ à 15 $. Restaurant convivial. Terrasse, belle vue. Petits déjeuners, grillades, pizzas, fruits de mer.

■ BISTROT BELGE ET CHOCOLATERIE LE REVE DOUX
✆ 418-233-3724
Compter 10 $ à 15 $. Bistrot sympathique avec terrasse et belle vue. On y sert petits déjeuners, grillades, fruits de mer, moules frites et d'authentiques bières belges. A la pâtisserie, vous trouverez d'excellents chocolats, du pain frais et de succulents desserts.

Points d'intérêt

■ CENTRE DE DECOUVERTE DU MILIEU MARIN

41, rue des Pilotes ℂ 418-233-2860
www.parcmarin.qc.ca

Ouvert de mi-juin à mi-octobre. Fin de l'activité « Le Saint-Laurent en direct » début septembre : 7 $. Une activité incontournable ! Découverte de l'univers mystérieux du fleuve Saint-Laurent sous-marin. Un écran géant vous permet de vivre une plongée sous-marine avec des plongeurs biologistes. On est étonné de voir tant de couleurs au fond de ce fleuve, plutôt marron d'ordinaire… Aussi, excellente zone d'observation des mammifères marins.

▶ **A proximité, le centre de plongée Atlan,** de mars à novembre de 8h à 18h (ℂ 418-233-4242), vous propose location de matériel et plongée sous-marine avec un guide expérimenté.

BAIE-COMEAU

Nom donné en mémoire de Napoléon-Alexandre Comeau, trappeur, géologue et naturaliste de la côte Nord. La visite patrimoniale (circuit de 6 km) permet de découvrir le vieux Baie-Comeau et les fondations de la ville. A part ça, Baie-Comeau est surtout un point de passage pour les activités alentours (notamment pour la visite des barrages Manic Deux et Manic Cinq). Le traversier mène de Baie-Comeau à Matane en Gaspésie, sur la rive sud (traversée : environ 2h20, voir rubrique « Transports », « Bateau »). Arrêts recommandés à Pointe-aux-Outardes, charmant village situé à 17 km de Baie-Comeau et Pointe-Lebel à proximité. Plages magnifiques avec dunes, trottoirs en bois, et nombreuses activités.

■ **www.ville.baie-comeau.qc.ca/ tourisme**

Pratique

■ BUREAU TOURISTIQUE

3501, boulevard Laflèche
ℂ 418-589-3610
ℂ 1-888-589-6497 (toutes saisons)
Mi-juin à mi-septembre, tous les jours de 8h à 20h, mi-septembre à mi-juin de 8h30 à 16h30. Bureau saisonnier du 10 juin au 2 septembre (418-589-3610).

■ HOPITAL
ℂ 418-589-3701

■ METEO ET ETAT DES ROUTES
ℂ 418-589-6911

Hébergement

■ L'AUBERGE LE PETIT CHÂTEAU

2370, boulevard Laflèche
ℂ 418-295-3100
Chambre simple : 80 $, en double : 90 $, petit déjeuner inclus. L'auberge dispose de douze chambres confortables. Décor champêtre. Terrasse.

■ GITE LA MERE MICHELE

920, boulevard Joliet
ℂ 418-589-2364 – ℂ 1-888-530-2364
Ouvert toute l'année. 4 chambres, en simple : 50 $, en double : 70 $, petit déjeuner complet inclus. Argent comptant et chèques de voyage uniquement. Gîte chaleureux avec chambres confortables et équipées, piscine et jardin.

■ HOTEL LE MANOIR

8, avenue Cabot ℂ 1-866-328-7724
60 chambres équipées, en simple de 79 $ à 179 $, en double de 89 $ à 179 $, Toutes cartes de crédit. Forfaits disponibles. Manoir de caractère construit en 1967, l'hôtel Le Manoir se distingue de par son cachet particulier et son décor élégant et raffiné. Magnifique vue sur le fleuve Saint-Laurent. Restaurant, bar, terrasse, tennis, salles de réunion, centre de santé adjacent. Sans frais : salle d'exercice et accès Internet haute vitesse.

Dans les environs

■ LES BARRAGES HYDROELECTRIQUES

Hydro Québec accueille le public dans deux de ses principales installations de la côte Nord : Manic Deux et Manic Cinq. Le barrage Manic Deux se situe à 22 km de Baie-Comeau. On peut visiter la chambre d'un des puissants alternateurs de la centrale et découvrir comment se produit l'électricité, en débutant avec l'eau et en finissant avec la livraison dans les foyers. Manic Cinq se trouve à 214 km de Baie-Comeau. Il fait partie des barrages les plus spectaculaires au monde, avec ses 214 m de hauteur et 1,3 km de longueur. Après une visite de la centrale souterraine, on se rend à pied à l'intérieur et au sommet du barrage. Horaires pour les visites de Manic Deux et Manic Cinq : tous les jours du 24 juin au 1er lundi de septembre, à 9h, 11h, 13h30 et 15h30.

■ BOREALE AVENTURE

A Baie-Comeau, Franquelin,

Ragueneau et Godbout ℰ 418-296-3711
www.borealeaventure.com
Cette entreprise de tourisme d'aventure
propose aux visiteurs de parcourir la côte
Nord à bord d'un kayak de mer et en compagnie
de guides qualifiés. Forfaits avec ou sans
coucher.

▶ **Après Baie-Comeau,** vous pourrez soit
continuer sur la 138 en direction de Godbout
(vers Sept Îles) ou aller vers le barrage Manic
Cinq. Si vous optez pour la deuxième solution,
vous pourrez prolonger votre route vers le Parc
des Monts Groulx.

PARC DES MONTS GROULX

À 341 km de Baie-Comeau, les monts Groulx,
également appelés monts Uapashke regroupent
une trentaine de sommets culminants à plus
de 1 000 m.
La biodiversité est saisissante : en une journée
on passe d'une épaisse forêt boréale à la taïga
clairsemée d'épinettes noires, et on finit par
rejoindre la toundra arctique.

GODBOUT

Godbout est un village enchanteur qui invite
à communier avec la nature. Belles plages,
pêche sur la fascinante rivière Godbout où l'on
attrape le saumon et sports nautiques.

■ **www.godbout.info**

■ **GITE LA MAISON DU VIEUX QUAI**
142, rue Pascal-Comeau
ℰ 418-568-7453
www.gitemaisonduvieuxquai.com
*Ouvert à l'année. 4 chambres, en simple de
60 $ à 65 $, en double de 65 $ à 75 $, petit
déjeuner complet inclus. Argent comptant
et chèques de voyages uniquement.* Maison
ancestrale de 1885 au charme d'antan.
Chambres joliment décorées. Décor champêtre,
boiseries. Véranda, jardin, terrasse. Forfaits
disponibles. Accueil très chaleureux.

■ **MUSEE AMERINDIEN
ET INUIT DE GODBOUT**
134, chemin Pascal-Comeau
ℰ 418-568-7306
ℰ 418-545-7447 (hors saison)
www.vitrine.net/godbout
*Ouvert tous les jours de juin à octobre de 9h
à 21h. 4 $.* Œuvres d'art amérindien et inuit
de la collection privée du musée, exposition
sur la faune de l'arctique, atelier de poterie
et de peinture.

POINTE-DES-MONTS

Prendre la route 138 Est et la route secondaire
qui traverse un milieu écologique à peine
touché par l'homme. Construite en 1898, la
chapelle de Pointe-des-Monts a une vocation
missionnaire amérindienne.
Site exceptionnel pour l'observation des
oiseaux de mer et de rivage. On peut visiter
la reconstitution du campement des derniers
autochtones résidant à Pointe-des-Monts
jusqu'en 1890.

■ **LE PHARE DE POINTE-DES-MONTS**
1830, chemin du Vieux-Phare
ℰ 418-939-2400
www.pharepointe-des-monts.com
*Ouvert tous les jours de juin à mi-septembre de
9h à 18h. 5 $.* Bâti en 1830, le phare de Pointe-
des-Monts est l'un des plus vieux d'Amérique.
Classé par les Monuments historiques en
1964, il est aujourd'hui considéré comme un
élément majeur du patrimoine maritime du
pays. Exposition dans les sept étages de la tour
du phare sur le travail et la vie des gardiens, la
navigation et les naufrages près de Pointe-des-
Monts. L'antique maison du gardien du phare
est aménagée en gîte-restaurant.

LE GITE DU PHARE DE POINTE-DES-MONTS
☎ 418-939-2332
☎ 418-589-8408 (hors saison)
www.pharepointe-des-monts.com
4 chambres de 79 $ à 89 $, petit déjeuner complet inclus. Argent comptant et chèques de voyage uniquement. L'Auberge du Gardien dispose de quatre chambres et d'une table à base de fruits de mer. Excursion à la baleine et au phoque *(adulte : 29 $, enfant : 14,50 $)*, vélo de montagne, pêche à la truite et au saumon, (avec séjour et droits de pêche), pêche en mer, chasse au gros gibier. Forfaits disponibles.

BAIE-TRINITÉ

Sur la route 138, cette petite municipalité abrite le Centre national des naufrages du Saint-Laurent. Les plages de sable blanc invitent à la promenade et à la baignade, si les conditions le permettent. En hiver, on optera pour la pêche sur glace.

CENTRE NATIONAL DES NAUFRAGES DU SAINT-LAURENT
27, route 138
☎ 418-939-2231
www.centrenaufrages.ca
Ouvert tous les jours de mi-mai à mi-septembre de 9h à 20h. Adultes : 8 $. Ce centre reconstitue les grandes tragédies ayant marqué l'histoire maritime du Québec et de la région. C'est en regardant un film multimédia que l'on découvre les conditions du naufrage des navires des amiraux Phips et Walker, non loin de Baie Trinité. Après avoir vu le film, on longe le littoral pour découvrir les sites d'autres naufrages.

DUPLESSIS

La région de Duplessis, un éden de la nature, s'étend de Pointe-aux-Anglais à Blanc-Sablon. Le littoral est bordé d'interminables plages de sable fin avec quelques hameaux disséminés ici et là. La nature a sculpté des décors féeriques, dont l'immense jardin de monolithes dans l'archipel de Mingan et l'arrière-pays. Villages de pêcheurs et réserves amérindiennes. Les grands ports de Port-Cartier et Sept-Îles ont été créés dans les années cinquante pour permettre le transport du fer du principal gisement canadien, la fosse du Labrador, qui s'étend de 300 km à 600 km au nord de Sept-Îles, à la frontière des provinces du Québec et du Labrador.

Les deux villes se disputent le titre de deuxième port canadien, le premier étant Vancouver. Leurs quais en eau profonde sont accessibles toute l'année aux plus grands bateaux du monde. Une voie de chemin de fer relie Sept-Îles à Labrador City (Terre-Neuve, Labrador) et à Schefferville (au Québec) – *voir rubrique « Transports », « Train ».*

PORT-CARTIER

Ville industrielle nichée entre mer et forêt, Port-Cartier, nommée Portage-des-Mousses, puis Shelter Bay, fut d'abord une zone d'exploitation forestière (alimentation de papier journal pour son usine ontarienne et impression du *Chicago Tribune* et du *New York Daily News*) et port d'expédition de produits de minerai de fer en provenance du Nord du Québec à partir de 1957.

■ www.port-cartier.net

Pratique

TOURISME DU 50E PARALLELE
62, route 138
☎ 418-766-4414 – ☎ 1-888-766-6944
De juin à septembre, tous les jours de 8h à 21h, de septembre à octobre, du lundi au vendredi de 8h à 17h et le samedi et le dimanche de 9h à 17h, d'octobre à mi-juin, du lundi au vendredi de 8h à 17h.

HOPITAL
☎ 418-766-2715

Points d'intérêt

PARC DE LA RIVIERE AUX ROCHERS PIEGE A SAUMON
24, rue Luc-Mayrand ☎ 418-766-2777
Ouvert fin juin à fin août, du lundi au dimanche de 7h à 21h30 (visites de 10h à 19h). 3 $. A l'est du pont de la rivière des Rochers, puis 500 m. Visite guidée du centre d'interprétation et du système de capture du saumon, observation de la chute et des pêcheurs sportifs professionnels en action. Randonnée pédestre, aire de pique-nique.

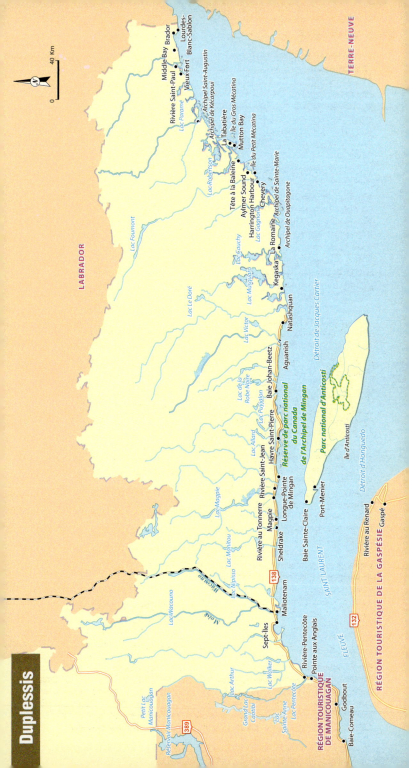

Duplessis

TERRE-NEUVE

LABRADOR

Lourdes-
Blanc-Sablon
Brador
Middle Bay
Vieux-Fort
Rivière Saint-Paul
Lac Paramé
Archipel Saint-Augustin
Archipel de Kécarpoui
Lac-Robertson
La Tabatière
Île du Gros Mécatina
Mutton Bay
Île du Petit Mécatina
Tête à la Baleine
Aylmer Sound
Harrington Harbour
Archipel de Sainte-Marie
Chevery
Lac Gagnon
La Romaine
Archipel de Ouapitagone
Lac Gauchy
Kegaska
Lac Fournont
Lac Masquaro
Natashquan
Lac Doré
Détroit de Jacques Cartier
Lac Le Doré
Lac Victor
Aguanish
Lac de la Robe Noire
Baie Johan-Beetz
Réserve de parc national du Canada de l'Archipel de Mingan
Parc national d'Anticosti
Lac Puyjalon
Île d'Anticosti
Lac Allard
Havre Saint-Pierre
Rivière Saint-Jean
Longue-Pointe de Mingan
Rivière au Tonnerre
Magpie
Lac Magpie
Port-Menier
Détroit d'Honguedo
Sheldrake
Baie Sainte-Claire
Lac Matitou
Rivière au Renard
Gaspé
RÉGION TOURISTIQUE DE LA GASPÉSIE
Lac Nipisso
138
Maliotenam
Lac Walcouno
Lac Manitou
132
SAINT-LAURENT
Sept-Îles
Rivière-Pentecôte
Pointe aux Anglais
Lac Walker
Lac Arthur
FLEUVE
Réservoir Manicouagan
Petit Lac Manicouagan
Grand Lac Cadibi
Lac Sainte-Anne
Lac Pentecôte
Godbout
389
RÉGION TOURISTIQUE DE MANICOUAGAN
Baie-Comeau

0   40 Km

CENTRE D'INTERPRETATION DE L'HISTOIRE ET DU PATRIMOINE DE PORT-CARTIER
38, avenue Parent
✆ 418-766-4414 – ✆ 1-888-766-6944
Ouvert tous les jours de juin à septembre, de 9h à 18h. 3 $. Situé au sous-sol de l'église Sacré-Cœur, le Centre d'interprétation de l'histoire de Port-Cartier propose une découverte de l'histoire de Shelter Bay à Port-Cartier, jusqu'à la fondation de Gagnon et de Fermont.

RESERVE FAUNIQUE DE PORT-CARTIER-SEPT-ILES
24, boulevard des Iles ✆ 418-766-2524
Réservations Sépaq ✆ 1-800-665-6527
www.sepaq.com
Postes d'accueil : Port-Cartier (entrée principale), lac Walker
✆ 418-766-4743 (*saison estivale, de 7h à 19h*) et lac Arthur
Vaste territoire de 6 423 km², la réserve faunique de Port-Cartier-Sept-Iles, créée en 1965, se trouve dans le secteur de la forêt boréale et à proximité des villes de Port-Cartier et de Sept-Iles, d'où elle tire son nom. Lieu de prédilection pour la pratique des activités de plein air (dont les pêcheurs sportifs), la réserve regorge de plus de 1 000 plans d'eau, 15 rivières et larges étendues sauvages. La truite mouchetée et le saumon des rivières aux Rochers et MacDonald abondent dans des plans d'eau encore vierges, 75 % des lacs de la réserve n'ont jamais été approchés par la pêche. Paysages majestueux dans un superbe cadre naturel. Faune : orignal, ours noir, loup, lynx, renard, lièvre, porc-épic, castor, vison, loutre, martre et une multitude d'espèces d'oiseaux, dont la gélinotte huppée et le tétras du Canada. **Hébergement :** 10 chalets et 5 camps rustiques aux lacs Walker et Arthur, 75 emplacements de camping (50 au lac Walker, 25 au lac Arthur). Location d'équipement : canots, chaloupes, moteurs hors-bord, gilets de flottaison. **Activités :** canotage, canot-camping, chasse à l'orignal et au petit gibier (automne seulement), observation de la faune, pêche (à la journée et avec séjour) ; chaloupe, randonnée pédestre, pêche blanche à la journée.

SEPT-ÎLES
Sept-Iles est une ville accueillante, dont le caractère maritime se reflète dans ses paysages, son patrimoine et sa culture. On appréciera de se promener dans les grands parcs et de visiter les musées présentant notamment l'histoire de la région.

www.ville.sept-iles.qc.ca

Pratique

MAISON DU TOURISME
1401, boulevard Laure Ouest
✆ 418-962-1238 – ✆ 1-888-880-1238
De mi-mai à mi-septembre, tous les jours de 7h30 à 21h, de la mi-septembre à la mi-mai, du lundi au vendredi de 8h30 à 12h et de 13h à 17h. Bureau saisonnier : parc du Vieux-Quai, mi-juin à mi-août (✆ 418-968-1818).

HOPITAL
✆ 418-962-9761

Hébergement – Restaurants

AUBERGE INTERNATIONALE LE TANGON (AUBERGE DE JEUNESSE)
555, avenue Cartier ✆ 418-962-8180
www.aubergeletangon.net
Dispose de 40 lits, dont 3 dortoirs de 6 lits chacun, ainsi que 12 chambres privées. Tarifs dortoirs : 20 $, chambre privée : 28 $, la nuit. Grande cuisine et salle de séjour mises à la disposition des visiteurs, accès Internet.

GITE LES TOURNESOLS
388, avenue Evangéline ✆ 418-968-1910
www.7tournesols.com
Ouvert à l'année (réservation conseillée de mai

à octobre). 3 chambres, en simple : 60 $, en double : 80 $, petit déjeuner complet inclus. Argent comptant et chèques de voyages uniquement. Charmante maison au décor champêtre, située à proximité du Parc du Vieux-Quai. Chambres joliment décorées. Accueil chaleureux.

■ HOTEL GOUVERNEUR
666, boulevard Laure
✆ 418-962-7071 – ✆ 1-888-910-1111
www.gouverneur.com/sept-iles
Chambres et suites au nombre de 122, de 110 $ à 200 $. Situé au centre-ville de Sept-Iles, l'hôtel Gouverneur est un établissement tout confort. Chambres modernes et équipées. Restaurant, bar, piscine, salles de réunion. Forfaits disponibles.

Points d'intérêt

■ MUSEE REGIONAL DE LA COTE NORD
500, boulevard Laure
✆ 418-968-2070 – www.mrcn.qc.ca
Ouvert du 24 juin au 1er septembre, tous les jours de 9h à 17h, et du 2 septembre au 23 juin. Fermé le lundi. Ouvert du mardi au vendredi de 10h à 12h et de 13h à 17h, le samedi et le dimanche de 13h à 17h. Adultes : 5 $, aînés, étudiants : 4 $. Une visite très intéressante pour mieux comprendre l'histoire de cette région. Au cœur d'une immense carte maritime, on est plongé dans l'épopée des aventuriers, des défricheurs, de tous ceux qui ont su braver les périls de la mer et de la forêt. Une seconde exposition est consacrée à l'histoire des rivières à saumons et des célèbres camps de pêche.

■ VIEUX POSTE DE TRAITE DES SEPT-ILES
Boulevard des Montagnais
✆ 418-968-2070 – www.mrcn.qc.ca
Ouvert tous les jours de la mi-juin à mi-août de 9h à 17h. Entrée : 3 $, enfants de moins de 12 ans : gratuit. On y découvre les vestiges d'un poste de traite aménagé par la Compagnie de la baie d'Hudson à la fin du XVIIIe siècle et construit par l'explorateur français Louis Jolliet. Epoque du commerce des fourrures, témoignages des échanges avec les coureurs des bois. Très intéressant.

■ SHAPUTUAN
290, boulevard des Montagnais
✆ 418-962-4000
www.museeshaputuan.org
Ouvert en été en semaine de 8h à 16h30 et le week-end de 10h à 16h hors saison en semaine seulement, de 9h à 16h30. 5 $. Shaputuan signifie grande tente de rassemblement en langue Innu. Dans cette tente, se trouve une exposition traitant des saisons et du cycle de vie annuel des Innu.

■ PARC REGIONAL DE L'ARCHIPEL DES SEPT-ILES
Au large de Sept-Iles
Informations : 1401, boulevard Laure
✆ 418-962-1238 – ✆ 1-888-880-1238
L'archipel des Sept-Iles est un lieu de ressourcement dans un cadre maritime exceptionnel. Observation des oiseaux et des mammifères marins. On y accède en prenant un bateau depuis le port de plaisance situé au parc du Vieux-Quai. Sur l'île Grande Basque, camping et sentiers de randonnée.

HAVRE-SAINT-PIERRE

Le petit port de Havre-Saint-Pierre a été fondé en 1857 par des pêcheurs venus des îles de la Madeleine. En 1948, il s'industrialise après la découverte, à 43 km au nord, d'un gisement d'ilménite, minerai composé de titane et d'oxyde naturel de fer. De Havre-Saint-Pierre, on peut se rendre à l'archipel des Mingan et à l'île d'Anticosti.

■ www.tourismecote-nord.com/minisite/havre-saint-pierre

■ MAISON DU TOURISME
957, rue de la Berge
✆ 418-538-2512
Ouvert de mi-juin à mi-septembre, tous les jours de 10h à 22h, de mi-septembre à mi-juin, du lundi au vendredi de 8h30 à 16h30.

Hébergement

■ CAMPING MUNICIPAL DE HAVRE-SAINT-PIERRE
1730, avenue Boréale ✆ 418-538-2415
Ouvert de mi-juin à mi-septembre. Location de sites de camping (17 $ à 23 $ par jour l'emplacement). 88 emplacements, situés face à la mer.

■ GITE 4 SAISONS
1264, rue Boréale ✆ 418-538-1329
Ouvert à l'année. 5 chambres, en simple de 68 $ à 88 $, en double de 70 $ à 90 $, petit déjeuner complet inclus. Argent comptant et Interac uniquement. Charmante maison, atmosphère conviviale.

■ **MOTEL DE L'ARCHIPEL**
805, boulevard de l'Escale
℡ 418-538-3900
℡ 1-800-463-3906
24 chambres de 80 $ à 159 $. Visa, MC et Interac. Établissement confortable situé au centre du village.

ARCHIPEL DE MINGAN

Le long de la côte, à moins de 4 km de celle-ci, la réserve du parc national du Canada de l'archipel de Mingan égrène sa trentaine d'îles et d'îlots sur 82 km. Havre-Saint-Pierre fait face à l'île du Havre, habillée de falaises rocheuses en haut desquelles luisent des conifères. Non loin de là, on peut voir les deux îles à Marteau, la grosse et la petite, où se trouvent un phare et quelques maisons aujourd'hui délaissées.

Les îles de Mingan présentent une curiosité géologique : des monolithes ou « pots de fleurs » géants de 5 m à 10 m de hauteur, étrangement sculptés par la mer et qui doivent leur forme à une couche supérieure de calcaire plus résistant que leur pied friable ; à chacun d'eux, Roland Jomphe, le vieux poète d'Havre-Saint-Pierre, a donné un nom selon sa forme.

Certaines îles sont habitées par l'orignal ou l'ours noir, tandis qu'en mer on observe de nombreux oiseaux ainsi que des cétacés. Les oiseaux de mer (le macareux moine à bec-de-perroquet et pattes orange – emblème du parc – l'eider, le guillemot noir, la sterne arctique) ne sont pas les seuls à pêcher : c'est aussi l'activité du balbuzard, un rapace commun dans les îles.

L'archipel possède également une flore d'une remarquable diversité : fougères, orchidées, mousses et lichens, dont certaines espèces ne se trouvent qu'en climat arctique ou alpin. On trouve aussi des plantes rares comme le chardon de Minganie, répertorié en 1924 par le frère Marie-Victorin, fondateur du Jardin botanique de Montréal.

■ **RESERVE DU PARC NATIONAL DU CANADA DE L'ARCHIPEL-DE-MINGAN**
Renseignements : 1340, rue de la Digue et au kiosque d'informations au 1010, promenade des Anciens
Les deux à Havre-Saint-Pierre
℡ 418-538-3331 – ℡ 1-888-773-8888
www.parcscanada.gc.ca/mingan
Ouvert de juin à septembre. Adulte : 5,45 $, aîné : 4,70 $, jeune : 2,70 $, famille : 13,60 $.

Prévoir le transport maritime vers les îles (croisières, excursions, bateau-taxi ou kayak de mer). La réserve du parc national de l'Archipel-de-Mingan est constituée d'une quarantaine d'îles et de plus de deux milliers d'îlots et de récifs.

Outre les spectaculaires falaises, monolithes sculptés par la mer, l'archipel abrite une faune et une flore riches et diversifiées. Paysages majestueux. **Activités :** randonnée pédestre, camping, kayak de mer, croisières.

Croisières dans l'archipel

■ **LA RELEVE JOMPHE**
Marina, Promenades des Anciens
℡ 418-538-2865 – ℡ 1-888-538-2865
www.lescroisieresjomphe.supersites.ca
Ouvert du 15 juin au 15 septembre. 35 $.
3 départs par jour : 7h45, 12h, 15h45 de Havre-Saint-Pierre (durée 3h30) avec un arrêt sur l'île Niapiskau, pour y découvrir les monolithes.

■ **RANDONNEE DES ILES**
138, rue de la Mer
℡ 418-949-2307/1-866-949-2307
Réservation ℡ 1-866-949-2307
www.tourisme-loiselle.com
Ouvert de juin à septembre. La famille Loiselle propose 2 itinéraires pour découvrir l'Archipel de Mingan et ses nombreuses îles où logent des colonies de macareux. « La grande randonnée » à bord du macarin : une excursion de 5h avec 2 escales pour 12 passagers (*adulte : 80 $, enfant : 45,50 $, départ à 7h30*) et l'excursion à bord du loup marin : 3h de visite avec 2 escales pour 8 passagers (*3 départ par jour : 7h30, 14h et 17h, adulte : 44,45 $, enfant : 27 $*). Les départs se font à Longue-Pointe-de-Mingan. Egalement terrain de camping et location d'appartements.

MINGAN

Son nom, d'origine basque, signifie langue de terre. Ce village, ancien poste de traite, regroupe des pêcheurs et une communauté de Montagnais qui vivent ici en harmonie. La rivière Mingan, propriété des Montagnais, est une rivière à saumons. On peut y admirer de magnifiques chutes (site aménagé pour le pique-nique).

De Havre-Saint-Pierre au Labrador, les villages de pêcheurs voisinent avec les réserves indiennes des Montagnais. La route se termine à Natashquan.

Le navire Nordik Express (semi-cargo-semi-passagers), fait la liaison entre Rimouski, en Gaspésie, les ports de la moyenne côte Nord (Sept-Iles à Natashquan) et les ports de la basse côte Nord (jusqu'à Blanc-Sablon) – *voir rubrique « Transports», « Bateau ».* Après Havre-Saint-Pierre, on s'arrête à Baie-Johan-Beetz (camping, hébergement, restauration), du nom du naturaliste belge qui y a fait construire une étonnante maison. Natashquan, petit village tranquille, a inspiré une chanson à Gilles Vigneault, qui vient occasionnellement trouver l'inspiration dans la maison qu'il y possède. Il faut voir, sur la pointe, les hangars de pêche traditionnels appelés « les Galets » et les chutes de la rivière Natashquan.

BASSE-CÔTE-NORD

La Basse côte Nord (qui fait partie de la région Duplessis) commence là où la route s'arrête, c'est-à-dire après Natashquan.
Des chapelets d'îles et d'îlots s'égrènent le long du littoral (400 km) où le sable cède la place au granite.
Les paysages sont sauvages et authentiques. Quelque 6 000 habitants sont répartis dans une quinzaine de villages.
▶ **On y accède par avion ou par bateau.**
On rencontre les villages de Kegaska, La Romaine, Harrington-Harbour, Tête-à-la-Baleine, Baie-des-Moutons, La Tabatière, Vieux-Fort et enfin Blanc-Sablon, extrémité orientale du Québec.
La route réunit Vieux-Fort à Blanc-Sablon (50 km), d'où on peut gagner Terre-Neuve (Saint-Barbe) par le traversier (durée : 1h15) qui franchit le détroit de Belle-Isle. La basse côte Nord est dominée par la forêt boréale de conifères.
Au bord des innombrables lacs et rivières, poussent aussi des forêts compactes de saules et d'aulnes aux branches tortueuses. Les conifères font place à la toundra sur les collines ventées et exposées.
Le littoral est formé de rochers plats, comme au Labrador. Cet écosystème particulier disparaît lorsqu'on s'enfonce vers l'intérieur de la péninsule du Labrador.
Ces territoires appartiennent aux Montagnais, bien que ceux-ci aient été sédentarisés dans des réserves.
A Mingan, Natashquan, La Romaine et Saint-Augustin, vivent les Montagnais du groupe des *Nutshimiu-Innuat*, les « hommes de la forêt et de la fourrure ». Plus au sud, les réserves de Baie-Comeau, Sept-Iles et Maliotenam sont habitées par les « hommes du large », tandis qu'au Labrador, les « hommes de la terre sans arbres » voisinent avec les Inuits.

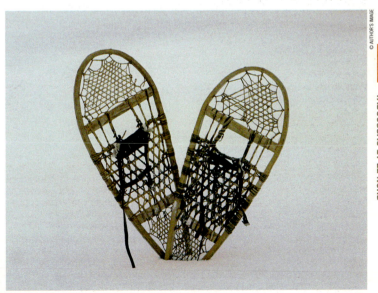

Raquettes

TADOUSSAC ET LE NORD

Île d'Anticosti

Transports

Avion

- **AIR SATELLITE**
  ✆ 418-589-8923
  ✆ 1-800-463-8512
  www.air-satellite.com
  Dessert Port-Menier en provenance de Havre-Saint-Pierre, Sept-Îles, Baie-Comeau.

- **ANTICOST'AIR**
  ✆ 418-538-1600 en provenance de Havre-Saint-Pierre
  ✆ 418-962-7901
  Les Ailes de Gaspé ✆ 418-368-1995 en provenance de Gaspé.

- **CONFORTAIR**
  ✆ 418-968-4660 – ✆ 1-800-353-4660 en provenance de Sept-Îles

Bateau

- **RELAIS NORDIK**
  ✆ 418-723-8787 – ✆ 1-800-463-0680
  www.relaisnordik.com
  Hebdomadaire, d'avril à janvier. Départ Rive-Sud (Rimouski) ou côte Nord (Sept-Îles ou Havre-Saint-Pierre). Le Nordik Express dessert Port-Menier une fois par semaine.

Pratique

- **SEPAQ ANTICOSTI**
  ✆ 418-890-0863 – ✆ 1-800-463-0863
  www.sepaq.com
  Propose des forfaits vacances tout inclus. Location de voitures tout-terrain.

- **AML**
  ✆ 418-535-0157
  L'unique route qui traverse l'île, revêtue seulement entre l'aéroport et Port-Menier (7 km), est une piste en terre battue à emprunter impérativement avec un véhicule tout-terrain.

Géographie

Située dans l'estuaire du Saint-Laurent, à 35 km au sud de l'archipel de Mingan et à 72 km au nord-est de la Gaspésie, l'île d'Anticosti est longue de 222 km et d'une largeur maximale de 56 km. Avec ses 7 953 km², c'est la plus grande du fleuve.

Elle occupe une position clé, à l'entrée de la route maritime qui pénètre au cœur du Québec et du Canada. Jadis, les bateaux la redoutaient comme la mort, l'évitant autant que possible, en raison de la plate-forme sous-marine et rocheuse qui l'entoure, du brouillard épais et des violentes tempêtes qui jetaient les navires à la côte (naufrages du brigantin *Mary* en 1690, de *La Renommée* en 1736, du *Wilcox* en 1954, épaves du La *Fayette Brown* et du chalutier *Le Calou*, échoué en 1982).

Sa réputation de cimetière du golfe s'accompagnait aussi de récits de naufrageurs, de détrousseurs de cadavres et de massacres à faire frémir, telle la tragédie du Granicus en 1828. Tantôt baignée d'une lumière cristalline, tantôt enveloppée d'un manteau de brouillard opaque, l'île culmine à 312 m.

Couverte de forêts de conifères ou de tourbières, sillonnée d'une centaine de rivières que remontent, chaque été, les saumons de l'Atlantique, elle constitue un territoire de prédilection pour les chasseurs.

Aujourd'hui, la quasi-totalité de l'île est une réserve provinciale couvrant 4 575 km². Le climat de l'île subit l'influence du courant froid du Labrador. Par rapport au continent, on enregistre 10° C en plus l'hiver, et 10 °C en moins l'été : il fait en moyenne - 11 °C en février, le mois le plus froid, et 14 °C seulement en juillet. Moins arrosée que les Provinces Maritimes et la Gaspésie, l'île est soumise l'hiver, à des vents dominants soufflant du nord-ouest et qui atteignent des pointes de 105 km/h à 129 km/h, provoquant de fortes accumulations de neige, tandis que l'été, les vents humides du sud-est contribuent à adoucir la température. Le brouillard sévit 35 jours par an à l'ouest et 70 jours à l'est.

Végétation

L'île est couverte d'une forêt mixte de conifères et de feuillus, composée d'épinettes blanches et noires, de sapins baumiers, de mélèzes laricins, de bouleaux, ainsi que de mousses, lichens et arbres nains.

Les tourbières et marécages occupent le quart de la superficie de l'île. Les baies y sont nombreuses : bleuets, différentes sortes d'airelles (canneberge, airelle à gros fruits, vigne d'Ida et raisins d'ours).

Faune

▶ **Terrestre.** Les ours, trop chassés, ont disparu. Beaucoup d'animaux ont été importés : renards roux, castors, lièvres d'Amérique, cerfs de Virginie, orignaux (1 000 têtes). Le cerf de Virginie s'est si bien adapté aux conditions climatiques et à la forêt boréale, que sa surpopulation (120 000 têtes) a entraîné une modification de la forêt. La préférence du cerf pour la pousse de sapin a causé la diminution de cette essence au profit de l'épinette blanche.

▶ **Marine.** Une dizaine d'espèces de baleines fréquentent les eaux du golfe autour d'Anticosti : petit rorqual (longueur de 6 m à 9 m, poids de 6 à 8 tonnes), rorqual à bosse (longueur de 11 m à 13 m, poids jusqu'à 36 tonnes), rorqual commun (longueur de 18 m à 21 m, poids de 40 à 50 tonnes), rorqual bleu (le plus grand animal de la planète : 30 m de long et 135 tonnes). Ces mammifères viennent s'ébattre dans le détroit de Jacques-Cartier. Le phoque gris est très commun autour de l'île : il atteint 300 kg ; son museau long et large lui a valu le surnom de tête de cheval. L'océan est riche en crustacés (crevettes, homards, crabes) et en poissons (capelan, maquereau, hareng, flétan, morue). Les lacs abondent en truites mouchetées, les rivières côtières en truites de mer, et 27 rivières (dont la rivière Jupiter) possèdent le statut de rivière à saumons. Les oiseaux rassemblent 217 espèces, dont le guillemot à miroir, la mouette tridactyle, le macareux moine et le pygargue à tête blanche.

Histoire

Les fouilles archéologiques entreprises sur l'île ont révélé des traces d'occupation humaine vieilles de 3 500 ans. L'île était un terrain de chasse où s'affrontaient régulièrement les pacifiques Indiens Montagnais de la côte Nord, les chasseurs micmacs des régions atlantiques, les farouches Iroquois du Saint-Laurent et les Inuits du Grand Nord, leur ennemi commun.

Les pêcheurs basques fréquentaient, eux aussi, les eaux d'Anticosti, riches en morue, flétan, phoque gris et baleine. Dès son premier voyage en 1534, Jacques Cartier atteste son existence. Mais c'est Champlain qui, le premier, la mentionne sous l'appellation Anticosty, déformation probable de « Nadicousti », le nom que lui donnaient les Indiens Iroquois.

© H. GAGNÉ

Ile d'Anticosti, chute Vauréal

Toutefois, l'île ne commença à se peupler que lorsque Louis XIV la concéda à Louis Jolliet (1645-1700), hydrographe et explorateur né à Québec d'une famille originaire de La Rochelle, à titre de récompense pour son expédition dans la baie d'Hudson. Après la conquête anglaise, Anticosti fut annexée en 1763 à Terre-Neuve, devenue elle-même colonie britannique. Cette dernière la rétrocéda à Québec en 1774, qui la rendit à Terre-Neuve en 1807. Terre-Neuve l'engloba alors dans le Grand Labrador, s'étendant à cette époque jusqu'au Nouveau-Brunswick. Au cours du XIXe siècle, l'île changea souvent de propriétaire. On y fit construire une série de phares afin de diminuer le nombre des naufrages. En 1873, l'Anticosti Company, puis d'autres sociétés comme la Stockwell Company, tentèrent de la coloniser, mais sans succès. Héritier d'une fortune familiale, l'industriel français Henri Menier, le roi du chocolat, joua un rôle considérable dans l'histoire de l'île.

Cet homme d'avant-garde, qui s'intéressait à l'électricité, à l'aviation, à l'automobile, était aussi un grand amateur de chasse et de pêche. A la recherche d'une terre vierge qui serait à la fois un investissement et un lieu où il pourrait s'adonner à sa passion, il acheta Anticosti en 1895 et entreprit de l'aménager. Il fit nommer son ami, Georges Martin-Zédé, administrateur de l'île, et le chargea de faire respecter les règlements très stricts qu'il avait établis, afin de développer le village de Baie-Sainte-Claire, l'industrie du bois (bois d'œuvre, pâte à papier) et la pêche au homard. L'île devint un véritable fief féodal où les gouvernements n'avaient plus juridiction. Afin de faciliter le transport du bois, il fit édifier Port-Menier.

L'industriel français dépensa sans compter pour transformer l'île en un paradis privé. Pour diversifier la faune déjà riche en ours, martres et renards, il introduisit une centaine de cerfs de Virginie, puis des castors, orignaux, caribous et lièvres. Pour combattre les moustiques, il fit assécher les marais et importa des grenouilles. Les nombreux cervidés étaient aussi destinés à attirer sur eux les moustiques et les voraces mouches noires.

Pour ses séjours et ceux de ses visiteurs, Henri Menier se fit construire un pavillon de chasse. Baptisé le Château, l'édifice mélangeait architectures norvégienne et normande. L'intérieur était somptueux : vitrail en forme de fleur de lys, tapis orientaux, portes de bois sculpté, tableaux de maîtres, salle de réception, bibliothèque. Le Château était même équipé de l'électricité et de salles de bains en marbre dotées d'eau courante. A la mort d'Henri Menier, en 1913, son frère Gaston hérita de l'île. Mais ce dernier, qui avait désapprouvé les dépenses financières engagées dans l'île, et qui commençait à ressentir les difficultés économiques de l'industrie chocolatière, revendit Anticosti en 1926, à l'Anticosti Corporation, consortium de plusieurs sociétés canadiennes de pâte à papier. Laissé à l'abandon, le Château Menier fut finalement détruit en 1953. L'Anticosti Corporation s'engagea dans l'exploitation forestière, ce qui, avec l'arrivée de bûcherons, entraîna l'accroissement de la population locale. L'Anticosti Corporation devint, en 1966, la Consolidated Bathurst Incorporated (Consol). L'exploitation du bois ayant cessé d'être rentable, l'île fut vendue en 1974 au gouvernement du Québec. En 1982, le gouvernement découpa l'île en pourvoiries, chargées d'organiser la chasse, la pêche et les activités de plein air. En 2001, le gouvernement acquiert le parc, désormais géré par la Sépaq.

PORT-MENIER

L'unique village de l'île, situé dans la baie Gamache, a été choisi au début du siècle en raison de son port en eau profonde. On trouve au centre du village un magasin général, une banque, un bureau de poste, une laverie et une épicerie.

Hébergement – Restaurants

■ AUBERGE DE PORT-MENIER
66, rue des Meniers
☎ 418-535-0122
24 chambres, en simple de 95 $ à 100 $, en double de 100 $ à 110 $. Auberge modeste, mais à l'accueil très chaleureux proposant une bonne table, mais surtout une vue magnifique sur la mer. Location de vélos et forfaits disponibles.

■ HOTEL DE L'ILE
143, rue des Forestiers
☎ 418-535-0279
www.hoteldelile.ca.tc
Cet hôtel est composé de 10 chambres à 65 $ la nuit. Situé au centre du village, il propose des chambres confortables et un restaurant ouvert de 6h30 à 20h.

■ POURVOIRIE DU LAC GENEVIEVE
☎ 418-535-0294 – ☎ 1-800-463-1777
www.anticostiplg.com
*Location de chalets équipés : 185 $ par jour,
capacité 6 personnes. Forfaits disponibles à
la semaine, base 2 à 6 personnes. Chasse au*
cerf de Virginie avec encadrement et pêche à
la truite de mer, saumon, omble de fontaine.
Baignade, randonnée pédestre, vélo.

Dans les environs
Au départ de Port-Menier, l'unique piste de
terre qui traverse l'île, vous permettra de
découvrir les sites les plus beaux et les plus
accessibles.

■ ANSE-AUX-FRAISES
Vestiges d'un village de pêcheurs.

■ BAIE SAINTE-CLAIRE
Située à 15 km à l'ouest de Port-Menier,
Baie-Sainte-Claire, berceau du peuplement
anticostien, a été longtemps le plus important
village de l'île. A l'origine, il s'appelait English
Bay et fut rebaptisé par Henri Menier en
l'honneur de sa mère. Au milieu du XIXe siècle,
des pêcheurs venus de Terre-Neuve et de
Nouvelle-Ecosse s'y étaient installés. Martin-
Zédé fut l'artisan de son développement
jusqu'au jour où le village fut abandonné au
profit de Port-Menier. Un four à chaux y a
été reconstruit. La chasse y étant interdite,
c'est aujourd'hui le lieu idéal pour observer
les cerfs de Virginie.

■ POINTE DE L'OUEST
A 1 km au sud de Baie-Sainte-Claire. Elle
porte le premier phare de l'île. Elevé en 1858,
sa lumière porte à 50 km à la ronde. Malgré
une série de phares construits au XIXe siècle,
les naufrages restèrent nombreux. Depuis le
XVIIIe siècle, 200 navires auraient sombré
dans les parages de l'île. Près de la côte,
on peut voir l'épave du chalutier *Le Calou*,
échoué en 1982.

■ CHUTES DE KALIMAZOO
A 65 km. Cascades se déversant dans un petit
lac encerclé de hautes parois calcaires, riches
en fossiles. Camping Kalimazoo, rustique, à
proximité de la chute, dans un site enchanteur.
Fossiles, baignade, randonnée.

■ BAIE MCDONALD
A 35 km des chutes, une superbe baie offrant
une plage de sable.
Elle doit son nom à un pêcheur venu de
Nouvelle-Ecosse, au XIXe siècle, et qui vécut
ici en ermite.

■ PARC NATIONAL D'ANTICOSTI
☎ 418-535-0156/1-800-463-0863
www.parcsquebec.com
*Saison estivale du la fin juin à la fin août.
Accès quotidien adultes : 3,50 $, enfants :
1,50 $.* **Hébergement :** auberges (3), chalets
de villégiature et 3 campings (47 sites).
Activités : excursion en mer (Zodiac),
kayak de mer, pêche randonnée pédestre,
randonnée équestre, activités de découverte.
Territoire insulaire de 572 km², le parc
national d'Anticosti est d'une beauté sauvage
et fascinante. Falaises blanches, canyons
vertigineux (canyon et chute Vauréal), grottes
secrètes (grotte à la Patate), de somptueuses
baies (Baie-de-la-Tour). Cerfs de Virginie,
saumons et phoques.

■ GROTTE A LA PATATE
Découverte en 1981, non loin de la rivière
du même nom. Ses dimensions sont
impressionnantes : 10 m de hauteur d'entrée
sur 7 m de large et 80 m de long, et une
galerie longue de 600 m se rétrécissant
progressivement.

■ CANYON ET CHUTE DE LA VAUREAL
Cet impressionnant canyon de 90 m de
profondeur a été creusé dans le calcaire par la
rivière Vauréal, à 9 km de son embouchure. Le
sentier (1h à pied) qui suit le lit d'un ruisseau
descend dans le canyon, puis conduit au pied
de la chute d'eau tombant du sommet d'une
muraille de 76 m.
On admirera les falaises de calcaire gris
strié de schistes rouges et verts. Pique-
nique, et baignade possible dans le bassin
de la chute.

■ BAIE-DE-LA-TOUR
A 10 km de la chute de la Vauréal, prendre une
route secondaire de 14 km pour y accéder.
Dominée par les superbes falaises calcaires
de la pointe Easton, qui tombent à pic dans
la mer, cette baie offre aussi une belle plage
de sable.

Retrouvez l'index général en fin de guide

Le Grand Nord

Le Nord du Québec est la plus vaste région touristique du Québec. Il comprend, entre les 49e et 55e parallèles, le territoire de la baie James et, au-delà du 55e parallèle, le Nunavik. Bordée par les mers boréales, voilà l'ultime frontière où Inuits, Cris, Naskapis et quelques Blancs partagent la moitié de la superficie du Québec, avec une faune et une flore adaptées aux rudes conditions de ce pays farouche. Attirant les bâtisseurs d'ouvrages hydroélectriques, les rivières tumultueuses donnent naissance à d'énormes projets, ouverts aux visiteurs. Des monts arides s'offrent à la randonnée, gibier et poissons appellent chasseurs et pêcheurs sportifs, alors que l'immensité du territoire se prête à la découverte en quad et en motoneige. Les rivières immenses du Nord du Québec ont vu naître de colossales installations hydroélectriques. Sur la Grande Rivière, on retrouve huit centrales, dont la centrale La Grande-1 et l'Aménagement Robert-Bourassa, la plus grande centrale souterraine du monde. Quelque 185 000 travailleurs ont séjourné dans la région, de 1950 à nos jours, pour bâtir ces complexes hydroélectriques. Vous en découvrirez l'histoire au Site historique du Parc Robert-A.-Boyd. Au Centre d'intérêt minier de Chibougamau, vous pourrez suivre l'évolution des mines à travers les âges et assister à un spectacle son et lumière. Les réserves fauniques Assinica et des lacs-Albanel-Mistassini-et-Waconichi forment la plus grande réserve québécoise. Le lac Mistassini est, à lui seul, une véritable mer intérieure.

Le Nunavik recèle de fabuleux phénomènes naturels, dont les plus hauts sommets de l'Amérique du Nord-Est : les monts Torngat (son plus haut sommet, le mont D'Iberville, culmine à 1 646 m de hauteur). Le cratère des Pingualuit, créé par une météorite de 3,4 km de diamètre, contient une eau d'une pureté exceptionnelle. L'hiver, une excursion guidée en motoneige permet d'y accéder, avec Kangiqsujuaq comme point de départ (à 88 km). A Tasiujaq, vous admirerez des marées exceptionnelles dans le bassin aux Feuilles (en mars 2002, on assistait à la plus grande marée jamais enregistrée dans le monde). La rivière George est reconnue à l'échelle mondiale comme un endroit de choix pour la pêche au saumon, à l'omble chevalier et à la truite. Les pourvoiries de la région offrent d'ailleurs des forfaits de chasse et de pêche haut de gamme aux amateurs. Au musée Daniel Weetaluktuk, vous découvrirez des œuvres d'art inuit contemporaines, plus de 200 objets archéologiques, ainsi que la reconstitution de l'intérieur d'un igloo d'autrefois !

■ LA BAIE JAMES

Le territoire de la baie James couvre 350 000 km², soit un cinquième du territoire québécois. La baie James est fréquentée depuis plus de 5 000 ans. Les Cri, de la famille des Algonquin, furent les premiers à s'y installer. Leur sédentarisation fut la conséquence du système de poste de traite mis en place au XVIIe siècle (échange de fourrures avec les Européens). Sir Henry Hudson découvre la baie en 1610. Peu après, se met en place le système d'exploitation des fourrures. C'est à cette époque (1670) que remonte la création de la Compagnie de la Baie d'Hudson, toujours en activité. Les peaux de castor demeurèrent l'une des principales richesses de la région jusqu'à la découverte de mines d'or à la fin du XIXe siècle. Les mines, suivant le contexte international, seront tour à tour exploitées, puis abandonnées. Néanmoins, après la Seconde Guerre mondiale, avec l'avènement du chemin de fer, l'or est largement exploité. La construction des villes de Chapais, Chibougamau et Matagami, remonte à cette époque. Le chemin de fer permet à partir des années soixante l'exploitation de la forêt.

Il faut attendre le début des années soixante-dix pour que naisse LE grand projet de la baie James : la construction de plusieurs barrages hydroélectriques, dont la plus grande centrale souterraine au monde. Le projet est contesté, notamment par les Cri, les barrages étant construit sur leurs terres. La Convention de la baie James et du Nord du Québec, prévoyant des compensations financières et des emplois

Les immanquables du Grand Nord

▶ **Le site historique de parc Robert A. Boyd** qui retrace la vie des travailleurs de la plus grande centrale souterraine d'hydroélectricité.

▶ **Les réserves fauniques** Assinica et des lacs Albanel, Mistassini et Waconichi.

▶ **Les Monts Torngat,** les plus élevés d'Amérique du Nord-Est.

▶ **Les très grandes marées** à Tasiujaq.

▶ **La collection d'art inuit** au musée Daniel Weetaluktuk, à Inukjuak.

▶ **Les aurores boréales.**

pour eux, apaise les conflits. Pays d'aventure par excellence, royaume des motoneigistes, des chasseurs et des pêcheurs (un populaire festival du Doré a lieu au début de l'été à Chapais) peuplée de pourvoiries réputées, la baie James s'ouvre de plus en plus au tourisme. Parmi les lieux les plus appréciés des visiteurs, signalons le village Cri d'Oujé-Bougoumou, lauréat de l'UNESCO, le Camp Robert-Boyd à Radisson et le Centre d'intérêt minier de Chibougamau. Outre la baie James, qui donne elle-même accès à la baie d'Hudson, la région compte de nombreux sites naturels d'exception, comme le lac Paradis, le lac Mistassini – le plus grand lac naturel du Québec (2 335 km²) – et les réserves fauniques Assinica et des lacs-Albanel-Mistassini-et-Waconichi. Accès par la route 167, en provenance du Saguenay-Lac-Saint-Jean.

Transports

Chibougamau, porte d'entrée de la baie James, se situe à près de 700 km de Montréal. Ensuite, les distances entre chaque ville sont longues.

Avion

■ **AIR CREEBEC**
✆ 1-800-567-6567 – www.aircreebec.ca
Dessert Montréal, Chibougamau, Waskaganish, Nemaska, Eastmain, Wemindji, Chisasibi, La Grande et Whapmagoostui.

■ **AIR INUIT**
✆ 1-800-361-2965 – www.airinuit.com
De Montréal et Québec à la Grande et aux municipalités du Nunavik.

Bus

■ **INTERCAR**
✆ 1-888-861-4592 – www.intercar.qc.ca
Relie Québec à Chibougamau.

■ **AUTOBUS MESSIER**
✆ 418-748-2120
Dessert les principales municipalités de la baie James.

Voiture

Sans aucun doute le meilleur moyen pour se déplacer dans ce territoire immense.

■ **LOCATION SAUVAGEAU**
175, 3ᵉ Rue, Chibougamau
✆ 418-748-6050

Pratique

■ **www.municipalite.baie-james.qc.ca**

■ **www.tourismebaiejames.com**

■ **TOURISME BAIE JAMES**
1252, route 167 Sud (Chibougamau)
✆ 418-748-8140 – ✆ 1-888-748-8140

Organiser son aventure

Les amateurs de grands espaces seront comblés dans la baie James. Ecoaventures propose de nombreux forfaits pour des expéditions en canot, en kayak, en raquette, motoneige... Des guides vous parleront de la nature et des populations autochtones.

■ **ECOAVENTURES**
✆ 819-739-3730

Manifestations

■ **FESTIVAL DU DORE BAIE JAMES**
✆ 1-877-846-2020
www.festivaldudore.com
Fin juin. Grand tournoi de pêche, ouvert tant aux amateurs qu'aux professionnels, se déroulant au lac Opémiska. Des récompenses sont offertes aux pêcheurs ayant pris les plus beaux dorés. Activités et spectacles prévus au programme.

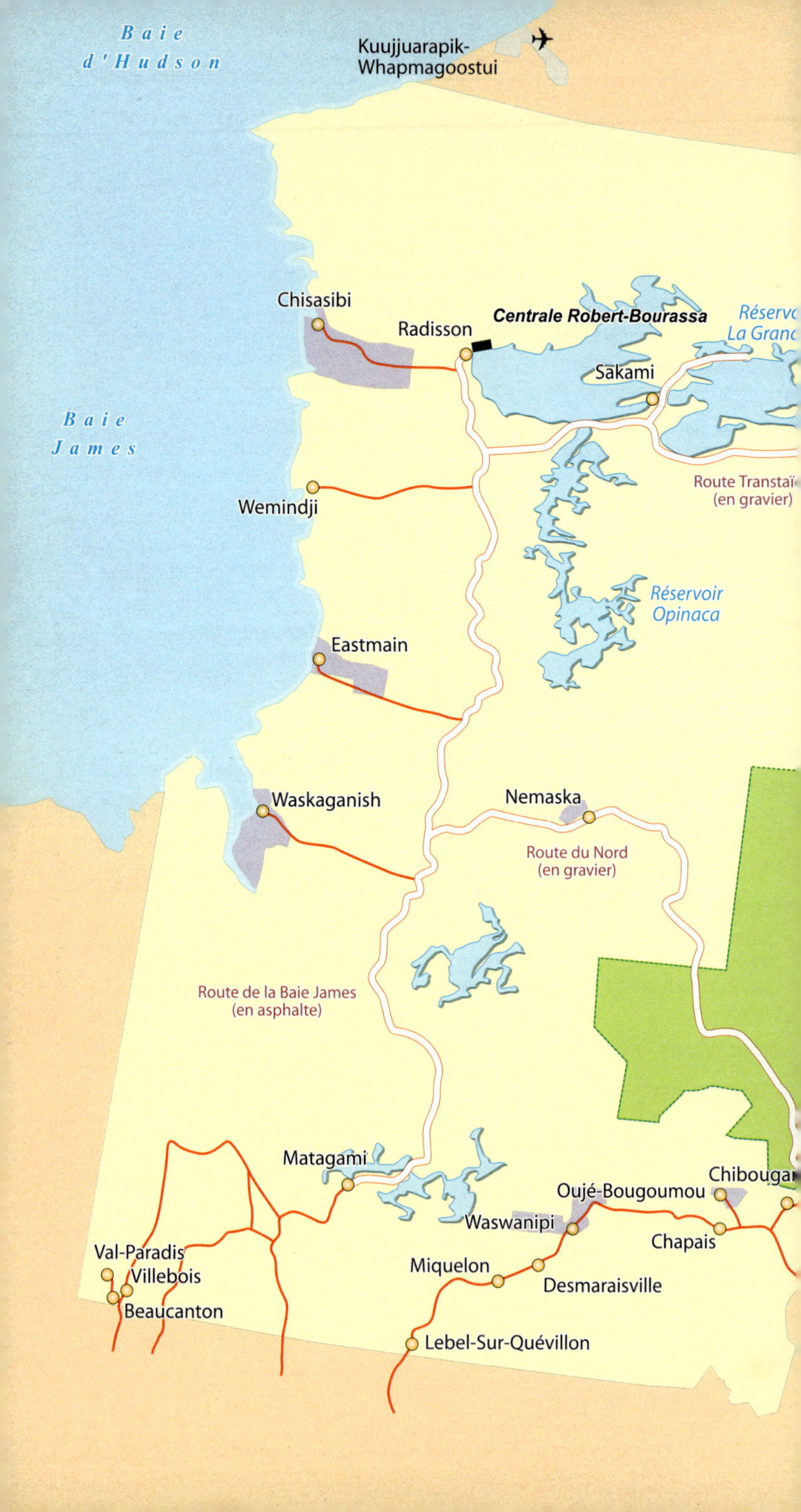

Baie d'Hudson
Kuujjuarapik-Whapmagoostui
Chisasibi
Radisson
Centrale Robert-Bourassa
Réservo
La Granc
Sakami
Baie James
Wemindji
Route Transtaï
(en gravier)
Réservoir Opinaca
Eastmain
Waskaganish
Nemaska
Route du Nord
(en gravier)
Route de la Baie James
(en asphalte)
Matagami
Chibouga
Oujé-Bougoumou
Waswanipi
Chapais
Val-Paradis
Villebois
Beaucanton
Miquelon
Desmaraisville
Lebel-Sur-Quévillon

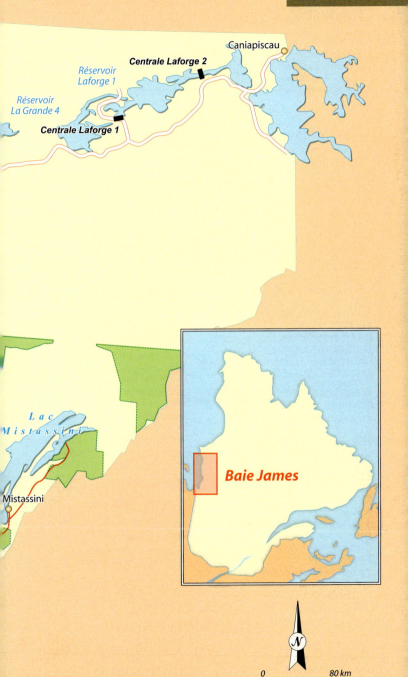

Baie James

Caniapiscau

Centrale Laforge 2

Réservoir
Laforge 1

Réservoir
La Grande 4

Centrale Laforge 1

Lac
Mistassini

Mistassini

Baie James

N

0   80 km

Les aurores boréales

Rideaux de lumière mouvante, les aurores boréales viennent du soleil. Les éruptions quotidiennes s'y produisant, projettent des particules dans l'espace sidéral. Au contact de l'atmosphère terrestre, ce flux de particules, aussi appelé vent solaire, provoque la fluorescence des gaz qu'il traverse, teintant le ciel de vert à cause de l'oxygène et de rose à cause de l'azote. Les particules solaires suivent les lignes de force du champ magnétique terrestre, c'est pourquoi le phénomène lumineux est plus visible près des pôles.

CHIBOUGAMAU

Ses origines remontent à l'exploitation des mines d'or, comme en témoigne le centre d'intérêt minier.

Depuis, son économie s'est diversifiée et Chibougamau est devenue la plus grande municipalité du Nord québécois (même si elle compte moins de 8 000 habitants). En été, on profite de sa plage municipale, et en hiver de ses postes de chien de traîneau.

■ **ville.chibougamau.qc.ca**

Hébergement

■ **CAMPING MUNICIPAL**
500, route 167 Sud
(à 2 km du centre-ville)
✆ 418-748-7276
Ouvert de fin mai à septembre. De 15 $ à 25 $ (avec ou sans service).

■ **GITE LE DOMAINE DE LA MINE D'OR**
349, chemin des Mines ✆ 418-748-1212
www.ledomainedelaminedor.ndq.ca
4 chambres. En occupation simple : 75 $, en double : 85 $. Service de restauration sur place et sauna.

Points d'intérêt

■ **CENTRE D'INTERET MINIER**
924, route 167 Nord
(à 10 km du centre-ville de Chibougamau)
✆ 418-748-4209
Ouvert de début juin à début septembre. Visites à 8h, 10h, 13h, 15h et 17h. Le centre d'intérêt minier est entièrement aménagé dans une ancienne mine, creusée dans le roc d'une montagne. Débutant par une exposition thématique racontant l'évolution des mines à travers les âges, la visite se poursuit à travers les galeries d'origine et montre le travail des mineurs. Elle se termine par un spectacle sons et lumières, vous faisant remonter à l'origine de la vie sur la Terre !

■ **CHIENS DE TRAINEAU ALASKANS DU NORD**
✆ 418-748-6040
28 superbes chiens Alaskans, six attelages et deux chalets chauffés sont à votre disposition pour des randonnées de 7, 14 et 35 km. Forfaits disponibles incluant souper, coucher et petit déjeuner.

RÉSERVES FAUNIQUES ASSINICA ET DES LACS ALBANEL MISTASSINI ET WACONICHI

264, route 167 ✆ 418-748-7748
Réservations Sépaq ✆ 1-800-665-6527
www.sepaq.com
Route 167. Accueil du premier vendredi de juin au lundi de la fête du Travail. **Activités :** pêche (brochet du nord, doré, touladi et omble de fontaine) et canot camping. **Hébergement :** campings : à la baie Pénicouane (15 emplacements) et au lac Albanel (45 emplacements). Emplacement d'une nuit de 21 $ à 36 $ (avec ou sans services). 11 chalets confortables. Ils sont tous situés face au lac Waconichi (174 $ la nuit pour 4 personnes). Les Réserves fauniques Assinica et des Lacs-Albanel-Mistassini-et-Waconichi recèlent des endroits de choix pour les mordus de la pêche recherchant des trophées, et pour les fervents des grands espaces. Sur ces territoires de démesure, le plus grand lac naturel d'eau douce du Québec, le lac Mistassini, d'une longueur de 176 km, atteint par endroits 40 km de largeur.

RADISSON

Radisson fut fondée en 1974 pour accueillir les travailleurs des grands barrages hydroélectriques. On s'y rend pour la visite du parc Robert A Boyd et pour profiter des grands espaces.

■ **www.radisson.org**

Hébergement – Restaurant

■ **AUBERGE RADISSON**
66, des Groseilliers, Radisson
✆ 819-638-7201 – ✆ 1-888-638-7201
auberge@sdbj.gouv.qc.ca
De 90 $ à 115 $. Toutes cartes de crédit.
L'Auberge Radisson est située au cœur du village de Radisson. Quarante chambres rénovées en mai 2003. Restaurant.

■ **GITE L'EPILOBE**
30, rue Belleau, Radisson
✆ 819-638-3496
www.giteepilobe.com
Le gîte propose 4 chambres douillettes, en simple : 75 $, en double : 95 $. Un petit déjeuner complet et fruité est inclus dans le tarif.

Points d'intérêt

■ **PARC ROBERT-A.-BOYD**
Radisson
✆ 819-638-6673 – www.sshr.qc.ca
A environ 500 m en aval des galeries de fuite sur la Grande Rivière. Ouvert de mai à octobre. Entrée : 5 $, famille : 15 $. Des années cinquante à l'aube de l'an 2000, 185 000 travailleurs séjournent dans la taïga québécoise pour ériger l'un des plus imposants aménagements hydroélectriques du monde : le Complexe La Grande. Pour souligner leur apport, la Société des sites historiques de Radisson a reconstitué le campement d'exploration G-68, un parc de tentes où vous revivrez le quotidien de ces héros anonymes, qui ont ouvert la voie aux bâtisseurs d'avenir.

■ LE NUNAVIK

Voyager au Nunavik

■ **ASSOCIATION TOURISTIQUE DU NUNAVIK**
C.P. 779, Kuujjuaq ✆ 819-964-2876 – ✆ 1-888-594-3424– www.nunavik-tourism.com
Envoi sur demande d'une brochure intéressante sur la nature et le mode de vie des Inuits. Les amateurs de grands espaces apprécieront l'immensité et la beauté du Nunavick. Mais, en raison des distances, de l'absence de routes et des conditions climatiques extrêmes, nous vous conseillons de partir en voyage organisé. Prévoir un budget conséquent pour ce type d'expédition (minimum de 2 000 $ par personne pour la semaine, vol depuis Montréal inclus). Voilà quelques adresses d'entreprises organisant des expéditions au Nunavik.

■ **CRUISE NORTH EXPEDITIONS**
✆ 866-263-3220 – www.cruisenorthexpeditions.com
Croisières à partir de Kuujjuaq (vol depuis Montréal). En juillet et août seulement. Belles croisières, abordant des thématiques intéressantes.

■ **CENTRE DE FORMATION EN SURVIE ARCTIQUE DU NUNAVIK**
✆ 866-732-8929 – www.nastc.ca
Entreprise entièrement gérée par des Inuits proposant des séjours d'été et d'hiver. Il est conseillé d'être très en forme avant de s'inscrire, surtout pour les escapades hivernales (nuit en igloo, motoneige…).

■ **KUUGAALUK ECO TOURS ET ECOSPORT**
✆ 617-253-6865
Plusieurs excursions possibles à partir de Tasiujaq. Cette entreprise œuvre à la protection de l'environnement On loge dans des familles Inuit. Possibilité de faire des excursions en bateau pour observer les oiseaux, en skidoo pour photographier les bœufs musqués. En été, on pêche le saumon.

■ **POURVOIRIE DU LAC RAPIDE**
✆ 819-389-5832 (de juin à septembre) – ✆ 418-949-2549 (d'octobre à mai)
www.rapidlake.com
Possibilité d'organiser des excursions aux monts Torngat et de faire un rallye en hydravion dans l'Ungava.

Détroit d'Hudson

Île de la Résolution

Mer du Labrador

Quaqtaq

Île d'Akpatok

Kangirsuk

Aupaluk

Baie d'Ungava

Kangiqsualujjuaq

Hebron

siujaq

Kuujjuaq

Baleine

LABRADOR

Caniapiscau

George

Nunavik

Kawawachikamach

Schefferville

© ICONOTEC

Monts Otish, raid de motoneiges, Grand Nord

La région du Nunavik couvre près de 550 000 km². Ses quelque 9 500 habitants – majoritairement Inuits – vivent dans 14 villages. Le territoire du Nunavik est constellé de lacs et parcouru par d'innombrables rivières, qui se jettent pour la plupart dans la baie ou le détroit d'Hudson, ou dans la baie d'Ungava.

Il est recouvert, dans sa partie méridionale, de forêts plus ou moins clairsemées, où dominent les conifères. Au-delà du 58e parallèle, au nord de Kuujjuaq, les rares épinettes noires, mélèzes et pins gris, disparaissent pour faire place à la toundra arctique, dont la flore rampante miniature se blottit dans les dépressions du relief pour se protéger du vent. Il n'est pas rare de voir des caribous.

■ **MUSEE DANIEL WEETALUKTUK**
Inukjuak ✆ 819-254-8277
Ouvert en 1992, le musée Daniel Weetaluktuk, nommé d'après le premier archéologue inuit du Nunavik, présente des œuvres d'art inuit contemporaines, et plus de 200 objets archéologiques et historiques témoignant des origines des Inuits du Nunavik et de leur riche culture. Au rez-de-chaussée de ce musée en forme d'igloo, une salle circulaire accueille les expositions thématiques temporaires et les diverses activités éducatives ou d'animation. La mezzanine, avec son plafond en dôme, abrite la reconstitution d'un intérieur d'igloo d'autrefois. Cet igloo a été aménagé par des aînés d'Inukjuak, qui ont dans leur jeunesse habiter une de ces savantes constructions, faites de blocs de neige empilés.

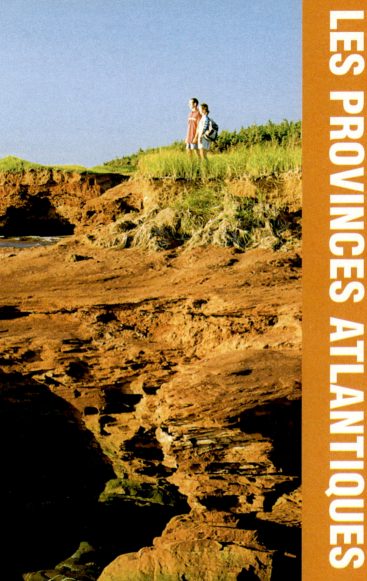

LES PROVINCES ATLANTIQUES

*Kildare Capes,
Île du Prince-Edouard*

© TOURISM PRINCE EDWARD ISLAND /
JOHN SYLVESTER

QUÉBEC

Natashquan

Sept-Îles

Réserve de l'Archipel-de-Mingan

Port-Menier

■ ANTICOSTI

Fleuve Saint-Laurent

GASPÉSIE

■ FORILLON

GRANDS-JARDINS   Matane

GÎTE DU
MONT-ALBERT

ÎLE-BONAVENTURE-
ET-DU-ROCHER-PERCÉ

Percé

■ BIC

Sa

NOUVEAU-
BRUNSWICK

ÎLE-DU-PRIN
ÉDOUARD

Charlottet

Moncton

MAINE

NOUVELLE-ÉC

Saint-John

Halifax

PÉNINSULE
DU NORD

PÉNINSULE
DE LA BAIE VERTE

TERRE-NEUVE

PÉNINSULE
BOAVISTA

Saint-John

PÉNINSULE
D'AVALON

du
urent

PÉNINSULE
DE BURIN

Océan
Atlantique

Provinces atlantiques

Provinces atlantiques

Cape Spear, le point le plus oriental, Terre-Neuve

Brossées par les vents de l'océan, baignées par les eaux plus calmes du golfe du Saint-Laurent, les quatre provinces situées à l'est du Québec forment la façade atlantique du Canada : ce sont le Nouveau-Brunswick (NB), la Nouvelle-Ecosse (Nova Scotia en anglais), l'île du Prince-Edouard et Terre-Neuve (Newfound Land en anglais). Appelées aussi Provinces atlantiques (ou parfois, simplement, les Maritimes), leur dénominateur commun, l'Océan, a modelé leur climat, leur économie, leur peuplement et leur histoire.

Survol des provinces

Géographie

Formée d'îles et de péninsules densément boisées, aux côtes tantôt plates, sablonneuses ou marécageuses, tantôt rocheuses, bordées de falaises ou festonnées d'anses autour de l'immense baie de Fundy, la région des Provinces atlantiques correspond au prolongement des Appalaches vers l'est et le nord, jusqu'aux monts Long Range qui occupent la partie occidentale de Terre-Neuve, grande île rocheuse aux côtes dentelées.

Climat

L'influence océanique contribue à adoucir les températures, bien que les écarts restent importants entre l'été et l'hiver. Les vents marins tempèrent les côtes (Halifax : 23 °C en été, - 2 °C en hiver) par rapport à l'intérieur des terres où les températures peuvent être extrêmes (Nouveau-Brunswick : 30 °C en été, - 34 °C en hiver). Les courants marins exercent, eux aussi, une influence déterminante sur le climat. Ainsi, la rencontre entre le courant froid du Labrador, qui descend du nord pour s'engouffrer dans le golfe du Saint-Laurent par le détroit de Belle-Isle, et les vents d'ouest dominants réchauffés par leur passage au-dessus du continent peut, à tout instant, engendrer des nappes de brouillard sur les côtes de Nouvelle-Ecosse, de Terre-Neuve et dans la baie de Fundy. Le Gulf Stream réchauffe sensiblement les eaux du golfe, notamment celles du littoral acadien et du détroit du Northumberland. Les vents du nord soufflent parfois avec violence sur la façade atlantique de la Nouvelle-Ecosse, le littoral septentrional de l'île du Prince-Edouard et la côte occidentale de Terre-Neuve. Les précipitations sont plus importantes le long des côtes qu'à l'intérieur. La grande péninsule septentrionale de Terre-Neuve connaît le climat le plus sec. En hiver, les températures descendent largement en dessous de zéro, le froid humide règne. La neige qui recouvre les Provinces atlantiques est plus abondante dans le nord-ouest du Nouveau-Brunswick qu'autour d'Halifax.

Population

La population des quatre Provinces atlantiques totalise 2,5 millions d'habitants. Elle est en majeure partie originaire des îles britanniques : Angleterre, Ecosse, Irlande. L'île de Terre-Neuve compte 98 % d'habitants de langue maternelle anglaise. Toutefois, il existe aussi une minorité acadienne francophone. Elle représente 34 % de la population du Nouveau-Brunswick (Nord et littoral oriental), seule province officiellement bilingue du Canada, 4 % des habitants de l'île du Prince-Edouard (partie ouest), 4 % en Nouvelle-Ecosse (côte occidentale du Cap-Breton) et 1 % seulement à Terre-Neuve, concentrée dans la péninsule occidentale de Port-au-Port. Les Ecossais représentent, à eux seuls, plus de 30 % de la population de Nouvelle-Ecosse, installés principalement sur l'île du Cap-Breton et le long du détroit du Northumberland. Une communauté d'origine allemande (4 %) est installée au sud d'Halifax. Les Amérindiens, surtout Micmacs, sont présents au Nouveau-Brunswick, en Nouvelle-Ecosse et à Terre-Neuve.

Histoire

Une terre amérindienne

Avant l'arrivée des Européens, ces provinces étaient peuplées par les Amérindiens des forêts de l'Est : les Malécites, sédentarisés au sud du Nouveau-Brunswick, vivaient de l'agriculture, tandis que les Micmacs, installés sur les territoires allant de la péninsule de Gaspésie à la Nouvelle-Ecosse, étaient des nomades vivant de la pêche et de la chasse, tout comme les Béothuks établis à Terre-Neuve. Ces derniers ont été massacrés par les colons et décimés par les maladies. La dernière survivante est morte à St. John's en 1829.

Arrivée et exploitation des Européens

Il n'existe pour le moment aucune preuve tangible de l'installation des Vikings en Nouvelle-Ecosse. En revanche, ce qui est maintenant certain, c'est que les Vikings, partis du Groenland, se sont installés le long du détroit de Belle-Isle, dans la grande péninsule nord de Terre-Neuve où l'on a retrouvé, à l'Anse-aux-Meadows, des traces de leur présence. On sait que, déjà au XIVe siècle, les Basques fréquentaient les eaux poissonneuses de l'Atlantique Nord. L'Italien Jean Cabot, au service du roi d'Angleterre, aurait abordé sur les côtes de Terre-Neuve en 1497, dévoilant l'existence d'importants bancs de poissons.

En 1583, l'Angleterre prend possession de Terre-Neuve. Il faudra attendre le XVIIe siècle pour que des colons s'installent en Acadie, sur des terres aujourd'hui occupées par la Nouvelle-Ecosse, l'île du Prince-Edouard, une partie du Nouveau-Brunswick et de l'Etat du Maine.

L'Acadie française et la renaissance d'un peuple

Le navigateur italien Verrazano aurait, en 1524, baptisé Jardins d'Arcadie la région de l'actuelle Virginie, aux Etats-Unis, en référence à la Grèce antique, mais, au XVIIe siècle, l'appellation Acadie, en perdant la lettre « r », désignait la façade atlantique du Canada. En 1603, le roi de France Henri IV cédait à Pierre du Gua de Monts un territoire allant de Philadelphie au Cap-Breton, avec la charge d'y créer une colonie. C'est ainsi que, en 1604, Du Gua de Monts jeta l'ancre dans la baie de Fundy pour fonder la première colonie française d'Amérique du Nord, sur l'île Sainte-Croix (à la frontière du Maine), puis, en 1605, celle de Port-Royal, qui prospéra grâce à un commerce fructueux avec les Amérindiens et à de bonnes récoltes sur un sol fertile. Mais, en 1613, cet établissement fut rasé par les Anglais qui voulaient s'approprier le territoire. Lorsque, en 1632, le traité de Saint-Germain-en-Laye reconnut l'Acadie à la France, de nouveaux colons furent alors recrutés dans le centre et l'ouest de la France (en Touraine, dans le Berry mais surtout en Poitou-Charentes) pour s'établir autour de Port-Royal : les Acadiens d'aujourd'hui sont leurs descendants. Ces communautés rurales étaient constamment attaquées par les expéditions venant de Nouvelle-Angleterre, au cours des guerres incessantes auxquelles se livraient Français et Anglais. En 1713, le traité d'Utrecht cédait Terre-Neuve et l'Acadie aux Anglais.

Les Acadiens eurent alors à choisir : ou bien partir pour aller s'installer sur le territoire français de l'île Royale (Cap-Breton) ou bien demeurer sur place en prêtant allégeance à la Couronne britannique. Les Acadiens préférèrent rester, en jouant la carte de la neutralité. Dans un premier temps, les Anglais acceptèrent ce compromis mais, à mesure que la tension montait entre la France et l'Angleterre, ils supportaient de moins en moins bien l'attitude des Acadiens qu'ils jugeaient ambiguë, d'autant qu'ils se sentaient menacés par la présence de la forteresse française de Louisbourg, établie sur l'île Royale, raison pour laquelle ils édifièrent, en 1749, la citadelle d'Halifax.

En 1755, les Britanniques demandèrent aux Acadiens de prêter allégeance à la Couronne. Comme ils refusèrent, le gouverneur Charles Lawrence signa l'ordre de leur déportation.

Quelques mots colorés du vocabulaire acadien

Accoutumance	habitude	**Adjermé**	cousin germain
Alément	allure	**Amancher**	arranger
Aouindre	sortir	**Attifer**	habiller
Aviser	regarder	**Badgueuler**	rouspéter
Bailler	donner	**Bénaise**	bien-être
Besson	jumeau	**Borcer**	bercer
Bouchure	clôture	**Bréyant**	torchon
Caboche	tête	**Chamaillerie**	chicane
Chavirer	perdre la tête	**Claquer**	applaudir
Closet	armoire	**Cosse**	haricot
Créature	femme	**Déconforter**	décourager
Défricheter	défricher, déchiffrer	**Deusses**	deux au féminin
Dévaler	descendre	**Doré**	chaloupe
Ébaroui	ébahi	**Effaré**	effronté
Empremier	autrefois	**Éparpiller**	étendre
Escousse	moment	**Espérer**	attendre
Fiance	confiance	**Flambe**	flamme
Fricot	ragoût	**Frolic**	fête, corvée
Galoche	chaussure	**Garocher**	lancer
Goule	bouche	**Grâler**	griller, rôtir
Greyer	habiller	**Grouiller**	bouger
Haler	tirer	**Happer**	attraper
Hardes	vêtements	**Hucher**	crier
Jongler	penser, réfléchir	**Louter**	ôter
Mirer	briller, viser	**Nouque**	nœud
Ostiner	tenir tête	**Paré**	prêt
Ramancher	réparer	**Sus**	chez
Temps me dure	j'ai hâte	**Trappe**	cage à homard
Vieillzir	vieillir		

Les villages furent investis un par un, le bétail et les terres confisqués, les fermes brûlées, la population embarquée de force sur des navires, les familles séparées puis dispersées : c'est le Grand Dérangement, épisode historique particulièrement dramatique. Sur les 15 000 Acadiens, 4 000, qui s'étaient enfuis dans les bois, furent recueillis par les Micmacs ; 3 000, faits prisonniers par les Anglais, furent autorisés à retourner en France ; 3 000 trouvèrent la mort au cours de leur exode en bateau ; 2 000 parvinrent à gagner la France, certains le Venezuela et les îles Malouines ; 3 000 se réfugièrent dans les bayous de Louisiane et devinrent les Cajuns, contraction phonétique du mot acadien ; d'autres enfin se réfugient dans l'archipel de Saint-Pierre-et-Miquelon, à l'île Saint-Jean (île du Prince-Edouard) et aux îles de la Madeleine. En 1840, une loi permit le retour officiel des Acadiens au Nouveau-Brunswick et en Nouvelle-Ecosse. Les Acadiens forment aujourd'hui une communauté bien vivante de 350 000 personnes, très organisée. C'est dans les années soixante, au Nouveau-Brunswick, province qui regroupe le plus grand nombre d'Acadiens (250 000), qu'apparaissent des changements majeurs dans les domaines de la politique, de l'économie, de l'éducation et de la culture : l'Acadien Louis Robichaud, élu à la tête du Nouveau-Brunswick en 1960, élabore un programme de « chances égales pour tous » tant sur le plan de l'éducation que de la santé. Une loi sur les langues officielles est adoptée en 1969, puis la loi 88, votée en 1981, garantit l'égalité des deux groupes, francophone et anglophone.

En 1972 est fondé le Parti acadien, groupe nationaliste qui sera dissous en 1980, mais divers organismes de revendication et des groupes de pression verront le jour. A l'image de la révolution tranquille au Québec, pendant les années soixante-dix et quatre-vingts, les Acadiens font entendre leur voix, créent des universités, des chaînes de télévisions, des maisons d'édition et finissent par prendre une place importante dans la francophonie à travers le monde.

Ce réveil culturel touche non seulement les Acadiens du Nouveau-Brunswick mais aussi les petites communautés acadiennes de Nouvelle-Ecosse et de l'île du Prince-Edouard.

Économie

Les Provinces atlantiques bénéficient à la fois des richesses de la mer, dont elles ont longtemps été tributaires, et des ressources de leurs immenses forêts alimentant les industries du bois. La beauté des paysages, les longues plages de sable fin et des eaux douces invitant à la baignade ont favorisé l'essor d'une industrie touristique devenue un facteur important du développement économique des provinces.

Pêche

La pêche au homard (Nouveau-Brunswick, Nouvelle-Ecosse), strictement réglementée, est limitée à une courte saison (juillet et août) afin de permettre le renouvellement de l'espèce.

Les homards sont conservés dans des viviers, avant d'être expédiés vivants dans le monde entier. On pêche aussi le saumon de l'Atlantique au Nouveau-Brunswick, la morue en Nouvelle-Ecosse et sur les bancs de Terre-Neuve, le hareng et le capelan. On cultive les huîtres de Malpèque à l'île du Prince-Edouard, les pétoncles géants dans la baie de Fundy, et les moules bleues. La chasse au phoque de l'Arctique est réservée à Terre-Neuve où elle est une tradition séculaire.

Agriculture

Elle représente l'activité essentielle de l'île du Prince-Edouard, connue pour sa production de pommes de terre. Avec le Nouveau-Brunswick, l'île produit 70 % des pommes de terre de la Confédération ; leur exportation représente 44 % des exportations canadiennes de ce tubercule.

Les autres régions agricoles des Maritimes sont la vallée de Saint-Jean au Nouveau-Brunswick, la vallée de l'Annapolis en Nouvelle-Ecosse et la péninsule d'Avalon à Terre-Neuve.

Exploitation forestière

Elle tient un rôle majeur dans l'économie du Nouveau-Brunswick, dont la forêt couvre 89 % de la superficie, de même que dans celle de la Nouvelle-Ecosse (77 %). Elle alimente essentiellement les scieries et les industries de pâte à papier. Jadis le bois servait à la construction navale des goélettes et des clippers...

Retrouvez l'index général en fin de guide

Tourisme

Nature et parcs

Il existe sept parcs nationaux dans les Provinces atlantiques : Kouchibouguac (NB), Fundy (NB), parc de l'île du Prince-Edouard, Hautes-Terres du Cap-Breton (NS), Kejimkujik (NS), Gros-Morne (NF) et Terra-Nova (NF).
Pour y entrer et y circuler librement, il est nécessaire d'acheter, à l'accueil, un permis qui servira de laissez-passer pour le nombre de jours désiré et que l'on fixera sur le pare-brise de la voiture. Pour plus de renseignements sur ces parcs, s'adresser au :

■ **BUREAU DES PARCS CANADA DES PROVINCES ATLANTIQUES**
1869, Upper Water Street, Halifax,
Nouvelle-Ecosse B3J 1S9
✆ 1-888-773-8888 – www.pc.gc.ca

Les parcs provinciaux ont des installations plus rustiques. On compte 23 parcs au Nouveau-Brunswick, 29 à l'île du Prince-Edouard, 100 en Nouvelle-Ecosse, 20 à Terre-Neuve et au Labrador. Certains, minuscules, proposent des activités d'une journée au plus ; d'autres offrent une grande gamme de loisirs incluant plages, campings, observation de la faune, sentiers de randonnée, location de canots, ski, terrains de golf…

Transports

Bus

Le bus relie entre elles les principales villes des Provinces atlantiques.
Mais, les trajets sont longs et assez coûteux.

▶ **Pour les itinéraires et les horaires :** www.acadianbus.com

Train

On accède aux Provinces atlantiques par train depuis le Québec (Montréal). Le train marque des arrêts à Moncton et Halifax, entre autres.

▶ **Pour en savoir plus :** www.viarail.com (✆ 1-888-842-7245).

Pratique

■ **CONSULAT DE FRANCE**
777, Main Street, Moncton
(Nouveau-Brunswick) E1C 1E9
✆ 506-857-4191

■ **CONSULAT HONORAIRE DE BELGIQUE**
71, Thornhill drive, Dartmouth
(Nouvelle-Ecosse)
✆ 902-468-1030

NOUVEAU-BRUNSWICK

Bordé à l'ouest par les Etats-Unis (Etat du Maine) et au nord par le Québec (Gaspésie), le Nouveau-Brunswick constitue la charnière entre le continent et les autres provinces atlantiques. Séparé de l'île du Prince-Edouard par le détroit de Northumberland, il est rattaché à la grande péninsule de Nouvelle-Ecosse par l'isthme de Chignecto. C'est un quadrilatère couvert par la forêt boréale. Son littoral donne sur la baie des Chaleurs au nord, le golfe du Saint-Laurent à l'est, et l'immense baie de Fundy, dans laquelle se jette le fleuve Saint-John, au sud. Au centre nord, les Hautes-Terres culminent au mont Carleton (altitude 820 m). Fiers de leur héritage francophone, anglophone et amérindien, les habitants du Nouveau-Brunswick (les néoBrunswickois) sont un bel exemple de cohabitation. Chaque communauté établie sur ce territoire y a laissé son empreinte : ainsi la diversité du patrimoine culturel se manifeste par la vivacité des traditions propres à chaque groupe. L'influence amérindienne se retrouve dans des noms de lieux aux sonorités pittoresques comme Kouchibouguac, Mactaquac, Neguac, Shediac, Miramichi.
A la frontière américaine, près d'Edmunston, les Brayons exhibent le drapeau (un aigle à tête blanche entouré de six étoiles) de leur mythique république de Madawaska, les étoiles symbolisant les différentes origines ethniques des habitants : Américains, Acadiens, Québécois, Amérindiens, Anglais et Irlandais.
Les loyalistes américains sont établis dans la région de Fredericton et de Saint-John. Les Acadiens sont principalement enracinés au nord et sur le littoral oriental. Le Nord a un climat continental à forte amplitude thermique (26 °C en juillet, - 20 °C en janvier), le Sud un climat plus tempéré par l'influence maritime.

Transports

Avion

■ AIR CANADA
℗ 1-888-247-2262 – www.aircanada.ca
Propose des vols directs quotidien pour
Fredericton, Moncton et Saint-John depuis
Halifax, Montréal et Toronto.

■ CANJET
℗ 1-800-809-7777 – www.canjet.com
Service direct de Toronto et de St. John's
(Terre Neuve) à Moncton.

■ CORSAIR
℗ 0 820 042042 (depuis la France)
www.corsairfly.com
Paris-Moncton

Bus

La compagnie d'autocars Acadian Lines (www.
acadianbus.com) dessert les principales villes
du Nouveau-Brunswick et assure le lien avec
les provinces adjacentes.

Ferry

Un ferry relie Saint-John à Digby (Nouvelle-
Ecosse).

Train

■ VIA RAIL
℗ 1-888-842-7245 – www.viarail.ca
Le train Océan de Via Rail quitte Montréal et
se rend à Campbelton, Bathurst, Miramichi, et
Moncton tous les jours, sauf le mardi.

Pratique

Informations touristiques sur le Nouveau-
Brunswick ℗ 1-800-561-0123 (numéro
gratuit. Fonctionne seulement depuis le
Canada) et sur le site : www.tourismenouveau-
brunswick.ca

EDMUNSTON

Aujourd'hui métropole d'une région
majoritairement francophone et catholique,
cette petite cité industrielle contraste avec
la région agricole qui l'entoure. Le Musée
historique du Madawaska (195, boulevard
Hébert ℗ 506-737-5282 – *Ouvert toute
l'année. Entrée : 3,50 $*) retrace l'histoire de
cette région, petite enclave entre le Québec
et le Maine (Etats-Unis), comprise entre le
fleuve Saint-Jean et la rivière Madawaska,
qui fut colonisée par les Acadiens à la fin du
XVIIIe siècle.

■ JARDIN BOTANIQUE
DU NOUVEAU-BRUNSWICK
A Saint-Jacques (au nord d'Edmundston)
Sortie 8 de la Transcanadienne
℗ 506-737-5383
www.cuslm.ca/jardin
*Ouvert de juillet à fin septembre, de 9h à
20h jusqu'au 15 août et jusqu'à 18h ensuite.
Entrée : 14 $.* Dans un cadre de douces collines
boisées, ce superbe jardin de plus de 7 ha
a été conçu et dessiné par une équipe du
prestigieux Jardin botanique de Montréal.
C'est un havre de paix riche de plus de 50 000
espèces végétales.

GRAND SAULT

Construite sur un plateau, cette ville doit son
nom à la grande chute formée par le fleuve
Saint-Jean qui s'engouffre brusquement dans
une gorge profonde longue de 1,5 km aux
parois atteignant jusqu'à 70 m de haut. Un
barrage retient ses eaux et une centrale en
détourne une partie pour la transformer en
énergie hydroélectrique.

■ PARC PROVINCIAL MONT-CARLETON
℗ 506-235-0793 (été)
℗ 506-235-6040 (hors saison)
www.gnb.ca/0078/carleton/index-f.asp
*Route 385 à partir de Plaster Rock ou route
180 à partir de Saint-Quentin. Ouvert à l'année
de 8h à 20h. Accès quotidien : 3 $. Camping
entre 11 $ et 15 $ la nuit.* Situé au nord, en
plein cœur du Nouveau-Brunswick, à l'écart
des zones habitées (le village le plus proche
est à 43 km), le mont Carleton (altitude
820 m) appartient à la chaîne des Appalaches.
C'est aussi le point culminant des Provinces
atlantiques. Le bureau d'accueil du parc vous
donnera une carte indiquant les sentiers de
randonnée pédestre (une dizaine, soit 62 km
au total) et les informations sur les terrains
de camping.

■ PONT COUVERT D'HARTLAND
℗ 506-375-4104
www.town.hartland.nb.ca
Ce pont considéré comme étant le plus long
du monde (il enjambe le fleuve sur 390 m)
relie les routes 103 et 105 ; il fut emprunté
par la Transcanadienne jusqu'en 1960. Il s'agit
d'un pont en bois construit en 1899, en forme
de grange, dont la toiture est constituée de
puissants madriers. Du fait de la rudesse
du climat, couvrir les ponts prolongeait leur
durée.

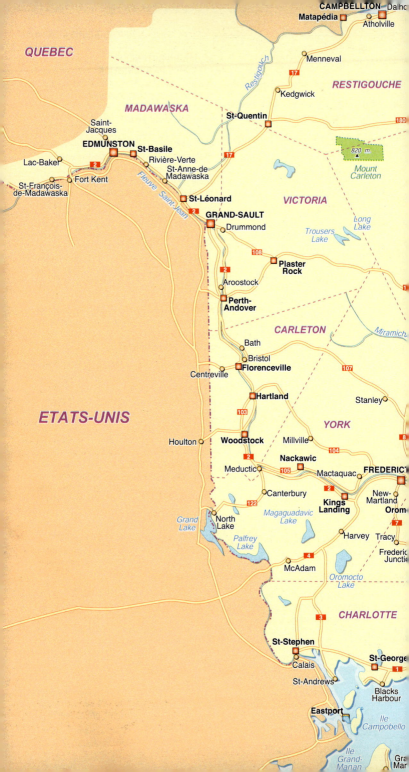

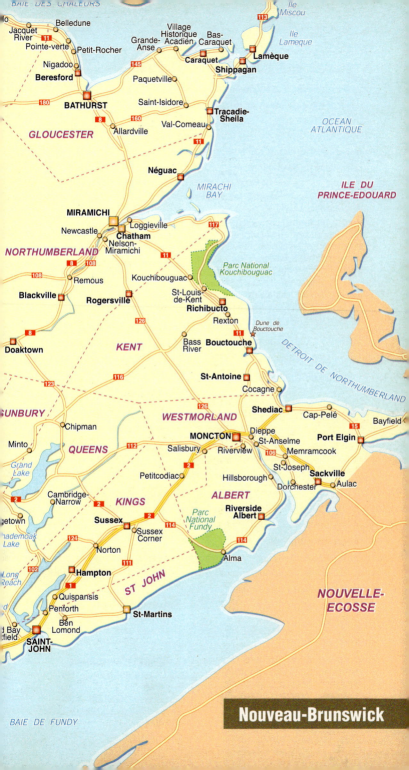

Nouveau-Brunswick

Les immanquables du Nouveau Brunswick

▶ **Une croisière d'observation de baleines** à St Andrews.

▶ **La pêche au saumon** sur la rivière Miramichi.

▶ **La baignade** dans les eaux chaudes de Shediac.

▶ **La baie de Fundy** avec ses marées record et ses drôles de sculptures naturelles.

▶ **Les manifestations des traditions acadiennes.**

▶ **La dune de Bouctouche.**

FREDERICTON

Au bord du large fleuve Saint-Jean, la capitale du Nouveau-Brunswick est une ville paisible aux élégantes maisons victoriennes dissimulées dans la verdure.

La ville fut fondée en 1783 par des loyalistes, sur l'emplacement d'un ancien village acadien. On appréciera les 5 km de balade à pied le long du fleuve, la galerie d'art Beaverbrook et la visite de la garnison.

Pratique

■ **www.fredericton.ca**

■ **MAISON DU TOURISME**
11, rue Carleton
✆ 506-460-2041 – ✆ 1-888-888-4768

■ **MARCHÉ**
Le marché de Fredericton a lieu le samedi de 6h à 13h dans les halls, au centre-ville. Un incontournable pour ceux qui veulent savourer les spécialités locales et apprécier l'ambiance de ce rassemblement hebdomadaire.

Fiche technique

▶ **Nouveau-Brunswick :** NB.

▶ **Superficie :** 73 440 km^2.

▶ **Population :** 756 700 habitants.

▶ **Principales villes :** Edmundston, Moncton, Fredericton, Saint-John.

▶ **Capitale :** Fredericton.

▶ **Langues officielles :** anglais, français.

▶ **Patrimoine multiculturel :** Micmac, Malécite, Loyaliste de Nouvelle-Angleterre, Acadien, Ecossais, Irlandais, Hollandais, Allemand, Danois, Brayons de Madawaska.

Hébergement

■ **AUBERGE DE JEUNESSE**
621, Churchill Row ✆ 506-450-4417
Ouvert à l'année. 16 $ par jour pour les membres, 24 $ pour les non-membres. Aménagée dans une grande maison, cette auberge de jeunesse ne dispose pas de dortoirs mais de chambres individuelles avec cuisinette. Salle de jeux.

■ **CARRIAGE HOUSE INN**
230, avenue University
✆ 506-452-9924 ou depuis le Canada, numéro gratuit ✆ 1-800-267-6068
www.carriagehouse-inn.net
Simple à partir de 90 $ et double de 95 $. Gîte du voyageur fort sympathique dans un manoir victorien construit à la fin du XIXe siècle. Vous vous ferez comprendre en français.

■ **LORD BEAVERBROOK HOTEL**
659, Queen Street
✆ 506-455-3371 – ✆ 1-888 561-7666
www.lordbeaverbrookhotel.com
A partir de 120 $ en occupation double. 168 chambres. Adossé au fleuve Saint-Jean et faisant face à l'Assemblée législative du Nouveau-Brunswick, le Lord Beaverbrook Hotel est, depuis cinquante ans, un des points de repère du centre-ville. Cet établissement est doté d'un décor prestigieux et d'un confort moderne.

Points d'intérêt

Le long des pelouses, en bordure du paisible fleuve Saint-Jean, sont groupés les principaux bâtiments de la ville.

■ **QUARTIER HISTORIQUE DE LA GARNISON**
Angle des rues Queen et Carleton
Rue Queen ✆ 506-460-2041
et numéro gratuit depuis le Canada
✆ 1-888-888-4768

Le littoral acadien

Ce littoral est entièrement parcouru par l'autoroute 11. L'Acadie, celle de la période qui a suivi le Grand Dérangement, c'est ici qu'on la retrouve, tout le long de la côte orientale du Nouveau-Brunswick. C'est là que les Acadiens se sont installés à leur retour de déportation. En raison de la pauvreté du sol, ils ont dû, eux qui étaient d'habiles cultivateurs, se reconvertir dans la pêche, comme en témoignent les hameaux de pêcheurs qui jalonnent le littoral. L'accueil chaleureux des habitants, les villages du passé reconstitués et les longues plages de sable blanc aux eaux étonnamment chaudes valent vraiment la peine de s'y arrêter.

Le quartier historique de la garnison, ancien chef-lieu des activités de l'armée britannique dans la province du Nouveau-Brunswick est le siège de nombreuses activités estivales.

■ BEAVERBROOK ART GALLERY

703, rue Queen ℭ 506-458-8545
www.beaverbrookartgallery.org
Ouvert toute l'année, du lundi au samedi de 9h à 17h30 (jusqu'à 21h le jeudi) et le dimanche de 12h à 17h30. Droits d'entrée : 8 $. On ira y voir la plus grande des toiles de Dali (nous avons bien dit la plus grande...), Santiago el Grande, mais surtout une intéressante collection d'art canadien comprenant les toiles des artistes les plus importants de ce pays (Cornélius Krieghoff, Paul Kane, Emily Carr et le groupe des 7 de Toronto).

■ EDIFICE DE L'ASSEMBLEE LEGISLATIVE DU NOUVEAU-BRUNSWICK

706, rue Queen, angle rue Saint-John
ℭ 506-453-2527
Des visites guidées permettent de découvrir cet édifice dans lequel siège le gouvernement du Nouveau-Brunswick depuis 1882.

Manifestations

▶ **Juin et juillet :** festival du saumon, Campbellton.

▶ **Juillet :** journées loyalistes, Saint-John.

▶ **Juillet :** festival du homard, Shediac.

▶ **Juillet et août :** foire Brayonne, Edmundston.

▶ **Août :** festival acadien, Caraquet.

▶ **Septembre :** festival de jazz, Fredericton.

■ CATHEDRALE CHRIST CHURCH

Angle des rues Queen et Church
ℭ 506-450-8500
Un gracieux édifice de style néogothique datant de 1853 et entouré de jolies demeures en bois de style loyaliste. A l'intérieur, charpente en bois et vitraux.

Dans les environs

■ PARC PROVINCIAL DE MACTAQUAC

Route 105, à proximité de la Transcanadienne ℭ 506-363-4747
Camping (21,50 $ à 24 $ par jour). Activités proposées en toutes saisons : plages, sentiers de randonnée, planche à voile, canot, pêche, marina, terrain de golf, sentiers de ski de fond.

■ VILLAGE HISTORIQUE DE KINGS LANDING

A 40 km de Fredericton, vers l'ouest
Sortie 253 de la Transcanadienne
ℭ 506-363-4999
www.kingslanding.nb.ca
Ouvert tous les jours de juin à mi-octobre de 10h à 17h. Entrée : 15 $. Un voyage dans le temps ! Le village a été édifié, après la guerre d'Indépendance américaine, par d'anciens soldats des régiments de dragons du roi. Il restitue une image fidèle de la vie que les Loyalistes menaient dans la région au XIXe siècle. Le site est particulièrement plaisant. Une centaine de personnes en habit d'époque expliquent les travaux quotidiens de ce qu'était autrefois la vie rurale.

CARAQUET

La plus grande ville de la péninsule, dotée de plusieurs hôtels et restaurants, est le centre culturel de l'Acadie. C'est là que se déroule, en août, le festival acadien, marqué par la traditionnelle bénédiction de la flotte (www. festivalacadien.ca).

Violoniste à Grande-Anse, Nouveau-Brunswick

Hébergement

■ AUBERGE DE LA BAIE
139, boulevard Saint-Pierre Ouest
✆ 506-727-3485
54 chambres à partir de 85 $ en double.
Auberge située au bord de l'eau. Chambres modernes et confortables de type motel.

■ MAISON TOURISTIQUE DUGAS
683, boulevard Saint-Pierre Ouest
✆ 506-727-3195
Depuis le Canada ✆ 1-866-727-3195
www.maisontouristiqueacadus.ca
De 50 $ à 75 $, sans petit déjeuner. L'auberge principale construite en 1926, compte plus de dix chambres. Location de chalets équipés et emplacements de camping disponibles.

Point d'intérêt

■ VILLAGE HISTORIQUE ACADIEN
Route 11 (à 10 km à l'ouest de Caraquet)
✆ 506-726-2600
Depuis le Canada ✆ 1-877-721-200
www.villagehistoriqueacadien.com
Ouvert de fin mai à début septembre tous les jours de 10h à 18h. Entrée : 15 $. Compter une bonne demi-journée. On a remonté ici une vingtaine de maisons, fermes et entrepôts authentiques, dont la plupart datent de 1770 à 1890 et qui proviennent de toute la province. Le village acadien s'étire sur 1,6 km. Des charrettes servent de moyens de transport.

SHIPPAGAN

Principal centre de pêche de la péninsule acadienne (festival des pêches en juillet), et un lieu d'extraction de la tourbe. Un pont-levis et une digue relient Shippagan à l'île de Lamèque, dont la végétation rase de conifères nains et de tourbières est ponctuée de maisons colorées. De là, un superbe pont vous conduira à l'île de Miscou, un havre de paix possédant une longue plage de sable bordée de dunes qui donne sur la baie des Chaleurs. Port, phare, église, cimetière acadien.

Points d'intérêt

■ AQUARIUM ET CENTRE MARIN
Près du quai de Shippagan
✆ 506-336-3013
Ouvert tous les jours de début mai à fin septembre de 10h à 18h. Entrée : 7 $. Le musée, consacré à la vie maritime dans le golfe du Saint-Laurent, présente différents types de bateaux. Des aquariums montrent les diverses espèces de poissons vivant dans les eaux du golfe, ainsi que dans les lacs et rivières du Nouveau-Brunswick. A l'extérieur, on pourra voir les ébats des phoques et assister à leur repas (*11h et 16h*).

SAINT-SIMON

Entre Bas-Caraquet et Shippagan (à côté du camping Shippagan), offre un site superbe et bien aménagé au fond d'une anse, protégée par l'île de Lamèque, dont les eaux chaudes invitent à la baignade : belle plage dotée d'une promenade en planches ; petit snack.

PARC NATIONAL DE KOUCHIBOUGUAC

Accès à l'entrée principale du parc par le village de Kouchibouguac et la route 134 ✆ 506-876-2443
Depuis le Canada ✆ 1-888-773-8888

www.pc.gc.ca
*Acheter un laissez-passer à l'entrée. Ouvert
de 8 h à 20 h. A l'intérieur du parc se trouvent
plusieurs emplacements de camping aménagés
dans un cadre idyllique (20 $ à 30 $ par jour).
Réservation fortement conseillée en été.* Ce
magnifique parc, l'un des plus sauvages des
Provinces atlantiques, est recouvert d'une
forêt de conifères, notamment de cèdres,
et parsemé de tourbières. Son nom micmac
signifie « rivière aux longues marées » car, le
terrain étant plat, l'eau des marées se mélange
à l'eau des rivières sur plusieurs kilomètres.
Sa côte est une succession de marais salants,
de lagunes, de dunes et de plages de sable
doré où les eaux chaudes sont propices à la
baignade (plages Kellys et Callanders, avec
aires de pique-nique). Le parc est l'habitat de
nombreux oiseaux, en particulier du pluvier
siffleur. On pourra explorer le parc à vélo
(location, port du casque obligatoire), grâce
aux pistes cyclables (32 km), en randonnée
pédestre et en ski de fond l'hiver grâce aux
nombreux sentiers aménagés, ou encore sur
ses rivières aux eaux tranquilles, en canot,
kayak ou chaloupe (location avec gilet de
sauvetage).

BOUCTOUCHE

Cette petite ville donnant sur une large baie
aux eaux calmes a été fondée, à la fin du
XVIIIe siècle, par les Acadiens chassés de la
vallée de Memramcook. Bouctouche est le
lieu de naissance de la romancière et auteur
de pièces de théâtre Antonine Maillet, et de
l'industriel Irving, qui laissa à sa mort un
empire colossal rassemblant de nombreux
secteurs, dont celui du pétrole.

Points d'intérêt

■ **DUNE DE BOUCTOUCHE**
Elle s'étend sur 12 km le long de la baie
de Bouctouche, ouverte sur le détroit de
Northumberland et bordée d'une superbe
plage de sable (baignade possible). Cette
dune, qui protège le marais salant de la
baie, a été formée par l'action constante
du vent, des marées et des courants marins
depuis la dernière période glaciaire. Elle sert
d'habitat naturel à tout un tas de plantes (telle
l'ammophile à ligule courte qui stabilise le
sable), d'animaux aquatiques et d'oiseaux
migrateurs ou riverains, tels le grand héron
solitaire, le petit pluvier siffleur, en voie de
disparition, ou la sterne aux longues ailes.

■ **ECO-CENTRE IRVING**
Route 475 (à 5 km au nord de Bouctouche)
℡ 506-743-2600
Ce centre a pour mission de protéger ce
fragile écosystème. Enjambant la dune
afin de mieux la préserver, une passerelle
de bois longue de 2 km ainsi qu'une tour
permettent l'observation de la flore et de la
faune. N'oubliez pas vos jumelles. Possibilité
de visites commentées par des spécialistes
de l'environnement.

■ **LE PAYS DE LA SAGOUINE**
Route 134, entrée sud du village
de Bouctouche (juste après l'office
de tourisme et le pont) ℡ 506-743-1400
Depuis le Canada ℡ 1-800-561-9188
www.sagouine.com
*Ouvert tous les jours de 9 h 30 à 17 h 30. Entrée :
15 $.* Ce site fait revivre l'Acadie du début
du siècle et s'inspire de la célèbre pièce de
théâtre d'Antonine Maillet, *la Sagouine*. Il est
animé par les personnages de la pièce, qui
présentent des mises en scène, chantent
ou jouent de la musique. Le principal point
d'attraction est l'île aux Puces, à laquelle on
accède par une longue passerelle et où ont été
reconstituées des maisonnettes de pêcheurs
aux couleurs vives ainsi qu'un quai où sont
amarrées des barques plates. En discutant
avec les habitants du lieu, on s'initiera au
mode de vie ancestral des Acadiens de cette
région.

SHEDIAC

La ville de Shediac est un lieu de villégiature
qui doit sa popularité à sa superbe plage,
Parlee Beach (près de la route 15, sortie 35),
aux eaux chaudes idéales pour la baignade.
C'est également la capitale du homard.

VALLÉE DE LA MIRAMICHI

La rivière Miramichi est célèbre pour ses
saumons de l'Atlantique qui, en période de
ponte, fréquentent ses eaux. Cette région
vit de la pêche, mais aussi de l'exploitation
forestière. **Le musée du Saumon** (263, rue
Main, à Doaktown ℡ 506-365-7787), situé en
bordure de la rivière Miramichi, propose un joli
site d'où l'on peut voir les bassins d'élevage.
Cet agréable musée vous dira tout ce que
vous voulez savoir à propos du saumon de
l'Atlantique et de sa pêche sportive. **Le musée
des Bûcherons** sur la route 8 (℡ 506-369-
7214) est aussi une des principales attractions
de la vallée.

Baie de Fundy

De la frontière américaine à la Nouvelle-Ecosse, les paysages sont marqués par les gigantesques marées de la baie de Fundy, les plus hautes du monde, qui deux fois par jour partent à l'assaut des rivages puis se retirent en arrachant d'énormes quantités de terre. La puissance de ces marées est telle que le courant des rivières qui se jettent dans la baie en est inversé et qu'il se produit un phénomène de mascaret (petit raz-de-marée) à certains endroits (notamment sur la rivière Petitcodiac, près de Moncton). La mer en se retirant découvre d'interminables plages, des grottes creusées dans les falaises, que l'on peut alors explorer, des rochers en forme de champignons que l'on appelle ici pots de fleurs parce que leur sommet est couvert de végétation. Le littoral est semé d'une multitude de petits villages pittoresques. C'est là aussi que sont établis le plus grand port de la province, Saint-John, et la ville la plus dynamique, Moncton. La baie constitue aussi l'un des meilleurs endroits pour l'observation des baleines, qui y reviennent tous les étés pour faire provision de nourriture.

SAINT-ANDREWS

Situé près de la frontière américaine dans la baie de Passamaquoddy (petit bras de mer de la baie de Fundy), à la pointe d'une péninsule, ce village huppé est le plus célèbre lieu de villégiature de la baie de Fundy. Il a été fondé en 1783 par les loyalistes.

SAINT-JOHN

Surnommé la cité du brouillard en raison des nappes de brouillard qui envahissent fréquemment la baie de Fundy, ce grand port industriel s'est développé à l'embouchure du fleuve Saint-Jean, dans une région de collines escarpées. Dès le XVIIe siècle s'était établi, à cet endroit, un poste français de traite des fourrures qui devint anglais après le traité de Paris, en 1763. Puis, en 1783, y débarquèrent 4 000 loyalistes refusant l'indépendance des Etats-Unis. Ils réussirent à créer là une ville prospère dont l'économie, jusqu'au XIXe siècle, reposait essentiellement sur la construction navale. Aujourd'hui, les Journées loyalistes font revivre cet épisode historique du débarquement, et toute la population est, à cette occasion, habillée en costume du XVIIIe siècle.

Transports

■ **AUTOCARS SMT**
199, Chesley drive ☎ 506-648-3500

■ **BAY FERRIES**
☎ 1-888-249-7245 – www.nfl-bay.com
Relie Saint-John (NB) à Digby (NS). A l'année, tous les jours durée : 2h30. Départs Ferry Terminal, West Saint-John ☎ 506-636-4048.

Pratique

■ www.tourismsaintjohn.com

■ **MAISON DU TOURISME**
Centre-ville, près du marché
☎ 506-658-2855

Hébergement

■ **CARLETON HOUSE B&B**
213, rue Lancaster
☎ 506-672-7548
A partir de 75 $ la chambre double. Petite auberge dans une maison de 1845. On apprécie la proximité du traversier pour Digby et du centre-ville. Petit déjeuner campagnard.

■ **PARKERHOUSE INN**
71, Sydney Street
☎ 506-652-5054 – ☎ 1-888-457-2520
9 chambres à partir de 120 $ en double, petit déjeuner inclus. Elégante maison construite à la fin XIXe siècle. Décor d'antan, boiseries. Chambres joliment décorées avec meubles antiques. Table réputée.

Points d'intérêt

Bien aménagé, le centre-ville, autour du port (grands parkings à proximité), est petit et particulièrement agréable à parcourir à pied.

■ **MUSEE DU NOUVEAU-BRUNSWICK**
Entrée dans le centre commercial de Market Square – www.nbm-mnb.ca
Ouvert tous les jours. Du lundi au mercredi et le vendredi de 9h à 17h, le jeudi de 9h à 21h, le samedi de 10h à 17h, le dimanche de 12h à 17h et les jours fériés de midi à 17h. Entrée : 6 $.
Ce musée retrace l'histoire économique de la

province : l'exploitation forestière, l'industrie de la pêche au saumon, à la morue et au hareng, l'arrivée du chemin de fer, le Canadien Pacifique. Sont également présentés : la faune marine (rorquals, cachalots) et les oiseaux de la province.

■ KING SQUARE

En s'enfonçant dans la ville, on gagnera à pied ce jardin public qui domine le port et qui est considéré comme étant le véritable centre. Sur les pelouses sont curieusement éparpillées les pierres tombales du cimetière loyaliste.

■ CHUTES REVERSIBLES (REVERSING FALLS)

Accès à partir de Main Street par Chesley Drive (route 100) en direction de Fredericton. Le phénomène s'observe depuis le belvédère du pont (Reversing Falls Bridge). Pour pouvoir l'apprécier, il faut se renseigner sur les heures des marées à l'office de tourisme. A marée basse, le fleuve Saint-Jean se précipite dans la baie, mais, à marée haute, le contraire se produit et c'est alors la mer qui remonte le fleuve. Ce phénomène entraîne la formation de rapides et de tourbillons.

PARC NATIONAL FUNDY

Accès par la route 114, à partir de Sussex ou à partir de Moncton (77 km)
℡ 506-887-6000
Depuis le Canada ℡ 1-888-773-8888
www.pc.gc.c
Entrée : 6,90 $. Camping possible, entre 14,85 $ et 32,65 $ la nuit. Situé près d'Alma, ce parc occupe un territoire de collines escarpées, densément boisées et tombant en falaises abruptes sur la baie de Fundy. Il offre de nombreuses activités (canot, baignade dans les lacs, golf), mais c'est surtout le paradis des randonneurs avec 120 km de sentiers à travers la forêt, près des lacs ou le long de la baie : sentier de la pointe Wolfe offrant des vues sur les falaises rouges, sentier de Herring Cove, une anse découvrant à marée basse toute une faune enfouie sous le sable et les rochers. A l'entrée du parc, la ville de Alma est un pittoresque village de pêcheurs aux maisons colorées, les restaurants de homards y sont nombreux.

CAP ENRAGÉ

A partir d'Alma, la route 915 mène à une grande anse de galets fermée par une péninsule rocheuse qui s'avance dans la baie

de Chignecto. Continuer la route pour gravir le sommet du cap. Du belvédère du phare, on a une vue saisissante sur la baie de Fundy, avec la Nouvelle-Ecosse juste en face.
Le cap porte ce nom évocateur en raison des courants marins tourbillonnants qui constituent un danger extrême pour les pêcheurs de homards, surtout par brouillard, ici très fréquent. On pourra reprendre la 915 vers la réserve naturelle d'oiseaux aquatiques de Marys Point.

MONCTON

La capitale acadienne est située au bord de la rivière Petitcodiac, soumise à l'impressionnant phénomène du mascaret. La population est francophone pour un tiers. L'université de Moncton (1963) est à l'origine de la renaissance acadienne.
La ville est connue pour sa côte magnétique (8 km au nord en bordure de la route 126, à la sortie de la Transcanadienne). Les automobilistes, invités à couper le contact de leur moteur, auront la surprise de voir leur véhicule gravir la pente en marche arrière. Le phénomène serait-il dû au magnétisme induit par la présence d'uranium ?
La question reste ouverte, mais l'expérimentation n'est plus gratuite aujourd'hui. Vous devrez débourser 5 $ pour réaliser que ce n'est pas une illusion d'optique.

Transports

■ AUTOCARS SMT

Station de bus. 961, Main Street. SMT relie Moncton aux grandes villes du Québec, du Nouveau-Brunswick et de Nouvelle-Ecosse. VIA RAIL. A proximité de Main Street ℡ 506-859-3917 – www.viarail.ca – Relie Montréal, Saint-John et Halifax à Moncton.

Pratique

■ www.moncton.ca et

■ www.gomoncton.ca

■ CONSULAT DE FRANCE

777, Main Street, Moncton (Nouveau-Brunswick) E1C 1E9
℡ 506-857-4191

■ MAISON DU TOURISME

Hôtel de ville. 655, Main Street
℡ 506-853-3590

Hébergement

■ C'MON INN HOSTEL
47, Fleet Street
℘ 506-854-8155
24 $ en dortoir et 58 $ en chambre double.
Maison centenaire à 5 min à pied de la gare, récemment reconvertie en auberge de jeunesse.

■ B&B BONACCORD HOUSE
250, Bonaccord Street
℘ 506-388-1535
4 chambres : de 40 $ à 75 $, petit déjeuner inclus. La maison Bonaccord est une agréable maison centenaire située dans le vieux quartier de Moncton.

■ COLONIAL INN
42, Highfield Street
℘ 506-382-3395
℘ 1-800-561-4667
www.colonial-inns.com
61 chambres à un peu moins de 100 $ en double. Etablissement confortable, chambres de type motel. Bon rapport qualité-prix. Restaurant, piscine.

■ HOWARD JOHNSON BRUNSWICK PLAZA HOTEL
1005, Main Street
℘ 506-854-6340 – ℘ 1-800-561-7666
www.hojoplazamoncton.com
193 chambres à partir de 120 $ en double.
Etablissement très confortable situé au centre-ville de Moncton. Restaurant, piscine, sauna, centre de santé.

Point d'intérêt

■ LIEU HISTORIQUE NATIONAL FORT-BEAUSEJOUR
Au lac (frontière de la Nouvelle-Ecosse), à 40 km de Moncton. Sortie 550A de la Transcanadienne. Ouvert tous les jours de 9h à 17h du 1er juin au 15 octobre. Entrée : 3,95 $. Situé sur l'isthme de Chignecto, étroite bande de terre reliant le Nouveau-Brunswick à la Nouvelle-Ecosse, ce fort, dont il ne subsiste que quelques casemates et talus herbeux, offre, par beau temps, un superbe panorama sur le bassin du Cumberland, au fond de la baie de Fundy. C'est, en face, sur la rive gauche de la Missaguash, que les Acadiens s'étaient établis, mettant en valeur les terres grâce à leur technique d'assèchement des marais.

■ NOUVELLE-ÉCOSSE

Cette province du Canada atlantique se présente comme une grande péninsule (565 km de long sur 130 km de large) qu'une étroite langue de terre, l'isthme de Chignecto, rattache au Nouveau-Brunswick. La mer qui la ceinture presque complètement est à l'origine de sa vocation maritime. C'est, dans son ensemble, une grande terre plutôt plate, couverte de forêts et entourée de côtes rocheuses festonnées d'une multitude d'anses et de baies où se blottissent de minuscules hameaux de pêcheurs, en accord parfait avec le paysage sauvage. Toutefois, le comté de Cumberland, au nord, présente quelques monts rabotés et, le long de la baie de Fundy, la chaîne North s'étire, sur 190 km, du cap Blomidon au goulet de Digby, protégeant la riche vallée de l'Annapolis des vents et des brouillards maritimes. La jetée de Canso relie la péninsule à l'île du Cap-Breton, haut plateau s'achevant par un promontoire boisé dont les escarpements plongent dans les eaux du golfe. Une mer intérieure de 930 km², le lac du Bras d'Or, en occupe le cœur, coupant pratiquement l'île en deux. En raison de sa position dans le golfe, la Nouvelle-Ecosse a toujours eu, dans l'histoire, un rôle stratégique, comme en témoignent la forteresse française de Louisbourg et la citadelle anglaise d'Halifax. Le gouvernement, tant au niveau fédéral que provincial, s'efforce aujourd'hui de conserver le riche patrimoine historique de la province (plus d'une vingtaine de sites). La Nouvelle-Ecosse compte aussi deux parcs nationaux d'un caractère bien différent, mais qui tous deux en justifient la visite : au sud, celui de Kejimkujik, ancien terrain de chasse des Indiens Micmacs, aux vastes étendues de lacs ; au nord, celui des Hautes-Terres du Cap-Breton, montagneux, parcouru par le célèbre Cabot Trail. Le détroit de Northumberland, au nord, offre de superbes plages de sable blanc ourlées d'eaux tranquilles réchauffées par le Gulf Stream. Orientation On a coutume de diviser la province en dix sections, chacune bordée par une spectaculaire route côtière au nom évocateur : route des Phares (Lighthouse Road), route Evangéline (Evangeline Trail),

Les immanquables de la Nouvelle-Écosse

▶ **Halifax,** la capitale, regorge de musées intéressants et sa vie nocturne est des plus animées.

▶ **La jolie petite ville de Lunenberg,** classée au Patrimoine mondial de l'UNESCO.

▶ **Le Cabot Trail,** un magnifique sentier de randonnée dans le parc national du Cap-Breton.

▶ **Annapolis royal,** ses belles auberges et les départs pour les croisières d'observation de baleines.

Ile du Cap Breton, Sunrise Trail, Glooscap Trail, Marine Drive. On peut faire ainsi le tour complet de la Nouvelle-Ecosse.

Transports

Avion

■ **AEROPORT D'HALIFAX**
www.hiaa.ca
Il accueille de nombreux vols venant d'Europe, des Etats-Unis et du Canada.

Bus

■ **ACADIAN LINES**
✆ 902-454-9321
www.acadianbus.com
Dessert les Maritimes et le Québec. Le terminal se trouve dans la gare ferroviaire.

Ferry

Des ferries assurent le transport des passagers et des véhicules.

■ **NORTHUMBERLAND FERRIES**
✆ 1-800-565-0201 – www.nfl-bay.com
Assure la liaison (tous les jours de mai à décembre, durée 1h15) entre l'île du Prince-Edouard (Wood Islands) et la Nouvelle-Ecosse (Caribou). Liaison également, toute l'année Saint-John (NB) à Digby.

■ **MARINE ATLANTIC**
✆ 1-800-341-7981
www.marine-atlantic.ca
Relie la Nouvelle-Ecosse (North-Sydney) à Terre-Neuve (Port-aux-Basques) à l'année et Argentia (de mi-juin à mi-octobre).

Train

■ **VIA RAIL**
✆ 1-888-842-7245 – www.viarail.ca
Relie notamment Montréal (20h) et Moncton (5h). La gare ferroviaire se trouve au 1161 Hollis street, près de l'eau.

Pratique

■ **INFORMATIONS GÉNÉRALES SUR LA NOUVELLE-ECOSSE**
www.novascotia.com
Par téléphone depuis le Canada
✆ 1-800-565-0000

HALIFAX

Charmante ville portuaire de près de 400 000 habitants mais aussi le plus grand centre urbain des Provinces Atlantiques, la capitale de la Nouvelle-Ecosse ne cache pas ses racines écossaises. Une atmosphère décontractée et joyeuse règne dans ses nombreux pubs et dans ses rues bordées de vieilles maisons géorgiennes. Ces demeures en brique rouge datent d'un passé antérieur à l'explosion du navire français, le *Mont Blanc*, qui, en 1917, détruisit une partie de la ville et causa la mort d'un millier d'habitants. Cette tragédie explique le mélange architectural qui caractérise le centre-ville. Le cœur d'Halifax est traversé par deux rues commerçantes : Barrington Street et Spring Garden Road que croisent Argyle Street et Granville Street. Ces deux dernières sont fameuses, au même titre que Lower Water Street, pour l'animation qui y règne le soir. Deux grands ponts : McDonald et Murray McMackay relient la ville à sa jumelle, Dartmouth.

Fiche technique

▶ **Nova Scotia :** NS.

▶ **Superficie :** 55 490 km².

▶ **Population :** 944 800 habitants.

▶ **Longueur des côtes :** 7 460 km.

▶ **Capitale :** Halifax.

▶ **Parcs nationaux :** Hautes-Terres du Cap-Breton, Kejimkujik.

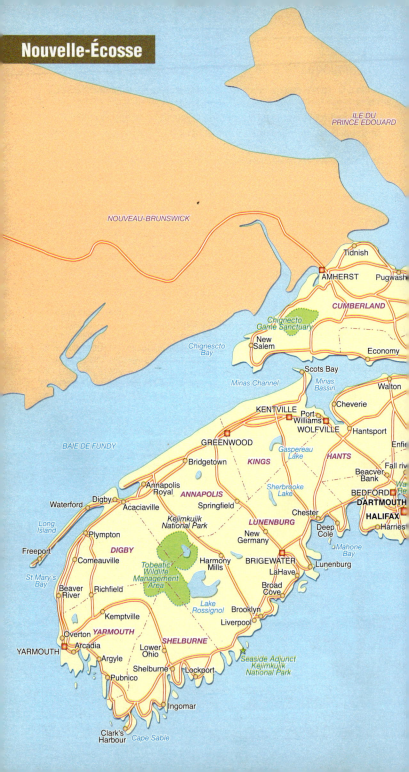

Nouvelle-Écosse

ILE DU PRINCE EDOUARD

NOUVEAU-BRUNSWICK

Tidnish

AMHERST

Pugwash

CUMBERLAND

Chignecto Game Sanctuary

New Salem

Economy

Chignescto Bay

Scots Bay

Minas Channel

Minas Bassin

Walton

Cheverie

KENTVILLE

Port Williams

WOLFVILLE

Hantsport

Enfie

BAIE DE FUNDY

GREENWOOD

Bridgetown

KINGS

Gaspereau Lake

HANTS

Fall riv

Beacver Bank

Annapolis Royal

ANNAPOLIS

Sherbrooke Lake

BEDFORD

Wa
Pe

Springfield

Chester

DARTMOUTH

Waterford

Digby

Acaciaville

HALIFAX

Long Island

Plympton

DIGBY

Kejimkujik National Park

LUNENBURG

New Germany

Deep Cole

Harries

Freeport

Comeauville

Tobeatic Wildlife Management Area

Harmony Mills

BRIGEWATER

LaHave

Lunenburg

Mahone Bay

St Mary's Bay

Beaver River

Richfield

Broad Cove

Lake Rossignol

Brooklyn

Kemptville

Liverpool

Overton

YARMOUTH

Arcadia

SHELBURNE

Lower Ohio

YARMOUTH

Argyle

Shelburne

Lockport

Seaside Adjunct Kejimkujik National Park

Pubnico

Ingomar

Clark's Harbour

Cape Sable

Cape North
Capstick
Pleasant Bay
Cape North
Cape Breton Highlands Nat. Park
ILE DU CAP-BRETON
Belle-Marche
Ingonish Bay
Tarbotvale
St Ann's Bay
New Waterford
Margaree Forks
Florence
Inverness
VICTORIA
NORTH SYDNEY
GLACE BAY
Lake Ainslie
Baddeck
SYDNEY
Mabou
Howie Centre
Whycocomagh
Louisbourg National Historic Site
INVERNESS
Bras d'Or Lake
CAPE BRETON
Mira
St Andrew Channel
Livingstone Cove
Gabarus Bay
Pictou Island
St Georges Bay
PORT HASTING
RICHMOND
Grand River
Fourchu
humberland Strait
agouche
Pictou
NEW GLASGOW
Avondale
ANTIGONISH
Louisdale
STELLARTON
Tracadie
Arichat
CHESTER
Lorne
PICTOU
Fraser mills
Chedabucto Bay
URO
Goshen
Guysborought
kfield
Trafalgar
Canso
LIFAX
GUYSBOROUGH
Liscomb Game Sanctuary
Sheet Harbour
uodoboit
rbour
Spry Bay

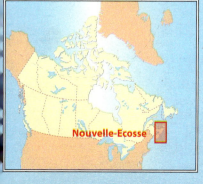

Nouvelle-Ecosse

0   70 km

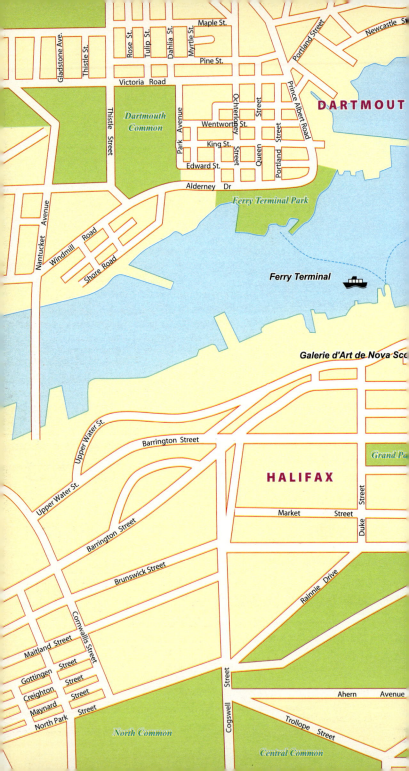

Cameron St.

George's Island

...sée maritime de l'Atlantique

Sackville
Landing Park

South
Battery
Park

Marginal Rd

...er Water Street

Water   Street

Bishop St.

Street

Salter

Marché Brewery

Hollis   Street

...'is   Street

Barrington   Street

Spring Garden Road

Old
Burying
Ground

Morris Street

Harvey   Street

South   Street

Kent   Street

Argyle   Street

Sackville   Street

Grafton   Street

Prince   Street

Market   Street

Church   Street

Royal
Artillery
Park

Citadelle Halifax
...e Historique National

Queen   Street

Spring Garden Road

Queen   Street

Birmingham   Street

Morris Street

Cimetière

South   Street

Sackville   Street

Dresden   Row

Dresden   Row

Brenton   Street

South Park Street

South Park Street

Bell   Road

Victoria Park

Musée d'Histoire Naturelle

Halifax

Transports

■ **AEROPORT INTERNATIONAL**
Route 102, sortie 6 – www.hiaa.ca
A 40 km au nord de la ville.

■ **VIA RAIL ET ACADIAN BUS**
Holis Street-Cornwallis Park

■ **METRO TRANSIT**
✆ 902-490-4000
En règle générale, un billet de bus ou de ferry coûte 2 $. Contrairement à ce que Metro Transit laisse croire, il n'y a pas de métro à Halifax.

■ **FERRY POUR DARTMOUTH**
Départ sur le quai près de Historic Properties. 2 $ le billet.

Pratique

■ **MAISON DU TOURISME**
A l'angle des rues Argyle et Sackville
✆ 902-490-5946

▶ **Journal.** *Coast*, l'hebdomadaire gratuit qui répertorie les activités et distractions de la ville.

Hébergement

Bien et pas cher

■ **HALIFAX BACKPACKERS HOSTEL**
2193 Gottingen St. ✆ 902-431-3170
Depuis le Canada ✆ 1-888-431-3170
www.halifaxbackpackers.com
Entre 20 $ et 57,50 $ la nuit (dortoirs et chambres individuelles). Auberge sympathique pas loin du centre-ville. On y trouve une cuisine, un accès à Internet, une boutique de livres d'occasion et un petit café.

■ **HALIFAX HERITAGE HOUSE HOSTEL**
1253, Barrington Street
✆ 902-422-3863
A partir de 20 $ la nuit. 75 lits. Située à 15 min à pied des principales attractions de la ville et à deux pas de la gare cette auberge de jeunesse peut accueillir 75 personnes dans un joli bâtiment historique. Accès à la cuisine, internet et à des machines à laver.

■ **ST. MARY'S UNIVERSITY**
923, Robie Street ✆ 902-420-5591

■ **DALHOUSIE UNIVERSITY**
1233 Le Marchant ✆ 902-494-8840
40,50 $ en simple, 63,90 $ en double. Ces deux résidences universitaires proposent des chambres de mai à août.

Confort ou charme

■ **THE HALLIBURTON**
5184, Morris Street
✆ 902-420-0658 – www.halliburton.ca
A partir de 145 $ la nuit. Superbe petit hôtel, à deux pas des principales attractions. On apprécie le soin apporté à tous les détails, des bouquets de fleurs à la musique d'ambiance et l'amabilité du personnel. Notre coup de cœur !

■ **WAVERLEY INN**
1266, Barrington Street
✆ 902-423-9346
✆ 1-800-565-9346
www.waverleyinn.com
32 chambres à partir de 99 $ en occupation double, petit déjeuner inclus. Belle demeure bourgeoise construite en 1865, où plusieurs personnages célèbres eurent l'occasion de séjourner, dont le poète anglais Oscar Wilde. Atmosphère victorienne, charme d'antan. Restaurant.

Restaurants

■ **THE HARBOURSIDE MARKET**
Historic properties
Ouvert toute la journée. On trouve plusieurs stands de restauration rapide de bonne qualité. Ne manquez pas de goûter au caldwer, la soupe de poissons, une spécialité locale. Les tables installées face à l'eau, dedans et dehors offrent une belle vue sur le port.

■ **HENRY HOUSE**
1222, Barrington Street
✆ 902-423-5660
Compter 12 $. Cuisine ouverte jusqu'à minuit. Bel endroit pour prendre le pouls de la vie quotidienne. Au menu, plats copieux et pas chers. Ambiance conviviale avec nappes à carreaux, boiseries et lumière tamisée.

■ **LA CAVE**
5224, Blowers Sreet
✆ 902-429-3551
Ouvert tous les jours de 17h à 2h. Compter 25 $. Ambiance intime, poissons savoureux et cheese-cakes inoubliables.

■ **FIVE FISHERMEN**
1740, Argyle Street
✆ 902-422-4421
Ouvert tous les jours, le soir seulement. Restaurant spécialisé dans le homard, pêché dans les eaux bordant Halifax.

Sortir

ECONOMY SHOE SHOP CAFE&BAR

1663 Argyle St ☎ 902-423-7463
Ce bar, au nom des plus farfelus attire les
jeunes branchés d'Halifax.

LE LIQUOR DOME

Dans Argyle Street, réunit plusieurs restaurants
et pubs, tous très populaires.

PEDDLER'S PUB

Granville Street, Barrington Place
☎ 902-423-5033
Un pub animé, plus encore le samedi après-midi
quand il reçoit des groupes de musiciens.

Points d'intérêt

PIER 21

1055 Marginal Road, au bout de
Lower water St
☎ 902-425-7770 – www.pier21.ca
*Du 1er mai au 30 novembre ouvert tous les
jours de 9h30 à 17h30, du 1er décembre au
31 mars du mardi au vendredi 10h à 17h, en
avril du lundi au samedi de 10h à 17h. Entrée :
8,50 $.* C'est par ce bâtiment que sont entrés
au Canada entre 1928 et 1971, plus d'un million
d'immigrants, pour la plupart venus d'Europe.
Restauré et ouvert au public depuis quelques
années, Pier 21 a recueilli de nombreux
témoignages d'immigrants qui sont arrivés
au Canada par ce bureau d'immigration. Leurs
paroles sont merveilleusement conservées
et commentées. Ce musée rend compte des
conditions qui ont conduit à leur départ et ce
qu'ils ont ressenti quand ils sont arrivés au
Canada. Comme à Ellis Island au large de
New York ou de Grosse Ile au large de Québec
(départ de Berthier-sur-Mer), Pier 21 est un
lieu chargé d'émotion.

LA CITADELLE

*Ouverte à la visite de 9h à 18h, en juillet et
en août et de 9h à 17h le reste de l'année.
Entrée : 10,90 $ en saison, sinon 7,15 $.* C'est
la quatrième fortification bastionnée érigée
sur ce site par les Anglais depuis 1749, en
vue de se protéger d'éventuelles attaques. La
reconstitution de scènes militaires d'époque
par des acteurs talentueux rend la visite très
ludique. Le passé d'Halifax et l'histoire militaire
de la citadelle sont retracés dans les salles
d'exposition.

HISTORIC PROPERTIES (VIEUX-PORT)

Sur le bord de l'eau, entre Lower Water
Street et Duke Street, le vieux quartier des
entrepôts a été rénové et réservé aux piétons.
Des bâtiments de brique datant du XIXe siècle
abritent toutes sortes de boutiques, tandis que
la promenade de planches qui longe le port est
animée de restaurants et de pubs.

LE BLUENOSE II

Réplique de la célèbre goélette de Lunenburg,
emmène les visiteurs en promenade dans le
port (*en juillet et août, à 9h, 13h, 19h, durée
2h*), lorsqu'il est à quai. 35 $.

MUSEE MARITIME DE L'ATLANTIQUE

1675, Lower Water Street ☎ 902-424-7490
www.maritime.museum.gov.ns.ca
*De mai à fin octobre, visite de 9h30 à 17h30 et
jusqu'à 20h le mardi. Le reste de l'année, mêmes
horaires, sauf le dimanche de 13h à 16h. Entrée :
8,50 $.* Il réunit des bateaux de toutes tailles, de
la maquette aux modèles grandeur nature, et
présente des expositions sur l'histoire maritime
de la province : âge d'or de la marine à voile,
époque des navires à vapeur... Le naufrage
du Titanic, dont 156 victimes sont enterrées
dans les différents cimetières d'Halifax, ainsi
que l'explosion du bâtiment français le *Mont
Blanc*, chargé de 2 500 tonnes d'explosifs
destinés au front, sont évidemment des sujets
longuement traités.

MUSEE D'HISTOIRE NATURELLE

1747, Summer Street ☎ 902-424-3536
*Du 1er juin au 15 octobre ouvert de 9h30 à
17h30, nocturne jusqu'à 20h le mercredi,
ouverture à 13h le dimanche. Entrée : 5,50 $.
Le reste de l'année, entrée : 3 $ et fermeture à
17h, nocturne le mercredi. Toute l'année, entrée
libre le mercredi de 17h à 20h.* Le musée dresse
un portrait de la région et de ses premiers
habitants, les Amérindiens Micmacs. Les
merveilles naturelles de la région, tel que
les baleines, les fossiles, les dinosaures, les
oiseaux et les morses constituent l'essentiel
de la collection du musée. En été, on apprécie
la serre avec les papillons.

Dans les environs

PEGGY'S COVE

Ce petit village, à 40 min de route d'Halifax
compte une cinquantaine de pêcheurs. Mais,
chaque année, il attire des centaines de
visiteurs. Les vagues qui se cassent sur les
rochers rappelleront peut-être à certains, la
plage de Perros-Guirec, en Bretagne. Vous
pourrez envoyer des cartes postales depuis
l'unique bureau de poste au monde se trouvant
dans un phare.

La côte atlantique

D'Halifax à Yarmouth, la côte atlantique, longée par la route des Phares, est une succession de caps rocheux, d'anses, de baies et de plages de sable baignés par un océan aux eaux vert émeraude, où se sont établis de pittoresques hameaux de pêcheurs, longtemps repaires de pirates, de pimpants villages aux belles demeures disséminées dans la verdure et des petits ports actifs, prospères grâce à la construction navale et à l'industrie de la pêche.

LUNENBURG

C'est un port de pêche très actif. Les maisons d'époque et les bâtiments colorés rappellent l'architecture du Vieux Continent. Lunenburg a d'ailleurs été classé au Patrimoine mondial de l'Unesco en raison de son architecture. Ses chantiers navals ont vu naître de nombreuses goélettes qui partaient pêcher sur les bancs de morue, comme le très célèbre *Bluenose* (lancé en 1921) qui remporta à plusieurs reprises le Trophée international des pêcheurs, et sa copie conforme, le *Bluenose II* (1963). En hiver, ce dernier retrouve ici son port d'attache. Ce port, qui fut dans le passé un repaire de pirates, doit son nom à la ville allemande de Lünenburg, près de Hambourg, d'où ses premiers colons protestants arrivèrent au XVIIIᵉ siècle. Tous les étés, au mois d'août, ont lieu la grande fête de la pêche (Fisheries Exhibition) et des courses de goélettes.

LA ROUTE DES PHARES

On la poursuivra au départ de Lunenburg. Elle commence au sud d'Halifax. Comme son nom l'indique, elle relie entre eux les nombreux phares ponctuant la côte atlantique jusqu'à Yarmouth. Elle traverse des landes, battues par les vents et dorées par le soleil, qui font inévitablement penser à l'Ecosse, mais les blocs de granite évoquent plutôt la côte bretonne de Perros-Guirec, et les minuscules cabanes de pêcheurs sur pilotis, la Norvège. La route rencontre les villages de Peggy's Cove (petit port aux cabanes sur pilotis), et Chester (perché sur une falaise au-dessus de Mahone Bay).

■ **LA HAVE**
Il faut longer un bon moment le large estuaire de la rivière La Have aux rives boisées et parsemées de maisonnettes, avant de pouvoir traverser le cours d'eau, à hauteur de Bridgewater, localité industrielle dynamique sise de part et d'autre de la rivière. La route 331 conduit à La Have (ferry pour Lunenburg), gros bourg de pêcheurs tout en longueur où règne un esprit particulier auquel la boulangerie n'est pas étrangère. En

confectionnant des pains maison avec des produits régionaux, elle contribue grandement à l'activité locale. Et le boulanger et la boulangère sont de formidables conteurs : ils vous diront que cette petite cité fut baptisée La Hève, en 1604, par Champlain et Du Gua de Monts, qu'elle fut capitale de l'Acadie (de 1632 à 1636) et un port animé qui abrita la première école fondée au Canada, en 1632. Autant d'épisodes évoqués au musée du Fort, sur la route 331 (entrée libre de juin à août, de 10h à 18h), un fort construit pour protéger la petite colonie. Les plages sont superbes : on ira explorer les tranquilles hameaux de pêcheurs aux maisons colorées des îlots de La Have et de la baie de Medway, se balader sur les plages de sable fin de Crescent Beach et du parc provincial de Rissers Beach, avec camping (26 km au sud de Bridgewater par la route 331).

■ **PARC NATIONAL KEJIMKUJIK**
Route 8 (symbole du castor) de Liverpool
℡ 902-682-2772
www.pc.gc.ca/kejimkujik
Ouvert toute l'année. Accès quotidien : 5,75 $.
Terrains de camping. Le Parc national de Kejimkujik occupe, en plein cœur de la Nouvelle-Ecosse, une région de lacs, à l'atmosphère étrange et envoûtante, qui couvre un territoire boisé de 381 km². Les tribus Micmacs, qui autrefois le peuplaient, y avaient établi leur camp de chasse et de pêche, en raison des rivières tranquilles et poissonneuses qui le sillonnent. Ici, l'asphalte n'a pas droit de cité. Seuls les sentiers de randonnée et les circuits de canotage permettent de découvrir cette région, connue pour la variété de sa faune : cerf de Virginie, orignal, huard, pluvier siffleur. Les novices pourront s'initier au canot soit sur la rivière Mersey, soit sur le lac Kejimkujik ; les autres loueront un vélo, ou profiteront de la belle plage de Merrymakedge sur le lac pour se baigner. Une annexe du parc s'étend en bord de mer (à l'ouest de Liverpool), où il se termine en falaises d'où l'on peut apercevoir des phoques. En hiver, le parc reçoit les skieurs de fond.

■ SHELBURNE

Fondée au XVIIIe siècle par des loyalistes. Le quartier ancien de Dock Street a conservé quelques maisons de cette époque. On visitera l'atelier des doris, transformé en musée qui vous expliquera les méthodes de construction de ces fameuses barques de pêche. La région voisine, autour de Lockeport, offre de superbes plages de sable fin.

■ VILLAGE HISTORIQUE ACADIEN

Situé à Pubnico ✆ 902-762-2530
museum.gov.ns.ca/av
Ouvert tous les jours de début juin à la mi-octobre, de 9h à 17h. Entrée : 4 $. Le village historique acadien reconstitue la vie des francophones de Nouvelle-Ecosse du milieu du XVIIe jusqu'à la fin du XIXe siècle. Pour rendre les choses aussi vivantes que possible, le sieur Philippe Mius d'Entremont, fondateur de Pubnico vous accueille !

YARMOUTH

Fondé au XVIIIe siècle par des colons venus de Nouvelle-Angleterre, ce port plein de vitalité est un des plus importants de Nouvelle-Ecosse et le principal port d'entrée pour les visiteurs en provenance des Etats-Unis. La majorité des attractions ont la mer pour thème. Dans le port règne un incessant va-et-vient de ferries pour Portland ou Bar Harbour (Maine, Etats-Unis). Le musée des pompiers fait le plaisir des enfants (Firefighter's museum ✆ 902-742-5525). Ouvert toute l'année.
Signalons que le port de Bar Habour est aux portes du splendide parc national acadien (Etats-Unis) et qu'il n'est pas loin non plus de Northeast Harbour où habitait Marguerite Yourcenar. Sa maison, Petite Plaisance, est fort jolie.

■ MAISON DU TOURISME

228, Main Street ✆ 902-742-5033
Ouvert de mai à octobre.

DIGBY

Ce port de pêche situé à proximité du bassin d'Annapolis et du détroit de Digby, qui débouche sur la baie de Fundy, est connu pour sa pêche au pétoncle, la plus importante au monde de ce genre. Cela dit, il ne présente pas d'intérêt majeur, sauf celui d'assurer un service régulier de ferries en direction de Saint-John (Nouveau-Brunswick).

■ MAISON DU TOURISME

Shore Road (en direction du quai du Traversier) ✆ 902-245-2201
Ouvert d'avril à novembre.

BAIE SAINTE-MARIE

Entre Digby et Yarmouth se trouve la région acadienne de la baie Sainte-Marie, anciennement connue sous le nom de Baie française, protégée par un long cordon littoral (Long Island). Ses habitants sont en effet les descendants des anciens colons venus de France au XVIIe siècle. Après le Grand Dérangement, certains Acadiens, qui s'étaient réfugiés au Nord-Est des Etats-Unis, ont voulu rentrer chez eux. Leurs terres fertiles de la vallée de l'Annapolis étant occupées par les Planters de Nouvelle-Angleterre depuis 1760, les Acadiens se sont alors installés, à partir de 1767, sur la côte peu fertile de la baie Sainte-Marie, où ils durent se reconvertir à la pêche. Un arrêt à Pointe-de-l'Eglise pour visiter l'église Sainte-Marie (la plus grande église en bois d'Amérique du Nord) est recommandé. C'est en 1890 que l'université francophone Sainte-Anne a été fondée à Pointe-de-l'Eglise.

La route évangéline

La route Evangéline (Evangeline Trail) emprunte la vallée de l'Annapolis, parallèle à la baie de Fundy. Cette section d'itinéraire porte le nom de l'héroïne du drame en vers écrit par Longfellow en 1847. Etudié par des générations d'écoliers, il évoque les amours déchirées d'Evangéline, qui voit partir celui qu'elle aime, Gabriel, déporté comme tant d'autres pendant le Grand Dérangement. Evangéline ne le retrouvera que sur son lit de mort. La baie Sainte-Marie qui sert de toile de fond à cette triste histoire est, avec le Cap-Breton, une des régions où la culture acadienne reste la plus vivace.

■ **www.destinationssouthwestnova.com**

▶ **Hébergement.** Si vous souhaitez passer une nuit sur la route, nous recommandons, Annopolis Royal : la ville se trouve entre Yarmouth et Windsor et l'hébergement y est de haute qualité.

ANNAPOLIS ROYAL

Situé dans un joli site, en bordure de l'estuaire de la rivière Annapolis qui débouche dans la baie de Fundy, ce gros village paisible montre quelques belles maisons victoriennes. Il fut rebaptisé au XVIIIe siècle, en l'honneur de la reine Anne Stuart, lorsqu'il devint la capitale de la Nouvelle-Écosse, après avoir été celle de l'Acadie française sous le nom de Port-Royal. Son bassin, dans la baie de Fundy, enregistre les marées parmi les plus hautes du monde.

Hébergement

■ GRANGE COTTAGE B&B
102, Ritchie Street
✆ 902-523-7993
Ouvert toute l'année. Entre 65 $ et 75 $ la nuit. Cette maison d'hôte a beau être l'une des moins chères de la ville, la qualité de ses prestations en satisfera plus d'un. Les beaux jours on profite de la terrasse à l'arrière d'où l'on voit la rivière et même des cerfs de Virginie, des faisans, des oiseaux migrateurs…

■ QUEEN ANN INN
494 Upper St., George Street
✆ 902-532-7850
www.queenanneinn.ns.ca
Ouvert du 1er mai au 31 novembre. Entre 89 $ et 169 $ la nuit, petit déjeuner gastronomique compris. Maison d'hôte des plus luxueuses, située dans une résidence victorienne. On vous servira du thé ou de la limonade en après-midi.

Points d'intérêt

■ USINE MAREMOTRICE
Au pont-jetée de la rivière Annapolis
✆ 902-532-5454
Ouvert du 15 mai au 15 octobre. Entrée libre. Il s'agit de la seule centrale électrique produisant de l'énergie avec la force de marée à eau salée en Amérique du Nord.

■ LIEU HISTORIQUE NATIONAL FORT-ANNE
✆ 902-532-2321
www.pc.gc.ca/fortanne
Ouvert de mi-mai à mi-octobre, de 9h à 17h30 et jusqu'à 18h en juillet et août, hors saison sur réservation. Entrée : 3,95 $. On a du mal à croire que ce lieu paisible fut, en son temps, un champ de bataille où Français et Anglais s'affrontaient régulièrement (plus de quatorze sièges). Le musée installé dans l'ancien quartier des officiers (XVIIIe siècle) évoque l'histoire militaire du site. On ne manquera pas la remarquable tapisserie retraçant les 400 ans d'histoire de la région.

■ LES JARDINS ROYAUX D'ANNAPOLIS
441 Georges St.
✆ 902-532-7018
www.historicgardens.com
Ouvert du 14 mai au 16 octobre, de 8h au crépuscule. Entrée : 8,50 $. On y découvre plusieurs styles de jardins : victorien, acadien, roseraie… répartis dans un magnifique espace de dix acres.

Dans les environs

■ LIEU HISTORIQUE NATIONAL PORT-ROYAL
✆ 902-532-2898
www.pc.gc.ca/portroyal
A 10 km d'Annapolis Royal, sur la rive opposée, vers l'ouest. Route 1, embranchement vers Granville Ferry. Ouvert de mi-mai à mi-octobre, de 9h à 18h. Entrée : 5 $. L'Habitation de Port-Royal – c'est-à-dire le premier établissement permanent élevé par Champlain en 1605 – a été reconstituée par le gouvernement canadien en 1938, d'après les croquis et les notes de Champlain. Le site est animé par des interprètes en costume d'époque.

■ LIEU HISTORIQUE NATIONAL GRAND PRE
✆ 902-542-3631 – www.grand-pre.com
A 5 km de Wolfville. Sortie 10 sur la route 101. Ouvert du 1er mai au 30 octobre, de 9h à 18h. Jardins ouverts toute l'année. Entrée : 7,15 $. Grand Pré est en quelque sorte le lieu de mémoire des Acadiens, symbolisé par la petite église commémorative, construite en 1930 à l'emplacement supposé de l'église et du cimetière du village acadien des XVIIe et XVIIIe siècles, au milieu d'un beau parc entouré de vieux saules et agrémenté d'étangs. Dans l'église, l'histoire mouvementée des Acadiens et leur déportation lors du Grand Dérangement de 1755 sont évoquées à travers des tableaux et des expositions.

WINDSOR

Cette coquette et paisible bourgade, au confluent des rivières Avon et Sainte-Croix, a une allure vraiment british avec ses maisons disséminées sur des pelouses vertes parfaitement entretenues, ombragées de superbes arbres.

Certaines, avec leurs galeries à colonnettes portent l'empreinte des loyalistes américains. Elle conserve aussi de belles demeures, comme la maison Haliburton, au milieu d'un parc de 10 ha (Clifton Avenue ✆ 902-798-2915. *Visite de 9h30 à 17h30*).

En bois, d'aspect relativement modeste, elle abrite de magnifiques meubles victoriens d'époque. Elle fut la résidence de Thomas Chandler Haliburton (1796-1865), homme politique canadien et auteur à succès.

Les Anglais ne sont arrivés ici qu'à partir de 1750, lorsque Charles Lawrence fit ériger le fort Edward (*au centre de Windsor, entrée libre, de 10h à 18h*), la région étant possession britannique depuis 1713 (traité d'Utrecht). C'est au fort Edward que les Acadiens furent rassemblés en 1755 avant d'être déportés. Beaucoup pensent que le jeu préféré des Canadiens, le hockey, a été inventé à Windsor. Un musée lui est consacré (128, Gerrish St. *Ouvert tous les jours de 10h à 16h*).

GLOSSCAP TRAIL

Cet itinéraire panoramique, qui porte le nom d'un guerrier et sorcier micmac, suit les contours sinueux de la baie de Fundy, célèbre pour l'amplitude de ses marées et la beauté de ses paysages, notamment vers Parrsboro. Les rivières, rougies par la terre que les marées remontantes ont arrachée aux rives, sillonnent une région vallonnée de champs cultivés, ponctuée de fermes.

- ▪ www.centralnovascotia.com

Truro

Le principal centre industriel et commercial de la région, où il serait dommage de ne pas aller observer l'étonnant phénomène du mascaret, au cours duquel les eaux de la rivière Salmon forment un mur.

Parrsboro

Un détour à Parrsboro s'impose, pour ses paysages et pour son musée.

- ▪ **MUSEE GEOLOGIQUE DE FUNDY**
162, Two islands Road ✆ 902-254-3814
www.fundygeo.museum.gov.ns.ca
Ouvert toute l'année, du 1er juin au 15 octobre de 9h30 à 17h30 et le reste de l'année du mardi au samedi de 9h à 17h. Entrée payante. Les maquettes de paysages préhistoriques peuplés de dinosaures et des expositions sur la géologie de la région sont un prélude à des excursions géologiques sur la plage.

LA CÔTE NORD PAR LE SUNRISE TRAIL

D'Amherst au détroit de Canso, par lequel on accède à l'île du Cap-Breton, cette route longe la côte du Northumberland et ses larges plages de sable baignées d'eaux calmes réchauffées par le Gulf Stream. Elle traverse une série de villages de pêcheurs où s'alignent des maisons et des églises de bois peintes en blanc. Toute la côte est imprégnée de culture écossaise : musique, kilts, rassemblements de clans. Les Ecossais sont venus s'installer principalement dans cette région à la fin du XVIIIe siècle.

- ▪ www.tourismpictoucounty.com
- ▪ www.centralnovascotia.com

Pictou

Avec ses bâtiments en brique du XIXe siècle, cette petite ville portuaire cultive avec soin son cachet old Scotland. Il faut dire que ses habitants sont tous originaires d'Ecosse. L'ambiance est sympathique, les rues ont beaucoup de charme et les habitants sont accueillants. Les boutiques regorgent d'articles écossais (kilts, lainages, écharpes, musique), les pubs sont nombreux. Quand on arrive par bateau de l'île du Prince-Edouard, on n'est pas déçu de ce premier contact avec la Nouvelle-Ecosse : on se croirait sur le Vieux Continent. Et pour cause ! C'est en 1773 que la goélette *Hector* débarqua à Pictou ses premiers colons écossais. Séduits par un climat et une géographie qui leur rappelaient leur pays d'origine, leurs successeurs viendront coloniser d'autres endroits de la côte et le Cap-Breton. Près de la marina, le Hector Heritage Quay est un petit musée consacré à l'histoire de cette goélette écossaise. A l'arrière du bâtiment, une réplique exacte du *Hector* de 1773.

- ▪ **MAISON DU TOURISME**
350, West River Road
Ouvert de mai à décembre.

Hébergement

- ▪ **AUBERGE WALKER INN**
34, Coleraine St. ✆ 902-485-1433
Depuis le Canada ✆ 1-800-370-5553
www.townofpictou.com/walkerinn
Ouvert toute l'année. Entre 79 $ et 89 $ la nuit. Accès Internet gratuit. Maison d'hôte 4-étoiles, située dans le quartier historique de Pictou. La plupart des chambres ont vue sur le port.

ÎLE DU CAP-BRETON

Un pont pivotant construit au bout d'une digue de 65 m de profondeur permet de passer le détroit de Canso et d'atteindre Port Hastings, un village de pêcheurs, premier d'une longue série. L'île du Cap-Breton est habitée par deux communautés, celle importante des Ecossais de culture gaélique et celle des Acadiens francophones. Elle présente une grande diversité de paysages : vastes espaces balayés par les vents, côtes déchiquetées, intérieur vallonné, immense lac central du Bras d'Or. Mais, surtout, elle abrite, dans sa péninsule septentrionale, un des joyaux de la province : le parc national des Hautes-Terres, que traverse le célèbre Cabot Trail. On y accède par le Ceilidh Trail, qui longe la côte occidentale.

■ INFORMATIONS TOURISTIQUES
www.cbisland.com

Hébergement

Les campings, hôtels et B&B du Cap-Breton ne désemplissent pas de tout l'été. Une seule solution : réserver.

Points d'intérêt

Ils sont nombreux : observation des baleines (Chéticamp, Bay St. Lawrence, Ingonish), randonnées pédestres dans le parc des Hautes-Terres, vélo, baignade, camping.
Les amateurs de golf trouveront ici les plus beaux terrains du Canada : Fabulous Foursome (18-trous), un des plus cotés du monde ; Highlands Links, un autre terrain magnifique, situé à l'intérieur même du parc des Hautes-Terres (Ingonish ℭ 902-285-2600), Le Portage, Dundee.

Ceilidh Trail

Jalonné de charmants villages de pêcheurs, le Ceilidh Trail (prononcer quéli, mot gaélique signifiant rassemblement) traverse, sur 108 km, des espaces sauvages de landes et de sable, balayés par le vent, qui évoquent les Highlands d'Ecosse. Il commence à Port-Hastings et se rend jusqu'à Inverness.

Hébergement

■ GLENORA INN&DISTILLERY
Glenville
ℭ 902-258-2662 – ℭ 1-800 839-0491
www.glenoradistillery.com
Chambre de 130 $ à 154 $ en double. A 9 km au nord de Mabou, sur la route 19. Le complexe de Glenora ne se contente pas de distiller du whisky de malt pur. Il propose aussi un hébergement confortable, des chalets équipés à louer ainsi qu'une cuisine raffinée, de mai à octobre.

Points d'intérêt sur la route

■ CENTRE DE MUSIQUE DU CAP BRETON
Judique ℭ 902-787-2708
www.celticmusicsite.com
Ouvert du 1er juin au 30 septembre, du lundi au vendredi. Visites guidées : 12 $. Programmation spéciale durant le festival Celtic Colours, tenu début octobre. Les démonstrations de musique traditionnelles et contemporaines du Cap-Breton sont incluses dans la visite. C'est à l'aide d'enregistrements, de photos, d'interviews que ce centre nous fait plonger dans la musique celtique.

■ DISTILLERIE GLENORA
A 9 km au nord de Mabou
ℭ 1-800-839-0491
www.economusees.com/glenora_distillery_fr.cfm
Ouvert de mai à octobre, tous les jours de 9h à 17h. Distillerie de whisky de malt pur, à Glenville, avec concerts de violons et cornemuses en juillet. Dégustation possible, bien entendu !

■ MUSEE DES MINEURS
Inverness. 62, Lower Railway St.
Ouvert du 15 juin au 30 sept du lundi au vendredi de 9h à 17h et le samedi et le dimanche de 12h à 17h. L'histoire des mines de la région est présentée dans ce musée situé dans la gare ferroviaire, construite en 1901.

■ MUSEE DE LA FERME MCDONALD
Près du lac Ainslie ℭ 902-258-3317
www3.ns.sympatico.ca/paulinemacl
Ouvert du 15 juin à début septembre, tous les jours de 10h à 17h. Entrée : 4 $. Les salles d'exposition de cette ferme gothique construite il y a 150 ans comprennent des objets agricoles ainsi qu'un rouet et un métier à tisser.

Chéticamp

En franchissant la rivière Margaree, on quitte l'Ecosse gaélique pour pénétrer dans un autre univers, en terre acadienne : les panneaux redeviennent bilingues, le drapeau bleu, blanc, rouge frappé de l'étoile jaune de la Vierge flotte fièrement aux côtés du drapeau canadien. Sur un plateau dénudé se succèdent des villages aux noms bien français : Belle-Côte, Cap Lemoine, Terre Noire, Saint-Joseph-du-Moine, Grand

Etang. Mais c'est plus loin, à Chéticamp, fondé en 1785 par des Acadiens, que la culture et l'esprit acadiens soufflent véritablement. Autour de ce centre sont regroupés 3 500 Acadiens des villages voisins : Petit Etang, la Prairie, Belle Marche, le Plateau… Petit port de pêche dominé par l'imposante église Saint-Pierre et son clocher pointu, Chéticamp s'étire le long d'une unique rue bordée de maisonnettes en bois toutes simples. Situé aux portes du parc national des Hautes-Terres, il tire l'essentiel de ses ressources de la pêche, du tourisme et de la vente de ses célèbres tapis hookés, c'est-à-dire crochetés (de l'anglais hook : crochet). 300 personnes tissent encore la laine de cette manière ; plusieurs boutiques, notamment Flora's au sud de Chéticamp (© 902-224-3139 – www.floras.com), vendent leurs ouvrages. Chéticamp est également un haut lieu d'observation des baleines.

Hébergement

■ **NESTLE IN B&B**
19, Muise Street
© 902-224-1609
Ouvert du 1er mai au 31 octobre. Entre 45 $
et 70 $ la nuit. Petite auberge sympathique, au cœur du village. Des livres et des jeux de société sont à votre disposition dans l'alcôve et un barbecue sur la terrasse.

Parc national des Hautes-Terres du Cap-Breton

▶ **Première entrée du parc sur le Cabot Trail,** à 8 km de Chéticamp © 902-224-2306 – www.pc.gc.ca

▶ **Autre entrée à Ingonish, de l'autre côté du parc** (© 902-285-2691). *Accès quotidien : 6,90 $. Ouvert toute l'année.* Pris en tenailles par les eaux du Saint-Laurent et celles de l'océan Atlantique, bordé par le magnifique Cabot Trail, le parc national des Hautes-Terres du Cap-Breton offre une succession de panoramas spectaculaires. Ses forêts, ses ruisseaux, ses lacs et son vaste plateau central constituent un ensemble unique. En hiver, les côtes sont prisonnières des eaux gelées et les sentiers de randonnée se transforment en pistes de ski de fond. Juste à la lisière du parc, de typiques villages de pêcheurs agrémentent le parcours et permettent de se ravitailler.

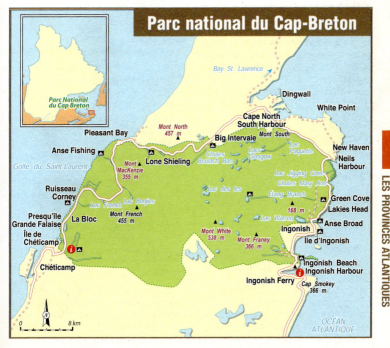

▶ **Exploration du parc.** *Prévoir au moins une journée dans le parc.* Le parc national des Hautes-Terres s'étend sur 950 km² de territoire sauvage où cohabitent l'orignal, le chevreuil, le lynx, le castor, l'ours noir et l'aigle à tête blanche. Si la côte Ouest est baignée par les eaux relativement calmes du golfe du Saint-Laurent, la côte Est, en revanche, est soumise aux assauts répétés de l'océan.

Hébergement

▶ **Le camping sauvage est autorisé à Fishing Cove.** Un sentier de 8 km conduit à cette anse abritée où le bruit des vagues berce les campeurs. 20 $ la nuit. Le permis s'obtient au bureau d'accueil du parc. Mêmes prix et conditions d'accès pour l'autre camping, au lac des Îles.

▶ **Camping à l'extérieur du parc.** On peut trouver un hébergement aux portes du parc : à Chéticamp, à Ingonish, à St. Ann's ou à Baddeck. Il est fortement conseillé de réserver sa chambre suffisamment à l'avance, en raison de l'affluence.

■ **TELEGRAPH HOUSE**
Route 205, sortie 9, Chebucto Street, Baddeck ✆ 902-295-1100
Depuis le Canada ✆ 1-888-263-9840
www.baddeck.com/telegraph
Situé au cœur de Baddeck. A partir de 100 $ en occupation double en basse saison et 120 $ en haute saison. Petit déjeuner complet inclus. Le Telegraph House est une maison de style victorien située au cœur du village. Chambres accueillantes et confortables.

Points d'intérêt

▶ **Observation de la flore et de la faune.** L'observation de la flore (forêt de feuillus, boréale et taïga) et de la faune sont les principaux attraits du parc. Près des lacs

French et Benjies (1h de marche), il n'est pas rare de voir un orignal s'abreuver. Le belvédère MacKenzie est sans doute l'un des meilleurs endroits pour apercevoir les baleines. La randonnée du Skyline, de 7 km (2h), dont le départ se trouve à côté du lac French, permet d'admirer les falaises côtières et l'océan.

Le lac du Bras d'Or

Le lac du Bras d'Or est une véritable mer intérieure qui partage l'île en deux et qui communique, au nord, avec l'Atlantique par deux chenaux : le Great Bras d'Or et le Little Bras d'Or, séparés par l'île Boularderie. Cette vaste étendue d'eau salée est le domaine de l'aigle à tête blanche.
Les tribus micmacs avaient très tôt élu domicile sur ses bords, les eaux du lac abondant en truites et saumons. Elles y sont toujours installées : il y a plusieurs réserves micmacs établies près du lac, dont celle de Whycocomagh. Le Bras d'Or Scenic Drive, identifié par un aigle à tête blanche, permet d'en faire le tour.

Baddeck

Cette station de villégiature très prisée occupe un joli site en bordure du Bras d'Or et à proximité du Cabot Trail.
Il y règne une ambiance sympathique, animée par de nombreux restaurants et cafés. Alexander Graham Bell (1847-1922), l'inventeur du téléphone, y avait sa résidence d'été.

■ **LIEU HISTORIQUE NATIONAL DU CANADA ALEXANDER GRAHAM BELL**
Chebucto St
✆ 902-295-2069 – www.pc.gc.ca
Ouvert toute l'année. Juin de 9h à 18h, du 1er juillet au 15 octobre de 8h30 à 18h, du 16 au 31 octobre de 9h à 17h et sur rendez-vous le reste de l'année. Entrée : 7,15 $. Outre

Cabot Trail

Considérée comme une des plus belles du monde, cette route fait le tour de la péninsule sur 303 km, s'enroule sur les flancs des montagnes, épouse les contours des baies, surplombe des falaises rouges sans jamais perdre de vue le golfe du Saint-Laurent ou l'Atlantique, traverse les hauts plateaux sauvages, formés de tourbières, des Hautes-Terres de l'intérieur.

▶ **Points de vue.** Dès l'entrée du parc en arrivant de Chéticamp, la route qui escalade la côte ouest offre des vues spectaculaires sur le cap Rouge, avant de franchir le mont French, le point le plus élevé du parcours, puis de bifurquer pour gravir les monts Mackenzie (vues sur Pleasant Bay).

l'invention du téléphone le célèbre M. Bell a créé le bateau le plus rapide du monde (à son époque), a amélioré le phonographe, le cerf-volant, les avions. On découvre tout cela dans ce musée interactif.

Sydney

Situé au Nord-Est de l'île dans une rade profonde de l'Atlantique, ce port séparé en deux villes jumelles, Sydney et North-Sydney, est, avec ses 117 000 habitants (incluant la région métropolitaine), la capitale industrielle de l'île du Cap-Breton.
Ses gisements de charbon, les plus importants du Canada atlantique, ont favorisé le développement des aciéries.

■ sydney.capebretonisland.com

Hébergement

■ **UNIVERSITY COLLEGE OF CAPE BRETON**
McDonald Residence
Sur la route Sydney-Glace Bay
℅ 902-563-1792
37 $ en simple, 46 $ en double. Du 1er mai au 31 octobre. Une des solutions les plus économiques.

■ **CITY LODGE**
100, Kings Road, Sydney
℅ 902-567-3311
Ouvert à l'année. Compter 90 $. Etablissement confortable avec chambres simples et propres. Bon rapport qualité-prix.

Glace Bay

Trois musées intéressants justifient une visite d'une journée dans cette petite ville minière, située à 19 km au nord de Sydney.

■ **GLACE BAY HERITAGE MUSEUM**
14, McKeen St.
℅ 902-842-5345
Ouvert toute l'année. En été du mardi au samedi de 9h à 18h et le dimanche de 13h à 18h et en hiver du mardi au samedi de 10h à 17h. Situé dans l'ancienne mairie restaurée ce musée retrace la vie de Glace Bay Harbour dans les années quarante, à l'époque des mines et de la pêche à l'espadon.

■ **CAPE BRETON'S MINER'S MUSEUM**
42 Birkley St ℅ 902-849-4522
www.minersmuseum.com
Ouvert toute l'année, du 1er juin au 1er septembre tous les jours de 10h à 18h, le reste de l'année

du lundi au vendredi de 9h à 16h. Entrée : 5 $, et 10 $ avec l'entrée à la mine. Visite très intéressante de cette ancienne mine de charbon, avec le magasin de la compagnie et la maison d'un des travailleurs.

■ **LIEU HISTORIQUE NATIONAL MARCONI**
Timmerman St ℅ 902-295-2069
www.pc.gc.ca
Ouvert du 1er juin au 15 septembre, tous les jours de 10h à 18h. Entrée libre. Saviez-vous que le premier message radio transatlantique parti d'ici ? Il fut envoyé en décembre 1902, grâce à une antenne métallique suspendue à 4 tours géantes en bois.

Forteresse de Louisbourg

℅ 902-733-2280
www.pc.gc.ca
Au départ de Sydney par l'autoroute 22. Les voitures ne peuvent pas pénétrer dans la forteresse. Une navette de bus conduit au site. Ouvert tous les jours du 1er mai au 31 octobre. En juillet et août de 9h30 à 18h. En mai, juin et septembre de 9h30 à 17h. Hors saison sur réservation. Entrée : 13,50 $. Compter une demi-journée minimum. Le lieu historique national de la Forteresse de Louisbourg fut l'une des plus importantes places fortes du continent américain et la capitale de l'île Royale (Cap-Breton), du temps où cette dernière appartenait à la France.
C'est aujourd'hui la plus vaste reconstitution historique d'Amérique du Nord et, sans doute, la plus spectaculaire. Afin de mieux rendre l'atmosphère de 1744, on a reconstruit la forteresse à l'extérieur de la ville actuelle, dans ce site au bord de l'eau. Les figurants (soldats français en bleu, anglais en rouge) qui évoluent au milieu des bâtiments du XVIIIe siècle animent la place forte, nous faisant revivre ses heures de gloire. Plus d'une cinquantaine de maisons sont ouvertes à la visite, dont la résidence de l'ingénieur, la maison de Gannes, la maison des Roches, la maison de La Vallière. Elles sont meublées comme au XVIIIe siècle.
On ne manquera pas la visite du Bastion du roi : la résidence du gouverneur aux nombreuses pièces décorées avec raffinement, le quartier des officiers, les casernes, la prison et la chapelle. Au corps de garde, démonstrations de tambour précédant le tir au canon et de tir au fusil.
Plusieurs auberges proposent des repas du XVIIIe siècle.

ÎLE DU PRINCE-EDOUARD

© TOURISM PRINCE EDWARD ISLAND / JOHN SYLVESTER

Confederation Trail à Wiltshire, île du Prince-Edouard

Ce berceau de la Confédération canadienne est en même temps la plus petite province du Canada. Elle ne mesure que 225 km de longueur sur une largeur variable (parfois moins de 6 km) mais ses côtes sont profondément échancrées. Elle est située dans le golfe du Saint-Laurent, à 14 km du Nouveau-Brunswick et à 22 km de la Nouvelle-Ecosse, les deux provinces voisines, dont elle est séparée par le détroit de Northumberland. Des petits ports de pêche aux villages de l'intérieur des terres, la vie ici a la réputation de s'écouler paisiblement, dans un cadre naturel exceptionnel. La principale culture est la pomme de terre (la patate, comme on aime à l'appeler ici), ce qui ne manquera pas de plaire aux gourmets, qu'ils soient belges ou français. On les déguste sans les éplucher et, sincèrement, elles sont une pure merveille ! L'île est riche en bonnes tables, spécialisées entre autres dans le homard. Mais on débarque ici avant tout pour les paysages. Dès les premiers beaux jours, ils sont un véritable enchantement : les plages de sable rose ou blanc ourlées de bleu, les falaises de grès rouge, le vert tendre de la campagne vallonnée, les champs de lupins roses, le ciel bleu traversé de nuages cotonneux composent des tableaux sans cesse renouvelés d'une richesse de palette digne d'un peintre fauve. Des trois circuits panoramiques de l'île – Kings Byway (374 km, circuit de l'Est), Lady Slipper (288 km, circuit de l'Ouest), Blue Heron (198 km, circuit du centre) – Le Petit Futé a préféré le dernier. Ces itinéraires sont faciles à identifier, un pictogramme particulier les signale sur les routes que vous suivrez : rouge pour Lady Slipper, violet pour Kings Byway, et bleu pour Blue Heron. Ils correspondent aux trois comtés : Queen, King et Prince. Attention, pas de boîtes de soda sur les routes de l'île, le non-respect de l'environnement est ici un délit passible d'amende.

▶ **L'île est découpée en six régions :** North by Northwest, Ship to Shore, Anne's Land, Charlotte's Shore, Bays and Dunes, Hills and Harbours. Les côtes sont ponctuées de phares, construits au XIXe siècle, pour prévenir les naufrages des navires, très fréquents dans ces parages : ceux de Wood Islands, Panmure Island, East Point, North Cape, West Point, Cap-Egmont sont les plus visités. Les plus anciens sont en bois, octogonaux ou carrés, certains coniques en brique. L'île du Prince-Edouard est la plus british de toutes les provinces du Canada ; on comprendra pourquoi en lisant l'histoire de l'île. Les Acadiens francophones ne représentent que 4 % de sa population.

Transports

De Montréal et d'Halifax (Nouvelle-Écosse)

■ **AIR CANADA ET SA FILIALE AIR NOVA (OU AIR CANADA JAZZ, GROUPE AIR CANADA)**
✆ 1-888-247-2262 – ✆ 1-888-422-7533
www.airnova.ca
Vols directs pour Charlottetown de Montréal et d'Halifax (Nouvelle-Ecosse).

VOLS CHARTERSPRINCE EDWARD AIR
✆ 1-800-565-5359 – www.peair.com
Vols de Montréal et d'Halifax (Nouvelle-Ecosse).

■ **AEROPORT DE SHERWOOD**
Charlottetown ✆ 902-566-7992

En arrivant du Nouveau-Brunswick

■ **LE PONT DE LA CONFEDERATION**
✆ 902-437-7300 – ✆ 1-888-437-6565
www.confederationbridge.com
Péage en quittant la province : 40,75 $ aller-retour pour une automobile. Cet ouvrage d'art, long de 13 km, datant de 1997, relie le cap Tourmentine (Nouveau-Brunswick) à Borden-Carleton (PEI).

■ **COMPAGNIE NORTHUMBERLAND FERRIES**
✆ 566-3838 – ✆ 1-888-249-7245
www.nfl-bay.com
Tous les jours de mai à décembre, toutes les 50 min en saison, premier départ à 5h30, durée 1h15, 14 $ par personne et forfait de 59 $ pour une automobile quel que soit le nombre de passagers. Liaison entre Wood Islands (l'île du Prince-Edouard, sud-est de l'île) et Caribou (Nouvelle-Ecosse).

Transports sur place

▶ **Le réseau d'autobus Island Transit** dessert toute l'île (✆ 902-892-6167). On peut se rendre facilement à Cavendish en partant de Charlottetown, la capitale de l'île (le départ est prévu à 9h dans les hôtels du centre, retour à 18h).

▶ **Mieux vaut louer une voiture plutôt que de prendre les transports en commun** car ceux-ci sont très limités. Quatre agences de location de voitures vous attendent à l'aéroport de Sherwood (✆ 902-566-7992) si vous arrivez sur l'île par avion.

Pratique

■ **MAISON DU TOURISME**
Borden-Carleton, au pied du pont de la Confédération ✆ 1-800-565-0267
L'office de tourisme publie chaque année le Visitors Guide (disponible en français) qui s'obtient gratuitement, de même qu'une carte, auprès des bureaux de tourisme, qui sont signalés par un « ? ».

■ **ETAT DES ROUTES**
www.peiinfo.com/roadconditions.php

CHARLOTTETOWN

Au cœur d'une riche région agricole, cette petite capitale tranquille (32 245 habitants) aux maisons victoriennes classiques, mène doucement sa vie de port moyen dans une anse bien abritée du détroit du Northumberland. Fondée en 1768, elle doit son nom à la reine Charlotte, épouse du roi George III d'Angleterre. L'animation bat son plein sur les terrasses de café de la Victoria Row, interdite à la circulation, et dans les restaurants de la marina. Charlottetown est le point de départ du circuit Blue Heron.

Transports

Avion

Charlottetown est reliée à Montréal, Ottawa, Toronto, Boston et, notamment à Halifax, qui est à moins d'une demi-heure.

■ **AIR CANADA**
✆ 1-888-247-2262

■ **AIR NOVA (OU AIR CANADA JAZZ, GROUPE AIR CANADA)**
✆ 1-888-422-7533 – www.airnova.ca

■ **VOLS CHARTERS PRINCE EDWARD**
✆ 1-800-565-5359 – www.peair.com

■ **AEROPORT DE SHERWOOD**
✆ 902-566-7992

Pratique

■ **INFORMATIONS TOURISTIQUES**
✆ 1-800-463-4734
Ne pas hésiter à appeler ce numéro car beaucoup d'établissements ne sont ouverts qu'en saison.

Hébergement

Bien et pas cher

■ **INTERNATIONAL HOSTELLING**
60, Hillsborough Street, Charlottetown
✆ 902-367-5749
27 $ en dortoir, 60 $ en chambre double. Cette petite auberge de six chambres est située en centre-ville, à proximité du front de mer.

■ **SHERWOOD MOTEL**
RR9, Winsloe ✆ 902-892-1622
Sur la route 15, Brackley Point Road. Ouvert à l'année. Chambre : 45 $ en simple. Etablissement confortable situé à 5 km au nord du centre de Charlottetown et à proximité d'un golf 18-trous.

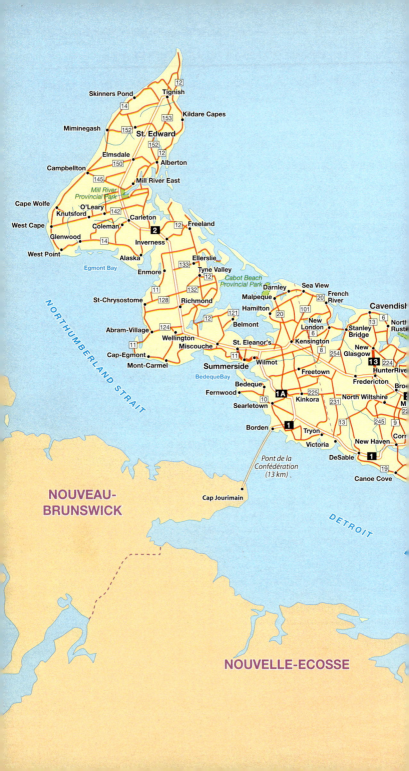

Île du Prince-Edouard

Circuit Blue Heron

198 km. Au départ de Charlottetown ou de Cavendish. Cette route fait le tour complet de la partie centrale de l'île.

Elle passe à proximité des superbes plages de sable blanc de la côte Nord, baignées par le golfe du Saint-Laurent et englobées dans le parc national de l'île du Prince-Edouard. Elle traverse de pittoresques petits ports de pêche acadiens (environs de Rustico) puis longe les falaises de grès rouge du détroit de Northumberland.

■ LUND'S TOURIST MOTEL&CABINS

Route 2, Malpeque Road, Winsloe
℡ 902-368-1122 – ℡ 1-800-567-1114
www.lundsmotel.com

A 3 km à l'ouest de Charlottetown. Ouvert du 1er mai à mi-novembre. Cottages de 49 $ à 65 $. De 69 $ à 79 $ en double, motel. Établissement confortable dans un environnement calme, à proximité de la plage. Chambres propres et accueillantes.

Confort ou charme

■ B&B HERITAGE HARBOUR HOUSE INN

9, Grafton Street, Charlottetown
℡ 902-892 6633 – ℡ 1-800-405-0066

Ouvert de juin à fin septembre. 4 chambres à partir de 80 $ en basse saison et 115 $ en haute saison. Situé à proximité du centre des arts de la confédération, le Heritage Harbour House Inn offre des chambres propres et confortables. Accueil chaleureux.

Points d'intérêt

■ CENTRE DES ARTS DE LA CONFEDERATION

Grafton Street, à côté du Parlement
Ce centre culturel abrite des salles de spectacles, d'exposition et de restaurants, ainsi qu'une galerie d'art présentant quelques peintures canadiennes. Dans le théâtre, se donne, en été, la représentation musicale d'Anne of Green Gables.

■ PROVINCE HOUSE (PARLEMENT)

Rue Richmond
℡ 902-566-7050

Fermé le samedi et le dimanche. Ce petit bâtiment à trois étages de style géorgien, construit en 1847, est d'importance nationale. Dans sa Chambre de la confédération s'est tenue, en 1864, la rencontre historique qui devait aboutir, en 1867, à la formation du Dominion du Canada. C'est aujourd'hui le siège de l'Assemblée législative.

Sports et loisirs

Vélo

Découvrez le littoral en affrontant les rochers avec votre V. T. T.

On peut louer des vélos de montagne pour 25 $ la journée ou 110 $ la semaine.

■ SMOOTH CYCLE

Neil Robertson-Bryson McDonald
172, Prince Street ℡ 902-566-5530

Ouvert toute l'année, du lundi au samedi de 8h à 18h. Réservez une journée pour parcourir le sentier de la Confédération

Plages

Très nombreuses. Vous aurez l'embarras du choix entre celles de sable blanc du parc national, au nord, et celles de sable rouge du détroit du Northumberland, au sud.

CAVENDISH ET SES ENVIRONS

Au nord, la région de Cavendish est le haut lieu du tourisme de l'île. Situé près des plus belles plages de cette côte et des principaux points d'intérêt de l'île, Cavendish est aussi la porte d'entrée du parc national de l'île du Prince-Edouard.

La localité possède un centre d'informations touristiques, d'excellentes ressources hôtelières et un bon nombre de restaurants et de boutiques.

A proximité, les enfants pourront profiter des parcs d'attractions.

Hébergement

■ NEW GLASGOW HIGLAND CAMPING

R.R. 3 ℡ 902-964-3232

Ouvert en saison. 28 $ par jour. Aménagé dans un environnement boisé et à proximité de Cavendish, ce camping dispose de 34 emplacements et 18 cabines.

■ **BAY VISTA MOTEL**
R.R. 2, Hunter River
✆ 902-963-2225 – ✆ 1-800-846-0601
*Ouvert de juin à septembre. Entre 92 $ et 99 $
en occupation double en juillet et à partir de
53 $ les autres mois.* Ce motel, bien situé à
proximité des principaux points d'intérêt de
la région, et dans un environnement calme,
possède une piscine et un terrain gazonné.
Chambres propres. Restaurant familial juste
à côté.

■ **KINDRED SPIRITS COUNTRY INN**
Route 6, Cavendish ✆ 902-963 2434
*A partir de 75 $ en occupation double, petit
déjeuner inclus. Cottages de mi-mai à mi-
octobre. 25 chambres.* Situé à proximité de la
plage de Cavendish, le Kindred Spirits Country
Inn est une auberge de qualité, meublée
à l'ancienne et joliment décorée, avec un
superbe salon.

Restaurants

*Service entre 16h et 20h30, à partir de 25 $
(entrée de fruits de mer et dessert inclus).*

■ **NORTH RUSTICO**
Fisherman Wharf Lobster Suppers (route
6) ✆ 902-963-2669

■ **ST. ANN**
St. Ann's Church Lobster Suppers
(route 224)
✆ 902-621-0635

■ **NEW GLASGOW**
New Glasgow Lobster Suppers (route 258)
✆ 902-964-2870

Point d'intérêt

■ **PARCS D'ATTRACTIONS**
Sur la route 6, entre North Rustico et
Cavendish : Rainbow Valley (manèges,
glissoires d'eau). Sandspit (grand huit…).
Great Island Adventure Park.

PARC NATIONAL DE L'ÎLE DU PRINCE-ÉDOUARD

A 24 km au nord de Charlottetown.
✆ 902-672-6350
www.parcscanada.gc.ca
*Accès quotidien : 6,90 $. Postes d'accueil :
Cavendish, intersection des routes 6 et 13,*

✆ 902-963 2391
Brackley, intersection des routes 6 et 15
✆ 902-672-7474. Ce petit parc qui s'étire sur
40 km le long de la côte Nord, en bordure du
golfe du Saint-Laurent, est parcouru par le
Gulf Shore Parkway, qui permet de découvrir
un des plus beaux paysages du Canada
atlantique : çà et là des sentiers, des chemins
de planche et des passerelles conduisent
à un littoral qui offre une succession de
dunes de sable, de falaises de grès rouge,
de marais d'eau saumâtre, d'étangs d'eau
douce, de terres boisées et de superbes
plages blanches de sable fin. La teinte rouge
des falaises contenant de l'hématite provient
de l'oxydation de ce minéral riche en fer. Ces
falaises sont extrêmement friables.
Sous l'action des glaciers et des vagues se
sont créés des cordons littoraux et des dunes
résultant de l'accumulation du grès érodé.
Les vagues, les courants et les vents violents
continuent à modeler les dunes de sable fixées
seulement par les plantes ammophiles.
Des sentiers d'interprétation de la nature
permettent de mieux comprendre ce fragile
équilibre écologique.
Le parc sert d'habitat à une faune variée :
renard roux, lièvre d'Amérique, vison, rat
musqué, ratons laveurs et plus de 300
espèces d'oiseaux, dont le grand héron et
le rare pluvier siffleur.
Des pistes cyclables, de nombreux sentiers
de randonnée et des aires de pique-nique
sont aménagés dans le parc. En été, une
foule d'activités et de manifestations y sont
organisées.

▶ **Plages.** Elles sont nombreuses. Les plus
belles sont celles de North Rustico, de
Brackley, toutes en longueur et ourlées de
dunes, et, plus encore, celle de Cavendish,
bordée de falaises de grès rouge stratifiées, la
plus spectaculaire de l'île. Toutes les plages
sont bien équipées et surveillées.

Hébergement

Vous trouverez, à l'intérieur du parc, de
superbes terrains à Cavendish (près de la
plage ✆ 902-672-6350), à Stanhope (près
de la plage), dans l'île de Rustico (réservation
✆ 1-800-213-7275) et à Brackley (pour
les groupes organisés seulement, avec
réservation obligatoire ✆ 902-672-6350).

Retrouvez l'index général en fin de guide

Points d'intérêt

■ GREEN GABLES (LA MAISON AUX PIGNONS VERTS)

☎ 902-672-6350

Dans le parc national, à Cavendish, route 6. Entrée : 7,15 $. La romancière Lucy Maud Montgomery (1874-1942), qui était profondément attachée à son île et à la beauté des paysages de Cavendish, a immortalisé la ferme de ses cousins McNeill, non loin de laquelle elle habitait : c'est elle qui a servi de cadre à son célèbre roman *Anne of Green Gables*, l'un des contes pour enfants les plus populaires de la littérature anglaise. Entrez donc dans la chambre d'Anne, sous les combles. Dominant une campagne vallonnée, le jardin à l'anglaise offre ses pelouses d'un vert tendre rehaussé de touffes de fleurs vives ; en contrebas, c'est la forêt hantée. Suivez l'héroïne, elle vous guidera... La romancière est enterrée dans le cimetière de Cavendish.

■ WOODLEIGH

A Burlington, Route 234 ☎ 902-836-3401
Dans un superbe parc ombragé ont été reconstitués trente monuments historiques de Grande-Bretagne, dont on peut visiter l'intérieur : la cathédrale d'York, la cathédrale Saint-Paul à Londres, la tour de Londres, le château écossais de Dunvegan, pour n'en citer que quelques-uns. En été, concerts de musique classique et traditionnelle.

FORT AMHERST – PORT-LA-JOYE

☎ 902-566-7050

A 15 km à l'est de Charlottetown, route 19, à Rocky Point. Visite de juin à septembre. C'est ici que, les premiers, les Français s'installèrent sur l'île, en 1720. En 1758, les Anglais s'emparèrent de la région et élevèrent, sur le même emplacement, Fort Amherst, qu'ils occupèrent jusqu'en 1768. De la forteresse, il ne subsiste plus aujourd'hui que des talus herbeux d'où l'on a de superbes vues sur la baie et le port de Charlottetown juste en face. C'est l'endroit idéal pour un pique-nique. Le centre d'accueil présente l'histoire du lieu au moyen d'expositions et d'un montage audiovisuel.

MALPEQUE

Sur la côte Nord, cet endroit, qui signifie large baie en micmac, est célèbre pour ses huîtres. C'est du parc provincial de Cabot Beach, aux plages sauvages peu fréquentées (camping), que l'on aura la meilleure vue d'ensemble sur cette grande baie.

CÔTE SUD

Le littoral du détroit de Northumberland offre une succession de plages, protégées par des parcs provinciaux (Alexandra, Argyle, Victoria, Chelton Beach).

MONTAGUE

Ce petit port de pêche est, malgré sa taille modeste, un des principaux centres de la partie orientale de l'île. On y trouve quelques commerces, boutiques et restaurants, ainsi que le musée du **Jardin du Golfe** (2, Main Street South, *visite de 10h à 17h*), qui présente diverses expositions sur l'histoire naturelle des Trois-Rivières. Mais Montague est surtout le point de départ des croisières d'observation des phoques organisées par la Cruise Manada Seal Watching Boat Tours.

L'Est de l'île

Dans cette partie de l'île où la côte Est particulièrement échancrée, les petits ports sont nombreux, blottis au fond d'anses ou de baies, et les pêcheries en activité (Basin Head, Murray River, Gaspereaux, Montague, Georgetown, Souris) sont là pour témoigner de la vie maritime de ce comté qui jadis vivait de la construction des navires de bois. L'intérieur est occupé par la forêt, et les noms bien anglais des villages que l'on traverse font partie de l'héritage britannique (Cardigan, Greenfield, Upton, Southampton...). Cette partie de l'île est moins touristique, plus sauvage que la partie centrale et l'on pourra profiter de ses superbes plages (Wood Islands, Panmure Island, Red Point). Ajoutons que cette région est connue pour ses moules bleues, cultivées pour l'exportation (les bouées blanches sur l'eau marquent l'emplacement des lignes à moules). Comme il est difficile de faire le circuit Kings Byway en une journée en raison de sa longueur (375 km), mieux vaut partir à la découverte de ses sites à partir de Montague ou de Souris, les principaux centres.

▶ **Deux points d'embarquement :** à Montague Marina sur la route 4, ou à Brudenell Resort Marina sur la route 3.

Points d'intérêt

■ **PARC PROVINCIAL BRUDENELL RIVER**
✆ 902-652-8965
✆ 1-800-377-8336
Route 3. A 5 km à l'ouest de Georgetown près de Cardigan. Longeant la Brudenell River, ce parc, situé à proximité du petit port de Georgetown, bénéficie d'un site exceptionnel sur la rivière. Il possède un hôtel, une plage, un superbe terrain de golf de 18-trous, des sentiers pédestres et des emplacements de camping.

PARC PROVINCIAL PANMURE ISLAND

Non loin de Gaspereaux, pittoresque village de pêcheurs de homards, ce parc offre une longue plage de sable fin pratiquement toujours déserte, bordée de dunes, qui est en réalité un cordon littoral reliant le cap Sharp à Panmure Island.
L'eau est bonne et les méduses ne sont pas au rendez-vous. Sur l'île, montez au petit phare octogonal, blanc et rouge, bâti en 1853 pour marquer l'entrée du port de Georgetown, et profitez d'un joli panorama.

SOURIS

Ce port actif est le seul point d'embarquement pour les îles de la Madeleine. C'est la communauté la plus importante de l'Est de l'île du Prince-Édouard (1 600 habitants). On y trouve un centre d'informations touristiques, des magasins, boutiques, hôtels et restaurants, ce qui en fait un bon point de départ pour aller explorer l'extrémité Nord-Est de l'île, particulièrement sauvage. On pourra également profiter de la plage du parc provincial Souris Beach.

Transports – Pratique

■ **CTMA**
✆ 418-986-3278
✆ 1-888-986-3278
www.ilesdelamadeleine.com/ctma
La compagnie assure la liaison de Souris à Cap-aux-Meules (îles de la Madeleine). Réservation impérative au moins un mois à l'avance.

■ **MUNICIPALITE DE SOURIS**
✆ 902-687-2157

Hébergement

■ **B&B DOCKSIDE**
37, Breakwater Street
✆ 902-687-2829 – www.colvillebay.ca
4 chambres de 40 $ à 60 $ en double, petit déjeuner maison inclus. Cette maison située à deux minutes de marche du ferry pour les îles de la Madeleine offre une jolie vue sur le port de Souris.

■ **MATTHEW HOUSE INN BY THE OCEAN**
15, Breakwater Street ✆ 902-687-3461
www.matthewhouseinn.com
8 chambres de 105 $ à 175 $ en double, petit déjeuner inclus. Belle demeure victorienne posée au bord de l'eau, non loin du ferry pour les îles de la Madeleine.

Dans les environs

■ **PARC PROVINCIAL RED POINT**
Route 16, au nord de Souris
Une halte idéale pour un pique-nique, une balade ou une baignade. La superbe plage de sable blanc (surveillée) est bordée de conifères et de falaises de grès rouge. Camping agréable en bordure de plage.

■ **BASIN HEAD**
10 km à l'est de Souris sur la route 16. Visite de mi-juin à fin septembre, de 10h à 19h. Le musée (Fisheries Museum) occupe un joli site surplombant un petit port, à proximité d'une superbe plage de sable et de magnifiques dunes. Il est consacré à la pêche côtière et à la vie des pêcheurs d'antan. Des hangars à bateaux abritent divers modèles d'embarcations et l'on verra une ancienne conserverie. Exposition d'artisanat.

EAST POINT

A l'extrémité la plus orientale, s'élève le phare d'East Point, l'un des plus vieux de l'île, construit en 1867. Il se visite en été et l'on peut y monter. C'est un phare octogonal en bois qui dut être déplacé en 1908, à l'emplacement actuel, en raison de l'érosion de la falaise. L'ensemble composé par le phare et la falaise de grès rouge battue par les vents, sapée par les puissantes marées issues de la rencontre des eaux du golfe et du détroit, est particulièrement impressionnant, d'autant que l'on entend résonner dans les grottes les mugissements des phoques.

L'ouest de l'île

Cette partie de l'île possède la seconde ville en importance de la province, Summerside, mais aussi ses régions les plus isolées, notamment celle de sa pointe septentrionale. C'est dans la région Evangéline que se groupent la majorité des Acadiens de l'île, dont les minuscules villages de pêcheurs s'égrènent autour du cap d'Egmont. Mais il existe aussi de petites communautés acadiennes à l'extrême nord.

Le circuit Lady Slipper ou Sabot de la Vierge, emblème de la province, en fait le tour (288 km). Les côtes se présentent comme festonnées, échancrées d'immenses baies (Malpeque, Bedeque et Egmont) parfois fermées par de longs cordons littoraux. Entre les baies de Malpeque et de Bedeque, la largeur de l'île n'excède pas 6 km. La baie de Malpeque est par ailleurs célèbre pour ses huîtres (festival des huîtres début août à Tyne Valley). La construction navale a joué, jusqu'à la fin du XIXᵉ siècle, un rôle très important dans cette région ; Summerside en était l'un des principaux centres.

ST PETERS

C'est à cet endroit qu'en 1719 a été créé le tout premier établissement de l'île avec l'arrivée de deux marins normands dont le bateau s'était échoué dans les parages.

Bien abrité dans une baie profonde, ce lieu fut nommé Havre Saint-Pierre et prospéra grâce à la pêche jusqu'à la déportation des Acadiens en 1755. Début août a lieu le festival du bleuet.

Tout le long de cette côte Nord se succèdent de magnifiques plages sauvages protégées par le parc national de Greenwich, prolongation du parc national de l'île du Prince-Edouard. Certaines sont accessibles. Ici la nature est reine et le meilleur moyen de transport est le vélo : vous pourrez rouler sur le sentier de la Confédération (que l'on peut rejoindre à St. Peters) qui relie Elmira, au nord, à Mount Stewart, au sud.

Ce sentier longe les anciennes voies ferrées abandonnées et permet d'explorer des coins sauvages à l'écart de la circulation automobile.

SUMMERSIDE

Seconde ville (18 200 habitants) en importance après Charlottetown, Summerside connaît un boom économique depuis la mise en service en 1997 du pont de la Confédération, qui relie l'île au Nouveau-Brunswick.

La ville possède des centres commerciaux, dispose de ressources hôtelières et de restaurants. Summerside constitue un bon point de départ pour partir à la découverte des sites de cette partie de l'île. Ne manquez pas son carnaval du homard, à la mi-juillet.

Hébergement

■ **B&B BIRCHVALE FARM**
Wilmot Valley, R.R. 3, Summerside
✆ 902-436-3803 – ✆ 1-800-463-3803
www.peisland.com/birchvalefarm
Entre la route 1A et 107. Ouvert du 1ᵉʳ mai au 31 octobre. 4 chambres : 50 $ en double, petit déjeuner inclus. Cartes de crédit Visa et MasterCard. Auberge sympathique avec chambres propres et confortables. Il s'agit aussi d'une exploitation agricole cultivant la « patate » et élevant le bétail. Accueil très chaleureux. Animaux de compagnie non autorisés.

■ **B&B SERENDIPITY**
77, Linkletter Avenue, Central Bedeque
✆ 902-887-3540 – ✆ 1-866-887-3540
Highway 1. 3 chambres à partir de 90 $ en occupation double, petit déjeuner inclus. Cottage 595 $ la semaine (capacité de 1 à 6 personnes). Cartes de crédit Visa et MasterCard. A 10 km de Summerside, cette charmante auberge centenaire vous accueille chaleureusement dans un cadre champêtre. Chambres joliment décorées à la saveur victorienne. Balcons et patios.

RÉGION ÉVANGÉLINE

La vie des Acadiens se déroule dans la région Evangéline, entre la baie Bedeque et la baie Egmont.

Les petits villages acadiens portent des noms de saints : Saint-Nicholas, Saint-Raphaël, Saint-Timothée, Saint-Gilbert, Saint-Philippe, Saint-Chrysostome qui témoignent de l'attachement des Acadiens à la religion catholique.

On pratique, le long du littoral du détroit, la pêche au hareng, au pétoncle, au maquereau, mais surtout au homard en été. Le Mont-Carmel est un joli village riche en histoire.

▶ **Animations au village de l'Acadie :** concerts tous les dimanches soir en été. Festival acadien (en été). Souper-spectacle en français La Cuisine à Mémé, qui met en scène une vieille dame attachante dont la vie est remplie de rebondissements inattendus. Mémé est un personnage incontournable à l'île du Prince-Edouard. Une occasion de rire.

Hébergement

■ **VILLAGE DE L'ACADIE**
Route 11, Mont-Carmel
℃ 902-854-2227
Chambre : 80 $ en double. L'hôtel Village de l'Acadie est le plus luxueux de la région d'Evangéline, situé à l'entrée du village historique acadien du Mont-Carmel. Chambres confortables, souvent inoccupées. Son restaurant, L'Etoile de Mer (℃ 854-2227), vous donne l'occasion de goûter aux mets acadiens traditionnels : râpure, fricot au poulet, fricot aux palourdes, pâté acadien. Une bonne adresse pour un premier contact avec l'Acadie.

Point d'intérêt

■ **CAP-EGMONT**
Joli village de pêcheurs donnant sur le détroit de Northumberland. Le cap Egmont est souvent appelé Grand Cap par les gens de la région. Au bout du cap (accès par un chemin de terre), dans un superbe site isolé, se dresse le phare d'Egmont, blanc et rouge, sur une côte de falaises rouges découpées. Le dernier gardien de phare à y résider est l'artisan des maisons de bouteilles (route 11, à Cap-Egmont), construites avec plus de 25 000 bouteilles, dans un jardin fleuri.

WEST POINT

■ **LE PHARE**
Il s'élève dans le parc provincial de Cedar Dunes, qui offre de jolies plages et constitue un excellent endroit pour l'étude de la flore et de la faune des dunes.
Ce phare, construit en 1875 et reconnaissable à ses rayures blanches et rouges, est devenu, en 1984, un petit musée retraçant l'histoire des phares de l'île. De la plate-forme d'observation, le regard embrasse l'ensemble des dunes rouges du rivage.

NORTH CAPE

Superbe bout du monde que cette pointe de l'extrême nord.
Le phare (1866) se détache sur les falaises de grès rouges balayées par le vent, où l'on entend le mugissement des phoques.

■ **CENTRE D'ESSAI D'ÉOLIENNES**
A côté, le Wind&Reef Seafood Restaurant offre, en plus de son panorama, ses fruits de mer : huîtres de Malpeque, homards, pétoncles, moules…
Un sentier de 2 km, le Black Marsh Nature Trail, conduit à Elephant Rock, énorme bloc de grès rouge détaché des falaises.

■ TERRE-NEUVE

La plus orientale des provinces canadiennes est aussi la plus grande des Maritimes. Elle se compose de l'île de Terre-Neuve (111 390 km²), rocheuse et dentelée, et, sur le continent, d'une vaste zone montagneuse peu habitée, le Labrador (294 330 km²), à la frontière du Québec. On appréciera cette île éloignée pour sa rudesse et sa beauté sauvage. Elle demeure aujourd'hui encore une terre méconnue qui se distingue des autres Provinces Atlantiques tant par son histoire et sa culture que par ses paysages. Son isolement au Nord-Est de l'Amérique a contribué à forger son individualité.

Une géographie particulière

Le Rocher (The Rock) – tel est son surnom – est une île rocailleuse, impropre à la culture, une terre hostile aux paysages vierges. La partie occidentale de l'île est occupée par la chaîne des Long Range, un vieux massif érodé, prolongement et fin des Appalaches.
Le parc national de Gros-Morne offre aux visiteurs et aux sportifs l'occasion unique de découvrir ces montagnes grandioses qui plongent dans les eaux limpides de profonds fjords (semblables à ceux de Norvège), dont certains sont en eau douce car ils ne communiquent pas avec la mer.

OCÉAN ATLANTIQUE

GOLFE DU SAINT-LAURENT

QUÉBEC

LABRADOR

Blanc Sablon

Strait of Belle Isle

Anse-aux-Meadow

Statisview

St-Anthony

Hare Bay

Main Brook

Roddickton

St Barbe

New Ferolle

Port-aux-Choix

Ten Mile Lake

Englee

PENINSULE DU NORD

Long Range Mountain

Estern Blue Pond

606 m.

Cow Head

430

Rocky Harbour

Trout River

Parc National du Gros Morne

Gros Morne 806 m.

Tweed & Pearl Islands

Lark

Groais Island

Bell Island

Horse Islands

White Bay

Jackson's Arm

420

Hampden

Cat Arm Reservoir

La Scie

Baie Verte

510

PENINSULE DE LA BAIE VERTE

Springdale

South Brook

Sheffield Lake

Ferry vers Cartwright

New World Island

Notre-Dame Bay

Long Island

Triton

Robert's Arm

Leading Tickles

Summerford

Twillingate

Fogo Island

Joe Batt's Arm

Fogo

Point Leamington

Musgrave Harbour

Carmanville

330

L'intérieur de l'île est un plateau ondulé, incliné vers le sud-est, occupé tantôt par des forêts denses (40 % de la surface), tantôt par des étendues désolées de landes rocheuses, de tourbières et de lacs, résidus des glaciers qui ont laissé leur empreinte. Au nord, en direction de l'Anse-aux-Meadows, les paysages côtiers sont d'une saisissante désolation, ponctués de minuscules villages de pêcheurs, comme égarés dans ces lieux sinistres. Ailleurs, de hautes falaises côtières abritent dans leurs anses de galets de minuscules ports de pêche. La rade de St. John's et celle de St. Anthony occupent un site naturel grandiose ceinturé de collines de roc battues par les vents et les flots.

La péninsule d'Avalon est rattachée par un étroit isthme au reste de l'île. C'est la partie la plus riche et la plus peuplée, l'économie de l'île demeurant ailleurs sous-développée (peu d'industries). Les minéralogistes pourront découvrir des gemmes : albâtre, virginite, serpentine, agate.

Le célèbre chien noir de Terre-Neuve, à pattes palmées, a été pendant des siècles le compagnon des marins et des pêcheurs.

Un peuplement très ancien

Comme en témoignent les nombreux vestiges autochtones mis au jour le long de ses côtes, l'île a été habitée sans interruption depuis plus de 8 000 ans.

Les premiers à s'y établir ont été les Indiens de la civilisation dite archaïque maritime et les paléo-esquimaux des cultures Dorset et Groswater.

Les Européens, lorsqu'ils débarquèrent à Terre-Neuve, rencontrèrent les Beothuks, des Amérindiens arrivés dans l'île vers l'an 200 et aujourd'hui disparus.

L'île de Terre-Neuve, première terre en vue après la traversée de l'Atlantique, a été découverte très tôt par les Européens.

Selon la tradition, à la fin du Ve siècle de notre ère, le moine irlandais Brendan le Navigateur, parti à la recherche de nouvelles terres à évangéliser, aurait traversé l'Atlantique et posé le pied sur le continent. Puis les Vikings, partis du Groenland, ont séjourné sur l'île qu'ils utilisaient comme base pour l'exploration du continent : le camp établi par Leif Eriksson à l'Anse-aux-Meadows est le plus ancien site européen mis au jour en Amérique du Nord. Ensuite, au XVe siècle, les Basques vinrent y pêcher la morue sur les bancs de Terre-Neuve et chasser la baleine dans le détroit de Belle-Isle. L'exceptionnelle richesse des bancs avait été rapportée par le navigateur italien Jean Cabot, à la solde du roi d'Angleterre, qui aurait abordé Terre-Neuve au cap Bonavista en 1497. Le XVIe siècle fut marqué par la rivalité des Français et des Anglais pour le contrôle de l'île. Dès 1558, les Anglais avaient fondé un comptoir à Trinity, sur la péninsule de Bonavista, et, en 1583, l'Angleterre prenait officiellement possession de Terre-Neuve. Cela n'empêcha pourtant pas les Français de s'installer dans la péninsule d'Avalon, en fondant un poste permanent à Plaisance, capitale de la colonie française jusqu'au traité d'Utrecht (1713), qui reconnaîtra la souveraineté britannique sur l'île. Au XIXe siècle, celle-ci reçut une forte immigration irlandaise. Lors de la création de la Confédération canadienne, Terre-Neuve préféra rester colonie britannique. Elle fut la dernière province à intégrer le Canada en 1949.

La moitié de la population de l'île habite la péninsule d'Avalon, et le quart la région de St. John's. Le reste est disséminé le long des côtes dans de minuscules villages de pêcheurs (outports), aux maisons colorées accrochées au rocher, et aux embarcations (doris) amarrées à des appontements de bois fouettés par les vagues. L'intérieur de l'île est pratiquement inhabité en dehors de gros centres urbains très industriels.

Fiche technique

- **Newfoundland :** NF.
- **Superficie :** 405 720 km².
- **Population :** 531 600 habitants.
- **Capitale :** St. John's.
- **Littoral :** 17 542 km.
- **Patrimoine culturel :** irlandais, anglais originaires de l'ouest de l'Angleterre (Dorset, Devon, Cornouailles), moins de 1 % d'Acadiens.
- **Langue :** anglais (langue maternelle de 98 % des habitants).

Transports

Avion

Terre-Neuve et le Labrador sont principalement desservis par :

Sea Arches de Tickle Cove, Terre-Neuve / Labrador

■ **AIR CANADA**
✆ 1-888-247-2262 – www.aircanada.ca
Départ de Toronto, Montréal, Halifax et
Boston.

■ **AIR TRANSAT**
✆ (877)-872-6728 – www.airtransat.com
(vols charters)
Départ de Toronto en été.
Des filiales comme : AIR NOVA (ou Air Canada
Jazz, groupe Air Canada) ou AIR LABRADOR
ont des liaisons régulières avec St. John's,
Gander, St. Anthony.

■ **AIR NOVA**
✆ 1-888-422-7533 – www.airnova.ca

■ **AIR LABRADOR**
✆ 709-896-6730/758-0002
www.airlabrador.com

■ **AIR SAINT-PIERRE**
✆ 05 08 41 00 00
www.cheznoo.net/aspweb/index.html

■ **PROVINCIAL AIRLINES**
✆ 1-800-563-2800 – www.provair.com
Ces deux compagnies desservent Saint-Pierre-
et-Miquelon (France).

Ferry

■ **MARINE ATLANTIC**
✆ 902-794-5700 – ✆ 1-800-341-7981
www.marine-atlantic.ca
Assure le passage des voitures et des
personnes de la Nouvelle-Ecosse (North-
Sydney) à Terre-Neuve (Port-aux-Basques, à
l'année, durée 5h été, 6h hors saison). Transit
avec service trans-island, autocars DRL Coach
Lines. Liaison North-Sydney-Argentia de mi-
juin à mi-septembre, deux fois par semaine,
durée 14h. Réservation obligatoire.

■ **LABRADOR MARINE INC**
✆ (866)-535-2567 – ✆ 1-800-563-6353
Il traverse le détroit de Belle-Isle, relie Blanc-
Sablon (Duplessis, côte Nord du Québec
✆ (418)-931-2275) à Saint-Barbe (Terre-
Neuve ✆ 709-877-2222) de juillet à octobre,
1 traversée par jour, durée 1h30. 18,50 $
(auto), 9 $ (passager). Se présenter 1h avant
le départ. Réservation obligatoire.

■ **COASTAL LABRADOR**
MARINE SERVICE
✆ 535-6872
Relie Lewisporte (NF) à Happy Valley-Goose
Bay (Labrador) via Cartwright, de mi-juin à
mi-septembre (les traversées de juin peuvent
être retardées à cause de l'état de la glace).
Une traversée par semaine, avec voitures,
durée 35h. Réservation requise.

■ **LA COTE DU LABRADOR**
Informations ✆ 1-800-535- 2567
3 liaisons maritimes qui desservent les petites
communautés : Charlottetown-Port Simpson,
Black Tickle-Nain via Cartwright et Goose Bay
et Cartwright-Goose Bay.

Par la route

▶ **La Transcanadienne (Route 1).** C'est
un ruban de bitume qui traverse l'île de
Terre-Neuve d'ouest en est, de Port-aux-
Basques (arrivée du ferry) à St. John's, la
capitale, soit 909 km. En dehors des gros
centres, elle traverse des régions sauvages
et inhabitées (attention aux passages de
caribous et d'orignaux). Reste que les haltes
sont possibles : des stations-service jalonnent
le parcours et vous trouverez toujours à vous
loger à proximité, que ce soit dans un motel
au bord de la route, ou en ville dans un B&B.
La Transcanadienne est une superbe route
panoramique, en autoroute la plupart du
temps

Itinéraire conseillé

Il faut faire la traversée complète de l'île d'ouest en est, de Port-aux-Basques à St. John's, en empruntant la Transcanadienne (909 km). Les routes secondaires qui s'y relient permettent d'explorer des régions typées, comme la péninsule nord, les Twillingate, la péninsule de Burin ou la péninsule d'Avalon. On distingue, dans l'île, trois parties bien individualisées : une partie ouest, une partie centrale et une partie est.

■ TERRA TRANSPORT
✆ 737-5916
Cette compagnie de bus dessert l'île à l'arrivée du ferry.

Location de voitures

A Port-aux-Basques, à St. John's et dans les principales villes de la province, il vous sera possible de louer une voiture auprès des agences suivantes :

■ TILDEN NATIONAL
✆ 1-800-387-4747

■ BUDGET
✆ 1-800-268-8900

■ HERTZ
✆ 1-800-263-0600

■ THRIFTHY
✆ 1-800-367-2277
Pour avoir une voiture à votre arrivée du ferry à Port-aux-Basques, réservez-la par téléphone depuis North-Sydney (cela marche bien avec Tilden National), vous pourrez la rendre à St. John's ou à Argentia. Il est également possible d'en louer une à Argentia (arrivée du ferry) et de la rendre à Port-aux-Basques. Attention ! Si vous louez une voiture en Nouvelle-Ecosse pour aller à Terre-Neuve, vous devrez obligatoirement la rendre à son point de départ, c'est-à-dire en Nouvelle-Ecosse. Les agences de location refusent d'aller récupérer à Terre-Neuve une voiture louée dans une autre province. Il est donc préférable de louer sur place. Le retour sur Montréal pourra s'effectuer en avion à partir de St. John's.

Pratique

■ INFORMATIONS
Terre-Neuve et le Labrador
✆ 709-729-2830 – ✆ 1-800-563-6353
www.newfoundland-labrador.com
www.gov.nf.ca

■ ETAT DES ROUTES
www.roads.gov.nf.ca

PORT-AUX-BASQUES

En débarquant du ferry à Port-aux-Basques, le premier contact que l'on a avec ce village de pêcheurs aux petites maisons de bois colorées accrochées aux rochers du rivage est déjà un dépaysement : le ciel est plombé, les falaises grises, le paysage désolé et rocheux, tout indique un environnement rude, voire hostile.

Hébergement

■ ST. CHRISTOPHER'S HOTEL
Caribou Road
✆ 695-7034 – ✆ 1-800-563-4779
Chambre : 85 $ en double. L'hôtel St. Christopher's est bien situé, à proximité des centres d'activités de Port-aux-Basques. Il dispose de cinquante-quatre chambres spacieuses et confortables. Restaurant.

Dans les environs

Au fil des kilomètres, le paysage s'adoucit, la végétation rabougrie se métamorphose en forêts et en sols fertiles.

■ PARC PROVINCIAL CHEESEMAN
✆ 695-7222
Ouvert de mi-mai à fin octobre. A 16 km de l'embarcadère, il peut constituer une bonne halte pour les amateurs de camping. Observation des oiseaux (attention aux nids).

■ PARC MUMMICHOG
Son nom indien évoque un petit poisson abondant, le barbeau. La route emprunte ensuite le versant occidental de la chaîne des monts Long Range, dont les sommets demeurent parfois enneigés jusqu'en juillet. Le mont Table est célèbre pour ses rafales de vent, qui peuvent y atteindre 160 km/h.

■ PARC DU GRAND CODROY

Camping. Ce parc est parcouru par une rivière connue pour ses eaux tièdes et très appréciée des amateurs de canotage. Les nombreux cours d'eau qui descendent des montagnes pour se jeter dans la baie St. George sont réputés pour leurs saumons.

■ PARC DE LA CRABBES RIVER

Pêche et camping.

■ PARC PROVINCIAL DE L'ETANG BARACHOIS

Pêche et camping. Ce parc possède une flore intéressante, en particulier des orchidées sauvages.

DEER LAKE

Le lac Deer, très poissonneux, possède aussi de belles plages. La localité de Deer Lake est un carrefour majeur où se croisent la Transcanadienne, qui continue jusqu'à Windsor, et la route 430, qui mène au parc national de Gros-Morne et jusqu'à la pointe septentrionale de Terre-Neuve. Dans cette localité agréable, on trouvera bon nombre de logements et de restaurants.

PARC NATIONAL DU GROS-MORNE

■ ROCKY HARBOUR

✆ 458-2417 – www.parcscanada.gc.ca
A 41 km de Deer Lake par la route 430. Ouvert à l'année. Accueil : Rocky Harbour de 9h à 22h. Accès quotidien : 5 $. Renseignements à l'accueil pour le camping, les randonnées à pied, les diverses activités, les promenades en bateau, l'état des pistes en hiver. On vous remettra un plan du parc et le programme des activités. Comptez une semaine pour visiter et faire les randonnées à pied. Ski de fond en hiver. Joyau de l'île, inscrit au Patrimoine mondial de l'Unesco, ce parc s'étire sur 1 805 km², en bordure de la longue péninsule septentrionale. Il jouit d'une renommée internationale en raison de l'ancienneté exceptionnelle de sa formation géologique, remontant à 1 250 millions d'années, et des paysages grandioses qu'offrent les montagnes tabulaires des Long Range, entaillées de fjords. Sur l'étroite bande littorale, se succèdent petits villages de pêcheurs (Rocky Harbour, Lobster Cove, Baker's Brook, Sally's Cove, St. Paul's), falaises, anses de sable ou de galets.

▶ **Points d'intérêt.** On y pratique la randonnée à pied, principale activité du parc, le kayak,

le camping et le ski en hiver. Avec son réseau de plus de 100 km de sentiers, le parc offre une vingtaine de randonnées de tous niveaux, des promenades faciles à faire en famille aux randonnées les plus difficiles pour marcheurs chevronnés. Les randonnées faciles sont : Broom Point (1 km jusqu'à un pré côtier), Green Point (6 km, plage de galets, forêt côtière, petits étangs), Berry Head (boucle de 2 km, tourbières, forêt), Etang Berry Hill (boucle de 2 km, étangs, oiseaux, grenouilles), Lobster Cove Head (boucle de 2 km, plage, mares, panneaux explicatifs au pied du phare), Southeast (1 km dans les bois jusqu'à des chutes spectaculaires). L'excursion aux Tablelands (4 km, difficulté moyenne) permet de voir une géologie et une flore exceptionnelles. La randonnée qui permet d'atteindre le sommet du Gros-Morne (altitude 806 m) – 16 km, 8h de marche, niveau difficile – vous fera découvrir une végétation arctique-alpine et une faune particulière (lièvre arctique, lagopède).

▶ **Programmes d'interprétation.** Promenades guidées dans les Tablelands et Bonne Bay. Se renseigner à l'accueil.

Sports et loisirs

▶ **Excursions en bateau.** Elles vous permettront de découvrir les caractéristiques géologiques de cette région.

■ FJORD DE WESTERN BROOK POND

Informations ✆ 458-273
Durée 2h30 (voir description ci-après).

■ ETANG DE TROUT RIVER POND

Dans les Tablelands
Informations ✆ 451-2101
Durée 2h30.

■ EXCURSIONS EN KAYAK

Informations ✆ 458-2722
Pour découvrir la baie de Bonne Bay avec des guides spécialisés.

■ BONNE BAY

Il s'agit là d'un profond fjord d'eau de mer se séparant en plusieurs bras, dont East Arm et South Arm. Le South Arm présente de magnifiques vues sur les villages de pêcheurs surplombés par les hauteurs tabulaires des Tablelands (altitude : 600 m), aux roches nues d'ocre rouge sorties de l'écorce terrestre. Près de Woody Point, un belvédère avec panneaux explicatifs offre une large vue de ces formations. Un sentier permet de pénétrer au cœur des Tablelands.

Route des vikings

La péninsule septentrionale (Great North Peninsula) se distingue nettement, par son caractère nordique, des autres régions terre-neuviennes.
La route 430, dite route des Vikings s'amorce à la sortie du Parc de Gros-Morne. La chaîne des Long Range va s'abaisser graduellement, perdant ainsi son caractère spectaculaire, tandis que la route suit un littoral qui devient de plus en plus désolé, couvert d'une végétation rase de buissons rabougris parsemés de fleurs jaunes, roses ou blanches et de baies.

■ LAC WESTERN BROOK

A 29 km de Rocky Harbour. 40 min de marche jusqu'à l'embarcadère. Départ : 3 bateaux par jour en juillet et août. Durée 2h30. Adultes : 35 $. Se couvrir chaudement. Un sentier tracé dans la forêt boréale rabougrie permet d'accéder au lac qui occupe un site sauvage et grandiose. Le ruisseau Western Brook s'est frayé un chemin jusqu'à l'océan en creusant dans les monts Long Range un canyon qui a formé un fjord d'eau douce. Les parois de granite presque verticales qui surplombent le lac d'une hauteur de 600 m sont spectaculaires. Des chutes d'eau et des cascades tombent de ces escarpements qui abritent des aigles à tête chauve, tandis que les berges boisées sont peuplées de caribous. Seule une promenade en bateau permet de pénétrer à l'intérieur de ce fjord, vallée glaciaire aux eaux profondes (200 m) qui s'enfonce profondément à l'intérieur des montagnes.

PORT-AU-CHOIX

A 230 km au nord de Deer Lake et 135 km au nord de St. Paul's. Ce petit port actif aux maisons colorées occupe un site austère, sur une presqu'île. La pêche y demeure l'activité dominante.
Sur le port, vous pourrez assister à l'arrivée des bateaux de pêche et au débarquement des fameux crabes des neiges, ces crustacés dont la chair est plus fine que celle du homard et qui sont reconnaissables à leurs pattes démesurément longues. La pureté de l'air, la couleur bleu pâle du ciel, celle éclatante de la mer, le sol pierreux où s'accroche une maigre végétation contribuent au charme du lieu malgré sa rudesse. **Le Lieu historique national Port-au-Choix** (✆ 861-3522 en été/458-2417 hors saison) rend hommage à cette ville qui est le plus important site d'occupation, en Amérique du Nord, des Indiens archaïques maritimes, dont on a retrouvé des cimetières vieux de 4 500 ans. Mais aussi celui des paléoesquimaux des cultures Dorset et Groswater, qui appartiennent à une autre civilisation et dont on a retrouvé des vestiges plus récents (200 à 600 après J.-C.), en particulier des pierres et des os sculptés.

ANSE-AUX-MEADOWS

A 453 km de la Transcanadienne par les routes 430 et 436. Aéroport le plus proche : St. Anthony. A la pointe de la péninsule nordique, ce site désolé, ouvert sur une anse rocheuse d'aspect lugubre, souvent envahie de brume, fait partie du Patrimoine mondial de l'Unesco. C'est le seul endroit où l'on a retrouvé les vestiges d'une colonie viking, considérée comme étant le premier établissement européen d'Amérique du Nord. On sait, d'après les légendes, qu'un navire ralliant le Groenland aurait été emporté par une tempête et qu'il aurait aperçu des côtes inconnues. Ayant eu connaissance de ces faits, le fils d'Erik le Rouge, Leif Eriksson, aurait organisé une expédition et abordé une région riche en bois, en pâturages et en saumons qu'il nomma Vinland car il y avait trouvé de la vigne sauvage. C'est seulement en 1960 que les Norvégiens Helge Ingstad et Anne Stine découvrirent à l'Anse-aux-Meadows les vestiges d'un camp viking nommé camp de Leif, érigé autour de l'an mille. Il comprenait huit bâtiments et servait de camp de base aux Vikings norvégiens pour leurs expéditions vers les côtes du Labrador, de Terre-Neuve mais aussi vers celles du golfe du Saint-Laurent qui faisaient partie du Vinland. L'Anse-aux-Meadows était donc un camp établi à l'extrémité nord du Vinland. Les autochtones y ont vécu pendant 5 000 ans, sans doute en raison de l'abondance des richesses de la mer et de la proximité du Labrador.

■ LIEU HISTORIQUE NATIONAL DE L'ANSE-AUX-MEADOWS

Route 436 ✆ 623-2608
www.parcscanada.gc.ca
Ouvert de mi-juin à début septembre, de

9h à 20h. Entrée : 5 $. Le centre d'accueil présente une maquette du site à l'époque des Vikings, une collection d'objets trouvés sur place et un audiovisuel intéressant, sur l'histoire des fouilles, qui constituent une très bonne introduction à la visite du site.

ENTRE L'ANSE-AUX-MEADOWS ET QUIRPON

Dans ce bout du monde d'une grande austérité, la route dessert plusieurs petites anses isolées et rocheuses, avec quelques cabanes. La vie des pêcheurs est ici particulièrement rude, en raison des brouillards, du vent polaire et des températures hivernales extrêmes (- 40 °C). L'été, la température peut être agréable (20 °C), mais le brouillard et le vent peuvent la faire chuter de 10 °C dans la même journée. Un anorak s'avère parfois nécessaire même en plein été. Toute cette région, où quelques rares personnes parlent encore français, avait été colonisée par les Français dès 1713. Témoins de cette époque d'occupation, les noms des hameaux de la côte entre l'Anse-aux-Meadows (peut-être une déformation de l'appellation française Anse-aux-Méduses) et St. Anthony : Criquet, Bréhat, baie Française, île Quirpon. Témoins aussi les vieux fours de French Beach et les pierres tombales.

SAINT ANTHONY

A 35 km de l'Anse-aux-Meadows. La route des Vikings (430) s'achève aux abords de cette petite ville (3 200 habitants) qui occupe un superbe site au fond d'une rade bien abritée, encadrée de sombres promontoires battus par les vents et les vagues de l'océan. Pourvue d'un excellent port, d'un hôpital, de commerces, de lieux d'hébergement, de restaurants et d'un aéroport, c'est l'agglomération la plus proche de l'Anse-aux-Meadows et le plus important centre urbain de la région. Depuis 1900, St. Anthony est le siège de la Mission Grenfell, créée afin de dispenser des soins médicaux aux populations isolées du nord de Terre-Neuve et du Labrador. Cette mission a été fondée par un médecin-missionnaire anglais, sir Wilfred Grenfell (1865-1940), qui a développé le premier réseau d'hôpitaux, d'infirmeries et d'orphelinats dans la région. Pour financer ces projets, il avait créé une entreprise locale de confection de vêtements d'hiver dont les profits étaient versés à la mission.

DE DEER LAKE À GANDER

A la sortie de Deer Lake, la Transcanadienne (route 1) traverse des forêts de pins, de sapins et d'épinettes qui abritent des hordes de caribous et s'étendent autour du lac Sandy, puis surplombent le lac Birchy.

La route contourne la baie Halls, qui est un fjord menant à la baie Notre-Dame, véritable dentelle aux myriades d'îles. C'est au parc Catamaran (camping), au nord de Badger, que fut capturée en 1823 la dernière survivante de la tribu indienne des Beothuks, Shanawdithit, qui mourut en 1829.

La petite ville de Badger a été rendue célèbre par la ballade des bûcherons terre-neuviens *Badger Drive.*

GANDER

Cette ville moderne est l'une des plus importantes du centre de Terre-Neuve. Elle possède **un aéroport international** ✆ 256-2780. Pendant la Seconde Guerre mondiale, Gander était un aéroport militaire chargé de la défense de l'Atlantique nord et qui servait de base aux opérations contre les U-Boats allemands. L'histoire de l'aviation de Gander est retracée au North Atlantic Aviation Museum (route 1).

■ **INFORMATIONS TOURISTIQUES**
www.gandercanada.com

■ **VILLE DE GANDER**
✆ 651-2930 – ✆ 1-877-919-9979

LES TWILLINGATE

Cette superbe région d'îles rattachées en presqu'îles ou éparpillée en myriades d'îlots dans la baie Notre-Dame, est une zone d'habitat remontant à la préhistoire : les Indiens archaïques maritimes l'avaient occupée bien avant les Indiens Béothuks et l'arrivée des premiers marins français qui auraient nommé ces îles Toulinguet, dont Twillingate serait la déformation.

Les deux îles Twillingate Nord et Twillingate Sud, reliées entre elles par un pont, sont aujourd'hui rattachées à Terre-Neuve par une digue. Elles abritent une multitude de hameaux de pêcheurs blottis dans les multiples criques de ses côtes festonnées. Une lumière dorée, de douces collines, des falaises, des plages, des anses, des lacs sertis de lichen jaune, une mer d'huile composent un paysage sans cesse renouvelé, d'une beauté paisible. Le temps ici semble suspendu.

La principale localité est Twillingate, où l'on peut visiter le Twillingate Museum et la boutique d'artisanat local (pulls tricotés, tapis hookés, kilts, poterie).

Du phare de Long Point à l'extrémité Nord de l'île, on découvre un superbe panorama sur les îlots rocheux. Quelquefois, on peut même apercevoir des baleines et des icebergs, puisque cette zone située sur l'allée des Icebergs en est l'un des meilleurs postes d'observation.

PARC NATIONAL DE TERRA-NOVA

✆ 533-2801 – www.parcscanada.gc.ca
La Transcanadienne traverse le parc de part en part, de Glovertown à Port-Blandford. Ouvert à l'année. Accès quotidien : 5 $. Accueil au Centre d'interprétation marine en été de 9h à 21h, situé à Saltons près de la Transcanadienne. Hors saison de 8h à 16h30, à Newman Sound. S'étendant sur 400 km², cette réserve naturelle présente des paysages boisés et vallonnés, rabotés par les glaciers, et un littoral échancré de fjords ou sounds (Clode, Newman) ouverts sur la baie de Bonavista et s'enfonçant profondément à l'intérieur des terres tels des doigts. Cette région fut peuplée par les Béothuks puis par les colons européens. Les denses forêts de conifères de Terra-Nova sont l'habitat naturel de l'orignal, de l'ours noir, de la martre, du castor mais aussi du lynx. Au début de l'été, les eaux du littoral sont parsemées d'icebergs entraînés par le courant du Labrador. Les eaux des fjords sont fréquentées par les baleines de mai à août : rorqual commun, rorqual à bosse, petit rorqual. Terrains de camping disponible à l'intérieur du parc.

Points d'intérêt

▶ **Randonnées pédestres.** Le parc possède un réseau de plus de 60 km de sentiers de niveaux de difficultés variés. Les plus faciles sont anse Green Head (2,5 km) : pics, oiseaux de rivage ; cap Malady (2 km) : paysages superbes, mousses, lichens ; colline Blue West (4 km) : bouleaux, martres, hiboux ; ruisseau Southwest (4 km) : digue construite par les castors ; littoral (4,5 km) : oiseaux de rivage, vues sur la côte, cascades ; étang Sandy (boucle de 3 km) : digue construite par les castors ; étang Dunphy's (5 km) : forêt avec grand étang et tourbières ; colline Ochre (boucle de 3 km) : géologie intéressante, vue

panoramique ; terrain de camping (boucle de 2 km) : orignaux, aigles à tête blanche, tétras du Canada.

■ TERRA NOVA ADVENTURE TOURS
✆ 256-8687
Kayak de mer. C'est un des meilleurs moyens de découvrir la côte.

■ OCEAN WATCH BOAT TOURS
Réservations ✆ 533-6024
Croisières d'observation des baleines au fjord Newman. En été, départs à 9h, 13h, 16h et 19h. Plusieurs formules sont proposées : tour du fjord (2h) ou expédition d'observation scientifique. Icebergs, baleines, aigles à tête chauve.

■ FJORD NEWMAN
Newman Sound. Magnifique bras de mer aux rives boisées doté d'une plage.

■ PRESQU'ÎLE D'EASTPORT
Au nord du parc, par la route 310. Presqu'île superbe aux côtes découpées de falaises, aux petits villages de pêcheurs – Happy Adventure (homarderie), Salvage (musée des Pêcheurs) – et aux plages de sable (Sandy Cove).

Belvédères

■ BLUEHILL
A côté de Bluehill Pond. A 7 km de l'entrée nord du parc. Accès par une route de terre de 1,5 km. Vue magnifique sur les fjords (sounds) qui forment des doigts s'insinuant dans la forêt.

■ OCHRE
A 20 km de l'entrée nord du parc. Accès par une route de terre de 3 km. Du haut de la tour d'incendie, panorama exceptionnel de 360 degrés sur l'ensemble du parc, ses forêts, ses collines, ses lacs et ses fjords, jusqu'à l'océan.

PÉNINSULE DE BONAVISTA

Trinity

Sur un promontoire qui s'avance dans la baie Trinity, ce village occupe un site pittoresque, au milieu de champs cultivés, en vue de son port bien abrité, encadré de rochers. Il doit son nom à l'explorateur portugais Gaspar Corte Real, qui explora la baie le dimanche de La Trinité de l'an 1501. Puis les Anglais s'y installèrent en 1558 et en firent leur premier poste permanent à Terre-Neuve. Trinity, qui connut la prospérité grâce à ses pêcheries, fut, en 1615, le siège du premier tribunal maritime du Canada, chargé de régler les conflits entre les pêcheurs locaux et les saisonniers. Aujourd'hui Trinity vit de la pêche et du tourisme. C'est aussi un bon point de départ pour l'observation des baleines, au rendez-vous sur la côte de mai à août.

Points d'intérêt

▶ **Visite du village ancien.** Fermé à la circulation automobile, Trinity est un village du XIXe siècle parfaitement préservé. On aura plaisir à se promener à pied dans ses rues, délimitées par des barrières de bois, dont les maisons carrées entourées de jardinets ont conservé leur cachet d'antan.
Le Centre d'interprétation de Trinity présente le village, son histoire et son ascension économique au XVIIIe siècle et au début du XIXe, avant qu'il ne soit éclipsé par St. John's.

■ **TRINITY HISTORICAL HARBOUR TOURS**
Trinity Bay, Route 239 ✆ 464-3355
Ouvert du 15 mai au 30 septembre. Pour partir à la rencontre des baleines, aigles à tête chauve, oiseaux de mer.

Cap Bonavista – Bonavista

Ce village de pêcheurs aux maisons colorées est le plus important de la péninsule. C'est un port très actif, qui fut utilisé par les flottes de pêche européennes (espagnoles, portugaises, françaises et anglaises) durant tout le XVIe siècle, jusqu'à ce qu'il devienne définitivement anglais vers 1600.
Au XVIIIe siècle, les Français tentèrent de s'en emparer à plusieurs reprises mais sans succès.

■ **PHARE**
Certains pensent que Jean Cabot aurait abordé, en 1497, au cap Bonavista après sa traversée de l'Atlantique, depuis Bristol en Angleterre, et qu'il lui aurait donné son nom. En fait, personne ne connaît le point d'arrivée exact du navigateur dans le Nouveau Monde.

Une route mène jusqu'à la pointe isolée du cap, promontoire rocailleux battu par les vagues, où s'élève une statue de Jean Cabot, à la gloire du navigateur. Sur le cap, se dresse un phare à rayures rouges et blanches, restauré et meublé comme en 1870, qui se visite. A l'intérieur, exposition sur l'histoire des phares

et la vie de leurs gardiens. Du haut du phare, on a une vue impressionnante sur l'océan et la côte rocheuse, et il n'est pas rare d'apercevoir des baleines, habituées de cette côte.
Hébergement

■ **B&B ABBOTT'S CAPE SHORE**
Bonavista ✆ 468-7103
3 chambres de 40 $ à 65 $ par nuit. Cette agréable maison vous accueille chaleureusement dans un cadre sympathique avec vue sur l'océan.

PÉNINSULE DE BURIN

Cette longue presqu'île, rocailleuse, montagneuse et isolée, s'avance comme une botte dans l'Atlantique, entre les baies Placentia et Fortune. C'est elle qui jadis donnait accès aux fameux bancs de Terre-Neuve. D'importantes industries de pêche hauturière s'y sont développées, ainsi que la construction navale. Au-delà, subsistent les vestiges de l'ancien empire français en Amérique du Nord : Saint-Pierre-et-Miquelon. La route 210 dessert Marystown puis Fortune.

Accès à Saint-Pierre-et-Miquelon

■ **www.st-pierre-et-miquelon.com**

Par bateau

■ **COMPAGNIES LLOYD LAKE**
Fortune. Renseignements et réservations ✆ 709-832-2006
Réservation obligatoire à l'avance. Traversée de 1h15 au départ de Fortune pour Saint-Pierre, départs tous les jours en été.

Par avion

Attention, des retards en cas de brouillard.

■ **AIR SAINT-PIERRE**
✆ 05 08 41 00 00
ww.cheznoo.net/aspweb/index.html
Dessert les destinations suivantes au départ de Saint-Pierre : 45 min de St. John's – 1h de Sydney (Cap-Breton, Nouvelle-Ecosse) ✆ 902-562-3140 – 1h45 d'Halifax (Nouvelle-Ecosse) ✆ 902-873-3566 – 3h15 de Montréal (Québec).

Hébergement

■ **PARC PROVINCIAL DE FRENCHMAN'S COVE**
Fortune Bay, Route 213 ℰ 826-2753
Ouvert de mai à septembre. Une vingtaine de dollars par jour. Site agréable proposant 76 emplacements de camping, location de bateaux, baignade.

■ **FAIR ISLE MOTEL – FORTUNE**
Route 220 ℰ 832-1010
Ouvert toute l'année. Chambre : 70 $ en double. Etablissement confortable situé à côté de l'embarcadère pour Saint-Pierre. Chambres équipées et accueillantes. Restaurant.

PÉNINSULE D'AVALON

On pénètre dans la péninsule d'Avalon par un isthme étroit séparant la baie Trinity (jolie plage à Bellevue) de la baie Placentia, et aussitôt le paysage change.
Les forêts ont disparu pour laisser place à de vastes étendues désolées. En effet, la péninsule est en grande partie formée de drumlins graveleux et de crêtes morainiques, vestiges d'anciens glaciers. Ceux-ci ont laissé de leur passage des milliers de blocs erratiques et une végétation de lichens et d'arbres rabougris. Les monts Hawke portent la marque de leur origine glaciaire et leur climat quasi arctique est très prisé par la horde des 1 500 caribous qui les peuplent. L'orignal et l'ours noir ont également élu domicile dans la péninsule. Le sol est riche en baies : bleuets, plaquebières, camarines noires, atocas. Les rivières abondent en saumons, truites mouchetées et arc-en-ciel. Les parcs provinciaux sont nombreux où camper, pêcher ou se baigner dans les lacs. Sur la péninsule d'Avalon est concentrée la moitié de la population de Terre-Neuve.

Littoral du Cap (Cape Shore)

La route 100, qui s'embranche sur la Transcanadienne, longe le littoral de la partie occidentale de la péninsule, considéré comme l'une des plus belles côtes de Terre-Neuve. Les brouillards fréquents peuvent gêner la visibilité.

Castel Hill (Placentia)

■ **LIEU HISTORIQUE NATIONAL DE CASTEL HIL**
ℰ 227-2401/772-5367
www.parcscanada.gc.ca

A 44 km par la route 100, et à 8 km du ferry d'Argentia. Ouvert à l'année. Le lieu historique national de Castel Hill surplombe le village historique de Placentia.
C'est là que se situent les ruines de fort Royal, bâti par les Français au XVIIᵉ siècle, rebaptisé Castle Hill par les Anglais, d'où l'on découvre un panorama exceptionnel sur Placentia et sa baie. Le centre d'accueil (*ouvert de mi-juin à début septembre, de 8h30 à 20h, entrée : 4 $*) présente l'histoire du lieu. On pourra gravir la colline aux canons, où subsistent quelques restes du fort royal, puis gagner le Gaillardin, une redoute construite par les Français. *En juillet et août, des spectacles historiques avec des interprètes en costumes d'époque ont lieu du mercredi au dimanche, à 11h et à 14h. Entrée : 5 $.*

Réserve du Cap Saint Mary's

Visite de mai à octobre, de 9h à 17h. Ce cap baigné par l'Atlantique est l'habitat naturel de 60 000 oiseaux de mer. C'est la Réserve ornithologique qui protège la colonie d'oiseaux la plus importante d'Amérique du Nord. Le centre d'accueil dispense des informations sur leur mode de vie.
De là, un sentier mène à Bird Rock, territoire de la plus grande colonie de fous de Bassan de Terre-Neuve.
Les falaises voisines attirent mouettes tridactyles et guillemots. Superbes vues sur les escarpements de la côte. Au mois de juillet, on peut aussi apercevoir des baleines à bosse.

Saint John's (Saint-Jean)

Située au nord-est de la péninsule d'Avalon, face au grand large, la capitale de Terre-Neuve (95 770 habitants) est l'une des plus anciennes villes d'Amérique du Nord. Son port historique occupe une rade bien protégée, dans un site spectaculaire.

■ **INFORMATIONS TOURISTIQUES**
St. John's ℰ 729-2830
ℰ 1-800-563-6353

■ **AVALON CONVENTION VISITORS BUREAU**
Murray Premises, 5, Beck's Cove, St. John's ℰ 722-2000
ℰ 1-800-563-0700

■ **VILLE DE ST. JOHN'S**
10, New Gower Street ℰ 576-8600
ww.city.st-johns.nf.ca

Histoire

Jean Cabot serait entré dans la rade le jour de la Saint-Jean, en l'an 1497, d'où le nom de la ville. Au XVIe siècle, les pêcheurs européens utilisaient déjà ce port naturel comme base de leurs campagnes de pêche. C'est en 1583 que sir Humphrey Gilbert revendiqua l'île au nom de la reine Elisabeth Ire d'Angleterre. Terre-Neuve fut la première possession anglaise du Nouveau Monde. Afin de préserver leur monopole commercial fructueux, les marchands propriétaires des flottes de pêche anglaises empêchaient toute colonisation de l'île. Toutefois la menace française que représentait Plaisance, élevée en 1662, allait les faire changer de point de vue. En effet, depuis Plaisance, les Français lançaient des attaques incessantes contre les ports anglais et notamment St. John's, qui fut pris et détruit à plusieurs reprises, en 1696, 1709, 1762. C'est ainsi que la rade de St. John's fut fortifiée et Signal Hill bâti sur la colline afin de protéger la ville. Au XIXe siècle, St. John's subit plusieurs incendies et, à chaque fois, la ville fut reconstruite dans le style en vogue à l'époque. Elle a cependant conservé quelques édifices georgiens. Pendant la Seconde Guerre mondiale, la ville servit de base aux convois américains. Après l'entrée de Terre-Neuve dans la Confédération canadienne, la ville connut de graves difficultés économiques, en raison de l'afflux des produits canadiens meilleur marché qui fut la cause de l'effondrement de ses industries. Son activité de centre d'exportation du poisson s'effondra aussi avec la diminution du commerce du poisson salé. Aujourd'hui le port s'est reconverti en base de réparation de navires et d'approvisionnement en carburant. Des bateaux de toutes nationalités y font relâche. Et on a découvert du pétrole au large de ses côtes.

Points d'intérêt

▶ **La rade et la vieille ville.** La ville est construite en amphithéâtre autour d'une rade profonde, longue de 1,6 km sur 800 m de large, qui communique avec l'Océan Atlantique par un étroit chenal nommé les Narrows. Ce chenal, large de 200 m, est encaissé entre des escarpements hauts de 150 m qui s'élèvent pour former Signal Hill. En bordure du port, Harbour Drive longe les docks où sont ancrés des navires de toutes nationalités. En arrière du port, sur les pentes abruptes, s'étagent les rues de la vieille ville, bordées de coquettes maisons de bois aux couleurs vives et à toits

mansardés. Les artères les plus animées, où se concentrent les magasins, les banques, les pubs, les restaurants et les théâtres, sont Water Street, Duckworth Street et George Street. On jettera un coup d'œil, sur King's Bridge Road, à la Commissariat House, édifice de style géorgien du XIXe siècle, rénové et meublé comme en 1830, jadis l'intendance du poste militaire de St. John's.

▶ **Surtout ne manquez pas la visite du musée de Terre-Neuve (Newfoundland Museum),** sur Duckworth Street, petit musée régional qui présente un excellent panorama de l'histoire humaine de Terre-Neuve.

Signal Hill

On aperçoit de partout cette colline de roc couronnée d'une tour qui garde l'entrée de la rade de St. John's. De son sommet, les vues sur l'Atlantique, la ville et la rade sont spectaculaires. En raison de sa situation stratégique, Signal Hill a été utilisé comme poste de signalisation, puis de communication. A l'aide de drapeaux, on signalait l'arrivée des bateaux dans la rade aux autorités militaires de la ville, et, aux marchands, l'arrivée de leur flotte. Du XVIIIe siècle à la Seconde Guerre mondiale, des batteries militaires y étaient installées. En 1901, Guglielmo Marconi y mena une expérience qui allait marquer le début du développement des télécommunications : la télégraphie sans fil, en recevant le premier message transatlantique, un « s » en morse, transmis par ondes électromagnétiques depuis l'autre côté de l'Atlantique (de Cornouailles, en Angleterre), à 2 700 km de là.

Saint John's, Terre-Neuve

■ LE CENTRE D'ACCUEIL

☎ 772-5367

Visite de 8h30 à 20h. Entrée : 5 $. Il retrace, à travers des expositions et à l'aide de dioramas et d'audiovisuels, l'histoire de Terre-Neuve et de St. John's plus particulièrement : l'occupation de Terre-Neuve par les Anglais, les rivalités entre Français et Anglais, entre Plaisance (forteresse française) et St. John's (place forte anglaise). La pêche au phoque et à la morue fait, bien sûr, l'objet d'explications.

■ LA TOUR CABOT

Visite de 8h30 à 20h. Elle fut élevée en 1897 pour fêter le 400e anniversaire du débarquement du navigateur à Terre-Neuve, et le 60e anniversaire du règne de la reine Victoria. L'intérieur abrite des expositions sur l'histoire de la signalisation maritime et sur les travaux de Marconi. On a, du sommet de la tour, un panorama exceptionnel sur la ville et la côte jusqu'au cap Spear. Sentiers de promenades sur la colline. De la Batterie de la reine (1833), qui gardait les Narrows (au XVIIIe siècle, en cas d'alerte, on tirait une chaîne pour fermer le chenal), on a une belle vue sur la rade.

Quidi Vidi

Au pied de Signal Hill, à l'arrière, le petit village de Quidi Vidi s'étend le long d'un goulet rocheux reliant le lac Quidi Vidi à la mer. C'est l'un des villages les plus pittoresques de la péninsule d'Avalon avec ses maisons aux couleurs vives, dont certaines datent de 1750, sa petite chapelle et son port de pêche en activité depuis le XVIIe siècle. Le lac Quidi Vidi est le théâtre, au mois d'août, des fameuses régates de St. John's. Sur un promontoire à l'entrée du goulet, on peut voir les vestiges de la batterie de Quidi Vidi, qui défendait l'accès de St. John's par l'arrière ; elle fut construite par les Français lors de leur occupation de la ville, en 1762, qui ne dura que quelques mois, puis renforcée par les Anglais au XIXe siècle.

Hébergement

■ B&B GOWER STREET HOUSE

180, Gower Street, St. John's

☎ 754-0047 – ☎ 1-800-563-3959

www.bbcanada.com/826.html

3 chambres à partir de 55 $. Cartes de crédit Visa et MasterCard. Il s'agit d'une agréable maison victorienne située dans le centre-ville de St. John's. Chambres douillettes et joliment décorées.

■ BEST WESTERN TRAVELLERS INN

199, Kenmount Road, St. John's

☎ 722-5540

☎ 1-800-261-5540

www.bestwestern.com

88 chambres à partir de 95 $ en double. Etablissement confortable disposant de chambres modernes et équipées. Restaurant, bar, piscine, salles de réunion.

■ FAIRMONT NEWFOUNDLAND

Cavendish Square, St. John's

☎ 726-4980 – ☎ 1-800-441-1414

www.fairmont.com

Chambre de 190 $ à 300 $. Etablissement prestigieux de trois cent une chambres, situé en centre-ville. Aménagement intérieur séduisant : jardin de plantes en gradins avec chutes d'eau. Chambres spacieuses, confortables et équipées dont la vue donne sur le port et la ville.

Restaurants

■ CLASSIC CAFE

364, Duckworth Street, St. John's

☎ 579-4444

Compter de 10 $ à 20 $. Ouvert 24h/24, on peut y manger à n'importe quelle heure. Plats simples à midi et le soir, plats de poissons, fruits de mer, spécialités de Terre-Neuve. Ambiance décontractée et chaleureuse.

■ STONE HOUSE

8, Kenoa's Hill, St. John's

☎ 753-2425

Compter 45 $ par personne pour le dîner. Dans une magnifique résidence en pierre datant de 1830, on vous propose une cuisine raffinée sachant apprêter les traditions culinaires de Terre-Neuve : langue de morue, poissons, fruits de mer, et gibiers (caribou, orignal, oie sauvage, faisan). Belle cave à vins.

CÔTE EST (IRISH LOOP)

La communauté irlandaise de la péninsule d'Avalon est concentrée sur cette côte empruntée par la route 10, qui s'éloigne souvent du rivage.

L'accès à la mer se fait par de petites routes transversales. Le brouillard, fréquent, peut gêner la visibilité.

Dans les environs

Deux charmants villages chargés d'histoire, Bay Bulls et Whistle Bay.

■ CENTRE D'INFORMATION

☎ 432-2820

ORGANISER SON SÉJOUR

*Automne
dans l'arrière-pays,
Charlevoix*

© ATR CHARLEVOIX

Pense futé

Monnaie et taux de change

La monnaie en cours au Québec est le dollar canadien (à ne pas confondre avec le dollar US).

▶ **Au 19 octobre 2007.** 1 CAN $ = 0,67 € •
1 € = 1,48 CAN $ • 1 CAN $ = 1,01 US $ •
1 US $ = 0,98 CAN $.

Devises

La monnaie s'exprime en dollars canadiens. Pièces de 2 $, 1 $, 25 ¢ (cents), 10 ¢, 5 ¢, 1 ¢, billets de 5 $, 10 $, 20 $, 50 $, 100 $ (ces derniers sont parfois refusés dans certains magasins). On prononce cenne pour cent (je n'ai plus une cenne veut dire je suis fauché). Piastre, prononcé piasse est synonyme de dollars. La pièce de 25 ¢ se dit aussi un trente sous. Les chèques ne sont généralement pas acceptés, le mode de paiement le plus utilisé étant la carte bancaire.

Où vous procurer vos dollars canadiens

Contacter notre partenaire financier au ✆ 0 820 888 154 en communiquant le code PF06 où connectez-vous à www. nationalchange.com vos devises et/ou chèques de voyages vous seront livrées à domicile.
Les taux proposés sont meilleurs que ceux des banques et sont identiques à ceux qui sont pratiqués aux Canada !

Banques

Elles ouvrent généralement à 10h et ferment à 16h (la plupart restent ouvertes jusqu'à 18h le jeudi et le vendredi soir). Elles offrent généralement un service de change, mais n'offrent pas des taux très avantageux.

Bureau de change au centre-ville de Montreal

■ **CALFOREX**
1250, rue Peel ✆ 514-392-9100
M° Peel.

Cartes de crédit

Généralement acceptées : Carte Bleue Visa internationale, EuroCard MasterCard, American Express. Ces cartes peuvent être utilisées pour retirer de l'argent liquide dans les distributeurs automatiques des banques Elles sont recommandées pour les dépenses d'hôtels, de restaurants et les achats. Elles sont indispensables pour louer une voiture. Les cartes de paiement européennes permettent de retirer de l'argent dans les distributeurs si les banques émettrices sont affiliées au réseau Cirrus ou Plus. Attention cependant, les banques sont liées à Visa ou MasterCard, jamais les deux, surveillez donc les logos figurant sur le guichet.

En cas de perte ou de vol de votre carte de crédit

■ **AMERICAN EXPRESS**
✆ 1-800-869-3016

■ **MASTERCARD**
✆ 1-800-307-7309

■ **VISA**
✆ 1-800-847-2911
Mais il vaut mieux appeler directement en France.

■ **CENTRE D'OPPOSITION**
(Toutes cartes bancaires)
✆ 0892-705-705 (0,34 €/min).

intelligent, spirituel, esprité, brillant, doué, génial, ngénieux, talentueux, dégourdi, délié, éveillé, rompt, vif, astucieux, avisé, débrouillard, **futé**, finaud, net, ficelle, fine mouche, rusé comme un renard, nalin comme un voyageur **opodo**

■ CENTRE CARTE PREMIER
✆ (011 33) 1 42 77 45 45

Travelers cheques

Les travelers cheques en dollars canadiens sont généralement bien acceptés. Inutile de les changer car on peut régler directement ses achats avec (traveller's canadiens seulement) dans les grandes surfaces et les magasins, sans payer de commission. Par ailleurs, leur taux de change est plus avantageux que pour les espèces.

De plus, en cas de perte ou de vol, ils sont généralement remplacés en 24 heures sur place.

Budget

Voici quelques estimations de prix afin de mieux vous aider à établir un budget. Une nuit en auberge de jeunesse pour une personne revient à un minimum de 20 $, une nuit en camping pour deux personnes entre 18 $ et 27 $. Il faut compter 75 $ la nuit pour deux dans une chambre d'hôte. Pour un motel ou, compter de 75 $ à 90 $ la nuit pour deux. Dans les hôtels plus chics, à partir de 120 $ la chambre double.

Attention, les prix sont généralement hors taxes : il faut ajouter 14 %. Midi et soir la table d'hôtes désigne le menu accompagne généralement d'une entrée et parfois d'un dessert et du café. Il faut compter au minimum entre 6 $ et 10 $ pour un snack, de 8 $ à 14 $ en moyenne pour une assiette chaude garnie accompagnée d'une salade, et les tables d'hôte de 15 $ à 30 $.

Attention, pour les repas, il faut ajouter aux 14 % de taxes le service de 15 %. Pour bien compter, il faut donc majorer les prix d'environ 30 % !

Pourboires

Habituellement 15 %, non inclus dans l'addition.

Dans les restaurants, compter 15 % de la somme totale due, en fonction du service fourni (pour éviter ces calculs, laissez l'équivalent des taxes indiquées sur la facture).

Donner des sous noirs (1 cent) revient à dire que l'on n'a vraiment pas apprécié le service. Le pourboire aux chauffeurs de taxi, aux chasseurs d'hôtel et aux coiffeurs est donné au gré du client.

Pas de pourboires dans les cinémas et les théâtres.

Taxes

Les prix de la plupart des biens de consommation et des services sont majorés d'une taxe provinciale (TVQ) de 7,5 % et d'une taxe nationale (TPS) de 6 %. N'oubliez donc pas de rajouter la TPS et la TVQ au prix de vos achats.

La taxe TPS sera remboursée aux visiteurs dans certains cas, notamment pour l'hébergement et les produits rapportés en France. Pour connaître les modalités d'application, se procurer la brochure TPS dans les boutiques ou les aéroports.

Se renseigner auprès des services douaniers à votre arrivée.

■ INTERNATIONAL
TAX REFUND SERVICES
www.cra-adrc.gc.ca
Depuis le 19 mars 2007, le gouvernement a décidé d'éliminer le programme de remboursement au visiteur, pour le remplacer par un programme qui allégerait les taxes pour les congressistes et les voyages organisés.

◼ ASSURANCES ET SÉCURITÉ

Assurances

Il est bien sûr futé de contracter une assurance santé pour tous vos déplacements touristiques au Canada. Renseignez-vous auprès de votre banque avant de prendre une assurance voyage : certaines cartes bancaires vous font bénéficier d'une couverture intéressante. Dans tous les cas, n'oubliez pas de demander le numéro à appeler en cas d'urgence, une fois sur place.

◼ A.V.A. (ASSURANCES VOYAGES ET ASSISTANCE)
25, rue de Maubeuge, 75009 Paris
✆ 01 53 20 44 20/(33) 1 53 20 44 20 (de l'étranger)
www.ava.fr
Bureaux ouverts du lundi au vendredi de 9h à 19h, sans interruption, le samedi de 9h à 13h.

◼ MONDIAL ASSISTANCE
54, rue de Londres, 75008 Paris
✆ 01 53 05 86 00
ou ✆ 01 42 99 82 81(service client)
www.mondial-assistance.fr

◼ EUROP ASSISTANCE
1, promenade de la Bonnette,
92230 Gennevilliers
✆ 01 41 85 86 86
✆ 01 41 85 85 85 (numéro d'urgence)
www.europ-assistance.fr
Les personnes désirant résider dans le pays, pour des raisons professionnelles ou autres, doivent se renseigner auprès de leur caisse d'assurance afin de continuer à bénéficier de leurs droits.
Il faut savoir qu'en matière d'assurance, seule la province de Québec a signé des accords de réciprocité avec la France.

Sécurité

L'indice de criminalité du Québec est considéré comme étant l'un des plus bas de toutes les provinces du Canada, voire d'Amérique du Nord. Le métro est sûr, d'une façon générale, même le soir.

◼ SANTÉ

Hôpitaux

Toutes les régions ont des hôpitaux, des cliniques, des CLSC (centre local de services communautaires).
Les centres spécialisés se trouvent dans les grandes villes. Toutefois, si la médecine est gratuite, elle est assez lente, notamment à cause de la politique de suppression de lits dans les hôpitaux et de développement des traitements ambulatoires, entreprise par le gouvernement en quête d'économies (il faut, en moyenne, attendre trois mois pour un bilan sanguin dans un hôpital).

Médicaments – Pharmacies

Les médicaments ne sont pas vendus prêts à l'emploi, dans des flacons étiquetés par les laboratoires comme en Europe. Ici, c'est le pharmacien qui se charge de la préparation du flacon, en le remplissant du nombre exact de comprimés prescrits par le médecin, et qui reporte la posologie de l'ordonnance (prescription) sur l'étiquette.

Ce qui évite le gaspillage et l'abus de médicaments. Si l'on pense avoir besoin de médicaments délivrés sur ordonnance, mieux vaut donc emporter l'ordonnance avec soi.
Les pharmacies se présentent comme des supermarchés de parapharmacie avec un comptoir « prescriptions » tenu par un pharmacien.

Moustiques – Anti-moustiques

Les moustiques, appelés maringouins, et les mouches noires (brûlots) constituent un vrai fléau en pleine nature, surtout dans les zones humides (et elles sont légion !). Les maringouins vous harcèlent, passant à l'attaque au coucher du soleil, tandis que les cruelles et minuscules mouches noires, actives le jour, vous dévorent littéralement, allant jusqu'à vous prélever des lambeaux de chair sur la nuque, sous les cheveux, leur endroit de prédilection. Ces charmantes bêbêtes sont particulièrement virulentes du début du printemps jusqu'à fin juin.

Si l'on envisage de faire du camping, il est donc impératif, même l'été, de se munir d'un anti-moustique puissant, que l'on achètera sur place dans n'importe quel Pharmaprix ou supermarché et qui, pour être efficace, doit contenir du DEET à 50 % comme Deep woods – Régions sauvages au Watkin réputé comme étant le meilleur sur le marché.

Attention, ces produits sont corrosifs pour les yeux et ne conviennent pas aux enfants ! En revanche, des produits de type OFF !,

d'efficacité moindre, peuvent être employés par tous.

Pour ceux et celles qui se sentent concernés par la sauvegarde de l'environnement, les produits de la marque Druide sont efficaces ET écologiquement responsables.

S'enduire les parties découvertes du corps toutes les 4 heures au maximum. Comme les moustiques sont attirés par les couleurs foncées, le port de vêtements clairs aide grandement à les éloigner.

AVANT DE PARTIR

Quand partir ?

Le Québec est, toute l'année, une destination de vacances qui s'adresse à tous : aux familles, aux sportifs, aux amoureux de la nature, aux amateurs de chasse et de pêche.

▶ **L'été** est la saison touristique par excellence ; elle bat son plein en juin, juillet et août, l'occasion de pratiquer le camping, la randonnée à pied ou les sports nautiques. Mais c'est aussi la saison des moustiques ou maringouins, en juin notamment. La plupart des Québécois prennent leurs vacances la deuxième quinzaine de juillet : il est conseillé de réserver à l'avance.

▶ **Le printemps (mars à mai)** est la période des parties de sucre qui fêtent la récolte du sirop d'érable. Il s'installe véritablement au mois de mai.

▶ **En automne** (début septembre à fin octobre), le visiteur pourra jouir des magnifiques couleurs de l'été des Indiens dans un pays où les érables sont abondants.

▶ **L'hiver** est la saison qui caractérise le mieux ce pays : c'est pour le sportif l'occasion d'aller skier dans les nombreuses stations de ski autour de Montréal et de Québec, de patiner sur les lacs gelés, de faire des randonnées en raquettes ou des balades en motoneige (très nombreuses) et traîneau à chiens (cette activité étant surtout réservée aux touristes !). Les Québécois, eux, préfèrent le soleil de la Floride, de Cuba ou du Mexique, sous lequel ils aiment se dorer une fois l'an, en pestant contre cet hiver interminable qui dure jusqu'à six mois dans l'année.

Saisonnalité

▶ **Haute saison touristique :** mai à mi-octobre, 2e quinzaine de décembre et février.

▶ **Basse saison touristique :** mi-octobre à mi-décembre, janvier, mars et avril.

Que mettre dans ses bagages ?

Les étés sont chauds. La climatisation et les soirées fraîches à la campagne nécessitent des lainages et un coupe-vent.

N'oubliez pas le maillot de bain, un sac à dos pour les randonnées pédestres et une lotion anti-moustiques.

Il faut un imperméable doublé au printemps et à l'automne.

En hiver, munissez-vous d'un bonnet, de moufles et d'une écharpe ainsi que d'un anorak, de vêtements chauds et de bottes fourrées.

Matériel de voyage

■ **AU VIEUX CAMPEUR**
A Paris, Quartier Latin :
23 boutiques autour du 48 rue des Ecoles, Paris Ve
A Lyon, Préfecture-université : 7 boutiques autour du 43 cours de la Liberté, Lyon IIIe
A Thonon-les-Bains :
48 avenue de Genève
A Sallanches : 925 route du Fayet
A Toulouse Labège :
23 rue de Sienne, Labège Innopole
A Strasbourg : 32 rue du 22-novembre
A Albertville : 10 rue Ambroise Croizat
✆ 03 90 23 58 58
www.auvieuxcampeur.fr
Qui ne connaît pas le fameux Vieux Campeur ? Vous qui partez en voyage, allez y faire un tour : vous y trouverez cartes, livres, sacs à dos, chaussures, vêtements, filtres à eau, produits anti-insectes, matériel de plongée… Et pour tout le reste, n'hésitez pas à leur demander conseil !

Partez en vacances en toute sécurité

&

Vous proposent une assistance rapatriement pendant votre voyage

Premier réseau mondial d'assistance, AXA Assistance intervient 24 h/24 et 7 jours sur 7 n'importe où dans le monde.

Résumé indicatif des garanties d'assistance aux personnes

▶ Rapatriement médical
▶ Visite d'un membre de la famille (en cas d'hospitalisation supérieure à 6 jours)
▶ Retour (en cas de décès d'un proche ou en cas d'hospitalisation supérieure à 6 jours)
▶ En cas de décès (rapatriements du corps et des bénéficiaires accompagnants)
▶ Conseils médicaux 24 heures sur 24
▶ Envoi de médicaments introuvables sur place
▶ Transmission de message urgent
▶ Etc.

Frais médicaux .... 15 250 € zone 2 / 152 500 € zone 3 - Franchise : 46 €
Avance de caution pénale .... 15 250 €
Frais d'avocat .... 3 050 €

Tarifs 2008 (en € TTC, TVA incluse 19,60)

Tarif par personne	zones 1 et 2	zones 3
16 jours	16 €	33 €
32 jours	27 €	55 €
61 jours	41 €	82 €
90 jours	52 €	96 €

Zone 1 : France, Andorre, Monaco
Zone 2 : Albanie, Allemagne, Autriche, Belgique, Bosnie-Herzégovine, Bulgarie, Chypre, Croatie, Danemark, Espagne, Estonie, Finlande, FYROM (ex. Macédoine), Grèce, Hongrie, Italie, Irlande, Islande, Israël, Lettonie, Liechtenstein, Luxembourg, Malte, Maroc, Moldavie, Monténégro, Norvège, Pays-Bas, Pologne, Portugal, République Islamique d'Iran, Roumanie, République Tchèque, Royaume-Uni, Serbie, Suède, Suisse, Tunisie, Turquie, Ukraine, Yougoslavie
Zone 3 : Monde entier

Demande d'adhesion

A nous retourner dûment remplie, ainsi que votre chèque de règlement à l'adresse suivante :

AXA ASSISTANCE FRANCE
12 bis boulevard des Frères Voisin
92798 Issy-Les-Moulineaux Cedex 9

Convention
n° 5000177*99

Adresse du souscripteur en France ....
....
....

Nom et prénom des bénéficiaires

1re personne ....

2e personne ....

3e personne ....

4e personne ....

5e personne ....

Durée   ○ 16 jours   ○ 32 jours   ○ 61 jours   ○ 90 jours

Date de départ ....

Date de retour ....

Destination   ○ Zones 1 et 2   ○ Zones 3

Prime .... x nb de personnes = ... € TTC

Fait le .... à .... **Signature**

Nous pouvons également vous proposer des contrats d'assistance à l'année ainsi que des garanties d'annulation, responsabilité civile, individuelle accidents et bagages.

Contactez nous !

Pour toute information et souscription

Téléphonez au **01 55 92 19 04**
du lundi au vendredi de 9h à 18h

SA au capital de 26 840 000 euros - 311 338 339 RCS Nanterre
Siret 311 338 339 000 55 - N° Intracommunautaire FR 89 311 338 339 - Code APE 660 E

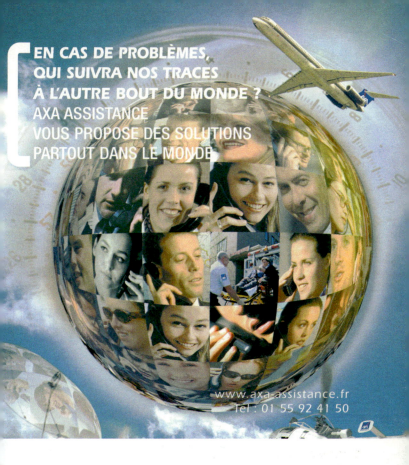

EN CAS DE PROBLÈMES,
QUI SUIVRA NOS TRACES
À L'AUTRE BOUT DU MONDE ?
AXA ASSISTANCE
VOUS PROPOSE DES SOLUTIONS
PARTOUT DANS LE MONDE

www.axa-assistance.fr
Tel : 01 55 92 41 50

Une prise en charge de A à Z, 7 jours sur 7 et 24h sur 24.

Nul n'est à l'abri d'un accident lorsqu'il voyage !

Spécialiste de l'assistance d'urgence, nous sommes à vos côtés 24h sur 24 et 7 jours sur 7 dans les domaines de l'assistance aux personnes partout dans le monde et de la santé.

Choisir AXA Assistance c'est pouvoir compter sur un partenaire capable de mobiliser ses forces et ses réseaux pour gérer les situations d'urgence avec le maximum d'efficacité et de psychologie.

■ **BAGAGES DU MONDE**
102 rue du Chemin Vert 75011 Paris
℡ 01 43 57 30 90
Fax : 01 43 67 36 64
www.bagagesdumonde.com
Une véritable agence de voyage pour vos bagages : elle assure le transport aérien de vos effets personnels depuis Orly ou Roissy-Charles de Gaulle à destination de tout aéroport international douanier, et vous offre une gamme complète de services complémentaires : enlèvement, emballage, palettisation, stockage (à l'aéroport), assurance, garantie… Vous pouvez déposer vos effets au bureau de l'agence à Paris. Une idée futée pour voyager l'esprit serein et échapper aux mauvaises surprises que réservent les taxes sur les excédents de bagages.

■ **DECATHLON**
Informations par téléphone
au ℡ 0 810 08 08 08
wwww.decathlon.com
Le grand spécialiste du matériel de sport (plongée, équitation, pêche, randonnée…) offre également une palette de livres, cartes et CD-rom pour tout connaître des différentes régions du monde.

■ **www.inuka.com**
Ce site vous permet de commander en ligne tous les produits nécessaires à votre voyage : vous recevrez ensuite vos achats chez vous, en quelques jours. Matériel d'observation (jumelles, télémètre, lunettes terrestres…), instruments outdoor (alimentation lyophilisée, éclairage, gourde, montres…) ou matériel de survie (anti-démangeaison, hygiène). Tout ce qu'il vous faut pour préparer votre séjour que vous partiez dans les montagnes ou dans le désert.

■ **LOWE ALPINE**
Inovallee, 285 rue Lavoisier
38330 Montbonnot Saint Martin
℡ 04 56 38 28 29 – Fax : 04 56 38 28 39
www.lowealpine.com
En plus de ses sacs à dos techniques de qualité, Lowe Alpine étoffe chaque année et innove avec ses collections de vêtements haut de gamme consacrés à la randonnée et au raid, mais aussi à l'alpinisme et à la détente.

■ **NATURE & DECOUVERTES**
Pour obtenir la liste des 45 magasins
℡ 01 39 56 70 12

Fax : 01 39 56 91 66
www.natureetdecouvertes.com
Retrouvez dans ces magasins une ambiance unique dédiée à l'ouverture sur le monde et à la nature. Du matériel de voyage, mais aussi des livres et de la musique raviront celles et ceux qui hésitent encore à parcourir le monde…. Egalement vente par correspondance.

■ **TREKKING**
BP 41, 13410 Lambesc
℡ 04 42 57 05 90
Fax : 04 42 92 77 54
www.trekking.fr
Partenaire incontournable, Trekking propose dans son catalogue tout ce dont le voyageur a besoin : trousse de voyage, ceinture multipoche, sac à dos, sacoches, étuis… Une mine d'objets de qualité pour voyager futé et dans les meilleures conditions.

Décalage horaire

Pour le Québec 6 heures de moins qu'à Paris. Seules les îles de la Madeleine vivent à l'heure Atlantique, soit 1 heure de plus qu'au Québec. Provinces Atlantiques : 5 heures de moins qu'en France.

Formalités et visa

Les voyageurs français, belges et suisses sont acceptés pour trois mois sans visa.
Ils doivent être en possession d'un passeport encore valable 6 mois après le retour, d'un billet de retour et disposer d'une somme suffisante en argent pour assurer leur séjour. Aucun vaccin n'est exigé.

▶ **Le programme US-VISIT.** Depuis le 26 octobre 2004, si vous prévoyez de passer la frontière américaine, vous devez impérativement être détenteur d'un passeport sécurisé à lecture optique, dit Delphine ; cet impératif vaut également pour les voyageurs en Transit.
Dans le cas contraire, il vous faut obtenir un visa américain (attention cela peut prendre plusieurs semaines pour obtenir un rendez-vous auprès de l'Ambassade des Etats-Unis). Les frais de demande de visa s'élèvent à 85 $. D'autre part, depuis le 30 septembre 2004, pour accroître les contrôles aux frontières américaines et renforcer l'application des lois sur l'immigration, le programme US Visit consiste en la saisie systématique par scanner des empreintes digitales de deux index ainsi que la prise d'une photo numérique à l'entrée comme à la sortie du territoire, de tous les voyageurs, y compris

ceux bénéficiant d'une exemption de visa. Ce programme ne s'applique pas aux personnes de plus de 79 ans et aux enfants de moins de 14 ans, néanmoins les autorités américaines exigent que les enfants soient détenteurs d'un passeport qui leur est propre.

Les 27 états dont la France, Andorre, la Belgique, le Luxembourg, Monaco et la Suisse font partie, sont tenus depuis le 26 octobre 2005 de ne délivrer que des passeports biométriques, c'est-à-dire à puce électronique permettant d'enregistrer des identifiants biométriques comme l'image de la rétine, la reproduction des traits du visage…

Passée cette échéance, les détenteurs d'un passeport à lecteur optique encore valable ne seront pas obligés de se faire délivrer un passeport biométrique.

Handicapés

Beaucoup d'efforts ont été entrepris pour améliorer leur vie et leurs déplacements, notamment en aménageant l'accès aux fauteuils roulants des bâtiments publics, centres commerciaux, restaurants, hôtels, musées et parcs nationaux.

De plus, des aires de stationnement sont spécialement réservées aux handicapés et la réglementation est, ici, strictement appliquée. Il existe un guide nommé « *AccessiB, la route pour tous* », pour se le procurer, s'adresser à Kéroul, 4545, avenue Pierre-de-Coubertin, Montréal ✆ 514-252-3104 – www.keroul.qc.ca – M° Pie-IX. Certaines compagnies d'autobus, comme Orléans Express, assurent également le transport des fauteuils roulants.

Douanes

▶ **Alcool.** Tout visiteur de plus de 18 ans peut pénétrer au Québec avec un maximum de 1,5 litre de vin ou de 1,14 litre (40 onces), de spiritueux ou de 24 bouteilles ou canettes de 355 ml (12 onces) de bière ou d'ale (8,5 litres).

▶ **Animaux.** Les animaux domestiques sont admis à condition qu'un permis d'importation canadien (délivré à la douane canadienne) ait été obtenu. Le certificat antirabique de moins de 1 an et le certificat de santé (délivré 10 jours avant le départ) sont obligatoires. La loi canadienne interdit de posséder plus de deux animaux domestiques (chiens, chats) par logis.

En ville, les chiens sont obligatoirement tenus en laisse en tout temps. Dans les transports publics, il faut prendre l'ami fidèle dans ses bras. Tous (pour les résidents) doivent être enregistrés à l'hôtel de ville sous peine de voir la police frapper à leur porte pour s'en assurer.

▶ **Argent.** On peut importer et exporter librement un montant de devises allant jusqu'à 10 000 CAD. Au-delà, déclaration obligatoire.

▶ **Armes à feu.** Ne sont autorisées que les armes à usage sportif ou récréatif légitime. Pour plus d'informations : www.cfc-cafc. gc.ca

▶ **Cadeaux.** Les visiteurs sont exemptés de droits pour les cadeaux ne dépassant pas une valeur de 60 $.

Si la valeur du cadeau dépasse 60 $, vous aurez à payer des droits et des taxes sur l'excédent. Les boissons alcooliques ou les produits de tabac ne peuvent pas être déclarés comme cadeaux.

▶ **Denrées alimentaires – Plantes.** Il est interdit de pénétrer sur le territoire canadien avec des denrées périssables dans ses bagages, telles que végétaux, viandes, produits laitiers, fruits et légumes.

ORGANISER SON SÉJOUR

▶ **Médicaments d'ordonnance.** Si vous apportez des médicaments prescrits sur ordonnance, assurez-vous qu'ils sont bien identifiés. Ils doivent se trouver dans leur emballage original et être munis d'une étiquette précisant leur nature et leur utilisation sous ordonnance. Si cela n'est pas possible, ayez avec vous une copie de l'ordonnance ou une lettre de votre médecin.

▶ **Tabac.** Vous pouvez apporter un maximum de 200 cigarettes, de 50 cigares ou cigarillos, de 200 g (7 onces) de tabac fabriqué et de 200 bâtonnets de tabac.

Bibliographie

Guides

▶ *Le Petit Futé Montréal 2008 – Guide de ville*, Editions Néopol.

▶ *Le Petit Futé Montréal Etudiant*, Editions Néopol.

▶ *Le Petit Futé Guide des Bières et des saveurs du Québec*, Editions Néopol, 2005.

▶ *Le Petit Futé Québec Special Quebec 2008*, Editions Néopol.

Librairies

Les librairies du voyage proposent de nombreux guides, récits de voyages et autres manuels du parfait voyageur. Bien se préparer au départ et affiner ses envies permet d'éviter les mauvaises surprises. Le voyage commence souvent bien calé dans son fauteuil, un récit de voyage ou un guide touristique à la main. Voilà pourquoi nous vous proposons une liste de librairies de voyage à Paris et en province.

Paris

■ **ESPACE IGN**
107 rue La Boétie (8e)
✆ 01 43 98 80 00 – 0820 20 73 74
www.ign.fr
M°Franklin D. Roosevelt. Ouvert du lundi au vendredi de 9h30 à 19h, et le samedi de 11h à 12h30 et de 14h à 18h30. Les bourlingueurs de tout poil seraient bien inspirés de venir faire un petit tour dans cette belle librairie sur deux niveaux avant d'entamer leur périple. Au rez-de-chaussée se trouvent les documents traitant des pays étrangers : cartes en veux-tu en voilà (on n'est pas à l'Institut Géographique National pour rien !), guides de toutes éditions, beaux livres, méthodes de langue en version Poche, ouvrages sur la météo, conseils pour les voyages. L'espace est divisé en plusieurs rayons consacrés chacun à un continent. Tous les pays du monde sont

représentés, y compris les mers et les océans. Les enfants ont droit à un petit coin rien que pour eux avec des ouvrages sur la nature, les animaux, les civilisations, des atlas, des guides de randonnée… Ils ne manqueront pas d'être séduits, comme leurs parents sans doute, par l'impressionnante collection de mappemondes, aussi variées que nombreuses, disposées au centre du magasin. Les amateurs d'ancien, quant à eux, pourront se procurer des reproductions de cartes datant pour certaines du XVIIe siècle !

■ **GITES DE FRANCE**
59 rue Saint-Lazare (9e)
✆ 01 49 70 75 75 – Fax : 01 42 81 28 53
www.gites-de-france.fr
Ouvert du lundi au vendredi de 10h à 18h30 et le samedi de 10h à 13 h et de 14h à 18h30 (sauf en juillet-août). Pour vous aider à choisir parmi ses 55 000 adresses de vacances, Gîtes de France a conçu une palette de guides comportant des descriptifs précis des hébergements. Mais vous trouverez également dans les boutiques d'autres guides pratiques et touristiques, ainsi que des topo-guides de randonnée, des cartes routières et touristiques. Commande en ligne possible.

■ **ITINERAIRES,**
LA LIBRAIRIE DU VOYAGE
60 rue Saint-Honoré (1er)
✆ 01 42 36 12 63 – Fax : 01 42 33 92 00
www.itineraires.com
M° Les Halles. Ouvert le lundi à 11h et du mardi au samedi de 10h à 19h. Cette charmante librairie vous réserve bien des surprises. Logée dans un bâtiment classé des Halles, elle dispose d'un ravissant patio et de caves dans lesquelles sont organisées de multiples rencontres. Le catalogue de 15 000 titres est disponible sur le site Internet. Dédié à « la connaissance des pays étrangers et des voyages », cette librairie offre un choix pluridisciplinaire d'ouvrages classés par pays. Si vous désirez connaître un pays, quelques titres essentiels de la littérature vous sont proposés, tous les guides de voyage existants, des livres de recettes, des précis de conversation, des études historiques… Dans la mesure du possible, les libraires mettent à votre disposition une sélection exhaustive, un panorama complet d'un pays, de sa culture et de son histoire. La librairie organise régulièrement des expositions de photos. On peut toujours passer commande, grâce à des délais de livraison très courts (1 à 3 jours pour des livres qui ont été édités aux quatre coins du globe, et 3 semaines pour ceux qui arrivent de chez nos amis britanniques…).

■ LA BOUTIQUE MICHELIN

32 avenue de l'Opéra (1er)
℡ 01 42 68 05 00
www.michelin.com

M° Opéra. Ouvert le lundi de 13h à 19h, du mardi au samedi de 10h à 19h. Avis à tous les sillonneurs des routes de France, de Navarre et même d'ailleurs, puisque les guides et les cartes Michelin couvrent le monde entier. Dans cette boutique, ils trouveront de nombreux documents pour préparer leur voyage d'un point de vue touristique mais aussi logistique. Un espace Internet les invite à établir (gratuitement) leur itinéraire et à le calculer (en euros, en kilomètres, en temps…). A part cela, toute la production Michelin est en rayon, des guides verts (en français, en anglais, en allemand) aux guides rouges en passant par les collections Escapade, Néos et les cartes France et étranger. Et ce n'est pas tout, une bibliothèque propose aussi les ouvrages des éditeurs concurrents : Lonely Planet, Gallimard, Petit Futé… Notez que des beaux livres et des essais sur la saga Michelin sont en vente ainsi que de vieilles affiches publicitaires. En plus de tout cela, les amateurs du Bibendum pourront acheter un grand nombre de produits dérivés comme des serviettes, vêtements, jouets…

■ AU VIEUX CAMPEUR

2 rue de Latran (5e) ℡ 01 53 10 48 48
A Paris, Quartier Latin : 23 boutiques autour du 48 rue des Ecoles, Paris Ve
M° Maubert-Mutualité
ou Cardinal-Lemoine
A Lyon, Préfecture-université : 7 boutiques autour du 43 cours de la Liberté, Lyon IIIe
A Thonon-les-Bains :
48 avenue de Genève
A Sallanches : 925, route du Fayet
A Toulouse Labège :
23 rue de Sienne, Labège Innopole
A Strasbourg : 32 rue du 22-Novembre
www.au-vieux-campeur.fr

Ouvert du lundi au vendredi de 10h30 à 19h30, le mercredi jusqu'à 21h, le samedi de 9h30 à 19h30. Les magasins du Vieux Campeur disposent d'une librairie dédiée au tourisme sportif en France. Vous y trouverez de nombreux guides mais aussi des cartes, des beaux livres, des revues et un petit choix de vidéo. Quelques pays d'Europe et d'autres contrées plus lointaines (comme l'Himalaya) sont également évoqués, mais ce sont surtout les régions de France qui sont ici représentées. Le premier étage met à l'honneur le sport, les exploits, les découvertes. Vous pourrez vous y documenter sur l'escalade, le VTT, la plongée sous-marine, la randonnée, la voile, le ski… Commande possible par Internet.

■ LIBRAIRIE ULYSSE

26 rue Saint-Louis-en-l'île (4e)
℡ 01 43 25 17 35
www.ulysse.fr

M° Pont-Marie. Ouvert du mardi au samedi de 14h à 20h. Comme Ulysse, Catherine Domain a fait un beau voyage. Un jour de 1971, elle a posé ses valises sur l'île Saint-Louis où elle a ouvert une petite librairie. Depuis, c'est elle qui incite les autres au départ. Ne soyez pas rebutés par l'apparent fouillis des bibliothèques : les bouquins s'y entassent jusqu'au plafond, mais la maîtresse des lieux sait exactement où trouver ce qu'on lui demande. Car ici, il faut demander, le panneau accroché devant la porte de l'entrée vous y encourage franchement : « Vous êtes dans une librairie spécialisée à l'ancienne, au contraire du self-service, de la grande surface ou du bouquiniste. Ce n'est pas non plus une bibliothèque, vous ne trouverez pas tout seul. Vous pouvez avoir des rapports humains avec le libraire qui elle aussi a ses humeurs. » Vous voilà prévenus ! La boutique recèle plus de 20 000 ouvrages (romans, beaux livres, guides, récits de voyage, cartes, revues) neufs et anciens sur tous les pays. Un service de recherche de titres épuisés est à la disposition des clients. Laissez-vous donc conter fleurette par cette globe-trotteuse insatiable : l'écouter, c'est déjà partir un peu.

■ LA BOUTIQUE DU PETIT FUTÉ

44 rue des Boulangers (5e)
℡ 01 45 35 46 45
www.lepetitfute.com
librairie@petitfute.com

M° Cardinal-Lemoine. Ouvert du mardi au samedi inclus de 10h30 à 14h et de 14h45 à 19h. Le Petit Futé fait dans le guide de voyage, vous l'ignoriez ? Et saviez-vous qu'il possédait sa propre librairie ? S'il porte bien son nom, celui-là ! La Boutique du Petit Futé accueille une large clientèle de Parisiens en partance, ou rêvant de l'être. Outre tous les Petits Futés de France, de Navarre et d'ailleurs (Country Guides, City Guides, Guides Régions, Guides Départements, Guides thématiques, en tout près de 350 titres), vous trouverez ici des recueils de recettes exotiques, des récits de voyages ou romans ayant trait à cette saine activité (parus chez Actes Sud ou Payot), des ouvrages sur l'art de vivre en Papouasie, des beaux livres sur la Patagonie ou l'Alaska (éditions Transboréal), de nombreux ouvrages pratiques commis par les confrères (cartes routières IGN, éditions Assimil, beaux livres régionaux Déclics, guides Michelin, Lonely Planet en français et en anglais) ainsi qu'une collection de livres sur la découverte de Paris (de la série « Paris est à nous » au *Paris secret et insolite...*).

■ **LIBRAIRIE DE VOYAGEURS DU MONDE**
A Paris : 55 rue Sainte-Anne (2ᵉ)
℃ 01 42 86 17 37
Fax : 01 42 86 17 89
www.vdm.com
Mº Pyramides ou Quatre Septembre. Ouvert du lundi au samedi de 9h30 à 19h sans interruption. Située au sous-sol de l'agence de voyages Voyageurs du Monde, cette librairie est logiquement dédiée aux voyages et aux voyageurs. Vous y trouverez tous les guides en langue française existants actuellement sur le marché, y compris les collections relativement confidentielles. Un large choix de cartes routières, de plans de villes, de régions vous est également proposé ainsi que des méthodes de langue, des ouvrages truffés de conseils pratiques pour le camping, trekking et autres réjouissances estivales. Rayon littérature et témoignages, récits d'éminents voyageurs et quelques romans étrangers.

■ **LIBRAIRIE MARITIME OUTREMER**
55 avenue de la Grande-Armée (16ᵉ)
℃ 01 45 00 17 99
Fax : 01 45 00 10 02
www.librairie-outremer.com
Mº Argentine. Ouvert du lundi au samedi de 10h à 19h. La librairie de la rue Jacob dans le 6ᵉ a rallié les locaux de la boutique avenue de la Grande-Armée. Des ouvrages sur l'architecture navale, des manuels de navigation, des ouvrages de droit marin, les codes Vagnon, les cartes du service hydrographique et océanique de la marine, des précis de mécanique pour les bateaux, des récits et romans sur la mer, des livres d'histoire de la marine... tout est là. Cette librairie constitue la référence dans ce domaine. Son catalogue est disponible sur Internet et en format papier à la boutique.

■ **L'ASTROLABE**
46 rue de Provence (9ᵉ)
℃ 01 42 85 42 95
Mº Chaussée-d'Antin. Ouvert du lundi au samedi de 9h30 à 19h. Une des plus importantes librairies de Paris consacrées exclusivement au voyage. On trouve ici sur deux niveaux un choix énorme d'ouvrages : 40 000 références

! A l'étage, les guides, les beaux livres et les cartes d'Europe, et au rez-de-chaussée le reste du monde avec guides touristiques, récits de voyage, les plans des grandes villes... Car la grande spécialité de l'Astrolabe, c'est la cartographie : 35 000 cartes toutes échelles et tous pays, mais aussi des cartes maritimes et aéronautiques, routières, administratives, de randonnées... On peut même les choisir pliées ou roulées ; ce n'est pas du luxe, ça ? En outre, on peut aussi y acheter des guides et des livres en langue étrangère (anglais et espagnol), des atlas et des globes, des cartes murales, des boussoles et plein d'objets concernant le sujet. Disposant de services de qualité (commandes à l'étranger, recherches bibliographiques...), L'Astrolabe est l'endroit rêvé pour organiser ses voyages.

Bordeaux

■ **LA ROSE DES VENTS**
40 rue Sainte-Colombe
℃/Fax : 05 56 79 73 27
rdvents@hotmail.com
Ouvert du lundi au samedi de 10h à 12h30 et de 14h à 19h. Dans cette librairie, le livre fait voyager au sens propre comme au figuré. Les cinq continents y sont représentés à travers des guides et des cartes qu'il sera possible de déplier sur une table prévue à cet effet, et décorée... d'une rose des vents. Des ouvrages littéraires ainsi que des guides de nature garnissent également les étagères. Le futur aventurier pourra consulter gratuitement des revues spécialisées. Lieu convivial, La Rose des vents propose tous les jeudis soir des rencontres et conférences autour du voyage. Cette librairie fait maintenant partie du groupe géothèque (également à Tours et Nantes).

Brest

■ **MERIDIENNE**
31 rue Traverse
℃ 02 98 46 59 15
Ouvert de 9h30 à 12h30 et de 14h à 19h du mardi et le samedi de 9h30 à 12h et de 14h à 19h. Spécialisée dans les domaines maritimes et naturalistes, cette librairie est aussi une boutique d'objets de marins, de décoration et de jeux où il fait bon faire escale. Les curieux y trouveront des ouvrages de navigation, d'astronomie, des récits, des témoignages, des livres sur les sports nautiques, les grands voyages, l'ethnologie marine, la plongée, l'océanographie, les régions maritimes...

Caen

■ HEMISPHERES

15 rue des Croisiers ✆ 02 31 86 67 26
Fax : 02 31 38 72 70 – www.aligastore.com
hemispherescaen@aol.com
*Ouvert du mardi au samedi de 9h à 19h sans
interruption.* Dans cette librairie dédiée au
voyage, les livres sont classés par pays : guides,
plans de villes, littérature étrangère, ethnologie,
cartes et topo-guides pour la randonnée. Les
rayons portent aussi un beau choix de livres
illustrés et un rayon musique. Le premier étage
allie littérature et nourriture, et des expositions
photos y sont régulièrement proposées.

Lille

■ LIBRAIRIE DE VOYAGEURS DU MONDE

147 bd de la Liberté
✆ 03 20 06 76 30 – Fax : 03 20 06 76 31
www.vdm.com
Ouvert du lundi au samedi de 10 h à 19 h. La
librairie des voyageurs du monde lilloise est
située dans le centre-ville. Elle compte pas
moins de 14 000 références, livres et cartes,
uniquement consacrées à la découverte de tous
les pays du monde, de l'Albanie au Zimbabwe
en passant par la Chine.

Lyon

■ RACONTE-MOI LA TERRE

Angle des rues Thomassin et Grolée (2e)
✆ 04 78 92 60 20 – Fax : 04 78 92 60 21
www.raconte-moi.com
bienvenue@raconte-moi.com
Ouvert du lundi au samedi de 10h à 19h30.
La librairie des explorateurs de notre siècle.
Connexion Internet, restaurant « exotique »,
cette librairie s'ouvre sur le monde des voyages.
Des guides aimables nous emmènent trouver
l'ouvrage qu'il nous faut pour connaître tous
les pays du globe. Ethnographes, juniors,
baroudeurs, tous les genres gravitent autour
de cette Terre-là.

■ LIBRAIRIE DE VOYAGEURS DU MONDE

5 quai Jules Courmont (2e)
✆ 04 72 56 94 50 – Fax : 04 72 56 94 55
www.vdm.com
*Ouvert du mardi au samedi de 10h à 12h et de
13h à 19h.* Tout comme ses homologues de
Paris, Marseille ou Toulouse, la librairie propose
un vaste choix de guides en français et anglais,
de cartes géographiques et atlas, de récits de
voyage et d'ouvrages thématiques... Egalement
pour les voyageurs en herbe : des atlas, des
albums et des romans d'aventures.

Marseille

■ LIBRAIRIE DE VOYAGEURS DU MONDE

25 rue Fort Notre Dame (1er)
✆ 04 96 17 89 26 – Fax : 04 96 17 89 18
www.vdm.com
*Ouvert du lundi de 12h à 19h et du mardi au
samedi de 10h à 19h sans interruption.* Sur
le même site sont regroupés les bureaux des
conseillers Voyageurs du monde et ceux de Terre
d'aventures. La librairie détient plus de 5 000
références : romans, ouvrages thématiques
sur l'histoire, spiritualité, cuisine, reportages,
cartes géographiques, atlas, guides (en français
et en anglais). L'espace propose également
une sélection d'accessoires incontournables :
moustiquaires, bagages...

■ LIBRAIRIE MARITIME OUTREMER

26 quai Rive Neuve (1er)
✆ 04 91 54 79 40 – Fax : 04 91 54 79 49
www.librairie-maritime.com
*Ouvert du mardi au vendredi de 9h à 12h30 et
de 14h à 18h30, le samedi de 10h à 12h30 et
de 15h à 18h30.* Que vous ayez le pied marin
ou non, cette librairie vous ravira tant elle
regorge d'ouvrages sur la mer. Ici, les histoires
sont envoûtantes, les images incroyables...
De quoi se mettre à rêver sans même avoir
jeté l'encre !

Montpellier

■ LES CINQ CONTINENTS

20 rue Jacques-Cœur
✆ 04 67 66 46 70 – Fax : 04 67 66 46 73
*Ouvert de 13h à 19h15 le lundi et de 10h à
19h15 du mardi au samedi.* Cette librairie fait
voyager par les mots et les images, elle est le
passage obligé avant chaque départ vers...
l'ailleurs. Les libraires sont des voyageurs
infatigables qui submergent leurs rayons de
récits de voyages, de guides touristiques,
de livres d'art, de cartes géographiques et
même de livres de cuisine et de musique.
Régions de France, pays du monde surtout,
rien ne leur échappe et ils sont capables de
fournir nombre de renseignements. A fréquenter
avant de partir ou pour le plaisir du voyage
immobile. Régulièrement, la librairie organise
des rencontres et animations (programme
trimestriel disponible sur place).

Nantes

■ LA GEOTHEQUE

10 place du Pilori
✆ 02 40 47 40 68 – Fax : 02 40 47 66 70
geotheque-nantes@geotheque.com

Ouvert le lundi de 14h à 19h et du mardi au samedi de 10h à 19h. Vous trouverez des centaines de guides spécialisés et plus de 2 000 cartes IGN. Pour savoir où l'on va et, en voyageur averti, faire le point avant que de s'y rendre… une bonne adresse. Cartes, guides et magazines sur tous les pays du monde.

Nice

◼ MAGELLAN
3 rue d'Italie
✆ 04 93 82 31 81
Fax : 04 93 82 07 46
Ouvert de 14h à 19h le lundi et de 9h30 à 13h et 14h à 19h du mardi au samedi. Avant de partir, pour vous procurer un guide ou une carte, pour organiser une expédition, aussi bien au Sri Lanka que tout simplement dans l'arrière-pays, mais aussi pour rêver, pour vous évader le temps d'un livre. Bienvenue dans la librairie du Sud-Est.

◼ LIBRAIRIE DE VOYAGEURS DU MONDE
4 rue du Maréchal Joffre
✆ 04 97 03 64 65 – Fax : 04 97 03 64 60
www.vdm.com
Ouvert de 10h à 19h du lundi au samedi. Elle propose tous les ouvrages utiles pour devenir un voyageur averti ! Il faut d'ailleurs savoir que les libraires des Voyageurs du monde travaillent en partenariat avec plusieurs instituts géographiques à travers le monde, et également quelques éditeurs privés.

Rennes

◼ ARIANE
20 rue du Capitaine-Alfred-Dreyfus
✆ 02 99 79 68 47
Fax : 02 99 78 27 59 www.librairie-voyage.com
Le voyage commence dès le pas de la porte franchi. En France, en Europe, à l'autre bout du monde. Plutôt montagne ou résolument mer, forêts luxuriantes ou déserts arides… quelle que soit votre envie, vous trouverez de quoi vous documenter en attendant de partir. Cartes routières et marines, guides de voyages, plans… vous aideront à préparer votre voyage et vous accompagneront sur les chemins que vous aurez choisis. Articles de trekking, cartes et boussoles sont également vendus chez Ariane.

◼ LIBRAIRIE DE VOYAGEURS DU MONDE
31 rue de la Parcheminerie
✆ 02 99 79 30 72
Fax : 02 99 79 10 00
www.vdm.com
Ouvert de 10h à 19h du lundi au samedi. Comme toutes les libraires des voyageurs du monde, celle de Rennes possède tout ce qu'il faut pour faire de vous un professionnel du voyage ! Guides en français et en anglais, cartes géographiques, atlas, récits de voyage, littérature étrangère, ouvrages thématiques, livres d'art et de photos, et pour les voyageurs en herbe : atlas, albums et romans d'aventures… Les libraires de Voyageurs du monde vendent également des photos anciennes, retirées à partir des négatifs originaux.

Strasbourg

◼ GEORAMA
20 rue du Fossé-des-Tanneurs
✆ 03 88 75 01 95
Fax : 03 88 75 01 26
Ouvert le lundi de 14h à 19h et du mardi au samedi de 9h30 à 19h. Le lieu est dédié au voyage et les guides touristiques voisinent avec les cartes routières et les plans de ville. Des accessoires indispensables au voyage (sac à dos, boussole) peuplent aussi les rayons de cette singulière boutique. Notez également la présence (et la vente) de fascinants globes lumineux et de cartes en relief.

Toulouse

◼ LIBRAIRIE PRESSE DE BAYARD – LA LIBRAIRIE DU VOYAGE
60 rue Bayard
✆ 05 61 62 82 10
Fax : 05 61 62 85 54
Ouvert du lundi au samedi de 7h30 à 19h. Pour passer de bons moments en voyage sans tourner trente-six heures dans une région inconnue, cette librairie offre toutes sortes de cartes IGN (disponibles aussi en CD ROM), Topos Guides, Guides touristiques, cartes du monde entier et plans de villes (notamment de villes étrangères)… Cette surface de vente – la plus importante de Toulouse consacrée au voyage – possède également un rayon consacré à l'aéronautique (navigation aérienne), à la navigation maritime et aux cartes marines. Pour ne pas se perdre dans cette promenade littéraire, suivez les bons conseils de l'équipe de Toulouse presse. Dès qu'on pousse les portes de cette indispensable librairie, le voyage commence… Pour les futés qui n'ont pas envie de se paumer, une des librairies où vous trouverez le plus grand choix de *Petit Futé*.

▪ OMBRES BLANCHES

50 rue Gambetta
℡ 05 34 45 53 33
Fax : 05 61 23 03 08
www.ombres-blanches.com
Ouvert du lundi au samedi de 10h à 19h. On
entre et on tombe sur une tente de camping.
Pas de panique, ceci est bien une librairie, la
petite sœur de la grande Ombres Blanches
d'à côté. Mais une librairie spécialisée dans
les voyages et le tourisme, donc dans le
camping également ! Beaux livres, récits de
voyage, cartes de rando et de montagnes,
livres photos… La marchandise est dépaysante
et merveilleuse tandis que l'accueil est aussi
agréable que dans la librairie jumelle. Comment
ne pas y aller, ne serait-ce que pour voyager
virtuellement ?

▪ LIBRAIRIE DE VOYAGEURS DU MONDE

26 rue des Marchands
℡ 05 34 31 72 72/55
Fax : 05 35 31 72 73 – www.vdm.com
*Ouvert le lundi de 13h à 19h et du mardi
au samedi de 10h à 19h sans interruption.*

Cette librairie propose l'ensemble des guides
touristiques en français et en anglais, un
choix exceptionnel de cartes géographiques
et d'atlas, des manuels de langue et des guides
de conversation. Mais on trouve également des
récits de voyage, de la littérature étrangère,
des ouvrages thématiques sur l'histoire,
la spiritualité, la société, la cuisine, des
reportages, des livres d'art et de photos…
Pour les voyageurs en herbe, des atlas, des
albums et des romans d'aventures.

Tours

▪ LA GEOTHEQUE, LE MASQUE ET LA PLUME

14 rue Néricault-Destouches
℡ 02 47 05 23 56
Fax : 02 47 20 01 31
geotheque-tours@geotheque.com
Totalement destinée aux globe-trotters, cette
librairie possède une très large gamme de
guides et de cartes pour parcourir le monde. Et
que les navigateurs des airs ou des mers sautent
sur l'occasion : la librairie leur propose aussi des
cartes, manuels, CD-Roms et GPS…

▬ SUR PLACE

Poste et télécommunications

Poste

Les lettres prennent du temps pour arriver.
Pourtant, si l'on en croit les sources officielles,
le pourcentage de courrier non distribué ne
dépasserait pas 0,05 %. Le service de la poste
restante est assuré dans la majorité des bureaux
de poste (le courrier y est conservé 15 jours).
Fin 2007, affranchir une lettre normale coûte
52 ¢ à l'intérieur du Canada et 1,55 $ pour
l'international (comptez 5 à 7 jours ouvrables
pour la France). Un service de télécopieur est
également disponible. Les bureaux de poste
ouvrent entre 9h30 et 17h. Certains magasins,
tels les Pharmaprix ou les Jean Coutu, disposent
de centres postaux.

Téléphone

▶ **Pour téléphoner à l'intérieur du Canada,
ou pour appeler les Etats-Unis,** composez
le code régional + numéro du correspondant
(7 chiffres). Une communication locale depuis
une cabine coûte 50 ¢ quelle que soit sa durée.
Les numéros commençant par 800, 888, 877
sont gratuits.

▶ **Pour l'assistance annuaire,** faire le 411.

▶ **Pour obtenir des renseignements sur une
autre région,** composez le 1 + code régional
+ 555-1212. Dans ce guide, les indicatifs
téléphoniques des différentes régions, appelés
codes régionaux (ne faire que si l'on se trouve
en dehors de la région), sont inscrits entre
parenthèses (3 chiffres).

▶ **Le Québec possède quatre codes
régionaux :** 514 pour Montréal, 450 pour la
région de Montréal et pour les Laurentides, 418
pour la ville de Québec, la Gaspésie et l'est de
la province, 819 pour les Cantons de l'Est, la
Mauricie, Hull et les régions du nord.

▶ **Pour appeler l'étranger du Canada :**
composer le 011 + 33 pour la France, 32 pour
la Belgique, 41 pour la Suisse. Pour la France,
après le 33, faire le numéro de la personne
que vous voulez contacter sans le 0 initial. Le
coût de la minute pour la France varie selon le
forfait de l'abonné, comptez tout de même 2 $
la minute depuis une cabine. Pour les appels
en PCV, faire le 800-363-4033.

▶ **Pour téléphoner d'une cabine publique,**
il faut avoir une pièce de 25 ¢.

Internet

On trouve des postes Internet dans des centres de copies, salons de thé et quelques cybercafés. 1h de connexion Internet dans un cybercafé de 3 $ à 5 $.

Langues parlées

Français et anglais. Mais à Montréal, vous pourrez entendre toutes les langues des immigrants du Québec. Le débat est long entre anglophones et francophones sur l'identité de chacun.

Électricité

Courant alternatif de 110 volts avec une fréquence de 60 Hz. Les fiches sont plates à l'américaine (pas rondes comme en Europe). Se munir d'un adaptateur afin de pouvoir utiliser les appareils européens tels que rasoir ou séchoir à cheveux, et vérifier qu'ils acceptent ce voltage.

Poids et mesures

Bien que le Québec ait adopté le système métrique depuis une vingtaine d'années, on utilise encore les anciennes mesures.

▶ **1 pied** = 30,48 cm (3 pieds font une verge = 0,914 cm).

▶ **1 mètre** = 3,28 pieds.

▶ **1 pouce** = 2,54 cm (il y a 12 pouces dans 1 pied).

▶ **10 cm** = 3,937 pouces.

▶ **1 livre** = 454 g (il y a 16 onces dans 1 livre).

▶ **1 kg** = 2,20 livres.

▶ **1 once** = 28,349 g.

▶ **1 kg** = 35,27 onces
Je pèse 140 livres (63,5 kg) et je mesure 5 pieds 8 pouces (1,73 m).

▶ **1 pinte** = environ 1 demi-litre.

▶ **1 gallon canadien** = 4,5 litres.

▶ **1 gallon américain** = 3,785 litres.
Existent aussi les pieds carrés, verges carrées et acres.

▶ **1 acre** = 0,4 hectare.

▶ **Quant aux pointures de chaussures,** le 38 femme correspond au 7 (qui équivaut au 39,5 pour l'homme).

▶ **Pour les tailles de vêtements,** le 40 femme correspond au 12 ; le 44 homme devient le 34.

Températures

La température est encore très souvent exprimée en degrés Fahrenheit (°F). Pour les convertir rapidement en degrés Celsius (°C), il faut appliquer la formule :
(°F - 32) x 5 ÷ 9. A votre calculette !

▶ **Voici quand même quelques repères :** 32 °F = 0 °C ; 68 °F = 20 °C ; 86 °F = 30 °C ; 0° F = -18° C ; -4° F = -20° C.

Horaires d'ouverture

Les bureaux sont généralement ouverts du lundi au vendredi de 9h à 17h, les commerces du lundi au vendredi de 9h à 18h (jusqu'à 21h le jeudi et le vendredi) et le samedi de 9h à 17h, et le dimanche de 10h à 16h.

Jours fériés

La plupart des banques, écoles et services administratifs et gouvernementaux sont fermés :

▶ **Le 1er janvier.**

▶ **Le vendredi saint :** le vendredi précédant le dimanche de Pâques.

▶ **Le dimanche et le lundi de Pâques.**

▶ **Le 3e lundi de mai :** fête de la Reine-fête de Dollard.

▶ **Le 24 juin :** fête nationale du Québec, Saint-Jean-Baptiste.

▶ **Le 1er juillet :** fête de la Confédération canadienne.

▶ **Le 1er lundi de septembre :** fête du Travail.

▶ **Le 2e lundi d'octobre :** Action de grâces.

▶ **Le 25 et le 26 décembre :** Noël.

Alimentation

Pour faire les courses (ne dites pas shopping mais magasinage), il y a les grandes surfaces d'alimentation comme IGA, Loblaws, Maxi, Métro, Provigo… Peu nombreux au centre-ville. Attention : les prix des légumes, des fruits, du poisson et des vins sont indiqués à la livre (454 g). Dans certains magasins, c'est le commis qui emballe vos articles. L'alimentation non transformée n'est pas taxée.

Cigarettes et tabagisme

On en trouve à peu près partout : chez les dépanneurs du coin, dans les pharmacies et les grandes surfaces. Le prix des cigarettes varie entre 7 $ et 9 $. Santé Canada multiplie les campagnes anti-tabac, avec photos chocs sur les paquets de cigarettes.

Le fumeur est plutôt mal vu. La loi interdit de fumer dans tous les édifices publics, les établissements commerciaux, les stations de train et de métro ainsi que dans les aéroports. Et depuis le 31 mai 2006, une loi anti-tabac interdit de fumer dans les bars, les brasseries, les salles de bingo et les tavernes. La majorité des gîtes sont également non-fumeurs et ce, pour des raisons de sécurité, à cause des risques d'incendie, la plupart des maisons étant en bois.

Médias

Journaux

▶ *Le Devoir* **(40 000 ex.).** Ce quotidien se veut un organe de réflexion. Très attaché à la liberté d'expression, *Le Devoir* a gagné le respect des élites.

▶ *Le Journal de Montréal/de Québec* **(200 000 ex.).** Quotidien, dans lequel les nouvelles locales, les scandales et le sport tiennent la vedette. L'actualité internationale, les nouvelles économiques et la culture se glissent dans les interstices de la publicité. On lui reproche souvent ses accents sensationnalistes et son style relâché.

▶ *La Presse* **(210 000 ex.).** *La Presse* jouit d'une grande crédibilité. Les idées exprimées dans ses pages ont une grande influence sur la vie politique et sociale du pays. Sa pluralité fait sa force.

▶ *The Gazette.* Le quotidien des anglophones de Montréal.

▶ *The Globe and Mail,* journal canadien, dont le siège est à Toronto, diffuse les informations générales nationales et internationales en anglais.

▶ Le journal *Voir* (Montréal, Québec, Sherbrooke…). Hebdomadaire. Prenez-en un sur le présentoir, c'est gratuit.

▶ *L'Actualité* **(260 000 ex.).** Le plus grand mensuel francophone d'information générale hors de France, *L'Actualité* semble faire le bonheur de ses lecteurs qui y trouvent un complément indispensable à l'analyse des événements locaux et internationaux.

Radios

▶ **CBF Radio-Canada (FM 95.1), Montréal.** Radio-Canada, première chaîne. Intéressant, un meuble irréductible des ondes canadiennes.

▶ **CIBL (FM 101.5), Montréal.** Radio communautaire qui se tisse de diverses tendances. Chacun y trouvera son style. On communique avec la station pour obtenir la programmation. Une écoute toujours intéressante.

▶ **CKAC (AM 730), Montréal.** L'un des derniers dinosaures du AM. Information, débats intéressants.

▶ **CKOI (FM 96.9), Montréal.** La radio appelée Numéro un à Montréal. Musique commerciale, animation et humour.

▶ **Cité Rock Détente (FM 107.3), Montréal.** Musique variée, plus ou moins douce.

Télévision

Le câble permet de visualiser des dizaines de chaînes différentes, de jouer à des jeux à l'écran, de commander son menu de la soirée (film) ou de bénéficier de la télévision dite interactive.
Montréal compte une trentaine de chaînes différentes, anglophones et francophones de Radio-Canada, stations privées ou des Etats-Unis. Les chaînes de service présentent la météo, l'état des routes et les petites annonces. La chaîne TV5 retransmet une partie des émissions françaises, belges et suisses. Les journaux de France 2 y sont retransmis.

Cartes

On peut aisément trouver des cartes routières et des plans à l'office de tourisme, aux comptoirs d'informations touristiques, dans les librairies, les pharmacies et les stations-service.

■ CARNET D'ADRESSES

Offices de tourisme

Au Québec

■ **TOURISME QUEBEC**
℡ 514-873-2015

℡ 1-877-266-5687
www.bonjourquebec.com
Ouvert du lundi au vendredi de 9h à 19h, le mercredi à partir de 10h, le samedi et le dimanche et jours fériés de 9h à 17h.

Association **I**nternationale pour le
Développement, le **Tou**risme et la **San**
(International Association for Development, Tourism and Health)

NOTRE VOCATION

**Informer, communiquer, mobiliser
pour la lutte contre le tourisme sexuel impliquant
de plus en plus d'enfants dans le monde**

" Laissez-nous notre innocence "

**Aidez-nous par vos dons et contrats de partenariats
à renforcer nos actions de prévention de la prostitution
des mineurs liée au tourisme sexuel**

www.aidetous.org

AIDéTouS - 141, rue de l'Université – 75007 Paris
Tél. 06 11 34 56 19 – aidetousfrance@orange.fr

À Montréal

■ **CENTRE INFOTOURISTE**
1001, square Dorchester
℃ 514-873-2015/1-877-266-5687
www.tourisme-montreal.org
M° Peel, angle Peel et Sainte-Catherine. Ouvert du 1er juin au 2 septembre de 7h à 20h, du 3 septembre au 31 mai de 9h à 18h.

À Québec

■ **CENTRE INFOTOURISTE**
12, rue Sainte-Anne
℃ 1-877-266-5687
www.bonjourquebec.com
Face au château Frontenac. Ouvert tous les jours de 9h à 17h en basse saison et de 8h30 à 19h30 du 21 juin à début septembre.

■ **OFFICE DE TOURISME ET DES CONGRES**
399, rue Saint-Joseph E.
℃ 418-641-6654
www.quebecregion.com
Ouvert tous les jours de 9h à 17h en basse saison et de 8h30 à 19h30 du 21 juin à début septembre.

Dans les régions

Un réseau de 200 bureaux régionaux d'information touristique offre la possibilité de se renseigner dans l'ensemble du Québec. Ces bureaux de tourisme sont identifiés le long des routes par le pictogramme « ? ». On peut s'y procurer cartes routières, plans de villes, brochures détaillées sur les sites, l'hébergement, les sports, les loisirs et les manifestations.

▶ **Il existe un guide touristique (gratuit) de chaque région** (20 régions représentées). Les panneaux bleus signalent un site touristique.

Consulats au Québec

■ **CONSULATS DE FRANCE**
1501 Mc Gill Collège, 10ème étage, bureau 1000
℃ 514-878-4385
www.consulfrance-montreal.org
Ouvert du lundi au vendredi de 8h30 à 12h.

■ **CONSULAT DE BELGIQUE**
999, boulevard de Maisonneuve Ouest, Montréal ℃ 514-849-7394
www.diplomatie.be

■ **CONSULAT DE SUISSE**
1572, avenue Docteur-Penfield, Montréal

℃ 514-932-7181
www.eda.admin.ch/canada

Le Québec en France

■ **TOURISME QUEBEC**
℃ 0 800 90 77 77 (de France)
℃ 0 800 78 532 (de Belgique)
www.bonjourquebec.com
Ouvert tous les jours de 15h à 23h, sauf le mercredi, de 16h à 23h. Pour obtenir une documentation touristique gratuite.

■ **DELEGATION GENERALE DU QUEBEC**
66, rue Pergolèse,
75116 Paris
℃ 01 40 67 85 00
www.mri.gouv.qc.ca/paris/index.asp
M° Porte-Dauphine. Ouvert du lundi au vendredi de 9h à 19h.

Rencontres, échanges

■ **ASSOCIATION FRANCE-QUEBEC**
24, rue Modigliani, 75015 Paris
℃ 01 45 54 35 37
www.france-quebec.asso.fr
M° Lourmel.

■ **CENTRE DE COOPERATION INTERUNIVERSITAIRE FRANCO-QUEBECOISE**
96, boulevard Raspail,
75006 Paris
℃ 01 57 27 54 11
www.ccifq.org

Hébergement

■ **TCH VOYAGES (TOURISME CHEZ L'HABITANT)**
BP 38338, 15 rue des Pas-Perdus
95804 Cergy axe majeur Cedex
℃ 0 892 680 336
Service Privilège (attente téléphonique réduite) ℃ 01 34 25 44 72
Fax : 01 34 25 44 45
www.tch-voyages.com
informations@tch-voyage.fr
Brochures gratuites sur demande. Il est prudent de réserver avant votre départ.

Échange de logements

■ **INTERVAC**
230, boulevard Voltaire, 75011 Paris
℃ 01 43 70 21 22
www.intervac.fr
www.intervac.com

Partir en voyage organisé

Le Québec est l'endroit rêvé pour les amoureux des grands espaces.
Eté comme hiver, les tours-opérateurs proposent des escapades et de nombreux circuits pour profiter de la neige (ski, motoneige, randonnées en raquettes, balades en chiens de traineaux ...), pour se fondre dans la culture des grandes villes (Montréal, Québec) et des Amérindiens, ou pour découvrir les richesses des paysages majestueux (pêche, chasse, golf, balades équestres ou pédestres...). Les possibilités sont nombreuses au Québec, en solo, duo ou groupe.

Les spécialistes

■ ALLIBERT
37, bd Beaumarchais 75003 Paris
℡ 0 825 090 190 – Fax : 01 44 59 35 36
www.allibert-trekking.com
Créateur de voyages depuis 25 ans, Allibert propose plus de 600 voyages à travers 90 pays. Du désert à la haute montagne, le tour opérateur propose une dizaine de circuits de différents niveaux de marche pour satisfaire chacun avec possibilité d'extension. Plusieurs voyages sont programmés à destination du Québec : « Traîneau à chien au Québec » est un circuit de 9 jours avec de nombreuses activités comme l'initiation à la conduite de traîneau, la pêche sur la glace, la randonnée en raquettes... « Histoire de Caribous » (15 jours) est un circuit de découverte ludique pour les familles avec des sorties d'observation et de nombreuses activités. Enfin, à la lumière de l'été indien, le Québec illuminera ses multiples visages (circuit « L'été indien au Québec », 15 jours).

■ AMERIKASIA
48, rue Franklin 69002 Lyon
℡ 04 78 42 98 82 – Fax : 04 78 38 31 95
www.amerikasia.fr
Amerikasia possède une large gamme de séjours au Québec. Week-end à Montréal, circuit liberté grâce à la location d'une voiture, séjour neige, etc. De Toronto à Québec, des chutes du Niagara à Montréal, les formules disponibles sont très nombreuses : nuits en tipis, en pourvoiries, en couette et café.

Découvrez également l'Ouest canadien, Colombie Britannique et Alberta. Brochure sur demande par téléphone ou sur le web.

■ ATALANTE
5 rue Du-Sommerard 75005 Paris
℡ 01 55 42 81 00 – Fax : 01 55 42 81 01
www.atalante.fr
Ce tour-opérateur vous propose aussi bien des raids, des expéditions, des trekkings, des randonnées, que des voyages d'observation. Séjours à la carte. Plusieurs circuits sont programmés pour le Québec dont « Entre chiens et loups » : 9 jours d'aventure dont 5 en conduite d'attelage de chiens de traineaux, « Appel du Grand Nord » : une immersion 9 jours dans la nature, ou encore, « Aventures douces au Québec », 11 jours pour vivre au coeur des Amérindiens et des trappeurs...

■ ATC ROUTES DU MONDE
25, boulevard de Vaugirard 75015 Paris
℡ 01 56 54 04 34 ou 35
Fax : 01 56 54 04 36
www.atc-routesdumonde.com
Cette association de tourisme dispose d'une offre large et variée sur les plus grandes destinations françaises et étrangères : voyages individuels, circuits tout compris, week-ends, séjours balnéaires, résidences et gîtes. ATC Routes du monde propose un circuit de 8 jours de Montréal à Québec placés sous le signe de la multiactivité et les possibilités qu'offre la région de janvier à mars.

■ AVENTURIA
42, rue de l'Université 69007 Lyon
℡ 04 78 69 35 06 – www.aventuria.com
Agences à Paris ℡ 01 44 10 50 50
Bordeaux ℡ 05-56-90-90-22
Lille ℡ 03 20 06 33 77
Marseille ℡ 04 96 10 24 70
Nantes ℡ 02 40 35 10 12
Strasbourg ℡ 03 88 22 08 09
Nouvelle agence Paris Rive Droite, 20 rue des Pyramides, 75001 Paris ℡ 01 44 50 58 40
Spécialiste du Québec et du Canada depuis plus de 18 ans, ce tour-opérateur crée et présente toute une gamme de programmes originaux pour votre séjour au Québec. En hiver : raids

motoneige dans le vrai Grand Nord du plus facile au plus sportif, réveillon de Noël et du Jour de l'An, séjours multi-activités dans des pourvoiries de charme (motoneige, traîneau, raquettes, pêche sous la glace...), raids en traîneaux à chiens, En été : vous construirez votre itinéraire idéal avec des conseillers en voyage expérimentés et le personnalisez à l'aide d'une sélection d'étapes de charme et de modules d'escapades. Découverte individuelle à votre rythme, hébergements authentiques ou luxueux, découverte de la faune avec des guides naturalistes, ethnotourisme chez les Amérindiens, tout est à la carte. Brochure sur demande par téléphone ou sur le web.

■ BACK ROADS
14, place Denfert-Rochereau
75014 Paris ✆ 01 43 22 65 65
Fax : 01 43 20 04 88 – www.backroads.fr
Vols à prix réduits, location de voitures, de camping-cars, hôtels et hébergements toutes catégories, autotours, circuits en camping ou en autocar, trekking, rencontre des Amériediens, randonnées équestres, rafting et canoë-kayak, observation de la nature, motoneige et traîneau à chiens, raquettes, ski alpin et ski de fond. Back Roads, c'est une large gamme de prestations pour composer son séjour au Canada et plus particulièrement au Québec.

■ CHEVAL D'AVENTURE
5, rue Du-Sommerard 75005 Paris
✆ 01 55 42 81 04 - Fax : 01 1 55 42 81 01
www.cheval-daventure.com
Spécialiste du voyage à cheval, Cheval d'aventure s'adresse à tous les passionnés d'équitation et d'aventure qui aiment les grands espaces (savanes, déserts, steppes, montagnes et vallées). Au Québec, pour l'hiver, « La chevauchée des neiges » est un séjour de 9 jours dont 5 de randonnée équestre et pour l'été, « Aux couleurs de l'été indien », c'est 9 jours dont 6 de randonnée à cheval dans les érablières flamboyantes.

■ CLUB AVENTURE
18, rue Séguier 75006 Paris
✆ 0 826 88 20 80 – www.clubaventure.fr
Club Aventure s'engage dans une logique de tourisme responsable et attache donc une grande importance à la préservation de l'environnement ainsi qu'au respect de l'héritage culturel des populations rencontrées lors de voyage. Spécialiste des voyages randonnées trekkings et aventures, le tour opérateur programme plusieurs circuits au Québec. Pour les amateurs de grands espaces,

« Canada, l'ivresse du grand blanc » (8 jours dont 4 jours de traîneau à chiens) est un voyage extraordinaire en contact avec son propre attelage de Huskies. « Cocktail frappé québécois », (9 jours) alterne les activités : traîneau à chiens, motoneige, raquette, ski ou pêche.

■ COMPAGNIE DES ETATS-UNIS ET DU CANADA
3, avenue de l'Opéra 75001 Paris
✆ 01 55 35 33 50 (Canada)
✆ 01 55 35 33 55 (Etats-Unis)
Fax : 01 42 61 00 96
www.lescompagnies.com
Dans le catalogue de cette agence, une sélection d'hôtels et d'auberges, des locations de voiture et motor-homes ainsi que des vols secs. Leur équipe de spécialistes se met au service du voyageur pour présenter les circuits en groupe accompagnés ou en autotour. L'un de ces circuits, « Fleur de lys et feuille d'érable » (10 jours), se propose de faire découvrir en autotour les villes de Montréal, Toronto, Ottawa, Québec, les chutes du Niagara, le Lac Saint Jean, Trois Rivières ainsi que Tadoussac d'où embarquer pour une inoubliable excursion en mer afin d'observer les baleines. « Le Québec en Bed & Breakfast », « Québec, la belle province » ou enfin « Entre Québec et Acadie » sont les autres itinéraires suggérés. Tous sont modulables à souhait. Promotions régulières sur le site.

■ COMPTOIR DU CANADA
344, rue Saint-Jacques 75005 Paris
✆ 0 892 238 438 – Fax : 01 53 10 21 71
www.comptoir.fr
Le Québec en long, en large et en travers en été et en hiver. Outre une sélection d'hôtels, d'hébergements de charme et de billets d'avions, cette agence propose de composer son séjour voyage avec la formule « location de véhicule + pré-réservation d'hôtels + itinéraire prédéfini » pour voyager en liberté, l'esprit tranquille. Nombreuses possibilités de séjours à choisir dans le catalogue.

■ DESTINATION POUDREUSE
161 bis, avenue de Suffren 75015 Paris
✆ 01 45 51 30 42 – Fax : 01 45 51 43 35
www.destination-poudreuse.com
Les offres de ce spécialiste du ski sont destinées aux sportifs. Des séjours multi-activités permettent de découvrir Montréal, la Mauricie, Québec, etc. et offre la possibilité de s'essayer à l'héliski, à la motoneige, à la randonnée en raquettes, aux chiens de traîneau...

■ FUAJ

27, rue Pajol 75 018 Paris
℅ 01 44 89 87 27 – Fax : 01 44 89 87 49
www.fuaj.org
La FUAJ : plus de 50 antennes en France, coordonnées disponibles sur Internet. L'agence Pajol de la Fédération Unie des auberges de jeunesse vous aide à trouver les meilleurs prix pour le pays de votre choix : billets charter, vols réguliers, tarifs étudiants en avion, en train ou en bus et bien sûr les auberges de jeunesses. Fuaj Voyages propose également de très nombreux voyages et circuits à travers le monde à des prix très compétitifs.

■ GRAND ANGLE

Zone Artisanale 38112 Méaudre
℅ 04 76 95 23 00 – Fax : 04 76 95 24 78
www.grandangle.fr
Spécialiste de la randonnée, du trek et du raid, Grand Angle propose toutes sortes de randonnées : à pied, à cheval, à V. T. T., avec des mulets, des ânes ou des chameaux, accompagnées ou en liberté. Le tour opérateur réalise aussi des voyages sur mesure selon les envies et les goûts des voyageurs. Grand Angle propose 2 circuits à destination du Québec. Le séjour multiactivités de 8 jours permet de pratiquer diverses activités encadrées ou libres et, le soir, de s'accorder des moments de détente bien mérités : piscine, bain bouillonnant et sauna, massage... Quant à « La traversée du Charlevoix », les bons skieurs de ski de fond pourront admirer, pendant une dizaine de jour, les paysages de cette région au nord du Saint-Laurent.

■ GRAND NORD – GRAND LARGE

15, rue du Cardinal-Lemoine 75005 Paris
℅ 01 40 46 05 14 – Fax : 01 43 26 73 20
www.gngl.com
Ce spécialiste des voyages en terres polaires propose de nombreuses formules de voyage au Québec : autotours, motoneige, randonnées en kayak, en canoë, observation des bébés phoques, des baleines, des oiseaux, ski de fond sans portage, ski de randonnée, ski alpin, raquettes, conduite d'attelage (traîneau à chiens), location de chalets dans les parcs et réserves fauniques... Toutes ces expéditions sont programmées avec soin par des spécialistes. Voyages à la carte également. Possibilités d'achat de billets d'avions et de location de voitures.

■ GROUPE QUEBEC AVENTURE

Agence Guimas, GAQ Québec Aventure
Les Maradas 1 boulevard de l'Oise
95000 Cergy ℅ 01 34 93 43 71
ou 06 71 92 68 00 – Fax : 01 34 93 99 37
www.quebec-aventure.com
Propriétaire de l'Auberge Viceroy, à deux heures de route de Montréal, et de la pourvoirie du Rabaska plus au nord, dans les Hautes-Laurentides, cette agence organise depuis plus de 15 ans des « séjours touristiques d'aventure ». En hiver, l'équipe propose plusieurs circuits en motoneige, et un circuit en étoile autour de l'Auberge Viceroy, idéal pour les vacances en famille. Egalement des circuits à la carte. En été, Groupe Québec Aventure programme des stages d'hydravion, des séjours de golf ou de quad (et pratique de la motomarine en activité complémentaire.)

■ IKHAR

162, rue Jeanne-d'Arc 75013 Paris
℅ 01 43 06 73 13
Fax : 01 40 65 00 78
www.ikhar.com
Ikhar est une agence spécialisée dans les séjours culturels, les circuits de découverte nature et les voyages sur mesure. « Escapade chez nos cousins québécois » est un circuit à faire en hydravion ou en voiture. L'itinéraire est suggéré et peut simplement servir de base à l'élaboration d'un voyage à la carte.

■ LA MAISON DES ETATS UNIS

3, rue Cassette 75006 Paris
℅ 01 53 63 13 43 – Fax : 01 42 84 23 28
www.maisondesetatsunis.com
La Maison des Etats Unis, une marque du Groupe Monde des Amériques, affiche un panel de vols secs, de circuits accompagnés (« Grands Sites » pour les regroupement sur place avec départ garanti mais sans maximum de participants et « Maison » pour 16 participants autour d'itinéraires inédits), d'autotours, de voyages à la carte et une sélection de voyages individuels, à deux, en famille ou entre amis, aux dates de départ de votre choix. Au programme, les sites majeurs du Québec : Montréal, Québec, Rivière-du-Loup, Carleton, Perce, parc de la Gaspépie, Tadoussac, lac Saint-Jean, parc de la Mauricie... et les activités phares associées à cette destination.

Retrouvez l'index général en fin de guide

BACK ROADS

Le Club des Grands Voyageurs

présente

Le guide gratuit du voyage au CANADA

--- **BACK ROADS** ---

C'est d'abord une équipe de grands voyageurs, de véritables artisans du voyage, qui aiment faire partager leur passion.

Notre Amérique : de l'Alaska au Guatemala en passant par le Canada, nous la parcourons depuis 30 ans.

Notre guide du voyage :

- Tout pour monter un voyage sur mesure
- Vols à prix réduits
- Location de voitures et de camping-cars
- Des centaines d'hôtels, motels et hôtels de villégiature
- Logement chez l'habitant (Gîtes du Passant)
- Location de chalets
- Autotours : des dizaines de modèles d'itinéraires
- Circuits en autocar
- Rencontre avec les Amérindiens

Nos produits « aventures » :

- De l'aventure pour débutants ou baroudeurs, en solo ou en famille, en été ou en hiver.
- Des randonnées pédestres de tous niveaux
- Des séjours en ranch ou des randonnées équestres
- Rafting, canoë ou kayak de mer
- Observation de la nature
- Circuits camping
- Motoneige et traîneau à chiens
- Ski de fond, raquette et ski alpin

--- **BACK ROADS** ---

14 place Denfert-Rochereau - 75014 Paris
Tél : 01 43 22 65 65 – Fax : 01 43 20 04 88
E-mail : contact@backroads.fr
Licence : 075 96 0068

TCH VOYAGES,
le voyagiste de l'Authentique et

TOURISME CHEZ l'HABITANT,
le spécialiste des chambres d'hôtes dans
plus de 40 pays depuis 1992

vous proposent tout le

QUEBEC

à des prix très WEB !

- **Hébergement «à la carte» :**
  chez l'habitant, auberges,
  chalets, hôtels, pourvoiries.

- **Locations de voitures et**
  transports aériens à tarifs
  négociés.

- **Activités et excursions à la**
  journée.

- **Mini-séjours sous forme de**
  modules combinables entre
  eux pour construire soi-même
  son voyage.

- **Autotours, circuits.**

- **Séjours multi-activités et**
  forfaits tout compris en été
  (randonnée, canoë, etc) et en
  hiver (motoneige, chiens de
  traîneaux, raquettes, etc.)

- **Des hôtels à pris Discount sur**
  www.book-your-room.com.

Et plein d'autres propositions
sur notre site
www.tch-voyages.com

Brochures gratuites
sur demande.

**Nous acceptons les
chèques vacances**

Informations et réservations :

TCH VOYAGES
Tourisme chez l'Habita

«Service privilège»
08 92 680 33

www.tch-voyages.com
email : informations@tch-voyage.fr
BP 38338 - 15 rue des Pas Perdus
95804 Cergy St Christophe Cedex

fax : 01 34 25 44 45 - tél : 01 34 25 4

■ LA ROUTE DES VOYAGES
59, rue Franklin 69002 Lyon
℡ 04 78 42 53 58 – Fax : 04 72 56 02 86
www.route-voyages.com
2 bis, avenue de Brogny – 74000 Annecy
℡ 04 50 45 60 20 – Fax : 04 50 51 60 58
9, rue Saint-Antoine-du-T
31000 Toulouse – ℡ 05 62 27 00 68
Fax : 05 62 27 00 86
10, rue du Parlement-Saint-Pierre
33000 Bordeaux – ℡ 05 56 90 11 20
Fax : 05 56 52 74 92
Le spécialiste du voyage sur mesure. Fort de 10 années d'expérience, ce tour opérateur construit des voyages personnalisés, en direct avec les prestataires locaux. Amériques, Asie, Australie ou Afrique du Sud, l'équipe, spécialisée par destination, a une excellente connaissance du terrain et propose de très nombreuses possibilités d'itinéraires sur mesure. Observation des baleines, canot camping, rafting... Leur site internet très détaillé donnera un aperçu de leur programmation. Spécialiste du Québec, ce T.-O. offre diverses possibilités d'hébergements, petits chalets en bord de lac, pourvoiries, gîtes du passant, auberges de charme,etc.

■ MELTOUR
103, avenue du Bac
94210 La Varenne-Saint-Hilaire
℡ 01 48 89 85 85 – Fax : 01 48 89 41 59
www.meltour.com
Depuis près de 20 ans, Meltour est avant tout un producteur spécialiste du voyage sur mesure, en particulier vers l'Australie, l'Afrique australe/centrale et le Canada. En hiver, une petite dizaine de séjour au ryhme de la motoneige, du ski ou encore des chiens de traineaux pour les activités sportives (circuits, raids et voyages sur mesure). En été, c'est 3 circuits en liberté pour découvrir les villes et paysages grandioses du Québec.

■ NOMADE AVENTURE – ARGANE
40, rue de la Montagne-Sainte-Geneviève
75005 Paris – ℡ 0 825 701 702
Fax : 01 43 54 76 12
www.nomade-aventure.com
Nomade Aventure, spécialiste des randonnées, propose « Le Québec en bleu et blanc », un voyage « tranquille » de 8 jours. La découverte de la région de Charlevoix à travers de nombreuses activités ludiques (traîneau à chiens, sorties en raquette, ski de fond…) et la visite de Montréal et Québec font partie du programme. Hébergements typiques en plein cœur de la nature avec vue sur les bords du fleuve Saint-Laurent (shapatuan, tipi, chalet…). L'originalité de Nomade Aventure réside dans le fait que quasiment tous les voyages sont accompagnés d'un guide local francophone, à même de faire partager à un groupe de voyageurs la culture et les valeurs du pays visité.

■ OBJECTIF NATURE
63 rue de Lyon 75012 Paris
℡ 01 53 44 74 30 – Fax : 01 53 44 74 35
www.objectif-nature.com
Objectif Nature est LE spécialiste du voyage d'observation de photographie de la nature et de la faune sauvage. En effet, chez Objectif Nature ce sont des femmes et des hommes de terrain (photographes animaliers, naturalistes, ornithologues…) qui conçoivent, organisent, accompagnent les safaris dans une trentaine de pays sur tous les continents. Au Québec, Objectif Nature propose une « balade québécoise » de 14 jours. Au programme de ce safari découverte : observations de caribous, l'ours noir, castors et des baleines et activités amérindiennes pour compléter le tout.

■ PRIVILEGES VOYAGES
46, avenue Marceau 75008 Paris
℡ 0 811 650 045 – Fax : 01 47 20 43 35
www.privileges-univers.com
Privilèges Voyages ravira les golfeurs : un voyage au fil de 5 parcours de golf est programmé au Québec. Entre deux parcours, partez découvrir la région. Un autre circuit, de 13 jours, existe à destination de Montréal, Québec, Tadoussac et du Fjord de Saguenay. Sinon, des séjours mêlent la découverte de l'Amérique du Nord et du Canada.

■ QUARTIERS DU MONDE
118, rue Landy 93400 Saint-Ouen
℡ 01 40 12 12 00 – Fax : 01 40 12 18 20
www.qdmcv.com
Département Week-Ends Monde
℡ 01 42 62 60 34
Quartiers du Monde est le spécialiste du week-end en Europe et dans le Monde. A destination du Québec, il y a un séjour en motoneige ainsi qu'un voyage de 8 jours, « Les Olympiades des neiges ». Au programme, raquettes, ski, initiation au traîneau ou encore glissade sur chambre air... Sur le site, des infos pratiques sur les destinations, mais aussi une rubrique infos pour les voyageurs (santé, avant de partir, ouragan...)

■ **TCH – TOURISME CHEZ L'HABITANT**
15, rue des Pas-Perdus BP 38338
95804 Cergy-Saint-Christophe Cedex
✆ 0 892 680 336 (service privilège
« attente téléphonique réduite »)
ou 01 34 25 44 72 – Fax : 01 34 25 44 45
www.tch-voyages.com
Brochures gratuites sur demande. Ce voyagiste propose tout le Québec à la carte à savoir : une large sélection de chambres d'hôtes et « Gîtes du Passant », d'auberges, d'hôtels et locations de chalets dans tout le Québec. Tous les accueils sont soigneusement sélectionnés. Egalement des autotours, des séjours multiactivités été et hiver de 1 à plusieurs jours, des locations de voitures et camping cars, des séjours dans le grand nord et des vols a tarifs négociés.

■ **TERRE CANADA**
20, rue du Château 95320 St-Leu-la-Forêt
✆ 01 34 18 18 18/17 17
Fax : 01 34 18 16 16
www.terrecanada.com
Le spécialiste des voyage au Canada à la carte propose de nombreuses formules en autotours et circuits accompagnés. Ces voyages se déclinent en chasse, pêche ou découverte. En été, les forfaits quads remplacent les forfaits motoneiges de l'hiver.

■ **TERRES D'AVENTURE**
30, rue Saint Augustin 75002 Paris
✆ 0 825 700 825 – Fax : 01 43 25 69 37
www.terdav.com
Les voyages de Terres d'aventure se déclinent en petits groupes de 10 à 15 personnes accompagnés d'un professionnel du tourisme. Au choix, séjour raquettes, voyages à pied, séjours haute-montagne, randonnées liberté, voyages découvertes, en famille... Le spécialiste de la randonnée présente un large panel, de quoi satisfaire tous les voyageurs, y compris ceux que la marche ne passionne pas, grâce à des balades plus tranquilles alliées aux visites culturelles. « Sur les chemins enneigés du Québec », « Les coureurs des bois du Nord Québec », « Québec au naturel », « Canot et randonnée au Québec »... L'éventail d'offres pour cette destination est large, de la randonnée liberté au séjour en famille.

■ **TERRES OUBLIEES**
14, rue Aimé-Collomb 69003 Lyon
✆ 04 37 48 49 90 – Fax : 04 78 60 19 94
www.terres-oubliees.com
L'équipe de Terres oubliées s'est réunie autour d'un esprit : partager les voyages qu'elle a

conçu par de larges investigations de terrain. Leur savoir faire s'observe à travers la diversité des formules qu'ils proposent puisqu'ils ont élaborés des voyages d'exploration : à l'image des explorations d'antan, ils s'adressent à ceux pour qui l'effort et l'isolement sont un moteur d'émotions. Des formules dites « Grand Espaces » destinées aux voyageurs curieux de découvrir une région du monde offrant une approche contemplative des grands espaces protégés de notre planète. Des voyages « Rencontres et cultures du monde » : voyages orientés vers la compréhension des modes de vie traditionnels. Et enfin, des voyages « Connaissance de la vie sauvage », pour ceux que le vie animalière fascine. Une immersion complète dans un milieu naturel pour contempler le spectacle de la vie sauvage. Au Québec, plusieurs séjours disponibles, comme un raid en raquettes en autonomie au cœur de la forêt boréale ou un raid en chiens de traîneaux.

■ **TOURMONDE
CARTOUR – LOCATOUR**
✆ 01 44 56 30 30
www.tourmonde.fr
Spécialiste du circuit depuis 1933, Tourmonde présente un circuit accompagné d'un guide local « Nos Cousins du Canada » : 12 jours à la découverte de Toronto, Niagara Falls, Gananoque, Montréal, Chicoutimi, Hébertville et la Mauricie. Un autre circuit accompagné, « USA Canada : Histoire d'Amériques » (12 jours), combine USA et Canada, avec 4 jours pour parcourir le Québec.

■ **UCPA**
17, rue Remy-Dumoncel 75014 Paris
✆ 0 892 680 599
www.ucpa.fr
L'UCPA est une association à but non lucratif de loi 1901 créée en 1965, qui promeut les séjours sportifs. Par exemple, pour le Québec, « Aventure blanche » est un séjour qui se divise en une journée de motoneige, une en raquettes, une autre en traîneau à chiens, une réservée aux multiactivités et enfin 2 jours de découverte du pays. Hébergement en hôtel, en chalet, en tipi indien ou en igloo!

■ **VACANCES CANADA**
4, rue Gomboust 75001 Paris
✆ 01 40 15 15 15
www.vacancescanada.com
Spécialiste du Canada depuis 15 ans, Vacances Canada propose toutes sortes de prestations pour le Québec : voyages à la carte, locations

de voiture, billets d'avions, locations de chalet et d'hôtel, circuits accompagnés, forfait week-end (vol + hôtel)... Promotions régulières sur le site.

■ VACANCES FABULEUSES

36, rue Saint-Pétersbourg 75008 Paris
℡ 01 42 85 65 00 – Fax : 01 42 85 65 03
www.vacancesfabuleuses.fr
Vacances Fabuleuses, société du Groupe Kuoni, est spécialiste de l'Amérique depuis plus de 20 ans. Voyages sur mesure, à la carte, circuit au volant, accompagné ou en aventure douce sont autant de possibilités. Dans la province québécoise, les séjours sont natures ou urbains vers Montréal et Québec, avec un grand choix d'hôtels du 2 au 5-étoiles, de nombreuses excursions et un séjour spécialement conçu pour les familles avec enfants.

■ ZIG ZAG

54, rue de Dunkerque 75009 Paris
℡ 01 42 85 13 93 ou 01 42 85 13 18
Fax : 01 45 26 32 85
www.zigzag-randonnees.com
Zig Zag, spécialiste de la randonnée, c'est des circuits en liberté, équestres, neige, familles, randonnées avec des ânes ou des chameaux, aux quatre coins du monde. Egalement des vols secs, des départs à la dernière minute et des promotions toute l'année. Une offre pour le Québec est en ligne : un itinéraire de 15 jours avec randonnées (dans le parc du Bic, sur le mont du Lac des Cygnes), sortie d'observation des baleines en zodiac et la visite de Québec.

Les généralistes

■ ANYWAY

60, rue de Prony 75017 Paris
℡ 0 892 302 301
www.anyway.com
Anyway propose des vols secs à tarifs réduits, un grand choix d'hôtels toutes catégories, des bons plans week-end et une assistance à distance pour les frais médicaux à l'étranger... Anyway ce sont plus de 800 destinations dans le monde à prix vraiment très futés.

■ BUDGET VOYAGES

℡ 01 53 14 61 16
www.budget-voyages.com
Les grandes villes de l'ouest canadien sont à découvrir grâce au circuit « le tour des capitales ». En prime, 3 jours aux Etats-Unis pour visiter New York et Washington. Budget

Voyages propose également un circuit sous influence aquatique : « Le Canada et ses croisières ». Au programme : les milles îles, les chutes de Montmorency, Niagara et Tadoussac et ses baleines.

■ DEGRIFTOUR

℡ 0 899 78 50 00
www.degriftour.fr
Vols secs, hôtels, location de voiture, séjours clé en main ou sur mesure... Degriftour s'occupe de vos vacances de A à Z, à des prix très compétitifs.

■ DEPART GARANTI

88, boulevard de la Villette 75019 Paris
℡ 01 44 89 81 83 – Fax : 01 40 38 94 64
www.departgaranti.com
Départ garanti propose des circuits à travers le monde, des croisières, des week-ends et des séjours à destination de tous pays. L'hébergement a lieu dans des hôtels 3 et 4-étoiles.

■ EXPEDIA FRANCE

℡ 0 892 301 303 – www.expedia.fr
Expedia est le site français du n°1 mondial du voyage en ligne. Un large choix de 500 compagnies aériennes, 14 000 hôtels, plus de 3 000 stations de prise en charge pour la location de voitures et la possibilité de réserver toute une série d'activités sur votre lieu de vacances. Cette approche sur mesure du voyage est enrichie par une offre très complète comprenant prix réduits, séjours tout compris, départs à la dernière minute...

■ GO VOYAGES

14, rue de Cléry 75002 Paris
www.govoyages.com
℡ 0 899 651 951 (billets)
851 (hôtels, week-ends et location de voitures) - 650 242 (séjours/forfaits)
650 246 (séjours Best Go)
650 243 (locations/ski)
650 244 (croisières) – 650 245 (Thalasso)
Go Voyages propose le plus grand choix de vols secs, charters et réguliers, au meilleur prix, au départ et à destination des plus grandes villes. Possibilité également d'acheter des packages sur mesure « vol + hôtel « permettant de réserver simultanément et en temps réel un billet d'avion et une chambre d'hôtel. Grand choix de promotions sur tous les produits sans oublier la location de voitures. La réservation est simple et rapide, le choix multiple et les prix très compétitifs.

■ **LAST MINUTE**
✆ 0 899 78 5000 – www.lastminute.fr
Des vols secs à prix négociés, dégriffés ou publics sont disponibles sur Last Minute. On y trouve également des week-ends, des séjours, de la location de voiture... Mais surtout Last Minute est le spécialiste des offres de dernière minute permettant ainsi aux vacanciers de voyager à petits prix. Que ce soit pour un week-end ou une semaine, une croisière ou simplement un vol, des promos sont proposées et renouvelées très régulièrement.

■ **OPODO**
✆ 0 892 23 06 82 – www.opodo.fr
Pour préparer votre voyage, Opodo vous permet de réserver au meilleur prix des vols de plus de 500 compagnies aériennes, des chambres d'hôtels parmi plus de 45 000 établissements et des locations de voitures partout dans le monde. Vous pouvez également y trouver des locations saisonnières ou des milliers de séjours tout prêts ou sur mesure ! Opodo a été classé meilleur site de voyages par le banc d'essai Challenge Qualité – l'Echo touristique 2004. Des conseillers voyages à votre écoute 7 jours/7 au ✆ 0892 23 06 82 (0,34 €/min).

■ **PROMOVACANCES**
✆ 0 892 232 626
✆ 0892 230 430 (thalasso, plongée, ou lune de miel) – www.promovacances.com
Promovacances propose de nombreux séjours touristiques, des week-ends, ainsi qu'un très large choix de billets d'avion à tarifs négociés sur vols charters et réguliers, des locations, des hôtels à prix réduits. Egalement, des promotions de dernière minute, les bons plans du jour. Informations pratiques pour préparer son voyage : pays, santé, formalités, aéroports, voyagistes, compagnies aériennes.

■ **REPUBLIC TOURS**
✆ 01 53 36 55 50 – Fax : 01 43 55 30 30
www.republictours.com
Une brochure uniquement en ligne et une offre actualisée en permanence. Pas d'hôtel complet, puisque seul le stock réellement disponible reste en ligne, ni de surprise à propos des tarifs puisqu'ils sont constamment réactualisés eux aussi.

■ **TRAVEL ON WEB**
✆ 0 826 824 826 – www.travelonweb.com
travelonweb@carlsonwagonlit.fr
C'est l'agence de voyages virtuelle de la société Carlson Wagonlit. Le site propose plus d'un million de tarifs négociés au départ de l'Europe. La recherche est bien guidée et plutôt efficace, mais les prix proposés restent bien supérieurs à ceux de certains sites. A consulter également la rubrique de location de voiture, reliée, au choix, au site d'Avis, d'Europcar ou de Holiday Autos.

■ **TRAVELPRICE**
✆ 0 899 78 50 00 – www.travelprice.com
Un site Internet très complet de réservations en ligne pour préparer votre voyage : billets d'avion et de train, hôtels, locations de voitures, billetterie de spectacles. En ligne également : de précieux conseils, des informations pratiques sur les différents pays, les formalités à respecter pour entrer dans un pays.

■ **VACANCES AIR TRANSAT**
✆ 0 825 12 12 12
www.vacancesairtransat.fr
Né au Canada, avec sa propre compagnie aérienne Air Transat et son réceptif intégré, Vacances Transat est le leader sur l'Amérique du nord (Canada & USA). Aujourd'hui, Vacances Transat propose plus de 25 destinations en Amérique du nord, Amérique centrale et latine, aux Caraïbes, en Afrique, en Asie, en Australie sans oublier les plages de l'océan Indien. Diverses formules disponibles : circuit accompagné, circuit individuel, séjours, séjours en formule tout compris et voyages à la carte.

■ **VIVACANCES**
✆ 0 892 239 239 (vols)
✆ 0 892 236 436 (séjours et circuits)
✆ 0 892 234 236 (locations, week-ends, croisières...) – www.vivacances.fr
Vivacances est une agence de voyages en ligne créée en 2002. Depuis elle est devenue une référence incontournable sur le web grâce à ses prix négociés sur des milliers de destinations et des centaines de compagnies aériennes. Vous trouverez un catalogue de destinations soleil, farniente, sport ou aventure extrêmement riche : vols secs, séjours, week-ends, circuits, locations. Enfin, vous pourrez effectuer vos réservations d'hôtels et vos locations de voitures aux meilleurs tarifs. Vivacances propose des offres exclusives sans cesse renouvelées, à visiter régulièrement. Vous pouvez également compter sur l'expérience de ses conseillers voyage pour répondre à toutes vos questions et trouver avec vous le séjour de vos rêves. Et, pour vous, « petits futés » munis de cartes de fidélité, vous pourrez en plus échanger en ligne les points S'Miles distribués par près de 80 enseignes en France !

Partir seul

En utilisant les moteurs de recherche, il est possible de trouver des vols pour le Québec aux alentours de 400 €. La durée du vol Paris – Montréal est variable. Pour les vols directs, comptez 7 heures et plus de 10 heures pour ceux avec escales (via Londres, Philadelphie, New York ou Chicago).

Compagnies aériennes

■ AIR CANADA – CANADIAN AIRLINES
Aéroport Charles de Gaulle 2A BP 31073 Tremblay-en-France
95716 Roissy Charles de Gaulle Cedex
℃ 0 825 880 881 – www.aircanada.ca
Deux vols directs quotidiens au départ de Charles-de-Gaulle pour Montréal.

■ AIR FRANCE
℃ 36 54 (0,34 €/mn d'un poste fixe)
www.airfrance.fr
Air France dessert Montréal avec 2 vols quotidiens directs au départ de l'aéroport Paris Roissy-Charles de Gaulle. Compter 7h30 de trajet. Par téléphone, il est possible de réserver ou acheter un billet, de choisir son siège côté couloir ou hublot ou de s'informer sur l'actualité des vols en temps réel. Air France propose une gamme de tarifs attractifs accessibles à tous : Tempo 1 (le plus souple) au Tempo 5 (le moins cher) selon les destinations. Pour les moins de 25 ans, Air France propose des tarifs très attractifs Tempo Jeunes, ainsi qu'une carte de fidélité (Fréquence Jeunes) gratuite et valable sur l'ensemble des lignes d'Air France et des autres compagnies membres de skyteam. Cette carte permet de cumuler des miles et de bénéficier d'avantages chez de nombreux partenaires. Tous les mercredis dès minuit, sur www.airfrance.fr, Air France propose les tarifs « Coups de cœur », une sélection de destinations en France pour des départs de dernière minute. Sur Internet, possibilité de consulter les meilleurs tarifs du moment, rubrique « offres spéciales », « promotions ».

■ AIR TRANSAT
℃ 0 825 120 248 – www.airtransat.fr
Air Transat a doublé ses fréquences de vols entre Paris et Québec. Il existe dorénavant (comme en été) deux vols par semaine en direct pour Québec; l'un d'entre eux continuant ainsi sur Montréal (qui bénéficiera alors de 5 vols par semaine).

■ AMERICAN AIRLINES
Aéroport de Roissy-CDG, Terminal 2A
℃ 01 55 17 43 41
www.americanairlines.com
Deux vols quotidiens au départ de Paris pour Montréal, l'un via New York, le second via Chicago. L'attente pour la connexion vers Montréal est de 2 à 3 heures ou une nuit pour les vols en soirée via New York.

Cars Air France

■ RENSEIGNEMENTS
℃ 0 892 350 820
Pour vous rendre aux aéroports Charles-de-Gaulle et Orly dans les meilleures conditions, utilisez les services des cars Air France, qui vous offrent confort, rapidité, vidéo, climatisation à bord ainsi qu'un bagagiste qui prend en charge vos valises à chaque arrêt ! Quatre lignes sont à votre disposition.

▶ **Ligne 1 :** Orly-Montparnasse – Invalides : 9 € pour un aller simple et 14 € pour un aller retour.

▶ **Ligne 2 :** CDG – Porte Maillot – Etoile : 13 € pour un aller simple et 20 € pour un aller-retour.

▶ **Ligne 3 :** Orly – CDG : 16 € pour un aller simple.

▶ **Ligne 4 :** CDG – Gare de Lyon – Montparnasse : 14 € pour un aller simple et 22 € pour un aller-retour.

ORGANISER SON SÉJOUR

Roissybus – Orlybus

■ RENSEIGNEMENTS
☎ 0 892 68 77 14 – www.ratp.fr
La Ratp permet de rejoindre facilement les deux grands aéroports parisiens grâce à des navettes ou des lignes régulières.

▶ **Pour Roissy CDG,** départs de la place de l'Opéra entre 6h et 23 heures toutes les 15 ou 20 minutes. Compter 8,50 € l'aller simple et entre 45 et 60 minutes de trajet. Possibilité également de prendre le RER B.

▶ **Pour Orly,** départs de la place Denfert-Rochereau de 5h30 à 23h toutes les 15 à 20 minutes. Compter 6 € l'aller simple et 30 minutes de trajet. Possibilité également de prendre le RER C ou l'Orlyval (connexion avec Antony sur la ligne du RER B).

■ BRITISH AIRWAYS
☎ 0 825 825 400 – www.ba.com
Un vol quotidien au départ de Paris, via Londres-Heathrow, pour Montréal.

■ CORSAIRFLY
☎ 0 820 04 20 42 – www.corsairfly.com
Au départ de Paris, la compagnie propose 3 vols par semaine pour Montréal, d'avril à octobre. Il existe également des vols pour Moncton à la même période.

■ US AIRWAYS
23 bis, rue Danjou
92100 Boulogne-Billancourt
☎ 0 810 63 22 22 – www.usairways.com
Au départ de Paris, US Airways dessert tous les jours Philadelphie et plus de 250 autres villes aux Etats-Unis ainsi qu'au Canada, aux Caraïbes et en Amérique Latine. La compagnie américaine assure un vol quotidien au départ de Paris à destination de Montréal via Philadelphie. Grâce au programme de fidélité US Airways appelé « Dividend Miles » vous gagnez des miles à chaque voyage et pouvez rapidement vous offrir des voyages gratuits sur l'ensemble des compagnies de Star Alliance.

Location de voitures

■ ALAMO RENT A CAR
☎ 0 825 16 15 18 – www.alamo.fr
Depuis près de 30 ans, Alamo Rent A Car est l'un des acteur les plus importants de la location de véhicules. Actuellement, Alamo possède plus de 180 000 véhicules au service de 15 millions de voyageurs chaque année, répartis dans 1 248 agences implantées dans 43 pays. Alamo compte 293 agences aux Etats-Unis et au Canada, ainsi que 955 agences en Europe, en Amérique latine, aux Caraïbes, en Afrique du Sud et en Australie. Des tarifs spécifiques sont proposés, comme Alamo Gold, le forfait de location de voiture tout compris incluant les assurances, les taxes, les frais d'aéroport, le plein d'essence et les conducteurs supplémentaires. Roulez l'esprit libre.

■ AUTO ESCAPE
☎ 0 800 920 940 ou 04 90 09 28 28
www.autoescape.com
En ville, à la gare ou dès votre descente d'avion. Les meilleures solutions et les meilleurs prix de location de voitures sont sur www.autoescape.com – Cette compagnie qui réserve de gros volumes auprès des grandes compagnies de location de voitures vous fait bénéficier de ses tarifs négociés. Grande flexibilité. Pas de frais de dossier, pas de frais d'annulation, même à la dernière minute. Des conseils et des informations précieuses, en particulier sur les assurances.

■ AUTO EUROPE
☎ 0 800 940 665 (appel gratuit)
www.autoeurope.fr
Réservez en toute simplicité votre voiture aux meilleurs tarifs avec la garantie de service exceptionnel sur plus de 4 000 stations dans le monde entier. Auto Europe négocie toute l'année des tarifs privilégiés auprès des loueurs internationaux et locaux afin de proposer à ses clients des prix compétitifs. Les conditions Auto Europe : le kilométrage illimité, les assurances et taxes inclues dans leurs tout petits prix et des surclassements gratuits dans certaines destinations. N'hésitez pas à consulter le site www.autoeurope.fr pour profiter de leurs offres promotionnelles.

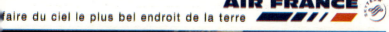

28   D couloir   E centre   F fenêtre

Ecrans individuels

Glaces pour les enfants

Détente pour les parents

Découvrez Air France à petits prix.

■ AVIS
☏ 0 820 05 05 05 – www.avis.fr
Décider à faire « mille fois plus », Avis a installé ses équipes dans plus de 5 000 agences réparties dans 163 pays. De la simple réservation d'une journée à plus d'une semaine, Avis s'engage dans plusieurs critères sans doute les plus importants. Proposition d'assurance, large choix de véhicules de l'économique au prestige avec un système de réservation rapide et efficace.

■ BUDGET FRANCE
Senia 125 94517 Thiais cedex
☏ 0 825 00 35 64 – Fax : 01 46 86 22 17
www.budget.fr
Budget France est le troisième loueur mondial, avec 3 200 points de vente dans 120 pays. Le site www.budget.fr propose également des promotions temporaires. Si vous êtes jeune conducteur et que vous avez moins de 25 ans, vous devrez obligatoirement payer une surcharge.

■ EUROPCAR FRANCE
3, avenue du Centre
Immeuble Les Quadrants
78881 Saint-Quentin-en-Yvelines cedex
☏ 0 825 358 358 – Fax : 01 30 44 12 79
www.europcar.fr
Chez Europcar, vous aurez un large choix de tarifs et de véhicules : économiques, utilitaires, camping-cars, prestige, et même rétro. Vous pouvez réserver votre voiture via le site Internet, et voir les catégories disponibles à l'aéroport, il faut se baser sur une catégorie B, les A étant souvent indisponibles.

■ HERTZ
Renseignements ☏ 0 803 853 853
www.hertz.com
Dans cette agence de location, vous pouvez obtenir différentes réductions si vous possédez la carte Hertz ou celle d'un partenaire Hertz. Le prix de la location comprend un kilométrage illimité, des assurances en option, ainsi que des frais si vous êtes jeune conducteur. Toutes les gammes de voitures sont représentées.

■ HOLIDAY AUTOS FRANCE
54/56, bd Victor-Hugo
93585 Saint-Ouen cedex
☏ 0892 39 02 02 (0.34 €/min)
www.holidayautos.fr
Avec plus de 4 500 stations dans 87 pays, Holiday Autos vous offre une large gamme de véhicules allant de la petite voiture économique au grand break. Holiday Autos dispose également de voitures plus ludiques telles que les 4X4 et les décapotables. Un moteur de recherche à ne pas manquer !

Bateau

■ MER ET VOYAGES
9, rue Notre Dame-des-Victoires
75002 Paris
☏ 01 49 26 93 33
Fax : 01 42 96 29 39
www.mer-et-voyages.com
Traverser l'océan Atlantique à la manière des plus anciens navigateurs, ça vous tente ? Plutôt que d'arriver sur le continent américain en l'espace de quelques heures et subir le décalage horaire, profitez de ce voyage pour prendre votre temps et vivre une croisière inoubliable à bord d'un navire de commerce (cargos, vraquiers, porte-conteneurs, bateaux de courriers, navires océanographiques, bananiers, etc.). Au départ d'Anvers (Belgique), d'Amsterdam (Hollande) ou de Gênes (Italie), naviguez à bord d'un navire et rejoignez les côtes canadiennes. Un départ par mois.

Sites Internet futés

■ **www.billetsdiscount.com**

Ce tour-opérateur en ligne canadien met son savoir-faire et son expérience acquis au cours de ces dix dernières années aux services de ses clients internautes. Billetsdiscount.com propose des billets d'avions toutes compagnies et toutes destinations à des tarifs intéressants.

■ **www.abcvoyage.com**

Regroupe les soldes de tous les voyagistes avec des descriptifs complets pour éviter les surprises. Les dernières offres saisies sont accessibles immédiatement à partir des listes de dernière minute. Le serveur est couplé au site www.airway. net qui propose des vols réguliers à prix réduits, ainsi que toutes les promotions et nouveautés des compagnies aériennes.

■ **www.bourse-des-voyages.com**

La Bourse des Vacances propose plus de 1 000 voyages à tarifs dégriffés et promotions de dernière minute. Si le vol que vous vouliez est complet, l'agence s'engage à vous faire une contre-proposition.

■ **www.diplomatie.fr**

Un site pratique et sûr pour tout connaître de votre destination avant de partir : informations de dernière minute, sécurité, formalités de séjour, transports et infos santé.

■ **www.douane.gouv.fr**

Le site de la douane propose une rubrique spécialement dédiée aux voyageurs, permettant de collecter tous les renseignements nécessaires à la préparation d'un séjour : infos sur les contrôles douaniers, achats à distance, estimations des droits et taxes sur les achats effectués à l'étranger, conditions de détaxe au départ de France, formulaires douaniers pour les déclarations, etc.

■ **www.easyvoyage.com**

Le concept de Easyvoyage.com peut se résumer en trois mots : s'informer, comparer et réserver. Gros plan sur cette triple fonction. Des infos pratiques sur quelque 255 destinations en ligne (saisonnalité, visa, agenda...) vous permettent de penser plus efficacement votre voyage. Après avoir choisi votre destination de départ selon votre profil (famille, budget...), easyvoyage.com vous offre la possibilité d'interroger plusieurs sites à la fois concernant les vols, les séjours ou les circuits. Enfin grâce à ce méta-moteur performant, vous pouvez réserver directement sur plusieurs bases de réservation (Lastminute, Go Voyages, Directours, Anyway... et bien d'autres).

■ **www.escapaderomance.com**

Ce site spécialisé dans les escapades romantiques est le premier du genre au Québec. Il propose aux visiteurs trois types d'escapades. Douceur, pour les couples désireux de faire une pause relaxation et goûter aux plaisirs de la table. Ici soins, massages et menus gastronomiques. Romantique, pour parcourir de magnifiques régions en vélo, en bateau ou main dans la main dans un cadre confortable et douillet. Et enfin Découverte, pour les passionnés de nouveauté et d'originalité, qui veulent découvrir des régions inusitées.

Chaque section vous donne accès à de nombreux forfaits proposés par des établissements haut de gamme de 5 régions du Québec : Le Bas St Laurent, les Cantons de l'Est, Charlevoix, les Laurentides, l'Outaouais et la ville de Québec. Une idée cadeau des plus romantiques.

■ **www.guidemondialdevoyage.com**
Tous les pays du monde sont répertoriés grâce à une fiche donnant des informations générales. Un guide des aéroports est aussi en ligne, avec toutes les coordonnées et infos pratiques utiles (services, accès, parcs de stationnement...). Deux autres rubriques complètent le site : météo et horloge universelle.

■ **www.kelkoo.com**
Ce site vous offre la possibilité de comparer les tarifs des vols ou des voyagistes. Pratique et indispensable. Vous aurez du mal à vous en passer une fois que vous l'aurez découvert !

■ **www.meteo-consult.com**
Pratique, ce site Internet vous donne des prévisions météorologiques pour le monde entier.

■ **www.nationalchange.com**
Le premier site français de vente de devises en ligne avec un paiement sécurisé par carte bancaire et le plus qui caractérise cette offre est la livraison à domicile. Les taux proposés sont meilleurs que ceux des banques et le choix des devises est important (27 devises et 7 travelers chèques). Vous aimerez la convivialité du site ainsi que la rapidité pour commander la devise de son choix. Après validation de votre commande, vous la recevrez très rapidement à votre domicile ou sur votre lieu de travail (24h à 72h). Un site à utiliser sans modération !!!

■ **www.prixdesvoyages.com**
Ce site est un comparateur de prix de voyages, permettant aux internautes d'avoir une vue d'ensemble sur les diverses offres de séjours proposées par des partenaires selon plusieurs critères (nombre de nuits, catégories d'hôtel, prix, etc.) Les internautes souhaitant avoir plus d'informations ou réserver un produit sont ensuite mis en relation avec le site du partenaire commercialisant la prestation. Sur Prix des Voyages, vous trouverez des billets d'avions, des hôtels et des séjours.

■ **www.quebecvacances.com**
Ce site a été créé par la même équipe dynamique et passionnée que celle qui réalise et produit l'émission « Le Québec c'est les vacances ». Émission diffusée sur une des principales chaînes de télévision Québécoise, durant tout l'été. Le site a pour but d'aider les utilisateurs à planifier leurs vacances en leur proposant une suggestion de forfaits, de destinations, d'hébergements, d'activités, d'événements et plus encore, dans les 21 régions du Québec. Vous avez accès ici à une véritable mine d'informations et de conseils. Chaque lieu proposé est accompagné de ses coordonnées, d'une description complète et de ses tarifs. Une adresse des plus futées.

■ **www.travelsante.com**
Un site intelligent qui vous donne des conseils santé selon votre destination : vaccinations, trousse de secours, précautions à prendre sur place.

■ **www.uniterre.com**
« Le voyage par les voyageurs » : le premier annuaire des carnets de voyage présente des dizaines de récits sur toutes les destinations, des liens vers des sites consacrés au voyage et un forum pour partager ses expériences et impressions.

■ **www.voyagermoinscher.com**
Ce site référence les offres de près de 100 agences de voyages et tours-opérateurs parmi les plus réputés du marché, et donne ainsi accès à un large choix de voyages, de vols, de forfaits vols+hôtel, de locations etc. Il est également possible d'affiner sa recherche grâce au classement par thèmes : thalasso, randonnée, plongée, All Inclusive, voyages en famille, voyages de rêve, golf ou encore départs de province.

Le seul site de voyages qui a tout compris !

Temps de recherche cumulé **49 minutes**	Temps de recherche **3 minutes**
www.billets-avion-pas-cher.fr	
www.voyage-topdiscount.fr	
www.promo-du-voyage.com	**www.easyvoyage.com**
www.forum-du-voyage.com	
www.chambres-hotels.fr	
www.info-pays.com	

EASY VOYAGE.com
Tout savoir pour mieux voyager

- Plus de 250 fiches pays mises à jour par nos journalistes.
- Billets d'avion, séjours, circuits : comparez les voyagistes.
- 10 000 offres accessibles par notre moteur de recherche.
- 1800 hôtels de séjours visités et testés par nos équipes.
- Le grand forum de discussions des voyageurs.

Easyvoyage – RCS B432 123 446

Séjourner

SE LOGER

Au Québec, les formules d'hébergement sont nombreuses, allant de l'hôtel classique au ranch ou au chalet, en passant par les B&B, les motels, les grandes chaînes internationales, les auberges de jeunesse, les Gîtes du Passant et les campings.

Les bureaux de tourisme du pays distribuent gratuitement des listes d'établissements avec leurs tarifs, adresses, numéros de téléphone et services proposés. Il est conseillé de réserver, surtout en été.

Grandes chaînes

Dans les grandes villes et lieux de séjour : Delta, Best Western, Gouverneur, Holiday Inn, Radisson, etc. Compter entre 120 $ (standard) et 170 $ et plus (luxe).

Hôtels et motels

Le long des grandes routes et sur les voies d'accès aux villes : Comfort Inn, Quality Hotel et Suites, Days Inn. Compter 90 $ pour une chambre standard.

N'oubliez pas qu'à partir de trois, le prix d'un motel (environ 75 $) est avantageux et qu'à quatre, les motels peuvent être moins chers que les auberges de jeunesse. On les trouve dans chaque village de campagne.

Auberges de jeunesse

■ **REGROUPEMENT TOURISME JEUNESSE**
☎ 514-252-3117
Il propose aux voyageurs de tous âges un réseau d'étapes bon marché (environ 25 $ la nuit pour une personne) situées à proximité des sites touristiques.

Il en existe trois catégories : l'auberge bien aménagée, l'auberge simple et l'auberge-relais rustique. Réduction pour les membres.

Gîtes, B&B et chambres d'hôtes

Plutôt que d'aller à l'hôtel, souvent impersonnel, il est plus sympathique de se loger chez l'habitant dans les Bed&Breakfast, appelés Couette et café au Québec, où le petit déjeuner vous sera servi dans une ambiance plus conviviale. Les Gîtes du Passant ne sont pas une appellation générale mais une enseigne pour des chambres d'hôtes, situées à la ville comme à la campagne et offrant toute une gamme de confort (*65 $ à 90 $ la chambre double avec petit déjeuner*).

Le réseau de ces gîtes est régulièrement contrôlé par l'association Agricotours qui attribue cette enseigne.

Universités et CEGEP

Pendant les vacances d'été, certains établissements louent des chambres de dortoir pour une somme modique.

Nous en recommandons plusieurs dans nos pages.

Stations de ski

Locations de vacances pour familles

S'adresser à :

■ **L'ASSOCIATION CANADIENNE DES AUTOMOBILISTES (CAA)**
444, rue Bouvier, Québec G2J 1E3
☎ 418-624-2424
www.caa.ca – www.caaquebec.com

Camping

C'est aussi la façon la plus économique de visiter le Québec : un emplacement vous coûtera entre 18 $ et 27 $ selon les services offerts.

Chaque emplacement, strictement délimité, dispose d'une table et d'un foyer pour faire un feu de bois (bois vendu à l'accueil du camping). La plupart des campings possèdent des machines à laver et à sécher le linge et des salles communautaires où l'on peut manger, faire sa cuisine et sa vaisselle en cas d'intempérie.

Pour plus de renseignements, s'adresser à la Fédération québécoise de camping (www.campingquebec.com).

On peut également se procurer le Guide du camping au Québec (gratuit) dans les bureaux du tourisme. Il est possible de camper dans la plupart des parcs nationaux et provinciaux. Pour cela, la réservation est vivement conseillée en été (☎ 418-890-6527/ 800-665-6527).

▶ **Pour camper dans les parcs nationaux** (nouvelle appellation pour les parcs provinciaux) gérés par Parcs Québec ou dans les réserves fauniques, gérées par la Sépaq, réservation requise (✆ 1-800-665-6527). Se reporter à la rubrique « Parcs nationaux et provinciaux » pour la liste complète des parcs et de leurs activités.

▶ **Attention !** Il est interdit de faire des feux dehors.
Toutefois, il est possible d'allumer des feux dans les parcs et campings, mais seulement dans les foyers prévus à cet effet et il faut les éteindre en partant ou avant d'aller se coucher. Sauf à la Saint-Jean-Baptiste et dans les grandes réunions populaires.

■ SE DÉPLACER

Avion

Air Canada offre des vols intérieurs dans toutes les régions du Québec (sauf Nunavik).

■ AIR CANADA
✆ 1-888-247-2262 (appel gratuit)
www.aircanada.com
Les prestations sont chères. Destinations desservies : Montréal, Québec, Ottawa, Bagotville, Gaspé, Mont-Joli, Rouyn-Noranda, Val-d'Or, Baie-Comeau, Sept-Îles.
Deux compagnies desservent le Grand Nord : Air Creebec (Baie-James), Air Inuit et sa filiale First Air (Nunavik).

■ AIR CREEBEC
✆ 819-825-8355/1-800-567-6567
www.aircreebec.ca

■ AIR INUIT
✆ 514-633-5752/1-800-361-5933
www.airinuit.com

■ FIRST AIR
✆ 1-800-267-1247 – www.firstair.ca

Voiture

▶ **Conseils futés :** une adhésion à la Canada Automobile Association (CAA) n'est pas dénuée d'intérêt.

On se portera à votre secours en cas d'ennui mécanique ou même de simple panne d'essence et on vous fournira en toute occasion cartes, road-books et conseils; service d'urgence de la route (✆ 1-800-CAA-HELP). Pour une longue durée, l'achat d'une voiture est tout indiqué. Il est possible de trouver des véhicules fiables à très bas prix (la moitié des prix français). Mais ceux qui prévoient de revendre en Californie ou à l'ouest du Canada une voiture achetée au Québec doivent s'attendre à quelques difficultés. Le sel, les mauvaises conditions climatiques qui endommagent les carrosseries donnent à ces véhicules mauvaise réputation.

Formalités

Si vous avez l'âge requis (21 ans, parfois 25 ans) et le permis de conduire français rose à trois volets depuis au moins un an, vous pouvez louer une voiture (carte de crédit uniquement) pour un séjour touristique inférieur à 90 jours (pour les séjours de plus de trois mois, le permis de conduire international est exigé). L'assurance automobile est obligatoire.

Ne circulez jamais sans votre permis, les papiers de la voiture et le contrat de location.

Essence

L'essence (sans plomb) se vend au litre et son prix varie selon les marques (Ultramar, Pétro-Canada, Esso…) et d'une région à l'autre (*compter environ 1 $ le litre*). Un plein revient à environ 40 $ à 50 $. Les stations-service sont nombreuses, sauf dans les régions isolées (Hautes-Laurentides, côte Nord).

Autoroutes et routes

L'autoroute Transcanadienne, symbolisée par une feuille d'érable, traverse tout le Canada. La chaussée des autoroutes est généralement bien entretenue au Québec mais, dans le nord, les routes ne sont pas toujours revêtues. En hiver, les autoroutes sont en général déblayées, mais la conduite demande des réflexes particuliers et les pneus-neige sont fortement recommandés. L'autoroute est gratuite. La limitation de vitesse est de 100 km/h sur les autoroutes, de 90 km/h sur les routes régionales et de 50 km/h (parfois moins) en ville. Le port de la ceinture de sécurité est obligatoire pour tous les passagers et le siège-enfant pour les plus jeunes. Le taux maximal d'alcoolémie toléré est de 0,08 g/l, la conduite avec des facultés amoindries mène à une amende, voire plus (contrôles fréquents).

Les permis de conduire français, belge et suisse sont valables trois mois.

■ **POUR PLUS DE RENSEIGNEMENTS**
www.saaq.gouv.qc.ca

■ **TRANSPORTS QUEBEC**
(État des routes en saison hivernale et itinéraires ✆ 1-888-355-0511
Le service d'état des routes qui dépend du ministère des Transports opère toute l'année et concerne les grands axes routiers et les routes aux frontières du Québec. Le répondeur est mis à jour dès qu'il y a modification de l'état de la chaussée. Il est possible d'avoir un préposé en ligne (jour et nuit) qui répondra à des questions directes après les messages enregistrés. Aussi, pour tout renseignement d'ordre général concernant la route, pour connaître une distance entre deux villes, demander un itinéraire, ou poser toute question relative au ministère des Transports : www.mtq.gouv.qc.ca

■ **REMORQUAGE D'URGENCE**
✆ 310-4141
Concerne les autoroutes seulement.

Code de la route et signalisation

Il est sensiblement le même qu'en Europe. La conduite se fait à droite. Le sens unique est indiqué par une flèche pointant vers la direction autorisée. Les feux de circulation sont placés de l'autre côté de l'intersection des rues et l'arrêt doit être complet. De la même manière, les panneaux « arrêt » aux quatre coins des carrefours doivent être respectés. Il n'y a pas de priorité à droite au Québec, la priorité échoit au premier arrivé. Il est permis de tourner à droite au feu rouge partout sauf à Montréal, ou dans le cas où un panneau indique que c'est interdit. L'arrêt total est également obligatoire lorsqu'on suit ou qu'on croise un bus scolaire (toujours jaune) arrêté dont les clignotants rouges fonctionnent. Au feu de circulation, priorité au sens de la flèche lumineuse verte qui indique dans quelle direction on peut rouler (parfois bon pour les virages à droite). On ne peut garer son véhicule que dans le sens de la circulation. Sur les routes étroites, il faut utiliser les aires sur le bord de la route, pour laisser passer les véhicules plus rapides. Les limitations de vitesse draconiennes sont tout à fait justifiées sur les routes côtières. Attention aux énormes camions qui roulent toujours à la vitesse maximale…

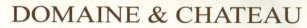

Stationnement

Au Québec, on dit stationnement et non parking. En ville, notamment à Montréal et à Québec, se garer est souvent difficile et, avant d'arrêter son véhicule, il faut lire parfois trois ou quatre panneaux pour savoir si l'on est sur le bon trottoir, dans la bonne tranche horaire et ainsi éviter la contravention (au moins 42 $) ou, pire, la mise en fourrière ! Les parcomètres sont voraces de pièces de 25 cents ou de 1 $.

Heureusement, les parcomètres sont peu à peu remplacés par des bornes qui acceptent les cartes de crédit. En région, pas de problème.

▶ **Attention !** Il est formellement interdit de stationner devant une borne d'incendie ! En cas d'erreur, soyez assuré que vous aurez, dans les 5 min suivantes, votre contravention.

Les villes sont quadrillées et surveillées en permanence. Les petites voitures rouges municipales (bleues à Québec) tournent sans cesse et celles de la police stationnent au coin des rues, munies de radars. Attention, la vitesse en ville est limitée à 50 km/h : si vous dépassez cette limitation, gare à l'addition !

Location de voitures

■ **AUTO ESCAPE**
✆ 0 800 920 940, appel gratuit en France ou 00 33 4 90 09 28 28 depuis l'étranger
www.autoescape.com
Une centrale de réservation qui ne propose que de la location de voiture. Spécialiste dans ce domaine,
Auto Escape offre les meilleurs tarifs parmi les plus grands loueurs. Les agences gèrent les tarifs, la réservation et le service relation-client.
Vous pouvez modifier ou annuler à tout moment sans frais. Ils ont des solutions très compétitives dans 92 pays. Solution de location de voiture prépayée depuis la France. Avantage : disponibilité et élimination des surprises de dernière minute.

Auto-stop

Au Québec, le stop (on dit « faire du pouce ») est efficace et le plus souvent agréable. Formellement interdit sur les autoroutes, c'est un bon moyen pour rencontrer des gens du cru, mais en raison des grandes distances, votre tâche sera ardue.

Un système centralisé du nom d'allo-stop (www.allostop.com) existe dans les villes : moyennant un modeste abonnement (6 $ par an), on vous met en relation avec des personnes désireuses de prendre des passagers pour une destination, et à un moment donné, en échange d'une contribution (fixe) aux coûts du transport (Montréal-Québec : 16 $).

Bateau – Croisières

Le Québec dispose d'un vaste réseau de traversiers (ferries).

■ **SOCIETE DES TRAVERSIERS DU QUEBEC**
✆ 1-877-562-6560
www.traversiers.gouv.qc.ca
Baie-Sainte-Catherine
Tadoussac : ✆ 418-235-4395
Baie-Comeau-Matane-Godbout.
Information Baie-Comeau :
✆ 418-294-8593
Godbout ✆ 418-568-7575
Matane ✆ 418-562-2500
Saint-Siméon-Rivière-du-Loup.
Information Rivière-du-Loup
✆ 418-862-5094
Saint-Siméon ✆ 418-638-2856

■ **LA COMPAGNIE DE NAVIGATION DES BASQUES**
✆ 418-233-2266
Trois-Pistoles Les Escoumins
Traverse Rimouski-Forestville.
Information Rimouski ✆ 418-725-2725
Forestville ✆ 418-587-2725
Nombreuses possibilités de croisières organisées au départ de Montréal (visite du Vieux-Port), Québec (navigation sur le Saint-Laurent vers la chute Montmorency), Rivière-du-Loup (observation des baleines), Baie-Sainte-Catherine et Tadoussac (fjord du Saguenay et baleines).

Bus

Le réseau qui dessert les régions du Québec est bien organisé.
Ces bus ne sont peut-être pas luxueux mais très confortables tout de même. Possibilité d'acheter un ROUT-Pass de 7 ou 14 jours (230 $ et 287 $), donnant droit à des trajets illimités, valable au Québec et en Ontario (mais pas pour se rendre à l'aéroport Montréal-Trudeau).
Egalement forfait de 18 jours Québec-Ontario, comprenant New York (*355 $*).

Au Québec, la principale compagnie de transport interurbain est :

■ **ORLEANS-EXPRESS**
☎ 514-395-4000 (à Montréal)
☎ 418-525-3043 (à Québec)
www.orleansexpress.com
Elle dessert Montréal, Québec, les régions de la Mauricie, du Bas-Saint-Laurent et de la Gaspésie.
Les liaisons régionales sont effectuées par d'autres compagnies, comme :

■ **INTERCAR**
☎ 1-888-547-6784 (à Jonquière)
☎ 1-888-861-4592 (à Québec)
www.intercar.qc.ca
Dessert le Charlevoix, le Saguenay et la Côte-Nord (jusqu'à Havre-Saint-Pierre).

■ **LA COMPAGNIE LIMOCAR**
☎ 450-970-8899 ou 1-877-692-8899
www.limocar.ca
Offre plusieurs départs par jour, en minibus, à partir de Longueuil et jusqu'à Saint-Hilaire ou à Saint-Hyacinthe. A Montréal, tous les bus à destination du Québec, de l'Ontario et de New York partent de la Station Centrale, 505, boulevard de Maisonneuve Est (angle des rues Berri et Maisonneuve), située au métro Berri-UQAM. Possibilité d'acheter un ROUT-Pass de 7 ou 14 jours donnant droit à des trajets illimités, valable au Québec et en Ontario (mais pas pour se rendre aux aéroports de Dorval et Mirabel). Egalement forfait de 18 jours Québec-Ontario, comprenant New York. Il faut se présenter 1h avant le départ.

Camping-car

Pour partir en famille ou à plusieurs, le camping-car ou motor-home peut être une bonne solution. Il est fortement conseillé de le réserver plusieurs semaines avant le départ, auprès d'une agence de voyages : Vacances Air Canada ou Vacances Air Transat. Nombreuses formules : circuit en boucle, trajet simple, kilométrage illimité ou non. Permis international exigé le plus souvent.

Train

■ **VIA RAIL CANADA**
Gare centrale, 895, rue de la Gauchetière O.
☎ 514-989-2626/1-888-842-7245
www.viarail.ca
Billetterie ouverte du lundi au vendredi et le dimanche de 6h à 23h30, le samedi de 6h à 21h. Répondeur jour et nuit et service

téléphonique de 8h à 22h. Face à la place Bonaventure (départs possibles de la gare de Dorval pour les destinations vers l'Ouest, comme Toronto et Ottawa). Toutes les destinations vers les grandes villes du Québec et des autres provinces du Canada. Aucun tarif n'inclut les taxes. Possibilité d'acheter une carte Corridorpass qui permet de voyager pendant 10 jours, dans le sud du Québec et de l'Ontario (*242 $ classe éco, 631 $ 1ère classe*). La Canrail Pass vous permet de voyager pendant 15 ou 30 jours partout au Canada. Tarif hors pointe : acheter son billet au minimum 7 jours à l'avance et partir un jour autre que le vendredi ou dimanche pour obtenir 40 % de réduction. Nombre de sièges limités. Pour calculer le prix d'un aller-retour, multiplier par deux (attention aux frais d'annulation !).

Nos amis les bêtes

La faune québécoise est riche en animaux sauvages : ratons laveurs, mouffettes, écureuils, renards, lièvres, ours, loups, coyotes, porcs-épics, cerfs, chevreuils, caribous, marmottes.
Les panneaux routiers indiquant le passage éventuel d'animaux (pictogrammes) ne sont donc pas là pour vous distraire. Attention au gros et au petit gibier qui décide de sortir de leur tanière pour prendre l'air devant votre voiture ! Tout l'été, on aperçoit malheureusement des cadavres de petits animaux.

■ **AMTRAK**
Gare centrale, 895, rue de la Gauchetière O.
☎ 514-989-2626/1-800-872-7245
www.amtrak.com
Billetterie ouverte du lundi au dimanche de 7h30 à 19h. Compagnie ferroviaire américaine assurant notamment les liaisons entre les Etats-Unis et le Canada. Il faut réserver à l'avance. Si vous arrivez à la dernière minute, le prix double quasiment. Possibilité de se rendre jusqu'à Washington.

Vélo

Malgré les distances, les cyclistes sont de plus en plus nombreux à sillonner les routes. Parfois, et pas seulement dans les villes, une voie spéciale leur est réservée.

SE RESTAURER

Restaurants

Ils sont très nombreux en ville, surtout à Montréal et à Québec. De la table gastronomique aux bistrots de quartier en passant par les fast-foods, il y en a pour toutes les bourses.

Pour tous les goûts également : cuisine française, italienne, grecque, chinoise, indienne, japonaise…

▶ **A Montréal,** les restaurants sont concentrés dans quelques quartiers : Vieux Montréal (rue Saint-Paul), rues Saint-Denis, Duluth, Crescent, Prince-Arthur, boulevard Saint-Laurent.

▶ **A Québec,** on les trouve le long des rues Sainte-Anne, Saint-Louis et de la Grande-Allée. Certains d'entre eux offrent de la vraie cuisine québécoise traditionnelle, celle des anciens colons, plutôt lourde et grasse, à base de fèves et de lard.

Les Québécois préfèrent cependant la nouvelle cuisine. Dans ce domaine, certains chefs font preuve d'une réelle recherche culinaire qui place la cuisine québécoise devant la gastronomie américaine.

Les Québécois aiment bien manger : le nombre d'auberges gourmandes et de restaurants gastronomiques en témoignent…

Bars, cafés

Les terrasses de café ne désemplissent pas en été. Les Québécois s'y retrouvent pour jaser devant une bière ou une liqueur.

L'été est court et chaud, ils en profitent, et l'ambiance est très méditerranéenne (il est vrai que Montréal se situe à la même latitude que Bordeaux).

RESTER

Étudier

Lire le guide *Petit Futé Montréal Etudiant.* Editions Néopol.

Stages

■ **OFFICE FRANCO-QUEBECOIS POUR LA JEUNESSE**
www.ofqj.org

Immigrer

■ **MINISTERE DE L'IMMIGRATION DU QUÉBEC**
www.immigration-quebec.gouv.qc.ca
Formalités et informations sur l'immigration au Québec.

■ **MINISTERE DE L'IMMIGRATION DU CANADA**
www.cic.gc.ca
Formalités et informations sur l'immigration au Canada.

■ **ASSOCIATION IMMIGRANT QUEBEC**
www.immigrantquebec.com
Association gérée par des immigrants qui informent les futurs et nouveaux arrivants sur le Québec.

© AUTHOR'S IMAGE

Quartier de West Sherbrooke, Montréal

Index

■ D ■

■ E ■

■ F ■

■ G ■

■ H ■

■ I ■

■ J ■

■ K-L ■

◼ Q-R ◼

◼ S ◼

ORGANISER SON SÉJOUR

Collaborez à la prochaine édition
Québec

Pour compléter la prochaine édition du Petit Futé Québec, améliorer les guides du Petit Futé qui seront utilisés par de futurs voyageurs et touristes, nous serions heureux de vous compter parmi notre équipe afin d'augmenter le nombre et la qualité des enquêtes.

Pour cela, nous devons mieux vous connaître et savoir ce que vous pensez, très objectivement, des guides du Petit Futé en général et de celui que vous avez entre les mains en particulier. Nous répondrons à tous les courriers qui nous seront envoyés dès qu'ils seront accompagnés d'au moins une adresse inédite ou futée qui mérite d'être publiée.

Dès lors que vous nous adressez des informations, bonnes adresses… vous nous autorisez par le fait même à les publier gracieusement en courrier des lecteurs dans les guides correspondants.

■ Qui êtes-vous ?

Nom et prénom ....

Adresse ....

....

E-mail .... Quel âge avez-vous ? ....

Avez-vous des enfants ? ❏ Oui (combien ?)........... ❏ Non

Comment voyagez-vous ? ❏ Seul ❏ En voyage organisé

Profession : ❏ Etudiant ❏ Sans profession ❏ Retraité
❏ Profession libérale ❏ Fonctionnaire ❏ Commerçant
❏ Autres ....

■ Comment avez-vous connu les guides du Petit Futé ?

❏ Par un ami ou une relation ❏ Par un article de presse
❏ Par une émission à la radio ❏ A la TV
❏ Dans une librairie ❏ Dans une grande surface
❏ Par une publicité, laquelle ? ....

■ Durant votre voyage,

Vous consultez le Petit Futé environ .... fois

Combien de personnes le lisent ? ....

■ Vous utilisez ce guide surtout :

❏ Pour vos déplacements professionnels ❏ Pour vos loisirs et vacances

■ Comment avez-vous acheté le Petit Futé ?

❏ Vous étiez décidé à l'acheter ❏ Vous n'aviez pas prévu de l'acheter
❏ Il vous a été offert

■ Utilisez-vous d'autres guides pour voyager ?

❏ Oui Si oui, lesquels ? ....

❏ Non

■ Le prix du Petit Futé vous paraît-il ?

❏ Cher ❏ Pas cher ❏ Raisonnable

■ **Comptez-vous acheter d'autres guides du Petit Futé ?**

❏ Oui, lesquels :
❏ City Guides   ❏ Guides Département   ❏ Guides Région   ❏ Country Guides
❏ Non   Si non, pourquoi ?...

■ **Quels sont, à votre avis, ses qualités et ses défauts ?**

Qualités ....

Défauts ....

■ **Date et lieu d'achat** ....

Testez vos talents de critique

Faites-nous part de vos expériences et découvertes. N'oubliez pas, plus particulièrement pour les hôtels, restaurants et commerces, de préciser avant votre commentaire détaillé (5 à 15 lignes) l'adresse complète, le téléphone et les moyens de transport pour s'y rendre ainsi qu'une indication de prix.

Nom de l'établissement ....

Adresse exacte et complète ....

....

Téléphone .... Fax ....

■ **Votre avis en fonction de l'établissement :**

	Très bon	Bon	Moyen	Mauvais
Accueil :	❏	❏	❏	❏
Cuisine :	❏	❏	❏	❏
Rapport qualité/prix :	❏	❏	❏	❏
Confort :	❏	❏	❏	❏
Service :	❏	❏	❏	❏
Calme :	❏	❏	❏	❏
Cadre :	❏	❏	❏	❏
Ambiance :	❏	❏	❏	❏

■ **Remarques et observations personnelles, proposition de commentaire :**

....
....
....
....
....
....
....

Afin d'accuser réception de votre courrier, merci de retourner ce document avec vos coordonnées

LE PETIT FUTE COUNTRY GUIDE
18, rue des Volontaires • 75015 Paris • FRANCE
soit par fax : 01 53 69 70 62 ou par E-mail : infopays@petitfute.com

écouvrez
oute la collection Voyage

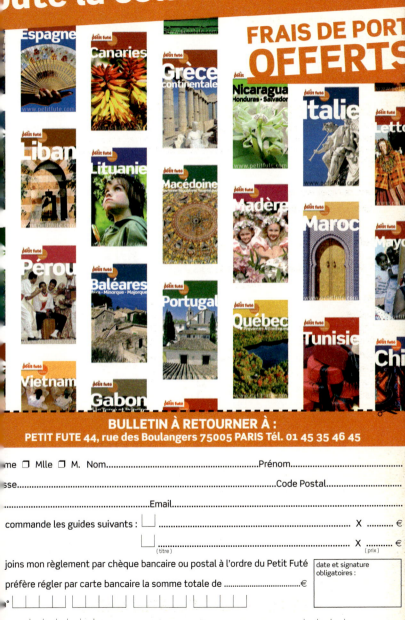

FRAIS DE PORT OFFERTS

Collaborez à la prochaine édition
Québec

Collaborez à la prochaine édition
Québec

....
....
....
....
....
....
....
....
....
....
....
....
....
....
....
....
....
....
....
....
....
....
....
....
....
....
....

Collaborez à la prochaine édition
Québec

Collaborez à la prochaine édition
Québec

BULLETIN D'ABONNEMENT

A retourner à :
Petit Futé mag – service abonnements
18-24, quai de la Marne - 75164 Paris Cedex 19

votre cadeau

☐ **Oui,** je souhaite m'abonner au Petit Futé mag
pour 1 an (soit 6 n⁰ˢ) au prix de 20 € au lieu de 23,40 € et je recevrai
en cadeau le guide Petit Futé Week-ends en Europe.

☐ **J'offre** un abonnement d' 1 an (soit 6 n⁰ˢ) au prix de 20 € au lieu de 23,40 €
et je recevrai en cadeau le guide Petit Futé Week-ends en Europe.

☐ Je joins mon règlement par chèque bancaire ou postal à l'ordre de Petit Futé mag

☐ Je préfère régler par carte bancaire :

CB n° |_|_|_|_| |_|_|_|_| - |_|_|_|_| |_|_|_|_|

Expire fin : |_|_| / |_|_|

Clé : (3 derniers chiffres figurant au dos de la carte) |_|_|_|

Date et Signature

Mes coordonnées :
☐ Mme   ☐ Mlle   ☐ M.

Nom .... Prénom ....

Adresse ....

Code Postal .... Ville ....

Tél. ....

Email ....

J'offre cet abonnement à :
☐ Mme   ☐ Mlle   ☐ M.

Nom .... Prénom ....

Adresse ....

Code Postal .... Ville ....

Tél. ....

Email ....